U0929978

杭州年鑑

沙孟海题

（2005）

杭州市地方志编纂委员会 编

方志出版社

图书在版编目(CIP)数据

杭州年鉴.2005/杭州市地方志编纂委员会编.-北京：方志出版社，2005.9

ISBN 7-80192-640-4

Ⅰ.杭…　Ⅱ.杭…　Ⅲ.杭州市-2005-年鉴
Ⅳ.Z525.51

中国版本图书馆 CIP 数据核字（2005）第 109235 号

杭州年鉴(2005)

编　　者：杭州市地方志编纂委员会
（杭州市环城北路 318 号）
邮编　310026
电话　0571-85253687

出 版 者：方 志 出 版 社
（北京市建国门内大街 5 号中国社会科学院科研大楼 12 层）
邮编　100732
网址　http://www.fzph.org

责任编辑：李　沛
发　　行：方志出版社出版发行部
010-85195814
经　　销：新华书店总店北京发行所
法律顾问：北京市京诚律师事务所
印　　刷：杭州余杭人民印刷有限公司
制　　版：杭州新正多媒体技术有限公司

开　　本：889×1194　　1/16
印　　张：38.25
字　　数：1660 千
版　　次：2005 年 9 月第 1 版　2005 年 9 月第 1 次印刷
印　　数：0001-3000 册

ISBN 7-80192-640-4/K·465　　定价：180.00 元

编辑说明

一、《杭州年鉴》是中国共产党杭州市委员会、杭州市人民政府主办的重要年刊，是汇集市情信息资料的综合性地方年鉴，全面系统地逐年记载杭州市经济和社会发展的主要情况，为各级党政机关、研究部门和社会各界人士以及中外投资者，了解、研究、建设杭州，提供丰富、翔实的地情资料。本书是1987年创刊以来连续出版的第19部年鉴。

二、《杭州年鉴(2005)》以邓小平理论和"三个代表"重要思想为指导，全面反映2004年全市人民在中共杭州市委、市政府的领导下，围绕"构筑大都市，建设新天堂"的战略目标，与时俱进，开拓创新，积极参与长江三角洲合作交流，加快推进城市化步伐，缓解发展瓶颈，提高经济运行质量，全面建设小康社会，加强社会主义物质文明、政治文明、精神文明建设所取得的新成就、新经验，以及在发展中遇到的新情况、新问题。

三、本年鉴采用分类编辑法，由卷首、百科、卷尾三个基本部分组成，设类目、分目、条目三个层次。为体现地方特色和年度特色，对类目、分目作了调整。调整了城建城管环保、西湖风景名胜区、劳动人事、文件索引与地方性法规类目，新设世界休闲博览会、经济合作交流、环境保护三个类目。为便于读者的阅读和理解，规范了有关单位的记述，加强了参见功能，附设了相关资料。

四、为更好地发挥年鉴的作用，2002年始，在出版书版的同时，出版电子版年鉴(光盘)；2003年始，载入"中国杭州"政府门户网站，网址：www.hangzhou.gov.cn。

五、本年鉴采用彩色印刷，并刊登杭州新貌和"西湖杯"(建筑)优质工程、代表性企业、文教卫生、乡镇街道及有关单位的事迹介绍，以更好地反映杭州市经济和社会发展的新成就。

六、本年鉴所刊载的文字内容和数据，由杭州市有关职能部门提供，并经各级领导审核。统计资料数据使用现行法定计量单位，主要数据由杭州市统计局提供。一些连续性指标数据，在上年卷刊出后，有关部门作了适当调整，书中一般不予注明。

七、《杭州年鉴》编纂工作在中共杭州市委、市政府的领导下，得到各区、县(市)和市属各部门及基层单位的大力支持，广大编纂人员为年鉴撰稿、编辑、校对付出了辛勤劳动。书中的疏漏和失误之处，恳请广大读者批评指正。

杭州年鉴编辑部

2005年9月

■ 领导视察

2004 年 1 月 23 日，中共中央政治局常委、全国人大常委会委员长吴邦国参观胡雪岩故居。
(杭州西湖风景名胜区管委会 供稿)

■ 领导视察

8月29日，中共中央政治局常委、国务院总理温家宝视察杭州汽轮机股份有限公司。
（杭州汽轮动力集团有限公司 供稿）

8月29日，中共中央政治局常委、国务院总理温家宝视察中国（杭州）青春宝集团有限公司。
（青春宝集团 供稿）

1月22日，中共中央政治局常委、国务院副总理黄菊到杭考察。（浙江日报报业集团 供稿）

6月11日，中共中央政治局常委、中央政法委书记罗干到杭考察。 （市政法委 供稿）

■友好往来

6月3日，圭亚那国民议会代表团到杭访问。图为议长哈里·那拉颜·拉姆克兰一行游览西湖。（苗 军 摄）

3月28日，杭州至东京、大阪航线首航。王国平、王永明、钟山、茅临生等省市领导和日本航空公司社长、全日空公司社长出席首航仪式。（杭州萧山机场公司 供稿）

3月24日，杭州市市长茅临生向西门子(杭州)高压开关有限公司德方代表、总经理鲁兹·克拉夫特颁发杭州市荣誉市民证书和证章。（孟铁原 摄）

8月26日，杭州市代市长孙忠焕访问瑞士时，与日内瓦市市长皮艾尔·缪勒共同签署两市友好交流备忘录。（郑浙民 摄）

■ 杭州新貌

杭州西溪湿地公园是中国第一个集城市湿地、文化湿地于一体的国家湿地公园。位于杭州市区西部，距市中心武林广场6千米。公园总面积10.08平方千米，划分为生态保护培育区、民俗文化游览区、秋雪庵保护区、曲水庵保护区和湿地自然景观保护区5个区块。

西溪湿地综合保护工程由西湖区政府组织实施。2003年9月工程启动。2005年5月，第1期核心区块保护工程完成，并对外开放。总体工程计划于2007年完成。《杭州年鉴（2005）》封面为杭州西溪湿地公园。

（封面及本版照片由西溪湿地综合保护工程指挥部 供稿）

■ 杭州新貌

10月16日，复兴大桥(钱江四桥)建成通车。（市建委 供稿）

■杭州新貌

整治后的环城北路　（市建委 供稿）

10月18日，日本松下电器产业株式会社在中国的最大投资项目——松下杭州工业园在杭州经济技术开发区奠基。（顾一进 摄）

整治后的北山街夜景（杭州西湖风景名胜区管委会 供稿）

■杭州新貌

9月10日，第七届中国艺术节在杭州开幕。杭州参演的舞剧《玉鸟》、越剧《流花溪》均获“文华新剧目奖”。图为《流花溪》剧照。（许 英 供稿）

10月24日，2004年亚洲小姐竞选在中国香港揭晓，杭州大学生吕晶晶(中)获冠军。（吕晶晶 供稿）

8 月 16 日，杭州籍运动员罗雪娟获雅典奥运会女子 100 米蛙泳金牌。

（阮浩勇 供稿）

7 月 30 日，印有杭州西湖风景的第五套人民币 1 元纸币在杭首发。

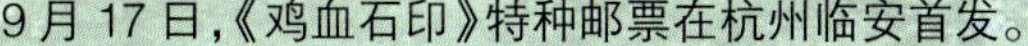

9 月 17 日，《鸡血石印》特种邮票在杭州临安首发。

数字杭州

杭州的城市定位

对浙江而言，杭州是省会城市，浙江的政治、经济、科技、文化中心；

对中国而言，杭州是历史文化名城、长江三角洲南翼中心城市；

对世界而言，杭州是国际风景旅游城市。

生产总值构成（%）

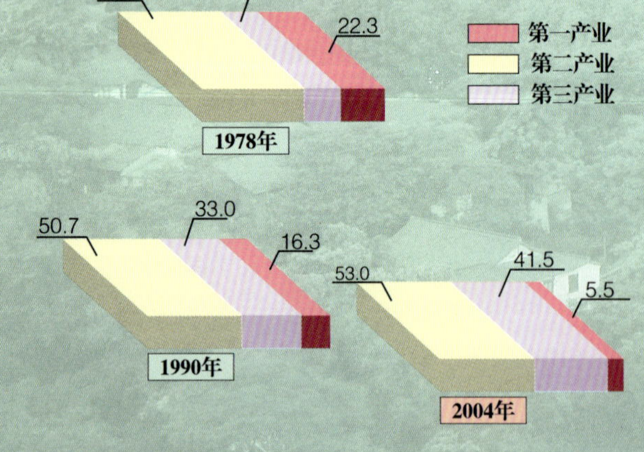

城镇居民可支配收入和农民人均纯收入

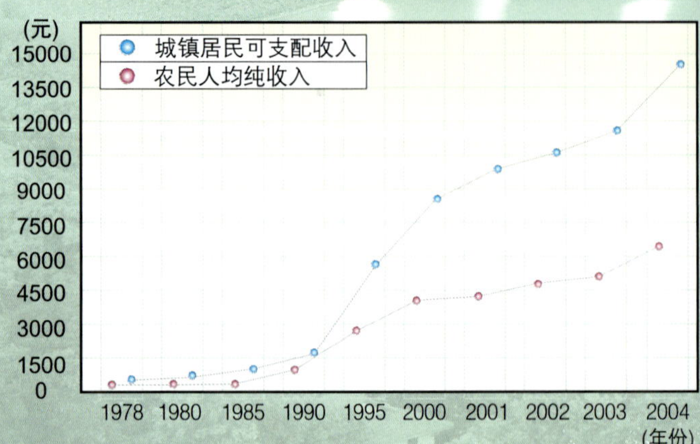

2004年长江三角洲16个城市生产总值

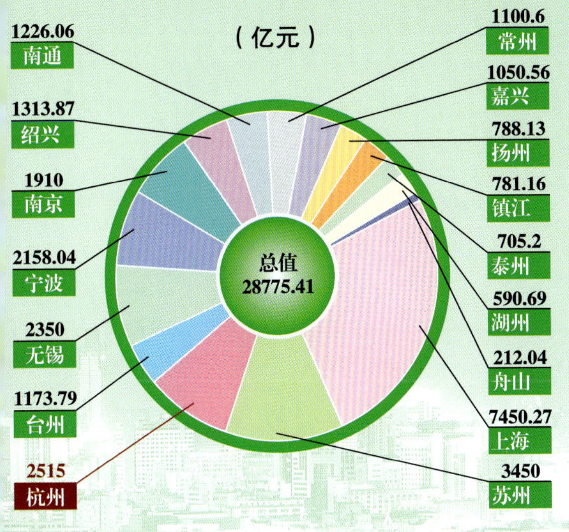

2004年全国15个副省级城市生产总值

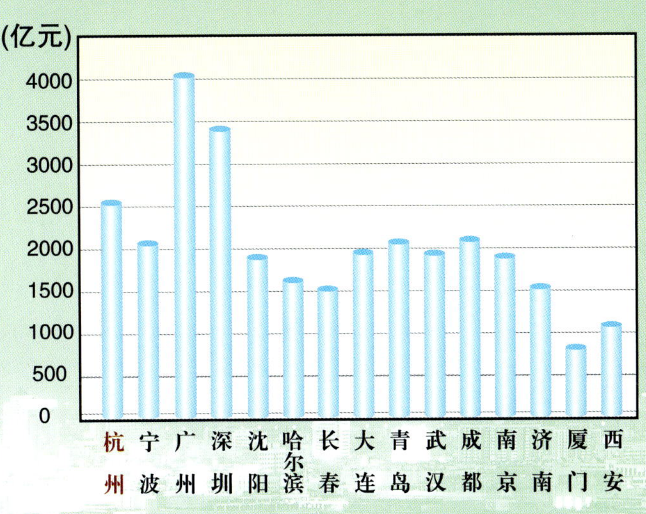

2004年杭州经济占浙江省的比重（%）

生产总值

第三产业增加值

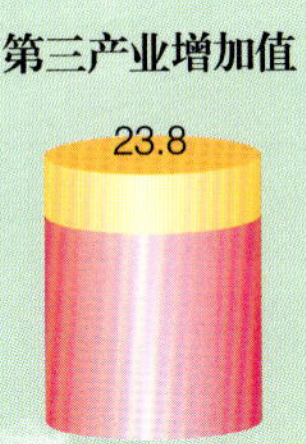

规模以上工业利税

社会消费品零售总额

全社会固定资产投资额

出口总额

实际利用外资

2004年杭州市平均每天创造的财富

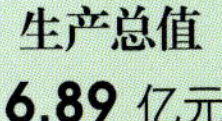

生产总值 **6.89** 亿元

农林牧渔业总产值 **5706** 万元

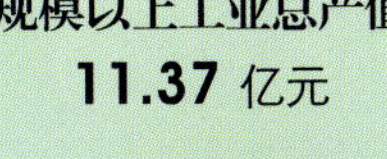

规模以上工业总产值 **11.37** 亿元

社会消费品零售总额 **1.93** 亿元

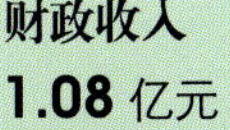

财政收入 **1.08** 亿元

■ 年鉴获奖

编辑部人员讨论年鉴工作

2004年,《杭州年鉴》获得中国年鉴奖;第三届全国年鉴编纂出版质量评比综合特等奖和框架设计、条目编写、装帧设计特等奖;首届中国地方志年鉴评比特等奖。谨向所有关心和支持《杭州年鉴》发展的单位和作者,向全国年鉴界同仁,向广大读者致以衷心感谢!

编辑部代表参加中国年鉴奖颁奖仪式

召开《杭州年鉴》总结表彰会

连续出版的18部《杭州年鉴》

(本版照片由市志办提供)

目　录
Contents

农村经济

工业经济

支柱工业

科学技术

商品流通

市　场

会展业

世界休闲博览会

经济合作交流

对外经济贸易

国家级开发区

城市建设和管理

环境保护

西湖风景名胜

文 物

旅 游

交通运输

邮 电

财政 税务

金融 保险

经济管理

信息化建设

党　政

民主党派和工商联

职工 青少年 妇女组织

劳动保障 人事

教 育

文 化

新闻出版

卫　生

体　育

社会生活

人　物

区县（市）

统计资料

附 录

彩色图版

索 引

Contents

Special Reports

Special Edition

Chronicles of Events

General Survey

Rural Economy

Industrial Economy

Pillar Industries

Industries of Trust Assets Management

在市委九届八次全体(扩大)会议上的讲话

(2004年12月23日~24日)

省委常委、市委书记　王国平

中共杭州市委常委会2004年工作报告

这次全会的主要任务是以邓小平理论和“三个代表”重要思想为指导,全面落实科学发展观,认真贯彻党的十六届三中全会、四中全会、中央经济工作会议和省委十一届七次全会、全省经济工作会议精神,从杭州实际出发,分析形势,总结今年工作,部署明年任务,审议市委《关于贯彻党的十六届四中全会精神,进一步加强党的执政能力建设的实施意见》,动员全市各级党组织和广大党员,团结带领全市人民,开创杭州各项工作新局面。根据中央的决定,各级党委常委会都要向全委会报告工作。从去年开始,杭州已实行这一制度。今年也和去年一样,有两方面内容要向全会报告。一是报告2004年工作,二是部署明年工作。这不仅是形式上的改变,更是扩大党内民主、加强党内监督的一项重大举措。

即将过去的一年,是不平凡的一年。我们遇到的困难比预料的多,取得的成绩比预想的大。预计实现生产总值2500亿元,比上年增长15%,基本做到了5年生产总值翻一番;规模以上工业销售产值4100亿元,增长31%;社会消费品零售总额700亿元,增长15%;全社会固定资产投资1200亿元,增长19.2%;财政收入(不含省下划企业)350亿元,增长20%;市级外贸出口95亿美元,增长47%;实际利用外资13亿美元,增长30%;实际到位内资220亿元,增长46.6%。全市经济社会保持了持续快速健康协调发展势头,三个文明建设和党的建设取得新进展,“十五”规划目标提前一年基本实现。现在还剩3项指标,要通过明年的工作来努力实现。

下面,我受市委常委会委托,向全会报告2004年工作。

一、认真贯彻中央、省委决策部署

今年是市委认真贯彻中央、省委决策部署,全面推进杭州各项工作的重要一年。十六届三中全会作出完善

社会主义市场经济体制新部署、提出“五个统筹”和树立科学发展观新要求以来,市委进行了认真学习,召开了九届六次全会,贯彻中央精神、部署杭州工作,强调科学发展观是我党对现代化建设指导思想的重大发展,全市上下必须深入学习、深刻领会。全会以科学发展观为指导,贯彻省委十一届五次全会精神,审议通过市委《关于贯彻落实党的十六届三中全会精神,进一步完善社会主义市场经济体制的决定》,按照省委实施“八八战略”、打造“平安浙江”的重大决策,提出“五大战略”、“五大举措”的全年工作部署。7月初,市委再次召开全会,强调牢固树立科学发展观和正确政绩观,推进“五大战略”,破解“七大问题”,打造“平安杭州”。一年来,尽管宏观形势变化较大,我市仍然保持了良好发展势头,实践更坚定了我们落实科学发展观的信心和决心。最近,在总结近几年实践的基础上,我们提出“和谐创业”,作为深入贯彻科学发展观的重要载体。

中央加强和改善宏观调控以来,市委先后召开理论学习中心组学习会、区县(市)委书记座谈会、经济形势

分析会、工业兴市大会，认真学习中央《关于当前经济形势问题的通知》等文件，提出“好中求快、稳中求进”方针，切实贯彻宏观调控政策。市委九届七次全会强调要增强大局意识和责任意识，把思想和行动统一到中央的决策部署上来，坚决维护中央宏观调控的统一性、权威性和有效性。一年来，我市狠抓结构调整、改革开放、企业管理、人才强市、大项目带动、优化环境，努力促进增长方式转变，并按中央统一部署，进行了开发区、土地市场秩序和固定资产投资项目清理整顿，不折不扣地落实宏观调控措施。

十六届四中全会后，市委先后召开常委会、理论学习中心组学习会、全市领导干部大会，认真学习贯彻，深刻认识到落实中央《关于加强党的执政能力建设的决定》精神，是当前和今后一个时期党建工作的首要任务。近3个月来，市委围绕加强执政能力建设这一主题，广泛调查研究，起草了《关于贯彻党的十六届四中全会精神，进一步加强党的执政能力建设的实施意见》，提交本次全会审议。

中央1号文件《关于促进农民增收若干政策的意见》下发后，市委先后召开农村工作会议、帮扶工作会议进行贯彻落实。强调以统筹城乡发展为主题，以增加农民收入为中心，努力做好提升农业、转移农民、保障农民、提高农民、富裕农民、繁荣农村、稳定农村和巩固农村8篇文章。先后出台《关于统筹城乡发展促进农民增收的若干意见》等8个政策性文件，推动“三农”工作。

二、推进“五大战略”

今年是市委确定的“五大战略落实年”。我们按照市委九届六次、七次全会部署，克难攻坚，狠抓落实。

（一）推进城市化战略。按照统筹城乡发展的要求，以城带乡，以乡促城，城乡一体，加快市域网络化大都市建设。2月份专题向省委常委会汇报推进城市化工作，4月份召开推进城市化工作会议进行部署，进一步明确推进城市化的总体要求和工作重点。我们狠抓落实，召开专题会、汇报会、座谈会、现场会等14次，下基层调研11次，研究部署整治“三口五路”、缓解“住房难”和“行路难停车难”、依法管理“四小车”、“引水入城”、“抗咸二期”、发展城市公交、绿化养护、调整城市道路收费体制和历史地段保护、文化遗址保护、“老字号”企业发展等工作。着手制定《杭州市历史文化街区和历史建筑保护办法》，出台了《关于加速萧山、余杭区融入大都市的若干意见》。

坚持大项目带动。召开全市重点工程建设工作会议，落实市、区县（市）领导干部重点项目包抓责任制。检查、推动新老“十大工程”建设，实施“双千亿”，圆满完成了“33929”和“三口五路”整治，建成了杭州大剧院、钱江四桥和天然气利用一期等一大批重点项目，第三次推出新西湖。

坚持把城市管理作为重点。市有关领导牵头，围绕6个专题，开展了加强城市管理的调研。经过充分准备，召开城管工作会议，出台《关于加强城市长效管理和提升综合服务功能的若干意见》，组建城区城管综合协调常设机构，充实街道（乡镇）城管人员，设立社区城市管理服务站，配备专职城管协理员，建立城管专项资金，深化相对集中行政处罚权工作，推进撤村建居和“城中村”改造，清理和拆除违法建筑，创建全国无障碍设施建设示范城市。

（二）推进“工业兴市”战略。围绕“一高一领先”目标，年初召开动员大会发动企业春节加班、抢用谷电，实现工业经济“开门红”；5月份召开“工业兴市”大会，分析形势，部署举措，加快转变增长方式，确保工业经济“好中求快、稳中求进”；9月份召开努力实现全年工业经济目标电视电话会议，对四季度工业生产进行再动员，组织开展“企业战百日、政府解百难”行动，并于10月对落实情况进行督查。一年内，我们到工业企业调研约20次，召开有关会议15个，研究新情况，解决新问题，加强对工业工作的领导。

坚持发展高新技术产业与改造提升传统产业一起抓，打造“天堂硅谷”。加快“四个试点”、“两个基地”建设，加强产学研合作，引进了中科院三大机构（这三大机构都与集成电路的设计和制造直接相关，代表了当今中国在微电子行业的最高水平）、三星半导体（中国）研究所等研发机构，与思科（中国）公司、微软（中国）公司等建立了合作关系，努力打造“信息港”。杭州被列为全国九大国家电子信息产业基地、九大动画产业基地之一。启动新一轮技改投入“三年倍增”计划，实施总投资20亿元的杭橡子午线轮胎、投入3.5亿元的华丰高档卷烟纸生产线等一批大项目，改造提升传统产业。实施品牌战略，新增中国驰名商标4个。召开创建民营经济强市动员大会，出台《关于进一步促进民营经济发展的若干意见》和33条政策措施，推进民营企业“二次创业”和新一轮民营经济“三年倍增”计划。据今年公布的资料，杭州有53个企业跻身中国民营企业500强，有7个企业跻身全国民营企业竞争力50强。

（三）推进“旅游西进”战略。以“旅游西进”为龙头、以“交通西进”为先导，促进市域经济社会协调发展。加快建设杭千、杭徽高速公路和05省道等重大交通项目，新淳一级公路全线贯通，杭徽高速公路昌化至昱岭关段建成通车，成为今年省内唯一开通的高速公路项目，推动交通、通讯、供电、给排水、信息网络等基础设施向县（市）延伸，构筑全市1小时半交通圈、旅游圈和经济圈。

构建观光休闲会展游“三位一体”、境内境外游“两轮齐驱”格局，促进结构升级，推动“旅游西进”。召开有关会议，开展调查研究，指导工作，出台举措。以举办西博会、国内旅交会、“七艺节”为抓手，大力发展会展游、休闲游。制定《推进杭州旅游国际化启动方案》和对日旅游促销10项举措，组织赴日旅游促销，完善旅游集散和咨询服务中心，建设多语标识系统，推进数字电视进宾馆。

着眼于打造世界级旅游产品，继续推进西湖综合保护工程。完成了北山街历史文化街区保护一期、杨公堤景区二期和龙井茶文化休闲旅游景区、梅家坞茶文化村二期整治，新增西湖15景。落实“四化”举措，做好管理西湖文章。开放景区商业服务设施经营权，做好经营西湖文章。编纂《西湖丛书》，征集西湖史料，成立西湖学研究会，筹建西湖博物馆，做好研究西湖文章。与8个在杭国字号涉茶机构建立战略合作关系，努力打响“茶为国饮、杭为茶都”。

出台《关于进一步加快之江度假区和转塘周边地区发展的若干意见》，完善管理体制，加快推进市区西部保护与发展。提出“写好姐妹篇、打好‘双西牌’”要求，强调生态优先、最小干预、修旧如旧、注重文化、可持续发展

5条原则，实施西溪湿地综合保护，申报国家湿地公园。

坚持先进制造业和现代服务业并举，深入开展调研，学习上海经验，着手制定现代服务业发展规划。推进商业特色街区、物流中心建设，发展新型商业业态。积极发展生产性服务业，增强中介服务功能。加大金融业开放力度，新增银行4家、保险公司1家，首家外资银行三井住友杭州分行正在筹办。“世界500强企业”榜首沃尔玛签约投资杭州，计划在杭州的两个城区开设两家分店。

（四）推进“开放带动”战略。坚持“三外（外贸、外经、外资）并举”，把招商引资作为“生命线”工程和“一把手”工程来抓。我们召开有关会议，多次到开发区、区县（市）和有关企业调研，组织赴苏州学习考察，召开全市招商引资大会，采取有力措施克服缺地、缺电制约，北接上海，东引台资，重攻日韩，拓展欧美，实施新一轮招商引资“三年倍增”计划。

抓住开通日本航线的时机，与省、区县（市）、企业联动，组织266人赴日本招商引资、旅游促销，大项目招商成效明显。我市改革开放以来最大的引资项目——“松下”在海外最大的家电生产基地在杭开建，“博世”等世界500强企业相继来杭投资，产业链招商雏形初现。通过引进像“松下”这样的世界级家电品牌，杭州的家电行业上了一个大台阶，开始重振全国家电生产基地之一的雄风。拓宽招商领域，金融业、商贸物流等服务业招商取得重大进展。以民引外，民外合璧，民营企业已成为招商引资主力军。特别是西子奥的斯集团已与4个世界500强企业实现了强强联合。

发挥省会城市优势，推进与浙江大学、中国科学院、中国工程院等名校大院的战略合作，加大国内招商引资力度，混合经济、“总部经济”、“楼宇经济”加快发展。开展第4次“为省直部门服务月”活动，吸引省直部门、省部属单位和省内外民营企业投资，发展省会经济。按照“规划共绘、交通共建、市场共享、产业共兴、环境共保”思路，接轨大上海、融入长三角、促进“双对口”。适应国家出口退税机制改革，积极出台应对措施，保持外贸出口良好势头。全市自营出口提前两个月完成全年外贸出口目标，1~10月份，全市新设立海外机构31个。

（五）推进“环境立市”战略。围绕破解缺电缺地缺钱制约、保护水质水源、改善投资环境，召开15次专题会议，开展8次专题调研，出台措施，推动工作。提出“和谐创业”模式，深化“创业在杭州”主题教育，表彰“创业新星”，倡导全民创业，继续规范和整顿市场秩序，努力打造“信用杭州”。今年又获得了多项荣誉和桂冠，如：世界银行评定的“中国城市总体投资环境最佳城市”第 ，“福布斯”评定的“2004年度中国大陆最佳商业城市排行榜”第一，日本贸易振兴机构评定杭州经济开发区为“中国75个开发区投资环境满意度”第一，台湾电机电子同业公会评定萧山为“极力推荐投资城市（城区）”第一。

面对缺电危机，多次深入电力系统和企业调研，召开迎峰度夏抗缺电动员大会，提出“确保杭州这座缺电最严重的城市成为群众生活和经济发展受影响最小城市之一”目标。管电、建电、节电并举，制定和完善有序用电预案，加大企业用电管理力度，鼓励企业自备发电，做到“省级以上开发区每天24小时每周7天有电”和“让电于民”。面对缺地制约，提出“一调两宽两严”思路，通过优化规划、“上改下”和“优二进三、退二进三”，做到“有地优用”、节约用地、集约用地。面对缺钱制约，出台对金融机构融资的奖励政策，推进银企合作。支持企业上市，新增上市企业7个。

出台《关于加快推进杭州生态市建设的若干意见》，全面实施《杭州生态市建设规划》，并进行了督查。突出抓好市区大气污染综合整治、水环境治理和农村环境综合整治，加快“抗咸二期”建设。巩固“创模”成果，顺利通过了复检技术核查。

三、落实“五大举措”

根据市委全会的部署，在解决“三农”问题、推进改革攻坚、破解“七大问题”上狠下功夫，促进“五大举措”落实。市委召开常委（扩大）会议，出台《关于健全解决事关群众切身利益“七大问题”长效机制的实施意见》，充实领导小组，落实目标责任，努力破解“七大问题”。

（一）着力解决“三农”问题。坚持把“三农”问题作为市委工作的重中之重，贯彻中央、省委两个1号文件和我市《关于统筹城乡发展促进农民增收的若干意见》，市领导多次带队下基层，落实农业增效、农民增收和农村稳定的各项政策。预计今年全市农业总产值比上年增长9.5%，农民人均纯收入增长10%，农村经济总收入增长26.5%。

加大支农力度。出台了《关于统筹城乡经济社会发展，做好为农民办实事工作的通知》等8个政策性文件，市本级安排“三农”资金1.9亿元，努力为农民办好9件实事。率先在全国全省免征农业税，为农民减负7200余万元，历史性地取消了“皇粮国税”，这是一个具有里程碑意义的标志性事件。全市投入“百千”工程资金21.1亿元，完成34个示范村、289个重点整治村建设任务，分别为计划的170%和145%。市四套班子领导65人次到帮扶乡村指导工作，实施市级“49100”帮扶项目378个，总投资1.78亿元，受帮扶地区群众人均增收300元以上，这是一个非常了不起的成绩，体现了市四套领导班子对解决“三农”问题的高度重视，对杭州欠发达乡村的高度关注，这一成绩也得到了被帮扶乡村广大干部群众的高度评价和充分肯定。培训农民13万人，转移农民就业3万余人。健全社会保障、实施“乡村通达”、健全公共卫生体系、加强科技文化信息服务、强化生态建设也均完成了预期目标。

贯彻《杭州市发展都市农业实施意见》，推进农业结构战略性调整，加快构筑城市、平原、山区三大农业圈层，六大优势产业、五大特色产业加快发展。重视粮食生产和供应，保护粮食综合生产能力，扭转了粮食种植面积下降局面，加强粮食储备和供应，保证粮价基本稳定。整理土地2.18万公顷，建成标准农田1.47万公顷，新增耕地2727公顷。加强林业和水利建设，改善了农业生态，提高了防汛防旱能力。

（二）着力推进改革攻坚。贯彻中央和省、市委关于进一步完善社会主义市场经济体制的决定，以“体制改革攻坚年”为抓手，召开13次专题会议，广泛调研，克难攻坚，推进经济体制、文化体制、行政管理体制等方面的改革。

组建市国资管理机构，规范国企改制工作，14个企业完成改制。制定市属国有资产营运机构经营者年薪考核办法，出台《杭州市国有工业企业深化改革中经营者管理要素按贡献参与分配试行办法》。深化投资体制改革，规范政府投资行为，鼓励民资投资，出台医疗、文化、教育三大领域向民资开放的实施意见。加大城市公用垄断行业改革力度，成立市公交集团有限公司、杭州路桥有限公司。深化保障制度改革，出台《关于进一步完善我市职工基本养老保险制度的若干意见》等，推进退休人员社会化管理。开展农村社区股份制改革，规范和新建农民专业合作组织280个。

制定并实施《关于深化文化体制改革促进文化产业发展的若干政策意见》，文化体制改革扩大到文化、新闻、出版、卫生、体育和社科等大文化领域。“5+8”产业格局雏形初具。民营文化企业得到可喜发展。杭州文化体制改革的政策和做法，得到了中央和省委有关领导的高度评价和充分肯定。

推进行政管理体制改革，贯彻《中华人民共和国行政许可法》，全面清理行政许可项目，组建市“行政服务中心”、“公共资源交易中心”，完善集中办事制度，构建三级行政服务体系。加快事业单位改革步伐，22个事业单位完成改制。推行“电子政务”、网上办照审批，推行16项政务信息公开，成为全国第4个将政府信息公开纳入法制化轨道的城市。农村政务公开继续完善，村务公开率达100%，规范率达96.5%。

（三）着力解决困难群众生产生活问题。下发《关于进一步完善对杭州市区困难群众实施援助的意见》，召开第四次“春风行动”总结、第五次“春风行动”动员、全市救助工作、“姐妹帮扶工程”总结表彰等会议。我们多次专题研究，10多次下基层调研、慰问、检查。

出台《关于扶持下岗失业人员再就业优惠政策的补充通知》等政策意见，将用人单位招用就业困难人员（即“4050人员”）补助费标准从每人每年2000元提高到4000元。全市投入再就业资金1.8亿元，新增就业岗位14万个，其中机关事业单位勤杂岗位1000多个。在为“4050人员”腾岗献岗中，机关单位积极带头，市人事局、劳动保障局、机关事务局等有关部门通力配合，为这部分就业困难人员办了一件大好事，在社会上产生了很好的反响，中央和省属媒体给予了多次报道；实现再就业12.75万人，其中就业困难人员5.08万人；开展再就业培训5.84万人、失地农民技能培训7万多人；城镇登记失业率控制在4.38%，均超额完成全年目标。我市荣获全国再就业工作先进单位称号。

市区完善（不包括萧山、余杭）“四级救助圈”，结合第四次“春风行动”，向22993户困难家庭发放救助金3328万元。其余7个区、县（市）初步建立三级救助圈。提高市区城镇低保标准，将17项优惠扶助政策扩大到26项，对因学、因病致贫群众实行专项经济救助，向困难群众提供粮油补贴，多次开展节日和高温慰问，农村五保户集中供养率比上年提高26个百分点。

开展第五次“春风行动”，已募集捐款2450多万元。开展“135”活动，帮助失业人员再就业5226人。实施“姐妹帮扶工程”，3500多名女干部、女党员与2800户困难家庭结对帮扶。开展“光明行动”，为“双无人员”（即无劳动能力、无固定收入人员）中的1402名白内障患者提供免费复明手术。实施一例白内障手术需要3000元，对困难家庭的优惠价是1500元，但仍有很多“双无人员”无力治疗，长期见不到光明。在“春风行动”中，卫生、残联等部门通力配合，为“双无人员”中白内障患者提供免费复明手术，这项工作抓得很好。各级领导干部与6223户困难家庭结成帮扶对子。开展实物捐赠，建立5个“爱心家园”、“爱心超市”等。

（四）着力解决“看病难”问题。我们开展调查研究、召开专题会议20余次，努力推进“四改联动”。

出台《关于鼓励民资外资兴办医疗机构的实施意见》，批准开设民营医疗机构140多个。下发《关于杭州市属公立医疗机构产权和用人制度改革的实施意见》，开展市属公立医院产权制度改革试点。试行单病种项目限价服务，推出“双控双缴”等8项管理举措，市属医院门诊、住院人均费用下降10%~20%左右。虽然下降幅度不是很大，但与前几年人均医疗费每年增长20%以上相比，已取得了明显成效，成绩来之不易。今年杭州市物价上涨幅度低于全国、全省平均水平，一个重要原因就是老百姓的医疗费支出基本没有上涨。杭州有许多省属医院，这些医院的住院和门诊费并没有下降。我们正在与省有关方面沟通，希望省、市联动，共同控制医疗费用的上涨。全市设立社区卫生服务中心（站）190多个。

规范医疗机构药品集中招标采购，全年让利超3亿元。医院药品实际销售价格下降20.9%。实行宽进严管，新增零售药店200多家。整顿药品市场秩序，实施药品放心工程。

全市175个乡镇建立新型农村合作医疗制度，乡镇覆盖率和农民参保率分别达94%和83%。扩大基本医疗保险覆盖面，医保定点医院、定点药店分别增加26家和96家。实行企业退休人员医疗费社会化管理，参保人员住院起付标准从1500元调减为600元，退休人员统筹门诊起付标准从700元调减为400元。这里有两件事情，25万名退休职工非常关注。一是实施企业退休人员医疗费社会化管理。过去，企业退休职工在企业报销医疗费，效益好的单位不成问题，与行政事业单位退休人员差不多，甚至更好一点。但绝大多数企业的退休职工报销医疗费却是难上加难，一要排队，二要等待，有的等待时间长达一两年甚至两三年。杭州在全国率先实施企业退休人员医疗费社会化管理后，很好地解决了这个难题。二是实行医疗费社会化管理，门诊、住院都必须有起付标准。起付标准是自付的，全国无一例外。杭州原定的标准为住院1500元、门诊700元，这在全国实行社会化管理的城市中是属于最低的。考虑到企业退休人员生活条件比较差，生活负担比较重，今年市委、市政府决定，这两个标准分别调减到600元和400元，这一标准肯定是全国最低标准。希望区委、区政府和街道的广大干部做好耐心细致的解释说服工作。

惠民医院推出新的十大减免措施，截至11月30日共接待困难人员门诊33085人次、住院665人次、血透10535人次，减免费用130万元。降低部分下岗失业人员基本医疗保险缴费标准，向城区1813位非农低保和困难家庭成员发放救助金708万元。调查表明，78.4%的市民认为“四改联动”成效明显。

（五）着力解决“上学难”问题。建立领导小组，召开全市基础教育工作会议，出台《关于进一步推进基础教育改革和发展的若干意见》。

完善教育资助券和人民助学金制度,向3.3万余名学生提供教育资助1480多万元。下发《外来务工人员子女在杭就学的暂行管理办法(试行)》,新增民工子女学校8所,解决8.3万名外来务工人员子女入学问题。落实对淳安等3县(市)教育帮扶资金700万元,建成帮扶项目8个。

拟定《关于实施中小学名校集团化战略的若干意见》,全市有42所中小学名校实行集团化办学,成员学校91所,组建教育集团20个,其中新成立的市属教育集团5个。

(六)着力解决"住房难"问题。以解决拆迁户、无房户和困难户住房问题为重点,我们15次下基层调研、召开专题会议,研究解决"住房难"问题。

新开工经济适用住房和拆迁安置房195万平方米、竣工167万平方米,市本级公开摇号销售31万平方米。草荡北景苑、三墩都市水乡、九堡大型居住区经济适用住房加紧建设,嘉绿苑安置房建设正式启动。完成470户在外过渡5年和80%在外过渡3年以上拆迁户安置任务。10万平方米创业人才公寓动工。新开工农转居多层公寓192万平方米、竣工120万平方米。

加强经济适用住房管理,完善廉租房、租赁房政策,下发《关于贯彻国家四部委〈经济适用住房管理办法〉的实施意见》和《杭州市区企业单位自建经济适用住房管理办法》。

(七)着力解决"行路难、停车难"问题。召开依法管理"四小车"工作动员、"三口五路"综合整治工程动员暨依法管理"四小车"总结表彰、"三口五路"综合整治工程总结表彰等会议,下发《关于构建"城市公交优先"体系,解决市民"出行难"问题的实施意见(试行)》和《关于2003年杭州市实施城市道路交通管理畅通工程的意见》等文件,调整充实市解决"两难(行路难、停车难)"问题协调小组。

编制《杭州市城市综合交通规划》,筹建市综合交通研究中心。实施"三口五路"综合整治,推进市区道路建设"258"工程,加快市区道路"三纵五横"骨架建设。加大智能交通建设力度,信号自动控制路口数增加至95个,市区设置电子警察系统303套,完成29个交改项目和30个路口渠化设计方案。开通3条准快速公交线、30条小区巴士线路,新开"水上巴士",增加出租车400辆。建设停车诱导系统,加快大型停车场建设。

依法管理"四小车",回收"四小车"9728辆。实施收费体制调整,完善交通诱导系统和过境交通组织。组织实施单向交通,梳理治理交通堵点,设立旅游集散换乘中心。开展交通秩序集中整治,宣传执行《中华人民共和国道路交通安全法》。

(八)着力解决"办事难"问题。深化满意单位不满意单位评选,召开机关效能建设大会,下发《关于开展机关效能建设,争创人民满意单位的决定》,出台机关效能建设8项制度。我们开展专题调研9次,召开专题会议19次。

市、区县(市)两级削减行政许可项目1087项,下放审批权限436项,取消收费20项。理出市直部门间职责交叉、职能不清问题79个,理顺市直部门和区、县(市)内部职能交叉问题477个。市和区、县(市)两级废止地方性法规、政府规章和规范性文件1004件。

建立市和区、县(市)两级行政服务(办事)中心,设立乡镇(街道)便民服务窗口190个,组建乡镇和村为民服务代理员队伍3995支。

对13个区、县(市)和98个市直部门进行督查,对29个市直部门、82个窗口单位和乡镇(街道)进行暗访,19名违反规定的机关工作人员受到处理。据调查,今年群众对机关作风与效能问题的投诉比上年下降了50%。全省机关效能建设工作会议推广了杭州经验,中央电视台等40多个海内外媒体报道了我市破解"办事难"工作。

(九)着力解决"清洁杭州"问题。出台20余个落实城市"四化"长效管理的政策文件,深化十大重点问题集中整治。

深入开展农贸市场、城郊结合部和城市管理秩序等重点集中整治,开展最佳和最差社区、撤村建居点和行政村评选,老城区落实"门前三包"管理责任单位3万余个,清除"牛皮癣"693万张(处)。

制定《杭州市"门前三包"责任制管理办法》、《杭州市城市洁化、绿化、亮化、序化长效管理办法》等政策意见,推广拱墅区"门前三包"IC卡管理、下城区24小时保洁、西湖区"三位一体"等管理方式,健全长效管理机制。

开展"文明从脚下起步"、"我为创建加一分"、"万名市民评窗口"等教育实践活动,组织20多万名干部群众参加环境整治,市四套班子领导多次带头参加义务劳动。

四、打造"平安杭州"

贯彻省委打造"平安浙江"决策部署,召开全市公安工作、政法工作、信访工作会议,以及10多次专题会议,出台《关于深化创建"平安杭州"工作的决定》。

健全打防控疏体系,严厉打击境内外敌对势力、敌对分子和"法轮功"邪教组织的渗透破坏活动,捣毁邪教"法轮功"地下团伙2个、窝点11个,挖出邪教"法轮功"分子32人,取缔多起非法宗教活动。严厉打击各类刑事犯罪,刑事案件发案上升率为全省最低,杀人案件和六类案件破案率居全省第一。加强流动人口管理服务工作,打击流动人口中的违法犯罪活动。深化基层"创安"工作,下发《关于加强乡镇(街道)社会治安综合治理基层组织建设的实施意见》,市区设立电子监控点400多个。全省基层综治组织规范化建设现场会推广了杭州经验,全国社会治安综合治理工作会议推广了余杭、下城、西湖和拱墅等地的基层综治工作经验。据调查,97%的市民对我市社会治安总体状况表示满意;外来企业对杭州投资环境五个分类指标的评价中,社会治安得分最高。

落实信访工作"一把手"责任制。建立处理信访突出问题及群体性事件联席会议制度、重大信访问题领导包案处理制度,成立10个专项组,有效化解10多起参与人数较多的群体性事件。620件涉法上访案件,办结612件,息诉罢访480人(件),结案数居全省第一。做好领导信访接待日、干部下访和日常信访工作,市委常委先后9次下访接待群众。

加强安全生产。严格安全生产标准,加大检查执法力度,强化公共危机管理,建立完善各类公共危机突发事件应急预案和预警机制。全市各类事故数量、死亡人数和直接经济损失均比去年有所下降。

五、加强政治文明和精神文明建设

坚持三个文明一起抓，推进经济、政治、文化协调发展，让老百姓当家作主、共享文明。

按照党委"总揽全局、协调各方"原则，完善"一个核心、三个党组"的领导体制和工作制度。市委充分发挥领导核心作用，把方向、抓大事、出思路、用干部。支持人大依法履行国家权力机关职能，下发《关于学习贯彻全省人大工作会议精神的意见》，举行庆祝市人民代表大会成立50周年系列活动。贯彻全省政协工作会议精神，对市委《关于进一步推进人民政协履行职能制度化规范化程序化建设的若干意见》落实情况进行督查。加强与民主党派合作共事，多次举办情况通报会、谈心会和读书会，听取对市委工作的意见建议。重视做好党外知识分子、非公有制经济人士和其他社会阶层人士的工作。贯彻党的民族、宗教、侨务、对台工作政策，巩固和发展最广泛的爱国统一战线。

加强对政法工作的领导，专题听取"两院"工作汇报，制定《关于加强全市人民法院基层建设的若干意见》，支持和维护司法公正。贯彻全省工青妇工作会议精神，检查《中华人民共和国工会法》落实情况，表彰劳动模范和模范集体，开展"青春·创业杭州"活动。完善12345和96666电话网络，开展民情民意调查和人民建议征集，实行重大事项公示制和听证制，推行决策论证制和责任制，完善专家咨询制度。落实"二五"依法治市规划，深化"四五"普法教育。

加强对意识形态工作的领导，召开全市宣传思想工作会议，开展纪念邓小平诞辰100周年、庆祝建国55周年活动。坚持正面宣传，落实"三贴近"，抓好中央精神和市委重大决策、重大活动和重大主题报道，正确引导社会舆论。完善新闻发布制度。在新闻队伍中开展"三项学习教育"活动。

召开"一创五迎"动员大会，分解落实创建全国文明城市目标责任，推广淳安县文明县城创建经验，建成省级文明城区3个、文明县城4个，市级示范社区16个、文明行业(单位)13个，文明社区创建面达100%。出台《关于加强和改进未成年人思想道德建设的实施意见》，开展"邻居节"、"携手1+6，节电进万家"等活动，推进公民道德建设。深入开展国防教育和"双拥"活动，加强后备力量和基层人武部建设，开展防空袭演习，再次荣获全国"双拥"模范城称号。

落实市领导联系科技人员制度，加大科技投入，开展科技(科普)周活动，召开市科协第八次代表大会。制定《关于进一步推进基础教育改革和发展的若干意见》，召开市第十次学代会、第七次少代会。下发《关于促进民办高等教育发展的若干意见》，建立高教功能区管委会。成功举办"七艺节"，扶持公益性文化产品生产，一批文化产品获得全国大奖。加强互联网管理，开通少儿频道，推进有线电视数字化。下发《关于加强体育工作，发展体育事业，创建体育强市的若干意见》，召开全市体育工作会议，表彰奖励奥运健儿和教练。抓好计划生育工作。

六、全面推进党的建设

召开全市党建工作、组织工作、领导班子和干部队伍建设会议，围绕执政能力建设深入调研、起草意见。

以领导干部为重点，以各级党委理论学习中心组为主要载体，深入学习贯彻"三个代表"重要思想。市委理论学习中心组集中学习13次，13个区、县(市)委理论学习中心组累计学习134次。围绕解决"本领恐慌"，举办领导干部进修班、研讨班和培训班21个，培训干部2105名；市领导13人次到市委党校"领导干部论坛"讲课；选拔43名年轻干部赴美国进行MPA培训、19名赴德国进行科学知识创新培训，首批24名赴美培训学员学成归来；开展农村基层干部、入党积极分子、公务员培训和各类技术培训，受训人员超过10万人。

在县(局)级领导班子中开展"三树一创"活动，在机关党员干部中举办任长霞事迹报告会，开展向十佳公务员和张叶良同志学习活动。充实调整全市49个领导班子、86名领导干部，全市"上挂下派"干部4000余人，市本级下派112名中青年干部到重点工程锻炼，市直机关抽调64名年轻干部参与依法管理"四小车"、"城中村"改造，选派11名干部到中央部委和香港锻炼。充实调整市管后备干部，确定约800名后备干部名单。

召开全市深化干部制度改革工作会议，贯彻中央"5+1"文件，实行领导干部民主推荐、民主测评、民主评议、考察预告、差额考察、生活社交圈考察、任前公示、党委常委会任免干部无记名投票和组织部长约谈干部、公务员末位告诫等制度，开展第四次联合公选。试行领导干部任免全委会表决制，着手研究领导班子和领导干部政绩考评指标体系。

以"先锋工程"、"领头雁"工程为抓手，深化农村"三级联创"，确定30个乡镇党委、375个行政村党组织为"先锋工程"创建对象，选派农村工作指导员4358名。创建社区党建"精品亮点"，建成市和区、县(市)两级示范点35个和300个。出台《关于进一步加强非公有制企业党建工作的若干意见》，建立非公有制企业党建工作市委常委联系点。推广党员民主听证会、党建工作"三员""双推"制、公示制、责任追究制、党员过"政治生日"和"不作为"党员告诫等举措。市委常委会专题研究老干部工作，出台《关于加强新形势下老干部工作的意见》。

召开全市人才工作会议，制定《关于大力实施人才强市战略的决定》，下发《杭州市2004年及未来三年人才开发目录》。成立杭州市企业高级经营管理人才评价推荐中心，组织百名非公经济人士赴中央党校学习。"356工程"培训企业高级经营管理人才206人。

贯彻胡锦涛同志在中纪委三次全会上的重要讲话精神，落实《中国共产党党内监督条例(试行)》，实施《杭州市构建反腐保廉体系的实施规划》，开展党风廉政建设责任制落实情况督查。下发《关于实行领导干部述职述廉的实施办法》，对全市105个县局级单位的122名党政主要负责人进行年度总结和民主评议，对476名党政领导班子成员进行民主测评，对15名市管领导干部进行经济责任审计。建立巡视机构，加强权力监督，深化纠风工作，集中惩治党员干部行为不廉洁、作风不检点问题，共立案查处违纪案件1030件，其中有横山铁合金厂违纪违法串案、萧山国土资源系统违法违纪串案。配合支持中央和省委巡视组工作，自觉接受监督检查。

市委常委会全体同志深深感到，我市各项工作的开展、各方面成绩的取得，是在省委正确领导下，在历届市委工作基础上，市级几套领导班子协调配合，全市各级党组织和广大干部群众团结奋斗的结果。在此，请允许我代表中共杭州市委，向全市各级党组织、广大党员和640万人民，表示衷心感谢和崇高敬意！

市委常委会全体同志深深感到，面对新形势、新任务，市委常委会要进一步履行好各项职能，把杭州的事情办得更好，必须以执政能力建设和科学发展观总揽全局，把贯彻中央、省委精神与杭州实际结合起来，创造性地开展工作，发现问题、研究问题、解决问题。特别要注意把握以下5条原则。

围绕中心、总揽大局。发展是硬道理，是解决所有问题的关键。在任何情况下，都要紧紧扭住经济建设这个中心不放松，坚持加快发展、率先发展、协调发展。改革是动力，稳定是前提。不搞改革难以发展，没有稳定无法发展。要兼顾发展的速度、改革的力度和稳定的程度，既推进改革、加快发展，又维护稳定、确保和谐。

以人为本、以民为先。以人为本，是科学发展观、正确政绩观活的灵魂；以民为先，是党的宗旨的生动体现。在任何时候，我们都要坚持"立党为公、执政为民"，以促进人的全面发展为目标，以不断满足人民群众物质文化需求为出发点，切实保障和发展人民群众的经济、政治和文化利益，注重维护和实现社会公平，让发展的成果惠及全市人民。

和衷共济、形成合力。全市上下心齐气顺劲足实干风正，是我市不断推进新发展、实现新跨越的重要保证。在当前这个发展黄金期、改革攻坚期、稳定关键期，新情况、新问题层出不穷，全市上下更要增强大局意识，牢固树立全市"一盘棋"思想，心往一处想，劲往一处使，和衷共济渡难关，合力合拍谋发展。

突出重点、狠抓落实。思路决定出路，力度决定速度。做任何工作，都必须坚持科学决策、民主决策，坚持突出重点、狠抓落实。看准了的事，决定了的思路，就要以雷厉风行的作风，克难攻坚的勇气，一以贯之抓好落实。要继续大力弘扬求真务实精神，大兴求真务实之风，坚定不移地推进"五大战略"、破解"七大问题"、打造"平安杭州"，把杭州各项事业不断推向前进。

想干大事、敢干大事、能干大事。干才是社会主义，干才是马克思主义，干才是"三个代表"。想干大事，是一种雄心和责任；敢干大事，是一种气魄和胆略；能干大事，是一种能力和水平。在新一轮"龟兔赛跑"中，一个地方的领导干部如果没有一点想干大事、敢干大事、能干大事的雄心、胆略和能力，这个地方的发展必然落伍。要坚决反对因循守旧、墨守成规、叶公好龙、坐而论道，始终保持奋发有为的良好精神状态。

在充分肯定成绩的同时，更要清醒看到工作中的不足和需解决的问题：一是经济运行中出现了不少新情况、新矛盾、新问题。要素制约全面加剧，生产资料价格上涨较快；粮油价格波动较大，物价上涨压力增大；企业库存增多，应收账款上升；工业增幅回落，房地产投资下降；出口退税压力增大，税收增长趋缓。虽然我们已采取了一系列应对措施，缓解了经济运行中出现的各种矛盾和问题，但这些矛盾和问题仍处在继续暴露、继续积累、继续恶化过程中，对杭州经济社会发展的压力仍在加大。对此，我们要保持清醒的头脑。在新的一年里，我们一定要高度关注经济运行中出现的这些新矛盾、新问题。要深刻认识到，加强和改善宏观调控，必然会出现一些新的矛盾和问题，必然要付出代价。但"两害相较取其轻，两利相较取其重"，实施宏观调控，可以保持中国经济长期稳定健康发展，绝对是利大于弊。二是一些长期积累的体制性、机制性、结构性、素质性矛盾依然突出。粗放型增长方式大量存在，资源环境压力增大，环保形势严峻，生态建设任务艰巨，加快转变增长方式刻不容缓；"三农"问题没有根本解决，服务业发展相对滞后，制造业层次不够高，投资与消费比例不尽合理，加快经济结构调整刻不容缓；社会事业发展滞后于经济建设，城乡差距、市域东西部差距依然较大，居民收入差距有所扩大，就业压力尚未明显缓解，加快协调发展刻不容缓；改革攻坚还有大量工作要做，加快体制机制创新刻不容缓。这些体制性、机制性、素质性的矛盾将伴随杭州现代化建设的全过程。在解决这些问题上，杭州取得了比较显著的成绩。比如制造业转型就是如此。我们通过发展高新技术产业，带动了工业结构的调整，促进了产业结构的升级。但是，这一进程还远远没有结束。杭州的高新技术产业还主要集中在杭州高新开发区（滨江）和杭州经济开发区，其他区、县（市）所占比重还很小。发展高新技术产业，是推进工业化进程中一道非越不可的坎。综观世界各国工业化进程，无一例外都要过渡到后工业化时代。所谓"后工业化时代"，就是以高新技术产业为支撑、为主体的时代。原来日本的钢铁产量、造船业和乙烯产量均居世界第一（乙烯产量代表了石化工业的水平和地位），但现在，钢铁产量已被中国赶上，造船业已被韩国赶上，乙烯产量也很快要被中国赶上，高科技产业已成为日本工业的主体。韩国的发展要比日本迟5~10年，但韩国工业转型非常快，已经出现了以"三星"电子为代表的一大批高新技术企业。台湾的工业转型也非常成功。原来台湾工业以重化工业、轻纺工业为主，现在也以高新技术产业为主。也许有人会问：杭州搞高新技术产业这么多年，比重仍然不高，是不是适合搞高新技术产业？对这个问题，我们要站得更高点、看得更远点，要看到这是一种趋势、一种规律，杭州迟早要走这一步。目前，杭州工业结构调整的任务仍然十分繁重，不仅要发展高新技术产业，更重要的是如何用先进适用技术改造、提升传统产业。在这方面，万向、"娃哈哈"给我们树立了很好的榜样。它们都从事传统产品生产，但所用的设备、手段都是世界一流的。当然，结构调整是一个历史性的过程，我们要作长期的努力。不仅工业结构要调整，整个产业结构、经济结构都要调整。比如，制造业这条"腿"长，服务业这条"腿"短。解决这个问题虽有个历史性过程，但杭州已到了要高度关注现代服务业的时候，可以说已经水到渠成、瓜熟蒂落。再比如，杭州市域东西部差距还比较大。8城区土地面积只有3068平方千米，5县（市）土地面积有13000多平方千米；8城区人口为390多万人，5县（市）人口有250多万人，但5县（市）的GDP只占全市的五分之一左右，财政收入还不足全市的五分之一。在杭州这样的省会城市、区域性中心城市，8城区和5县（市）的差距如此之大，这种状况不能再持续下去。否则，将成为影响杭州可持续发展的大问题。类似这样的问题，我们决不能听之任之，一定要以只争朝夕的精神，认真加以解决。三是社会生活中不安定因素大量存在，信访突出问题和群体性事件有增多趋势，严重刑事犯罪和社会治安案件仍处在高发期，提高处理新形势下人民内部矛盾能力，打造"平安杭州"，构建和谐社会，还有大量工作要做。这也是明年工作中的一个重大课题，要引起高度重视。现在，人民内部矛盾仍在积聚，群体性事件不断发生。造成这些群体性事件的原因，绝大多数是由于人民内部矛盾得不到妥善解决。这些人民内部矛盾主要由利益上的差异造成，其中一些是因我们工作上的问题，由人为因素造成。对这样的问题，应按照宜宽则宽的原则，限时加以解决。而有些利益上的差异是由体制原因造成的，解决起来难度很大。比如，杭州的25万名企业退休职工要求享受行政事业单位退休职工待遇，要求一视同仁。这样的要求是否合理？确有一定的合理性。在这25万人中，1985年工资制度改革前参加工作的有近15万人。当时行政、事业、企业实行的是同一种工资制度，同一种退休制度，从某种意义讲，企业的待遇比行政事业单位还要好。但现行的退休制度没有按"老人老办法"来对待，企业退休人员收入与行政事业单位退休人员的差距已扩大到两三倍，甚至更高。他们心里不能平衡。能不能让25万名企业退休职工享受行政事业单位退休职工的待遇呢？至少目前不可能。这不是因为杭州没有钱，主要问题是没有政策，没有这样的体制和机制保障。即使杭州有财力，这个钱也不能加。最近，市委、市政府正在采取一些特殊办法，帮助企业退休职工增加一点收入。但这只是杭州的"地方粮票"，并没有政策依据。这样的问题将会长期存在，我们要动员全社会包括市、区、街道、社区四级力量，努力做好25万名企业退休职工这一特殊利益群体的思想政治工作。在工作中，必须注意两点：一方面，对这些特殊群体一定要关心，能解决的问题，一定要按照宜宽则宽的原则予以解决。杭州应该在全省、全国率先做到"出现一件、解决一件"。另一方面，对他们的不合理要求，要做耐心细致的思想政治工作。例如企业军转干部问题，中央已有明确精神，他们自己也知道，但照样串联、上访，通过各种途径反映他们的诉求。对这样的问题，只能耐心细致地做好思想政治工作，化解矛盾，维护稳定。四是市民素质有待提高，不文明陋习还大量存在，精神文明建设亟待加强。五是党的领导方式和执政方式、领导体制和工作机制有待完善，基层组织建设有待加强，一些领导班子和领导干部的能力水平有待提高、作风有待改善，一些党员干部中还存在腐败现象和不正之风，提高党的执政能力和推进党风廉政建设，仍然是摆在我们面前的一个重大课题。这些问题，都需要我们在今后的工作中努力加以解决。

希望同志们对市委常委会的工作提出意见和建议。我们将诚恳地接受全体委员的批评和监督，努力把各方面工作做得更好。

以执政能力建设和科学发展观总揽全局

加快发展　率先发展　协调发展

即将到来的2005年，是充满希望与挑战的一年。我们要振奋精神，抢抓机遇，克难攻坚，团结奋进，把杭州的事情办得更好。下面，我代表市委常委会就明年工作强调6点意见。

一、把握时代特点，提高"五个能力"，落实"五个统一"

明年是贯彻十六届四中全会精神、加强执政能力建设、巩固宏观调控成果的关键一年，是全面完成"十五"规划、衔接"十一五"发展的重要一年。当前的形势有三个特点：一是发展黄金期。新世纪头20年是重要战略机遇期。和平、发展、合作仍是当今时代的主流。世界经济保持较快增长，全球产业结构调整转移步伐进一步加快，跨国直接投资继续回升，并重点流向高新技术产业和现代服务业，中国仍是跨国公司产业转移和对外投资的主要选择地之一。我国工业化、城市化、市场化、国际化程度不断提高，宏观调控取得阶段性成效，国民经济继续保持平稳较快发展。杭州是全国发达地区之一，已进入工业化中后期，先进制造业加快发展，现代服务业迅速崛起；城市化快速推进，城乡统筹发展格局开始形成；消费结构加速升级，消费形态日渐成熟；要素配置市场化程度明显提高，改革开放向纵深推进，经济社会发展的内生性机制已稳定在较高水平。二是改革攻坚期。杭州市场取向改革起步早、推进快，改革越向前推进，触及的矛盾就越深，涉及的利益调整就越多，碰到的阻力就越大。深化企业改革，完善国有资产监督管理体制，推进行政管理体制、文化体制改革等，都有大量难题要破，有许多"骨头"要啃。我们躲不过、绕不开，正面对一场改革攻坚战。三是稳定关键期。国内外敌对势力加紧对我实施"西化"、"分化"图谋和颠覆破坏活动，各种严重刑事犯罪活动有增无减，社会治安形势日趋复杂。特别是随着企业转制、体制转轨、社会转型，"四个多样化"加快发展，利益格局加快调整，人民内部矛盾增多，社会不稳定因素增加。我们正处在对敌斗争复杂、刑事犯罪高发、各种矛盾凸现的时期，统筹兼顾各方面利益关系、维护社会和谐稳定的任务十分艰巨。在这个充满希望而又面临挑战的时期，能否抓住新机遇、实现新发展，是对我们执政能力和落实科学发展观的现实考验。加强党的执政能力建设，是我们党在总结执政55年成功经验基础上作出的战略决策。我们一定要深刻认识加强党的执政能力建设的极端重要性和紧迫性，把执政能力建设和落实科学发展观贯穿于推进"五大战略"、破解"七大问题"、打造"平安杭州"之中，不断提高中央提出的"五个能力"，与时俱进，奋发有为。

当前，各种矛盾交织在一起。解决这些矛盾，关键是要掌握辩证法。我们必须坚持辩证唯物主义和历史唯物主义的立场、观点和方法，长短兼顾，内外结合，标本兼治，"两害相较取其轻，两利相较取其重"，择其善者而从之，切实做到"五个统一"，变对立为统一，化矛盾为和谐，而决不能左右观望、犹豫不决。在事关经济社会发展全局的重大决策面前犹豫观望、左顾右盼，不能当断则断，结果只能是贻误了改革发展的时机，造成难以挽回的损失。这是当前形势下突破思想误区、创新发展思路的重要前提。一要把科学发展观与"发展是硬道理"统一起来。发展是硬道理，是党执政兴国的第一要务。落实科学发展观，其着眼点是用新的理念实现更快更好的发展。一年来，我们认真落实中央加强和改善宏观调控决策，紧紧抓住发展不放松，不仅保持了经济的平稳较快增长，更重要的是统一和深化了对科学发展观的认识，增强了驾驭社会主义市场经济的本领。实践证明，科学的发展是真发展，执政能力的高低看发展，区域之间竞争比发展。我们要始终坚持以科学发展观统领经济社会发展，凡符合科学发展观的事情就全力以赴地去做，凡不符合的就毫不迟疑地去改。同时充分认识宏观调控的重要性、艰巨性和长期性，正确处理发挥市场机制作用与加强宏观调控的关系，更好地贯彻中央宏观调控政策，保持经济运行"好中求快、稳中求进"。在发展问题上，我们一定要全面理解锦涛同志代表中央提出的一系列要求。锦涛同志在十六届四中全会上强调："我们党执政，首要任务就是带领人民推动经济社会发展，不断满足人民日益增长的物质文化需要。提高党的执政能力，首先要提高党领导发展的能力。我们这样一个经济文化比较落后的社会主义大国，如何实现又快又好的发展，是党执政以后必须下大力气解决好的重大课题。"他指出："能不能抓住新机遇、解决新问题、实现新发展，是对我们党执政能力的重大考验。"近日锦涛同志在广东视察时，要求广东广大干部群众抓住机遇，奋发努力，扎实工作，不断创新发展思路，增强发展动力，提高发展水平，努力在全面建设小康社会、加快推进社会主义现代化进程中更好地发挥排头兵作用。我们认为，锦涛同志的这一指示，既是对广东而言的，也是对浙江、对杭州而言的。我们要按照锦涛同志的要求，创新发展思路，增强发展动力，提高发展水平。二要把现代化与城市化、工业化统一起来。无农不稳、无工不富、无商不活、无城不兴。城市化和工业化是现代化的支撑、区域竞争的核心，是解决"三农"问题、促进充分就业和群众致富的关键。抓住城市化和工业化，就抓住了现代化的根本。宏观调控对推进城市化、工业化既带来了挑战，也带来了机遇。我们要努力解决好"钱从哪里来、地从哪里来、人往哪里去"三大难题，加快推进城市化、工业化，以城带乡，以工促农，城乡一体，确保率先基本实现现代化。全会期间，我们安排与会同志参观了三新家园、滨新小区。三新家园和滨江区的实践，足以说明以城带乡、以工促农、城乡一体是中国特色现代化的必然选择。锦涛同志在中央经济工作会议上指出："十六大提出统筹城乡发展，就是要统筹推进城乡改革和发展，充分发挥城市对农村的辐射带动作用，促进城乡经济协调发展。"在不同的历史阶段，解决"三农"问题有不同的思路。以前我们就"三农"论"三农"，这有其必要性、必然性。迈入新世纪，进入新阶段，解决"三农"问题，必须坚持以城带乡，充分发挥城市对农村的辐射带动作用。锦涛同志在中央经济工作会议上强调："推进城镇化健康发展是调整结构的重要内容。我国正处于城镇化加快发展的重要时期，必须有效引导城镇化健康发展，妥善处理城乡关系，建立逐步改变城乡二元结构的机制。要继续坚持大中小城市和小城镇协调发展，走中国特色的城镇化道路。要进一步增强大城市的综合辐射带动能力，注重形成中小城市的比较优势和产业特色，引导小城镇走集约化发展道路。"锦涛同志这段话虽不长，却全面准确地阐述了中国特色城镇化道路的深刻内涵，鲜明地提出了一系列重要观点：一是结构调整的一项重要内容就是推进城镇化。二是中国正处于城镇化加快发展的重要时期。城镇化不但要发展，而且要加快发展。三是必须坚持大中小城市和小城镇协调发展，不能把大城市和中小城市对立起来，不能把城市和城镇对立起来。四是通过增强大城市的综合辐射带动能力，注重形成中小城市的比较优势和产业特色，解决好城镇化中的协调发展问题。对杭州来说，市区要努力增强综合辐射带动能力，县城、组团要注意形成比较优势和产业特色。今后杭州的"六大组团"都是15到20万人的中小城市，杭州的县城都是20到30万人的中小城市，要高度重视形成比较优势和产业特色。五是小城镇要走集约化发展道路。我们要深刻领会锦涛同志的重要指示精神，认真加以贯彻落实。要按照市委、市政府对于推进城市化的战略部署，首先把增强中心城区的综合辐射带动能力作为当务之急、重中之重来抓，同时对中小城市提出明确要求，加快形成比较优势和产业特色，小城镇则要走集约化发展路子，而不是越多越好。在这里，我还要特别强调一下城市化和工业化的关系问题。城市化和工业化的关系是一种互动关系。根据几百年来国内外的发展经验，可以把两者互动的模式分为4种类型。一是工业化程度高和城市化程度高的"双高"模式。其代表是西方发达国家和东亚新兴工业化国家，最典型的是韩国和新加坡。今后中国和杭州的发展方向也应该是这种"双高"模式。二是工业化程度高、城镇化程度低的"一高一低"模式。现在的中国、现在的浙江、现在的杭州就处于这种状态。如果我们不重视解决这个问题，不加快推进城市化，就会造成城乡差距日益扩大。可能大家很难理解，为什么我们一直在抓"三农"问题，城乡差距却仍在扩大。根本原因就是城市化滞后于工业化。城市化不推进，不用以城带乡的办法解决"三农"问题，即使农业发展得再快，城乡差距依然不会缩小。解决"三农"问题，缩小城乡差距，"杀手锏"就是加快城镇化。三是工业化程度低、城镇化程度高的"一低一高"模式。这是大多数发展中国家，特别是拉美国家的模式。"拉美现象"产生的根源，就在于工业化程度过低而城市化推进过快，农村人口盲目向城镇集聚，造成了城镇贫困化、贫民化。四是工业化程度低、城镇化程度也低的"双低"模式。这种情况就是传统农业社会的情况，就是五十年前中国的情况。我们的目标是工业化和城镇化"双高"的模式。工业化是城市化的基础，城市化是工业化的载体。城镇化发展可分为三个阶段：起始阶段、加速阶段、成熟阶段。目前中国已经处在城镇化的加速发展阶段。杭州这样的城市更应该认清形势，坚持城市化和工业化"双轮驱动"，坚定不移地推进城镇化和工业化。三要把环境立市与经营城市统一起来。环境就是生产力，环境就是竞争力。环境投入是回报率最高的生产性投入。在知识经济时代，杭州最大的资源是环境。环境立市必须经营城市，经营城市必须营造环境。要牢固确立"以一流环境吸引一流人才，以一流人才吸引一流企业"和"政府营造环境，企业创造财富"的理念，坚定不移地推进"环境立市"。同时牢固确立经营城市理念，经营好城市资产，建立起对环境建设投入的反哺机制，走出一条"投入—改善—产出，再投入—再改善—再产出"的良性循环路子。

浙江是一个矿产资源小省，杭州同样如此，没有煤、石油、天然气、铁矿砂。但随着知识经济时代的到来，杭州变成了一个资源大市。这个资源就是环境，也可以说是人才。但人才最终还是要靠环境来吸引。如果杭州的环境不好，外地的人才吸引不进来，本地的人才也会跑掉。人才会用自己的脚对城市环境进行投票。环境好，他就呆在这座城市；环境不好，他拔腿就走。外地来杭州创业的人才是这样，杭州本地的人才同样如此。所以，我们对环境建设要给予高度重视。改善环境就要投入。环境投入是回报率最高的生产性投入。如果说这几年我们有什么经验，那就是在环境建设上走出了一条“投入—改善—产出，再投入—再改善—再产出”良性循环路子。我们要确立“政府营造环境，企业创造财富”的理念，坚定不移地推进“环境立市”战略，舍得在环境上投更多的资金、花更大的精力，求得更大更好的回报。这不仅完全符合社会主义市场经济体制的要求，从某种意义上讲也是社会主义市场经济体制的核心内涵。这几年我们实施西湖综合保护工程、“33929”工程、“三口五路”综合整治工程，说到底都是为了改善环境，都是为了推动杭州生产力的发展。*四要把创建“天堂硅谷”与“休闲之都”统一起来。*高新技术产业和旅游业是杭州的比较优势和核心竞争力所在。“天堂硅谷”和“东方休闲之都”，是杭州城市的发展方向。我们要坚持以信息化带动工业化，以工业化促进信息化，大力发展高新技术产业，改造提升传统优势产业，建好“两港五区”，打造“天堂硅谷”；以“旅游西进”为载体，以旅游国际化为突破口，以举办西博会、休博会为契机，加快发展会展游、休闲游，打造“东方休闲之都”，从而加快转变增长方式，调整经济结构，实现产业升级，推进“和谐创业”，打响经济强市、文化名城、旅游胜地、“天堂硅谷”4张“金名片”。杭州的比较优势和核心竞争力就是高新技术产业和以旅游业为龙头的现代服务业。通过打造“天堂硅谷”和“东方休闲之都”，就能够以最低的成本、最小的阻力、最快的速度，实现杭州经济增长方式的转变，实现二、三产业的升级。*五要把一切为了群众与一切依靠群众统一起来。*坚持一切为了群众、一切依靠群众，既要联系群众、服务群众，又要引导群众、教育群众，做到在服务中教育群众、在教育中服务群众。我们要始终坚持以人为本、以民为先和“群众利益无小事”，以群众呼声为第一信号，以群众利益为第一追求，以群众满意为第一标准，时刻把群众的安危冷暖、衣食住行、柴米油盐挂在心头，注重社会公平，整顿和规范收入分配秩序，合理调节国民收入分配，实现好、维护好、发展好最广大人民的根本利益。同时要宣传群众、教育群众，引导群众正确处理个人利益和集体利益、局部利益和整体利益、眼前利益和长远利益的关系，正确认识自己的根本利益和实现自身利益的途径，自觉为改革发展稳定贡献力量。现在我们要防止两种倾向：一是只讲教育群众，不讲为了群众，把自己摆在“上帝”、“传教士”、“恩赐者”的位置上。这样对待群众是绝对错误的，完全忘记了我们党的宗旨。二是只讲为了群众，不讲教育群众。现在我们很多干部不敢提宣传群众、教育群众。锦涛同志在十六届四中全会上强调：“坚持把实现好、维护好、发展好最广大人民的根本利益作为我们一切工作的根本出发点和落脚点，是我们做好各项工作的保证，任何时候都不能动摇。但是，这并不是说，对一些群众中存在的思想问题和其他问题，对一些群众提出的不符合法律和政策规定的要求，对一些群众中出现的违法现象，我们就不做工作了，就可以放任自流了。那样理解党的群众路线是片面的、不正确的，不仅不利于党和国家工作的开展，而且最终也不符合最广大人民的根本利益。”锦涛同志还强调：“要在群众中开展党的基本理论、基本路线、基本纲领、基本经验的教育，深入进行党和国家的方针政策的教育，深入开展国情教育，深入进行思想道德教育，特别要加强民主法制教育，深入开展思想政治工作，引导和帮助群众学会运用正确的手段维护自身的合法权益。”锦涛同志讲得非常好，在明年的工作中我们要认真贯彻落实，这也是解决当前很多矛盾和问题的“杀手锏”。

上述五个“统一起来”，是过去一年中我们在落实科学发展观、加强党的执政能力建设、落实中央宏观调控政策中的体会和经验，同时这也是在新的一年里需要全市上下共同破解的五个难题。这五个难题解决好了，就能大大推动杭州经济社会发展，切实维护好杭州的稳定。

总之，我们要以邓小平理论和“三个代表”重要思想为指导，贯彻十六届三中全会、四中全会、中央经济工作会议和省委十一届七次全会、全省经济工作会议精神，落实省委推进“八八战略”和打造“平安浙江”部署，以执政能力建设和科学发展观总揽全局，按照“发展、创新、稳定、为民”总要求，坚持“四个突出”（突出转变增长方式这一主线，突出体制改革这一动力，突出市区与县市统筹并进这一关键，突出解决“三农”问题这一重中之重），推进“五大战略”，破解“七大问题”，打造“平安杭州”，引领“和谐创业”，加强三个文明建设和党的建设，加快发展，率先发展，协调发展，在全省发挥龙头、领跑、示范、带头作用。

建议明年我市经济社会发展宏观调控主要预期目标为：生产总值增长12%，全社会固定资产投资增长18%，社会消费品零售总额增长13%，实际利用外资增长25%，外贸出口总额增长15%，居民消费价格指数上涨控制在4%左右，城镇居民可支配收入增长9%，农村居民人均纯收入增长7%，城镇就业岗位净增13万个，城镇登记失业率控制在4.5%以内。

二、提高驾驭社会主义市场经济能力，解决“三农”问题，深化体制改革，推进“五大战略”

提高执政能力，首先要提高领导发展能力。解决“三农”问题，深化体制改革，推进“五大战略”，就是我市各级领导干部落实科学发展观、提高领导发展能力的重要任务。

*（一）以促进农民增收为核心，解决“三农”问题。*坚持统筹城乡发展，坚持工业反哺农业、城市支持农村，坚持“多予、少取、放活”，加大支农力度，已实行的支农政策不能变，已给农民的实惠不能减。提升农业。大力发展都市型农业，推进农业产业结构调整，优化农业区域布局，培育“六大优势”和“五大特色”产业，力争2006年基本形成城市生态农业、平原高效农业、山区特色农业三大圈层格局。加强农业综合开发，鼓励发展农业龙头企业和农村专业合作组织，提高农业现代化、产业化、市场化水平。保护粮食生产能力。保障农民。加强农民培训，

提高农民素质，增强转移就业能力。加快小城镇建设，拓宽转移就业空间。壮大块状经济，增加转移就业机会。健全就业转移机制，拓宽农民增收渠道。逐步建立城乡统筹的社保体系。建设农村。抓好“九件实事”，推进“百千”工程，深化“49100”帮扶工程。加大对5县（市）的支持，统筹城乡劳动力市场、义务教育和公共卫生事业发展。加强农村基层组织、精神文明和民主法制建设，维护农民合法权益，确保农村稳定。

（二）以强化制度保障为重点，推进改革攻坚。体制重于技术，环境重于政策。要把发展的速度、改革的力度和群众的可承受程度统一起来，围绕解决影响发展全局的深层次矛盾和问题，推进改革攻坚，再创体制优势。深化企业改革。加快市属授权企业集团改革重组，建立健全现代企业制度，完善国有资产监督管理体制，推进国有经济布局和结构调整，确保国有资产保值增值。在更大范围内推动各种所有制资本的流动、重组和融合，使股份制成为公有制的主要实现形式。办好地方性股份制银行，抓好农村信用社改革试点，吸引更多外资银行和国内银行。改革行政体制。贯彻《行政许可法》，深化行政审批制度改革，创新行政审批制度和方式。健全政府信息公开制度，加强行政应急机制建设，严格绩效评估和责任追究。推进投资体制改革，进一步确立企业投资主体地位，规范政府投资行为。推进公共财政体制改革，强化财政的公共服务职能。从今年开始，政府负债也要纳入人大监督和检查的范围。在明年适当的时候，市委、市政府将向市人大人通报今年政府负债情况，接受市人大和人民群众的监督。今后，这一做法要形成制度。这也是强化财政的公共服务职能、管好用好预算内外资金的需要。今年我市的政府负债是控制得好的，可以维持在去年的75亿元水平，实现了市委、市政府对广大人民群众的承诺。这个水平处在安全合理的范围之内。1999年杭州财政总收入100亿元，今年是400亿元，五年翻了两番。1999年市本级负债48亿多元，现在是75亿元，五年中只增加了20多亿元。从现在开始，原则上政府负债总量不再增加。如果要增加，必须通过民主决策、科学决策。即使财政收入再增加，政府负债原则上也要控制在一个安全合理的水平。我们曾请浙大做过一个研究报告。根据这份研究报告，杭州市这几年可以支撑110亿元的政府负债。政府负债是一把“双刃剑”。不负债经营是“傻子”，但负债也不能过高，不能超过承受能力。完善市场机制。加快资本、技术、劳动力等要素市场和社会信用体系建设，促进资源优化配置。探索运用价格杠杆确定土地、能源、水资源等各类要素的比价关系，形成有利于资源集约的机制。研究制定生态补偿、生态修复和控制污染排放的具体办法，形成有利于污染治理和环境保护的机制。

（三）以建设改造管理为抓手，推进城市化。杭州正处在城市化加速发展期。要以实施新一轮城市总体规划为契机，坚定不移地推进城市化战略，统筹区域发展，加快结构调整。构筑网络化大都市。把5县（市）作为全市发展的重要新增点和着力点，统筹市区和县（市）规划、建设、产业发展、生态建设、劳动就业、社会保障、社会事业发展和人才资源配置，尽快出台《关于进一步构筑市域网络化大都市的实施意见》，充分发挥区、县（市）积极性，加快构筑以市区为中心、县城为依托、中心镇为基础，资源共享、功能互补、协调发展的市域网络化城市。以“交通西进”为先导，“旅游西进”、“东网加密”为抓手，加快杭千、杭徽高速公路和杭甬运河杭州段建设，启动杭浦、申嘉湖杭高速公路和钱江九桥、十桥建设，打造全市1小时半交通圈、旅游圈、经济圈。构筑市域网络化大都市是市第九次党代会上提出的。过去几年中，我们完成了新一轮城市总体规划编制工作，并开工建设了一大批基础设施特别是道路交通建设项目，“交通西进”工程中的“一绕三线三连四大接口”基本上已建成或正在建设之中，只有极个别项目没有开工。“一绕三线”占“交通西进”工程量的80%以上。目前全长123千米的绕城公路及钱江五桥、六桥都已建成投入使用，杭千、杭徽高速公路和05省道一级公路改建工程进展顺利。12月26日，新淳一级公路将全线贯通，“三线”中的“一线”将全面完成。同日杭徽高速公路昱岭关到昌化段也将全线贯通。在基础设施特别是交通基础设施建设初见成效的情况下，下一步我们要把构筑市域网络化大都市摆上重要议事日程。加快“三副六组团”建设。优化细化规划，创新体制机制，坚持市区联动，充分发挥相关城区的主体作用，同时确立杭州高新开发区（滨江）、经济开发区、之江度假区、钱江新城管委会的建设主体地位，坚持做城市和做产业一起抓，加大基础设施建设和招商引资力度，使“三副六组团”成为杭州城市建设的主战场、加快发展的新平台，推进“两疏散、三集中”，推动城市建设从“西湖时代”迈入“钱塘江时代”，促进城市布局从“摊大饼”向“蒸小笼”转变。过去杭州城市布局是“摊大饼”，既破坏了老城，又解决不了发展空间问题，已难以为继。现在要向“蒸小笼”转变，在市区3068平方千米范围内规划建设“一主三副六组团”。这是10个“单体”的有机组成。如果能做到这一点，很多“城市病”就能得到缓解甚至解决，特别是交通拥堵问题。现在我们治理“城市病”许多措施，从某种意义上说都是治标之策。治本之策是把杭州变成一座由“一主三副六组团”组成的网络化城市。现在我们正朝这个方向努力。明年是推进“三副六组团”建设的重要一年，市区包括萧山、余杭城市建设的重点就是“三副六组团”。特别是把三个副中心建设摆上重中之重的位置，力争取得阶段性的成果。对这项工作，我们将专门进行研究和部署。根据规划，今后下沙城的人口规模是50万人，临平城是40万人，江南城包括萧山区原城厢镇和杭州高新开发区（滨江）是150万人。也就是说，今后三个副中心可集聚240万人，大大超过现在主城区的人口。根据规划，老城区人口要从现在的180万人减少到今后的150万人。这样一来，市区人口和新增人口只能向三个副中心集聚。因此，加快三个副中心建设已迫在眉睫。另外，现在“六个组团”建设面临的形势也非常好，特别是建设良渚、余杭组团的交通条件已完全具备，要加快启动。推进“城中村”改造。推广试点经验，完善规划，加强协调，加快农民公寓建设，落实社会保障资金，确保“城中村”改造取得新突破。“城中村”改造也是明年的一个工作重点。城乡一体化不是靠撤村建居这样的体制调整就能实现的，最终还是要靠“城中村”改造。三叉社区就是一个典型。把三叉村改成三叉社区，仅仅是体制上的变化，其他方面并没有实质性变化。三叉村是通过彻底的“城中村”改造，才真正把农民变成市民，实现了城乡一体化。杭州高新开发区(滨江)以区为单位整体推进“城中村”改造，到目前为止已建设了200多万平方米农民公寓，仅今年开工建设的就有100多万平方米，力度非常大。今天我们看到老百姓都拍手叫好。总之，“城中村”改造势在必行，这也是解决“三农”问题的重要载体。市委、市政府对杭州高新开发区(滨江)、江干区以及其他各城区加快“城中村”改造要给予更大支持。我们打算在杭州高新开发区(滨江)召开“城中村”改造专题会议，进一步研究加快“城中村”改造问题。加强城市管理。围绕城市“四化”管理三年目标，出台城管规划，完善城管体制机制，推进管理重心下移，用好城市管理专项资金，以“城市管理年”为契机，以解决城郊结合部长效管理等热点难点问题为突破口，以背街小巷改善工程为重点，坚持“从严、依法、长效、民本、标准化管理”，提高城市管理整体效能，确保到明年底累计完成300条背街小巷改善任务，城市“四化”管理覆盖率达73%。完善公共危机管理体制。城市管理是明年杭州推进城市化的一个重点，“三分建，七分管”一定要落到实处，而不能仅仅停留在口号上。市委、市政府决定从土地出让金中拿出5%设立城管专项基金，全部用于城市管理和“公交优先”。有了资金保障还不够，还要设计一些有效载体。明年城市管理的重中之重就是实施背街小巷改善工程。这项工程是惠及千千万万老百姓的民心工程、实事工程。现在全市有400多条背街小巷条件很差，老百姓反映很大，我们准备用两年时间，对这400条背街小巷进行彻底整治。这项工程今年已开始实施，明年要全面推开。要像抓西湖综合保护工程和“三口五路”综合整治工程那样，抓好背街小巷改善工程。

(四)以“天堂硅谷”建设为目标，推进“工业兴市”。构筑以高新技术产业为主导、传统优势产业为基础、大企业大品牌为龙头、中小企业为依托、技术资本密集与充分就业相统一、先进制造业与现代服务业相融合的杭州工业新格局，确保“一高一领先”。杭州工业要确保“一高一领先”，必须牢牢把握“三句话”：一是以高新技术产业为主导，传统优势产业为基础。不要把高新技术产业和传统优势产业对立起来，而要统一起来。一个是主导，一个是基础。所谓主导，就是杭州工业发展的主攻方向；所谓基础，就是在相当长一个时期内，传统优势产业仍然是杭州工业的主体。二是以大企业、大品牌为龙头，中小企业为依托。不要把大企业和小企业对立起来，大企业、大品牌是杭州工业发展的龙头。今年UT斯达康工业销售产值可达200亿元，明年计划达到300亿元，相当于一个中等发达县的工业销售产值。像这样的大企业、大品牌，我们当然要给予重点扶持。但同时我们也不能忘记杭州90%以上的工业企业都是小企业，今天的小企业可能就是明天的大企业。7年前，UT斯达康也是一个名不见经传的小企业，是租用了西湖区一个村的标准厂房开始创业的。三是技术资本密集与充分就业相统一，先进制造业与现代服务业相融合。不能一味地强调技术资本密集而忽视充分就业。技术资本密集的高新技术产业是杭州工业发展的主攻方向，但劳动密集型的都市型工业也要发展。这次全会以后，对先进制造业与现代服务业的融合问题不要再争论。现在杭州发展现代服务业已到水到渠成、瓜熟蒂落的时候，但我们也不能忘记先进制造业。只有真正做到先进制造业与现代服务业相融合，才能实现“一高一领先”。希望大家认真研究，把握好三者之间的关系。提升产业层次。把提高自主创新能力作为结构调整的中心环节，把节约能源资源作为优化结构的重要目标，加快发展以信息、新型医药和环保、新材料为重点的高新技术产业，做大做强通讯、软件、集成电路、数字电视、动漫、网络游戏6条“产业链”。抓住科技创新和实施品牌战略两个重点，大力发展高附加值、低污染、低消耗的传统优势产业，打造若干国内一流的产业高地。淘汰高污染、高耗费的落后工艺，推广清洁生产。做强民营经济。围绕新一轮民营经济“三年倍增”目标，把支持民营企业的重点转向研究与开发，引导民营企业加快技术创新，培育自主创新主体；引导民营企业发挥产业自组功能，围绕龙头企业进行整合和产业组织创新。推进“以民引外、民外合璧”，实现“二次创业”，促进民营企业国际化和外资企业本土化。发展产业集聚、要素集约的块状经济。拓展发展空间。合理规划工业布局，抓好江东、临江工业区和杭州经济开发区临平园区，做好已撤销的工业园区土地利用、产业调整工作，推进国家级和省级开发区建设，打造一批特色城镇工业功能区，转移农民、增加就业、完善小城镇功能。

(五)以发展现代服务业为出发点，推进“旅游西进”。现代服务业是城市现代化的重要产业基础和大都市服务功能的重要载体。我市已初步形成现代服务业和先进制造业“两轮驱动”推动经济增长的格局。要坚持“因地制宜、分类指导、突出重点、梯度推进”的指导思想，防止顾此失彼，抓了服务业丢了工业；防止搞“一刀切”，提一些不合实际的口号。以“旅游西进”为载体，以市场化做大服务业规模，以信息化提高服务业水平，以国际化提升服务业能级，以法治化优化服务业发展环境，加快发展以生产性服务业为重点的现代服务业，构筑与大都市相适应的“高增值、强辐射、广就业”的现代服务业体系。明确目标。力争2010年全市服务业增加值占GDP的比重达50%，初步形成高层次“三二一”产业结构和比较完善的现代服务业体系。现在省会城市中形成“三二一”格局是一些欠发达省的省会城市，是在工业化程度欠高情况下的低水平“三二一”产业格局。我们的目标是在保持工业高增长的前提下，在高度工业化的背景下实现“三二一”产业格局。这就要求我们在发展三产上要有新思路。5个老城区要进一步加大“优二进三”力度，提升现代服务业档次。现在5个老城区已经形成“三二一”产业格局，关键是要提高档次；其余区、县(市)要坚持“兴二促三”，发挥后发优势，加快现代服务业发展。突出重点。建设一批重大基础性、功能性项目，着力提升功能型服务业，大力发展知识型服务业，延伸发展生产性服务业，改造提升传统服务业。重点发展大旅游产业、大文化产业、金融服务业、商贸物流业、社区服务业、信息软件业、中介服务业和房地产业等八大门类。发挥旅游业龙头作用，抓好西湖龙井茶文化景区整合、湖中“两堤三岛”整治、北山街历史文化街区保护二期、西湖博物馆等项目。坚持“生态优先、最小干预、修旧如旧、注重文化、可持续发展”原则，推进西溪湿地综合保护工程，打造中国首个国家湿地公园，确保一期工程明年“五一”前基本完工。最近国家林业部正在进行国家湿地公园的报批验收，对西溪湿地综合保护工程给予了充分肯定。我们要继续做好工作，确保这一工程经得起历史和人民的检验，严防破坏西溪湿地的自然景观。加快区、县(市)旅游业发展，构筑全市1小时半旅游圈。落实举措。坚持市场化、信息化、国际化、法治化“四化联动”，政府、企业、社会“三力合一”，把发展现代服务业与打造先进制造业基地、提升专业市场、统筹城乡发展和扩大消费等结合起来，制定实施纲要，加大开放力度，加强政策扶持，培养急需人才，营造良好环境，加快现代服务业发展。服务业在杭州已占有举足轻重的地位。去年服务业对全市GDP的贡献率达37.2%，拉动GDP增长5.6个百分点。今年服务业对全市GDP的贡献率肯定超过40%。在财政税收中，服务业税收164亿元，占38.1%，比重也很高。去年服务业从业人员165万人，新增就业人员一半以上在服务行业就业。在宏观调控的形势下，杭州发展服务业势在必行、大有可为。从发展阶段看，杭州已进入工业化中后期，也必须加快服务业的发展。目前市委、市政府正在研究制定现代服务业发展纲要，准备明年一季度召开加快服务业发展大会，对杭州服务业发展特别是八大重点门类要进行全面部署。总之，要把加快现代服务业发展作为明年杭州经济工作的重点之一。

(六)以招商引资为着力点，推进“开放带动”。继续把招商引资作为“一把手”工程、“生命线”工程来抓，内外资并举、招商引智并举，营造“亲商、富商、安商”氛围，落实招商引资“六个有”，北接上海，东引台资，重攻日韩，拓展欧美，着力解决要素制约、出口退税等问题，推进新一轮招商引资“三年倍增”。强化“产业链”招商。实施大项目招商，着力引进一批能形成“产业链”和有重大品牌效应的大企业和基地项目，吸引相关企业，拉长“产业链”，形成“葡萄串”。适应我国“入世”后过渡期的形势，加大金融、商贸、物流、旅游等服务业和城建城管领域招商引资力度。13个区、县(市)，特别是国家级、省级开发区，要优选一批能够形成产业链的大企业、大项目给予特殊扶持。UT斯达康、华为3COM有今天，就得益于杭州市的特殊扶持。最近“中兴”入户杭州高新开发区(滨江)，这是一个很大的成功，也是杭州高新开发区(滨江)这几年不懈努力的结果。“中兴”是全国最大的国有通讯企业。这次他们准备投资7亿元，在杭州高新开发区(滨江)建立手机全球研发和生产基地。这个基地将带动几十个配套企业落户杭州和杭州高新开发区(滨江)。看来除了有一个好环境之外，招商引资确实是事在人为。没有杭州高新开发区(滨江)负责人盯住不放的“蚂蟥”精神、“钉子”精神，“中兴”就不可能入户杭州。对于像“中兴”这样的大企业，我们就是要发扬“蚂蟥”精神、“钉子”精神，不惜花几年时间做工作。“中兴”很快就会成为年销售收入上百亿元的企业。华为3COM公司今年刚投产，销售收入就可达到30亿元，明年可达到60亿元，它的奋斗目标是出口20亿美元。对于这样的企业，各级党委、政府特别是党政主要负责人要给予特殊关注。推进“以民引外”。加大政策扶持力度，建好项目库，组织好对口考察活动，抓好项目对接工作，支持和引导民营企业实施股权招商，发挥招商引资主力军作用。抓好招商载体。瞄准日韩IT和精化产业，以日本爱知世博会和杭州西博会、休博会为契机，打造“日资高地”，促进韩资集聚。瞄准欧美先进制造业和现代服务业，组织赴西欧招商引资和旅游促销。参与“港澳·浙江周”活动，赴台开展特色专业招商，做大“港澳台资板块”。推进与名校大院战略合作，吸引省直部门、省部属单位和省内外民营企业投资，发展省会经济。接轨大上海、融入长三角，抓好“双对口”和“山海协作”。坚持“走出去”。加强市场开拓，加大外贸出口。推动有条件的企业参与西部大开发和振兴东北老工业基地，发展“杭州人经济”。走出去吸引内资，重点拓展长三角、珠三角和京津唐招商引资，发展“杭州经济”。

(七)以打造“和谐创业”为载体，推进“环境立市”。“环境立市”是“五大战略”的核心战略。要制定实施进一步优化投资创业环境的政策意见，营造良好环境，实现生活与创业、文化价值与经济运行、个人创业与整体发展、政府与民间、对外开放与内生创新的和谐，打造“和谐创业”模式。缓解要素制约。加强项目前期和“4+4”项目报批工作，争取更多土地指标。推进市区国有农场、监狱、养殖场及企业用地规划调整，加强土地整理，平衡耕地占补，加快“城中村”改造，增加建设用地供应。坚持“一调两宽两严”、“退二进三”、“退一进三”，有地优用，集约用地，节约用地。坚持“建电、管电、节电”三管齐下，加快电源电网建设，争取外购电，做到有序用电、让电于民。在全社会推广节能、节水、节材和资源综合利用的新技术新办法，提高全民节约意识，发展循环经济，构建节约型的产业结构和消费结构，建设节约型社会。加强创业扶持。强化政策扶持，加快经济适用住房、创业人才公寓建设，打通孵化器、风险投资、资本市场产业发展链，降低创业成本，构筑生活和创业“高地”。建设生态市。突出抓好水环境治理和市区大气污染整治，重点抓好钱塘江、太湖两大流域水环境治理、七大重点监管区域环境整治、八大重点污染行业整治，抓好抗咸二期和引水入城工程，加强公交车尾气治理，推进天然气利用。

三、提高构建社会主义和谐社会能力，破解“七大问题”，打造“平安杭州”

把建设和谐社会摆上重要位置，构建公平正义、协调稳定、和衷共济、充满活力的“和谐杭州”。

(一)以“春风行动”为重点，解决困难群众生产生活问题。围绕“不让一户家庭因生活困难而过不下去”目标，以“春风行动”为载体，做到责任、网络、政策“三到位”。开发就业岗位。发展劳动密集型产业，开发公益性就业岗位，创办非正规就业劳动组织，鼓励单位企业吸纳下岗失业人员，引导失业人员转变择业观念，确保全年新增就业岗位13万个、城镇下岗失业人员再就业11万名、安置就业困难人员3.5万名、城镇登记失业率控制在4.5%之内，力争控制在4%。强化技能培训。加强培训基地建设，完善政府购买培训成果机制，开展适应性、创业性、技能性、见习性培训，确保技能培训内容占60%，培训后再就业率达60%，培训城镇失业人员4.2万名。落实“同城待遇”。逐步把萧山、余杭失土农民纳入市区社会保障、技能培训和帮扶救助体系，逐步让市区失土农民在低保、社保、技能培训、子女就学等方面享受城镇居民同等待遇。建立城乡统筹的劳动就业机制。加大帮扶力度。市区健全“四级救助圈”，完善“两证”发放，落实对因学致贫、因病致贫困难家庭专项救助，完善再就业配套优惠政策，落实26项优惠援助措施，加强“两站”、“两员”建设。随着经济发展和社会进步，人民群众的公平意识越来越强，对党和政府维护和实现社会公平的要求越来越高。社会成员之间存在一定收入差距是难以避免的，但必须维持在合理范围之内。如果社会成员收入差距过于悬殊而且长期得不到解决，必然挫伤人民群众的积极性，影响经济社会发展和社会稳定。过去一年里，杭州城乡居民收入增长很快，预计农民人均纯收入增长10%，城镇居民可支配收入增长14%，但同时也有30%的老百姓生活没有改善甚至有所下降。也就是说，城乡居民收入的平均高增长掩盖了30%老百姓的贫困化。现在杭州的基尼系数在0.4以下，低于全国、全省水平，但已到临界点，不能再上升了。否则杭州将成为一座缺乏社会公平的城市。我们要努力维护和实现体现社会公平，特别是对弱势群体、困难群众要加大帮扶力度，让他们共享改革发展的成果。我们开展“春风行动”，就是为了解决这个问题。

（二）以“四改联动”为重点，解决“看病难”问题。围绕“医疗质量上去、看病费用下来”、“小病不出社区、大病确有保障”目标，推进“四改联动”。积极稳妥推进改革。围绕管办分离目标，深化医疗管理体制改革，筹建卫生系统国有资产营运机构，加快公立医院内部改革，吸引社会资本投资，规范药品集中招标采购，开展医药分离试点，建立医疗机构新的补偿机制。坚持“双控双缴”，推进“双单制”试点。完善医保和救助制度。降低退休人员住院费起付标准，完善城镇基本医疗保险参保人员医疗困难互助救济办法和城镇困难人员医疗救助办法，降低参保人员困难补助准入门槛，企业退休人员医保约定医院增加到两个。办好惠民医院。深化“光明行动”。完善社区卫生服务网络。加大财政投入，解决用房问题，调整完善医保政策，鼓励社会资本参与，支持大中型医疗机构与社区卫生服务中心(站)“连锁办医”，推动社区医疗服务机构全覆盖。市委、市政府准备花两年的时间，实现社区卫生服务网络全覆盖。当务之急要解决用房问题。今年市财政已安排一部分资金用于社区卫生服务中心(站)建设，希望市有关部门特别是各城区、街道高度重视这项工作。推进农村合作医疗。提高参保率，扩大覆盖面，确保市区及富阳、临安农村新型合作医疗覆盖率达85%，其他县(市)70%，人均筹资不低于40元。健全公共卫生服务体系。坚持政府直接举办和向社会购买服务双管齐下，加强市和区、县(市)疾病预防控制中心建设，建立完善市、区县(市)、乡镇、村四级预防保健网络。

（三）以“好上学”和“上好学”为重点，解决“上学难”问题。围绕“让更多的人接受更好的教育”目标，深化改革，力求实效。解决“好上学”问题。完善教育资助券和人民助学金制度，减轻困难家庭子女就学负担。坚持“公办学校为主、民工子女学校为辅”，解决外来人员子女入学问题。抓好教育帮扶工程，促进农村困难家庭子女“好上学”。坚持配套学校(幼儿园)与住宅小区建设“三同步”，方便新建小区居民子女就近上学。优化布局，整合资源，尽快解决一些县(市)“初升高难”。解决“上好学”问题。推进名校集团化战略，探索“名校+新校”、“名校+民校”、“名校+弱校”、“名校+名企”、“名校+外资”等多种模式，实施“名教师名校长”工程，扩大优质教育资源，实现优质教育普及化、平民化。

（四）以“居者有其屋”为重点，解决“住房难”问题。坚持政府主导、市场运作，构建满足多元需求的住房供应和保障体系，力争通过三年努力，住房困难户能随时申购经济适用住房，拆迁户能随时拿到拆迁安置房，做到“房等人”。合理规划布局。加快编制居住发展规划，编制“三副六组团”居住区控制性规划，疏散中心城区人口，稳定中心城区房价。确保土地供应。加大征地拆迁，加快撤村建居和“城中村”改造，老城区完成商品房和公建供地300公顷，落实萧山、余杭各2平方千米经济适用住房建设用地。加快建设步伐。加快经济适用住房、安置房、廉租房(租居房)、农民多层公寓和创业人才公寓等保障性住房建设，大力开发低价位商品房。明年新开工经济适用住房确保150万、力争180万平方米，其中新开工拆迁安置房100万平方米；安置在外过渡3年以上拆迁户80%以上；新开工农转居多层公寓100万平方米；建设10万平方米人才创业公寓。完善廉租房和租居房管理政策。解决“住房难”问题，我们的目标是“房等人”。这是解决目前城市化推进中遇到的各种问题，特别是征地拆迁问题的“杀手锏”。要努力做到两个“房等人”：一是困难户申领经济适用住房要做到“房等人”。相信3年之内我们完全有可能做到这一点。明年准备公开摇号销售的经济适用住房是90万平方米，可以提供10000套房源。二是拆迁安置房要做到“房等人”。今年市委、市政府和市有关部门、各城区对安置房建设抓得很紧，我们完全有可能在3年之内做到“房等人”。明年拆迁安置房新开工面积100万平方米，3年内新开工面积300至340万平方米。要坚持就近安置，这300多万平方米安置房都安排在老城区，以杜绝富人驱赶穷人现象的发生。

（五）以“公交优先”为重点，解决“两难”问题。制定规划、加快建设、加强管理、提高素质“四管齐下”，着力缓解“两难”。实施“公交优先”。加大资金投入，提高空调车比重，完善准快速线，开通快速“一号线”，优化公交线路，推进市区、萧山、余杭公交一体化，提高公交分担率。推进交通改造。实施万松岭隧道、西溪路、文一西路和文二西路延伸段、紫金港路等道路工程，建设德胜路、秋石路、留石路城市快速道路，加快过街设施建设，加强公交首末站建设和公交港湾式车站改造，推进主要道路交叉口交通渠化。提高管理水平。加强交通需求研究，建立交通畅通指数。完善单向交通组织方案，梳理交通堵点。推广现代交通管理技术，加强日常管理，巩固依法管理“四小车”成果。教育和引导交通参与者增强法制观念，遵守交通规则。推进停车产业化。完善中心城区停车场布点规划，出台停车产业化政策，加快停车场所建设，依法清理挪用停车场(库)，规范道路停车管理。运用经济杠杆促进停车入库。重视解决居民小区“停车难”。

（六）以机关效能建设为重点，解决“办事难”问题。提高干部素质，创新体制机制，巩固机关效能建设和评选活动成果。加强教育监督。以开展党员先进性教育为契机，强化机关工作人员“想办事”意识，加大培训力度，提高“能办事”水平。推进监督检查经常化、投诉办理规范化、网上监控实时化，提高监督检查实效。理顺行政职能。深化行政管理体制改革，坚持“单一部门”、“主办部门”和“公共事务下放”3项原则，科学界定行政机关职能，理顺职权关系，以“铁腕”治扯皮。推进制度创新。完善行政执法责任制、过错责任追究制和评议考核制，推进依法行政。健全重大事项集体讨论决定、政府信息公开、重大事项公示和新闻发布等制度，推进政务公开。落实机关服务8项制度，规范行政行为。构建服务平台。健全市行政服务中心和公共资源交易中心，完善区县(市)、乡镇、村三级服务体系，构建网上审批、公文交换和服务平台，强化政府服务功能。深化评选活动。把满意单位不满意单位评选与机关效能建设结合起来，逐步把评选活动转化为衡量市直单位领导班子政绩的社会化评价体系，不断提高科学性、公正性和群众性。

(七)以创建文明城市为重点，解决“清洁杭州”问题。着力在巩固、提高、深化、延伸上下功夫，打造“清洁杭州”，争创全国文明城市。主攻热点难点。加大农贸市场整治和早点摊车(点)退路入室力度，落实“门前三包”责任制，扩大“清洁杭州”示范街创建面和“洁面工程”覆盖面，提高“四化”管理水平。健全体制机制。健全城管体系，完善日常管理协调机制，实行“管养分离、管干分开”，推进市政、环卫、绿化“三位一体”市场化养护作业。提高市民素质。继续开展“革除陋习、倡导文明”和“文明从脚下起步”等活动，坚持公民义务劳动日制度，提高市民卫生意识。

(八)以打造“平安杭州”为重点，维护社会稳定。以落实责任制为龙头，健全打防控疏体系。坚持严打严管。严厉打击境内外敌对势力、敌对分子和“法轮功”邪教组织的渗透破坏活动，严厉打击严重影响群众安全感的暴力犯罪和侵财型犯罪、严重破坏市场经济秩序的经济犯罪以及暴力抗法等妨碍公务的犯罪。加强社会治安综合治理，搞好流动人口管理和服务。排解矛盾纠纷。落实信访和“12345”工作目标责任制，健全处理信访突出问题及群体性事件联席会议制度，发挥10个专项工作小组作用，抓好群体性事件的预防和处置。做好领导信访接待日、干部下访及包案处理工作，重视各类矛盾纠纷的排查调处，努力把不稳定因素化解在基层和萌芽状态。加强安全生产。严格安全生产控制指标，加强安全生产检查，抓好特种行业专项整治，完善重大活动安全预案。

四、提高发展社会主义民主政治能力，发展社会主义民主，健全社会主义法制

把党的领导、人民当家作主和依法治国有机统一起来，巩固和发展民主团结、生动活泼、安定和谐的政治局面。

(一)推进民主政治建设的制度化、规范化和程序化，保证人民当家作主。坚持和完善人民代表大会制度，保证人大及其常委会依法履行职责，充分发挥人大代表的主体作用。坚持和完善共产党领导的多党合作和政治协商制度，支持政协履行政治协商、民主监督、参政议政职能，加强同民主党派合作共事，巩固和发展最广泛的爱国统一战线。贯彻党的民族、宗教、侨务和对台工作方针，做好党外知识分子、非公有制经济人士和其他社会阶层人士的工作，充分调动各方面的积极性和创造性。扩大公民有序政治参与，推进政务、厂务、村务(居务)公开，完善基层民主管理制度。

(二)推进“依法治市”，提高依法执政水平。加强对立法工作的领导，善于使党的意志通过法定程序成为国家意志。加强对政府工作的领导，督促、支持和保证政府机关依法行政。加强对政法工作的领导，支持审判机关和检察机关依法独立公正行使审判权和检察权，维护社会公平和正义。完善行政执法体制，推进相对集中行政处罚权工作。深化“二五”依法治市、“四五”普法教育，增强全民法制意识。

(三)改革和完善决策机制，推进决策的科学化、民主化。完善决策规则和程序，对涉及经济社会发展全局的重大事项，广泛征询意见；与群众利益密切相关的重大事项，实行公示、听证；对专业性、技术性较强的重大事项，进行专家论证和决策评估。建立决策失误责任追究制度，健全纠错改正机制。明年将制定我市“十一五”规划，要发扬民主、科学决策，提高规划的预见性、科学性和指导性。

(四)按照“总揽全局、协调各方”原则，改进领导方式。完善“一个核心、三个党组”的领导体制，发挥党委对同级人大、政府、政协的领导核心作用，发挥这些组织中党组的领导核心作用。支持和保证工会、共青团、妇联等创造性地开展工作。加强“双拥”工作，推进国防后备力量建设。

五、提高建设社会主义先进文化能力，改革文化体制，提升精神文明

先进文化是综合国力和国际竞争力的深层支撑。要不断提高发展社会主义先进文化的能力，寻求文化力转化为经济力、“软实力”转化为“硬实力”的有效途径。

(一)加强党对意识形态工作的领导，把握宣传舆论工作主动权。巩固马克思主义在意识形态领域的指导地位，全面落实用邓小平理论和“三个代表”重要思想教育人民的任务。坚持党管媒体，坚持团结鼓劲、正面宣传为主，弘扬主旋律，坚持“三贴近”，依法加强对思想文化传播渠道的管理，牢牢把握舆论导向，正确引导社会舆论。

(二)推进文化体制改革，繁荣文化事业，发展文化产业。推进文化管理体制改革，深化文化管理机构、文化财政投入机制和文化融资体制改革，力求在完善国有文化资产经营管理体制、新闻媒体“两分开”、文艺院团改革等热点难点问题上取得新突破。加快调整文化产业结构，积极发展数字娱乐业、现代传媒业和旅游文化产业，做大做强杭报集团、广电集团、西泠印社等文化集团。实施文化精品战略，繁荣文艺创作。加强文化设施、基层文化阵地和文化队伍建设，丰富群众文化活动。

(三)深化群众性创建活动，推进精神文明建设。弘扬“精致和谐、大气开放”人文精神，倡导“和谐创业”模式，深化“创业在杭州”主题教育。加强爱国主义教育，深化公民道德教育与实践活动，加强未成年人思想道德建设。广泛开展文明社区、文明行业(单位)、文明村镇等群众性精神文明创建活动，确保通过全国第一批文明城市考核验收。

(四)实施“科教兴市”，提高市民科学文化素质。加强学前教育、义务教育、高中段教育，提高15年制基础教育普及程度。加快发展教育培训产业和高等教育。深化科技体制改革，提高科技创新能力，增强科技综合实力。深化体育改革，构建群众体育服务体系，健全竞技体育机制，促进体育产业发展，创建体育强市。

六、全面推进党的建设，切实提高执政能力

提高党的执政能力，关键在于搞好党的建设。要坚持党要管党、从严治党方针，全面加强和改进党的建设。

（一）以提高科学执政、民主执政、依法执政能力为重点，加强领导班子和干部队伍建设。提高党的执政能力，核心是提高各级领导班子和干部队伍科学执政、民主执政、依法执政的能力。解决“本领恐慌”。坚持把思想政治建设放在首位，深化“三树一创”活动，用科学理论武装头脑、指导实践、推动工作。加大培训力度，提高干部的知识水平、业务能力和领导才能。坚持下派、上挂、外派三管齐下，在实践中提高干部素质。优化班子结构。按照“政治坚定、求真务实、开拓创新、勤政廉洁、团结协调”要求，做好领导班子届中调整工作，增强班子活力。补充调整后备干部队伍。加大女干部、党外干部选拔培养力度。深化干部人事制度改革。贯彻干部“四化”方针，坚持德才兼备、注重实绩、群众公认，坚持任人唯贤、公道正派，把“政治上靠得住、工作上有本事、作风上过得硬”的干部选拔到各级领导岗位。全面推行领导干部任免全委会表决制，研究制定领导干部政绩考核评价指标体系，健全完善党内选举制度。

（二）以党员先进性教育为重点，加强基层组织和党员队伍建设。开展先进性教育。组织开展党员先进性教育活动，着力解决党员和党组织在思想、组织、作风等方面存在的突出问题，达到提高党员素质、加强基层组织、服务人民群众、促进各项工作的目的。加强党员教育管理。制定实施发展党员工作规划，规范发展程序，保证发展质量。做好下岗失业人员、退休人员、流动人员中党员的教育管理和服务工作，抓好困难党员、老党员的关心帮扶工作。探索建立党员量化考核管理办法，推行“不作为”党员告诫制度，建立保持党员先进性预警机制。推进基层组织建设。以“先锋工程”、“领头雁”工程和“49100”帮扶工程为抓手，以村级组织换届选举为契机，深化“三级联创”活动，推进村“两委”成员交叉任职，实现村党支部书记队伍“三个80%”目标。加大社区党组织对新经济组织、新社会组织党建工作整合力度。落实在职党员到社区报到制度，推进“党建工作示范区”建设，构建社区党建工作新格局。以加强组建为基础，以发挥作用为重点，提高“两新”组织党建工作水平，扩大党的工作覆盖面。高度重视、切实做好新时期老干部工作。保护基层干部积极性。“上面千条线，下面一根针”。广大基层干部是党和国家干部队伍的重要组成部分，是做好基层工作的重要力量。要真正重视、真情关怀、真心爱护广大基层干部，满腔热忱地支持他们做好工作，关心他们的学习和生活，帮助他们不断提高政策水平和法制观念。领导就是责任。对事关经济社会发展和人民切身利益的大事要事，要敢抓敢管，敢啃“硬骨头”，敢于迎着困难上，不当“太平官”；对经济社会发展和党的建设中的突出问题，要敢于碰硬，敢于较真，敢于得罪人，不做“老好人”；对工作中的失误，要敢于负责，勇于自我批评，及时改正纠错。要把对上负责与对下负责统一起来，放心、放手、放胆支持下级工作，多一些鼓励支持，少一些埋怨指责，勇于为下级负责任、挑担子，营造宽松的发展环境、和谐的工作氛围，保护好、发展好广大基层干部群众的积极性、主动性和创造性。

（三）以增强实力、激发活力、形成合力为重点，推进“人才强市”。坚持党管人才原则，加强人才队伍建设，推进“人才强市”。加强宏观指导。充分发挥组织部门牵头抓总作用，加强对人才工作的宏观指导和协调，建立健全人才工作机构，抓好人才信息、人才统计、督促检查等日常工作。完善政策体系。出台《关于引进高层次和紧缺人才的若干意见》等5个政策性文件，开展“十一五”人才规划编制，制定党政领导班子和领导干部队伍建设五年规划，优化人才创业的政策环境。加大人才培养和引进力度。明年全市力争引进各类人才2.5万名以上，其中硕士、博士1000名以上，继续抓好“356”工程和新世纪“131”人才培养工程。

（四）以树立“为民、务实、清廉”形象为重点，加强党的作风建设。以落实党风廉政建设责任制为龙头，坚持不懈地推进反腐倡廉工作。加强廉洁自律。严格遵守“四大纪律、八项要求”，认真执行领导干部廉洁从政各项规定，严肃处理违反“五个不许”的突出问题，加强对党员领导干部辞职离岗经商办企业的管理，继续深化“两不”问题集中整治，开展向牛玉儒同志学习活动。加大查办力度。以查办领导机关和领导干部滥用权力谋取非法利益的违纪违法案件为重点，严肃查办利用审批权、人事权、司法权违纪违法的案件，重大工程项目中发生的案件，金融、国土资源、物资采购等领域的案件，国有资产严重流失的案件，以及党政机关、事业单位和国有企业私设小金库的问题。对私设小金库问题，社会各界反映强烈，要进行一次彻底检查。所有账户，包括食堂、工会账户都要上报，以此加强监管，防止滥发钱物。在自查自报基础上，市里还将组织抽查。对抽查中发现的问题，市委将按党纪政纪严肃查处。纠正不正之风。发挥96666、12345两个公开电话和行风热线的作用，深化行风评议活动，坚决纠正征用土地、房屋拆迁和企业改制中损害群众利益，以及拖欠农民工工资等8个方面的不正之风，严肃查处损害群众利益的各种行为。深化源头治理。坚持标本兼治、综合治理、惩防并举、注重预防，加快构建反腐保廉体系，认真贯彻《党内监督条例（试行）》，完善巡视制度，深化“四项改革”，落实“四项制度”，从源头上预防和治理腐败。

（五）牢记“两个务必”，坚持艰苦创业。艰苦奋斗是我们党的光荣传统，也是领导干部必备的政治素质。过去干革命靠艰苦奋斗，今天搞建设同样靠艰苦奋斗。要牢固树立科学发展观、正确政绩观，牢记“两个务必”，坚持以人为本、以民为先，坚持勤俭建国、勤俭办一切事业，坚决反对浮躁浮夸、急功近利，坚决反对铺张浪费、大手大脚。注重调查研究，坚持民主科学决策。严格管理、严格监督，管好用好预算内外资金，真正做到少花钱、多办事、办好事。要切实加强监管，及时查处和纠正预算内外资金使用中出现的各种问题。同时建立预警和防范机制，防止预算内外资金在使用过程中出问题。要弘扬“克难攻坚、争创一流、敢于负责、合力兴市”的“杭铁头”精神，保持想干大事、敢干大事、能干大事的良好精神状态。

同志们，2005年是迎接挑战的一年，更是充满希望的一年。让我们更加紧密地团结在以胡锦涛同志为总书记的党中央周围，认真贯彻十六大和十六届三中、四中全会精神，全面落实省委决策部署，解放思想，与时俱进，克难攻坚，迎难而上，为加快发展、率先发展、协调发展而努力奋斗！

政府工作报告

（2005 年 1 月 28 日在杭州市第十届人民代表大会第五次会议上）

杭州市代市长　孙忠焕

各位代表：

现在，我代表市人民政府向大会作报告，请予审议，并请市政协各位委员和其他列席人员提出意见。

一、2004 年工作回顾

2004 年，是不平凡的一年。在这一年里，我们以邓小平理论和“三个代表”重要思想为指导，深入贯彻落实党的十六大和十六届三中、四中全会精神，牢固树立科学发展观，坚决贯彻中央一系列宏观调控政策，在省委、省政府和市委的正确领导下，在市人大及其常委会、市政协的监督支持下，围绕“发展、创新、稳定、为民”的总要求，深入实施“五大战略”，落实破解“七大问题”的举措，全面推进“平安杭州”建设，胜利完成了市十届人大四次会议提出的各项任务。全市实现生产总值 2515 亿元，比上年增长 15%；财政总收入 395.75 亿元，增长 10.1%；社会消费品零售总额 704.34 亿元，增长 15.2%；全社会固定资产投资 1205.18 亿元，增长 19.7%；外贸出口总额 151.75 亿美元，增长 38.6%。杭州经济社会实现了平稳协调快速发展。

（一）推进结构调整，全市经济运行质量进一步提高

*农业基础地位得到加强。*全市实现农业总产值 208.27 亿元，农村经济总收入 4600 亿元，比上年分别增长 10.2%和 26.5%。优势产业、特色产业发展态势良好，农业龙头企业和专业合作组织不断发展，农业产业化经营稳步推进。加强粮食综合生产能力建设，粮食播种面积和总产量明显回升。农产品质量安全水平得到提高，科技兴农得到加强。加大耕地保护力度，完成 1.49 万公顷标准农田建设。动植物疫病防治工作进一步加强，高致病性禽流感阻击战取得成效。林业“十大工程”建设扎实推进。分水江水利枢纽等重点水利工程进展顺利。开展百库达标、小流域治理和农民饮用水等水利工程建设，有效改善水环境，农村抗灾减灾能力增强。农村各项改革不断深化，土地承包制度进一步完善和落实。

*“工业兴市”战略深入推进。*全市规模以上工业企业实现销售产值 4083.6 亿元，利税 394.37 亿元，比上年分别增长 30.7%和 17.4%。工业增长方式转变、结构调整和产业升级取得明显成效。软件、通信、微电子等技术含量高、资源消耗少、产品附加值高的产业迅速发展壮大，传统优势产业得到提升，高能耗、低产出的产业比重逐步下降。“新药港”、“信息港”建设取得新成绩，信息化带动工业化成效明显，我市被列为全国首批国家电子信息产业基地。各级开发区和其他工业功能区在整顿和规范的基础上得到提升，继续发挥龙头、带动效应。块状经济不断壮大。实施名牌战略初见成效，新增中国驰名商标 4 个、中国名牌产品 6 个。中小企业信用服务体系日益完善。工业经济继续在全省保持“一高一领先”地位。

*第三产业快速发展。*旅游国际化战略全面启动，《杭州市旅游发展总体规划》编制工作基本完成。西湖湖西综合保护工程荣获全国十大建设科技成就奖，北山街历史文化街区一期、杨公堤景区二期、梅家坞茶文化村整治二期工程顺利完成，西湖博物馆等项目开始启动。旅游业各项主要指标均创历史新高。全年入境旅游及国内旅游人数分别达 123.4 万人次和 3016 万人次，比上年增长 43.3%和 8.7%。银行、保险、证券等金融业日益呈现现代经济的核心作用，中介代理业务不断扩大，住房、汽车等消费热点持续升温。商贸、社区服务业不断发展。电子商务进一步发展，物流配送体系建设步伐加快。商业特色街区建设和管理取得新进展。成功举办了中国国内旅游交易会、第六届西湖博览会。

（二）深化体制改革，经济社会发展活力不断增强

*国有企业改革不断深化。*企业改制工作在规范中得到推进。积极探索国有资本经营考核制度和国企经营者薪酬考核办法。国有资产经营管理体制不断健全。

*民营经济“二次创业”迈出新步。*实施“以民引外、民外合璧”和“走出去”战略，民营企业规模迅速扩大，市场竞争力增强。杭州由民营经济大市逐步向民营经济强市转变。

*各项改革积极稳妥进行。*医药卫生“四改联动”成效明显，药品集中招标采购全面推进，群众“看病难”的问题得到初步缓解。文化体制改革试点工作进展顺利，艺术院团和经营性文化单位转企改制取得新的突破。杭报改革进一步推进，西泠印社完成探索改革新的运行体制。财税改革继续深化，公共财政体制建设步伐加快。企业上市和资本市场建设取得新突破，新增上市公司 7 个、募集资金 12.4 亿元。筹建统一的公共资源交易中心，投资体制改革进一步深化。

（三）坚持建管并重，城市整体功能及形象显著提升

城市各项规划工作日趋加强。做好城市总体规划完善申报，开展新一轮土地利用总体规划的修编工作。推进萧山、余杭两区加快融入大都市规划。制定市区历史建筑保护规划及管理办法、市区生态用地控制规划、钱江新城核心区的城市设计和地下空间规划等。深化轨道交通线网规划布局。健全公示制度，规划工作透明度增强。

基础设施建设力度加大。"33929"道路建设、"三口五路"综合整治工程圆满完成，钱江新城基础设施建设框架已拉开。解放路延伸隧道提前通车。德胜快速路建设前期工作进展顺利。交通基础设施建设取得明显进展，全市建成二级以上高等级公路1477.05千米。杭徽高速公路昌化至昱岭关段竣工通车，05省道一级公路全线贯通，市域"一小时半交通圈"提前基本实现。杭千高速公路一期工程路基全面建成，杭浦高速公路杭州段开工建设，京杭运河(杭州段)综合整治与保护开发工作全面展开。抗咸应急工程竣工。天然气利用工程取得初步成效，为市区15.54万户居民和500多个企业提供服务。七格污水处理厂二期工程、天子岭垃圾填埋场二期工程、主城区污水管网、危险废物安全填埋场和6个区、县(市)城镇污水处理厂工程顺利进行。积极稳妥做好土地供应工作，经济适用住房建设开工180万平方米、竣工150万平方米。加快征地拆迁，落实开工140万平方米拆迁安置房的建设目标，切实解决在外过渡多年的拆迁户住房。10万平方米大学毕业生人才公寓开工建设。

城市管理全面加强。调整完善了市、区两级城市管理综合协调网络，全面推进"四化"长效管理。开展农贸市场、城郊接合部环境卫生等集中整治，"清洁杭州"活动不断深化。加大对房地产市场的调控力度，完善经济适用住房建设管理办法及廉租房供应、分配和管理制度。加强建设市场的监督检查，清欠工程款和民工工资。完善建设工程招投标管理制度及交易网络体系。撤村建居和城中村改造稳步推进，清理和拆除违法建筑，创建全国无障碍设施建设示范城市，依法整治"四小车"成效明显。

生态市建设取得阶段性成果。《杭州生态市建设规划》颁布实施。全面落实生态市建设和环境保护目标责任制。环保管理更加规范，执法力度进一步加大，开展生态示范区、生态乡镇(村)和环境优美乡镇创建活动。启动生态环境"八大示范工程"建设。西溪湿地综合保护一期工程全面铺开。巩固深化"创模"成果，深入实施"蓝天、碧水、绿色、清静"工程，开展第三阶段市区大气污染综合整治，加强合格饮用水源保护。

(四)扩大对外开放，外向型经济快速发展

对外经贸工作成效明显。实施新一轮招商引资"三年倍增"计划，全年合同利用外资30.78亿美元，实际利用外资14.1亿美元，比上年分别增长53.8%和39.8%。引进重大项目取得突破，全年总投资1000万美元以上项目201个，其中新批项目176个，增资项目25个，总投资49.45亿美元。成功举办"杭州—日本投资合作论坛"。外贸进出口持续高速增长，出口产品结构不断优化。全年批准设立境外企业(机构)42个，比上年增长20%，完成对外工程承包与劳务合作合同金额2.37亿美元。

国内合作领域不断拓展。全年协议引进内资464.41亿元，实际到位资金220.46亿元。接轨上海、融入长三角工作进一步深化。"双对口"工作和"山海协作工程"任务全面完成。积极参与各类区域合作交流活动。

"总部经济"、"楼宇经济"取得新成效。充分发挥省会城市优势，与中国科学院、中国工程院、浙江大学等名校大院的战略合作取得新进展。

国际交流日益扩大。与瑞士日内瓦、澳大利亚堪培拉等城市签署了友好交流与合作协议。杭州萧山国际机场成为国家一类口岸并开通至东京、大阪、汉城及新加坡的航班。

侨务、港澳事务及对台工作得到加强。

(五)扎实办好实事，群众生活质量稳步提高

市十届人大四次会议确定的"十件实事"基本完成。免征农业税、实施"百千"工程、加强乡村道路建设等为农民办"九件实事"项目扎实推进。重点解决事关人民群众切身利益的"七大问题"取得明显成效。

人民生活不断改善。市区居民人均可支配收入14565元，农村居民人均纯收入6382元，比上年分别增长12.9%和11.2%。"49100"帮扶工程成效明显，受帮扶地区群众人均增收300元以上。"春风行动"不断深化，帮扶救助网络基本形成，对困难群众的住房、就学、医疗、法律等配套援助政策进一步完善，困难群众基本生活得到有效保障。全面开展农村劳动力素质培训工作。

就业再就业工作取得较大成效。完善市、区县(市)、街道(乡镇)、社区四级就业服务网络。全年新增就业岗位14.1万个，实现再就业13.72万人，其中安置就业困难人员5.37万人，再就业培训5.9万人，城镇登记失业率为4.33%。完善再就业政策，建立失业人员新型动态管理机制。我市被评为全国再就业工作先进单位。

社会保障工作得到加强。全市企业职工基本养老保险参保人数达到139.45万人，比上年净增15.3万人，医疗、失业、工伤保险也均超额完成全年目标。企业退休人员社会化管理服务工作全面推进，市区企业退休人员门诊医疗费实行社会统筹。新型农村合作医疗制度全面推进，乡镇覆盖率和农民参保率分别达94.1%和83.34%。成立市惠民医院，对城区非农低保、困难家庭成员实施"十四免十减半六优惠"医疗救助服务政策。全面建立并实施征地农转非人员基本生活保障制度。农村五保户和城镇"三无"对象集中供养率分别达到82.2%和92.6%。街道(乡镇)管理和社区自治得到加强。

(六)克服要素制约，千方百计缓解发展瓶颈

强化有序用电工作。面对夏季高温干旱、严重缺电，坚持"有序用电、让电于民"方针，采取开源、节流、管理、建设等一系列有效措施，开展迎峰度夏抗缺电活动，确保了人民群众基本生活用电。电力电网建设步伐加快，新(扩)建110千伏以上变电所21座。

严格土地有效管理。开展土地市场治理整顿和存量土地调查，采取一系列举措推进土地集约利用。在符合城市总体规划的前提下，按照"一优(调)两宽两严"的要求，优化存量土地。建立有序供地机制，积极做好重点急需建设项目的土地报批工作，力保重大项目、高科技项目、关系国计民生项目的土地供应。

融资渠道不断拓展。建立政府与金融机构工作磋商机制，积极争取银行进一步支持杭州重点基础设施建设和重点企业发展。拓展债权、股权、信托等融资工作，多渠道筹集建设资金，争取国债及中央专项资金补助。引导、规范民间资金投向和流向，鼓励社会资金参与城市建设。

（七）坚持统筹协调发展，社会日益和谐

精神文明建设得到加强。扎实推进创建全国文明城市工作，大力加强公民道德建设和未成年人思想道德教育，社会文明程度和市民素质得到提高。

科教兴市战略深入实施。开展"创业在杭州"科技服务月、科技合作周和科普宣传周等活动，创新创业环境不断优化。科技企业孵化器、科技创新公共服务平台等建设稳步推进。知识产权保护工作取得有效进展，我市被确定为国家专利工作试点城市。设立产学研合作专项资金，大力推进企业高新技术研发中心、技术中心建设。教育事业健康发展。全市学前三年幼儿入园率达95.3%，乡（镇）中心幼儿园建园率达89.7%，初中毕业生升入各类高中比例达91.4%。关注困难群体子女就学问题，完善教育资助券和人民助学金制度，新增民工子女学校8所，帮困助学活动成效明显。整合扩大优质教育资源，启动名校集团化战略，组建教育集团24个。高等教育快速发展，毛入学率45%。积极稳妥推进市属高校办学体制改革，加快发展民办高等教育，萧山江东、余杭仓前两个高教功能区总体规划基本完成。推进社区教育，成立杭州市民学校，新增区、县（市）社区学院4所，积极构建终身教育体系。实施"名师名校长"工程，素质教育全面推进。

人才工作和企业家队伍建设扎实推进。《杭州市2004年及未来三年人才开发目录》颁布施行。"356计划"继续推进，两百多名企业高级经营管理人才得到全面培训。全年引进各类高层次人才1653名。

文化卫生体育等事业协调发展。积极参与、圆满完成了第七届中国艺术节杭州主会场的各项任务。舞剧《玉鸟》、越剧《流花溪》获得"文华新剧目奖"，小品《汇报咏叹调》等4项群文剧目和作品摘取"群星奖"。文化艺术取得新成果，西湖文化研究更加重视，有关艺术创作获国家级奖项25个。杭州大剧院落成试用。开展"双百场文化活动进社区（乡镇）"等十大系列文化活动，丰富群众文化生活。放开医疗市场，全年新批各类民营医疗机构164个。开展"规范化社区卫生服务机构"创建工作。加强疾病预防控制，进一步完善突发性公共卫生事件的预警、监测机制。组织实施"亿万农民健康促进行动"试点工作。开展环境卫生整治和除"四害"工作的市场化运作。杭州市被命名为全国灭蚊先进城区，富阳市被命名为国家卫生城市。农村改水改厕进程加快，自来水、卫生厕所普及率分别累计达94.4%、88.7%。全面完成省政府下达的人口与计划生育目标和任务。广电事业积极推进，数字电视平台投入试播，全市有线广播电视传播网络整合工作全面推进。杭州成为首批国家动画产业基地。体育事业繁荣发展，我市运动员参加雅典奥运会并荣获1枚金牌、1枚银牌，参加残奥会荣获1枚金牌。新闻出版业蓬勃发展，出版物市场管理不断规范。"在地统计"工作取得阶段性成效，第一次全国经济普查前期准备工作扎实开展。

"平安杭州"创建工作进一步深化。强化社会治安综合治理，坚持打防控结合、预防为主原则，"严打整治"、"扫黄打非"和揭批"法轮功"邪教组织斗争取得重大胜利。深化信访工作，健全完善"12345"市长公开电话，妥善处理各类信访突出问题及群体性事件，及时化解各种社会矛盾。整顿和规范市场经济秩序，开展专项整治，加强食品药品安全监管。高度重视安全生产工作，进一步落实安全生产责任制。

人防、档案、民族、宗教、气象、防震减灾等工作不断强化，工会、青年、妇女、科协、红十字会、老龄、关心下一代、残疾人事业健康发展。国防教育和国防后备力量建设得到加强，军政军民团结更加巩固，再次荣获全国"双拥"模范城市称号。

（八）加强自身建设，政府职能进一步转变

全面贯彻中央宏观调控政策，牢固树立和落实科学发展观，大力弘扬"合力兴市"精神，千方百计化解发展中的突出矛盾。一年来，我们继续推进结构调整、改革开放、体制创新、环境优化，努力促进增长方式转变，并按中央统一部署，进行了开发区、土地市场秩序和固定资产投资项目清理整顿，确保了经济协调发展。

政务环境逐步优化。以"加强机关效能建设、争创人民满意单位"为载体，坚持标本兼治，注重制度创新、行为规范。深化行政审批制度改革，减少审批环节，依法公布行政许可事项360项。市、区县（市）两级废止各类文件888件。组建市行政服务中心，完善集中办理制度，构建三级行政服务体系。加快电子政务建设步伐，大力推进"网上办事"，实行政府信息公开制度，行政效率和工作透明度进一步提高。开展职能理顺工作，理出市直部门间职责交叉问题79个，区、县（市）理出职责交叉问题159个。加强行政监察和审计监督，领导干部经济责任审计工作得到加强。机关作风和廉政建设成效明显。

坚持依法行政。深入贯彻实施《中华人民共和国行政许可法》和《依法行政实施纲要》。各级政府认真执行同级人大及其常委会的决议、决定，自觉接受人大及其常委会的监督，支持人民政协民主监督和参政议政，扎实办理和落实人大代表、政协委员的建议、提案，充分发挥各民主党派、工商联、人民团体以及社会各界的作用，不仅有力地推动和促进各项事业的发展，而且使各级政府的工作不敢懈怠。

行政能力得到增强。加强政府的社会管理和公共服务职能，公共危机应急处置机制逐步完善，城市应急救援指挥中心的作用得到进一步发挥。坚持科学民主决策，广泛开展民情民意调查和人民建议征集活动。加强服务型政府、学习型机关建设，综合运用经济、法律、行政手段调节市场，驾驭市场经济的能力不断增强。

过去的一年，在省委、省政府和市委正确领导下，全市人民齐心协力、克难攻坚、奋发有为，从而使杭州发展迅速、变化显著、实力增强。在此，我代表市人民政府，向全市广大工人、农民、知识分子及所有社会主义建设者，向各位人大代表、政协委员，向各民主党派、工商联、人民团体，向人民解放军、武警驻杭部队、民兵预备役部队及中央、省属和兄弟省市驻杭单位，向广大海内外投资者和所有关心支持杭州经济建设、社会发展的同志们、朋友们表示衷心的感谢，并致以崇高的敬意！

在回顾总结、肯定成绩的同时,我们必须清醒地看到工作中的不足和亟需解决的问题。主要是:经济结构性、素质性深层次矛盾突出,体制、机制、管理和科技创新任务艰巨;土地、电力、资金等生产要素紧缺,经济发展面临严峻挑战;城市交通"两难"问题突出,城市管理的长效机制有待巩固;资源保护、环境治理与生态建设尚待加强;就业压力较大,社会保障体系还需不断完善;国有企业改革和政府职能转变仍需继续深化,政府工作人员的工作作风、服务质量有待进一步改进和提高;农业增效、农民增收难度加大;安全生产事故频发,信访突出问题和群体性事件增多,社会收入分配机制不够完善,社会事业发展不平衡问题等依然存在。这些问题制约着我市的改革、发展和稳定,我们必须正视问题,并认真研究,千方百计加以克服和解决。

二、2005 年工作的指导思想、总体要求及目标

2005 年是进一步贯彻党的十六届三中、四中全会精神,继续贯彻宏观调控政策,全面实现"十五"目标,谋划"十一五"规划的重要一年,也是继续促进经济社会统筹协调发展,构建和谐社会的重要一年。做好今年的工作具有重大的意义。

做好今年政府工作,必须认真学习领会中央、省委和省政府一系列重要会议精神,并把市委九届八次全体(扩大)会议的工作部署落到实处。必须把我市的发展放到国际、国内客观大环境中去认识,更全面地把握有利条件和制约因素。必须按照科学发展观的要求,从更深层次上剖析和解决当前我市经济社会发展面临的矛盾和问题。认清形势,统一思想,既增强信心,鼓舞斗志,又居安思危,保持清醒头脑。我们要主动应对、趋利避害,顺势而为、乘势而上,克难攻坚、加快发展。

2005 年政府工作的指导思想是:**以邓小平理论和"三个代表"重要思想为指导,认真贯彻党的十六大和十六届三中、四中全会精神,牢固树立科学发展观,坚持"发展、创新、稳定、为民"总要求,着力提高政府行政效能,切实转变经济增长方式,深化经济体制改革,统筹区域协调发展,推进"五大战略",破解"七大问题",打造"平安杭州",引领和谐创业,加快发展,率先发展,协调发展,在全省发挥龙头、领跑、示范、带头作用。**

在今年及今后工作中,我们要做到六个坚持:

一是坚持科学发展观,始终注重统筹协调全面发展。必须紧紧扭住经济建设这个中心不放松。这是协调统筹的基础,把握和谐全面的关键。在抓经济建设中做到有抑有扬,切实把工作重点转到深化改革、调整结构、转变增长方式上,落到实施"五大战略"上。切实重视社会事业,确保经济社会各个方面的协调发展。

二是坚持以人为本、以民为先,切实把解决民生问题放在政府工作的突出位置。人民群众既是改革发展的实践者,又是成果的享有者。要"立党为公,执政为民","群众利益无小事",充分调动人民群众的积极性,始终坚持人文关怀,时刻关心群众冷暖安危,及时解决他们的实际困难。当前特别要着力破解关系我市人民群众切身利益的"七大问题"。

三是坚持改革开放,为经济社会发展提供强大动力。围绕解决经济社会生活中的突出矛盾和深层次问题,锐意改革,不断创新,以国际化城市的要求扩大开放。坚持发展要有新思路,改革要有新突破,开放要有新局面,稳定要有新方法,各项工作要有新举措,不断建立健全符合科学发展观要求的制度保障体系。

四是坚持改善环境,夯实经济社会发展的基础。必须始终贯彻"环境立市"战略,高度重视基础设施和政策、人文、生态、自然、社会等环境的建设,努力提升城市国际化品牌和综合竞争力,着力打造和谐创业的良好环境。

五是坚持正确定位,求真务实,真抓实干。在市委的领导下,人大、政协和人民群众的监督下,全面正确地履行经济调节、市场监管、社会管理和公共服务的政府职能。深入实际,脚踏实地,勤政为民,敢于负责,扎实做好政府的各项工作。

六是坚持依法行政,提高政府效能。努力推进政府工作的制度化、规范化和法制化,进一步提高依法行政水平和按客观规律办事的能力。必须深化政府改革,加强机关效能建设,着力把握依法行政与提高政府效能的辩证统一。

2005 年全市国民经济和社会发展的主要预期目标建议为:全市生产总值增长 12%;全社会固定资产投资增长 18%;社会消费品零售总额增长 13%;外贸出口总额增长 15%;市区城镇居民人均可支配收入增长 9%;农村居民人均纯收入增长 7%;新增城镇就业岗位 13 万个,城镇登记失业率控制在 4.5%以内;人口自然增长率控制在 3.67‰以内。

三、2005 年经济社会发展的主要任务

新的一年,要在统筹兼顾、全面推进的基础上,重点抓好以下九方面工作。

(一)优化经济结构,保持经济持续快速协调发展

优化经济结构,转变增长方式,促进产业升级,是一项长期的战略任务,我们必须按照科学发展观的要求,从我市实际出发,审时度势,扬长避短,实行差别化发展,努力塑造自身的鲜明特色。构筑以都市农业为基础、高新技术产业和旅游业为先导、先进制造业为支柱、现代服务业为依托的大都市产业体系,逐步形成"三、二、一"产业发展格局。

推进农业结构调整,大力发展都市农业。坚持工业反哺农业,城市支持农村。继续加大支农力度,鼓励工商资本投向农业,进一步提升农业。在重视粮食生产的基础上,鼓励发展六大优势产业、五大特色产业。实施农业"走出去"战略。做大做强农业龙头企业,新培育一批年产值超亿元的农产品加工企业,加强农产品市场营销,不断提高农业产业化水平。推进基层供销社改革,巩固和发展农村专业合作组织,提高农民的组织化程度。抓好农业科技进步,扶持和发展种子、种苗与种畜禽工程,加快农业科技成果的转化。抓好农产品质量安全管理,建成一批安全农产品基地。抓好动植物疫病防治工作。大力推进生态农业建设,积极发展休闲观光农业和特色效益林业。重视病虫害防治和森林防火工作,加强农业和水利基础设施建设。

走新型工业化道路，深入实施“工业兴市”战略。以“天堂硅谷”建设为目标，加强产业配套和高新技术产品孵化，建设以规模生产和高水平研究开发为主要特征的高新技术产业核心区块，做大做强通讯、软件、集成电路、数字电视、网络游戏等产业链，加快以信息、生物医药和环保、新材料为重点的高新技术产业发展。积极搭建高新技术与传统产业的对接平台，以信息技术和先进适用技术改造提升传统产业，集中力量打造若干个国内一流的产业高地，推进先进制造业基地建设。要以改革的思路，加快城区部分工业企业搬迁步伐。在大力促进中小企业发展的同时，加大对大企业、大集团培育力度。鼓励企业技术创新、管理创新、制度创新，加强企业文化建设，不断提高企业综合竞争力。大力发展循环经济，引进先进技术和设备，加快改造和淘汰高污染、高消耗的落后工艺、设备、产品，推行清洁生产。鼓励废物、废料、废旧物资的充分回收和合理利用。稳步推进名牌战略，提高产品的竞争力。

拓宽领域，加快发展现代服务业。做大、做强、做精旅游会展产业。继续推进“旅游西进”战略，努力形成大杭州、大旅游、大产业格局。加快实施旅游国际化战略，以“休博会”、“西博会”为载体，努力提高旅游、会展国际化程度。积极扶持大文化产业。以实施《杭州市文化产业发展纲要》为抓手，培育一批在全省领先、国内具有较强竞争力的文化产业主体。发展动漫产业和创意产业，积极打造杭州“动漫之都”。推进金融服务业发展。发挥政府的推动和协调作用，扩大金融服务领域，办好地方性商业银行，主动接轨上海，大力引进知名的跨国金融机构在杭设立总部或分支机构。加强信息化建设规划，发展信息化应用产业，依托“信息港”，推进信息共享平台建设。加快传统商贸业的升级，构筑新型业态结构体系，打造现代中央商业区。积极发展物流业，引进和培育物流企业，促进第三方物流发展。扶持发展社区服务业。大力发展现代中介服务业。抓住我国加入世界贸易组织后服务市场开放的新机遇，承接国际各类服务业转移，积极打造我市若干特色鲜明的现代服务业功能区，推动我市现代服务业的快速健康发展。

千方百计缓解要素制约。加强项目规划和报批工作，争取扩大建设用地总量。坚持节约、集约用地，盘活存量土地，扩大“增资招商”和“零地招商”。加快电力电网项目建设进度，进一步健全有序用电管理机制，确保居民基本生活和重点单位用电。加强协调，努力争取银行对我市主要项目和重点企业的贷款支持，构筑和完善中小企业融资担保体系。积极争取国债和国外政府贷款，引导民间资金投入建设。加强对我市上市资源整合利用，促进更多企业上市，做大杭州板块。

(二)加强城市规划、建设和管理，增强城市综合功能

高起点、高标准、高质量完善各类规划。继续做好城市总体规划和土地总体利用规划的修编和报审工作。深化完善杭州历史文化名城保护、综合交通等各类规划。

加快构筑大都市步伐。积极实施城市化战略，推进钱江新城中央商务区建设，加快“一主三副六组团”构建进程，实现城市空间格局和功能的拓展，形成大都市建设的新局面。完善大都市交通网络，加强主城与“三副六组团”之间的交通联系。建设德胜路等城市快速道路，实施西溪路、文一西路、文二西路等5条道路工程。加快西溪湿地公园建设。加大撤村建居和城中村改造力度，加快农民多(高)层公寓建设。继续实施河道整治、天然气利用工程，启动抗咸二期和引水入城工程。加强对运河沿线桥梁的综合整治，改善运河景观环境。在实施新建、在建基础设施建设项目的同时，积极做好后备项目的前期准备工作。

实施“居者有其屋”工程。完善商品房供求市场体系和中低收入市民住房保障体系，促进供求结构基本合理，努力保持房价基本平稳。抓好经济适用住房、拆迁安置房和廉租房建设。在主城区范围内启动建设一二个大型居住区，在萧山、余杭范围内规划两个两平方千米大型居住区地块，进一步加大房源供应。同时完善大型居住区的生活设施配套、交通出行等环境条件。

强化城市管理。进一步完善“两级政府、三级管理、四级服务”的城市管理体制。整治城郊接合部环境卫生。抓好背街小巷改善、公厕建设、街景美化、亮灯工程、无障碍设施等五大工程。加强管理，努力缓解交通“两难”矛盾。推进数字城管，提高城市管理快速反应的能力。加强对地下管网设施的安全监管，建立城市基础设施危机应急管理体系。依法加大对违法建筑的查处力度。重视市民素质教育，引导社会力量参与城市管理。大力推广“市民卡”，不断增加使用功能。

开展环境综合整治，加强生态市建设。抓好钱塘江、苕溪、运河流域重点区域、行业和省市重点监控污染企业的整治工作。要研究建立生态补偿机制。继续实施截污纳管工程，加强生活污水集中处理。加大燃煤工业企业整治力度，加强市区扬尘污染和机动车尾气污染控制，继续巩固和扩大噪声达标区。加快建设天子岭第二垃圾填埋场，完善城镇生活垃圾收集和处理系统。建设饮用水源安全保护工程。全面实施“1250”工程，扎实推进生态项目建设。

(三)统筹城乡发展，增强区域竞争力

按照“规划共绘、基础共建，资源共享、产业共兴”的原则，推进市区与县(市)、城镇与乡村的协调发展。

优化发展布局，强化五县(市)与市区的统筹发展。结合“十一五”规划编制，合理规划县(市)域功能布局。进一步从理念、规划、产业、建设等方面推进五县(市)与市区的一体化联动。

加大对县域经济社会发展的支持。坚持市区产业梯度转移优先向欠发达县域倾斜，强化市区与县域的协作配套。在形成一个半小时交通圈基础上，进而形成大杭州产业圈。指导县域经济发展从实际出发，宜工则工，宜农则农，宜三产则三产。立足本地优势，加大招商引资力度，大力发展特色经济、块状经济、配套经济和生态经济。

推进农村社会进步。进一步推进农村“九件实事”工程。继续实施“百千”工程，改善农村生产生活条件。完善农村科技信息服务体系，建立杭州农业信息数据库和农业电子商务综合服务平台，全市70%的村完成农业信息服务点建设。推进科技文化信息资源共享工程建设，扩大有线广播电视传输网络的覆盖面。深化“49100”帮扶工程，实施好帮扶项目。

以实施重大基础设施项目为抓手，加快县域融入大都市步伐。抓好"交通西进"、"东网加密"中的"四路两桥一互通"工程建设。实施康庄工程,全面加快农村公路支线建设,促进县道、乡村路网与高速公路、国省干道的衔接。加快客运场站建设。市级重点抓好杭州九堡客运中心站建设,县(市)重点新建一批农村客运班线站。大力推进农村短途客运公交化改造,不断改善农民出行条件。加快航道、港口改造与建设,重点实施"一河五区两码头"工程。推进电力、电网项目建设,加快萧山天然气发电厂、500千伏富阳变等工程建设。加强水利设施建设,继续抓好分水江水利枢纽、华光潭水电站等重点水利工程建设。扎实推进小流域综合整治工程。

(四)深化体制机制改革,进一步增强经济社会发展活力

*深化投资体制改革。*认真落实《国务院关于投资体制改革的决定》,确立企业的投资主体地位,营造各类投资者公平有序的竞争环境,促进社会资源的有效配置。逐步形成市场引导投资、企业自主决策、银行独立审贷、融资方式多样、中介服务规范、宏观调控有效的新型投资体制。

*深化国企改革,完善国资管理体制。*按照权利、义务和责任相统一,管资产和管人、管事相结合的原则,设立新的市国资委。深化6个授权经营工业企业集团的改革,不断完善国有资产经营管理体制和监管的有效形式,防止国有资产流失,确保国有资产保值增值。探索建立国有资本经营预算制度,健全企业经营业绩考核体系。研究组建卫生和教育系统国有资产监管营运机构,加大公交、供水、供气等垄断行业改革的力度。规范职工持股会,推进股权流动。稳妥解决国有企业改革遗留问题。

*深化农村改革。*继续做好农村土地承包完善工作,在落实土地承包权的基础上,合理推进使用权的流转。进一步深化农村社区股份制改革。深入研究"工业反哺农业,城市支持农村"的政策举措。巩固农村税费改革成果,切实减轻农民负担,依法维护农民利益。推进乡镇管理体制改革。

*推动民营经济体制机制创新。*积极引导民营企业建立现代企业制度,完善公司法人治理结构。进一步推动民营企业"二次创业",落实民营企业发展的有关政策,消除阻碍民营经济发展领域拓宽的体制障碍,切实维护其合法权益。

*积极稳妥推进事业单位改革。*对生产经营类事业单位进行产权制度改革,使之成为自主经营、自负盈亏、自我发展、自我约束的企业法人实体和市场竞争主体。对公益类事业单位进一步深化内部分配和劳动人事制度改革,形成市场化的用人机制和科学合理的分配机制。

(五)提高开放型经济水平,增强国际竞争力

抓住国际产业转移的机遇,充分利用两个市场、两种资源,加快开放型经济的发展。

*推进新一轮招商引资"三年倍增"计划。*进一步探索对外招商引资新举措,加大宣传力度,加快项目对接,强化"产业链"招商。充分发挥民营企业在招商引资中的重要作用,坚持以民引外,组织民外对接考察洽谈,实施股权招商。紧紧抓住外资进入领域逐步放开的机遇,努力扩大现代服务业和现代农业的招商引资。鼓励外商投资高新技术产业和先进制造业。加大服务力度,切实维护外商投资企业的合法权益。

*调整出口结构和贸易方式,保持外贸出口稳定增长。*积极发展加工贸易,扩大来料加工、进料加工业务。调整出口产品结构和市场结构,巩固美国、日本、欧盟等传统市场,拓展东欧、非洲等新的市场。开展劳务输出,扩大境外工程承包业务。在经济全球化环境下,鼓励企业"走出去"要有新的发展思路和办法。

*积极推进和规范开发区建设。*重点抓好省级以上开发区建设,合理构建经济功能区。不断完善招商引资的体制和机制,坚持集约用地,突出"税源经济"。积极为开发区的发展创造条件,发挥开发区在体制改革、对外开放和经济发展中的带动和辐射作用。积极申报省级开发区,不断拓展发展空间。

*加强国内经济技术合作。*以项目为载体,加大对内开放和国内招商引资力度。以参与世博经济为契机,加大接轨上海、融入"长三角"力度,完善接轨上海工作机制。推进"双对口"工作和"山海协作工程"。继续积极参与西部大开发和振兴东北老工业基地。

(六)加快社会事业协调发展,促进社会全面进步

*坚持科教兴市。*加快构筑为全社会科技创新和创业服务的公共科技平台,不断完善区域科技创新体系。深化产学研合作机制,积极拓宽企业技术创新渠道。加快实施"一号工程"和"双百双十"计划,推进高新技术产业化进程。倡导自主知识创新,增强核心技术自主开发能力。加强知识产权保护,扎实推进国家专利和国家孵化器体系建设试点城市工作。积极开展创建科技强市(县)活动。大力实施人才强市战略,争取引进各类高层次和紧缺型人才2.5万名以上,其中硕士、博士1000名以上。开展留学人员创业服务和博士后科研工作站建设。继续抓好"356"工程和"131"人才培养工程。推进城乡教育统筹协调发展。在抓好学前教育、普及九年义务教育和提高高中段教育普及程度的同时,以名校集团化战略为载体,不断提高教学质量,让更多学生享受优质教育。以让农民子女能上学、上好学为重点,加快农村基础教育发展。调整教育支出结构,切实加强职业技术教育和培训,尽快改善技工短缺的状况。支持民办高等教育发展,扩大高等教育规模。开展社区教育,逐步完善终身教育体系,构建学习型城市。改善办学条件,实施新一轮中小学布局调整,启动余杭仓前、萧山江东两个新高教功能区的建设。全面推进素质教育,切实加强青少年思想道德建设。继续实行教育收费公示制,规范中小学收费行为。

*全面繁荣哲学、社会科学、文学艺术、新闻出版、广播影视等各项文化事业。*进一步扩大和深化文化体制改革,优化文化资源配置,吸引各类社会资本投入文化事业。依法加强行业管理,规范文化市场经营行为。推动文化领域的内外交流,创新艺术创作和艺术生产的机制。认真实施"民族民间艺术保护工程"。完善已有的广播电视数字播出系统,推进广播电视数字化。以频道资源为纽带,加强与国家动画产业基地协作,进一步繁荣文化事业。

*构建新型公共卫生和医疗服务体系。*继续推进医疗卫生体制改革,以"四改联动"为抓手,缓解城市居民"看

病难”的问题。扩大新型农村合作医疗覆盖面，适当提高筹资水平，健全农村三级卫生服务网络，力争开展社区卫生服务的乡镇达到50%，缓解农村就医难和农民看不起病的问题。强化公共卫生和食品药品监督执法，重视心理卫生工作，确保群众身心健康与生命安全。加快市公共卫生中心、市备战医院等重点卫生工程建设。开展国家卫生城市先进城区评选活动，推进县(市)创建国家卫生城市(县城)工作。深化农村改水改厕工作。进一步扩大“亿万农民健康促进行动”试点。

加强体育、计生等工作。深入开展城乡全民健身运动，进一步提高竞技体育水平，办好第十六届市运会，积极推进体育产业的发展。以优生优育为重点，进一步做好人口和计划生育工作。

按照打造“平安杭州”、推进和谐创业的要求，全力维护社会稳定。坚决打击境内外敌对势力、恐怖组织和“法轮功”邪教组织的渗透破坏活动。加强社会治安综合治理工作，严厉打击和严密防范各种违法犯罪活动。促进司法公正与效率，依法维护人民群众的合法权益。进一步做好信访和“12345”工作，积极妥善处理信访突出问题及群体性事件，建立市人民来访联合接待中心，方便群众，提高效率，减少集体访、越级访和重复访。

加强安全生产工作。进一步健全安全生产责任体系和监管体系，加大对事故隐患的排查整改和专项整治力度。建立市、区县(市)两级安全生产应急救援指挥中心，尽快形成全市安全生产应急救援体系。

加强社区建设等工作。以社区医疗卫生、就业服务、帮扶救助、为老人服务等人民群众最需要的服务内容为重点，进一步深化社区建设。稳妥做好企业退休人员社会化管理进社区工作。整合和改造社区卫生服务中心和服务站。继续抓好“10万家庭网上行”工作。做好村委会(居委会)换届选举工作，以村务(居务)公开和民主管理为重点，进一步加强城乡基层民主政治建设。深化统计改革，按时完成第一次全国经济普查工作。加强档案资源建设和利用服务工作。抓好年鉴编纂和续志工作。认真做好民族、宗教、外事、侨务、对台工作、残疾人、老龄、气象、关心下一代等工作。广泛开展文明社区、文明行业(单位)、文明村镇等群众性精神文明创建活动，确保首批通过全国文明城市考核验收。

继续关心和支持人民解放军和武警驻杭部队的建设。深化国防教育，增强国防意识，加强民兵、预备役部队和人民防空等事业建设。深入开展军民共建活动，积极做好拥军优属和优抚安置工作。

(七)加强就业和社会保障工作，不断提高城乡居民生活水平

千方百计扩大就业岗位。继续完善和落实各项再就业优惠政策，大力开展就业服务制度化、专业化、社会化建设。进一步强化就业岗位开发和失业人员动态管理，积极推进城乡统筹就业。大力发展劳动密集型的服务行业，增加就业机会。加大再就业的扶持力度，鼓励各类服务型企业吸纳失业人员就业。开展有针对性的再就业培训，提高失业人员的再就业技能。推进非正规组织就业，支持失业人员自谋职业、自主创业。大力开发公益性岗位，对特殊就业困难对象提供援助。做好大学毕业生就业指导工作。

完善社会保障体系。进一步加强基本养老保险制度建设，巩固和完善基本养老保险征缴机制。继续完善农村养老保险政策，切实解决征地农转非人员社会养老保险问题。认真抓好医保政策的贯彻落实和完善工作。进一步完善失业、工伤、生育保险政策。积极探索“五险合一”工作。

提高城乡居民生活水平。完善城乡居民最低生活保障制度和救助体系，逐步提高保障和救助水平。扎实开展农民技能培训，着力提高农民素质，壮大农村二、三产业，促进农村劳动力向城镇有序流动，增加农民收入。

(八)精心组织和部署，切实做好“十一五”发展规划编制及“休博会”筹备工作

“十一五”规划是在全面贯彻科学发展观，坚持以人为本，促进杭州经济社会全面协调可持续发展的前提下编制的。我们要根据市委关于编制“十一五”总体规划的建议，在广泛听取社会各界意见的基础上，起草好“十一五”总体规划草案，做好规划衔接和论证。在做好“十一五”总体规划的同时，做好各专项规划的编制和衔接协调工作。加强对规划编制的综合管理，提高规划的科学性、权威性和有效性。

认真做好2006年休博会筹备工作。加强西博会与休博会的衔接，突出主题，明确重点，注重培育休闲产业和发掘文化内涵。优化组合各项休闲活动，提高项目的实效性和市场化、国际化程度。加快休闲设施建设，加大宣传推介力度，努力打响“东方休闲之都”品牌。

(九)办好实事工程，切实解决人民群众关注的问题

稳步推进解决“七大问题”。将破解“七大问题”作为一项长期任务，逐年分解抓好落实。在广泛征求市民意见的基础上，今年市政府将重点抓好10件实事工程。

1.实施“居者有其屋”工程，加大经济适用住房建设力度。城区开工经济适用住房面积确保150万平方米、力争180万平方米；新开工拆迁安置房100万平方米、竣工50万平方米，公开摇号50万平方米以上。基本解决市区符合廉租房租住条件困难群众的住房问题。

2.实施城市畅通工程，破解“行路难、停车难”。增加滨江、萧山、余杭等区至主城区的公交线路10条，延长末班车时间的线路5条。开通快速公交1号线。更新公交车300辆。完成20个公交车站港湾式改造。建设10处人行过街设施。出台市区停车管理办法，清理整顿违规挪用的停车场(库)，运用经济等手段，加快城市静态交通建设，努力缓解停车难。

3.实施背街小巷改善等工程，优化居民生活环境。结合低洼排水和撤村建居等项目建设，至年底累计完成城区300条街巷整治。新建和改建公共厕所50座、垃圾中转站10座。

4.加快老年设施建设，改善老年群体晚年生活。完成市区8所老年大学的改建工作。在社区增设部分适合老年人特点的健身设施。新建、改建一批老年公寓。

5.完善农村社会保障体系，加快城乡统筹步伐。全市新型农村合作医疗乡镇覆盖率达到98%，人口覆盖率达到85%。新建和改建农村敬老院42所，五保户集中供养率达到85%以上。全市完成20万农村劳动力技能培训任务，发证率达到60%以上。

6.整合和改造社区卫生服务中心(站)，方便人民群众就医。全市新建和改建45个社区卫生服务中心(站),创建30个规范化社区卫生服务中心(站)。各区、县(市)整合改建1~2个具有省内一流水平的社区卫生服务中心。

7.加快供气、供水和环保基础设施建设,提高城乡居民生活质量。城区完成自来水“一户一表”改造的户外管预置8万户,逐步取消屋顶水箱。在山区农村新建或加固饮用水库3座。新建、扩建水站或小型自来水厂12个。实现天然气进入余杭。完成七格污水处理厂二期工程。新建新安江、富春江等6个地表水水质自动监测站。

8.实施村庄整治和农民小康文体工程,加快农村三个文明建设步伐。整治200个村,创建20个示范村,改造1000户农村贫困家庭的危房。建成100个篮球场、100个乒乓球室(场)、100个健身点。完成边远山区57个行政村的有线电视联网改造。到社区(乡镇)举办文艺演出和放映电影各100场以上。

9. 加强历史文化街区保护和主城区老旧房屋整治改造,改善居民的居住条件。城区实施5处历史文化街区的保护性整治。整治改造主城区80年代前后建造且短期内不予拆建的10个住宅小区。完成“平改坡”房屋200幢。

10.实施“食品安全”工程,完善“放心”体系。加大对粮油、蔬菜、饮料等食品的卫生安全监督力度,对全市200个摊位以上的农贸市场配备农药残留检验检测设施,落实检测人员,使市民吃得放心。

四、全面加强政府自身建设

坚持执政为民,不断提高依法行政的能力,这是政府自身建设的关键。

克难攻坚,奋发有为。新的一年,我们正处于改革的攻坚期,随着发展的深入,改革的深化,工作的要求更高,难度也更大。我们还处于保持社会稳定的关键期,统筹各方利益关系、维护社会和谐稳定的任务十分艰巨。面对困难,我们一定要把握好发展的战略机遇期,振奋精神、迎难而上,以争创一流的精神状态,在科学发展观指导下,以强烈的紧迫感、责任感和使命感,去赢得发展优势,扩大发展成果。

坚持科学行政、民主行政。各级政府要认真执行人民代表大会及其常委会的有关决议、决定,接受人民代表大会及其常委会的监督。加强与人民政协、各民主党派及工商联的联系,支持人民政协充分发挥政治协商、民主监督、参政议政的作用。认真办理和落实人大代表、政协委员的建议和提案。加强与工会、共青团、妇联、文联、科协、社科联、侨联、残联、红十字会等人民团体的联系。完善政府科学决策机制,积极开展民情民意调查,对群众利益密切相关的重大事项,实行社会公示和听证制度;对专业性、技术性较强的重大决策、规划方案,吸收专家参与咨询论证。

坚持依法行政,转变政府职能,提高行政效能。继续深入贯彻《依法行政实施纲要》。推进政企政事分开,将政府职能切实转变到经济调节、市场监管、社会管理和公共服务上来。进一步规范和公开各项审批内容,建立结构合理、管理科学、程序严密、制约有效的制度,提高行政管理的透明度,提高政府的公信力。改进经济管理方式和方法,深刻认识和把握市场经济运行的内在要求和特点,注重运用经济、法律的手段调节经济运行。规范市场准入,强化市场监管,健全社会信用体系,着力为市场主体服务和创造良好的发展环境。依法管理、规范社会组织和社会事务,协调各种利益关系,合理调节收入分配,促进社会公平,维护社会稳定。建立健全应对自然灾害、公共卫生等各种突发事件的应急机制,提高保障公共安全和处置突发事件的能力。加强政府法制建设,完善地方性法规和规章,严格按照法律规定的权限和程序行使权力、履行职责。加强依法审计工作,严肃财经纪律,提高财政管理水平。创新行政管理方式,努力打造以政府门户网站为服务平台,以统一的电子政务网络、先进的办公业务系统和配套的工作组织体系为支撑的“网上政府”。按照中央和省、市委部署,开展政府机关保持共产党员先进性教育活动,着力解决政府工作人员在思想、组织和作风等方面存在的突出问题,切实提高队伍素质和行政效率。深入开展对经营性土地使用权招拍挂工作、非法买卖农村集体土地和回迁房安置专项监察。继续抓好机关争创人民满意单位工作。进一步做好“96666”党政机关服务态度和效能投诉中心工作,切实纠正损害群众利益的不正之风。

转变作风,真抓实干。牢固树立全局意识和服务意识,围绕目标任务,结合自身实际,狠抓贯彻落实。加强重大决策事项的督查,确保政令畅通。切实转变工作作风,深入调查研究,广泛听取群众意见,以求真务实的作风开展政府工作。加强学习,建设学习型政府,努力提高解决实际问题的能力。

加强廉政建设,接受人民监督。按照“两个务必”的要求,强化从政道德和纪律教育,深化“行为不廉洁、作风不检点”治理。加强对行政机关和国家公务员的廉政监察,严肃查处违纪违法行为。积极推进政府公共资源交易中心建设,加强网上政务实时监督工作,深入贯彻建设工程效能监察实施办法,全面抓好廉政预情机制的运行。

各位代表,牢固树立和贯彻落实科学的发展观,科学行政、民主行政、依法行政,提高行政能力,对我们的工作提出了更高的要求,我们面临的任务艰巨而光荣。让我们在中共杭州市委的领导下,紧密地团结在以胡锦涛同志为总书记的党中央周围,高举邓小平理论伟大旗帜,以“三个代表”重要思想为指导,深入贯彻党的十六大和十六届三中、四中全会精神,开拓创新,与时俱进,敢于负责,扎实工作,为共同构建杭州和谐社会而努力奋斗!

▶▶资料:名词解释(按汉语拚音音序排列)

“1250”工程:选取12个重点领域推进生态建设,在每个领域内开展50个试点工作。如建成50个农村生活污水处理示范点、建成50个农村生活垃圾处理示范点等。

“131”人才培养工程:培养100名45岁左右在国内或省内领先的学术技术带头人,300名40岁以下后备学术技术带头人,1000 名左右专业技术骨干。

"33929":市区道路两年大会战的简称。计划 2002 年～2003 年完成 33 条道路、9 座桥梁(立交桥)、2 个隧道、9 个入城口的整治建设。至 2003 年底,"33929"工程建设项目从 53 项增加到 70 项,完成 64 项,总投资 158 亿元。

"356"工程:用 3 年时间培训 500 户企业的 600 名高级经营管理人员。

"49100"帮扶工程:从 2000 年开始,全市对经济社会发展制约因素较多、农民人均收入低于全市平均水平的 49 个乡镇以及发展难度较大的、人均收入低于全市平均水平的 100 个村实施帮扶。

"百千"工程:从 2003 年开始,用 5 年时间对 1200 个村实施重点整治,其中 200 个村建成全面小康示范村。

城镇"三无"对象:指无法定赡养(抚养、扶养)义务人、无劳动能力和无生活来源的城镇居民。

"城中村":主城区范围内以村级建制为单位(含已撤村建居地区),农居相对集中,基础设施薄弱,住宅布局无序,生活环境较差,与周边大都市建设开发不相适应的地区。

"春风行动":以"社会各界送温暖,困难职工沐春风"为主题的扶贫帮困救助活动的简称。主要内容是开展社会募捐,对困难家庭实施再就业援助、帮扶救助。

村党支部书记队伍"三个 80%"目标:通过"领头雁"工程,力争到 2005 年,全市村党组织书记 80%以上达到高中以上文化、年龄 45 岁左右、具有能带头致富和带领群众致富的能力。

党建工作"三员"、"双推"制:"三员"指非公有制企业中设立的党建工作指导员、联络员、评议员。"双推"指村党支部换届选举时,要先由村民和党员无记名投票推荐新一届党支部成员和党支部书记的初步候选人。

"东网加密":杭州市"接轨大上海,融入长三角"的基础工程。主要内容是:投资约 90 亿元,建设以"五线两桥一通道"为主的 160 千米高等级公路,与"交通西进"工程相呼应,促进杭州市高等级公路网络化。五线:新建杭浦高速公路(沪杭高速公路复线)、拓宽沪杭高速公路、拓宽杭甬高速公路、改建 320 国道余杭段一级公路、新建萧山区红(垦)十五(工段)线一级公路。两桥:新建钱江九桥及两岸快速路、新建钱江十桥。一通道:杭州湾萧山通道。

"和谐创业":其基本内涵是生活与创业的和谐、文化价值与经济运行的和谐、个人创业与整体发展的和谐、政府与民间的和谐、对外开放与内部创新的和谐。

"居者有其屋"工程:围绕打响"住在杭州"品牌,建立多层次住房供应保障体系,缓解住房供需矛盾和结构矛盾,解决中低收入家庭"住房难"问题的民心工程。

"两不":行为不廉洁、作风不检点。

"两港":信息港、新药港。

"两疏散、三集中":疏散老城区建筑和人口,降低老城区建筑和人口密度;企业向工业园区集中,高校向高教园区集中,建设向钱江新城、科技城、下沙城、江南城、临平城集中。

林业"十大工程":56.67 万公顷(850 万亩)生态公益林工程;500 千米绿色通道工程;百村园林绿化工程;6667 公顷(10 万亩)退耕还林工程;"3515"花卉苗木工程;1.34 万公顷(20 万亩)林业特色基地工程;森林旅游观光工程;林业龙头企业建设工程;森林灾害防治体系建设工程;野生动植物保护体系建设工程。

"领头雁"工程:村党支部书记队伍建设活动。以邓小平理论和"三个代表"重要思想为指导,紧紧围绕建设有中国特色社会主义新农村的中心任务,努力培养和造就一支思想政治素质强、发展经济能力强、民主法制意识强和群众工作本领强的村党支部书记队伍,充分发挥村党支部书记强村富民的"领头雁"作用,进一步增强村党支部的凝聚力和战斗力。

农业六大优势产业:茶叶、花卉苗木、水产、节粮型畜禽、蔬菜、竹木。

农业五大特色产业:水果、干果、蚕桑、中药材、蜂业。

"七大问题":困难群众生产生活问题、"看病难"问题、"上学难"问题、"住房难"问题、"行路停车难"问题、"办事难"问题、"清洁杭州"问题。

"三访":集体访、越级访、重复访。

"三副六组团":三副指江南城、临平城、下沙城;六组团指塘栖、良渚、余杭、临浦、瓜沥、义蓬组团。

"三级联创"活动:创建"五好"村党组织、"五好"乡镇党委和农村基层党组织建设先进县活动。"五好"的内容是:领导班子好,党员干部好,工作机制好,小康建设业绩好,农民群众反映好。

"三口五路":三口指彭埠入城口、02 省道留下入城口、104 国道祥符入城口;五路指艮山路、环城北路、天目山路、莫干山路、解放路。

"三树一创"活动:在县(处)级以上领导班子中开展的树立科学的发展观、正确的政绩观、牢固的群众观,创为民、务实、清廉好班子活动。

"山海协作工程":省委、省政府推进浙江省沿海发达地区与浙西南山区欠发达地区经济协作的工程。根据省委、省政府部署,杭州市与衢州市对口协作,余杭区对口柯城区、富阳市对口龙游县、萧山区对口淳安县。

生态环境八大示范工程:清洁生产工程;污染物排放总量控制工程;生态基础工程;河流生态恢复工程;饮用水源保护工程;畜禽养殖业污染综合整治工程;环境基础设施建设工程;绿色工程(即创建"绿色学校、绿色工地、绿色社区、绿色医院、绿色饭店"等)。

"十四免十减半六减免":指持《杭州市困难家庭救助证》的困难群众在杭州市惠民医院或者经过杭州市惠民医院同意转入的指导医院、协作医院就诊,以及在市医保定点医疗机构就近急诊的,可按规定享受的优惠政策。"十四免"包括:免交门诊挂号费、门诊诊疗费、门诊注射费、住院诊疗费、住院空调费、住院注射费、住院陪客费、血常规检查费、尿常规检查费、大便常规检查费、重症监护费、煎药费、心电监护费、输氧费。"十减半"包括:减半收取急诊观察床位费、住院床位费、住院护理费、住院手术费、X 线透视费、心电图检查费、脑电图检查费、B超检查费、血液透析费、肿瘤化疗费(不含药费)。"六减免"包括:减免20%收取自制制剂费;减免10%收取药费、检查费、放射费、化验费、治疗费。

市民卡:市民卡是应用智能卡技术,以国家有关规范为标准,记载杭州市民个人信息的电子凭证,具有身份识别、卡内信息存储、支付等功能。市民卡应用基本定位在社会保障业务、政府管理业务、城市公用事务;在一定的政策条件下,可以扩展到更多的应用领域。原则上,今后市政府各部门需要上卡的业务,以及目前在用的卡和部分证(纸质)将可由市民卡替代,改变多证多卡的状况。已试开通9项应用。

"双百双十"计划:从2004年开始,力争5年内建成100万平方米的创业孵化大楼,100万平方米的人才公寓,建设10万平方米的大学毕业生公寓,吸引10万人才来杭从事软件开发、集成电路设计等创业活动。

"双对口"工作:对口帮扶四川省南充市脱贫工作、对口支援重庆市三峡涪陵库区移民安置工作。

"四改联动":联合启动、同步推进医疗卫生体制、药品生产流通体制、医疗保险体制和医疗救助体制四项改革。

"四化":洁化、绿化、亮化、序化。

"四路两桥一互通":杭千、杭徽、杭浦、申嘉湖杭四条高速公路,钱江九桥、钱江十桥两座特大桥梁和投资5亿元的沪杭高速德胜互通工程。

"四小车":有证正三轮摩托车、燃油助动车、营业性人力三轮车、有动力装置的有证残疾人专用车。

四张"金名片":指经济强市、文化名城、旅游胜地、"天堂硅谷"。

"五大战略":城市化战略、"工业兴市"战略、"旅游西进"战略、"开放带动"战略、"环境立市"战略。

"五险合一":养老保险、医疗保险、失业保险、工伤保险、生育保险统一征缴机制。

先锋工程:浙江省开展的农村基层党组织建设活动。其主要内容为"五强",即强核心、强素质、强管理、强服务、强实力。

"新三化"建设:就业服务的制度化、专业化、社会化。

新一轮招商引资"三年倍增":以2003年杭州市招商引资实绩为基数,2004年~2006年各项主要经济指标均要翻一番。

"一河五区两码头":杭甬运河;大松树集装箱作业区,运河义桥综合作业区,以及余杭港区临平、崇贤、仁和三大作业区;黄砂散货码头、运河水上巴士良山门码头,加快钱江新城沿江黄砂码头的搬迁。

"一绕、三线、三连、四大接口":"一绕"指杭州绕城公路;"三线"指杭州至千岛湖高速公路,杭州至昱岭关高速公路,杭州至淳安一级公路;"三连"指彭樟线(彭公—长乐—牧家桥—三门—中埠大桥—环山—樟树下—浦江公路)、桐淤线(桐庐—分水—淤潜)、昌文线(昌化临岐—文昌—排岭—洋溪公路)。"四大接口"指昱岭关与安徽黄山相接,前山与安徽歙县相接,会泽里与衢州龙游相接,檀村与金华兰溪相接。

"一优(调)两宽两严":在不违反城市总规的前提下,优化(调整)土地使用功能;放宽容积率,放宽建筑高度;严格控制建筑密度,严保绿化率。

在地统计:指根据国家统计法律、法规规定,对各类统计调查对象按所在地原则进行统计调查并实行区域管理的统计调查制度。

招商引资"六个有":有地、有钱、有人、有项目、有政策、有办法。

中央商务区:简称CBD,是指集中大量商贸、金融、文化、信息、服务机构以及大量商务办公、酒店、公寓等配套设施,具有完善便捷的交通、通信等现代化基础设施和良好的环境,便于商务活动的场所。

打造"茶为国饮、杭为茶都"战略合作框架协议

(2004年8月6日)

中共杭州市委、杭州市人民政府和中国国际茶文化研究会、中国茶叶学会、中国农业科学院茶叶研究所、中华全国供销合作总社杭州茶叶研究院、国家茶叶质量监督检验中心、农业部茶叶质量监督检验测试中心、中国茶叶博物馆、浙江大学茶学系(以下简称"两会两所两中心一馆一系")经过共同协商后决定,建立长期、稳定的战略合作关系,共同致力于发展茶产业、弘扬茶文化、促进茶旅游,进一步加快杭州市与"两会两所两中心一馆一系"发展,合力打造"茶为国饮、杭为茶都"。现就战略合作框架协议如下:

一、战略合作目标

1.杭州是中国重要的茶叶生产、销售地区。杭州茶叶资源丰富,茶种植条件优越,茶产业基础良好,茶文化底蕴深厚,茶旅游特色鲜明,打造"茶为国饮、杭为茶都"具有得天独厚的优势。西湖龙井茶堪称"国宝",在中国名茶史上有着特殊的地位,驰名海内外,杭州各区、县(市)也拥有一批在全国甚至海外有相当知名度的茶叶品牌。"两会两所两中心一馆一系"是重要的在杭"国字号"茶叶机构,代表着各自领域国内最高水准,拥有茶叶科研开发、技术服务、质量保障、高等教育、人才培养、对外交流、文化展示等方面的明显优势。资源共享、优势互补,杭州市与"两会两所两中心一馆一系"具有良好的战略合作基础和前景。

2.杭州市与"两会两所两中心一馆一系"加强战略合作,旨在发展茶产业、弘扬茶文化、促进茶旅游,确立杭州在全国茶领域的展示中心、培训中心、质量技术服务中心、信息中心、交易中心地位,最终打造"茶为国饮、杭为茶都"。加强各方的战略合作,是杭州弘扬传统文

化、提升城市品位、促进协调发展的重要举措，是加快西湖、西湖龙井茶申报“世界遗产”步伐的重要内容，也是“两会两所两中心一馆一系”依托地方、借势发力、争取新机遇、开拓新领域、谋求新发展的重要平台。

3.杭州市与“两会两所两中心一馆一系”加强战略合作要坚持着眼长远、立足当前、讲求实效、多办实事、杭州搭台、各家“唱戏”原则，发挥各方优势，整合各种资源，在合作中共赢，在互利中发展。在加强战略合作过程中，要充分调动杭州市各区、县(市)的积极性，市与区县(市)联手打造“茶为国饮、杭为茶都”；要通过各种举措，充分发挥茶区、茶农、茶馆、茶客在打造“茶为国饮、杭为茶都”中的作用；要积极吸收其他在杭或不在杭“国字号”茶叶机构和其他机构参与合作。

二、战略合作重点

4.发展茶产业。重点在茶叶种植、深度加工、市场交易方面取得突破。“两会两所两中心一馆一系”发挥各自优势，通过多种形式，帮助杭州茶区、茶农、茶加工企业培育优良品种，提高茶叶品质，扩大茶叶产量，改善制作工艺，发展深度加工，拓展出口渠道。杭州市以企业、产业协会等组织为主体，积极推广、应用“两会两所两中心一馆一系”的科技成果，消化、吸收“两会两所两中心一馆一系”的技术服务。对于“两会两所两中心一馆一系”在服务杭州茶产业发展上作出的贡献，杭州市视情以一定形式给予政府奖励。切实加强西湖龙井茶的原产地保护，坚决打击假冒伪劣等损害茶叶市场的行为。以西湖风景名胜区、西湖区为主，联合杭州市各区县(市)甚至市外地区、单位，以市场化运作方式，建设辐射长江三角洲、上规模、高档次的茶叶市场，“两会两所两中心一馆一系”以各种形式参与或帮助市场建设。

5.弘扬茶文化。重点在打造“杭为茶都”、加快西湖龙井茶“申遗”上取得突破。杭州市支持和协助“两会两所两中心一馆一系”在杭举办大型茶文化学术研讨和各种交流活动。“两会两所两中心一馆一系”支持、协助杭州市申办和承办全国性或国际性大型茶文化交流活动。杭州市整合“开茶节”、“西湖博览会茶博览会”等资源，把产业、文化、旅游等有机结合起来，每年举办打造具有国际影响力的“茶文化节”，“两会两所两中心一馆一系”发挥各自优势，共同主办或积极参与。主办者为参与承办者提供有关优惠或资助。“两会两所两中心一馆一系”在各自出版的刊物和有关活动中，开展对“中国茶都”、西湖龙井茶“申遗”等的理论研究和探讨，扩大对“杭为茶都”的推介，为打造“杭为茶都”提供理论依据。杭州市支持中国国际茶文化研究会组织开展对“中国茶都”的评选、命名活动，适时评选“茶都”、“茶乡”、“茶村”。杭州市争取在全市中小学中开展茶知识教育。

6.促进茶旅游。重点在打造若干条茶文化特色旅游线上取得突破。杭州市进一步加快一堤(杨公堤)、一村(梅家坞茶文化村)、一区(由中国茶叶博物馆、龙井寺、龙井村和龙井山园组成的龙井茶文化景区)建设，为打造具有国际影响力的茶旅游品牌打下扎实基础，努力打造若干条以此为核心、各区县(市)为腹地的茶文化特色旅游线。“两会两所两中心一馆一系”根据各自实际，选择一定形式组织或参与茶文化特色旅游活动。杭州市在杨公堤景区为“两会两所两中心一馆一系”优先安排茶文化旅游服务展示窗口，欢迎“两会两所两中心一馆一系”积极参与。杭州市支持中国农业科学院茶叶研究所完善所区规划与建设，并与梅家坞茶文化一条街整治建设有机衔接。

7.建立“五中心”。重点在确立杭州在全国茶叶领域的龙头地位上取得突破。充分发挥“两会两所两中心一馆一系”各自优势，依托现有基础，在杭建立国际茶文化展示中心、茶科学茶文化国际培训中心和全国性的茶叶质量技术培训服务中心、茶叶信息中心、茶叶交易中心。“五中心”是“杭为茶都”的重要基础和标志。“五中心”可以是实体性的，也可以是功能性的，分别由“两会两所两中心一馆一系”中的一家或几家为主建设，杭州市协助，其他几家共同参与。国际茶文化展示中心主要职能是开展茶文化学术交流，展示国际茶文化交流成果，并积极弘扬宣传杭州茶文化，提高杭州茶叶的知名度。茶科学茶文化国际培训中心主要职能是面向海内外组织开展有关茶的学历教育、职业培训和茶艺培训，组织开展对杭州市茶馆经营人员和从业人员的教育培训，提高其服务质量和品位，普及茶知识、茶文化。茶叶质量技术培训服务中心主要职能是联合全国质量检验系统的茶叶检验机构开展检验业务，在规范市场、研究制定茶叶技术标准、监控茶叶产品质量以及帮助维护西湖龙井茶形象等方面提供技术支撑和服务。茶叶信息中心主要职能是通过文献、网站、杂志和其他渠道，收集、利用茶文化信息，提供社会化服务。茶叶交易中心主要职能是依托拟建的茶叶市场，结合发展网上交易等其他新型交易方式，使杭州成为全国茶叶经销的主要集散地。

三、战略合作机制

8.杭州市将“两会两所两中心一馆一系”的发展纳入本市国民经济和社会发展总体规划，在城市规划、空间布局调整和重点建设中包含“两会两所两中心一馆一系”发展所需的重点项目，通过各种途径积极支持“两会两所两中心一馆一系”在杭州发展。“两会两所两中心一馆一系”发挥各自优势，根据“政府主导、市场化运作、企业主体”的要求，支持和参与杭州发展茶产业、弘扬茶文化、促进茶旅游，合力打造“茶为国饮、杭为茶都”。

9.杭州市和“两会两所两中心一馆一系”共同建立战略合作促进委员会，由中国国际茶文化研究会会长、中共杭州市委书记、茶专业学术权威担任顾问，由杭州市政府副市长担任主任，“两会两所两中心一馆一系”主要负责人担任副主任，杭州市有关部门和西湖区、萧山区、余杭区、桐庐县、淳安县、建德市、富阳市、临安市参加。西湖区作为西湖龙井茶的重要产区，要在推进战略合作中发挥重要作用。战略合作促进委员会下设办公室〔由各战略合作方派员组成，日常事务由杭州西湖风景名胜区管委会(市园文局)承担〕，负责战略合作具体工作的综合协调。

10.战略合作促进委员会负责战略合作重大事项的决策。建立联席会议制度，合作各方定期或不定期召开会议研究有关工作，决定有关事项。联席会议可根据各阶段的不同任务，吸收非合作方的单位和人员参加。战略合作促进委员会办公室负责联席会议的组织协调工作，提出各阶段的合作重点、工作任务，并交流总结合作成果，检查落实情况，协调会议决定的具体事宜。

·中共中央和国家领导人在杭活动·

【吴邦国、路甬祥、何鲁丽先后视察胡雪岩故居】 2004年1月23日，中共中央政治局常委、全国人大常委会委员长吴邦国在浙江省委书记习近平、杭州市委书记王国平陪同下视察胡雪岩故居。

1月25日和4月28日，全国人大常委会副委员长路甬祥、何鲁丽先后视察了胡雪岩故居。（何东玲）

【温家宝视察青春宝药业有限公司和汽轮集团】 8月29日，中共中央政治局常委、国务院总理温家宝视察中国青春宝集团核心企业——正大青春宝药业有限公司。他参观青春宝公司厂区的模型，视察高度现代化的提取车间控制中心，并详细地了解提取工艺的细节。他对青春宝用现代高科技改造传统中药，让中药走向世界的做法表示肯定。温家宝指出，在深化改革中，要坚持公有制的主体地位，发挥国有经济的主导作用，积极推进公有制的多种有效实现形式，进一步增强国有经济的实力和活力。

同日，温家宝视察杭州汽轮集团有限公司，对汽轮集团提出“争创一流企业”的殷节期望。

（柳静波 陶雄伟）

【黄菊在杭考察】 1月22日下午，中共中央政治局常委、国务院副总理黄菊在省、市领导陪同下考察杭州西湖西线和南线改造工程，对重建雷峰塔等扮靓西湖之举给予充分肯定。在三潭印月景区，黄菊与游客亲切握手，拉起家常。

【罗干在杭调研考察】 6月11日~15日，中共中央政治局常委、中央政法委书记罗干在浙江省委书记习近平和省长吕祖善陪同下，先后到杭州、绍兴、宁波和温州市，深入企业、社区、农村、港口和基层政法综治单位，实地考察浙江经济社会发展和政法综治工作情况，亲切看望慰问基层政法干警和综治工作者，就新形势下如何维护社会和谐稳定进行调研。

在杭州期间，罗干考察了下城区公安分局、乔司镇综治工作中心、万向集团、萧山汇利制衣集团公司。他赞扬杭州市大力推广城市路面电子监控系统的做法，对强警工作提出要求。他肯定杭州市整治社会资源建立联警、联调、联防机制，夯实社会治安基础工作，在加强基层综治组织建设中取得成功经验；强调要落实责任制，做到横向到边、纵向到底，真正把矛盾化解在基层、化解在萌芽状态。

罗干在考察调研时强调，面对改革发展的新形势和任务，要认真落实科学发展观的要求，努力提高维护社会和谐稳定的能力，协调推进三个文明建设。

【刘云山在杭考察文化体制改革试点工作】 7月1日~2日，中共中央政治局委员、书记处书记、中宣部部长刘云山在浙江省委书记习近平等陪同下，深入杭州和金华的东阳、义乌等地，考察文化体制改革试点工作。他强调，要坚持以邓小平理论和“三个代表”重要思想为指导，认真总结文化体制改革试点经验，解放思想，更新观念，加大工作力度，加快改革进程，促进文化事业全面繁荣和文化产业跨越式发展。

在杭州期间，刘云山考察了西泠印社，详细了解西泠印社改革发展情况，饶有兴致地参观西泠印社摩崖石刻和印学博物馆，并考察西湖综合保护工程和杨公堤、盖叫天故居等景点。

【吴仪在杭考察旅游工作】 10月3日~5日，中共中央政治局委员、国务院副总理吴仪在浙江省委书记习近平等陪同下，先后考察杭州市区及淳安、乌镇等地的一些旅游景区、景点，并听取浙江旅游业发展情况汇报。

吴仪指出，浙江人文荟萃，山清水秀，旅游资源丰富，文化底蕴深厚，拥有的旅游景区数量、品位都位居全国前列，发展旅游业大有可为。她希望浙江省坚持“政府引导、社会参与、多元投入、市场运作”的旅游发展战略，把旅游业作为新的经济增长点加以培育，努力建设旅游经济强省。

吴仪强调，要加强区域联合，打造旅游精品线路。积极推进长江三角洲旅游一体化进程，充分整合浙江的山水风光、江苏的园林建筑和上海的都市文明，共同打造“江浙沪”旅游精品线路，并加强同安徽、江西等中部地区的旅游合作。通过产品整合，联合促销，促进区域内资源、产品的优化，取得共赢的效果。

吴仪要求浙江继续探索，在创新旅游行业管理体制和引导社会资金投入旅游业方面创造更多经验。

认真办好西湖博览会和2006年世界休闲博览会，推动会展旅游、商务旅游业务的发展。（杭 报）

【周永康视察杭州公安工作】 6月12日，正在杭州参加全国社会治安综合治理工作会议的中共中央政治局委员、书记处书记、国务委员兼公安部部长周永康，在省、市领导及公安部有关领导陪同下，视察了杭州市公安局战训合一基地和下城区分局路面治安动态监控中心。

在市公安局战训合一基地，周永康先后观看市公安局巡特警支队的处突防暴装备和战训合一大队民警的徒手防卫与控制、现场急救、抓捕战术、网上作战系统演示以及情景模拟射击等项目训练，详细了解战训合一的训练、勤务、管理及后勤保障等有关问题。他指出，浙江省、杭州市全面贯彻落实公安部部署的大练兵活动，广大民警不怕酷暑，苦练功夫，取得良好成绩。要继续深入推进这项工作，通过大练兵，进一步提高政治素质，提高与犯罪分子作战的本领及全面服务于人民的本领，提高体能素质，努力取得“三丰收”。

周永康强调，当前社会形势总体是好的，浙江省委作出了建设平安浙江的决定，杭州公安机关要努力打造平安杭州，为广大人民提供一个安全的生活环境，为发展提供一个和谐的社会环境。（市公安局）

【李铁映在杭视察人大工作】 全国人大常委会副委员长李铁映在浙江省视察人大工作期间，于9月13日与杭州市人大常委会主任会议成员及市人大机关各部门负责人座谈。李铁映指出，建设大规模的软件产业园区，对于保护古城、振兴古城都具有重大意义。杭州要发展成为中国的能与印度相媲美的软件基地。同时，杭州要大力发展文化产业，建造几艘文化产业方面的“航空母舰”。李铁映还详细了解机关的代表联络和信访工作情况，并对如何密切与代表联系、充分发挥代表作用和做好信访工作、维护社会稳定提出要求。座谈会后，李铁映为市人大常委会题词：“坚持和完善人民代表大会制度”。

【蒋正华在杭作专题报告】 9月23日，全国人大常委会副委员长、国际著名人口学家蒋正华在杭州作题为《21世纪中国人口战略》的报告，为全市各级领导干部上了一堂富有启迪和具有现实意义的辅导课。市领导王国平、孙忠焕等参加听课。

蒋正华在报告中运用系统的理论、精辟的分析、生动的语言，结合杭州实际，旁征博引，深入浅出地阐述21世纪中国的人口战略，并从科学发展观的角度提出如何积极应对的方针和措施。在谈到杭州的人口发展和计划生育工作时，蒋正华认为，从20世纪90年代以来，杭州和全国一样，有效地控制了人口过快增长，使人口发展进入低生育率、低死亡率、低增长率时期，宣传教育、管理、技术服务和基础工作也取得明显进步。杭州的计划生育工作，尤其在稳定低生育水平和控制人口增长上，取得了许多值得其他城市学习和借鉴的宝贵经验。他希望，在今后的人口发展和计划生育工作中，杭州能继续保持清醒头脑，锲而不舍地抓紧抓好，为全国人口发展和计划生育工作做出更大贡献。

（杭 报）

【张怀西在杭调研民进工作和社区工作】 10月18日，全国政协副主席、民进中央常务副主席张怀西在省政协副主席吴国华、市政协主席虞荣仁陪同下，在民进杭州市委会机关视察、调研。他指出，杭州民进的工作在全国名列前茅。这是中共杭州市委高度重视和支持的结果，也是市民进自身努力的结果。他强调，民进要加强自身组织建设，抓好会员的思想教育工作，并在参政议政方面有一整套健全的网络、机制和制度，确保履行好参政党职能。

19日，张怀西在副省长盛昌黎、省政协副主席徐鸿道等陪同下，视察江干区社区服务中心的婚姻登记处、帮扶救助中心、公证处、计生指导站等，并召开座谈会。他肯定江干区社区建设组织领导、党建作用、政府投入、社区服务、社区自治、社区建设延伸的“六个好”，并为江干区社区服务中心题词：“以人为本，服务至上”。（陈云祥 张杭平）

【王选在杭考察】 10月27日，全国政协副主席、九三学社中央副主席、两院院士王选在市人大常委会副主任、九三学社杭州市委会主委朱荫湄等陪同下，考察杨公堤景区及盖叫天故居，对市委、市政府实施西湖综合保护的做法予以充分肯定。

（刘德科）

·杭州市名列2004年中国十大协调发展城市第一·

2004年末，由人民日报社主办的《中国经济周刊》评选出2004年中国十大协调发展城市，杭州市列第一名。名列第二到第十的是：成都、上海、重庆、苏州、广州、厦门、宁波、大连和东莞。

《中国经济周刊》认为：在中国，

钱江新城的钱江路

城市之间的竞争早就开始。进入新世纪，竞争上升到在和谐环境的基础上城市经济社会和谐发展的角力。

《中国经济周刊》对杭州市的评价是：2004年，杭州经济的协调发展不容忽视，在劳动力素质、经营成本、市场规模、市场潜力、私营活力等方面，杭州都显示出其在吸引民营资本方面的魅力；而且在杭州为自己制定的工程中，不仅有市政改造工程、轨道交通工程，更有要把运河杭州段建成生态河、景观河的工程，以及“保护第一、环境优先”的良渚遗址管理区工程；杭州处理经济和环境的协调发展目标已跃然纸上；一个新型商业城市的变化和崛起大戏，正在上演。

（摘编自《都市快报》）

·第五套人民币印有西湖图案·

7月30日发行的中华人民共和国第五套人民币共有6种。其中，1元纸币背面图案是西湖苏堤春晓和三潭印月的风景。这是杭州景物第二次出现在人民币上。

中华人民共和国第一套人民币中就出现过杭州的景物。第一套人民币共发行12种面额、62种版式。其中，1952年1月22日发行的面值为1000元的人民币，正面图案是杭州钱塘江大桥。钱塘江大桥是中国首座自行设计建造的公路、铁路两用跨江大桥，在全国具有很大的影响力和极高的知名度。

（摘编自《杭州日报》）

·杭州劳动保障水平全国领先·

【再就业工作获全国先进】 2004年，全市新增就业岗位14.10万个，下岗失业人员实现再就业13.72万人，其中就业困难人员5.37万人，城镇登记失业率4.3%。

杭州积极鼓励失业人员自谋职业和自主创业，为失业人员提供一定的创业资金。至年末，全市共为2.69万名从事个体经营的失业人员发放一次性就业援助补助费7698.9万元，提供小额担保贷款916笔、2316.8万元。

9月4日，杭州市获全国再就业工作先进单位称号。

【劳动保障站（室）建设全国领先】 杭州劳动保障基层服务机构的建设属全国领先水平。在2003年底，全市52个街道、177个乡镇、482个社区全部设立了劳动保障站（室）。2004年，按照“人员、经费、场地、网络、工作五到位”的要求，进一步完善劳动保障站（室）的建设，并积极开展劳动保障服务机构向行政村延伸的工作。

【企业退休人员平均养老金水平位居全国前列】 至2004年末，杭州市有33.81万名企业退休人员实行了社会化管理，占全市企业退休人员总数的97.8%，从制度上解决了他们晚年的生活保障问题。

从2004年7月起，杭州企业退休（退职）人员按照中央的统一部署普遍调整了基本养老金标准，并发放生活补贴。7月、8月的发放标准为每人每月25元，9月开始为40元。另外，夏季还发放4个月的清凉饮料费。至年末，杭州企业退休人员平均养老金（包括各种补贴）达991元，居全国前列。

【医保制度改革领跑全国】 继2003年实行基本医疗保险制度改革后，2004年1月1日，杭州市推行企业退休人员门诊医疗费社会统筹，近26万名企业退休人员得到基本的门诊医疗保险，门诊起付标准比机关、事业单位退休人员低300元。

随着“四改联动”的深入实施，杭州市不断修改和完善医保制度，并特别注重解决困难群众的“看病难”问题，先后出台了医疗互助救济政策和针对未参加基本医疗保险的困难人员的医疗救助政策，逐步形成较完善的医疗保险和救助体系。

【“春风行动”全国闻名】 “春风行动”是闻名全国的帮扶困难群众的品牌活动。2004年是实施“春风行动”的第五个年头，主题是：献一个岗位，帮一人就业，送一份温暖，解一家困难。至年末，全市共举办专场招聘184场。其中，省、市联合举办和杭州市举办的人才资源交流大会，共提供就业岗位8216个；全市还新增公益性岗位6558个、机关事业单位勤杂岗位4514个。（洪光豫）

·杭州在国际花园城市、花园社区总决赛中获三奖·

【第八届国际花园城市、花园社区总决赛结果揭晓】 10月19日，在加拿大尼亚加拉举行的第八届国际花园城市、花园社区总决赛中，杭州市连夺三奖：千岛湖镇获国际花园城市B类总决赛第一名，杭州滨江房产集团的金色海岸获国际花园社区人文类金奖，浙江中能集团的浪漫和山获国际花园社区生态类金奖。

▶▶资料：国际公园协会和国际

千岛湖镇

浪漫和山社区

花园城市评选

国际公园协会成立于1957年，总部位于英国伦敦，是一个著名的非营利性国际组织。该组织从1996年起开展的国际花园城市评选，具有广泛的影响力，每年吸引20多个国家的众多城市参选。

本次比赛分为6个类别，分别是2万人口以下（A类）、2万~7.5万人口（B类）、7.5万~20万人口（C类）、20万~100万人口（D类）、100万人口以上的城市（E类）和社区项目。社区项目评选是2004年新设立的奖项，其目的是肯定社区在保持环境可持续发展方面的贡献。

此前，中国已有深圳、广州、杭州、苏州、厦门、泉州、濮阳7个城市获得国际花园城市称号。

【千岛湖镇获国际花园城市B类总决赛第一名】千岛湖镇位于中国东南的面积573平方千米、散布着1078座岛屿的千岛湖畔，是淳安县县治所在地。它一面依山，三面环水，城区面积6.5平方千米，人口4.5万人，城市绿地覆盖率46.8%，居民人均公共绿地面积11.3平方米，是一座绿色城市。

千岛湖镇有许多历史文化遗迹，孕育了中国古代文化史上有重要地位的文化流派——新安文化。这里的古迹都得到很好的保护和修复，古老的文化得到很好的传承和发扬。

千岛湖镇的建筑布局随地势而动，体现山城高低错落有致的建筑风格。环境保护意识深入到每一个居民，镇上每年都开展“保护母亲湖，洁美大行动”，人人为美化自己生活的城市尽心尽力。

这次评选的程序、规则极为严格，十几名评委根据参赛者的录音、录像陈述，独立评判与打分，然后无记名投票。千岛湖镇从51个城市中脱颖而出，获国际花园城市B类第一名。

【金色海岸获国际花园社区人文类金奖】金色海岸是杭州滨江房产集团开发的水景住宅区，位于杭州新城市规划区——钱江新城中部，由13幢18层至28层的高层住宅和1座5000余平方米的五星级会所组成。它采用弧型住宅楼群组合形成“大围合“的总体布局方式，最大限度地使住户享受到千米钱塘江景和超大园区中心绿地景观。整个建筑群洋溢着大气、尊贵、简洁的建筑风格，在钱塘江畔恢弘展开，与杭州大剧院、杭州会展中心、新体育中心等比肩而立，成为杭州大都市的象征和标志。

金色海岸的开发建设，体现了以人为本的开发理念和钱塘江时代的文化底蕴，体现了大气、开放的杭州城市精神。在这次评选中，从27个社区中脱颖而出，获国际花园社区人文类金奖。

【浪漫和山获国际花园社区生态类金奖】浪漫和山是浙江中能集团开发建设的以独立住宅——别墅为主体、并有部分公寓的社区。它位于杭州城西大学城西北角的丘陵地带，占地27公顷，三面环绕山坡，南面以溪流为界，建筑物呈睡卧状分布于山水之间。

社区在山顶修建“星池”，在谷底修建“月湖”，形成内支流溪水—内干流溪水—上下两个人工湖—外部干流溪水的水景体系。对原有的天然植被进行生态和美化改造，以求自然和人工的交融，形成丰富、立体的植被体系。住宅建筑充分利用自然地形，强调室内外交融，大部分别墅作了退层式设计，使视线无遮挡，将自然最大限度地引入室内。

浪漫和山以其区域天生的自然

金色海岸社区

整治后的天目山路

条件、深厚的人文底蕴及浓郁的现代文化特征征服了评委，夺得国际花园社区生态类金奖。

（根据《杭州日报》整理）

·"三口五路"整治工程基本完成·

市区彭埠、留下、104国道北线等3个入城口和解放路、艮山路、环城北路、天目山路、莫干山路5条道路（简称"三口五路"）街景美化整治工程，是市委、市政府确定的2004年为民办实事工程之一。根据整治规划，由市建委、市城管办、各区政府、市各相关职能部门组成的"三口五路"街景美化整治领导小组，按照高起点规划、高标准建设、高强度投入和高交通管理的要求，精心部署，认真组织，明确工作目标和整治措施，落实责任主体，督促工作进度。工程从5月28日动员大会后开始，至10月1日基本完成。

市区"三口五路"整治工程是"33929"工程的延续，也是"258"工程中缓解市区交通"两难"矛盾的重要组成部分。共整治道路37千米，立面美化187万平方米，拆除违章建筑39.28万平方米，新绿化面积78万平方米，改造路面94.6万平方米，铺设人行道14.14万平方米，实施公建亮灯210幢，同时使现状道路及两侧街景的总体环境有一个量的改善和质的提高。通过整治，市区3个入城口和5条主要干道环境质量得到提升，基本体现了各条道路的交通功能及文化氛围、商业业态、景观效果、绿化品位、灯光形象等特色，赢得广大市民和中外游客的广泛称赞。

12月6日，市委、市政府召开杭州市区"三口五路"综合整治工程总结表彰大会，5个综合整治优秀单位、5个突出贡献单位、2个最佳组织单位、19个最佳配合单位和150名先进个人（其中挂职干部20名）受到表彰。

（城建城管处）

·《杭州年鉴(2004)》获两个特等奖·

《杭州年鉴(2004)》是杭州市连续出版的第18部年鉴。全书有46个类目、261个分目、1718个条目，共计140万字，另有彩色图版81页、文内插图196幅、表格101张，首次采用大十六开、全部彩色印刷，2004年9月由方志出版社正式出版。

2004年11月，全国出版工作者协会第三届全国年鉴编纂出版质量评奖在广西北海市举行。经初选、复选，从全国1000余部年鉴中选出178部参加正式评比。《杭州年鉴(2004)》获最高奖——综合奖特等奖，并且在框架设计、条目编写和装帧设计三个单项评比中都获特等奖。

2004年12月，中国地方志年鉴奖评比在湖北武汉市举行，全国有480余部年鉴参加评比。《杭州年鉴(2004)》获中国地方志指导小组办公室、中国地方志协会颁发的首届中国地方志年鉴奖特等奖。（黄建设）

▶▶资料：全国年鉴编纂出版质量评奖

每五年评比一次。第一、二届由中国年鉴研究会组织，第三届经国家新闻出版署批准，由中国出版工作者协会组织。

第一届评比1994年12月在江苏南京举行。获地、市、州年鉴综合奖特等奖的有：武汉年鉴　哈尔滨年鉴　杭州年鉴

第二届评比1999年11月在上海举行，获城市级年鉴综合奖特等奖的有：广州年鉴　武汉年鉴　杭州年鉴

第三届评比2004年11月在广西北海举行，获城市年鉴综合奖特等奖的有：大连年鉴　广州年鉴　温州年鉴　武汉年鉴　杭州年鉴　乌鲁木齐年鉴　西安年鉴　哈尔滨年鉴

·2004年杭州市大事记·

1月

1日 杭州市区26万企业退休人员实行门诊医疗费社会统筹。

△在杭州的浙江博物馆和中国丝绸博物馆免费对外开放。

4日 萧山区公安分局治安大队副大队长张叶良在与犯罪嫌疑人搏斗中壮烈牺牲。7日,中共萧山区委、萧山区人民政府隆重举行张叶良追悼会。14日,市精神文明建设委员会追授张叶良杭州市好市民称号。16日,浙江省人民政府(以下简称省政府)批准张叶良为革命烈士,中共杭州市委(以下简称市委)、杭州市人民政府(以下简称市政府)作出《关于开展向张叶良同志学习活动的决定》。19日,省政府追授张叶良人民卫士称号。2月3日,市委追授张叶良杭州市优秀共产党员称号。4日,公安部追授张叶良全国公安战线一级英雄模范称号。29日,中共浙江省委(以下简称省委)追授张叶良浙江省优秀共产党员称号。

5日 杭州市82个市级医院降低药价,降价药品达5190种,平均降幅为27%。

8日 在全国双拥工作会议上,杭州市连续第四次获全国双拥模范城称号,上城区小营街道被授予全国爱国拥军模范单位称号,娃哈哈集团公司董事长兼总经理宗庆后被授予全国爱国拥军模范称号。

△市委召开全市宣传工作会议。

9日 南京军区在杭州举行纪念“硬骨头六连”命名40周年纪念大会。中央军委主席江泽民致信表示祝贺。

12日 市委召开全市政法工作会议。

17日 凌晨3时许,一辆由杭州开往淳安的大客车坠入千岛湖,乘客12人死亡、22人受伤。事故发生后,省市有关领导赶赴现场指挥抢救和打捞,处理善后事宜。

19日 市政府与香港特别行政区政府签订公务员实习交流协议。今后每年将安排一次实习交流,由两地政府各选派不超过5名公务员到对方政府的相应部门实习,每次3~6个月。杭州首批赴港的5名公务员于5月20日启程。

22日 中共中央政治局常委、国务院副总理黄菊在杭视察。

23日 中共中央政治局常委、全国人大常委会委员长吴邦国视察胡雪岩故居。

25日 全国人大常委会副委员长路甬祥视察胡雪岩故居。

2月

2日 市政府召开紧急会议部署禽流感防治工作。要求做到决不让一只病禽留在疫区,决不让一只病禽流出疫区,决不让一只病禽流入杭州市,决不让一只病禽上市。

△市人大常委会通过决定,授予西门子(杭州)高压开关有限公司德方代表、董事、总经理鲁兹·克拉夫特杭州市荣誉市民称号。3月24日,市长茅临生向鲁兹·克拉夫特颁发杭州市荣誉市民证书和证章。

△市政府批准《杭州市人民防空与城市地下空间开发利用规划》。这标志着打造“杭州地下都市”的步伐加快。

11日 富阳市被国家科技部批准为全国科技进步先进市。

△由于为“神舟五号”飞船提供重要零部件,杭州市政府和杭州航天电子技术有限公司获中国运载火箭技术研究院颁发的奖杯和奖状。

12日 市委、市政府召开创建民营经济强市动员大会。会上,表彰100名杭州市非公有制经济人士为优秀社会主义事业建设者和先进社会主义事业建设者。

△由临安青山湖街道《八戒背媳妇》和余杭滚灯组成的杭州民间艺术表演队,应邀赴法国参加尼斯狂欢节。

15日 市委、市政府首次召开全市人才工作会议。

16日 市委召开全市党建工作会议。

17日 市委召开全市组织工作会议。

18日 市政协八届三次会议开幕(21日闭幕)。

△市纪委、市委组织部、市委宣传部联合发出通知,要求各级党组织和广大党员干部认真学习贯彻《中国共产党党内监督条例(试行)》和《中国共产党纪律处分条例》。

19日 市十届人大四次会议开幕(22日闭幕)。

△市委、市政府召开全市计划生育、国土资源、环境保护工作会议。

20日 在2003年度国家科学技术奖励大会上,杭州市化工研究所姚献平等人的非木材纤维造纸用变性淀粉系列产品和杭州汽轮机股份有限公司参与完成的年产24万吨乙烯裂解气压缩机组，双双获国家科学技术进步二等奖。

23日 市委、市政府召开全市农村工作会议。

24日 市领导王国平、茅临生、虞荣仁等参加省委常委会，专题汇报杭州城市化发展情况。

△市委、市政府召开加强机关效能建设、争创人民满意单位大会，总结工作，宣布2003年市直机关满意单位、不满意单位评选结果，表彰十佳公务员，部署下一步工作。

25日 为充分发挥工会的民主参与、民主监督和社会调节作用，市政府与市总工会建立联席会议制度。会议每年举行一次，如遇重要、紧急事项需要研究，可视情增加。

28日 杭州市"356培训工程"首期研修班开学，省委常委、市委书记王国平作《杭州经济社会发展研究》专题讲座。"356培训工程"计划用3年时间培训500个企业的600名高级经营管理人员。

△2004年中国(杭州)海峡两岸兰花博览会开展，展出兰花1158盆。台湾国兰联合会总会长在开幕式上向大会赠送爱国将领张学良生前培植的"爱国兰"。

3月

1日 在中国市长协会组织近百名海内外专家共同完成的《(2002年~2003年)中国城市发展报告》上，杭州位列中国城市综合发展能力第六位。

2日 在中国社会科学院、湖南卫视栏目和社会科学文献出版社公布的2003年中国城市竞争力报告中，杭州在200个城市中排名第六。

△市委、市政府召开市区道路和入城口整治专题会议，部署"三口五路"整治工作。

4日 以市农业科学研究所、市蔬菜科学研究所、市水产科学研究所和市茶叶科学研究所为基础组建的杭州市农业科学研究院成立。

11日 市委、市政府召开依法管理"四小车"(正三轮摩托车、燃油助动车、营运人力三轮车、有动力装置的有证残疾人专用车)动员大会。

△《西湖丛书》编委会暨征求专家意见会研究确定，《西湖丛书》由《西湖通史》、《西湖全书》和《西湖文献集成》组成，2004年开始编纂。10月20日，《西湖丛书》25册首发。

15日 省委常委、市委书记、市人大常委会主任王国平率杭州市友好代表团访问南非、埃及(26日返杭)。

16日 杭州市与澳大利亚首都堪培拉市友好交流合作协议在杭签署。

20日 市政协主席虞荣仁率团访问印度尼西亚、马来西亚(29日返杭)。

21日 市长茅临生率市政府考察团赴南京、苏州考察城市建设资产投融资、经济适用住房建设、招商引资、开发区建设等方面工作(23日返杭)。

解放路延伸工程中的新城隧道

22日 《井冈山精神》大型巡展在杭州展出。

26日 国土资源部所属的《国土资源报》公布全国主要城市地价，杭州仅次于北京、上海，位居第三。

△杭州市与日本上尾市在杭签署友好交流与合作备忘录。

28日 由日本航空公司和全日空航空公司经营的杭州至东京、杭州至大阪两条航线首航。

4月

1日 市委、市政府召开双拥模范单位命名大会，庆祝杭州市第四次获全国双拥模范城称号，命名表彰市双拥模范乡镇(街道)、拥军优属模范单位、拥政爱民模范单位。

2日 为期3天的亚洲高级别研讨会在杭开幕。44位来自联合国改革问题高级别名人小组的成员、部分亚洲国家前政府高级官员、著名专家和学者，以"威胁、挑战与变革"为主题展开研讨。

5日 中国纺织服装信息商务中心落户杭州。全国人大常委会副委员长顾秀莲出席在北京人民大会堂举行的新闻发布会。

7日 杭州各行各业的118名非公有制经济人士赴京参加中共中央党校和市工商联联合举办的为期6天的培训班。

9日 杭州市信息化办公室与日本横须贺研究园区(YRP)在杭签署《科技和商务合作谅解备忘录》。

△市政府召开全市社会救助工作会议。

13日 市委、市政府召开全市推进城市化工作会议。

△市委、市政府下发《关于加速萧山、余杭区融入大都市的若干意见》。

15日 由两个日本世界500强企业(神钢建设机械、丰田通商株式会社)和一个中国民营投资公司合资建设的杭州神钢建设机械有限公司落户杭州经济技术开发区，首期投资2950万美元。

16日 名列世界500强的德国博世公司独资的博世电动工具(中国)有限公司杭州生产厂正式投产。该厂坐落钱江南岸，占地7.7万平方米，总投资2.84亿元，是亚洲最大的电动工具生产基地。

17日 市长茅临生率杭州市政府代表团出访英国、爱尔兰、印度(27日返杭)。

22日 杭州市与新加坡IT产业合作项目在杭签约。

△被称为南宋音乐活化石的"古亭音乐"在当年南宋皇城脚下的鼓楼上演。

23日 市考古所在万松岭隧道东接线严官巷工地发掘出南宋三省六部遗址,并在皇城四至范围确定、文化层堆积与遗迹的认识等方面取得突破性进展。

26日 由澳门特别行政区行政长官何厚铧率领的澳门特别行政区政府代表团和企业家代表团,在杭州考察杭州出口加工区和杭州康恩贝制药有限公司、杭州娃哈哈集团公司。

27日 市委、市政府召开表彰大会,表彰和奖励199名杭州市劳动模范和100个模范集体。

28日 全国人大常委会副委员长何鲁丽视察胡雪岩故居。

△浙江省十届人大第十次会议决定任命茅临生为浙江省人民政府副省长。30日,省委决定孙忠焕任杭州市委委员、常委、副书记;茅临生不再担任杭州市委副书记、常委、委员。杭州市十届人大第十七次会议决定接受茅临生辞去杭州市市长职务的请求,任命孙忠焕为杭州市人民政府副市长、代市长。

△解放路延伸工程建成通车。

5月

11日 在第二届中国滨州·博兴国际小戏艺术节上,杭州睦剧《月圆曲》获剧目演出金奖和稀有剧种保护奖。

12日 市委、市政府召开工业兴市大会,强调以科学发展观为指导,好中求快,稳中求进,确保杭州工业平稳协调较快发展。会上奖励一批成绩优异的工业"排头兵"。

△14时45分,杭州长运公司一辆快客中巴坠落在乍嘉苏高速公路嘉兴段10米落差的桥下,造成死亡23人的特大交通事故。省市有关领导迅速赶赴现场指挥抢救伤员和善后处理工作。

25日 杭州市心理危机研究和干预中心成立。

27日 杭州市市民学校成立。

△市总工会召开大会,表彰10件职工满意的实事好事和10名深受职工欢迎的模范工会干部。

28日 《杭州西湖风景名胜区管理条例》获省十届人大常委会第十一次会议批准。

△第十六届世界模特小姐大赛总决赛在杭州闭幕。中国小姐马力获亚军。

6月

1日 为期两天的中国少年先锋队杭州市第七次代表大会开幕。

2日 市委召开全市深化创建"平安杭州"工作会议。

4日 2004年中国国内旅游交易会在杭开幕(6日闭幕)。

△余杭区仓前镇灵源村一宋代墓葬群发掘现场出土1件完整的宋代带盖青花小罐。这是考古史上的一个重大发现。

5日 2006年杭州世界休闲博览会国内重点合作城市会议在杭举行。

6日 2004年长三角体育圈"英派斯杯"全民健身大联动在杭启动。该活动持续到10月。

7日 富阳市被全国爱国卫生运动委员会命名为国家卫生城市。

10日 杭州高新开发区(滨江)和浙江大学签订《关于进一步加强全面合作框架协议》。

11日 为期两天的全国社会治安综合治理工作会议在杭召开。中共中央政治局常委、中央社会治安综合治理委员会主任罗干出席会议并讲话。11日~12日,罗干在杭州、绍兴、宁波、温州等地考察。

△首届全国十大建设科技成就评选结果揭晓,西湖湖西综合保护工程榜上有名。

12日 中共中央政治局委员、书记处书记、国务委员兼公安部部长周永康在杭州视察。

21日 市政府常务会议审议并通过《杭州市行政许可工作制度(试行)》。该制度7月1日起随《中华人民共和国行政许可法》同时实施。

22日 马寅初纪念馆开馆,纪念馆前的马寅初塑像同时揭幕。马寅初是著名人口学家,纪念馆设在他曾居住多年的庆春路210号旧居。

30日 市委召开纪念建党83周年暨基层党建工作示范点表彰会。

7月

1日 中共中央政治局委员、书记处书记、中央宣传部部长刘云山在杭州和金华考察文化体制改革试点工作(2日结束)。

△市委召开九届七次全体(扩大)会议(2日结束)。

2日 首条以文化休闲为特色的西湖夜游一号线开通。

3日 强热带风暴"蒲公英"肆虐杭城4小时,大风刮倒行道树数十棵。

4日 杭州市区开放人防工程供市民避暑纳凉。至8月25日,共开放15处,面积1.5万平方米,接纳避暑市民约17.8万人次。

7日 12时30分,来自韩国汉城的波音747货运飞机降落在杭州萧山国际机场。杭州首条国际货运航线开通。

16日 西部地区旅游资源开发培训班在杭州开班。

26日 浙江省暨杭州市投资观光说明会在日本东京举行。28日,杭州招商引资和旅游促销代表团在日本大阪举行杭州投资观光说明会。

28日 由海峡两岸关系研究中心主办的两岸关系与经贸交流论坛在杭州开幕(29日闭幕)。

29日 杭州垃圾焚烧发电工程1号焚烧炉点火成功。该工程一期共有3台垃圾焚烧炉和1台发电机组,日处理生活垃圾450吨,发电10多万千瓦小时。

30日 杭州市与日本著名风景旅游城市札幌市签订友好交流协议。同日,"地上乐园"杭州旅游说明会在札幌举行。

△印有杭州西湖图案的第五套人民币1元纸币在杭首发。

△10时15分,杭州市第一个天然气用户——东方假日大酒店溴化锂空调机组点火成功。

8月

8日 杭州市与在杭的中国国际茶文化研究会、中国茶学会、中国农业科学院茶叶研究所、中华全国供销合作总社杭州茶叶研究院、国家茶叶质量监督检验中心、农业部茶叶质量监督检验中心、中国茶叶博物馆、浙江大学茶叶系签订战略合作框架协议，合力打响“茶为国饮、杭为茶都”品牌。

12日 台风“云娜”侵袭杭州，造成市区2人死亡、4人受伤，房屋、树木、公共设施等不同程度受损。

16日 在雅典奥运会上，杭州籍运动员罗雪娟获女子100米蛙泳金牌。19日，杨雨获女子4×200米自由泳银牌；吴鹏获男子200米蝶泳第6名，并打破全国纪录。

△代市长孙忠焕率杭州代表团出访瑞典、芬兰、瑞士(28日返杭)。

△杭州产品娃哈哈牌果汁饮料、兽王牌皮衣、传化牌液体洗涤剂、万事利牌真丝绸、金富春牌真丝绸和朝阳牌全钢子午线轮胎荣登2004年中国名牌榜。

△**20日** 市委、市政府召开全市城市管理工作会议。

21日 国内首款百万像素手机——杭州数源移动通信公司研发的V130型手机通过国家信息产业部认证。

27日 市委、市政府召开全市加强未成年人思想道德建设工作会议。

30日 中国棋院与杭州市在北京签订《共建中国棋院杭州分院的合作协议》,合力把杭州打造成中国围棋运动的副中心。

31日 杭州市12345市长公开电话受理中心在全国第六届“人民满意的公务员”和“人民满意的公务员集体”表彰大会上，获“人民满意的公务员集体”称号。

9月

3日 市委、市政府通报表彰首届十佳教师、十佳中小学校长和十佳尊师重教个人。

4日 在全国再就业工作表彰大会上，杭州市获全国再就业先进单位称号。

5日 “时尚之旅·2004新丝路世界模特大赛”总决赛暨颁奖晚会在杭州举行，中国姑娘李子宁获冠军。

6日 省委决定，齐毓春任杭州市委委员、常委，谢力刚不再担任杭州市委常委、委员。

6日 杭州市与广西北海市在杭州互换缔结友好城市签约文本。

7日 瓦努阿图共和国总理兼司法公务部长瑟奇·沃霍尔到杭访问。

8日 杭州学军中学校长任继长、杭州学军小学校长杨一青获浙江省功勋教师称号。

10日 第七届中国艺术节在杭州开幕(26日在绍兴闭幕)。

12日 全国人大常委会副委员长李铁映在杭州视察，与杭州市人大常委会主任会议成员及市人大机关各部门负责人座谈。

17日 在澳大利亚布里斯班市，杭州市副市长项勤从第八届世界休闲大会执行官手中接过世界休闲组织的旗帜。这标志着杭州正式步入主办首届世界休闲博览会和第九届世界休闲大会的里程。

23日 全国人大常委会副委员长成思危率工会法执法检查组在杭州视察指导工作(24日结束)。

△全国人大常委会副委员长蒋正华为杭州市各级领导干部作题为《21世纪中国人口战略》的报告。

△由市委副书记叶明率领的杭州市政府代表团和社会各界一行150余人抵达英国利兹，为庆祝杭州、利兹两市缔结友好城市16周年而举行的利兹“中国周”活动拉开序幕。

24日 在深圳举行的第五届中国园林花卉博览会上，杭州参展作品“水墨江南园”获金奖。

26日 2003年中国综合发展百强县(区、市)评选结果正式公布，萧山、余杭、富阳、临安、桐庐榜上有名。

28日 杭州市获国家电子信息产业基地称号。

△在雅典残奥会上，杭州籍运动员郑雄鹰与队友一起夺得女子坐式排球金牌。

30日 北山街历史文化街区保护一期、杨公堤景区二期、梅家坞茶文化村二期等西湖综合保护工程新景点竣工开放。

10月

3日 中共中央政治局委员、国务院副总理吴仪在杭州考察(5日结束)。

10日 杭州市第一次全国经济普查单位清查工作全面启动。

11日 2004年“相约西子湖·文人西湖”活动在西湖畔的唐云艺术馆举行。

12日 2004年中国·浙江生态省建设论坛在杭州举行。

△首届长江三角洲科技论坛在杭州开幕。

△市天主教爱国会第五次代表会议开幕(13日闭幕)

14日 市领导王国平等赴上海学习考察现代服务业发展情况。

16日 第六届中国杭州西湖博览会开幕，全国人大常委会副委员长蒋正华、全国政协副主席张怀西等出席开幕式(11月6日闭幕)。

“七艺节”上的曲艺演出

△复兴大桥和中兴立交桥建成通车。

18日 日本松下电器产业株式会社在中国最大的投资项目——松下杭州工业园在杭州经济技术开发区内奠基。

19日 在加拿大尼亚加拉举行的第八届国际花园城市、国际花园社区总决赛中，杭州市连夺三奖：淳安县千岛湖镇获国际花园城市B类第一名，杭州滨江房产集团的金色海岸获国际花园社区人文类金奖，浙江中能集团的浪漫和山获国际花园社区生态类金奖。

20日 国际老龄协会第十六届大会在杭州举行。

△杭州市举办首届邻居节。

24日 2004年亚洲小姐竞选在香港揭晓，浙江大学城市学院新闻系三年级学生吕晶晶获冠军。

25日 杭州电视台少儿频道开播。

26日 世界500强榜首——沃尔玛公司投资2.5亿元~3亿元的沃尔玛购物广场签约在西湖区落户。

28日 市十届人大常委会第二十次会议通过决定，接受裴长洪辞去杭州市人民政府副市长职务的请求。

△行驶在杭城京杭大运河上的水上巴士正式开通。

31日 为期5天的2004年世界杯乒乓球赛在萧山区临浦镇落下帷幕，中国选手包揽男女冠军。

11月

3日 全国人大常委会副委员长蒋正华率全国统计执法检查组在杭州市进行检查。

△日处理污水60万吨的七格污水处理厂一期正式投产。

2日 杭州名校集团化战略开始实施，市属5个教育集团(杭州二中教育集团、杭州学军中学教育集团、杭州四中教育集团、杭州中策职校教育集团、杭州绿城育华教育集团)成立。

4日 由中央电视台经济频道推出的“中国十大最具经济活力城市”评选揭晓，杭州市榜上有名。同时，杭州市获城市应急反应表现奖。

6日 中国民营企业竞争力50强在杭州公布，杭州市有7个企业名列其中。他们是：浙江恒逸集团有限公司、吉利控股集团有限公司、华立控股股份有限公司、西子联合控股有限公司、广厦控股创业投资有限公司、万向集团、浙江富春江通信集团有限公司。

8日 杭州市颁发首批外国人永久居留证。

9日 坐落在吴山脚下、建筑面积1.2万平方米的中国财税博物馆开馆。

10日 省委决定，吴鹏飞任杭州市委委员、常委，王建满不再担任杭州市委副书记、常委、委员。

12日 中国科学院与杭州合作的中国科学院微电子研究所杭州分部、中国科学院EDA中心杭州分中心、杭州中科微电子有限公司3机构在杭州高新区同时落户。

13日 2004年中国浙江网上技术市场活动周暨杭州科技合作周开幕。

26日 2004年中国休闲经济国际论坛在杭开幕(28日闭幕)。

27日 沙孟海旧居正式开放。沙孟海是已故著名书法家，享有“海内榜书，沙翁第一”的美誉。

28日 国际链条生产巨头德国沃尔夫控股集团与国内最大的链条生产企业杭州东华链条总厂合资成立杭州沃尔夫链条有限公司。

30日 《杭州年鉴(2004)》获中国出版工作者协会第三届全国年鉴编纂出版质量评比综合奖特等奖，并获框架设计、条目编写和装帧设计3个单项奖特等奖。

12月

5日 市文物考古部门宣告，在临安青山湖翠湖开发区的山坡上发现从两汉时期到近代的墓葬群。

6日 日本爱知世界博览会“中国馆”推介会暨“杭州周”新闻发布会在日本国爱知县召开。

△杭州出版社与德国阿克塞尔·施普林格集团在北京签署关于汽车及摩托车杂志版权许可协议谅解备忘录和成立合作经营公司谅解备忘录。国务院总理温家宝和德国总理施罗德等中德领导人出席签字仪式。

7日 杭州市区首次开通3条准快速公交线路。

8日 由杭州市公共交通总公司整体改制建立的杭州市公共交通集团有限公司成立。公司拥有公交运营车辆4332.9标台，公交线路335条，运营线路长度4426千米。

11日 杭氧股份有限公司和德国梅塞尔集团签署联合促销与发展协议。梅塞尔集团将用杭氧生产的大型空分设备为其在世界各地的客户制造并提供工业气体，杭氧的产品将挑战美、英、法、德4国在这一领域的垄断地位。

12日 随着杭州太虚湖酒店挂上四星级牌匾，杭州的星级饭店突破200个，数量仅次于北京、上海。

13日 杭州市第十次学生代表大会开幕(14日闭幕)。

16日 杭州警备区组建成立。

17日 参加跨湖桥遗址考古学术研究会的35位专家学者宣布：距今8000年到7000年的“跨湖桥文化”正式命名。这是中国考古学的一个崭新的研究成果。

△《杭州年鉴(2004)》获首届中国地方志年鉴奖特等奖。

18日 杭州直饮水一期工程竣工通水。

22日 市委召开九届八次全体(扩大)会议，报告常委会2004年工作，部署2005年工作，通过《关于贯彻党的十六届四中全会精神，进一步加强党的执政能力建设的实施意见》(24日结束)。

25日 杭州市发放首批市民卡。

26日 由毛泽东书写的康有为楹联石碑在西湖三潭印月景区揭碑，纪念毛泽东诞辰111周年。

△随着05省道富阳段、桐庐段和杭徽高速公路昌昱段建成通车，杭州一小时半交通圈提前一年实现。

27日 市科协第八次代表大会开幕(28日闭幕)。

29日 杭州高新技术产业开发区(滨江)国家动画产业基地和中国美术学院国家动画教学研究基地揭牌。

30日 余杭区瓶窑镇被国家爱国卫生运动委员会命名为国家卫生镇。

31日 杭州绕城公路权益转让签字仪式在杭州举行。香港国汇有限公司和浙江国业实业发展有限公司以9.8亿美元的资金接过杭州绕城公路25年的经营权。

(市委办　市府办　年鉴室)

总 述

General Survey

·历史沿革·

【历史沿革概况】 考古发现表明,5万年前就有智人“建德人”在今建德李家乡一带活动。2001年,杭州萧山跨湖桥遗址考古发现,约8000年前的新石器时代早期,萧山已有人类活动。从新石器时代后期的良渚文化开始,杭州有5000多年的历史。

秦王政二十五年(公元前222年)置钱唐县、余杭县,属会稽郡。

隋开皇九年(公元589年)始称杭州。

五代时的吴越国(公元907年~978年)在杭州建都。

南宋建炎三年(公元1129年),赵构南渡至杭州,升杭州为临安府。绍兴八年(公元1138年),南宋正式定都临安,历时140余年。

民国元年(公元1912年)2月,以钱塘、仁和县地并置杭县。民国16年(公元1927年)5月,划杭县城区等地设杭州市,杭州置市始此。

1949年5月3日,杭州解放。

杭州是中国的七大古都之一,现为浙江省省会,全国15个副省级城市之一,长江三角洲重要中心城市,被国家列为全国历史文化名城和重点风景旅游城市。 (年鉴室)

杭州西湖曲院风荷公园

·地理气候·

【地理位置和面积】 杭州市地处东南沿海的长江三角洲南翼,杭州湾西端,钱塘江下游,京杭大运河南端,是长江三角洲重要中心城市和中国东南部交通枢纽。市域界于北纬29°11′~30°34′和东经118°20′~120°37′。全市土地面积16596平方千米,其中市区3068平方千米。

【地貌】 境内地貌类别多样。西北部和西部系浙西中山丘陵区,主要山脉有天目山、白际山、千里岗山等,全市最高点是海拔1787米的清凉峰。东北部和东南部属浙北平原地区,地势低平,海拔仅3米~6米,地表江河纵横,湖泊密布。在全市土地面积构成中,山地丘陵占65.6%,平原占26.4%,江、河、湖、荡、水库占8%。 (年鉴室)

【气候特征】 杭州气候属亚热带季风性,四季分明,温暖湿润。年平均气温15.9℃~17.0℃,呈南高北低分布。极端最高气温39.8℃~42.9℃,极端最低气温-7.1℃~-15.0℃。年平均相对湿度76%~81%。无霜期199天~328天。杭州每年都会出现灾害性天气,影响比较严重的有暴雨、台风、高温、干旱、雷击、寒潮、大雪等。

2004年杭州市区年平均气温17.8℃,年降水量1046.5毫米,年雨日135天,年日照时数1874.9小时,年平均相对湿度70%。

2004年杭州总的气候特点是:气温明显偏高,降水总量偏少,日照偏多,伏旱偏重,台风影响明显,突发性灾害天气频发。影响最严重的气候事件是台风、伏旱和局地强对流天气,其次是高温、寒潮、大雾、大雪和冰冻等灾害性天气。从总体上看,2004年杭州为一般气候年景。

(范辽生)

【湖泊河流】 市域内主要河流有钱塘江(境内长74千米)、东苕溪(境内长96千米)、京杭大运河(境内长:杭申甲线49.21千米;杭申乙线39.78千米)、萧绍运河和上塘河等。

钱塘江水系包括新安江、富春江。新安江水库又名千岛湖，面积 573 平方千米，蓄水量达 178 亿立方米，湖内有大小岛屿 1078 个，是中国东南部沿海地区最大的水库。杭州市中心的西湖南北长 3.3 千米，东西宽 2.8 千米，水面面积 5.66 平方千米，是全国重点风景名胜区。

【自然资源】 杭州土壤以红壤和水稻土为主。红壤分布于丘陵区，质地粘重，呈酸性反应，宜种茶树、果树。西湖龙井一带出产的茶叶品质最优。水稻土集中分布在东北平原区，该区是粮、油、棉、麻、桑和多种蔬菜的主要产地。

杭州处于中亚热带常绿阔叶林植被带，平均森林覆盖率为 62.8%，生物种类繁多，资源十分丰富。其中，国家一级保护动物 13 种，二级保护动物 55 种，二级保护植物 13 种。临安市的天目山、清凉峰被列为国家级自然保护区。

矿产资源有萤石、白云石、石灰石、膨润土等大型非金属矿床和铁、钼、铜等中型金属矿床。临安昌化出产一种罕见的鸡血石，质地细腻，色彩鲜艳，为收藏石和图章石中的珍品。 （年鉴室）

·人口变迁·

【全市人口】 2004 年末，全市总户数 2045241 户，比上年增加 34024 户，增长率为 1.68%；总人口 6516757 人，比上年增加 88960 人，增长率为 1.37%；平均每户 3.19 人。其中，男性 3326163 人，占总人口的 51.04%；女性 3190594 人，占 48.96%；性别比为 104.25:100。全市非农业人口 2825835 人，占总人口的 43.36%；比上年增加 189128 人，增长率为 6.92%。由于杭州市户口政策进一步放宽，相当一部分外地人员被批准农转非迁入；城市建设的需要，撤村建居、征地等范围内的大量人员户口农转非；全市公安机关继续积极贯彻落实公安部便民利民措施，按照有关政策解决了一部分人员的户口问题，全市非农业人口占总人口比例比上年增长 2.34 个百分点。

2004 年，全市出生 59940 人，比上年增加 8520 人，出生率为 9.26‰，比上年上升 1.22 个千分点。全市死亡 34078 人，比上年减少 2584 人，死亡率为 5.27‰。自然增长 25862 人，自然增长率为 4‰，比上年上升 1.69 个千分点。

2004 年末，全市未落户常住人口 16022 人，占总人口的 0.25%，比上年增加 1640 人。增加原因是：一些偏远农村地区人员申报户口意识不强，报出生不及时。

【市区人口】 2004 年末，市区总户数 1205593 户，比上年增加 15480 户；总人口为 4015906 人，比上年增加 84042 人。其中，男性 2044261 人，占总人口的 50.90%；女性 1971645 人，占 49.10%；性别比为 103.68:100。市区非农业人口 2330750 人，占总人口的 58.04%；比上年增加 169464 人，增长率为 7.55%。

2004 年，市区出生 34858 人，出生率为 8.77‰，比上年上升 1.33 个千分点。死亡 19445 人，死亡率为 4.89‰，比上年下降 0.54 个千分点。自然增长 15413 人，自然增长率为 3.88‰。

【迁移人口】 全市迁移人口 249330 人，比上年增加 17317 人，以省内迁移为主。人口机械增长 71290 人；市区机械增长 71494 人。增长幅度上升的主要原因是：2004 年户口政策进一步调整，特别是夫妻投靠政策和人才引进政策的进一步放宽，使得大批人员申请进杭。（市公安局）

·行政区划·

【行政区划概况】 2004 年，经省人民政府(审批乡、镇建制的撤并和建立)、市人民政府(审批市辖区街道办事处的撤并和建立)批准，杭州市新建 7 个街道办事处、1 个镇；撤并 2 个街道办事处、8 个镇、7 个乡。其中，4 月，桐庐县撤销 6 个镇、7 个乡，新建 2 个街道办事处、1 个镇；7 月，下城区撤销 2 个街道办事处、1 个镇，新建 4 个街道办事处；7 月，江干区撤销 1 个镇，新建 1 个街道办事处。淳安县横沿乡政府驻地由龙源村迁至横沿村。

经各区、县(市)人民政府批准，杭州市新建 50 个社区、111 个行政村；撤销 10 个社区、30 个居民区、351 个行政村。

至年末，在杭州市行政区域范围内，有县级市 3 个、县 2 个、市辖区 8 个、建制镇 110 个、乡 49 个、街道办事处 57 个、社区 594 个、居民区 80 个、行政村 4027 个。

【行政区域界线界桩联合检查工作】 为巩固勘界工作成果，维护边界地区社会稳定，根据省民政厅部署，从 2003 年开始实施 5 年一次的界线界桩联合检查。杭州市辖区内的联检任务为 28 条、988.81 千米县(市)区界线、16 个三交点，并牵头组织杭嘉线、杭金线、杭衢线 3 条地市线和 1

表 1 2004年杭州市行政区划概况 单位：个

名 称	街 道	乡	镇	社 区	居民区	行政村
上城区	6			51		
下城区	8			67		4
江干区	6		4	67	1	49
拱墅区	6		4	68		18
西湖区	7	2	5	122	3	64
滨江区	3			7		28
萧山区	4		22	79	12	739
余杭区	4	1	14	56		262
市区小计	44	3	49	517	16	1 164
桐庐县	2	4	7	7	14	188
淳安县		18	12	10	2	899
建德市	3	11	12	26	30	513
富阳市	4	6	15	23	3	612
临安市	4	7	15	11	15	651
合 计	57	49	110	594	80	4 027

注：“合计”数中包括“市区小计”数

表 2　　2004年杭州市乡、镇、街道办事处调整情况

单　位	撤并乡、镇、街道办事处	新建镇、街道办事处
下城区	石桥镇、潮鸣街道办事处、艮山街道办事处。	石桥街道办事处、东新街道办事处、文晖街道办事处、潮鸣街道办事处。
江干区	下沙镇	下沙街道办事处
桐庐县	深澳镇、石阜镇、窄溪镇、印渚镇和恰合乡(两乡镇并入分水镇)、毕浦乡和高翔乡（两乡并入瑶琳镇)、芦茨乡(并入富春江镇)、东辉乡(并入百江镇)、歌舞乡(并入钟山乡)、岭源乡(并入合村乡)、桐庐镇和旧县镇(两镇行政区域由桐庐县政府直辖)。	江南镇、桐君街道办事处、旧县街道办事处。

表 3　　2004年杭州市社区、居民区、行政村调整情况

单　位	撤销社区、居民区、行政村	新建社区、行政村
江干区	闸弄口街道京江桥社区、万家花园社区。笕桥镇民航社区(纳入机场社区管理)。	闸弄口街道万家花园社区
拱墅区	上塘镇皋亭村、皋亭社区、瓜山村、瓜山社区。祥符镇方家埭村、花园岗村、祥符桥村、陆家圩村。	上塘镇皋亭社区、瓜山社区。祥符镇方家埭社区、花园岗社区、祥符桥社区、陆家圩社区。
西湖区	留下镇东岳村、杨家牌楼村、西穆坞行政村、花坞社区(调整杨家牌楼、金鱼井社区范围)、新东岳社区(调整东岳社区范围)、屏峰社区和屏峰新村社区（调整小和山社区和横街社区范围)。蒋村乡包建村、王家桥村、周家村、三深村、深潭口村、蒋村村、龙章村、杨家埭村、双龙村、合建村。翠苑街道曲河社区(调整黄姑山社区范围)。转塘镇柏联村。三墩镇吉鸿村。龙坞镇大清村。	留下镇新东岳社区、杨家牌楼社区、西穆坞社区、屏峰社区。蒋村乡包建社区、王家桥社区、周家社区、三深社区、深潭口社区、蒋村社区、龙章社区、杨家埭社区、双龙社区、合建社区。转塘镇柏联社区。三墩镇吉鸿社区。龙坞镇大清社区。
萧山区	河上镇河上居民区。闻堰镇闻堰居民区。党湾镇党湾居民区。靖江镇小石桥、安澜桥居民区。宁围镇宁围居民区。党山镇党山居民区。楼塔镇楼塔居民区。戴村镇中心居民区。河庄镇河庄居民区。衙前镇衙前居民区。义蓬镇义盛居民区、头蓬居民区。新湾镇新湾居民区。所前镇所前居民区。南阳镇南阳居民区、赭山居民区。新街镇新街居民区、长山居民区。	河上镇长春社区。闻堰镇三江社区。党湾镇卫东桥社区。靖江镇小石桥社区、安澜桥社区。宁围镇振宁社区。党山镇南大房社区。楼塔镇仙岩社区。戴村镇中心社区。河庄镇城隍庙社区。衙前镇毕公桥社区。义蓬镇义盛社区、头蓬社区。新湾镇新北桥社区。所前镇天乐社区。南阳镇南阳社区、赭山社区。新街镇花城社区、长山社区。
余杭区		东湖街道星光社区。
桐庐县	桐君街道湾里村、施家村、范家边村、金山村、儒同村、周家村、江头村、江联村、青山村、下城村、三联村、中联村、乌枫塘村、峙山村、大元村、大塘村、童家村、岩下村、蒋陆家村、高荷村、尹家村、大脉村、徐溪村、石珠村、仁智村、天井坞村、西坞村、阆苑村、阆里村、高山村、岩桥村、桥外村、麻蓬村、仇岭坞村、坞泥口村、梓芳坞村、马家村、滩头村。旧县街道旧县村、上联村、四联村、上峰村、鸿儒村、大山湾村、合岭村、尹峰村。分水镇白沙村、东关村、玉泉村、县东村、县西村、梧桐村、西关村、天英村、新民村、塘源村、民建村、洪坑村、虹桥坞村、里湖村、里邵村、刘家村、张村村、大路村、桥东村、周王坞村、东溪村、柏山村、石家村、张家村、马源村、龙潭村、大张村、臧家边村、保安村、潘家村、丰收村、义林村、塔联村、陈家村、松田村、盛村村、延村村、太平村、章家村、高联村、双坑村、外范村、高塘村、百联村、定联村、建设村、西华村、贺州村、富家村、老坞村、张家坞村、印渚村、法道村、南堡村。江南镇青源村、西坞村、合联村、环溪村、屏源村、黄程村、深澳村、石联村、石合村、石丰村、石五村、石阜村、珠山王家村、珠山俞家村、珠山吴家村、珠山奚家村、乳泉村、坞聪村、彰坞村、新庄村、小潘村、双义村、板桥村、邓家村、严坞村、蒋坞村、姚家村、枝茂村、满林村、会山村、五联村、赵家村、黄家村、窄溪村、陈庄村、沈家村、前村村、古城村、舒湾村、棠川村。凤川镇肖岭村、雷坞村、竹桐坞村、凤岗村、凤新村、凤镇村、石桥村、梅山村、凤龙村、上喻村、旺家弄村、上店村、凤源村、高家村、中巡村、黄场坞村、松香坞村、桃岭村、西毛村、东毛村、甘竹村、华家塘村。富	桐君街道湾里村、金联村、春江村、金中村、金溪村、金牛村、东兴村、金东村、仁智村、阆苑村、岩桥村、麻蓬村、君山村、滩头村。旧县街道旧县村、鸿儒村、合岭村。分水镇武盛村、城西村、天英村、塘源村、里湖村、大路村、桥东村、东溪村、三合村、新龙村、保安村、小源村、盛村村、太平村、高联村、外范村、百岁坊村、三槐村、富源村。江南镇青源村、环溪村、深澳村、石阜村、珠山村、彰坞村、小潘村、凤鸣村、金茂村、锦江村、窄溪村、舒川村。凤川镇三鑫村、翙岗村、园林村、外源村、潇源村、大源村。富春江镇俞赵村、芝厦村、芦茨村、里董村、孝门村、严陵村、七里泷村。百江镇联盟村、百江村、松村村、钱家村、东辉村、小京村。瑶琳镇潘联村、皇甫村、姚村村、桃源村、东琳村、文源村、毕浦村、永安村、何宋村、百岁村、后浦村、高翔村、琴溪村。横村镇城东村、横村村、九岭村、东南村、元村村、上塘村、后岭村、凤联村、华凤村、双溪村、胜峰村、白云村。合村乡后溪村、合村村、高凉亭村、岭源村、三源村、瑶溪村。钟山乡中一村、钟山村、城下村、大市村、子胥村、歌舞村。莪山畲族乡莪山民族村、新丰民族村、龙峰民族村、沈冠村、中门民族村。新合乡新民村、新合村。

（续表 3）

单 位	撤销社区、居民区、行政村	新建社区、行政村
	春江镇俞家村、俞赵村、秀峰村、新江村、芝厦村、溪南村、大竹垅村、芦茨村、蟹坑口村、双源村、里董村、梓坞村、小庄村、孝门村、石塘村、外董村、蒋家埠村、沙湾村、祝家村、邵家村。百江镇杨村村、联盟村、百江村、广王村、冯家村、朱门村、苎麻村、松村村、后坞村、钱家村、东辉村、塔岭村、小京口村、小京村、六坑村。瑶琳镇翠屏村、潘联村、皇甫村、和平村、姚村村、沈村村、洞前村、大方村、蒋家村、桃源村、东华村、冷坞村、吴家村、杨家村、东洲村、上沈村、文源村、毕浦村、樛源村、方吴村、上王家村、方家村、何宋村、潘村村、范家村、王家村、坞口村、全坞村、严村村、金竹岭村、后浦村、大庙村、石青村、高翔村、沙潭村、王家岭村、桐岭村、珠村村、童家坞村、玉柱村。横村镇双湖村、徐家埠村、横村村、深畈村、富乐村、里濮村、外濮村、葛家村、庙下村、大塘头村、小外塘村、外元村、里元村、大畈村、半山村、上浦村、唐王岭村、后岭村、元丰村、仓里村、里村村、陈家山村、下张村、宋家村、船形岭村、凤山村、华樟坞村、淡竹山村、罗溪村、新义村、柴家边村、里柴村、联峰村、十字路口村、石青桥村、郑城村、大会山村、峰坞村。合村乡陈村村、后柏村、前柏村、大琅村、合村村、麻境村、合强村、支援村、金星村、琅玕村、大溪村、牛水坞村、岭源村、小茆坞村、诸家村、黄山村、茆源村、三合村、岳山村。钟山乡中一村、青南山村、下邵村、吴宅村、包家山村、城下村、骆家村、珠边畈村、大市村、龙家山村、长丘田村、赖田坞村、新村村、富村村、潘畈村、蒲家村、歌舞村、天井村。莪山畲族乡山阴岭村、山阴湾村、西金坞村、铁砧石村、戴丰村、双华村、尧山坞村、沈家村、衣冠村、中门村、潘龙村。新合乡高明村、高枧村、何家村、坑口村、雅坊村。	
淳安县	威坪镇虹桥、东方居民区。汾口镇杨旗坦居民区。	威坪镇虹桥社区。汾口镇杨旗社区。
建德市	梅城镇东湖村。	梅城镇东湖社区。
富阳市	新登镇城里、城南、贤明、东街、北门、城西、西街、工厂路居民区。	新登镇东安社区、古城社区、惠来社区（调整登云社区范围）。

个地市交会点的联检工作。市民政局对各区、县（市）的检查工作进行具体的部署，明确任务，制定详细计划，积极组织实施，圆满地完成了任务。（张　刚）

▶▶资料:杭州市的边界

杭州市与金华市边界线涉及杭州市的桐庐、建德和金华市的浦江、兰溪共 4 个县(市)的 26 个乡镇，界线自西向东，从杭金衢三交点至杭绍金三交点，全长 246.85 千米。

杭州市与嘉兴市边界线涉及杭州市的余杭、江干和嘉兴市的桐乡、海宁共 4 个市(区)的 9 个乡镇，界线自北向南，从杭嘉湖三交点至杭嘉线止点，全长 51.384 千米。

杭州市与湖州市边界线涉及杭州市的临安、余杭和湖州市的安吉、德清共 4 个区、县(市)的 27 个乡镇，界线自西向东，从临安、安吉在浙皖线上的交点至杭嘉湖三交点，全长 199.648 千米。

杭州市与绍兴市边界线涉及杭州市的萧山、富阳、桐庐和绍兴市的绍兴、诸暨共 5 个区、县(市)的 28 个乡镇，界线自东北向西南，从杭绍线起点至杭绍金三交点，全长 244.72 千米。

杭州市与衢州市边界线涉及杭州市的淳安、建德和衢州市的开化、常山、衢县、龙游共 6 个县(市)的 30 个乡镇，界线自西北向东南，从杭衢线起点至杭金衢三交点，全长 218.17 千米。

·经济和社会发展情况·

【国民经济稳定健康发展】 2004年，杭州市牢固树立科学的发展观，坚决贯彻中央一系列宏观调控政策，着力缓解土地、电力、资金等要素资源约束，全市经济继续保持平稳较快发展的良好势头。全年实现生产总值 2515 亿元，按可比价格计算，比上年增长 15%，经济总量继续位居省会城市第二、副省级城市第三、全国大中城市第八。三次产业结构由上年的 6:51.9:42.1 调整为 5.5:53:41.5。按户籍人口计算的人均生产总值为 38858 元，比上年增长 13.7%；按常住人口计算的人均生产总值为 35113 元；根据年末汇率，分别折合为 4695 美元和 4242 美元。

【农业经济稳步发展】 2004 年，以农业税减免为标志的各项涉农税收优惠政策，为农业经济的发展提供了强劲动力和保障。全年实现农林牧渔业增加值 139.1 亿元，比上年增长 5.1%。粮食生产摆脱了连续数年持续低迷的局面，呈恢复性增长，播种面积 186.67 千公顷，总产量 106.80 万吨，分别增长 2.9% 和

6.5%。油料、蔬菜、水果等主要经济作物继续增产。油料产量7.29万吨，增长7.1%；蔬菜产量301.03万吨，增长4.4%；果用瓜产量26.95万吨，增长17.2%；花卉苗木种植面积3.52万公顷，药材种植面积2400公顷，分别增长5.0%和15.5%。茶叶、花卉苗木、水产品、节粮型畜禽、蔬菜和竹业等六大优势产业实现产值120.37亿元，增长10.5%；水果、干果、蚕桑、药材和蜂业等五大特色产业实现产值20.22亿元，增长10.7%；两者占农业总产值的比重分别为57.8%和9.7%。林、牧、渔业生产稳步发展。全市造林面积2500公顷，森林覆盖率达62.8%。肉类总产量29.88万吨，下降0.6%；牛奶产量6.47万吨，增长14.9%；水产品总产量14.06万吨，增长8.0%，养殖面积6.13万公顷，与上年基本持平。农业生产条件进一步改善。年末全市拥有农业机械总动力287.53万千瓦，增长2.4%；农田水利建设得到加强，至年末，全市农田有效灌溉面积16.65万公顷。

【工业经济增长较快】 2004年，全市完成工业增加值1174.9亿元，比上年增长18.6%，对GDP的贡献率达到54.5%。规模以上工业企业销售产值和总产值分别达到4083.60亿元和4149.1亿元，增长30.7%和29.9%；产品销售率98.4%，比上年提高0.6个百分点；实现利税394.37亿元，增长17.4%，其中利润220.83亿元，增长19.5%。省经济效益综合考评得分214.55分，提高5.31分。工业产业结构不断优化，高技术产业发展加快。在规模以上工业中，高技术产业实现工业销售产值676.29亿元，增长41.2%，高出全市平均水平10.5个百分点，占全市规模以上工业比重达16.6%，其中通信设备、计算机及其他电子设备制造业占高技术产业的比重达到85.6%。

【第三产业发展势头良好】 2004年，杭州市第三产业增加值为1043亿元，比上年增长14.3%。消费品市场繁荣活跃。全市实现社会消费品零售总额704.34亿元，增长15.2%。其中，市区585.01亿元，增长15.4%；5县(市)119.33亿元，增长14.2%。商品交易市场实现成交额1370亿元，增长46.7%。旅游市场进一步升温。全年接待入境游客123.41万人次，增长43.3%；旅游外汇收入5.97亿美元，增长41.5%。接待国内游客3016万人次，增长8.7%；国内旅游收入361.18亿元，增长24.1%。

【固定资产投资增速平稳回落】 2004年，杭州市坚决贯彻落实中央一系列宏观调控政策措施，投资过快增长的势头得到遏制。全年完成全社会固定资产投资1202.22亿元，比上年增长19.7%，增速较上年回落11.1个百分点；完成房地产开发投资328.54亿元，增长26.9%，增幅回落3.7个百分点。投资结构有所改善，交通、能源等行业投资力度加大。在限额以上投资中，交通运输、仓储和邮政业、电力、燃气、水的生产供应业投资增长64.8%和104.3%，分别提高60.2和95.7个百分点。投资主体更趋多元化。全社会固定资产投资中，国有经济单位投资425.35亿元，下降0.7%；非国有经济单位投资779.83亿元，增长34.8%。

修葺一新的梅家坞茶文化村

【外向型经济发展加快】 2004年，杭州市进出口总额244.96亿美元，比上年增长34.4%；其中进口总额93.21亿美元，增长28%。外贸出口尽管面临能源紧张、原材料价格上涨、国际贸易保护主义加剧、出口退税机制调整增加地方财政压力等诸多不利因素的影响，依然保持高速增长势头。全年出口总额151.75亿美元，增长38.6%；其中市级外贸企业出口总额99.7亿美元，增长56.7%。出口产品结构进一步趋好。机电产品出口的比重由上年的40.3%上升为45.7%；高附加值的高科技产品出口所占份额首次突破两成，达到22.5%，比上年上升6.4个百分点。利用外资增势强劲。全年新签外商直接投资项目802个，合同利用外资30.78亿美元，实际利用外资14.1亿美元，分别增长53.8%和39.8%。引资质量进一步提高，新批投资项目总投资和合同外资平均规模分别增长57.7%和66.6%。至年末，有46个世界500强企业到杭投资创业。

【财政金融运行良好】 2004年，杭州市实现财政总收入395.75亿元，增长10.1%，其中地方财政收入197.45亿元，增长19.7%。全年财政支出195.63亿元，增长19.6%。金融形势保持稳定，存贷款增长适度。年末全市全部金融机构各项本外币存款余额5707.2亿元，比上年末增长20.5%；本外币贷款余额4800.04亿元，增长22.4%，增速较上年回落13.6个百分点。

【民营经济不断壮大】 2004年，杭州民营经济在工业、商贸、投资三大领域中，继续呈加快发展态势。据测算，规模以上民营工业企业实现销售产值2077.77亿元，比上年增长22.9%，占规模以上工业销售产值的比重为50.9%；民营企业商品销售总额2366亿元,增长24.7%,占全社会商品销售总额的51.7%;民间资本固定资产投资677.84亿元,增长28.4%,占全社会固定资产投资的比重为56.2%,比上年提高3.8个百分点。

【城市建设和环境保护力度加大】 2004年,杭州市相继建成上塘高架延伸、石桥路、石祥路、临丁路、吉庆山隧道、五老峰隧道、复兴大桥(钱江四桥)等重点工程,改造主城区道路100条;实施北山街历史文化保护工程,对西湖风景区北线的景观、基础设施和交通现状进行集中整治和保护;实施"三口五路"综合整治工程,城区的路网布局得到进一步改善。至年末,市区实有道路总长度1558千米、面积2895万平方米,分别比上年增长6.3%和13.3%。环境保护和生态市建设成效显著。深入实施"蓝天、碧水、绿色、清静"工程,启动生态环境"八大"示范工程建设,大力加强污染治理和城市绿化工作,全年扩绿面积660公顷。至年末,市区园林绿地面积10201公顷,公共绿地面积2306公顷,人均占有公共绿地面积9.89平方米。

【"科教兴市"大步推进】 2004年,杭州市全面实施"科教兴市"战略,科技投入和科技成果不断增加,高新技术产业发展迅速。杭州先后被确定为国家电子信息产业基地、国家软件产业化基地、国家集成电路设计产业化基地,企业基础信息互联试点城市、国家信息化试点城市、国家电子政务试点城市、国家电子商务试点城市、国家数字化电视试点城市。全年获省级科技进步(技术)奖19项,市级科技进步(技术)奖80项,火炬计划、星火计划、科技攻关等重点项目进展顺利。知识产权保护工作进一步加强,专利申请与授权量大幅增加。全年市区申请专利5029件,专利授权2459件,分别增长47%和53%。技术市场发展势头良好。全年签订各类技术合同29401份,成交额48.04亿元,其中技术交易额47.91亿元。

【教育事业健康发展】 2004年,杭州市加大教育改革力度,各级各类教育事业全面发展。全市学前三年幼儿入园率为95.3%,小学、初中入学率、巩固率分别为100%、99.99%和100%、99.97%。至年末,全市拥有普通高等学校36所,高等学校毛入学率45%;在校学生31.4万人,其中研究生2.07万人,分别比上年增长16.4%和12.0%。新增民工子女学校8所,民工子女学校累计达26所,外来务工人员子女就学8.3万人。社会办学进一步发展,至年末,社会力量举办的各类学校达73所。

下沙高教园区——浙江理工大学

【文卫体等社会事业协调发展】 2004年,杭州市文化设施建设和文物保护力度加强,文艺创作硕果累累。全年文艺作品获国家级奖25个、省级奖120个;广播电视作品获国家级奖5个、省级奖87个。成功举办"西博会"开幕式和闭幕式文艺晚会、中国杭州2004西湖狂欢节等大型文化活动,圆满完成"七艺节"各项任务。新闻出版、广播电视事业快速发展。全年出版报纸13亿份、各类杂志8900万册、图书2.9亿册。杭州电视台4套节目平均每周播出549.5小时,电视综合覆盖率99.08%;广播综合覆盖率99.24%。数字电视开通试播,城区用户超过10万户。医疗卫生服务网络日臻完善。至年末,全市共有各类医疗机构1910个,其中医院100个、社区卫生服务中心46个、社区卫生服务站146个。全市拥有卫生技术人员3.9万人,其中执业医师(助理)1.66万人。全市甲、乙类传染病平均发病率258.53/10万人,较上年下降1.9%。农村卫生保健工作得到加强。农村自来水普及率94.41%;受益人数423.41万人,比上年增长1.8%。竞技体育取得新成绩。杭州籍运动员参加国际性体育比赛获金牌9枚、银牌1枚、铜牌1枚;参加全国性比赛获金牌49枚、银牌41枚、铜牌33枚。群众性体育活动有声有色,全市举办区、县(市)级以上健身活动1363项次,参加人数62.5万人次。

【社会保障体系进一步完善】 2004年,杭州市就业和再就业工作取得新进展。新增就业岗位14.10万个,下岗失业人员实现再就业13.72万人(其中就业困难人员5.37万人),城镇登记失业率4.33%。至年末,全市参加基本养老保险155.41万人,参加失业保险105.73万人,参加基本医疗保险172.35万人,分别比上年增长11%、7.1%和10.7%;对33.81万名企业退休人员实行了社会化管理,占全市企业退休人员总数的97.8%,从制度上解决了退休人员晚年的生活保障问题。企业退休人员平均养老金水平位居全国前列,月平均养老金(含各种补贴)991元。继2003年实行基本医疗保险制度改革后,2004年1月1日,全市推行企业退休人员门诊医疗费社会统筹,近26万名企业退休人员得到了基本的门诊医疗保险。新型社会救助体系逐步健全。全市52个街道、177个乡镇、482个社区全部设立了劳动保障站(室),并逐渐向行政村延伸。低保、灾民救助、五保、医疗、住房、教育、司法援助等各项救助政策措施得到有效落实。2004年,全市享受最低生活保障制度的人数67779人,比上年增长12.2%;“春风行动”捐款总额达2623万元;救助特困、困难和低保家庭7610户,救助总额1542万元。

【城乡居民生活水平不断提高】 据抽样调查,2004年,杭州市区居民人均可支配收入14565元,比上年增长12.9%;农村居民人均纯收入6382元,增长11.2%。年末城乡居民本外币储蓄存款余额1835.2亿元,增长15.4%。居民消费结构呈现出明显的升级倾向。全年市区居民人均消费性支出11213元,增长12.7%;农民人均消费性支出4993元,增长9.1%。居民消费热点继续向住房、汽车、通信、文娱教育、旅游、保健等领域扩散。在限额以上批发零售贸易业零售额中,体育、娱乐用品类增长53.7%,通讯器材类增长18%,家用电器和音像器材类增长19.5%,石油及其制品类增长27.4%。至年末,全市拥有私人汽车23.30万辆,增长43.9%;市区居民人均住房使用面积17.8平方米,农民人均住房使用面积58.9平方米,分别增加0.6和4.2平方米。

(赵 燕)

▶▶资料:2004年杭州市社会主义物质文明建设10件大事

1. 生产总值突破2500亿元大关;

2. 北山街历史文化街区一期工程顺利完成,西湖湖西综合保护工程获全国十大建设科技成就奖;

3.依法管理“四小车”,开通准快速公交;

4.推进城区无障碍设施建设;

5. 成功举办第六届西湖博览会;

6.率先免征农业税,实现农民“零税赋”;

7. 规模以上工业销售产值和总产值双双突破4000亿元;

8. 构筑城市街面电子监控系统;

9.2004年中国国内旅游交易会成功举办;

10.“三口五路”整治工程顺利完工。

(市统计局、市文明办和杭州日报社组织评选)

·经济体制改革·

【国有企业改革不断深化】 2004年,市体改办、市国资办等部门对全市国有企业改制形式进行专题调查研究,针对存在的问题,按照国务院国资委《关于规范国有企业改制工作的意见》和《企业国有资产转让管理暂行办法》等文件精神,严格进行规范管理,同时加快推进企业改制进程。至年末,杭州味精厂、市港航总公司、杭发集团等14个企业完成了改制。

市体改办、财政局(国资办)等部门按照市委、市政府要求,积极探索对经营者的激励机制,创新按贡献参与分配的新路子,出台了《杭州市国有资产营运机构经营者薪酬考核若干意见》。

市委、市政府对国有企业改制中的历史遗留问题高度重视。针对改制企业部分职工未获得工龄置换股、转企改制事业单位退休职工医疗待遇等问题,市有关部门认真调查,妥善处理,维护了职工的合法权益,有效地平衡了各方利益。

【公用行业改革全面启动】 2004年,杭州市加大城市公用垄断行业的改革力度,坚持打破垄断、开放市场、政企分开、政事分离原则,采取资本入股、资产重组、公开竞价等形式,使公交、燃气、房地产等公共事业单位的改革取得明显进展。“公交优先”的总体改革方案正在积极实施,将在一定程度上缓解“出行难”问题。

【事业单位改制步伐加快】 为进一步推动面上事业单位的改革步伐,市体改办、市人事局等部门对事业单位改制政策提出了修改补充和完善意见。一年来,22个事业单位完成改制。至年末,累计完成转企改制的市属事业单位79个。

【医疗卫生体制改革取得进展】 2004年,市政府出台《关于杭州市属公立医疗机构产权和用人制度改革的实施意见》,明确公立医疗机构在产权制度、劳动用工制度和内部用人制度改革上的具体政策,并在职工养老保险、医疗保险以及政府对这些医疗单位的扶持政策上明确了衔接措施。市第四人民医院和市整形医院作为全市公立医院产权制度改革的试点单位,改制方案正在实施。区级医院产权制度改革也取得进展。7月,拱墅区和睦医院转让给上海康新医院管理有限公司。

医疗市场的开放力度进一步加大。市政府出台《关于鼓励民资外资兴办医疗机构的实施意见》,对民资外资兴办医疗机构明确提出实行“四个不限(不限制办医主体,不限制办医类别,不限制兴办数量,不限制设置区域)、四个鼓励(鼓励杭州市以外的境内医疗机构或民资、外资在杭兴办医疗机构,鼓励投资兴办护理院、老年病院、康复医院、精神病院、传染病院等公益性非营利性医院,鼓励民资、外资兴办大型高水平、高档次的综合性医院和高精尖专科医院及专门为来华人员提供医疗服务并连接境外医疗保险体系的高档次营利性医院,鼓励杭州市以外的境内医疗机构或民资、外资在市区、远郊兴办医院并与杭州市区域卫生规划接轨)”。到年末,全市已批准开设各类民营医疗机构164个,其中民营医院23个、中外合作医院1个。社区卫生服务网络进一步完善,全市已有社区卫生服务中心46个、卫生服务站146个。

【药品流通体制改革有实效】 2004年,杭州市医疗机构通过药品集中招标采购,全年让利金额超过3亿元。对非招标药品,也要求医疗机构按照“双控”(市属各类医院的门诊人均费用和住院人均费用两项指标必须控制在规定的限额范围之内)办法作价,销售价格也有大幅下降。据调查统计,医院药品实际销售价格平均下降20.9%。

杭州市对药店实行“宽进严管”方针,零售药店迅速发展,全年全市新增药店200多个。至年末,药品零售连锁企业达27个、门店数445个,市区连锁率达51%,并逐步向农村延伸;全市连锁率为39%。

【城镇医疗保险体制改革有新突破】

2004年1月1日起，杭州市区非农户籍、符合法定就业年龄而尚未到达法定退休年龄的城镇自由职业者，与原单位终止(解除)劳动关系的原职工以及农转非后的“失土农民”，全部纳入基本医疗保险参保范围。至年末，全市参加基本医疗保险170.05万人，其中市本级115.02万人，完成省下达指标的108.6%。

定点医疗机构和定点药店范围扩大。至年末，全市基本医疗保险定点医疗机构234个，比上年末增加129个；定点药店115个，增加100个；市外定点医疗机构31个。

2004年1月起，全市对退休职工医疗费进行社会化管理，并降低参保人员的门诊和住院起付标准。住院起付标准从上年的1500元调整为600元（以二级医疗机构为例），门诊起付标准从700元调整为400元，切实减轻了患者的负担。

【新型农村合作医疗制度不断完善】至年末，全市实行新型农村合作医疗的乡镇158个，覆盖率达84.9%；参保农民291.55万人，参保率达74.23%。全市已基本建立以区、县(市)为单位的统一筹资、统一管理的新型农村合作医疗制度，管理和运行机制已开始形成，在一定程度上缓解了农民的“看病难”问题。

【医疗救助体制改革有新举措】2004年，市惠民医院在上年对6城区非农低保、困难人员实施“十免十减半”医疗救助服务的基础上，又推出了新的十大减免措施，即：免收重症监护费、煎药费、心电监控费、输氧费，减免20%自制制剂费，减免10%药费、检查费、放射费、化验费、治疗费。全年共救助未参加基本医疗保险和已参加基本医疗保险的6城区非农低保、困难家庭成员1813人，发放救助金708.06万元。余杭区、富阳市和桐庐县也出台了对困难群众的医疗救助政策。

【文化体制改革向纵深发展】2004年，市委根据国家和省有关文件精神，结合杭州实际，制定《关于深化文化体制改革促进文化产业发展的若干政策意见》。通过政策引导，将文化体制改革试点向面上延伸，并扩大到卫生、体育、社科等大文化领域。明确提出加快文化体制改革步伐，要求在2005年底前基本完成改革。

按照“分类指导，调整结构，创新机制”的原则，杭州市属重点院团(杭州歌舞团、杭州越剧院)实行国有控股的股份制改造，其他院团分步实施转企改制。经营性文化单位推行产权制度和用工制度改革。市确定7个单位试点，其中有5个为省级试点。至年末，西泠印社通过分步改制，组建产权多元化的杭州西泠印社有限公司等6个单位；原杭州电影发行放映公司通过股权转让，成功转制为杭州电影有限公司；杭州杂技总团改制方案已经市政府批复，将转制成立公司制专业剧团；杭州有线广播电视网络中心改制方案已经市政府批复，并实现了与数字电视公司有效整合；杭州日报广告中心成立风行传媒有限公司；杭州出版社、都市快报社完成以人事、分配、社会保障为重点的内部3项制度改革。

【筹建文化广电新闻出版局】按照“归并、集中、分离”的原则，杭州市确定文化管理体制改革总体方案：归并文化、广电、新闻出版三大行政管理机构，设立市文化广电新闻出版局；整合文化、广电、新闻出版行政执法资源，建立统一的杭州市文化市场行政执法总队。同时，加快政事分开、管办分离，确立杭州广电集团独立法人地位，合并组建杭州广播电视台等。这一方案年内付诸实施。

【推进行业协会等中介机构改革】2004年，市体改办、民政局、工商局等部门，对行业协会等市场中介机构的改革、发展和监管现状开展全面调研，初步掌握基本情况及存在的问题，形成《关于促进行业协会改革发展的若干意见》和《强化市场中介机构监管的若干意见》(草案)，并于10月下旬正式成立杭州市行业协会改革发展领导小组及办公室，推进行业协会等中介机构健康发展。

【加强中心镇规划体系建设】根据市政府关于抓紧制订中心镇经济社会发展规划的要求，2004年，全市22个中心镇邀请高等院校或科研院所的专家制订经济社会发展规划。18个省级中心镇已有15个镇完成规划的初稿，其中临安市太湖源镇的经济社会发展规划已通过论证。

【谋划城乡一体化】根据市委、市政府关于高起点推进城市化的要求，2004年，市有关部门开展关于加快市域网络化大都市建设、统筹城乡经济社会发展的专题调研。市体改办完成了《扩大发展空间，寻求互利双赢——关于杭州构筑跨行政经济圈的研究》调研报告，提出要审视杭州未来的空间结构，扩大发展的战略区域，打造“跨行政经济圈”，通过消除行政壁垒，促进区域间生产要素快速流动，缓解土地等生产要素瓶颈，从而推进跨行政区域经济一体化，实现城乡一体化。

【完善集中办事体制】2004年，杭州市在市集办中心的基础上，筹划组建市行政服务中心（市公共资源交易中心），按照凡是市级行政审批事项能进则进的原则，完善集中办事制度。各有关部门向设在市行政服务中心的窗口充分授权，工作人员实行中心和派出单位双重管理，将建设工程、产权和土地交易及政府采购、药品采购等5个中心集中起来，构筑统一的公共资源交易平台。

【探索公务用车改革】2004年，市纪委(市监察局)、市体改办等部门学习借鉴外地公务用车改革的成功做法，总结西湖区试点经验，根据杭州实际，起草《关于杭州区、县(市)公车改革指导性意见(草案)》和《市级机关公车改革思路及初步方案》，正式成立市公车改革领导小组，并召开第一次(扩大)会议。滨江区成为继西湖区后的又一个试点单位。至年末，江干、余杭、经济开发区等单位已上报公务用车改革方案。

(胡海定)

·政治文明建设·

【政治文明建设概况】2004年，杭州市把坚持党的领导、人民当家作主和依法治国三者有机统一起来，加强社会主义民主政治的制度化、规范化和程序化建设；坚持三个文明一起抓，坚持以人为本、协调发展，创造和谐稳定的社会政治环境，认真解决群众反映强烈的热点难点问题，坚决维护群众的合法权益，推进经济、政治、文化协调发展，努力让人民群众当家作主，共享文明。

市委按照“总揽全局、协调各方”原则，把方向、抓大事、出思路、用干部，完善“一个核心、三个党组”的领导体制和工作制度，充分发挥领导核心作用。支持人大依法履行国家权力机关职能，举行庆祝市人民代表大会成立50周年系列活动。贯彻全省政协工作会议精神，对市委《关于进一步推进人民政协履行职能制度化规范化程序化建设的若干意见》落实情况进行督查。多次举办情况通报会、谈心会和读书会，加强与民主党派合作共事。重视做好党外知识分子、非公有制经济人士和其他社会阶层人士的工作。贯彻党的民族、宗教、侨务、对台工作政策，巩固和发展最广泛的爱国统一战线。

为保障人民当家作主权利，完善科学民主决策机制，推动基层民主深入持续健康发展，市委、市政府建立健全吸取民情、民意、民智的机制，积极开展民情民意调查和人民建议征集，进一步畅通人民群众反映意见、建议的渠道。对群众利益密切相关的重大事项，实行社会公示和听证制度；对专业性、技术性较强的重大决策、规划方案，吸收专家参与咨询论证。完善12345和96666电话网络。落实“二五”依法治市规划，深化“四五”普法教育。进一步加强和改进基层民主政治建设，不断完善农村村民自治、城市社区居民自治和企事业单位民主管理制度。支持工会、共青团、妇联、文联、社科联等组织依照法律和各自章程开展工作，更好地成为党联系广大人民群众的桥梁和纽带。

全市各级政府坚持依法行政，转变政府职能，提高行政效能。深入贯彻实施行政许可法和《全面推进依法行政实施纲要》，通过一系列有效措施加强政府法制建设。各级政府认真执行同级人大及常委会决议、决定，自觉接受人大及其常委会监督，支持人民政协民主监督和参政议政，办理落实人大代表、政协委员的各项建设、提案，充分发挥各民主党派、工商联、人民团体以及社会各界作用。继续完善农村政务公开制度，村务公开率达100%，规范率达96.5%。加强政府社会管理和公共服务职能建设，建立完善各类公共危机突发事件应急预案和预警机制，城市应急救援指挥中心的作用得到进一步发挥。全市各类事故数量、死亡人数和直接经济损失均比上年有所下降。加强服务型政府、学习型机关建设，推进行政管理体制改革，促使政务环境逐步优化。以“加强机关效能建设、争创人民满意单位”为载体，进一步规范和公开各项审批内容，全面清理行政许可项目，组建市行政服务中心、公共资源交易中心，完善集中办事制度，构建三级行政服务体系。创新行政管理方式，加快“电子政务”建设、推进“网上办事”，推行16项政务信息公开，成为全国第4个将政府信息公开纳入法制化轨道的城市。

市委、市政府加强廉政建设，接受人民监督。构建反腐保廉体系，开展党风廉政建设责任制落实情况督查，对各级领导干部进行年度总结、民主评议和民主测评，对市管领导干部进行经济责任审计。建立巡视机构，加强权力监督，深化纠风工作。强化从政道德和纪律教育，实行公务员末位告诫制度。集中惩治党员干部行为不廉洁、作风不检点问题，严肃查处违法违纪案件，机关作风和廉政建设成效明显。（欧阳周）

【认真办理建议和提案】 2004年全国、省、市人大和政协会议期间，杭州市共收到建议、提案1346件。其中，全国人大代表建议1件、全国政协提案2件、省人大代表建议16件、省政协提案75件、市人大代表建议577件、市政协提案675件。这些建议、提案的内容涉及杭州城市建设、环境保护、交通管理、商贸旅游、文教卫体、群众生活等方面。3月26日，市人大、市政府、市政协召开全市建议、提案交办会，并对上年度10个先进承办单位和30位先进个人进行表彰。在2004年建议、提案办理工作中，市各承办单位认真落实市领导提出的要求，进一步加强对办理工作的领导。经过全市承办单位的努力，建议、提案办理工作成效明显，办结率100%，代表、委员的满意率98.8%。（督查处）

【市长公开电话接处来电177034件】 2004年，12345市长公开电话受理中心（以下简称中心）接处市民群众各类求助电话、电子邮件、手机短信共177034件，比上年增加11.7%。其中，电话137819件、电子邮件20541件、手机短信18674件。直接答复处理96467件，占54.5%；交相关部门办理80567件，占45.5%。按时反馈率99.9%，办结率98.9%，满意率98.6%。8城区和5县（市）接处群众来电172673件。85112345投资投诉热线接处群众来电428件。

中心于2月17日开通短信受理平台，与“中国杭州”政府门户网站联合举办每月1次的“网上接待室”活动，增设遇忙语音提示系统，向市民发放便民电话卡40万张。中心体察民情、汲取民智，全年呈报专题汇报138件，发《简报》164期、《12345工作动态》46期、《督查专报》41期和疑难问题交办函487件，摘编《市民建议》12期、112条，编发《信息日报》265期，向市领导提供大量有价值的信息。市领导批示183件。

中心会同网络单位赴现场督办协调1425人次；对70%以上承办单位反馈的交办件，再回访征求意见；重点跟踪未按要求办理的反馈件；对群众不满意件在剖析原因的基础上，做好疏导、解释和转化工作。市级“三报六台”播发12345报道2445篇。中心跟踪督办省、市新闻单位曝光涉及杭州市的120起事件。

中心全年收到群众赠送锦旗（牌匾）29面（块），表扬信、电话、电子邮件832件。以《加强网络建设强化服务功能》为题，11月28日在昆明市召开的全国市长电话第十一届年会上作交流发言。2月1日，“12345”入选“杭州20年20件最有影响力新闻事件”；8月31日，中心被中组部、中宣部、中央文明办、人事部联合授予第六届“人民满意的公务员集体”荣誉称号，中心的代表受到温家宝总理、曾庆红副主席等党和国家领导人的接见。（黄　莉）

【热心受理群众来信来访】 2004年，

市信访局受理群众信访39884件次，其中来信20994件(含市人民建议征集办公室收到的各类建议9163件)、来访18890人次，反馈率、办结率、满意率均在96%以上。

市委、市政府认真落实信访工作责任制。4月，市委、市政府主要领导与各区、县(市)党政"一把手"签订《信访和"12345"工作目标管理责任书》。在每月1次的市领导接待日中，12位市领导接待群众35批、77人次；全年市四套班子领导下访11次，接待群众238批、498人次，受理问题全部处理完毕。全年市领导就群众的要求、意见和建议，批示1050余件次。11月，建立杭州市律师信访顾问团，直接参与市领导接待日、下访及平时信访接待工作，提供法律支持。

全年群众集体上访、联名信增幅大，越级、异常上访增多，择机上访和组织化倾向明显，热点问题相对集中。市信访局全年接待处理群众集体上访557批、11479人次。加大对疑难、重大问题的协调和督办力度，重视群众不满意件和重复投诉问题；推行和完善重要联名信领导阅批、重要信访专报、跟踪督办、办理情况通报、首问责任制等制度；开展热点、难点问题调查研究，及时反映并提出意见和建议，为各级领导和有关部门提供决策参考。

市人民建议征集办公室开展"我为抗缺电献计献策"、"'破七难'打造平安杭州"及"2005年市政府为民办实事项目"等3次专题征集活动。

(王 键)

【非公企业实施厂务公开有法可依】 1月14日，市纪委、市委组织部、市经委、市总工会转发市厂务公开办公室制订的《杭州市非公有制企业厂务公开暂行办法》，提出厂务公开的指导思想和基本要求，明确厂务公开的组织领导、必须向职工公开的内容及公开的形式、程序、制度规范等。全市各非公有制企业实施厂务公开有了依据，企业民主管理的水平较上年有较大提高。(市纪委)

【农村基层民主法治建设】 7月21日，市委组织部、市综治办、民政局、司法局、普法办联合转发《浙江省"民主法治村"建设基本标准》，并印发《关于开展全市农村干部法制教育培训工作的实施意见》，进一步推动民主法治示范村创建活动。2004年，拱墅区康桥镇蒋家浜村、建德市梅城镇黄栗村被司法部、民政部评为全国民主法治示范村；建德市、桐庐县被省民政厅命名为浙江省村民自治模范县(市)；市政府命名桐庐县瑶琳镇等31个乡镇为杭州市村民自治模范乡镇。 (梁 军)

▶▶资料：2004年杭州市村民自治模范乡镇名单

桐庐县：瑶琳镇、百江镇、莪山乡、合村乡

淳安县：中洲镇、梓桐镇、威坪镇、临岐镇、文昌镇、唐村乡、富文乡、瑶山乡、浪川乡

建德市：寿昌镇、航头镇、大洋镇、大同镇、李家镇、三都镇、童家乡、石屏乡、下包乡、姚村乡

临安市：昌化镇、湍口镇、高虹镇、太湖源镇、板桥乡、乐平乡、西天目乡、横路乡

·精神文明建设·

【创建全国文明城市兴起高潮】 2004年，市委、市政府确定争创全国文明城市的目标，制订并下发《杭州市创建全国文明城市实施意见》，全面落实各项创建任务，有计划、有步骤、有重点地推进文明城市创建。市精神文明建设委员会坚持"为群众服务、靠群众参与、让群众满意"的创建宗旨，把"创建为大家，创建靠大家"的思想贯穿始终，与8个创建专项组、各城区文明委及成员单位，层层签订创建工作责任状，做到认识到位、责任到位、组织到位、投入到位、工作到位。市文明委在广大市民中以问卷形式征求对创建工作的意见，并组织开展"清洁杭州"、"文明从脚下起步"等系列活动，市民的知晓率和参与率明显提高，创建工作高潮迭起。

【未成年人思想道德建设扎实推进】 2004年8月，市委、市政府召开杭州市加强和改进未成年人思想道德建设工作会议，制定并下发《关于加强和改进未成年人思想道德建设的实施意见》。全面实施"素质工程"、"基础工程"、"阵地工程"、"阳光工程"、"净化工程"、"帮扶工程"等六大工程，向未成年人免费开放爱国主义教育基地，抓好中央电视台少儿频道的落地覆盖工作等10件影响大、作用明显、群众关注的实事，强化社区对家庭教育的指导作用，建立健全学校、家庭、社会"三位一体"教育网络。市文明办编辑出版了《托起明天的太阳——杭州市未成年人思想道德建设实例》，组织"携手'1+6'，节电进万家"宣传教育活动、"给母亲的一封信"征文、中小学"弘扬和培育民族精神月"、"公民道德宣传日"、"爱国主义教育巡游"、中小学生电影节和艺术节等道德实践活动，形成全社会共同关心、支持、参与未成年人思想道德建设的良好氛围。

杭州海外旅游形象代言人——女子十二乐坊

【首创邻居节】 为倡导团结友爱、互助奉献、温馨和谐的邻里关系，建设美好家园，推进管理有序、文明祥和的新型社区建设活动，进一步夯实全国文明城市的创建基础，10月24日，杭州市举办首届邻居节。全市500多个社区组织教唱《邻居之歌》，开展"邻居冷餐会"、"邻居自驾游"等活动，欢度自己的节日。为引导活动健康发展，市文明办、市民政局、《钱江晚报》等单位共同组织评选最有特色的"社区邻居节"和"杭州市百佳邻居互助家庭"。

【携手"1+6"活动】 2004年夏天，杭州市遇到前所未有的缺电公共危机。市文明办精心设计了"携手'1+6'，节电进万家"宣传教育活动。"1"是孩子，"6"是爸爸妈妈、爷爷奶奶、外公外婆，用"1"的力量去影响"6"，通过中小学生影响全社会。这个活动从一校到各校，从一区到全市，影响深远，取得良好的社会效益。不仅增强了中小学生的社会责任感和主人翁意识，也使广大市民更加理解、支持政府的抗缺电危机决策，起到化解矛盾、理顺情绪、稳定社会的作用。下城区中小学生积极为节约用电献计献策，共提出5000余个节电"金点子"。其中，东园小学有20条建议被市政府人民建议征集办公室采纳，获杭州市节电一等奖。

【"光明行动"情满人间】 "光明行动"是杭州市创建全国文明城市特别行动之一。5月，市文明办、市残联、市民政局、市卫生局、市总工会等部门向全市市民发出《献一份爱心，送一份光明》倡议书，为全市有经济困难的白内障患者募集资金，施行免费复明手术。活动得到市委、市政府的高度重视和市民群众的热烈响应，共募集爱心基金数十万元，有452名白内障患者接受免费治疗，恢复了光明。市文明办还组织10位复明者参加"我看杭城新变化"参观教育活动。

【七艺节上实现"零"的突破】 由中华人民共和国文化部主办、浙江省人民政府承办的第七届中国艺术节，于9月10日~26日在杭州举办。杭州市有2个剧目入围评奖演出，4个剧目入围祝贺演出，9个动态类节目和7件静态类作品入围"群星奖"评选。经过激烈角逐，舞剧《玉鸟》、越剧《流花溪》获"文华新剧目奖"，6人次获3项文华单项奖，舞蹈《红结儿》等4个节目(作品)分别获得舞蹈、小品、美术类"群星奖"，实现了杭州市在中国艺术节上"零"的突破。

【"双建设、双整治"活动成效明显】 2004年，杭州市在全市农村广泛开展以"双建设、双整治"为载体的农村精神文明创建活动，进一步加强思想道德建设和文化阵地建设，加大文化市场和社会风气的整治力度。这次活动遍及全市12个区、县(市)的50个乡镇、3802个行政村，开展环境整治，扶持农村文化阵地近150个，新建一批高质量的村级图书(阅览)室、文化活动室和健身苑(点)。同时，深化"城村携手、共创文明"结对帮扶活动和"百场文艺演出进村镇"、文化科技卫生"三下乡"等群众性文化活动，直接受益群众15万余人次。

【杭州市市民学校成立】 杭州市市民学校于5月27日成立。成立仪式上，市委副书记叶明、浙江大学人文学院副院长廖可斌、省委党校教授曹文彪为市民上了题为《市民素质与城市文明》的第一课。

为使市民学校授课的内容更加贴近市民需求，增强实效性，杭州市组建精神文明建设顾问团，聘请一批在社会上有较高知名度、热心公益事业的专家、教授担任市民学校的教师。学校围绕市委、市政府中心工作和市民关注的热点、难点问题授课，并把每次授课内容制作成电视节目，定期在杭州电视台生活频道、中国杭州门户网站上播出，为更多的市民提供学习机会。学校开办以来，先后举办《市民素质与城市文明》、《托起明天的太阳——加强和改进未成年人思想道德建设》、《众志成城、同抗缺电》、《气象与生活》、《文明交通大家谈》、《中老年冬令保健》等讲座，受到市民群众的普遍欢迎。 (吴江湾)

▶▶资料:2004年杭州市社会主义精神文明建设10件大事

1.杭州荣获"中国十大最具经济活力城市"称号；

2.举全市之力，聚万众之心，全国文明城市创建整体推进；

3. 全市未成年人思想道德建设扎实推进；

4.以民为先，破解"七难"；

5.杭州市首创邻居节；

6."携手1+6"，共度缺电公共危机；

7."光明行动"，情满人间；

8. 西博会亲民益民为民乐民受到好评；

9. 杭州市在第七届中国艺术节上实现"零"的突破；

10."双建设、双整治"活动成效明显。

(市统计局、市文明办和杭州日报社组织评选)

·依法治市·

【做好行政许可法实施前的准备工作】 2004年7月1日，行政许可法正式实施。此前，杭州市政府做好各项准备工作。1.建立杭州市贯彻实施行政许可法工作领导小组及其办公室，全面部署行政许可法的学习、培训、宣传和行政许可事项清理、行政许可配套工作制度建设等各项工作。2.分层次开展行政许可法培训和宣传。邀请专家为全市副局级以上领导干部和政府部门法制工作机构负责人讲课；组织全市政府法制机构和有关部门工作人员100余人分批参加培训；分29批对全市4800余名涉及行政许可的工作人员进行培训和考核。6月初，在全市范围内开展集中宣传和咨询活动。3.全面清理行政许可事项。经过清理，共确认63个行政许可实施主体，确认并公布360项行政许可项目，依法保留20个收费项目。配合市人大常委会对现行的53件地方性法规进行清理，依法废止2件、修订16件。对现行的154件市政府规章进行清理，废止32件、修改42件。对1990年以来市政府及其办公厅发布的3600余件规范性文件进行清理，废止82件。同时，各区、县(市)政府和市政府各部门按要求完成行政许可事项的清理工作。4.加强行政许可配套制度建设。审议通过《杭州市实施行政许可工作制度(试行)》,于7月1日起实施。各区、县(市)政府和市政府各部门也建立起相应的行政许可配套制度。

【立法工作】 2004年,市法制办共起草、审核18件地方性法规和政府规章草案。其中6件地方性法规草案已经市政府常务会议审议通过后提交市人大常委会审议;12件政府规章草案经市政府常务会议审议通过后以市人民政府令形式发布施行。同时,对国务院法制办、省人大常委会、省政府法制办、市人大常委会转来的29件立法征求意见稿进行认真审查。

2004年立法工作的特点是:1.坚持体现地方特色,围绕市委、市政府中心工作开展立法工作。如制定《杭州市无障碍设施建设和管理办法》,缓解残疾人等困难群众的行路难、如厕难等问题;制定《杭州市政府信息公开规定》,保障公民知政、参政和督政的权利,是力克“办事难”顽疾、构建法治政府重要之举;修订《杭州市城镇基本医疗保险办法》,缓解退休人员的“看病难”问题;制定《杭州市历史文化街区和历史建筑保护管理办法》,既对保护历史文化名城起积极作用,又改善了部分群众的居住条件。2.坚持立法为民,围绕群众关心的热点、难点问题开展立法工作。如制定《杭州市服务行业环境保护管理办法》,切实解决群众反映强烈的服务行业污染扰民的问题。3.坚持公开立法,围绕提高质量开展立法工作。市法制办除采用召开立法听证会、座谈会以及通过媒体或网络公开征求建议和意见外,还主动深入基层倾听意见,邀请人大代表、政协委员座谈,召开专家学者参加的立法咨询论证会,广泛集中民智、民意,确保立法的科学性和可操作性。

▶▶资料:2004年杭州市颁布实施的地方性法规和政府规章

一、地方性法规

1.杭州市人民代表大会常务委员会关于修改《杭州市爱国卫生条例》的决定(市人大常委会第26号公告)

2.杭州市人民代表大会常务委员会关于修改《杭州市公路路政管理条例》的决定(市人大常委会第27号公告)

3.杭州市人民代表大会常务委员会关于修改《杭州市文物保护管理若干规定》的决定(市人大常委会第28号公告)

4.杭州市人民代表大会常务委员会关于修改《杭州市燃气管理条例》的决定(市人大常委会第29号公告)

5.杭州市人民代表大会常务委员会关于修改《杭州市城市公共客运管理条例》的决定(市人大常委会第30号公告)

6.杭州市人民代表大会常务委员会关于修改《杭州市供水管理条例》的决定(市人大常委会第31号公告)

7.杭州市人民代表大会常务委员会关于修改《杭州市西湖水域保护管理条例》的决定(市人大常委会第32号公告)

8.杭州市人民代表大会常务委员会关于修改《杭州市科技进步条例》的决定(市人大常委会第34号公告)

9.《杭州市全民健身条例》(市人大常委会第35号公告)

10. 杭州市人民代表大会常务委员会关于修改《杭州市绿化管理条例》的决定(市人大常委会第36号公告)

二、政府规章

1.杭州市无障碍设施建设和管理办法(市政府第201号令)

2. 杭州市政府信息公开规定(市政府第202号令)

3.杭州市土地登记办法(市政府第203号令)

4.杭州市物业维修基金和物业管理用房管理办法(市政府第209号令)

5.杭州市服务行业环境保护管理办法(市政府第210号令)

6.杭州市计算机信息系统安全保护管理办法(市政府第211号令)

7.杭州市实施《中华人民共和国动物防疫法》办法(市政府第212号令)

8.杭州市行政机构设置和编制管理办法(市政府第213号令)

9. 杭州市人民政府关于修改《杭州市建设工程质量监督管理办法》部分条款的决定(市政府第214号令)

10. 杭州市历史文化街区和历史建筑保护办法(市政府第215号令)

11. 杭州市商业特色街区管理暂行办法(市政府第216号令)

12. 杭州市人民政府关于修改《杭州市城镇基本医疗保险办法》的决定(市政府第217号令)

【行政复议、裁决、应诉工作】 2004年,市法制办共收到行政复议申请140件,比上年增长40%。其中,受理87件,审结82件;不予受理5件;作其他处理48件。在审结的案件中,维持47件,确认违法1件,终止30件,撤销4件。收到和办结市直管公房拆迁纠纷案件5件,调解结案4件。妥善处理13起状告市政府的行政诉讼案件,其中受市政府委托出庭应诉6件,全部胜诉。

在办案过程中,市法制办讲究方式方法,确保质量和效果。对某些涉及第三人民事权益确权类的行政行为及交通管理处罚案件在处理过程中,遵循合法、合理、自愿的原则,允许申请人、被申请人及第三人就民事权益内容进行协调,消除争议。对涉及拆迁纠纷等群众反响强烈、社会影响大的群体性案件,做到深入基层听取民意,力争在依法办案的前提下,为当事人解决实际困难。对一些事实清楚、证据确凿、争议不大的行政复议案件,试用简易程序解决纠纷,提高办案效率。

【行政执法监督工作】 2004年,杭州市贯彻落实《全面推进依法行政实施纲要》,在“四加强四确保”上下功夫,逐步使行政执法监督工作从被动走向主动。1.加强行政执法责任制评议考核工作,确保依法行政工作出实效。修订完善了《杭州市行政执法责任制评议考核办法》,将平时专项考核与年终集中考核结合起来,对18个行政单位实施行政许可的情况进行检查,对14个行政机关制定规范性文件的情况进行抽查,年终组织实施对全市46个行政执法责任单位的评议考核工作。2.加强部门规范性文件法律审查和重大行政处罚决定备案审查工作，确保法制统一、政令通畅。全年共办理规范性文件前置审查56件，通过54件；对212件重大行政处罚决定进行审查和备案。3.加强城市管理综合执法试点工作，确保相对集中行政处罚权的进一步推进。率先在全省开展综合行政执法试点工作，完成萧山、余杭两区城市管理执法局的组建工作，指导富阳、建德两市开展综合行政执法试点工作。4.加强对执法人员的培训，确保队伍素质和执法水平的提高。分8期对2155名行政执法人员进行综合法律知识的培训，并组织参加省政府法制办的统一考试；办理和下发行政执法证1123本。及时做好富阳市城市管理行政执法局行政执法人员的培训考核工作。

【仲裁工作】 2004年，杭州市以仲裁法实施十周年为契机，向社会各界宣传仲裁法律制度和杭州仲裁工作，并加强制度建设，规范裁决文书的制作，确保办案质量和效率。全年共受理仲裁案件802件，涉案标的6.32亿元，分别比上年增长150.6%和66.4%，在全国185个仲裁委中分别排名第7位和第12位。办结案件608件。 （赵　欣）

【强化社会治安综合治理】 2004年，杭州市各级党委、政府坚持把维护社会稳定作为压倒一切的政治任务来抓，紧紧围绕创建“平安杭州”工作目标，全面落实社会治安综合治理各项措施，开拓进取，扎实工作，有力地维护全市的社会政治稳定。6月，在杭州召开的全国社会治安综合治理工作会议期间，与会代表观摩了下城区街面电子监控系统建设、余杭区乔司镇综治工作中心、西湖区文新街道德加社区民主自治管理及拱墅区上塘镇瓜山村出租私房管理模式，对杭州市的一些经验和做法给予好评，出席会议的中共中央政治局常委、政法委书记、中央综治委主任罗干也予以高度评价。

年初，市委、市政府主要领导与13个区、县(市)及16个市级有关部门负责人签订年度综治目标管理责任书，把维护社会稳定的责任落实到第一责任人身上。经年终考核，29个签约单位全部达标，其中下城区、西湖区、余杭区、临安市、市建委、市妇联等6个单位被评为优秀达标单位，同时评出市级综治先进单位204个和先进个人99名。

2月起，市综治委在余杭区乔司镇和西湖区文新街道进行综治工作中心试点，积极探索综治、公安、司法、信访等部门“联勤、联调、联防”工作机制。同时，大力加强乡镇(街道)综治委(办)建设。5月14日，全省基层组织规范化建设现场会在杭州召开，推广乔司镇和文新街道综治工作中心的做法。年底，全市90%以上的乡镇(街道)建立综治工作中心，基层基础建设得到进一步夯实。

市各级政法部门继续深化创新“枫桥经验”，大力开展矛盾纠纷排查调处工作。全年共调解各类矛盾纠纷30954起，调处成功29974起，成功率达96.8%。全市70%以上的乡镇(街道)调解工作实现无民转刑案件、无因民间纠纷引起非正常死亡、无群体性上访、无群体性械斗、无归正人员重新犯罪。按照帮教社会化、就业市场化、管理规范化的工作思路，开展“超前帮教”、“亲情帮教”、“双向帮教”，认真做好归正人员安置帮教工作，特别是无家可归、无亲可投、无业可就的归正人员生存权益保障工作。全市共接收归正人员1699人，安置1629人，安置率达95.9%；帮教1692人，帮教率达99.6%；重新犯罪率仅为0.6%，低于全省平均水平。

大力加强青少年的普法宣传教育，全市1593所中小学均配备了法制副校长。 （黄昌富）

·市和区、县(市)机构概况·

【市级主要机构及负责人名单】

中国共产党杭州市第九届委员会

书　记：王国平
副书记：茅临生(~2004-04)
　　孙忠焕(2004-04~)
　　于辉达　朱报春
　　王建满(~2004-10)
　　叶　明
常　委：王国平
　　茅临生(~2004-04)
　　孙忠焕(2004-04~)
　　于辉达　朱报春
　　王建满(~2004-10)
　　叶　明
　　徐松林　顾树森
　　盛继芳
　　谢力刚(~2004-08)
　　王金财　于跃敏(女)
　　张鸿建
　　齐毓春(2004-08~)
　　吴鹏飞(2004-10~)
委　员：(按姓氏笔画为序)
　　于跃敏(女)　于辉达
　　王水法　王国平
　　王金财
　　王建满(~2004-10)
　　王忠德
　　王基信　王梓祥
　　叶　明　朱报春
　　朱金坤　刘晓刚
　　许勤华　孙景淼
　　孙忠焕(2004-04~)
　　齐毓春(2004-08~)
　　李端阳　杨戌标
　　来坚巨　吴　键
　　吴鹏飞(2004-10~)
　　吴德隆　佟桂莉(女)
　　沈　坚　张建华
　　张鸣放(女)　张鸿建
　　陈如昉　陈建华(女)
　　陈新成
　　茅临生(~2004-04)
　　金胜山　郑素成
　　项　勤　赵申行
　　赵纪来　胡　侠
　　娄延安　洪航勇
　　顾树森　徐一超
　　徐松林　翁卫军
　　郭泰鸿　盛继芳
　　曾东元
　　谢力刚(~2004-08)
　　虞荣仁
候补委员：(按得票数为序)
　　陈永良　翁钢粮
　　赵　晴　邬丽娜(女)
　　郭禾阳　陈锦梅(女)
　　陆瑞芬(女)　周和根
秘书长：顾树森

市委工作部门：

办公厅

主　任：严华好

组织部

部　长：王金财(~2004-11)
　　于跃敏(女)(2004-11~)

宣传部

部　长：于跃敏(女)(~2004-11)
　　张鸿建(2004-11~)

统战部

部　长：徐松林

政策研究室

主　任：胡征宇

政法委员会

书　记：于辉达

国防动员委员会(人民武装委员会)

第一主任：王国平

主　任：茅临生(~2004-06)

孙忠焕(2004-06~)

保密委员会

主　任：于辉达

党史研究室

主　任：叶建新

党　校

校　长：朱报春

杭州日报报业集团

社　长：李建国

总编辑：赵　晴

党委书记：李建国(兼)

干部理论学习讲师团

副团长：朱金中

老干部局

局　长：程浙山

市直机关党工委

书　记：崔鹏飞

农业和农村工作办公室

主　任：来坚巨

中国共产党杭州市纪律检查委员会

书　记：叶　明

副书记：俞宝祥(~2004-08)

孙建华

徐苏宾(女)

常　委：叶　明

俞宝祥(~2004-08)

孙建华　徐苏宾(女)

吴水根　张德林

陈章永　王叶林

俞少平

杭州市第十届人民代表大会常务委员会

主　任：王国平

副主任：吴　键　丁德明

安志云　李松春

杨耀梁　林振国

朱荫湄(女)

委　员：(按姓氏笔画为序)

丁沛华　叶有福

朱重庆　刘争平

李建国　沈惠娟(女)

宋小春　张　勇

陈利卿(女)　陈建华(女)

陈康森　林雪玲(女)

周　蕙(女)　郑贤祥

赵天行

赵立康(~2004-06)

胡　侠(~2004-08)

贺建强　徐爱秀(女)

翁钢粮　蒋天荣

韩柏青　詹家光

戴宝多

秘书长：李秋清(~2004-06)

代秘书长：俞宝祥(2004-06~)

党组书记：吴　键

市人大常委会工作部门：

办公厅

主　任：张　勇

研究室

主　任：陈利卿(女)

法制委员会

主任委员：杨耀梁(兼)

内务司法委员会(2004-02~)

主任委员：杨耀梁(兼)

财政经济委员会

主任委员：丁德明(兼)

城乡建设委员会

主任委员：林振国(兼)

教科文卫、民宗侨委员会

主任委员：安志云(兼)

法制工作委员会

主　任：刘争平

内务司法工作委员会

主　任：刘争平

财经工作委员会

主　任：赵立康(~2004-06)

钮容量(2004-06~)

城乡建设、环境保护工作委员会

主　任：郑贤祥

教科文卫、民宗侨工作委员会

主　任：陈康森

人事代表工作委员会

主　任：徐爱秀(女)

杭州市人民政府

市　长：茅临生(~2004-04)

代市长、副市长：孙忠焕(2004-04~)

副市长：盛继芳

陈重华(女)　金胜山

项　勤　杨戌标

孙景淼　沈　坚

裴长洪(~2004-09)

党组书记：茅临生(~2004-06)

孙忠焕(2004-06~)

秘书长：娄延安

市人民政府工作部门：

办公厅

主　任：许小富

党组书记：娄延安

发展计划委员会

主　任：董建平

党委书记：董建平(兼)

经济委员会

主　任：王大安

党委书记：王大安(兼)

科学技术局

局　长：谢春山(~2004-03)

孙　远(2004-03~)

党组书记：谢春山(兼)(~2004-03)

孙　远(兼)(2004-03~)

教育局

局　长：徐一超

党委书记：徐一超(兼)

经济体制改革委员会办公室

主　任：赵　敏

党组书记：赵　敏(兼)

财政局

局　长：陈锦梅(女)

党委书记：李端阳

国家税务局

局　长：杨采妹(女)(~2004-12)

方慧光(2004-12~)

地方税务局

局　长：陈锦梅(女)

监察局

局　长：俞宝祥(~2004-06)

徐苏宾(女)(2004-12~)

人事局

局　长：郑素成

党组书记：郑素成(兼)

劳动和社会保障局

局　长：张建华

党委书记：张建华(兼)

民政局

局　长：赵申行

党委书记：赵申行(兼)

公安局

局　长：张鸿建(~2004-11)

吴鹏飞(2004-11~)

党委书记：张鸿建(兼)(~2004-11)

吴鹏飞(兼)(2004-11~)

国家安全局

局　长：方孔文

党委书记：方孔文(兼)

司法局

局　长：洪慧萍(女)

党委书记：洪慧萍(女)(兼)

交通局

局　长：王水法

党委书记:王水法(兼)

药品监督管理局

局　长:郭泰鸿

党委书记:郭泰鸿(兼)

贸易局(粮食局)

贸易局长:吴德隆

党委书记:吴德隆(兼)

粮食局长:梁　群

对外贸易经济合作局

局　长:王忠德

党委书记:王忠德(兼)

建设委员会

主　任:朱金坤

党委书记:朱金坤(兼)

钱江新城建设指挥部(钱江新城建设管理委员会)

总指挥(主任):杨戌标

党委书记:王光荣

规划局

局　长:阳作军

党组书记:阳作军(兼)

房产管理局

局　长:杨　坚

党委书记:杨　坚(兼)

国土资源局

局　长:储根荣

党组书记:储根荣(兼)

环境保护局

局　长:陶柏文

党组书记:陶柏文(兼)

园林文物局

局　长:张建庭

党委书记:张建庭(兼)

城市管理办公室

主　任:陈红英(女)

党组书记:陈红英(女)(兼)

城市管理行政执法局

局　长:赵荣福

党委书记:赵福荣(兼)(2004-06~)

旅游委员会

主　任:项　勤

党委书记:盛成皿(~2004-03)
　　　　李　虹(2004-03~)

西湖博览会组委会办公室

主　任:冯　俊

信息化办公室

主　任:董建平

党组书记:董建平(兼)

审计局

局　长:潘再高

党组书记:潘再高(兼)

统计局

局　长:顾晓奋(女)

党组书记:顾晓奋(女)(兼)

工商行政管理局

局　长:章建成

党委书记:章建成(兼)

物价局

局　长:李爱国

党组书记:李爱国(兼)

质量技术监督局

局　长:潘荣琨

党委书记:潘荣琨(兼)

农业局

局　长:邵银泽

党委书记:邵银泽(兼)

林业水利局

局　长:许保水

党委书记:许保水(兼)

文化局

局　长:陈建一

党委书记:陈建一(兼)

卫生局

局　长:邬丽娜(女)

党委书记:邬丽娜(女)(兼)

广播电视局

局　长:杨志毅(女)

党委书记:杨志毅(女)(兼)

广播电视集团

管委会主任:杨志毅(女)

党委书记:杨志毅(女)(兼)

体育局

局　长:张连水

党委书记:张连水(兼)

计划生育委员会

主　任:陈国妹(女)

党组书记:陈国妹(女)(兼)

外事办公室

主任:郑浙民

党组书记:郑浙民(兼)

侨务办公室

主　任:周开疆(~2004-03)
　　　　陈树龙(2004-03~)

党组书记:周开疆(兼)(~2004-03)
　　　　陈树龙(兼)(2004-03~)

法制办公室

主　任:吴声华

党组书记:吴声华(兼)

民族宗教事务局

局　长:陈树龙(~2004-03)
　　　　赵一新(2004-03~)

党组书记:赵一新(兼)

人民防空办公室

主　任:施增富

党组书记:施增富(兼)

台湾事务办公室

主　任:陈建伟

国内经济合作办公室

主　任:王　晨(~2004-03)
　　　　周开疆(2004-03~)

党组书记:王　晨(兼)(~2004-03)
　　　　周开疆(兼)(2004-03~)

市政府驻北京办事处

主　任:郑浙民(~2004-02)
　　　　柳久森(2004-02~)

市政府驻上海办事处

主　任:谢国建(~2004-06)
　　　　蔡易然(2004-06~)

市政府驻深圳办事处

主　任:蔡易然

中国人民解放军浙江省杭州警备区

党委第一书记:王国平(兼)

党委书记:谢力刚(~2004-05)
　　　　齐毓春(2004-05~)

司令员:叶有福(~2004-11)
　　　　王炳友(2004-11~)

政治委员:谢力刚(~2004-05)
　　　　齐毓春(2004-05~)

陆军预备役步兵师高炮团

党委第一书记:于辉达(兼)

党委书记:王劲松

团　长:张炳新

第一政治委员:于辉达(兼)

政治委员:王劲松

中国人民政治协商会议杭州市第八届委员会

主　席:虞荣仁

副主席:马时雍　施锦祥
　　　　蒋福弟　鲍世甲
　　　　曾东元　俞国庆
　　　　陈振濂　韩国熹
　　　　郁嘉玲(女)

常务委员:(按姓氏笔画为序)
　　　　丁志光　马凤森
　　　　王　坚　毛伟志
　　　　毛耀武　卞吉安
　　　　方治平　方莉英(女)
　　　　叶鉴铭　卢华英(女)
　　　　史及伟　朱舟海
　　　　朱晓静(女)　刘　卫
　　　　刘秋敏　庄哲卿
　　　　祁国宁　孙　跃
　　　　孙银标　孙鼎荣
　　　　孙锡培　杨薇薇(女)
　　　　李小花(女)　李冈源(女)
　　　　吴正虎　吴伟根
　　　　吴潮炎　何西华
　　　　何嘉琳(女)　余生瑞
　　　　汪小玫(女)　沈荣根
　　　　沈祥熙　张云溪

张少华　张永谊
张荣官　陈小平
陈伯滔　妙　高
林正范　周根娣(女)
房梅华(女)　柯传奎
胡泽之　俞小安
俞宝祥　施农农(女)
洪慧萍(女)　姚建华(女)
徐凤娟(女)　徐冠巨
翁启蕴　黄大成
戚俊生　崔鹏飞
章鹏飞　蒋志衍
蒋放年　储念治
楼建人　褚树青
薛家柱

秘书长:徐泉海
党组书记:虞荣仁(兼)
党组副书记:马时雍(兼)

市政协工作部门:

办公厅
主　任:孙　跃

文史和教文卫体委员会
副主任:蔡卫平

研究室
副主任:龚志南

市中级人民法院
院　长:王基信
党组书记:王基信(兼)

市人民检察院
检察长:刘晓刚
党组书记:刘晓刚(兼)

民主党派和工商联:

中国国民党革命委员会杭州市委员会
主　委:陈重华(女)

中国民主同盟杭州市委员会
主　委:陈振濂

中国民主建国会杭州市委员会
主　委:蒋福弟

中国民主促进会杭州市委员会
主　委:韩国熹

中国农工民主党杭州市委员会
主　委:李松春

中国致公党杭州市委员会
主　委:郁嘉玲(女)

九三学社杭州市委员会
主　委:朱荫湄(女)

杭州市工商业联合会
会　长:鲍世甲
党组书记:赵天行

部分人民团体:

杭州市总工会
主　席:陈永良
党组书记:陈永良(兼)

中国共产主义青年团杭州市委员会
书　记:卞吉安
党组书记:卞吉安(兼)

杭州市青年联合会
主　席:卞吉安

杭州市妇女联合会
主　席:陈建华(女)
党组书记:陈建华(女)(兼)

杭州市归国华侨联合会
主　席:詹家光
党组书记:詹家光(兼)

杭州市科学技术协会
主　席:朱国海
党组书记:朱国海(兼)

杭州市文学艺术界联合会
主　席:孙银标(~2004-09)
　　陈一辉(女)(2004-09~)
党组书记:汪小玫(女)

杭州市老龄工作委员会
主　任:盛继芳(~2004-10)
　　孙景淼(2004-10~)

杭州市社会科学界联合会
主　席:史及伟
党组书记:史及伟(兼)

杭州市残疾人联合会执行理事会
理事长:董吾恩
党组书记:董吾恩(兼)

杭州市对外友好协会
名誉会长:王国平(兼)
会　长:虞荣仁(兼)

其他行政事业机构:

市政府专家咨询委员会
主任委员:史济烜

市爱国卫生运动委员会
主　任:陈重华(女)(兼)

市地方志编纂委员会
主　任:茅临生(兼)(~2004-06)
　　孙忠焕(兼)(2004-06~)

市机构编制委员会
主　任:茅临生(兼)(~2004-06)
　　孙忠焕(兼)(2004-06~)

市电力局
局　长:马益明
党委书记:潘金华

浙江省电信公司杭州市分公司
总经理:时永生
党委书记:钟　斌(女)

市邮政局
局　长:王小明
党委书记:杨　全

市气象局
局　长:王国华
党组书记:王国华(兼)

市供销合作社联合社
主　任:樊国强
党委书记:樊国强(兼)

市级机关事务管理局
局　长:何铨之
党组书记:何铨之(兼)

市委、市政府信访局
局　长:何　楷
党组书记:何　楷(兼)

市档案局
局　长:张树兴(~2004-02)
　　伍　彬(2004-02~)
党组书记:张树兴(兼)(~2004-02)
　　伍　彬(兼)(2004-02~)

市新闻出版局
局　长:魏皓奔
党组书记:魏皓奔(兼)

西泠印社社委会
主　任:王玉明
党组书记:王玉明(兼)

市烟草专卖局(杭州烟草分公司)
局长(经理):方祖英
党组书记:钟　祥

杭州经济技术开发区管理委员会
主　任:金胜山
党工委书记:孙　远(~2004-03)
　　盛成皿(2004-03~)

杭州经济技术开发区临平园区管理委员会
主　任:许保金
党工委书记:许保金(兼)

杭州钱江外商台商投资区江南管理委员会
主　任:陈如昉
党工委书记:王伟民

杭州高新技术产业开发区管理委员会
主　任:张　耕
党工委书记:洪航勇

杭州之江国家旅游度假区管理委员会
主　任:许迈永
党工委书记:高乙梁

杭州西湖风景名胜区管理委员会
主　任:张建庭
党委书记:张建庭(兼)

市经济规划院
院　长:董建平

中国人民银行杭州市中心支行
行　长:龚方乐

党委书记:龚方乐(兼)

中国工商银行浙江省分行营业部

总经理:沈立强

党委书记:沈立强(兼)

中国建设银行浙江省分行营业部

总经理:余静波

党委书记:余静波(兼)

中国农业银行浙江省分行营业部

总经理:姜瑞斌(~2004-03)
汪 勤(2004-03~)

党委书记:姜瑞斌(兼)(~2004-03)
汪 勤(兼)(2004-03~)

交通银行杭州分行

行 长:俞炯玲(女)

党组书记:俞炯玲(女)(兼)

杭州市商业银行

董事长:马时雍

行 长:吴太普

党委书记:吴太普(兼)

中国人民财产保险公司杭州市分公司

总经理:孙 岚(女)(~2004-01)
吴建林(2004-01~)

党委书记:孙 岚(女)(兼)(~2004-01)
吴建林(兼)(2004-01~)

中国人寿保险公司杭州市分公司

总经理:朱卫星

党委书记:朱卫星(兼)

中国太平洋财产保险公司杭州分公司

总经理:陆安平

党委书记:陆安平(兼)

中国太平洋人寿保险公司杭州分公司

总经理:程政钦(女)

党委书记:程政钦(女)(兼)

市社会科学院

党组书记:史及伟

市工业资产经营有限公司

董事长:许荣森

总经理:张锦铭

党委书记:许荣森(兼)

杭州商业资产经营公司

董事长:戴国强

总经理:郦加清

党委书记:戴国强(兼)

市交通资产经营有限公司

董事长:王水法

总经理:郑明甫

党委书记:王水法(兼)

市城市建设资产经营有限公司

董事长:朱寅传

党委书记:朱寅传(兼)

市京杭运河(杭州段)综合整治和保护开发指挥部

董事长:陈 述

总指挥:陈 述(兼)

党委书记:陈 述(兼)

市城市建设综合开发总公司

总经理:赵炎林

党委书记:赵炎林(兼)

市房屋建设开发总公司

总经理:樊文兴

党委书记:樊文兴(兼)

【区、县(市)主要机构及负责人名单】

中国共产党杭州市上城区第七届委员会

书 记:张鸣放(女)

中国共产党杭州市上城区纪律检查委员会

书 记:朱履林

杭州市上城区第十二届人民代表大会常务委员会

主 任:沈国友

上城区人民政府

区 长:徐祖尊

中国人民政治协商会议杭州市上城区第二届委员会

主 席:杨全岁

上城区人民法院

院 长:葛成富

上城区人民检察院

检察长:高万洋

中国共产党杭州市下城区第七届委员会

书 记:翁卫军

中国共产党杭州市下城区纪律检查委员会

书 记:朱钟毅

杭州市下城区第十二届人民代表大会常务委员会

主 任:翁卫军(兼)

下城区人民政府

区 长:傅力群

中国人民政治协商会议杭州市下城区第二届委员会

主 席:赵洁生

下城区人民法院

院 长:周进军

下城区人民检察院

检察长:陈合达

中国共产党杭州市江干区第七届委员会

书 记:暨军民

中国共产党杭州市江干区纪律检查委员会

书 记:周志辉

杭州市江干区第十二届人民代表大会常务委员会

主 任:王海超(~2004-02)
暨军民(兼)(2004-02~)

江干区人民政府

区 长:暨军民(~2004-01)
蔡仲光(2004-01~)

中国人民政治协商会议杭州市江干区第二届委员会

主 席:蒋妙玉

江干区人民法院

院 长:金福泉

江干区人民检察院

检察长:张世文

中国共产党杭州市拱墅区第四届委员会

书 记:许勤华

中国共产党杭州市拱墅区纪律检查委员会

书 记:钟丽萍(女)

杭州市拱墅区第四届人民代表大会常务委员会

主 任:许勤华(兼)

拱墅区人民政府

区 长:俞东来

中国人民政治协商会议杭州市拱墅区第二届委员会

主 席:毛宏(女)

拱墅区人民法院

院 长:叶玉秋(女)

拱墅区人民检察院

检察长:邱关林

中国共产党杭州市西湖区第六届委员会

书 记:高乙梁

中国共产党杭州市西湖区纪律检查委员会

书 记:吴国良

杭州市西湖区第十二届人民代表大会常务委员会

主 任:高乙梁(兼)

西湖区人民政府

区 长:许迈永

中国人民政治协商会议杭州市西湖区第二届委员会

主 席:柳宗宝

西湖区人民法院

院 长:郑重圭

西湖区人民检察院

检察长：郑惠明

中国共产党杭州市滨江区第二届委员会
书　记：洪航勇
中国共产党杭州市滨江区纪律检查委员会
书　记：周瑞烈
杭州市滨江区第二届人民代表大会常务委员会
主　任：洪航勇(兼)
滨江区人民政府
区　长：张耕
滨江区人民法院
院　长：王美芳（女）
滨江区人民检察院
检察长：李森红（女）

中国共产党杭州市萧山区第十二届委员会
书　记：王建满（~2004-10）
　　　　王金财（2004-10~）
中国共产党杭州市萧山区纪律检查委员会
书　记：朱　华（2004-06~）
杭州市萧山区第十三届人民代表大会常务委员会
主　任：施松青
萧山区人民政府
区　长：陈如昉
中国人民政治协商会议杭州市萧山区第十一届委员会
主　席：沈奔新
萧山区人民法院
院　长：潘季林
萧山区人民检察院
检察长：方新建

中国共产党杭州市余杭区第十一届委员会
书　记：何关新
中国共产党杭州市余杭区纪律检查委员会
书　记：汪宏儿
杭州市余杭区第十二届人民代表大会常务委员会
主　任：何关新(兼)
余杭区人民政府
区　长：刘庆龙
中国人民政治协商会议杭州市余杭区第八届委员会
主　席：李小花（女）
余杭区人民法院
院　长：傅樟绹
余杭区人民检察院
检察长：林星跃

中国共产党桐庐县第十一届委员会
书　记：邵　胜
中国共产党桐庐县纪律检查委员会
书　记：竺泉海
桐庐县第十三届人民代表大会常务委员会
主　任：邵　胜(兼)
桐庐县人民政府
县　长：陈祥荣
中国人民政治协商会议桐庐县第六届委员会
主　席：徐国相
桐庐县人民法院
院　长：邵天一
桐庐县人民检察院
检察长：郭志平

中国共产党淳安县第十一届委员会
书　记：郑荣胜
中国共产党淳安县纪律检查委员会
书　记：邱卫星
淳安县第十三届人民代表大会常务委员会
主　任：郑荣胜(兼)
淳安县人民政府
县　长：陈新华
中国人民政治协商会议淳安县第六届委员会
主　席：沈建平（女）
淳安县人民法院
院　长：程建飞
淳安县人民检察院
检察长：张　鸣

中国共产党建德市第十一届委员会
书　记：赵纪来
中国共产党建德市纪律检查委员会
书　记：洪庆华
建德市第十三届人民代表大会常务委员会
主　任：赵纪来(兼)
建德市人民政府
市　长：杨　军
中国人民政治协商会议建德市第十一届委员会
主　席：刘志新
建德市人民法院
院　长：胡世乾
建德市人民检察院
检察长：余国利

中国共产党富阳市第十一届委员会
书　记：佟桂莉（女）
中国共产党富阳市纪律检查委员会
书　记：朱永祥
富阳市第十三届人民代表大会常务委员会
主　任：佟桂莉（女）(兼)
富阳市人民政府
市　长：戚哮虎
中国人民政治协商会议富阳市第六届委员会
主　席：胡志坚
富阳市人民法院
院　长：王少青
富阳市人民检查院
检察长：吴炳林

中国共产党临安市第十一届委员会
书　记：王　坚
中国共产党临安市纪律检查委员会
书　记：钟文静（女）
临安市第十二届人民代表大会常务委员会
主　任：王　坚(兼)
临安市人民政府
市　长：方建生
中国人民政治协商会议临安市第六届委员会
主　席：方金贵
临安市人民法院
院　长：郎长华
临安市人民检察院
检察长：吕金芳

（市委组织部）

农村经济

·农村经济综述·

【统筹城乡经济社会发展】 2004年,市委、市政府按照科学发展观要求,认真落实中共中央、国务院和省委、省政府关于解决"三农"问题的有关文件精神,相继出台了《关于统筹城乡发展促进农民增收的若干意见》、《关于统筹城乡经济社会发展做好为农民办实事工作的通知》等8个支农的政策性文件,推进都市农业建设,加快农村工业化、城市化步伐,促进农业增效、农村繁荣和农民增收。特别是市委、市政府提出的用三年时间为农民办9件实事工程,实施一年来成效明显,有力地推进了全市城乡经济社会的协调发展,取得明显成效。

都市农业格局初步形成。坚持结构调整和粮食生产两手抓。按照《杭州市发展都市农业实施意见》,加快构建城市、平原、山区三大圈层布局,重点发展茶叶、花卉苗木、水产品、节粮型畜禽、蔬菜、竹业等六大优势产业,大力培育水果、干果、蚕桑、蜂业、中药材等五大特色产业,着力提升粮油、生猪等传统产业,积极发展生态农业、休闲观光农业等新兴产业,建立健全信息服务、产业化、科技创新、质量安全和组织运行五大支撑体系,进一步提高了农业产业化、集约化、专业化水平。

农村二、三产业加快发展。发挥重点乡镇(街道)和优势区块的领跑作用,大力发展来料加工业,一批特色块状经济发展势头强劲;积极引导和鼓励民营企业发挥机制灵活、自我发展能力强等特点,推进民营经济"二次创业",全市有28个乡镇(街道)的工业销售产值超10亿元。"城中村"改造试点工作进展顺利,通过市域网络化大都市建设,加快了城乡一体化的步伐。坚持大项目带动,以休闲农业为代表的农村第三产业发展迅速。

2月23日,市委、市政府召开全市农村工作会议。

2004年,全市实现农林牧渔业总产值208.27亿元,农村经济总收入4723.37亿元,农民人均纯收入6382元,分别比上年增长10.2%、26.5%和11.2%。其中:农业产值108.09亿元,增长9%;林业产值20.68亿元,增长13.2%;牧业产值45.76亿元,增长9.6%;渔业产值26.41亿元,增长13.5%;服务业产值7.33亿元,增长11.2%。全市六大优势产业实现产值120.37亿元,增长10.5%,占全市农林牧渔业总产值的57.8%;五大特色产业实现产值20.22亿元,增长10.7%。粮食生产出现回升。全年粮食播种面积18.67万公顷,比上年扩种0.53万公顷,增加2.9%;粮食作物占总播种面积的比重从上年的46.2%回升到46.9%,粮食总产量达到106.80万吨,增长6.5%,扭转了粮食种植面积多年持续下降的局面。

【免征农业税】 2004年,杭州市在全省率先免征农业税。仅此一项,全年直接为农民减轻负担7058万元,真正实现了农民"零税赋"。这一举措引起了全国媒体和社会各界的关注,新华社、《人民日报》、中央电视台、《农民日报》等媒体都给予高度评价,并称"中国农民负担了上千年的'皇粮国税'在杭州消失"。切实加强对涉农价格和收费情况的监督检查,清理整顿涉农收费项目,有效地降低了农民负担。2004年全市农民人均直接负担为3.88元,比上年人

表 4　2004年杭州市农村经济总收入情况

	金额(亿元)	比上年(%)
合　计	4 723.37	29.9
市　区	3 420.36	31.6
萧山区	1 901.65	29.4
余杭区	642.88	41.9
富阳市	497.53	26.9
临安市	264.54	27.9
建德市	156.07	20.3
桐庐县	310.99	24.0
淳安县	73.88	29.2

表 5　2004 年杭州市农村三大产业收入构成

	金额(亿元)	比重(%)	比上年(%)
第一产业收入	169.75	3.5	14.5
第二产业收入	3 763.63	79.7	26.0
第三产业收入	789.99	16.8	57.9

均减负 18 元，为 2003 年人均收入的 0.07%。

【村庄整治工作获奖】 市委、市政府确定的“百村示范、千村整治”工程进展良好。2004 年完成 34 个示范村、289 个重点整治村建设任务，分别为计划目标的 113% 和 145%，3400 多个行政村启动了环境整治。其中，24 个示范村被省委、省政府命名表彰，为全省各市最多。杭州市获浙江省 2003 年度市级村庄整治建设工作优胜奖，萧山区、西湖区、余杭区、富阳市获县级优胜奖。9 月，市委办公厅、市政府办公厅转发市民政局、市财政局、市农办、市残联《关于杭州市农村贫困家庭危房改造的实施意见》和《杭州市农村贫困家庭危房改造资金补助办法》，决定用 3 年时间安排 1200 万元专项资金，对农村贫困家庭的危房进行改造，2004 年有 1172 户贫困家庭的危房改造工作进入了实施阶段。8 月，市政府办公厅转发市林水局、市财政局《关于杭州市农民饮用水工程建设实施意见的通知》，市财政安排 200 万元资金补助乡镇，当年改善饮水条件 12.93 万人、解困 2.77 万人。

【农村社会保障体系不断健全】 2004 年，杭州市农村居民最低生活保障标准进一步提高，并做到了应保尽保，应补尽补(参见“社会生活”类目社会救助分目【提高最低生活保障标准】及附表)。全市普遍建立了失地农转非人员的社会保障制度。至年底，征地农转非人员中享受各种类型保障的有 40807 人，其中，参加基本养老保险 19990 人，参加低标准进入、低标准享受这“双低”养老保险的 4245 人，参加农村养老保险 2661 人，享受基本生活补贴 13911 人。155 个“撤村建居”村的农转居多层公寓已累计立项 862 万余平方米，开工 169 万平方米，竣工 77 万平方米。

农村居民住房

【乡村通达工程进展顺利】 全市在 2003 年实现乡乡通公路的基础上，硬化率不断提高，2004 年达到了 100%；等级公路通村率和通村公路硬化率也分别达到 76.3%和 72.2%，分别比上年提高 12.3 和 13.2 个百分点。全年完成通村公路建设项目 892 个、2080 千米，通乡公路路面改造 84.6 千米，受益乡 15 个，受益行政村 725 个。2004 年，完成农村公路危桥改造 53 座。全年通村公路总投资 5.52 亿元，通乡公路总投资 2381 万元，市和县(市)、区两级财政安排补助资金 1.96 亿元。

【农民素质培训工程全面启动】 5 月，市委办公厅、市政府办公厅印发《杭州市农民素质培训工程实施意见》，提出 3 年培训 50 万名农民的目标任务。各地根据产业特点和农民培训需求，明确培训重点，创新培训模式，努力提高培训的针对性和有效性。全年认定各类培训基地(点) 204 个，培训各类农民 24.6 万人，完成计划任务数的 141%。其中，培训农村富余劳动力 4.4 万人，失地农民 2.5 万人，已在二、三产业就业的农民 5.8 万人，“绿色证书” 和农业实用技术培训 10.1 万人，青年农民和农村管理人员的学历教育培训 1.8 万人。经培训的农村富余劳动力和失地农民转移就业 2.9 万人，转移就业率 42%。

建德市举办农民计算机技术培训班

【举办农业企业高级人才培训班】 8月31日~9月6日，市农办与浙江大学合作举办农业企业高级人才培训班，邀请浙江大学经济学院、管理学院、法学院的资深教授，就“企业创新与发展”、“现代国际贸易理论与务实”、“现代企业管理与务实”、“电子商务”、“市场营销理论与务实”、“中国农产品国际贸易与质量安全”等内容，对全市46个企业的负责人开展培训。这期培训班，对于增强农业企业的发展意识、质量意识、营销意识和创新意识，提高农业企业负责人的经营管理水平，具有重要作用。

【深化“49100”帮扶工程】 2004年，杭州市继续采取集团帮扶、产业帮扶、行业帮扶、教育帮扶、选派干部下乡帮扶等帮扶手段和措施，新一轮“49100”工程进展顺利。全年市级“49100”帮扶工程确定的378个项目中，动工377个，完工265个；总概算资金17804万元，其中帮扶集团承诺扶持资金3404万元，到位3017万元，资金到位率为88.6%。通过帮扶，49个被帮扶乡镇农民人均收入达到4001元，比上年增加396元，增长11%；100个被帮扶村农民人均收入达到3304元，比上年增加399元，增长13.7%，均高于全市农民收入的平均增幅。

【加快农村公共卫生体系建设】 至2004年底，全市参加新型农村合作医疗的农业人口324.13万人，参保率83.3%，受益人数94.62万人，结报医药费总额达8389.35万元，农民的医疗保障水平有明显提高。各地在区域规划调整的同时，合理配置卫生资源，集中力量办好一个乡镇一所卫生所，并积极开展社区卫生服务中心建设。全年有67个乡镇开展社区卫生服务，使开展卫生服务的乡镇覆盖率达到40.6%。认真抓好禽流感等重大人畜共患疫病的防治工作，全面开展疫情普查和畜禽强制免疫，全市普查畜禽养殖场2324个、畜禽养殖户16.95万户。

【建设农村科技文化信息服务体系】 9月，市政府办公厅下发《关于进一步加强农业信息服务体系建设的通知》，推进农业信息化进程。至年底，全市建成村级农业信息服务点2920个，占全市村总数的69.3%，超额完成2004年指标任务。积极实施有线电视乡村通达工程，新完成有线联网的行政村45个，使有线联网的行政村达到3641个，占全市行政村总数的90.2%。采取组建教育集团创办民办高中、扩大优质高中资源等手段，想方设法满足农村初中毕业学生的升学需求。2004年，全市农村应届初中毕业升高中人数34893名，升学率86.6%;全市农村学前三年幼儿入园率达87%。

【农村生态建设成效明显】 2004年，杭州市围绕生态市建设目标，以国债造林和生态公益林建设为重点，以百村园林绿化建设为载体，完成造林更新面积5600公顷，建成生态公益林面积8万公顷。完成高标准平原绿化工程长度57千米，面积207.33公顷。建成绿色通道207千米。新发展花卉苗木3067公顷。新建成园林绿化村34个、林业特色示范园区12个、林业专业示范村12个。严格按照国家农业部等6部、局联合颁发的《秸秆禁烧和综合利用管理办法》的要求，在全市开展了秸杆综合利用工作，综合利用率达到85%。积极开展畜禽粪便综合治理，全市75个规模化生猪、奶牛养殖场实现了畜禽粪尿污染物综合利用和达标排放。积极推广农村生活污水净化技术和沼气、太阳能技术，全年新建污水净化池1万立方米，比上年增加20%，使年处理生活污水的能力提高到400万吨；新建沼气池3500立方米，累计建成的沼气池可年产沼气228万立方米；新增太阳能热水器3.5万立方米，累计建成23.5万立方米。

【加强农村基层组织建设】 杭州市深化创建“‘五好’村党支部、‘六好’乡镇党委和农村基层组织建设先进县”的“三级联创”活动，根据《杭州市先锋工程“五好”乡镇党委考核细则》，确定30个乡镇党委、375个行政村党组织为“先锋工程”创建对象。加大对基层干部的岗位培训和学历培训，全年培训两委主要负责人7108人次，村干部1.48万人次，建立了一支1.3万人的村后备干部队伍。开展对全市乡镇政务和村务公开民主管理检查，促进乡镇政务公开工作不断深化。全市村务公开率达100%，公开规范率96.5%。至2004年底，有185个乡镇建立了会计代理中心，纳入代理中心的村(社)4300个，分别占全市乡镇和村(社)总数的98.4%、97.5%，村级财务管理工作更趋规范。

【农村土地承包工作更加完善】 4月，市委办公厅、市政府办公厅下发《关于进一步完善土地承包工作的通知》，建立了领导小组，明确了工作目标和内容，统一了土地承包合同、流转合同、流转委托书和注销承包权证公告等文本格式。至年底，全市累计完成土地承包完善工作的总村数达2701个，完善率为98.4%；

已完成扫尾村数275个，扫尾率99.3%；新发放权证15367本，发证率99.7%；新签订合同73549份，变更合同183616份，占应签和变更合同数的99.3%；新核发农村土地承包权证152844本，发证率99.1%；变更、换发、收回和注销承包权证174176本，占应变更、换发、收回和注销承包权证的96.2%。全年解决各类土地纠纷934件。

【农村社区股份制改革稳步推进】为推进农村社区股份制改革，市农办于6月出台了《杭州市股份制经济合作社换届工作意见》，加强对改制单位清产核资、代表选举、股份量化、收益分配的指导。通过逐个审核，及时掌握101个撤村建居单位2003年度的资产运营、财务收支和股东分配情况。至2004年底，全市已建设农村社区股份经济合作社129个，其中属市级撤村建居单位的75个。

【资助农产品加工企业技术改造】2004年，杭州市认真落实市政府于上年制订的农产品加工企业技术改造财政资助管理办法，不断壮大农业龙头企业。全年确定资助项目92个，落实资助资金3765.8万元，其中市级财政资助资金1911.4万元。农业龙头企业的管理不断加强，继续采取自查和抽查相结合的办法，对历年来公布的农业龙头企业，从生产规模、带动作用、对社会的贡献等方面实行动态管理，优胜劣汰。有12个经营困难、难以发挥带动作用的企业被取消市级农业龙头企业资格。至年底，全市市级农业龙头企业总数147个，其中国家级农业龙头企业3个，省级骨干农业龙头企业25个。年销售额亿元以上的加工型农业龙头企业达30个，其中年销售额3亿元以上的有7个。

【外向型农业快速发展】 2004年，全市引进各类农业合作项目271个，协议资金53亿元，实际到位资金32亿元。其中，外资项目49个，协议资金2.3亿美元，实际到位1.1亿美元。在加大招商引资力度的同时，“走出去”拓展农业发展新空间。据年底统计，全市有54个农业龙头企业和近万名农民在杭州市境外建种养业基地12.53万公顷，饲养畜禽22万头(只、羽)；有16个农业龙头企业在市外兴办27个农产品加工企业；有52个农业企业在市外建立325个销售窗口。杭州市获浙江省外向型农业二等奖。11月25日~26日，举办了杭州市第四届农业招商引资洽谈会。会上，有41个项目签订了合作投资协议，总投资12.12亿元，其中外资项目16个，投资7085万美元。

【农产品质量安全管理取得新成效】杭州市切实加强安全食用农产品管理，加大监管力度。2004年对103个农产品加工企业负责人进行了HACCP管理的知识培训，每季向社会通报全市食用农产品质量安全情况。组织开展安全农产品加工企业的申报认定及品牌建设申报奖励工作，全年认定安全农产品加工企业28个，对61种新评定的品牌农产品给予了奖励。西湖牌茶叶、文同牌水煮笋(丝)、江乐牌酱菜、钱江牌驯养野鸭、杭塔牌瘦肉型商品猪、龙坞牌西湖龙井茶、汇林牌炒货食品系列、郭氏牌山核桃、浪花鸿光牌豆制品、祖名牌系列豆制品、健蜂牌蜂蜜、鹳山牌本鸡、桐江牌蜜梨等13种农产品被认定为杭州市名牌产品。至年底，全市已累计建成无公害农产品生产基地5.98万公顷。经常开展对生产基地的蔬菜、粮油、水果、茶叶、水产品、畜产品农药残留检测，平均合格率达97.87%。

【认定21个市级示范性专业合作组织】 2004年，市农办加强对农产品行业协会绩效考核，率先在全省制订并实施《杭州市农产品行业协会绩效考核及奖励办法》；新认定21个市级示范性专业合作组织。至年底，全市农村专业合作组织达269个。

【拓宽农产品加工企业融资渠道】在国家实行宏观调控、金融机构银根收紧的情况下，市农办组织开展了对38个农业企业融资情况的调查。在此基础上，于8月26日召开了银行—农业企业对接座谈会，邀请70多个农产品加工企业负责人和浙商银行、中国农业银行浙江省分行杭州营业部、杭州市区信用联社等金融企业的负责人进行面对面交流。会上，企业负责人介绍了企业发展情况并提出了一些建议和意见，银行负责人也介绍了银行的情况和国家的信贷政策，并积极献计献策，表示愿意为杭州农业企业的发展做出应有的贡献。通过进一步探讨解决农业企业融资难的方式和途径，给银行和企业的交流提供了一个平台，为下一步的合作奠定了基础。

【农业会展成果喜人】 1月6日~11日，市农办在浙江世贸中心举办杭州市2004年迎新春优质农产品大联展，有400余个市内外企业参加，展销产品达2100余种，实现销售额59万余元，现场订货额270万元。11月26日~30日，组团参加2004年浙

杭州市第四届农业引资洽谈会

农产品展销

江省农业博览会，杭州市的三家村藕粉、贡牌西湖龙井茶、紫香炒货和祐康食品等4种农产品获“十大最受市民喜爱的品牌农产品”称号；有77种农产品获得组委会颁发的优质农产品金奖，101种农产品获优质奖；实现销售额1364万元；现场订单15项，协议金额6956万元。12月24日在上海光大会展中心举办杭州(上海)名特优新农产品展销会，全市有300个企业的1400种产品参展，现场销售农产品600余万元。杭州市名特优农产品还吸引了上海众多客商前来采购洽谈，有14个投资贸易项目签约，协议资金达到2亿元。

【“绿色通道”运载农产品17.6万吨】 5月和10月，市农办分别举办两期“绿色通道”管理工作培训班，宣讲“绿色通道”政策，强调有关纪律，提高发证人员的业务素质和政策水平。全年发放“绿色通道”通行证16.9万张，通行车辆7.1万辆次，运载农产品17.6万吨，分别比上年增长23.5%、26.1%和38.4%，直接为农民增加收入340万元。

【扶持杭产名优农产品销售】 根据杭州市农业产业化领导小组办公室于上年出台的《关于鼓励销售杭产名优农产品的若干意见》，2004年对符合条件的经营杭产名优农产品的超市、营销大户和配送中心及在市外设专营店的农业企业共奖励150万元。

【乡镇政务和村务公开工作开创新局面】 6月，市委办公厅下发《关于全面推行乡镇政权机关政务公开工作的通知》，首次统一和明确了乡镇政务公开的内容、时间、程序、形式和要求。市农办会同市委组织部、监察局、财政局、民政局等部门，抽调工作人员分5个组对各地乡镇政务公开、村务公开民主管理和村会计委托代理制工作进行检查。全市村务公开率达100%，公开规范率96.5%。已有98.4%的乡镇建立了会计代理中心，97.5%的村纳入乡镇会计代理中心。为提高农村财务管理水平，在余杭区良渚镇、滨江区西兴镇、江干区丁桥镇开展农村财务管理电算化(网络)试点，取得了初步成果。

【建立农村工作指导员制度】 3月，市委办公厅、市政府办公厅下发《关于建立农村工作指导员制度的通知》，全市派出4358名农村工作指导员驻村到岗，加强对“三农”工作的指导。其中，市级机关派出100名，各区、县(市)派出4258名。通过实施农村工作指导员制度，掌握了农村大量的第一手资料，为各级党委、政府加强和改进“三农”工作提供了可靠依据；化解了一批矛盾和难题，为农村社会形成公正、稳定、和谐的秩序发挥了积极作用；兴办了一批实事好事，促进了农村经济社会的加快发展；锻炼了一批干部，为全社会进一步形成关心支持“三农”的氛围打下了良好的基础；实践了一种新机制，为乡镇管理体制改革和县级部门公共服务的延伸探索了有效路子。农村工作指导员首轮驻村时间为3年，市级选派的原则上一年一轮换，由原单位调配。

【表彰农村工作先进单位】 市政府作出《关于表彰杭州市2004年度农村经济发展奖获奖单位和个人的通报》。全市获农村经济发展奖的有105个项目。其中，萧山区人民政府等7个单位获农村经济发展奖先进区、县(市)奖，西湖风景名胜区西湖街道等10个单位获农村经济发展奖十佳乡镇奖，杭州市蓝天生态鳖养殖示范园区等10个单位获杭州市十佳农业示范园区奖，建德市国茂饲料有限公司等10个企业获杭州市十佳农产品加工企业奖，杭州

杭州市农业科学研究院成立仪式

市江干区花坛花协会等10个单位获杭州市十佳农村专业合作经济组织奖，杭州市种子技术推广站等单位实施的《双低高含油量油菜新品种浙双758示范推广》等58个项目获杭州市农业丰收项目奖。

（娄火明）

【成立杭州市农业科学研究院】 为推进农业科研体制改革，转变农业科研机制，实施科技兴农，市委、市政府决定在原市农业科学研究所、市蔬菜科学研究所、市水产科学研究所、市茶叶科学研究所的基础上进行资源整合，成立杭州市农业科学研究院。3月4日，在杭州市转塘镇杭新路东1号杭州市农业科学研究院院部举行成立仪式，市委副书记于辉达、市人大常委会副主任杨耀梁、副市长孙景淼等出席了成立仪式。

新成立的杭州市农业科学研究院为全额预算事业单位，财政补助事业编制180名。杭州市农业科学研究院的主要任务是：根据杭州农业农村实际，把农业科研和生产与市场经济紧密结合起来，以开发性和应用性研究为主，积极开展先进适用技术的引进、推广和示范，发挥农业科技龙头作用。

2004年，杭州市农业科学研究院承担科研推广项目57项，其中由该院主持的53项；引进新品种111个，筛选出可推广的新品种20个；推广具有知识产权或由该院引进的新品种面积7000公顷；建立紧密型示范基地12个，面积173公顷；繁育鱼苗2779万尾，生产蔬菜种子6250千克，培育茶苗1000万株，生产花卉等组培苗20万株；全院科技人员在各级刊物上发表论文75篇，其中获奖10篇。（孙晓法 徐德玉）

·种植业·

【种植业概况】 2004年，杭州市粮食生产制止了多年下滑，出现恢复性增长，面积、单产、总产呈现“三增”局面。全市粮食播种面积18.67万公顷，比上年增加0.53万公顷，增幅为2.9%；每公顷平均产量5721千克，增加193千克，增幅为3.5%；总产106.80万吨，增加6.53万吨，增幅为6.5%。油菜种植面积3.60万

表6 2004年杭州市粮食作物生产情况

		面积（千公顷）	比上年（%）	总产量（吨）	比上年（%）
总计		186.67	2.9	1 068 009	6.5
稻谷	小计	102.36	3.4	762 729	4.8
	早稻	4.01	49.6	22 789	50.9
	晚稻及迟中稻	98.35	0.0	739 940	3.8
春粮	小计	20.85	-15.6	72 264	-8.9
	大麦	0.96	-8.6	3 538	6.0
	小麦	16.2	-17.6	59 752	-10.3
	其他	3.69	-7.3	8 974	-4.2
夏秋杂粮	小计	63.46	10.1	233 016	19.1
	夏秋番薯	15.97	7.0	91 450	15.7
	夏秋玉米	14.45	14.5	57 947	24.3
	夏秋大豆	27.83	7.6	70 023	17.5
	其他秋杂粮	5.21	22.6	13 596	30.8

表7 2004年杭州市棉花、络麻、油菜子生产情况

	面积（千公顷）	比上年（%）	总产量（吨）	比上年（%）	单产（千克/公顷）	比上年（%）
棉花	0.83	-9.8	1 184	0.3	1 420	10.1
麻类	0.17	-26.1	927	-36.5	5 551	-11.4
油菜子	36.01	-4.8	65 514	7.1	1 820	12.6

表8 2004年杭州市蚕茧、茶叶、水果生产情况

单位：面积（公顷） 总产量（吨） 单产（千克/张）

	数量	比上年（%）	单产	比上年（%）
桑园面积	14 243	10.3	-	-
饲养蚕种张数	333 362	9.9	-	-
其中：春蚕	140 683	5.1	-	-
夏蚕	20 478	-7.4	-	-
秋蚕	172 201	16.9	-	-
蚕茧总产量	14 744	15.2	44.2	4.7
其中：春茧	6 497	11.4	46.2	6.0
夏茧	830	-3.6	40.5	4.1
秋茧	7 417	21.4	43.1	3.9
茶园面积	29 823	3.5	-	-
茶叶产量	25 009	0.1	-	-
其中：春茶	16 679	-4.7	-	-
夏茶	4 009	5.2	-	-
秋茶	4 321	15.1	-	-
果园面积	23 322	3.2	-	-
其中：柑橘园	9 335	6.5	-	-
水果产量	499 006	17.8	-	-
其中：柑橘	118 731	23.7	-	-

茂都农业示范园区种植的供出口蔬菜

公顷，减少 0.18 万公顷，减幅为 4.8%；每公顷平均产量 1820 千克，增加 203 千克，增幅为 12.6%；总产 6.55 万吨，增加 0.44 万吨，增幅为 7.1%。蔬菜种植面积 10.41 万公顷，增加 0.20 万公顷，增幅为 2.0%；每公顷平均产量 28.91 吨，增加 0.70 吨，增幅为 2.5%；总产 301.03 万吨，增长 4.4%。全市总产毛茶 2.50 万吨，增长 0.1%；总产值 10.19 亿元，增长 15.6%，其中名优茶产量 9162 吨，产值 9.44 亿元，分别减少 3.3% 和增加 28.2%。饲养蚕种 33.34 万张，总产蚕茧 1.47 万吨，分别增长 9.9%和 15.2%。果园总面积 2.33 万公顷，水果总产量 49.90 万吨，分别增长 3.2%和 17.8%。

【高山蔬菜发展迅速】 2004 年，全市高山蔬菜播种面积 2487 公顷，总产 6.69 万吨，产值 1.46 亿元。根据《浙江省特色优势农产品布局规划(2003 年~2007 年)》，临安市、建德市、富阳市被省农业厅列入浙江省高山蔬菜重点县(市)，其中临安市被列为浙江省优质高山蔬菜种植基地。

【耕地抛荒明显减少】 根据《国务院关于坚决制止占用基本农田进行植树等行为的通知》和《浙江省人民政府关于坚决制止占用基本农田进行植树行为的通知》，市委、市政府办公厅于 4 月下发《关于坚决制止抛荒和任意占用基本农田等行为的通知》。经过各级党委、政府和农业部门的共同努力，据年底统计，全市全年性抛荒面积为 356.7 公顷，比年初调查预计数下降 69.8%。

【种粮大户受到表彰】 桐庐县种粮大户陆水良，2004 年承包农田 34 公顷，全部种植水稻，生产粮食 279 吨，向国家投售粮食 270 吨。12 月 29 日，在全国农村工作会议期间，农业部表彰了陆水良，并被评为全国粮食生产大户。此外，杭州市还有萧山区的石国杰、田灿祥、周永先；余杭区的陈贵苗、王阿牛；富阳市的沈永祥、杨国宏；临安市的俞高坤；桐庐县的吴荣林；建德市的王建坤等被省农业厅评为浙江省优秀种粮大户。

【"蚕桑西进"取得新成绩】 杭州市认真实施浙江省"蚕桑西进"工程，2004 年新发展桑园 1533 公顷，改造老桑园 1367 公顷，完成"蚕桑西进"年度计划的 161%。新发展的桑园以高产良种为主，其中农桑 12 号、14 号等优良品种占 89%，且规模化程度高。如临安市新种桑苗 700 万株，在乐平、河桥、於潜镇(乡)建成 3 个千亩(66.67 公顷)连片的良种桑新基地；淳安县唐村镇新种桑苗面积 133.3 公顷，与原有的桑园连接，形成了 333.3 公顷的桑园"十里长廊"。

【注册 4 个蚕茧商标】 至 2004 年底，杭州市共注册"千岛湖"、"新安江"、"天目山"、"白玉兰" 等 4 个蚕茧商标，其中淳安县的千岛湖牌蚕茧质量连续八年名列全省前茅，其茧价比市场一般茧价高 15%。

【杭州十大名茶接轨上海】 4 月，杭州十大名茶生产企业参加由杭州市政府协办的"2004 年上海中国新品名茶博览会"，推介十大精品名茶，使杭州茶业经济进一步接轨大上海。萧山区的云石三清茶，淳安县的秀水白茶、千岛绿园银针，西湖区的"梅"字牌西湖龙井茶等 4 个产品获得"2004 年上海中国新品名茶博览会"金奖。

【一批品牌梨获奖】 7 月，省农业厅在杭州举办全国早熟梨擂台赛，萧山区的翠沁牌"圆黄"、"翠冠"，桐庐县的桐江牌"西子绿"，富阳市的翠沁牌"翠冠"夺得优质梨奖；余杭区的娘娘山牌"翠冠"等 6 个品牌获浙江省优质早熟梨金奖；杭州市还有其他 15 个品牌获浙江省优质奖。

【农产品安全质量水平稳步提高】 2004 年，全面实施"杭州市安全食用农产品行动计划"，突出农产品生产管理，坚持一手抓建设，一手抓监管，确保全市生产的食用农产品的安全。全年对基地生产的 6 大类食用农产品抽检 1131 批次，平均合格率 97.87%，比上年提高 1.75 个百分点。2004 年是农业部在全国 37 个大中城市定点抽检食用农产品的第三年，对杭州市抽检 5 次，共抽检基地蔬菜 124 批次，平均合格率 98.39%，名列第 3 位。

【新建一批都市农业示范园区】 在上年建设 56 个都市农业示范园区 7666 公顷的基础上，2004 年全市又新建都市农业示范园区 57 个，其中茶叶示范园区 5 个、花卉苗木示范园区 6 个、竹业示范园区 6 个、蔬菜示范园区 7 个、水果示范园区 7 个、蚕桑示范园区 4 个、中药材示范园区 2 个、干果示范园区 1 个、水产示范园区 6 个、节粮型畜禽示范园区 4 个、蜂业示范园区 1 个，粮油示范园区 2 个，生猪示范园区 2 个，多种经营示范园区 4 个，新建园区总面积 5573 公顷。

【西湖龙井茶基地范围正式划定】 4 月，根据《杭州市西湖龙井茶基地保护条例》，经过实地踏勘和测绘，市政府发布了《西湖龙井茶基地和后备基地范围划区定界通告》，正式确定了911.9公顷的西湖龙井茶基地和204.1公顷的西湖龙井茶后备基地。

【西湖龙井茶香港推介圆满成功】 8月12日~16日，在浙江省农业厅组织下，杭州市西湖区龙井茶产业协会带领杭州西湖龙井茶叶有限公司、杭州狮峰茶叶有限公司、杭州西湖区龙坞茶叶有限公司、杭州西湖区龙坞精制茶厂等4个企业参加了由香港贸易发展局和香港《文汇报》联合举办的"国际博览—国际美食汇萃展"。在此期间，杭州西湖龙井茶推介成功，销售额14.20万元，居浙江赴港十大名茶的销售之冠。

【建成无公害农产品基地68个】 2004年，全市共建成通过省级认定的无公害农产品基地68个。产业分布为：蔬菜14个1608公顷、食用菌1个1.2万平方米、水产12个857.80公顷、水果14个2483公顷、茶叶9个3239公顷、粮油4个1911公顷、中药材2个213.30公顷、畜禽11个239.94万头（羽、只）、蜂业1个1500箱。

【新增绿色品牌产品108种】 2004年全市新增的绿色品牌产品108种。其中，44个企业的50种产品通过无公害农产品认证；9个企业的36种产品取得绿色标志使用权；21个企业的22种产品通过有机食品认证。

【建设都市农业专业村253个】 根据上年制订的《杭州市都市农业专业村建设实施办法（试行）》和《杭州市都市农业市级示范村验收标准（试行）》，都市农业专业村建设在试点的基础上迅速发展。2004年，全市新建都市农业专业村253个，其中市级示范村50个。

【农业科技进展良好】 杭州市继续实施种子种苗工程，大力推广农业新技术。全年引进粮、油、蔬菜、果、桑、茶良种328个，繁育农桑系列桑苗435万株、无性系茶树苗7050万株、杂交改良波尔山羊3.2万余胎、种猪9000余头、鳖苗种228万只。全市推广茶树无性系1500公顷，单季稻无公害生产3.55万公顷，优质梨套袋2.1亿只，大棚养蚕839只，蔬菜微滴灌49套166.67公顷，稻鸭共育1900公顷，河蟹健康养殖2000公顷，罗氏沼虾健康养殖200公顷。全年完成农业丰收奖项目42项，其中《双低高含油量油菜新品种浙双758示范推广》等5个项目获市农业丰收一等奖，8个项目获二等奖，24个项目获三等奖，另有5个项目被推荐申报省农业丰收奖。（徐德玉）

·林业·

【林业概况】 2004年，杭州市林业以市委、市政府《关于贯彻〈中共中央、国务院关于加快林业发展的决定〉的实施意见》为指导，以生态建设为主线，以林业十大工程为抓手，以机制创新为重点，积极推进生态市建设，打造绿色杭州。生态公益林工程，区划认定国家级重点16.3万公顷，省级重点19.5万公顷，在淳安、临安等5个山区县（市）开展市级补助的生态公益林建设6.7万公顷，在余杭、萧山等4个区建立市级生态公益林示范区，初步形成由国家、省、市、县四级财政为主导的生态公益林建设投资体系。园林绿化村工程，新增市级园林绿化村34个，改善农村人居环境质量。绿色通道工程，营造绿化景观林带207千米，美化交通干线生态状况。退耕还林工程，发展生态经济型林业基地1467公顷，其中市政府"49100"帮扶工程贫困乡镇920公顷，促进山区农民增产增收。花卉苗木工程，新造基地3067公顷，其中异地连片发展1200公顷，推动全市均衡发展。林业特色基地工程，新建示范园区12个、专业示范村12个，引导农村提高设施化经营水平。森林旅游观光工程，发挥山水资源优势，加大开发力度，重视推介活动，实现产值12亿元。林业龙头企业建设工程，推进林产品加工企业建立现代管理机制，延长产业链，增加附加值，做大做强产业经济，新增市级龙头企业5个。森林灾害防治体系建设工程，营造生物防火林带100千米，增强森林的火灾自御能力。落实森林病虫害预防和监测除治措施，完成除治松材线虫病4516公顷，防治率93.8%。野生动植物保护体系建设工程，开展古树名木资源调查，查清古树名木214种、2.2万株，实行建档管理。开展湿地资源调查，西溪湿地有望成为我国第一个城市湿地公园。

（翁逸锋）

【一批森林食品基地通过认定】 按照《森林食品系列标准》和《浙江省森林食品基地认定办法》，在产地环境质量检测、现场评价、专家评审的基础上，经浙江省森林食品认定委员会认定、省林业厅审定，杭州临安天目山绿色食品有限公司郭氏牌山核桃等7种产品被认定为2004年度浙江省森林食品，并获准使用浙江森林食品标志，标志有效使用期

青山湖水上森林

限3年；建德凤凰乡香榧等11个林产品基地被认定为浙江省森林食品基地(有效期3年)。至2004年底，全市通过认证的浙江省森林食品共10种、森林食品基地19个，基地面积2.72万公顷。

【花卉苗木产业持续发展】 2004年，全市继续推行异地连片发展花卉苗木奖励政策，组织杭州市区(含萧山、余杭)的园林绿化企业、苗木经营大户到淳安、建德等5个山区县(市)发展花卉苗木，全市新增花卉苗木面积3067公顷，其中异地发展花卉苗木面积1218公顷，兑现奖励资金214.44万元；依法核发林木种苗生产经营许可证，发证率95%，林木良种工程造林使用率85%，种苗质量抽检合格率100%。至年底，全市花卉苗木总面积达到2.03万公顷，年产值22亿元，建成花卉苗木都市示范园区10个、花卉苗木专业村7个、全国特色种苗基地14个、浙江省级骨干苗圃基地3个、浙江省采种基地4个。 (郭新保)

【启动市补生态公益林建设工程】 2004年，杭州市启动市级财政补助的生态公益林建设工程，市林水局、市财政局联合制定出台《杭州市生态公益林补助办法(试行)》，安排200万元财政专项资金，用于建设地处钱塘江水系和太湖水系源头淳安、建德、临安、富阳、桐庐5个山区县(市)的生态公益林6.7万公顷。实施范围为已经过县级林业部门区划界定，省、市级林业部门组织认定，纳入杭州市生态公益林建设总体规划，未列入国家级、省级补助范围重点区域的生态公益林。补助标准为每亩(1/15公顷)2元。实施面积中，按事权等级分，国家级5.4万公顷，省级1.3万公顷；按经营类型分，封山护林4.7万公顷，封山育林0.7万公顷，生态经济利用1.1万公顷，其他0.2万公顷。经核查，质量合格率达100%。

【百村园林绿化继续推进】 杭州市积极实施“森林进城、园林下乡”城乡绿化一体化方针，2004年新建西湖区南村等34个市级园林绿化村，累计达到57个，其中富阳市八一村等5个被省绿化委员会、省林业厅授予“浙江省绿化示范村”称号。园林绿化村建设极大地改善了农村人居环境质量和生态状况，促进了社会生态文明，同时也示范带动了周围村庄的环境整治，调动了农民共建绿色家园的积极性。 (应 娟)

【加强城区野生动物保护管理】 3月，市林水局与市财政局联合出台《杭州市陆生野生动物保护管理考核办法》，每年安排25万元资金对各城区野生动物行政主管部门进行考核奖励，促进了城区野生动物的保护管理工作。4月，与省林业厅、西湖风景名胜区管理委员会在涌金广场联合举办“爱鸟周”暨“野生动物保护宣传月”大型宣传活动；同时在“天堂山水网站”举办“爱鸟周”暨“野生动物保护宣传月”知识竞赛，收到4000余份答卷，增强了市民保护野生动物的意识和法制意识。

【西溪湿地申报国家湿地公园】 9月，市林水局向市委、市政府提出申报杭州西溪国家湿地公园建议，省委常委、市委书记、市人大常委会主任王国平立即批示，标志着申报杭州西溪国家湿地公园正式启动。10月12日，副市长孙景淼带领市林水局和西湖区政府有关人员赴北京向国家林业局汇报。根据国家林业局要求，市林水局于10月23日组织湿地有关专家召开杭州西溪国家湿地公园评审会，对《杭州西溪国家湿地公园总体规划》进行修改和完善。12月21日~23日，国家林业局专家组到杭州实地考察西溪湿地，对《杭州西溪国家湿地公园总体规划》提出了进一步修改和完善的意见。

【超额完成山林纠纷调处任务】 2004年，省山林纠纷调处领导小组办公室下达杭州市山林纠纷调处任务20起。在省山林办和市政府的高度重视下，通过各级党委、政府和各地林业部门的共同努力，全年调处山林纠纷44起，超额完成了调处任务。其中，市际山林纠纷8起，解决争议面积510公顷，维护了社会稳定。此外，市林水局还完成了征购古荡镇庆丰村集体山林5.35公顷和原浙江田园集团公司管理的半山国有山林移交工作。

【开展林业综合执法改革试点】 为贯彻落实《中共中央、国务院关于加快林业发展的决定》和《中共杭州市委、杭州市人民政府关于贯彻〈中共中央、国务院关于加快林业发展的决定〉的实施意见》，进一步加强森林资源源头管理，理顺管理体制，推进综合执法，市林水局于8月确定萧山区、富阳市为林业综合执法改革试点县。通过试点，探索符合杭州市实际、适合市场经济发展规律的林业综合执法路子，为指导全市林业综合执法提供经验。

【评查林业行政处罚案卷质量】 10月20日~29日，市林水局为提高林业执法部门的办案质量，切实提升林业执法队伍和执法人员的业务素质，开展了林业行政处罚案卷质量评查活动。通过区、县(市)自查和市局组织各区、县(市)交叉检查相结合的方式，对2004年各地所办理的林业行政处罚案卷进行了抽查，共抽查林政、木检、公安各类案卷100宗。总结交流了各地执法办案中的经验和做法，发现了林业行政处罚案卷中存在的问题与不足，落实了具体的整改措施，推进了全市林业行政执法工作的规范化建设。评查结果，临安市林业局为第1名。

(汤惠明)

【维护林区治安稳定】 2004年，全市各级森林公安机关开展严厉打击破坏森林资源违法犯罪活动(代号绿盾行动)，取得显著成效。全年查处各类森林案件756起，其中刑事案件110起，林业行政案件646起，处罚违法犯罪人员921人次，其中判刑125人，挽回经济损失115.73万元。查处重特大案件22起。与上年相比，森林案件总数下降12.6%，除森林火灾、毁林案件外，其他各类森林案件都呈下降趋势，特别明显的是滥伐森林和非法经营利用野生动物案件，分别下降35.7%和90.9%。森林火灾案件多发成为显著特点，全年查处276起，比上年增加173起，其中刑事案件60起，追究刑事责任59人。通过打击破坏森林资源违法犯罪专项行动，震慑了犯罪，教育了群众，林区社会治安形势大局稳定，野生动物保护意识和合法规范经营意识得到增强。 (俞荣林)

【发生森林火灾95起】 2004年,全市发生森林火灾(受害面积0.3公顷以上)95起,比上年增加63.8%,其中火警9起,一般火灾82起,重大火灾4起;过火面积2581.31公顷,受害森林面积1770.78公顷,损失立木蓄积7.50万立方米,幼树24.1万株;出动扑火人工21404个工日,出动车船719辆(艘),直接用于扑火经费76.43万元。森林火灾受害率1.84‰,发生率9.9起/10万公顷,控制率18.6公顷/起,查处率95%。在森林火灾中死亡8人,重伤3人。

2003年夏季以来,四季连旱,森林火险等级居高不下,森林防火工作经受了历史上最为严峻的考验。杭州市采取一系列有力措施,控制野外火源,使森林火灾损失降到较低程度。

市林水局修订完善《杭州市森林火灾应急处置预案》,并安排100万元用于生物防火林带等基础设施建设,增强综合防火能力。发出《关于切实加强林区野外用火管理的通知》,严格野外火源管理,加大监督检查力度,从而使野外火源得到有效控制。出台《杭州市生物防火林带工程建设实施意见》,全年新建市级生物防火林带100千米。加大森林防火宣传力度,全市新增大型宣传牌287块,搪瓷宣传牌4700块,印发宣传卡、通知书84万份。加强扑火队伍的组织建设,开展森林火灾防扑知识业务培训,全市培训156批次,受训9440人次。

切实做好重要时期、重要地段、重点区域的森林防火工作,确保了这些区域的安全。天目山国家级自然保护区已49年、清凉峰国家级自然保护区已28年、千岛湖国家森林公园已18年、西湖风景名胜区已17年、半山地区已10年、西湖区已9年无森林火灾。 (童修耀)

·畜牧业·

【畜牧业概况】 2004年,在市政府《关于进一步发展畜牧业的意见》的推动下,杭州市畜牧生产稳步增长,畜牧块状经济格局初步形成。全年生猪饲养量471.96万头,与2003年持平;存栏164.87万头,下降0.6%;出栏307.09万头,增长0.4%。生猪生产效益为近7年来最好的一年。

表9 2004年杭州市畜牧业生产情况

		单位	年内出栏数	比上年(%)	年末存栏数	比上年(%)
生猪		万头	307.09	0.4	164.87	-0.6
牛	小 计	万头	0.86	7.5	3.99	-7.6
	其中:奶牛	头	–	–	16 696	-6.1
羊		万只	27.09	16.8	24.24	11.4
兔		万只	50.47	-9.3	27.24	-9.9
禽		万羽	4 919.22	-11.4	2 048.57	-15.9
蜂		万箱	–	–	18.18	1.8

表10 2004年杭州市主要畜产品产量

		单位	数量	比上年(%)
主要畜产品产量	肉 类	吨	298 757	-0.6
	蛋 类	吨	95 636	23.3
	奶 类	吨	64 673	14.8
	兔 毛	吨	17	-5.6
	蜂 蜜	吨	18 653	-15.8
全市人均占有量	肉 类	千克	45.84	-2.0
	蛋 类	千克	14.68	21.6
	奶 类	千克	9.92	13.3
	蜂 蜜	千克	2.86	-16.9

家禽存栏2048.57万羽,下降15.9%;出栏4919.22万羽,下降11.4%。蜂存栏18.18万箱,增长1.8%。奶牛存栏1.67万头,下降6.1%。羊出栏27.09万只,增长16.8%。兔出栏50.47万只,下降9.3%。蛋类、奶类产量分别增长23.3%和14.8%,肉类、蜂蜜产量分别下降0.6%和15.8%。全市畜牧业产值45.76亿元,增长9.6%,畜牧业产值占农林牧渔业总产值的22.0%。

【阻击禽流感取得胜利】 年初,高致病性禽流感在全国部分地区发生,全市动物防疫工作进入紧急状态,并一直贯穿全年。面对突如其来

生态养殖示范园区养殖的“千岛三元”猪

的疫情，市政府于2月2日召开紧急会议部署禽流感防治工作。要求做到“四个决不”，即：决不让一只病禽留在疫区，决不让一只病禽流出疫区，决不让一只病禽流入杭州市，决不让一只病禽上市。成立市防治禽流感工作小组，由市长任组长，分管农业、卫生的副市长任副组长，组建了扑疫预备队、物资保障队、技术专家组、现场督查组和信息材料组。各区、县(市)也成立了相应的组织指挥体系。6月，市政府下发《杭州市防治禽流感应急预案(试行)》。全市畜牧工作者采取各种技术手段和行政措施，严防死守，取得了防治高致病性禽流感阻击战的胜利，全市没有发生高致病性禽流感。

【种畜禽繁育步伐加快】 为加快种畜禽繁育，市农业局和市财政局于9月联合下发《杭州市新建种畜禽场考核奖励办法(试行)》，对新建的种畜禽场进行考核奖励，取得了较好的效果。全年新建种畜场3个、种禽场4个，新增存栏种猪1728头、种羊210头、种禽3.30万套，进一步增强了向社会提供优良种畜禽的能力。

【畜牧业污染综合治理进展顺利】 为全面改善环境质量，遏制畜禽养殖业污染，促进畜禽养殖业健康发展，根据市政府办公厅转发市环保局等部门《关于杭州市畜牧养殖业污染综合整治方案》的通知精神，2004年在畜牧禁养、限养区内削减生猪83251头、奶牛3684头，关闭养猪场3个、养牛场12个，发放禁养补助资金1845.18万元。同时，还在全市范围内对80多个养殖场实施了污染综合治理，使畜禽粪便得到综合利用，排污日趋规范。

【奶牛胚胎移植技术应用初见成效】 市农业局在上年奶牛胚胎移植获得成功后，2004年继续扩大试验，至年底，在6个规模奶牛场开展了3批奶牛胚胎移植，供体母牛54头，产出有效胚胎153颗，选择受体母牛136头，怀孕61头，产犊40头，移植成功率为44.85%。

【美英专家莅杭传授养猪新技术】 4月8日，为进一步提高杭州市的养猪技术水平，市农业局与浙江省养猪协会、杭州佳禾饲料有限公司、美国温洛克国际农业发展中心北京代表处在杭联合举办高级养猪技术培训班，来自全市各养猪场(户)、饲料企业、科研单位的80余人参加。培训班邀请美国普渡大学哈默教授、麦克雷蒙博士和英国诺丁汉大学威廉姆斯博士等3位专家，分别就仔猪营养、猪场生物安全、种猪育种等方面讲授了国外的先进技术和发展趋势。

【现代畜牧业发展规划通过论证】 为了使畜牧产业进一步适应杭州都市农业发展要求，保持持续稳定发展，市农业局在调查研究的基础上编制了《杭州市现代畜牧业发展规划》。2004年10月，经浙江大学教授刘建新，省农业科学研究院研究员胡锦平、鲍国连，省农业厅畜牧兽医局高级畜牧师范志强等专家论证通过。 (徐德玉)

·水产业·

【水产业概况】 2004年，杭州市水产业延续上年“稳定、优化、提高质量”的格局稳步发展。水产养殖面积6.13万公顷，比上年减少1.0%。水产品总产量13.95万吨，增长7.2%。渔业总产值26.41亿元，增长13.5%。水产品出口2209吨，创汇1450万美元。全市淡水养殖产量12.90万吨，捕捞产量1.05万吨，分别增长7.7%和1.7%。淡水鱼苗生产4.4亿尾，增长12.8%。投放鱼种2.1万吨，增长15.9%。池塘改造面积3024公顷，增加50%。

水产品价格全年总体上扬，行情看好，市场销售活跃，促进了渔业经济效益的提高，调动了渔民生产积极性。工商企业纷纷投入资金，开发高规格的水产养殖，建设水产品出口加工厂。据初步统计，全年投入资金约3.5亿元，用于渔业生产和渔业固定资产投资。至年底，全市有一定规模的水产加工企业10余个，年加工水产品3万余吨，提高了水产品的附加值。原有的水产品加工企业如杭州千岛湖水产冷冻食品有限公司、淳安千岛湖野姣姣特色食品有限公司、北极品水产(浙江)有限公司、杭州萧山天海水产养殖有限公司稳步发展；新建的水产加工企业不断涌现，如年内新建的萧山跃腾水产有限公司年产量1500吨，产值3500万元。

【名特优水产养殖稳中有升】 全年名特优水产养殖面积2.2万公顷，比上年增长7.0%。积极提升产品档次，引进虾、河蟹、汪刺鱼、江黄颡鱼、珍珠等高档水产品种，养殖品种达40多个，形成了鳖、河蟹、乌鳢、虾类、珍珠、鲈鱼等为主导品种的养殖基地。18种主要的名特优水产品的放养量达到36.5亿尾(只)，增长20%。其中，鳖养殖面积1867公顷，增长12%，放养鳖种6976万只，增长31%；南美白对虾养殖面积2400公顷，增长93%，放养虾苗17.8亿

优良水产品种三角鲂

尾，增长187%。其他如乌鳢、河蟹、青虾等养殖面积和放养量都稳中有升。

【休闲渔业健康发展】 近几年，杭州市休闲渔业快速发展，至2004年末，全市已建成集养殖、垂钓、游乐、观赏、餐饮和休闲度假为一体的专业休闲渔场近50个，并涌现出一批诸如杭州白马湖休闲渔业基地、杭州景芳休闲渔业基地、杭州绿景塘休闲渔业基地、富阳市岩石岭水库休闲渔业基地等省级休闲渔业示范基地。2004年休闲渔业直接产值达到1.5亿元，创利润5000多万元。

【水产品质量全面提高】 2004年，杭州市加快无公害水产养殖基地建设，积极推广健康养殖，水产品质量保持较高水平。据省水产品质量检测中心抽检，水产品合格率达100%。重点示范推广罗氏沼虾、南美白对虾、日本沼虾、中华绒螯蟹和翘嘴红鲌等5个优势品种的5种健康养殖模式和健康养殖技术，共计推广健康养殖面积536.9公顷。其中，罗氏沼虾200.2公顷、南美白对虾147.2公顷、翘嘴红鲌57.5公顷，中华绒螯蟹71.3公顷，日本沼虾60.7公顷，实现产量2483吨，产值5084万元，创利润2136万元。为进一步提升无公害水产健康养殖水平，全年新建12个无公害水产养殖基地，面积857.8公顷，使全市的无公害水产养殖基地达到32个，面积5267公顷，取得了十分显著的经济和社会效益。

【市水产行业协会成立】 5月，杭州市水产行业协会成立，有会员133个，其中团体会员50个。协会专设了龟鳖养殖、水产加工与流通、虾蟹养殖、水产饲料、渔业政策法规及信息咨询等六个专业委员会。全市各类渔业专业合作组织发展迅速，至年底有各类渔业专业合作组织15个，拥有会(社)员1129人，生产(经营)规模1076公顷，其中网箱养殖12公顷。

【匙吻鲟等珍稀鱼种引进驯育成功】 2004年，由杭州市水产技术推广站等单位承担的《匙吻鲟孵化驯育与大水面增养殖技术研究》课题获得

表11 2004年杭州市水产养殖面积

	数量(公顷)	比上年(%)
(一)总计	61 295.5	-1.0
内　塘	7 616.9	-5.2
外　荡	6 285.7	-2.5
山　塘	2 120.8	-0.3
水　库	43 448.5	0
其　他	1 823.6	-0.1
(二)网箱养殖	1 724 442(平方米)	14.5

表12 2004年杭州市水产品产量

	产量(吨)	比上年(%)
(一)总计	139 540.3	7.2
其中:养　殖	128 984.8	7.7
捕　捞	10 555.5	1.7
(二)养殖水域		
内　塘	59 822.6	1.4
外　荡	11 689.7	-8.0
山　塘	4 545.8	4.1
水　库	6 817.0	21.0
稻　田	33 055.0	25.0
其　他	13 054.7	12.1
(三)主要养殖品种		
青　鱼	1 759.0	15.9
草　鱼	12 980.8	-1.3
鲢　鱼	19 507.1	-7.0
鳙　鱼	12 364.0	3.3
鲫　鱼	9 478.4	-2.6
鳊　鱼	5 382.8	-3.4
鲤　鱼	2 713.9	4.4
罗非鱼	607.0	38.3
鲶　鱼	777.3	40.1
鳖	19 684.6	4.5
蟹	2 951.5	-13.6
虾　类	19 099.2	35.9
加州鲈鱼	810.0	-5.2
乌　鳢	13 536.0	31.8
鳗、鳜鱼	331.5	25.8

成功。引进美国匙吻鲟受精卵2万粒，成功孵化出仔鱼苗1.58万尾，孵化率达79%；10厘米以上苗种的驯化育成率达到80.3%。当年即开展千岛湖大水面网箱养殖商品鱼和库湾放流人工增殖试点，网箱养殖产量达10.1千克/平方米。杭州市水产技术推广站同时还完成了《澳洲宝石鲈引种驯化和高产高效养殖试验》课题。

【推行渔业水域养殖证制度】 根据《中华人民共和国渔业法》、《中华人民共和国土地管理法》，农业部颁布的《水产养殖质量安全管理规定》和《浙江省渔业管理实施办法》等法律法规，为加强渔业水域管理，合理利用渔业水域资源，规范养殖行为，保护渔业水域生态环境，保障水产品质量安全及维护养殖生产者的合法权益，推进水产养殖业持续健康发

千岛湖网箱养鱼

展，促进渔业增效、渔农户增收，杭州市从2004年1月开始在全市范围内推行渔业水域养殖证制度。经调查统计，按规定应发证的水域面积有5.3万公顷，至年底已发证46本，水域面积866.7公顷。（廖　源）

·水利·

【水利概况】2004年，杭州市水利工作以十大工程建设为抓手，加快水利基础设施建设，不断提高抗灾能力，着力改善水生态环境，水利建设各项指标全面完成。百库达标工程有28座水库达到了标准化水库的要求，通过考核；千里清水河道建设工程全年完成153千米，市区河道配水28.4亿立方米、保洁河道1939千米；小流域综合治理工程取得阶段性成果，有10条通过验收；重点水利工程取得新进展，分水江水利枢纽主体工程完成总工程量的85%；华光潭水电站工程的二级大坝及电站建成投产，一级大坝按期结顶；青山水库除险加固主体工程基本完成；东苕溪干流工程的通济桥退堤扩孔全面完成。

切实抓好防汛工作，实现了安全度汛目标。水利管理工作日趋规范，水库和堤坝白蚁防治工作初见成效。农田水利建设成效显著，至年末，全市累计投工3311万工，完成土石方3651万立方米，新增改善灌溉面积3.21万公顷，治理水土流失面积2.06万公顷，小水电装机26.75万千瓦，年发电量3.76亿千瓦小时，全市投入水利建设资金20.34亿元。（金锡康）

【小流域治理初见成效】自2002年将30条小流域综合治理列入杭州市十大水利工程后，各级政府高度重视，各相关部门通力协作，至2004年底已取得阶段性成果。6区（县）的10条小流域按规划设计的内容完成了山、水、田、林、路的综合治理，明显改善了当地生产、生活的条件和环境，通过了第一阶段验收。主要完成工程有新建、加固水库塘坝47座，修建堰坝114座，修建渠道167.7千米，修建防洪堤109千米等，共完成投资约1.86亿元。（施新友）

【第1批水库达标工程通过考核】百库达标工程是杭州市十大水利工程建设项目之一，事关全市防汛安全和经济社会发展大局，工作任务重，质量要求高。为实现水库“安全、高效、美丽”的总体目标，根据市政府办公厅《转发市林水局关于杭州市水库达标建设和小流域治理工作的意见》精神，市林水局于11月组织开展了第1批28座水库达标建设考核工作，并邀请省水利厅专家到场指导。

考核小组在检查水库现场，听取汇报，查看资料的基础上进行了充分的讨论分析，然后按照《杭州市水库标准化建设考核指标（试行）》的要求，从工程安全、设施完备、管理高效、环境优美等4个方面逐项打分，总分为110分。通过考评，28座水库得分均在总分的85%以上，水库大坝安全类别均为一类坝，已达到标准化水库的要求。

【全面开展堤坝白蚁防治工作】全市583座小（二）型以上水库中，有土坝517座，占水库总数的88.7%；在已建成的629千米达标堤塘中，有粘土质堤防503千米，占80%。为确保水库大坝和重要堤防安全，年初，市林水局下发了《关于开展水库土坝和堤防白蚁防治工作的通知》，并于3月8日在余杭区西险大塘召开了全市白蚁防治现场会。各区、县（市）非常重视这项工作，全面部署，明确职责，落实经费，认真开展了白蚁防治工作。至年底，全市共投入资金427.4万元，在山塘水库及重要堤防中共查挖处理白蚁主巢5899个，副巢20157个，消除了工程隐患，取得了明显成效。（叶　青）

【市区河道建设成绩显著】2004年，市区河道建设和长效管理工作取得显著成绩。河道配水量稳步增长。全年配水28.4亿立方米，比上年增长7.2%，市区水环境质量不断提高。社会各界对配水的成效广泛认同，配水工作的社会影响力进一步加强。河道保洁细化深入。市区共落实保洁河道479条、长1939千米，使列入考核范围的河道保洁率达96.6%，全年打捞垃圾、飘浮物、水草等约12万吨。在保洁模式上，继续推进市场化保洁，逐步实施招投标制，进一步提高了保洁效率和质量。实施清水河道建设。全年完成市区清水河道建设92.1千米，完成土石方204万立方米，绿化25万平方米。开展河道灭蚊工作。对60条、146.5千米河道组织专业消杀公司进行药物投放，取得良好效果，为全市创建灭蚊先进城区作出了贡献。（汪　键）

【汛情旱情】2004年汛期，全市平均降雨808毫米，比上年同期多184毫米，比多年平均值少22%。其中，新安江库区汛期平均降雨890毫米，分水江流域830毫米，东苕溪流域772毫米，市区659毫米。闸口汛期最高水位是5月17日6时的6.61米，没有超过警戒水位。东苕溪干流全年没有超过警戒水位。

全市6月15日入梅，7月11日出梅，梅汛期降雨偏少，平均雨量162.2毫米，比多年平均值少40%。其中新安江库区平均雨量175.2毫米，分水江流域平均雨量181.5毫米，东苕溪流域平均雨量173.8毫米，整个钱塘江流域平均雨量156.7毫米，杭嘉湖平原河网平均雨量153.7毫米。梅汛期出现过两次较大的降雨过程和一次台风影响，6月16日~20日平均降雨94毫米，6月24日~28日平均降雨64毫米，7月2日~3日受第7号热带风暴影响，平均降雨30毫米。8月12日~14日，受第14号台风（云娜）外围影响，局部地区出现较大的风雨。全市平均雨量70毫米，其中最大降雨点为淳安县白马乡256毫米。全市有19个测量站出现8级以上大风，其中建德市大慈岩、三合自动气象测量站出现10级以上大风。

据水利部门统计，全市因灾情死亡3人，倒塌房屋2100间，受灾面涉及8个区、县（市）的95个乡镇，受灾人口11.52万人；农作物受灾面积7976公顷，成灾面积2882公顷，绝收面积325公顷；部分水利设施损毁，其中损坏堤防576千米，决口220处，损坏护岸184处，冲毁塘坝125座，损坏灌溉设施244处；造成直接经济损失1.89亿元。全市主要受旱时段7月10日~8月20日，因旱少种面积93公顷，作物受旱面积2.3万公顷，作物受灾面积371.1万公顷，其中成灾9850公顷，绝收1080公顷。（李朝秀）

【规范水政监督和执法制度】 根据《中华人民共和国行政许可法》的要求，市林水局在原有水政监察巡查制度的基础上，2004年通过制定年度及每月的书面巡查计划、实行巡查责任人制度、坚持巡查记录互查互评制度、完善水政监察台账制度、出台规范水政执法行为的文件等措施，使水政监察巡查工作制度得到了进一步规范。全年各级水政监察队伍共出动巡查7326次，其中市本级615次。查处水事违法案件673件，其中现场处理602件；立案查处71件，年内办理结案70件，结案率98.6%，没有发生行政诉讼败诉情况。全市发生水事纠纷108件，由各级水行政机关调处102件，协商调处3件，当地政府调处3件，调处率100%。

滨江区建设河新貌

【编发水资源质量通报】 根据《中华人民共和国水法》和《浙江省水资源管理条例》规定，为加强水资源保护和监督管理，及时反映全市主要江河、湖泊、水库的水资源状况，从2004年开始，市林水局组织编制和发布《杭州市水资源质量通报》。每两个月出版一期，增加编发一期全年度的水资源质量通报。通过及时发布水量、水质相结合的即时信息，更好地为全社会服务。（郑雪元）

·农业机械·

【农业机械概况】 2004年，杭州市拥有农业机械总动力285.11万千瓦（不含渔业机械），比上年增长2.4%。其中柴油机动力154.65万千瓦，汽油机动力33.61万千瓦，电动机动力96.85万千瓦。全市拥有各类拖拉机6.79万台，与其配套的各类农机具4.53万台（套）；收获机械20.07万台，其中联合收割机968台；谷类烘干机41台；水稻栽植机械165台；排灌机械10.54万台；农副产品加工机械3.73万台；各类温室设施面积1965公顷。农机原值26.74亿元。全市机耕作业面积19.30万公顷，其中春耕4.41万公顷、夏耕10.03万公顷、冬耕4.86万公顷；收割机跨区作业1.93万公顷；机械秸秆还田4.37万公顷；机械栽植6900公顷。

【引进推广新式农机具和新技术】 围绕都市农业发展要求和农业产业结构的进一步调整，杭州市积极引进推广新式农机具和新技术，取得显著成效。2004年，全市新建冷藏保鲜库32座，年累计冷藏农产品6500吨，由市农机管理站负责实施的冷藏保鲜技术项目被评为杭州市农业丰收二等奖。微喷灌工程技术在多种经济作物生产上得到广泛应用，全市新实施微喷灌工程技术面积86.67公顷。名优茶制作机械推广取得新成绩，全年从嵊州、新昌等地引进龙井茶炒制机械1500余台，生产龙井茶100余吨。牧草加工机械首次在临安、余杭、富阳等地示范推广，效果良好，促进了饲养草食牲畜的发展。生态、环保机械初露头角，随着对农业生态环境的重视，河道清淤机械、水草清除机械、粪便治污处理机械等，正在得到逐步的推广和应用。

【贯彻实施农机促进法】 《中华人民共和国农业机械促进法》于11月1日起正式实施，它明确了农业机械在科研开发、质量保障、推广使用、社会化服务、扶持措施、安全责任等方面的发展方向和发展目标。根据农业部和省农业厅有关文件精神，各级农机部门掀起了宣传、贯彻、实施《中华人民共和国农业机械促进法》的热潮，努力营造全社会关心支持农机化事业的良好氛围。全市在

制茶机械

集中宣传贯彻过程中，办学习班15期，参加培训1650人，发放宣传资料1万余份，悬挂横幅80条，开展电视讲座、新闻报道45次。

【拓宽农机培训渠道】 为贯彻实施农业部统一部署的“农村富余劳动力转移工程”，杭州市农机部门在搞好农机常规培训的基础上，2004年努力拓宽农机培训新业务，开展多层次、多渠道的农机从业人员职业技能和适用技术培训，举办了车工班、钳工班、发电机组安全作业班、挖掘机操作班等，培训农机从业人员8000余名。

【创建农机安全村33个】 “农机安全村”是指以行政村为单位，通过建立健全村一级的农机安全管理制度，落实村内农机安全责任，加强农机安全法规和安全常识宣传教育，提高农民群众的农机安全生产意识，在农村形成一个人人懂农机安全、个个讲农机安全的良好氛围。2004年，杭州市农机部门认真贯彻落实农业部《关于组织开展“农机安全村”活动的通知》精神，创建“农机安全村”33个，为农机安全生产打下了一定的基础。

【加强农机牌证管理】 杭州市严格执行农业机械牌证管理的有关规定、规章，按照浙江省农业厅的要求，依法加强对拖拉机、联合收割机、农用运输车的牌证管理工作。2004年，大中型拖拉机上牌1381辆，新培训各类机手2880人。农机安全生产进一步加强，全年没有发生农用拖拉机引发的重大交通事故。 （徐德玉）

·农场企业·

【农场企业概况】 2004年，杭州市农场系统企业实现生产总值17.8亿元，比上年增长22.9%；工农业总产值111.0亿元，增长40.7%；营业收入103.5亿元，增长51.8%；上缴国家税金5.6亿元，增长38.9%；实现税前利润3.8亿元，增长46.3%；年末拥有总资产126.8亿元，所有者权益37.7亿元，资产负债率为69.0%。年末农场从业职工3.2万人，国有农场离退休人员1334人，在岗职工人均年收入13724元。全年固定资产投资9.9亿元，其中国有农场基本建设投资511万元，均用于更新改造。外贸出口供货值17.1亿元，增长158.7%。

【茶叶试验场与种猪试验场分立】 杭州市种猪试验场在前几年先后兼并蛋鸡试验场和茶叶试验场后，由于事业、企业并存，给农场改制带来了难度。2004年2月1日，市农业局向市政府提交了《关于杭州市种猪试验场分立改制思路的请示》。3月15日，市政府批复：“鉴于杭州市种猪试验场因历史原因而造成事业、企业两种性质格局及现种猪、茶叶两种产业不同分布的特殊情况，原则同意你局提出的市种猪试验场实行分立改制、对条件成熟的事业片种猪试验场先行改制的总体思路”。据此，市农业局在市种猪试验场召开了分立改制大会，形成了《关于杭州市种猪试验场分立改制有关问题的协调会议记要》。5月，杭州茶叶试验场独立运作，分立交接过程平稳。

【余杭区农业局系统农场全面完成改制】 至2004年6月30日，余杭区农业局系统所属国有企、事业农场的4093名职工已全面完成剥离和身份置换工作，并对农场所属的18个企业进行了拍卖和整体出让，盘活了闲置存量资产，明晰了产权。在此基础上，农场归口成立国有资产经营公司，国有农场的管理体制和经营体制得到彻底转换。

【公司+农户的蚕种生产模式实现双赢】 从2002年起，杭州蚕种场利用建德徐韩村、富阳峡岭村的优良蚕种饲养环境，结合该场丰富的蚕种繁育技术和经验，以当地蚕种协会为联结体，实施“公司+农户”的生产模式，即由农户饲养杭州蚕种场提供的原蚕种，生产的种茧再由杭州蚕种场按质论价统一收购，而且规定收购价格不低于当地普通茧价的1.5倍。对蚕茧质量好的农户，年终再进行二次分配。经过3年的运作，杭州蚕种场和农户取得了互利和双赢。3年中，蚕种场降低蚕种生产成本30%，农户饲养种茧比普通茧的收益高50%。 （徐德玉）

·气象·

【气象概况】 2004年，杭州市气温明显偏高，降水总量偏少，日照偏多，伏旱偏重，突发性灾害天气频发。影响最严重的气候事件是台风、伏旱和强对流天气，其次是高温、寒潮、大雾、大雪和冰冻等灾害性天气。从总体上看为一般气候年景。

气温 各地年平均气温16.6℃~17.9℃，比常年（1971年~2000年30年要素平均值。下同）偏高0.6℃~1.6℃，富阳、市区（杭州馒头山观测点。下同）、萧山偏高在1℃以上，其他地区偏高0.6℃~0.9℃。萧山年平均气温为全地区最高值，并破当地历史最高记录。全市极端最高气温出现在建德，为 40.8℃，出现日期 8 月 8 日。极端最低气温出现在临安，为-8.6℃，出现日期 1 月 25 日。

隆冬（1 月~2 月。下同），1 月各地平均气温偏高，在 3.7℃~5.4℃之间，比常年同期偏高 0.1℃~0.7℃。2 月偏高明显，各地平均气温均创历史新高，在 8.8℃~9.8℃之间，比常年同期偏高 3.3℃~4.1℃。春季（3 月~5 月。下同），各地季平均气温 15.9℃~16.8℃，比常年同期偏高 0.4℃~0.6℃。夏季（6 月~8 月。下同），各地季平均气温在 26.6℃~28.0℃之间，比常年同期偏高 0.2℃~1.2℃。秋季（9 月~11 月。下同），各地季平均气温在 17.4℃~19.0℃之间，与常年同期相比，除建德偏低 0.4℃外，其他地区偏高 0.1℃~1.3℃。初冬（12 月。下同），各地平均气温在 7.3℃~8.6℃之间，比常年同期偏高 0.7℃~2.2℃。

降水 全市平均年降水量 1140.1 毫米，比常年偏少 361.8 毫米，约偏少 3 成。各地年降水量在 973.8 毫米~1273.9 毫米之间，比常年偏少 213.8 毫米~503.8 毫米，偏少 1.5 成~3.5 成。其中临安年降水量为历史最少年，淳安为历史第二低值。全市平均雨日数 132.6 天，比常年偏少 27.1 天。各地年雨日数在 123 天~144 天之间。与常年相比，各地年降水日数偏少 16.9 天~34.0 天。

隆冬，1 月各地降水量在 55.8 毫米~94.0 毫米之间，与常年同期相比，南部偏少，北部偏多。桐庐、建德、淳安比常年偏少 10.7 毫米~16.1 毫米，偏少 1.4 成~2.2 成。富阳基本持平，其他各地偏多 1.4 成~4 成。2 月各地降水量 81.4 毫米~106.3 毫米，与常年同期相比，淳安偏少 15.7 毫米，偏少 1.5 成；富阳偏多 14.3 毫米，偏多 1.7 成；其他各地与常年基本持平。春季，全市各地降水量在 268.2 毫米~410.7 毫米之间，与常年同期相比，萧山偏少 5.0 毫米，富阳偏少 23.1 毫米，其他各地偏少 45.6 毫米~186.1 毫米，比常年偏少 1.1 成~3.7 成。夏季，各地降水量在 251.7 毫米~373.7 毫米之间，比常年同期偏少 188.9 毫米~294.7 毫米，偏少 3.4 成~5.4 成。秋季，各地降水量在 152.5 毫米~290.3 毫米之间，与常年同期相比，除建德偏多 41.4 毫米，桐庐偏少 3.5 毫米外，其他各地均偏少 33.5 毫米~140.0 毫米。初冬各地月降水量在 65.5 毫米~103.4 毫米之间，与常年同期相比，偏多 19.9 毫米~57.5 毫米，其中临安、建德、淳安偏多 4.3 成~7.5 成，其他各地偏多 1 倍~1.3 倍。

日照 全市平均年日照时数 1978.1 小时，比常年偏多 180.8 小时。各地年日照时数在 1859.2 小时~2053.5 小时之间，比常年偏多 102.8 小时~270.7 小时。

隆冬，1 月各地日照时数 88.9 小时~111.0 小时。比常年少 2.5 小时~19.3 小时，其中萧山、富阳、淳安比常年略偏少，其他各地偏少 1.1 成~1.7 成。2 月各地日照时数 147.8 小时~174.8 小时，比常年偏多 4.7 成~6.5 成。春季，各地日照时数 473.8 小时~532.8 小时，比常年偏多 59.4 小时~121.6 小时，较常年多 1.4 成~3 成。夏季，各地日照时数 606.8 小时~682.3 小时，与常年同期相比，除桐庐偏少 25.1 小时，其他各地偏多 18.2 小时~55.9 小时，偏多不到 1 成。秋季，各地日照时数 449.7 小时~548.4 小时，除桐庐、市区与常年基本持平外，其他各地比常年偏多 42.6 小时~61.0 小时，偏多 1 成左右。初冬，各地日照时数 89.2 小时~112.7 小时，比常年偏少 33.2 小时~52.5 小时，较常年少 2.4 成~3.4 成。

【主要气候事件】

寒潮 2004 年受强冷空气影响，全市出现过 4 次寒潮。2 月 21 日 20 时~2 月 23 日 20 时，市区、富阳、桐庐、临安 48 小时降温 10.3℃~11.1℃之间，最低气温 1.8℃~4.4℃。2 月 28 日 20 时~3 月 1 日 20 时，除市区外各地 48 小时降温 10.0℃~11.4℃，最低气温 2.5℃~4.3℃。3 月 16 日 20 时~3 月 18 日 20 时，市区、临安 48 小时降温 10.8℃~12.0℃，最低气温 3.6℃~4.9℃。11 月 25 日~26 日，除市区外各地 24 小时降温 8.1℃~10.9℃，最低气温 2.3℃~5.0℃。

高温 全市高温（日最高气温≥35℃）天数多于常年。全年高温天数，最少为淳安 28 天，最多为建德 46 天，其他各地均在 40 天左右。除淳安略多于常年，其他各地比常年偏多 9.9 天~21.1 天。

热带风暴 全年影响浙江省的热带风暴有 7 个，其中对杭州市有影响的有 2 个，分别是 0407 号“蒲公英”和 0414 号“云娜”。7 月 3 日下午，受冷空气和强热带风暴“蒲公英”影响，市区风力 5 级~6 级，阵风 7 级，人工观测到极大风速达 16.7 米/秒。据杭州市城市应急救援指挥中心和市电力局统计，至少有 50 棵以上的大树被风刮倒，杭城供电线路出现 139 起故障。8 月 12 日 8 时至 13 日 20 时受“云娜”台风影响，各地出现不同程度的大风和暴雨天气，有 19 个自动气象站达到大风标准，22 个自动气象站达到暴雨标准。全市受灾人口 8.35 万人，其中死亡 2 人。农作物受灾面积 4703 公顷，成灾面积 2082 公顷，绝收面积 116.8 公顷，房屋倒塌 2084 间，死亡大牲畜 10 万头，农业经济损失 9913 万元。停产工矿企业 137 个，公路中断 1 条，公路路基毁坏 2.19 千米。损坏输电线路 26.32 千米，损坏通讯线路 16.95 千米。水利设施损坏堤防 20 处、长度 0.62 千米，损坏护岸 19 处，损坏水闸 1 座，冲毁塘坝 5 座，损坏灌溉实施 16 处，损坏机电泵站 8 座。

干旱 1 月至 7 月各地总降水量在 658 毫米~788.6 毫米之间，比常年偏少 17%~35%。在上年降水量异常偏少的背景下，2004 年全市伏旱严重，农作物受旱，山塘水库蓄水不足，使以水电为主的电力供应紧张，对工农业生产和居民生活带来较大影响。

暴雨和强对流天气 2004 年杭州市出现暴雨（日雨量≥50 毫米）过程 9 次，大风过程 10 次。暴雨、大风给农业、电力、机场、交通运输等行业造成损失。其中 6 月 24 日临安昌北地区的特大暴雨影响较大，造成 1 人死亡。

大雾 全年出现大雾多次，1 月 1 日大雾迷漫，能见度最低时仅 50 米左右，11 月 8 日受大雾影响，早上 8 点 10 分机场停机坪上的能见度只有 30 米左右；12 月 14 日，整个杭城又淹没在雾海中。大雾造成航班延误、绕城高速公路关闭、钱塘江封航等。

大雪 年末，杭州市出现了持续的雨雪天气。其中，12 月 27 日 20 时~12 月 28 日 20 时，各地普降大到暴雪，除淳安无积雪外，市区积雪 5 厘米、建德 5 厘米、萧山 7 厘米、富阳 7 厘米、临安 9 厘米、桐庐 4 厘米，桐庐山区局部7厘米~10厘米。12月28日的大雪造成机场13个出港航班延误、13个航班取消，水上巴士停运，钱塘江全线封航，杭金衢高速、上三线甬台温高速和杭徽高速公路部分路段封闭。大雪造成交通事故140多起，临安受害森林面积1.44万公顷，大片竹林倒伏。12月30日8时~20时，北部普降大到暴雪，南部小到中雪。除淳安县无积雪外，市区积雪7厘米、临安8厘米、萧山5厘米、富阳6厘米、建德2厘米、桐庐2厘米。

【气候影响评价】

对春粮作物影响 气候条件为较好年景。播种出苗期多晴好天气，雨量偏少，日照充足。移栽、分蘖越冬期，前期多晴好天气，中后期降水增多，且以过程性为主，既解决了小麦对水分的需求，同时对油菜的移栽和栽后成活也较有利。1月下旬的低温冰冻天气，有利小麦通过春化阶段及冻死越冬病菌，油菜也得到了低温锻炼。2月上中旬气温明显偏高，生长旺盛，生育进程加快。拔节孕穗、开花期，前期受寒潮侵袭，气温偏低，且起伏大，3.0℃以上的有效积温较常年偏少，使小麦幼穗分化速度减慢，有利形成大穗。但提早开花的油菜容易受冻。后期雨日增多，日照偏少，不利油菜的扬花授粉。灌浆成熟收获期，前期以晴雨相间的过程性天气为主，日照充足，雨量偏少，气温日较差大，既能满足灌浆时对水份的要求，又能满足光合作用的光照条件，十分有利灌浆。后期多晴好天气，有利收晒入库。

对单季稻影响 气候条件为一般年景。播种育秧期，前期阴雨天气较多，中后期以过程性降水为主，多晴好天气，日照充足，气温偏高，有利播种育秧和培育壮秧。移栽分蘖期，前期以阶段性降水为主，梅雨量、雨日偏少，出梅后以晴好天气为主，气温偏高，日照充足，有利活棵返青，分蘖快且有效分蘖多。孕穗抽穗期出现持续高温，部分地区出现了较明显的旱情。山区部分水稻枯死绝收，影响总产量。受“云娜”台风影响，旱情得到缓解。之后以过程性的雷阵雨天气为主，总体上有利于孕穗、抽穗。灌浆成熟收获期，9月上半月以阴雨天气为主，秋季低温出现较常年明显偏早，不利单季稻的后期扬花和初期灌浆，空秕率增高。9月下半月至10月以晴好天气为主，气温正常，日较差大，降水偏少，光照充足，有利光合作用及有机物质的积累，提高千粒重。连续晴好的天气，对收晒入库非常有利，确保了水稻的品质和颗粒归仓。

对春茶影响 气候条件是弊大于利。2003年以来的降水量持续偏少，对茶树的生长不利。冬季多冷空气活动，1月下旬的冰冻天气，使山区部分地区的茶树受冻。进入2月气温回升明显，日平均气温10℃以上偏多，茶树萌芽提早。但3月后多强冷空气影响，气温明显下降且起伏大。各地受寒潮侵袭，部分地区的茶芽受冻。之后气温回升快，茶芽迅猛萌发。随之受强冷空气影响，出现持续的低温阴雨天气，使刚刚萌芽的茶树生长受阻，影响品质和产量的提高。4月至5月气温正常偏高，对春茶的生产和采制较为有利。

市气象局技术人员在安装为西博会服务的自动气象站

对水资源影响 全市平均年降水量比常年偏少较多，特别是夏秋季降水明显偏少，加之持续的高温晴朗天气，使各地水供应紧张，造成干旱，并使水电发电量不足。

对森林火险影响 上年夏季以来，杭州市降水偏少，持续高温干旱，气候干燥，森林火险等级居高不下，2004年森林火灾增多。参见“林业”分目【发生森林火灾95起】。

对地质灾害影响 由于强对流天气影响，临安市岛石镇新川村6月25日7时~12时普降大到暴雨，5小时降雨量达144毫米。10时20分，发生小型崩塌灾害，造成1人死亡，直接经济损失20万元。

【气象现代化建设步伐加快】 2004年，市气象局对EOS/MODIS资源卫星接收资料应用进行开发研究，建立并完成了森林火灾实时动态监测业务服务系统，逐步开展对水体、干旱、植被、大气环境、台风等的监测。杭州城市天气雷达在台汛期气象预报服务及西湖博览会、城市小尺度天气预报服务中发挥了重要作用，已成为预报人员的得力助手。全市中尺度自动气象站网平均格距达15千米左右，地面气象灾害监测能力明显增强，依托自主开发的自动站传输系统，可及时、具体显现各地天气实况，在主汛期及台风期间为领导决策服务提供科学依据。

【气象保障服务成效显著】 市气象局加强组织领导，完善气象服务应急预案建设，坚持把重要时期、重大活动和重点工程专题气象保障服务作为重中之重，做好春运、国内旅游交易会、高考期间、“七艺节”、“五一黄金周”、“十一黄金周”、西湖博览会、“天上人间看杭州”大型航拍活动及钱江新城等重点建设工程的气象保障服务，连续开展森林火险等级和城市火险等级预报、抗缺电气象专题服务，全力以赴做好主汛期和台风期气象保障服务。全年依托气象业务现代化设备和科研成果，采用各种预报技术，以专题服务方式向市四套班子及近40个单位报送服务材料达265期。各区、县(市)气象局(站)也为当地元宵灯会、富春江文化节、“神州风韵”艺术剪纸大赛、杨梅节、观潮节、山水节、秀水节、森博会等重大社会活动提供准确的气象保障服务，赢得地方政府和社会各界的一致好评。农业气象服务不断创新，完善了杭州新一代农业气象服务系统建设，启动杭州精准农业气候资源数据库的研究，部分成果已在“杭州龙网”发布。

小学生参观杭州气象科普教育基地

【气象预报逐步精细化】 市气象台于3月4日起开始发布市区范围6小时为一个时段的预报，7月始针对夏季突发性天气情况，不定期推出定时段预报，并通过气象网站、《西湖之声》等电台和“96121”气象声讯电话对外发布，逐步满足社会对精细化天气预报的需求。进一步完善城市气象指数预报服务项目，新开发了洗车指数预报、月相指数、日出日落预报和雷暴预警等级预报等。开展防灾减灾四大系统建设，对山体滑坡气象条件预报预警系统进行升级。完善雷暴监测预警系统建设，4月21日起通过杭州电视台对外发布雷暴预警等级预报。完成浙江省主要流域面雨量预报系统研究，并在业务中试运行。引入城市积涝预警系统，完成系统的开发及本地化模拟运行，为今后的城市防汛保障打下基础。

【成立气象灾害与卫星遥感应用实验室】 3月，市气象局成立杭州气象灾害与卫星遥感应用实验室，下设气象监测与业务保障研发组、天气预报技术研发组、卫星遥感应用与大气化学研发组、气象科技服务研发组，以专业组模式加强科研体系建设。以实验室为载体，确立了市气象台预报业务平台整合、精细预报技术研发、气象业务网站、气象网站建设等37项业务研发建设项目。至年底，各科研项目实施进展顺利，大部分项目已按计划完成并投入应用；被各类刊物录用的论文明显增多，3篇论文在核心刊物上发表。继续深化与浙江大学和城建、环保、国土资源、规划等部门的合作，广泛开展气象跨学科领域的研究。

【开展气象科普活动】 3月23日是世界气象日，市气象局推出“一次气象公众开放日活动、一座空中桥梁、一次市民座谈会、两个气象日专版”等活动。各区、县(市)气象局(站)也根据各自特点，开展世界气象日对外开放、气象科普进校园、气象法规宣传下乡进村等活动。市气象局在《每日商报》、《都市快报》设立专版的基础上，又于8月在《新民生报》开辟气象专版，每天围绕百姓关注的气象热点，及时传播气象资讯。气象影视节目质量不断提高，《杭州气象》影视节目在全国电视气象节目观摩评比中获优秀奖。更新制作了气象科普教育电视片，杭州气象科普教育基地全年接待参观22批次、2560人次。

【开通数字电视气象专业频道】 12月28日，由市气象局独立制作的杭州数字电视气象专业频道正式开通。从短短几分钟的多档气象影视栏目，到独立运行一个24小时连续播出气象节目的频道，实现了杭州气象影视节目跨越式发展，杭州市气象局因此成为全国首家拥有数字电视气象专业频道的气象局。杭州数字电视气象频道主要提供本地、全省、全国乃至全世界的天气资讯，提供主要时期、重要社会活动的气象信息；作为气象防灾减灾的信息发布窗口，及时发布气象预警预报信息；提供与气象密切相关的生活类气象信息，大力普及气象科普知识，满足公众对气象服务信息的需求。气象频道在做好日常的天气预报服务之外，积极延伸气象与生活、旅游、健康、休闲、交通等方面的服务，打造杭州气象特色品牌。

【大气环境检测通过计量认证】 3月26日，市气象局大气环境实验室申报的14个涉及室内、生态农业大气环境的检测项目顺利通过CMA认证，获得中华人民共和国计量认证合格证书，成为浙江省气象部门首家通过计量认证的大气环境检测单位，也是全国气象部门一次性申报并通过认证项目最多的单位。

（木美丽　范辽生）

·工业经济综述·

【工业销售产值突破 5000 亿元】 2004 年，杭州市有规模以上工业企业 5607 个，实现工业销售产值 4083.6 亿元，比上年(指 2003 年，下同)增长 30.7%，增幅高于全省平均水平；全部工业销售产值突破 5000 亿元，达到 5268.37 亿元，增长 25.1%，经济总量全省领先。规模以上工业企业实现利税 394.37 亿元，增长 17.4%；其中利润 220.83 亿元，增长 19.5%。全市限额以上工业投资完成 428.06 亿元，增长 34%。在全市完成的生产总值 2515 亿元中，工业完成增加值 1174.5 亿元，拉动生产总值增长 8.2 个百分点。实现市委、市政府提出的杭州工业经济要在全省"一高一领先"的要求。

【38 个企业被评为省诚信示范企业】 9 月底，省经贸委、省财政厅、劳动和社会保障厅、环保局、工商局、质量技术监督局、国税局、地税局以及人民银行杭州中心支行等 9 个部门联合公布第 2 批浙江省诚信示范企业名单，授予 199 个企业浙江省诚信示范企业称号。杭州市的杭州前进齿轮箱集团有限公司、杭州金鱼电器集团有限公司等 38 个企业榜上有名。

【工业企业竞争力增强】 2004 年，杭州的大企业、大集团体现出较强的区域竞争力和行业竞争力，半数以上大企业已经成为行业的龙头，21 种主要产品市场占有率名列全国第 1 位。娃哈哈集团的销售收入占全国饮料 10 强企业销售收入的 40%以上，利润占 60%以上；UT 斯达康通讯有限公司的"小灵通"销售额占国内市场份额的 60%，软交换产品销售额占国际市场第 1 位，宽带产品销售额占全球市场第 2 位；华立集团成为国际生产能力最大的电能表制造商；浙江恒逸集团的纺织生产能力跃居全国第 1 位。UT 斯达康通讯有限公司、万向集团和娃哈哈集团的销售额均超过 100 亿元。

【14 个企业成为信息化应用示范试点】 9 月 24 日，东方通信股份有限公司、万向集团公司等 14 个企业被杭州市工业企业信息化推进工作领导小组及专家评审组确定为杭州市第 2 批信息化应用示范企业。至年末，全市有 78 个信息化应用示范试点企业。

【举行产业指导信息发布会】 为使企业及时了解经济形势，了解国家产业政策和政府的导向意见，及时把握经营方向和投资方向，实施积极有效的组织结构、产品结构和技术结构的调整，市工业主管部门建立产业指导发布会制度。6 月 15 日，举行首次工业产业指导发布会，发布《加快推进先进制造业基地的有关指导意见》、《迎峰度夏抗缺电工业服务促发展》等信息。《浙江日报》、浙江电视台、《杭州日报》、杭州电视台等 21 个新闻媒体及杭氧集团、汽轮集团、青春宝集团、华东医药公司等 17 个企业的代表参加发布会。

【考评 77 个市级企业技术中心】 8 月~11 月，根据市级企业技术中心考核评分标准，市经委组织在杭专家对全市 77 个市级企业技术中心 2003 年度的工作情况进行评价考核。评价结果显示，6 个优秀、68 个合格、3 个未合格。

2003 年，这 77 个企业完成技术创新项目 382 项。其中：国内领先水平以上的项目 213 项；申请及授权专利数 209 项，其中授权专利数 108 项。77 个市级技术中心所在企业的产品销售收入总额达到 231.83 亿元，利润总额 20.04 亿元；技术开发经费支出额 9.16 亿元，占产品销售收入总额的 4%；新产品销售收入达到 98.33 亿元，占产品销售收入总额的 42.4%。

【举办工业企业人才招聘会】 6 月 26 日，全市工业部门在杭州人才市场举办第三届杭州市工业企业人才招聘会。杭州娃哈哈集团有限公司等 120 个企业面向全国公开招聘营销、机械、电子、轻工和生产制造等专业技术人才、经营管理人才和高级技工人才 1732 名。招聘会期间，交流大厅人头攒动，供需两旺，716 人次达成选人择业意向。

【举办企业经营决策 ERP 沙盘模拟对抗训练研讨会】 9 月 2 日，由杭州市工业企业信息化推进领导小组、市经委主办，用友软件股份有限公司杭州分公司承办的首届"企业经营决策 ERP 沙盘模拟对抗训练"研讨会在浙大科技园举行。

该企业训练课程将企业经营决策的理论和方法与实际模拟操作结

合在一起，融合角色扮演、案例分析和专家诊断于一体，在参与中学习，在“游戏”般的操作中感受到完整的决策体验。与会的15个企业的代表认为，此种方式对于企业推进信息化建设有很大帮助，使参加者亲身体验完整的管理流程，能深入理解销售、采购、库存、生产、财务等部门之间的相互协调关系，有利于解决企业在实施经营管理信息化过程中遇到的难题。

【开展质量宣传咨询服务日活动】 9月4日，杭州市质量管理协会在下城区京都华庭社区，组织开展以“人人创造质量，人人享受质量”为主题的杭州市2004年质量宣传咨询服务日活动。杭州数源科技公司、杭州松下公司、华日集团、杭州卷烟厂、张小泉集团等企业和市电力局以及市电信、燃气、自来水、公交等公司的志愿者，为居民进行电话机维修、刀剪修磨、真假卷烟识别、大件家电维修预约和水、电、气及公交等方面的咨询服务。活动期间，发放各种宣传资料1465份，现场维修电话机、刀剪323件，接受咨询295人次，大件家电上门维修预约8件。市公交公司专门安排3辆小区巴士，邀请居住在京都华庭社区的劳模免费游新西湖。

【召开企业担保工作会议】 5月21日，市经委首次召开企业担保工作会议，对54个担保机构2003年度信用情况进行评价，对全市18个先进担保机构进行奖励。

至2003年底，全市有担保机构54个，累计为3908个中小企业提供7822笔融资担保，贷款担保总额48.7亿元。其中，2003年度担保户数2516个，担保笔数4117笔，担保总额26.2亿元，分别占5年来累计数的64.4%、52.6%和53.8%。担保业务的发展，为杭州市中小企业持续发展创造了条件。

【组团参加跨国采购洽谈会】 9月22日，市政府组织浙江万马集团、杭州张小泉集团有限公司等50个企业参加在上海举行的2004年跨国采购洽谈会。来自北美洲、欧洲、亚洲和大洋洲的92个跨国采购商参会，其中1/3为世界500强企业。洽谈会为杭州企业和跨国买家之间搭建了一个低成本、高效率的交易平台。洽谈会期间，杭州企业积极向跨国采购商推荐本企业产品。生产蜡制工艺品的美通日用品（杭州）有限公司与乐购、好又多、家乐福达成合作意向。富阳市上官乡作为全国最大的羽毛球拍生产基地，有8个球拍生产企业到会参展。其中，杭州宏达文体用品有限公司、杭州上官球拍有限公司、富阳豪天文体用品有限公司与多家消费品采购商达成采购意向。浙江百利威玩具有限公司受到麦德龙、利丰、比尔泰玛、美国大湖区州长委员会、嘉士达广利等11个国际采购商的青睐，并收到多个采购商品目录和询价。

【网上交易会产品成交23.6亿元】 2004年杭州产品网上交易会（以下简称“网交会”）于年底成功闭幕，参展企业7600多个，成交额达23.6亿元。

“网交会”由市经委主办，市场营销协会、阿里巴巴（中国）网络技术有限公司和市中小企业服务中心承办。年初开幕时参展企业3000个，到年末闭幕时，增加到7633个。“网交会”依托阿里巴巴网站的平台，始终保持很高的访问量。全年累计页面访问量58622万、访问人次6545万。根据抽样调查，每月收到询盘企业数稳步增长，从开幕时的2112个增长至闭幕时的5038个，每月企业收到的询盘数从7323个增长至41489个，询盘率保持在65%以上，成交率从开幕初的40%开始逐步增长，并稳定在60%的水平上。

【网上交易推动电子商务发展】 杭州产品网上交易会推动了企业电子商务的发展，创新了宣传杭州企业和产品的形式，改变了举办杭产品展销会的传统模式。“网交会”参展企业数是传统展销会的30倍，访问人次是展销会的1000倍。众多的参展企业通过“网交会”及时了解最新的国内外市场信息，与专业买家建立联系，达成交易，进入加速发展的良性轨道。杭州福田五金工具有限公司与国外客户达成的交易，一笔就达80万美元。桐庐华丰彩印包装厂通过“网交会”达成的交易超过500万元。建德市宏海电器工具厂通过“网交会”的交易额约占全部销售量的40%。临安市幸运星工艺蜡烛厂国外订单60%的成交来自“网交会”。杭州华联纸制品有限公司、杭州亿天轻工机械有限公司、杭州联博电子有限公司、杭州司迈乐工贸有限公司、杭州隆盛塑纸有限公司、杭州民安智能系统有限公司、建德钟元家纺有限公司、富阳市四达球拍厂等企业都在“网交会”上有很好的收获。

【加强企业技术创新力度】 2004年，杭州市企业加强新产品、新技术开发力度。全市工业部门和市科技部门组织申报立项的市级及以上的技术创新和科技项目313项；实施国家、省及市高新技术产业化项目

东芝信息机器（杭州）有限公司笔记本电脑生产基地

60项；企业信息化应用发展态势良好，有省级信息化示范试点企业 17 个，市级示范试点企业 78 个。至年末，全市认定企业技术中心 184 个、企业高新技术研发中心 131 个、省级和市级高新技术企业 670 个。

【参加上海国际工业博览会】 11 月 4 日~9 日，杭州企业组团参加在上海举办的以"信息化与工业化·现代装备与工程技术"为主题的第六届上海国际工业博览会。有 20 个国家和地区的 1286 个企业参展，观众 38.1 万人次。

杭州展团利用"上海工博会"的交流、合作平台，积极宣传企业和推广产品。展会期间，浙江中控技术股份有限公司发放 3000 多份资料，接待 5000 多名专业观众，参展的"EPA 工业以太网技术"获该届"上海工博会"创新奖。浙江杭叉工程机械股份有限公司参展的液化石油气叉车、前移式蓄电池叉车、三点式蓄电池叉车等成了众多专业客商的关注焦点，签定意向协议 27 份，协议金额 216 万元，合同金额 17 万元。数源科技股份有限公司推出 102 厘米高清晰度液晶彩电(壁挂)和首款国产 130 万像素摄像手机"中国水滴"。杭州 VIP 游艇制造有限公司接待专业客商 1000 余人。浙江杰牌控股集团有限公司与美国、意大利及东南亚等国家和地区客商达成初步合作意向，意大利客商在会后赶到萧山，购买 15 万台减速机，金额达 1.5 亿元。杭州方圆塑料机械有限公司与来自土耳其、美国、加纳、伊朗等国的客商达成初步合作意向。南望信息产业集团有限公司与保加利亚客商达成代理意向。

表 13　杭州市部分民营企业列入全国民营企业 500 强情况

杭州排序	全国排序	企业名称	年营业收入（万元）
1	7	浙江万向集团	1 521 183
2	11	杭州娃哈哈集团有限公司	1 018 918
3	24	华立控股股份有限公司	673 506
4	50	浙江康桥汽车工贸集团股份有限公司	472 286
5	56	浙江恒逸集团有限公司	400 192
6	84	荣盛化纤集团有限公司	285 525
7	91	富通集团有限公司	259 374
8	93	浙江富春江通信集团有限公司	256 592
9	113	西子电梯集团有限公司	218 904
10	212	浙江航民实业集团有限公司	207 929
11	124	浙江富可达皮业集团股份有限公司	202 688
12	129	杭州道远化纤集团有限公司	200 626
13	132	杭州锦江集团有限公司	191 863
14	148	浙江华成控股集团有限公司	177 157
15	150	浙江胜达包装材料有限公司	173 939
16	159	浙江传化集团有限公司	165 600
17	172	杭州西子奥的斯电梯有限公司	153 084
18	185	浙江翔盛集团有限公司	148 577
19	194	浙江万利工具集团有限公司	142 697
20	196	华伦集团	139 490
21	202	浙江华瑞集团有限公司	132 594
22	205	浙江万马集团有限公司	131 025
23	207	浙江银泰百货有限公司	129 308
24	209	浙江杭萧钢构股份有限公司	128 028
25	216	杭州长城机电实业有限公司	127 190
26	265	浙江开氏纺纤集团有限公司	105 823
27	270	开元旅业集团有限公司	104 747
28	280	杭州龙达差别化聚酯有限公司	103 210
29	292	浙江兴惠化纤集团有限公司	100 793
30	293	浙江中南建设集团有限公司	100 698

【4 个工业企业通过省绿色评审】 2004 年，为深入贯彻落实《中华人民共和国清洁生产促进法》，树立一批资源利用率高、污染物排放少、环境清洁优美、经济效益显著并具有国际竞争力的绿色企业，市政府积极引导和组织企业参加创建活动，在申报的企业中好中选优，推荐 7 个企业参加省经贸委和环保局组织专家评审。杭州正大青春宝药业有限公司、杭州祐康食品有限公司、杭州西湖啤酒朝日(股份)有限公司、杭州卷烟厂 4 个企业脱颖而出，被确定为浙江省第 1 批绿色企业（清洁生产先进企业）。

【举办节电宣传暨节电产品展示会】 2 月 29 日~3 月 3 日，2004 年杭州市节电宣传暨节电产品展示会在浙江省科技馆开幕。展示会由市经委、市电力局、市人民建议征集办公室、杭州电视台生活频道、杭州日报社联合主办，市节能协会承办。来自深圳、新疆、北京、江苏、福建、上海及省内的 58 个企业提供数百种节电新技术、新产品，有部分产品是首次在杭展出。如节能电磁感应灯(无极灯)，通过电磁场感应产生 250 千赫高频触发荧光粉发光，产生的光通量是同瓦数节能灯的 2 倍、白炽灯的 10 倍，并具有无炫光、无频闪、无灯丝的特点，是绿色、环保、节能的先进光源，使用寿命可达 10 万小时。据不完全统计，参观人数 3 万余名，发放产品介绍资料约 6 万份；有 10 余个单位在会场签订合作意向协议。

【工业技改完成投资 216.6 亿元】 2004 年，全市工业部门围绕建设先进制造业基地的目标，进一步优化投资结构，技术改造投资的增长较快。全年在建技改项目 2654 项，计划总投资 507 亿元；完成技改项目投资 216.6 亿元，比上年增长 32.9%。在建技改项目中，市属工业企业 234 项，8 个区 1243 项，5 个县(市)1177 项。全年竣工投产项目 1984 项，累计完成投资 195.4 亿元，其中 2004 年完成投资 165.4 亿元。竣工项目可新增年销售收入 338 亿元,新增年利润约40亿元、税金21亿元,新创外汇4.3亿美元。

【68个项目列入省重点技术创新、高新技术项目】 7月和12月,浙江省先后公布两批省重点技术创新项目和重点高新技术产品项目。在第1批省重点高新技术产品项目中,杭州市有11个项目被列入。这些高新技术产品在各自的领域中处于国内领先水平,有的达到国际先进水平。这11个项目完成投产后,可新增销售收入6.72亿元,新增利税1.56亿元,出口创汇1747万美元。在省重点技术创新项目和第2批省重点高新技术产品项目中,杭州市分别有45个和12个项目被列入。45个省重点技术创新项目总投资8.12亿元,完成投产后,可新增销售收入55.8亿元、利税12.8亿元、创(节)汇1.3亿美元。12个省重点高新技术产品投产后,可新增销售收入4.1亿元、利税1.5亿元、创(节)汇2840万美元。

▶▶资料:半导体激光冶金过程气体分析系统

由聚光科技(杭州)有限公司开发研制,在国际上首次提出旁路预处理方式,拓宽了现场气体分析仪器的应用场合,对高炉炉气分析、转炉/电炉炉气定碳分析、转炉煤气回收分析、高炉煤气回收分析、焦炉煤气回收分析、热风炉后烟道气分析、烧结/石灰窑烟道气分析、热电厂烟道气分析、高炉喷煤安全分析、焦炉电捕焦安全分析、电除尘安全分析、炉窑(高炉、转炉、热风炉、焦炉、电炉等)烟道气残氧分析,无需采样预处理系统,并具有非常强的高温、高腐蚀、高粉尘等适应能力。

【90个企业在外地投资】 截至2004年底,杭州市有90个企业在境外、省外投资兴办企业264个。在省外兴办的企业主要分布在中西部地区的江西、四川、重庆、安徽、湖北、河南、河北、新疆、西藏等省市,投资总额167.87亿元,输出资金94.32亿元,占投资总额的56.2%;

在对省外投资的企业中,有43.2%的企业降低了生产和销售成本,34.6%的企业获得当地的投资优惠政策,40%的企业扩大了主营业务,提高了产品的市场占有率。杭萧钢构有限公司先后在安徽芜湖、河南洛阳、山东青岛、江西南昌、广东珠海、河北唐山设立6个子公司,总投资8313万元,实现"产地销"。杭州娃哈哈集团公司先后投资10多亿元,在中西部的涪陵、广元、宜昌、红安、天水、桂林、石河子等地设立生产基地,实现杭州工业产品从"产地销"向"销地产"的转移,获得很好的经济效益。许多大企业、大集团凭借品牌和技术等优势,给当地经济发展注入了活力。中国(杭州)青春宝集团有限公司在四川省苍溪县组建四川青春宝九龙制药有限公司,嫁接技术和品牌。经过7年发展,该企业拥有10个国药准字号产品文号,其中2个是国家中药保护品种、2个进入国家医保目录品种、4个甲类非处方药,能够生产5个剂型的较先进的现代中药企业,成为促进当地经济发展的骨干企业。杭州机床集团有限公司、富通集团、浙江万马轴承股份有限公司、杭州叉车股份有限公司等强势发展企业,以投资收购外地企业的形式,将自身的资本、管理、技术优势与外地的市场、资源、劳力优势结合,实现互惠互利。浙江华鼎有限责任公司实施5个进口品牌在国内销售布点的投资,总投资8000万元,在3个省、市设有商铺式专卖店的网点400多个,年产服装1200万件(套)。

【兴办境外企业23个】 2004年,杭州市企业在境外设有独立法人的企业23个,投资国家和地区有马来西亚、法国、德国、澳大利亚、加拿大、泰国和美国等,形成一批海外企业群。

杭州市的跨国经营、强势发展的大企业、大集团,一般都是先跨出市外、省外,形成遍布全国的生产基地,构筑稳固的市场架构,再走出国门,进军海外国际市场。万向集团实施"走出去"战略,加速国际化进程,在美国、德国、加拿大、澳大利亚等8个国家拥有30个企业,其中独资控股18个。华立集团高起点与国际接轨,利用美国纳斯达克资本市场筹集资金,成功收购飞利浦半导体公司的CDMA核心芯片设计部门,成为国内移动通信领域第1个掌握核心技术的中国公司,并拥有自己的知识产权,实现国际化与资本、技术的有效结合。

有些民营中小企业采取"技术联姻"或"产品联姻"等方式,凭技术实力,借助合作伙伴的市场资源,更好地拓展市场生存空间。浙大网新科技股份有限公司与日本富士电机系统株式会社在日本东京合资成立株式会社SIF后,3年内将获得30亿日元的软件开发业务;投资4500多万元,在香港、上海等地成立新的公司,不断扩大业务范围。

【组团赴日本招商】 7月25日~8月2日,市政府组织41个企业赴日本招商引资,取得丰硕成果。签约项目总投资5000万美元,合同金额2000万美元。

杭州市企业代表团在东京、大阪举办两场投资说明会,与近100个日本企业进行对口交流。浙江西子联合控股有限公司与日本三菱重工签订合作生产机械的协议,杭州东风船舶制造有限公司与日本中西机械工业所签订生产6艘万吨级800箱集装箱货船的合同,杭州天恒机械有限公司与日本三笠机械有限公司签订合作生产道路机械的协议,杭州纺织机械有限公司与日本静海株式会社签署在杭州合作设立技术咨询公司协议。浙江万利纺织机械有限公司与日本村田纺织机械株式会社就纺织机械技术进行合作,杭州商辂丝绸有限公司与日本丰京纤维株式会社就丝绸产品经营进行合作,杭州宝钢钢材配送有限公司与日本关包钢材株式会社就经营钢材进行合作,浙江西子联合控股有限公司与日本IUK就生产港口塔吊进行合作,杭州西湖印刷有限公司与真生印刷株式会社就印刷技术进行交流等,共达成20多项合作意向。杭州恒达环保实业有限公司、杭萧钢构有限公司、杭州远东五交化有限公司等单位,就钢结构厂房、污水处理设备的合资合作生产、合作经营无菌手术医疗器械以及贸易合作等内容,与日方企业进行洽谈。

【缝制机械行业协会成立】 杭州市缝制机械行业诞生于20世纪50年代,历经风雨,走过了一条辉煌——

低落——崛起之路。全市有生产、经营缝制机械的企业100余个。随着杭州打造“中国女装之都”口号的提出，服装业对缝制机械的要求越来越高。7月28日，杭州市缝制机械行业协会成立。协会对提高杭州市缝制机械行业的整体素质，开展行业整合，开拓国内外市场，促进全行业的发展，将起到有力的推动作用。

（胡传明）

·丝绸工业·

【丝绸工业概况】 2004年，作为“中国绸都”之一杭州市的丝绸行业全面复苏，运行质量不断提高。据行业归口企业统计，全年工业总产值、销售产值、出口交货值和自营出口分别比上年增长43.5%、45.2%、48.1%和63.9%，产品销售收入和利润总额分别增长44.9%和73.6%。特别可喜的是，呈现利润增长大于销售增长，销售增长大于生产增长的状况。

重点企业中，利润增幅前三位的分别是浙江达利凯地丝绸有限公司、浙江华鼎集团有限责任公司、杭州喜得宝集团有限公司。2004年，被中国丝绸协会首批授予全国高档丝绸标志的企业中，杭州有杭州金富春丝绸化纤有限公司、杭州喜得宝集团有限公司、万事利集团有限公司、浙江凯喜雅国际股份有限公司、杭州红绳纺织品有限公司5个企业入选，占全国17个企业的29.4%，占全省11个企业的45.5%。金富春牌和万事利牌首次登上丝绸行业“中国名牌产品”榜，占丝绸行业获此称号5个企业的40%。

2004年新丝路世界模特大赛在杭州开展活动，扩大杭州丝绸业的影响，提高杭州作为“中国绸都”和“休闲之都”的知名度。

【举办中国国际丝绸博览会】 10月28日~11月1日，由国家茧丝绸协调办公室、中国丝绸协会、中国纺织品商业协会、杭州市政府、浙江省经济贸易委员会联合主办，杭州市经济委员会、杭州市贸易局、杭州喜得宝集团有限公司共同承办的2004年中国国际丝绸博览会在杭州和平国际会展中心举行。商务部党组成员、商务部部长助理、国家茧丝办主任黄海，中国丝绸协会会长弋辉，意大利国家丝绸研究所米兆所长及省、市领导陈重华、蒋福弟等出席。百货采购集团、国内外进出口贸易公司、生产企业的代表等2000多人出席开幕式。

来自浙江、江苏、上海、四川、云南、湖北、辽宁、吉林等省(市)丝绸进出口公司和丝绸生产企业，以及全国17个获高档丝绸标志的企业和5个拥有中国名牌的丝绸企业参展。中国香港、台湾省的客商，以及国际丝绸界有关人士和瑞士、法国、意大利、韩国、马来西亚、日本、俄罗斯等客商代表应邀参加。参观人数超过5万人次，其中专业客商1.9万人次。

展示中国名牌产品金富春丝绸服装

“丝博会”本着“开拓创新、促进贸易”的办会方针，在布展水平、产品展示、展会管理、相关活动组织等方面体现“世界丝绸在中国、中国丝绸聚杭州”的主题。展区面积7000平方米，特装展位占整个展区的70%多，展出5000多种各类丝绸面料和服装服饰，还展示丝绸工业方面的新技术、新工艺。总成交额5.2亿元，其中出口4600万美元、国内贸易1.7亿元、现场成交3000万元。

浙江电视台、杭州电视台、《中国贸易报》、《上海商报》、《杭州日报》、《都市快报》、《钱江晚报》、《青年时报》、阿里巴巴网站、中国女装网等媒介进行现场报道。《丝绸》杂志、《中国纺织报》、《中国服饰报》、《服装时报》等发布相关信息。10月29日，中国丝绸协会会长弋辉在浙江电视台卫星频道录制“丝绸杭州新思路”访谈节目。“千里迢迢来杭州，半为西湖半为绸。”高度赞扬杭州丝绸悠久的历史和现在的业绩。

【2个丝绸产品成为中国名牌】 8月30日，中国名牌战略推进委员会发布公告，国家质量监督检验检疫总局授权中国名牌战略推进委员会首次在真丝绸产品中开展中国名牌产品评价。全国有5个企业的产品获中国名牌产品称号，万事利集团有限公司的万事利牌和金富春丝绸化纤有限公司的金富春牌名列其中。

此前，杭州丝绸业获得浙江省名牌产品的有杭州喜得宝集团有限公司的喜得宝牌真丝印染绸、丝绸服装，万事利集团有限公司的万事利牌丝绸服装、杭州江宁丝绸制衣有限公司的曼江利牌丝绸服装。获得杭州市名牌产品的有杭州市丝绸进出口有限公司的唐诗牌服装、杭州时装有限公司的永达兰牌丝绸服装、淳安县茧丝绸总公司的千岛湖牌桑蚕丝、杭州商辂丝绸有限公司的商辂牌绢丝。

【5个丝绸企业产品被授予高档丝绸标志】 8月26日，为提升中国丝绸形象，提高中国丝绸科技含量，增强在国际市场的竞争力，首批高档丝绸标志使用企业授牌仪式在北京人民大会堂举行。全国17个企业获

中国丝绸协会授予的标志，其中有杭州的金富春丝绸化纤有限公司、喜得宝集团有限公司、万事利集团有限公司、浙江凯喜雅国际股份有限公司、杭州红绳纺织品有限公司5个企业的产品。

使用高档丝绸标志仅限于丝绸最终产品，是用以证明该产品已达到《高档丝绸标志质量手册》所规定的特定品质的证明性商标，有效期均为2年。该标志已在巴西、印度、泰国及中国香港等35个国家和地区注册。

【挡车工成为全国丝绸工业技术能手】 11月23日~28日，“杭纺机杯”2004年全国丝绸工业缫丝工职业技能大赛总决赛在江苏海安县举行。来自全国13个省、市、自治区的40多位优秀选手参加。通过激烈比赛，浙江杭州商辂丝绸有限公司职工王淑花取得挡车工第5名的成绩，被中国丝绸协会、中国财贸轻纺烟草工会授予全国丝绸工业技术能手称号，晋升一级技术职业资格。

【喜得宝集团成为中国真丝产品研发基地】 鉴于杭州喜得宝集团有限公司在开发新产品和完成国家级科技攻关项目方面取得的突出成绩，尤其是“十五”期间攻克“真丝绸平网四分色印花技术”这一技术难题，填补了世界空白，经中国丝绸协会评审，认定该公司为全国两个国家级真丝产品研发基地之一。国家商务部、中国茧丝办公室和中国丝绸协会在2004中国国际丝绸博览会上，向杭州喜得宝集团有限公司颁奖授牌。

【真丝绸肌理纹印染技术通过验收】 11月22日，杭州喜得宝集团有限公司独立承担开发的真丝绸肌理纹印染技术通过由浙江省纺织协会、省丝绸协会、浙江理工大学和杭州市经委等单位10位专家、教授组成的验收组的鉴定验收。这一无雷同花纹印染技术是杭州市重点技术创新项目，达到国内领先水平。

【3个项目获纺织工业科学技术奖】 在2004年中国纺织工业协会科学技术奖中，杭州喜得宝集团有限公司为主完成的“提高真丝绸色牢度应用工艺技术研究”项目获二等奖、“真丝绸连缸染色计算机测配色技术研究”项目获三等奖，万事利集团有限公司完成的“全真丝数码双面织锦”项目获三等奖。

【实施校企合作】 11月4日，为适应经济全球化的形势和知识经济发展的要求，充分利用和整合社会资源，谋求跨越式发展，万事利集团与浙江工商大学举行校企联合签约仪式。双方签署的产学研合作协议的主要内容有万事利集团为浙江工商大学提供学生实习的场所、条件和机会，为学生科研提供便利，优先录用品学兼优和实践能力较强的学生，提供教师挂职学习和实践的岗位与条件；双方根据需要，开展有关课题研究和进行人力资源方面的合作等。

【金富春、万事利商号被认定为省知名商号】 3月9日，浙江省工商行政管理局发布公告，经浙江省知名商号评审委员会认定，全省有224个企业商号为浙江省知名商号，有效期3年。杭州市丝绸行业中，金富春丝绸化纤有限公司、万事利集团有限公司的商号被认定为浙江省知名商号。

【达利公司获3项管理体系证书】 2004年，达利(中国)有限公司(原企业名为杭州西湖达利工业有限公司）先后在丝绸行业内取得ISO 9001、GB/T 24001和GB/T 28001管理体系认证证书，即质量管理体系认证证书、环境管理体系认证证书、职业健康安全管理体系认证证书。这3项证书的获得，为达利公司创世界级优秀企业奠定了基础。

【康力亨集团破解丝绸易皱难题】 丝绸一直广受人们钟爱，但有易皱、易变形等弊端。企业往往通过后道工序的功能整理、加工来实现抗皱、抗变形，但是效果并不理想。多年来，浙江康力亨集团有限公司致力于破解丝绸易皱难题，研究变后整理为前处理，从原料着手，对真丝纤维进行改性，使其向弹性材料方向改变，解决易皱、易变形的技术问题。该项技术研究开发成功，获得国家发明专利，并于2001年获国家教育部颁发的中国高校科学技术奖，2003年获国家科技部科技型中小型企业创新基金和中国国际丝绸博览会金奖。其第1代抗皱丝绸产品“膨体抗皱真丝色织绸——桑丝绒缎”，在通过浙江省经贸委组织的专家鉴定后，迅速成为2004年/2005年秋冬中国流行面料入围产品。通过前处理方法加工成的膨体弹力真丝，具有良好的弹性和膨松性，保留了真丝材料原有的卫生、保健功能，可以有效地拓展真丝制品的领域。

（高振纲）

·轻工业·

【轻工业概况】 2004年，杭州市轻工行业各企业坚持统筹发展、协调发展和可持续发展战略，经济运行呈快速健康稳步增长的态势。全市规模以上工业企业实现轻工业销售产值1888.02亿元，比上年增长26.5%。据对105个轻工企业的统计，完成工业总产值485.96亿元，增长24.4%；销售产值483.2亿元，增长24.5%；销售收入478.84亿元，增长24.3%；全年产销率99.4%，与上年持平。

市轻工行业坚决贯彻执行国家宏观调控政策，严格控制固定资产投资规模，经济运行的稳定性进一步加强，避免了大起大落。全年实现利税119.71亿元、利润49.22亿元，分别占全市规模以上企业的30.4%和22.3%，利税、利润分别增长21.3%和18.4%。其中，4月利润增幅最高，为22.2%。

【出口交货值61.16亿元】 市轻工行业外贸出口持续高速增长，全年完成出口交货值61.16亿元，比上年增长32%；出口交货值占销售产值的比重由上年的11.9%提高到12.7%。一批出口企业形势喜人。浙江柳桥羽毛有限公司完成出口交货值9.8亿元，增长10.3%；胜达集团有限公司完成8.1亿元，增长13.4%；杭州桦桐家私有限公司完成7.24亿元，增长42.6%；杭州松下家用电器有限公司完成2.83亿元，增长3.6倍。

【品牌产品持续旺销】 市轻工行业一些品牌产品持续产销两旺，市场

表 14　　2004年杭州市轻工主要行业经济指标完成情况

行　业	销售总产值（亿元）	比上年（%）	占总量的比重（%）	利　税（亿元）	比上年（%）
食　品	274.81	20.6	56.9	99.07	20.5
造　纸	44.99	21.1	9.3	3.02	-3.4
家　电	56.46	37.7	11.7	3.61	6
日　化	25.43	62.2	5.3	8.00	61.6

占有率进一步提高。松下牌马达产量1405.5万台，比上年增长45.3%，单个马达产量位居世界第一；玫琳凯牌化妆品产值20亿元，增长94.7%；康师傅牌方便面产量8008万箱，增长37.5%；老板牌燃气灶具产量57.2万台，增长1.76倍；祐康牌速冻食品产量1.1万吨，增长23.3%；天堂牌伞产量2424万把，增长61.4%；娃哈哈牌软饮料产量402.5万吨，增长8.7%。

在浙江省首届知名商号评审中，杭州市轻工行业的杭州娃哈哈集团有限公司、杭州张小泉集团有限公司、杭州奥普电器有限公司等企业获得浙江省知名商号称号。

【打造食品饮料先进制造业基地】 杭州市积极开展食品行业目标细化工作，加快打造食品饮料先进制造业基地。首批确定30个企业和52种特色重点产品进行培育，引导企业加大投入，充分利用农业资源，积极将丰富的农产品和大量劳动力资源优势转化为轻工产品优势，发展资源型、劳动密集型和高附加值产品，发展优势产业链，构筑特色食品工业体系。杭州卷烟厂、农夫山泉股份有限公司、祐康食品集团有限公司、杭州五丰冷食有限公司等骨干企业全年投入技改达4.5亿元，新增产值12亿元，利税2.2亿元。至2004年末，杭州食品行业中销售收入超1亿元的企业有20个，其中超10亿元的企业有5个。

【推进产品结构调整】 杭州轻工行业积极调整发展思路，增加科技投入，优化产品结构，提高创新能力，打造核心竞争力。各企业把建立技术中心、研发适销对路新产品作为立身之本。浙江德意控股集团有限公司通过与浙江大学及多家专业设计公司合作，新品开发率达50%，使德意厨具在全国同行业中的竞争能力明显提升，全年完成销售收入4.38亿元，实现利润5790万元，比上年分别增长93.9%和110.1%。杭州娃哈哈集团有限公司开发新产品27种，新增销售收入10亿元。杭州西湖啤酒朝日（股份）有限公司通过技术创新，7月建成一条新的成品生产线，班产能力提高43%，全年啤酒产量增长13.4%。

【原材料涨价影响效益】 2004年，轻工企业生产用的原材料大幅度涨价，而产品出厂价却不能提高，营利空间大大压缩。如杭州顶益食品有限公司产量比上年增长37%，而利润却减少3782万元，下降34%。杭州松下马达有限公司生产的家电用马达产量，销售收入增长65%，但由于铜、铝、铁等原材料大幅涨价，实现利润只有上年的68%，减利904万元。杭州松下家用电器有限公司生产的洗衣机，50%的品种出现亏损。

【确定传统工艺美术保护品种和技艺】 2004年，为保护传统工艺美术，进一步促进杭州市工艺美术事业繁荣与发展，市经委组织专家对企业申报的传统工艺美术品种和技艺进行评审，经过社会公示，认定22个项目为首批杭州市传统工艺美术重点保护品种和技艺。其中包括已经被认定为浙江省传统工艺美术品种的南宋官窑瓷、王星记扇子、富阳古籍石印纸3个品种。

【制定传统工艺美术保护规定】 11月，为了继承和弘扬民族文化，加强传统工艺美术保护，进一步促进工艺美术事业的繁荣与发展，根据国务院《传统工艺美术保护条例》和《浙江省传统工艺美术保护办法》，结合杭州市实际，制定《杭州市传统工艺美术保护规定》。规定所称传统工艺美术，是指历史悠久，传统优良，技艺精湛，具有鲜明的艺术风格和地方特色的工艺品和技艺。

杭州市工业行业管理办公室（以下简称行业主管部门）是市传统工艺美术发展工作的管理部门，具体负责传统工艺美术的保护、发展及相关协调和指导工作。杭州市工艺美术行业协会是市保护传统工艺美术的社团法人，在行业主管部门的指导下依法开展工艺美术的保护和发展工作。

设立传统工艺美术评审委员会（以下简称评审委员会），负责杭州市传统工艺美术重点保护品种和技艺、工艺美术精品、工艺美术大师的评审工作。传统工艺美术重点保护品种和技艺、工艺美术大师的评审认定工作每三年进行一次。工艺美术精品的评审认定工作每两年进行一次。

市政府每年安排一定数额的财政资金，用于资助重点传统工艺美术的保护和发展，奖励获奖工艺美术品创作人员，收购有价值工艺美术品，培养工艺美术人才，开展工艺美术的宣传与交流。

外地中国工艺美术大师在杭创办企业或建立大师工作室期满5年，外地省工艺美术大师在杭创办企业或建立大师工作室期满10年，符合《杭州市传统工艺美术品种和技艺认定实施办法》等条件的，可以享受杭州市对传统工艺美术行业支持的优惠政策。　（楼建民）

▶▶资料：杭州市传统工艺美术重点保护品种和技艺

西湖绸伞、昌化鸡血石雕、杭绣、杭州织锦（都锦生）、萧山花边、杭州毛笔（邵芝岩）、杭州铜雕、杭州金银摆件（信源）、杭州玉雕、杭州丝绸手绘、杭州艺术陶瓷（陶瓷彩绘、陶瓷雕塑、雕瓷印钮）、杭州印染（丝绸扎染、丝绸蜡染、民间印染）、杭州石雕、杭州木雕（根雕、佛雕）、杭州笛箫、杭州剪纸、杭州微雕、杭州全真彩塑、杭州剧装戏具、杭州扇艺、杭州彩扎工艺、杭州竹制工艺。

【举办第五届工美博览会】 10月28日~11月1日，第五届中国工艺美术大师作品暨工艺美术精品博览会在浙江世贸中心举办。博览会期间，接待中外参展客商、收藏家和观众10.5万人次，其中专业客商3万余人次；交易额1.91亿元，其中直接零售额超过2500万元。

全国人大常委会副委员长、中国工艺美术协会名誉理事长李铁映到杭观摩，与各地的工艺美术大师亲切交谈，在杭州王星记扇业有限公司展位上题词，并向全国13个工艺美术品主产区的领导颁发所在省市的工艺美术协会的名誉理事长聘书。

来自20多个省市的100多名中国工艺美术大师、省级工艺美术大师和350多个生产企业带来1万多件工艺美术精品，将1万多平方米的展馆装饰得琳琅满目、熠熠生辉。其中有杭州的国家级工艺美术大师嵇锡贵、赵锡祥、王文瑛，省级工艺美术大师郭琳山、傅月樵、陈水琴等名家精心创作的40余件工艺美术精品。

博览会期间，举办2004年中国工艺美术行业的评奖活动，从申报的836件作品中，评选出特等奖3件、金奖70件、银奖80件、铜奖85件、优秀作品奖170件。其中王文瑛创作的机绣双面异色绣台屏《藤篮猫咪》、郭琳山创作的陶器《鹅韵》、钱高潮等创作的鸡血石雕《佛光普照》、周体灵创作的牙雕《观音众相》、余知音创作的打籽刺《石佛》、金国荣创作的陶瓷《轮花碗》等6件杭州市报送的作品获金奖。

（胡传明）

·包装工业·

【包装工业概况】 杭州市包装工业快速发展，产业规模不断扩大，已形成一个独立的比较完整的产业体系，成为国民经济中具有极大发展潜力的增长点。据不完全统计，2004年包装企业实现工业总产值135亿元，利税总额18.5亿元。

3月20日，由中国包装技术协会、世界包装组织亚洲包装中心建设领导小组主办，浙江省经济贸易委员会、中共中央党校研究室、国家发改委宏观经济研究会、国务院国资委经济研究中心协办的“亚洲包装中心建设与中国包装产业发展高层论坛”在杭州黄龙饭店召开。中共中央政治局常委、全国政协主席贾庆林，全国政协副主席王忠禹，浙江省委书记、省人大常委会主任习近平分别为“论坛”的召开题词或发去贺信。全国政协常委、中国包装技术协会会长、世界包装组织亚洲包装中心建设领导小组组长石万鹏，国家发改委副主任欧新黔，国务院国资委副主任黄淑和，中共中央党校副校长李君如，国务院参事、中国包装技术协会常务副会长、世界包装组织亚洲包装中心建设领导小组副组长闪淳昌，中国包装技术协会副会长韩家增，省人大常委会副主任叶荣宝，杭州市副市长、市亚洲包装中心建设领导小组副组长沈坚，以及农业部、商务部等有关部委领导，中国包装技术协会副会长，浙江省、杭州市有关部门的负责人，部分省、市包装技术协会秘书长，包装行业龙头企业代表300余人参加论坛。主题是研究落实中国包协“六大”制定的从“包装大国”向“包装强国”迈进的宏伟目标，建设好世界包装组织亚洲包装中心。

▶▶资料：高速数字分切机

AUSEN－5800型高速数字分切机由杭州大华工控技术有限公司开发研制，是一种填补国内空白的宽幅（幅宽从4米~8米）分切机，被省经贸委列为重点高新技术产品。为国内塑料薄膜行业提供能与宽幅、高速塑料薄膜生产线配套的价格低廉的机械装备。工艺设计创新，运行速度快，生产效率高，适合分切PP、PET、PA、PS等宽幅塑料薄膜。他的研制成功，提升了中国包装材料行业的装备技术水平。

【海外招商签约10.4亿美元】 3月29日~4月1日，中国包装技术协会、杭州市政府、世界包装组织亚洲包装中心联合组团，参加在英国伯明翰举行的国际包装机械大展。展会期间，莅临亚包中心展位洽谈投资、了解情况的外商络绎不绝。在3月31日举行的“中国日”新闻发布会上，亚包中心与美国僖佳有限公司签订总投资1000万美元的新型包装材料工业项目，与德国哈尔曼有限公司签订中德合资杭州哈尔曼—葆春机械有限公司总投资3000万美元的包装机械工业项目，与欧美投资集团签订总投资10亿美元的亚包贸易中心、欧美包装园等项目的框架协议。

【亚包中心成为世界包装组织成员】 5月中旬，在瑞士巴塞尔召开的世界包装组织理事会决定，接纳正在杭州建设的亚洲包装中心为该组织的正式成员。这标志着中国建立的第1个世界性产业中心——亚洲包装中心得到国际同行业的广泛认同，对中国从“包装大国”向“包装强国”迈进将起到积极的促进作用。

亚洲包装中心是经世界包装组织授权和中国政府批准在杭州建立的世界性产业中心。建成后的亚包中心总部将成为世界包装业的一个

6月，运萨（杭州）包装制品有限公司开工建设。

总部，制造业基地将成为世界先进包装制造业中心。（楼建民）

·化学工业·

【化学工业概况】 杭州市有规模以上化工企业354个，从业人员6.3万人。面对国际原油市场剧烈动荡，石化上游原材料价格持续上涨，煤、油、运力供应全面紧张，以及长时期的电力供应不足等不利因素的制约，各企业积极应对，团结拚搏，经济实现快速平稳增长。全年完成工业总产值347.42亿元、工业销售产值337.81亿元，分别比上年增长36.2%和35.8%；实现利润19.35亿元，增长33.6%；利税总额34.32亿元，增长32.1%。外向度显著提高，国际竞争力增强，完成出口交货值71.16亿元，增长38%。

2004年，杭州纸友科技有限公司、杭州红妍颜料化工有限公司、杭州高新塑料厂、杭州海虹精细化工有限公司通过市级企业技术中心评审。至年末，在杭州化工企业中，累计建成7个省级企业技术中心，17个市级企业技术中心。

杭州中策橡胶有限公司、杭华油墨化学有限公司、传化股份有限公司等重点优强化工企业，实施紫外线光固化油墨、子午线轮胎等21项技术改造项目，计划总投资5.92亿元，完成投资3.83亿元，其中14个项目建成投产。

【化工品牌建设成效显著】 9月1日，在北京人民大会堂召开的中国名牌暨质量管理先进表彰大会上公布的2004年中国名牌产品名单中，杭州中策橡胶有限公司的朝阳CHAOYANG牌全钢子午线轮胎和传化集团有限公司的传化TRANSFAR牌液体洗涤剂榜上有名。随后，“朝阳”商标被国家工商总局认定为中国驰名商标。至此，杭州市的11个中国驰名商标中，化工产品占2个。

2004年度，杭州先进科技化工有限公司的“ACC”商标被认定为浙江省驰名商标，杭华油墨化学有限公司的“杭华”商标被延续确认为浙江省著名商标。杭州富春江化工有限公司、浙江鑫富生化股份有限公司、杭州炼油厂等6个化工企业的商标被认定或延续确认为杭州市著名商标。

【推行清洁生产】 杭州市化工企业深入开展节能降耗、资源综合利用的清洁生产方式。杭州电化集团有限公司、杭州龙山化工有限公司、杭州油脂化工有限公司、杭州油漆有限公司、杭华油墨化学有限公司、浙江蓝天环保高科技有限公司、浙江新安化工集团股份有限公司、杭州萧湘颜料化工有限公司等8个化工企业，通过清洁生产审核验收。加上2003年通过审核验收的建德市新安化工有限责任公司、杭州华洋华工有限公司，至2004年末，全市有10个化工企业实现全过程污染控制的清洁生产。据测算，每年可节电355万千瓦时，节水162万立方米，减少废水52万吨、二氧化硫214吨、固体废弃物2102吨，提高了企业原辅材料利用率，取得明显的经济效益和环境效益。

【新安化工与俄元素化学研究所合作】 浙江新安化工集团股份有限公司是生产甲基氯硅烷单体的企业，年生产能力6万吨，规模居中国第2位，产品的合成技术和副产物的综合利用，及有机硅下游产品的开发均处于国内领先地位。俄罗斯国家元素化学研究所前身为苏联国家有机硅技术研究中心。12月1日，双方在建德市签约，决定在有机硅领域开展全面、长期的技术合作，并在新安化工建成一套具有国际先进水平的生产装置。

【之江公司为北京奥运会服务】 12月17日，杭州之江有机硅化工有限公司以良好的产品质量和优质的服务，在与众多世界知名硅酮密封胶生产厂商的竞争中脱颖而出，被确定为2008年北京奥运会配套工程项目之一的北京电视中心玻璃幕墙所需全部粘合剂（硅酮密封胶）的唯一供应商。

【蓝天环保公司实施环境成本管理方案】 浙江蓝天环保高科技股份有限公司主要生产消耗臭氧层物质替代品（ODS）等精细氟化工产品，技术水平和产业规模列国内同行业前茅，是浙江省首批8个EoCM试点企业之一。11月中旬，该公司通过由中外专家组成的EoCM评审组验收。EoCM是中德政府合作“有效益的环境成本管理”方案，通过对物料流程的分析、成本和环境影响以及原因的分析，采取技术改进措施，完善组织管理体系，既降低生产成本，又减轻环境污染负荷。

【鑫富股份上市深圳中小企业板】 浙江鑫富生化股份有限公司是国内唯一的D-泛醇生产企业，也是世界最大的泛酸系列产品生产基地。2004年创造了生产规模、产品质量、市场覆盖率、技术含量和经济效益5个世界同行第一的佳绩，80%的产品出口欧美、东南亚等国家和地区。7月，“鑫富股份”在深圳证券交易所中小企业板块成功上市。

【颜料化工厂获全国化学工业优质工程奖】 杭州颜料化工厂是萧山区的民营企业，主要生产硫酸、有机颜料及中间体产品。该厂2003年12月完成的年产20万吨硫磺制酸技术改造项目，2004年6月在中国化工施工企业协会组织的年度化学工程质量评审中，获得全国化学工业优质工程奖的最高奖。

该项目采用国际先进工艺，吸收、转化、除尘等主要设备引进美国孟山都公司产品，全过程由DCS系统集成控制，连续化生产，反应余热用于发电和生产蒸汽，蒸汽可供周边3个化工企业使用，克服了传统硫铁矿制酸工艺能耗高、废气排放量大的缺点，生产的高纯度精制硫酸可用于食品及医药行业。

【抗垢剂产品成功配套生产乙烯装置】 在石油裂解生产乙烯过程中，裂解气因高温及金属离子存在等因素，会发生很多副反应而聚合成垢，污垢积聚将影响装置运行，必须停产检修。对于年产上100万吨规模的乙烯生产装置，停产检修一次，损失将以亿元计。

杭州化工研究所有限公司研制开发的乙烯分离抗垢剂产品能有效减少和控制乙烯生产过程中污垢产生，提高装置运行效率，经上海金山石化公司、茂名石化公司等大型石化企业应用，乙烯生产装置运行周期从3年2修延长为3年1修，达到世界先进水平。2004年10月，该所成功地与英国BP公司和上海石化公司合资企业——上海赛科公司签定抗垢剂产品供应商务合同，首期合同金额540万元，成为国内最大乙烯生产装置的助剂供应商。

（梁　超）

·建材冶金工业·

【建材冶金工业概况】 杭州市建材冶金工业坚持以科学的发展观为指导，转变经济增长方式，调整产业结构，克服种种困难，保持健康、协调、较快发展。73个规模以上企业完成工业总产值264.26亿元，比上年增长36%；工业增加值79.43亿元，增长38.6%。销售收入252.16亿元，增长32.1%。行业平均产销率达到94.46%。实现利税32.66亿元，增长17.8%；其中利润21.14亿元，增长17.8%。

重点、优强企业在宏观环境偏紧和生产要素制约的影响下，表现出较强的抗风险能力。8个重点企业和12个优强企业实现工业总产值、销售收入和利润，分别为215.99亿元、205.80亿元和20.15亿元，占73个企业总量的81.7%、81.6%和95.3%；产值、销售和利润分别比上年增长38.9%、34.6%和26.6%，比行业平均水平分别高2.90、2.52和8.81个百分点；产值利润率达到9.39%，高于行业平均水平1.39个百分点。有7个企业总产值分别超过10亿元，比上年增加4个。

钢结构、水泥制造、建筑陶瓷、钢铁等主要行业保持强劲发展态势，生产增速均保持在30%以上。73个企业的数据显示，钢结构业比上年增长34.2%，水泥制造业增长34%，钢铁业增长45.2%，建筑陶瓷业增长51.9%。

2004年，全市建材冶金工业完成技改投资40.39亿元，比上年增长142.5%，投资规模再创历史新高，增幅比全市工业技改投资高109.6个百分点。技改投资集中在水泥、钢结构、技术玻璃、建筑陶瓷等行业，绝大部分资金用于新干法水泥、玻璃深加工、钢结构等先进生产力的发展，促进了建材冶金工业的产业结构调整和产业升级。

杭州海通木业有限公司、杭州东南网架有限公司、建德海螺水泥有限公司、浙江杭萧钢构股份有限公司4个企业被市工业企业信息化推进工作领导小组确定为第2批杭州市工业企业信息化应用试点企业。杭州水泥集团有限公司、浙江中财型材有限责任公司、杭州协和陶瓷有限公司、杭州金迪门业有限公司4个企业被认定为杭州市级技术中心。杭州协和陶瓷有限公司的诺贝尔牌陶瓷、杭州玻璃集团有限公司的金鹤牌浮法平板玻璃、浙江华东轻钢建材有限公司的华东钢构牌彩钢卷被评为浙江省工业名牌产品。浙江中财型材有限责任公司的中财牌门窗框用硬聚氯乙烯塑料型材被评为杭州市工业名牌产品。

【钢结构企业规模迅速扩大】 钢结构行业依据《杭州市钢结构产业发展纲要》，加快基地建设步伐，企业规模迅速扩大。列入行业统计口径的6个钢结构企业完成销售产值47.18亿元，比上年增长46.7%；实现利税3.89亿元，增长8.3%。有3个企业销售产值超过10亿元。杭州钢结构业在国内的领先地位进一步增强。5月，在中国建筑金属结构杂志社评选的2003年全国钢结构行业前20名企业中，杭萧钢构公司、东南网架公司、大地网架公司、恒达钢构公司4个企业入选。

【水泥生产基地初步形成】 杭州市水泥行业根据国家宏观调控政策，积极支持符合国家产业政策的项目尽快投产、发挥效益。全年有8条新型干法熟料生产线建成投产，新增生产能力800万吨。全年生产水泥1420万吨，比上年增长15.4%。水泥行业的企业规模和产业集中度明显提高，行业整体水平全面提升，初步形成以建德、富阳为中心的两大熟料生产基地。建德红狮水泥有限公司第2条5000吨/日熟料线的投产，标志着杭州市第1个日产1万吨级熟料生产基地的诞生。

【淘汰落后水泥生产能力】 12月，为转变经济增长方式，市政府制定《全面淘汰我市落后水泥生产能力的通知》，明确提出分两年时间全面淘汰现有的57个企业的81条机立窑水泥生产线，在2005年年底前关停50%以上，2006年年底前全面关停。将这一工作列入对区、县（市）政府年度工作目标考核，由市经委、计委、环保、国土资源、质检，监察等部门组成考核验收组。凡按期完成目标任务的区、县（市）政府，给予一次性奖励。

【杭钢集团被评为最具影响力企业】 杭州钢铁集团有限公司坚持可持续发展战略，优化产业结构和产品结构，打造“科技杭钢、多元杭钢、绿色杭钢、文化杭钢”品牌，形成以钢铁为主业，置业、商贸、旅业为优势产业的多元化发展的大企业集团。在2003年跨入全国钢铁100强企业行列的基础上，2004年实现销售收入213.72亿元、利税22.87亿元、利润14.68亿元，被中国企业联合会评为2004年中国十大最具影响力企业。

【东南网架集团中标首都国际机场工程】 12月23日，杭州东南网架集团有限公司中标北京首都国际机场扩建钢结构工程。北京首都国际机场是具有世界一流功能的现代化超大型航空枢纽，也是首都的标志性建筑，其扩建工程系国家重点工程、2008年北京奥运会工程项目。其中的3号航站楼T3A主楼网架工程，面积18万平方米，合同款额1.138亿元。中标该工程，是杭州东南网架集团有限公司多年来实施品牌战略，建设精品工程的结果。

【散装水泥供应量918.42万吨】 2004年，杭州市散装水泥供应量达到918.42万吨，比上年净增148.82万吨，增长19.3%，供应量在全国大中城市中名列第一；平均散装率达到64.68%，提高2.18个百分点；散装水泥供应量和散装率均创历史新高。全市认真做好预拌混凝土的推广应用，全年预拌混凝土供应量1630.38万立方米；预拌混凝土企业的散装水泥用量585万吨，约占全市散装水泥供应总量的2/3。

【开发生产非粘土墙材】 杭州市大力发展非粘土墙材，全年新建企业26个，生产烧结页岩多孔砖、烧结煤矸石多孔砖、蒸压灰沙砖、蒸压灰沙空心砖、混凝土多孔砖、轻集料混凝土多孔砖、混凝土砖、轻集料混凝土砖、轻集料混凝土空心砌块、蒸压沙加气混凝土砌块、纤维增强水泥板等11个非粘土类新墙材品种。26

个企业总投资5.23亿元，为前10多年杭州全部新墙材企业总投资的1.23倍；总生产能力达23.1亿块标砖，其中规模最大的企业生产能力达6.4亿块标砖。

企业规模和集中度明显提高，行业整体水平全面提升。一批技术新、规模大、档次高的新墙材生产线在抓紧建设之中，如浙江杭萧建材有限公司从德国引进的纤维增强水泥板生产线，杭州富丽华建材有限公司从韩国引进的混凝土砖、块生产线，杭州时代新型建材公司的页岩多孔砖生产线等。这些项目的建成投产将进一步推动新型墙材的发展应用。 （陈　蓉）

·电力工业·

【电力工业概况】 2004年，杭州市发、供电企业职工总数为7815人；固定资产原值209.01亿元，净值115.29亿元；全年上缴税金6.82亿元。

全市电力工业发电设备总容量327.67万千瓦，比上年增长34.9%；全年发电量104.77亿千瓦时，增长0.8%。其中华东电业管理局直辖新安江和富春江水力发电厂发电量9.03亿千瓦时，下降67.3%；华电集团半山发电厂、华能集团萧山发电厂发电量47.73亿千瓦时，增长10%；地方办的公用热电厂（6000千瓦及以上）有28个，发电量27.83亿千瓦时，增长23.6%；农村小水电发电量2.76亿千瓦时，下降1.4%；企业自备发电站发电量17.3亿千瓦时，增长126%。

杭州市有35千伏及以上公用变电所247座，变电容量2254万千伏安，比上年增长320.23万千伏安；有35千伏及以上输电线路631条，线路总长度5846千米。有10千伏配电变压器（含用户）4.82万台，总容量1364万千伏安，增加140.12万千伏安；有10千伏配电线路（含电缆）2184条，总长度1.859万千米，其中电缆2911千米。

按电度表户为计算单位，杭州市有电力用户252.08万户，比上年增长91.37万户。年供电量261.03亿千瓦时，售电量247.15亿千瓦时，分别增长11.7%和11.5%。杭州电网（不含建德、淳安）年最高用电负荷380.4万千瓦，下降0.2%。

2004年，杭州市电力局被中华全国总工会授予“全国五一劳动奖状”，顺利通过了华东电网公司、省电力公司组织的建设国际一流供电企业调研考评，获得国家电网公司首届文明单位称号。省委常委、市委书记王国平，副省长王永明，省总工会主席张蔚文，杭州市市长茅临生、代市长孙忠焕等多次到市电力局调研和指导，对奋战在抗缺电一线的电力职工表示慰问。

▶▶资料：高效电蓄热装置与系统

杭州华电华源环境工程有限公司开发研制。他利用电加热设备，在用电低谷阶段将蓄热物质（水或其他材料）加热，将热能储存在其中。在用电高峰时段，将储存在蓄热物质中的热能释放出来，取代空调采暖或供给生活热水，具有移峰填谷、平衡电网负荷的作用。无污染（无废气、废液、废渣），无噪声，无明火，消防要求低，在住宅小区、宾馆、医院和办公楼等场所得到越来越广泛的应用。

7月3日，500千伏萧山涌潮变电所投产。

【电网变电总容量2159万千伏安】 2001年以来，市电力局按照电网建设“十五”规划部署，不断加大电网建设力度，“十五”规划前四年杭州电网共投资63.49亿元，新增35千伏及以上变电容量1094.8万千伏安，电网建设规模相当于原有电网的总和。2004年，杭州电网建设改造完成投资19.5亿元，为历年之最。至此，杭州电网35千伏及以上变电容量突破2000万千瓦，达到2159万千伏安。

【不断深化有序用电】 2004年，受经济社会快速发展、电源性结构问题突出等因素影响，杭州电网的供用电矛盾十分突出，最大用电负荷缺口达到130万千瓦。全年累计拉电4.8万条次，拉负荷7843万千瓦，损失电量5.59亿千瓦时。

面对严重缺电形势，市电力局从“群众利益无小事”的高度出发，将有序用电作为全局工作的重中之重来抓。在市委、市政府的统一领导下，调动一切可以调动的力量，积极采取开源节流措施，出台《杭州电网用电指标分配办法》，对各区、县（市）实行用电包干。6月26日，公布《2004年杭州市迎峰度夏有序用电E级预警方案》。推广“重心下移、责权一致、包干使用”的萧山经验，调整管理模式，按照“先错峰、再避峰、再限电、后拉电”和“谁超限谁”的原则，由各乡镇和开发区自行错峰、避峰和限电，全力以赴保证供用电秩序的正常稳定，重点确保城乡居民生活和重要用户、重点工程、重大活动的可靠供电，基本实现“确保每天下午六点以后，老百姓点得上灯、吃得上饭、看得上电视、用得上电扇和空调”的目标。

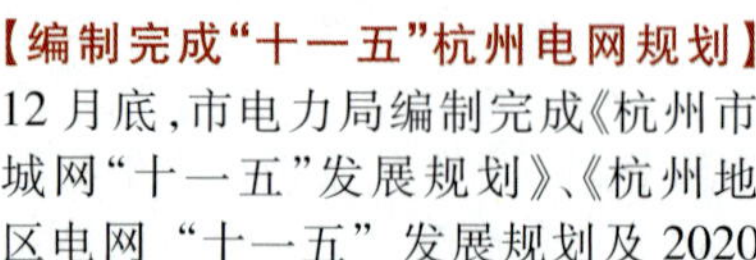

【编制完成“十一五”杭州电网规划】 12月底，市电力局编制完成《杭州市城网“十一五”发展规划》、《杭州地区电网“十一五”发展规划及2020

年远景目标展望》。此次电网规划年限是2006年~2010年，远景展望至2020年。这次规划编制是在全国性缺电的大背景下，面临着电力市场超常规发展的形势，为解决当前电网供电能力不足和电力输送“瓶颈”现象，研究“十一五”期间电网可能出现的问题及对策措施，展望电网远景发展目标，满足杭州经济和电网可持续发展的要求，规划包括高压、中低压配电网规划以及信息系统规划、节能规划等重要内容。

【500千伏涌潮变电所竣工投产】 7月3日，杭州市第3个500千伏变电所——萧山涌潮变电所投产受电，这标志着杭州电网供电能力迈上了新台阶。该变电所总投资3.56亿元，新增容量150万千伏安，输变电工程共有500千伏出线4回，220千伏出线10回。该输变电工程投入运行，解决了杭州萧山电网输电“卡脖子”状况，对于满足萧山区和滨江区的经济社会发展和人民生活需求具有重要意义，为杭州市经济社会的协调发展奠定了良好基础。

【瓶窑500千伏系统分裂改造工程完工】 500千伏瓶窑变电所是华东500千伏网架上一座重要的枢纽变电所。随着系统规模的不断扩大，500千伏系统短路电流超过了设计标准，严重影响整个电网的安全稳定运行。从3月10日起，瓶窑变电所开始实施500千伏系统分裂改造工程。整个工程经过6次启动，至7月6日，该所500千伏4段母线实施分裂方式运行，从而在电气上成为2个相对独立的变电所，为浙江乃至华东电网安全运行创造了有利条件。

【制订电网建设考核奖励与补助办法】 7月11日，为加快电网项目建设，提高电网工程质量，切实保障经济社会的协调发展，确保人民生产和生活用电需要，杭州市政府制订《电网建设项目前期工作考核奖励与补助办法》。电网建设项目前期工作奖励包括线路配合、变电配合、区(县、市)政府和市电力局奖励4个部分，每年年终对各相关部委办局、各区(县、市)进行考核奖励。杭州市电力建设协调小组根据该办法，下发2004年杭州市电网建设项目前期工作奖励费用及补助费用计划。

表15　2004年全社会用电量按用电性质构成情况

分　类	用电量(万千瓦时)	构　成(%)	比上年增长(%)
农、林、牧、渔、水利业	28 479.95	1.05	2.64
工业	1 969 610	72.58	14.48
地质普查和勘探业	319.56	0.01	19.03
建筑业	38 007.78	1.40	11.91
交通运输、邮电通讯业	30 743.13	1.13	11.65
商业、公共饮食、物供仓储业	131 074.74	4.83	5.83
其他事业	213 941.95	7.88	18.29
城乡居民生活用电	301 599.27	11.11	-3.56
合　　计	2 713 776.4	100.00	11.79

表16　2004年全社会用电量按行政区域构成情况

地　区	用电量(万千瓦时)	构　成(%)	比上年增长(%)
六　区	1 005 514.60	37.05	5.15
萧　山	807 841.97	29.77	12.70
余　杭	264 060.65	9.73	15.79
富　阳	296 192.37	10.91	21.29
临　安	123 851.80	4.56	11.85
桐　庐	71 294.46	2.63	37.68
建　德	114 867.2	4.23	22.17
淳　安	30 153.33	1.11	17.86
合　计	2 713 776.4	100.00	11.79

【市区居民可以跨区交费】 5月，市电力局电费账务中心开始运作。该中心对市区范围内的电费账务管理体系进行重新整合，打破了“小闭环、自运作”的传统模式，加快资金回笼，提高资金安全，降低了电费差错。杭州市区通过电费账务联网的城乡供电营业厅点达到20个，覆盖面超过90%，使杭州市区电费结算实现高效管理，打破了十年一贯制的供电营业“割据”局面，用户可以自主选择营业厅，跨区方便的交纳电费。

【农电体制改革基本完成】 根据国务院、省经贸委、省电力公司的有关文件精神和浙江省乡(镇)农电体制改革协调小组的安排，杭州市自1998年起，以实现城乡电力一体化管理，开拓农村电力市场，规范农村用电秩序，完善电力营销服务体系为目标，使电力更好地为农村、农业、农民服务，全面开展乡(镇)农电体制改革工作。其中，富阳和临安作为杭州市第1批试点单位，于2004年11月全面完成。12月，萧山、余杭、桐庐基本完成。

【淳安开通电力95598呼叫系统】 12月15日，淳安电力95598呼叫系统正式开通。该系统投入资金80多万元，配备了一流的硬件设施，实行24小时值班制度，全天候受理淳安县供电区域内的用电咨询、电费查询、抢修(报修)及投诉举报等业务。当用户遇到电力服务方面的问题，只要拨通95598，就能得到及时的答复。至此，杭州地区电力服务的95598呼叫系统全面开通。

【萧山发电厂完成“三位一体”贯标任务】 12月30日，萧山发电厂顺应形势提升管理水平，质量环境、职业健康、安全原理体系通过华夏认证中心的认证审核，得到中国标准认可委的批准并备案。获得认证中心颁发的质量原理体系认证、环境原理体系认证、职业健康安全管理体系认证3项证书，标志着该厂走上了可持续发展之路。

（张　帆　雷徐嵩）

公司董事长：陈向东

杭州士兰微电子股份有限公司坐落于杭州高新技术产业开发区，是专业从事集成电路以及半导体微电子相关产品的设计、生产与销售的高新技术企业。

公司持之以恒地专注于技术的提升、团队的建设、管理的完善、市场的开拓、运作模式的创新，得益于中国电子信息产业的飞速发展，士兰微电子在中国的集成电路芯片设计取得了初步成功；经过几年持续快速的发展，其技术水平、营业规模、盈利能力等指标在国内同行中名列前茅。

士兰微电子采用软件工程技术进行复杂系统级芯片开发和项目管理，目前已具有为用户提供系统方案、嵌入式软件、芯片的全方位解决能力。经过多年的积累，士兰微电子已有了较宽的产品群，从量大面广的普通消费类整机用的集成电路直到系统集成类芯片，士兰微电子的产品均有所覆盖。在国内外芯片代加工厂的鼎力配合支持下，士兰微电子的主流SOC芯片已进入0.18微米的制造工艺。

2001年1月，士兰微电子投资进入了芯片制造领域，期望在半导体芯片的特殊制造工艺上取得不断突破。2003年3月11日，士兰微2600万A股在上海证券交易所挂牌交易，成为国内第1个在主板上市的集成电路设计企业。2004年底，公司杭州滨江测试工厂建设完成。至此，士兰微电子逐步完成了芯片设计研发、芯片制造、芯片测试三个基地的建设，这将为公司的发展创造更加广阔的空间。

杭州士兰微电子股份有限公司

HANGZHOU SILAN MICROELECTRONICS CO.,LTD.

首枚量产的光盘伺服芯片(方案)

芯片设计研发、芯片制造、芯片测试三基地示意图

公司设计所

西门子（杭州）高压开关有限公司位于杭州经济技术开发区下沙工业园18号路（东）128号，成立于1995年底，是由中国华电工程（集团）有限公司、浙江省电力公司和西门子输配电集团三方出资组建的合资企业。

西门子（杭州）高压开关有限公司是西门子SF6开关产品在亚洲的唯一生产基地，也是西门子继德国柏林开关厂和美国杰克逊开关厂后投资的第3个高压开关厂，其生产能力仅次于柏林开关厂。西门子（杭州）高压开关有限公司在过去十年中发展迅速，客户遍布中国26个省、市、自治区。

树脂生产线

油漆生产线

杭州油漆有限公司

HANGZHOU YOUQI YOUXIANGONGSI

该公司原名杭州油漆厂，始建于1956年。占地10万平方米，资产1.08亿元，员工280人，专业技术人员70人，是全国涂料行业重点生产企业，中国涂料工业协会副理事长单位，浙江省涂料协会会长单位，浙江省“五个一批”重点企业，浙江省诚信示范企业。

公司专业生产经营和研发各类工业漆、民用装饰漆和建筑涂料等系列产品，年生产能力3万吨。2004年实现工业总产值1.75亿元，比上年增长27.5%；销售2万多吨，增长25.8%；销售收入1.52亿元，增长27.4%；利税总额2923万元，增长42.6%。

公司拥有一流的DCS控制树脂生产装置，工艺先进、立体布局的油漆生产线，国内领先的涂料检测设施。通过了ISO 9001质量体系认证，ISO 14001环境管理体系认证。连续多年被评为重合同守信用企业和企业信用AAA级。大桥牌注册商标从1994年起连年获浙江省著名商标称号。大桥牌、宝塔牌为浙江名牌、中国油漆市场用户购物十佳信誉品牌。

公司外貌

二级水库

泄洪中的一级大坝

华光潭梯级水电站

华光潭梯级水电站是由省政府决策兴建的分水江流域上的一期建设项目，属省重点工程，位于临安市浙西大峡谷中，工程建成后具有发电调峰功能，又有防洪抗灾能力。工程由两级电站组成，总装机容量85兆瓦，多年平均发电量1.85亿千瓦小时。其中一级大坝坝高103.85米，是华东地区已建成的最高的双曲拱坝，总投资6.89亿元。由浙江华光潭水力发电有限公司负责建设、管理，公司法人代表：边加浩，总经理：吴荣辉。

从2002年4月1日开工至今，在上级有关单位的关心、支持下，公司领导班子带领全体员工，通过艰苦奋斗，克服了重重困难，按照既定计划完成了工程建设任务，二级电站2台机组于2004年5月12日正式投产；2005年6月3日一级电站水库下闸蓄水，计划于2005年9月投产发电。

梯级电站调度中心

·机械工业·

【机械工业概况】 2004年,在国家加强宏观经济调控,能源、原材料等上游产品大幅提价,运输成本提高,电力供应严重短缺的情况下,杭州市机械工业企业努力克服经济运行中的要素制约,奋力拼搏,保持快速、稳健、均衡的发展态势。

列入行业统计口径的97个规模以上企业,完成工业总产值560亿元,比上年(指2003年,下同)增长30.2%;完成工业销售产值548亿元,增长29.2%。增长速度出现前高后低的态势,第一季度至第四季度工业销售产值增幅,分别为41%、39.4%、35.3%、29.2%。工业产品产销率97.9%,低于上年水平0.6个百分点。全年实现产品销售收入566亿元,增长29.8%。实现利税57.7亿元,增长26.4%;其中实现利润42.9亿元,增长36%。实现工业增加值107.2亿元,增长21.3%。亏损企业亏损额5564万元,下降40%。继续呈现产销同步增长,效益增长快于产销增长的良好格局。总资产贡献率11.07%,提高0.32个百分点;资产负债率58.60%,增加0.54个百分点;流动资产周转率1.88%,提高0.04个百分点;成本费用利润率7.02%,提高0.31个百分点;全员劳动生产率99293元/人,提高3452元/人。

据直辖市、计划单列市及重点城市统计信息网资料显示,杭州机械工业经济总量继续增长,工业增幅退居同行业第8位,低于同行业平均增幅0.78个百分点。经济效益综合指数175.5分,提高7.62分;高于行业平均指数29.63分,列同行业第3位,比上年退后1位。

受国家宏观经济调控政策的影响,机械产品的内销市场趋缓,外销市场趋旺。全年机械行业内企业完成出口产品交货值85.5亿元,比上年增长40%,为近三年来最高的增长幅度。出口产品交货值占销售产值的比重达到15.6%,提高2个百分点。随着先进制造业基地建设的深入和推进,重点产业继续领先增长。汽车及零部件、电工电器、仪器仪表三大重点产业,完成工业销售产值460亿元,增长31.8%;高于全行业平均增幅2.6个百分点。其中:汽车零部件产业完成258亿元,增长25.5%;电工电器产业完成128亿元,增长46.5%;仪器仪表产业完成74亿元,增长30.3%。三大产业占全行业经济总量比重83.9%,对全行业经济增长贡献率达到87.1%。

列入杭州市先进制造业基地建设机械产业发展纲要的五大优势产品生产销售保持快速增长。全年完成销售产值81.9亿元,比上年增长39%;高于全行业平均增幅9.8个百分点。其中以生产空分深冷设备为主的杭州制氧机集团有限公司,完成销售产值20.2亿元,增长29.2%。生产电梯及自动扶梯为主的西子联合控股有限公司,完成销售产值36.6亿元,增长53.8%;完成产量9869台,增长6.4%。生产叉车及物流设备为主的浙江杭叉工程机械股份有限公司,完成销售产值11.3亿元,增长31.1%;产量1.79万台,增长41%。生产船用及汽车齿轮箱为主的杭州前进齿轮箱集团有限公司,完成销售产值9.6亿元,增长24.7%;完成船用齿轮箱2.63万台,汽车变速箱1.71万台,工程液变箱2.43万台,分别增长17.9%、20%、34%。生产平面磨床及精密加工设备为主的杭州机床集团有限公司,完成销售产值4.2亿元,增长31.2%;产量4702台,增长15.2%。

大企业大集团支撑带动作用明显,经营规模化程度进一步提高。机械行业前10强企业,完成销售收入425.8亿元,比上年增长37.2%。实现利税46.0亿元,增长32.4%;其中实现利润35.4亿元,增长40.9%。3项指标分别占全行业经济比重75.7%、80.6%和83.5%,增幅分别高于全行业平均增幅7.4、6.7、4.9个百分点。万向集团年销售收入208亿元,增长37.1%,保持行业龙头地位。华立集团实现营业收入102亿元,成为行业内第2个突破100亿元企业。其他企业年销售收入超10亿元的7个,超5亿元的10个,超1亿元的30个。

科技进步和技术创新成果显著。杭州锅炉集团有限公司的NG牌余热锅炉、杭州万杰减速机有限公司的杰牌减速机、浙江天马轴承股份有限公司的TMB牌滚动轴承、华隆电子技术有限公司的电子式电能表、杭州中亚机械有限公司的ZHONGYA牌乳品无菌软包装机、浙江亚太机电股份有限公司的湘湖牌汽车制动系统、浙江万马集团有限公司的万马牌电缆用可交联聚乙烯绝缘料、杭州鸿世电器有限公司的鸿世(SWE)牌墙壁开关、插头、插座等8种产品被评为“浙江名牌产品”,杭州市机械行业累计有省级名牌产品29种。浙江国泰密封材料股份有限公司的萧星牌密封材料、制品，杭州汽车发动机厂的鼎牌斯太尔WD415、WD615系列柴油机，浙江金固汽车部件制造有限公司的金固牌汽车钢圈，杭州圣力电气有限公司的HZSHL牌高压开关设备等4种产品被认定为“杭州名牌产品”。获杭州市优秀新产品新技术奖34项,其中杭州汽轮股份有限公司的600兆瓦等级电站丰容量锅炉给水泵汽轮机、杭州锅炉集团有限公司的220吨/时全燃高炉煤气高温高压电站锅炉等2项获一等奖;杭州之江开关股份有限公司的HSW1-6300智能型万能式低压断路器等10项获二等奖;杭州东华链条总厂的橡胶链条等22项获三等奖。

浙江杭叉工程机械股份有限公司企业技术中心、杭州人人集团有限公司企业技术中心、西子电梯集团有限公司企业技术中心、杭州机床集团有限公司企业技术中心被认定为第8批省级企业技术中心。杭州市机械科学研究所有限公司企业技术中心、杭州自动化技术研究院有限公司企业技术中心、杭州发达齿轮箱集团有限公司企业技术中心、杭州南方特种泵厂企业技术中心、杭州盛大高科技机电有限公司企业技术中心被认定为市级企业技术中心。杭州市机械行业累计有国家级企业技术中心3个，省级企业技术中心12个,市级企业技术中心20个。

▶▶资料:数控强力成形磨床

杭州机床集团有限公司开发研制MKL7120×6/MKL7150×16型系列数控强力成形磨床,是机电一体化产品，具有自主知识产权。首次采用“立柱移动磨床的横面移动装置”的专利技术,处于国内领先地位。2004年1月~9月,该产品为企业新增产值1045万元，创利税313.5万元。

【杭氧公司中标5.2万立方米空分设备】 8月28日,杭氧科技股份有限公司为河南省中原大化集团有限责任公司煤化工项目50万吨/年甲醇工程配套的5.2万立方米/时内压缩空分设备的中标签字仪式在河南濮阳举行。这是杭氧公司上年与中石化公司签订两套4.8万立方米/时内压缩空分设备后，取得的重大进展。该套空分设备是国内自行成套、自主设计制造最大型的内压缩流程空分装置,采用空气增压、膨胀空气进下塔的氧氮双泵内压缩流程。针对用户氧产品压力高，氮产品压力低，氮气品种多，装置规模大的特点，选择安全可靠和经济合理的最佳流程，整套装置具有设计参数先进、工艺技术成熟、运行可靠性好、操作方便、能耗低、安全性好等显著特点。该套空分设备供货合同的签订，使杭氧公司向国际先进目标迈进了一步，增强了参与国际竞争的能力，标志着特大型空分设备不再完全依赖进口。

【西子奥的斯电梯扶梯订量超过1万台】 杭州西子奥的斯电梯公司是浙江省最大的电梯企业,2004年的电梯、扶梯订量首次超过1万台,达到10889台。良好的业绩,使全球最大电梯企业——美国奥的斯集团决定加大对杭州西子奥的斯公司的投资。新建的扶梯厂位于江干科技经济园区,占地面积7万平方米,建筑面积4.1万平方米，总投资1.95亿元，建成后将成为奥的斯集团全球最大的扶梯制造基地。

【杭齿集团走在传动装置制造业前列】 杭州前进齿轮箱集团有限公司是一个建厂40余年的国有企业。该集团创新科技发展机制，实现技术力量、生产能力和质量管理3个突破,抢占市场制高点,实现传统市场向新生市场转换,充分发挥集技术、装备、人才、品牌于一身的优势,致力研制高科技含量、高附加值、高性价比的大型齿轮箱，成为国内传动装置制造业的领头企业，产品有船用齿轮箱、工程机械变速箱、汽车变速箱、工程变速箱、调速离合器、特种车辆变速器、粉末冶金件和大型精密重载齿轮等8大类1000余个品种。

2004年，装有杭齿集团自行研制的中国首台高科技智能型大功率船用齿轮箱GWC70/76的中国万吨巨轮试航成功。GWC70/76齿轮箱高2.5米、长3米、宽2米,自重23吨，最大输出功率为6248千瓦(8500马力),能承受70吨的螺旋桨推力，产品已安装在浙江某海运公司1.2万吨级集装箱船上。经出厂试验检测和在万吨轮满载600标箱的试航证明,其产品精度、寿命、效率、噪声、平稳性等技术指标均达到设计要求,完全可以与世界著名传动装置企业生产的具有国际先进水平的同类产品媲美,市场前景看好。至年末,该集团按用户的要求,基本完成1万千瓦级GWC80/86大功率船用齿轮箱的设计和研制的前期准备。

【机床集团获中国企业新纪录奖】 10月,由中国企业联合会、中国企业家协会联合评审的第9批中国企业

4月15日,杭州神钢建设机械有限公司开工奠基仪式。

新纪录揭晓，杭州机床集团申报的MKLD7140数控双磨头强力成形磨床和MKL7120×6数控强力成形磨床两个项目通过审定，荣获中国企业新纪录奖。该项评选活动是为了总结交流中国企业创造新纪录的经验，使中国企业不断通过技术创新、管理创新和制度创新，提高国际竞争力，促使企业在更大范围和更深层次上参与竞争和合作。

杭州机床集团在数控磨床制造领域不畏艰难，勇攀技术高峰，2001年以来，开发成功MKLD7140数控双磨头强力成形磨床和MKL7120×6、MKL7150×16数控强力成形磨床等产品，其中立柱中腰移动结构拥有自主知识产权，改变了在高档强力成形磨床领域依靠进口的局面。该集团在国内重点设备的招标中屡次中标，显示了较强的竞争实力。

【沃尔夫链条有限公司成立】 11月28日，国际著名链条生产企业——德国沃尔夫控股集团与中国大型链条生产企业杭州东华链条总厂，在余杭区兴旺工业城正式成立杭州沃尔夫链条有限公司。据国家有关部门统计，当前中国重大的投资项目是地铁工程，各地在建或准备上马的地铁项目超过20个，地铁总投资超过2000亿元。许多外国著名企业考虑投资中国地铁项目。德国的沃尔夫集团是跨国公司，已有75年制造大型输送链条、链轮产品的历史，与链条产量、出口量、销售额均列中国第一的民营企业杭州东华公司合资后，企业的技术与市场优势得到完美结合，其生产的链条已运用于南京地铁和广州地铁项目中。

【华立集团实现营业收入102亿元】 华立集团通过产权制度改革和现代企业制度的实施，发展成为一个跨地区、多元化、外向型的民营股份制企业。总资产超过60亿元，员工近1万人，控股国内3个A股上市公司，产业涉及仪表及系统、制药、信息电子、房地产等。生产基地分布在杭州、重庆、昆明、武汉、广州、深圳、海南等地，在泰国、美国、加拿大、阿根廷、以色列等国家设有制造工厂和研究机构。传统核心产品电能表的各项综合经济指标连续十一年名列国内同行首位，是国际上生产能力最大的电工仪表制造商。

该集团积极推进技术创新、资本经营、国际化三大战略，全面实现由传统企业向现代企业转变、由传统产业向高新技术产业转变、由带有计划经济痕迹的企业向具有国际竞争力的跨国公司转变，陆续建设公共计量仪表、医药产业等大型工业园区，实现产业资源整合与共享，形成更大的发展规模。2004年，华立牌电能表被评为“中国名牌产品”，“华立”商标成为“中国驰名商标”。全年实现营业收入102亿元，比上年增长50%以上，其中工业销售收入75亿元；实现利税7.8亿元，增长10%。

【亚太公司批量生产汽车防抱死系统】 汽车防抱死系统（ABS）是机电一体化程度较高的高科技产品，发达国家对汽车ABS技术实行垄断与封锁。掌握产品的核心技术就等于掌握产品市场，浙江亚太机电股份有限公司与清华大学合作研究ABS技术，于2000年12月通过国家科技成果鉴定。该项科技成果产业化经历艰难、曲折的过程，ABS系统对加工过程和质量控制有严格的要求。在国外厂家不肯提供相关生产检测设备，国内制造企业没有生产过此类设备情况下，亚太公司与有关单位、企业进行合作，研发制造相关生产与检测设备。至2004年，该公司投资近2亿元，终于从国内近100个从事汽车ABS系统产业化研发的企业单位中脱颖而出，成为国家发改委批复的第1个汽车ABS系统生产企业。ABS系统成功进入产业化、批量生产，对中国汽车工业与汽车零部件发展具有重要意义。

【万向集团获汽车零部件综合竞争力金牌】 6月，在由中国汽车工程学会、中国机械工业企业管理协会共同主持的中国汽车零部件企业综合竞争力100强评选活动中，万向集团获得2004年度中国汽车零部件企业综合竞争力金牌。

万向集团注重不断提高企业综合竞争力，在质量管理和接轨国际OEM（原始设备制造商）市场方面，深入贯彻实施QS 9000、ISO 14001、ISO/TS 16949的认证注册。实现与国内主机厂的同步开发、同步发展，建设多个当地化供货的集成系统供货基地。依靠国家级技术中心和万向研究院，实现技术服务，超前研究，严格试验，规范生产，规模制造。在市场开拓方面，实施“三三制”的运作模式，国内OEM市场资源共享，集中开拓，系统集成配套；国际市场按照“走出去”、“引进来”的战略引导，统筹万向国际资源；国内售后市场，以建设具有市场控制力的销售渠道、物流平台为基础，实现售后市场的服务当地化、规范化。开展比较管理，积极挖掘内部潜力，走“技术和成本相结合”道路。该集团保持快速持续增长，全年实现营业收入208亿元，比上年增长37%。

【杭发集团纳入汽轮集团管理】 4月23日，根据杭州市政府文件，杭州杭发集团公司净资产划转给杭州汽轮动力集团公司经营。杭发集团作为全资子企业，纳入杭州汽轮集团公司统一管理。

杭州杭发集团公司又名杭州发电设备厂，始建于1956年，主要产品为中小型水轮发电机组、汽轮发电机、电动机等。1996年5月其主体部分与挪威克瓦纳公司合资，杭发集团占39%股份。2003年1月，美国GE公司对合资企业的股权进行收购，该集团在合资企业中29%的股权被GE公司收购，余下的10%划给杭州市工业资产经营有限公司。

汽轮集团处在最佳的发展机遇期，要进一步发展，首选是发展相近门类的产品。杭发集团的发电机与汽轮集团产品有很大的关联度，其厂房、设备、人才的划入，可起到事半功倍的作用。从一定程度上看，发电机的市场比汽轮机的市场还要大，杭发集团划转后，通过改制调动积极性，依靠汽轮集团的资源、人才、资金等优势，可加快开发出新的成套产品。

【6个企业列入全国机械行业100强】 据中国机械工业联合会《机械工业经济运行与市场分析》公布，2004年全国机械工业重点联系企业主要经济效益综合指数前100强中，杭州市机械行业有6个企业入围。其中浙江杭叉工程机械股份有限公司列第26位、杭州制氧机集团有限公司列第16位、杭州汽轮动力

集团有限公司列第 27 位、杭州锅炉集团列第 24 位、万向集团列第 49 位、华立集团有限公司列第 66 位。

【博世电动工具公司杭州厂投产】 4 月 16 日,杭州钱江南岸的博世电动工具(中国)有限公司杭州生产厂正式投产。省委常委、市委书记王国平,副市长金胜山为工程的投产剪彩。

世界 500 强企业——德国博世公司在全球有 20 多个生产基地,杭州基地规模排名第 5 位,是亚洲最大的电动工具生产基地。该基地占地 7.7 万平方米,总投资 2.84 亿元,投产后计划年产 350 万台(套)电动工具和 1100 万件附件。在未来 4 年内,达到年产 1000 万台(套)电动工具及其附件的能力,实现年销售额 25 亿元。正式投产后的博世公司杭州厂,基本招收当地员工。

【钱江电气集团居同行经济效益前列】 据中国变压器行业信息网统计,2003 年度全国生产 35 千伏变压器企业经济效益综合指数序列排定,钱江电气集团股份有限公司名列全国第 2 位,居浙江省首位。

近年来,该集团积极参与国际竞争,努力朝着"国际一流电气设备供应商"的目标迈进。至 2004 年末,钱塘江畔占地 67 公顷,投资规模 18 亿元的杭州钱江电气科技工业园在建设之中,园区中 220 千伏级大型变压器及箱式变压器生产基地已建成投产。通过抢抓机遇,不断加大技改投入,开发产品科技含量高和适销对路的产品,使市场占有率逐年上升,生产经营业绩显著,连续三年 35 千伏级以下电力变压器销售量居全国第 1 位,箱式变压器销售量居全国第 3 位。

【通用电气在华最大项目落户萧山】 2004 年末,美国通用电气亚洲水利设备公司萧山生产基地建成,计划 2005 年全面投产。该生产基地设备制造中心位于萧山经济技术开发区桥南区块,占地约 13 万平方米,项目总投资 5000 万美元,是美国通用电气公司在中国的最大投资项目,能生产单机 60 万千瓦的水力发电机组,为全球客户提供国际一流的水力发电设备。

【新型水泥窑锅炉投运成功】 随着水泥熟料燃烧技术的发展,回收其中的低温余热,进一步降低水泥生产能耗,减少环境污染显得日益重要。2002 年 3 月起,杭锅集团工业锅炉公司与上海万安水泥厂合作,不断完善设计方案和进行技术攻关,在 2003 年 5 月使水泥窑低温余热锅炉成功通过 72 小时运行。至 2004 年 3 月,杭锅集团工业锅炉公司研制的首台国产化水泥窑低温余热发电锅炉机组,连续正常运行 10 个月,平均发电功率 2058.9 千瓦,最高达到 2500 千瓦,受到用户好评。经省经贸委、省电力局、省环保局调研和考察,认为这项节能、环保型余热发电技术有较强的推广价值。

【太阳能电源车试制成功】 6 月,国内首台太阳能电源车在杭州试制成功。这台型号为 HYL5220TDY 的太阳能电源车由杭州爱知工程车辆有限公司等单位共同研制开发,集光控跟踪、电能转换、液压电控等技术为一体,是以太阳能发电为主、柴油机发电为辅的移动电源供应设备。工作时不产生红外线辐射和噪音,采光板自动跟踪光源,具有高度机动性、持续性和稳定性。

(王智斌　平永星)

·电子信息业·

【电子信息业概况】 电子信息行业深入贯彻实施市委、市政府《进一步加快"一号工程"建设的若干意见》,杭州市继成为国家软件产业化基地、国家集成电路设计产业化基地"两个基地"后,成功申报国家电子信息产业基地,加大对企业的服务、支持力度,加强调查研究,促进全行业经济运行持续、快速、协调、健康地发展。

全行业从业人员 91875 人,比上年增加 26886 人,增长 41.4%。其中:电子制造业从业人员 6.82 万人,增长 31.9%;软件业 2.37 万人,增长 27%。电子信息行业规模以上企业实现销售收入 909.45 亿元,比上年增长 44.4%;其中软件产品销售收入 198.43 亿元(含电子产品嵌入式软件 110.27 亿元),增长 42.4%。完成工业增加值 150.26 亿元,增长 34.1%。利税总额 65.98 亿元,增长 33.2%;其中利润 44.48 亿元,增长 62.6%,占全市工业经济利润比重的 20.1%。

杭州市是国家的 4 个试点即信息化、电子政务、电子商务、数字化电视试点城市,信息产业已经成为杭州市的基础产业、支柱产业和先导产业。6 个企业进入全国电子 100 强企业行列,12 个软件企业进入 2004 年国家软件 100 强,3 个企业进入国家独立软件开发 30 强。根据省信息产业厅的排序,全省软件企业 10 强中杭州市占前 9 强,全省电子企业 30 强中杭州市占 14 强,全省软件出口企业 10 强中杭州市占 5 强。

4 月 5 日,国务院信息化工作办公室副主任陈大卫一行 3 人到杭考察,重点考察信雅达系统工程股份有限公司承建的杭州市数字档案馆建设与应用情况,以及该公司具有自主知识产权的"非结构化数据库管理软件"、"基于多域模型跨域协作分布式工作流管理系统"等产品的研发及应用情况。7 月 15 日至 16 日,在市信息办、市外办的有关人员陪同下,爱尔兰 VALISTA 公司中国区项目经理 COLUM HIGGINS 先生访问杭州移动公司、浙江联通公司等网络服务提供商和阿里巴巴网站、UT 斯达康公司等 IT 高新技术企业,就移动环境下的在线商务、移动充值、在线钱包、网络服务支持等进行技术交流与合作探讨。8 月 10 日至 12 日,日本冲电气工业株式会社(OKI)代表团一行 4 人到杭考察访问,就智能交通、超载车辆系统、安全与监视方案等与浙江浙大中控信息技术有限公司进行广泛交流,双方表达了加强合作的愿望。

【电子信息业销售收入 2 年翻番】 杭州市信息产业持续健康快速发展,规模不断扩大,企业数量不断增加。据调查,2004 年有企业 1473 个,比上年增加 9%;其中电子制造企业 480 个、软件企业 993 个。在统计网上直报系统中注册的企业 336 个,其中电子制造企业 81 个、软件企业 255 个。随着不断推进大公司、大集团战略,优势企业的规模不断扩大,行业人才向优秀企业流动,市场份额向名牌产品叠加。如 UT 斯达康公司、东方通信公司,全年分别实现产

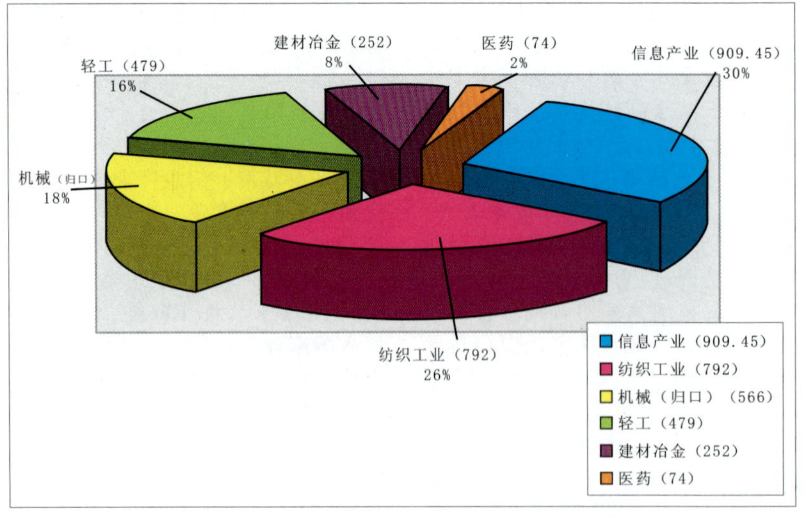

图1　杭州市工业经济部分行业销售收入(亿元)比重图

品销售收入173亿元、135.88亿元，增长51.8%、24.8%，分别占该行业的19%、15%。进入21世纪以来，电子信息产业在工业经济中的增幅和份额处于领先地位，行业发展速度始终高于全市工业平均增长水平。全年实现产品销售收入909.45亿元，比2002年翻一番多，在全市工业经济中的比重列第1位。

参见杭州市工业经济部分行业销售收入比重图。

【电子信息业经济效益明显增长】 在国内外两个市场的拉动下，电子信息产业结构调整效果较为显著。随着东芝笔记本电脑的批量生产，计算机行业迅速扩张，2004年计算机类产品销售收入119.38亿元，比上年增长1.8倍。

大力推进数字电视计划，数字电视产业链发展明显加快，家用视听设备制造业实现产品销售收入30.18亿元，比上年增长53.1%；其中电视机产量371.7万台，增长29.2%。全行业经济效益走出2003年增长缓慢态势，实现较快增长，全年实现利税总额65.98亿元，增长33.2%；其中实现利润44.48亿元，增长62.6%。

通信设备制造业产品对该行业经济效益增长贡献最大，全年实现销售收入467.67亿元，占行业比重51.4%；实现利润22.24亿元，占行业比重50%。华立集团由传统的电子测量仪器制造业转向通信设备制造业，实现产品结构调整的转型，是拉动行业经济效益增长的重要力量。东方通信公司从2003年亏损9.57亿元，到2004年扭亏为盈，实现利润1.9亿元。

【注重提升研发能力】 2004年，电子信息企业注重提升研制发展能力，产品技术水平进一步提高，特别是一些高附加值和高新技术产品的研发取得长足进步。软件和集成电路技术研发及产业化取得新的进展，Linux软件等自主知识产权产品有突破；国内品牌手机企业对第2代移动手机的应用层软件、射频模块设计技术、核心芯片及协议层软件等开发方面取得较大进展；通信系统设备研发取得群体性的突破；大规模集成电路的研发达到0.25微米~0.18微米水平，杭州市研发能力快速达到国际主流技术水平。

2004年，恒生公司、世导公司、新中大公司、虹软公司4个软件企业得到国家发改委软件产业化专项资金1200万元；士兰微电子公司得到国家发改委技术进步专项资金540万元；微电子专项资金500万元；西湖电子集团、数字电视公司、华视数字公司3个企业得到国家发改委数字电视专项资金3600万元；华立集团、东信集团公司、北邮3个企业得到国家发改委移动通信专项资金1300万元；浙江亚太公司、杭州广安公司、中软安人公司、大华技术公司4个企业得到国家发改委汽车电子专项资金1900万元；杭州开源电脑公司等12个项目得到信息产业部电子发展基金1700万元；恒生电子公司等53个项目得到省信息产业厅软件专项资金1090万元；三维通信公司等9个企业得到省信息产业厅电子财政专项资金233万元；有42个企业得到“信息港”资金资助。

【主要电子产品产销两旺】 全行业产销衔接进一步好转，产销率为97.5%，比上年提高0.3个百分点。从信息办公室重点监测的主要电子产品完成情况看，大部分产品产销趋旺，特别是新型电子产品，如无线接入设备、移动通信手机、电脑、“小灵通”、集成电路等产品，增长速度均在15%。

【加强电子行业对外合作】 外商投资企业进一步增加，规模迅速扩大，拉动电子信息业经济增长的作用进一步增强。全年三资企业实现电子信息产品销售收入393.06亿元、利润总额17.76亿元、工业增加值63.25亿元、出口额16.1亿美元，占行业的比重均超过1/3，分别达到43.22%、39.93%、42.09%和62.92%，对全行业经济运行起到了重要作用。全市电子信息产品出口25.59亿美元，比上年增长1.1倍，是历年来电子信息产品出口增幅最高的一年；其中软件产品出口1.57亿美元，增长37.7%。

促进国际和地区间的技术合作。在新加坡成功举办杭州电子信息产业商务洽谈会，在新加坡ISS帮助下，杭州市有6个软件企业正在进行CMMI认证（指软件企业能力成熟度），杭州东忠软件有限公司已通过CMMI2级认证。促成浙大网新公司与日本著名的人才输出公司MEITEC株式会社签约成立合资公司——明达科技网新公司，促成杭州东忠软件有限公司与日本NECST联合投资创建NEC软件系统科技(杭州)有限公司。开展到日本、台湾省等的招商引资和技术交流活动，与日本YRP签订合作协议，举办“杭台电子信息产业企业对接洽谈会”，浙大网新公司、信雅达公司等企业开拓了日本、美国市场。

【软件产业保持快速增长势头】 2004年软件产品销售收入198.43

亿元，比上年增长42.4%。嵌入式软件随着信息化程度的加深，与传统产业日益紧密结合，并广泛应用于信息家电、通信产业及工业控制等领域，形成多学科、多领域的交叉融合，产品发展迅速增长，嵌入式软件收入占纯软件产品的比例不断提高，由2003年的40%提高到2004年的50%以上，加快了杭州市以信息化带动工业化的发展步伐。智能卡、一卡通等产品随着智能技术水平和产品智能化应用的提高，产销出现大幅度增长，全年增幅在80%以上。

表17　2004年杭州市主要电子产品产销量情况

名　称	单　位	生产量	比上年(%)	销售量	比上年(%)
无线接入设备	万线	2 539	96.97	2 470	91.62
移动通信手机	万部	1 273	74.62	1 258	70.92
路由器	部	10 144	–	9 019	–
电视机	万台	371.7	29.20	357.4	32.47
笔记本电脑	万部	118.46	156.52	118.46	156.52
“小灵通”	万部	1 571	17.94	1 397	6
集成电路	万块	8.3	66	8.1	65.31

【双软认定和CMMI等论证取得成效】 2004年，杭州市“双软”(软件企业、软件产品)认定和CMMI认证取得成绩。当年认定新软件企业67个，累计280个，占浙江省的85.9%；认定软件产品430个，累计1289个，占浙江省的91.2%。累计有106个企业通过ISO 9001认证或系统资质认证；TCS公司通过CMM5级认证，恒生公司、新中大公司、信雅达公司3个软件企业通过CMM3级认证，7个企业通过CMM2、CMMI2级认证，1个软件企业通过SJ/T 11235二级认证。

【3个园区产业发展规划通过论证】 根据信息产业部《建设国家电子信息产业基地和产业园的意见》，杭州市在成功申报“杭州国家电子信息产业基地”的基础上，申报“杭州高新区国家通信产业园”、“杭州经济技术开发区国家计算机及网络产品产业园”、“杭州富阳国家光纤光缆产业园”。12月13日至14日，省信息产业厅组织并邀请国家部委专家、园区行业专家，分别对高新区、经济技术开发区、富阳市的《杭州高新区国家通信园发展规划》、《杭州经济技术开发区国家计算机及网络产品园发展规划》、《杭州富阳国家光纤光缆园发展规划》进行现场论证。专家组在听取汇报、现场考察、审验材料、交流讨论的基础上一致通过。认为3个园区规划申报材料规范，资料数据翔实，总体思路清晰，符合申报国家电子信息产业园的要求；规划的制定反映了3个园区领导高度重视、组织机构落实、政策措施得力；3个规划能根据各园区发展实际，按照科学发展观和电子信息产业做大做强的要求，很好地反映了园区产业发展基础和特色优势；3个规划从提升产业综合竞争力的高度，提出2004年至2006年产业发展目标，定位比较准确，重点比较突出，措施比较得当，具有现实指导意义。

【举办国际动漫交流展】 11月19日至23日，由中国贸易促进委员会杭州分会、市信息办、市广播电视集团主办，杭州华人卡通有限公司承办，在浙江世贸会展中心举办“2004年首届国际动漫交流展”。市委副书记、市动漫游戏产业发展领导小组组长叶明出席开幕式，常务副市长、市信息化工作领导小组组长、市动漫游戏产业发展领导小组副组长盛继芳参观展会。展会期间，举办动漫嘉年华、动漫交流展、动漫衍生产品展销等活动，集视、听、购、娱乐为一体。展会集聚国内外众多动漫商和著名漫画家，吸引数万名的动漫爱好者。

【杭州成为国家电子信息产业基地】 9月28日，国家信息产业部在北京举行“国家电子信息产业基地授牌暨基地建设座谈会”，授予北京、天津、青岛、上海、苏州、杭州、深圳、福州厦门沿海地区、广东珠三角地区等9个地区为首批国家电子信息产业基地。国家发改委、财政部、商务部等部委领导出席授牌仪式，杭州市副市长沈坚代表首批国家电子信息产业基地在授牌仪式上发言。

近年来，杭州市深入贯彻实施“构筑数字杭州，建设天堂硅谷”的战略，信息产业发展迅猛，2003年产值超过1000亿元。按照建设国家电子信息产业基地和《杭州市电子信息产业三年滚动发展规划》的要求，计划到2006年，杭州国家电子信息产业基地的电子信息产业销售额将达到1630亿元；将培育4个~5个产值超100亿元的大公司、大集团，20个超10亿元的“小巨人”企业，80个超1亿元的骨干企业，20个上市公司，10个中国名牌产品，15个软件企业通过CMM认证，组建2个软件

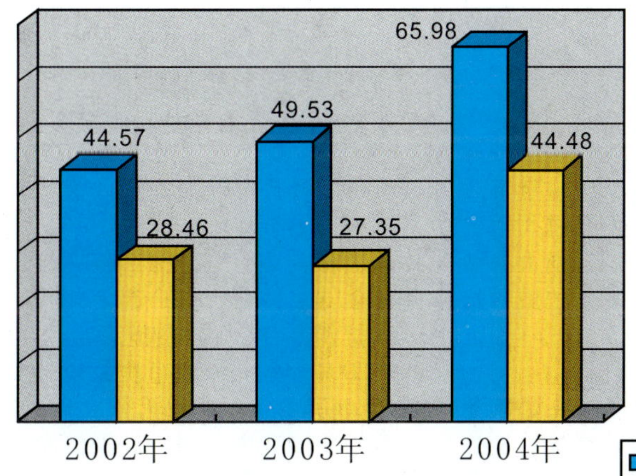

图2　2002年~2004年杭州市电子信息业实现利税示意图

出口加工联合体，建设和培育 20 个以核心区块、核心企业为主体的产业集聚区。

【6 个企业列入国家电子信息 100 强】 经企业申报、各省（市）信息产业主管部门推荐，由信息产业部最终审核的 2004 年全国第十八届电子信息 100 强企业中，杭州市 6 个企业榜上有名。其中，华立控股有限公司排名第 29 位，营业收入 67.35 亿元，实现利润 4.32 亿元，上缴税金 3.56 亿元；浙江浙大网新科技股份有限公司列第 48 位，营业收入 29.73 亿元，实现利润 7912 万元，上缴税金 5390 万元；富通集团有限公司列第 53 位，营业收入 25.94 亿元，实现利润 1.69 亿元，上缴税金 1.20 亿元；浙江富春江通信集团有限公司列第 54 位，营业收入 25.66 亿元，实现利润 8545 万元，上缴税金 7132 万元；西湖电子集团有限公司列第 79 位，营业收入 13.97 亿元，实现利润 3236 万元，上缴税金 2292 万元；华伦集团列第 80 位，营业收入 13.95 亿元，实现利润 4866 万元，上缴税金 3785 万元。 （刘元永）

【8 个企业入选中国软件 100 强】 1 月，国家信息产业部公布 2003 年中国软件产业最大规模前 100 位企业的名单，杭州有 8 个入选。他们是浙江大学快威科技集团有限公司列第 32 位、杭州恒生电子股份有限公司第 33 位、杭州新中大软件股份公司第 40 位、华立集团有限公司第 51 位、杭州士兰微电子股份公司第 55 位、浙江颐高数码科技集团公司第 65 位、浙江浙大中控技术有限公司第 75 位、杭州信雅达系统工程股份有限公司第 77 位。

截至 9 月 12 日，浙江有 64 个企业获“部系统集成资质单位”称号，其中杭州 53 个。获得一级资质称号的 3 个企业，分别是杭州恒生电子股份有限公司、浙江浙大海纳软件有限公司、浙江大学快威科技集团有限公司。

【3 个电线电缆企业产品获国家免检】 10 月，国家质量监督检验检疫总局在北京举行 2003 年度国家免检产品颁证大会。全国 395 个企业（产品）受到表彰，其中杭州市电线电缆行业协会有 3 个企业获得表彰，并获得“国家免检产品”称号。他们是浙江富春江通信集团有限公司的富杭牌通信光缆产品，杭州富通通信技术股份有限公司的富通昭和牌通信光缆产品，浙江飞虹通信集团有限公司的飞虹牌通信光缆产品。 （胡传明）

·食品工业·

【食品工业概况】 食品工业是杭州市工业经济的支柱产业之一，涵盖 4 大门类 48 个自然行业。2004 年，食品工业企业克服原辅材料价格上涨，能源紧缺，市场竞争加剧等不利因素，呈现持续健康发展态势。根据市经委统计的 32 个具有代表性的行业内规模企业的主要经济指标，全年食品工业总产值 271.64 亿元，比上年增长 21.6%；销售收入 271.95 亿元，增长 18.9%。完成利税 99.07 亿元，增长 20.5%；其中利润 36.71 亿元，增长 15.7%。资产总值 214.68 亿元，增长 16.9%；负债 77.82 亿元，上升 14.9%。

随着经济体制改革的深化，食品行业中，国有企业重组改制步伐加快，民营企业快速发展，外资合资企业日渐增多，规模企业数发展到 206 个，比上年增加 31 个。

2004 年是杭州市食品安全管理年，通过全社会的共同努力，全市没有发生因食品质量原因而导致的中毒事件，也没有发现重大假冒伪劣食品案件和被新闻媒体披露曝光的典型案例。

2004 年也是杭州市食品质量升级年。全行业已有娃哈哈果汁饮料、娃哈哈矿泉水、祐康冷食、利群卷烟先后获中国名牌产品和“驰名商标”称号；有蜂之语、千岛湖、姚生记、祖名、顺丰祥、冠华王、郭氏和 FUTUE 非常等 8 种产品注册商标，荣获省著名商标；有天堂、老大昌等 13 种注册商标为市著名商标。连同前几年已创立名牌的产品一起，共同构筑起杭州市食品的品牌阵营。

2004 年还是杭州市食品规模发展年，杭州娃哈哈集团有限公司、祐康食品集团有限公司、农夫山泉股份有限公司、顶新集团食品有限公司、杭州顶益食品有限公司、杭州中萃食品有限公司、杭州西湖啤酒朝日（股份）有限公司、浙江钱啤集团股份有限公司、浙江致中和酒业有限责任公司、杭州卷烟厂、浙江省杭江牛奶公司乳品厂、浙江贝因美科工贸股份有限公司、杭州联合肉类有限公司等大集团、大企业成为食品工业的主力军，更多的中型企业正朝着先进制造业基地的目标迈进。

食品工业企业重视资源的综合利用和合理开发，重视生态保护和环境保护，努力实施市委、市政府提出的“建经济强市，创文化名城”的战略目标，构筑和谐社会。

▶▶资料：神经酸酯 N-酰化合成神经酸酰胺

杭州施惠泰食品化学有限公司开发研制。具有增强表皮细胞的内聚力、改善皮肤保持水分的功能，是现代功能性化妆品的新型添加剂。可广泛应用于营养保健品、食品添加剂、生物医药等领域。据日本市场的统计，近三年来，以神经酸酰胺混合物及其衍生物为主要原料的产品，需求量和销售额快速增长，销售额每年以 50%以上的速度递增。预计该产品开发成功投产后，国内可实现年销售额 2000 万元~5000 万元，利税 700 万元~1100 万元；国外市场可创汇 150 万美元以上。

【食品工业协会被评为全国先进】 杭州市食品工业协会成立于 1983 年。为食品工业的健康发展，为企业提供服务，为在政府与企业间发挥桥梁纽带作用作出了努力。2004 年，杭州市食品工业协会被民政部授予“全国先进民间组织”的称号。这是首次在全国范围对民间社团组织进行表彰，全国食品行业获此荣誉称号的有 3 个单位。

食品工业对全市经济、社会发展起着重要的作用。该协会以“行业服务、行业自律、行业代表、行业协调、行业监督”的理念，打造运作先进规范的行业管理社团组织，参与起草几个“五年规划”的部分篇章，拟订完成《杭州市食品工业先进制造业基地建设纲要》，为市领导的科学决策提供依据。

市食品工业协会的发展，得益

于政府行政体制的改革和经济管理的转轨。2003年，市经委授权给予10项行政管理职能。牵头组织市级名牌产品的考核评定，协助开展对企业技术中心的认定，对先进食品制造业基地建设工作进行细化，参加对新产品开发的评审和认定，参与产学研联合发展的尝试等。坚持出版编辑的《杭州食品科技》刊物，截至2004年底，出版75期，为企业提供了大量的信息，并与全国50多个科研单位建立科技资料交换、信息共享关系。

【食品工业协会为企业服务】 市食品工业协会的啤酒、酿造调味品、豆制品、饮料、黄白酒、蜜饯等6个专业委员会立足为企业服务。2004年，根据各自的行业特点，开展市场调研、产品质量评比、新型设备应用观摩、节能降耗技术研讨、企业管理经验交流、企业体改经验交流、产品产销协调等活动，多次参与省、市政府部门联合组织"打假"，规范食品安全市场秩序的活动，受到职能部门的认可，得到企业和消费者的信任。协会及时提供从设备选型、工场设计、包装策划、环境保护到技能培训等咨询服务，增强了协会的凝聚力。该协会为食品企业的发展提供各种平台，连续十九年举办市食品展销会。由于参展商品质量好、品种多、价格廉，多方共赢，已经成为百姓心目中的知名品牌。根据行业发展的实际需要，着手筹备长三角保健食品协会和焙烤食品专业委员会。

【娃哈哈集团实现营业收入114.43亿元】 2004年，杭州娃哈哈集团有限公司在原辅材料大幅涨价、能源短缺和饮料市场竞争激烈的情况下，不断进行产品技术创新，已成为含乳饮料、瓶装水、碳酸饮料、茶饮料、果汁饮料、罐头食品、保健食品、休闲食品等8大类60多个品种的生产企业，全年实现营业收入114.43亿元，比上年增长11.9%；完成利税18.82亿元，其中利润13.45亿元。主业饮料产量达到402.5万吨，销售收入增长17.7%，约占全国饮料总量的14%。主要经济技术指标连续七年位居全国同行业前列。

该集团的"非常可乐"继进入日本、意大利、加拿大、英国、俄罗斯之后，成功进入美国市场。稳妥地实施多元化经营战略，在国内建立70多个全资和控股子公司，娃哈哈纯净水、娃哈哈果汁饮料相继被评为"中国驰名商标"。（陈国光 王 石）

【杭州卷烟厂获全国质量管理奖】 9月，在全国质量管理奖颁奖大会暨全国质量效益型先进企业表彰大会上，杭州卷烟厂获2004年全国质量管理奖，成为全国烟草行业首个获此殊荣的卷烟企业。

杭州卷烟厂2001年获得浙江省质量管理奖。2002年底开始，企业引进卓越绩效模式，开展争创全国质量管理奖工作，邀请中国质量协会专家来厂进行诊断，质量管理工作进步显著。2003年，获得全国质量管理奖鼓励奖。（胡传明）

▶▶资料：全国质量管理奖

该奖项由中国质量协会颁发，旨在树立、引导和激励企业追求卓越的经营质量，是中国质量经营领域的最高荣誉。自2001年评奖以来，全国有25个企业获此殊荣。2004年获奖的8个企业分别是中天建设集团有限公司、南通醋酸纤维有限公司、浙江正泰电器股份有限公司、英特尔产品(上海)有限公司、杭州卷烟厂、上海国际机场股份有限公司、天津市通信公司、清溢精密光电(深圳)有限公司。

【卷烟厂列入全国工业效益10佳】 杭州卷烟厂是全国500个最佳经济效益、最大经营的工业企业之一，也是全国烟草行业的重点工业企业。2004年，该厂获得全国质量管理奖，被国家统计局、中国信息报社、中国行业企业信息发布中心评为"全国工业重点行业效益10佳企业"。

该厂坚持科学发展观，促进企业持续、健康、稳定发展。"利群品牌"创建于20世纪60年代，2004年被评为"中国驰名商标"。重视环保的投入，建立规范有序的生产经营机制，先后通过ISO 9001质量管理和OHSAS 18000职业安全及健康管理等体系的认证，创建ISO 14001环境保护体系和ISO 10012计量体系等的认证。积极建设国家技术中心，征地2公顷，筹建中心科研楼。投资1500万元，引进烟草专用检测仪器，大力推行新技术、新工艺的开发应用。全年销售收入94.19亿元，比上年增长32.5%；实现利税70.15亿元，增长35.7%。

【祐康集团持续创新】 祐康食品集团有限公司是浙江省"五个一批"企业，也是省首批诚信示范企业和全国质量效益先进企业，从2002年起，连续三年被评为"杭州市百强工业企业"。该集团以品牌经营为核心，以国际化、专业化、低成本扩张为指导，实施"国际祐康、实力祐康、魅力祐康"的发展战略，逐步成为一个以冷冻产业链为核心的先进食品制造业基地和多元化的食品投资经营集团。

经历10多年的持续创新，祐康集团的主导产品冷食、冷饮、奶制品等，先后荣获"浙江名牌"和"中国名牌"等称号。有经销商6000多家，基本形成立体化的销售渠道和网络，产品畅销全国20多个省、市、自治区。强化内部管理，先后通过ISO 10012、ISO 14001:1996、ISO 9001:2000、HACCP等体系的认证。注重海外市场，1998年与泰国的波马公司合资成立祐康达美公司；2004年与新加坡著名投资集团"第一家食品"公司实现"联姻"，结成战略合作伙伴关系，2004年11月正式在新加坡交易所挂牌上市。集团下属的电子商务公司发展成为省电子商务的著名品牌，并在物流贸易、蔬菜深加工、地产业等领域取得进展。2004年，集团公司销售收入3.14亿元，实现利税4202万元。

【姚生记食品受到市场欢迎】 杭州民泽食品有限公司（杭州姚生记食品有限公司为经销商名）是一个生产、加工传统休闲食品的现代型企业，被市政府命名为"杭州市10佳农产品加工企业"和"市级农业龙头企业"，被市经委列入先进制造业基地建设拟培育企业之一。

该公司围绕品质至上、顾客满意、开拓创新、持续超越的方针，坚持发展坚果炒货业，立足土特产，选用无污染的自然原料，全部采用传统生产工艺制作，用独特的宋元市井文化为背景设计图案，配置环保型纸质包装。形成香瓜子、开口松子、手剥西瓜子、手剥山核桃、花生、核桃仁、白瓜子、香榧等系列产品，投放市场以来，其优质独特的口味被消费者所接受。“姚生记”炒货系列产品2004年荣获省著名商标和省优名牌称号。2004年，销售网络以浙江为基地，产品覆盖全国24个省、市，并出口东南亚一带，全年实现销售收入1.48亿元，上缴税金1799万元。

提高技术水平、工艺装备水平和产品研发检验能力，严格遵照和执行国家及企业的有关标准，规范生产质量活动，落实并完善巡检与抽检制度，多方面保证产品质量。在多次检查中，姚生记牌系列产品的酸价、过氧化值、糖精钠、甜蜜素、黄曲霉素、矿物油等14项含量指标全部合格。2003年2月，被中国中轻产品质量保证中心评定为“中国知名炒货产品质量公证十佳名牌”；2004年，被省产品质量市场调研办公室推荐为“浙江省质量服务诚信示范单位”。2004年中央电视台“每周质量报告”加大对炒货业的追踪报道，该公司被列为正面宣传的企业。

【加快发展保健食品】 随着社会的进步，人民生活水平的提高和科学技术的发展，健康食品越来越受到欢迎。杭州市保健食品已融入长三角区域，共同构筑新型产业体系。

正大青春宝药业有限公司发展保健食品，全年销售收入1.20亿元，比上年增长28.9%。数种新产品上市后，显示快速发展势头。青春宝美容胶囊得到消费者的认同，品牌效应凸现；青春宝永真片的推出，使产品结构更为合理。2004年9月，成功推出青春宝金屏风胶囊，以紫锥菊和中国传统草药黄芪科学配伍精制而成，具有免疫调节的保健功能，至年末销售收入1000万元。

杭州澳医保灵药业有限公司是中外合资企业，省级先进技术企业、文明单位和市级模范集体。该公司致力于蜂产品、饮料、保健滋补品等的研发、生产，拳头产品有保灵孕宝口服液、蜂皇胎胶囊等，“保灵”商标连续多次被评为省著名商标。12月，该公司通过保健食品的GMP认证。全年销售收入近1亿元，税金和利润均超过1200万元。

【把名菜佳肴带回家】 素以“佳肴与美景共餐”而驰名中外的百年老字号——楼外楼，经历150多年的历史变迁，焕发出青春，成为浙江省效益最好的酒楼之一。

杭州楼外楼实业有限公司注重提高服务质量，突出名店特色，不断寻找新的经济增长点，提出“把楼外楼的名菜佳肴带回家”。在20世纪90年代，已建立起食品厂，涉足食品工业。楼外楼生产的叫化童鸡、东坡肉、虎皮凤爪、干菜焖肉、杭州酱鸭等菜肴以真空包装，方便带回家。在生产过程中，贯穿“鲜、准、精”的质量要求。“鲜”指把好进货关，保证原料的鲜活度；“准”指配料品种齐全，数量核价准确；“精”指菜肴烹调精心制作，确保色香味形的佳美。方便的楼外楼名菜佳肴，受到市民的喜爱和市场的欢迎。

【举办第十九届食品展销会】 1月13日~18日，每年一度的杭州市食品展销会在浙江展览馆举办，这是由市食品工业协会连续主办的第十九届食品展销会。在总结以往办展经验的基础上，贯彻执行服务生产、服务市场、服务百姓的方针，办成推进食品工业的发展和活跃春节市场的一件实事。

该届展销会切实做好参展单位的组织，确保参展商品的可追溯性，要提供有效的营业执照、卫生许可证、产品检验合格证，承诺遵守“参展须知”的各项规定，外地参展单位均需预缴质量保证金。抓参展商品的货源，注意商品的质量，又推出名特优新的食品，其中有娃哈哈集团、祐康集团的新品饮料，五味和、颐香斋的传统特色糕点，五丰集团、祐康集团的冷食速冻食品，姚生记的炒货；省内的湖羊牌酱油，双鱼牌食醋，东坞山豆腐皮，临安的山核桃、笋制品，萧山的酱腌制品，温州的牛肉干，宁波、舟山的水产制品，嘉兴的五芳斋粽子；外省的京式果脯，天津的大麻花，福建的桂圆、荔枝干等。加强优质服务，构筑安全、健康、可信、有序的购物环境，在展销会结束后的一个月内，如接到消费者投诉，仍按章办理权益保障事宜。展销会设展面积3200平方米，有150余个工商企业3000多种商品参展。6天展期，接待购物消费者4万余人次，销售额509万元，比上届增长5%。（陈国光　王　石）

·纺织化纤工业·

【纺化工业概况】 纺织化纤工业是杭州市的支柱产业之一。2004年受到宏观经济调控和电能紧缺，造成棉花价格上涨，以及国际石油价格猛涨而带来化纤原料价格飚升等因素的影响。全市纺织化纤工业企业在市委、市政府领导下，齐心协力，迎难而上，保持平稳发展，产业集聚的优势明显，经济总量继续扩张，运行形势相对良好，无论在生产规模和经济总量上，在全省和全国省会城市中遥遥领先，成为名副其实的纺织大市。

全年杭州市列入国家统计口径的规模以上的纺织化纤工业企业1291个，从业人员24.8万人（其中服装业6.55万人），占全市工业企业从业人员总数的26%；另外，有纺织轻工综合类企业（即皮毛服装、羽绒制品业）195个，从业人员4.3万人。全市拥有棉纺绽110万锭、气流纺2.7万头，各类织机7.8万台，其中无梭织机占70%左右。服装面料与装饰织物的总生产能力达到46亿米，以窗帘布、沙发布为主体的家纺装饰织物在全国市场中占约30%的份额。印染后整理加工能力达到42亿米。年生产能力18万吨以上的化纤纺丝企业8个，其中浙江恒逸集团有限公司、荣盛化纤集团有限公司两个化纤企业各达到60万吨规模。

通过产品结构的调整和内部管理的加强，纺织化纤工业取得可喜成绩。全年完成总产值824.25亿元，其中服装118.2亿元。销售产值801.35亿元（其中服装115亿元），比上年增长32.4%。销售收入大幅增长，达到792亿元。出口交货值208.8亿元（其中服装84.72亿元），占全市工业品出口的23%。实现利税43.53亿元，其中利润24.32亿元。另外，皮毛服装和羽绒制品业完成工业产值130.54亿元，销售产值128.39亿元，实现利税5.32亿元，其中利润2.68亿元。

2004年实产棉纱22.88万吨，比上年增长17%。各类化学纤维192万吨，增长32.4%；其中涤纶纤维188.75万吨，增长32.4%。各类坯布23.7亿米，增长16.1%；印染布32.37亿米，增长13%；真丝2423吨，增长4.6%；丝织品2.4亿米，增长4.5%。生产服装2.54亿件，增长10.7%；另外，生产西服219万件，衬衫376万件，皮毛服装1772.3万件。

纺织化纤工业的发展，得益于体制改革，坚持技术创新和新产品开发。杭州形成以民营企业为主体，加上股份制企业、中外合资企业和部分外商独资企业组成的纺织化纤工业体制格局。在优化企业体制的基础上，近几年来企业加大技术改造力度，致力于技术创新，2004年度的技改投入达到45.91亿元，占全市工业技改投入的21.2%；国家级、省级的新产品产值6.78亿元，主要骨干企业的技术装备达到国内一流水平，并发展和创建了一批著名商标和名牌产品。

由于杭州及周边地区拥有雄厚的纺织服装产业基础，具有良好的市场环境；杭州市的民族服饰文化和传统轻纺工艺历史悠久，为纺织服装业的发展特别是品牌的培育和提升，奠定了坚实的基础。4月5日，在北京召开新闻发布会，宣布由中国纺织工业协会和杭州市政府共同组建的“中国纺织服装信息商务中心”在杭州落户。中国纺织工业协会会长杜钰洲与杭州市市长茅临生签署共建协议书。

【萧山化纤业持续发展】 2004年，中国化纤总产量在1450万吨左右，连续三年增幅在20%以上。杭州市化纤业以萧山区为基地，年增幅大大高于全国平均水平。

1963年，杭州第1个化纤企业——年产1000吨粘胶长丝的杭州化纤厂投产。进入21世纪以来，以民营为主体的化纤业异军突起。以萧山区东部的衙前镇、党山镇、益农镇、新街镇、义蓬镇及红山农场等为主体区块，以聚酯涤纶长丝为主导产品的化纤行业迅猛发展。至2004年末，各类化纤总生产能力达到311万吨，其中涤纶长丝290万吨，占全国生产能力的22.5%；其中年生产能力18万吨以上的化纤纺丝企业8个，全部集中在萧山区。下游以化纤为主要原料的织机4万余台，其中无梭织机占87.6%；萧山基本上形成上下游配套的化纤涤纶产业集群。全市其他品种的化纤生产能力有21万吨，占全市化纤总量的6.8%；其中粘胶长丝1.1万吨、粘胶短纤6万吨、涤纶短纤11.3万吨、锦纶7000吨、氨纶1.9万吨。

【余杭打造家纺布艺基地】 余杭区是杭州市纺织产业基地之一，又是中国纺织产业集群试点单位之一，2002年12月被中国纺织工业协会命名为“中国家纺布艺名城”。2004年，该区纺织业总产值达到226亿元，其中家纺布艺业总产值100多亿元，实现利税4.15亿元。

余杭家用纺织品的窗帘布、沙发布，款式新颖，品种众多，占全国市场份额的30%，远销欧洲、美国、日本等地，2004年出口创汇1.58亿美元，全区有4000余个家纺企业，从业人员2.73万人，其中规模以上企业88个，产值超1亿元10个。有各类织机1.88万台，织机的无梭化率53%，其中近两年来引进国际一流水平的剑杆织机有216台。2004年上半年，成功地开办具有行业资讯、电子商务的行业网站——中国家纺网。

大力推广运用CAD技术和引入ERP系统实行信息化管理，与高等院校紧密合作，增强技术创新力度。杭州奥坦斯布艺有限公司每月研发出近30个新品种，杭州市柯力达纺织装饰织造有限公司自行设计的花样融入了中国悠久的历史文化，并获得两项国家专利。中、小家纺企业积极培育增长点，落户城东特色工业园区的12个企业自行研发20余种新产品。“华润布艺”将产品做精做细，成为全球500强之一的美国沃尔玛公司在中国选中的3个家纺布艺供应商之一。

【横村形成针织产业链】 2004年，横村镇被中国纺织工业协会选为第3批全国纺织产业基地市(县)、特色城镇产业集群试点单位，被命名为“中国针织名镇”。

横村镇位于桐庐县中部，面积120平方千米，常住人口4.2万人，外来人口1万人。有针纺织企业262个，占全镇工业企业数的82%；其中民营企业243个，三资企业19个。年销售产值超500万元的企业42个，超2000万元的10个，超1亿元的1个，其中杭州绫绣针织有限公司在全国针织企业排名进入前50位。全镇有500多家个体加工点为针织企业配套。全镇有针织横机9000余台，盘缝机2100台，其他针织设备820台。2004年实现销售产值28亿元，实现利税3亿元。从业人员近2.3万人，其中针织专业技术人员和大中专毕业生900余人。

全镇有针织服装企业86个，生产能力1500万件；针织服饰(帽子、围巾等)企业160个，生产能力2200万打；纱线、染整企业16个，年加工能力5000吨。有自营出口企业37个，通过互联网交易的企业80余个。2004年，67.2%产品出口国际市场，针织产品出口交货值17.5亿元。横村针织工业形成规模，被命名为

杭州奥坦斯布艺有限公司生产车间

"浙江省针织工业专业生产园区"。

【春江轻纺集团做大做强】 浙江春江轻纺集团有限公司位于富阳市三山镇，前身是创建于1980年的杭州春江棉纺织厂。2000年企业改制，转制为由中国纺织品进出口总公司控股，经营者参大股，经营管理层参股的股份制企业。2004年名列全国棉纺织行业经济效益4项指标前50位，其中利税总额列第34位。

2004年，该集团有总资产3.21亿元，员工1672人，其中具有大中专学历以上的工程技术人员125人。发展成为以纺纱为主导产业，拥有棉纺、服装、仪表机床、铸石(粉)4个全资子公司，生产经营以春江牌纱线为主业和海赛蓝牌服装、红阳牌仪表机床以及铸石(粉)四大类产品的大型集团公司。春江牌商标获"浙江省著名商标"，海赛蓝牌衬衫成为"浙江名牌产品"，企业通过ISO 9001认证。拥有清梳联合机3套，精梳机7套37台，具有国际先进水平的自动络筒机18台，建成以引进8台德国"奥托康诺"气流纺纱机为主体的新型气流纺车间。年产各类中高档纱线1.9万吨，其中精梳纱占50%左右。2004年完成工业总产值3.28亿元，实现销售收入3.04亿元，比上年增长31%；实现利税3851万元，其中利润1302万元。

该集团的企业技术中心被认定为杭州市级技术中心。近三年新产品的研发费用3000余万元，开发丽赛纱线、竹纤绢丝混纺纱等13个系列53种新品种，其中4种新产品荣获全国棉纺织行业"优秀产品设计奖"和"优秀产品创新奖"。2004年新产品的销售产值占26.2%。

【富丽达集团成为化纤仿毛织物生产基地】 富丽达集团控股有限公司是杭州市纺织行业中以生产面料为主体的龙头企业，创办于1988年。2004年发展成为一个以中高档服装面料纤维研发、织造、印染为主，并涉及热电、化工和房地产相关产业的大型集团企业，下属9个子公司。有总资产21亿元，员工4200余人。全年生产各类中高档服装面料4931万米，印染加工8694万米。完成工业总产值7.15亿元，比上年增长6.4%；销售产值6.65亿元，实现利税9449万元，其中利润4965万元。2004年，被国家纺织产品开发中心认定和命名为"国家化纤仿毛产品开发基地"。

该集团以"致力于开创名牌产品服务于社会"为宗旨，不断增加投入，坚持技术创新。拥有无梭织机718台，其中从意大利、比利时引进的剑杆织机280台和喷气织机438台。下游配套建设了具有9000万米/年加工能力，拥有138台染色机及相应设备的印染后整理生产线。上游向纺织印染的原料工业延伸，2004年1月开始兴建6万吨差别化粘胶短纤工程，计划第1条3万吨生产线于2005年3月投产，第2条3万吨生产线5月投产。

富丽达集团注重内部管理水平和技术创新能力的提升，集团技术中心被认定为杭州市级技术中心。2004年，开发投产的新品种、新花样638个，雪克斯单面哔叽和加厚型异面哔叽两种化纤仿毛织物作为省级新产品通过鉴定。"富丽达"商标被认定为浙江省著名商标，该商标产品的化纤仿毛面料被认定为浙江省名牌产品。

【浙江逸盛石化公司成立】 化纤行业运营中的"瓶颈"是原料发展滞后，国内石油的衍生物PTA(苯二甲酸)80%用于聚酯行业，远远不能满足需要。据国家纺织工业信息中心统计，2004年全国PTA的生产能力约479万吨，聚酯生产能力的增速远远快于PTA生产能力的增长，当年全国聚酯聚合的总生产能力1700万吨左右，PTA大部分依赖进口。杭州化纤行业的聚酯聚合总生产能力已达290万吨，同样存在着发展中的原料"瓶颈"问题。

杭州化纤业的民营龙头企业——恒逸集团和荣盛集团，决定联合投资上游原料产业，延伸产业链。2004年初，投资成立浙江逸盛石化公司，建立设计能力年产53万吨PTA的工厂。厂址选点于海运交通便利的宁波港，这是全国第1个以民营为主体的PTA生产企业。计划于2005年3月18日投入试生产，将成为浙江省第1套投产的PTA装置，缓解化纤行业PTA的供需矛盾。

【纺织协会发挥参谋帮手作用】 2002年1月，杭州市纺织行业协会成立。2004年，会员企业已从成立时的36个发展到99个，会员企业的工业总产值占全市纺织工业总产值的75%左右，并与15个省、市46个地方性协会、学会、信息网络、学术团体建立了信息交流的协作关系。2003年，该协会获得杭州市经委"行业协会调研成果奖"、杭州市职工技能大赛优秀组织单位奖和杭州市优秀社会团体称号；2004年，获杭州市经委系统先进协会称号。

该协会注重调查与研究，提供多样化服务，打响协会品牌，团结一批企业家，成为政府与企业名副其实的参谋、帮手。2004年，分3个阶段对棉纺织、家纺、化纤3个行业75

富丽达集团生产车间

个企业进行调研。在了解企业情况的基础上,主动寻找服务切入点。如介绍高级技术人员,帮助企业提高产品质量。编辑每月一期的内部通讯刊物——《杭州纺织信息与技术》,每期4.5万字,受到企业的欢迎。协会积极承担起政府助手角色,协助市政府编制《杭州年鉴》、《杭州工业》、《先进制造业基地发展纲要》的纺织工业部分以及《杭州女装发展规划》等导向性规划和行业总体资料。组织会员企业,参与政府安排的国外厂商洽谈会,积极参与工业服务月活动,全年组织各类活动13次。2004年8月,副市长沈坚批示肯定了市纺织行业协会所取得的成绩,要求发挥更大的作用。7月14日,《中国纺织报》报导了杭州市纺织行业协会的事迹。

(姚　挺)

·女装产业·

【女装产业概况】 2004年是纺织服装进入后配额时代前的最后一年。杭州服装行业围绕贯彻科学发展观,走新型工业化道路,促进产业升级,克服出口贸易摩擦、市场竞争激烈、劳动力和电力资源短缺等不利因素的影响,取得喜人成绩,服装工业经济总量继续保持两位数高增长态势。据杭州市348个规模以上服装企业统计,全年完成工业总产值118.2亿元,比上年增长21.1%;产品销售收入109.7亿元,增长18.6%;出口交货值84.7亿元,增长21.3%;实现利税总额7.8亿元,其中利润5.3亿元,与上年持平。

名牌战略初显成效。至2004年末,全市服装业拥有国家、省、市名牌(或著名商标)27个,其中中国名牌产品1个、中国驰名商标1个、浙江名牌产品7个、浙江著名商标7个、杭州名牌产品6个、杭州著名商标5个。随着国内外市场的变化,杭州女装企业内联外引、提升品牌、增强实力。外贸加工企业利用外贸加工实力,在较高起点上推出品牌。如汉帛(中国)有限公司同时推出"JPR"、"HEMPEL"、"HAILIVES"3个自创品牌;浙江华鼎集团有限责任公司收购国际品牌"菲妮迪"后,推出二线品牌"黛贝妮";杭州江宁丝绸制衣有限公司推出的国内品牌"曼江莉",2004年成为省级名牌产品。杭州女装品牌企业在境外注册或购买一些品牌,以提升品牌形象。如"秋水伊人"品牌企业的"COCOON"、"古木夕羊"品牌企业的"OTT"、"薰香"品牌企业的"Cicic"、"蓝色倾情"品牌企业的"阿她琪"、"江南布衣"品牌企业的"LESS"等,这些新品牌业绩不俗,得到市场的认可。

综合实力进一步提高。2004年,据中国服装协会公布,杭州市有7个企业成为全国服装行业销售收入100强企业和全国服装行业利润100强企业。虽然个数与上年持平,但排名明显上升。在前30位的企业中,杭州企业从上年的1个增加到3个。其中,浙江富可达皮业集团股份有限公司从第9位跃居第8位,浙江华鼎集团从54位上升至22位,万事利集团公司从31位上升到25位。

加大投资,促进产业升级。为迎接后配额时代的挑战竞争,服装企业加大投入力度,提高人才素质,提高装备水平,提高产品科技含量。2004年4月,中国纺织服装信息商务中心确定落户杭州。四季青服装研究发展中心投入使用,是国内规模最大、功能最完备的品牌服装研究、生产、展示基地。汉帛(中国)有限公司女装园坐落在杭州萧山,建筑面积5.36万平方米,总投资3.3亿元,引进6条国际一流的服装生产流水线,年生产能力达700万件(套)。"江南布衣"品牌企业投资1000万美元,在萧山杭州(中国)女装块状功能区置地5.67公顷,新建厂房6万平方米,引进大批先进服装生产及配套设备,于10月投入生产。"古木夕羊"品牌企业投资3500万元,建成占地1.47公顷,建筑面积3万平方米,80万件(套)生产能力的新厂区,12月正式投产使用。列入2004年市重点技术改造项目的有杭州玉锦纺织品服装有限公司年产250万件休闲服和300万套家纺产品技改,杭州恩希丽服饰有限公司年产200万套出口服装技改,浙江华兴羽绒制品有限公司羽绒制品生产线扩建改造。

【市女装发展小组获中国服装品牌推动大奖】 杭州市女装发展领导小组大力扶持女装产业,塑造杭州女装的品牌形象,推动杭州女装产业及服装产业的发展,为打造中国女装之都、实现"中国女装看杭州"的战略目标,开展卓有成效的工作。2004年,中国服装协会主办首届"2003年~2004年中国服装品牌年度大奖"评选活动,设中国服装原创品牌的风格大奖、策划大奖、品质大奖、创新大奖、潜力大奖、营销大奖、公众大奖、价值大奖、推动大奖、成就大奖等10大奖项,堪称"中国服装界的奥斯卡"。组委会决定授予杭州市女装发展领导小组唯一的"2003年~2004年中国服装品牌推动大奖"。杭州市副市长沈坚到北京,出席颁奖盛典。

【中国纺织服装信息商务中心落址杭州】 4月5日,杭州市市长茅临生和中国纺织工业协会会长杜钰洲在北京人民大会堂重庆厅就"中国纺织服装信息商务中心落户杭州"重大项目在合作备忘录上签字。该商务中心是中国纺织工业协会与杭州市政府合力打造的重点项目,坐落在杭州四季青服装特色街的核心地段,将是钱江新城入城口的标志性建筑。项目总投资8亿元,占地面积1.5万平方米,总建筑面积10万平方米,计划在2007年建成。

该"中心"的主要功能包括:建立纺织服装行业的权威数据库和信息发布平台,建立纺织服装产品设计研发中心,建立纺织服装产品展示中心和流行趋势发布中心,建立纺织服装培训教育中心,建立纺织服装商务贸易中心。信息中心的建立将直接拉动杭州服装的交易规模,提升杭州服装产品档次和品牌附加值,进一步提高知名度,加快杭州市建设"中国女装之都"的速度。

【杭州女装亮相CHIC】 4月5日~7日,杭州市第三次组团参加在北京举办的2004年中国服装服饰博览会(简称CHIC)。5日,推出"杭州女装主题日"系列活动,举行杭州女装展区开幕仪式、召开杭州女装新闻发布会、举办"西子霓裳"时尚酒会等大型活动,充分展示杭州女装整体形象,营造"中国女装看杭州"的氛围。全国人大常委会副委员长、全国妇联主席顾秀莲,原全国政协副

4月5日，在北京宣传“杭州女装中国万里行”活动。

主席、中国企业联合会会长陈锦华，中国纺织工业协会、中国服装协会等有关方面的负责人和杭州市领导茅临生、于跃敏、丁德明、沈坚、鲍世甲等出席。浙江凯喜雅国际股份有限公司、万事利集团公司、蓝色倾情服饰有限公司、菲妮迪国际时装有限公司等40个杭州知名女装企业在博览会上集中展示，以整体实力与潜在竞争力精彩亮相2004 CHIC，成为最具人气和备受关注的展区之一。在3天展出中，接待专业客商和观众近12万人次，意向成交额6.3亿元。

【举办杭州女装中国万里行活动】6月1日~30日，市女装办会同杭派女装商会组织35个杭州女装品牌企业，在哈尔滨、沈阳、乌鲁木齐、成都、昆明、贵阳、长沙、济南、武汉、郑州等10个省会城市，进行品牌宣传推广活动，称为“杭州女装中国万里行”。每到一地，举行新闻发布会、“水之秀”联合动态展示、考察当地的服装市场、与客商洽谈业务、与当地的服装界人士交流、为杭州中国国际女装展招商等，提高了杭州女装的知名度。参加洽谈的意向客户875人，签约客户300余家，意向成交额近10亿元。杭州电视台和中国女装网分别派出记者，全程跟踪，实时报道。

【举办院校服装设计大赛】2004年“汉龙威尔杯”杭州院校服装设计“未来之星”大赛由杭州市女装发展领导小组办公室主办，杭州市服装设计师协会承办，作为中国杭州第四届中国国际女装展重要项目之一，也是上年开展院校间“未来之星”评选活动以来的第二届，由杭州汉龙威尔服装有限公司独家冠名。7月14日晚，该届大赛在杭州举行，参赛的作品来自中国美术学院、浙江理工大学、浙江科技学院、杭州职业技术学院、杭州服装职业高级中学等5所院校2004届服装设计专业应届毕业生，共设计制作34组系列、243套服装。经现场角逐，专家评审，其中10组系列作品的作者获“未来之星”称号。他们分别是中国美术学院的《龙孩》、《蝶舞》和《梦幻演绎》的作者，浙江理工大学的《第二夜》、《绝对》、《奇香》和《流金溢彩》的作者，浙江科技学院的《遇见》和《黑穆》的作者，杭州职业技术学院的《旋》的作者。

【举办第四届中国国际女装展】7月15日~18日，中国·杭州第四届中国国际女装展在杭州和平国际会展中心举行。该届展会由杭州市政府主办，市女装办、市贸促会等8个单位承办，并得到中国服装协会、中国针织工业协会的特别支持。展品包括女装成衣、服饰配件、面辅料、制衣机械及服装专业设计软件等。展出面积1.3万平方米，有678个国际标准展位，200多个企业参展。中国香港、台湾省一些企业参加。境外企业有23个，涉及国家和地区有俄罗斯、日本、法国、意大利等，占总展位数的15%。4天展会取得丰硕成果，参观人数达到2.5万人次，其中专业观众5000余人次，普通观众2万余人次，意向成交额2.1亿元。

【举办中国国际女装设计大赛】为了提升杭州女装设计水平，提升以此为底蕴的女装设计师在中国时装界的地位与影响力，实现将杭州打造成“中国女装之都”的战略目标，杭州市女装发展领导小组决定从2004年起，每年举办中国国际女装设计大赛，并邀请中国服装设计师协会共同举办。

10月24日，首届2004年“武林衣秀杯”中国国际女装设计大赛总决赛在杭州市体育馆顺利落下帷幕。许多知名品牌职业设计师和国外选手的参与，提升了参赛作品的整体水平。进入决赛的作品得到由联合国教科文组织顾问惠尔玛·拉格熙，清华大学美术学院、中国美术学院、澳门服装设计师协会等单位著名学者和服装设计师组成的评审团的充分肯定。大赛组委会从来自中国内地、香港、澳门、台湾省和美国、法国、日本、韩国、马来西亚、乌克兰、等国家和地区的1800多份作品中，评选出36组作品入围总决赛。中国美术学院的吴碧波以《紫缘》夺得金奖，美国纽约时装工学院的艾瑞莎·迪勒以《流淌的华美》、杭州枫丹白露时装有限公司的龚建超以《春的诱惑》、乌克兰的柳德米拉·舍甫琴科以《乌克兰瑰宝》等5人的作品分获银奖和铜奖。

【杭州服装设计师被评为中国十佳】11月25日，在中国服装设计师协会举办的2004年中国时尚大奖颁奖晚会上，由市女装发展领导小组办公室和市服装设计师协会联合组织推荐的杭州市十大女装品牌企业——杭州蓝色倾情服饰有限公司设计总监郑红樑女士以主题为“易·蕴”的高级成衣发布会，在众多的参评设计师中脱颖而出，获第十届中国“十佳时装设计师”称号。这是继吴海燕、赵伟国、张辛可、房莹、邓力夫、应翠剑、张义超、刘华之后，杭州服装设计师再次获此殊荣。

【恢复服装高级技能人才考评】2004年，杭州市恢复服装高级技能人才考评，并首次实行技师社会化考评。杭州市服装协会作为考评单位之一，在市劳动保障局的组织下，具体负责服装技师的培训、鉴定、考核和评审。至年末，服装高级技能人才培训班培训120余人。恢复服装高级技能人才的考评，对减轻服装企业高级技能人才的需求压力，有效地缓解服装高级技能人才严重短缺具有积极的意义。

（施海岩 朱延勤）

·医药工业·

【医药工业概况】 杭州市有专业药厂51个，中药饮片企业11个，医疗器械企业220余个，医用卫生包装材料企业20余个。全年列入行业统计口径的医药工业企业资产总计84亿元，平均资产负债率45%，固定资产净值平均余额24亿元，全部从业人员平均人数1.7万人。

医药行业实施先进制造业基地医药产业发展纲要，克服要素制约等不利因素的影响，加快“新药港”建设。2004年医药工业经济总量保持稳步增长，经济运行质量进一步提高。列入行业统计口径的65个医药工业企业完成工业总产值74.88亿元，比上年增长12.7%；工业销售产值74.08亿元，增长18%；工业产品产销率98.94%，上升4.51个百分点。工业产品出口交货值12.2亿元，增长7.1%。产品销售收入74.04亿元，增长18.4%。利税合计19.47亿元，增长6.4%；其中利润12.07亿元，与上年持平。

化学制药是杭州医药工业的基础，杭州民生药业集团有限公司、杭州中美华东制药有限公司等骨干企业保持平稳发展，杭州默沙东制药有限公司、杭州赛诺菲圣德拉堡民生制药有限公司等合资企业发展迅速。全年化学制药企业产品销售收入31.2亿元，占全市医药工业总量的42%。

中药是杭州医药工业的传统优势行业，正大青春宝药业有限公司、杭州胡庆余堂药业有限公司、杭州天目山药业股份有限公司、浙江康莱特药业有限公司等已成为全国中医药行业的知名企业。全年中药制药企业产品销售收入24.78亿元，占全市医药工业总量的33%。

生物医药行业是杭州市医药工业的重点发展方向，艾康生物技术(杭州)有限公司、杭州九源基因工程有限公司、浙江普康生物技术股份有限公司、浙江天元生物药业股份有限公司、杭州澳亚生物技术有限公司、杭州中肽生化有限公司等生物医药企业稳步发展。全年生物医药企业产品销售收入5.74亿元，占全市医药工业总量的8%左右。

医疗器械行业成为近年来杭州市医药工业的后起之秀，泰尔茂医疗产品(杭州)有限公司、眼力健(杭州)制药有限公司是骨干企业，以杭州桐庐尖端内窥镜有限公司、桐庐医疗光学仪器总厂为龙头的内窥镜产品达到全国同行业领先水平。全年医疗器械企业产品销售收入10.31亿元，约占全市医药工业总量的14%。

从产品情况看，年销售收入超1亿元的单个品种有医用SF导管、21金维他、百令胶囊、赛斯平、保列治、舒降之、泰能、科素亚、波力维、青春宝抗衰老片、参麦注射液、护理液、康莱特注射液、单抗诊断试剂、铁皮石斛等15个，比上年增加1个，这些优势产品的工业总量占全市医药工业总量的50%以上。

【加快医药先进制造业基地建设】 2004年，杭州市医药行业按照《杭州市先进制造业基地医药行业发展纲要》确定的建设方向和重点，贯彻“大力发展生物技术药物，重点发展中药、海洋药物为主的天然药物，积极发展新型化学药物，加快发展新型医疗器械”的方针，着力推进医药产业结构调整，先进制造业基地建设取得明显进展。生物医药行业方面，杭州中肽生化有限公司下沙新厂房建成投产；浙江杭康海洋生物药业有限公司下沙生产基地建成，通过GMP认证后正式投产。中药行业方面，杏辉天力(杭州)药业有限公司、浙江大学药业有限公司、浙江天缘药业有限公司等企业通过GMP验收正式投入生产；浙江万丰企业集团制药有限公司虫草菌粉发酵车间通过GMP改造，生产能力由年产150吨提高到400吨以上。化学制药行业方面，杭州康恩贝制药有限公司、杭州国光药业有限公司通过GMP验收后投产。医疗器械行业方面，杭州桐庐尖端内窥镜有限公司、桐庐医疗光学仪器总厂新厂房建成投产，合力打造国内一流的内窥镜产业基地；浙江科锐生物科技有限公司征地2.87公顷，总投资3200万元的新厂房即将建成，实现蛋白A免疫吸附柱高新技术成果产业化生产。这些建设项目建成投产和新项目投入建设，将为杭州市医药产业的持续发展奠定良好的基础。

【大企业大集团发展壮大】 杭州华东医药集团有限公司和中国(杭州)青春宝集团有限公司为杭州市6个国有资产授权经营单位之一，也是杭州市重点培育的大企业、大集团。据全国医药统计网统计，2004年产品销售收入分别列全国医药工业第21位和第35位，利润总额列第16位和第14位，排名比上年有所上升；杭州民生药业集团有限公司保持稳步增长，产品销售收入和税金分别增长26%和30%，其中21金维他全年销售收入6.9亿元，为杭州市销售额最多的单个医药产品。在行业龙头企业的带动下，全市医药行业经营规模列前10位的企业合计完成工业总产值52.43亿元，产品销售收入53.41亿元，利税总额15.9亿元，实现利润10.17亿元，分别占全市医药工业总量的70%、72.1%、79.6%和81.6%。

【加大技术改造和新产品研发力度】 全年医药工业企业按照国家GMP规范要求，加快技术改造步伐，提升企业竞争实力。至2004年末，杭州市有51个医药企业通过GMP认证，共获得104张GMP证书。全年列入行业统计的医药企业技术改造项目76项，计划投资额6.18亿元，当年完成4.37亿元。正大青春宝药业有限公司完成技改项目4项，投入资金6000余万元，其中总投资1871万元的大容量注射液车间改造工程于6月完成，9月通过国家GMP认证。杭州民生药业集团有限公司完成总投资达1亿元的固体制剂车间改造项目，进入设备调试阶段；兴建投资3000万元的第2条输液软袋线技改项目，计划大输液软袋生产能力扩大到5000万袋/年。

医药企业新产品研发取得重大进展，全年有17个项目获得医药产业发展资金资助，共安排市级财政资金771.5万元。首次对萧山、余杭区及5县(市)医药产业发展项目给予奖励资助，有10个企业的10个项目获得市财政奖励资助100万元。首次开展“新药港”建设奖励项目的评审，对10个单位的10个项目给予47万元奖励。杭州民生药业集团有限公司研发项目有51个，新立项目16项，并获得3个药品生产批文、2个保健品批文和6个临床批文。杭州胡庆余堂药业有限公司取得胃复春片（提高工艺水平）、矽肺宁片、大补阴丸的新药证书与铁皮枫斗晶等6个生产批准证书。艾康生物技术（杭州）有限公司进行的研发项目有30个，其中“年产2.5亿人份单克隆抗体毒品免疫检测试剂及5000万人份尿检装置”列入国家发改委高技术产业化示范工程项目计划。

【“新药港”建设初具规模】 4月，召开首次杭州市“新药港”建设领导小组工作会议，会议研究制定加快“新药港”建设的政策措施。9月，召开首次杭州市“新药港”建设咨询委员会会议，充分发挥医药专家在推进“新药港”建设中的作用。

“新药港”产业集聚区建设取得新的进展，杭州经济技术开发区首期规划1.6平方千米的杭州“新药港”产业集聚区是“新药港”建设的重要载体，经过几年来的努力，园区基础设施完备，招商取得积极成效。杭州国光药业有限公司、浙江大学药业有限公司、浙江杭康海洋生物药业股份有限公司、艾康生物技术（杭州）有限公司、杭州中肽生化有限公司、杭州创新生物检控技术有限公司等10多个企业相继进区，并陆续建成投产，产生效益，杭州医药产业示范基地初具规模。杭州高新技术产业开发区、余杭经济开发区、富春江经济开发区、桐庐经济开发区等医药产业功能区建设取得新的进展。

【“新药港”亮相生物科学家大会】 7月，由中国科学院、国家自然科学基金委员会、中国工程院、北京大学、中国医学科学院等主办的2004年全球华人生物科学家大会暨生物科技与产品展示会在北京国际会议中心隆重召开。大会汇集众多海内外有所建树的华人生命科学家，广泛交流了近年来生命科学领域的最新成果，对促进中国生命科学、生物技术研究和生物医药产业发展产生重大影响。杭州市对参加大会活动高度重视，副市长金胜山、沈坚作重要批示，由市经委率杭州民生药业集团有限公司、杭州华东医药集团有限公司、艾康生物技术（杭州）有限公司、杭州生物医药科技创业园、正大青春宝药业有限公司、杭州中肽生化有限公司、浙江天元生物药业股份有限公司、杭州生物医药孵化器公司等8个医药重点企业和专业孵化器参加会议。杭州“新药港”亮相大会，宣传杭州良好的投资创业环境，受到与会科学家的极大关注，国外学者和海外华人科学家纷纷前来参观、咨询、交流，洽谈合作事宜，表达来杭州投资发展的意向，展示活动取得预期成效。展会期间，中央电视台科技教育频道就杭州市“新药港”建设和发展作专题采访宣传。

【加快实施中药现代化项目】 为贯彻省政府《加快实施中药现代化工程意见》，杭州市加快发展中药产业，培育中药制药工业新优势，形成一批具有较强市场竞争力的企业集团，增强制药工业整体竞争能力。至2004年末，根据省经贸委《浙江省中药现代化专项项目管理办法》，全市当年有6个项目，累计有17个项目列入浙江省中药现代化专项项目计划。浙江大学天目药业生物技术有限公司的药用石斛GAP基地及产业化项目建成2000平方米的组培室，每年能够保证20万瓶以上的出苗数，可种植大棚2公顷以上。杭州胡庆余堂药业有限公司的香茶菜属野生药材种质资源保存与GAP实施研究项目，已完成香茶菜种质资源的调查，种植香茶菜的品种确定与鉴定；种植基地的选择调查与环境检测与评价；人工育苗技术研究及大田栽培管理、合理施肥、病虫害防治等研究，并对药农进行GAP管理培训；香茶菜种植SOP（《中药材规范化种植标准操作规程》）制定；基地收获香茶菜药材的质量指标的检测控制。组培苗、扦插的成活率90%以上，香茶菜种植防病毒害达到GAP要求。

【薏苡种植基地通过SFDA-GAP认证】 10月，国家食品药品监督管理局药品认证中心检查组经过对浙江康莱特集团有限公司薏苡种植生产质量管理情况的全面检查，认定其符合SFDA-GAP认证检查评定标准，同意公司泰顺薏苡基地通过GAP认证。康莱特集团薏苡规范化种植基地顺利通过GAP认证，标志着浙江省中药现代化进程在中药材规范化种植方面取得阶段性的成果，为完成国家“十五”科技攻关项目“康莱特注射液国际化示范研究”中重要的原料研究内容，提供了法规依据，为康莱特注射液开拓国际市场提供了“安全、有效、稳定、可控”原料药材供应基地。

【内窥镜系列产品达到国际水平】 2004年，杭州桐庐尖端内窥镜有限公司通过与国际内窥镜行业著名企业——德国汉克·舍斯·沃尔夫尔公司合作，引进国际先进的管理经验和技术工艺，实现向国际市场拓展的战略。通过合作，该公司开发出涉及普外科、胸外科、妇产科、泌尿外科、耳鼻喉科、骨科及神经外科等领域的28类系列产品，其中拥有自主知识产权的国家专利13项，内窥镜系列产品已达到国际水平。天松牌内窥镜被评为浙江省名牌产品，胸腔镜被国家科技部认定为国家重点新产品，产品畅销德国、美国、韩国、日本、印度等20多个国家和地区。

【中肽生化公司完成多肽合成】 10月，杭州中肽生化有限公司完成科技部科技型中小企业技术创新基金项目——“高通量医药多肽的合成”。多肽作为生物体内的重要组成部分，在各脏器有许多复杂而特殊的生理活性。作为新药开发目标和其他药品的筛选目标，多肽在新药开发、疾病治疗和诊断试剂方面有广阔的应用前景。该技术实现了组合化学原理、多肽合成技术、计算机辅助和芯片识别等技术的成功整合，填补了国内空白，达到国际领先水平，将对生物、医药行业产生非常积极的影响。对推动生物活性多肽产品的发展，加速中国生物活性多肽产品和多肽医药行业的形成，进一步加快多肽药物研究开发和产业化的步伐具有积极意义。

（王明兴　林　昀）

浙江萧山金龟机械有限公司

浙江省高新技术企业　　通过ISO 9001：2000质量管理体系国际认证

董事长、总经理、高级经济师：黄银霞

公司领导班子合影

浙江萧山金龟机械有限公司是制造机械压力机和精密冷冲模架的专业企业，是浙江省高新技术企业，金龟牌商标被评为浙江省著名商标。主要产品：JB04系列台式压力机、JC04系列台式压力机、JD04系列台式压力机、J23系列开式压力机、J23G系列高速压力机、J01系列手动压力机、J03系列手动压力机、T51系列辊式送料装置、T51G高速精密辊式送料装置、YJM-04端子压接模和JM系列1000余种规格的精密冷冲模架。上述产品已获15项国家专利。

公司十分注重企业现代化管理，已通过ISO 9001:2000质量管理体系认证、浙江省二级计量确认和浙江省二级标准化水平确认。金龟牌精密冷冲模架曾荣获浙江省优质产品、全国优秀模具标准件、杭州市名牌产品等称号；经国家级行业专家评定，再次获得2004年"具有国内先进水平的模具标准件"和"具有国际水平的模具标准件"等荣誉称号。

质量是企业生存之本，我们通过质量改进，部分电气已采用进口元件，有效地提高了产品的可靠性。金龟牌JC04系列台式压力机属国内首创，获得三项国家专利；J23G系列高速压力机采用双手按钮控制，安全可靠，配备T51系列辊式送料装置，可实现自动冲裁；JB04系列台式压力机曾获国家铸造锻压机械质量监督检验中心认定的"质量可靠性认定"产品，是原机械部优质产品，品质优良，操作简便，适用于电子、仪表、节日灯、照相机、线束、小五金等多种行业，可对条料、卷料进行剪切、冲孔、落料、铆合、弯曲、浅拉深及成型等工序。

金龟产品以金子般的品质竭诚为新老客户服务。

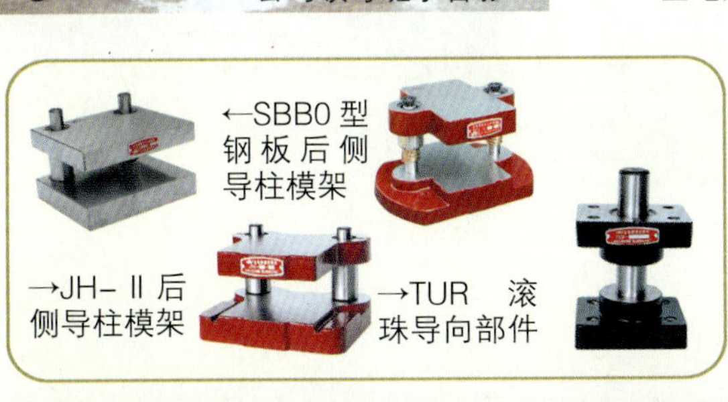

JB04系列台式压力机

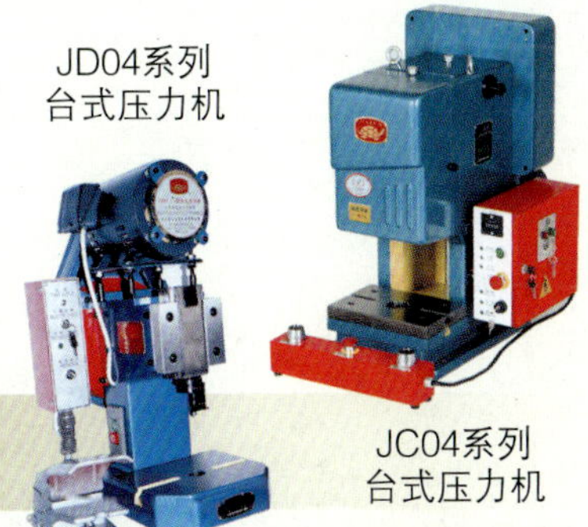
JD04系列台式压力机
JC04系列台式压力机

公司部分产品展示

公司外景

卷接包生产设备全部从德国和意大利进口，达到国内一流、国际先进水平。

该厂创建于1949年10月，经过50多年的发展，现有员工约1800人，总资产75亿元以上，装备达到国际先进水平，生产制造实现现代化，成为全国同行业36个重点工业企业之一，在全国500强企业中列248位。

在市场经济的浪潮中，不断深化改革，企业得到飞速发展。主要经济技术指标均保持较高水平，获得全国同行业“先进集体”和“质量效益型先进企业”等荣誉称号，跨入全国同行业“管理示范联系企业”行列。2004年，荣获全国质量管理奖。

该厂坚持“以客户为中心、全员营销和持续改进”的理念，以先进的技术、一流的设备、科学的管理、细致的服务为保障，不断提升品牌竞争能力，品牌知名度和信誉度不断提高，利群品牌被评为全国名优牌号，利群商标被认定为中国驰名商标。

2004年，该厂实现销售收入94亿元，列同行业工业企业第6位；税利69亿元，列第6位；利润16.4亿元，列第5位；均创造历史最好水平。

2004年杭州卷烟厂荣获全国质量管理奖

中共浙江省委书记习近平视察杭州卷烟厂

从德国引进工艺一流的8000千克/小时制丝生产线

杭州卷烟厂全景图

·授权经营工业综述·

【发挥授权经营单位作用】 杭州市有规模以上国有控股工业企业241个,2004年实现工业总产值537亿元,比上年(指2003年,下同)增长17.9%;完成销售收入523.47亿元,增长20.5%;实现利税总额127.5亿元,增长36%;全员劳动生产率228603元/人,提高30.3%。

为加强国有资产的经营管理,市政府从1995年开始对西湖电子集团有限公司、杭州汽轮动力集团有限公司、中国(杭州)青春宝集团有限公司、杭州信息科技有限公司、杭州杭氧资产经营有限公司、杭州华东医药集团有限公司等6个国有企业进行授权经营,并授权杭州市工业资产经营有限公司从事国有资产经营。

2004年,6个授权经营国有企业按照市委、市政府的要求,以"工业兴市"和国有资产保值增值为目标,以资产为纽带,按照法人治理结构的运作原则,充分发挥授权经营单位的协调、指导、服务职能的作用,与时俱进,深化改革,在经济运行、自身发展等方面取得很大成绩。

【西湖电子集团生产经营势头良好】 西湖电子集团有限公司是市政府最早授权的国有资产经营单位。该企业是国家520个重点企业和中国电子信息100强企业之一。所属公司及主要企业有10个,主要生产电视机、手机、通信设备、软件开发、电子网络等产品,以及从事房地产开发。该集团公司全年完成工业总产值22.52亿元,比上年增长65.7%;利润总额5221万元,增长56.9%;彩电产量60.06万台,下降4.9%;彩电销量59.03万台,增长23.6%;手机产量114.9万部,增长45.1%;手机销量104.9万部,增长34%。

【汽轮集团实现利润增长2.8倍】 杭州汽轮动力集团有限公司完成销售收入42.64亿元,利税总额5.41亿元,其中利润3.47亿元,分别比上年增长66%、2.1倍、2.8倍。企业出口创汇310.8万美元,增长50.9%。总资产43.35亿元,增长94.9%;净资产13.77亿元,增长60.3%。

【青春宝集团上缴税金2.3亿元】 中国(杭州)青春宝集团有限公司以市场为导向,积极开发新产品,加大技术改造力度,狠抓内部基础建设,深挖潜力,保持继续增长势头。该集团全年完成销售收入18亿元,比上年增长8%;上缴税金2.3亿元,增长19%。

【杭氧资产公司销售收入25.6亿元】 杭州杭氧资产经营有限公司紧紧围绕"强化国有资产管理,确保授权资产保值增值、股东权益最大化"的宗旨,以"深化改革、转换机制、加强管理、优化服务"为指导方针,克服国家宏观调控对钢铁行业的影响,取得较好的经营业绩。公司本级按权益核算,全年实现净利润1.2亿元,平均净资产收益率33%;收到法液空(杭州)公司2003年度的股利收入919万元,扣除中方承担的55万元年度费用,2004年实际收入864万元。

杭州杭氧资产经营有限公司全年实现销售收入25.6亿元,其中杭氧集团21.9亿元,液空(杭州)公司3.64亿元。杭氧集团全年实现利润3.72亿元,液空(杭州)公司全年利润2742万元。杭州杭开电气有限公司全年实现工业总产值1.16亿元,比上年增长15.3%。

【华东医药集团总资产34.82亿元】 杭州华东医药集团有限公司进一步做好授权经营,加强对成员企业的管理、监督、指导、服务。年末总资产达到34.82亿元,比上年增长21%;净资产13.04亿元,增长2%。实现销售收入38.9亿元,实现利润2.25亿元,分别增长22.7%和1.4%。该集团所属华东医药股份有限公司全年实现销售收入28.6亿元,实现利润9468万元。杭州中美华东制药有限公司实现销售收入4.73亿元,实现利润9991万元,增长50%以上;杭州医药站实现销售收入22.5亿元,实现利润2285万元。

【信息科技公司实现营业总收入6.99亿元】 杭州信息科技有限公司面对国家经济宏观调控力度加大,电力紧张、资金短缺、原材料上涨等要素的制约,迎难而上,群策群力,主动调整经营思路,加大产业结构调整,转变经营方式,积极开拓市场和发展客户,扩大经营规模,加强企业管理。全年实现营业总收入6.99亿元,比上年增长16.6%;主营收入6.38亿元,增长13.1%;实现利润总额2062万元,上缴税金1639万元,出口交货值1.19亿元。

(胡传明 施 智)

·工业资产经营·

【工业资产经营概况】 杭州市工业资产经营有限公司（以下简称工业资产经营公司）是市政府授权经营的国有独资有限责任公司，以国有资产通过控股、参股、投资、购并、转让、租赁形式从事资本经营。2004年有所属企业120个，其中工业企业105个、三产企业15个；在这些企业中，有国有控股企业14个、国有参股企业43个。所属企业涉及机械设备制造、汽车零配件生产、电子仪表及信息产业、化工、医药、纺织、服装、丝绸、建筑材料、轻工日用品、家用电器、轻工工艺品等行业，并涉及房地产开发、酒店经营等，公司的涉外商务合作伙伴100余个，遍及五大洲。有在职职工6.09万人，拥有专业技术人员7594人，其中具有高级职称任职资格的421人、中级职称任职资格的2106人。在岗职工年平均工资为19838元。

工业资产经营公司紧紧围绕改革、发展、稳定的总目标，突出资本经营职能，克服土地资源、电力、资金和原材料等短缺的不利因素，取得较好成绩。全年工业销售产值286.6亿元，比上年增长29.6%。实现利税25.6亿元，增长11.7%；其中实现利润12.1亿元，增长20%。实现外贸出口交货值50.4亿元，其中自营出口38.2亿元，增长72.4%。贸易、房地产等实现销售收入16亿元，增长4.5%。国有资产净收益1.8亿元以上，国有净资产收益率8%以上，提高2个百分点。

实施“工业兴市”战略，着力培育大企业、大集团。在105个工业企业中，全年销售产值超1亿元的企业47个，比上年增加5个；合计工业销售产值268.5亿元，占公司部门销售产值的93.7%。杭州橡胶集团公司、杭州金鱼集团有限公司、中国石化集团杭州炼油厂、杭州民生药业集团有限公司、杭州前进齿轮箱集团有限公司、杭州锅炉集团有限公司、浙江杭叉工程机械股份有限公司等7个企业的销售产值均超过10亿元，其中杭州橡胶集团和杭州金鱼集团有限公司销售产值分别达到59.9亿元和30.5亿元，分别增长39.9%和70.9%。14个商贸企业中，销售收入超1亿元企业有3个，其中杭州丝绸服装进出口公司营业额达到7.96亿元。大企业、大集团的引领、示范作用日益明显，市政府授予公司所属的杭州卷烟厂、杭州中策橡胶有限公司和其他部门的华立控股股份有限公司3个企业为“2004年度杭州市工业兴市功勋企业”称号，授予杭州金鱼集团有限公司、中国石化集团杭州炼油厂等企业为“2004年度杭州市十大突出贡献工业企业”称号。

【实施项目带动战略】 工业资产经营公司按照新型工业化的要求，大力实施项目带动战略。全年在建技改项目66项，其中省项目9项、市项目57项；计划总投资22亿元，全年完成技改投入7.96亿元；竣工项目32项，其中省项目5项、市项目27项，预计可新增销售收入45.98亿元，利税6.68亿元，其中利润4.16亿元，创汇7192万美元。全年有259种新产品开发并投产，比上年增长17.7%；其中达到国际先进水平的15种、国内先进水平的60种，实现新产品产值45亿元，增长25%。已建立28个企业技术中心，其中省级技术中心10个，涌现杭州电化集团有限公司、杭州玻璃集团有限公司、东风杭州汽车有限公司、杭州市化工研究所有限公司、杭州锅炉集团有限公司、杭州前进齿轮箱集团有限公司、杭州纸友科技有限公司7个省级高新技术企业。

【外资企业成为经济增长的重要力量】 至2004年末，工业资产经营公司所属有外资企业53个，占105个企业总数的50.5%。这些外资企业实现销售产值166.7亿元、实现利税11.3亿元，比上年分别增长29.7%和9.5%；分别占公司部门全部工业销售产值、利税的58.2%和44.1%。

外资企业成为部门经济增长的中坚力量。大力开展招商引资和外资企业扩股增资，全年协议利用外资6022万美元，实际利用外资5022万美元，新组建位于下沙的注册资金2000万美元的杭州杭华油墨化学有限公司和注册资金1000万美元的伊莱克斯电器有限公司两个外资企业。通用电气亚洲水电设备有限公司(GEHA)自2003年1月成立以来运行良好，为进一步发展企业，该公司2004年在萧山经济技术开发区基本建成拥有4万平方米的厂房和6000平方米的办公区域，其中外方增资扩股2500万美元，新厂建成后的生产能力能满足国内对水力发电设备项目的需求，可带动杭州重型机械、电线电缆、自动化控制、电器开发、绝缘材料等相关行业素质的提高和发展。

【基本完成国有企业改制】 工业资产经营公司紧紧围绕产权制度和用工制度改革，推进企业体制和机制创新。先后完成杭州第二毛纺织总厂破产企业的重组和杭州建材冶金机械厂的歇业。东风杭州重型机械有限公司与中国东风公司隶属关系

4月15日，市领导参观西湖电子集团机顶盒生产线。

改变及债务分割、富余人员分流、资产评估等已经完成,至年末,全部门国有企业的改制任务基本完成。

针对改制企业出现的新情况、新问题,适时推进以优化产权结构为主要内容的企业深化改制,通过引进国内外大企业、大集团控股、参股等形式实现由内源性产权向开放性产权的转变,杭州金鱼集团有限公司、杭州加气混凝土有限公司等企业继杭州锅炉集团有限公司、杭州新华集团有限公司和杭州市化工研究所有限公司之后,实现职工持股会的完全退出,其余大部分企业通过扩大经营骨干持股或吸收部分外来股东等形式,进一步优化企业股权结构。

属杭州市破产歇业企业托管中心的65个破产歇业企业遗留问题的处置,取得较大进展。在31个破产企业中,有21个企业依法终结,遗留问题基本解决,其余10个企业可望在2005年完成破产终结。34个歇业企业中,有24个企业基本处理完毕,其余10个企业的遗留问题,可望在2005年基本处置完毕。

【消费者喜爱淡爽啤酒】 杭州西湖啤酒朝日(股份)有限公司系国家大型一档企业,是杭州啤酒厂与日本朝日啤酒伊藤忠(集团)有限公司合资成立的大型啤酒生产企业。总投资人民币2.45亿元,注册资本人民币2.26亿元,其中杭州啤酒厂占45%,朝日啤酒伊藤忠(集团)有限公司占55%。该公司注重新产品的研发,曾相继开发精西湖、世纪之星西湖、绿雨西湖啤酒和绿晶西湖啤酒。按照市场消费趋势变化和国际时尚潮流,建立新的发展战略,将企业产品发展方向定位为淡爽系列,利用日方啤酒先进的淡爽工艺,研制和开发西湖绿雨淡啤和西湖绿晶淡啤,投入市场就得到消费者的喜爱。2004年,实现产销量20万千升,比上年增长13.5%;产值3.54亿元,增长11.2%;利税1.08亿元,增长12.1%;连续五年保持产销量两位数的增长。

【组建创意文化产业园区】 杭州蓝孔雀化学纤维(股份)有限公司在盘活资产、提高房产资源利用率中,开拓经营思维,通过搬迁原锦纶分厂(杭印路49号)内的生产设备,腾出房屋对外出租,并选择文化艺术单位进驻杭印路49号创业。该区块占地3.5公顷,厂房面积2.25万平方米。

2003年起,有一批涉足建筑设计、环境设计、时尚文化产品设计、思想创意、广告摄影、城市雕塑、商业形象设计、企业品牌策划及油画、国画、陶艺等20个艺术和设计公司进区创业形成LOFT49,吸引民间投资数千万元,使杭印路49号形成与运河文化相匹配,具有浓厚文化艺术氛围的园区。市委书记王国平,市委副书记叶明,副市长杨戌标、项勤、沈坚先后到杭印路49号考察调研,拱墅区委、区政府主要负责人多次前往调研。2004年,经市、区两级政府的筹划,计划将杭印路49号确定为杭州市一个创意产业的龙头,打造成具有浓厚文化艺术氛围的创意文化产业园区。

►►资料:LOFT49

LOFT,英文本意是顶楼、货仓,现泛指那些从旧厂房或仓库改造过来的、富有创意的现代思想、文化艺术时尚的办公或居住空间。在杭印路49号旧厂区里,艺术家和设计师们创造出充满个性、极富感染力的新型文化,成为创意产业的聚集地。LOFT49即杭印路49号创意文化产业园区,是市场个性化发展的体现和趋势。随着LOFT49创业产业现象的成长发育,受到杭州市委、市政府的高度关注,拱墅区已编制该园区的总体规划《杭州LOFT规划设计》,相关的配套政策抓紧制定。

【9E燃机余热锅炉得到市场青睐】 杭州锅炉集团有限公司新产品的开发和市场推广实现大丰收。其中燃气轮机余热锅炉、城市生活垃圾焚烧锅炉、水煤浆锅炉、高炉煤气锅炉、转炉余热锅炉、干熄焦余热锅炉等国内领先水平的余热锅炉,得到市场的认可和青睐,该公司新产品的产值率在70%以上。国内首创的9E燃机锅炉垄断国内市场,并列入国家级技术创新项目。在国家两次捆绑式项目招标中,杭锅集团的9F燃机锅炉中标19套,合同总量16亿元。全年杭州锅炉集团有限公司产品合同总量达到38亿元,销售超过13亿元,利润1.4亿元。

【开发HYF-103复合稳定剂】 双壁波纹管、加筋管是近几年开始生产的新型塑料管材,生产设备一般从国外引进,相配套的稳定剂从国外进口。近两年来,国内开始生产大口径双壁波纹管、加筋管。杭州油脂化工有限公司瞄准国外先进品牌的波纹管、加筋管复合稳定剂产品,针对波纹管的生产设备、加工工艺特点,进行工艺配方设计,开发可以替代进口的大口径波纹管、加筋管专用复合稳定剂产品HYF-103。稳定体系的主要原料为三盐和二盐,润滑体系采用催化直接融溶法生产的复合金属皂和以内润滑为主的进口及自产复合酯类化合物,配以适当的高熔点外润滑剂、PVC防老化剂等原料。选用具有较好分散功能的反应设备,提高产品的细度、分散性及稳定性,克服了稳定剂在生产和使用中的粉尘产生。该专用复合稳定剂适应性强,可用于多种进口和国产生产设备,在使用过程中完全可以等量替代国外同类产品,具有较高的性能价格比。

2004年,HYF-103复合稳定剂通过浙江省经贸委组织的浙江省新产品鉴定和杭州市技术创新项目验收,产品经双壁波纹管、加筋管生产企业的应用,反映良好,年销量2500多吨。

【举行首届职工运动会】 6月至9月,杭州市工业资产经营有限公司首届职工运动会隆重举行。运动会以"运动健身争当英雄、工业强市勇攀高峰"为主题,部门内56个企业组团参赛。结合工业资产经营公司行业特色和群众体育特点,设"利群杯"环湖跑、"杭锅杯"中国象棋、"杭齿前进杯"围棋、"新华杯"桥牌、"杭叉杯"羽毛球、"双环杯"乒乓球、"杭州机床杯"篮球、"油化杯"保龄球、"金鱼杯"拔河、"杭汽发杯"游泳、"朝阳轮胎杯"广播体操、"21金维他杯"田径等12个竞赛项目。省委常委、市委书记王国平给运动会发了贺信,希望认真学习贯彻温家宝总理在杭州考察时提出的"工业企业要争第一"的重要讲话精神,借助体

育盛会，展示6万名员工昂扬向上的精神风貌。（华招林）

·西湖电子集团·

【西湖电子集团概况】 西湖电子集团有限公司（以下简称西湖电子集团）拥有总资产25.77亿元，净资产7.31亿元，在职职工1075人，其中专业技术管理人员584人。下属主要企业有数源科技股份有限公司（以下简称数源科技公司）、杭州西湖电子进出口有限公司、杭州电子市场有限公司、杭州智能楼宇系统工程有限公司、杭州中兴房地产开发有限公司、杭州易和网络有限公司、西湖电子集团有限公司数源移动通信分公司7个；参股企业有三菱数源移动通信设备有限公司、杭州数字电视有限公司、杭州三花科特光电有限公司3个。产业涉及数字模拟彩电、移动通信设备、手机等产品设计制造销售，计算机软件开发，网络集成服务，智能楼宇工程，房地产开发和软件园区建设等领域。

西湖电子集团深化企业改革，调整产业结构，拓展产品市场，加强企业管理，使彩电出口市场进一步扩大，手机销售取得突破，房地产开发等产业稳步增长，连续三年实现经济快速增长，再度进入中国电子信息100强企业先进行列，排序第79位，比上次排名提升17位。全年完成工业总产值21.55亿元，比上年增长65.8%；销售收入21.49亿元，增长62.4%；利润总额5568万元，增长67.4%；上缴税金4205万元，增长70.4%；出口创汇1.17亿美元，增长63.2%。彩电产量60.06万台，下降4.9%；彩电销量59.03万台，增长23.6%；手机产量114.9万部，增长45.1%；手机销量104.9万部，增长34%。

西湖电子集团按照提升传统优势产业、发展高新技术产业的思路，加大企业内部改革力度。组织管理干部、生产经营骨干参观先进企业，听大学管理专家、教授关于企业改革、发展的专题讲座，召开以"改革、创新、发展"为主题的企业会议。对彩电主营业务的运营模式进行重大改革，成立彩电主营业务运营中心，构建"一办六部"的组织机构，提高了整体运行效率。对80余名人员进行岗位调整，100余名人员进行分流。

整合有效资源，加快优势产业发展。全年加强对固定资产清查，处置闲置设备物品，对原注塑模具厂的厂房进行改造，建成一个对外开放，由生产、仓储、物流、办公4个区域组成的工业园区。通过招商招租，已有15个单位入驻。抓好软件园区建设，不断改善管理和服务，对园区道路、排污系统、消防设施进行整修，沿黄姑山路段房屋进行立面装饰和绿化整治。5月，被杭州国家软件园基地确定为"杭州国家软件产业基地扩展区块"；8月，西湖数源软件园被杭州市高新技术开发区管委会授予"特色产业园二等奖"。

围绕做大、做强数源彩电和手机两大主业，积极研发、生产、销售市场需求的产品。在产品开发上，相继研发出适应内外销的三洋VS、SA型，东芝T、TC、CT型，菲利浦P、PE型和三菱M型等4大机型120余款的模拟彩电新品种；开发上市F机芯、W机芯2个系列9款高清晰彩电新产品；开发成功从43厘米（17英寸）至106厘米（42英寸）5大系列20余款的液晶平板彩电，其中3项外观设计获国家专利证书。在彩电产品生产中，根据国内外市场需求，努力克服品种多、备料时间紧、交货期短、供电紧张等困难，合理安排好内销、出口彩电的生产。夏季高温缺电时期，响应市政府"让电于民"的号召，减少内销机生产，保证出口机供货；第三季度国内销售旺季，开足马力，连续加班加点生产，确保内销、外销市场供应。在产品销售中，不失时机地利用春节、劳动节、国庆节等假日黄金周，以及重大社会活动加强促销。8月开展"数源奥运总动员"系列活动，10月开展"数源高清彩电"展示活动，12月与苏宁电器集团共同开展"夺目联合行动"。整合品牌资源开展促销，打破彩电、手机销售渠道不同的界线，实行"数源"品牌彩电、手机联动销售，在商住楼盘的开盘广告宣传中，注重主业产品的宣传。数源科技公司以良好的售后服务赢得品牌声誉，促进产品销售。该企业连续三年获得中国质量协会用户委员会授予的全国优质服务月先进单位称号。

【销售和出口指标创历史最高水平】 2004年，西湖电子集团实现销售收入21.49亿元，出口创汇1.17亿美元，两项经济指标均创造历史最高水平。1998年，西湖电子集团通过与日本三菱电机公司良好的合作，使来料加工的"三菱"彩色显示器生产、出口量大增，销售收入和出口创汇取得历史最好成绩，分别为20.32亿元和1.03亿美元。2004年，依靠两大主业内外销同步增长，再创佳绩。与日本三菱电机公司合资的三菱数源移动通信设备有限公司，"三菱"手机内外销量达到93.96万部，自有品牌"数源"手机内销量达到10.90万部，数源彩电内外销量分别达到38.65万台和20.38万台。

【彩电业务运营中心成立】 4月16日，西湖电子集团根据产业的市场状况，结合企业自身特点，对原组织机构进行优化重组、流程再造，成立集彩电研发、采购、生产、营销为一体，责、权、利相结合，相对独立的彩电业务运营中心。运营中心设立运营办公室、制造部、技术开发部、品质保证部、采购部、营销部、进出口部"一办六部"的组织框架，管理上采用适度分权管理、高度集中领导的形式。在具体运作中，积极探索精干高效管理的新路子，技术开发部建立"大项目综合绩效考核和短期项目计划指令制相结合"的管理办法，引入岗位绩效挂钩、高效高酬的分配机制；品质保证部按职责对原有人才、设备等资源重新调整，优化组合。通过改革调整，提拔一批青年业务骨干为主的中层干部，培养一支精干高效的职工队伍，提高了彩电业务的整体运营效率。

【下沙生产基地主体厂房开工】 在传统产业彩电中，西湖电子集团确定液晶彩电为产品发展方向，加大投入。企业审时度势，不放弃CRT（显像管）模拟彩电、数字彩电的产品门类，抓住杭州市开通数字电视的机遇，大力发展数字电视机顶盒产品。为了使彩电产业有较大的发展空间，数源科技公司投资8000万元的下沙生产基地主体厂房建设项目于2004年11月如期开工。新建主厂房为2层标准结构，南北长170米，东西宽117米，总建筑面积4.5万平方米，厂房东侧建3层办公裙楼，与主体厂房形成一体。该厂房是集大屏幕液晶平板彩电、数字模拟彩电、机顶盒以及手机产业的生产、仓储、物流为一体的大型基地，将建立自动机插房1个，彩电插件、总装线10余条，以及机顶盒、手机生产线。其中彩电年产能力可达200万台，工程项目计划于2005年下半年竣工投产。

【数源彩电再次成为免检产品】 数源科技公司不断强化质量意识，狠抓质量基础管理，努力提高产品质量。按质量职能的要求，对质量岗位职责、人员作适应性调整。采用科学的检验手段，杜绝批量性质量事故，使彩电、手机质量稳定提高，商业开箱合格率分别具有98%和95%以上的行业先进水平。全年彩电产品中有29种型号通过3C认证，17种型号取得CB测试报告，6种型号通过SASO认证，为产品出口欧美、亚洲等地区打下良好的基础。重点开展ISO 9001:2000版质量管理体系换版审核和“产品质量免检”监督检查工作。通过质量文件的重新修订，认真组织质量体系内部审核，积极整改，使质量体系通过浙江省质量体系审核中心组织的第三方审核。9月，数源·西湖牌彩电经国家质量监督检验检疫总局审核批准，再次成为“国家免检产品”，有效期自2004年9月至2007年9月。

【机卡分离数字电视项目列入国家计划】 11月，西湖电子集团申报的《机卡分离数字电视接收机高技术产业化示范工程》项目获国家发改委批准，列入2004年国家高技术产业发展项目计划。该项目总投资1亿元，其中固定资产投资6140万元，铺底流动资金3860万元。总投资中，国家拨款800万元，银行贷款及企业自筹9200万元。项目实施中，将建立数字电视整机研发中心，开发支持基于PCMCIA接口(CI)的有线数字电视一体机，重点开发相关软硬件等关键技术。项目建成后，形成年产机卡分离数字电视机顶盒100万台，一体化数字电视接收机20万台的生产能力，计划整个项目2006年6月前完成。

【推出130万像素拍照手机】 8月，西湖电子集团研发成功的国内第1部100万级像素手机——数源V130型130万像素拍照手机，通过国家信息产业部的测试认证，在国内全面上市，新华社报道称“西湖电子集团成为第一个吃西红柿的人”。数源V130型手机是一款品位高尚、价格低廉、性价比高的手机，与国外同类手机相比，销价要低40%左右。当年，数源品牌手机相继推出V8、B52、V68、V130、V130A型等5款新品；三菱数源移动通信公司的“三菱”品牌手机，推出滑盖手机、200万像素拍照手机等6款机型。“数源”、“三菱”品牌手机年销量104.9万部，比上年增长34%；销售收入15.4亿元，增长102%。手机产业已成为集团公司的主业。

8月，数源公司生产的130万像素手机上市。

【数源·苏宁开展“夺目联合行动”】 12月29日，数源科技公司与苏宁电器连锁集团在省人民大会堂联合举办新闻发布会，向新华社、中新社、浙江电视台卫星频道等10余家新闻媒体发布携手开展“夺目联合行动”的消息。

该行动的主要内容是“数源科技”、“苏宁电器”两家达成协议，为加快液晶平板电视平民化消费进程，推动国内数字电视产业的发展，在苏宁电器连锁的全国16个城市29家主力店中，把最新研发成功的数源81厘米(32英寸)高清晰液晶平板彩电，以9999元低于1万元的低价推向全国市场。此前，国产品牌81厘米(32英寸)液晶平板彩电主流价格在1.4万元左右，降幅近30%。

数源·苏宁双方工商携手、优势互补、利益共享，有意进一步扩大合作。苏宁电器连锁集团将为“数源科技”提供一个遍及全国各大城市的销售网络，为数源产品提高声誉，扩大销售提供保障；数源科技公司将为“苏宁电器”提供质量上乘、款式新颖、价格优惠的高端精品和大众产品，并为苏宁电器连锁集团“量身定制”专供产品。

【合肥、诸暨楼盘开盘】 西湖电子集团房地产开发围绕“立足杭州，走出浙江”的方针，努力拓展新市场，将杭州房地产环境、人文理念溶入外地的房地产开发业，取得明显成效。2004年11月，由西湖电子集团控股的合肥西湖房地产开发有限责任公司，在合肥市开发的首个商住楼盘——中兴·西湖花园一期开盘销售。该楼盘占地面积9.33公顷，总建筑面积14.7万平方米，设计以江南小桥流水、西湖平湖秋月园林景观为蓝本，展示杭州的自然环境和人文环境合一的佳居。11月，西湖电子集团独资在诸暨市拍得土地兴建的中兴·景城嘉苑一期商品房开盘销售。该楼盘占地面积8.67公顷，总建筑面积13万平方米，绿化率30%，具有现代都市建筑风格，以杭州西湖园林景观为蓝本，成为当地楼盘的亮点。全年，中兴·西湖花园一期和中兴景城嘉苑一期商品房的销售量均超过70%。

(方泽民)

·汽轮集团·

生产汽轮机

【汽轮集团概况】 2004年，是杭州汽轮动力集团有限公司（以下简称汽轮集团）快速发展的一年。上半年以优先股的形式对杭州热联进出口公司增资1500万元。1月26日，汽轮集团与中国石油化工股份有限公司在坚持“平等互信、风险共担、利益共享、互惠互利、共同发展”合作原则的基础上，建立长期稳定的战略合作伙伴关系，在信息合作、技术合作、商务合作等方面签订为期3年（2005年1月1日~2007年12月31日）的战略合作协议，成为中国石化供应商。4月23日，市政府正式下文批准，将杭州杭发集团公司授予汽轮集团经营，经过半年经济运行，年底扭亏为盈。12月底，集团以低成本受让有造船资质的杭州东风船舶制造有限公司股份。

经济运行情况良好。汽轮机市场供不应求，全年完成汽轮机227台、153.78万千瓦、9.86亿元产值，比上年分别增长83%、84.9%、120%；销售收入8.99亿元，增长104.8%；利润总额2.28亿元，增长2.3倍；承接合同总额25.2亿元，增长92.7%；回收货款13.2亿元，增长71.7%。发电机产销两旺，全年生产水轮发电机14台，减少7台；功率6.52万千瓦，与上年基本持平。生产汽轮发电机57台，增加30台；功率27.85万千瓦，增加19.8万千瓦。实现销售7781万元，利润247万元，分别增长63.5%和1.6倍。

2月20日，在中共中央和国务院召开的国家科学技术奖励大会上，汽轮集团参与生产并完成的“年产24万吨乙烯裂解气压缩机组”荣获国家科学技术进步二等奖。年底，该集团产品中的工字牌商标获浙江省驰名商标称号。

全年为员工重点办了11件实事。对住房公积金进行调整，公积金缴纳比例从9%提高到15%；出台企业补充医疗保险制度，并按工资总额的4%计提；对有毒有害工种营养津贴从28元/月提高到56元/月；完成新食堂建造，第2幢集体宿舍改造，职工医院内部装修；出台困难职工学费补助制度，支出116.5万元用于职工培训和教育；组织100名生产经营骨干、劳模到东南亚旅游；提高劳模和30年荣誉职工待遇等。

汽轮集团原有21辆公务用车，6名专职驾驶员，每年费用支出125万元（不含车辆折旧费），并有公车私用情况发生，群众意见较大。根据中纪委提出的“推行公务用车改革”精神，把公车改革摆上议事日程，成立公车改革小组。出台《集团公司公务用车改革方案》，设定“车改目标与范围”、“车辆处理原则”、“购车和交通补贴”等内容。6月，汽轮集团对公务用车全部进行拍卖。为防止公车改革过程中出现新的问题，制定《车辆价格评估规定》、《公务用车改革后的有关规定》、《车贴结算方法》等，体现“公正、公平、公开”、“合情、合理”，确保公车改革的顺利进行。据初步测算，公车改革实施以来，全年至少可节支25万元。

8月29日，中共中央政治局常委、国务院总理温家宝到汽轮集团视察，提出“争创一流企业”的殷切期望。

【注重开发新产品】 汽轮集团全年开发成功300兆瓦、600兆瓦电站锅炉给水泵汽轮机、2500立方米高炉风机驱动用汽轮机、4万立方米大型空分双出轴驱动用汽轮机、水泥窑双压补汽热能综合利用汽轮机、“乙烯三机”（乙烯机、丙烯机、裂解气压缩机）驱动用汽轮机等新产品。这些产品填补了多项国内技术空白，尤其是“乙烯三机”驱动用汽轮机的成功开发，结束了大型乙烯重点技术装备长期依靠进口的历史。

在引进技术基础上，以计算机应用研究所为开发主体，边摸索边实践，开发和实施公司计算机集成制造系统（HTC-CIMS），逐步建立起集团的计算机网络系统和BOM系统等。年底，与浙江大学合作开发三座标CNC及叶片样板CAT功能，与西安交通大学、哈尔滨工业大学及华东理工大学、上海发电设备成套所等合作，建立“CAD/CAPP/PDM应用开发中心”、激光强化技术开发实验室等产学研合作机构。该集团公司被列为浙江省及杭州市企业信息化应用示范企业，2004年度浙江省技术创新优秀企业。

4月18日，汽轮集团600兆瓦电站半容量锅炉给水泵汽轮机项目通过省科技厅主持的科技成果鉴定，并荣获2003年度杭州市优秀新产品新技术一等奖。完成由国际标准ISO 14661：2000转化国家标准《工业热力涡轮机（汽轮机、气体膨胀涡轮机）一般要求》的起草、征求意见及讨论。12月1日，该标准通过国家汽轮机标委会的审查，上报国家标准委员会待批。

【对外投资7236万元】 2004年，是汽轮集团控股的杭州汽轮机股份公司上市以来，对外投资力度最大的一年。全年对外投资7236万元，主要用于组建控股子公司4个，即杭州汽轮铸锻有限公司、杭州汽轮辅机有限公司、杭州中能汽轮动力有限公司、杭州汽轮机械设备有限公司，参股浙江天裕控股有限公司。

6月，与浙江中毅投资公司合作成立杭州汽轮动力集团诸暨中德置业公司，占60%股份，合作开发高档商品房。随着诸暨小蒋湾村首期房地产项目中标，房产项目正式运作，首期开发的“滨江华都”被列入《浙江省十大经典楼盘》。

【完成企业改制】 汽轮集团通过收购、改制、重组和增资扩股，改制成立集团控股的铸锻、辅机、中能、机械设备4个公司。集团提出4个公司全年销售收入4.7亿元，利润6500万元的经营目标。集团所属的房产物业公司采用承包经营的方式进行改组。12月，南方通达齿轮公司完成改制挂牌，标志着汽轮集团与各分、子公司由过去单一的行政隶属关系，转变为以资产为纽带的产权关系，初步建立了现代企业制度。

2004年，是汽轮集团所属各企业改制后独立经营的第一年，改制带来了员工观念的转变和服务态度的改善。从过去被动依靠集团到改制后主动找米下锅，积极性得到充分发挥。如汽车销售公司扩大经营渠道和深化物流渠道，积极开拓业务范围，机组发送相继进入杭州汽车发动机厂、南京发电机厂等单位，全年销售收入1905万元，比上年增长71%；利润146万元，增长97.7%。所属另一企业铸锻公司从5月1日正式改制挂牌运作后，从改制前的月生产汽缸7套~8套到改制后生产20套；月生产铸件从200多吨提高到改制后500多吨。

【重奖企业员工】 6月30日，杭州汽轮集团会议厅举行“汽轮集团功勋员工嘉奖大会”。该奖励不是奖给企业管理者，也不是奖给销售人员，而是奖给一线工人，工人葛志康和技术人员牟家珑披红戴花，走上主席台，各接受30万元奖励。

葛志康是汽轮集团总装检验工人，勤奋朴实。他在汽轮集团工作了40年，熟悉汽轮机的1万多个零部件。只要站在机器旁听一下，就能确定哪个部件出问题。葛志康先后获得过杭州市优秀党员和全国五一劳动奖章等数十个荣誉称号。牟家珑是没有任何行政职务的普通技术人员，也在汽轮集团工作了40年。他多次被评为厂先进生产工作者，并获得过国家科学技术进步一等奖。该集团重奖优秀员工的举措，在企业中营造了尊重知识、尊重人才、尊重创造的氛围，有力促进了企业的发展。 （陶雄伟　胡传明）

·青春宝集团·

【青春宝集团概况】 中国(杭州)青春宝集团有限公司（以下简称青春宝集团）在职职工4000多人，下属正大青春宝药业有限公司、胡庆余堂药业有限公司、四川九龙制药公司等7个中药制药企业、7个医药商业公司、30多家国药连锁店及10余个参股企业。其中，以正大青春宝药业有限公司和胡庆余堂药业有限公司为骨干企业，主业为中成药。2004年，青春宝集团实现销售收入18亿元，比上年增长8%；上缴税金2.3亿元，增长19%。

2004年，浙江省环保局和省经贸委公布8个浙江省绿色企业，正大青春宝药业有限公司名列其中；胡庆余堂药业公司获浙江省行业诚信满意10佳优秀企业和浙江省行业放心消费10佳企业，胡庆余堂国药号被市政府命名为杭州市模范集体。青春宝集团被市政府列入首批杭州市工业旅游景点之一。集团董事长冯根生分别获得“首届浙江商人年度风云人物资深贡献奖”、“感动浙江年度人物”、“浙江省首届十大慈善之星”和“杭州市首届十佳尊师重教先进个人”等称号。

青春宝集团注重抓好企业文化建设，投入巨资重点保护医药文化。2004年，拥有1个国家级文保单位——胡庆余堂国药号及中药博物馆，2个市级文保单位——叶种德堂药店、胡雪岩墓，2个中国驰名商标——青春宝、胡庆余堂。

8月29日，中共中央政治局常委、国务院总理温家宝视察青春宝集团。

【青春宝集团成立3个公司】 2004年，青春宝集团投资设立以生产生物药为主的浙江青春宝依科生物医药有限公司、以生产中药饮片及中药材前处理加工为主的杭州胡庆余堂天然药物有限公司、以生产保健食品为主的杭州青春宝健康产品有限公司，并成立从事药用植物的研究、开发、种植及其技术服务，新药的研究与开发，相关领域的科技成果转让的浙江省天然药用植物研究中心。该研究中心筹办富阳中药材培植基地和组培中心，其以自主开发为技术来源的科技攻关项目《共生菌提高铁皮石斛产量》，已通过浙江省科学技术厅鉴定，被列为浙江省科技攻关计划项目。

【程控化提取中药】 青春宝集团投资3240万元，建设中药提取车间，总建筑面积4855平方米，主体项目于2003年6月17日通过竣工验收，8月28日开始试生产，2004年正常运转。该车间运用DCS(集散控制系统）改善原来中药生产手工化和质量不稳定的局面，对中药提取工序(提取、贮液、浓缩)的全过程集中分散控制，实现了中药提取程控化。该系统具有整个生产过程自动控制、自动监控、故障报警、打印报表等功能，一天可以处理15吨中药材，降低了工人劳动强度，实现优质、稳定、高效的生产。8月，温家宝总理在参观时，仔细地询问了工艺情况。

【四川青春宝九龙公司通过GMP验收】 四川青春宝九龙制药有限公司隶属中国(杭州)青春宝集团有限公司，是1997年8月四川、浙江两省响应中央西部大开发号召，浙江对口帮扶四川启动的第1个项目。该公司位于四川省苍溪县，于1998年3月建成投产。2004年，为帮助资金及技术均贫乏的四川青春宝九龙制药有限公司顺利通过药品GMP验收，青春宝集团多次组织协调，派出正大青春宝专家、技术工人前往四川帮助进行软硬件指导，并从资金上给予支持，使该公司于2004年6月一次性通过认证，取得GMP证书。

【投入技改8700余万元】 2004年，为进一步推进中药现代化，增强企业后劲，青春宝集团投入技改资金8700万元，投放市场新产品6种。正大青春宝公司计划总投入4530万元，建设有国内一流设备、完全智能化操作的生产固体制剂车间

项目，至2004年末已投入2400万元，主体建筑已结顶，计划2005年竣工。（邹　峰　胡传明）

·信息科技公司·

【信息科技公司概况】　杭州信息科技有限公司（以下简称信息科技公司）坚持“加快改制、加快发展”的方针，积极抓好新产品开发和技术改造，推进技术进步，提高生产率和产品的科技含量。全年营业收入6.99亿元，比上年增长16.6%；实现利润2062万元，上缴税金1639万元；出口交货值1.19亿元。

全年完成技改项目19项、开发新产品11项，投入资金总额3977万元。信息科技公司所属杭州大自然光电有限公司完成年产1300万片DVD光盘生产线技术改造项目，完成新彩虹光盘的试制，提高新产品的储备。杭州大自然有机化工实业有限公司完成磷酸酯产品系列装置改造项目，累计投入技改资金2400万元。“可录光盘”产品入选2004年杭州名牌产品，“大自然”商标获浙江省著名商标称号。杭州大华工控技术有限公司的AUSEN-2300型高速数字分切机获2003年度杭州市优秀新产品新技术三等奖。

加大招商引资力度，杭州可恩索华伦纸管有限公司(合资企业)注册资本600万美元，并增资300万元美元，其中外方芬兰斯道拉恩索公司增资165万美元。在杭州经济技术开发区建立新厂，在建新厂房面积1.7万平方米。合资企业乐金大自然(杭州)记录媒体有限公司注册资本700万美元，其中外资343万美元。该公司在杭州经济技术开发区新建厂房1.9万平方米，建有高密度可记录光盘(DVD R)生产线2条，生产能力为120万片/月，录像带生产能力800万盒/月，计划2005年1月投入生产。

2004年组织1000名IT人员赴新加坡培训，与新加坡著名的科技园开发企业合作，推进东部软件园的园区建设。发挥东部软件园资本、技术平台作用，推行人才开发、投资担保、科技创业、优质物业、信息化建设、生态农庄休闲六大特色服务。成立杭州市企业信息化技术服务中心，实行企业化管理、市场化运作，建立服务平台，面向中小型企业，整合信息资源和要素，为工业企业信息化建设提供技术服务支撑。

信息科技公司获2003~2004年度市级文明单位称号。杭州大自然光电科技股份有限公司获杭州高新区(滨江)2004年度管理创新奖和先进企业称号。

【4个企业改制】　2004年，信息科技公司加快所属企业改制步伐，坚持以“改制促发展”，先后对4个企业进行不同方式的改制。塑料化工一厂实施破产，成立公司破产工作小组，清查债权债务、清理历史欠款，做好职工的稳定和生活保障工作。

化工机械厂实施迁厂、分立改制，分步实施改制方案。在原容器分厂的基础上，于10月成立多元投资主体的有限责任公司。新公司经过2个月的运作，经济运行等各项指标良好。

地基基础工程公司完成资产清理评估、人员安置分流和成本核算等改制前期工作，改制方案已确认并在实施阶段。

盘活留下营门口工业园区原杭州磁带厂土地资产。12月，该公司与国家建设银行浙江省分行达成原磁带厂土地回购协议。首期5公顷土地已交市土地储备中心挂牌拍卖。在回购期间有序组织园区内生产企业搬迁。

【加快东部软件园建设】　信息科技公司以建“省内最好、国内一流、国际知名”的高科技软件园为目标，实行“大公司框架、小公司运作”的运行模式，坚持基建、营销、物管“三位一体”的营销理念，建立健全公司的管理体系，加强企业法人治理结构调整和人力资源优化配置。东部软件园园区全年基本建设面积13万平方米，其中3.6万平方米的创业大厦和5万平方米的科技大厦建成并投入使用；2.8万平方米的科技广场工程建设任务完成过半。园区内的基础建设，为园区的发展提供了物质保障，高科技企业的入驻，提升了园区的科技含量和品位。至年末，园区内入驻高科技企业130余个。

【建设和完善集成电路设计孵化器】2003年11月，由杭州国家集成电路设计企业孵化器有限公司申报并承担的国家集成电路设计产业化杭州基地孵化器技术平台建设和研究孵化器建设项目，通过了国家验收，并得到国家863计划的滚动支持。2004年，该基地构建EDA、IP、投资、人力资源等“四平台”和技术服务、综合服务、MPW服务、培训、金融支持等“六中心”服务体系，建成和完善6000平方米的企业孵化场所，有21个企业入驻。据统计，国家集成电路设计产业化杭州基地在全国七大基地中排列第4位。

（赵　静　胡传明）

10月，东部软件园科技大厦落成。

·杭氧资产公司·

【杭氧资产公司概况】 杭州杭氧资产经营有限公司（以下简称杭氧资产公司）以改革为动力、以发展为龙头，以国有资产保值增值为目标，克服缺电对生产的影响，努力适应国家宏观经济的调控，主要经济指标再创历史最好水平。全年完成制造36套大中型空分设备等生产任务，主营业务收入18.85亿元，比上年增长36.1%；利润总额3.96亿元，增长16.5%。杭氧资产公司处于中国空分行业的龙头地位，2004年再次获中国机械500强称号，排名第116位。

2004年，杭州杭氧股份有限公司中标河南中原大化集团有限责任公司煤化工项目工程配套用5.2万立方米/时内压缩流程空分设备。这是继2003年承接两套4.8万立方米/时内压缩空分装置后，在特大型空分装置的设计开发中新的突破。这套空分设备是目前国内自行成套、自主设计制造的最大的化工型内压缩流程空分设备，选择安全可靠和经济合理的最佳流程，选用先进的设计参数和工艺技术，在化肥和化工等领域替代了同类产品的进口。

【4.8万立方米空分设备通过初审】 4月，来自全国10余位专家汇聚西湖国宾馆，对中国首套4.8万立方米国产空分装置进行设计审查。杭氧股份公司、沈阳鼓风机（集团）有限公司、杭州汽轮集团3个单位对该装置的设计作了专门汇报。会议一致通过“4.8万立方米/时空分装置设计”初审。中国工程院院士、中石化公司高级副总裁曹湘洪对杭氧股份公司等单位为实现国家“油改煤”工程所做的努力表示感谢。

杭氧股份公司自项目签订之日起，将其作为2004年的首要任务。为确保按合同要求保质、保量完成，抽调精兵强将，从组织上、措施上确保项目的进度与质量。至年末，该项目的设计和设备采购基本就绪。

【杭氧股份公司与梅塞尔集团合作】 12月18日，德国梅塞尔集团总裁梅塞尔与杭氧股份有限公司董事长毛绍融签署联合促销与发展协议。

德国梅塞尔集团原来是一个生产焊接、切割、空分等设备的大型企业。10年前，该集团将制造业基本分离出去，改为经营工业气体，2004年在31个国家拥有60个子公司，销售收入超过50亿欧元。该集团100多年的发展历史，使其在世界上拥有大量稳定的客户群。梅塞尔集团与杭氧股份公司签约，意味杭氧公司将成为梅塞尔集团的空分设备生产基地，甚至有意向把整个制造业放到杭氧公司。杭氧公司已经具备中国最强的空分设备生产能力，中国又具有劳动力成本较低的优势，梅塞尔集团的制造业东移，可以实现利润更大化。

杭氧公司在国内属行业龙头企业，但在国际上影响不大，与梅塞尔集团牵手，架起杭氧产品走向国际市场的桥梁，即梅塞尔集团使用杭氧集团生产的大型空分设备，为其在世界各地的客户制造并提供工业气体，在国际上展示“杭州制造”的实力。

【杭氧股份公司成为质量效益型先进企业】 11月14日，杭氧股份公司通过“全国机械工业质量效益型先进企业”现场评审。评审组参观工厂生产现场，按照“全国机械工业质量效益型先进企业评审细则”的要求，通过查、问、看、座谈等形式，从符合性评价、质量成效、经验和优势等方面逐条进行评审。对公司决策者坚持质量是企业生命的意识和经营理念，坚持把全面质量管理作为企业管理中心环节来抓，质量体系健全，运行有效，大力推进技术进步，以优质服务实现顾客的持续满意；企业主要经济指标、产品良好的技术性能和社会效益给予充分肯定。经中国机械工业质量管理协会评定，该股份公司成为全国机械工业质量效益型先进企业。

【杭氧股份公司入选中国信息化500强】 在由国家信息化测评中心主办的“2004年度中国企业信息化500强”评比中，杭州市有9个工业企业获此殊荣，杭氧股份公司名列其中。近年来，该公司高度重视走新型工业化道路，坚持以信息化带动工业化，以工业化促进信息化，有力地推动了企业的发展。

【杭氧股份公司纳税信誉升为3A级】 浙江省国家税务局公布全省2003年度AAA级纳税信誉企业名单，杭州杭氧股份有限公司等199个企业榜上有名。国税部门对纳税人纳税信誉等级评定工作已有3年，2004年首次产生的199个纳税信誉AAA级企业，是在2003年的228个AA级纳税信誉企业中，因继续保持良好的纳税信誉而得到晋级。杭州市还有AA级纳税信誉企业202个，A级纳税信誉企业251个。

【杭氧股份公司通过ISO 9001换证】 10月22日，挪威船级社(DNV)审核组在杭氧股份公司宣布，该公司质量管理体系达到ISO 9001：2000标准要求，且运行有效。该公司是1995年取得ISO 9001证书的，有效期为3年；2004年是第三次换证。本次审核从10月20日开始，DNV审核组分成3个小组对公司与质量管理体系有关的职能部门进行了现场审核。

【杭开电气公司征地8.93公顷】 杭州杭氧资产经营有限公司所属杭州杭开电气有限公司于2003年1月由国有企业改制而成，并实现了当年改制、当年增效的良好局面。2004年实现产品销售收入1.16亿元，比上年增长15.3%；实现利润200万元。由于经营业务的拓展，急需改变企业生产场地破旧、狭小给发展带来的束缚。2004年，按市政府规划要求，该公司在拱墅区康桥工业园区征地8.93公顷，分两期共建厂房6.5万平方米，投资规模1.4亿元，设计规模为年产值4亿元。主要产品是110千伏以下等级高压开关及成套开关设备。至年末，项目已完成设计，通过了环保评估，部分厂房建筑已具雏形，计划2005年底完成基建并迁入新区厂房。

（方　怡　钱卫国　胡传明）

·华东医药集团·

【华东医药集团概况】 杭州华东医药集团有限公司（以下简称华东医药集团）前身为浙江制药厂，成立于1952年。华东医药集团连续三年进入全国大企业、大集团500强，医药

表 18　　华东医药集团主要工业企业经营情况

名　称	销售收入(万元)			利润(万元)		
	2003年	2004年	比上年(%)	2003年	2004年	比上年(%)
医药股份有限公司(医药站)	182 150	224 621	23.3	1 747	2 285	30.8
杭州中美华东制药有限公司	39 597	47 332	19.5	6 550	9 991	52.5
杭州默沙东制药有限公司	74 565	92 947	24.7	11 928	10 277	-13.8
杭州九源基因工程有限公司	5 241	6 621	26.3	309	1 194	286.4
浙江华义医药有限公司	10 955	12 307	12.3	1 208	777	-35.7
杭州朱养心药业有限公司	2 436	2 716	11.5	509	304	-40.3
杭州华东医药集团康润制药有限公司	2 093	2 108	1	30	-69	-330

行业 100 强。2004 年，华东医药集团销售收入 38.9 亿元，比上年增长 22.7%；利润 2.25 亿元，增长 1.4%。主打产品的销售收入在原基础上进一步提高，百令胶囊的销售收入 1.54 亿元，增长 19%；赛斯平销售收入 1.62 亿元，增长 20%；保列治销售收入 2.28 亿元，增长 14%；泰能销售收入 2.98 亿元，增长 19.2%。

做好对所属工业企业的管理、监督、指导、服务，促进各企业的良好发展，主要工业企业取得较好的经营业绩。杭州默沙东有限公司稳定发展，中美华东有限公司快速发展，成为 2 个实现利润超 1 亿元的企业。杭州默沙东公司、中美华东公司、浙江华义公司、朱养心药业、康润制药公司、九源基因公司、新五丰药业等工业企业先后在 2004 年通过国家药监部门 GMP 验证与复验；商业企业各股份公司及华东大药房等都通过 GSP 验证与复验。2004 年经国家统计局、中国企业联合会、中国企业家协会评定，该集团 2001 年、2002 年、2003 年连续三年进入全国销售收入 500 强企业行列。

加强安全生产管理和监督，积极开展安全生产宣传教育活动。通过对企业的安全质量标准化达标考核及实地安全检查、监督和指导，进一步增强安全意识和安全管理的水平，全年所属企业没有发生责任事故。

【医药产品进入国家社保目录】2004 年，国家药监和劳动保障部门联合公布，华东医药集团生产的百令胶囊、赛斯平、卡博平、卡司平、泮立苏等主要医药产品进入国家社保目录。这标志着经过 5 年的努力，产品的发展获得更为良好的政策环境。该集团全年在药品生产上投入大量资金，取得一定的成绩。华东医药股份有限公司投资 4700 万元，新建 2.4 公顷厂区，年产 10 吨阿卡波糖技改项目竣工投产；阿卡波糖经过澳洲 TGA(医药质监组织)现场检查，通过认证并获得证书。中美华东公司技改投入 6535 万元。

【骨优导等 4 个项目结题验收】10 月，列入杭州医药产业发展资金项目计划的“重组人骨形态发生蛋白质-2”等 4 个项目，成功完成项目全部研发目标，各项指标均达到合同书要求，通过市医药部门及专家组的结题验收。

由华东医药集团公司承担的“重组人骨形态发生蛋白质-2”(商品名：骨优导)项目，1999 年列入杭州市首批医药产业发展资金项目计划，同时列入国家 863 计划。骨优导是一种能促进间充质细胞定向分化为软骨和骨细胞增殖能力的蛋白质，可与多种不同性质的载体复合，组成各种类型的有生物诱骨活性的修复材料，这些骨修复材料可用于骨折、骨不连和骨缺损的修复，也可用于整形外科和牙科，具有良好的应用前景。为加快项目的实施，该公司累计投入项目研发经费 2040 余万元，经过科研人员 4 年多时间的攻关，成功实现了在国际上第 1 个采用原核表达系统工业化生产骨优导，完成从基因工程菌构建到发酵、纯化、质量控制、制剂整套中试生产工艺的研究。2003 年 5 月完成全部临床试验，12 月获得 SFDA 三类医疗器械注册证，《生产截短型重组人骨形态发生蛋白质-2 成熟肽的方法》及《一种制备骨修复材料的方法》申请了国家发明专利。2004 年，该公司利用现有实验设备，全年可生产 48 克“重组人骨形态发生蛋白质-2”，能配置 4.8 万瓶骨优导，用于 1.2 万名患者的骨修复治疗，年产值超过 7000 万元。该项目被国家发改委批准列入新材料领域的高技术产业化示范工程，华东医药公司计划再投资 1 亿元，规划建设骨优导产业化基地。

【华东医药公司实现销售收入 28.6 亿元】2004 年，杭州华东医药股份公司生产经营状况良好，实现销售收入 28.6 亿元。其中，工业企业(即中美华东制药有限公司)实现销售收入 4.73 亿元，实现利润 9991 万元，比上年增长 50%以上；商业(即杭州医药站等)实现销售收入 22.46 亿元，实现利润 2285 万元。

华东医药股份公司业绩的大幅提升，主要得益于营销体系改革、产品结构调整和加强管理。该公司贯彻实施“细分市场、用足政策”的经营方针，倡导养精蓄锐与蓄势待发的经营思想，深化内部改革，开拓国际市场，营造新的利润增长点。运行新的人力资源体系，实行新的薪酬标准，稳步提高员工收入。开展生产制造系统的产品结构调整，重视技术创新，全面实施营销电子商务分销系统。

(华　东　胡传明)

个体民营经济

·经济活动·

【经济活动概况】 2004年,杭州市个体民营经济规模继续扩大,“二次创业”迈出新步。在全市生产总值中,非公有制经济所占比重达55%,比上年提高2.6个百分点,其中个体经济比重为47%,上升1.9个百分点。至年末,共有个体工商户23.95万户,从业人员49.47万人,注册资金79.97亿元,分别增长17.3%、12.5%和36.2%;共有民营企业7.79万个,投资者人数18.57万人,雇工85.67万人,注册资金1250.66亿元,分别增长13.4%、18.9%、8.7%和62.6%。个体民营经济的发展,提供了众多的就业岗位,全市个体民营经济从业人员153.71万人,增长11%。

个体工商户快速发展。全年新发展个体工商户8.04万户,从业人员12.21万人,注册资金37.23亿元,分别比上年增长79.7%、60.2%和1.5倍。市政府制定优惠政策,着力解决下岗职工的再就业,简化办证手续,降低办证门槛,对凭就业援助证领个体执照的下岗失业人员给予优惠,促使个体工商户数量大幅增加。

民营企业发展稳中有降。新发展民营企业1.78万个,投资者人数4.05万人,雇工12.64万人,注册资金246.45亿元,注册资金比上年增长16.3%。与国家的宏观调控有关,增幅有所回落,下降3.2个百分点。其中,房地产、钢铁、电解铝等领域的投资明显减少;另外,招商引资及税收政策的变化,也使企业取得一般纳税人资格的要求提高。

有限责任公司继续扩张。在民营企业的组织结构形式中,全市有限责任公司5.96万个、独资企业1.7万个、合伙企业1222个,分别占全市民营企业总数的76.5%、21.9%、1.6%。从构成的比例可以看出,有限责任公司由于产权清晰、权责明确,成为民营企业最主要的组织结构形式,比上年增长19.6%。个人独资企业受到青睐,全市个人独资企业8649个,增长25.9%。新注册的进出口企业326个,增长45.5%,累计外向型个体民营企业1300多个。

个体民营企业经济实力不断增强。全市民营企业个均注册资金160.52万元,比上年增长43.2%;个体工商户户均注册资金3.34万元,增长16%。民营企业中注册资金100万元~500万元的1.2万个,500万元~1000万元的2740个,1000万元~1亿元的2460个,1亿元以上的75个。上半年新登记的1亿元以上的民营企业7个,注册资金9.7亿元。民营企业为实现规模效益,积极组建企业集团,全市有民营企业集团公司190个。全年民营企业上缴税金138.43亿元,占全市财政收入的35%,比上年提高3.1个百分点。

民营企业技改力度加大。全年民营企业投入技改资金24.2亿元。富阳永泰集团投资1.8亿元,建成3400四叠网纸机高档涂布白板纸生产线。主机设备从国外进口,生产过程和质量检测采用DCS和QCS自动化控制系统,生产环境明显得到改善。该集团被省经贸委和省环保局确定为第1批造纸企业清洁生产试点单位。

个体民营企业品牌意识增强。在首届浙江省知名商号评比中,华伦集团有限公司、杭州天堂伞业集团有限公司、浙江传化集团有限公司等民营企业榜上有名。杭州东南化纤有限公司、杭州荣盛纺织有限公司等企业被国家科技部认定为2004年国家火炬计划重点高新技术企业。全市有个体民营企业商标4775个,在省级以上著名商标总数中,民营企业获得66个,占全市33.3%。

【高新区民营企业发展迅速】 高新(滨江)区共有民营企业1634个,投资者人数7965人,雇工2.18万人,注册资本35.18亿元。新登记309个,投资者人数984人,雇工2193人,注册资本3.55亿元。

高新区民营企业大多与大专院校联合共建科技创新载体。杭州神州视景数字科技有限公司与中国科学院软件研究所建立“信息城市软件工程中心”;浙江现代中药与天然药物研究院有限公司和深圳中药及天然药物研究中心合作建立天然药物化学研究室,以中药与天然药物提取分离为主要技术,开发创新中药。高新区为留学人员创业引进、融资1000余万元,提供减免房租、减免税收等优惠政策。高新区创业的优良投资环境吸引了来自世界各地的归国留学生,在高新区留学生创业园创业的留学人员已有50人,主要涉及环保设备、新材料、生物医药、卫生、计算机软件、光电子等高新技术行业。

【萧山区新街镇发展花木生产】 全市有4592个个体民营企业从事农、林、牧、渔业,比上年增长47.8%。萧山区花木业发展繁荣,从事种养植的个体民营企业570多个。该区新街镇的苗木种植户实施苗木种植“走出去”战略,借地生财,在北京、上海、江苏、云南、贵州、四川、陕西等10多个省、市以及省内的嘉兴、绍兴等地建立苗木生产基地,租地近2000公顷种植各类花木。有2000多名花木经纪人活跃在国内外花木市场上,为新街镇苗农提供信息和销售苗木。至年末,全镇个体民营企业花木种植面积4000余公顷,年销售收入5亿元,逐步形成了以花木种植销售为主、园林绿化设计施工及配套产业同步发展的花木产业化经营格局,极大地推动了当地区域经济的发展。

【桐庐建设蜂产品加工和出口基地】 经过几年培育,桐庐县个体民营块状经济日趋成熟和规范。该县针织、石材、箱包和制笔等行业颇具特色,医疗器械、蜂产品和制药3大新兴产业快速发展。其中拥有10多个企业的蜂产业产销总值超过3亿元。年出口蜂皇浆800吨、蜂胶200吨、蜂蜡900吨,分别占全国总量的40%、45%、28%,已成为全国最大的蜂产品加工和出口基地。

·社会活动·

【积极支持下岗职工再就业】 全市个体民营企业协会充分发挥协会联系民营企业比较密切的优势,依托广大个体民营企业,帮助下岗职工再就业,积极开展促进再就业服务活动。全年组织10场“再就业服务”现场招聘会,设立工商、劳动、工会咨询服务台43个,有556个个体民营企业参加,推出岗位9156个,填写用工表或达成意向5689人。

【加强经营者法律法规培训】 全市个体民营企业协会广泛组织开展“四五”普法教育,增强个体民营企业经营者法律意识。上城、西湖等区为个体民营企业经营者编印企业常用法律法规读本,并聘请常年法律顾问为他们解答疑难问题,帮助调解纠纷,提供法律援助。拱墅、余杭等区以试卷形式开展法律知识竞赛活动。余杭区组队代表杭州市参加全省个体民营企业协会系统开展的“四五”普法知识竞赛,获得二等奖。

【组织社会公益活动】 全市个体民营企业协会积极开展社会公益活动,树立个体民营经营者良好形象。3月,开展“学雷锋”便民服务活动,为群众免费提供修理家电、手机和理发等服务。全市有730余人参加,服务群众5500余人次,发放资料1800余份,发放慰问金和慰问品折价共6500余元。儿童节前后,开展“托起明天百颗星帮困结对”活动,帮助困难家庭学生上好学,读好书。市协会和西湖、江干、余杭、临安等区(市)协会负责人及部分民营企业主带着学习用品和慰问金到当地学校开展助学活动。有490余名民营企业主与561名特困失学儿童结为助学对子。在“情系淳安、共谋发展”活动中,15个民营企业分别与淳安县外经贸局等部门签定了投资意向书和投资协议书,涉及投资项目18个,投资金额1.89亿元。受台风“云娜”的影响,温州、台州等地损失严重。市协会组织个体民营经营者向灾区人民献爱心,捐款48.77万元,支持灾区人民抗灾救灾;下城、萧山等区协会捐赠服装、雨具和鞋子647件。

各级协会在“光彩服务周”活动中,突出“以人为本、服务社会”的主题,组织会员走上街头,深入社区,真诚关爱、慰问弱势群体,开展为民、便民服务活动。余杭、拱墅、滨江等区协会组织会员到敬老院、福利院慰问孤寡老人。共为3万余名群众提供优惠或免费服务,优惠金额4万余元,赠送慰问金和慰问品折价共2万余元。

【加强经营指导服务】 各级协会加强与各会员企业之间的联系,通过走访了解会员企业生产经营情况,听取意见和建议,宣传有关政策法规,通报协会工作情况。市协会通过举办“浙江·香港民营企业峰会”、经济信息交流会和座谈会等形式,组织会员企业学习先进管理理念,共同探讨如何提高个体民营企业管理水平,增强竞争力。加强与外地企业的交流,拓展会员企业的发展思路,市协会、上城区协会分别组织会员企业赴新疆考察和苏州工业园区参观。帮助个体民营企业解决融资难,杭州惠民担保公司全年为个体民营企业贷款担保66笔,共1.49亿元。全市组织100余个个体民营企业参加日本、斯里兰卡和河南、江苏等地的招商引资活动。针对中小个体民营企业融资难的实际,萧山区协会会同有关部门,成立萧山中小企业信用担保公司。

【配合开展“红盾行动”】 为营造公平竞争和消费安全的市场环境,各级个体民营企业协会积极配合工商部门开展“五月红盾活动”,严厉打击食品行业制售假冒伪劣商品和不正当竞争行为。拱墅区协会组织理事骨干对辖区范围内的食品行业开展自我检查,对存在违章违规行为的经营者,协会通过教育引导,督促其自行销毁(或下柜)过期食品。临安市协会向全市食品经营者发出《告全市食品经营者书》6000余份,并在报刊、电视等新闻媒体广泛进行宣传。萧山区协会分别召开由理事、食品经营户参加的大会,学习《食品卫生法》等有关法律法规,进行严格自查,要求经营户做到诚实守信、自觉抵制假冒伪劣商品。

【开展美容美发职业技能大赛】 7月,为展示杭州市美容美发行业员工的技艺风采,进一步促进美容美发行业的健康发展,市个体民营企业协会会同工会组织举办杭州市美容美发职业技能大赛,各区、县(市)派出13个代表队、83名选手参加大赛。大赛分理论知识的闭卷考试和7个项目的操作技艺比赛。赛前,西湖、富阳等区(市)协会进行辖区内的选拔赛,拱墅区协会组织专门培训,江干区协会为每位选手配制了统一的服饰和队徽。经过紧张、激烈的角逐,总分获前三名的6名选手被授予“杭州市技术能手”称号,西湖区、富阳市协会被评选为“优秀组织奖”单位。 (李红来)

·自然科学·

【自然科学概况】2004年,杭州市科技部门落实全市科技创新暨加快推进"一号工程"建设大会的部署,实施"一号工程",建设"天堂硅谷",促进经济结构调整、产业升级和经济增长方式根本性转变,以"创新、服务"为导向,在深化科技体制改革,优化创新创业环境,完善创业服务体系,夯实科技合作平台,增强科技支撑能力,发展高新技术产业,改造提升传统产业,促进农业和社会科技创新方面取得进展。

科技创新创业的政策环境持续改善。各区、县(市)和市级有关部门以科学发展观为指导,落实配套措施,贯彻落实进一步加快民营科技企业发展和"一号工程"实施的文件精神。修订《杭州市科学技术进步条例》,实施《杭州市科技企业孵化器认定考核管理办法》等10余项政策,市高新成果转化资金从每年5000万元提高到7000万元。高新(滨江)区制订《关于进一步鼓励和扶持高新产业发展若干意见的通知》,对高新产业的扶持资金由5000万元提高到1亿元。上城、萧山创建全国科技进步示范城区,下城创建全国科普工作示范城区,为打响"创业在杭州"品牌营造良好环境。

科技创新创业氛围增强。市科技局组织和参与3次大型科技宣传服务活动。5月,组织科技活动周暨科普宣传周。9月,主办"创业在杭州"科技服务月。11月,省、市、区联动举办2004年中国浙江网上技术市场活动周暨杭州科技合作周。期间,组织科技创业大型咨询、高新技术成果展示交易、引进大院大所共建创新载体、专家与企业家握手、民营科技企业投融资对接等10余项活动,有2万余名科技人员、大学生创业者到场,接受政策服务、创业指南咨询。国内外300余所高校、院所、投资机构向杭州市数千个企业提供引进技术、成果、人才、资本的机会,对解决大学生"就业难"、科技人员"创业难"、中小型科技企业"融资难"起到积极作用。

"一号工程"成为工业经济"一高一领先"的核心推动力。以"两港五区"和特色产业基地为龙头的高新技术产业得到快速发展。其中以医药、通信设备、计算机及其他电子设备制造业为主的高技术产业实现销售产值673.5亿元,比上年增长41.7%。推进科技企业孵化器建设。全市投入运行的单体规模1000平方米以上的孵化器有24个,孵化场地总面积34.4万平方米,在孵企业1041个,创业技术人员9937人,在孵高新技术项目1601项,孵化企业实现技工贸总收入11.8亿元。其中,市高新科创中心等6个孵化器被认定为省级孵化器。市科技计划、市高新技术成果转化资金围绕"两港五区",采取科技招标和联合攻关等形式,在数字电视、软件、生物医药、汽车电子、工业自动化、企业信息化、电子商务与现代物流等高技术产业领域,包括解决电力供应紧缺"瓶颈"组织的"节电新技术、新产品应用示范"专项,组织企业实施国家级、省级科技项目251项,争取国家和省科技资金9697万元。其中,国家、省科技创新基金85项,争取资金3300万元;省重大科技专项8项,争取资金1750万元。分7批次安排市科技计划436项。项目带动和推进了通信、软件、集成电路、数字电视4条"产业链"建设,加快了生物医药、现代中药、新型化学药物和新型医疗器械制造业的发展势头。

杭州市初步建立多部门联合,市、区两级联手,专利试点企业服务中心、代理机构联结,覆盖全市的知识产权创新、服务、保护网络。全年开展专利、商标、版权联合行政执法和保护知识产权专项行动40余次,规范和提升市知识产权工作水平。市专利申请和授权量由上年的4528件和2350件增加到5932件和2831件,分别增长31%和20.1%。申请量居全省首位,在全国大中城市的排名大幅度提升,列北京、上海、天津、深圳、佛山、广州之后排名第7位。专利服务平台建设取得突破。11月13日,由杭州市建设的国家十大知识产权数据库之一"国家纺织服装专利数据库"正式开通,向有杭州市IP地址的企业免费开放使用。内容包括7个国家和2个组织(中国、美国、英国、日本、德国、法国、瑞士及欧洲专利局、世界知识产权组织)与纺织服装相关的1500万条专利摘要及附图,为提升市纺织服装业整体技术水平,建设纺织服装制造业基地提供技术支撑。

科技计划管理体制改革取得进展。制定《杭州市科技成果转化计划管理办法》,明确实施成果转化项目以企业为主体,项目立项以项目实际实现的经济效益和社会效益为主要评价指标。制定《加快发展科技中介机构的若干意见》，采取“政府引导、专家支撑、企业参与、社会化运作”的模式，加快生产力促进中心、科技信息中心等社会中介组织建设，成立市民营科技企业发展促进会，增强为中小科技企业服务的能力。制定《杭州市民营科技企业信用再担保资金使用试行办法》，发挥杭州创业联合投资协作网、科技企业孵化器协作网的联动作用，积极向境内外投资机构推荐在杭高新项目和科技企业，促进技术创新要素与资本市场的对接。其中杭州高科技投资有限公司直接投资科技企业成果转化项目21项，金额7522万元，带动民间投资2亿元。争取市商业银行向科技型中小企业融资授信5亿元，合力缓解民营中小科技企业融资难。与在杭高校、科研院所、各科技企业孵化器、风险投资机构、专利代理等中介机构进行协商，规划建设市科技创业公共服务平台。

整合资源，设立市产学研合作专项资金，支持企业与浙江大学实施“5112”工程、与中国科学院实施“121”工程，以及与国内外其他高校科研院所的产学研合作，联合开展市属高校的市级重点技术创新实验室建设，鼓励区、县(市)引进大型院所建设创新载体。市、区两级政府与20余所大型院所签订产学研合作协议，引进跨国公司、国内外大型院所在杭建立研发机构、创新平台40余个，组织实施重大合作项目85项。其中诺基亚、三星等大型企业在杭建立研发中心，中科院半导体所建立半导体照明研发中心，中科院微电子研究所在高新区建立杭州分所，香港科技大学在余杭区建立浙江先进制造研究所等，取得多项高新技术研究成果。中国机械科学研究院与杭州市签订合作协议，建立浙江分院。网上技术市场发挥技术中介为民营企业产学研合作牵线搭桥作用。全市上网企业1.07万个，上网破解难题1608项，达成合作协议签约481项，技术成交额5.02亿元。

提升企业技术创新能力。科技、经济部门和各区、县(市)联手，推动企业加大技术开发投入，引进高新技术人才，建设国家、省、市高新技术研发中心和技术中心，培育企业自主技术创新的“造血功能”，实施国家、省重大科技攻关与产业化项目，提升技术创新与综合竞争力。在杭高新技术企业、科技创新示范企业和重点产业的骨干企业中，累计建立市级企业高新技术研发中心134个、市级企业技术中心184个。一批重点企业的技术创新能力达到国内领先水平。万向集团国家技术中心的综合研发能力连续两次被评为全国第2名，中控集团制定“工业自动化控制现场总线标准”被国际业界认定为新的技术标准。

发展农业和社会发展领域的科技创新。全市建成农业科技示范园区9个，市级农业科技龙头企业10个；有7个企业建设省级农业科技企业研发中心，7个单位被列入国家、省农村科技创新服务体系建设单位。市科技局与市西湖风景名胜区管委会开展西湖景区生物多样性生态功能研究及保护示范区建设；在临安太湖源头等地建设可持续发展实验区，推进“绿色生态市”建设。开展重点专科专病创新能力建设，提高市公共卫生、防疫水平。组织“交通两难”重大软科学研究，创建全国“公共安全试点城市”；实施“食品安全”科技专项；制订“杭州城市地震活断层探测与地震危险性评价”技术方案等，推进“平安杭州”建设。

市科技情报研究、信息咨询、信息服务业发展迅速。全市从事科技情报、信息咨询服务，科技推广、科技交流和综合技术服务，软件开发、数据处理、数据库服务，广告咨询服务等单位5000余个，从业人员4万余人。 (林建萍)

【加强科技政策法规建设】2004年，杭州市对1990年以来有关科技工作规范性文件进行清理，将不符合WTO规则和市场经济运行的法规和政策取消或废止，拟废止10项，重修订5项。配合市人大、市法制办完成《杭州市科学技术进步条例》修订；完成《杭州市知识产权管理条例》的立法调研；依照《中华人民共和国行政许可法》和《中华人民共和国防震减灾法》要求，重新确认2002年被撤销的“重大建设工程和可能发生严重次生灾害的建设工程抗震设防标准许可。会同市人大教科文卫委举办《杭州市科技进步条例》(修改稿)颁布座谈会，邀请科技工作者、专家、管理人员、企业家座谈科技进步，印发宣传资料1万册，送到基层单位。

市知识产权局制订立案办法，使用统一的执法表格，依据相关法律法规开展专利行政执法，建立统一的归档材料目录和表格要求，制定《专利行政执法程序》、《专利案件立案须知》等，并上墙公示。

(俞　华)

【举办科技(科普)活动周】2004年5月15日~21日，围绕“科技以人为本，全面建设小康”的主题，举办杭州市科技(科普)活动周。5月15日，在杭州武林广场举行开幕式。活动周期间，组织10余个市属科研院所

2004年杭州科技合作周开幕

开展宣传咨询活动，与市农业局联合印制“茶叶安全生产与有机茶知识”的宣传贴图1000余套。市地震局组织专家到10余个社区进行防震减灾知识宣传。5月15日在杭州剧院举行科普报告会，由中国心理卫生协会常务理事、浙江省心理卫生协会理事长赵国秋教授作《健康心理、健康人生——心理压力与应对策略》主题报告，1500余名机关干部、社区居民、科普志愿者、大学生及武警官兵听讲。市委宣传部、市科技局、市科协、下城区委、下城区政府联合举办“迎七艺，杭州市‘阿思家杯’社区音乐健身操”比赛，共有101个单位的1717人参加。浙江省委常委、市委书记王国平为社区音乐健身操题词。

进行科技(科普)下乡活动。5月15日，组织协调全国政协常委、省政协副主席、浙江大学副校长冯培恩，省科协副主席于涟，浙大研究生院常务副院长杨树锋，与桐庐县副县长游宏、钟蓉戎，县政协副主席翁久安进行科技对接活动，9项科技合作项目获得签约。5月19日，市科技局负责人到建德洋尾乡里童、洋程、伊村等村实地察看了萝卜加工、食用菌和蔺草种植、针织以及伊村公路建设等帮扶项目的进展和落实情况。5月21日，市科技局、九三学社市委组织人员到洋尾乡进行科普宣传，送科技下乡，帮助农民实现脱贫致富。下城区科技局向职工代表赠送60余张电脑培训免费上机证。(姚寿坤)

【联办科技合作周】11月13日~16日，杭州科技合作周首次与中国浙江网上技术市场活动周联办，浙江省11个市参与，展示各地科技、经济、社会发展领域新成就，以及投资环境、技术需求。11个市相关部门负责人，省内外院校、科研机构2000余人参加开幕式。中国科学院、中国纺织研究院、中国机械科学研究院、清华大学、南京大学、哈尔滨工业大学等单位的专家，带着“863”项目到杭州参加对接活动；中国科技部10人带“863”成果到浙江发布，调配全国的智力资源，以满足浙江民营企业的技术需求；浙江民营企业家纷纷赴会。

科技合作周期间，举行由国家知识产权局和杭州市政府合建的“国家级纺织服装专利数据库暨7国2组织专利数据库”开通仪式等活动。在全国民营科技企业投资融资洽谈会上，征集、展示需融资项目142项，来自美国、中国香港、广东等60余个国内外风险投资机构参加，参会企业600余个，通过出资方与需资方对接，投资机构与近20个需融资项目达成洽谈计划。(俞永义)

【实行党政领导科技进步目标责任制考核】2004年，按照省委办公厅、省政府办公厅2003年度党政领导科技进步目标责任制考核精神，根据《浙江省科学技术进步条例》、《杭州市科学技术进步条例》要求，市科技局组织市考核小组，采用实地考核与书面考核相结合的方式，对所辖区、县(市)党政领导科技进步目标责任制执行情况进行考核。市及所辖区、县(市)对2003年度科技进步目标责任制工作进行总结，接受省考核组书面考核。经省科技教育领导小组审定，杭州市和西湖区、上城区、下城区为2003年度党政领导科技进步目标责任制考核省级优秀单位。市“科教兴市”领导小组审定高新区、拱墅区、萧山区为市级考核优秀单位。(俞　华)

【加强科技合作与交流】2004年，杭州市下达了85项产学研合作计划项目，市本级专项资金资助834.5万元，区级配套经费679.5万元。据统计，项目实施后预计年增产值17.35亿元，年增利税5.21亿元，创汇4419万美元，节汇3435万美元，预计拥有自主知识产权100余项。杭州市开展与浙江大学合作的“5112工程”和与中科院合作的“121工程”为工作重点的产学研合作，以提高中小民营科技企业的科技创新和自身发展能力，大院名校与企业优势互补、互利互惠，增强企业核心竞争力的目的。在信息港建设中，各大学、科研院所的专家和教授成为杭州软件企业研发和技术创新主力军。在生物技术、医药、新材料等重点领域开展技术合作。

2004年，余杭区引进香港科技大学建成“浙江香港科技大学先进制造业研究所”，为浙江省、杭州市乃至长三角地区的制造业发展提供技术支撑。市生产力促进中心与中科院上海国家技术转移中心在杭共建“杭州分中心”。杭州高新(滨江)技术开发区引进中科院微电子研究所在杭建立“中科院微电子研究所杭州分所”和“中科院EDA中心杭州分中心”。浙江传化股份有限公司与北京理工大学共建“硕士、博士联合工作实验室”，杭州之江有机硅化工有限公司与中国科技大学共建“有机硅新材料研发中心”，中科院杭州科技园管理有限公司与中科院半导体所共建“中科院杭州科技园半导体研发中心”等30余个创新载体，增强了杭州企业的科技创新能力和发展后劲。

【开展国际科技合作】2004年，浙江佳力科技有限公司与德国贝欧公司在德国联合共建“浙江佳力研发中心”；杭州千叶景观建筑设计有限公司引进日本千叶大学共建“日本千叶大学庭园设计研究实验基地”等。5月，美国加州纳米技术研究院(CNSI)科技、投资、产业代表团考察杭州4个IT和生物医药企业，寻求投资和合作领域；7月，德国环保产业代表团到杭寻找环保产业合作伙伴；12月，韩国东国株式会社代理理事、社长郑学根一行4人，与杭州市天子岭废弃物处理总场洽谈沼气利用(发电、供热)开发工程。

(俞永义)

【实施科技计划】全年安排各类科技计划项目326项。其中：科技计划项目103项，经费1010万元；招标项目7项，经费116万元；市农业科技示范园区、市现代农业科技型龙头企业项目6项，经费80万元；市医学重点专科专病科研项目26项，经费150万元；节电项目16项，经费200万元；网上技术市场项目75项，经费500万元；新上市级企业高新技术研究开发中心53个，安排经费430万元；配套国家和省各类科技项目40项，安排经费642万元。立项遵循突出重点、产学研合作、专利实施、联合招标项目和所在地财政匹配的原则。从上年市科技发展计划项目执行反馈情况看，政府投入资金总额为2893万元，带动企业自筹、贷款总投入资金5.76亿元；当年产生经济效益72项，生产总值

22.21亿元,产品销售额39.43亿元,产生利润2.48亿元,国家增加税收1.5亿元,创汇1348万美元,新增生产能力18.47亿元,增加就业人员2688人。

按照"总体设计、分步推进"的原则,对科技计划管理体制进行调整改革,主要针对计划体系的结构、计划管理的程序和经费的使用方式进行调整,强调科技计划的公共财政性质,加大对科技创新和服务体系建设的支持力度,提高管理效率。对现行科技发展计划进行局部调整,制订《杭州市科技成果转化项目资助管理暂行办法》。

近年来,杭州市营造科技环境,承担国家级、省级科技项目增加。争取国家级、省级各类项目251项,资助经费9796万元,比上年增加1倍以上,超过市本级科技三项经费支出。 (王　瑛)

【申报创新基金】 杭州市贯彻落实"科教兴市"战略,发挥科技优势,加强技术创新,加速科技成果转化、高新技术产业化,全年申报国家创新基金项目122项,列入国家级项目56项,获国家资助2865万元,资金支持数量占全省的47.4%;列入省创新资金项目35项,获资助资金435万元,占全省的31%。为做好主动培育,营造良好政策环境,恢复设立市创新资金项目10个,资助金额92.5万元。 (陈希杨)

【设立节电科技项目】 2004年,杭州市组织实施"节电新技术、新产品"科技专项两批共16项。16个项目预计总投资4201万元,企业自筹4001万元,安排科技专项资金200万元。第1批8个项目实施后预计年新增产值6500万元,利税1490万元,节电1720万度,节煤816吨。杭州能源工程技术有限公司承担"户外广告太阳能供电和蓄能供电技术的开发研究"项目,研制适用于大中型户外广告、报刊亭的光伏供电太阳能供电系统,以及相应的光伏控制装置;开发研制高效节电半导体照明光源(LED),采用低谷蓄电、高峰用点和多路充电蓄能的选择,节电节能。整个系统节电效率30%以上。该项目获2项专利,项目实施后拟申请3项实用新型专利,有2个单位应用该项目。杭州天地环境工程有限公司承担的"TDX负荷跟踪仪及中央节能集控系统"项目提前完成并通过验收,该系统综合自控技术、通讯技术实现对中央空调系统按负荷运行,节电率30%以上。该系统销售71套,销售收入583万元,利税139万元。杭州萧山国际机场、杭州日报社、杭州大酒店等14个单位使用。

第2批8个项目完成后可节电1800万千瓦小时,节约资金1100万元。杭州朝阳橡胶有限公司承担"大容量冷却塔组节能控制器推广应用"项目,是杭州电子科技大学第1批节电项目"大容量冷却塔组节能控制器的研制"在杭州朝阳橡胶有限公司的推广应用,节电率20%,节约用水20%,节约用水稳定剂20%。该项目在20台橡胶轮胎生产用冷却水设备推广应用,年节电150万千瓦小时,节约资金200万元。 (蔡　康)

【加强种子资金管理】 2004年,科技创业种子资金重点支持产业化初期(种子期和初创期)、技术含量高、市场前景好、风险较大、商业性资金进入尚不具备条件、最需要由政府支持的科技型中小企业项目。征集市种子资金项目66项,经专家评审和实地考察等程序,共支持53项,资助资金411.5万元。项目实施预计全年可实现销售收入4.67亿元,缴税7884万元,净利润4219万元,创汇267万美元,新增就业人员1026人,申请专利16项。(陈希杨)

【创建农业科技示范园区和农业科技型龙头企业】 2004年,下达《杭州市农业科技示范园区和科技型农业龙头企业项目的园区考核办法》,组织专家对园区和龙头企业进行考核。按园区和龙头企业的发展和科技创新要求,安排200万元园区和龙头企业专项资金,重点扶持园区和龙头企业的高技术开发应用、农业科技成果转化、先进适用技术的示范推广、新产品开发和难题攻关科研,加大扶持力度。

自2003年创建至2004年末,9个农业科技示范园区创产值7.36亿元、利税1.83亿元,创节汇1859万美元,建设示范基地7667公顷,带动农户3万户;10个科技型农业龙头企业创产值6.48亿元、利税6409万元,创节汇1455万美元,建设示范基地1.49万公顷,带动农户11.68万户,经济社会效益高于周边农区。 (沈　勇)

【注重社会发展科技】 2004年杭州市社会发展科技工作以树立"全面、协调、可持续发展观"为目标,推动"科教兴市"和"可持续发展"战略的深入实施,在环保领域围绕生态市建设目标,突出重点在改善生活环境、生态环境和生产环境,合理开发利用资源等重点领域开展工作。推动创建省级可持续发展实验区,下发《关于开展创建省级可持续发展示范区的函》、《浙江省科学技术厅关于印发〈浙江省可持续发展实验区〉管理办法》、《可持续发展实验区规划大纲》、《可持续发展实验区规划主要参考指标》等文件。余杭区黄湖镇、临安市太湖源镇制订《可持续发展实验区总体规划》通过浙江省科技厅组织的专家评审。实施余杭黄湖镇可持续发展实验区"生态高效林业综合开发"及临安太湖源镇可持续发展实验区"生活污水生态化处理"项目。

实施"西湖风景区生物多样性生态功能研究及保护示范区建设"项目,为西湖风景区保护和建设提供科学指导,也是城市建设和规划项目实施的重要参考依据。杭州市天子岭废弃物处理总场承担的863项目、杭州市重大高新技术研究项目——"城市生活垃圾生态填埋成套化技术及设备",进入实质性运转,于7月初开始填埋气体抽气试验,8月进场垃圾进行示范填埋,日进容量1000余吨。杭州新世纪能源环保工程股份有限公司承担的863项目"城市生活垃圾焚烧成套技术及设备　二段往复式垃圾焚烧炉与高温余热锅炉技术及设备",开发出单炉容量225吨(数)二段式垃圾焚烧炉和配套余热锅炉,在部分垃圾发电厂投入运行,情况良好。在环境污染控制、清洁生产技术、固体废弃物污染控制、大气污染及噪声防治技术、自然生态环境保护及污染综合防治关键技术研究等方面,开展国家"十五"计划期间攻关项目及浙江省科技专项申报,杭州市有4项列入2004年生态省建设目标责任制考核重大科技项目。

【城市建设利用科技进步】 积极利用科技进步促进杭州市城市现代化的建设,加大科技成果推广力度,为促进城市建设的持续健康发展提供技术支撑和保障。针对近年来杭州地质灾害严重,开展“杭州地质灾害等级预报技术研究与系统开发”研究。项目完成后,市民可以通过收看天气预报,了解山体滑坡的危险等级和大致范围,依据预报提前防范。据统计,杭州市房屋建筑的白蚁平均危害率达25.3%,另有86%的名胜古迹不同程度地遭受蚁害。针对白蚁诱杀防治技术的需求开展研究,以生物杀虫剂阿维菌素为有效成分,配制饵剂和其他适合于用药环境的剂型,选择林地、水坝、房屋建筑等白蚁危害的典型环境,开展野外诱杀,杜绝白蚁危害。

【加快卫生科技创新步伐】 2004年,杭州市为促进“科技兴医”战略的实施,下发《杭州市医学重点专科专病科研项目经费资助管理办法(试行)》、《杭州市卫生局、杭州市科技局关于加强杭州市医学重点专科专病科研创新能力建设的若干意见》等文件。将科技创新融入和落实到创重点专科、特色专科、重点专病建设之中。抓高新技术开发应用,提高诊断水平,加强重大疾病诊疗手段的研究,针对癌症早期发现率低,寻找癌症早期诊断指标和技术,开发检测、诊断试剂盒;抓多发病、常见病攻关研究,推广临床治疗新技术应用。随着人口老龄化进程的加速,饮食习惯的改变,动脉粥样硬化发病率逐年提高,组织开展“骨髓干细胞在人工血管内皮化”的研究。

【实施城市公共安全试点】 国家科技部批准杭州市成为“城市公共安全综合试点”第2批试点城市之一。选择杭州市区为主要试点,应用国家“十五”期间科技攻关计划重点项目“重大工业事故与大城市火灾防范及应急技术研究”主要研究成果,以及浙江省、杭州市、部分高校和研究所的研究成果,结合杭州市社会、经济、人口等特点,构建基于数字化技术的市公共安全防范与救援综合性体系。11个子课题启动后,取得阶段性成果。省政府申请的“十五”国家重大科技专项“食品安全关键技术——食品安全关键技术应用的综合示范”课题,杭州市作为示范区试点城市,重点解决茶叶关键检测、技术标准、控制和监测等方面科技问题,建立符合省食品安全科技支撑体系。“茶叶生产全程安全操作规范与控制集成技术研究与应用”项目取得显著成效,项目合同要求的大部分指标提前完成。实施“优势农产品技术标准研究与应用示范”,建立与国际标准和国外先进标准接轨的市优势农产品质量安全标准数据库,结合杭州实际,提出都市农业优势农产品生产中农残、有害微生物和有害有毒污染物等控制限量指标,通过中期验收。 (林 霄)

【实施科技扶贫项目12个】 全年安排科技扶贫项目12个,落实科技帮扶资金75万元。洋尾帮扶集团承诺帮扶资金111万元,实际到位资金124.62万元。围绕农民增收,优先考虑与其连接紧密的扶贫项目,完成“外方至伊村道路扩建工程”、“绿色农产品标准化种植技术示范推广”等项目。帮助食用菌种植大户落实销售,扩大生产规模,年产食用菌达10万棒,比上年增加7.2万棒,年增收10余万元。组织省、市农科院等科研单位专家,举办各类培训班10余期,培训农业种植户和针织企业工人500余人次。 (沈 勇)

【建设企业高新技术研发中心】 全年杭州市认定研发中心53个,市企业高新技术研究开发中心建设取得成绩。对2003年年底前被认定的市级企业高新技术研究开发中心和浙江省省级高新技术研究开发中心的71个研发中心进行考核的情况分析。2001年~2003年,各中心依托单位重视中心建设,投入科技经费16.31亿元,开发新产品3.32万项,推广成果1347项,转让成果105项;获专利(含已受理)347项;获国家级、部(省)级、市级奖励141项;承担国家级和省市级课题196项,获资助1.74亿元。三年来,各单位累计产品销售额413.4亿元,利税116.6亿元。其中通过生产销售中心研发的新产品累计销售额298.3亿元,利润49.53亿元。 (王 瑛)

【培育高新技术企业】 全年初审推荐4批60个企业申报高新技术产业开发区区外省级高新技术企业认定,认定杭州怡天科技有限公司等46个。区外高新技术企业销售收入上亿元企业有81个。全市区外省级高新技术企业192个,其中新增46个;市级高新技术企业72个,新增19个。区外省级高新技术企业销售总收入336.7亿元,比上年增长15%;净利润30.6亿元,缴税28.5亿元;利税总额59.1亿元,增长10.6%;出口创汇5.6亿美元,增长16.6%。2004年加强对高新技术企业考核,严格按照5%研究开发费比例、50%高新技术产品比例等考核指标,对50个高新技术企业进行两年一度的高新技术企业考核,杭州中美华东制药有限公司等47个单位考核合格。 (蔡 康)

【建设企业孵化器】 全市投入运行的孵化器24个,孵化面积34.4万平方米,在孵企业1041个,累计毕业孵化企业144个;在孵高新技术项目1601项,创造直接就业岗位1.31万个,大专以上学历科技人员1.02万人,吸引归国留学人员231人;孵化企业当年总收入13.84亿元,净利润9534万元,上缴税金6293万元。全市孵化器建设资金总投入8.2亿元,形成近200人的专职孵化器管理队伍,大专以上学历占85%。市、区两级设立孵化器种子资金1793万元,择优资助137项高新技术成果的商品化及产业化,吸引近4亿元社会投资资金。

抓好“科技企业孵化器体系建设试点城市”建设,完善孵化器管理制度,出台《杭州市科技企业孵化器认定考核实施意见》和《杭州市科技企业孵化器专项资金管理办法》,首批认定12个市级孵化器,150万专项资金资助7个孵化器平台建设。自2003年以来,高新区科创中心、上城区科创中心、拱墅区科创中心和浙大科技园、西湖科创、省大学科技园等6个被认定为省级科技孵化器。孵化器建设成为杭州科技创新创业服务体系建设亮点。市孵化器建设受到国家部委、省、市领导关注,省委书记习近平、省长吕祖善、副省长茅临升,以及市委、市政府领导和省科技厅领导多次到孵化器走访并指导。

【激发科技创新积极性】 杭州市孵化器建设发展的良好氛围，鼓励了社会各界创办科技企业孵化器，激发了个人科技创业和小企业技术创新的积极性。如杭州西湖科技创业有限公司是以民营企业为主创办的孵化器，经过近两年的孵化器运作，2004年把孵化器从建设初期的1个基地发展到4个基地（包括西科创大厦、文三数码大厦、保亭楼、文苑楼），面积从近4000平方米发展到2.2万平方米；入孵企业从10余个发展到40个，其中有近10个入孵企业获得省、市级孵化器建设基金扶持，在孵项目数量50余个，入孵企业员工突破500人；2004年孵化企业总收入1639万元，上缴税金68万元。该孵化器被认定为市级孵化器，并成为首个由民营企业运行的省级科技企业孵化器。（任　容）

【实施软科学研究计划】 2004年软科学研究计划经公开征集、专家评分、部门联审等立项程序，组织实施市软科学计划项目14项，其中重大招标项目2项，重点项目2项，第3批一般项目12项。其中，为破解市经济社会发展“七难”问题的重点项目——“缓解杭州市区行路难的管理对策研究”课题，对解决问题具有理论和实用价值。一般项目中的《关于加强杭州市知识产权保护与流转的调查研究》的报告，为开展《杭州市专利管理条例》立法调研建立了基础。（姚寿坤）

【火炬计划立项57项】 全年杭州市的国家级、省级火炬计划立项57项。其中杭州天野通信设备有限公司“MDF远程集中监测控制系统”等37项被立为国家级火炬计划，杭州时比特电子有限公司“国税纳税申报系统软件”等20项立为省级火炬计划。据53项火炬计划统计，全年实现销售额47.39亿元，利税8.41亿元，年创汇9470万美元。4项国家级火炬计划通过验收，其中浙江传化股份有限公司实施国家级火炬计划项目“聚烯烃型抗飞溅涤纶成品油剂”，产品技术性能达到规定要求，居国内领先水平。项目实际投资1022万元，形成年产1万吨生产能力，实现销售收入3852万元，税利总额692万元，出口创汇73万美元。（蔡　康）

【实施星火计划189项】 2004年，杭州市组织实施安排县、区（市）级以上星火计划189项，其中国家级项目10项、省级项目8项、市级26项、市级星火培训项目42项。至年末，项目新增产值27.03亿元，新增利税4.05亿元，创（节）汇6079万美元，培训各类星火人才12.77万人次。

星火项目突出支持重点，90%以上星火项目对星火密集区、农业示范园区、龙头企业和农业特色产业的培育进行支持，起到科技示范、引导作用。以省、市、县三级联动方法开展科技特派员工作，发展当地特色农业产业，抓好枫树岭镇中草药科技示范基地建设，全镇栀子种植规模为267公顷，镇中药材合作社销售收入960万元。

经国家科技部批准，杭州市列入国家、省农业科技创新服务体系的有7个单位，其中国家星火计划农业科技专家大院模式示范基地、国家农村区域科技成果转化中心、国家龙头企业技术创新中心各1个，国家农民科技培训星火学校2所，省级农业区域科技创新服务中心、省级农业高科技园区创业中心各1个。以农业标准化技术、农业科技示范基地建设、块状特色经济和菜篮子工程配套高产技术的培训为重点，组织市级星火培训项目42项，安排科技培训经费25万元，培训各类星火人才1.53万人次。（沈　勇）

【科技成果鉴定与奖励】 2004年，杭州市完成科技成果鉴定（评审）243项，其中省级鉴定118项，市级鉴定62项，市级评审63项；计划外98项，计划内145项；评价国际先进水平18项，国内领先水平115项。

▶▶资料：重大科技成果

新型高效冷凝蒸发器及其新技术 该项目利用双液池及贯通式冷凝通道结构，使主冷的传热温差减少到0.60℃~0.90℃，传热温度显著减少，降低压缩机能耗。运用类环状流沸腾和紊流液膜冷凝传热强化机理，采用窄通道和补液结构，强化沸腾通道传热；采用低翅片冷凝通道提高流体流动雷诺数，强化冷凝传热，使传热系数大幅度提高，达到848千瓦/平方米·开。解决了相关设备的两相流体均匀分配的技术关键，已成功完成了杭钢6500平方米/时、宝钢3万平方米/时进口制氧装置中的技术改造，具有显著的经济效益和社会效益。首次将补液技术应用于乙烯冷箱换热器，技术处于国际领先水平，并拥有自主知识产权。

高级多变量鲁棒预测控制软件及应用 该项目运用先进多变量预测控制技术工程设计方法，开发基于Microsoft的COM/DCOM技术的工程化应用软件，解决了控制与优化一体化算法的实现技术，并自主开发了插件技术和分布式对象发现技术，软件集控制系统设计、仿真及结果分析于一体，工程化程度和可靠性高；主要为中国工业生产过程提供更高的控制质量和控制水平，适用于大多数主流型计算机控制平台，开放性好；软件用户界面友好，操作简便。技术水平领先国内同类软件产品，部分达国际先进水平。

百吨级HFC—125制备技术中试 该技术用HCFC—123气相加压催化氟化制备HFC—125（五氟乙烷），采用HCFC—123和自行研制的催化剂，HCF—123转化率≧98%，HFC—125+HCFC—124总选择率≧94%，催化剂寿命≧3280小时，催化剂效率≧331克HFC—125/克催化剂，时空产率>0.1克HFC—125/克催化剂·小时，HFC—125总收率为86.8%。在连续萃取精馏分离过程中有重要创新，生产过程“三废”量少，因五氟乙烷可以作为HCFC—22和CFC—502的替代品，又可以用作哈龙灭火剂的替代品，其开发和生产的前景非常广泛，具有良好的经济和社会效益，其技术水平处国际先进水平。

中西医结合个体化联合序贯方案治疗IgA肾病研究 该研究

针对肾病(IgAN)在发生发展过程中,存在多因素、多环节、多靶点和临床病理多样化的特点,根据肾病(IgAN)患者的发病特点和病机理演变规律,制定中西医结合个体化联合序贯治疗方案:激素应用个体化,与免疫抑制剂联合序贯治疗。通过对297例肾病(IgAN)患者的长时间临床病理研究和观察,结果发现治疗组尿蛋白减少,肾功能改善,肾生存率提高,肾病理活动性指数明显减轻,慢性指数稳定,疗效显著。该治疗方案简洁、实用、有效,具有创新性和临床实用价值,技术处同类研究中国际先进水平。

【评选市科技创新特别贡献奖】 根据市政府《杭州市科技创新特别贡献奖实施办法》精神,经各区、县(市)和各部门推荐,市科技创新特别贡献奖评审委员会评审,市政府决定授予杭州市化工研究所姚献平、浙江中控技术股份有限公司金建祥、杭州士兰微电子股份有限公司陈向东3人为第三届杭州市科技创新特别贡献奖。他们长期在工业战线上从事科技创新和高新成果产业化工作,分别在非木材纤维造纸用变性淀粉系列产品开发、现场总线控制系统研制和高新技术成果转化等方面取得良好效益。(俞永义)

【深化研究所改革】 杭州市通过深化科技体制改革,加大对改制市属科研院所科技成果转化与高新技术产业化的扶持力度,统筹协调科研院所转制中资产核定、股份合作、职工社会保障等问题,为转制企业创造宽松环境。至年末,市自动化研究院等10个技术开发类科研机构转制为科技型企业或进入企业,市农科所、市蔬菜所、市茶叶所、市水产所整合为市农科院,市城建所等4个社会公益类科研机构发展为社会服务的技术服务(监测)、科技咨询与信息中心和科研中心。转制科研院所,建立规范的现代企业制度。如市机械科学研究院在产权制度改革的基础上进行产学研合作,准备与中国机械科学研究院合作成立浙江分院,促进杭州先进制造业基地建设。(俞 华)

【加强知识产权保护】 2004年,全市受理各类专利侵权纠纷33件,结案30件,查处假冒或冒充专利案件6起,结案率为91%。保护知识产权方面,开展"药品流通领域专利执法检查"等专项执法行动,检查商品(产品)上万件,处理与纠正在专利标志使用上的违法、违规行为。商标保护方面,查处各类商标违法案件599起,罚款总额830万元,收缴和消除商标标志145万件(套);查处假冒商标案件421起,罚款593万元,移送司法机关追究刑事责任案件3起;查处涉外商标侵权案件26起,罚没款45万元。著作权保护方面,出动检查535人次,检查经营单位及市场655个次,查缴各类非法出版物50余万册(张、盘),捣毁非法地下批销窝点2个,查处"私服""外挂"网站的网吧2个,依法处理违法、违规经营单位20个,罚没款30.41万元。2004年"塘栖枇杷"和"萧山萝卜干"相继通过审查,加上2001年通过审查的"龙井茶",全市已有3种产品被批准为国家原产地域保护产品。打击犯罪方面,全年受理侵犯知识产权案件21起,立案14起,破案12起。司法审判各类知识产权案件342件,其中涉外案件11件、专利案件240件、著作权案44件,商标案件35起,其他知识产权案件23起。全年审结知识产权一审案件331起,其中判决93件、撤诉214件、驳回3件、调解16件、其他5件。

【申请专利5932件】 2004年,全市专利申请和授权量为5932件和2831件,分别比上年增长31%和20.5%。专利申请量时隔5年重新跃居全省首位,在全国大中城市排名中大幅提升,列北京、上海、天津、深圳、佛山、广州之后排名第7位。其中发明专利申请1893件,增长40.7%,占申请总量31.9%;发明专利授权418件,增长123.5%,占申请总量的14.8%。

省、市两级财政用于杭州专利专项资金480万元,区、县(市)级财政用于专利申请和产业化资金600余万元。新增专利代理机构4个,总计为16个。杭州市开通"国家级纺织服装专利信息数据库"和"中国专利全库和七国两组织专利文摘全库"。

省知识产权局授予杭州市10个企业为"省级专利示范企业"称号,累计为27个。市科技局会同市经委重新确定市级专利试点企业50个。余杭区、临安市、拱墅区等开展区、县(市)级专利试点企业认定,有区、县(市)级专利试点企业36个。形成省、市、区(县、市)三级专利示范和试点企业。50个专利试点企业含有专利技术的产品产值达173.95亿元。(周 晨)

▶▶资料:2004年杭宁温专利申请量、授权量

杭州	申请量5932件	授权量2831件
宁波	申请量4874件	授权量3493件
温州	申请量4238件	授权量2969件

【明确防震减灾职责】 年初,召开全市防震减灾工作会议,贯彻上级防震减灾精神,下发《关于明确区、县(市)科技局防震减灾工作职责要求的意见》,表彰萧山(气象局)、余杭(瓶窑)、临安(马啸)、萧山(楼塔)4个"市优秀地震测报站"。防震减灾工作抓示范促站点的规范化、现代化,创"绿色台站",建精品工程取得新进展。萧山(气象局)地震测报站完成"绿色台站"环境改造,新增数字化钻孔应变观测项目投入运行,凸现"天地合一"观测优势和特色,获全省地震电磁波观测工作质量评比五连冠。5月28日,曾受到周恩来总理等老一辈党和国家领导人亲切关怀的临安市交口少科院数字化钻孔应变地震前兆观测站和科普楼举行落成仪式。推进余杭瓶窑"花园式地震测报站"示范点优化建设,该站增设国家强震仪站点和数字化地震形变观测项目建设启动,全国政协常委、中国地震局局长宋瑞祥为瓶窑地震测报站题词"科学立人,炼功育人"。余杭、富阳、临安、萧山4个地震应变观测站成网建设完成并全部投入试运行,全市地震和地震前兆监测台站达11个,区域地震实时监测能力1.0级左右,提前实现杭州市防震减灾"十五"期间规划目标。"杭州市活断层探测与地震危险性评价"作为市"十五"期间防

震减灾重大项目技术方案和项目经费计划建议意见由市政府批复同意,计划3年内实施完成,进入全国大中城市先进行列。

依照《中华人民共和国行政许可法》和《中华人民共和国防震减灾法》,履行防震减灾主管部门职责要求取得进展。9月2日,市政府公布杭州市"重大建设工程和可能发生严重次生灾害的建设工程抗震设防标准许可"决定,确认市科技局此项行政许可职责。

【开展防震减灾科普活动】 在"市科普宣传周"、"创业在杭州"宣传月等活动中,开展面向社会的宣传咨询服务活动和"地震科普进社区"主题宣传活动。近年来,分别在江干区采荷街道、西湖区西溪和嘉绿苑、上城区彩霞岭、下城区沁苑和胭脂新村社区、萧山区靖江镇等地进行专场防震减灾报告会,送发地震科普挂图、市民宣传手册及防震减灾咨询等形式的助"平安社区(街镇)"建设科普活动。10月15日,台湾6.2级强震时,做到即时通报震情迅速稳定人心;10月20日,滨江区创新大厦"震感"异常,即时现场核查处理,受到12345市长电话表扬。对12月26日印度洋地震海啸引发的临安青山殿水库"无风起浪荡、岸边泥水翻腾"现象,及时进行科学论证及宣传报道,平息当地民众恐慌。

(林锦南)

【制定165项科技情报研究项目】 2004年,市科技局下达市科技情报调研计划33项,按计划完成和通过专家评审33项。课题涉及市年度科技发展体系评价、科技在市产业结构调整中的作用、市科技发展观相关指标(绿色GDP)与先进城市比较、市纺织服装企业知识产权现状等领域,均有较高的学术水平和决策参考价值。各区、县(市)科技局制订相应的科技情报调研计划,立项132项。 (陈志良)

【加强科技群众团体建设】 全市科协组织围绕市委"推进五大战略,落实五大措施,推动经济社会全面协调可持续发展"的决策和市科协七届六次全委会确定的目标,团结和动员全市广大科技工作者,发挥推动科技事业发展的重要力量和科普工作主要社会力量的作用,在科学普及、学术交流、对外科技交流与合作、科技工作者之家建设和科协组织自身建设等领域取得成绩。

开展《杭州市科技工作者合法权益保障条例》和《杭州市科学技术普及条例》的调研起草。建立立法调研起草小组,制定立法调研提纲,起草《杭州市科学技术普及条例》。科技工作者合法权益保障的相关内容写入《杭州市科技进步条例》。

科普设施建设取得进展。市科协多次向市委、市政府专题汇报杭州科技馆筹建情况。10月,市委书记王国平在杭州科技馆建设情况报告上作重要批示。杭州科技馆建设进入前期准备。收回科技交流馆出租房屋,尽早恢复科技交流馆的展览和教育功能。

举办"科协为民服务"系列讲座,全年推出12期48次"科协为民服务"系列讲座。内容为"禽流感预防与控制"、"高考学生心理健康的维护"、"城市色彩规划"、"危机事项的应急与处理"等。通过新闻媒体广泛宣传,扩大科协影响力。

拓宽农函大教育办学思路,在抓好第一产业实用技术培训基础上,向二、三产业延伸,并与"万名农村劳动力素质培训工程"接轨。全年全市农函大一年制学员招收1.95万人,举办各类短期培训1299期、10万余人次。开展送科技下乡169次,2500余名科技人员深入乡村田头为"三农"服务。市科协为区、县(市)农函大分校提供农村实用技术教材1.4万册。

加强科协自身建设,增强工作活力。召开市科协第八次代表大会并进行换届。全市各级科协机关开展效能建设,市科协成立效能建设领导小组,制订详细实施意见、工作流程表,通过发函、召开座谈会、网上征求意见等形式,征求建议与意见并认真梳理,即查即改。完善科协机关各类制度,科协机关工作作风、服务态度、办事效率等都有改进。

推动学会建设与发展,成立市科技咨询业协会和市自然科学教学研究会,市科协吸收市鼠害与卫生虫害防制协会。根据市产业结构调整,注销市棉麻学会。市级学会拓展为党委、政府服务领域,市心理卫生协会成立"杭州心理危机研究与干预中心",为应对突发公共卫生事件作贡献。开展市级学会秘书长公开招聘,招聘秘书长3人。

加强科协宣传。办好《杭州科协》双月刊和《杭州科协信息》,加大与电台、报社等新闻媒体的联系,科普周和"全国科普日"活动期间,新闻媒体报道49条,扩大科协影响。利用网站开展科普工作,首次在杭州科协网站举办"生态杭州"知识竞赛。宣传杭州青年科技奖获得者的事迹,编印《杭州青年科技新星》(第二辑)1.1万册,发放到36个市级中学及区、县(市)教育局。开展未成年人思想道德教育,组织"科学发展观——大自然的警示与启示"专题展览。

加强杭州成人科技大学管理,改革原直线式管理,实行二级管理制;注重开展科研活动,争取省、市级科研课题4项。学校有全日制普通高职教育在校生1000余人,成人高等学历教育在校生3000余人。其中新招收普通大专学历学员416人,成人大专学历学员1520人。毕业生就业率90%以上。市科技咨询中心成立科技咨询业协会;完成2002年度~2003年度市科协系统优秀项目、先进集体、先进个人的评审和表彰;全年收入和利润与上年同比增长34.1%和36.5%。

【开创科协工作新局面】 13个区、县(市)党委制定并出台加强党对科协工作领导的文件,为开创科协工作新局面创造良好条件。桐庐县、淳安县科协实现科协机关单独建制。已有5个县(市)和3个区科协机关实行单独建制。市委办、市府办、市科协开展对各地区和各有关部门贯彻市委文件精神的督查,到桐庐县、淳安县、西湖区、下城区进行检查。桐庐等区、县(市)科协开展各乡镇(街道)贯彻落实当地党委关于加强科协工作文件精神的督查。市科协试行对区、县(市)科协进行考核,推动科协工作发展。全年多数区、县(市)科协专项经费大幅提高。下城区科普活动专项经费达到人均2.7元,并下拨学术交流专项经费8万元。上城区、江干区、拱墅区、西湖区、高新(滨江)区、余杭区科普专项经费人均0.8元以上。市本级科普专项经费和学术交流专项经费全部落实到位。

【开展学术交流】发挥学术优势，推动学术繁荣和进步。市科协按照市委、市政府重要决策和部署，组织市级学会围绕杭州经济、科技、教育和城市建设中的热点难点问题，开展一系列学术交流活动。召开立足杭州湾、放眼长三角——交通建设最新科技成果报告会和杭州市静态交通研讨会，为解决“两难”问题献计献策。举办京杭两地高科技产业化合作交流会，为杭州企业接受高科技成果的转移和国防军工技术的转移提供机遇和合作平台。举办2004年中国杭州国际E时代自动化技术高峰论坛，国内外200余名代表出席。举办21世纪土木工程新技术院士论坛，承办第八届全国电镀与精饰学术年会等各类大型学术研讨、报告会等交流活动200余场次，提升杭州市学术交流水平。完成市第十一届自然科学优秀论文评选。开展会员库登记，录入会员总数为2.02万人，其中个人会员1.96万人、团体会员583个。市科协与市民政局共同完成市级学会2003年度检查。

组团参加国际学术会议和科技考察13批，分赴美国、加拿大、欧洲、澳洲等国家和地区，学习国外先进经验和技术，拓展视野，开阔思路。组织市科技人员参加在海南省举行的中国科协2004年度学术年会，12篇论文被大会录用，并编入《中国科协2004年学术年会论文集》。

【拓展科普活动新领域】组织第十八届科普宣传周活动，开展杭州市“全国科普日”系列活动。6月26日晚，市科协会同省科协、西湖区科协、上城区科协、下城区科协等举办以“绿色、环保、健康”为主题的2004年浙江省杭州市“全国科普日”活动启动仪式暨环保科普文艺晚会。举办“构建生态市的探讨”院士报告会等多种主题活动。市科协被中国科协评为“全国科普日”活动先进单位。探索社区科普工作新思路、新方法、新手段。编发《市民科普丛书》第二辑3000册；全市开展“百场万人”社区科普讲座156场；建立2900余人的科普志愿者队伍；会同省科协举办浙江省暨杭州市城市社区科普理论研讨会；制作“禽流感防治”、“崇尚科学、反对邪教”等内容的科普画板300余块，在全市科普画廊进行巡展。指导区科协创建“全国科普示范城区”，下城区被命名为全国科普示范城区。市科协、上城区科协分别被中国科协和中央文明办评为2002年~2004年全国“科教进社区”活动优秀组织单位和先进单位。命名了8个市级科普文明街道、67个市级科普文明社区、11个市级科普示范乡（镇），5个市级青少年科普教育基地。

【推进科协组织建设】规范非公有制企业科协组织建设，市科协制订《杭州市非公有制企业科协组织通则》，明确非公有制企业科协的性质、宗旨、地位、任务和组织办法，进行具体指导服务。把推进非公有制企业建立科协组织作为对区县(市)科协工作目标考核的重要指标。2004年建立34个民营企业科协组织。弘扬企业科技人员的创新精神、敬业精神，市科协会同市委组织部、市经委、市人事局、市财政局、对全市第十届“讲理想、比贡献”活动进行总结，表彰13个先进集体、16位先进个人和6位优秀组织者。对2002年度~2003年度杭州市“金桥工程”优秀项目和优秀组织单位进行评选，评出18个市级优秀项目和7个优秀组织单位。举办以创建“先进科技工作者之家”为主题的首期企业科协秘书长培训。

【召开市科学技术协会第八次代表大会】12月26日~28日举行。市委书记王国平、代市长孙忠焕等领导出席开幕式。市委副书记朱报春和省科协党组书记、副主席吕志宏分别在开幕式上讲话。大会审议通过市科协主席朱国海所作的《团结和动员全市广大科技工作者，为杭州率先基本实现现代化作出新的更大的贡献》工作报告，通过第七届委员会修改的《杭州市科学技术协会章程》，选举产生市科协第八届委员会委员、常委，朱国海当选主席。表彰奖励2000年~2004年市科协系统先进工作者30人。

【开展京杭高科技产业化合作交流活动】11月25日~26日，合作交流活动由市科协与中国科学院科学时报社联合主办。中国科学院《科学时报》社长兼总编刘洪海、市委副秘书长崔鹏飞、市政府副秘书长赵立康、市科协主席朱国海等出席开幕式。中国科学院、国防科工委、国家投资公司、中国高科技产业化研究会等14个单位的15位专家到会作专题报告或指导交流，带来中国科学院和国防科工委军转民项目600余项高新技术成果，杭州90个企业总经理和技术负责人120余人听取专家报告。会议期间，浙江大学城市学院及浙江新安化工集团等20余个企业代表，就生物、农业、医药和信息项目，地方院校与军工企事业在项目上如何合作、立项，如何参与军工部门科研活动、军品转化，智能水表控制系统、半导体制冷器及应用、水果

新型的科普画廊

蔬菜保鲜技术及设备等内容与专家进行交流。市科技咨询中心与中国科学院信息咨询中心签定合作协议。

【评选市第十一届自然科学优秀论文】 市科协会同有关单位从61个单位申报的2000余篇论文中评选一等奖16篇论文、二等奖69篇论文、三等奖549篇论文。从该届起，杭州市自然科学优秀论文评选的各奖项已列为杭州市政府奖，成为杭州市科技人员破格晋升中级技术职称条件之一。

【青少年科普教育】 市科协会同有关单位举办绿色生态写作大赛暨“世界昆虫王国”科普巡回展活动；组织参加省第十八届青少年科技创新大赛，获得一等奖12项、二等奖18项、三等奖20项；与杭州青少年活动中心合办“青少年西湖湿地科学考察活动”；举办市第十九届青少年科技创新大赛，评出优秀创新项目、优秀实践活动、优秀少儿科幻画的一等奖项目21个、二等奖项目46个、三等奖项目105个。 （吉京杭）

·社会科学·

【社会科学概况】 杭州市社会科学界学习贯彻《中共中央关于进一步繁荣发展哲学社会科学的意见》精神，围绕树立科学发展观，结合市委、市政府推进“五大战略”、落实“五大举措”的中心工作，以繁荣发展杭州哲学社会科学为重点，为促进杭州三个文明建设服务。

开展形式多样的学术活动。市社科联所属学会召开年会70余次，举办“吴越文化”等专题研讨会150余场次，组织“完善社会保障制度”等学术报告会（讲座）100余场次，“社会科学在您身边”等咨询服务150余场次，举办就业、统计、财会等各类培训200余期。

市社科联（市社科院）和所属72个学会，撰写出版《西湖通史》等专著10余部，发表事关杭州经济社会发展的论文和调研报告1500余篇。审定立项2004年度哲学社会科学规划课题50项。开展由市政府颁奖的第十一届社会科学优秀成果评选，评出一、二、三等奖60项，评选出市房地产学会等16个先进学会和王志忠等73名社科联系统先进工作者。市检察、价格、党史、内审4个学会被评为全国先进学会。

【加强社会科学研究】 2004年，杭州市社会科学界联合会、市社会科学院组织编撰出版《杭州蓝皮书——2005年杭州发展报告》（社会卷、经济卷、文化卷），出版《解读杭州：山水城市的美学》、《五代史书汇编》（一至十卷）、《2004年度哲学社会科学规划课题论文集》等著作。发表论文和调研报告有《关于省属艺术院团体制改革调查报告》、《杭州社会事业主要领域发展现状与对策研究》、《应对WTO推进源头治腐》、《加强党的执政能力建设在机制体制方面存在的问题及对策与思考》、《进一步繁荣杭州哲学社会科学的调查与分析》、《坚持党管意识形态的原则，进一步加强思想政治阵地管理》、《杭州市党员先进性教育实践与探究》、《邓小平旅游经济思想初探》、《关于基层领导班子能力建设的调查与思考》、《构筑终身教育体系，创建学习型社会》、《论城区老年妇女养老保障与社区服务》、《社区教育在创建学习型城市中的功能与对策》、《工会基本职责及司法保障的思考》、《新时期党的宗教政策之解读》、《杭州宗教现状分析研究》、《贯彻执行工会法》、《钱塘江时代的杭州城市美学特征研究》、《杭州：花园城市的昨天和明天》、《城市流动人口子女就学现状与对策》、《杭州旅游资源整合研究报告》、《杭州市最低生活保障制度研究》、《杭州中介组织发展与规范化研究》、《杭州市区法制建设研究》、《我国资本市场中的投资者利益保护机制研究》、《多角度看“相适应”》、《建国以来西湖研究与学术活动》、《杭州皋亭山民俗文化研究》、《胡雪岩的“戒欺”观对现代市场经济社会信用体系建设的启迪》、《论城市社区党组织实现领导核心作用的基本途径》、《当前我国非制度化政治参与的原因分析及对策》、《发达地区农村思想政治工作的挑战与应对》、《杭州发展循环经济研究》等。

2004年哲学社会科学规划课题立项覆盖市属高校，以支持各高校学科建设和人才培养，将时间调整为年初立项，年末结题。原定6月份完成的55项课题结题出版，年末完成的50项按期完成。围绕全市重点和热点问题，编撰了6期具有全局性、战略性、前瞻性的《社科新视野》领导参阅专辑资料和6期《调研要报》，其中“加强机关效能建设，推进政府职能转变”、“中国现代化报告与杭州现代化建设对比研究”、“完善社会保障制度的思路与对策”、“杭州经济增长可持续性研究”、“杭州旅游资源整合研究报告”、“杭州发展循环经济研究”等，为领导科学决策，人大代表、政协委员参政议政提供了重要的理论依据。坚持每月一期的《钱塘论坛》，共制作播放“科学发展观与杭州未来发展”、“加快融入大都市”、“打造平安杭州”、“优化一流投资环境”、“构筑人才高地”、“素质教育的家庭起步”、“加强执政能力创新管理机制”、“和谐创业”等12期理论宣传节目，在杭州电视台播出，收视率最高达到1.8%。

9月19日~24日，继续与省有关部门联合举办社会科学普及周活动，除70个学会外，全市8区5县（市）宣传部和5所市属高校及民主党派团体参与，首次实现全市联动。举办社科普及专题讲座39场，接受广场义务咨询市民1万余人次，发放社科普及宣传材料4万余份。

组织开展市第十一届社科优秀成果评选活动，经过专家初评、复评和评委会无记名投票，评选出朱晓鹏《走向发展之路——合作社会主义研究》等著作一等奖4项、二等奖15项、三等奖41项。

【市委党校科研出成果】 中共杭州市委党校全年出版专著3部，共撰写论文184篇（含课题报告），发表论文129篇（副省级及以上刊物发表），被中国人民大学报刊复印资料全文转载8篇。完成课题48项。其中完成国家级课题3项，省规划课题9项，省社联课题3项，中央党校调研课题2项，省委党校邓小平理论研究中心课题5项，市规划课题10项，市委等部门调研课题11项，校级课题5项。除2项国家课题、2项省规划课题和1项市软科学课题在鉴定，其余均通过鉴定。新中标课题28项，其中省规划课题5项，省社联课题7项，中央党校调研课题2

项,全国行政学院系统课题1项,省委党校邓小平理论研究中心课题5项,市规划课题8项。全年学校共负责承担课题84项,其中已完成课题48项,正在研究课题36项。

科研成果获奖43项。其中获第五届全国党校系统优秀科研成果二等奖1项、三等奖2项;首届全国行政学院系统优秀论文一等奖1项、二等奖1项;第五届邓小平理论和“三个代表”重要思想研究优秀成果三等奖6项、优秀奖1项;市第十届社会科学优秀成果二等奖2项、三等奖7项;省委党校邓小平理论研究中心优秀课题1项;浙江省党校系统理论研讨会优秀论文二等奖3项、三等奖6项;杭州市党校系统理论研讨会优秀论文一等奖2项、二等奖6项、三等奖4项。

【杭师院实施科研创新】 杭州师范学院在“科研创新”与“强所、精品、名人”的科研方针指导下,加强对科研的领导,加大对科研工作的经费投入,开创科研的新局面。组织教师向20个纵向科研管理部门进行申报,经筛选共申报了1000余项项目,新立项402项,其中,国家基金项目3项,部级项目2项,省级基金项目22项、省科技重点招标项目2项,一般项目1项,市(厅)级项目89项,资助出版专著11部。建立了弘一大师、丰子恺研究中心等2个校级强所,区域文化与经济研究院等22个校级重点所。在重视科研学术水平同时,采取措施支持开发应用性科研项目,为社会经济文化建设服务。一年来,在全省建成中小学基础教育实验基地4个,主持或承担了一批与社会、经济密切相关的横向课题:如西溪湿地保护区旅游发展总体规划、钱塘江流域资源承载力及可持续发展研究等。全年学校出版专著36部,教材72部,发表论文870篇,一级刊物155篇,获得省、市科研奖项40余个。投入科研活动经费4650余万元,其中科研项目经费650余万元,科研实验室建设费2000余万元,重点学科建设费1000万元,外来科研项目经费1000余万元。承办了教育部“全国高校哲学社会科学学术规范与学风建设论坛”和“中韩民间故事比较研讨会”等高层次的国际国内学术会议,扩大了学校的社会知名度。

【城市学院教研活动丰富】 浙江大学城市学院全年发表论文124篇,其中在浙江大学认定的特级和一级刊物发表论文17篇,有10篇论文被SCI收录,有2篇论文被ISTP收录。出版各类学术著作9部。各类科研项目118项,科研经费326万元。其中,全国教育科学规划“十五”规划重点课题1项,省社科规划课题2项,省社科联课题2项,杭州市社科规划课题2项。产学研合作课题结出硕果,课题《大力发展杭州市休闲产业》的研究成果被市政府办公厅《调查研究》全文刊载,并作为2006年世界休闲博览会重要咨询和培训资料,而另一项合作课题《杭州市会展业竞争力提升研究》则被《调查研究》摘刊。新上资助项目143项,课题结题120项,编印了《浙江大学城市学院大学生科研作品选》第二辑。在2004年市属高校大学生创新成果评比中,11项一等奖作品中城市学院学生就占有6席,另有5项作品获二等奖。3个重点实验室被评为杭州市首批重点实验室,学院依托重点学科建立了家族企业研究所、国际物流研究中心、房地产研究中心等13个研究中心和研究所。发起举办了“2004年中国成长型大学——中国独立学院峰会”,近140所教育部直属院校和地方院校的独立学院负责人与会共商中国独立学院发展大计。承办了由浙江大学和香港理工大学联合主办的“2004应用型创新人才培养国际研讨会”。教师出国交流、学术访问65人次,接待外国来访专家、学者130人次。城市学院现有教职工472名,在校本科生1万余名,联合培养研究生27名,其中在国际贸易学、民商法学、管理科学与工程、传播学等学科专业新招联培研究生18名。有在册外国留学生11名。

【职业技术学院注重科研活动】 杭州职业技术学院坚持以科学的发展观统领学院科研工作,高度重视科研对学院发展作用,加大科研投入,以科研促进教学,开展高等职业教育理论、机电技术应用、电子信息技术、化学工程、服装设计与制作、环境保护、园艺、区域经济发展等方面的研究,取得一批具有较高水平的研究成果。共承担省级科研项目5项,市级科研项目2项,院级科研项目22项。共完成市级科研项目2项,学院重大科研项目16项,院级科研项目22项,公开发表论文70余篇,其中2篇论文被SCI收录,出版学术专著《朱敦儒集》,主编、参编30余本教材,有3项社会科学研究成果在杭州市第十一届社会科学优秀成果评比中获三等奖,编辑出版了《杭州职业技术学院学报》创刊号。同时,学院充分发挥科研工作的社会服务功能,认真组织、精心准备,积极参加2004年哲学社会科学普及周活动,全院共有科研处、5个系、2个部等8个部门在武林广场参加科普周重要活动之一——哲学社会科学知识大型广场咨询活动。咨询活动主题鲜明,受到社会各界欢迎,许多群众围在咨询台前询问有关职业教育、经济与社会发展、金融、房地产市场发展、哲学教育、水培植物、绿色化工等问题,现场接受400余人次咨询,发放资料3000余份。

【电大开展科研活动】 杭州广播电视大学公开发表科研论文148篇,其中一级杂志5篇、二级杂志13篇,这些论文主要是《构建新型“教育超市”集团——远程开放条件下基层电大的管理、教学与服务》(中国人民大学书报资料中心《成人教育学刊》),《高等院校远程教育公共服务体系建设的创新研究》(中国人民大学书报资料中心《成人教育学刊》),《目标质量管理对远程自主学习的作用》(中国远程教育),现代远程教育存在的问题及对策研究(远程教育杂志)等。2004年结题课题6项,这些课题是《“C++语言程序设计”开放教学探索》,《远程教育实践环节的研究》,《远程教育网络学习环境和网络支撑环境营造的实践与研究》,《组合体教学多媒体课件》,《基于建构主义理论的AUTHORWARE多媒体课件制作与教学实践》,《远程开放教育教学环节质量管理》。2004年出版著作3本:《大学英语三级考试——语法篇》,《圣灵之舞》,《邓小平理论和“三个代表”重要思想概论》。2004年出版教材2本:《市政工程企业物资管理》,《校本培训实施指南》。

【重视青少年研究】 杭州市青少年研究所结合社会需求，重视青少年思想道德建设的研究。开展的课题主要有团中央2004年度~2005年度立项课题“构筑和谐社会——城市社区志愿服务工作实践与探索”；与浙江省政协共同进行了“未成年人思想道德建设与法制保护”研究；承担了浙江团省委的“浙江青年文化消费”研究等等。“构筑和谐社会——城市社区志愿服务工作实践与探索”的课题，由杭州市下城区天水街道和杭州市青少年研究所共同开展。课题共分8个子课题进行：公德教育——做个好居民活动探索；“绿色家园”——社区环保服务探索；“五彩生活”——美化社区居民的每一天生活活动；“积极人生”——社区失业人员状况及对社区的需求探析；“金辉灿烂”——社区老年人的状况及对社区的需求探析；“成长关怀”——社区青少年的状况及对社区的需求探析；“与你同行”——帮助身边的残疾人活动；“快乐学习”——建立学习型社区探索。“未成年人思想道德建设与法制保护”的研究对浙江全省未成年人的成长环境、法律保护的现状，以及思想道德建设中的不足作了详尽的考察。调查结论受到省政协、团省委的高度重视。

“关于杭州市青少年法律保护中存在问题和建议对策的调查报告”、“杭州青少年心理健康调查报告”获得2004年度浙江省共青团调研奖二等奖，“从抗击SARS中看杭州青年的社会性属性需求”获三等奖，“开拓、创业、健康、理性——新时期杭州青年人文精神研究”获得杭州市第十一届社会科学优秀成果三等奖。

【开展教育科学研究】 杭州市教育科学研究所组织市2004年度教育科研课题和新课程专项课题的申报、论证，确立104项市级立项课题、65项新课程专项课题；组织省教育科学2005年度规划课题和重点课题的初评推荐工作，选送110项课题参加省2004年度规划课题的评审，77项课题被批准立项；选送39项课题参加课题的评审，23项课题被批准立项。组织杭州市第19届教育科研优秀成果评审活动，共评出获奖成果104项，其中一等奖12项、二等奖28项、三等奖63项、推广奖1项。完成省2004年度基础教育优秀科研成果评审的初评，推荐21项成果参加评审，13项成果获奖，其中一等奖4项，二等奖7项，三等奖2项。完成省第四届教育科学优秀成果评审的初评，推荐21项成果参加评审，全部获奖，其中一等奖2项，二等奖9项，三等奖10项。组织市第四届教育科研先进集体和个人的评选，评出35个先进集体和49名先进个人。

举办全国学校心理健康教育模式研讨会、“长三角”16城市“现代学校制度研讨会”、“三市一区”德育研讨会、沪杭两地高中青春期性健康教育课交流活动、浙江省青春期教育研讨会、德育创新论坛等一系列学术交流活动，1200余人次参加。举办学校心理健康教育辅导员上岗培训、心理辅导高级培训、学校德育骨干培训、家庭教育指导师资培训等6期培训班，共有850多位教师参加。先后邀请华东师范大学、北京市教科院等单位的学者来杭讲学，开阔教师视野。

开通学生心理热线、教师心理热线，并开通“奥迪家庭教育指导热线”。其中学生心理热线电话辅导近1000人次；为1200多名学生建立心理健康教育档案。根据市教育改革需要和科研为教育行政决策服务的宗旨，组织调研活动，完成《杭州市中学德育若干问题的调研报告》、《关于调整中小学作息时间的可行性研究》、《中小学生课堂生活现状调查报告》、《杭州市教育培训产业发展现状与对策研究》、《关于杭州市中小学首个春假的调研报告》、《杭州市普通高中学生状况的调查》等6项调研报告。

进行新课程研究，以校本研究、校本培训、课堂教学为主题，举行3次研讨活动，600余名教师参加，23所学校展示成果；编印《新课程与校本培训》、《新课程与教学民主》、《新课程与校本教学研究》、《新课程与中小学评价》、《新课程与校本管理》等资料，总计约35万字。搭建“校长论坛”学术交流平台；开展境外学术交流活动，先后组团赴台湾、韩国进行学术考察和交流。为基层学校提供服务，对60余所学校的省、市立项课题进行指导；到30余所学校进行专题讲座，5000余名教师听讲。发挥市教育科研辐射作用，组织科研人员对丽水市的云和、青田、缙云、景宁4县进行科研扶持活动。

【注重刊物质量和特色】《杭州师范学院学报》(社会科学版)2004年出版6期、增刊1期，共176万字。以创高水平学术期刊为目标，关注社会变革、理论前沿与学术自身增长。加强“中国城市社会与经济发展战略研究”、“21世纪哲学前沿”、“媒介与大众传播研究”、“语言及其应用研究”、“中外文化交流史研究”等专栏策划与组稿，推出特邀主持人制度。1995年以来一直保持浙江省一级期刊的称号（浙江省学报仅两家）。

《语文新圃》全年出刊12期，计108万字。根据新课标与中学语文改革的要求，加强语文阅读与写作两部分的内容，对刊物栏目进行调整，分固定的一级栏目与相对稳定的二级栏目：“新圃视线”、“同题异趣”、“美文意采”、“思想驿站”、“文史边缘”、“读写立交”、“思维魔方”等受到学生的欢迎。

《中共杭州市委党校学报》2004年出刊6期，推出围绕杭州市委、市政府中心工作的调研报告和学术论文，多篇文章被中国人民大学复印报刊资料全文转载，受到社会各界的广泛好评。

《杭州研究》作为综合性社科类理论研究和宣传刊物，坚持“了解杭州的窗口、研究杭州的资料、建设杭州的谋略”办刊宗旨，积极开展杭州历史文化名城和西湖的研究，新开辟“南宋研究”和“西湖研究”专栏，增加“政治文明”栏目，出版4期。继被列为《全国报刊索引》核心期刊、《中国社科成果索引》数据库后，《科学技术部西南信息中心》又将其刊登的文章原文收入《中文科技期刊数据库》。

《英语画刊》杂志社，面向国内外中小学生，全年出版发行72期，质量继续保持全国同类刊物前列，初、高中版两刊再次双双获国家新闻出版总署、教育部、中宣部联合测评的优秀期刊称号，被列为国家免检期刊。

（周建富）

·商品流通综述·

【商贸经济持续发展】 2004年，杭州市商贸经济保持良好的发展态势，城乡市场繁荣活跃，消费持续旺盛。全年实现社会消费品零售总额704.34亿元，比上年增长15.2%。年末有各类商品交易市场693个，其中生产资料市场119个、消费品市场574个。商品市场成交金额1056亿元，增长13.1%。

现代流通业快速发展。连锁经营规模扩大，年底全市限额以上连锁经营企业有60个，门店数达1222家，比上年增加121家，实现商品零售额116.3亿元，增长19.4%，占全市社会消费品零售总额的16.5%。物流配送体系建设步伐加快。杭州农副产品物流中心等重点物流项目规划和建设得到推进，总投资2000多万元的华商集团物流配送中心建成投产运行，康桥区域物流业有了新的发展和提升。成功举办首届杭州市现代物流供需交流大会，为供需双方的合作交流创造了良好平台。“阿里巴巴”、祐康电子商务及“杭州网上商城”等电子商务企业进一步发展。

扩大开放势头良好。积极搭建平台，对接CEPA框架，制订了《杭州市CEPA贯彻实施的若干政策意见》，于6月首次组团赴港加强杭港商贸服务业合作。招商引资取得新成果，连卡佛、法国路易·威登等国际著名商号、商品品牌进入杭州；沃尔玛引进工作得到推进，成功举办了沃尔玛中国采购说明大会暨浙江供应商洽谈会。加强国内的交流、合作与发展工作，举办了“中国杭州零售百货业发展论坛”、“首届中国长三角城市商业发展高层论坛”。全年外商投资经济实现社会消费品零售额47.86亿元，占全市社会消费品零售总额的6.8%。

商业特色街区建设和管理取得新进展。从建设与管理入手，加强商业特色街品牌打造。根据实际情况，对年度建设目标进行适度调整，各项建设、改造任务完成良好。各街区日常管理日趋规范，旅游休闲服务功能进一步完善，品位提升。9条特色街全都设立了中、英、日、韩多国文字标识。《杭州市商业特色街区管理暂行办法》以市政府令公布，标志着全市商业特色街管理纳入长效管理轨道。深入开展“洁美窗口”竞赛活动和“百城万店无假货”活动，特色街区的品牌效应进一步显现，四季青和丝绸城被命名为“全国诚信规范街区”，文三路被授牌“浙江省电子信息商标品牌基地”，清河坊被中国文艺家协会命名为“中国民间文化街”，一批商业特色街区分别获得国家、省、市级“百城万店无假货”示范街荣誉称号。各街区利用全国国内旅交会、西博会及节假日“黄金周”等平台，开展丰富多彩展示活动，加大宣传力度，不断扩大影响。各区、县(市)的特色街建设进一步推进，艮山东路名车长廊和石祥路(沈半路)、绍兴路汽车特色街经过整合、规划都已开街，与河坊街相配套的高银巷美食街初具规模。

食品安全工作进一步加强。积极创建绿色市场，各区、县(市)及有关超市、农贸市场深入实施“三绿工程”，按照“巩固、深化、扩面、提质”的要求，分别通过强化市场准入管理，列入政府为民办实事项目，创新经营模式，增加投入改造环境、设施等措施，扎实推进创建绿色市场工作，全市20家绿色超市和市场的创建任务如期完成。以典型引路，推广古荡农贸市场的管理经验，推动农贸市场业态的提升和“脏、乱、差”的整治。“农改超”稳步推进，年内新增4家，市区“农改超”总数已有9家。年底市政府批准了《杭州市市区农贸市场综合整治工作方案》，开始组织实施。加强流通环节禽流感防控工作，确保肉品安全。与有关部门一起强化了生猪违禁药物残留监控管理和防疫联防工作，全年市区(不包括萧山、余杭区)定点屠宰生猪123.82万头，检出病害猪(肉)939头、废弃内脏165.1吨。为严把鲜肉市场准入关，对市外鲜猪肉进杭销售提出了准入管理意见，规范肉品交易行为，并积极培育本地品牌“联合康康”和引进全国知名品牌鲜肉。加强对定点屠宰厂(场)和豆制品生产企业的考核工作，首次将各县(市)及萧山、余杭区城关中心定点屠宰场纳入考核范围。通过区、县(市)共同努力，全年主要“菜篮子”商品市场检验合格率达到年初确定的目标。全市886辆早点摊车退路入室任务全面完成，对丰富早点供应的途径进行了有益探索。

市场秩序进一步规范。市和区、县(市)上下联动，各部门合力推进，汽车市场专项整治任务顺利完成，杭州汽车市场存在的突出问题基本得到遏制和整改。食用农产品市场的稽查力度加大。全年市联合督查大队出动检查4343人次(其中夜间出动检查1784人次），检查市场2038家次、集体用肉单位420家次，查扣未检肉9.97吨、不洁豆制品350千克，取缔肉牛私宰窝点6个，受理群众举报81起。开展了散装白酒市场、肉品市场专项整治和牛肉质量专项检查。典当业、废旧金属回收业、拍卖业等特种行业在发展中得到进一步规范。围绕杭州创建全国文明城市的总体要求，文明行业、信用商贸建设深入推进。

承办的西博会相关任务圆满完成。在西博会期间开展了“快乐消费·感受时尚”主题活动，各级商贸主管部门、各有关行业协会和商贸服务企业积极参与，为西博会营造良好氛围。市贸易局承办的“2004年中国（杭州）美食节”、“2004年中国杭州商业特色街风采展示活动”、“第二届中国杭州国际旅游（休闲）商品博览会”、“2004年中国杭州第二届商铺展销会”、“2004年国际（浙江）道路运输与物流科技博览会暨第二届国际（浙江）现代物流博览会”等5项活动共有353.2万人次参与，实现销售收入和协议成交额22.6亿元，意向性成交额9.4亿元，取得了较好的经济社会效益。各区、县（市）商贸主管部门运用各地政府搭建的重大活动平台，推出各具特色的商贸活动，对集聚人气、创造商机，繁荣市场、促进消费起到了很好的作用。

【流通规模跃上新台阶】 2004年，全市实现社会消费品零售总额704.34亿元，比上年增长15.2%。分行业看，批零贸易业零售额595.66亿元，增长11.8%；餐饮业88.38亿元，增长37.2%。农村消费市场增幅加快。各县（市）消费市场全面增长，增幅都在13.5%以上。市区实现社会消费品零售总额585.01亿元，增长15.4%；5县（市）实现社会消费品零售总额119.33亿元，增长14.2%。城乡市场共同繁荣。全市“县以下”农村市场实现消费品零售总额41.97亿元，增长14.5%，增幅比上年上升4.9个百分点，是近年来增长最快的一年，与城市增幅相比差距缩小到0.7个百分点。商品交易市场规模不断扩大。至年末全市有各类商品交易市场693个，全年成交金额1056亿元，增长13.1%。其中，成交金额亿元以上的市场有92个，比上年增加25个，10亿元以上的有26个，增加12个。

【强化商贸规划工作】 商贸服务业的规划工作在2004年取得突破性进展，《杭州市区商业网点2003年~2010年导向性规划纲要》（以下简称《规划纲要》）在年初经市政府批准实施，《杭州市现代物流发展规划》进一步修改完善后提交省政府物流联席会议审批，经市政府同意正式发布《杭州市电子商务发展实施纲要》、《关于杭州市商品市场建设面积和基础配套设施最低标准的意见》等。

市贸易局通过各种新闻媒体、商贸网站、展览会、宣传册等广泛宣传《规划纲要》，发挥规划对商业网点建设和投资经营者的导向作用。按照《规划纲要》和商务部、省经贸委要求，组织各区、县（市）商贸职能部门抓紧制订本地区的商业网点规划，做好与市区《规划纲要》的衔接。组织了两次区、县（市）商业网点规划编制工作培训，在临安召开了全市区、县（市）商业网点规划工作交流会。至年底，大部分区、县（市）的网点规划基本完成。区块商业发展规划得到加强。按照《规划纲要》，各层次商业中心布局逐步形成，市区主城区已基本停止新建批发市场，适应区域特点的商业结构调整步伐加快，各类业态的建设布局有序发展，重点商业项目开发建设进展顺利。经规划批准的杭州农产品批发市场和四季青服装批发交易中心两家大型批发市场一期工程年内启动；艮山东路名车长廊和石祥路汽车一条街经过整合、规划已初具规模；西城广场（休闲购物中心）建设主体竣工，招商基本完成，部分业态开业。

【制订落实商贸政策】 2004年，市贸易局认真贯彻落实市政府于上年8月发布的《关于促进杭州市商贸服务业发展的若干意见》，研究出台了《杭州市商贸服务业发展资金管理办法》、《杭州市商贸服务业发展项目财政资助管理办法》和《关于鼓励发展便民便利连锁经营的奖励办法（暂行）》等配套措施。同时抓好政策落实。加强与财政、工商等部门的协调沟通，落实商贸服务业宣传促销、商贸服务业发展项目、家政服务业发展、“农改超”项目等财政资助政策和税收、劳动政策。全年用于商贸服务业发展项目财政资助资金800多万元，对促进杭州商贸品位的提高，扩大社会影响力，推进商贸经济的新发展，起到了财政资金“四两拨千斤”的作用。部分区、县（市）召开发展第三产业会议，设立发展资金，出台扶持政策，加强目标考核，有效地推进了当地商贸服务业的发展。

【加强商业特色街区建设和管理】 年初，市贸易局从实际出发，对《2004年商业特色街区建设目标》进行了适度调整，各项建设、改造任务至年底完成良好。吴山路拆迁90%

首届杭州市现代物流供需交流大会

法国著名品牌路易·威登亮相杭州大厦

已完成，南山路勾山里保护规划方案通过规划部门的论证和会审，清河坊新宫立体停车库建成，高银巷地下车库和鼓楼道路前期工作已启动，武林路孩儿巷西段道路拓宽工程动工，丝绸街的新丝绸城项目完成营业大厅清场移交，四季青完成5500平方米的服装市场扩建、改建，信义坊进一步完善招商、调整业态、集聚人气和商气，文三路完成服务中心和数码大厦装修、颐高通信电子大卖场开业，梅家坞二期基础设施整治工程如期完成，解放路完成商业业态调整布局的实施方案。《杭州市商业特色街区管理暂行办法》以市政府令发布。各城区商业特色街以“洁美窗口”竞赛活动和“百城万店无假货”创建活动为载体，加大诚信工程建设，推进商业特色街区全面提升品位。武林路被市委宣传部、市文明办、市贸易局等8部门命名为市级“百城万店无假货”活动示范街，并通过了省级“百城万店无假货”示范街考核验收。各街区围绕特色，积极调整特色街业态，提升档次，完善街区亮灯、停车、街景小品、休闲等公共设施，增强休闲功能。各街区利用全国国内旅交会、西博会及节假日“五一”、“十一”长假等平台，开展丰富多彩的活动，加大宣传力度，不断扩大商业特色街影响。

【切实推进现代物流业发展】 2004年，市贸易局加强杭州市现代物流发展规划的宣传，有效发挥规划的导向作用。确定杭州富日物流有限公司、浙江传化物流基地、杭州八方物流有限公司、杭州联华华商集团有限公司等15个市物流发展重点联系企业，其中有12个企业被列入省重点联系企业。这些物流及物流配送企业快速发展，起到了培育物流市场的示范作用。浙江传化物流改建项目、富日物流低温和配送中心建设等5个项目获2004年流通业结构调整国债专项项目。初定市农副产品物流中心、康桥物流功能区、市物流配送中心(总部)、富日物流中心(二期)等为重点规划建设项目。华商集团物流配送中心于年底建成投产运行，总投资2000多万元。9月，与市计委、经委联合成功举办了首届杭州市现代物流供需交流大会。市贸易局还积极为杭州市重点联系物流企业的重点发展项目争取列入国家国债项目搞好服务，协助杭州经济技术开发区做好杭州物流保税中心(海关监管仓库)的申报工作。加强物流人才培养，着重抓好国家物流师资格培训，全年培训、参加考试两批，考试合格率达64%，在全国各培训点中名列前茅。

【大力发展连锁经营】 市贸易局根据市政府《关于促进杭州市商贸服务业发展的若干意见》，做好连锁经营发展相关政策的协调落实工作，帮助企业解决经营中的一些实际困难，如连锁经营企业配送车辆的通行、书刊销售人员的培训等问题，积极推进便民便利连锁经营的发展。以佑康电子商务网络有限公司为试点，以服务社区居民为主，走连锁经营、电子商务、物流配送相结合的新型社区便利企业的发展道路，至年底已开出42家以“96188、服务到你家”为理念的新型祐康便利连锁店。指导服务杭州大地展览服务有限公司举办第四届浙江特许经营展览会，营造特许经营的良好发展氛围。2004年全市各类连锁企业经营规模越做越大，经营方式更多元化，经营业绩和经济效益不断上扬。据对全市60家限额以上连锁零售业和餐饮业统计，销售额达125.68亿元，比上年增长23.7%；其中零售额116.3亿元，增长19.4%；门店总数1222家，净增121家；营业面积83.6万平方米，增长28%；从业人员3.3万人，增长24.9%。其中，商贸连锁零

2004年国际(浙江)道路运输与物流科技博览会

售业49家，门店1008家，比上年净增70家，实现销售总额80.4亿元，增长23.3%；连锁餐饮业11家，门店214家，比上年净增51家，实现营业额13.9亿元，增长28.6%。

【电子商务建设成效显著】 电子商务建设正逐步成为经济发展新的增长点之一。B to B(企业之间的业务往来)电子商务模式继续快速发展。“阿里巴巴”、中国化工网、中国化纤信息网等网站积极创新，努力扩大业务范围。如“阿里巴巴”2004年底企业会员已发展到200多万户，拥有800万人次/天的页面浏览量，每天具有9000条以上商业信息。以供应链为核心的B to B电子商务联盟体应用日益广泛。如联华华商集团的B to B供应商服务系统，优化了有1300多家供货商的供应链。新生力量不断涌现，B to C（企业与消费者之间的交易)建设方兴未艾。杭州数字电视公司以其覆盖全市的数字电视网络，以及公司在支付、信用及物流配送等环节上独有的优势，建立起B to C服务平台。出现第三方支付平台。通过实行第三方收款，监督买卖双方的交易，解决一直困扰电子商务发展的支付问题。如“阿里巴巴”花巨资建设的“支付宝”，对扩大网上交易量已起到积极的促进作用。

【积极对接CEPA框架】《内地与香港更紧密经贸关系安排》(CEPA)从2004年1月1日起正式实施，为内地和香港的密切合作提供了广阔舞台。6月13日，由市政府副秘书长杨菊芳和市贸易局局长吴德隆率领的杭州市商贸代表团赴港，开展了为期一周的招商引资和合作洽谈活动，重点推介杭州和杭州的商贸服务业，围绕CEPA，在政府、商会(协会)、企业、媒体等多层面开展对接。着重宣传杭州的经济实力、发展潜力和良好的投资环境，改变了不少香港人只把杭州作为旅游城市对待的印象。整体推出杭州商贸。通过举行CEPA圆桌会议，播放宣传电视片，展示图片和发放文字资料，拜访协会组织和企业等一系列活动，对香港商界、媒体、企业、普通市民进行了全方位、多角度的宣传。推出招商引资项目，重点推出了“杭州香港商品城”项目。招商引资和合作洽谈活动取得良好成效，“杭州香港商品城”项目得到香港合作方的积极响应和进一步落实，与香港著名连锁企业集团屈臣氏达成合作意向，香港商会表示将联手共同拓展杭州市场，两地协会将开展深层次合作。

【招商引资取得新成果】 2004年，杭州市商贸服务业招商引资成绩显著。法国投资的欧尚超市二店，香港投资的屈臣氏个人护理专业店和班尼路服饰专业店3个项目经市贸易局审定正式上报，共利用外资1000万美元。“杭州香港商品城”建设有效推进，香港名表中心(旗舰店)9月在杭州解放路百货商店开业。湖滨路“国际名品街”招商取得成效。沃尔玛中国采购说明大会暨浙江供应商洽谈会成功举办，有230余个企业申报，推荐97个企业进行洽谈。至年底，全市已落户外资商业企业16个，网点69个，营业面积23.8万平方米，覆盖五种业态，总投资38.05亿美元，注册资本1.98亿美元，全年销售额达31.5亿元。

【着力创建绿色市场】 近几年来，杭州市全面推行食用农产品市场准入制度，积极探索建立绿色市场的工作机制，创建工作从城区向县(市)拓展。2004年，各区、县(市)增加资金投入，改善购物环境和设施设备条件，提升食品安全的经营基础，在更高程度上满足消费者对食品安全的需求。市贸易局开展家禽市场专项调研，与市有关职能部门共同制订了《关于加强市区家禽市场交易监管的紧急通知》和《关于加强家禽屠宰检疫管理的实施意见》。开展肉品市场专项调研，提出进一步规范肉品交易行为的意见，与农业、工商、卫生、质监局联合制定的《关于进一步规范市外鲜猪肉进杭交易行为的通知》，与工商、卫生、质监局联合起草的《关于加强以散装酒销售为重点的酒类市场管理的通知》，经市法制办备案通过并正式发布实施。加强地方法规建设，完成《杭州市家畜屠宰管理条例》的起草工作，报市人大常委会法工委审议。开展牛肉质量专项检查、肉品市场专项整治、酒类市场专项整治，全面净化食品市场。下发《杭州市定点屠宰厂(场)目标管理考核办法》，首次将各县(市)及萧山、余杭区城关中心定点屠宰场纳入考核范围，确保了上市肉品及豆制品的质量安全。组织人员参加杭州市食用农产品质量安全工作宣传咨询活动、浙江省食品安全宣传周活动开幕式。编印《绿色杭州》、《杭州市食用农产品出证、索证有关规定》等宣传册，发放各区、县(市)和农贸市场、超市、宾馆饭店等基层单位。

【加强流通环节禽流感防治】 年初，高致病性禽流感在全国部分地区发生，市政府于2月2日召开紧急会议部署防治工作。面对疫情可能传播的严峻形势，市贸易局与市有关职能部门共同制订了《关于加

CEPA与杭港商贸服务业合作圆桌会议

强市区家禽市场交易监管的紧急通知》，把家禽作为一个大类商品，纳入食用农产品质量安全管理。根据非常时期的市场监管要求，确定了家禽交易的管理办法，以索证为重点，对进入流通环节的家禽及其产品一律凭证进场，凭证交易。同时，会同市有关部门对市区家禽生产、加工、流通情况进行了全面深入的调研，组织专家起草了《杭州市家禽屠宰厂标准》和《关于加强家禽屠宰检疫管理的实施意见》。从流通环节禽流感防控的工作结果看，无论是批发市场还是超市、农贸市场，都按照索证要求进货和交易，没有发现一只病禽流入，切实保证了人民群众的身体健康和社会的稳定。

【“百城万店无假货”示范街活动稳步推进】 2004年，市贸易局以商贸服务企业开展“诚信兴商”活动为契机，确立培育新的示范街的工作目标，稳步推进“百城万店无假货”示范街的创建活动。根据武林路时尚女装街区、杭州中国丝绸城和萧山区市心广场创建省、市级“百城万店无假货”示范街区的申请，会同市委宣传部、市文明办等部门到武林路时尚女装街区管委会、杭州中国丝绸城现场办公，到萧山区市心广场调研指导工作。“百城万店无假货”示范街创建活动取得新的成效。武林路时尚女装街区被市委宣传部、市贸易局等8个部门授予“百城万店无假货”示范街荣誉称号，于12月通过省级示范街考核验收。至年底，杭州市的延安路获国家级“百城万店无假货”示范街荣誉称号；杭州市的武林路时尚女装街区、临安市的衣锦街、余杭区的北大街获省级“百城万店无假货”示范街荣誉称号；杭州市的湖墅南路获市级“百城万店无假货”示范街荣誉称号。

【汽车市场专项整治出成效】 按照商务部、省经贸委等部门文件精神及工作部署，2004年市贸易局牵头组织市11个部门成立杭州市汽车市场专项整治协调小组，制定了《杭州市汽车市场专项整治工作方案》和二手车交易市场、报废汽车回收拆解市场、汽车配件市场、汽车维修市场等5个专项整治工作子方案，组织力量扎实开展专项整治检查工作，严厉打击非法经营行为。全市共出动执法检查人员1185人次，检查市场26家，检查企业、经营户（点）811个，严厉查处非法网点33个，查扣假冒汽车配件2265件、非法维修工具200余件，查处各类案件20起，案值31.45万元。对全市涉及机动车辆的行政事业性收费项目进行全面清理，公布收费项目和收费依据，规范收费行为。旧机动车交易市场的硬件设施、软件建设日趋齐全，交易行为向规范化方向发展，管理关系相对理顺。4家二手车市场顺利通过省经贸委的考核，并已向社会公告。全年二手车交易4.28万辆，交易金额17.42亿元，高于上年。报废汽车回收行业的回收拆解程序、台帐和五大总成流向明了，规范经营的各项制度相对完善，全年回收拆解报废汽车4284辆，比上年增加258辆。行政管理部门与企业联手打假机制启动，制售假冒伪劣汽车配件行为得到遏制，从事无证汽车维修的经营户逐步纳入行业管理，维修服务质量提高，汽车维修市场经营秩序进一步好转。

市委书记王国平在麦德龙杭州江干商场调研

【加强回收废旧金属行业管理】 针对近两年废旧金属管理方式的改变，市贸易局通过行业协会贯彻落实政府管理的要求，实行行业自律。2004年与公安、工商部门密切联系，互相配合，重新建立废旧金属收购登记制度，落实治安、企业管理的相关要求。开展合法经营的专项检查，杜绝回收企业收购公共设施行为。分层次强化分级管理，加强教育。对无主管部门的回收企业，由行业协会负责实施专门管理。全年回收废旧金属56.8万吨，比上年增长10%。

【规范典当业经营行为】 市贸易局注重典当业基础管理工作，努力建立、健全各项规章制度。2004年，杭州市新设立典当企业1个，办理股权变更企业4个，变更注册资本3个，变更法定代表人2个，均依法办理了相关手续。没有虚假出资、抽逃注册资本、超比例负债、超比例放款等现象发生。没有出现非法集资，故意收当赃物、来源不明的物品或财产权利等违法违纪行为。加强专项检查，对个别企业存在超比例放款、操作流程不规范等现象，一经发现就及时指出，并帮助企业分析原因，提出整改要求。对浙江中财典当有限公司制定的一套较为完整的内部风险控制机制和先进管理经验，及时组织相关企业学习并在行业内推广，以机制约束、规范典当行为。各典当企业努力开拓当源，扩大业务范围，针对单笔金额较大的业务，能做到多家典当企业共同操作，既避免了超比例放款，又分解了风险系数，也加强了同行间的交流和合作。各典当企业还采取多种方法提高从业人员的业务水平，为行业的进一步发展打好基础。部分典当企业对困难弱势群体实行优惠，有的手续费减半，有的利息全免，在社会上树立了良好的形象。据统计，杭州市

11个典当企业和3个分支机构全年实现典当金额41.93亿元,比上年增长78.1%;利润总额2975万元,增长77%;上缴税收总额974万元,增长91%。

【拍卖行业服务领域延伸】 市贸易局切实加强对拍卖行业的管理,主动与省主管部门联系,及时汇报反映问题,取得管理上的指导和帮助;配合省拍卖协会搞好调查研究,掌握拍卖企业经营状况,加强拍卖师的管理工作;引导拍卖企业走集团化道路,实行强强联合,创树杭州拍卖企业的品牌。2004年,各拍卖企业在如何延伸服务范围上做文章,使拍卖的服务领域由物资、金融、书画等拓展到文物、土地、商业等十几个领域。部分企业从原来单一的拍卖业务,向咨询服务、代理招商、担保投资、代理投标等服务领域延伸。拍卖标的范围也从有形资产扩大到使用权、命名权等无形资产。许多企业纷纷建设自己的网站,充分利用电子商务开展业务。至年底,从业人员基本达到大专以上文化程度,取得各种专业职称的人数也相应增加,经中国拍卖行业协会和省拍卖行业协会举办的拍卖从业员工培训的占从业人员的80%以上。根据80个企业的统计,2004年共举行各类拍卖会1487场次,拍卖成交额达97.59亿元,其中房地产成交额33亿元、文化艺术品成交额5.5亿元。

【建设消费市场快速反应系统】 年初,市贸易局根据新时期商贸信息工作的需要,提出建设"杭州市消费市场快速反应系统"的设想。经市政府协调,由市统计局与市贸易局合作建设、数据共享,市贸易局承担主体工程。该系统(http://www.hzsm.gov.cn/access/index.asp)主要通过对全市零售业、餐饮业、专业市场、服务业等四大行业多种业态的定点企业、经营网点相关信息采集、汇总、分析、分类处理,为政府和企业提供决策依据,让有关部门和各企业及时了解、掌握全市消费市场最新动态和市场走势。系统分两期建设,一期于年初启动,6月试运行,7月正式开通。一期投入运行的主要有三个模块:消费市场的月度直报、主要生活必需品市场监测日(周)报和"黄金周"市场信息直报系统。

中国杭州商业特色街风采展示活动开幕式

【2004年中国杭州第二届商铺展销会】 由市贸易局主办,以中国商业房地产联盟、中国城市商业网点建设管理联合会为支持单位的2004年中国杭州第二届商铺展销会于6月17日~20日在浙江世贸中心举行。4天成交额2.6亿元,意向成交额9.4亿元。近2万人次的投资者和创业者观摩了展销会。有55家参展单位(杭州市30家,其他地区23家,境外2家),展位175个,参展楼盘75个,总计可销售面积585万平方米(含已销售部分)。自2003年成功举办首届商铺展销会以来,在短短的几个月时间里,全省各地和周边地区连续举办了同类型展会不下20个。市贸易局精心组织,得到杭州中央商务区——钱江新城管委会的支持和参与,丰富了展会的内容。为了使展会中的商铺交易行为与政府职能部门的导向作用紧密结合,与规划局联合展出了《杭州城市总体规划》、《杭州市轨道交通规划》和《杭州市区商业网点2003年~2010年导向性规划纲要》的重点内容,成为吸引人气的新亮点。

【2004年中国杭州商业特色街风采展示活动】 由市贸易局,上城区、下城区、江干区、拱墅区、西湖区政府,西湖风景名胜区管委会举办的2004年中国杭州商业特色街风采展示活动,于10月18日~25日在杭州8条商业特色街区隆重举行,共有394万人次的市民、游客参与,比上届增加16.6%;成交额和营业额18.56亿元,增长27.5%。这届风采展示活动涉及国际、国内顶尖活动的有"武林衣秀"杯中国国际女装设计大赛、中国杭州清河坊民间艺人节和海峡两岸丝绸服饰文化交流等。"武林衣秀"大赛收到来自美、法、日、韩、俄等国家,各省、市、自治区,以及香港、澳门特别行政区和台湾省共1800多份参赛作品,有36组作品进入总决赛。清河坊民间艺人节由中国民间文艺家协会参与主办,22个省、市、自治区的民协组团,来自全国各地的100多位民间艺人表演节目,2000余种手工艺品参展。艺人节上还举办了《中国民间工艺的传承与创新》论坛,评选出"中国十佳民间艺人"。由台湾纺织业拓展协会组织的台湾客商及丝绸纺织专家与杭州中国丝绸城进行了两岸丝绸服饰文化交流活动,举办了丝绸文化交流讲座和观摩。

【2004年中国(杭州)美食节】 2004年中国(杭州)美食节由中国饭店协会和杭州市政府联合主办,市贸易局、西湖区政府、杭州商业资产经营公司等共同承办,杭州杭菜研究会、杭州饮食旅店业同业公会、杭州烹饪协会、杭州饭店协会等单位协办。这届美食节在保留中华名小吃展销这一传统项目的基础上,新增了杭州餐饮业名店评选和"长三角"面点大赛两项。首届"长三角"面点大赛于10月23日~24日在杭州中策职

中国杭州国际旅游(休闲)商品博览会

高分校进行,来自长江三角洲14个城市的17个团队共200余名面点制作高手参加角逐,产生创意金奖、团体金奖和个人赛金奖、银奖共57枚奖牌。杭州餐饮业名店、杭州特色小吃名店评选活动于11月5日揭晓。中华名小吃展销活动于11月1日~7日在黄龙体育中心举行,来自全国近60个城市的参展商参加,展销摊位278个,比上年减少165个;参展品种500余个;参与活动的人流量41.6万人次,减少6.4万人次;营业额2000余万元,增长11%。

【第二届中国杭州国际旅游(休闲)商品博览会】 由市旅委、市贸易局、市外办、市贸促会共同举办的第二届中国杭州国际旅游(休闲)商品博览会于11月4日~8日在杭州和平国际会展中心举行,接待市民、游客9.6万人次,其中专业客商2346人次。签约交易额1.84亿元,其中零售额620万元。来自日本、韩国、法国、菲律宾、尼泊尔等国家友好城市,香港、台湾和广东、深圳等省、市200多个企业的近1万种旅游休闲商品参加了展会。展会在国际化程度上有了重大突破,国外城市赠送杭州市的部分礼品首次集体亮相展出,成为这届展会的新亮点。麦德龙、家乐福、欧尚、好又多等跨国国际零售采购集团以及天津、南京等10多个城市商贸代表团、百货商家应邀到会,进一步架起了商家和厂家的桥梁。市民群众踊跃参与,近万张热情洋溢的市民选票寄托了人们对发展旅游商品事业的殷切期望。

【沃尔玛中国采购说明大会】 市贸易局经多方努力,于12月14日~16日成功举办了沃尔玛中国采购说明大会暨沃尔玛浙江供应商洽谈会。参加大会的有省经贸委、市政府的领导,97个企业的代表及新闻记者130余人。沃尔玛高级顾问王铁明介绍了沃尔玛中国投资有限公司发展情况,沃尔玛中国公司区域经理介绍了这次采购商品的要求并回答了供应商的提问、咨询,沃尔玛中国公司的食品、非食品采购经理分别与供应商进行"一对一"的交谈。经过两天半时间紧张而又富有实效的交流、洽谈,沃尔玛中国公司对其中不少企业的商品产生了浓厚的兴趣,达成了基本意向。入围洽谈的97个企业,是从报名的230余个企业中依据生产规模、供货能力、配送能力筛选出来的。

【早点摊车退路入室完成】 早点摊车(点)退路入室工作在2004年继续向前推进。经过各城区及相关部门的共同努力,压减早点摊车102辆(上城区75辆、江干区8辆、西湖区19辆),市财政的5.1万元奖励补助资金提前兑现到位。至此,全市886辆早点摊车已全部压减完毕,基本完成市委、市政府交办的这项属于破解"七难"范畴的工作任务。在市场机制的作用下,市区早点供应市场逐步建立起来,新丰、知味观等大众化早点企业继续开出连锁经营门店,各城区也陆续出现了挂靠经营、农贸市场设点、单位食堂对外开放等多种早点供应形式,有效缓解了早点市场的供需矛盾。但是,由于摊车压减后早点市场供应网点仍显不足,导致无证早点摊档有所抬头。为寻找有效方法缓解社区内的早点供求矛盾,市贸易局组织有关人员考察苏州等地的早点经营模式,下城区在年底开始"集中生产、统一配送、连锁经营"早点经营试点。

【评选(复评)名餐馆】 9月,"杭州市餐饮业、杭州市特色小吃名店"评选(复评)活动启动,历时2个月。共评出"杭州市餐饮业名店"38家、"杭州市特色小吃名店"3家。为杭州餐饮业持续健康发展,打响"美食天堂"品牌再创佳绩,增添了力量。名店评选(复评)工作,是第六届西博会2004年中国(杭州)美食节的主要项目之一,也是2001年首次评选名店时规定三年评选一次的延续。活动受到社会各界和业内企业的广泛关注与重视,各区、县(市)先后有66个企业申报。经对照条件甄别,有55个餐饮企业符合参评条件。从10月12日起,专家评议组分赴市区、建德、桐庐、临安等各参评企业,采用"一看(看设施设备餐厅厨房布局、环境卫生状况、食具消毒、菜肴质量、服务人员仪容仪表)、二问(问企业的经营特色特点,曾获得过何种荣誉称号、企业的技术力量、服务规范及礼貌用语)、三查(查企业制度、岗位职责、个人卫生及健康管理台帐,蔬菜、肉类、豆制品三放心台帐,仓库管理与成本核算规范等)"的方法进行评议,并结合企业的知名度和有否发生重大责任事故等因素,综合评审打分,41个餐饮企业符合名店评选条件,评审结果在《每日商报》上公示3天。11月15日,市贸易局正式发文命名授牌。

(黄世远　洪　巍)

【市商业总会加强自身建设优化服务】 9月25日,杭州市商业总会召开二届一次会员大会进行换届选举,产生了第二届理事会。市贸易局局长吴德隆连任会长,市贸易局副局长陈世安任常务副会长兼秘书长。聘请市人大常委副主任丁德明,副市长项勤,市政协副主席蒋福弟,市政协副主席、市工商业联合会会长鲍世甲为名誉会长；市政府副秘书长杨菊芳等13人为顾问。

努力为会员企业服务。商业职业技能培训进展顺利，全年营业（服务）员的等级培训达到1700人。年末，受市贸易局等5个部门委托，承办了对大中型商场（店）、新华书店、音像制品店的有关保护知识产权的培训。组织了7次160人出国出境考察。通过《商总会刊》提供中国零售业全面开放后如何应对严峻挑战的文章以及有关政策信息。积极配合并组织会员企业参加市政府及有关单位发起的“诚信兴商”、“旅交会”等活动。

跨地区协作有新进展。9月，成功承办了全国部分城市商业联合会（商业总会）第七届工作例会，扩大杭州商贸影响，发展同各兄弟城市之间的友好合作关系。中国商业联合会会长何济海出席并讲话。会议围绕“当前流通与改革”、“商业诚信建设”，就商业联合会（商业总会）的工作进行了交流和探讨，形成了《全国部分经济中心城市关于合作共建商业信用自律体系的决议》。参与组建“长三角”商业联合会联席会议，积极推进“长三角”商业跨区域发展，实现优势互补的多赢局面。

加强自身建设。组建了杭州市商业总会阿联酋迪拜分会、杭州市商业总会酒具设备用品分会（筹）。吸纳浙江汉帛服饰有限公司、浙江国美电器有限公司等著名民营企业、“清河坊”等特色街区、杭州市现代物流协会等流通行业协会作为新会员，对组建全市行业协会网并更好地发挥作用，具有十分积极的意义。

（傅骏炎）

►►资料：“三绿工程”

“三绿工程”的主要内容是“开辟绿色通道、培育绿色市场、提倡绿色消费”。开辟“绿色通道”是指开辟公路、铁路、航空及水上常年性食品运输通道，并按照经济合理的原则将其联结起来，发挥各类运输工具的优势，消除不必要、不合理的关卡和收费，在全国范围内构建高效率、无污染、低成本的绿色食品运输网络和联运系统。培育“绿色市场”是指按照绿色市场标准，搞好市场软硬件的建设，通过多种方式清除各种假冒伪劣、质次价高的食品，培育确保食品质量、对人体和周围环境无污染的绿色食品、“有机食品”网络体系，形成绿色食品、“有机食品”的流通渠道和交易系统。提倡“绿色消费”是指从保证消费者身体健康出发，通过宣传、引导、举办公益活动和制定相关政策，改变人们的消费观念，增强环保意识，树立消费绿色食品的时尚，促进绿色食品、“有机食品”消费数量的增长和产品结构的优化，确立科学的、有益于人体健康和环境保护的食品消费模式。

表19　2004年杭州市销售额超亿元定点商场经营情况

单位：万元

商场名称	销售总额（含税）	利润总额
杭州大厦购物中心	188 532.5	18 107.3
浙江银泰百货	162 421.3	14 700.0
杭州百货大楼	127 152.3	7 841.6
杭州解放路百货商店	105 956.2	5 813.4
杭州元华商场百货有限公司	24 051.2	−2 429.8
富阳百货大楼	23 273.0	473.7
萧山二轻购物中心	13 130.9	325.0

表20　2004年杭州市区定点连锁经营企业销售情况

单位：万元

企业名称	零售额
杭州联华华商集团有限公司（市区店）	178 157.6
麦德龙杭州江干商场	39 596.7
杭州顶仁乐购超市德胜店	27 046.6
杭州物美大卖场	46 395.7
杭州好又多超市黄龙店	16 286.1
可的便利店	10 020.8
北京华联超市	4 649.7
上海联华超市杭州公司	4 921.9
杭州华东大药房	4 276.2

·市属商业·

【市属商业概况】 2004年，杭州商业资产经营公司坚持改革创新，加强统筹协调，不断提高经济运行质量和效益，取得了令人鼓舞的经营业绩。全系统实现销售（营业）成交额160亿元，比上年增长25%；实现利税9.1亿元，增长33.8%，其中实现利润6亿元，增长28%。

经济运行质量明显提高。各企业发扬自身优势，挖掘经营潜力，持续发展的潜在能力得到新的显现。许多企业经营规模明显扩大，创利水平不断提高，市场竞争力增强。杭州联华华商集团有限公司积极应对我国零售市场全面开放后竞争国际化的严峻形势，加快网点布局速度，提升经营管理水平，销售业绩和经营效益都得到了大幅增长。杭州饮食服务有限公司以知味观的企业品牌和服务品牌，通过向景区、特色街区和社区延伸，开设分店和小吃外卖连锁店，展示了老字号的新魅力。杭州蔬菜有限公司在2003年成交突破10亿元大关后，认真分析市场趋势，研究交易规律，2004年成交额又增长16.5%。杭州联合肉类集团有限公司坚持做专、做精、做强，实现销售收入和经营利润都增长50%以上。2004年，全公司的经济运行质量明显提高，系统企业平均资产负债率比上年下降2个百分点，企业平均经营利润率提高2.5%。

现代营销方式得到广泛应用。各企业在不断变化的市场环境中，以科学的营销理念，运用现代营销方式，在激烈的竞争中取得了明显的经营成效。以顾客为中心，扩大有效销售。杭州解百集团股份有限公司认真调查分析目标消费群的消费习惯，准确把握商场定位，对新世纪商厦和A楼、B楼商场进行改造和调整，使三块区域的经营功能既各具特色又互为补充。适时推出时尚新解百、休闲新世纪等大型主题促销活动，仅国庆“黄金周”期间的“18小时激情购物”活动，就实现销售1486万元，刷新了公司的日销售最高纪录。以市场为导向，拓展经营空间。杭州豆制食品有限公司密切注视、及时把握市场变化，超前决策，掌握了竞争的主动权。上半年有针对性地通过举办豆制食品烹饪大赛等一系列宣传活动，使企业形象、品牌形象及产品知名度进一步提升，全年实现销售额比上年增长38%。以需求为目标，捕捉商机。杭州市金属材料有限公司、杭州市机电设备有限公司、杭州化工原料有限公司等生产资料经营企业，在国家宏观调控、生产资料价格大幅度波动的情况下及时捕捉市场信息，准确把握市场趋势，三个公司的年销售额均创出历史新高。

发挥主业经营优势成效明显。各企业从发展的需要出发，拓宽经营视野，发挥经营优势，在做大、做强、做精主业上取得了新成果。杭州联华华商集团有限公司至年底已在全省发展到139家门店，年销售额达36亿元，比上年增长15.5%；肯德基有限公司在全省的门店发展到117家，全年营业额12.8亿元，增长30.8%；杭州饮食服务有限公司坚持围绕餐饮主业做大知味观和肯德基的经营规模，成为公司系统创利最多的企业。杭州联合肉类集团有限公司坚持以肉类加工经营为核心，协调发展冷藏业、生猪屠宰业、肉制品和速冻食品加工业的经营，实现了近几年连年创利3000万元的优良业绩。杭州蔬菜有限公司不断在蔬菜批发交易上挖掘市场潜力，呈现出年销售成交额10多亿元、利润2000万元的喜人势头。

经营机制转换继续深入。各企业按照现代企业制度要求，继续深化企业内部经营机制转换成效明显。企业法人治理结构逐步完善，各改制企业基本都建立并不断完善有效制衡的法人治理结构，对提高管理运作水平和经济运行质量产生了积极作用。建立适应市场化运作需要的企业经营运作机制。杭州金龙集团有限公司、杭州商业储运有限公司、杭州市食品酿造有限公司等一大批企业从经营实际出发，调整管理机构，整合管理资源，理顺内部关系，增强了企业的内部活力。从企业长期、稳定发展的需要出发，一批企业加强企业发展战略研究，进一步明确了企业市场定位和发展方向，对促进企业健康发展产生了积极影响。进一步完善内部分配机制。杭州解百集团股份有限公司在调整企业的岗位技能工资后，进一步完善对经营者与内部科室人员的考核办法，调动经营者与员工的积极性，使企业经济效益有了明显增长。

管理科学化水平有新的提高。各企业运用先进管理手段加强内部管理，科学化水平有了新的提高。运用现代信息技术，实现管理创新。杭州联华华商集团有限公司充分发挥信息系统对经营管理的支持和保障作用，2004年先后进行了4项信息系统提升工作，其中自行开发的3+2内控系统基础模块实现了门店和总部的信息共享，降低了管理成本。加强财务管理，提高经济效益。以资金管理为重点的财务管理意识增强，许多企业的资金结算中心在提高经营质量、防范经营风险方面发挥了重要作用。财务计算机管理的网络化在系统规模企业得以普及。杭州解百集团股份有限公司、杭州联华华商集团有限公司、杭州五丰冷食有限公司、杭州蔬菜有限公司等企业都应用了财务网络软件，对企业实时的经营、资金活动进行动态监督管理，同时实施网上银行结算业务，提高了资金使用效率。财务管理范围不断延伸。经济合同、项目建设以及经营中的促销活动都纳入企业财务管理范围，通过对投资项目、各类活动的投入产出数据进行及时汇集与分析，为科学决策提供依据。

【企业经营规模扩大】 杭州商业资产经营公司各企业注重提高经济运行质量，开拓经营，规模不断扩大，创利水平不断提高，市场竞争力明显增强。2004年，在杭州市金属材料有限公司实现销售突破10亿元后，已有杭州联华华商集团有限公司、杭州饮食服务有限公司、杭州解百集团股份有限公司、杭州蔬菜有限公司、杭州联合肉类集团有限公司、杭州市粮油批发交易市场有限公司、杭州市金属材料有限公司7个企业年销售(营业)成交额10亿元以上；在杭州商业储运有限公司、杭州木材有限公司成为创利大户新成员后，已有杭州联华华商集团有限公司、杭州蔬菜有限公司、杭州解百集团股份有限公司、杭州联合肉类集团有限公司、杭州蔬菜有限公司、杭州五丰冷食有限公司、杭州商业储运有限公司、杭州木材有限公司8个企业年利润1000万元以上。

【市场竞争力增强】 由于市场环境的不确定性，情况瞬息万变，2004年杭州商业资产经营公司经受了原材料价格上涨、生产资料价格大幅度波动、电力紧缺、运输紧张及防治禽流感疫情等不利因素的影响。各企业密切关注市场变化，及时捕捉市场信息和市场机遇，在不断变化的环境中有效地拓展了经营空间。杭州东南面粉有限公司调整产销思路，准确把握市场脉搏，在对不同用户的不同需求进行细致了解的基础上，确定了走精品之路、提高产品附加值的经营思路，大胆革新生产工艺，成功试制出各类高档面条、面包、糕点专用粉，满足各类顾客的不同需求，取得了较好的经济效益。

【品牌经营能力提高】 近几年来，杭州商业资产经营公司各企业着力培育自己的产品品牌，引进符合休闲、绿色、健康消费趋势的名优品牌，打造企业品牌和服务品牌，品牌经营已成为企业发展的重要支柱。至2004年，已拥有一定数量的全国和省市名牌，如杭州五丰冷食有限公司的五丰冷食、杭州东南面粉有限公司的牡丹牌面粉、杭州市食品酿造有限公司的五味和牌月饼、杭州豆制食品有限公司的鸿光浪花豆制品、杭州盐业公司的蓝海星多品种盐等成为市场广泛接受的名牌产品。各企业还不断开发新的产品品牌，杭州联合肉类集团有限公司2003年推出的联合康康牌冷鲜肉，一年多实践证明很受消费者喜爱。蔬菜批发市场、粮油交易市场、木材市场等专业交易市场以创树品牌市场为抓手，努力提升市场服务功能，主业经营规模不断扩大。在零售批发企业中，加大国内外名优品牌的引进力度，杭州解百集团股份有限公司引进了一大批国内外知名品牌，使企业对消费者的吸引力不断增强。杭州饮食服务有限公司还着重培育以“老字号”企业为主的企业品牌和服务品牌，使知味观、杭州酒家、奎元馆等“老字号”品牌价值得到了新的提升。

【规范股权转让管理】 杭州商业资产经营公司认真贯彻国务院国有资产监督管理委员会关于规范国有企业改制和国有产权转让的文件精神，在积极推进系统企业产权制度改革的同时，规范已改制企业股东之间的股权转让程序，加强对包括国有资本在内的各种资本的保护管理。6月，公司在认真调查研究、总结已改制企业股权转让方面的经验教训的基础上，制定《关于规范企业股权转让管理的指导意见》，明确企业股东转让股权的具体要求和相关规定，提高股权转让的规范程序和透明度，避免在股权转让中因操作不尽规范而出现的国有资产流失和其他不稳定因素，确保了改制企业的稳步发展。

【抓好企业文化建设】 杭州商业资产经营公司各企业努力创造良好的企业文化环境，加强建设力度，企业文化对生产经营活动的渗透力进一步增强。2004年，杭州解百集团股份有限公司为了将企业文化建设做实，把抽象的理念渗透到各项经营活动中去，对服务模式进行了调整和创新，在全市率先推出了以“亲切、周到、专业”为内涵的“CAP”服务模式，体现了“一线为顾客、二线为一线、中层为基层、高层为中层”的全方位服务体系，各部门的服务意识、服务品质都有了较大程度的提高。他们还通过“解百股票上市十周年”纪念、知识竞赛、读书沙龙、劳动竞赛等一系列活动提高员工积极性，增强企业的凝聚力。杭州豆制食品有限公司坚持以人为本的管理思想，开展“以人为主体，以人为动力”的企业文化活动，以务实、求精、高效、创新的企业精神，激发员工的工作热情和创造精神。杭州五丰冷食有限公司通过丰富多彩、内容充实的活动将企业文化渗透到经营过程和员工思想，促进企业改革加快发展。杭州金龙集团有限公司精心组织开展“金龙杯”文体竞赛活动，深受员工的欢迎。

【推进管理技术现代化】 2004年，杭州商业资产经营公司各企业运用先进管理手段，强化管理职能，完善管理制度，不断加强内部管理。杭州五丰冷食有限公司随着企业生产基地的增加和销售区域的扩大，现有计算机管理信息集成度低下，难以适应企业发展的需求的状况，努力加强信息化建设，寻求企业发展的技术支撑。该公司勇于开拓，克服困难，积极推进能对企业实现动态、优化控制的“企业资源计划”系统即ERP系统项目。项目实施后，实现了信息能快速、准确地收集、传递和分析，对采购、供应、生产、销售、财务各环节进行动态管理，提高了企业决策科学化水平进而增强了市场竞争能力。

【加强员工培训】 杭州商业资产经营公司各企业充分挖掘内部潜力，探索建立员工岗前培训、在职培训、脱产培训与自我开发于一体的综合培训开发体系和用人、留人机制。2004年，杭州解百集团股份有限公司提出“把企业培养成学习型组织”，开展了服务技巧、采购管理、员工综合素质等六个方面61场次的培训和教育，有4250人次参加。杭州联华华商集团有限公司结合店多面广、门店快速增长的特点，在人才引进方面确立了“以内部培养为主，外部引进为辅”和“岗位公开，内部竞聘”的原则，同时还与省经贸技术学院合作，在该校设立了连锁经营专业，既解决了学生的实习基地，又使大部分学生毕业后可以直接上岗发挥作用。杭州五丰冷食有限公司根据“以人为本”的经营理念，健全“能进能出，能上能下”的人才循环机制，努力构建一支朝气蓬勃、敬业爱岗、拼搏创新的高素质人力资源队伍，为实现公司发展战略目标夯实人才基础。 （徐建中）

【解百打造都市休闲新形象】 杭州解百集团股份有限公司努力打造高品质休闲购物中心新形象，2004年对整个商场的布局进行了全面、彻底的调整，并对B楼的外立面进行改造装修。通过调整和装修，商场的区域分块更为清晰，硬件设施更上档次，一个休闲购物中心的整体轮廓逐步明晰。国庆前夕，解百顺利完成了继A楼、新世纪商厦改造以来的“调整三步曲”，一个环境、品牌、服务同步提升的新解百呈现在消费者面前。国庆“黄金周”期间，解百以调整后展现的都市休闲新形象赢得了广大消费者的青睐，销售额大幅

解放路百货商店夜景

“联合康康”专卖店

度增长。9月30日~10月7日，解百本部实现零售额5051.6万元，比上年同期增长37.8%，其中30日创造了单日零售额1486万元的历史新纪录。通过战略性的布局结构调整，新世纪商厦被打造成集化妆品、首饰、女装、女鞋、运动休闲、儿童等商品大类的偏“女性”商场；B楼则是一个集男士精品、休闲服饰、现代家电等商品大类的偏“男性”商场，并腾出一楼最好的楼面经营男装精品，齐聚国际一线品牌，成为消费者感受世界顶级品牌的窗口；A楼则以门面的品牌专卖店为特色。解百原有的“迷宫”布局被彻底打破，取而代之的是一种更迎合于顾客的购物习惯、方便于顾客有针对性挑选的商场布局。与此同时，解百注重服务软件的同步升级，让顾客感受到更专业、精细和人性化的服务。全面推行收银员站立服务，体现解百对顾客的尊重；还专门辟出新世纪商厦5楼约80平方米的场地，组建杭城商店规模最大、形象最好的客户服务中心，为顾客提供“一站式”服务。

【“联合康康”初具规模】 杭州联合肉类集团有限公司自2003年5月18日推出“联合康康优质冷鲜肉”以来，运用连锁经营手段，根据市场需求变化不断调整经营方式，做精、做细这一绿色品牌猪肉的市场供应。2004年，“联合康康”逐渐走上良性发展的轨道，至年底，专卖门店已发展到35家，年销售额达2000万元。先后通过了ISO 9001质量体系认证、HACCP体系认证和安全食品认证，保证了加工产品在生产过程中的质量。利用现代营销方式和营销理念，加大自身销售网络体系的建设，扩大品牌效应。针对鲜肉产品的特殊性，充分利用现有超市、农贸市场的改造，大力发展以店中店、专卖店和专柜为主的连锁销售网络，扩大连锁经营。企业还导入统一、鲜明的视觉形象系统和服务理念系统，细化门店管理，降低经营成本，提高服务水平，使“联合康康”品牌在消费者中形成强有力的视觉冲击，受到消费者的广泛关注。曾在省农博会上被评为“金奖”，还被评为省商会百家超市(商场)畅销品牌之一。

【继续实施企业改制】 8月，由杭州味精厂改制而成的杭州西湖味精集团有限公司挂牌，新公司为国有控股51%、自然人和职工持股49%的有限责任公司。同月，由杭州商业资产经营公司和食品酿造公司、豆制食品公司组建的以“国有控股、多元投资、工贸结合”为特征的杭州粮油食品有限公司成立，三家公司分别持有68%、16%和16%的股权。2004年还完成了南星桥粮库的歇业工作。 (张鑫浩)

【蔬菜批发交易市场辐射面不断拓展】 杭州蔬菜批发交易市场经过10年发展，吸纳八方客商，广集四季菜源，吞吐集散范围扩大至京、津、沪、苏、皖、赣等十几个省市，成为区域性蔬菜批发交易中心。2004年市场蔬菜成交量、成交额分别从开业初期的月均3000吨、600万元，增至5.4万吨、1.05亿元，集聚辐射功能不断增强。为形成货源集聚辐射的良性循环，市场努力满足客商进场成交时对财物的安全性、物流的畅通性、收益的预期性三个基本要求。一品多地采调，吸纳四季菜源。由于蔬菜生长本身有较强的季节性，同时受气候制约也较明显，客观存在淡旺季差异。为满足市民多样性的需求，市场利用我国南北气候差异较大的特点，对同一品种采取多区域组织，突破“按季应市”规律，实现23个品种全年有售。拓展配送服务，延伸辐射功能。要确保物流畅通，关键要有相对稳定的辐射面。市场建立客商登记制度，通过网络发布成交行情，采取多种形式，将蔬菜配送延伸到大专院校、驻杭部队、工矿企业和社会团体等伙食单位，日均配送达百余吨。规范市场管理，服务客商经营。为营造一个安全、公平、快捷的交易环境，市场实行24小时成交服务；交易时，工作人员既当“红娘”又当“裁判”，维护购销双方权益；市场还率先启用计算机开票结算，安装监控器实行动态管理；保安流动巡逻，打击欺行霸市、偷盗商品等不法行径，企业信誉日趋提高，集聚辐射面不断拓展。

【杭州市民每天能吃到四季菜】 据杭州蔬菜有限公司对2004年39个常规统计品种分析，大白菜、西芹、尖椒、蕃茄、刀豆、丝瓜、茭白、芋艿、蒜苗等23个品种全年有售，占统计品种59%，杭城市民每天基本能吃到四季菜。随着市场经济日趋成熟，促进了蔬菜生产，活跃了流通渠道，人们摆脱了计划经济年代种啥吃啥的情况，朝着吃啥有啥的新格局发展。促成质的转化有三大因素。思想观念转换。过去菜农不管销路如何，按计划种植，蔬菜公司独家经营，实行统购包销，导致品种“老面孔”，质量“老大粗”。如今走出计划圈，迈进大市场，货源不分东西南北和国内国外，经营不分全民、集体和个体，各路货源充裕，应市品种繁多，价格平稳适中。经营模式更新。过去经营单位为国有，如今集体、个体并举；

过去经营方式“统购包销”，如今改为“自由成交”；过去价格“一锤定音”，如今可以“讨价还价”；过去组织货源限于本地“划地为牢”，如今面向社会，任意采调；过去销售肩挑车拉，如今“海陆空”立体运输。信息传递便捷。电视上卫星，扩大了覆盖面；因特网开通，成为全方位了解市场行情的窗口；传真机、手机的普及，加速了信息的传递；四通八达的高速公路，缩短了运输时间。这一切，不但给快速物流奠定了基础，而且给市民吃啥有啥提供了保证。

（陈水帆）

【扩大发电机组供应】 2004年，为缓解杭州用电紧张状态，市政府对企业自购发电机发电出台了一系列优惠政策，鼓励企业自购发电机发电，在用电高峰期让电于民，同时减少企业自身因缺电造成的经济损失。杭州市机电设备有限公司抓住这一机遇，以发电机组热销为契机，加大发电机组的供应量，为企业做好后勤保障工作，满足社会的需要。公司针对市场的特点，以“人无我有，人有我优”的经营思路，积极组织货源，以多品种、高质量抢占市场，以优质品牌加诚信服务争取用户。公司组织专业队伍，进行了集售前咨询、安装调试、售后维修为一体的一条龙服务，让用户买得放心，用得安全。公司全年销售发电机组556台，销售额5000余万元。从功率为0.5千瓦的小型汽油发电机组到功率1140千瓦的大型柴油发电机组，从进口产品到国产名牌，品种齐全质量保证。为众多的企业排解了缺电之忧，既创造社会效益，也取得了良好的经济效益。

（万　宁）

【木材公司荣获全国优秀企业称号】 在2004年度中国木材行业年会上，杭州木材有限公司等18个木材行业知名企业荣获中国木材行业优秀企业称号，国家林业局、世界自然基金会、中国木材流通协会为获奖单位授奖。杭州木材有限公司在计划经济时期曾以发展木材综合利用、节约木材资源，被授予“全国木材行业排头兵”的荣誉称号。面对激烈的市场竞争，企业坚持走以调整结构求生存、以改革求发展之路，改制后经济效益逐年成倍增长，走上了良性发展的轨道。调整结构，做强木业主业。该公司淘汰部分亏损老产品，开发和扩大木质防火门、装饰门、活性炭、实木地板等产品的生产销售。深化产权制度改革。国有企业整体改制为由职工持股会和自然人共同投资的新公司后，紧接着对下属4家分公司进行了产权多元化的分立改制，建立母子公司体制，进一步明晰产权，较好地调动了职工的积极性，子公司业务增长、效益提高，发展势头良好。确定企业发展战略，寻找新的发展机遇。公司在地处杭州市周边的德清征地11.2公顷，建设杭州木材工业园区，已正式开工。组建进口木材部，重振木材贸易。经营柳安木和缅甸、云南木材在浙江省颇具特色。做大做强杭州木材交易市场，开办5年来规模逐步扩大，管理日趋规范，营业房出租率95%以上，木材交易量达到30万立方米，成交金额15亿元，多次被评为全国木材明星市场、杭州市消费者信得过单位。积极参与中国木材流通协会组织的活动，加强与全国木材界同行的交流，公司当选为中国木材流通协会副会长单位、木材市场专业委员会副会长单位和木门专业委员会副会长单位。

（戚国良）

【优质农副产品配送中心成立】 11月，由浙江省农业厅下属的优质农产品开发服务中心和杭州联华华商集团有限公司共同出资兴建了浙江省优质农副产品配送中心。配送中心以“服务三农——全面推广优质农副产品、繁荣市场——精心打造现代物流体系”为宗旨，努力建设成为浙江省最大的集批发、零售、加工、展示、配送、第三方物流、信息等服务于一体的优质农产品配送基地，较好地解决优质农产品产销之间存在的信息不对称、流通受阻、产销脱节等问题。作为促进农副产品营销方式新突破的一种有益尝试，浙江省农副产品配送中心的建立，将推动全省农副产品现代物流体系建设，加速农业产业化进程，有助于促进千家万户小生产与千变万化大市场的对接，是拓展农产品市场、提高农业效益、增强农业综合竞争力的有效途径；对于推动各类农副产品生产基地建设，优化产业链结构，促进相关产业发展都将起到积极的推动作用；还可以充分发挥浙江省优质农产品开发服务中心及其主管单位浙江省农业厅的行业主管和技术力量，对所经销的优质农副产品从种植(养殖)、维护、加工到检验检测、配送实施全程监控，有效满足居民对放心食品、绿色食品的需求，让广大居民的“菜篮子”更无后顾之忧。通过配送中心，依托大型超市的连锁网络，可以在较短的时间内，将农副产品高效地配送到全省各地，加快优质农产品的流通速度，减少农产品在流通过程中的损耗，最大限度地降低农副产品的流通成本，保证农副产品进入直接用户的品质。

【解百生鲜超市资产重组】 6月，为

蔬菜批发交易市场

了充分发挥杭州联华华商集团有限公司与杭州解百生鲜超市有限公司各自的优势，进一步推进生鲜超市的专业化经营，不断提升经营业绩和管理水平，杭州解百生鲜超市进行了资产重组，杭州联华华商集团有限公司成为解百生鲜超市的最大股东。资产重组中，杭州解百集团股份有限公司转让其持有的生鲜超市30%的股权，由杭州联华华商集团有限公司按1∶1.5的溢价受让；同时联华华商再向生鲜超市按1∶1的比例增资500万元，使生鲜超市的注册资本从1000万元增加到1500万元。增资后，杭州联华华商集团有限公司控股杭州解百生鲜超市有限公司，股权占53.3%，并更名为杭州联华生鲜超市有限公司。通过资产重组，为人们的日常生活提供了更大便利，有利于加快生鲜超市的发展步伐，提升生鲜超市的管理水平和核心竞争能力。资产重组后的生鲜超市将纳入联华华商集团的发展规划，以杭州及周边地区为近年发展重点，并在适当时机逐步向省内其他地区拓展。（杨　政）

【商业企业出口持续大幅增长】 2004年，杭州商业资产经营公司系统外贸出口继续高速增长，14个自营进出口企业、3个出口外资企业共实现外贸供货3.77亿元，比上年增长44.3%；其中自营出口3.09亿元，增长37.5%。以副食品经营为主业的杭州知味食品有限公司、杭州肉制品有限公司、杭州联合肉类集团有限公司，分别完成外贸供货额7605万元、4715万元、1257万元，均增长1倍以上。各企业充分发挥“菜篮子”商品供应上的优势，不断推出具有自身特色的一系列副食品类商品用于出口，杭州食品酿造有限公司生产的米醋实现外贸供货300多万元，也增长1倍以上。各企业还通过参加各类国内外展销会，将各类精品、新品推销给国外客商，促进了公司系统外贸出口再创新高。

（张　亮）

【弘扬大豆文化造福百姓健康】 6月，作为市政府“放心豆制品工程”示范企业的杭州豆制食品有限公司，投入近100万元，开展了为期一个月的“弘扬大豆文化，造福百姓健康”大型宣传活动，引导市民选择认购“鸿光浪花”牌放心豆制品。活动通过在杭各类新闻媒体对公司经营理念和产品进行宣传，在《每日商报》连续刊登8篇“弘扬大豆文化”系列报道文章，宣传中国大豆食品源远流长的历史和丰富的营养保健价值。在市区各大农贸市场、超市设置便于市民认购放心豆制品的信息牌，发放宣传手册5万册，介绍豆制品保鲜常识和烹饪豆制品的方法。还通过赠送礼品、抽奖和与新闻单位联合举办“市民‘晶玉豆腐’烹饪大赛”等活动，使杭城一度掀起“豆腐热”。活动将该公司“弘扬大豆文化，造福百姓健康”的经营理念传达到千家万户，使放心豆制品“鸿光浪花”品牌的知名度和认购度进一步提升。2004年，公司产值比上年增长38.1%。（费　华）

·饮食服务业·

【饮食服务业概况】 2004年，杭州餐饮经济强劲发展，竞争激烈，出现了新店猛增，老店调整，菜肴创新，服务提升，老字号焕发青春等亮点。全年销售额达到110亿元，比上年增长37%。全市餐饮业朝着“文化、多元、个性”的方向发展，店家的业态、规模和经营结构逐渐完善，各类特色餐馆大量出现，满足了市民和游客日益增长的不同消费需求。餐饮经济的不断发展是社会、经济综合作用的结果。杭州的国民生产总值持续增长，综合实力稳步提高，逐渐形成的“大气、开放、精致、和谐”的社会氛围，为餐饮业的发展提供了良好的条件，市委、市政府提出的“杭菜美誉甲天下”的目标正在成为现实。

杭帮菜进入了一个新的发展时期。杭菜馆一度以大取胜，尤其是进军外地的杭菜馆不大就打不开局面，规模成为杭菜馆的一个优势。但从上年开始，有些大店竞争不过小店。针对这一现象，许多大店吸取教训，及时进行调整，在三个方面打破了传统，即固守杭帮菜的传统，只做中餐和晚餐的传统，放不下架子的传统。预计大店、中型店和小店合理布局、和谐发展的局面不久将会形成。

杭菜馆在外地持续发展。红泥、张生记、新开元、万家灯火等餐饮企业在外地的门店多数红红火火。门店在调整中，有开有关，基本上向上海、北京、南京等大城市集中，在不断地贴近市场的调整中提高核心竞争力。例外的是，在香港开出的4家杭菜馆先后全部关闭。杭菜的有些品种多油多盐多味精，不适合当地人胃口，这对自以为风靡全国的杭帮菜是一个教训。

餐饮业出现多元化格局。2004年，杭帮菜遭遇来自四面八方的新菜系挑战，最大的挑战来自粤菜和川菜。杭城的粤菜馆、兼营粤菜的餐馆纷纷出现，粤菜一时成为高档菜肴的代名词。新开的川菜馆被业内人士称之为“杭帮川菜”。私房菜从高端影响杭菜，在保俶路、高银街、中山路等地都开出了专营私房菜的餐馆。此外，一些土菜馆经营者开始在环境、经营、菜肴等方面创新，桐庐县、临安市和省内江山、台州、衢州、温州，甚至东北、内蒙古、新疆等地的土菜馆都相继在杭初露头角。

众多餐饮特色街和一批精致餐厅脱颖而出。杭城高银街、信义坊、湖滨路等餐饮特色街逐步形成，开设在高银街的王润兴、皇饭儿、状元馆、大宋坊、味宅等店出类拔萃，人气稳定，生意兴旺。特别是王润兴和皇饭儿，中午都座无虚席。继“玉麒麟”、“玉玲珑”、“粤浙会”之后，杭城不断涌现精致餐厅。不少店家面向高档消费者，装修豪华，菜肴精致，大多数消费者望而却步。

杭州酒家易地复出，知味观在高银街和杨公堤开出新店，百年老店楼外楼、奎元馆、山外山、王润兴、状元馆仍然老当益壮，让消费者对老字号餐馆刮目相看。老店新开新气象，杭州酒家获得中国金鼎奖的菜肴——蛤蜊炖鲫鱼、蟹黄扒鱼翅，就是传统杭州名菜的时尚版。

7月16日，国家商务部副部长张志刚等5人，到杭调研杭州餐饮、商贸服务业情况，并走访和考察了部分基层企业。（夏　天）

【杨公堤湖畔酒家开业】 5月1日，知味观杨公堤湖畔酒家一期工程开业，为游客们献上了一份丰富的节日大餐。游客纷至沓来，赏景品肴，休闲消遣，成为杨公堤上一道独特的风景。这是杭州饮食服务有限公司配合西湖湖西综合保护工程，实施做大做强企业，扩大品牌效应，深入景区谋求发展的重要举措，极大地满足了游客的消费需求。

知味观杨公堤湖畔酒家二期工程于10月1日开业。为了确保一、二期工程的顺利开张，杭州饮食服务有限公司克服时间紧、任务重、要求高的困难，以科学的态度和务实的精神认真抓好工程实施。在规划时充分体现"以人为本"的理念，在环境设计和装修风格上力求与湖畔公园和谐统一，使内装修与外环境相得益彰，装修风格既大气豪放，又庄重沉稳，获得普遍好评。

【知味观发展连锁经营】 市场形势严峻的同时也孕育着无限的商机。面对机遇和挑战，知味观决策者从更高的层次审视了自己在杭州餐饮市场上所处的位置，积极采取相应的对策。充分利用知味观的品牌效应和企业的自身优势，坚持实施以总店为"龙头"带动连锁经营发展的经营策略，深化改革，全面落实部门经营目标责任制和绩效考核制度，加强营销策划，狠抓产品和服务质量，开拓产品和服务新领域。2004年，知味观全店营业收入达到1.47亿元，其中总店6025万元、点心小吃连锁4753万元、卤味外卖连锁2490万元、食品工厂1411万元，取得了较好的经营业绩。

知味观坚持走规模化生产和连锁经营的路子，除开设杨公堤湖畔酒家外，还在历史文化街区河坊街上开设了经营特色别具一格的味宅，其古色古香的装修风格和特色风味菜肴吸引了许多消费者，为知味观品牌的进一步提升打下了坚实基础。全年新开卤味外卖连锁店5家、点心小吃连锁店3家。至2004年底，知味观连锁店达到33家。连锁经营的效益已经成为全店经济效益的支柱。

【开展南北两地菜肴交流】 "南有杭州菜，北有天津菜"。11月2日，南北厨艺交流活动在杭州酒家举行。

交流会现场，名家大师同台联袂献技。天津菜由中国烹饪大师、天津狗不理包子饮食集团公司董事长赵嘉祥领衔，杭州菜由中国烹饪大师、杭州酒家总经理胡忠英领队。津杭两地分别布置了菜肴展台，两地菜品色泽艳丽，鲜香诱人。省、市领导夏宝龙、陈敏尔、孙忠焕、于辉达，中国商业联合会副会长田元兰，中国饭店协会会长韩明、副会长陈新华等观摩了津杭两地精品菜肴展示。两地名家名师名菜的交流，有利于南北两地餐饮业的更快发展。

【召开杭州菜成功研讨会】 近几年来，杭州餐饮经济持续增长，老字号餐馆焕发青春，新的店家不断出现，店家的规模和经营结构逐渐完善，杭帮菜进入了一个新的发展时期。12月29日~30日，由杭州饮食服务有限公司和《中国烹饪》杂志社联手举办的杭州菜成功研讨会在浙江饭店召开，中国餐饮业的专家30余人参加，探讨杭州菜的成功之道和未来之路。

【肯德基引领快餐业】 2004年，杭州肯德基有限公司加快发展步伐，继续引领快餐业。全年新开连锁分店37家，至年底，总数已达121家。连锁店开设地新增11个城市，辐射36个城市，营业收入和实现利润分别比上年增长30.8%和15.1%。

（王有发）

【杭菜研究会理论研究中心成立】 4月16日，杭菜研究会根据"巩固、研究、创新、发展"的宗旨，邀请近60名烹饪大师、美食家、教授、民间专家、经营者，在知味观宴会厅成立杭菜研究会理论研究中心。中心制订了《杭菜历史及其发展》的研究课题，包括杭菜历史轨迹、历代杭菜名菜馆店史、名人、名菜等近30个题材。至年底，撰写了近50万字的研究资料。

【研讨清河坊历史街区餐饮业发展】 6月29日，杭菜研究会、清河坊历史街区管委会联合举办清河坊历史街区餐饮发展研讨会。清河坊历史街区是近年来发展起来的，吸引了众多的餐饮企业，在高银街的两侧，一家挨着一家的餐饮企业已有近40个，形成了"吃"的街面。这次研讨会的主题是为了弘扬传统饮食文化，全面提升街区餐饮品牌，为杭州市其它特色街区发展餐饮提供样板和经验。

知味观杨公堤湖畔酒家一角

易地开业的杭州酒家

【举行首届"长三角"面点大赛】 10月23日~24日，为贯彻市委、市政府提出的"接轨大上海、参与长三角"的战略，唱好第六届西博会重头戏，杭菜研究会承办了2004年中国(杭州)美食节"五丰美食杯"首届"长三角"面点大赛，来自长江三角洲江、浙、沪地区14个城市的17个团体赛团队、40名个人赛选手共200多位面点师带着780多个品种、4600多件精美面点参加大赛，共同演绎了江浙沪美食文化。(吴乃彰)

【老字号杭州酒家易地开业】 9月28日，百年老店杭州酒家在环城北路重新开业。

杭州酒家是一家著名的地方风味菜馆。它的前身是辛亥革命前后创办的杭州高长兴酒菜馆，1951年更名为杭州酒家，品技兼优的服务和特色菜肴，吸引了慕名而来的各方食客。当年，周恩来、贺龙等中央领导对杭州酒家的名菜极为欣赏。由于旧城改造，杭州酒家在沉寂了多年后又易地经营，重显名店辉煌。新店面积3500平方米，有800个餐位、26个包厢，由中国烹饪大师胡忠英执掌，发扬传统风格，推出杭帮菜精品和具有江南风味的创新菜肴，代表了杭州餐饮业的顶级水平。

【杭州照相馆引进全数码快速彩扩机】 2004年下半年，老字号杭州照相馆为了更好地适应消费者需求，投资100多万元专门引进了一台日产全数码快速彩扩机。日产全数码快速彩扩机的投产，改变了过去杭州照相馆彩照清晰度差和速度慢的状况，提高了工作效率，赢得了消费者的赞赏。(王有发)

【美发美容大师、名师评定活动在杭举行】 浙江美发美容大师、名师评定活动于7月29日在浙江花都美容美发培训中心举行。参加活动的有杭州、温州、宁波、绍兴、台州、衢州等地的60余名选手，每一个作品都给人以美的享受。发型、发式、形象设计融流行、时尚、艺术、实用于一体，博得观众、评委、专家的好评。技术、技艺已达到国内、国际先进水平，为浙江省和杭州市造就一支技术精湛、不断创新、具有高尚职业道德的专业技术人员队伍奠定了基础。这次评选活动共评出美发大师20名、美容大师22名，美发名师6名、美容名师14名，并发给证书、牌匾。(魏靖芳)

·粮油商业·

【粮油商业概况】 2004年，杭州市粮食部门认真贯彻落实国务院颁布的《粮食流通管理条例》，在围绕粮食安全，努力强化粮食工作职能，调整工作思路和工作方法，建立健全粮食安全保障体系，加强储备粮管理，加强粮食产销合作，加强粮食市场的培育和管理，确保市场供应和稳定等方面作了进一步的努力和探索。

粮食工作经受了市场考验。2月中旬，杭州市粮油价格再次出现较大幅度上涨，江苏、安徽、东北特制粳米的市场平均批发价格平均涨幅在25%左右。市粮食局在调查研究的基础上，及时向市委、市政府提出建议，采取了一系列措施。探索粮价管理工作的新方法，有利于吸引更多外地粮食进杭，稳定杭州市场。从旅游城市和适合市民口味的实际需要出发，调整储备粮的品种结构，增加晚粳谷比重，减少早籼谷、小麦份额。进一步培育粮油市场，鼓励国有、集体、个人等各类经营者参与粮油经营，奖励表彰经营大户，发挥市场的调节作用。深化与产区的合作，有选择地到产区去购、租收购场地等。坚持以市场机制运作为主和政府调控相结合的办法，多渠道多方式组织粮源，确保全市新增储备粮规模到位，确保了市场供应。

粮食市场管理规范有序。批发市场运行正常。全年成交粮油总量143.81万吨(其中粮食129.11万吨、食油12.96万吨、副产品1.74万吨)，比上年增长6.5%；成交金额43.23亿元，增长42.4%。抓好市场供应。会同省教育厅审定和推荐信誉较好的有直供实力的经营企业，组织粮食"直供"招投标，落实省政府关于做好在杭高校粮食直供工作的部署。继续抓好军粮供应，强化质量监督，实施统一配送，确保部队官兵能够吃上放心粮油，受到驻杭部队的欢迎和好评。市场管理规范。市粮食局会同工商部门继续抓好粮油市场管理，深入开展"放心粮油进社区"活动。各粮食市场加强内部管理及制度建设，日常粮油质量管理得到进一步的加强，全市没有发生严重的粮油质量事故。

粮油仓储建设和管理取得新成效。加强对区、县(市)中心粮库建设的指导，开展了以中心粮库建设为重点的储粮管理。各区、县(市)认真制订建设计划，努力抓好中心粮库建设。萧山、临安、建德、富阳、桐庐等地中心粮库建设初具规模，淳安、余杭中心粮库年内动工兴建。各区、县(市)认真贯彻落实省、市政府关于储备粮管理有关规定，开展了争创"星级粮库"活动，实施计算机测温测湿的试点工作，努力提高储粮科技含量，切实抓好仓储建设和管理。

实施"订单粮食"收购政策。根据市政府出台的2004年"订单粮食"的收购政策,市粮食局为了多掌握粮源,召开种粮大户座谈会,宣传政策,听取意见,指导、了解全市"订单粮食"政策的落实情况。全年与1.44万户农户签订3.55万吨粮食收购合同,其中,早稻1019公顷、1726吨,晚稻8944公顷、3.38万吨。根据国家有关规定,全市国有粮食购销企业坚持敞开收购农民余粮。至年底,全市入库粮食5.22万吨,比上年增长2.6%;其中订单收购3.30万吨,履约率为93.0%。

巩固和发展粮食产销合作关系。2004年,杭州市积极探索粮食产销合作新方式,取得了明显成效。萧山区的农业龙头企业杭州紫香集团与黑龙江宝清县签订了0.67万公顷粮食生产基地产销协议,并在萧山新建一条日产150吨大米生产线,用粮食基地生产的优质水稻,通过精加工,投放浙江市场。杭州恒天面粉有限公司在江苏、安徽、河南、山东等省建立了2.8万公顷小麦和水稻生产基地。余杭粮油加工有限公司与黑龙江鸡东县合作建立了0.67万公顷优质水稻生产基地。临安粮食购销公司与安徽黟县开展委托代购合作,余杭、富阳、临安、桐庐、淳安等区、县(市)都与安徽、黑龙江、江西等粮食主产区建立了各种形式的粮食购销合作关系。

强化粮食安全应急措施。为应对突发事件和发生严重自然灾害等紧急情况下的粮食有效供给,保障社会稳定和经济发展,各区、县(市)根据粮食工作分级负责制的要求,均出台了粮食安全应急预案与实施细则,同时成立了相应的粮食应急指挥机构,明确了各成员单位的工作职责。按照当地政府批准的粮食安全应急预案的有关要求,粮食部门认真落实应急粮食加工、供应网点和粮油市场监测网络。全市共与34个粮食加工企业签订粮食应急加工协议,日加工能力为1864吨;落实应急粮食供应网点280个;设立131个粮油监测点,基本形成了市场监测网络,建立了正常情况下的周报或旬报、非常情况下的日报告制度。

【与嘉兴联合开发独山港粮食码头】 12月15,杭州市常务副市长盛继芳率市计委、市粮食局、市交通资产经营公司、市财政局、浙江华瑞集团等负责人前往嘉兴,与嘉兴市副市长沈雪康签署《杭-嘉联合开发独山港粮食码头协议书》。

独山港位于杭州湾北岸嘉兴港东区,西接乍浦港,东连上海石化煤运航道,岸线总长14千米。规划中的粮食码头位于独山港区西侧,计划建5万吨级外海散货泊位1个,10万吨级仓容,以及与之相配套的300吨级内河泊位6个,项目总用地46.67公顷。其中,一期用地13.33公顷,建设粮食中转储备库及相应配套设施;海运码头年吞吐量130万吨,疏散能力包括内河年吞吐量100万吨,公路年吞吐量30万吨。一期工程建设概算投资2.9亿元,建设周期2年。

根据杭州市现阶段粮食需求状况,每年大约有三分之一以上的粮食需要从东北和国外引进,总量约100万吨。建设嘉兴独山港区粮食码头,有利于提升全市粮食供应方面的城市公共安全保障。从经济发展的趋势看,打通出海通道是未来5年至10年间全市经济社会发展的一个重要课题。参与嘉兴独山港区的开发建设,增加了开发出海通道的可选择性,有利于提高杭州市经济发展的宏观调控和资源利用能力。

嘉兴独山港粮食码头立足嘉兴,服务杭嘉湖地区和浙江全省,面向长三角地区。粮食码头建成后将缓解杭嘉湖地区的粮食铁路交通运输瓶颈矛盾,确保嘉兴、杭州及全省粮食供应。

【补助低保户和困难家庭粮油实物】 2月中旬,杭州市粮油价格受全国粮油市场影响出现较大幅度上涨,对部分居民尤其是低保户、特困职工和企业离退休人员的生活带来一定影响。市委、市政府领导专门走访慰问了部分低保户和困难家庭,并向他们送上大米食油等慰问品。同时,在"春风行动"的捐款资金中拨出200万元,专项用于对列入市级"救助圈"的9480户困难家庭进行粮油实物补助。"春风行动"是杭州市为解决困难群众生活就业问题的长效机制,此次补助采用发放提货券的方式,按不同户型给予不同份额的粮油补助。以1袋15千克的大米和1桶5千克的食油为1份,一人户家庭每户1份,二人户家庭每户2份,三人及三人以上户家庭每户3份。困难家庭成员可持券就近到杭州祐康食品集团有限公司所属提货点提取。年老体弱、行动不便和患病人员还可以拨打"96188"热线,享受免费送货上门服务。

【表彰奖励粮食生产、销售大户和粮食经营大户】 4月8日,市政府召开全市粮食和农业生产工作会议,5个粮食生产、销售大户和5个粮食经营大户受到表彰。市长茅临生、副市长孙景淼等给他们颁发荣誉证书和每人1万元奖金。

获奖的粮食生产、销售大户是从2003年承包粮田面积13.33公顷以上和销售粮食50吨以上的生产、销售大户产生的,5名粮食生产、销售大户分别是萧山区的张天安、郑松贵,富阳市的杨国洪,余杭区的林伟民、徐积华。5名粮食经营大户分别是杭州市粮油批发市场的刘德胜,江南粮油批发市场的袁跃平,浙江东南粮食市场的戴明芳、沈跃康,浙江省农都批发市场的刘玉昌。至2004年底,全市粮食批发市场的经营户有450多户。他们在组织粮源,搞活流通,繁荣市场,保证粮食供应中发挥了积极作用。这次表彰的5个粮食经营大户年粮食交易量均在2万吨以上,是杭州市粮食流通的骨干力量。对粮油经营大户进行表彰,这在全市还是首次。

【粮食工作目标完成良好】 年初,市政府在全市粮食和农业生产工作会议上,与各有关区、县(市)签订了2004年粮食工作目标责任书,对标准农田建设、粮食播种面积、粮食总产量、地方粮食储备规模、食油储备规模、最低应急成品粮库存和粮食风险基金等各项工作均有明确的考核指标。至年底,各地落实情况良好。

全年在原有标准农田的基础上再建农田面积1.49万公顷,比计划数增加11.9%;粮食播种面积18.67万公顷,比计划数增加2.0%;粮食总产量106.80万吨,比计划数增加6.3%,比上年增长6.5%;省政府下达给杭州市的地方粮食储备规模全部到位;超额落实6825吨应急成品粮和1.61万吨周转粮;全市各级财政安排1.68亿元粮食风险基金,全部按时足额到位。

【完善粮食安全应急预案】 为认真贯彻国务院《粮食流通管理条例》,市粮食局在2004年不断完善各项措施,进一步构筑全市粮食安全应急预案体系。

制定政策,落实粮源。根据《粮食流通管理条例》有关规定,与财政部门协商,提出周转粮储存财政资助意见报市政府批准,及时出台《杭州市周转粮储存财政资助管理暂行办法》。向全社会公开征集社会周转粮的储存企业和经营户,至年底,已与6个粮食经营企业和4个粮油专业批发市场的63户经营大户签订了69份《杭州市周转粮储存协议》,落实粮源1.37万吨。

调整定点加工企业,充实加工协议内容。为明确粮食应急加工的目的和任务,市粮食局根据企业和市场变化的情况,及时调整定点加工企业,同时充实和完善加工协议的内容,市本级与3个粮食加工企业签订了应急定点加工协议,日加工能力500吨。

落实运输企业,完善应急预案。为使预案中应急供应的粮食能快速及时地运达应急供应网点,根据预案的有关规定,及时联系、落实了3个粮食专业运输企业,并签订了《杭州市粮食应急定点运输协议》。落实运输车辆33辆、166.25吨位,日运输能力900吨。

【经营信息计算机管理系统开发成功】 10月,市粮食局成功开发了《市场经营信息计算机管理系统》,并在杭州江南粮油批发交易市场投入试运行。该《系统》分市场商户、市场综合数据库和管理人员动态监测系统等三大栏目,不仅可查看市场当天及过去时段所有品种的成交价格、成交量、走势曲线图,还可查看成交粮油的产地、品种、加工、库存、物流方式、网上交易等变化情况,既能指导客商经营,又可为政府决策提供较为准确的信息依据。

在杭州江南粮油批发交易市场试运行的基础上,市粮食局计划在全市粮油批发市场全面推广,以进一步规范经营台账,加强粮油市场管理。 (何 震)

·供销合作社·

【供销合作社概况】 2004年,杭州市供销社系统在做好为"三农"服务的同时,继续抓好各项经营工作,不断壮大自身的经济实力,提高为"三农"服务的综合实力和服务水平。全年主要财务指标再攀新高,创历史最好水平。实现销售额61.87亿元,比上年增长30.3%,其中市本级26.56亿元,增长25%;实现利润4.09亿元,增长25.6%,其中市本级2.8亿元,增长22.2%;并实现了全年无亏损县(市)、区供销社和基层供销社,市属企业无亏损单位的历史性突破。

把推进农业产业化经营放在突出位置。市供销社进一步把工作重点转到组织和指导全市供销社系统积极推进农业产业化经营,大力发展为农服务事业上来,年初就提出了服务"三农"推进农业产业化经营的全年工作目标和10项工作任务。6月,经市领导同意以市政府名义召开全市供销社基层工作会议,召集各县(市)、区和基层两级供销社及专业合作社的负责人,并邀请各县(市)、区政府领导参加,共商供销社为"三农"服务大计,统一思想,落实措施,大力发展专业合作社,积极推进农村连锁经营,切实抓好基层社改造重组,努力开创供销社为农服务工作的新局面。至年底,供销社参与领办的农村专业合作社发展到58个,农业龙头企业增加到17个。兴办农村专业合作社工作有4个明显特点,即领导重视,措施落实;细分规划,明确目标;开放办社,联合创新;重视考核,完善改造。

加快发展农村连锁经营,不断开拓农村流通市场。按照《杭州市供销社系统连锁经营发展规划》,结合"千镇连锁超市、万家放心店"工程,针对实际情况,坚持有所为有所不为的原则,采用兴办、加盟、联营等形式,积极稳妥地做好发展农村连锁经营工作,推动全市连锁经营工作的健康发展。至年底,全市有各类连锁经营企业22个,连锁门店357家,营业面积10万余平方米,销售额达9亿多元,比上年增长36.7%。其中,2004年新发展各类连锁网点17个,营业面积1.14万平方米。杭州下沙都市农业园、武义俞源有机茶园区、龙泉杭龙水果基地、余杭王位山径山茶园、临安桐坑水电站、临安特种野猪养殖基地等一批农业产业化经营项目的建设进度加快,并显现出一定的效益。 (王俊杰)

【发展农村专业合作社三年规划全面落实】 2002年,市供销社通过层层发动,自下而上地制定出全市供销社2002年~2004年发展农村专业合作社三年规划,确定在巩固提升现有20个专业合作社的基础上,每年新办10个~15个,力争用三年时间在全市形成有一定规模的并有相应的龙头企业为依托的专业合作社50个~60个。三年来,全市供销社通过分解指标,落实措施,制定标准,抓好典型,扎扎实实地推进规划任务的全面落实。

至2004年底,全市农村专业合作社已达58个,其中当年新发展17个,并有省级以上示范社4个、市级示范社9个。据统计,这58个专业合作社有入社农户3683户,合作社股本总额1747万元,其中农民入股784.51万元。58个专业合作社总资产1.1亿元,所有者权益2988.88万元,专业合作社的种养殖基地达1.14万公顷,联结农户5.76万户,可带动当地农业产值9.29亿元,在推进农业产业化经营上发挥了较好的作用。 (徐肇明)

【抓好农副产品收购助农增收】 全市各级供销社结合当地农业产业结构调整的实际,克服资金不足等各种困难,及时提供信息、技术等服务,急农民所急,想农民所想,充分利用现有经营网络(各类农副产品交易市场和各种形式的农副产品专业合作社等),千方百计把农民生产的农副产品收购上来,并落实销售渠道,帮助农民实现和增加收入,继续发挥了供销社在传统农副产品经营中的主导作用。据统计,2004年全系统通过各种载体帮助农民实现(增加)收入14.73亿元,比上年增长34.1%。其中:直接收购农副产品5.55亿元,增长22.5%;通过各类农副产品专业合作社收购1.69亿元,增长5.33倍；通过各类农副产品交易市场帮助农民实现的农副产品交易额6.80亿元，增长26.5%。

(许　平)

【搞好农资冬储确保春耕供应】2003年下半年开始，由于受成本提高、出口拉动、能源紧张和交通整治等多种因素影响，农资商品特别是化肥价格一路上扬，加之生产企业普遍库存量不足，农资商品价高货紧，局部地方甚至出现短期断档的近年来罕见现象。市供销社农资部门坚持心系"三农"、服务"三农"的根本宗旨，为农业发展继续承担农资商品供应主渠道职责，努力搞好农资商品冬季储备。市农业生产资料有限公司克服冬储占用资金多，经营风险大的困难，认真分析农资市场形势，根据农村对农资商品需求信息，充分发挥市公司的优势，集中资金，针对种植变化特点，重点引进大品牌多元、复合、高效肥料。全部从港口和生产企业等商品源头直接进货，减少中间环节，降低进货成本，抑制商品价格，冬储各类化肥近万吨，较好完成冬储任务，保证了全市农村春耕供应。

【平抑市场价格减少农民负担】6月~7月，杭州市农业生产资料有限公司根据尿素涨价过快、库存不足现象，为减轻农民负担，把平抑农资市场价格工作落实在具体行动中，以低于当时市场销售价的价格，向市郊和周边农村供应尿素455吨、农药草甘磷106吨、蔬菜多功膜20吨，让利于农，受到农民欢迎。

(顾利江)

【杭州果品公司销售额首超4亿元】杭州市农业龙头企业、全国果业龙头企业、全国供销合作总社重点龙头企业杭州果品有限公司不断拓展服务的广度和深度，完善基础服务设施，促进销售快速增长。2004年销售额达4.53亿元，比上年的3.53亿元增加1亿元，增幅达28.3%。公司努力引进时令时鲜商品，增大经营辐射区。率先从广东四会引进沙糖桔，深受消费者欢迎，销售遍及省内外，单日最高销售额200多万元。加强与经营者沟通，打造和谐的经营关系。与200多个客户开展联谊活动并给评出的12个销售大户挂牌发奖，增加客户对公司的认同感。不断完善服务设施，打造良好的经营环境。在计算机管理的基础上，新增收款、结帐信用卡服务业务，是杭城农副产品市场中第一家使用快捷、安全的刷卡结算系统；添置冷藏车交流电制冷设备替换发动机发电制冷，在降低制冷成本的同时，噪声也大幅度降低，为客商和周围居民创造了一个安宁的经营和生活环境。

5月14日，浙江省果品流通协会在杭州成立。协会由杭州果品有限公司、宁波市果品总公司、嘉兴金丰果品有限公司、黄岩果品总公司等单位发起，主要为解决省内果品生产流通缺乏专门化的社会服务机构，果农、果品企业缺乏与政府沟通联系的渠道，果品流通市场缺乏行业自律组织等状况。它以流通为核心，成员涵盖批发市场、科研单位、农林系统经作站、果品专业合作社、园艺果园林场。现有成员单位51个，会长单位是杭州果品有限公司。

(缪涛柱)

【市土特产公司打造学习型企业】近几年来，杭州市土特产有限公司在推进企业文化建设中，以"创建学习型组织，争做知识型职工"活动为载体，倡导终身学习理念，努力打造学习型企业。公司通过多种途径，采用各种形式，广泛宣传开展"创争"活动的重要性和企业文化理念，又通过组织全体员工参与各种形式的活动，如创办企业报、企业文化园地，征集"金点子"，开展趣味春游，召开恳谈会等活动，提高员工对企业文化理念的认识，调动员工的学习积极性。广大员工积极参加公司组织的各类专业培训，业余时间学习企业管理、市场营销、计算机操作等，浓厚的氛围逐步形成。将组织学习与个人学习相结合，使学习成为大多数职工的自觉行为，达到了在实践中学习，把学习与工作生活有机结合起来，不断提高自身素质的目的，有效推进了企业各项工作。职工工作效率显著提高，看问题的视野宽了，能从适应市场经济的角度考虑公司的业务，做到超前思维，准确预测，果断行动，先行一步，使企业经济保持了稳步发展的良好势头。2004年实现销售额5.02亿元，比上年增长55.2%；创利润665.38万元，增长7%，经济效益和职工收入稳步增长。实实在在的变化，使职工对未来充满信心，公司开展"创争"活动成效显著，被评为杭州市"创建学习型组织，争做知识型职工"活动十佳学习型示范单位之一。

(都　伟)

【省旧货流通行业协会在杭成立】6月29日，浙江省旧货流通行业协会在杭州成立。协会覆盖了杭州、宁波、湖州、台州等省内72个旧货交易及物资调剂市场，杭州市旧货交易市场有限公司被推选为首届协会会长单位。

据不完全统计，浙江省从事旧

杭州果品有限公司批发市场

杭州合众工业集团创办的农业产业化基地

货经营的企业有上百个，个体经营户近万户，从业人员有12万人。全省旧货年交易总额达百亿元，旧货经营已逐渐成为杭州乃至全省经济发展不可或缺的一支力量。

协会成立半年来，会长单位本着“加强行业自律、服务会员单位、协调多元关系”的原则，认真贯彻落实商务部发布的《旧货流通管理办法》，为顺利推行旧货流通企业准入制作好准备；通过“浙江省旧货流通信息网”和“浙江省旧货流通信息专刊”交流信息、服务会员，提高旧货流通企业的整体素质；开展行业调研，形成行业自治自律制度，保障行业内的公平竞争和健康发展；充分发挥协会的桥梁纽带作用，在接受政府部门监督管理的同时，反映会员的呼声和建议，争取政府的支持与帮助。 (杨　微)

【杭州纸张公司经营有特色】 杭州纸张有限公司是一个有20余年历史的纸张专业经营公司，是省内纸张行业经营规模最大的专业批发企业之一。企业改制已过五个年头，经过漫长的市场研究和开拓，公司决策层深信独特的经营品牌，稳定的产品质量，合理的市场价格，优质的服务态度，是市场竞争的关键，走个性化、特色化经营是企业生存发展的必由之路。

2004年，公司外联世界两大纸业集团斯道拉恩索(苏州)紫兴纸业和芬欧汇川(常熟)纸业有限公司等外资企业，厂商强强联手，双方紧密合作，借助厂商的品牌优势和公司的销售网络，不断扩大市场占有率，全年销售铜版纸5000余吨，销售额达4200万元。开发“龙”牌产品，作为公司的个性化拳头产品，在市场中保持良好的销售势头，全年销售额2000余万元，做到人无我有，人有我强，企业经济效益稳步提高。 (冯　斐)

【宝裕超市与人本集团合资】 2月，杭州宝裕超市有限公司与浙江人本集团超市有限公司本着“优势互补，形成合力，拓展市场”的原则，经双方2个多月的多次洽谈，于5月1日合资组建杭州人本宝裕超市有限公司。公司下属9家超市连锁门店，启用了“人本宝裕超市”的店名。

杭州宝裕超市有限公司是杭州“土生土长”的超市零售企业，有12家中小型连锁门店，分布在杭城5区，获得过“市级放心店”、“社区放心店”、“物价信得过单位”等荣誉，有一定的知名度。浙江人本集团是一个集科、工、贸于一体的民营企业。合资后的“人本宝裕超市”以先进的经营管理模式和市场运营经验，有计划、有步骤地全面提升超市的市场辐射力和渗透力。

杭州宝裕超市有限公司通过合资经营后，于11月更名为杭州宝裕实业有限公司。公司将从单一的超市零售业经营向批发贸易、休闲娱乐、足浴茶楼、超市零售业的多元化投资经营发展。 (单海明)

【农业产业化经营增加科技含量】 杭州合众工业集团以在武义县创办的农业产业化基地俞源茶园为依托，2004年与中国农业科学院茶叶研究所和武义县农业技术推广中心一起组建了浙江省武义中茗茶叶科技有限公司。12月，公司通过浙江省科技厅《生态有机茶园建设关键技术与示范》论证，设立了“浙江省生态有机茶研发与推广中心”。这一举措，使杭州合众工业集团在参与农业产业化经营的项目上又增加了科技含量，为进一步提高茶叶附加值奠定了良好基础。

【合众工业集团经济持续增长】 杭州合众工业集团以“资本向优势企业集聚，资产向成长性资产整合，投资向新领域扩展”为目标，连续几年保持稳步发展的态势，集团综合竞争力不断提高，产业结构、产品结构、资产结构日趋合理，抗风险能力增强。集团项目投资稳步发展，工业产销状况良好，商品市场销售平稳，企业运行机制进一步优化。2004年，集团保持了经济持续快速增长，实现利润继前3年较高速度增长的基础上再创历史新高，达到2.45亿元，比上年增长19.8%，完成年度预算目标的128.1%。 (余世建)

·烟草专卖·

【烟草专卖概况】 2004年，杭州市烟草专卖局(公司)以全市一库制物流大配送为突破口，网络建设达到国内一流水平；经济效益在高起点上继续保持快速、稳健发展，市场占有率、控制率不断提升，专卖管理、精神文明建设、多种经营等各项工作取得了新的成绩，较好地完成了全年的各项目标任务，被省委、省政府授予浙江省文明单位称号。

经济效益继续保持全省各市烟草行业首位，实现“九连冠”。全年销售卷烟29.66万箱，比上年增长10.2%，完成省局(公司)下达年度销售计划的112.8%。其中，销售省产烟19.97万箱，增长9.8%；销售省外烟9.59万箱，增长10.6%。卷烟销售收入48.30亿元，增长23.9%。年平均卷烟库存9266箱，下降19.6%。实现税利12.4亿元，增长35%；实现利润9.83亿元，增长35.5%。其中,杭州分公司本级实现利润3.6亿元,继续名列全省各分公司首位。成本费用利润率25.76%,提高2.83个百分点;费用率6.20%,下降0.37个百分点。国有资本保值增值率达134.28%。

【网络建设通过国家局考核验收】 5月,国家烟草专卖局网建联动工作考评组对杭烟网建进行复查考评。考评组对杭州局的网建工作予以充分肯定,认为杭烟网络建设基础扎实、特色鲜明,各项考核指标全部达标。

2004年,杭州烟草专卖局(公司)把提升服务营销水平作为深化网络建设的主要手段。年初,对杭烟网建进行整体规划,与全市烟草各单位一把手签订网建责任书,根据省局(公司)要求,决心开辟一条个性鲜明、理念独特、目标明确的打造网络品牌之路。年中,学习大连市烟草网络建设经验,制定《下半年网建三十条措施》。年底,各项措施基本落实。建立了“96177”全市集中的投诉受理中心,畅通客户咨询和投诉渠道。参与了全国烟草网络标准化和服务营销教材的编写,积极推进网络标准化建设。进一步完善客户关系管理软件,在全市范围内推广应用。分别组织各烟草单位客户经理和市场经理参加省、市两级的营销知识培训,有150多人获得国家局颁发的客户经理资格认定证书。举办全市客户经理服务营销知识竞赛,进一步提高客户经理的综合素质。召开全市“家家e”项目演示推广会,在800家零售客户中操作使用。各项措施的有效落实,不仅提高了杭烟网络的服务营销能力,而且在全市烟草行业呈现出网络建设你争我赶的良好局面。全市网建再获省局(公司)嘉奖,被评为全省烟草行业第一名。临安市局(公司)不断规范网络运行和管理,形成适合山区实际的现代商流运行模式,被评为全省烟草行业网建先进集体。

【实施全市一库制大配送工程】 2004年,杭州市烟草专卖局(公司)实施全市物流一库制大配送,提升客户关系管理水平,整合信息平台,强化进、销、存“一本账”,实行全市资金的有效监控,城乡一体、统一运行、上下联动、形成合力,基本实现全市零售客户的统一分拣到户。

全市物流一库制大配送的稳步实施,是各县级局(公司)积极配合市局(公司)各项工作的结果。作为杭烟物流中心分部,建德市局(公司)责任大、任务重,但从方案制定、仓库选址、基建施工到竣工使用,仅用了20余天时间,承担起3个县级局(公司)年销量5万箱左右的配送任务;富阳市局(公司)顾全大局,在思想发动、组织协调、资源调整三方面认真落实,率先移库于物流中心,为其他单位积累了经验。

12月底,作为杭烟物流配送基地的沈家村物流配送中心的基建工程全面竣工。

【推进诚信体系建设】 1月,杭州市烟草专卖局(公司)向全市卷烟经营户发出《争创文明诚信经营户倡议书》,标志杭州烟草专卖管理开始走向诚信体系建设的新阶段。

杭烟专卖坚持诚信体系建设,一方面对零售客户强化计分制诚信等级管理,与全市零售客户签订诚信经营承诺书,对经检查未发现销售假烟行为,以及领取新证初次经营的卷烟零售客户统一发放“无假冒卷烟商店”匾牌。共发放“无假冒卷烟商店”匾牌5800余块,年内因违法被摘牌600余块,通过《杭州日报》予以曝光。另一方面强化内部监督,对案件实行查处分离制度,加强许可证管理,严格执行专卖零售许可证合理布局规定,公开办证程序,各岗位推行首问、首办责任制。开展全市大规模的专卖执法人员军训活动,提升专卖队伍素质和执法形象。加强卷烟市场监管,进一步强化各执法部门联席会议制度,建立和完善情报机制,连续破获一系列地下卷烟销假大案。全年共查处各类违法案件4646起,其中5万元以上案件70起;查扣各类卷烟34.29万条,其中假烟11.19万条、走私烟4.75万条,罚没款500余万元;因触犯刑法被追究刑事责任18人。开展“构筑诚信烟草、树立行业形象”主题教育,实施诚信警句征集、诚信教育报道、文明窗口评选和诚信建设探讨活动,取得明显效果。 (徐文栋)

杭州烟草物流配送中心

百大集团股份有限公司

该公司坐落在杭州市中心——武林广场东南侧，是一个集百货业、酒店业、旅游业、进出口贸易等为一体的综合性集团公司。1989 年开张营业，系中国零售百强企业，中国商业名牌企业，中国商业服务名牌企业，省级文明单位。公司董事长、党委书记董伟平系全国人大代表和中共十六大代表。

该公司前身为大型零售企业杭州百货大楼，1992 年以定向募集方式改制为股份有限公司，1993 年组建集团公司，1994 年公司股票挂牌上市，1995 年获贸易进出口权，公司本着“团结、创业、求实、创新”的企业精神，紧紧抓住机遇，改革产权制度，企业得到迅速发展。

目前，公司拥有杭州百货大楼、杭州大酒店、商居大厦物业管理分公司、杭州大酒店旅行社有限公司、进出口贸易部、杭州百大广告公司、杭州旅游市场有限公司等 7 个分子公司。2004 年底，公司总资产 9.32 亿元，总股本 2.69 亿元。

汽车东站小商品市场

QICHE DONGZHAN XIAO SHANGPIN SHICHANG

市领导在总经理陈生根陪同下考察市场

品牌商品陈列室

营业场所

Smallware

该市场位于杭州市艮山西路,地处杭州东大门交通枢纽——杭州汽车东站,10余条公交线路直达或经过市场,交通十分便利,是杭州市目前最大的室内市场之一。

市场共分五层。地下室为大型停车场及公用配套设拖,一至四层为经营区域,有营业房1500余间,精品写字楼50余间,是集信息、物流、展示、购物为一体的现代化小商品市场。

市场先后两次获得全国文明市场,多次被评为浙江省文明市场和杭州市文明市场,1994年获杭州市文明单位称号,1995年获浙江省规范化市场称号,连续多年荣获杭州市质量管理先进市场称号。2003年,市场积极开展星级文明规范市场创建活动,在新市场投入运行一年之际,通过市场全体职工和经营户的共同努力,顺利通过考核验收,被浙江省工商行政管理局授予2003年度省三星级文明规范市场。2003年、2004年连续两年被中国商业联合会、国家统计局贸易外经统计司联合授予全国百强工业品交易市场,跨入了全国大型先进市场的行列。

小商品市场大楼外景

Smallware

杭州艮山西路农副产品市场

杭州艮山西路农副产品市场坐落于杭州市东大门艮山西路36号，自1996年开办以来，在各级政府领导的支持下，在工商部门的监督下，市场坚持以文明经商、诚信为本的宗旨，严把进货渠道和销售关，杜绝假冒伪劣商品，在市场管理人员的严格管理和经营户努力下，形成了营销两旺的局面。为了配合工商部门对食品经营单位建立食品安全准入的制度，市场管理人员做了大量的工作，从摊位进货来源着手，对每个摊位建立进货档案和“商品准入信息卡”，使广大消费者能更放心地购买商品。

市场涌现出不少优秀经营户。7号摊位周才孝经理每年被市场评为“信得过经营户”，该经营户主要销售面粉为主，是杭州市区较大的面粉销售点，每月销售面粉1000余吨。通过近几次省市区工商部门的突击检测和抽查，他销售的几个产品完全能过关。在近10年的销售中，从没有消费者投诉。

该市场始终坚持文明经商、诚信为本的宗旨，更好地为广大消费者提供优良的服务，争创消费者信得过市场。

总经理：钱志根

商务洽谈

·人才市场·

【人才市场概况】 杭州人才市场围绕杭州经济社会发展大局，积极实践科学的人才观和科学的发展观，大胆探索人才市场发展的新途径、新办法、新领域，市场建设、人才交流、毕业生就业、人事代理和流动人员党组织建设等取得新成绩，赢得较好的人才效益和社会效益，为杭州市实施“建经济强市、创文化名城”的发展战略提供了有力的人才保障和智力支持。

市人才开发中心加强人才市场硬件建设，积极开展“争创文明规范市场”、“十佳执业经纪企业”、“人民满意单位”和“十佳执业经纪人”等活动，引导市场工作人员依法执业、诚实守信、文明经营、规范服务，以促进市场健康有序地发展。杭州人才市场被浙江省工商行政管理局评为“三星级文明规范市场”和“十佳执业经纪企业”，市场人才交流部部长徐明被评为“十佳执业经纪人”。

【举办人才交流活动】 市人才开发中心坚持“市场天天开、岗位日日有”，坚持每周四、周五和周六举办人才交流集市，周日不定期举办人才招聘专场。全年举办人才交流集市和人才招聘专场135场次，1.04万个企事业单位设台招聘13万名专业技术人才和经营管理人才，26万人次参加应聘，其中7.4万人次达成了择业意向，充分发挥了人才交流集市“选人余地大、择业机会多”的优势。

市人才开发中心与各区、县(市)人事局联合举办杭州应届高校毕业生就业招聘会、春季杭州人才交流大会和杭州西湖博览会人才交流大会，3281个单位参会设台招聘3.7万余名专业技术人才、经营管理人才和大中专毕业生，39.5万人次参会择业，其中8.94万人次达成择业意向，充分发挥了人才交流大会发布信息快、宣传效果好的优势，进一步打响了“创业在杭州”的品牌。成功举办4场网上人才招聘会，2650个单位在网上面向社会公开招聘6.1万名专业技术人才，82万人次通过网上提交求职简历。全年网上招聘单位7100余个，年访问量2220万人次，最高日访问量10.5万人次。

【引进中高级人才】 市人才开发中心全年成功地举办杭州首届企业高级经营管理人才招聘大会、“世纪精英”高级人才招聘会和“英才天地”中高级人才招聘会等招聘会11场(次)，万马集团、康莱特集团和南都房地产集团等695个单位参会设台，招聘1万余名中高级专业技术人才和中高级经营管理人才，2.7万名中高级人才参会择业，其中4268人次达成择业意向。5次组织137个在杭高校和知名企业到科研院校集中和人才密集的西安、武汉、上海等大城市，招聘引进杭州机械制造、电子技术和计算机等专业紧缺的中高级专业技术人才和经营管理人才，2.1万人次应聘择业，其中5867名中高级专业技术人才达成来杭创业与发展的意向。

【做好高校毕业生就业工作】 市人才开发中心把认真做好高校毕业生的就业工作，作为大力开发和合理配置整体性人才资源的大事来抓，认真做好毕业生需求信息收集整理

专业技术人员进入杭州高新技术开发区的招聘单位择业

应聘的大学毕业生在与用人单位的工作人员洽谈

发布、就业协议网上签证、就业政策咨询与就业指导、未就业毕业生求职登记与推荐等服务。全年举办2005年杭州高校毕业生就业招聘会、杭州市区未就业毕业生公益性就业招聘专场和网上毕业生就业招聘专场等6场（次），1000余个单位参加招聘，毕业生就业招聘专场免费为人才供需双方提供选人择业服务，受到广大高校毕业生和用人单位的欢迎。组织企事业单位接收高校毕业生30042名，比上年增长23%；其中硕士研究生和博士研究生1653名、本科生14700名。

【开展企事业单位人事代理】 市人才开发中心积极开展人事代理服务，拓展服务领域，增加服务内容，提高服务质量，全年代理1278个企事业单位人事关系，比上年增长33.5%；代管流动人员人事档案3.83万份，增长36%；代管来杭大学毕业生、硕士研究生、博士研究生和引进紧缺人才的户籍6636人，为流动人员办理流动手续、职称申报和领发证书等服务2.6万人次。租赁人才2030名，办理招工录用、工资发放、合同签订和社会保险等人事代理业务2万余人次。在杭高校、市卫生局、市广电局和杭州日报报业集团等10个人才分中心及人才工作站，代理专业技术人才和经营管理人才的人事关系6000余人，为原来的“单位人”转变为现在的“社会人”提供社会化和规范化的人事代理服务。

【加强流动人员党组织建设】 市人才开发中心流动人员党委下设86个党支部，管理流动党员2660名，比上年增长55%。根据流动党员工作单位点多线长面广、高度分散和不易集中等特点，不断探索加强流动人员党组织建设的新路子，建立健全流动党员网上联系制度，逐步充实流动党员信息库，建立5个独立单位党支部和32个双休日活动党支部，248名预备党员按期转为中共正式党员。 （程宏全）

·技术市场·

【技术市场概况】 2004年，全市科技服务机构进一步发展，市和各区、县（市）都建有科技情报信息机构，形成比较完善的公共科技信息交流平台。全年经认定登记的技术合同2.94万项，技术合同交易总金额47.92亿元，比上年增长12.4%。网上技术市场日趋成熟，成为“科技强市”建设的重要推动力。

根据“坚持下去、完善起来、推广开来”原则，积极探索网上技术市场可持续发展的途径。新开辟英文网站，使网站从国内走向国际，累计发布英文技术难题457项，引起了英、美等国科技界的兴趣和关注；设立高新技术产品展示交易网站，形成网上网下、网内网外多种网络结构；筹建专业化特色市场，促进科技资源的整合、共享；与高等院校联合，共建技术创新载体。

拓展网上技术市场的内容和功能，网上技术市场呈现出从单一交易模式向多元化格局发展的趋势。至年末，全市在线企业1.07万个，比上年增长22.2%。发布技术难题招标项目1608项，正式签约项目481项，技术合同成交额5.02亿元。其中高新技术产品交易合同签约数195项，交易合同金额近4亿元。英文网站难题信息数83项，引进共建创新载体签约数28项，圆满完成了网上技术市场的年度工作目标。

【举办高新技术成果展示会】 11月13日，市科技局举办高新技术成果展示交易会，将2001年以来网上技术市场签约项目取得的成果集中展示。从网上签约到网下签约项目的展示，改变了以往只见签约不见成果的状况。来自50多个高校、科研院所和239个科技型企业展出971项高新技术成果，达成合作意向166项，2.3万人参观了展示会。科技部、国家知识产权局以及浙江省、杭州市领导参观了展示会，肯定了办展形式和展示内容。 （俞永义）

·商品市场·

【商品市场概况】 2004年，全市工商行政管理部门加强制度建设，加大商品市场管理力度。通过全面实施市场商品准入制度、深化和完善市场巡查制度、继续推行预警制、开展各项市场专项整治和积极培育重点市场等举措，市场管理水平和整体质量进一步提高。至年末，全市有各类市场691个，其中消费品市场574个、生产资料市场89个、生产要素市场28个。全年办理新设立市场4个。商品成交额1070亿元，比上年增长14%。成交额超1亿元的市场92个。有142个市场被评为星级市场。

市工商局在全市开展市场专项整治。上半年，该局对生产资料市场进行专项整治。其中建材市场整治以化工涂料、油漆、地板为重点，出动检查人员1247人次，检查建材交易市场59个，检查场内经营户2444户。对城乡接合部、小集镇的建材市场，逐一进行检查，严格把好市场准入关。整治行动中取缔无照经营32户，查处各类案件38起。汽车市场整治以汽配市场为重点，集中查处掺杂掺假、以假充真和未经强制许可进入的汽车配件产品。经对5个专业汽车(摩托车)配件市场40批次汽车(摩托车)配件的抽样检测，合格18批次,合格率45%。检查人员责令销售不合格商品的经营者停止销售,并限期整改;已经销售的限期收回。整治期间，查处各类案件20起,案值31.45万元。

【整治食品和农贸市场】 元旦、春节期间，全市工商部门组织食品市场整治检查。2月,配合防治禽流感,开展农贸市场家禽专项整治。4月,开展清查劣质奶粉、确保“五一”节日市场消费安全专项整治。5月,全市统一部署，组织为期半个月的综合执法大行动——“五月红盾行动”,对农贸市场、超市等实施拉网式、地毯式整治检查。这次行动出动执法检查人员7340人次,检查市场1001个次，检查经营户1.55万户次,查处各类案件1075件,取缔无照经营979户、劣质食品9吨多,总案值930万元。从7月中旬开始,根据省工商局的统一部署,开展“百县百日执法大行动”。全市出动检查人员1.14万人次，检查市场1185个次,检查各类经营单位2万多个次,查处涉及食品安全案件1254起。捣毁制假窝点121个，案件总值1277.5万元。查获陈化粮601.1吨、未检猪肉4724.5千克、有毒蔬菜3.7万千克、劣质副食品8961千克、劣质乳制品829千克、劣质豆制品2124千克、劣质水产品605千克。移送司法机关案件4起。

【加强商品质量检测】 市工商局加强与质监、农业、卫生、粮食等部门法定检测机构的联系和配合，共同构建流通领域食品质量安全检测监管体系。全局配置检测车6辆,在全市农贸市场、超市建立检测点42个,对农贸市场、批发市场、超市等上市的食用农产品开展定性快速检测。全年检测农贸市场、批发市场、超市590多个(次),检测大米、小麦粉、食用植物油、蔬菜、水产品、豆制品、粮食制品等1.19万批次,总合格率96%以上。对检测为不合格商品的经营户当场发出书面检测结果告知书，并将不合格商品依据有关条例做退市或销毁处理,共退市、销毁商品17.86吨。对情节严重的经营户发出警示告诫，在市场曝光台予以曝光。每月在工商红盾网上公布当月检测结果,向社会发布消费警示。

【全面实施市场商品准入制度】 5月,根据省工商局《关于商品交易市场实施商品准入制度推进流通领域商品质量监管关口前移的通知》精神,市工商局制定《杭州市商品交易市场重要商品索证规范》。先在33个较大规模的商品市场中试点,取得经验后，在全市全面推行商品准入制度。针对不同市场、不同商品，采取不同监管举措。建立重要商品进货索证制度，将重要商品分为关系生命和财产安全的商品、国家实行强制认证的商品和重要的生产资料、其他商品3类,根据不同的商品类别规定相应的索证备案要求。建立大宗商品经销台账制度，下城区工商分局建立上述3类商品的《备案登记销售制》、《备案销售检查制》、《仓储登记备案制》等台账,把好商品进货关、销售关和仓储关。建立商品准入计算机管理网络，江干区工商分局开发“市场商品准入管理软件”,对实施准入制的商品通过计算机进行信息化全程管理。建立“三位一体”检测体系,充分发挥食品、农产品“三位一体”检测机构的作用,加大检测力度,严把商品准入关。强化市场主体对有关商品的自我检测功能,帮助市场配备检测设备、培训检测人员,提高市场经营者的质量意识和自律能力。全年实行商品准入制单位258个，建立经销台账9160户，索证索票10258户，备证核查7265户，仓储备案2514户，有效地促进了商品质量的提高。

【重新认定星级市场】 根据对创建星级市场的要求及省工商局关于授权市工商局认定辖区内一、二星级市场的规定,市工商局组织力量,对各工商分局开展创星情况进行全面检查。对获得“星级市场”称号已满3年,需延续确认的二星级以下市场坚持标准,严格考核后重新认定;三星级以上市场由市工商局进行初检后上报省工商局认定。全年检查市场57个，其中新申报一星级市场7个、二星级市场16个,延续确认一星级市场8个、二星级市场11个。从检查认定情况看，通过多年市场创星活动，市场的硬件和软件建设普遍提高，有力地促进了市场的发展。至年末，全市有星级市场142个,占市场总数20.5%。其中四星级市场7个、三星级市场31个、二星级市场58个,一星级市场46个。

【大力扶持重点市场发展】 杭州市有省重点市场3个，区域性重点市场13个。根据省财政厅、省工商局《关于申报2004年度省重点市场建设贴息项目的通知》精神和有关要求,申报浙江汽配城、浙江颐高数码连锁市场、杭州三堡农贸综合市场为2004年度省重点市场建设贴息项目。支持重点市场发展电子商务，

工商管理人员在上城区通江食品批发市场调研

接轨现代物流。加强重点市场信息化建设，使重点市场更好地服务于政府决策、服务于市场经营户、服务于客户和消费者。扩大重点市场的辐射面，使重点市场做大做强。

【改造提升农贸市场】 市工商局从治理农贸市场脏、乱、差以及强化上市食品质量安全管理入手，加大农贸市场管理力度。制定《杭州市工商局推进农贸市场改造提升工作的初步意见》，把农贸市场的改造提升与创文明城市、“清洁杭州” 等项活动结合起来。政府给予政策扶持和奖励，工商部门加强督促指导，具体帮助农贸市场按照星级市场标准整改。古荡农贸市场投入60多万元，对营业场地进行翻建。余杭小洋坝肉品交易市场投入2000多万元，进行大规模扩建改造。城区新建农贸市场与现代化农贸市场标准直接对接。萧山区投资1.4亿元，高起点建造高桥农贸市场；滨江区投资4000多万元，按高星级标准规划设计长河农贸市场。形成一批布局合理、设施先进、功能齐全的星级农贸市场，带动和促进全市农贸市场整体提升。积极做好“绿色市场”创建的方案拟订、任务布置、指导整改、业务培训、检查考评，组织创建单位参观典型示范市场，学习交流创建“绿色市场”经验，推动“绿色市场”创建活动的深入开展。在市政府的统筹规划下，积极配合牵头部门搞好“农改超”、“农加超”。各工商分局在辖区内选择1个至2个具备条件的农贸市场开展“农加超”试点。

【加强经纪人管理】 7月，为规范经纪行业的经营行为，市工商局首先在部分房地产经纪企业中推行中介合同备案制。至年末，有25个房地产经纪企业试行这一制度。全年组织房地产等专业经纪人资格培训13期，颁发经纪人员资格证书3292本。新办经纪企业121个。完成经纪企业年检859个，经纪资格证书年检2920本。发展经纪人协会团体会员260个，加强协会的组织建设。在全市开展“十佳经纪企业”和“十佳执业经纪人”评选活动。加大整治力度，促进经纪行业有序发展，全年处罚违规经纪企业16个，罚款11.2万元。 （张顺正 陈 杭）

·文化市场·

【文化市场概况】 2004年，杭州市文化部门管理的文化经营单位有综合性娱乐场所241个，舞厅、歌舞厅358个，卡拉OK厅326个，棋牌室1827个，音像制品零售、出租844个，电影放映单位35毫米80个、16毫米106个，书报刊销售单位2259个，网吧836个。有61支民间职业剧团和137名个体演出人员活跃于娱乐场所。

以“群众满意”为标准，着力净化、规范文化市场。集中整治网吧违规经营，依法查处和取缔无证或证照不全的黑网吧、电子游戏经营房，做好对集贸市场及市区夜市中非法销售出版物行为的专项整治，加大对群众反映的突出问题的执法、整治力度。杭州市和区、县(市)两级文化部门在“扫黄”、“打非”集中行动中，出动稽查人员2.3万人次，检查各类经营单位3.58万个次，依法查处违规经营单位719个，清理整顿集贸市场及市区夜市场10个，清退非法出版物经营摊点100多个，捣毁存量1万张(册)以上的非法地下批销窝点26个；查缴各类非法出版物107万册(张)，其中非法音像制品95.21万张，书刊11.9万册。取缔无照黑网吧、电子游戏机房78个，查处色情表演1起。通过异地交叉执法、零点断网、举报奖励、义务监督等举措，引导文化市场朝着健康、繁荣的方向发展。在由文化部和省文化厅组织的专项检查中，杭州文化市场的管理得到肯定，在全省和全国处于领先水平。特别是群众反映突出的网吧接纳未成年人的问题得到有效遏制，从4月起，群众对这一问题的举报量均在个位数。

销毁违法音像制品

认真实施依法行政。7月1日起，市文化局按照《中华人民共和国行政许可法》的规定，对文化市场行政审批项目进行清理，确定营业性演出内容核准、互联网上网服务营业场所设立许可、娱乐场所经营单位设立许可、娱乐场所电子游戏机机型机种电路板增加或者变更许可、电影放映单位设立许可、营业性文艺表演团体设立许可等6个项目仍由市文化局审批。制定政务公开的相关配套制度和文本，对审批事项、审批程序和办理时限等规定在市文化局和杭州政务网上公布，方便经营单位办理申请手续。

加强宏观调控，提升经营层次。通过鼓励音像制品和网吧经营单位发展连锁企业、新建宾馆和商厦配套准入娱乐场所，使文化经营场所结构得到合理调整。全市有音像批发企业31个，其中全国批发、零售连锁企业1个，省级批发、零售连锁企业3个；网吧连锁企业7个，全国网吧连锁企业中电网吧连锁和联通网吧连锁在杭州落户开张；836个网吧全部达到省定准入标准；市管歌舞娱乐场所关停退出市场11个，增加新建宾馆、商厦配套娱乐场所11个。文化经营场所总体结构平衡，经营规模扩大，经营档次提高。

【建立文化市场管理协作机制】 6月，为严厉打击违法违规经营行为，大力整顿和规范文化市场经济秩序，健全完善长效监管和协作机制，市文化局会同市公安局、市工商局联合发出《关于建立和完善文化市场管理协作机制的通知》，并制定文化市场行政执法联席会议制度、管理执法工作信息通报制度、管理执法工作人员责任追究制度和文化市场联合检查制度。

【组建文化市场行业协会】 杭州市在原有文化娱乐业协会的基础上，积极组建网吧业、出版发行业等文化行业协会。2004年，成立江干区互联网经营服务行业协会、桐庐文化经济协会、萧山互联网行业协会、下城区互联网经营服务行业协会。至年末，文化市场有行业协会11个，会员单位1270个。各行业协会积极开展禁毒、禁止未成年人进入网吧、整治拉客宰客现象等行业自律活动，进行行业行为规范培训，对促进文化市场健康有序发展起到积极作用。

【联合举行违法物品集中销毁活动】 为贯彻落实《文化部、教育部、团中央关于开展第六届全国音像市场法制宣传活动的通知》精神，展示中国政府反盗维权的坚定立场和成效，形成正确的舆论导向和消费观念，建立全社会尊重和保护知识产权的良好风尚，5月29日，省、市社会文化管理委员会联合省、市文化厅(局)，省、市教育厅(局)，共青团省、市委等单位，在杭州黄龙体育中心举行以"尊重知识、拒绝盗版"为主题的文化市场违法物品现场集中销毁活动。共销毁市、区两级文化、公安、工商部门收缴的违法音像制品41万盒(张)和带赌博功能的电子游戏机142台、电路板550块。省人大常委会教科文卫委员会副主任沈晖，省文化厅厅长杨建新，市社会文化管理委员会副主任、市政府副秘书长陆瑞芬等参加了销毁活动。

【开展网吧专项整治】 为进一步加强对网吧的监管，切实解决网吧业存在的接纳未成年人进入、超时经营、无证经营等问题，市文化主管部门从严开展网吧专项治理。4月，召开网吧专项整治新闻发布会，副市长陈重华和省文化厅领导主持"杭州市网吧整治统一行动周启动仪式"。市文化局与市工商局、市公安局和各区文化部门配合协作，集中取缔无证照或证照不全的黑网吧。在《都市快报》等新闻媒体建立曝光台，对35个累计两次接纳未成年人上网的网吧点名曝光，并做出停业整顿处理。其中3个网吧因再次接纳未成年人进入而被吊销《网络文化经营许可证》。引导网吧向改善经营环境和硬件设施、提供优质特色服务的方向发展，在全市范围内推广安装"浙江省网络文化安全监管平台——净网先锋"。开展法规教育、业务培训，凡是出现累计两次接纳未成年人被查处的网吧，其法定代表人和从业人员必须接受法律法规培训。由市社管委、市财政局、市公安局、市工商局、市文化局联合发出《关于印发杭州市举报奖励网吧等互联网上网服务营业场所违法违规经营活动有功人员办法的通知》，促进全市网吧业健康有序发展。

（许 英）

·资本市场·

【资本市场概况】 2004年，杭州市提出大力发展金融业，培育本地金融机构，接受上海金融业的辐射和合作，吸引外资银行、保险机构来杭设立分支机构，将杭州建设成为长江三角洲南翼的区域金融中心。在政府工作目标分解中，强化对建设多层次资本市场、发展区域金融中心工作的考核，为杭州发展多层次资本市场提供了契机。

2月28日，国务院出台《推进资本市场改革开放和稳定发展的若干意见》。7月，市政府在调研基础上，制定《贯彻落实国务院推进资本市场发展的若干意见》，提出通过实施八大举措，加快杭州资本市场的发展。制定《杭州市多层次资本市场建设的五年规划》，明确了2005年~2010年杭州市资本市场发展的总体

表21 浙江省辖区与杭州市证券机构经纪业务情况

项 目		2003年		2004年	
		浙江省	其中：杭州市	浙江省	其中：杭州市
投资者开户数(万户)		184.31	81.12	189.01	70.82
交易额(亿元)	股 票	3 569.98	1 883.43	4 900.23	1 928.29
	基金国债	436.8	333.7	246.7	190.71
	小 计	4 006.78	2 217.13	5 146.93	2119
市场规模(亿元)	保证金	109.4	59.49	80.2	37.16
	托管市值	785.72	455.43	598.53	282.23
	小 计	895.12	514.92	678.73	319.39
机构数量(个)		144	79	157	88
从业人员数(人)		2 709	1349	2 800	1 400
利润额(万元)		7 722.87	2 288.71	17 803	5 276

表22 2004年杭州市新增上市企业基本情况

序号	企业名称	上市时间	股票代码	上市地点	备注
1	浙江传化股份有限公司	6月29日	002010	深 圳	首发
2	浙江鑫富生化股份有限公司	7月13日	002019	深 圳	首发
3	浙江航民股份有限公司	8月9日	600987	上 海	首发
4	浙江八方电信有限公司	7月23日		新加坡	红筹
5	昆明制药股份有限公司	7月30日	600422	上 海	买壳
6	兰州民百(集团)股份有限公司	11月16日	600738	上 海	买壳
7	佑康食品集团有限公司	11月22日		新加坡	红筹

中小企业板块上市仪式

目标、具体措施、分步走战略和资本市场各要素发展战略，为杭州证券期货、产权股权、保险担保和风险投资等行业的发展绘制了蓝图。结合杭州大都市建设的具体实践，提出杭州打造区域金融中心的具体思路和措施，并把它作为杭州推进现代金融业发展的重要内容之一。

【实现证券业务交易额 2119 亿元】 杭州有证券机构(包括证券营业部)88 个，当年新增 10 个，杭州证券机构占全省总数的 56.1%。全年证券业务总交易额 2119 亿元，比上年下降 4.4%。其中股票交易总额 1928.29 亿元，增长 2.4%；基金国债交易总额 190.71 亿元，下降 42.8%；实现证券利润总额 5276 万元，增长 1.3 倍。全市有证券从业人员 1400 人，增长 3.8%；投资开户数 70.82 万户，交易保证金 37.16 亿元，托管市值总额 282.23 亿元。

【实现期货代理交易额 21098 亿元】 杭州市有期货经纪公司 11 个，营业部 4 个。期货经纪机构从业人员 640 人，期货代理交易总额 21098 亿元，比上年增长 65%，占全国期货交易总额 14.5%；其中交易额最大的为浙江永安期货经纪公司，交易额位居全国所有期货交易公司第 2 位。期货投资者交易保证金总额 142.8 亿元，增长 24.7%。实现利润总额 4742.6 万元。

【新增 7 个上市公司】 全年新增上市公司 7 个，比上年新上市数增加 1 个。其中国内主板上市 1 个，为“航民股份”；深圳中小企业板 2 个，分别为“传化股份”、“鑫富生化”；境外上市 2 个，分别为“八方电信”、“祐康食品”；买壳 2 个，分别为“昆明制药”、“ST 民百”。新增募集资金 12.4 亿元，增加 3.9 亿元。至年末，全市有上市公司 28 个，总资产 199 亿元，净资产 100 亿元，累计募集资金 54 亿元。

【信托募集资金 24.3 亿元】 杭州工商信托投资股份有限公司各类信托业务全年募集资金 24.31 亿元，比上年增加 8.11 亿元；实现利润增长 2 倍。公司推出开放式基金精选受益投资集合资金信托计划，在资本市场领域进行证券组合投资信托的尝试，即从单纯的委托投资业务，发展为客户提供财务顾问等综合性金融服务的投资信托业务。公司陆续分配兑现集合资金信托计划 16 个，其中如期分配 11 个、清算结束的 5 个，如期兑付和结束集合资金信托项目总金额 1.96 亿元，每个项目都实现了预期收益率，最高收益率为 80%。

【产权市场营业收入 987.2 万元】 全市产权交易额 96.58 亿元，营业收入 987.2 万元，税前利润 539.4 万元。在产权交易中，股权交易已成为产权市场的主要交易活动，完成浙江轻纺集团、杭州房产经营公司、金华金信拍卖有限公司等企业股权转让。其中杭州房产经营公司 100%的股权，起拍价 1078 万元，成交价达到 3305 万元；杭州天工艺苑成交后，受买人承担全部 1.74 亿元债务。除股权交易外，杭州产权市场的交易内容还涉及拆房招标、商铺拍卖、公车拍卖、道桥经营权招标、土地拍卖等领域，其中公车拍卖总交易额 807 万元，复兴大桥（钱江四桥）20 年经营权招标 7.83 亿元，土地拍卖总交易额 3.55 亿元。 （钱朝霞）

·劳动力市场·

【劳动力市场概况】 2004 年，杭州市劳动力市场建设按照“便民、实用、高效”的要求，在加强市场规范化建设上下功夫，市场规模不断扩

萧山区义蓬镇劳动保障管理站

大，市场设施日益完善，服务质量进一步提高，服务功能趋向多元化。全市有各类职业介绍机构231个，其中公共职业介绍机构91个、民办职业介绍机构135个、企事业单位与社会团体开办的职业介绍机构5个。公共职业介绍机构分布在市、区县（市）与街道（乡镇），其中市本级3个，区、县（市）13个，街道37个，乡镇38个。市、区公共职业介绍机构均统一名称、统一标志、统一工作流程、统一工作制度；工作人员统一着装、统一挂牌服务；有固定的对外服务场所，内配职业指导室、大屏幕显示屏与触摸式电脑查询台，为求职者提供免费职业介绍等就业服务。民办职业介绍机构合理分布全市，其中老城区45个，萧山、余杭区与5县（市）90个。杭州市区民办职业介绍机构由市外来劳动力服务中心和市人力资源开发中心集中场地统一管理，建立民办职业介绍机构的目标考核办法、退款细则等规章制度；民办职介机构实行统一介绍信、统一登记表、统一收费收据、统一计算机软件；工作人员实行持证上岗，并在场内设立"投诉处"。全市227个街道（乡镇）设立劳动保障管理站，576个社区设立劳动保障服务室，通过网络技术，与市、区两级公共职业介绍机构实现实时联网运作，提高信息利用率。部分城区将劳动保障服务室延伸至行政村，失业人员在"家门口"就可查询全市劳动力市场供求信息。至年末，全市提供空岗110.2万个次，登记求职55.02万人次，介绍成功22.95万人次，有效地发挥了劳动力市场在劳动力资源配置中的重要作用。

2004年杭州市创业项目展示会

【举办各类招聘会184场】 杭州市专业技能人员交流中心、市人力资源开发中心根据自身特点，每月定期举办各具特色的专场招聘会，为用人单位和求职者牵线搭桥，拓展大中专毕业生、专业技能人员和失业人员就业渠道。4月19日至23日，市和区、县（市）两级劳动保障部门联手，以"打造公共职业介绍品牌、搭建人力资源交流平台、提供优质高效就业服务"为主题，组织全市首届公共职业介绍机构就业再就业招聘周活动。期间，举办就业援助专场洽谈会、人力资源专场交流会、专业技能人员与大中专毕业生专场招聘会，有718个用人单位提供1.58万个就业岗位，参会报名8801人，达成就业意向3377人，并组织创业成功经验讲座、见习训练推介、困难人员就业帮扶及劳动保障政策咨询等活动，取得较好成效。全年举办各类招聘会184场，组织用人单位5798个次，推出就业岗位10.61万个，达成就业意向3.51万人。

【完成杭州市就业网开发】 7月，市劳动保障局完成杭州市就业网（www.hzjob.com.cn）系统开发，初步实现网上信息发布、网上招聘、网上办理录用一体化功能，全市劳动力虚拟市场基本建成。充分开发劳动力供求信息资源数据库，全年在市就业网上公布用人单位招聘信息232条、个人求职资料749条。每季度公布劳动力市场职业供求分析报告，引导求职者就业。开设就业办事指南、就业政策问答、招聘会信息查询、办事表格下载等专栏。设立大学生见习训练专页，公布32个见习训练基地，鼓励未就业大学生积极参与见习训练，提高就业本领。市就业网成为杭州市宣传就业政策、介绍就业经验和广大用人单位和求职者获得就业信息的重要窗口。

【加强外来劳动力管理】 市劳动保障局积极开展企业用工需求情况调查和外来人员流动就业抽样调查，了解、掌握企业用工需求和外来人员流动情况。定期组织群体职业指导，全年为外来务工人员举办免费群体职业指导26场，有15.76万名外来务工人员接受就业前基础知识培训。开展外来务工人员的现场就业咨询。做好民间职业介绍机构的考核、评比与表彰。开展打击非法职业介绍的专项监察，全市取缔、整治非法职业介绍中介机构74个。参加"山海协作工程"，组织部分企业赴丽水招工，为外地劳务输出积极搭建平台。

【规范境外人员在杭就业管理】 2004年，全市有851个单位聘用境外人员，境外人员达1588人。市劳动保障局与市公安局、市外办等部门配合，对聘用境外人员的用人单位开展专项检查，检查聘用境外人员的单位20个，对不符合在杭就业、不按规定领取就业证的境外人员和聘用单位进行处罚，注销就业证20人，办理转移5人，收缴就业证3人，补办就业证2人。按照有关规定完善就业证审批程序，全年审查、检查办证企业65个，受理境外人员办证2598人次，其中新办就业证909人，办理就业许可证236人，办理就业证延期676人，变更就业证3人，迁出就业证57人，终止就业证717人。　（陈碧波）

·会展业综述·

【会展业发展步伐加快】 2004年是杭州会展业快速发展的一年。全年于不同时期举办高档次展览项目223个，比上年增长62.2%，直接办展收入1.02亿元，改变了以往具有一定规模的展览项目集中于西博会期间的现象。在会议业方面，商务会议比重达25.1%，增长8个百分点。市会展业协会所属饭店承接各类会议2439个，接待参会代表26.6万人，实现营业收入1.36亿元。

会展设施逐步完善。世贸中心、和平会展中心、杭州国际会展中心、浙江展览馆4个专业性展览场馆，可提供8000个国际标准展位。浙江图书馆会展中心、杭州工人文化宫、浙江科技馆、浙江大学永谦活动中心、邵逸夫科学馆等会展场所为会展业的发展提供了有效保障。在配套设施方面，星级宾馆数量突破200个，客房2.73万间，床位5.2万张，可使用会议设施面积近4万平方米。

市场主体不断成长。全市有独立办展、办会的专业会展公司50余个，从事会展相关配套服务企业，如场馆单位、展览设计施工公司、设备租赁公司等200余个，从业人员约5000人。西博会中各类企业、协会、商会作为项目主承办方的比重达78.2%，而且90%以上项目实现了“自求平衡、自创效益”。

会展专业人才培养速度加快。全市有浙江大学城市学院、浙江经贸职业技术学院、浙江树人大学、浙江育英职业技术学院4所高校开设会展专业，在籍学生近700人，在全国居于领先地位。

配套政策相应跟进。为进一步引导会展业向市场化发展、规范政府部门办展办会、加强各类展会安全工作管理，市政府办公厅出台《加强展会管理工作的通知》和《加强各类展会和节庆活动安全管理工作的通知》。

【发挥会议展览业协会作用】 市会议展览业协会根据行业发展要求，开展行业交流、行业自律、行业统计、行业协调、行业研究、组织会员单位考察等活动。经协会理事会议表决通过，发展4个新的单位会员，累计有单位会员51个、个人会员25名。

为规范会展市场秩序，保护行业健康、有序发展，制订《杭州市会展行业自律公约》，内容涉及会展市场秩序规范、纠纷调解和协会内部管理等方面。受市发展会展业协调办公室委托，协会进行2004年度行业统计，了解全市会展行业总体发展情况。利用会刊等平台，积极促进行业信息交流。全年编印会刊5期，每期内容根据行业发展情况和会员要求而定。年初刊登2003年行业统计分析，年中刊登主要展览场馆上半年办展情况和下半年办展计划；西博会期间专辟西博会专栏，刊登西博会相关信息；设交流园地，发表会员调研成果，刊登会员介绍。在对

表23 2004年杭州市举办展览情况

指标	单位	数量
全年举办展览总数	个	223
举办展览总面积	万平方米	81.4
展览面积1万平方米以上展览个数	个	20
展览面积8000至1万平方米展览个数	个	9
展览面积5000至8000平方米展览个数	个	25
单个展览平均展览面积	平方米	3 649.5
特装展位面积	万平方米	27.8
国际展位面积	万平方米	6.8

表24 2004年杭州市会展业协会所属宾馆饭店举办会议情况

指标	单位	数量
会议数量	个	2 439
平均客房使用数	间	69
接待参会人员数	万人	26.6
接待境外人员数	万人	5.06
营业收入	万元	13 586

外交流上，协会组织会员单位赴西欧考察调研，与德、法等国的著名会展企业开展交流，增进会员对国际会展业发展情况和世界著名会展企业的了解。（高　嵩）

【引进7个优秀项目】 为促进杭州会展业和旅游业的发展，市旅委、市会展办、市财政局联合制订《对引进大型会展和旅游节庆项目进行奖励的实施办法》，对从国内外引入杭州举办的经济与社会效益明显的大型节庆和会议、展览项目给予奖励，奖励对象为优秀项目的直接引荐者。根据条件，经过层层筛选，2004年评选出7个优秀引进项目。

2004中国国内旅游交易会 于6月5日至6日在杭州和平国际会展中心举行。这是国家旅游局联合地方政府举办的第十一届国内旅游交易会。旅交会展区面积3.7万平方米，设立展台1958个；全国31个省、市、自治区和香港、澳门地区2200个旅游部门及旅游企事业单位1.3万名代表参加。展会期间接待观众13万人次，其中专业人士约7万人次。

2004年“激活·爱心”亚洲小姐竞选中国赛区总决赛 于6月至9月在杭州举行。该赛事由香港亚洲电视于1984年创办，已连续举办十五届。赛事吸引全国近1万名选手报名，其中20位佳丽入围决赛，6位优胜选手参加香港总决赛。大赛受到社会各界广泛关注，参与宣传的媒体100多个，报纸文章160多篇，电视节目160多条，广播内容70多篇。

第八届中华不老城全国中老年体育健身文化交流风采展示大会 于3月29日至4月1日在杭州举行。全国27个省、市、自治区包括7个少数民族273个参赛队的5000余人参加大会。大会由民营企业自筹资金承办。

2004国际旅游小姐冠军总决赛 于6月16日至29日在杭州举办。55个国家的佳丽报名参加。国际旅游小姐比赛首次在中国大陆举办，吸引200多个国内外媒体的采访报道。

第十届全国美术作品展览中国画展区画展 于9月3日至23日在浙江世界贸易中心展厅举行。画展由文化部、中国美术家协会举办。画展展出面积1.01万平方米，参展作品545件，其中110件是获奖提名作品。展会期间接待美术爱好者及观众8万余人次。

2004年全国塑料门窗行业年会暨相关产品展览会 于4月14日至17日分别在杭州剧院和杭州和平会展中心举行。展览面积1万余平方米，参展企业146个，其中国内企业124个、国外企业22个。共接待与会代表2000人，接待参观观众2万人次。

第三届国际燃烧焚烧热解和污染控制会议 于10月21日至23日在浙江大学邵逸夫科技馆举行。与会代表230人，其中来自16个国家和地区的境外代表170人。会议收到论文159篇，论文集由世界图书出版公司正式出版。（潘　倩）

·西湖博览会·

【西湖博览会概况】 10月16日至11月6日，第六届(2004)中国杭州西湖博览会在杭州举行。由国家广电总局、国家旅游局、浙江省人民政府、中国贸促会、中国工程院、中国轻工业联合会、中国纺织工业协会、中国商业联合会主办，科技部、中国科学院、香港贸发局支持，杭州市人民政府承办。原中共中央政治局常委、全国人大常委会委员长乔石，全国人大常委会副委员长李铁映、蒋正华，全国政协副主席张怀西，中央和国家有关部门、西博会主办和支持单位领导，浙江省、杭州市领导和国内外友好城市代表，中外来宾和市民672万人次直接参加西博会的项目活动。第六届西博会实现贸易成交额89.64亿元，协议利用外资7.2亿美元，协议引进内资84.83亿元，直接拉动杭州GDP增长0.51个百分点。

该届西博会以“生活与创业”为主题，安排55个展览、会议、文体和商旅活动。根据“依靠群众办会，为了群众办会”的方针，彰显人文关怀，采取一系列“亲民、益民、乐民”惠及百姓的措施。西博会举办的22天中，杭州旅游业营业收入37.87亿元，商场销售总额26.9亿元，交通业营业收入3.4亿元，邮政通讯业营业收入5.52亿元，餐饮业营业收入6.2亿元，比上年都有大幅增长。西博会设展位1.06万个，展位费收入3669万元，西博会项目实际使用展览面积22.52万平方米，各展馆档期客满。第六届西博会安全、圆满、有序的举办，是各部门协调行动的结果。组委会“一办九部”发扬“创新、争先、吃苦、协作、奉献”精神，推进西博会的创新，走出一条具有杭州特色的举办大型活动的路子。

（俞淳婕）

【举办西博会和休博会新闻发布会】 为了进一步打响杭州城市品牌，扩大西博会和世界休闲博览会的影响，推进穗、京、沪、杭4市合作和互动发展，市委、市政府分别在广州、北京、上海举行新闻发布会。7月8

10月16日，第六届(2004)中国杭州西湖博览会开幕。

10月31日，第二届西湖合唱节进行决赛。

日，在广州举行第六届(2004)西湖博览会新闻发布会暨杭州市休闲旅游推介会。这是2004年在外地宣传推介西博会的首次新闻发布会，也是向珠江三角洲推介杭州旅游，推介杭州西博会、休博会的平台。中国外贸中心主任、广交会秘书长胡楚生等有关领导，外国驻穗领事馆领事和商务代表，20多个广州市重点旅行社代表，在穗的中央、省、市及港澳地区等30多个新闻媒体记者以及西博会部分项目代表参加。

8月30日，在北京人民大会堂举行第六届(2004)中国杭州西湖博览会暨2006年杭州世界休闲博览会新闻发布会。原全国人大常委会副委员长曹志、国家广电总局副局长胡占凡、中国贸促会副会长刘文杰、中国工程院副院长王淀佐、中国轻工业联合会副会长王世成、中国纺织工业协会副会长高勇、中国商业联合会副会长田元，第六届西博会主办、支持单位领导，各省(市)驻京办事处、知名企业、国家级旅行社、西博会有关项目在京主办单位的代表，在京媒体记者和杭州代表团成员共300余人参加。

9月8日，在上海举行第六届(2004)西湖博览会新闻发布会暨杭

表25　**第六届(2004)中国杭州西湖博览会展览项目表**

序号	名　称	主办、承办单位	举办时间
1	第二十五届(2004)中国浙江国际自行车、电动车展览会	浙江省自行车协会、省经贸委轻纺行业办公室、浙江华达展览有限公司	2004-10-16~18
2	第六届中国(浙江)国际家具展览会	中国室内装饰协会、省对外贸易服务中心、下城区政府、浙江和平工贸集团公司、杭州和平广告展览有限公司、浙江远大国际会展有限公司、杭州和平家私博览中心	2004-10-22~25
3	第五届中国杭州国际汽车展览会	中国机械装备(集团)公司、浙江中汽会展有限公司、中汽对外经济技术合作公司、浙江海外海集团	2004-10-26~31
4	第七届(2004)西湖艺术博览会	省文学艺术界联合会、省文化艺术发展有限公司	2004-11-04~08
5	2004年西湖书市	省出版物发行协会、市新闻出版局、市书刊发行业协会、市版权保护管理中心	2004-10-21~25
6	第五届中国西湖电子音像博览会暨2004年中国(杭州)国际家用电器展览会	中国文联音像出版社、江干区政府、省工商业联合会、市新闻出版局、省家电协会、中国贸促会杭州分会、浙江现代展览有限公司、省五交化公司	2004-10-22~25
7	“国酒茅台”中国首届中华老字号精品博览会	中国商业联合会、省经济贸易委员会、杭州老字号企业协会、福州品日有食品有限公司、浙江九洲文化企划有限公司	2004-10-28~11-01
8	2004年中国国际丝绸博览会	国家茧丝绸协调办公室、中国丝绸协会、市经济委员会、杭州喜得宝集团有限公司	2004-10-28~11-01
9	第五届中国工艺美术大师作品暨工艺美术精品博览会	市政府、中国工艺美术协会、中国工艺美术学会、中国工艺美术馆、市经济委员会、中国工艺美术协会秘书处	2004-10-28~11-01
10	第二届中国杭州国际旅游(休闲)商品博览会	市旅游委员会、市贸易局、中国贸促会杭州分会、市外事办公室、中国宝玉石协会、省宝石协会、杭州工艺美术进出口有限公司、上海博威展览服务有限公司、杭州和平广告展览有限公司	2004-11-04~08
11	中国(杭州)第五届最佳人居环境展览会	市房产管理局、市房地产学会、市房地产中介协会	2004-10-15~18

表 26

第六届(2004)中国杭州西湖博览会会议项目表

序号	名　称	主办、承办单位	举办时间
1	2004年(第十二届)国际有线电视技术研讨会	中国广播电视学会技术研究委员会、省广电科技股份有限公司	2004-10-23~25
2	2004年杭州人才交流大会	市人事局、市人才开发中心	2004-11-06~07
3	2004 年中国杭州名师名校长论坛	教育部师范教育司、教育部人事司、市政府、省教育厅、上城区政府、市教育局	2004-10-16~21
4	第二届价值工程与企业技术创新国际会议	浙江大学、浙江大学技术创新与科技产业发展研究中心	2004-10-16~18
5	第四届中国杭州医药国际论坛暨产品博览会	国家食品药品监督管理局、市政府、中国医药国际交流中心、省食品药品监督管理局、市药品监督管理局	2004-10-20~21
6	第三届国际燃烧焚烧热解和污染控制会议	浙江大学、浙江大学热能工程研究所	2004-10-21~23
7	2004 年杭州投资合作周	市政府、市对外贸易经济合作局、市政府国内经济合作办公室、市经济委员会、市政府侨务办公室、市政府台湾事务办公室、市高新技术产业开发区	2004-11-01~07
8	2004 年中国通信集成电路技术与应用研讨会	中国通信学会通信专用集成电路委员会、中国电子学会通信学会分会、杭州高新开发区管委会、大唐微电子技术有限公司、中国集成电路杂志社	2004-11-03~05
9	第三届中国(杭州)WTO 与金融工程风险投资国际会议——西湖金融国际论坛	省科技厅、中国社科院金融研究所、浙江工业大学、省金融工程学会、省风险创业投资协会、世界经济杂志社、加拿大汉信投资管理有限公司	2004-11-05~07
10	警察与科学国际讲坛	浙江公安高等专科学校	2004-11-06~10
11	2004 年中国浙江网上技术市场活动周暨杭州科技合作周	市科技局	2004-11-12~18

表 27

第六届(2004)中国杭州西湖博览会文体活动项目表

序号	名　称	主办、承办单位	举办时间
1	人间天堂——第六届(2004)中国杭州西湖博览会开幕式“利群之夜”文艺晚会	杭州西湖博览会组委会、中央电视台、市委宣传部、市广电集团、市文化局	2004-10-16 晚
2	UP新势力 2004 年中国杭州大学生电影节	共青团浙江省委、省学生联合会、共青团杭州市委、市学生联合会、市文化局、市文学艺术界联合会、市电影电视家协会、浙江汉风文化传播有限公司	2004-10-11~11-12
3	首届中国集邮文艺节获奖作品展暨 2004 年中国(杭州)集邮文化展	中华全国集邮联合会、中国国际交流促进会、中国文学艺术界联合会、省邮政局、省邮票局、省集邮协会、市邮政局、市集邮协会	2004-10-16~18
4	2004 年全国体操冠军赛	国家体育总局体操运动管理中心、省体育局、市体育局	2004-10-20~28
5	快乐杭州——2004 年中国杭州娃哈哈西湖狂欢节	杭州西湖博览会组委会、市委宣传部、市文化局、杭州娃哈哈集团有限公司	2004-10-22~26
6	2004 年西湖定向节	省教育厅、省体育局、省测绘局、中国学生定向协会	2004-10-30~11-01
7	第二届西湖合唱节	中国合唱协会、市委宣传部、市文学艺术界联合会	2004-10-31~11-01
8	2004年“商业杯”杭州国际城市围棋赛	中国棋院、市人民对外友好协会、杭州商业资产经营公司、杭州棋院、市围棋协会、市国际交流中心	2004-11-01~05
9	2004年浙江省暨杭州市国际马拉松赛	省体育局、省人民对外友好协会、浙江广电集团、市人民对外友好协会、市体育局、省对外体育交流中心、中国国际体育旅游公司浙江省公司	2004-11-07

表 28　　第六届(2004)中国杭州西湖博览会支持项目表

序号	名　称	主办、承办单位	举办时间
1	2004年中国杭州第二届商铺展销会	市贸易局	2004-06-17~20
2	2004年国际(浙江)道路运输与物流科技博览会暨第二届国际(浙江)现代物流博览会	中国贸促会浙江省分会、省交通厅、市贸易局、浙江世博国际会议展览有限公司、杭州西湖国际博览有限公司	2004-09-16~18
3	第七届中国(杭州)国际茶博览交易会	中国贸促会杭州市分会、杭州茶人文化发展有限公司、杭州西湖龙井实业有限公司	2004-09-29~10-02
4	2004年中国(杭州)国际珠宝钟表展览会暨国际时尚饰品配饰展览会	上海市宝玉石协会、上海宝玉石加工行业协会、浙江世界贸易中心有限公司、上海瑞欧展览服务有限公司、杭州西湖博览会有限公司	2004-10-01~04
5	2004年中国(杭州)国际石材展览会	中国石材工业协会、省石材工业协会、中国贸促会杭州分会、杭州西湖国际博览有限公司、浙江石材市场	2004-10-10~12
6	2004年中国东部(杭州)国际汽车零部件采购供应商展示交流大会	中汽对外经济技术合作公司、浙江中汽会展有限公司	2004-10-26~31
7	2004年有机废弃物资源循环与利用国际学术研讨会	浙江大学、浙江大学环境与资源学院	2004-10-09~11
8	2004年应用型创新人才培养国际研讨会	浙江大学、香港理工大学、浙江大学城市学院、香港理工大学企业发展院	2004-10-13~14
9	中国·杭州国际教育创新大会	中国联合国教科文组织全国委员会、省教育厅、市教育局、下城区政府	2004-10-22~25 2004-11-08~10
10	“中国文化对日本的影响”国际学术研讨会	浙江工商大学	2004-11-05~06
11	复旦高层管理论坛	复旦大学管理学院、浙江孚嘉文化发展有限公司	2004-11-06~07
12	第三届中国天目山森林旅游资源博览会	市委宣传部、临安市政府	2003-09-20~27
13	2004年“激活·爱心”亚洲小姐中国赛区决赛	香港亚洲电视公司、市旅委、市广电集团、杭州日报报业集团、杭州电视台西湖明珠频道	2004-06~09
14	杭州市职工技能风采展	市总工会、杭州相关产业工会、市职工技协办、市工人文化宫	2004-07~11
15	“广厦杯”杭州市青年民警礼仪风采大赛	市公安局、共青团杭州市委、杭州电视台西湖明珠频道、青年时报社、广厦控股集团、浙江金视文化传播有限公司	2004-08-20
16	2004年第二届浙江国际传统武术大会	省体育局、省人民对外友好协会、省武术协会、中国国际体育旅游公司浙江省公司	2004-08-12~13
17	2004年浙江省博物馆文物·艺术精品系列特展	第七届中国艺术节筹委会、省博物馆	2004-09~12
18	2004年全国夏季游泳锦标赛	国家体育总局游泳运动管理中心、省体育局、市体育局、市健身中心	2004-09-15~22

表 29　　第六届(2004)中国杭州西湖博览会商旅活动项目表

序号	名　称	主办、承办单位	举办时间
1	全球通之夜——2004 年杭州西湖国际烟花大会	杭州西湖风景名胜区管委会、市旅委、杭州园林旅游贸易公司	2004-10-17
2	2004 年中国西湖情大红鹰玫瑰婚典	浙江省青联、共青团杭州市委、杭州青少年活动中心、宁波卷烟厂、杭州青年文化传播有限公司	2004-10-18
3	2004 年中国(杭州)美食节	中国饭店业协会、市政府、市贸易局、西湖区政府、杭州商业资产经营公司	2004-11-01~07
4	2004 年中国杭州商业特色街风采展示活动	市贸易局,上城区、下城区、江干区、拱墅区、西湖区政府,杭州西湖风景名胜区管委会,杭州各商业特色街区管委会(指挥部)	2004-10-18~25
5	2004 年中国杭州丝绸时尚节	下城区政府、杭州中国丝绸城	2004-10-17~19
6	2004 年中国(杭州)国际电脑节	西湖区政府、杭州国家信息服务示范园有限公司、浙江颐高数码科技集团有限公司	2004-11-05~08

州商务环境说明会。这是继 2003 年在上海举办“接轨上海、宣传杭州”系列推广活动后的杭州城市整体形象推广活动。上海市政府领导,外国驻上海领事馆代表和知名跨国公司、投资咨询公司、投资促进机构、中外有关企业等 180 多个单位的代表,在沪的中央、地方和港澳地区 60多个新闻媒体共 300 余人参加会议。

【开展“西博大使在行动”活动】 8 月 6 日至 10 月 26 日,西博办、团市委、杭州日报社、中国广厦控股创业投资有限公司联合推出“西博大使在行动”活动,吸引近 1000 名海内外杭籍学子的热情参与。该活动足迹涉及北京、上海、南京、西安、厦门、昆明、成都、武汉、天津、重庆等城市,以及英国、比利时、德国、西班牙、新加坡、法国等国家。8 月 27 日,杭州至西安的 2308 次列车上“西博大使”开始宣传新杭州、宣传新西湖、宣传西博盛会的征程,拉开“西博大使在行动”大型采访活动的帷幕。20 余位“西博大使”肩负家乡人民的重托,陆续奔赴各自求学的城市,以各具创意的宣传方式,宣传新杭州、新西湖。杭州日报社派出 14 路记者,到北京、西安、昆明、上海、厦门等城市宣传西博会,报道“西博大使”的广场横幅签名、街头传唱《梦想天堂》、西博会吉祥物街头表演等活动。9 月 26 日,年轻的大学生志愿者们在全国 8 大城市同时进行宣传活动。(邵玲玲)

【举办西博会开幕式文艺晚会】 10 月 16 日晚,由西湖博览会组委会主办的第六届(2004)西博会《人间天堂》开幕式“利群之夜”文艺晚会在毗邻钱塘江的杭州大剧院广场举行。晚会由中央电视台资深导演周晓冬担纲总导演,著名编导姜钢出任执行导演,著名策划人朱海任总策划、总撰稿。由央视节目主持人董卿、杭州电视台主持人刘忠虎联袂主持。晚会主舞台面积近 3500 平方米,气势恢弘,流光溢彩,与新月状杭州大剧院动静结合,混然一体。晚会设置 3 组移动舞台,主舞台后面的一组是可升至 16 米高的“月亮车”,象征连接天上宫阙和人间天堂,演绎了“月升、月落、月圆、月缺”的流年场景,寄寓无限遐想;两组深入观众席的移动舞台,通过一亭一桥,把演员和美丽的传说故事呈送到观众面前。30 台激光灯、300 台电脑灯、3000 多台五彩射光,把钱江新城装扮成星光灿烂“不夜城”,璀璨的焰火表演,烘托了“今夜无人入睡”的动人场面。

这届开幕式晚会以亲情、温情、真情贯穿始终,显示亲民特色。晚会节目联排、彩排全程向市民开放,吸引了近 10 万市民前来观看。开展评选“西博宝贝”和寻访游历首届西博会的“西博老人”活动,让他们在晚会登台亮相。邀请在杭求学的 61 位藏族学生和盲童参加晚会,与明星一起登台演出。晚会演出 22 个精彩节目,历时 100 分钟,4 万余名观众现场观看。(朱　盈)

【亿万双眼睛看西博会】 此项活动由杭州电视台与中央电视台合作推出,在央视主要频道的新闻栏目中,高密度报道了第六届西博会。10 月 16 日,西博会开幕当晚,杭州电视台综合频道与央视用现场报道和杭州台的晚会直播信号,在央视新闻频

演唱第一届西博会会歌

道 20:00、21:00 两个新闻时段，滚动播报西博会及开幕式的盛况，其中 21:00 档新闻节目用了 5 分 30 秒的长度。央视在第二天的《新闻联播》中，以“杭州西湖博览会昨日开幕”为题作报道。17 日，西博会烟花大会当天，央视新闻频道 20:00 档新闻节目以直播形式报道精彩的湖上烟花。18日，央视《新闻联播》以“杭州西湖举办烟花大会”为题作报道。参见“西湖风景名胜”的“西湖国际烟花大会圆满成功”条目。22 日，西湖狂欢节当天，央视午间的《新闻 30 分》播出精彩片断，当晚《新闻联播》又有狂欢节的精彩亮相。这次“亿万双眼睛看西博会”活动中，央视组成 14 人的报道组来杭，在《新闻联播》中，6 次报道西博会。通过央视海外中心，央视 4 套、9 套节目向全球报道西博会烟花大会和人居展，扩大了西博会在海外的影响。

（邵玲玲）

【举办“西博之旅”活动】 2002 年起，“西博之旅”成功举办了两届。2004 年，参加“西博之旅”专题旅游的国内外游客 16.1 万人次，其中国际旅游者 2.4 万人次，国内旅游者 13.7 万人次。包机 9 架(次)，专车 19 列。杭州大厦旅行社自 7、8 月首发“西博会探班团”以来，累计组织西博会专车 8 列、包机 5 架，接待旅游者 1.76 万人次。

3 月，杭州与日本开通直航航班。市旅委与日航和全日空公司成立日本市场旅行社联合体，联合推出“日本人游杭州好客节”活动，积极组织各国际旅行社宣传推广“西博之旅”。西博会开幕式和烟花大会特别受日本游客的欢迎，参加活动的日本游客有 30 多个组团 500 多人次，还有散客和小型旅游团到杭。3000 多名日本游客参加“好客节”活动，其中约 1000 名日本游客参加“美丽西湖——女子十二乐坊专场演奏会”，约 300 名日本游客参加西湖徒步旅游大会。（朱　盈）

【西博会博物馆开放】 西湖博览会博物馆位于北山街 40 号，建于 1928 年，是 1929 年西湖博览会工业馆主场馆，也是 1929 年西湖博览会新建建筑中唯一幸存物。西湖博览会博物馆对外开放后展出的内容主要分为 3 个部分：“世界博览会与中国社会”介绍早期世界博览会的概况，中国对世界博览会从旁观到积极参与的过程；“1929 年西湖博览会”介绍 1929 年在杭州西子湖畔举办的中国近代规模最大、人数最多、影响最深的博览会；“金名片”介绍杭州在新的历史条件下，恢复举办西湖博览会所取得的辉煌成就。博物馆的展品征集得到社会各界朋友和热心市民的大力支持，截止 11 月，馆藏展品及资料达 1437 件。

至年末，该馆接待各界人士和市民游客 18 万人次，其中，在北山街历史文化街区开放至西博会结束期间，接待游客 10 万人次。10 月 2 日接待游客 1.5 万人，创下日接待游客最高纪录。全年接待国内外贵宾 18 批，175 人次；团队 45 个，2675 人次。先后接待各城市代表团、国际奥委会执行委员何振梁及其夫人、世界休闲组织执行官杰拉德·凯尼恩和世界休闲组织董事局主席德雷克·卡塞等。全国记协主席、原人民日报社社长邵华泽参观后为博物馆亲题馆名。博物馆还吸引了企业界、科技界的精英，香港中国染厂集团有限公司董事长查济民、荷兰皇家壳牌集团中国区主席王郁章等为博物馆写下热情洋溢的留言。

（申　俭）

10月 28 日，举行第五届中国工艺美术大师作品暨工艺美术精品博览会。

·会展活动·

【举办德国摄影家看杭州活动】“德国摄影家看杭州”作为 2004 年杭州对外宣传的一项重大活动和第六届西博会的重要活动之一，由市政府新闻办公室、市外事办公室、市旅游委员会、杭州广播电视集团、浙江大学人文学院等共同主办，活动包括德国摄影艺术家作品展、德国摄影家看杭州拍摄活动以及摄影艺术专题市场讲座及交流 3 项内容。

到杭的 10 位德国摄影艺术家中，有获得荷赛银奖、比尔特兹·比贝尔(“Bildzur Bibel”)头奖的国际著名摄影家瓦特·斯彻(Walter Schels)先生，以 10 年拍摄德国总理施罗德出名的女摄影家海伦·科勃(Herlinde Koelbl)女士，德国职业摄影家协会汉堡分会董事长肯·迪克(Kenjo Take)先生等国际知名摄影人士。10 月 30 日至 11 月 5 日，10 位德国摄影艺术家分 10 路踏遍杭州的山山水水、大街小巷，走近百姓的日常生活，寻觅他们心中的都市风韵。10 月 30 日至 11 月 2 日，德国摄影艺术家主要在西湖、运河、西溪、宋城遗址、梅家坞、黄龙洞公园越剧角、中国美院、武林女装街、南山酒吧街等地方拍摄。11 月 3 日至 5 日，分赴富阳、桐庐、建德、淳安、临安、萧山、余杭等区、县(市)采风拍摄。11 月 1 日起，《德国摄影艺术家作品展》在中国美院展厅展出。11 月 1 日晚，参加活动的摄影家们出席浙江大学人文学院举办的“德国摄影家作品讲座”。（邵玲玲）

【国际汽车展成交 18.3 亿元】 10 月 26 日至 31 日，第五届汽车展览会和中国东部(杭州)国际汽车零部件采购供应商大会在杭州国际会议展览中心举行。汽车展汇聚国内外主要汽车厂商,其中国内参展汽车生产企业500多个。组委会组织美国、德国、英国、中东等国际汽车零部件采购团体参加汽车展。在中央馆设立总服务台,在整车馆和汽配馆分别设立信息咨询台,并设置信息交互区,提供展会信息查询和因特网接入服务。期间,组委会组织汽车模特大赛、汽车摄影大赛、技术交流研讨会等活动,提升了汽车展文化品位。

【举办杭州投资合作周】 11月1日至7日,杭州投资合作周在浙江世界贸易中心大饭店、黄龙饭店等会场举行。合作周围绕“合作、交流、发展”的主题,举行了开幕式暨杭州投资环境推介会、第七届国内经济合作洽谈会、全市工业招商洽谈会、国内合作交流工作研讨会、外资项目签约仪式等活动。共协议引进内资84.83亿元,协议利用外资7.2亿美元。在开幕式暨杭州投资环境推介会上,日本贸易振兴机构上海代表处所长丸屋丰二郎,台湾电机电子工业公会顾问徐汉康、副总干事罗家怀,《福布斯》全球版上海分社社长范鲁贤,分析讲解了日本贸易振兴会、台湾电机电子公会和世界银行对杭州投资环境的研究报告。在杭投资的英国S.S.S(杭州)公司总经理安德鲁·波特和日本泰尔茂医疗产品(杭州)公司董事长大石一穗对杭州的投资环境进行评估推荐。全市工业招商洽谈会通过国企招商、产权招商、国企改革成就展示、产业招商洽谈等活动,推介杭州工业投资环境。2004年杭州国际发展创业论坛介绍杭州高新技术产业、民营企业创业发展特点和需求,邀请侨商、留学人员代表座谈回国创业经验。第七届杭州国内经济合作洽谈会集中展示杭州国内招商引资成果,介绍杭州社会经济发展战略及投资环境、优惠政策。

【召开国际有线电视技术研讨会】 10月22日至25日,第十二届国际有线电视技术研讨会(ICTC 2004)在之江饭店、黄龙饭店等会场举行,国内外1200多名代表参加会议,其中注册代表800多名。国家广电总局副局长张海涛、杭州市副市长金胜山、中国广电学会技术研究会会长章之俭等出席开幕式。研讨会依托杭州产业优势,积极打造数字电视交流大平台,专家们围绕“数字电视网络建设和多功能应用”主题,就世界有线电视发展趋势、中国有线电视发展战略、有线电视与互联网、数据平台建设、中国有线电视业体制改革、有线电视网产业化改造、数字电视营运体制和流媒体技术在广电中应用等问题展开研讨。其间,在浙江世贸中心举办的有线电视新技术、新系统、新设备演示会,展览面积4000平方米,比上届扩大1倍;美国哈雷公司、摩托罗拉公司、西科网络公司、上海文广集团、杭州数字电视公司、北京朝歌公司等知名企业参加展示。 (高 嵩)

10月18日,举行中国西湖情大红鹰玫瑰婚典。

【举办西湖情大红鹰玫瑰婚典】 2004年中国西湖情大红鹰玫瑰婚典于10月18日在杭州举行。这次集体婚典活动有104对新人参加,新人来自新加坡、加拿大,和北京、广州、四川、江苏、江西、山东、安徽、上海、重庆,以及浙江省台州、温州、杭州等地,有工人、军人、公务员、农民和私营企业家,还有在读的博士生、硕士生等。80多个新闻单位、100余名记者参加报道,浙江省和港澳地区40多万人观看。婚典启用120辆花车,120只大型花船。在红地毯和玫瑰花铺就的西湖白堤上,104对伉俪许下104个爱的心愿后,登上西湖彩船,象征着小家庭的幸福之舟从此起航。在主婚场杭州花圃,杭州市委副书记、代市长孙忠焕作为主婚人向新人们发出最美好、最真诚、最热情的祝福。新人队伍从西湖出发,来到富有浪漫气息的大竹海安吉,还飞越锦绣山河去了香港和澳门。靓丽的新婚团成为宣传杭州、宣传西博会的友好使团,玫瑰婚典向世人展示了“爱情之都”杭州的魅力。

【举办第二届西湖合唱节】 10月31日晚,由中国合唱协会、杭州市委宣传部、杭州市文学艺术界联合会共同主办的第二届西湖合唱节在浙江省音乐厅进行决赛。参加决赛的38支合唱队伍是由专家评审组从浙江省53支报名参赛的合唱团中初选出来的,包括14支老年队、15支成人队、9支少儿队。老年组指定曲目有《垦春泥》、《祖国,慈祥的母亲》等;少儿组指定曲目包括《长城放歌》、《小鸟、小鸟》等;成人组指定曲目为《美丽的草原我的家》、《西湖春晓》等。自选曲目丰富多彩,多数合唱团选择或创作歌唱杭州的歌曲,如《雷锋塔铃叮咚叮》、《难忘杭州》、《南屏晚钟》等。有的选择《青春舞曲》、《同一首歌》、《伏尔加船夫曲》等中外名曲。11月6日,部分获奖团队和优秀曲目参加了“再约杭州”西湖博览会闭幕式声乐晚会。

【举行西湖狂欢节】 10月16日至

26日，快乐杭州——2004年中国杭州娃哈哈西湖狂欢节在杭州举行，编织欢乐，洋溢激情，在广场、大街小巷、校园社区掀起“狂欢风暴”。狂欢节活动分为三大板块，10月23日推出狂欢大巡游，设置了“龙凤麒麟、国泰民安”，“乡舞乡情、祝福祖国”，“五洲同庆、民富国强”，“鼓号齐鸣、繁荣昌盛”4个具有浓郁民族色彩的板块主题。来自法国、德国、巴西、匈牙利、菲律宾、瑞士、乌克兰等国家，云南、贵州、江苏、广东、河南、浙江等省及杭州市的55支表演队伍、5000多名演员、16辆彩车，从省人民大会堂出发，沿环城西路、湖滨路至南山路，全程4000米。10月23日、24日晚，色彩绚丽、造型别致的彩车在市区主要街道巡游。10月16日至26日，分别在西湖莳花广场、龙坞镇、大清谷、武林路等分会场，举办娃哈哈儿童嘉年华、茶乡国际民间篝火联欢晚会、街舞动感时装街活动。

体现亲民、益民和乐民特点的狂欢节，吸引了150余万名市民和游客参与各项活动。其中杭州市参加表演的37支队伍、近3000人由普通市民和农民组成。狂欢节组委会还在新闻媒体与网络上，开展征集狂欢节徽章、节标、宣传画和狂欢节活动好新闻、好照片评选活动。

（朱　盈）

·会展场馆·

【和平国际会展中心承接展会46个】 该中心位于市区东北面4条城市交通主干道交汇的黄金地域，交通便捷，商贸繁华，金融、电信、商务服务系统完备。会展中心展区面积达2.8万平方米，可容纳国际标准摊位1670个。一流的外观环境，标准化、现代化、智能化的设施和规范化、人性化的展会服务，使该中心成为举办大型展览和会议的最佳场所。全年承接各类展会46个，其中展出面积8000平方米以上的展会10个。6月1日至6日，该中心作为主场馆，承接的“2004中国国内旅游交易会”，有31个省、市、自治区和港澳地区的旅游展商参加了展览。杭州第六届西湖博览会期间，有9个重要展览项目在该中心举办，是历届西博会的主场馆之一。11月26日至29日举办的“2004浙江农业博览会”，参观人数超过15万人次，成交额高达42亿元。（陈　润）

【浙江展览馆举办51个展览】 该馆位于杭州市中心——武林广场。广场拥有面积1万平方米，绿带地5500平方米。该馆和馆前的广场是举办庆典、展览（展示）和开展各种宣传教育、发布各类信息的重要场所。展览馆充分发挥地域优势，精心组织各项会展活动。全年举办展览51个，其中经济商贸类29个、政治文化宣传类22个；组织广场活动42场（次），参观人数为160万人次。

（石继军）

【浙江世界贸易中心会展中心举办展会41个】 该中心全年举办书画艺术、生活消费、教育科技、建材装潢、房地产等各类展会41个，其中国际性展会14个，占总数34%。展会总面积23万平方米，参观人数163.5万人次，其中专业观众61.7万人次。9月3日至23日在浙江世贸国际展厅举行的“第十届全国美术作品展”，是全国影响最广、规模最大、最具权威的综合性美术展览。参展的545件作品是从全国37个省、市、区和单位选送的1037件作品中经过精心评选后入选的思想性、艺术性相统一的优秀作品，其中110件是获奖提名作品。第十届全国美展历时20天，展出面积1.01万平方米。文化部、中国美协领导和省委副书记梁平波等参加了开幕式。来自国内外的美术工作者、美术爱好者8万余人参观展览。（钱　缨）

【国际会议展览中心承办5个大型展览】 国际会展中心直接连接沪杭、杭甬、杭昱高速公路及国道线，交通便捷，人流、物流、车流集散方便。展厅可用面积10万平方米，拥有6000个国际标准展位。展馆总体呈“H”型，上下二层，以C馆为中心对称分为A、B、C、D、E 5个展馆。A馆和E馆是国内单体建筑面积最大的展馆，单体面积均为1.5万平方米，B馆和D馆面积均为5000多平方米，C馆面积为6000平方米。展厅展示空间巨大，能满足各种展示功能的需要。展馆设施包括会议区、服务区、信息发布区、办公区和餐饮区一应俱全。最大会议室可容纳700多人。展馆外能容纳1500辆车辆的停放，展馆周边拥有14个宾馆与之相配套，可充分满足举办大型展会、活动的需要。2004年，会展中心承办大型展览5个，展览总面积10.3万平方米。其中10月26日至31日承办的第五届汽车展览会和中国东部（杭州）国际汽车零部件采购供应商大会，共接待观众29万人次，实现贸易成交额18.3亿元。（高　嵩）

中国杭州丝绸时尚节时装展示

·休博会综述·

【休博会筹备工作全面推进】 2004年,杭州世界休闲博览会(以下简称休博会)筹备工作全面推进。4月,休博会组委会审定通过《2006杭州世界休闲博览会总体方案》,明确休博会办会方针、思路、目标及工作机构,休博会与西博会机构实施合署办公。6月,抓住国内旅交会在杭州召开的机遇,举行休博会国内重点城市合作会议,邀请46个国内大中型城市和重点风景旅游城市的市长或市长代表参加。有20个城市签订了在世界休闲博览园内设立城市馆的协议书。9月,杭州市组团参加在澳大利亚布里斯班召开的第八届世界休闲大会,专题介绍杭州、推介休博会。4月和11月,休博会组委会与世界休闲组织举行了第二次、第三次联席会议,讨论完善休博会总体方案、目标纲要、市场营销、国际邀请等内容。8月起,世界休闲组织确定驻地代表,加强双方沟通和协调。

休博会有序展开各项筹备活动,休博会组委会会同省旅游局、市旅委、市贸易局、市工商局和新闻单位,组织“浙江省首届休闲度假胜地”评选、“消费者喜爱的休闲场所”评选;会同东方卫视与杭州电视台联合组织“西湖六月中”大型直播节目;举办“2004中国休闲经济国际论坛”。按照突出“休闲品牌、国际化品牌、精品展览牌和安全健康品牌”的要求,认真策划组织休博会项目,首批确定45个。其中休闲旅游类20个、文体活动类11个、展示展览类5个、会议培训类5个、园区活动类4个。在北京、上海、广州举行新闻发布会等大型推广活动。

10月,中共中央政治局委员、国务院副总理吴仪在考察浙江旅游工作时,听取2006年杭州世界休闲博览会的筹备工作汇报,吴仪指出:“2006年世界休闲博览会在杭州举办,对杭州会展旅游的发展将会是一次大的推动,希望你们全力办好这次盛会,并以此为契机,把浙江的会展旅游、商务旅游提升到一个新的水平。”对杭州举办世界休闲博览会寄予了厚望。(沈杨根)

►►资料:世界休闲组织

世界休闲组织(World Leisure Org.)又称世界休闲与娱乐协会(World Leisure and Recreation Association),成立于1952年,一般简称为“世界休闲”(World Leisure),与联合国教科文组织等机构和有关国家、地区的官方、非官方机构有着良好的合作、互动关系。该组织致力于发现并创造最好的条件,以使休闲成为人类进步发展及良好生存的动力。

世界休闲组织主要通过鼓励研究分析、共享有关休闲的理论知识与经验、倡导有利于休闲发展的条件等方式,从全球的角度推动世界休闲的发展。主要职责为:世界休闲组织理事会对世界休闲组织进行全面指导并制订政策,成员包括主席、秘书长、副主席、财务主管、国际顾问等。世界休闲组织下设3个委员会:执行委员会、财务委员会、开发委员会。董事会每年召开一次会议,各专业委员会不定期开会。世界休闲组织秘书处在秘书长领导下进行工作,项目负责人负责各自项目的管理,具体项目包括世界休闲大会、世界休闲博览会、世界休闲专题活动、世界休闲发展特殊项目和世界休闲报、世界休闲网站、世界休闲专业化服务(包括规划、调研、培训、评估)等。至2004年,世界休闲组织已召开了八届世界休闲大会。

(周樨瀛)

表30 历届世界休闲大会举办地

届　次	举办时间	举办地点	
第一届	1988年	加拿大	路易斯湖
第二届	1991年	澳大利亚	悉　尼
第三届	1993年	印　度	新德里
第四届	1996年	英　国	卡迪夫
第五届	1998年	巴　西	圣保罗
第六届	2000年	西班牙	比尔堡
第七届	2002年	马来西亚	吉隆坡
第八届	2004年	澳大利亚	布里斯班

▶▶资料:杭州申办休博会经过

杭州市申办世界休闲博览会和第九届世界休闲大会始于2000年7月在香港举行的世界娱乐博览会。2001年7月,专家小组完成《杭州世界休闲博览会可行性研究》。在2001年中国休闲经济国际论坛上,杭州市向世界休闲组织正式提出举办世界休闲博览会。期间,世界休闲组织代表团3次到中国杭州考察。2002年5月8日至12日,世界休闲组织代表团和杭州世界休闲博览会申办领导小组就杭州申办事项举行联合工作会议。会后,对2006年休闲博览会会展规模、场馆建设、接待能力、会议设施、财务预算、营销计划等做了相关规划,2002年3月30日杭州市递交《申办补充报告》。

2002年8月10日,世界休闲组织在加拿大举行理事会,有39名理事进行投票,杭州市以领先第2位4票的优势获得2006年世界休闲博览会承办权。11月8日,世界休闲组织与杭州市政府、萧山区政府、宋城集团签署《2006年世界休闲博览会和世界休闲大会协议备忘录》,正式确立合作举办的关系。举办时间为2006年4月22日至10月22日。

(周　围)

【休博会总体安排】 2006年杭州世界休闲博览会由世界休闲组织、中国国家旅游局、全国工商联、浙江省政府等主办,杭州市政府、萧山区政府和宋城集团承办。

休博会的主题是:休闲——改变人类生活。举办方针为:政府主办、企业主体、市场运作、社会参与、实现共赢。举办目标为:扩大休博会的国际影响,促进世界各国尤其是发展中国家休闲科学的交流与传播,促进休闲经济发展,提高人们生活质量;提高浙江省的国际知名度,引领中国休闲产业发展,促进旅游产业结构优化和旅游产品转型,打造"山水浙江、诗画江南"和杭州"东方休闲之都"品牌;计划接待国内游客1500万人次,海外游客100万人次。

2006年杭州世界休闲博览会的参观项目分为休闲旅游、文体活动、会议培训、展示展览4个类别。(沈杨根)

▶▶资料:休博会会标

2003年4月,休博会组委会面向社会公开征集休博会会标、宣传画和宣传口号。截至6月,收到来自全国各地的会标、宣传画等设计作品532件,主题口号2247条。经过历时半年的市民、专家评选和入选作品的多轮参评,浙江工程学院学生徐欢设计的由红绿两色构成的图案,在众多应征作品中脱颖而出,成为休博会的会标。

2006年杭州休博会会标

会标中轻松随意的线条勾勒出的紫砂壶与杭州西湖三潭映月幻化后的叠影,具有浓郁的杭州休闲文化韵味,这是休闲生活中动和静的和谐,更是体现中国休闲文化之魂的高度浓缩。会标体现了2006年杭州世界休闲博览会举办的意义:休闲,让生活保持新鲜和润泽。

形象:三潭映月是西湖这一颗璀璨明珠的标志性景致,当它和紫砂壶叠映着勾划出天堂杭州的象征性轮廓时,是杭州美景的浓缩。这枚会标的设计线条柔美,又洋溢着灵动的气息和蓬勃的力量,它是杭州这座既古老又现代的文化名城的和弦,作为2006年杭州世界休闲博览会的会标,它是一种无声的表白:在这里,你能拥有自然和人文的美好生活。

精神:朱红色和紫砂壶的意念均来自于华夏文化的积淀,它继承着中华民族传统的精髓,传递着中国文明所独特的审美品质和人文精神。会标中间开口处是龙井茶叶的绿色变形,表现了杭州城市的大气开放姿态,昭示了时代的交融与交流,寓意着杭州将以热情的姿态迎接海内外朋友的光临。

品质:红和绿、动与静的和谐,是东方文明在张弛之道间所体现出的智慧:懂得休闲的人才能更有效率的工作。休闲是一种品味,一个态度,一份动力,这是2006年杭州世界休闲博览会带给人们的惊喜和礼物。

▶▶资料:休博会吉祥物

2003年4月起,休博会组委会征集吉祥物与征集会标等活动同时进行。知名画家罗国强设计的水滴——晶晶成为休博会的吉祥物。吉祥物为一滴张开双臂的水滴。

2006年杭州休博会吉祥物

水是大自然的精灵,是西湖秀美的象征,它给人们带来了吉祥与祝福。2006年杭州世界休闲博览会吉祥物——晶晶,以其饱满的精神、灿烂的笑容、活泼可爱的形象,热情地欢迎每一位远方的朋友,投入到这座城市水一样柔美的怀抱之中。水也是生命之源,那种纯净、亲切、自然的蓝色,正是人们向往的乐园和圣地的色彩。来自五湖四海的朋友们,在杭州这座山水城市里,正如一滴水融入到一面湖中,自由自在而默契,在体验休闲里拥有焕然的心境。

【聘请休博会形象大使】 6月5日,在休博会国内重点城市合作会议上,杨澜女士从中共浙江省委常委、杭州市委书记、世界休闲博览会组委会主任王国平手中接过聘书,成为该届休博会的形象大使。形象大使全力配合休博会的海内外推广工作,其领导的阳光体育媒体集团也将与世界休闲博览会组委会进行广泛合作,为休博会提供媒体资源和项目策划、推广的支援与服务。

9月,杨澜女士与杭州市代表团

一起出席在澳大利亚布里斯班举行的第八届世界休闲大会，并发表演讲，代表杭州人民向世界各国发出参加2006年杭州世界休闲博览会的邀请。

▶▶资料:杨澜

阳光体育媒体集团创始人之一，任该集团副主席及执行董事。曾于1999年和2001年被《亚洲周刊》评选为“亚洲20位社会与文化领袖”和“能推动中国前进、重塑中国形象的12位代表人物”。2001年度被推选为海内外10位有影响力的“《中国妇女》时代人物”。2001年，出任北京申办2008年奥运会的形象大使;2003年当选为第十届全国政协委员会委员。2004年6月受聘为2006年杭州世界休闲博览会形象大使。

【休博会倒计时牌揭牌】 10月16日，在第六届(2004)中国杭州西湖博览会开幕式文艺晚会上，省委常委、市委书记、2006年杭州世界休闲博览会组委会主任王国平与世界休闲组织执行官杰拉德·凯尼恩共同为2006年杭州世界休闲博览会倒计时牌揭牌，2006年杭州世界休闲博览会进入553天倒计时。

世界休闲博览会倒计时牌设在武林广场。倒计时牌上的西博会吉祥物欢欢、休博会吉祥物晶晶告诉人们，杭州将在2006年4月22日举办这一世界性的盛会。 （周　围）

·筹备活动·

【召开国内重点城市合作会议】 6月5日，2006年杭州世界休闲博览会国内重点城市合作会议在浙江世界贸易中心大酒店隆重召开。来自北京、上海、天津、广州、武汉、西安、南京、成都、贵阳、乌鲁木齐、太原、石家庄、哈尔滨、长春、昆明、银川、泰州、郑州、长沙、南宁、深圳、宁波、大连、苏州、开封、嘉兴、湖州、温州、绍兴、台州、舟山、无锡、岳阳、青岛、黄山、井冈山、蓬莱、阿城、北海、丽江、烟台、三亚、秦皇岛、平遥、宜昌、丽水等46个国内大中型城市和重点风景旅游城市市长或市长代表参加会议。休博会组委会确定北京申办

杭州世界休闲博览会形象大使——杨澜

2008年奥运会形象大使、阳光体育媒体集团副主席杨澜女士为2006年杭州世界休闲博览会形象大使。

国家旅游局副局长孙钢，省委常委、市委书记、2006年杭州世界休闲博览会组委会主任王国平，市委副书记、代市长、世界休闲博览会组委会第一副主任孙忠焕，省旅游局副局长姚升厚等领导出席会议。副市长、休博会组委会副主任项勤主持会议，代市长孙忠焕发表热情洋溢的欢迎词，国家旅游局副局长孙钢作重要讲话。

这次合作会议的成功召开，表明世界休闲博览会筹备工作和国内推广活动进入一个新阶段。

【举办中国休闲经济国际论坛】 11月26日至28日，在杭州举行2004年中国休闲经济国际论坛。该次论坛由世界休闲组织、浙江大学、杭州市政府、浙江省旅游局主办。国家旅游局副局长王军，省旅游局局长纪根立，浙江大学党委副书记庞学铨，代市长孙忠焕，市委常委、萧山区委书记王金财，副市长项勤出席开幕式。

出席该次论坛的还有世界休闲组织董事会主席德雷克·卡塞、世界休闲组织执行官杰拉德·凯尼恩、太平洋亚洲旅游协会主席兼首席执行官彼得·德容、北京奥组委执委魏纪中、上海世博局副局长黄耀诚、中国社会科学院旅游研究中心研究员魏小安、中国台湾以及美国、加拿大、德国、荷兰、日本、泰国、马来西亚等地有关城市代表和专家学者、企业界人士400余人。

14位中外会展专家、休闲旅游机构负责人、知名学者和专家作大会演讲，进行产业信息和学术交流。中国休闲经济国际论坛通过广泛交流，推动了休闲理念、休闲现状、休闲产业发展的思考与研究，引起人们对休闲问题的广泛关注。 （周樨瀛）

【成立浙江大学亚太休闲教育研究中心】 该中心于11月26日，由世界休闲组织、浙江大学、杭州市政府、杭州宋城集团联合发起成立。浙江大学亚太休闲教育研究中心(ASIA PACIFIC CENTRE FOR THE STUDY OF LEISURE, ZHEJIANG UNIVERSITY)是国际休闲教育、休闲研究、休闲实践和休闲推广促进机构，为理事会领导下的开放型、非赢利性学术研究与教育培训的组织。以浙江大学相关学科与科研教学设施为主要学术支撑，世界休闲组织提供学术指导与中国地区之外的宣传推广，市政府、宋城集团提供政策资源、公共资源、开办经费、部分科研经费与市场开发条件。理事会由各主办方和其他有关机构的代表组成。 （白　鸥）

【休博会首批确定45个项目】 按照突出“休闲品牌、国际化品牌、精品展览牌和安全健康品牌”的要求，世界休闲博览会组委会认真策划组织休博会项目，至2004年11月，首批确定了45个项目。 （朱　盈）

表 31　　首批确定的2006年杭州世界休闲博览会活动项目表

序号	名　称	举办时间和内容
1	世界休闲博览会开幕式	2006年4月22日举行
2	第九届世界休闲大会	2006年10月16日至20日举行，邀请世界各地的休闲业专家、代表和企业界人士，探讨休闲新理念、新学科
3	首届世界休闲峰会	2006年10月20日至21日召开，邀请国际休闲领域的权威人士参会，提供传播休闲新理念的国际平台
4	世界休闲教育培训	开展世界范围内的休闲教育、培训和研究
5	世界休闲创新奖评选	休闲创新奖评选活动
6	世界休闲博览会闭幕式	2006年10月22日举行
7	世界休闲博览园系列活动	2006年4月22日至10月22日举行
8	世界休闲风情园活动	展示旅游休闲设施和景观，举行民族风情表演活动
9	东方文化园活动	进行东方文化展示，开展休闲度假等系列活动
10	吴山庙会(清河坊民间艺人节)	民间艺人表演、民间收藏品展示及其他大众文体活动
11	第四届运河文化艺术节	以京杭运河为主题，开展系列文化、艺术活动
12	杭州西湖蒋村龙舟赛	举行中国民间传统的赛龙舟活动
13	大清谷野外拓展运动邀请赛	野外拓展运动赛事
14	公园定向赛(节)	举办世界定向精英赛、大中学生赛及公开赛
15	中国·杭州西湖国际茶文化博览会	举办西湖龙井开茶节、茶文化嘉年华、国际名茶之乡博览会、茶乡风情游、论茶等活动
16	中国国际(萧山)钱江观潮节	观潮及旅游、经贸、文化系列活动
17	萧山杜家杨梅节	以杨梅为主题，在杭州生态园开展系列旅游、经贸、文化活动
18	高尔夫名人邀请赛	在西湖高尔夫乡村俱乐部举办名人高尔夫球赛
19	杭州双溪水上欢乐节	举办水上漂流和各种水上娱乐活动
20	水上休闲旅游国际论坛	邀请国际旅游专家、学者召开水上休闲旅游国际论坛
21	中国·杭州千岛湖秀水节	千岛湖旅游系列活动
22	潇洒·桐庐富春江山水节	系列休闲旅游、文化及经贸活动
23	神州风韵·第二届中国民间艺术之乡剪纸邀请赛	剪纸作品展览、剪纸技艺表演以及相关的评比和研讨活动
24	建德大慈岩攀岩运动	举行攀岩运动赛事，并组织游客开展参与性攀岩活动
25	中国杭州首届房车展	举办国内外露营房车及设备展示、房车休闲旅游活动、中国房车发展论坛
26	中国·象山开渔节	在浙江省象山渔村景区举行祭海仪式、开船仪式、渔灯展示、黄金海岸观光游、“海上乐”游艺活动等
27	中国·龙泉山登山节	在浙江省龙泉山国家原始森林公园举行参与性登山活动
28	“中国(浙江)十佳休闲度假胜地”评选	评选浙江省内的休闲度假胜地，召开休闲旅游产业研讨会
29	全国游艇及水上娱乐设施展览会	展示各类游艇、运动竞赛器械(包括各类皮划艇、帆船等)，举行水上运动项目比赛、表演
30	宋城景区活动	包括世界民间绝艺大赛、中国·杭州火把节、泼水节、天灯节等活动
31	国际旅游小姐冠军总决赛	由世界几十个国家和地区选派该国或该地区的“旅游小姐”，参加在杭州举行的冠军总决赛
32	西湖国际烟花大会	在西湖中心水域上空施放国际烟花，组织中外游客沿湖观赏
33	快乐杭州——中国杭州西湖狂欢节	邀请国内外民间艺术表演团队和市民群众在杭州进行狂欢大巡游
34	第九届(2006)西湖艺术博览会	中国国际艺术品展览、中国古玩、字画和油画艺术品拍卖会
35	西湖情玫瑰婚典	组织100对中外新人在杭州举行集体婚礼，婚车环西湖巡游，营造浪漫的气氛
36	中国(杭州)美食节	中华名小吃展销、系列美食展销、烹饪演示和餐饮行业评比活动
37	中国杭州国际旅游(休闲)商品博览会	进行旅游商品的展示、销售、贸易活动，举办相关评选和论坛
38	中国杭州商业特色街风采展示活动	在杭州清河坊、南山路、湖滨路、武林路、丝绸街、文三路、四季青、信义坊、梅家坞等特色街区开展休闲娱乐和文化艺术活动，对街区的商品、服务、文化、民风等进行全面展示
39	中国(杭州)国际电脑节	以数字娱乐为主题，体现数字生活，开展数字产品展销、IT产业论坛以及相关娱乐活动

(续表 31)

序号	名　称	举办时间和内容
40	"天堂丝绸"时尚节	以丝绸为主题的系列文化、艺术活动
41	"武林衣秀"时尚展示	服饰时尚展示活动
42	杭州国际城市围棋赛	围棋比赛、少儿围棋选拔赛、网上选拔赛、大盘讲解、政要指导棋等活动
43	中国(杭州)集邮文化展	展示珍贵邮品
44	中国天目山森林旅游资源博览会	森林休闲旅游活动、吴越文化展示系列活动、休闲经济项目推荐和休闲运动系列活动
45	中国国际香水及彩妆展览会	展示国内外各类香水、彩妆用品

【确定 8 项博览园活动】 在休闲博览会首批确定的 45 个项目中，休闲博览园系列活动是重要的活动项目，具体安排了 8 项活动。

世界百座城市休闲风情馆活动。世界百座城市休闲风情馆邀请 100 座国内外著名城市设馆，展示各自城市独特的休闲风情。

环球嘉年华活动。引进"环球嘉年华"的全套游乐项目。

文艺演出。邀请中外艺术表演名家和知名团体，举行展示各民族风情和地方特色的文艺表演，体现"世界在这里相聚"这一主题。

节庆活动。举行体现不同文化背景和较高观赏性，并具有浓郁休闲特色和参与性的各类活动。如：戏水狂欢、街舞狂欢、啤酒狂欢等。

主题公园活动。主题公园位于休博园荷兰花街，为儿童提供各种新奇游乐设施和趣味创意活动。该公园也是成人主要的娱乐休闲场所之一。

艺术街活动。这一活动将荟萃中外艺术精品，并邀请各地艺术大师参加。

图书街活动。集中销售图书、音像制品，举办国际书市。

主题休闲街活动。在休博园中心湖区开设各类酒吧、咖啡吧、休闲吧，经营特色餐饮、中外风味小吃等。

·场馆建设·

【世界休闲博览园】 世界休闲博览园是一个集休闲、旅游、度假、会展、人居为一体的休闲主题城，在原杭州乐园的基础上动工修建，占地 200 公顷。其中，位于主题公园的主会场能容纳 3000 人参会，另有配套会议室 10 个；有五星级酒店客房 300 多间、三星级酒店客房 400 多间、经济型酒店客房 600 多间；可同时供 1200 人中餐和 1500 人西餐的大餐厅各 1 个，其他特色餐饮区面积 5000 余平方米。休博园计划于 2005 年底建成，是一个现代休闲旅游度假区。园区内设立"世界百座城市休闲风情馆"，是 2006 年杭州世界休闲博览会的核心项目。园内可举行休闲博览会开幕式、世界休闲大会等大型活动和相关展览展示活动。

【世界休闲风情园】 世界休闲风情园是集客房、餐饮、商务于一体的休闲度假、休闲娱乐、会议宴请的场所。风情园位于萧山湘湖度假区，毗邻世界休闲博览园，占地 133 公顷，由度假酒店、风情生态园等构成。设立具有东方风格的休闲风情和时尚、健康的娱乐活动项目。该园于 7 月开工兴建。（李伟霞）

【世界百座城市休闲风情馆】 休闲博览会组委会邀请 100 座国际知名城市、休闲旅游特色城市在世界休闲博览园内设立城市馆，展示与交流各城市独特的休闲风情与历史文化，搭建国际城市间合作交流的重要平台。

"世界百座城市休闲风情馆"位于世界休闲博览园区，馆区总面积 3 万平方米。"百城馆"在世界休闲博览园开园时统一开馆，并选择 2006 年 4 月 22 日至 10 月 22 日当中的一天或数天作为建馆参展方的"城市日"或"城市周"，举行升旗仪式，举办展示各自城市休闲文化、推广旅游资源和产品等一系列主题活动。

在 6 月 5 日举行的休闲博览会国内重点城市合作会议上，共有上海、成都、昆明、乌鲁木齐等 20 个城市首批签订了"百城馆"建馆协议。在 9 月第八届世界休闲大会上，与澳大利亚悉尼、堪培拉和瑞典马尔默等城市签订了建馆协议书。在 11 月举行的 2004 年中国休闲经济国际论坛上，举行"百城馆"选址仪式，武汉、开封、温州、北海、乌鲁木齐、昆明等 18 个城市的市长和市长代表现场参加城市馆选址，选取面积 3560 平方米。（沈杨根）

举行休博园奠基仪式

·招商引资·

【招商引资概况】 2004年，全市引进内资项目5178个，比上年增长37%；协议资金474.31亿元，增长33.8%，完成全年任务的150.2%；到位资金225.63亿元，增长50%，完成年度任务的119.1%。

引进项目的产业结构是：第一产业29个，协议资金0.95亿元，到位资金0.82亿元，分别占资金总额的0.2%和0.4%；第二产业521个，协议资金117.18亿元，到位资金79.68亿元，分别占24.7%和35.3%；第三产业4628个，协议资金356.18亿元，到位资金145.13亿元，分别占75.1%和64.3%。

引进资金的所有制结构是：非国有资本协议资金358.48亿元，到位资金175.46亿元，分别占资金总额的75.6%和77.8%；国有资本协议资金115.83亿元，到位资金50.17亿元，分别占24.4%和22.2%。

引进资金的地域结构是：省内资金主要来源于温州、台州、宁波、绍兴等地，协议资金198.35亿元，到位资金100.03亿元，分别占资金总额的41.8%和44.3%；省外资金主要来源于上海、北京、广州、福建等地，协议资金92.65亿元，到位资金55.34亿元，分别占19.5%和24.5%；来源于省、部属企业的协议资金183.31亿元，到位资金70.26亿元，分别占38.7%和31.1%。

【赴温州、台州招引民营资本】 7月6日~8日，杭州市经贸代表团一行90余人，先后在省内民营经济强市温州、台州举行经济合作洽谈会。在温州洽谈会上，与中国正日集团等86个温州企业负责人和投资者进行洽谈；随后与温州黎明液压有限公司等5个企业签约，涉及工业、商贸等领域，总投资约4亿元，全部为温州资金。在台州洽谈会上，与星星电器集团等64个台州企业负责人和客商洽谈，达成2个项目、总投资约2亿元的合作意向；浙江三门立达交通工程建设有限公司总部迁杭。

表32 2004年杭州市国内招商引资情况

单位：亿元

单　位	协议资金	到位资金	项目个数	完成率(%)	
				协　议	到　位
上城区	51.58	25.95	655	120.23	100.97
下城区	55.25	33.03	972	137.78	137.63
江干区	38.21	22.31	709	140.48	134.55
拱墅区	58.67	34.58	1007	136.76	117.34
西湖区	44.19	19.83	841	156.70	136.87
高新区(滨江)	58.17	29.26	256	178.44	149.29
萧山区	53.08	12.68	350	296.54	117.41
余杭区	16.18	8.73	45	126.41	113.38
桐庐县	28.68	6.11	32	109.30	110.82
淳安县	13.64	5.98	86	227.33	166.11
建德市	12.90	6.14	76	541.13	151.40
富阳市	16.34	6.51	46	230.14	146.19
临安市	15.52	9.42	95	184.29	190.94
杭州开发区	11.90	5.10	8	143.37	102.00
合　计	474.31	225.63	5 178	150.19	119.07

【在成都开展招商活动】 7月27日~29日，杭州市经贸代表团一行37人赴成都开展招商活动。在杭州(成都)经济合作洽谈会上，杭州市经贸代表团介绍杭州市的基本情况和投资环境，推出经济合作重点投资项目300余个，分发资料1000余份，并与四川长虹、四川大陆、新希望等50余个企业的负责人和投资者进行洽谈。四川锦盛投资顾问有限公司意向投资临安市的日处理污水4万吨项目，总投资额为1.4亿元；四川康高新制药股份有限公司意向与天目药业股份有限公司合作开发中成药研制、生产项目，总投资额在5000万元以上。

【上海招商活动有新突破】 5月，杭州西湖风景名胜区管理委员会、市经合办、市政府驻沪办事处共同在杭州举办“考察新西湖、共建新天堂”活动。上海40名商界知名人士、日本企业代表以及上海浦东新区经贸局领导参加活动，参与西湖风景区商业网点的招商。9月16日，80余人组成的杭州经贸代表团赴上海开展招商活动，与200余个企业负责人和投资者进行洽谈，达成25个项目的合作意向，涉及资金总额逾43亿元。12月，2004年杭州(上海)名特优新产品展销会及农商恳谈会在上海举行，参展企业270余个，销售金额600余万元，签约项目14个，协议投资2亿元。至年末，杭州市从上海引进内资项目127个，投资总额达100亿元。

【第七届国内经济合作洽谈会成效显著】11月2日上午，第七届国内经济合作洽谈会在杭州黄龙饭店隆重开幕，吸引了来自全国各地的企业参与。通过两天洽谈，11月3日下午举行项目签约仪式，签署34个合作协议，总投资114.73亿元，引进外地资金84.83亿元。其中，投资美华医学国际联合医院10.6亿元，投资钱江四桥7.65亿元，投资浙江出版印刷物流基地7亿元。

·接轨大上海融入"长三角"·

【在规划层面上开始接轨和融入】2004年，杭州市计划、交通、旅游、环保等部门在对杭州经济社会发展总体规划和部分专项规划进行修订和完善时，就重视做好接轨上海、融入长江三角洲工作。如：以合理整合、提升、规划物流网络设施和空间区位物流网络通道，加速形成具有杭州特色的"长三角"综合物流枢纽为目标，编制《杭州现代物流基础设施空间发展规划》；围绕建设"长三角"统一大市场的目标，制订《关于围绕接轨上海建设"长三角"统一大市场目标的总体规划》；以实现"长三角"旅游业联动发展为目标，配合上海做好"长三角"区域旅游规划。

此外，杭州市相继开展《上海建设国际金融中心与杭州金融业发展的关系研究》、《"长三角"地区城市群商务成本比较研究及杭州的对策》、《浙苏共同加快杭宁发展带建设》、《把握世博契机，加强沪杭合作，做大世博经济，促进杭州发展》等课题研究，并提出接轨上海多层次区域资本市场五年规划。

【全面启动"东网加密"工程】"东网加密"工程是接轨大上海、融入"长三角"的基础性、标志性工程。2004年，"东网加密"工程全面启动，取得丰硕成果。320国道余杭段一级公路改建工程于9月30日建成通车。萧山红十五线一期工程于11月25日建成通车。沪杭甬高速公路拓宽工程在进行中。杭浦高速公路(沪杭二通道)于12月28日开工建设。申嘉湖杭高速公路年内做好各项技术前期工作。钱江十桥及接线工程完成线位方案、通航技术等多项论证，并通过预可行性审查。

【参与"长三角"区域旅游合作】2004年，杭州市旅游部门抓住机遇，发挥优势，加快接轨上海、参与长江三角洲合作与交流的实质性步伐，促进了杭州旅游的跨越式发展和区域旅游经济的发展。

市旅游部门加强与上海和"长三角"旅游城市的网站交流与合作，实现旅游信息共享；开展与"长三角"旅游城市导游师资和培训教材的交流，组织导游师资赴南京和苏州，对两地导游人员进行有关杭州旅游业务知识培训。杭州与上海两地旅游集散中心开辟固定对开的旅游班车，实现客源互送。

10月10日~13日，市旅游部门参加在黄山举行的"长三角"旅游城市15+1高峰论坛——黄山峰会，会上通过了《黄山共识》。杭州与上海、黄山签署"名城、名湖、名山"旅游线合作推广协议，树立长江三角洲区域的旅游精品合作典范。杭州与南京、宁波、湖州签署"民国旅游线"推广意向书，就各地对有关"民国旅游"的资源进行挖掘、整理，统一整合和包装，推出具有代表性的旅游景点精品线路达成协议。

11月，市旅游部门加入"长三角"区域市场推广联合组织，并借中国国际旅交会之机，与上海合作邀请国际买家团到杭深入考察杭州旅游资源和旅游产品。12月，与上海合作共邀日本交通公社(JTB)大阪支店研修员到沪杭两地研修，从而推动杭州开拓日本市场，提升杭州旅游部门与国外大旅行社的合作。

【太湖流域防治污染工作有成效】2004年，围绕太湖共保规划，杭州市进一步加强所辖的太湖流域防治污染工作，在经济快速发展的同时，较圆满地完成太湖"十五"规划水污染防治年度任务。杭州市所辖的太湖流域出境断面水质没有恶化，个别时段的个别指标还有所好转。

【加大人才合作力度】2004年，杭州市按照《长江三角洲人才开发一体化共同宣言》的要求，加大人才合作力度。先后在桐庐、建德、淳安、萧山、富阳和杭州经济技术开发区建立"长三角"紧缺人才培训服务中心，引进现代物流、外语口译、汽车营销、国际贸易单证等"长三角"紧缺人才项目培训。全年有5292人参加上述各类资格证书的培训与考试，1517人获得证书。

3月，上海同济大学杭州教学基地正式揭牌，首批开设工民建、工业工程、物流工程、道路交通4个硕士专业。与上海著名培训机构合作，引进师资和教材，成功举办3期经理

第七届杭州国内经济合作洽谈会项目签约仪式

杭州(上海)经济合作洽谈会

人员和高级经营师国家职业资格鉴定培训班。

11月,杭州市参加"长三角"地区首届网上人才交流大会;12月,组团赴上海举办高级人才招聘会,引进杭州市急需的中高级人才。

【教育合作活动频繁】 2004年,沪杭两市在教育合作、师资队伍建设合作等方面活动频繁。市教育部门参加沪杭两地高中青春期性健康教育课交流活动、2004年"长三角"16城市教育发展"黄浦杯"征文活动、沪杭两地"学习型家庭"建设指导工作研讨交流活动、沪杭两地职业学校校长学术研讨会,组织召开"长三角"16城市现代学校制度建设研讨会、"三市一区"(杭州市、无锡市、开封市、上海闸北区)第十九届学校德育研讨会、2004年"长三角"16城市教育发展研究成果评比交流活动。

1月,市政府与华东师范大学签订《杭州市人民政府和华东师范大学教育合作框架协议》和《杭州市人民政府和华东师范大学2004年教育合作项目协议》。全年聘请华东师范大学教师来杭举办8个课程的专题培训。9月,在华东师范大学举办杭州市初中语文、数学骨干教师培训班。

【深化科技合作】 2004年,杭州市与中科院上海分院达成在杭联建国家技术转移中心杭州分中心的协议,与上海科技成果转化促进会达成引进上海市高校、科研院所的高新技术成果在杭州转化的初步合作意向。8月,与上海市高新技术成果转化服务中心和无锡市生产力促进中心共同发起在上海举行"长三角"高新技术项目交易洽谈会,联手共建"长三角"高新技术成果交易和科技融资两大平台。洽谈会上有20个项目签约,成交额达1.5亿元。

6月,杭州市参加在上海举行的东方科技中介论坛,就"构筑'长三角'科技中介服务体系,促进区域科技与经济联动发展"的主题,与兄弟城市进行深入探讨。在此基础上,上海、江苏、浙江共同签署了关于建立"'长三角'科技中介战略联盟"、"'长三角'技术与资本对接服务平台"、"推进'长三角'技术经纪人合作平台"、"'长三角'技术信息服务平台"等4个协议,进一步促进科技中介组织的交流与合作。

各区、县(市)科技部门接轨上海活动频繁。下城区科技局与上海市黄浦区科委、上海市浦东新区科委和上海技术产权交易所分别签订《科技合作战略协议》。余杭区科技局组织企业带着技术难题赴上海高校开展项目对接洽谈活动。

·参与西部大开发和东北老工业基地振兴·

【参加浙江省与川、渝、鄂经贸交流合作】 5月13日~23日,杭州市组织30余个企业参加浙江省赴四川、重庆、湖北考察活动,及浙江重庆经济和社会发展合作项目签约仪式、湖北浙江经济技术合作项目签约仪式。杭州市华立集团、农夫山泉有限公司等19个企业与重庆市、湖北省有关单位签署21个合作项目,涵盖了工业、房地产、旅游、基础设施和商贸等领域,总金额达109.15亿元,约占全省在两地签约项目总金额的五分之一。其中,与重庆市签署合作项目10个,总金额31.12亿元;与湖北省签署合作项目11个,总金额78.03亿元。

【参加第十二届"兰洽会"】 8月26日~29日,杭州市政府代表团参加第12届中国兰州投资贸易洽谈会。在兰州期间,市政府代表团考察了在兰州投资的杭州企业——银都集团。市经合办与兰州市招商局就扩大两市经济合作进行交流,并赴定西市岷县考察有关投资合作项目。

【民营企业家代表团赴北海考察】 10月20~24日,杭州市民营企业家代表团赴广西北海市进行经贸合作考察。在北海期间,代表团受到北海市党政领导接见,考察了北海市工业园区、出口加工区、合浦县民营经济开发区及城市基础设施建设等。代表团中的万事利集团、浙江万马集团分别就北海商业老街改造和建材市场开发与北海市有关单位达成合作意向。

【参加第十五届"哈洽会"】 6月15日,杭州市政府代表团和经贸代表团约300人参加第十五届中国哈尔滨经济贸易洽谈会。杭州娃哈哈集团公司、农夫山泉有限公司、数源科技有限公司等30余个企业组成的杭州展区,以恢弘大气、精致开放的风格,展示了杭州市近年来发展的成就。在6月15日上午举行的浙、黑、俄经贸合作介绍会暨合作项目签约仪式上,娃哈哈集团公司、浙江田园集团公司、浙江兽王集团公司、杭州天野通信有限公司、浙江邦德集团公司、杭州紫香集团有限公司、杭州康恒参茸保健品有限公司、浙江众诚医药有限公司等9个企业与黑龙江省有关方面签署13个合作项目,涵盖了工业、农业开发、基础设施、商贸等领域,总金额8.36亿元。

·山海协作工程·

【"山海协作工程"概况】 2004年，杭州市积极参与"山海协作工程"，全年新增"山海协作"项目197个，协议总投资44.92亿元，到位资金14.63亿元。至年末，累计签订"山海协作"项目511个，协议总投资110.2亿元，杭州方投资94.48亿元，到位资金33.36亿元。

【参加省"山海协作工程"系列活动】 11月25日，省"山海协作工程"系列活动在丽水举行。市委副书记、代市长孙忠焕率杭州市党政代表团出席开幕式，并向省委、省政府主要领导作了杭州市实施"山海协作工程"的工作汇报。活动期间，杭州市签约40个项目，协议总投资27.89亿元。市政府还向丽水市捐资80万元援建一所小学。

【杭州衢州经合(协)系统建立对口协作关系】 5月14日，衢州市委副书记黄会荣率党政代表团访问杭州，与杭州市协商确定了两市2004年实施"山海协作工程"的工作意见。9月29日，金胜山副市长率杭州市政府代表团访问衢州，与衢州市领导研究确定，将加强在旅游、科技、劳务、卫生、文化、信息等领域的合作与交流，实现两市经济社会的联动、协调发展。在衢州—杭州"山海协作工程"情况交流会上，杭州市除淳安县以外的12个区、县(市)经合(协)办与衢州市6个区、县(市)经协办签署了《关于进一步加强对口协作关系的协议书》。结成对口协作关系的是：余杭区经合办、拱墅区经协办对口柯城区经协办，富阳市经合办、西湖区经协办对口龙游县经协办，萧山区经合办、建德市经合办对口开化县经协办，上城区经协办、临安市经合办对口常山县经协办，下城区经合办、江干区经合办对口江山市经协办，高新区(滨江)经合办、桐庐县经合办对口衢江区经协办。两地经合(协)系统还建立互访制度和信息交流制度，努力实现杭州与衢州多层次、宽领域的合作交流。

【制订财政贴息政策】 2004年，市政府先后出台《杭州市山海协作工程和参与西部大开发财政贴息资金管理暂行办法》和《关于印发杭州市山海协作工程和参与西部大开发财政贴息资金对县市及萧山余杭部分重点项目予以奖励实施意见的通知》，决定在2004年~2006年度每年度在财政预算中安排300万元资金，对参与"山海协作工程"、西部大开发和振兴东北老工业基地的企业予以一定数额的财政贴息补助（或奖励），鼓励和引导有条件的企业积极参与。

·帮扶支援·

【帮扶支援概况】 2004年，杭州市对口帮扶贫困地区和对口支援三峡库区工作取得新成果。全年筹措帮扶资金493万元（其中市财政190万元），完成合作项目28个。其中，农业开发项目5个，希望小学9所，卫生院3所，敬老院1所，安身工程1个，公路建设项目3个，移民培训中心1个；接受干部到杭挂职28人，培训农业科技带头人15名，安置库区移民95户、404人，为加快南充、涪陵两地的脱贫致富步伐和巩固脱贫成果作出积极贡献，

杭州市2004年的帮扶资金主要用于帮助南充市的3个县(区)实施以个体业主滚动开发为主体的肉牛养殖、水产及小家禽养殖和茭白、灵芝、竹笋培植等农业综合开发项目。肉牛养殖场已有近百头小牛分散到农户家中饲养，133.33公顷茭白、竹笋和0.33公顷灵芝将在下一年开春后逐步扩散到农户家中种植。企业合作也取得丰硕成果。娃哈哈涪陵分公司、广元分公司和青春宝九龙制药厂、营山华立电表公司、四川红旗鞭炮厂等企业的产品销售、实现利税等比上年有较大增长。娃哈哈涪陵分公司、广元分公司和青春宝九龙制药厂分别列重庆市、广元市利税大户的前三名。

【考察"双对口"地区】 为进一步推进"双对口"工作，5月，杭州市经合代表团赴重庆涪陵区和四川南充市考察。代表团对娃哈哈涪陵分公司、南充广丰农业有限公司、木老乡果林基地、阆中市种兔养殖基地等企业和帮扶项目进行考察后，分别与涪陵区、南充市的领导座谈，确立全年"双对口"工作思路与主要目标，商讨如何实现"输血式"帮扶向"造血式"帮扶转变。杭州市经合代表团受市政府的委托，分别向南充市、涪陵区捐赠帮扶资金160万元和移民资金30万元。12月，杭州市"双对口"考察组赴涪陵区、南充市对有关项目进行验收考察。

【帮助培训农技人员】 11月12日~16日，四川南充市农业科技人员一行15人到杭参加杭州市经合办、农业局组织的种植业、养殖业技术培训。培训采用实地考察、边看边讲的方式。南充农业科技人员先后赴余杭学习花卉、蔬菜种植技术，赴临安学习竹笋种植技术和羊、牛养殖技术，赴萧山学习猪养殖技术，普遍反映收获很大。

·外地驻杭办事机构·

【外地驻杭机构概况】 2004年，杭州市新登记外地驻杭办事机构645个。其中，省级人民政府驻杭(浙)办事机构5个，市(地区)、县(市)政府驻杭(浙)办事机构112个。至年末，外地驻杭办事机构累计2191个。

外地驻杭办事机构全年为杭州引进合作项目64个、资金总额31.1亿元，工程合作226项，人才与劳务合作9015人次，信息与技术合作401项，出口创汇9.8亿美元，安置职工3252人，为推动杭州经济和社会事业发展发挥了重要作用。

杭州市政府十分重视引导和发挥外地驻杭办事机构的作用，规范管理，优化服务，经常主动走访，召开座谈会，沟通信息，征求意见和建议，帮助协调解决问题和困难。

【召开经济情况通报会】 7月21日，市政府在浙江国际大酒店召开2004年杭州市上半年经济情况通报会，来自全国各地驻杭办事机构和到杭投资企业的代表300余人应邀出席。会上，金胜山副市长介绍市委九届七次全会精神和杭州市经济工作扩大对内对外开放的主要举措；市计委通报上半年杭州市经济运行情况和下半年经济走势及相应对策；西博办介绍西湖博览会的有关安排；市经合办通报全市国内合作交流的有关情况。（陈晓斌）

·对外经济贸易综述·

【对外经贸持续高速增长】 2004年，杭州市对外经济贸易贯彻落实对外开放战略，外贸、外资、外经“三外”并举，进一步形成全方位、多层次、宽领域的对外开放格局，开放型经济取得新的发展。

外贸出口持续高速增长。外贸出口提前一年零四个月实现全市“十五”期间出口规划目标，提前两个月完成全年出口任务。对外贸易进出口总额244.96亿美元，比上年(指2003年，下同)增长34.4%；其中出口151.75亿美元，增长38.6%。外贸自营出口增长幅度分别高于全国21.3个百分点，高于全省16.9个百分点。自营出口辐射192个国家和地区，其中自营出口超过500万美元的国家和地区76个。

在国家实施宏观调控政策的新形势下，努力克服土地、电力等要素资源紧缺的不利影响，新一轮招商引资开局良好，超额完成市委、市政府下达的目标任务。全年新批外商投资企业802个，协议外资30.77亿美元，实际利用外资14.10亿美元，分别比上年增长53.8%和39.8%，比全省平均增幅分别高33个和17.2个百分点，增幅在浙江省利用外资总额的市(地)中列首位。至年末，杭州市累计批准外商投资项目6922个，总投资261.32亿美元，注册资本157.05亿美元，协议外资138.78亿美元，实际利用外资70.06亿美元。

充分利用杭州经济发展中的比较优势，提高国际化程度，对外经济实施“走出去”战略。全年新批设立境外企业(机构)42个，比上年增长20%；完成国外经济合作营业额2.37亿美元，增长9.7%。外派劳务2104人，年末在外人数3277人。至年末，累计批准境外投资企业(机构)221个，其中非贸易性企业(机构)81个，总投资1.74亿美元，中方协议出资9357万美元。

12月10日，玫琳凯(中国)化妆品有限公司新厂在杭州开发区奠基。

【赴日本开展招商与旅游促销活动】 7月20日，杭州市组织大型招商与旅游促销相结合的经贸团组赴日本开展招商活动。市委书记王国平、市委副书记王建满、副市长金胜山，各区、县(市)、国家级开发区、市级有关部门及企业负责人参加。经贸团组共300余人，其中90个企业106人，招商人员86人。接触日本企业1090个、日方人员3500余名，其中世界500强及关联企业44个；登门拜访日本企业142个，其中世界500强企业25个；发放各种宣传、招商资料1.49万份。活动提高了杭州在日本的知名度，对吸引日商投资和吸引日本客人到杭旅游产生深远的影响。

【举办招商与旅游东京说明会】 7月26日，杭州市招商与旅游东京说明会在东京赤坂王子饭店举行，到会人员约1200人，其中中方人员350人左右。参加会议的中方领导有省委常委、市人大常委会主任王国平，副省长章猛进，省政协副主席徐冠巨，中国驻日公使衔参赞吕淑云，市委副书记王建满，副市长金胜山等。日方高层人员有软银总裁孙正义，日本NEC系统技术株式会社董事长高桥利彦，株式会社东忠董事长丁伟儒，伊藤忠商事株式会社取缔役副社长加藤诚，东芝相谈役佐藤文夫，东芝公司顾问松本忠，前文部大臣、农林水产大臣、现众议院议员岛村宜伸，日本参议员议员江田五月，上尾市市长新井弘治，上尾市议长松崎真一，三井住友银行会长冈田明重，以及三菱重工、双日株式会社、理光公司、花王株式会社、旭化成医疗株式会社的高层管理人员。杭州市投资旅游环境介绍引起日方强烈关注。已在浙江、杭州投资的东芝公司等代表介绍了浙江、杭州的投资环境与他们的在杭投资经历，引起与会日商的兴趣。

杭州市在东京说明会上举行11个投资项目的签约仪式，总投资1.26亿美元，协议外资8300万美元。各分团组织签约22个项目，总投资超过2.8亿美元。

【召开招商与旅游大阪说明会】 7月28日，杭州市招商与旅游大阪说明会在大阪新大谷饭店举行，参加人数1000余人，其中中方300人。王国平、徐冠巨、王建满、金胜山等出席；日方有丸红最高顾问兼大阪商工会议所委员长西田健一、旭化成总经理前田让、普华永道合伙人吴港平、三洋电机井植基温相谈役、三井住友银行上席推进役远藤隆、三菱商事株式会社小西正秀、中国国家观光局大阪驻在事务所所长郑保垒、安达株式会社取缔役副社长安达贤一郎，以及三菱重工、久保田株式会社、松下电工株式会社等公司高层管理人员参加。会上，杭州市人大常委会主任王国平致辞，副市长金胜山回答外商提问，市外经贸局和市旅委负责人分别介绍杭州的投资与旅游环境。已在杭投资的神林电子公司、旭化成公司代表介绍投资经历，中介机构普华永道客观评价杭州投资环境，杭州民营企业代表西子电梯公司负责人介绍发展体会。大会宣传了杭州，扩大了杭州的影响，引起日方的浓厚兴趣。

在大阪说明会上，双方企业深入地进行实质性洽谈，设立2个分会场作为企业对口洽谈场所。洽谈气氛热烈，富有成效，多对企业签订合作意向。

【举行杭州投资环境推介会】 11月1日，“2004杭州投资合作周”开幕式暨杭州投资环境推介会在浙江世贸中心举行。活动由市政府主办，市外经贸局承办，市台办、市侨办协办。省委常委、市委书记、西湖博览会组委会主任王国平，市委常委、常务副市长盛继芳，市人大常委会副主任丁德明，副市长金胜山，市政协副主席郁嘉玲，市级有关部门、国家级开发区、各区县（市）及外经贸局负责人，世界500强企业、著名跨国公司代表，美国、日本、欧洲和东南亚地区企业界代表，部分杭州知名企业家和有关新闻媒体记者共计600余人参会。会议由王国平致辞，金胜山主持。

会上，邀请日本贸易振兴机构上海代表处所长丸屋丰二郎、《福布斯》全球版上海分社社长范鲁贤、国家统计局企业调查总队总队长宋跃征作重点发言，相关专家分析讲解世界银行、台湾电机电子工业公会、日本贸易振兴会的研究报告。邀请在杭投资的灵川软件系统（杭州）有限公司总经理安德鲁·普特和日本泰尔茂医疗产品（杭州）公司董事长大石一穗现身说法，评估推荐杭州优良的投资环境。推介会的宣传介绍，突出了杭州城市亮点，打响了杭州品牌，提升了杭州的知名度。

【举行外商投资项目签约仪式】 11月5日，在浙江世贸中心国际会议厅举行“2004杭州投资合作周”——外商投资项目签约仪式。

省委常委、市委书记、西湖博览会组委会主任王国平，代市长孙忠焕，市委副书记朱报春，副市长金胜山，市政协副主席郁嘉玲，市级有关部门负责人，各区、县（市）及外经贸局有关负责人，各国家级开发区管委会和省级开发区管委会负责人，有关签约投资企业的50名外商和杭州市有关企业负责人共计200余人参加签约仪式。签约仪式由副市长金胜山致辞，市政府秘书长娄延安主持。

签约的外商投资项目有29个，总投资10.7亿美元，协议利用外资4.68亿美元。签约项目中，工业项目18个，旅游及配套设施项目3个，商业等其他项目8个。

【参加第六届浙洽会暨消博会】 6月8日~12日，第六届浙江省投资贸易洽谈会、第三届中国国际日用消费品博览会在宁波举办。两会主要活动内容有投资洽谈、贸易展览、

表33　2004年杭州市自营出口额居前20位的国家和地区

序号	国别（地区）	出口额（万美元）	比上年（%）	比重（%）
1	美国	287 061	36.93	28.79
2	日本	140 560	62.23	14.10
3	德国	78 906	89.09	7.91
4	英国	38 069	88.97	3.82
5	中国香港	36 646	37.98	3.68
6	法国	25 527	52.89	2.56
7	新加坡	25 478	329.18	2.56
8	荷兰	24 665	41.20	2.47
9	意大利	24 336	36.49	2.44
10	韩国	20 808	56.80	2.09
11	加拿大	18 847	92.32	1.89
12	澳大利亚	18 498	73.98	1.86
13	西班牙	17 770	85.53	1.78
14	台湾省	17 404	61.60	1.75
15	阿拉伯联合酋长国	15 184	55.94	1.52
16	泰国	11 722	145.40	1.18
17	比利时	11 210	59.60	1.12
18	墨西哥	10 921	69.29	1.10
19	印度	10 174	38.88	1.02
20	印度尼西亚	9 716	40.19	0.97

开放论坛、人才科技引进。杭州市组织22个企业参加，分布于轻工馆、工艺馆、家纺馆和服装馆，摊位总数34个，累计出口成交702万美元。杭州市签约的外商投资项目9个，总投资2.87亿美元，协议利用外资1.62亿美元。

【开发区批准外商投资项目243个】2004年，杭州市4个国家级开发区及6个省级开发区充分发挥窗口、辐射、示范、带动和招商引资主平台作用，进一步显现产业集聚效应。4个国家级开发区全年批准外商投资项目186个，协议利用外资11.71亿美元，占全市协议利用外资38%；实际利用外资6.64亿美元，占全市实际利用外资47.1%。6个省级开发区全年批准外商投资项目57个，协议利用外资3.37亿美元。

·外贸·

【自营进出口总额171亿美元】2004年，全市外贸自营进出口总额171亿美元，比上年增长47.9%；其中自营出口99.70亿美元，增长56.7%；自营进口71.31亿美元，增长37.3%。全年外贸出口保持较高的增幅，4月、6月、7月、9月、12月单月出口连创历史新高，特别是9月、11月、12月，单月出口额均超过10亿美元。

【出口市场不断拓展】 杭州对外贸易自1988年首获自营出口权以来，经过16年的培育发展，至2004年末，全市有出口实绩的企业2389个，比上年增长41%；其中外贸企业1333个，外资企业1056个。全市出口在保持原有的美、欧、日主体市场外，南美、韩国、澳大利亚、新西兰、非洲、加拿大、台湾省等市场增幅均在50%以上，东盟市场的增幅高达124%，成为杭州市第四大贸易区域。出口市场更趋多元、合理、平衡，全市商品直接出口到192个国家和地区。

【优化出口商品结构】 全市出口商品结构不断优化，传统的附加值较低的纺织品出口平稳，所占份额从上年的36.8%下降为31.2%。机电产品的出口比重由上年的40.3%上升为45.7%，接近出口总额的一半。高附加值的高科技产品出口所占份额首次达到22.5%，比上年提高6.4个百分点。全年完成一般贸易出口61.97亿美元，增长50.1%，占出口总额的62.2%；加工贸易出口37.67亿美元，增长68.7%，占出口总额的37.8%，突破杭州多年来加工贸易占出口总额徘徊在约35%的局面。

【外资高科技企业成为出口主力军】杭州市一批以出口为主导的外商投资企业，成为出口的新生力量，高技术含量、高附加值的IT产业外资企业带动全市外贸出口的高速增长。全市外商投资企业出口58.18亿美元，比上年增长63.1%，占出口总额的58.4%。其中东芝信息机器(杭州)有限公司出口超过11亿美元。全年外贸出口前50位重点企业出口达到47.37亿美元，占全市出口总额的47.5%。出口商品档次和质量均有新的提高，代表出口商品档次和水平的两个指标中，机电产品出口45.59亿美元，增长75.7%；高科技产品出口22.47亿美元，增长1.2倍。

【3届交易会出口13.13亿美元】每年两届的中国出口商品交易会与每年一届的华东进出口商品交易会是杭州外贸出口的重要平台。2004年，杭州市参加3届交易会，出口成交13.13亿美元。

3月1日~7日，杭州交易团在第十四届中国华东进出口商品交易会上首次独立组团参展。杭州交易团有108个展位，比上届增加27个，分布于3个展区，其中纺织服装52个、轻工42个、工艺14个。组织88个出口业绩较好、有较强发展潜力的企业前往参展，其中外贸公司39个、自营生产企业25个、三资企业24个。出口成交6588万美元，比上届增长90.7%；其中外贸公司出口成交3173万美元，增长158.4%；自营生产企业出口成交1738万美元，增长24.9%；外商投资企业出口成交1677万美元，增长1倍。

4月15日~30日，第九十五届中国出口商品交易会在广州举行。该届交易会杭州交易团设置展位、参展企业、成交金额均创历史新高，共设展位497个，186个企业参展，参展代表1100余人，成交金额5.91亿美元，比上届同期增长40%。据统计，成交的主要国家和地区依次是欧盟、美国、中东、日本、加拿大、东盟、澳大利亚和中国香港。成交额

表34 2004年杭州市自营出口额居前20位的企业

序号	单位	出口额(万美元)	比上年(%)
1	东芝信息机器(杭州)有限公司	110 834	202.42
2	杭州摩托罗拉移动通信设备有限公司	45 970	40.89
3	UT斯达康通讯有限公司	22 685	122.28
4	杭州市轻工工艺纺织品进出口有限公司	20 949	17.17
5	杭州市粮油食品土畜产进出口有限公司	16 197	1.11
6	杭州中策橡胶有限公司	15 218	72.40
7	杭州菱庆高新材料有限公司	10 250	324.91
8	三菱数源移动通信设备有限公司	9 479	50.27
9	杭州市丝绸服装进出口有限公司	8 919	31.88
10	杭州桦桐家私有限公司	8 558	34.61
11	杭州中艺经贸有限公司	8 470	233.59
12	万向集团公司	8 466	56.11
13	杭州余杭国际贸易有限公司	8 105	12.45
14	杭州市对外经济贸易服务有限公司	7 447	37.28
15	浙江新安化工集团股份有限公司	7 301	44.06
16	汉帛(中国)有限公司	7 180	26.35
17	浙江柳桥羽毛有限公司	7 172	34.85
18	浙江达利凯地丝绸有限公司	6 960	-
19	杭州市五矿机械化工进出口有限公司	6 943	11.13
20	浙江兽王进出口有限公司	6 899	-23.56

1000万美元以上的出口商品有针织棉制服装、灯具及类似品、裘革皮制品、床上用品、其他梭织服装、梭织棉制服装、其他医疗器械及设备、手工具等。

10月15日~30日,在广州举行第九十六届中国出口商品交易会。杭州交易团组织186个企业参展,设展位515.5个,参展代表约1200人。成交6.56亿美元,比上届同期增长11%。成交前10位国家和地区分别是欧盟,成交2.83亿美元,约占总成交额的43.2%;美国成交额1.50亿美元,占22.9%;中东成交额4612万美元,占7%;加拿大成交额2003万美元,占3.1%;中国香港成交额1939万美元,占3%;日本成交额1914万美元,占2.9%;俄罗斯成交额1456万美元,占2.2%;澳大利亚成交额1246万美元,占1.9%;东盟成交额1237万美元,占1.9%;韩国成交额650.2万美元,占1%。上述10个国家和地区合计成交5.84亿美元,约占全部成交额的89%。主要成交产品有服装、纺织纱线、电子电工、裘革皮制品、家居用品类、羽绒制品、运输工具、金属制品、羽绒、五金等。

【50个出口创汇企业获“金龙奖”】 2004年,为鼓励全市出口企业把握发展机遇,积极开拓国际市场,努力扩大外贸出口,促进外贸持续、稳定、健康发展,市政府决定授予东芝信息机器(杭州)有限公司、杭州摩托罗拉移动通信设备有限公司、UT斯达康通讯有限公司等50个企业为2004年度杭州市外贸出口先进企业“金龙奖”,并予以通报表彰。

·外资·

【召开全市招商引资大会】 3月10日,市委、市政府召开全市招商引资大会。省委常委、市委书记王国平讲话,市委副书记朱报春宣读市委、市政府表彰决定,市委常委、常务副市长盛继芳代表市政府与招商引资责任单位签订2004年责任书。市领导王建满、徐松林、顾树森、吴键、裴长洪、鲍世甲出席会议,会议由副市长金胜山主持。市级机关各部门,各区、县(市)及有关部门负责人和有关企业代表600多人参加大会。2004年是杭州市完成招商引资“三年倍增”目标,实施新一轮“三年倍增”计划的关键一年。全市各单位、各部门充分认识招商引资的重要性,把招商引资作为“一把手”工程、“生命线”工程和“第一要务”来抓,全力打好新一轮招商引资倍增仗。

会上,市政府与各区、县(市)及国家级开发区签订2004年外向型经济工作目标责任书,表彰2003年度全市招商引资工作目标责任制考核先进单位、招商引资“三年倍增”贡献突出者、经营业绩优秀外商投资企业,并授予50个出口创汇先进企业“金龙奖”。

【投资项目质量明显提高】 杭州引进的大项目明显增多,全年批准总投资1000万美元以上项目201个,其中新批176个、增资25个,总投资49.45亿美元,协议利用外资23.27亿美元,分别占当年批准数的78.5%和75.6%。总投资在1亿美元以上的项目2个,分别是2.64亿美元的中石化碧辟(浙江)石油有限公司项目和1.2亿美元的浙江茂盛投资有限公司项目。全年新批外资企业802个,平均每个项目的总投资和协议利用外资分别为785万美元和384万美元,平均规模分别比上年增长57.7%和66.6%。

【外商独资企业成为利用外资的主要形式】 全年杭州外商独资项目协议利用外资、实际利用外资比例较大,分别占全市利用外资总额的64.2%和57.2%。外商投资逐渐成熟,以独资为主,表明全市投资环境日趋优良,外商在杭州投资信心增强。从过去合资办企业,借助杭州企业的力量来做投资的设立工作,转为主要靠自己来办事设立企业。

【经济发达国家和地区到杭投资增长】 全年外资来源按协议利用外资排名前5位的是中国香港、维尔京群岛、美国、日本、台湾省;按实际利用外资排名前5位的是中国香港、日本、维尔京群岛、美国、新加坡。中国香港以其独特的优势,成为杭州吸引外资的重要区域。随着杭州市招商引资“重攻日韩、拓展欧美”战略的实施,特别是7月在日本举行大型招商引资活动收到明显成效,接待回访日本企业119个。全年批准日资企业72个,比上年增加14个;协议利用外资2.86亿美元,增长1.3倍;占全市协议利用外资总额的9.3%。至年末,已有46个列入世界500强的跨国公司到杭投资。

【外资企业经济效益稳步提高】 杭州市有2112个外商投资企业投产,实现销售收入1480亿元、利润总额95.65亿元、税金总额56.86亿元,销售收入、利润总额和税金总额分别比上年增长50.2%、21.8%和21.6%。全年销售收入超1亿元的企业209个,增加44个;实现销售收入1261亿元,占全市总额的85.2%。利润总额超1000万元的企业155个,增加31个;实现利润总额92.24亿元,占全市总额的96.4%。

【表彰经营业绩优秀外资企业】 为鼓励和推动更多的外商投资企业来杭州创业发展,市政府决定对列入全市2004年度外商投资企业销售(营业)收入前30位的UT斯达康通讯有限公司、东芝信息机器(杭州)有限公司、杭州娃哈哈保健食品有限公司等企业,列入自营出口前30位的东芝信息机器(杭州)有限公司、杭州摩托罗拉移动通信设备有限公司、UT斯达康通讯有限公司等企业,列入利润总额前30位的杭州大厦有限公司、UT斯达康通讯有限公司、玫琳凯(中国)化妆品有限公司等企业,列入税金总额前30位的UT斯达康通讯有限公司、浙江柳桥羽毛有限公司、玫琳凯(中国)化妆品有限公司等企业予以通报表彰。

·外经·

【对外投资和外派劳务人员增加】 全年杭州市新批准境外投资项目中,贸易性项目34个,占总数的81%。其中:贸易公司16个,占总数的38.1%;办事处等窗口18个,占总数的42.9%。非贸易性项目8个,占总数的19%。

批准的境外投资企业(机构)投资区域广泛,分布于18个国家和地区,相对集中于欧美及中国香港等地,其中在香港投资的企业(机构)9个,比上年增长2倍。

外派劳务人员增加,全年外派

2104人。主要到新加坡、日本、墨西哥、中国香港等国家和地区,涉及服装、远洋渔业、注塑等行业。

【投资项目技术含量提高】 一些境外投资项目技术含量较高,投资领域涉及IT产业、机械制造、电子产品、化工染料、电子仪表等。如杭州仕兰微电股份有限公司在香港设立"仕港科技有限公司",主营电子产品的设计制造、销售及进出口业务。杭州信雅达系统工程股份有限公司在英属维尔京设立信雅达国际软件有限公司,从事软件开发与包装服务。

【民营企业境外投资】 杭州市民营企业成为境外投资主体,全年39个民营企业获批准赴境外投资,占总数的92.9%;另外3个为外商投资企业。在地区分布上,除萧山、余杭外,6个城区有20个;县、(市)10个;萧山、余杭两地11个;市本级1个企业。 (成 刚)

·海关·

【海关概况】 杭州海关贯彻落实海关关长会议精神,以全面建设科学、文明、高效、廉洁的现代化海关为目标,努力建设政治坚强、业务过硬、值得信赖的准军事化纪律队伍,关区改革和建设事业稳步发展。

全年税收净入库122.85亿元,比上年增长20.8%。扎实开展海关估价、归类、原产地等项工作,价格水平保持在正常区间,估价补税和归类补税额大幅上升,实现税收增长与应税货值增长的基本一致、价格水平与全国进口应税商品实际成交价格的合理区间的基本一致。

充分发挥合力打击走私,运用刑事、行政执法手段,建立并推行执法联动、案件移交、情报共享的工作机制。以反价格瞒骗和加工贸易渠道走私为重点,开展打击板材、牛皮、海上成品油等商品和行业走私专项行动。全年立案走私犯罪案件34起,案值3.8亿元;抓获走私犯罪嫌疑人103人,其中逮捕27人、移送起诉60人,法院已判决41人。查获走私违规行政案件359起,案值10.1亿元;罚没收入1.56亿元;成功破获"十一·一"特大古生物化石案,查获走私古生物化石2925件。

通关作业规范高效,实际监管得到强化。在确保H2000系统平稳切换的基础上,保持进出口通关作业的规范运作。全年审结报关单20.7万份,比上年增长48.9%;"网上支付"取得实质性效果,网上支付税款1.6亿元。加大海关监管力度,创新查验工作机制,初步构建选择查验体系,发挥旅客通关风险管理系统效用,逐步建立行邮监管职能管理机制,加大"扫黄打非"力度,查禁违禁物品取得实效。全年监管进出境货物3379万吨,货值141.4亿美元,分别增长17.7%和46.9%;监管集装箱41.23万标箱,增长39.9%;验放进出境人员旅客86.9万人次,监管行邮物品262.2万件,分别增长70.5%和4.8%。

打击走私活动演习

不断提升加工贸易监管水平,进一步规范出口加工区、保税仓库管理制度,及时清理遗留加工贸易手册。中小型企业仓库和保税仓库联网监管建设及嘉兴晋亿公司计算机联网监管试点取得成效。全年关区备案加工贸易合同2.2万份,金额60.7亿美元,分别比上年增长9.8%和53%;核销到期合同2万份,核销率99.9%;核销补税22亿元,增长39.2%。

开展文明服务,认真落实服务承诺,实行一次申报、一次审单、一次查验的通关模式。严格执行文明关员和文明服务守则,推行文明服务用语,发放"青年文明号"服务卡,接受公众监督。落实关务公开,加强政策宣讲和业务咨询,提供优质服务。试行"5+2"通关和24小时预约通关制度,保障出口加工区企业24小时无障碍通关。

发挥海关统计职能作用,数据质量稳步上升。加大专题执法评估力度,多次开展专题评估。统计预警监测取得成效,为打击板材走私等专项活动提供了重要信息。作为全国4个试点单位之一,明确关区风险管理机构职能,初步建立涵盖直属海关、现场海关两级的风险管理防控网,风险信息收集水平和分析质量有较大提高。全年利用风险平台查获走私违规案件105起,案值4亿元,实际补税入库851万元,罚款1261万元。

围绕中共中央总书记胡锦涛提出的建设"政治坚定、业务过硬、值得信赖"海关队伍的要求,以建立一支准军事化纪律队伍为目标,队伍建设和廉政建设成效明显。以2003年9月海关首授关衔为契机,积极开展机关效能建设,推行关务、警务公开,实行阳光办公,严格落实岗位责任制、服务承诺制、首问负责制和限时办结制。加快实施电子政务,全面应用办公自动化系统。以建设"学习型海关"为目标,大力实施"人才强关"战略,培养业务尖子及专家型人才。加强法制建设,严格规范执法行为,努力提高执法能力,严格落实海关人员"六项禁令"。初步形成爱岗敬业、拼搏奉献、积极向上、团结奋进的局面。

【服务地方外向型经济】 杭州海关顺应浙江省经济发展新形势，特别是打造先进制造业基地和环杭州湾产业带建设、产业结构调整和加工贸易转型升级的需要，加大服务地方经济力度。积极推进“大通关”建设，用4个月时间进行杭州机场口岸“大通关”效率调研，获取大量第一手资料。深入抓好浙江电子口岸平台建设，与上海、宁波等口岸积极配合，初步构建了口岸跨部门联网协作体系。落实减免税政策，积极支持地方招商引资和企业技术改造。全年审批减免税货值31亿美元，减免“两税”63.4亿元。严格执行节假日预约通关制度，严守通关作业时限承诺。整顿和规范市场经济秩序，抓好企业分类管理，开展规范企业进出口行为活动，成功开发企业守法管理系统。

【杭州萧山机场海关成立】 2004年，作为杭州最大的对外开放口岸，经国务院批准，正式成立杭州萧山机场海关。杭州萧山机场海关(筹)于1995年成立，到2004年的9年中，共监管进出口商品贸易值83.04亿美元，征收税款84.86亿元，监管进出境旅客332.03万人次。获得全国创建文明行业先进单位、全国海关先进集体、全国海关文明服务示范单位、世界海关组织先进集体等荣誉称号。近年来，开通“骨髓爱心通道”、“新年温馨通道”和“抗非典绿色通道”。在西博会期间，机场海关特设快速通关便捷通道，保障西博会物资的顺利通关。中国七艺节在杭州举办期间，提供优质服务，不断提高通关速度和工作效率，获各方好评。

【积极推动出口加工区发展】 2001年5月18日，杭州出口加工区通过海关总署等8部、委的联合验收。5月28日，正式封关运作。至2004年末，有入驻企业24个，引进外资3亿美元，其中日本东芝公司笔记本生产基地全部移至杭州出口加工区。该加工区累计实现进出口货值30.9亿美元，进出口货运量4.43万吨。

杭州海关积极推动出口加工区发展，构建快速通关体系。加强与其他出口加工区、保税区等海关监管特殊区域的联系，签定联系配合办法，保障特殊区域间货物往来的通畅。针对区内IT企业进出口货物大都为空运货物，存在批次多、批量小、时间急、运输成本高的特点，积极与上海、宁波等口岸海关沟通协调，在海关之间开展批量直转业务，简化转关手续，节省企业的运输成本，加快通关速度。

在东芝笔记本生产线上试机

推进出口加工区物流平台建设，整合原有监控设施，采取GPS卫星定位、电子地磅称重以及远程图像实时监控等手段，建立起强有力的物流监控系统，有效实现监管的“前推后移”。根据IT行业生产“零”库存的需求，充分发挥海关监管仓库的作用，推行以监管仓库为轴心的区域物流配送体系，为区域企业提供“JIT”的物流配送服务，保证东芝公司等IT企业进区生产物资的即时供应。引入VMI的物流配送体系，解决VMI物流配送环节物流与资金流配合的问题，吸引大量供应商为区内企业提供快捷的物流配送服务。

实施出口加工区计算机联网工程，开发出口加工区海关计算机联网管理系统首期项目，并进入实质性的网上运行。简化企业进出区的报批手续，加快货物通关速度，加强海关对进出区货物的管理。至2004年末，审核放行国内采购货物3807份、集中报关进区货物9958份、区内货物结转402份、外发加工53份、维修检测出区213份，废品出区62份。 (谢 维)

·出口加工区·

【出口加工区概况】 杭州出口加工区企业全面进入规模生产，全年完成工业总产值107.9亿元，进出口总额22.19亿美元，进出口总额居全国39个出口加工区第4位。出口12.21亿美元，比上年增长1.84倍。出口产品以笔记本电脑及配件、数码相机配件、小家电、汽车配件、体育用品为主，主要出口日本、欧美等国家和地区。

全年新引进项目5个，协议利用外资3923万美元，实际利用外资2103万美元。至2004年末，出口加工区累计引进项目28个，协议利用外资1.66亿美元，实际利用外资1.02亿美元。累计建成厂房面积30.1万平方米，在建厂房7000平方米。

出口加工区作为中国发展加工贸易的重要基地，国家赋予特殊的优惠政策，提供了方便、快捷的通关条件。该区管理部门主动与海关、检验检疫等驻区机构协调，采取有效措施，克服配套条件缺乏造成的困难，发挥通关便利的优势。在全国出口加工区中率先开发并投入使用简便、通用的计算机联网管理系统，为企业报关提供便利。为推进快速通关，针对区内IT企业进出口货物以空运为主，批次多、批量小、时间紧、运输成本高等特点，开通出口加工区与浦东国际机场的批量直转业务，节约了企业的运输成本。坚持并完善24小时预约通关制度，改善了通关环境。

【东芝笔记本电脑第2条生产线投产】 由日本东芝公司独资的东芝信息机器（杭州）有限公司，自2003年4月第1条年产120万台笔记本电脑生产线投产后，产品迅速进入欧美市场。2004年第二季度，该公司第2条年产120万台笔记本电脑生产线投产。该公司全年生产笔记本电脑118万台，完成工业总产值95.33亿元，外贸出口11.08亿美元，比上年增长2倍多。该公司生产能力继续扩大，成为杭州市最大的出口企业。

【H2000通关系统正式启动】H2000通关系统是海关信息化建设的核心工程。通过该系统，海关建立起全国集中式的业务数据库，统一存放各地海关的各项业务数据，可随时调用，使企业在办理各种跨关区进出口业务时享受相关工作便利。11月，杭州出口加工区正式采用该系统后，有效解决了转关手续繁杂、时间长等问题，可以随时调用业务数据，提高了转关速度。

【建立快件集中处理中心】3月，针对出口加工区邮寄快件量大面广的特点，出口加工区管委会在杭州市邮政局的支持配合下，建立了快件集中处理中心。该中心建立后，快递公司只要将快件移交给快件集中处理中心，就能确保进区快件及时安全送达，免除了快递公司或区内企业延误快件交接的担忧。这在全国出口加工区中尚属首创。

【乐器生产企业开工建设】 10月20日，由日商投资的真珠乐器（杭州）有限公司在杭州出口加工区开工建设。该项目投资1.1亿元，主要面向国际市场生产打击乐器和管弦乐器。真珠公司具有60年专业生产历史，在国际同行业中具有较高声誉和市场占有率。项目全部投产后，年出口规模计划达到2400万美元。出口加工区首个乐器生产项目的开工，标志着在调整产业结构、拓展产业门类方面迈出重要步伐。

【运萨包装制品公司成立】 6月，由土耳其运萨集团在杭州出口加工区独资建立运萨（杭州）包装制品有限公司。该项目协议外资750万美元，专业生产柔性集装袋。运萨集团是国际上大型集装袋生产商，近年来实施全球扩张战略，分别在伊斯坦布尔、德国、荷兰等地建有生产基地，并在美洲、欧洲、亚洲建立销售网络。该项目是运萨集团在中国建立的首个生产基地，也是土耳其在杭州市投资的第1个项目，该项目的建设得到土耳其政府的高度关注。 （虞付月）

·出入境检验检疫·

【出入境检验检疫概况】 浙江检验检疫部门立足依法行政和服务促进经济，提高通关运作、科研技术和内部管理水平，突出业务改革、事业单位改革、提高应对突发事件能力和队伍建设，加快制度创新，建立适应新形势发展要求的检验检疫工作体系，为浙江、杭州对外开放和经济建设的发展作出新的贡献。

全省检验检疫部门全年检验检疫出入境货物115.50万批、金额493.51亿美元；其中杭州19.91万批、65.32亿美元，比上年分别增长26.7%和19.7%。经检验检疫不合格的784批、4520万美元，上升23.9%和2.3倍。全省对出入境的各类人员开展疾病监测体检54950人次，预防接种110975人次，发现病例19985人次，其中杭州分别为16383人次、61163人次、7075人次。全省检疫飞机9524架次，检疫集装箱278.54万标箱，其中杭州分别为7032架次、87318标箱。全省签发普惠制产地证56.42万份、金额139.37亿美元，一般产地证12.39万份、金额38.35亿美元，其中杭州分别为14.11万份、40.53亿美元，2.01万份、10.80亿美元。

浙江检验检疫部门全年有8个地理标志产品和1个原产国标记产品获得国家质检总局原产地标记注册保护。至年末，浙江检验检疫部门有29个名特优产品获地理标志注册认证，8个名牌产品获原产国标记注册认证。根据国家质检总局的部署和要求，浙江检验检疫局与浙江质量技术监督局一起成立打击假冒UL标志联合工作组。在专项行动中，查获一批假冒UL标志的产品，对违法企业作出了处罚。

为增强实验室竞争能力，更好地进入国内检验市场，制定2004年实验室认可与计量认证计划表。8月5日，浙江检验检疫局电气安全实验室通过IECEE专家组的评审，成为全国质检部门内第2个CB实验室，进入国际先进行列。纺织品实验室新增认可检测方法标准56项，其中产品标准20项，使认可标准总数达到219项，检测方法标准已覆盖ISO、AATCC、ASTM、DIN、BS、EN等国外大部分纺织品常规测试项目。食品安全实验室新扩商品7类、42个项目，计量认证和认可商品17类、115个项目。

【贯彻实施《行政许可法》】 为配合2004年7月1日起实施的《中华人民共和国行政许可法》，浙江检验检疫局及时制定《浙江检验检疫局贯彻实施行政许可法工作方案》，对《行政许可法》的学习培训和贯彻实施进行具体部署，并组织学习培训情况考核。将《行政许可法》的学习培训纳入"四五"普法计划，纳入公务员知识更新教育和公务员录用考试、上岗培训考核内容。

根据《行政许可法》要求及国家质检总局《贯彻实施行政许可法工作安排意见》，浙江检验检疫局成立行政许可项目清理小组，整理出辖区范围内的32个行政许可项目，对其实施依据、实施主体、实施程序及收费情况等进行对照检查，根据不同情况提出保留、取消或改变管理方式等相应的意见和建议。对外公布浙江出入境检验检疫行政许可事项申请办理指南，将行政许可事项统一在一个窗口办理，方便了申办单位。

【开展重点敏感货物监管质量检查】5月，国家质检总局召开全国部分检验检疫局长座谈会，对加强进口商品特别是废旧物资、肉类及水果检验检疫的监管进行部署。浙江检验检疫局对抓好重点敏感进出口商品检验检疫执法把关作了统一部署，根据浙江实际，对进口废物、旧机电、进出境水产品、动植物及其产品、进出境木质包装的检验检疫和国境卫生检疫等工作，开展全面自查和有针对性的抽查。通过自查和抽查活动，干部职工“保国安民”的责任意识明显增强，查找出在进出口重点敏感商品检验检疫监管工作上存在的薄弱环节和主要问题，制定并落实了具体的整改措施。

【促进禽类产品出口】2004年，周边国家禽流感肆虐，国内部分地区相继发生疫情。面对严峻形势，浙江检验检疫部门贯彻落实国务院办公厅、国家质检总局和省委、省政府的有关要求，采取多项措施，防止禽流感疫情传入传出。

建立和健全应急领导指挥系统，做到组织到位、制度到位、措施到位。浙江检验检疫局成立防治禽流感工作领导小组，统一领导、指挥和协调禽流感的防治，制定浙江《高致病性禽流感疫情进出境检验检疫应急处理预案》。严格执行疫情和禽类及其产品出入境检验检疫工作报告制度，对疫情报告实行24小时值班制，一旦发现疫情，及时准确上报，无疫情的实施“零”报告制度，每日一报；对禽类及其产品出入境检验检疫实行5日一报，为制订决策提供依据。采取切实措施，加强对禽类及其产品的检验检疫及监督管理，严防禽流感疫情传入传出。加强口岸查验力度，对口岸进境货物、旅客携带物等进行严格查验，对来自禽流感疫区的禽类及其产品一律作销毁处理；加强对出口禽类及其产品的检疫把关，严防禽流感疫情的传出。3次单独或会同省农业厅、省质量技术监督局对全省集贸市场、冷库和禽类产品加工点进行专项清理检查，严防禽流感疫区的禽、鸟及其产品进入加工、销售环节。中国禽流感疫情公布后，一些国家和地区对中国出口禽类及其产品纷纷设禁，对浙江省羽毛羽绒及制品的出口造成严重冲击。浙江检验检疫局及时向国家质检总局反映羽绒制品的加工特点及风险情况，积极争取恢复羽绒制品出口。通过技术指导和监管帮助企业严把质量关，确保出口羽毛羽绒及其制品的卫生安全和符合输入国的要求。与上海检验检疫局、宁波检验检疫局协调进出口羽毛羽绒的口岸查验和通关问题，保证口岸畅通。当出口羽毛羽绒在国外通关受阻时，积极通过有关渠道与国外的检验检疫机构协调，保证产品顺利通关。

【恢复对欧盟出口动物源性食品】7月16日，欧盟委员会宣布解除对中国动物源性食品的进口禁令。浙江检验检疫局根据全国对欧盟恢复出口动物源性食品安全工作会议精神，严格按照质检总局对欧盟恢复出口的工作部署，立即组织调研，向省政府报送《关于加强对我省出口欧盟动物源性食品安全工作的若干意见》，制定《恢复对欧盟出口动物源性食品工作程序》、《浙江省出口欧盟蜂蜜、蜂皇浆生产企业基本条件及要求》、《浙江省出口欧盟水产品生产企业基本条件及要求》、《浙江检验检疫局对欧盟出口动物源性食品安全质量工作督查制度》、《浙江检验检疫局对欧盟出口动物源性食品检验工作规范》。对浙江省出口虾仁和蜂产品分别提出风险分析报告。为确保恢复对欧盟出口水产品企业实验室的检测水平和能力，10月和12月两次组织开展全省18个水产品企业氯霉素水平测试。年底，完成对北极品（浙江）水产有限公司、江山恒亮蜂产品有限公司、舟山立舟水产品有限公司的符合性检查。

【确保供港活猪安全卫生】浙江检验检疫局严格按照有关规定和要求，认真做好供港（指中国内地供应香港地区）活猪检验检疫监管，狠抓动物防疫和药物残留控制，辖区内注册猪场未发生重大动物疫情，活猪在香港也未检出有药物残留超标。组织对供港活猪注册饲养场、发运站进行年度考核，年审中合格43个，取消资格3个。对饲用供港活猪的饲料生产企业进行年度考核，合格34个（省内24个、省外10个），取消8个（省内、外各4个）。狠抓日常尿样检测和供港活猪注册饲养场残留监控，全年检测尿样1034份，检出阳性尿样50份。按照《浙江检验检疫局供港活猪示范饲养场检验检疫管理暂行办法》的要求，首次对诸暨2个供港猪场实行示范饲养场管理；对所有注册场制发铜牌，并实行分等级管理。制订《浙江检验检疫局供港活猪重大动物疫病应急预案》。组织相关地区局对全省供港活猪注册饲养场、发运站进行对口检查，做好供港活猪变更发运工具过程中的检疫监管和对运输工具进行消毒处理的监督保障。

【确保进口食品安全】浙江检验检疫局严把食品进口关，注重安全卫生项目检验。对意大利进口的冰淇淋蛋糕，多次因微生物超标作出销毁处理，并与意大利生产商沟通，提出合理化建议，要求改进运输储存方式，减少污染发生。加大进口食品后续监管力度，全年开展进口食品后续监管检查97次，检查各类进口食品经营企业286个，发现无卫生证书或中文标签不合格的进口食品742种，对存在问题的进口食品实施现场卸货或封存处理69次，并对不

检查进口商品

规范商家进行警告。对进口保健食品、酒类、奶粉等进行专项检查。4月~5月，分4次对杭州大商场、大超市所销售的7个系列25种不同包装规格的进口奶粉进行监督检查，发现商家对索证不够重视，约有1/3的奶粉在无卫生证或未办理报备的情况下销售，但未发现劣质进口奶粉。

【加强出口食品企业的监管】 浙江检验检疫局抓好《出口食品注册登记企业监督管理计划》(2004年版)的落实，在全省开展出口食品企业的拉网式检查，实现从"源头"上落实注册管理的目标。加强对注册企业的现场考核和异地评审，发现9个获证企业一年内不生产出口食品，作为自动失效处理；发现19个获证企业存在不符合要求的情况，责令暂停报检，进行整顿。严格按照要求实施新申请企业的卫生注册登记考核及到期复查。积极推进HACCP官方验证，落实5类商品的HACCP验证要求。

【查处五十铃车安全问题】 上半年，浙江检验检疫局在对日本五十铃CXH50S、50T型底盘车转向系干涉问题进行相关调查中发现，日产五十铃CXZ81K等车型制动系存在安全隐患，立即组织有关分支局进行鉴定，并向国家质检总局汇报。总局组织专家组两次到浙江进行检验认定，确认安全隐患存在。经过努力，促使五十铃公司对五十铃C系列车实施4项免费改进措施，对采取改进措施后五十铃车进行验证试验。通报五十铃C系列车存在重大安全质量缺陷情况，促使公安车辆管理部门对全国在用的7000多辆五十铃车进行全面检测，凡不符合GB7258-1997标准的一律暂停使用，使五十铃公司采取更为有效的改进措施。

【推进出口商品免验】 6月，国家质检总局印发《出口商品免验工作规范》(试行)，对出口商品免验管理提出了新的要求。浙江检验检疫局为鼓励浙江省优质商品出口，促进外贸发展，根据企业申请，首次组织全省相关专业人员组成免验初审专家组，完成对胜达集团有限公司和华立仪表集团股份有限公司的初审及落实整改，并配合总局专家组的正式考核。12月，胜达集团有限公司被国家质检总局批准为免验企业，该公司也是中国第1个通过免验考核的出口商品包装生产企业；华立仪表集团股份有限公司也通过总局免验专家组的考核。

▶▶资料:绿色通道制度

检验检疫绿色通道制度是指对于诚信度高、产品质量保障体系健全、质量稳定、具有较大出口规模的生产、经营企业(含高新技术企业、加工贸易企业)，经国家质量监督检验检疫总局审查核准，对符合条件的出口货物实行产地检验检疫合格，口岸检验检疫机构免于查验的放行管理模式。

申请实施绿色通道制度的企业应当具备以下条件：

1.具有良好信誉，诚信度高，年出口额500万美元以上；

2. 已实施ISO 9000质量管理体系，获得相关机构颁发的生产企业质量体系评审合格证书；

3. 出口货物质量长期稳定，2年内未发生过进口国质量索赔和争议；

4.1年内无违规报检行为，2年内未受过检验检疫机构行政处罚；

5.根据国家质检总局有关规定实施生产企业分类管理的，应当属于一类或者二类企业；

6.法律法规及双边协议规定必须使用原产地标记的，应当获得原产地标记注册；

7.国家质检总局规定的其他条件。

【加强进口旧机电检验监管】 浙江检验检疫局严格按照市场准入原则、要求，对进口旧机电进行严格检验监管，全年受理进口旧机电备案482批、金额1.59亿美元。经审核，对绍兴名昌电子科技有限公司等4个企业因进口设备夹带国家禁止的旧机电产品而不予备案；22批进口旧机电产品经初审后报总局备案，组织实施8批装运前预检验。加强对进口旧机电产品的到货检验监管，重点检查机械安全隐患、电气安全隐患以及卫生环保隐患。对于暴露出来的问题，严格按照规定要求，责令有关企业立即停止使用，并限期进行整改；整改后经检验仍不符合要求的进行封存、销毁或退运出境。

【立德产品技术公司开业】 3月29日，浙江立德产品技术有限公司在省工商行政管理局注册，5月18日举行开业典礼。该公司将浙江检验检疫部门的检测实验室资源以股份制的方式整合起来，由浙江检验检疫局所属技术中心控股，各分支检验检疫局所属事业单位参股，在浙江省范围内形成"公正、高效、权威和热诚服务"的紧密型的检测技术和服务网络，为企业在电器产品、纺织品、食品涉及安全、卫生、健康和环保项目方面实施检测、认证、咨询，并对生产过程质量控制技术产品提供咨询服务。

(梁文懋)

中国国际贸易促进委员会杭州市分会
中国国际商会杭州商会

中国国际贸易促进委员会杭州市分会是中国国际贸易促进委员会的地方分支机构。中国国际贸易促进委员会杭州市分会、中国国际商会杭州商会(简称杭州市贸促会、杭州国际商会)是由杭州市经济贸易界有代表性的人士、企业、协会和团体组成的全市性民间对外经济贸易组织。

杭州市贸促会、杭州国际商会合署办公,内设国际联络、展览交流、法律事务、会员信息、办公室等部门,下属单位有杭州调解中心、中国国际商会杭州商会事业发展中心和杭州市国际会议展览有限公司。

2004 年,该会通过全方位多渠道地开展同世界各国和地区的经贸交流与合作,不断拓展经贸展览领域,并通过出访、接待来访、出展、来展、洽谈会、研讨会以及重大经贸活动等形式,积极促进贸易和投资,推动国际交流的深入发展。该会已与美国费城中国商贸中心、欧中友好发展协会、香港美国商会、意中友好合作委员会等商会、协会建立了友好合作关系。与该会签订友好合作协议的商会、协会、对口经贸团体及国外驻华代表机构已达 48 个。2004 年,共邀请和接待来访经贸团组 25 批,组织经贸出访团组 34 批。共组织出展参展项目 40 个,展位数 350 个,参展企业 206 个,贸易成交合同金额 4400 万美元,意向成交合同金额 6000 万美元。

2004 年,该会办理出证认证 1.9 万份,商事证明书 1200 份,提供法律咨询 20 余次,调解纠纷案件 5 起。为了方便企业,该会在 3 个区、县(市)设立了代办点,并且大力推广实施出证认证网上签证工程。

2004 年,该会成功举办了第四届中国国际女装展和首届中国国际商业地产博览会,主办和协办了动漫展、旅博会、新丝路模特大赛等会展活动,积极筹备并获准举办 2006 年中国国际休闲产业博览会,认真做好杭州市参加 2005 年日本爱知世博会的组织协调工作,受到中国馆组委会的高度评价。

过去的一年,该会各项工作在全国贸促系统中名列前茅,得到了中国贸促会和市委、市政府领导的高度重视,受到了广大企业和社会各界的广泛关注。该会将以发展的新思路、改革的新突破、工作的新举措,全面开创贸促事业的新局面,为杭州市经济社会发展作出新的贡献。

中国国际女装展

美国客商杭州采购洽谈会

出国参展

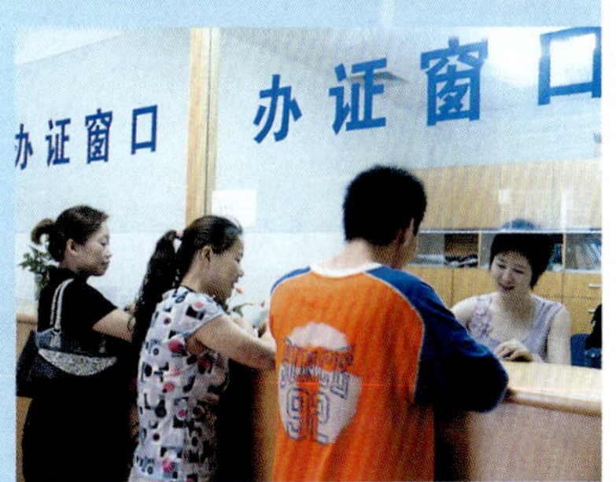

出证认证中心

达利总公司外景

达利(中国)有限公司

HIGH FASHION (CHINA) CO.,LTD.

HIGH FASHION

达利(中国)有限公司是以丝绸服装为最终产品,集丝绸面料织造、印染、服装辅料生产一条龙配套的香港上市公司在杭的独资企业。公司率先在全国丝绸行业内取得 ISO 9001:2000、ISO 14001、GB/T28001 三合一管理体系论证证书,连续四年取得全国服装行业百强称号。2004 年丝绸服装出口值名列全国第一,丝绸产品综合出口值名列全国第五,取得了丝绸服装出口 979.71 万件,出口创汇 7931 万美元,盈利 1940 万元的业绩。

达利华制衣中心远景

达利美制衣中心外景

·杭州经济技术开发区·

【杭州开发区概况】2004年,杭州经济技术开发区(以下简称杭州开发区)围绕建设国际先进制造业基地、新世纪大学城和花园式生态型城市副中心三大目标,实施“工业兴区、科教强区、环境立区”三大战略,确立并坚持一手抓招商引资,促进区域经济跨越式发展,一手抓综合环境建设,大力推进城市化进程的“两手抓”和“两轮驱动”的方针,克难攻坚,真抓实干,推动了全区经济和社会各项事业的全面发展。

杭州开发区全年完成生产总值130亿元,比上年(指2003年,下同)增长25.6%。其中:第二产业增加值120.2亿元,增长29.7%;第三产业增加值8.66亿元,增长21.7%。三次产业的比重为0.9:92.44:6.66。

克服电力、土地紧缺等要素制约,保持经济快速健康发展。完成工业总产值504.28亿元,比上年增长52.8%;其中外商投资企业完成产值469.29亿元,增长57.1%,占全区工业总产值的93.1%。实现利税43.46亿元,增长13.7%;其中税收(新口径)17.46亿元,增长12.4%。对外贸易增势强劲,全年进出口总额47.63亿美元,增长106.3%;其中出口25.41亿美元,增长101.4%。

抢抓机遇,优化服务,改善投资创业环境,努力扩大招商引资。全年新批外资项目63个,增资项目36个。协议利用外资5.2亿美元,比上年增长29.4%;实际利用外资2.9亿美元,增长49.7%。引进投资额超1000万美元的大项目28个。至年末,累计批准进区企业1946个,其中投产企业1636个。吸引30个国家和地区的371个三资企业落户,引进协议外资35.56亿美元,实际利用外资16.07亿美元;累计引进内资工业企业242个,项目总投资143.8亿元。列入全球500强的企业,累计有24个公司在开发区投资38个项目。投资额超过1000万美元以上的累计达到137个。

城市建设围绕“造城”目标,坚持规划先行,调整10多个专项规划。积极实施“东进、西延、南优、北拓”开发战略,推进城市基础设施建设,全年完成固定资产投资58.52亿元,比上年下降9.2%。新增开工面积180.46万平方米,竣工面积164.97万平方米。加快发展商贸服务业,福雷德文化广场等6个大型商贸服务业项目开工建设,建筑面积35万平方米。房地产业快速发展,全年房地产开工面积79万平方米,竣工面积43万平方米。大力改善开发区生产、生活配套服务设施,启动建设职工公寓。全面实施投资6亿元的环境综合整治与建设工程,提升开发区的城市环境面貌。

2001年封关运作的浙江杭州出口加工区取得快速发展。杭州下沙高教园区累计完成固定资产投资61.8亿元,竣工面积371.31万平方米。14所高校的基本建设基本完成,高教园区10.91平方千米基础设施配套逐步完善,在校生12.5万人。

围绕建设先进制造业基地的目标,大力培植和发展高新技术产业和特色优势产业,形成电子信息、生物医药、家用电器、汽车零部件及专用车、食品饮料、轻工纺织等主导产业。电子信息产业的比重逐年提高,2004年产值达到212亿元,占全区工业总产值的42%,原来占主导地位的食品饮料行业下降至20%以下。电子信息产业已形成微电子、移动通信、光电产品、笔记本电脑等产业集群。年生产手机能力3000万台,建成年产240万台笔记本电脑生产基地,建立3条生产12.7厘米和15.24厘米集成电路的生产线。医药工业形成生物基因工程、天然药物及制剂、医疗器械为重点的产业基础。

按照集约利用土地和提高资源利用效益的要求,杭州开发区建立以投资密度和土地产出率为主要内容的招商项目考核体系,实行项目联席会议预审制度,对进区项目按8项内容进行科学评估。提高引进项目的质量,规范进区项目的审批程序和条件,促进招商引资。全年新引进项目平均投资密度达到517.5万美元/公顷,按上年平均投资密度估算,节约土地近20公顷。

【松下杭州工业园开工建设】10月18日,日本松下电器产业株式会社在中国投资最大的项目——松下工业园在杭州开发区举行奠基仪式。松下电器产业株式会社宣布,计划在杭州开发区建设该企业在海外最大的家电生产基地。这也是杭州市引进的最大的外资项目。

松下杭州工业园坐落在开发区北部工业区块,占地面积27万平方米,分三期建设,一期项目投资2.4亿美元。园区建成投产后,预计形成年产300万台空调压缩机、250万台波轮式全自动洗衣机、200万台吸尘器、200 万台电饭煲和 100 万台燃气用具等家电生产能力，产品除供应中国市场外，出口返销日本等国际市场。松下工业园一期项目计划于 2005 年 10 月起陆续投产。

【国际香料香精公司落户开发区】11 月 9 日，国际香料香精（浙江）有限公司在杭州开发区举行奠基仪式。该项目为国际香料香精（卢森堡）公司的独资企业，总投资 6500 万美元，注册资金 3000 万美元，占地 16.9 万平方米。主要从事合成香料、单位香料、日用及食用香料、香水等产品的制造、销售与研发。

【生产液压挖掘机企业开工】4 月 15 日，由日本神钢建机株式会社、丰田通商株式会社、成都嘉力投资有限公司 3 方合资的杭州神钢建设机械有限公司在杭州开发区开工建设。该项目总投资 2870 万美元，专业生产液压挖掘机，项目全部投产后具有年产 3500 台液压挖掘机的生产能力。

日本神钢建机株式会社是世界 500 强企业之一的株式会社神户制钢所的子公司，具有近 70 年开发工程机械的历史，在挖掘机和起重机等工程机械制造领域拥有自主的开发能力和先进的生产技术，在国际具有高知名度和市场占有率。该项目的开工建设，填补了浙江省液压挖掘机生产的空白。

【高科技项目维生素 D_3 投产】11 月 16 日，由浙江花园集团投资的民营高科技企业——杭州下沙生物科技有限公司投产。

花园集团具有年生产维生素 D_3 结晶 16 吨、调剂 500 吨、饲料添加剂 3000 吨的能力，是国际维生素 D_3 较大的生产、销售和研发集团。该集团在杭州开发区建立的生产基地总投资 2 亿元，生产维生素 D 3500 吨和维生素 D_3 饲料添加剂 2000 吨，2002 年 12 月被原国家经贸委列为第 2 批“双高一优”项目。该项目除灯照主机从国外引进外，其余设备全部实现国产化，融合了当代最先进的生产技术、分析技术和控制手段，所有生产单元均采用 DCS 系统，生产工艺达到国际领先水平。

【沿江大道开工建设】11 月 19 日，杭州开发区举行沿江大道开工仪式。该大道位于钱塘江北岸下游，起于开发区 1 号路，连接德胜快速路和规划中的江东大桥。该道路断面宽度 100 米~200 米不等，全长 11.9 千米，总投资约 5 亿元。沿江大道的设计借鉴国内外许多城市开发滨水道路的经验，通过深入挖掘钱塘江文化底蕴，将建成历史堤坝区、湿地公园区、钱江观潮区、人文居住区、假日文化区 5 个功能区块，是一条集交通、观光、休闲、健身等功能于一体的景观生态道路。该道路的建设，将杭州开发区沿江各区块与钱江新城、海宁开发区连成一体，新增约 105 公顷绿地，带动开发区沿江约 600 公顷土地的综合开发和 500 万平方米的商住房开发，并起到保护钱塘江江堤的作用。

11月 19 日，举行开发区沿江大道开工仪式。

【启动职工素质教育工程】为充分利用下沙高教园区 14 所高校的教学资源，推动区校、校企合作，全面提高企业员工素质，努力为建设先进制造业基地造就一支高素质的员工队伍，杭州开发区全面启动职工素质教育工程。

该工程主要是由政府搭台，区内企业与下沙高教园区高校参与，为进区企业员工参加各类学习、培训提供支持。杭州开发区管委会建立了职工素质教育协会，制订《职工素质教育实施办法》和《职工素质教育奖励补助办法（试行）》，由政府、企业、高校、员工共同筹措教学经费。2004 年，推出成人高职、“专升本”、专业培训、技术等级培考等 4 大类 60 多个职工素质教育项目，有 2000 余名职工参加各类培训。

【日商认定杭州开发区投资环境最佳】2004 年上半年，日本贸易振兴机构上海事务所公布一份调查报告。据该机构对中国 75 个城市开发区内 5354 个日资企业进行投资环境满意度的调查，在 1330 份有效答卷中，杭州经济技术开发区获最高分，综合评价指数为 3.4。其中，在基础设施（硬件）、基础设施（软件）、生活环境、法律制度、优惠政策、行政政策、商务惯例、劳动力、地价、相关产业等 10 个评价项目中，杭州开发区得分均在 3.0 分以上，其中 8 个项目得分均在全国平均分以上，成为全国投资环境最佳的开发区。

【下沙撤镇建街】1999 年 8 月，经市委、市政府批准，江干区下沙镇成建制委托杭州开发区管理。根据 2004 年《浙江省人民政府关于杭州市江干区部分行政区划调整的批复》，撤销下沙镇建制，在原有区域范围内建立下沙街道办事处。辖中沙、下沙、头格、七格、上沙、元成、新元、松合、湾南、东方 10 个行政村，智格、高沙 2 个社区和下沙 1 个居民区。户籍人口 2.35 万人，区域面积 95.3 平方千米。11 月 25 日，杭州开发区举行下沙镇撤镇建立街道挂牌仪式。该街道的成立，对开发区加快推进城市化进程，进一步整合辖区资

源，拓展开发区工业和城市发展空间具有积极意义。（虞付月）

·萧山经济技术开发区·

【萧山开发区概况】 萧山经济技术开发区(以下简称萧山开发区)按照“招商引资年、环境建设年、素质提升年”的要求,努力克服宏观调控带来的暂时影响,积极创新发展思路,着力提升引资质量,稳妥推进开发建设,优化综合投资环境,全年生产总值46.5亿元,比上年增长13%。

全年新批外商投资企业43个,外资增资项目18个。引进外资总投资6.36亿美元,协议外资2.61亿美元,实际利用外资1.47亿美元,分别比上年增长15%、23%、17%。新批内资企业14个,总投资7.12亿元,注册资本1.83亿元;协议市外内资6.35亿元,实到市外内资3.92亿元,分别增长31%、87%。至年末,累计批准进区企业611个,其中外资企业338个,总投资28.48亿美元,协议外资16.43亿美元,实际利用外资7.98亿美元;批准内资企业273个,总投资62.87亿元。有26个国家和地区的外商进区投资。启动江东工业区申报省级工业园区的基础性工作。

实现工业总产值193.93亿元,比上年增长25.3%;工业利润10.5亿元,增长16%。自营出口8.67亿美元,增长42.1%。开发区经济运行质量不断提升,对地方和国家的贡献率进一步提高。每亿元产值提供税收498万元,全年上缴税收8.7亿元,增长50.1%,占萧山区财政收入的15.7%。萧山区上缴国税前100位企业中,开发区占32个。

全年投入基础设施建设资金9.27亿元。红垦农场道路工程基本完工,桥南区块部分道路、宿舍楼改造工程竣工,江东道路、景观湖一期工程、临时综合用房完成竣工验收,一期供热、供电、污水设施、11万伏变电所建成,江东景观河、青六路两侧及桥南鸿兴路隔离带绿化工程全部竣工。全年新建道路5.3千米,面积13.9万平方米;新增绿地6.46万平方米;敷设热网4.5千米,埋设排污干管8千米、供水管道7.5千米;新建桥梁4座,电力开关站4座,污水泵站3座,配套用房2万平方米。办理供地项目43个,面积150.8公顷;完成33个项目的规划定点,竣工建筑面积140万平方米。

以萧山被评为台商首选投资城市为契机,开展“强服务、保第一”,“齐解难题、共谋发展”服务活动,加强有序用电管理,保障企业生产。建立开发区人才服务中心,全年引进大中专毕业生近500名。组织银企合作座谈会,举办产品出口、高新项目申报、加工贸易等培训班近10期。

有效推进依法治区,进一步扩大社会保险覆盖面。安置征地“农转非”人员131人,再就业人员1506名。制订重大群体性突发事件和重特大安全事故的应急预案。成立开发区城管执法中队。增设农场计划生育服务站,建立企业计划生育协会。新建党支部10个、党总支1个,发展新党员42名。2个企业被评为区级文明单位。

【土地置换获国务院批准】 2001年萧山撤市设区后,根据杭州城市发展总体规划,市北区块国家级开发区范围内4平方千米土地规划被调整为城市建设用地。为确保开发区规划用地,是年7月,开发区要求将国家级开发区的该面积土地置换到桥南区块。2004年末,经国务院批准,国家商务部、国土资源部、建设部复函同意将国务院批准范围内安排用于非工业用地的部分土地调整到桥南区块,作为规划建设用地,控制面积4平方千米。东至浦十四线,西至桥南四号路,南至桥南六号路以东部分的南沙大堤及桥南六号路以西的萧山机场专用道,北至沪杭甬高速公路。

【萧山开发区通过清理整顿验收】 2003年以来,根据《国务院办公厅关于清理整顿各类开发区加强建设用地管理的通知》等文件精神,国土资源部会同发改委、建设部、商务部按照土地利用总体规划和城市总体规划,对各省(自治区、直辖市)经过清理整顿后上报保留的开发区,进行了严格审核。2004年11月17日,国土资源部发布《第一批通过规划审核的开发区公告》,萧山开发区符合清理整顿的要求,成为全国首批通过规划审核的52个国家级开发区之一。

【5名投资商被授予荣誉市民称号】 9月29日,萧山区隆重举行杭州市萧山区荣誉市民授予仪式。萧山太阳机械有限公司董事长柳本利幸、台湾友嘉实业集团总裁朱志洋、杭州乐荣电线电器有限公司董事长袁永栋、杭州引春机械有限公司董事长黄勇男、赛德克化工(杭州)有限公司执行经理古唐士等5位到开发区投资的人士,被萧山区政府授予荣誉市民称号。这是自1999年以来萧山区第三次评选荣誉市民,开发区共有14位投资商获此殊荣。

【萧山蝉联台商首选投资城市】 8月27日,台湾电机电子工业同业公会公布2004年大陆投资环境调查结果,萧山继2003年被列为台商极力推荐的首选投资城市后,再次获此佳誉。台湾电机电子工业同业公会是台湾首屈一指的产业公会,有3000多个会员企业在大陆投资设厂。该公会在萧山的调查对象主要是开发区台资企业。这一调查结果对提高开发区知名度,开展招商引资具有重要的促进作用。

【国家软件产业基地扩展区块挂牌】 11月25日,杭州国家软件产业基地萧山扩展区块在开发区创业中心挂牌。创业中心成立于2000年,有7500平方米设施完备的科研办公场地,已引进新伟业计算机、思博信息技术、集士电脑软件等高科技企业36个。萧山扩展区块将充分运用相关政策和创业中心的良好条件,大力引进和发展IT产业,促进开发区经济结构的提升和优化。

【评选萧山开发区十佳青年】 4月,为弘扬先进,树立典型,进一步营造扎根开发区、奉献开发区的氛围,萧山开发区开展首届“十佳青年”评选活动。通过各企事业单位报名推荐,组织审核考察和向社会公示,于4月29日举行首届“十佳青年”表彰暨报告会,对大地网架公司陈振永、汉帛公司杨智、庆丰纺织公司黎智全、川崎精工公司匡东、友谊学校丁瑞甫、伟成印刷公司杨绪峰、热电公司郭志仁、恒天面粉公司邬大江、笑笑幼教集团李旭华、新艺服装公司傅晓昂等十佳青年进行了表彰。

【江东工业区撤销】4月16日，根据国务院清理整顿各类开发区(园区)的部署和要求，省政府在《浙江日报》刊登《各类开发区(园区)清理整顿方案的公示》，位于萧山的江东工业区被撤销。江东工业区是杭州市第九次党代会确定的十大工程之一，由萧山开发区管委会负责开发管理。自2002年开园建设以来，江东工业区累计投入建设资金近7亿元，首期5.6平方千米基础配套基本完成。该工业区撤销后，开发区严格按照清理整顿要求，做到撤名称、撤牌子、撤班子，认真做好土地复耕。

【探索集约化招商】 针对土地资源短缺的现状，萧山开发区积极探索集约化招商新路子，建立项目评价机制，提高项目准入标准，引进项目精挑细选，挖掘盘活存量土地，加强土地集约利用，力争以最少的资源代价获取最大的投资收益。全年单个项目平均投资额1011万美元，投资密度由2003年的255万美元/公顷，提高到2004年的375万美元/公顷。在不新增建设用地的情况下，全年有18个外资企业办理增资，增加总投资2亿美元。

【引进项目质量提升】 全年引进高新技术项目16个，占新批项目总数的37%。如总投资2980万美元、设计制造混合集成电路的中美合资“通测微电子”项目，日商独资总投资2200万美元的“爱克斯精密钢球”项目，总投资1850万美元生产移动通讯导航定位专用机的“通测通讯电子”项目等高档次项目落户开发区，对进一步优化开发区产业结构和提升发展水平将起到积极作用。

【龙头企业发挥重要作用】2004年，萧山开发区产值超过1亿元的企业达到51个，利润超过1000万元的企业33个，税收500万元以上的企业有65个，出口超过500万美元的企业37个。其中，达利公司实现工业产值7.35亿元，汉帛公司上缴税金9027万元，松冈机电公司实现利润9172万元，分别位居萧山开发区工业产值、税金、利润榜首。力武机电公司、友佳机械公司、大地网架公司、顺发包装公司、伟成印刷公司等龙头企业的发展势头强劲，为开发区经济发展发挥重要作用。

【投资企业之间合作加强】 萧山开发区的投资企业与境外企业加强联系，开展密切合作，为企业提升发展水平创造了新模式。10月13日，已在开发区投资的台湾友佳实业集团，与日本高松机械工业株式会社合作设立杭州友嘉高松机械有限公司。“友嘉实业”是台湾省著名的数控机床生产企业，“高松机械”的数控机床自动化系统达到世界领先技术水平。合资后，双方整合优势，生产具有竞争力的数控车床、数控机床、自动化生产线等产品。10月，开发区内台资企业浙江荣德机械有限公司与德国永克公司建立技术合作关系，专业生产高精度磨床。12月，杭州乐荣电线电器有限公司与世界500强企业——爱立信公司达成合作意向，计划合资设立总投资1000万美元的爱立信乐荣通信电缆项目。

【终端产品生产企业增多】 至年末，萧山开发区生产终端产品的企业120多个，占投产工业企业总数的48%。数控机床、平面磨床、喷水织机、电动缝纫机、自动麻将机、雅马哈乐器等终端产品，在国内外的市场占有率和知名度不断提高。如松冈机电公司的雀友牌自动麻将机在国内市场占50%的份额，荣德机械公司的KENT磨床占国内市场35%的份额，佳农机械公司的三菱牌注塑机在日本市场占20%的份额，华越家具公司的室外沙滩家具在美国占5%的市场份额，福尔特电器公司生产的办公用小电动五金工具在东南亚市场占60%的份额。

【鼓励企业自备发电】 3月，面对电力紧缺，萧山开发区管委会成立有序用电协调领导小组，在为区内企业争取到“停二供五”优惠用电政策的基础上，科学制订用电方案，积极推广应用节电新技术、新设备，出台补偿政策，鼓励企业自备发电。全年自备发电的企业140个，发电功率6.5万千瓦，开发区补贴资金653万元。通过努力，企业生产用电得到较好保障。10月，开发区被萧山区政府评为有序用电先进单位。

【召开银企合作座谈会】 11月26日，为架起企业与银行交流合作的桥梁，帮助解决企业融资困难，开发区召开银企合作座谈会。人民银行萧山支行和萧山境内16个商业银行的行长，以及开发区50多个企业的主要负责人参加会议。通过座谈、交流、沟通，区内的中国银行、工商银行、农业银行、建设银行、浦东发展银行，当场分别与汉帛(中国)有限公司、浙江华越家具工业有限公司、杭州乐荣电线电器有限公司、杭州友佳精密机械有限公司等13个开发区企业签订授信协议书，授信总额8.28亿元。

【汉帛公司增资9950万美元】9月，汉帛(中国)有限公司增加投资9950万美元，累计投资达到1.69亿美元，成为萧山开发区首个投资超1亿美元的项目。该公司是国内最大的女装生产企业之一，由香港伟量发展有限公司于1992年独资设立，先后5次增资，总投资从最初的40万美元，增加到2002年的6950万美元。汉帛女装园一期建筑面积16万平方米，汇集生产、物流、研发、展示、商贸等功能。计划2005年建成后，可达年产服装1000万件规模，预期销售收入10亿元。 (史国荣)

·高新技术产业开发区·

【高新开发区概况】 杭州高新技术产业开发区(以下简称高新开发区)围绕“构筑天堂硅谷、建设科技新城”的总目标，突出经济发展和城市建设两大重点，全面建设“平安滨江”，经济保持快速增长。全区实现生产总值127亿元，比上年增长20.6%。

该区积极调整产业结构，三次产业比重为1.6:82.1:16.3。克服缺地、缺电、缺资金和原材料价格上涨等不利因素，技工贸总收入707亿元，比上年增长33.4%。实现财政收入28.01亿元，增长13%；其中地方财政收入13.87亿元，增长46.3%。全社会固定资产投资71.82亿元，增长34.8%。

高新技术产业实现技工贸总收入679亿元，比上年增长42%；占全区技工贸总收入的95.9%。通讯设备制造和软件两大支柱产业集聚和带动效应明显，其中通讯设备制造业实现技工贸总收入419亿元，增长40.8%，占全区高新技术产业技工贸总收入的61.7%。软件及相关服务收入100亿元，增长39.9%，占全区高新技术产业技工贸总收入的17.7%。集成电路设计产业实现技工贸收入13亿元。动漫和网络游戏产业成为新的亮点。数字电视、生物医药、新材料、光机电一体化产业保持良好发展势头。全年引进科技型企业375个，新认定省高新技术企业129个，累计认定472个，占全市高新技术企业总数的71.1%。

全区新批外商投资企业74个，协议利用外资3.22亿美元，比上年增长46.1%；实际利用外资2亿美元，增长32.6%。协议引进内资61.92亿元，实际引进内资47.85亿元。全年引进韩国三星、日本NEC等3个世界500强企业和中兴通讯、盛大网络等国内著名企业来区投资。新批投资总额在1000万美元以上的项目达到24个，比上年增加10个。实施大项目带动战略，并按照产业集聚的要求，抓技术含量高、成长性好的中小项目引进，全年引进通信类项目和软件类项目各22个。累计批准进区企业2200个，其中三资企业415个。

鼓励企业"走出去"，全年新批境外投资企业6个。通过完善政策，加强服务，努力降低出口退税政策调整及电力紧张对外贸企业的影响，完成出口总额12.7亿美元，比上年增长26.6%；其中自营出口7亿美元，增长49.5%。自营出口企业达到63个，增加33个。

加强对外合作交流，全年接待近700批1.2万人次来区进行商务、政务考察和项目洽谈。赴欧洲、日本、澳大利亚、新西兰等地开展定向招商活动。加强与微软、思科等著名跨国公司以及中国软件计算机技术与服务总公司的合作。

科技创新能力不断增强，全年投入科研经费18.15亿元，比上年增长60%；完成技术改造投资13.11亿元，增长33.8%。有9个项目列入国家发改委2004年信息产业专项，占全省的69.2%；21个企业获得科技部中小企业创新基金资助，获助企业数量和资金全国领先。新批准省、市级高新技术产业研发中心13个；新认定省、市级企业技术中心10个；新列入国家863课题项目6个；申报国家创新基金项目87个；申报省科技计划项目80项；市科技计划项目129项。网上技术市场有上网企业1321个，签约项目68项，交易额5480万元。孵化器建设稳步推进，科创中心新增孵化企业27个，新增在孵项目27个。浙大科技园中心区块孵化楼、集成电路设计企业孵化器建成并投入使用。组织举办首期知识产权培训班，有89项专利、42项软件著作权获专项资助。鼓励各类科技中介服务机构发展，合作建立上海联合产权交易所杭州分所。

表35　2004年高新区进入中国软件企业100强企业情况

排　序	名　　称	销售收入(万元)
4	UT斯达康(杭州)通讯有限公司	1 729 687.5
7	浙江浙大网新科技股份有限公司	390 690.9
32	杭州恒生电子集团有限公司	50 599.0
38	杭州新中大软件股份有限公司	4 674.8
46	浙江华立科技股份有限公司	29 951.2
48	杭州士兰微电子股份有限公司	50 883.1
49	浙江中控科技集团有限公司	35 048.0
62	杭州信雅达系统工程股份有限公司	38 936.1
67	中程科技有限公司	26 445.7
100	浙江大华技术股份有限公司	18 270.0

稳步推进基地和特色园区建设，成功承办全国国家软件产业基地工作座谈会、全省促进软件产业发展现场会和2004年中国通信集成电路技术与应用研讨会。加强国家软件产业基地建设，5个项目列入"国家振兴软件行动计划"，7个软件企业通过CMM的评审。"五大百亿"工程项目扎实推进，软件基地"公共服务与技术支撑平台"专网接入用户超过300个；高新软件园及4个企业被科技部火炬中心列为"中国软件欧美出口工程"试点基地和试点企业。组建集成电路设计产业化基地公司，成功引进中国科学院微电子所杭州分部、中国科学院EDA中心杭州分中心和国家集成电路师资国际培训中心。杭州留学归国人员创业园全年吸引64名留学归国人员进区创办企业41个，各项经济指标名列全国前茅，被中组部、国家人事部等6部委评为全国留学归国人员工作先进单位。动画产业园被国家广电总局批准为国家动画产业基地，成为该区继软件产业、集成电路设计、留学归国人员创业园之后的第4个国家级特色产业基地。积极筹建杭州数字电视产业基地，编制完成基地建设规划，参股杭州数字电视公司。整合浙大科技园、拓峰软件园、西溪软件园、高新东方科技园等特色园区，挂牌的特色产业园由3个增加到7个。通信产业园通过国家信息产业部三年滚动规划的验收。

加快人才建设步伐，制订《大力实施人才强区战略的决定》，加快人才资源整体性开发，加强"相约在高新"有形和虚拟人才市场建设，全年引进各类人才15287名，其中博士36名、硕士629名、本科学历人员5982名。

不断扩大区校合作领域，与浙江大学签署全面合作框架协议，设立专项资金用于人才培训与实习、科技创新与成果转化、软件与集成电路设计三大平台建设，共同推进特色产业基地和浙江大学国家大学科技园建设。与杭州电子科技大学、浙江工业大学等国家示范性软件职业技术学院开展合作，共同培养软件人才。全年组织申报产学研合作项目80项，占全市申报量的42.4%。

【重新修订开发区条例】8月27日，《杭州高新技术产业开发区条例(修订案)》经杭州市第十届人民代表大会常务委员会第十九次会议审议。11月11日，浙江省第十届人民代表大会常务委员会第十四次会议批准自2005年1月1日起实行。条例(修订案)分总则、市场主体、促进与保障、管理与服务、法律责任和附则共6章、47条。该条例根据高新区与滨江区管理体制调整后的发展实际，吸收借鉴兄弟高新区有益的立法经验，对该区的区域范围、发展目标、管理权限、技术入股比例、人力资源开发、知识产权保护、风险投资等方面有新的规定。

【加强与微软公司等合作】5月27日，杭州高新技术产业开发区、杭州国家软件产业基地分别与微软(中国)有限公司签署《在杭州建立微软(中国)有限公司分支机构的协议书》和《实施“天堂软件人才工程”的合作备忘录》。微软公司计划在杭州高新区设立微软(中国)有限公司杭州分公司，在培训、认证、项目咨询服务以及有关的技术应用推广体系和技术应用服务专区上对杭州市提供支持，协助杭州国家软件产业基地实施“天堂软件人才工程”。微软公司还计划在杭建立“微软认证高级技术培训中心”。

同日，杭州国家软件产业基地和思科系统(中国)网络技术有限公司签署《合作备忘录》。思科公司计划与杭州在电子政务和电子商务方面进行合作，并和杭州国家软件产业基地联合建立“思科网络学院”和“思科网络重点实验室”。在签署仪式上，思科公司向杭州国家软件产业基地颁发了“思科网络学院”铭牌。

浙江大学、杭州高新开发区、中国计算机软件与技术服务总公司和杭州国芯科技有限公司共同签署了《数字电视产业发展合作备忘录》，将在数字电视产业领域进行相关合作。

【高新区列入国家动画产业基地】12月6日，国家广电总局在北京为杭州高新技术产业开发区动画产业园等9个首批国家动画产业基地授牌。首批动画产业基地要求投资规模在1亿元以上，电视动画片年产量达到3000分钟或电影动画片年产量达到一定规模；具有自主知识产权的国产动画产品在基地产品总量中占有相当比例，拥有一些市场占有率高的动画产品，并具有一定的动画产品出口能力。杭州高新区动画产业园在人才、创意、策划、组织、技术、设备、资金以及经营方式等方面占有较大优势。

【一体化数字电视接收机研制成功】4月22日，一体化数字电视接收机在杭州数源科技股份有限公司诞生。该接收机真正实现电视接收机从信道传输到信源解码的全数字化，能够广泛应用于家庭模拟/数字有线电视节目的接收和显示。在开通数字电视的地区，消费者只要将数字电视接收机与家里有线电视插孔相接就可直接观看数字电视。数源科技公司于1997年推出中国第1台全数字技术处理彩电，获中国电子科技进步一等奖；2000年，推出国内第1台高清晰数字电视，通过国家信息产业部鉴定，技术水平跻身国际领先水平。进入21世纪，不断推出数字电视升级产品，技术水平处于国内领先地位。

【阿里巴巴公司总裁获中国经济年度人物奖】12月28日，由中央电视台主办的“中国经济年度人物”奖在北京饭店颁奖。包括杭州的阿里巴巴公司总裁马云在内的10人获2004年中国经济年度人物奖。2004年，阿里巴巴公司在电子商务领域快速发展，网站汇聚220个国家和地区的550万名商人会员，每天向全球提供640万条商业供求信息，年交易额突破100亿美元。马云还获得“新锐奖”，在颁奖晚会上第1个亮相。 (李海松 陈 悦)

·之江国家旅游度假区·

【之江度假区概况】杭州之江国家旅游度假区(以下简称之江度假区)不断调整管理体制，有效组合度假区与西湖区双方优势，探索发展新机制，加快发展，全年协议利用外资6748万美元，比上年增长11倍；实际利用外资2971万美元，增长9.7倍。累计引进总投资7.33亿美元及11.64亿元人民币。全年接待国内外游客248万人次，增长12.7%。各类营业收入8.83亿元，与上年持平。财政收入2.2亿元，增长62.9%；其中地方财政收入1.3亿元，增长75.6%。完成建设投资6.15亿元，各类建筑竣工18.8万平方米，累计完成建筑面积76.24万平方米。累计批准进区企业47个，其中三资企业38个。

理顺西湖区与之江度假区关系，进一步完善管理体制。市委、市政府《进一步加快之江度假区和转塘周边地区发展的若干意见》下发后，与西湖区委、区政府联合组成体制调整工作领导小组，对西湖区与度假区、度假区与转塘镇、转塘镇与西湖区3对关系进行认真梳理，明确职责分工，落实责任。根据度假区的主要职责和工作要求，按精简高效的原则，将管委会原1个办公室、7个局，精简为1个办公室、4个局，协调市国土局、市规划局在度假区设立分局，提高办事效能。对机关干部进行认真考核，对部分区管干部进行区间交流，从西湖区抽调部分优秀中层干部充实度假区的力量，对度假区机关主任科员以下的公务员进行“双向选择”，调动干部的积极性和主动性。对扩区后的开发建设基本情况进行深入的调研，8月下旬召开专题会议，对年内工作进行认真研究部署。

充分发挥西湖区与之江度假区体制调整的优势，整合两区力量，全力推进征地拆迁。通过召开度假区征地拆迁工作专题动员会议，成立以相关乡、镇、街道政府为主的征迁工作组，明确目标，分解任务，落实责任。转塘镇、灵隐街道、袁浦镇、龙坞镇与度假区征迁办和集镇建设指挥部组成工作组，全力以赴投入征地拆迁。全年协议征用土地498.95公顷，其中度假区原25.43平方千米范围征地207.2公顷，比上年增长3.6倍；全年拆迁农户359户，企业43个，拆除面积10.52万平方米，均比上年有较大增长，为度假区的开发建设和招商引资营造了更广阔的空间。

坚持开发建设必须农居点和基础设施先行的方针，把农居点和道路的建设放在重要位置。珊瑚沙农居点、象山农居点和梵村农居点一期工程结顶，新开工转塘镇凌家桥、方家畈和村口3个农居点，完成午山农居点开工前期工作和袁浦镇麦岭沙、小江、新沙、老沙4个农居点规划方案评审。续建向山路、枫华路、碧波路，新开工美院南路、美院北路、杭富路建设，完成向山路隧道、梦园路、方家畈路和江涵路施工招投标。完成转塘污水泵站、度假区南片泵房初步设计，迁移动工220千伏高压线工程。

根据度假区的产业状况，加大旅游招商和服务力度。通过产业引导、政策支持等手段，努力促进大型旅游项目的洽谈，推进项目的引进。加强对外宣传，编制“之江极限运动”、“之江游艇俱乐部”、“中外合资旅行社”等旅游项目的预可行性研究报告和项目建议书，通过参加各类投资推荐会、投资恳谈会，主动开展招商，积极参与旅游促销活动。根据洽谈项目的性质和内容及时调整规划布局，努力做到科学用地、集约用地。其中“极地海洋公园”改址九溪水厂南片地块的方案已经市政府批准。与上海百协中闻有限公司、德国绿树公司签订“冰雪世界”项目意向书，并完成土地挂牌的前期工作；与匈牙利东方公司签订“旅游商贸城”项目意向书；与洛克菲勒财团签订“派拉蒙影城”项目意向书；与日本晓奥株式会社签订“国际网球中心”项目意向书。有效推进在建旅游项目，加快阳明谷度假村建设进度，“休闲世界”度假村项目开工。

加强机关效能建设，修订完善内部管理制度，基本完成之江发展总公司所属爱都、环球、汽车租赁等经营性子公司的转制，使之江发展总公司集中精力进行度假区的开发建设。

【宋城景区成为国家文化产业示范基地】 在经历2003年非典疫情冲击旅游市场考验后，宋城旅游业迅速恢复，景区经营获得新的突破，2004年游客量205万人次，门票收入7301万元。大型歌舞《宋城千古情》是反映杭州历史文化的景区舞台演出，深受游客欢迎，全年上演700余场，平均每天上演2场以上，被旅游行业人士誉为杭州的标志性演出和入境游客必看节目。为让民间艺术发扬光大，加强市井表演和民俗演出，完善景区市井氛围，进一步完善“新春庙会”、“火把节”、“泼水节”、“天灯节”等大型主题活动，并举办“宋城杯”首届民间绝艺大赛。该景区获市政府颁发的文艺突出贡献奖，并获市旅游委员会颁发的“携手共创杭州美好旅业金手指奖”和市工商局评定的“杭州市著名商标”等称号。

11月，该景区被国家文化部命名为国家文化产业示范基地。

华庭云栖度假酒店

【未来世界公园调整游乐活动】 杭州未来世界游乐公园面对设施老化、游客减少的情况，按照ISO 9000质量管理体系和ISO 14000环境管理体系要求进行管理，在AAAA级景区基础上，积极策划景区改造方案，完善美化景观，规划增添大型游乐设施，提升景区服务水平，力促旅游走出低谷。全年策划推出“卡通文化节”、“航天科技展”、“卡通动漫节”、“热带雨林清凉世界”、“搏彩嘉年华欢乐总动员”、“首届魔幻节”、“圣诞万人狂欢节”、“彩虹之夜”等活动，在游客中产生较好影响，取得一定的经济和社会效益。全年接待游客43万人次，门票收入2473万元。

【西湖国际高尔夫举办42场赛事】 西湖国际高尔夫乡村俱乐部前18洞球场开业进入第9年，球会业务稳步发展，会员发展到500多人。扩建服务配套硬件设施，并兴建完成浙江省第1个9洞灯光球场。拓展经营范围，吸引更多的高尔夫球爱好者参与打球，推动了浙江省高尔夫球市场的发展。2004年主要活动有帕萨特高尔夫精英赛、泛鹰高尔夫巡回赛、移动VIP高尔夫邀请赛、第九届西湖高尔夫会员排名赛等赛事，参赛选手以球会会员和杭州及华东地区球友为主，还有来自日本、韩国等国家和地区的国际球友。全年举办各类赛事42场次，接待球友3.33万人次，营业收入3000万元。

【华庭云栖度假酒店建成】 该度假酒店由浙江华庭股份有限公司投资建造，于2002年5月28日开工，2004年12月28日建成。位于之江度假区梅灵南路1号，占地10公顷，总投资1500万美元，总建筑面积4.7万平方米，有客房300余间；绿化面积6.59万平方米，绿地率78.4%，其中重点绿化区“江南竹韵”主题园，为度假客人营造了重归自然的怡然氛围。这座集住宿、餐饮、娱乐、健身、会议接待等功能于一体的休闲风格五星级标准的度假式酒店，是之江度假区第1座星级酒店。

【玫瑰园健康休闲世界开工】 12月31日，杭州玫瑰园健康休闲世界开工建设。该项目紧靠之江度假区1号地块，占地8公顷，总投资1.5亿元，总建筑面积1.52万平方米。主要建筑有以健康休闲为主要功能的会馆主楼，有23间客房的配套客房楼、游泳池、网球场、水疗区等，建筑风格为稳重大方的北美风格。预计项目建设周期为一年。

（周　起）

德意集团

高尚生活　当然德意

DANDY

德意控股集团有限公司位于浙江省杭州市萧山经济技术开发区，是一个涉足多种产业的大型现代化企业集团。集团下辖浙江德意厨具有限公司、浙江德意汽车有限公司、浙江德意置业有限公司、浙江德意教育发展有限公司等5个子公司。注册资金1亿元，总资产5亿元，员工1500余名，平均年龄27岁，大中专以上学历的占2/3，是一个典型的年轻化、知识化、专业化且充满活力的团队。

公司创业于1992年11月，在十余年的发展历程中，连续八年被评为“AAA”级信用单位，先后荣获了“中国十大最具文化价值品牌”、“中国企业文化建设先进单位”、“中国优秀民营科技企业”、“国家质量免检产品”、“浙江名牌产品”、“浙江省著名商标”、“浙江省‘五个一批’重点骨干企业”、“浙江省100个拳头产品骨干企业”、“杭州市文明单位”、“萧山区百强企业”等称号，广泛获得消费者及社会各界的好评。

集团董事长、总裁高德康是杭州市政协委员，杭州市工商联副会长，杭州市青年企业家协会副会长，萧山区青联副主席、萧山区青年商会会长，先后被评为“中国经营大师”、“中国优秀民营科技企业家”、“浙江省杰出青年民营企业家”、“杭州市十大杰出青年”等，2004年荣获“浙江省五四青年奖章”。

“志当存高远，德意竞一流”。德意将集天时、地利、人和之优势于一体，通过不断努力，最终把德意建设成一个多元化的、具有核心价值和竞争能力的、国际一流的大型企业集团。

董事长、总裁：高德康

浙江省委书记、省人大常委会主任习近平视察德意集团。

与《人民文学》共同举办的“德意杯”首届“青春中国”诗歌大赛颁奖典礼在北京人民大会堂隆重举行。

高德康总裁荣膺“2004中国厨卫十大影响力人物奖”，并应邀参加“第二届中国厨卫行业发展高层论坛”。

德意控股集团有限公司

地址:浙江省杭州萧山经济技术开发区建设三路　电话总机:0571-82838788　传真:0571-82838666　邮编:311215

http://www.chinadandy.com　E-mail:dandy@chinadandy.com

2002年2月，国务委员吴仪(中)视察公司。

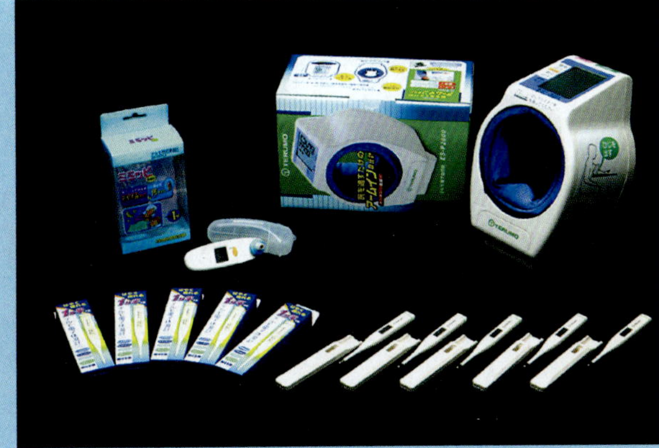
医用电子仪器

泰尔茂医疗产品(杭州)有限公司

泰尔茂医疗产品(杭州)有限公司成立于1995年12月，是日本泰尔茂株式会社在中国杭州经济技术开发区设立的独资子公司，1997年4月正式投产，注册资金达到4700万美元，总投资额9800万美元，是浙江省出口创汇大户，全国医疗行业百强企业。

该公司主要从事医疗器械的生产和销售，现有医用导管、输液泵配套器械、电子体温计、血压计等12大类产品，共500余个品种。所有产品均根据国内和国际GMP标准及世界医疗器械生产厂家的标准进行严格、规范的管理和生产，确保向顾客提供优质的医疗产品。公司已获得国际ISO 9001质量体系、欧洲CE、美国FDA等多项认证。大部分产品销往日本、欧美等国际市场，其中部分产品如胃导管、导尿管、吸引管等医用导管已获中国国家药品监督管理局许可在中国销售。

公司一直秉承“开明管理、优质价值、安全可靠，崇尚伙伴，企业公民”的发展理念，把“通过医疗为社会作出贡献”为宗旨，以“提高人类的生活质量”为奋斗目标，致力于向社会提供安全、可靠、值得信赖的医疗产品。

产品检验

公司外景

·城市建设和管理综述·

【加快道路交通建设】 2004年，杭州市城市建设管理部门围绕推进城市化战略，坚持"发展、创新、稳定、为民"的方针，科学编制城市建设规划，重点解决"七难"中的"行路难、停车难"和"住房难"问题，城市建设取得新的突破。全年用于城市建设资金69.2亿元。

道路交通建设步伐加快。建成上塘高架延伸段、石祥路、临丁路、吉庆山隧道、五老峰隧道、复兴大桥(钱江四桥)、中兴立交桥等道路建设工程；成功实施北山街历史文化街区"三路一桥"整治工程；开通龙井路、三台山路延伸段、新城隧道、解放东路及庆春东路延伸段等工程；岳庙东西向和武林广场东西两侧4条人行过街通道建设进展顺利；西溪湿地公园6条综合配套道路完成初步设计；德胜快速路中、东段完成施工前的准备；紫金港路和灵西隧道接线开工建设；快速公交(BRT)一号线一期工程(黄龙到下沙)立项。年末，市区实有道路面积2895万平方米，比上年增长13.3%。

【完成"三口五路"综合整治】 "三口五路"综合整治即彭埠入城口、留下入城口、104北线入城口和解放路、环城北路、艮山西路、天目山路、莫干山路道路及道路两侧街景的整治，这是市委、市政府为打通道路瓶颈缓解行路、停车难，改善人居环境，提升城市形象而作出的重大决策，是继"33929"工程后进行的新的城市建设会战。整治从4月初开始，到9月28日告成。7000名建设者鏖战5个月，疏理道路42千米，整治立面238万平方米，绿化83.5万平方米。"三口五路"综合整治使杭州入城口交通状况明显改善，车速加快起来；沿街面貌发生巨大变化，街面靓丽起来；城市形象和品位得到提升，老街显得"古"起来；道路两侧发展潜力增大，效益凸显出来。

【房地产业持续稳定发展】 杭州市房地产业呈现健康、持续、稳定的发展态势，房地产开发企业全年完成投资328.5亿元，比上年增长26.9%，高出同期固定资产投资增幅7个百分点。住宅新开工面积867.8万平方米，增长3.8%；住宅施工面积2642万平方米，增长38.7%；住宅竣工面积512.9万平方米；商品房销售面积605.1万平方米，增长8.9%。全年商品房销售价格上涨12.4%，其中住宅价格上涨12.9%，非住宅价格上涨8.7%。

【经济适用住房开工190万平方米】 年初全市确定经济适用住房开工150万平方米(含拆迁安置房)，竣工80万平方米，公开摇号销售30万平方米。至年末，经济适用住房开工量达到190万平方米(含拆迁安置房)，竣工167万平方米，公开摇号销售30.5万平方米，全部超额完成预定目标。经济适用住房主要集中在草荡北景苑、三墩都市水乡和九堡新江花园等区块。

为使经济适用住房建设和管理更加规范有序，9月，市政府出台《关于贯彻国家四部委<经济适用住房管理办法>的实施意见》，对全市经济适用住房的建设标准、户型面积、供应对象、定价原则、上市条件、优惠政策等方面，作出明确规定。11月，市政府转发市房改办关于《杭州市市区经济适用住房销售管理实施细则》，对购买经济适用住房的条件和程序等作了详细规定。12月，市政府转发市建委关于《杭州市区企业单位自建经济适用住房的管理办法》，将企业单位自建经济适用住房列入当年经济适用住房建设计划，实行统一政策、统一规划、统一标准、统一管理。年末市区居民人均住房使用面积17.8平方米，农民人均住房使用面积58.9平方米，分别比上年提高0.6平方米和4.2平方米。

【建筑安全生产态势平稳】 2004年，全市发生施工死亡事故14起，死亡16人，比上年有较大幅度下降。市建委与38个直属单位签订安全生产防火责任书，市建筑企业管理站与295个施工企业签订安全质量文明施工责任书，各区、县(市)建设局与辖区施工企业签订安全施工责任书。市建委每季度召开一次安全生产工作例会，通报安全生产工作情况，分析研究存在的突出问题，部署阶段性安全生产任务。完善和实施各项应急措施，制定《杭州市建设系统安全事故公共救援应急处理预案》、《杭州市建委防汛抗台抢险预案》等应急预案，成立由市建委主任担任组长的应急领导小组，做好救援物资调度、抢险和巡查人员组织等准备。全面实施施工企业安全生产培训，举办培训班39期，培训施工企业主要负责人、项目经理、专职安全员以及监理企业、房地产开发企业有关人员7680人。对全市1071个建筑施工企业和1.9万名企业有关人员进行安全生产考核初评。组织全市范围安全生产大检查和大型公共建筑质量安全检查9次,发出整改单2100份,有155项工程被责令停工或局部停工整改。

【勘察设计市场日趋规范】 市建委推进依法行政,规范勘察设计市场。在建筑项目审批中,方案审批132项,计1019.2万平方米。其中住宅64项,计659.3万平方米;公建项目57项,计301.9万平方米;厂房5项,计25.4万平方米;学校5项,计24.7万平方米;医院1项,为7.9万平方米。初步设计审批199项,计1000.8万平方米。其中住宅49项,计466万平方米;公建55项,计192.1万平方米,厂房91项,计330.4万平方米;学校4项,计12.3万平方米。

【参加第一届世界太阳能城市大会】 11月14日至18日,"第一届世界太阳能城市大会"在韩国大邱召开。市建委受市政府委派,作为杭州市政府代表应邀出席,并在政策会议上介绍了杭州市的经济社会发展和可再生能源利用的情况,交流了《发展太阳能建筑与推动地方立法》的论文。世界19个城市的政府代表,来自30多个国家和地区的900多名学者、专家和企业界人士围绕提高能源的利用效率,增加可再生能源的利用,减少温室气体的排放,实现经济和社会的可持续发展等问题展开了研讨。会议推出在可再生能源工业中的最新研究成果和新产品。大会讨论并通过了旨在"制止日益恶化的生态环境,推动全球可持续发展"的宣言——《大邱宣言》,杭州市作为《大邱宣言》19个参与城市之一参加了《大邱宣言》发布仪式。

【坚持依法行政】 市建委对各类行政审批事项进行集中梳理,上报22个许可项目,取消2项审批事项;清理规范性文件103件,废止40件。制定《市建委实施行政许可工作制度》、《首问责任制》等管理制度,建立机关效能投诉中心,开通网上市民投诉信箱。加大城管执法力度,全方位开展不文明劝导活动。认真办理人大议案、政协提案和群众来信来访,全年办理议案和提案107件,反馈率和满意率均为100%;受理领导批示69件、各类信访2422件、"12345"交办1268件,办结率和满意率分别为100%和99.4%。(鲍世明)

·城市规划·

【城市规划概况】 杭州市的城市规划努力适应经济社会和城市建设持续快速协调发展的形势,以科学的发展观为指导,高起点编制各类城市规划,充分发挥城市规划的综合职能作用。

围绕城市建设和发展需要,搞好主要规划编制设计。全年下达167项指令性规划编制设计任务,投入经费3798万元,比上年增长1倍。完成的主要规划编制设计有:根据部际联席会议对《杭州市城市总体规划(2001~2020)》的修改意见,会同有关部门研究关于"国际风景旅游城市"的城市性质定位、与土地利用规划的衔接、铁路枢纽布局等主要问题,提出修改完善意见,反馈建设部后报请国务院批复。深化完善分区规划,组织编制45项控制性详细规划(规划单元),覆盖面积130平方千米,覆盖主城区范围90%。审查批复下沙、松合等40余项地区控规。组织统筹城乡建设与发展规划研究、近期市区建设用地增量化空间分布分析研究、西溪湿地周边地区景观控制规划及入城口设计、农居点布点、"城中村"改造、科技园区用地调整等规划编制。完成《杭州市域区域协调发展的问题与对策》、《宏观调控与规划引导》、《城市建设用地快速增长中存在的问题及对策》、《杭州市区非建设用地规划管理系统研究》等课题研究。配合重要建设项目完成西溪湿地保护区一期工程、西溪湿地保护建设拆复建农居、三墩镇旧城改造及撤村建居、农转居多层公寓配建经济适用房、市大学毕业生人才公寓、中国四季青服装交易中心一期服装交易区块、"城中村"改造启动区块、杭州市第2批撤村建居试点村10%留用地规划、下沙镇农居布点规划(调整)、西湖区农居点布点规划调整、浙江大学国家科技园区局部地区等详规和修规。

编制杭州市轨道交通线网规划、杭州市城市中心区交通改善综合规划研究、城市大运量快速公交专项规划、市主城中心区近期停车场用地布局规划、市快速路网规划设计及秋涛路、石桥路、石祥路快速路规划、市公交专项规划等交通规划项目。完成东湖路、重工路(东新路—华中路)、余杭塘路(莫干山路—紫金港路)工程、德胜快速路方案、灵西隧道延伸线道路规划及给水工程专项规划、排水工程专项规划、城市西部地区给水专项规划、塘北地区河道蓝线规划、西溪风景区市政工程规划、主城区及下沙城供热规划、下沙地区四线完善规划、余杭运河二通道、沪杭高速铁路线型调整等基础设施专项规划。编制杭州"一主三副六组团"居住专项规划、市居住区发展规划、市居住公共服务设施配套标准规划、100万平方米拆迁安置房用地布点规划、丁桥居住区控制性详细规划(包括丁桥镇区)调整新增用地测算、市经济技术开发区大型居住区修规、丁桥大型居住区和丁桥镇镇区一期区块修规、2005年商品房与经济适用住房选址规划、杭州市房屋拆迁中长期规划以及长睦地区、三墩北地区、松合地区控规等住房建设规划。

组织编制市新增13处历史地段保护规划、中山中路等历史街区保护规划、历史建筑保护图则、20世纪50年代以来城市历史建筑和老字号保护规划。制定历史文化名城保护规划实施办法,审查批复拱宸桥西历史街区保护规划、北山街历史文化街区保护规划。充分运用市场机制,对市域西部地区发展战略规划、生态用地控制规划等11个规划管理单元(地区)控规、13个历史地段保护规划和44个规划设计项目进行公开招标或定向委托。加强规划编制规范化管理,参照国内外发达城市规划编制管理的先进经验,整合不同时期、不同成果的规划信息,编制《杭州市规划管理单元规划方案》。制订《城市规划设计审查会签办法》、《各类建设项目执行国家有关城市规划强制性内容规定》、《关于明确控规局部调整程序的通知》等文件。市规划院开展"规划质量年"活动,采取8项措施鼓励技术创新和多出精品。在优秀设计项目评选活动中,有23个项目分别获

一、二、三等奖，其中《钱江新城核心区块控规》项目获浙江省年度优秀规划设计项目一等奖和建设部优秀规划设计三等奖。

努力发挥城市规划的综合职能作用。认真贯彻落实市委、市政府提出的"一调两宽两严"指导方针，充分发挥城市规划对空间结构和土地资源的调控作用。通过旧城区优二兴三、企业搬迁、学校搬迁和加快"城中村"改造、推行多(高)层农居建设、加快撤村建居等举措盘活存量土地，实现土地集约使用。加强与上海接轨和参与长三角地区合作与交流的规划前瞻性研究，超前做好铁路等重要基础设施衔接和产业发展协调安排，注意处理好杭州大都市建设与周边协调发展的关系。对杭州市5县(市)加强规划指导，做好体制调整后西湖区和之江旅游度假区规划工作衔接，积极参与萧山、余杭、滨江区和西湖风景名胜区的规划协调，快速办理"三口五路"、"四+四"重点应急项目审批，全年办理审批件700余件。帮助"城中村"改造办公室对56个村现状农居点和"三违"建筑计133宗土地性质进行核定，及时提供每宗地的规划四线和用地性质资料。

加快机制改革和体制创新，提高规划管理水平。按照转变职能、创新制度、提高效能的目标，提前制订实施《中华人民共和国行政许可法》计划，认真组织讲座，开展行政许可事项清理，修订后的《杭州市城市规划管理技术规定》报市政府同意试行。印发关于各类建设项目执行国家有关城市规划强制性内容规定的暂行办法、建设项目规划档案对外利用服务规定、行政许可听证规则、实施行政许可工作制度4个规范性文件。组织《提供城市开放空间奖励制度》修编和论证，研究制订户外广告、建筑层高、简易立体停车库等管理规范。规划部门在市投资项目集中办理中心收件6000余件，办理4374件。上城、下城、江干、拱墅、西湖5个分局全年办理各类项目1403件，批后管理进一步加强。

深化"阳光规划"，扩大公众参与规划渠道。4月至11月，在市规划局和武林广场等地举办西溪湿地重要地区控规、重要项目设计方案、新增13处拟保历史地段规划和交通规划4次重要规划方案展览。推进建设项目建前公示制和批后告示制，上城、下城、江干、拱墅、西湖5个区把项目建前公示扩大到社区。11月24日，浙江省城乡规划领域推行"阳光规划"电视电话会议上，市规划部门代表作交流发言。建立信访接待中心，开通信访服务热线，全年按时办结反馈各类信访件7869件，其中"12345"交办件813件、"96666"交办件32件、重要信访转办件130件、群众来信293件；接待来访1643批次2986人次，接听各类咨询投诉电话4642个。

加强科研和基础性工作。信息中心完成地形更新技术方法研究、地下管线建设、档案管理数字化等项目，并通过验收。完成《规划设计成果提交规范研究和成果管理系统初步设计》，编制完成《控制性详细规划电子成果提交规范》、《规划四线数据整理规范》，完成城区542个停车场项目的审批信息核对和现场调查，形成《杭州市停车场调查报告》。完成消防支队国家"十五"攻关项目《杭州市安全综合规划编制》的前期工作以及交警支队GIS项目监理工作。全年投入经费460余万元，完成基础测绘GPS C级控制网及大地水准面精化，控制网覆盖范围为500平方千米。完成1:500地形图测绘和1:1000地形图缩编。完成第3、4期地下管线普查，各类管线总长3493千米，普查费用736.6万元。

(王　宁)

市规划局召开推行"阳光规划"上城区动员大会

【编制完成《一主三副六组团居住专项规划》】 根据《杭州市城市总体规划(2001~ 2020年)》及现状居住用地分布和土地利用情况，市规划局编制完成《杭州市一主三副六组团居住专项规划(中间审查稿)》。规划中确定的"一主三副六组团"即以老城区为核心的主城；江南城、临平城、下沙城3个副城；塘栖、良渚、余杭、临浦、瓜沥、义蓬等外围6大组团。规划提出注重人与自然的和谐，保护自然生态环境；注重新区建设与旧城改造并举等项原则和要求。经过精心规划和设计，依靠科学管理，实现"造价不高水平高、标准不高质量好、面积不大功能全、占地不多环境美"的目标。

【编制完成《市区100万平方米拆迁安置用地布点规划》】 为妥善解决城市建设中的拆迁问题，尽快落实拆迁户的安置用地，市规划局编制完成《杭州市区100万平方米拆迁安置用地布点规划(修改稿)》。规划确定布点38个地块，建筑面积590.9万平方米，其中上城区5个地块，建筑面积198万平方米；下城区10个地块，建筑面积110万平方米；西湖区7个地块，建筑面积81.7万平方米；江干区6个地块，建筑面积52.2万平方米；拱墅区10个地块，建筑面积149万平方米。根据规划，城东拆迁安置用房主要在九堡地区，城西主要在三墩、古荡地区，城北主要在拱宸桥、香积寺路地区、京杭运河两岸，城南主要在望江路南区和北区、凯旋路沿线及复兴地区。规划要求在经济适用住房地块的开发建设中，应划出一定比例的拆迁安置房用地作为专项定向安置用房，如九堡、丁桥、三墩、下沙等区域。近期拆迁安置相对集中在香积寺路地区、拱宸桥地区、望江路南区和北区。从更大区域和更长时间段来看，拆迁安置可从丁桥、下沙、滨江、三墩等地区考虑，直至萧山区、余杭区。（曹　勤）

【编制完成 13 个拟保历史地段规划】 为充分体现杭州历史文化名城的内涵，提升杭州城市品位，市规划局组织编制武林路、龙翔里、中山中路、平远里、惠兴路、泗水坊、韶华巷、兴安里、元福巷、五柳巷、安家塘、留下镇、梅家坞 13 个拟保历史地段保护规划，并从 6 月 28 日起，进行为期 1 个月的公开展示，1000 多名市民填写了《征询意见表》。市民对保护规划方案提出的保护范围、规划定位、地段内历史建筑的保留与整治模式，以及对历史地段风貌的塑造等给予了充分肯定，希望政府尽早实施，并提出不少好建议。市规划局积极吸纳市民意见，对保护规划方案进行了完善。（顾志法）

【编制完成《西溪湿地周边地区景观建筑高度控制规划》】 为保护西溪湿地保护区的视觉空间景观，处理好城市建筑与保护区的空间关系，市规划局编制《西溪湿地周边地区景观建筑高度控制规划(初稿)》。湿地保护区范围东起紫金港路绿带西侧，西至绕城公路绿带东侧，南起沿山河，北至文新路延伸段，总面积 11.26 平方千米。湿地周边景观控制区范围主要涉及五常乡、闲林镇的两个湿地水网区域，用地面积 50 平方千米。规划将湿地保护区定位为以秀丽的湿地自然景观、底蕴深厚的历史人文景观为特色，融保护、利用、研究、游览为一体的近郊型湿地保护区。规划明确了湿地作为杭州市绿地生态系统的重要组成部分，以保护区域的生态环境、改善保护区的水质状况为根本立足点。规划在湿地周边设两级景观控制区和特级景观控制带。一级景观控制区为建筑不可见区；二级景观控制区为建筑天际轮廓线控制区。特级景观控制带要求最大限度地扩大湿地的空间范围与景观范围，此带内不得作为建设用地，景观控制带内新建建筑物或构筑物必须经方案论证、专家认可。规划提出南部应严格控制再建设的规模及高度；东部和北部因面临城市建设的巨大压力，顾及到土地利用的合理性和经济性，在建筑不可视范围内严格控制高度；西部应注重外围景观和保护区景观的一体性。（曹　勤）

市民观看城市交通规划展

【组织《京杭运河杭州段控制性详细规划》技术审查】 为深化《京杭运河杭州段综合整治与保护开发战略规划》，协调运河与城市之间的有机联系，市规划局对《京杭运河杭州段控制性详细规划》(汇总整理)进行了技术审查，9 月 13 日得到市政府批复。规划用地范围分运河主城区段和运河郊区段。主城区段南起三堡船闸，北至石祥路，长 14 千米；两岸用地横向至第 1 条城市主干道，每侧平均控制在 500 米左右。郊区段从石祥路至余杭区塘栖镇水北地区，长 25 千米，两岸横向用地控制在 1000 米左右。主城区段规划用地 21.1 平方千米，其中江干段 8.84 平方千米、下城段 4.42 平方千米、拱墅段 7.84 平方千米。郊区段 50 平方千米。

【完成主城及下沙城垃圾中转站布点规划】 2 月 29 日，市政府批复同意《杭州主城及下沙城大中型垃圾中转站布点规划》(2004 年～2020 年)。规划确定 10 个垃圾收运服务区的服务区域和垃圾处置流向以及大中型垃圾中转站的位置、数量及规模。垃圾收运体系近期采用以大中型中转站为主、小型中转站为辅的模式。已建、已批在建或未建的小型垃圾中转站如对周围环境影响不大，不碍景观，近期予以保留。远期待大中型中转体系完善后，再根据运转情况逐步取消小型垃圾中转站。在三墩地区、艮山门编组站等人口密度大、垃圾量多的服务区域适当增加备选用地。大中型垃圾中转站的建设采用先进、清洁、对环境污染少的技术和设备，减少二次污染。规划中的大中型垃圾中转站 (除已审批外) 的绿地率均应大于或等于 35%。

【召开轨道交通线网规划评审会】 3 月 16 日至 17 日，市规划局邀请有关专家和省、市相关职能部门召开《杭州市轨道交通线网规划(优化)》成果评审会。评审专家组由 10 位专家组成，周干峙院士任专家组组长。专家组认为，《杭州市轨道交通线网规划(优化)》提出的设计目标正确，规划原则合理，基本方法和技术路线科学可行。根据对 2020 年、2050 年轨道交通线网承担客流的预测，确定的远景轨道交通线网由 8 条线组成、共 278 千米的总规模比较适中。规划方法正确，内容完整。为使杭州市轨道交通线网规划更加完善，专家组建议远景线网规划年限应充分考虑轨道线网的弹性和调整的余地，以及为“长三角”城际交通预留接口；联络线和车辆段规划需进一步深化，以便为用地控制提供依据；对近期建设项目的建设规模和时序做进一步的研究论证。

【举办城市交通规划展】 11月6日至7日，市规划局举办“杭州市城市交通规划展”。规划展展出8个重要交通规划项目，其中通过成果审查的有4个，分别是《杭州市城市综合交通规划》、《杭州市轨道交通线网规划(优化)》、《杭州市主城中心区近期停车场布局规划》、《杭州市绕城公路入城口货运停车场布点规划》；尚在中间成果编制阶段的4个，分别是《杭州城市大容量快速公交专项规划》、《杭州城市中心区交通综合改善规划》、《杭州城市快速路系统规划》、《杭州市西湖景区路网完善及换乘系统规划》。展览期间，发放8000余份意见征询表，有效回收837份。征询结果显示，89%市民认为《杭州市城市综合交通规划》确定的城市交通发展战略基本合理，85%市民认为城市中心区停车场的设置基本合理，92%市民认为西湖景区换乘点的数量及布局基本合理，81%市民认为将来进入城市中心区应主要依靠公共交通（含轨道交通），84%市民认为行人过街设施采用地道比较好。 （顾志法）

【编制完成部分入城口方案规划设计】 根据入城口整治工作需要，市规划局编制完成《杭州市彭埠立交改造规划方案》、《杭州市艮山西路(彭埠入城口整治地段)概念性景观设计》和《杭州市留下立交方案规划》。留下立交位于天目山路与02省道衔接处。规划以补充现状立交缺失方向和与杭徽立交连通为原则，从出入口交通需求角度分析了留下立交的功能和布局，研究了收费站对立交规划的影响，考虑了近期实施方案的可行性。艮山西路是连接杭州城市东大门的主要通道，艮山西路与彭埠立交是沪杭高速和杭甬高速的主要入城门户。根据规划，彭埠立交被确定为城市内部快速路网系统的枢纽立交，远景将取消收费站。艮山西路为城市快速路，体现以车行交通为主导的景观以及“城市入口形象”，功能上串联城市各种性质用地。 （曹　勤）

【制定行政许可听证规则】 为贯彻落实行政许可确立的许可听证制度，根据《中华人民共和国行政许可法》、《中华人民共和国民事诉讼法》和《杭州市城市规划管理条例》的有关规定，借鉴北京、深圳等城市做法，市规划部门于7月制定实施《行政许可听证规则》。规则充分体现公开透明审批的要求，依据许可法中对听证的规定，明确在规划许可决定作出前，除法律法规明确规定应进行听证的事项外，对于公民、法人和其他组织依规定申请听证的事项，应组织听证。规划许可审查人员应将听证笔录作为行政许可的依据之一。并参照《中华人民共和国民事诉讼法》对特殊情形的回避、延期、中止、终结作了规定。规则规定应建立听证会代表制度，由相关专家担任听证会代表，参与听证全过程。听证会代表可就听证的规划许可事项提出建议。 （杨平华）

【实施地下管线普查】 从1999年至2004年，市规划局对市区范围的地下管线情况（包括电力、通讯、热力、给水、排水、燃气6大管类）组织了管线普查，取得显著成果。至2004年末，完成第3期市区80平方千米主要道路地下管线普查，共计管线长度2621千米，探测管线点14.3万个，其中明显管线点8.4万个，隐蔽管线点5.9万个。第4期完成外业探测，管线长度1500千米，探测管线点7.2万个，其中明显管线点4.7万个、隐蔽管线点2.5万个。完成综合管线图1010幅，各类专业管线图5166幅及管线放大图、断面图1391幅的数据入库。制定《杭州市地下管线普查数据规范》、《杭州市地下管线普查技术规程》等6个技术性规范和规程。邀请全国有关方面专家组成验收评审小组，对区域管线实施过程、监理过程、各项技术指标、普查成果及《杭州市地下管线普查技术规程》等进行评审。专家认为：“杭州市政府实施的地下管线普查措施得力，制定的规范切实可行，规范和试验区成果达到国内先进水平。”管线普查成果被广泛使用，浙江经贸大楼改建、上塘路高架桥施工、地铁一号线工程等都利用了市规划局提供的地下管线普查成果。 （顾志法）

·勘测设计·

【设计创优带动效益创新高】 2004年是杭州市建筑设计研究院有限公司改制后实行企业化运作的第一年。公司抓住机遇，深化改革，开拓创新，一手抓设计业务，一手抓设计质量，经营业务得到全面发展，产值、设计收入、利润和上缴税费均创下历史新高。

不断拓展经营业务。公司充分利用、发挥人才和技术优势，积极参与市场竞争。在上海、江苏、安徽、山西和浙江省杭州、宁波、绍兴、嘉兴等地，通过投标，签订建筑工程设计合同85项，完成施工图设计项目50项，建筑面积400万平方米，施工图设计投资60亿元，为完成全年经营目标奠定了坚实基础。

积极开展设计创优。公司严格执行“百年大计、质量第一”的方针，认真贯彻ISO 9001质量保证体系。围绕开展设计创优活动，组织设计人员参加新规范和强制性标准的培训，开展技术交流和学术讨论，对项目施工图进行全过程跟踪把关，确保了设计质量。公司设计产品质量优良率保持100%，杭州铁路新客站建筑结构设计获得全国优秀设计奖，杭州新闻大厦、清水公寓、温州中学新校区迁建工程、浙一医院门诊楼及医技楼、省委党校综合教学楼、杭州国税局办公楼、杭州人防管理用房和余杭第一医院病房楼8个项目获得省优秀设计奖。

深化内部各项制度改革。公司改制后取消事业编制和干部身份，所有员工实行聘用制。根据业务工作需要，不拘一格选用人才，重新聘任各所正副所长和各专业正副主师。引进专业技术人员37人，其中具有高级职称的5人；录用高校毕业生51人，其中博士、硕士研究生16人；按照改革的思路，制订和完善公司技术经济承包责任制，实行新的工资标准和奖金分配办法，较好地调动了设计人员和职工的积极性。

【杭州铁路新客站建筑结构设计获全国优秀设计奖】 杭州铁路新客

站是省、市重点建设工程。新客站主站房全长268米,总高度74.4米,地上17层,地下1层(局部2层),建筑面积7.2万平方米。高架广场为地上2层,地下1层,建筑面积3.8万平方米。在建筑结构设计中,杭州市建筑设计研究院有限公司利用预应力技术,实现了进站大厅人字形梁架不用下部拉杆;应用混凝土钻孔灌注桩桩底注浆技术,提高桩基的承载力,减少沉降,并节省造价;采用微膨胀混凝土方案,使超长的地下室不设温度伸缩缝,开了国内先河。特别是结构抗震设计方案合理,稳定性、整体性好,抗御地震水平侧向力的能力强,得到专家充分肯定。11月,中国建筑学会授予杭州铁路新客站主站房及高架广场全国优秀建筑结构设计奖奖牌。 (卢福荣)

【城建设计院获4项"钱江杯"优秀设计奖】 杭州市城建设计研究院有限公司根据设计市场的变化,及时调整内部机构和经营方式,加强设计一线的力量,增强为建设单位服务的意识,积极拓展设计业务,全年完成施工图设计投资28.5亿元,施工图设计建筑面积175万平方米;完成外单位施工图审查130项,签订设计合同61项;完成设计产值9000万元,比上年增长30%。该设计院承接具有较大影响和填补历史空白的项目有:超高层钢结构综合大楼杭州恒兴大厦、五星级酒店——宁波市开元名都大酒店、杭州市钱江新城核心景观项目双翼城市阳台、应对疾病控制和病人紧急救护的杭州市公共卫生中心项目、全国最大女装制作企业——汉帛中国有限公司产业园总部等。其中杭州恒兴大厦高220米,外型为双子塔楼式,设计新颖别致。在杭州市重大市政工程方面,该设计院承接了莫干山路整治工程、石桥立交桥工程、环城北路——艮山路公铁立交桥工程、德胜快速路与绕城公路接线立交(西溪立交)工程、地铁一号线试验段工程——东城站路桥等。该设计院积极拓展外地设计业务,承接的外地设计项目有:台州路桥中心工业园区工程、乐清市银溪路和滨江路改造、江山市迎宾大桥、嘉善世纪大道、绍兴滨海水厂扩建、金华汤溪水厂扩建、武汉世纪家园、浙江绿都·湖滨花园和江西省新余市暨阳开发园区项目等。

城建设计院加强设计质量管理,及时完成质量体系文件的修编和质量内部管理的评审,并通过北京中设质量认证中心审核小组的现场监督审核,换发了2000版ISO 9001质量体系认证证书。2004年,城建设计院获浙江省建设工程"钱江杯"优秀设计奖4项,其中永康市溪心桥工程获优秀设计一等奖,杭州瑞丰商业大厦工程和上塘高架路工程获优秀设计二等奖,台州市公安指挥大楼工程获优秀设计三等奖。 (陈 易)

【精心组织勘测工程项目】 杭州市勘测设计研究院在建设工程勘察市场竞争激烈和指令性测绘任务大幅减少的情况下,抓住市"三口五路"整治等重点工程实施的契机,主动找市场要项目。全年完成岩土工程勘察、设计、施工、桩基检测项目170余项,测绘项目1100余项,工程到账款达3588万元,比上年增长7%。其中完成"三口五路"整治工程中的30项市政岩土工程项目和德胜路快速路、地铁工程等近20项市政工程测量任务。积极拓宽经营领域,承担并完成了《杭州地区土性指标概率分布及地基承载力可靠度分析》、《泥浆护壁孔中剪切波直接测试》等市级科技开发项目。

重视科技进步,严格质量管理,承担的《杭州市地铁一号线施工控制网》获得2004年度省建设工程"钱江杯"(工程勘察)一等奖,《桐庐县城镇规划工程地质勘察》获得省城市勘测优秀工程一等奖,《杭州市地理信息系统基础数据标准化入库》、《拱墅区政府办公大楼岩土工程勘察》获得省城市勘测优秀工程三等奖。

【《杭州市地图集》出版发行】 10月,杭州市第1本综合性城市地图集——《杭州市地图集》由出版社出版发行。《杭州市地图集》以地图为主,配以照片和文字,分概述篇、都市篇、专题篇、历史篇、旅游篇、未来篇和附录7个专题。概述篇利用长江三角洲城市群分布图、浙江省政区图、杭州市政区图、地势图、交通图等,配以文字和照片介绍杭州市的总体情况。都市篇以城区为主,兼顾各县(市),以市规划局1:5000比例尺地形图数据库为基础,使用市卫星影像数据和最新测绘资料,编制36幅区域详图。历史篇收集有代表性的8张杭州历代古图和1张杭州城址变迁图,标绘了杭州市国家级、省级、县(市)级的文物保护单位和博物馆的位置。

《杭州市地图集》突出反映改革开放以来杭州市取得的成就,为各行各业提供有权威性的地情数据,为市民和中外游客提供了指南性的地理参考资料。 (王 宁)

·建筑业·

【建筑业概况】 2004年,杭州市建筑业呈现强劲上升态势,全年完成总产值932.9亿元,比上年增长31.4%;其中在外省完成的产值161.5亿元,增长38.9%。工程利润48.98亿元,增长24.5%;新签合同额995.3亿元,增长19.4%;人均劳动生产率17.7万元,增长18.1%。全市(不包括省重点工程项目)总交易工程项目达到4793个,增长28.1%;净增加项目1052个。交易总额达到398.3亿元,增长42.4%;净增交易额118.3亿元。其中招标工程项目3107个,增加687个;招标工程造价325.6亿元,增加83.6亿元;应招标工程招标率达到100%。

特大型建筑业企业坚持"大建设、大市场、大业主、大项目"的经营理念、"以投融资带动总包,以总包带动分包"的经营策略,以及"立足杭州,面向全国,走向国际"的市场扩张措施,使企业进一步做大做强。全年建筑业总产值超10亿元的企业有19个,其中广厦建设集团有限责任公司、浙江省建工集团有限责任公司、浙江省长城建设集团股份有限公司产值均超30亿元。

市建委完善市场管理机制,主要抓住6个重点,做到3个结合,全面整治建筑市场。6个整治重点为:拖欠工程款和农民工工资,不按法定建设程序开工建设,违法分包、转包,施工、监理现场人员持证上岗和到位率较低,中介机构市场行为不规范,招投标中存在围标串标问题。3个结合为:坚持制度规范与现场检查相结合,坚持日常监管与定期检查、不定期抽查相结合，检查工程项目与检查市场各方主体相结合。

【规范建筑市场各方行为】 为加强建筑市场的整顿和监管，从制度上规范建筑市场各方主体的行为，市建委出台《杭州市建设工程安全文明施工和环境保护措施费用计价暂行办法》、《维护建筑市场秩序防止拖欠建筑业务工人员工资的通知》、《杭州市建设工程工程量清单计价实施细则》、《实施杭州市工程建设项目诚信评议卡制度的通知》等规范性文件。深化行政审批制度改革，按照《中华人民共和国行政许可法》要求，对各类行政审批事项进行集中清理，清理规范性文件103件，废止40件。加强审批事项的过程监管，制订保留审批事项的优化措施，确保不出现管理真空。

【加强有形建筑市场建设】 市建委为规范招标管理，赴各县（市）及有关区开展调研活动，做好建立统一招投标交易平台准备。对业主改自行招标审核制度为备案制度，简化备案手续，加快办理时间。根据浙江省新的计价规则和计价依据，组织新的工程量清单计价实施办法、新的招投标示范文本、安全文明施工及环保措施费用计价办法的培训。印发《进一步规范杭州市建设工程招标评标活动及评标专家管理的通知》，分10期对全市建设工程招标评标专家进行统一培训，并严肃评标工作纪律。制订杭州市工程建设监理招标文件参考文本，根据《杭州市建设项目总监理工程师管理试行办法》，从总监投标资质审核、中标后换发总监上岗牌等环节加强对项目总监的监督和管理。加大招投标举报投诉的查处力度，全年有10个工程招标接投诉要求复评，经复评有5个工程项目改变评标结论，2个工程重新招标，3个工程维持原结论。组织力量对全市招标代理机构进行不定期的随机抽查，对外地代理机构来杭从业、设立分支机构的，实行登记备案制度，规定必须由登记备案的专职人员经办项目。认真处理招标代理机构出现的不规范行为，对存在违规现象的3个代理公司进行了通报批评，责令其整改。全面构建杭州市各区、县（市）分网站，组织召开了杭州地区建设工程招投标暨交易信息网络工作交流会。 （杨　洁）

【清理拖欠工程款及民工工资】 全市回收拖欠工程款19.79亿元，完成清欠比例70%。清欠建筑企业农民工工资2739万元。至年末，网上填报的拖欠农民工工资全部付清。

全市将"双清"作为建筑市场整顿的重点，于7月成立了杭州市解决建设领域拖欠工程款办公室。全年印发10个规范性文件，召开5次专题会议，并在《杭州日报》等媒体上进行宣传。印发《杭州市建筑业务工人员情况调查表》，开展对民工工资发放及民工生活状况的调研。在办理招标手续时，认真核实招标人的资金来源，凡建设资金不到位、不落实的工程项目不予办理开工手续，不颁发施工许可证。对房地产开发项目，在办理施工许可证前建设业主和施工企业必须提供履约保证金或履约担保。对建筑业企业实行职工工资支付保证制度，在中标后交纳规定的工资保证款。对有拖欠工程款的工程，不予办理竣工验收备案。建立建筑劳务交易中心，积极扶植劳务企业。出台《杭州市建筑业劳务交易市场管理暂行办法》，禁止无用工资格的个人、组织及"包工头"的非法行为，规范劳务分包、劳动用工和工资支付等行为。

（王瑞理　杨　洁）

【开展在建项目大检查】 4月至9月，杭州市为加大建筑市场管理力度，规范建筑市场秩序，对老城区范围内的在建项目组织了12次大检查，共检查243个在建的工程项目。重点检查了建设单位、施工单位和监理单位的施工许可证、质（安）监委托书、施工图纸、招（投）标文件、中标通知书、总（分）包合同、工程款及民工工资的支付凭证、现场监理日记、监理旁站记录、现场会议记录、项目经理（监理）班子人员上岗率、劳务用工手续等资料。检查组对建筑市场行为较规范的单位和个人予以通报表扬，对检查中发现的问题，向市场各方主体提出限期整改要求，对存在严重违法违规行为的3个项目进行行政处罚。并针对存在的管理漏洞，采取补救措施，修改和完善相关办事程序。通过检查，全市建筑市场各方主体的行为得到进一步规范，特别是施工劳务分包及用工行为逐步有序、规范，项目经理、项目总监、专业监理工程师到位情况大为改观，总分包活动更加规范。 （徐　郁）

【加强对从业企业及人员市场准入管理】 市建委严格把好建筑市场各方主体准入资格和开工审核、备案关，加强对建筑工程施工许可管理和项目经理、注册监理工程师、造价工程师执业管理，加强对建筑业中介机构资质审核、年检及日常管理。完成全市建筑业企业资质年检、升级的网上及书面申报，参加年检、升级、增项的建筑企业700余个。开展城市园林绿化企业资质年检及资质升级申报，88个园林绿化企业参加资质年检，完成28个企业资质升级初审。开展工程监理企业资质年检及资质申报，77个企业参加资质年检，完成18个监理企业申请资质设立、转正、升级、增项的初审。完成造价咨询和招标代理机构的年检、定级，参加造价咨询机构年检的企业有20个，参加招标代理机构年检及复审（定级）的有52个。实施出市施工、监理、招投标代理企业的备案，全年办理出市企业备案865个次。加强对建筑业从业人员的资格管理，通过申报一、二级项目经理资质初审1230人，通过申报二级建造师执业资格考核初审987人，办理三级项目经理备案1007人，办理项目经理调动、变更、补证手续958人次；对申报全国监理工程师注册的435名人员进行初审，办理全国监理工程师注册变更215人次。在建设单位办证资料齐全的情况下，做到施工许可即时即办，杭州市区（不包括萧山、余杭及3个开发区）办理施工许可项目630个，总投资达到140.8亿元。

【健全建筑市场信用管理机制】 市建委进一步完善建筑市场信用信息管理，对建筑企业不良行为及时记录，在举报查实后，网上曝光的有40个企业、12个人。加强合同跟踪管理，建立业主与施工单位的诚信评议卡制度，承发包合同备案时向合同双方发放诚信评议卡，工程竣工验收备案时将互评的信用情况交至建筑市场管理部门，互评的信用情况在资质管理、评优评奖以及评标定标过程中加以体现。加大对举报投诉及违规行为的处理力度，全年及时处理各类举报投诉件110余起，对16个建筑企业违法违规行为进行了处罚或通报批评，共处罚款20万元。（杨 洁）

·城市管理·

【城市管理概况】 市城管部门围绕推进“五大战略”、落实“五项举措”、破解“七难”问题，全面推进城市管理体制、机制和法制建设。城市管理从过去部门单兵作战转变为重综合协调、齐抓共管，从重突击整治转变为重长效管理，从重管理载体设计转变为重搭建平台、机制创新，从重事后问题处理转变为重事前源头管理，从重个案解决转变为重共性问题梳理，提升了城市管理整体水平。

不断夯实城市管理基础。为适应城市管理发展的新形势、新要求，市城管办围绕城市管理的若干问题，分10个专题进行调研，为市委、市政府科学决策提供了大量基础数据和详实资料。在西湖区先行试点的基础上，建立5城区城市管理综合协调常设机构，理顺和明晰了市、区两级城市管理职责，推进“重心下移”，加强“属地管理”。市政府制定《杭州市无障碍设施建设和管理办法》；根据城市管理实际，对《杭州市市容和环境卫生管理条例》进行修改；落实《中华人民共和国行政许可法》，配合市人大、市政府对《杭州市限制养犬规定》等5个地方性法规及《杭州市城市排水管理办法》等8个政府规章进行修订；制定并经市政府批准实施《推行市政、环卫设施标准化管理的实施意见》、《加强“三口五路”及街容达标示范路长效管理工作的实施意见》；编制完成市政维修、绿化养护、环卫保洁等5个作业规范、规程及相关行业的管理标准；建立市政、公用、环卫三大行业的监管工作机制并试行；进一步建立和完善了城市燃气、供水、隧道、桥梁和防汛、抗台、抗雪等应急处置预案。根据市政府部署，对实施的行政许可事项进行全面清理。全年受理公用事业、市政设施、市容环卫等10类许可事项2839件。

长效管理取得明显成效。全年排查“洁化、绿化、亮化、序化”问题1.4万个，整改落实率98.1%。制订《推进杭州市城市长效管理序化行动的实施方案》，经市政府批准实施，主城区城市长效管理覆盖率从年初的23.7%提高到年末的50%。通过积极探索、创新管理，逐步形成市、区两级联动、部门协同作战、全社会参与的城市管理氛围。组织开展省级城市街容示范路创建、“洁面”工程、“洁美杯”竞赛、“最佳最差公厕”评比和“最佳最差城市家具”评选活动，动员全社会关注和参与城市管理。以“清洁杭州”为载体，狠抓城市“十大顽症”整改，加强对城市主要道路、窗口地区、特色街区、风景区等周边环境的日常巡查、管理，市区“门前三包”年度签约率100%。加大犬类、渣土运输抛撒滴漏、撤村建居地区和城乡接合部环境管理力度；制定出台地下管线盖板管理新规定，在新建道路推广使用非铸铁类井盖，窨井盖缺失率明显下降。市区道路普遍实行16小时清扫保洁，对新改建的56条道路实行18小时保洁，全市31条主要道路（“窗口”地段）实行24小时保洁。

不断推进实事工程建设。编制完成无障碍设施建设规划，实施一大批无障碍设施建设和改造项目，杭州被国家4部委命名为首批全国无障碍设施建设示范城市。按照创建生态市要求，建立城市河道污染源信息动态管理系统，加强城区河道管理，完成一批截污纳管工程。组织实施平路和建厕工程。完成背街小巷整治95条，治理低洼积水14处，解决路面破损、窨井下沉、排水不畅等问题；组织实施并完成26项撤村建居市政设施改善工程和27项交通改善工程；全年新改建高标准公厕81座、垃圾中转站10座、新增移动公厕200座、果壳箱3400只。完成西湖风景名胜区北山、孤山、城隍阁、钱王祠夜景优化，以及“三口五路”、中河高架路（二期）等夜景亮灯工程。

初步形成城管齐抓共管格局。按照市委、市政府城市管理领导小组要求，将城市管理目标进行分解、细化，与各城区、市有关部门签订城市管理目标责任书。建立并实行城市管理“以奖代拨”考核制度，将“四化”长效管理绩效与区财政投入挂钩，根据考评确定等级和奖励额度，鼓励城区和市有关部门加大城市管理投入。为整合资源、推进管理无缝链接，建立市、区两级城市管理综合协调工作网络，健全全市城市管理联席会议、城区城管办工作例会、“四化”长效管理例会等制度。初步形成城市政府统一领导、城区政府具体实施、管理部门齐抓共管、社会各界积极参与的良好氛围。

加强城管干部培训与交流。市城管办与市委组织部、市委党校联合举办由各区、县（市）政府办公室分管城管工作主任、城管办主任、街道（乡镇）分管主任、市相关部门负责人共51人参加的杭州市首期城管干部培训班，系统学习城市管理的基本知识，探讨城管的规律和方法。组织城管部门中青年干部挂职交流，6名市城管办干部到市重点工程和部门内单位挂职工作，5名区城管办干部到市城管办挂职锻炼。

不断提高执法实务水平。根据严控区、控制区和一般控制区的不同管理要求，分别采取网络式徒步巡查、高峰督岗、错时管理、电子监控等举措，有效控制违法现象。推出“门前三包”IC卡，采用电子眼进行管理执法，以及人行道违法停车“亲民”执法机制和执法前置、关口前移机制。加强执法人员法律法规、执法方法和执法技能培训，提高履行各项执法职能的技能和执法实务水平。启用新的96310投诉热线系统，建立24小时运作的投诉服务网络，落实处理投诉半小时到现场承诺制。全年受理群众来电2.78万件、来信来访296件，处理率和反馈率均100%，满意率99.7%。

（吴文良 邵 军）

【杭州成为无障碍设施建设示范城市】 2003年，杭州市被确定为首批创建全国无障碍设施建设示范城市。杭州市大力加强市区无障碍设施的规划、建设和管理，2004年集中对119条主干道、支路，322千米人行道进行了盲道设置，5059个缘石坡口进行坡化处理，设置无障碍标志牌3251块。环城西路、延安路、西湖大道的7个主要路口设置过街音响38套。完成580座公共建筑物、168座公厕、63个居住小区、12幢居住建筑的无障碍设施改造。对市区14条道路新建的63千米盲道和453个缘石坡口、5座公共建筑物的无障碍设施进行复查与整改，确保新建项目的无障碍设施100%达标。截至12月10日，市区完成改造项目总数962个。12月20日，杭州市创建全国无障碍设施建设示范城市活动通过建设部、民政部、全国老龄委、中国残联4部委验收，杭州市成为全国无障碍设施建设示范城市，下城区成为全国首批无障碍设施建设先进区。（仲玉芳）

【召开城市管理工作会议】 8月20日，市委、市政府首次召开全市城市管理工作会议。省委常委、市委书记王国平，市政协主席虞荣仁，市委副书记于辉达、朱报春、王建满、叶明，市人大常委会副主任林振国，副市长杨戌标等出席，全市各直属单位主要负责人，各区、县（市）党委和政府主要负责人，分管副区、县（市）长，城管办主任，主城区各街道和乡镇党政主要负责人等350余人参加。王国平作题为《树立科学发展观正确政绩观推动城市管理工作再上新台阶》的重要讲话。会上，市委、市政府推出《加强城市长效管理和提升综合服务功能的若干意见》、《杭州市市级相关单位城市管理考核办法》等4个规范性文件；杨戌标代表市政府与各区、市有关部门负责人签订了迎西博、迎国庆保障工作目标责任书；表彰了一批城市管理工作先进集体和个人。（方海波）

【建立城市管理目标考核机制】 各城区、开发区管委会和市有关部门围绕"清洁杭州"、破解"七难"、落实"四化"和解决热点、难点问题等，齐抓共管，出色完成目标任务。年末，由市政府城市管理领导小组和专家咨询评价组组成的考核组，分别对8个城区、2个开发区管委会和21个市直部门城管工作进行集中考核。21个市直部门考核平均分为86.2分，城区、开发区管委会考核平均分为90.9分。市统计局调查显示，市民对城市管理总体满意率94%，城区、街道（乡镇）、社区对市直部门城管工作平均满意率85.6%，下半年市民对城管工作的意见与上半年相比下降18.4%。（尹 隧）

【开展"序化"行动】 8月开始，市城管办开展以背街小巷为重点的路面平整、环境脏乱差治理、建筑物立面与店招牌凌乱修正和占道乱设摊点整治为主要内容的"序化"行动。在具体实施整治中，做到建筑物立面修缮与商铺招牌更新结合，挖掘街巷文化内涵与平路、解决行路停车难结合。至年末，经过全面排查问题、制订整治计划方案、实施施工整治3个阶段，73条小巷和一批脏乱点得到整治，一些背街小巷和农居点的居住环境得到明显改善。（王国梁）

8月20日，杭州市召开城市管理工作会议。

【创建省级城市街容示范路】 3月，市城管办首次组织开展市区省级城市街容示范路创建活动。在各区政府自查整改、自荐的基础上，市城管办组织市建委、市技监局等部门专家根据DB33《城市街容标准》，对各区申报的道路进行全面检查和考核后上报，参加全省的贯标认定。12月9日至11日，由省建设厅和省技监局牵头组织的省级城市街容示范路贯标认定工作组对解放路、建国北路、莫干山路、艮山西路、市心南路、迎宾路、环城西路、延安路、环城北路9条道路从11个方面进行复查和贯标认定，以上道路均获高分通过认定和复查。（徐亚琴）

【建立燃气安全事故应急处置体系】 针对天然气进杭及转换过程中出现的管道燃气安全事故多发的趋势，市政府成立以副市长杨戌标为组长的市区重特大燃气安全事故应急处置领导小组，领导小组办公室设在市城管办。2月24日，市府办下发《杭州市区重特大燃气安全事故应急处置预案（试行）》。12月3日，进行市区重特大燃气安全事故应急处置演习，受到观摩演习的省政府、省建设厅、省公安厅和市政府领导的好评。（冯立群）

【新增纳管污水4万吨/日】 截污纳管是杭州市一项顺民心、合民意的为民办实事工程。在相关单位的支持和配合下，市城管办圆满完成年初确定的截污纳管工程计划。全年投资2605万元，完成50个生活小区、130个公建单位、153个沿河污染源的截污纳管，铺设各类管道59.95千米，设置各类窨井5468座，浇筑沥青砼路面8.6万平方米，新增日截污量4万余吨，并完成西湖风景名胜区和下城区辖区内截污纳管与水环境整治规划。

【完成平路工程95项】 平路工程是市政府10件为民办实事工程之一，年初要求完成60项平路工程。在各职能部门和相关单位的支持和配合下，全年完成平路工程95项，43个小区、39个公建单位、5300户居民直接受益，有效解决了背街小巷路面破损、坑洼不平、窨井下沉、排水不畅等问题，改善了部分市民的居

住环境和出行条件。 （仲玉芳）

【城市河道引配水1.33亿立方米】 随着西湖湖西综合保护工程的完成，市城管部门负责管养的10条城市河道引配水的水源主要来自钱塘江和西湖，其中中河、东河、新开河等东部河道通过中河双向泵站、官河泵站引水，古新河、西溪河、沿山河、余杭塘河等西部河道通过岳湖泵站及西湖北线、南线圣塘闸等9个出水口引水。按照《城市河道调配水运行方案》的规定操作，引水流量双向泵站为每天24小时连续3立方米/秒以上，岳湖泵站为每天24小时连续1立方米/秒，官河泵站为每天7小时0.3立方米/秒。全年3个泵站引配水1.33亿立方米。西湖北线、南线圣塘闸等9个出水口的水流量由西湖水域管理处根据西湖进水量确定。通过及时换水及合理调节河道水闸，控制了景观水位，使城市河道“面清、水净、岸洁、有绿”，基本达到水环境功能区要求。

（杨 敏）

【完善“门前三包”责任制管理】 市区全面实施“门前三包”责任制管理。为了保证“门前三包”责任制落实，市城管办拟定《加强杭州市“门前三包”责任制管理的实施意见》，明晰“门前三包”的管理体制、工作职责和工作要求，重新修订“门前三包”责任书和委托协议书。各“门前三包”管理单位积极筹措资金，在3月底全面完成换证，换证率和签订率达到100%。各区成立以分管区长为组长的“门前三包”责任制管理工作领导小组，建立由各职能部门组成的例会分析制度。市城管办根据拱墅区米市巷街道推行“门前三包”IC卡管理试点的经验，拟订《推行IC卡管理进 步落实“门前三包”责任制的若干措施》、《杭州市“门前三包”责任制IC卡管理办法》，在全市扩大试点。上城区“门前三包”“三三制”管理，下城区“十位一体、综合管理、分块包干、责任承包”的属地包干制管理，江干区“门前三包”举证执法和建档管理执法，以及西湖区“三位一体”捆绑式考核管理等创新举措的推出，使“门前三包”责任制管理进一步落到实处。

（徐亚琴）

【巩固整治城市“牛皮癣”成果】 市城管办加大力度整治城市“牛皮癣”。明确各区和市有关部门的职责，抓好组织落实，建立30多支专职清除“牛皮癣”队伍，有专职清除人员近400人，并组织非专职清除人员1800人。各区政府和市有关部门将整治城市“牛皮癣”列入长效管理年度考核，与“洁美杯”、“洁美窗口”竞赛活动结合。全年清除“牛皮癣”985万张（处），主要城区“牛皮癣”得到基本遏制，城郊接合地区环境得到改善。

【开展城市家具评比】 10月，市城管办在主城区开展城市家具“最佳管理”和“最差管理”评选活动。城市家具评选暂定为公交候车亭、售报亭、电话亭、停车牌、交通隔离栏、路灯、果壳箱等14类。采取从网上、专家和市民评选3个层面结合进行，3个方面选票按加权平均方法计算出最终结果，由市政府予以通报。市交警支队组织专业施工单位对市区50条主要道路上的交通管理设施进行整理维修；区环卫部门共增设3400只果壳箱；市公交集团投资1025万元，新建候车亭106座、站牌5828块、电子站牌66块；市邮政局投入100余万元，用于邮箱等设施的更新、维修；市消防支队对市区的消火栓进行了油漆。“双最”评选活动的开展，推动了城市家具管理向“人性化、精品化、景观化”的方向发展，促进了城市公共配套设施管理水平的提高。 （沈锡祥）

【开展路灯节能器试点】 5月，根据市政府电力迎峰度夏的有关要求，由市城管办牵头，成立路灯节能器试点工作办公室。6月下旬，为确保选用的节能设备优良，在钱江新城进行为期半个月的路灯节能器测试，北京、广州、深圳、杭州等城市23个企业的产品参加测试。按照相关的技术标准，测定各工作状况的耗用电能、照度、谐波等参数，专家组对测试数据、现场记录等资料进行综合评价，最终评出12个厂家（经销商）的节能产品参与招投标。10月起，8个厂家（经销商）入围的产品在庆春路、建国路、环城西路、中河高架路、延安路5条道路上安装使用，节电率在25%左右。 （王丽萍）

【滨江垃圾焚烧发电厂投入运行】 杭州绿能环保发电有限公司滨江垃圾焚烧发电厂作为国家高技术产业化示范工程建设重点项目、浙江省重点项目和杭州市重要基础设施项目，经过近两年的建设，于7月29日首次点火试烧垃圾成功，并经过72小时连续并网发电运转，正式投产运行。该电厂位于滨江区浦沿街道，占地面积4.23万平方米，厂房面积1.16万平方米，工程按“一次规划，分期建设”的原则建设，一期工程设计日处理生活垃圾450吨，配备一套7.5兆瓦汽轮发电机组，3台杭州产的150吨/日马丁逆向推饲炉排式垃圾焚烧炉。发电厂投入运行后，可就近处理滨江区、上城区、西湖风景名胜区和西湖区的转塘、袁浦、周浦、龙坞、之江旅游度假区等区域的生活垃圾。至年底，处理生活垃圾6.1万吨，发电900余万千瓦小时，实现了生活垃圾处理“无害化、减量化、资源化”。 （何加明）

【开展创建文明燃气行业活动】 4月16日，市建委、市城管办、市燃气协会联合在全市燃气部门开展创建文明行业活动。各创建单位把创建文明燃气行业列入议事日程，成立创建领导小组，制定创建文明规划，开展以“服务人民，奉献社会”为宗旨的创建活动。市燃气集团公司与20个社区签订社企共建文明行业协议，推出14项新的服务举措；富阳煤气公司要求员工做到“十个必须，十个不准”，并作为员工经济责任制考核内容；萧山管道燃气公司与110报警系统并联运行，确保24小时及时为用户服务。各创建单位自觉执行物价部门的价格意见和技术质量部门的质量标准，不向无证单位供应燃气。创建文明行业活动提高了燃气行业整体服务水平，在杭州市“万民评文明”的调查中，燃气行业得分92.4分，在服务行业排位靠前。 （蔡朝晖）

【实施公交营运证管理制度】 8月，为进一步规范城市公交客运秩序，市城管办制定《杭州市城市公交客运营运证核发管理实施意见》。根据实施意见，市公用事业监管中心对符合要求的3871辆公共客运车辆发放营运证，并联合有关部门对无

营运证从事公共客运交通运营情况加大查处力度。 （乐加础）

【加大城管执法力度】 市城管执法局确立依法行政、严格执法理念，积极营造城管法治氛围。根据区域级差，对不同区域采用不同的科学管理方法进行执法。全年从市容环卫、城市规划、市政公用、城区绿化和工商管理、交通占道、建筑工地噪声和社会噪声以及饮食业服务排污7个方面查处违法行为42万人次，办理行政处罚案件13.3万起，罚款2461万元，办案数比上年增加7.63万起，增长1.3倍。在“七艺节”、全国旅交会、西湖博览会等重大活动期间，加强一线执法力度，开展城管执法和劝导不文明活动，发挥了行政执法对城市管理的保障作用。

【“两巩固、两突破、四重点”执法目标顺利实现】 围绕城市管理行政执法热点、难点问题，年初，市城管执法局确定了“两巩固、两突破、四重点”的执法目标。通过集中力量开展专项整治活动，非法涂写招贴广告和运输车辆抛撒滴漏两大整治成果得到切实巩固。全年抓获制“癣”者1315人次，实施停机和追呼1427部；查处抛撒滴漏4664起，罚款144万元。实施“门前三包”管理执法支撑和人行道违法停车交警协查两大机制。全年查处“倚门设摊、占道经营”等行为1.85万起，罚款145万元；其中对占道经营违法行为处罚1000元以上的有245起。人行道违法停车现场教育纠正3万余起，处罚2.25万起、罚款270万元。非法养犬、国有土地违法建筑、破坏绿化、环保“两噪声一污染”4个执法重点进一步加强。在“损绿、毁绿”专项整治行动中，出动执法人员3000多人次，排查发现向绿地内倾倒废弃物、损毁花草树木等违法行为1210余处，立案查处463起。全年捕杀违法犬只1036条，拆除国有土地违法建筑50万平方米，办结绿化案件1247起、罚款61万元，环保案件697起、罚款241万元。 （邵 军）

【“爱岗敬业”主题教育活动成效显著】 5月至12月，市城管执法局组织全市执法人员开展“爱岗敬业”主题教育活动。活动设置了10个载体：开展一场城管执法人员应树立什么样的世界观、人生观、价值观的大讨论；培育一批先进群体，全市城管执法部门获区以上各类荣誉称号57个；编写一本宣传小册子，将“十佳城管执法队员”等先进事迹汇编成《风采》一书；安排一次征文比赛，共收到征文229篇，评选出22篇获奖作品；组织一支城管文艺宣传小分队，参与社区纳凉晚会、观光巴士夜游杭城、志愿者协会公益演出60余场；建设一批规范化中队，年内有29个中队通过规范化中队考核验收；培养一批办案能手，全年有10人被评为“十佳办案能手”，29人被评为“办案能手”；开辟一个教育活动专栏，利用《城管执法专刊》等宣传平台及时反映基层党建动态；建设一支思想政治工作骨干队伍，推进“支部建在中队”活动；营造一个健康向上的文化氛围，组织形式多样的文化活动。通过开展“爱岗敬业”主题教育活动，提升了城管执法队伍的素质和形象，提高了执法人员履行城管综合执法职能的技能和执法实务水平。市城管执法局在全市市直单位2004年满意单位评选活动中实现了继续进位的目标。在市法制办组织的行政执法责任制检查考核中得分列42个参评单位第1名。 （胡英杭）

【加强执法督查考核】 针对城管执法面临的新形势、新任务，市城管执法局强化督查考核力度，充实督查队伍力量，修订完善考核办法，不断完善督查机制。督查以日常督查和暗查为主，多种督查考核形式相结合，对早点摊、夜排档、抛撒滴漏等频发、群发和季节性问题实行错时查，结合“一创五迎”、“三口五路”整治、全国无障碍设施示范城市验收等重要活动及会议、节假日专项查，对绿化、亮化和户外广告等存在的问题重点查，对热点、难点问题整改情况跟踪查，对队伍形象全方位、全时段查。加大督查考核时间、区域和内容的覆盖面，增强督查考核的针对性和有效性。督查考核有效促进了队伍建设，全年9个参考（评）单位中，得分在95分以上的优秀单位8个，90分以上的良好单位1个，无不达标单位。

（杨杏珍）

【城管执法罚没物品公开拍卖】 城管执法罚没物品的去向是市民群众关注的焦点问题。5月，下城区城管执法局举办了杭州市首次城管执法罚没物品拍卖会。9月，市城管执法局下发《统一组织春秋两季暂扣罚没物品公开拍卖会的通知》，要求建立罚没物品公开拍卖制度，成立罚没物品拍卖工作领导小组，定于每年春、秋两季由市城管执法局统一组织罚没物品的公开拍卖活动。12月4日，在和平国际会展中心举办全市城管执法罚没物品公开拍卖会，拍卖所得价款18842元，全部上缴市财政。 （洪冠宇）

【市城管执法局获“12345”先进集体称号】 市城管执法局投诉受理中心始终做到“三个第一”，即把群众的呼声作为第一信号，把维护群众利益作为第一要务，把群众的满意作为第一标准；“三个不能让”即不能让群众失望，不能让公仆推卸责任，不能让工作低效运转；“三个不放过”，即问题没搞清楚不放过，所涉及的问题归属不清不放过，对反映的问题没有及时作出处理不放过。全年受理12345市长公开电话8210件，办结率、反馈率达100%，群众满意率99.2%；接处城管执法96310公开电话27766件，办结率、反馈率达100%，群众满意率99.7%。自2001年9月建局以来，连续四年荣获12345市长公开电话先进集体称号。 （徐 阳）

【启用路面电子监控系统】 12月起，城管执法路面电子监控系统与市公安局监控系统联网，充分利用治安动态监控系统的图像，共享监控信息资源。该系统采用网络、通信、图像编解码等先进技术，实现快速获取重点部位、复杂地段、商贸社区的有关违法、违章现场信息，准确、直观、快捷地反映和记录现场有关部位的动态情况，便于及时处理城市管理行政执法工作中的突发事件，实现对违法行为的有效查处。

（张 燕）

·房产管理·

【房产管理概况】 全市房产管理围绕“住在杭州”目标，建立健全住房保障体系，强化房产执法监督管理，加强房产市场整治力度，积极改善市场运行环境，房产市场总体呈现稳中有升的良好发展态势，宏观调控政策效应初步显现，推动房地产业持续健康发展。市房管局获2004年省房地产管理先进单位和省建设厅目标考核优秀单位称号。

加强房产权属管理，建立房屋权属登记质量管理体系，简化行政审批手续，严格实行“错案责任追究制”。全年完成各类房产登记受理15.97万件，发放房屋所有权证10.3万本、房屋他项权证4.17万本。全年房产交易成交量9.98万件，成交面积1744.7万平方米，金额864.95亿元。其中商品房成交量2.6万件，成交面积339.1万平方米，金额164.6亿元；存量房买卖1.5万件，成交面积138.5万平方米，金额87.5亿元；抵押成交量4.4万件，成交面积884.4万平方米，金额483.2亿元。测绘面积746.3万平方米，测绘成果备案1754份。协助司法机关查封（含续封）各类房产902件，解封各类房产901件。为219个社区1424处社区配套服务用户核发房屋所有权证，共计确权15.2万平方米。

加强房地产市场管理。完善商品房预销售管理的前置审批和后续管理。针对房地产市场发展中出现的新情况、新问题，加强政策研究，会同有关部门解决抵押土地建设项目申领商品房预售证、开发建设单位超出物业管理用房标准部分进行预销售和产权登记等疑难问题。成立市房地产中介协会，重点调整房地产中介市场的管理模式，改单一的行政管理为行政管理和行业自律管理并行的综合管理。建立600多个房地产中介机构和3000多名房地产经纪人的基本数据库，实现对房地产经纪机构和从业人员的双重监控，对经纪活动中出现的违规、违法行为及时进行查处，并通过杭州市房产信息网，对中介公司的经营状况和违规情况进行公示。完成500多个房地产中介企业的年检年审，其中87个企业被取消资质证书。下发《房地产评估机构及从业估价师登记备案的通知》，对全市房地产评估机构进行全面检查。加强测绘管理，制定测绘人员的行为规范准则，开展测绘产品“质量无差错”活动。

全市新增物业管理面积300万平方米，物业管理总面积2900余万平方米，2万平方米以上住宅小区物业管理覆盖面达到80%，物业管理规范服务达标率在90%以上，有2个小区通过建设部考核验收，成为全国物业管理示范小区（大厦）。加强行业指导与监管，全面推行小区（大厦）管理处主任负责制，制定《加强行业自律，推行管理处主任负责制管理考核办法》、《小区（大厦）物业管理处主任考核记分试行标准》等规范性文件。全面推进物业管理市场化，继续推广招投标。完成公元大厦、祥和人家等19个项目的招投标，累计面积209万平方米。结合“精品小区”整治计划，完成解放路沿线、环城北路沿线、艮山西路沿线闸弄口新村、莫干山路沿线和天目山路沿线250幢房屋“平改坡”，完成东山弄小区、闸弄口新村、三宝新村、董家新村、和睦新村5个精品小区的整治。加强维修基金管理，全年办理预售商品房物业维修基金88件，竣工房屋物业维修基金120件，归集维修基金2.01亿元，审批拨付149.5万元物业维修基金用于38个小区共用部位、共用设施的维修。

实施白蚁防治和房屋安全鉴定。全年受理新建预防白蚁申报项目563个，预防白蚁施工总面积1064万平方米；旧房灭治675户，装修预防253户。完成各类房屋安全鉴定1698处，鉴定面积54.8万平方米，相邻施工影响鉴定1487处，测试29处，房屋动态监护157处，非住宅装修鉴定49处，危房鉴定23处，司法鉴定11处，核发住宅装修鉴定报告148份。杭州市房屋安全鉴定所被建设部评为全国2004年度房屋安全鉴定先进单位。

建立“先建安置房后拆迁”的新拆迁制度，确定每年新建100万平方米拆迁安置房用于解决拆迁户安置。加快落实在外过渡3年以上拆迁户的回迁安置，全年安置在外过渡3年以上拆迁居民8561户，安置率达80.5%。整理制定《拆迁裁决听证制度》、《拆迁公示制度》、《拆迁估价鉴定制度》等制度，切实保障群众的知情权、选择权。加强对拆房工地的安全卫生检查。全年核发房屋拆迁许可证39件，核发房屋拆除批准书46件，拆除总面积20.9万平方米。

完善住房供应保障体系。根据国家4部委发布的《经济适用住房管理办法》精神，结合杭州市经济适用住房供需矛盾日益突出的状况，市政府出台《贯彻国家四部委〈经济适用住房管理办法〉的实施意见》和《杭州市市区经济适用住房销售管理实施细则》。根据新政策的要求，经济适用住房准购证从6月1日起暂停办理。全年市区认定经济适用住房准购资格13981户。开展对原已发放的准购证的清理。积极做好第12、13、14次经济适用住房的公开摇号销售，共推出经济适用住房3706套，建筑面积30.5万

12月31日，杭州市丁桥大型居住区安置房工程开工。

平方米。

完善廉租房供应、分配和管理制度，有效解决最低收入家庭的住房问题。全年对168户市区最低生活保障线以下及特困职工在公示后进行配租，其中租金补贴配租149户，实物配租19户。累计发放租金补贴349户，补贴资金145万元，累计实物配租64户。适当放宽廉租房准入条件，逐步扩大廉租房受惠面，将归正人员纳入保障范围。出台《杭州市市区青年公寓承租户置换退房操作办法》，盘活廉租住房房源。对持有杭州市困难家庭救助证的公房承租家庭实行租金减免。加快市区存量公房出售步伐，全年公有住房出售审批1.11万套，建筑面积51.9万平方米。完善住房补贴政策，全年审批应补职工4813人，金额1.89亿元。其中离退休职工378人，金额1956万元；在职职工3495人，金额1.7亿元；新职工940人。

【推出经济租赁房】 对既不符合廉租住房条件又买不起经济适用住房的家庭，市房管局推出新型的住房方式——经济租赁房，并初步确立经济租赁房管理模式。经济租赁房以政府为主导，以企业为补充，分别提供经济适用房租赁和人才创业公寓，实行低租金制和资格准入制。以轮候配租、契约管理和只租不售的原则进行建设和租赁。通过经济租赁房制度，解决"夹心层"和"双困"群众以及引进人才的住房问题，解决困难群众的安居之忧，降低引进人才在杭州创业的成本，推动和谐创业。

【进行"换约续租"户安置】 市房管局为了维护"换约续租"户的合法权益，妥善解决在落实私房政策中"换约续租"户的历史遗留问题，在圆满完成2003年39户"换约续租"户安置的基础上，协同有关部门积极落实购房资金和房源。2004年完成172户"换约续租"户安置顺序公开摇号暨选房工作，累计安置"换约续租"承租户211户。

【开展商品房网上合同备案】 12月16日，为营造透明规范的市场环境，加大商品房预销售工作的监控力度，杭州市商品房网上合同备案系统开通。该系统涵盖杭州市区及3个国家级开发区2004年1月1日以后领取预售许可证的所有楼盘，实现了商品房网上公开销售、网上实时备案。通过网上即时公布售房均价、可预销售套数及面积等销售信息，对房地产开发企业不规范行为进行公示，使商品房销售透明公开，让老百姓"明白购房、放心购房"。

【建立房地产预警预报系统】 围绕预警预报系统建设，在实现对市区房地产交易数据统计完整的基础上，定期对房地产市场进行分析。每季第一个月形成房地产市场分析报告，详尽分析市场供给、需求的总量和结构情况，实现数据共享。从9月开始，定期通过《杭州日报》和政府网站向社会发布房地产市场信息，引导市场理性投资和理性消费，促进房地产市场的持续健康发展。

【加快房产信息化建设】 市房管局在完成一期、二期工程相关业务子系统并行试运行的基础上，于7月19日完成新老系统切换，形成集产权交易、房改、市场管理、物业监管、物业维修资金管理、房产测绘管理、房产档案管理、房产拆迁管理、房屋安全鉴定、白蚁防治及直管公房管理等12个业务处理子系统于一体的信息综合系统。11月，通过专家评审和验收，其技术成果多项指标被评价为具有国内领先水平。

房产GIS(地理信息系统)图形建库项目有新进展。根据已有的5平方千米样板区试点，制定杭州市房产图形建库标准和方案，完成《杭州市房产GIS图形建库招标文件(初稿)》。至年末，累计完成73万卷档案的扫描成果入库。

【实施房管站(所)体制改革】 8月27日，正式组建杭州市直管公房经营有限公司，标志着市区房管站(所)改制进入全面实施阶段。至年末，共受理直管公房业务4239件，发放直管公房租赁证1686本。会同相关部门出台《杭州市公有住房使用权有偿转让转租管理暂行规定》，加强公有住房使用权有偿转让转租管理。对各区建设局(房管局)办理直管公房租赁证发放及变更户名进行专项检查，对公房房卡地下交易市场进行检查整顿。

【新增2个全国物业管理示范大厦】 1996年至2003年，杭州市累计有29个小区(大厦)被建设部评为全国物业管理示范小区(大厦)。2004年11月，广厦西湖·时代广场和浙江世贸中心写字楼通过建设部考评组的考评验收，获得全国物业管理示范大厦称号。杭州市获此殊荣的小区(大厦)增至31个。广厦西湖·时代广场建成于2003年，由浙江广厦物业管理有限公司实施管理，总建筑面积6.7万平方米。浙江世贸中心写字楼由两幢呈阶梯状建筑组成，分别于1998年和2001年建成，由浙江世贸饭店管理有限公司实施管理，总建筑面积5万平方米。

（市房管局）

·国土资源管理·

【国土资源管理概况】 全市国土资源部门认真贯彻落实国务院《深化改革严格土地管理的决定》，围绕保护和合理利用土地基本国策，加大土地市场秩序治理整顿的力度，土地保护和开发取得新的成效。

加强耕地保护，全年完成土地整理项目109个，整理面积1.9万公顷，建成标准农田1.5万公顷，超额完成年度标准农田建设任务。争取到国家投资土地开发整理项目10个，到位资金1.4亿元。结合"千村整治、百村示范"和下山脱贫，完成宅基地整理项目18个，复垦面积37.5公顷。市本级土地利用总体规划修编大纲通过国土资源部评审。完善基本农田保护基础性工作，通过省政府的基本农田保护检查验收。因地制宜开展造田造地，全年垦造耕地389.4公顷，全市连续第八年实现耕地占补平衡。

有效保障合理用地，在"农转用"暂停审批期间，全力做好重点急需建设项目用地的上报确认和报批，全市有61个项目获得确认并全部上报，"农转用"总面积2465公顷。采取捆绑式考核、项目责任制、联席会议制度等有效措施，市区完成商品住宅做地301.2公顷，实际供地170.7公顷。丁桥大型居住区先建安置房后拆迁的做法，受到各方面好评。各地实施和完善征地综合标准、留地制度和农转非人员社保制度，配合监察部门开展征地款拖欠检查，老市区建立评估摇号市场化运作制度，上调房屋拆迁过渡费标准，强化拆迁调解和裁决机制。全年受理征地项目283个，面积2533公顷，签约上报274个项目，面积1713公顷。拆迁集体土地上房屋290万平方米，受理裁决案件79个，审核参加“双低”养老保险和失业保险33607人。

逐步规范土地市场，通过近两年土地市场秩序的治理整顿，开发区（园区）数量从123个缩减为16个，规划面积从612.8平方千米减少为155.4平方千米，通过部、省的检查验收。全市经营性用地全部实行招拍挂出让，全年招拍挂各类经营性用地337宗，面积766.3公顷，其中老市区66宗，面积188.5公顷。针对宏观调控后出现的新情况，及时调整供地策略，精心操作土地供应，全市收缴土地出让金146.2亿元，比上年增长11.7%；其中老市区（不含滨江区和经济技术开发区）收缴土地出让金75.2亿元，增长22%。保证土地市场的供求平衡，全年投入资金30.2亿元，收购土地827.3公顷，其中老市区投入资金22.05亿元，收购土地481.2公顷，增长67%。加强有形土地市场建设，全年组织在建工程挂牌会6场，成交金额10.1亿元。老市区完成企业改制土地资产处置202宗，土地面积117.5公顷；新签土地年租金合同470份，累计收取土地年租金2025万元。

加强矿产资源管理，全市再次减少矿山110个，超额完成省国土资源厅下达的任务。深化采矿权市场建设，矿山有偿出让率达100%，全年收取出让金1.3亿元。推出矿山治理以奖代拨奖励办法，全年启动矿山治理项目80个，完成10个。《杭州市地质灾害防治规划》和县（市）级规划全部通过评审并公布，在全省率先完成地质灾害防治规划体系。完成乡镇（街道）1∶1万易发区图的编制任务，为科学编制土地利用总体规划打下良好基础。组织地质灾害应急预案演练并拍摄教学片。投入3461万元资金，完成36处重点地质灾害点的治理，开展切坡建房地质灾害隐患的调查，对全市1.89万处切坡建房进行检查。

9月11日，市国土资源局青年志愿者开展为社区居民服务活动。

坚持用地巡查制度，全市开展巡查9870次，制止违法行为1637起。开展创建“执法模范乡镇”和“执法模范县”试点活动。立案查处各类土地违法案件891起，涉及土地面积307.5公顷，拆除违法建筑14.7万平方米；立案查处矿产违法案件28起，分两次对21个重大典型违法案件进行公开曝光；查处非法买卖集体土地案件18起，毁田卖土卖砂案件25起；向有关部门建议给予土地违法行为责任人党纪政纪处分的有29人。全面清理闲置土地，通过对1999年以来市区2197宗具体项目地块的排查，清理出闲置地块72宗，土地面积160.7公顷，其中7宗27公顷土地已依法收回，是历史上查处闲置土地力度最大的一年。全年受理国土资源信访7273件，办结率99.8%。

为推动土地登记的规范化，全市开展规范土地登记专项检查，严把土地登记审核关。实行市区地号的统一管理，建立规范有序的地籍编号体系。做好市区社区配套用房土地登记，全面开展集体土地农用地所有权发证。做好建设用地复核验收，市区有282个项目通过复核验收。开展全市土地利用更新调查，其中市区已完成并上报国土资源部验收。全市发放土地使用权证12.67万本，比上年增长8%；其中市区发放7.3万本。修改后的《杭州市土地登记办法》以市政府规章形式出台，向市人大提出《杭州市征用集体所有土地房屋拆迁条例》的修改意见和建议，就《杭州市土地交易管理办法》进行调研，起草了规章初稿。全年审理行政复议案件7起，参加行政复议和行政诉讼45起。市区完成空间数据管理信息系统基本功能的开发，组织开展100平方千米数字化土地调查测绘成果的检查验收和地籍更新调查测绘数据的整理。开发国土资源局内部信息网，启用档案影像管理系统，具有督查功能的具体业务办文系统开始运行。创办《杭州国土资讯》，加强与新闻媒体的信息沟通。加强对国土资源管理人员的业务培训，全市举办各类培训班174期，参加培训1万余人次。

【推出市区土地证书网上年检】 5月起，土地证书网上年检制度正式实施。网上年检适用于杭州市区范围（不含萧山、余杭区）除住宅以及经营性商品房用地以外的所有土地证书年检。具体分5个程序：在线申报、受理确认、实地调查、审核审批、取件。土地使用证网上年检制度的实施，方便了用户办理年检手续，提高了办理土地证书年检的效率，有利于扩大土地登记覆盖面。

【加强矿山自然生态环境治理】 9月，杭州市围绕生态市建设规划的总体目标，坚持经济效益、社会效益、环境效益和资源效益的协调统一，出台《杭州市区关停矿山生态环境综合治理规划》。根据市区69个已关停矿山的开采现状、治理的难易程度和对景观的破坏程度，划分了2004年~2006年和2007年~2010年2个治理阶段；确定4个重点治理区和近期需治理54个关停矿山分属于新增土地型、生态复绿型、新增土地与生态复绿型、景观再造型、新增水面型以及生态复绿与景观再造型6种治理类型；并根据需治理矿山的宕面面积和矿区面积估算了各个矿山的治理费用。该规划实现了对矿山生态环境综合治理的全面监控和动态管理，为各有关城区科学制定矿山生态环境治理计划提供了依据。

【进行市区基础空间数据更新土地测绘】 市区国土资源空间数据整理与更新测绘项目属于“数字杭州国土”二期工程重点项目之一，旨在建立数据准确、现势性强、图属一体、覆盖城区的国土资源基础空间数据库。项目正式启动之前，3次组织有关人员对技术方案和实施方案进行充分论证，分别在西湖区、下城区选择3个街坊进行试点。该工程采取邀标形式，最终确定山西工程测绘院、山东正元地理信息工程有限责任公司2个单位测绘。12月，该项目全面启动。

【首次地下空间土地使用权挂牌出让成功】 地下空间的合理开发是一个国际化城市商业成熟的标志，杭州市注重地下空间的合理开发与利用。12月，杭州市西湖文化广场中心广场地下空间土地使用权连同在建工程挂牌出让取得圆满成功。此次挂牌标的物位于下城区中山北路以西、文晖路以南、环城北路以北，地下空间土地使用权占地面积2.43万平方米，在建工程规划建筑面积4.44万平方米，土地用途为商业，出让年限40年，挂牌出让起始价4.788448亿元。经过多轮竞价，最终由浙江白云伟业控股集团有限公司以4.790448亿元摘牌成交。

【第7轮基准地价调整】 9月，市国土资源局进行市区第7轮基准地价调整。此次基准地价调整，首次将萧山、余杭两个区的土地级别和基准地价纳入全市统一的基准地价体系，规定两区在具体执行时可对各类用地基准地价在规定标准的基础上下调一定幅度。土地级别由原来8个增加到12个，各类用地基准地价均有不同幅度提高，对土地用途分类和沿街、沿西湖、沿钱塘江加价等内容进行细化和完善，使市区基准地价体系更趋完善，更具有杭州特色。

【开通办证直通车】 为解决土地证、房产证分属两地办理的问题，方便用户办理“三证”，在市房管局的积极配合和市公共交通总公司的大力支持下，8月11日起，市国土资源局开通了与市房管局之间的双向免费办证直通快车。直通车双向对开，每半小时一趟，用户只要凭土地证或房产证就可以在市国土资源局和市房管局门口乘上免费公交车前往办证。这一举措受到群众的欢迎，被《都市快报》评为2004年“破七难”十大新闻之一。 （朱根钱）

·城建资产经营·

【城建资产经营概况】 市城建资产经营有限公司以科学发展观为指导，坚持“抓改革一刻不停、抓发展一点不松、抓稳定一以贯之”。年初，按照各单位不同情况，分别制定改革改制计划，根据实际情况变化，及时调整和完善改制方案。开展“保安全、保供应、优服务”活动，做到“4个到位”，即领导重视、认识到位，健全制度、管理到位，强化督查、整改到位，严格考核、奖惩到位。全年无工伤死亡和其他重特大安全生产事故发生，被评为市建委部门安全生产先进单位。采取多种筹融资方式，较好地保障城市建设对资金的需求。以确保国有资产安全增值为目标，狠抓国有资产规范化管理，出台规章制度92项，初步建立国有资产管理框架体系。

以加强效能建设为动力，保障各类产品的有效供给。全年实现公交客运量6.96亿人次，比上年增长13%；票款收入8.42亿元，增长21.1%。在遭遇干旱、原水污染等情况下，保障了城市供水，全年供水量4亿立方米，增长4.3%；实现销售收入4.3亿元，增长5.5%。燃气销售量1.13亿立方米，增长21.6%；实现销售收入3亿元，增长16%。在煤炭涨价、运输紧张的形势下，市热电集团完成发电量4.6亿千瓦小时，增长22.5%；供热量364.6万吉焦；市热电集团上虞热电项目投产试运行。完成污水处理2.74亿吨，增长9.5%。按规范处理和填埋生活垃圾78万吨，确保城市生活垃圾日产日清。加大房屋开发建设力度，新开工住宅面积74.7万平方米，销售52.4万平方米。“四自”道路顺利实施收费方式的调整，全年收费5.4亿元，增长1.3倍。服务质量不断提高，受理来电、来信、来访67.6万件，办结率100%，反馈率99.9%，满意率99.9%；及时办理人大代表议案和政协委员提案，满意率95%；被评为市信访、12345市长公开电话先进集体。

加大资金投入，确保重点项目和实事工程的顺利建设。全年投入资金25.73亿元，比上年增长79.7%，首次开通3条准快速公交线，新开通公交线路66条，新增车辆713辆，新建10个公交首末站和中心站，萧山、余杭公交一体化进展顺利。完成自来水“一户一表、计量出户”预置8.4万户，南星水厂净水改造及一期扩建工程正式通水，抗咸应急工程竣工，抗咸二期及引水入城工程完成可行性研究。天然气利用工程通气点火，全市有15.53万户居民和150多个公建用户用上天然气；加快管道燃气用户的发展，新增用户2.34万户。热力二通道基本完成Ⅰ标段工程。滨江垃圾焚烧厂进入试生产阶段，第二垃圾填埋场库区垃圾坝和调蓄池等工程建设全面铺开。燃气集团争取有关部门对天然气高压管线安全间距规范调整，安全间距由20米调整到3米，仅对调整22千米计算，可节约资金6000万元。公司被市政府授予城市“四化”长效管理最佳配合奖和“创模”工作优秀单位。

加强企业经营管理，经济运行状况有新的改观。大力开展资源节约活动，强化内部成本控制，公司呈现营业（销售）收入、资产、管理费用、资产负债率“两增两降”的较好局面。全年营业（销售）收入61亿元，比上年增长15%；国有总资产284亿元，实际增加30亿元；净资产105亿元，增加37亿元；管理费用

3.3亿元，下降4%；资产负债率63%，下降5个百分点。建工集团、城建综合开发总公司、房屋建设开发总公司、房地产实业开发总公司、居住区发展中心、钱江房产公司、市政集团7个单位的利润总额均超过1000万元。钱江房产公司、城乡设计院、经济房开发总公司、城建综合开发总公司、房屋建设开发总公司、房地产实业开发总公司、建工集团7个单位的资产增值率在8%以上。

深入推进“青年文明号”创建活动，按照《杭州市“青年文明号”管理办法》，积极推行“青年文明号”三年重创制度。有82个集体通过市级复评，继续保持市级“青年文明号”集体荣誉称号；18个集体通过省级复评，继续认定为省级“青年文明号”集体。提升整体创建水平，涌现出一批新的“青年文明号”集体。天子岭废弃物处理总场地磅站被建设部、团中央命名为全国“青年文明号”集体，燃气集团公司天目山路营业厅、自来水总公司制水一公司生产科、热力公司中央控制室被命名为省级“青年文明号”集体。

【加快城建资产经营公司改革步伐】 市城建资产经营公司年初完成8个事业单位转企。路桥公司和检测中心由事业单位直接转为多元投资企业，其中路桥公司改制走在全国道桥养护行业改革的前列。房产经营公司和房产企业公司通过公开挂牌实现整体溢价转让。公交总公司、居住区发展中心和城建发展公司改制为国有独资公司制企业；城建综合开发总公司、房地产开发实业总公司、经济房开发总公司和房屋建设开发总公司部分股权公开挂牌转让方案经市国资委和市政府研究，原则同意30%股权公开转让。城律发展公司等国有独资公司和部分事业单位内部“三项制度”改革有序推进。热电集团采取与泰国协联扩大合资的方式实施改制，草签了增资扩股协议。燃气集团改制方案已上报市政府。自来水总公司正在制订改制方案。改制成效逐步显现。路桥公司积极扩展业务，全年实现总产值4.59亿元，比上年增长26%。检测中心总收入增长12.7%。市政集团完成施工产值10.1亿元，增长5%。建筑企业共完成产值32.5亿元，增长15.5%；实现利润5500万元，增长24.6%。天恒投资建设管理公司实现监理产值14亿元，增长7.7%。城乡设计院实现产值3100万元，增长37%。

【拓宽城建筹融资渠道】 市城建资产经营公司采取直接融资、间接融资、招商引资等方式，拓宽筹融资渠道，确保城建资金的正常供应。与在杭金融机构紧密合作，贷款融资21.1亿元；成功发行3.3亿元城建信托产品。完成向国家发改委申请发行中长期企业债券的申报工作；签订复兴大桥整体转让框架合同；七格污水处理厂招商进入投标书编制阶段；第二垃圾填埋场招商方案进行优化调整；市燃气集团与英荷壳牌(中国)公司草签合资合同。城区道路两侧广告设施的投资开发和经营有实质性进展。全年开工建设25项地下弱电管网工程，建成弱电管网折成单孔长度547.5千米，增长76%，为城建筹融资拓宽了新的渠道；完成管线销售收入2100多万元。

【加大国有资产管理力度】 市城建资产经营公司狠抓国有资产规范化管理。年初，制定《董事管理办法》、《投资管理办法》和《财务总监委派管理办法》等制度。向10个公司控(参)股企业派驻董事12人、监事8人，对派驻董事、监事实行全面考核。5月起，向8个所属企业委派6名财务总监。对所属企业国有资产保值增值情况实行严格考核，初步确立绩效考核指标体系以及配套的激励机制。成立公司资金结算中心，履行运营资金体内循环的管理职能，开设建行莫干山支行线、工行解放支行线两个通道，利用网上银行查询功能将有关单位资金流纳入实时监控，平均资金纳入率64.8%；通过这一平台为公司有关单位提供融资服务，解决流动资金1.63亿元。9月，采取自查、复查和抽查等方式，开展账外资产专项清理，清查出账外资产16.07万元，账外物资189.53万元，账外建筑物1.3万平方米，价值3581万元；通过清理公司外城建资产，划转资产5.65亿元，防止国有资产流失。按照先易后难、先主后次、先大后小的方针，全面开展未确权房产、土地的确权。年末，确权房产89宗，建筑面积5.08万平方米；确权土地127宗，土地面积151万平方米。（林　燕）

【复兴大桥竣工通车】 复兴大桥即钱江四桥，于2002年3月28日开工建设，2004年10月16日竣工通车。该桥位于钱江一桥下游4.3千米处，桥体全长1376米，宽26.4米，上层设双向6条机动车快速行车道，下层设地铁、公交车专用道及行人、非机动车通道，总投资7.18亿元。国际桥梁学会副主席项海帆院士说，复兴大桥在世界桥梁史上具有创新意义，主要在于它是大小拱结合的钢管混凝土系杆拱新型拱桥，多跨连拱，双层路面，在国内外独一无二。复兴大桥的建成，为杭城

11月5日，杭州热电集团与协联投资(中国)有限公司签订增资扩股意向书。

增添了新的景观，为杭州的沿江开发、跨江发展创造了有利条件。

（余 旭）

【转让复兴大桥经营权】 复兴大桥经营权转让与以往采用的TOT和BOT固定资产招商的物权移转形式不同，采用的是经营权招商的办法，即投资人通过支付转让费获得复兴大桥20年经营权。该经营权拥有向市政府获得补偿费和复兴大桥建设用地范围内的广告经营权，但复兴大桥所有权仍归属招商方。10月，复兴大桥经营权转让项目经评标委员会评定、市城建项目招商领导小组批准，确定腾达建设集团股份有限公司为第一中标候选人。11月3日，在西湖博览会投资合作周签约仪式上，市城建资产经营公司与腾达建设集团股份有限公司签订了复兴大桥经营权转让项目框架协议。

（于小将）

【房产经营公司竞价转让】 为运用市场化运作手段推进企业改制，盘活国有存量资产，市城建资产经营公司对杭州房产经营公司实行整体竞价转让的改制。7月30日，经过严格的审计、评估和转让方案报批，委托杭州企业产权交易所进行整体公开挂牌竞价转让。9位竞买人报名参加，经过资格审查，确认各竞买人均具备资格。8月27日，杭州企业产权交易所举行杭州房产经营公司现场竞价会，经过21轮激烈竞价，5号竞买人最终以3100万元的价格受让。在杭州市公证处全过程公证下，交易双方当场签订了转让合同和相关法律文书，完成杭州房产经营公司的公开转让。（陈立耘）

【万人拥有公交车20标台】 至2004年末，杭州公共交通集团有限公司拥有各类运营车辆3847辆，出租车709辆，运营线路344条，运营线路长度4519千米，日平均客运量185万人次。从1996年以来，公交公司以平均每年增加20余条线路，新增300余辆公共汽、电车的速度发展。空调公共汽车、GPS卫星定位调度系统、车辆自动变速装置、双能源电车、射频式IC卡等现代化服务装备、设施，从无到有，迅速推广运用。其中空调车已达2279辆，占全部车辆59.2%，年客运总量6.8亿人次。体现城市公共交通服务能力的万人公交车拥有量已超过20标台，达到全国城市公共交通领先水平。市民选择公交出行的分担率从1997年的8.7%提升到25%。

【公共交通集团公司成立】 12月8日，杭州公共交通总公司整体改制为杭州市公共交通集团有限公司。按照主辅分离、市场运作、明确主体、划小核算、理清责任、提高质量、确保稳定的方针，公交集团平稳有序地完成企业内部改革。下设14个非法人的分公司和单位、15个全资子企业、11个控股子公司和10个参股公司，固定资产净值7.33亿元，员工1.37万人，成为浙江省公交行业中规模最大，以公共交通客运服务为主业，兼营出租汽车、旅游、房地产开发等经营为一体的综合型企业。公共交通集团公司的成立，有利于形成“国有主导、多方参与、规模经营、有序竞争”的城市公共交通经营格局，提高公交出行率，缓解城市“两难”。

10月16日，复兴大桥（钱江四桥）建成通车。

【公交汽车出租公司成立】 市公交总公司按照车辆高档化、员工高素质、管理高水平、经营规模化的要求，对下属杭州汽车出租公司、杭州客旅汽车出租公司、杭州中北汽车出租公司、杭州客车旅游总公司4个出租车企业进行整合，于9月6日成立杭州公共交通汽车出租有限公司。新公司拥有出租车406辆，从业员工1000余人，是杭州最大的出租车企业。实行“六个统一”的管理，即统一车辆着色、车辆标志标识、服务规范、可使用公交IC卡消费、使用GPS卫星定位服务系统和统一员工着装。承诺车辆在营运过程中发生不使用计价器或拒绝使用IC卡消费，驾驶员行车时在车厢内吸烟，强行要求乘客合乘并载，在起步价里程内因车辆故障等原因未能将乘客送往目的地等任意一种行为，乘客都有权拒付车费。

该公司推出每年“五一”劳动节前三天时间内，为居住杭州市的市级以上劳动模范办理预约用车登记，免费提供市区范围内一次性用车服务1次；每年高考期间，为杭州市特困家庭参加高考子女办理预约用车登记，免费提供1次从家庭到考场的用车服务；车辆在空车营运过程中，遇到车祸等急需抢救的伤病人员，主动停车载客送往医院。

【开通小区公交车】 通行在生活小区的公交车称小区巴士，是杭州公交适应市场需求，优化服务品位，积极配合市委、市政府搞好“四小车”整治所推出的机动性强、灵活经济的公共交通方式。小区巴士使用豪华小型空调车，线路长度一般6千米左右，车上有GPS卫星定位调度系统和IC卡刷卡装置，实行无人售票，票价一般为2元。主要行驶在因道路条件限制使大运量公交线路无法到达的“盲区”，以改善道路条件不完备的区域、出行不便的生活小区、新建生活组团以及进出商贸市场、大型交通枢纽站等的出行环境。以走街穿巷、发挥杭州支线道路作用为主，实行按站停靠、按线行驶、小区内道路招手即停、就近下车的经营方式。为方便市民出行，小区巴士推出“叫车服务”、“网上预定”服务方式。市民拨打85191122公交服务热线，告知出行时间、始发点和目的地，小区巴士就会在20分钟内到达。市民包车只要提前1天在杭州公交网站填写“预约单”，小区巴士的服务人员就会按要求安排好包车。（薛　林）

【开通K581和K571公交线】根据市委、市政府要求，9月以来，市城管办多次与萧山、余杭两区政府就如何解决公交一体化问题进行商讨。按照“存量不变，保持原状，增量部分进行合作”的原则，两区与市公交集团有限公司一致同意各开通1条到杭州主城区的公交新线。12月29日，市公交集团有限公司与萧山城市公共交通公司合资成立的杭州市运通公共交通有限公司开通萧山西站至杭州雄镇楼的K581路公交新线。12月31日，市公交集团有限公司与余杭客运企业合作开通余杭天都城至杭州焦家村公交中心站的K571路公交新线。（彭永华）

【开通3条准快速公交线】12月7日，杭州公交开通贯穿城市东西南北的K186、K187、K188路3条准快速公交线。这3条线路高峰时段的平均速度18.55千米/小时，比普通线路提高5千米/小时；票价较同车型线路经济，每人次2元，可使用IC优惠卡和各类优待证。准快速线为乘客提供舒适、方便的服务，配置了83辆12米大容量“低入口”无障碍公交车，在主要站点配备公交智能化电子站牌，乘客可以实时从站牌了解车辆到达时间，及其他乘车信息。车辆进站采用GPS卫星定位自动报站装置，离站点30米自动报站，不会因为司机误报或忘记报站而耽误乘客下车。准快速线的站牌全部采用黄底黑字，与普通线白字蓝底有明显的区别。为营造和谐的乘车环境，在主要站点配置公交语音提示导乘系统，以方便盲人和不熟悉线路的乘客乘车，线路的起终点站设置特殊群体优先上车照顾区域，配有照顾专座、饮水设施、常备救护药品。

方便社区居民出行的公交车——小区巴士

【开通“西湖夜游”专线】6月18日，杭州公交总公司开通以文化休闲为特色的“西湖夜游一号线”，以适应越来越多的市民夜间休闲、娱乐为主的“享受型”出行。线路采用敞篷式和仿古式观光车，从武林广场出发，环西湖1圈，通行时间：18:00~22:00。票价：5元/人次，可用公交IC普通乘车卡（D卡）。车内免费为乘客提供饮料，车厢内外实施亮灯工程，车载电视播放杭州创建文明城市专题片或反映杭州新貌的风光片。

【语音引导型候车亭投入使用】杭州公交总公司结合“三口五路”整治，设计引进106座新型不锈钢照明式候车亭，安置在环城北路、艮山西路、天目山路、莫干山路和解放路。公交候车环境更具人性化，每个候车亭配置2个不锈钢凳子，供候车乘客休息。其中，在50个主要站点的候车亭上安装由触摸式按钮、语音系统、喇叭、充电电源等组成的盲人语音引导装置，一旦触动按钮，装置会自动播报该站的站名、停靠站的全部公交线路以及线路的行驶方向。该装置具有每隔1分钟自动提示1次的功能，盲人只要依据提示声响，就能在亭柱一侧找到“按钮”，给盲人乘公交车带来方便。（薛　林）

【自来水总公司开展优质服务系列活动】市自来水总公司为实现对外服务制度化、规范化、优质化，开展“困难用水承诺”、“表务放心”、“一户一表规范”、“热线满意”和“窗口形象”5大服务活动。具体推出13项客户服务质量控制考核指标，加强服务运作的日常管理。全年“热线”受理用户信息6.12万件，及时率99.8%、办结率100%、反馈率100%、满意率99.9%。该公司连续四年评为12345市长公开电话先进单位；在市文明办和《杭州日报》共同推出的“万名市民评窗口”活动中，服务质量和工作满意度居26个窗口服务行业的排名第6位，满意和较满意率93.4%。

【抗咸应急工程投入试运行】8月25日，为确保杭城正常生产供应的抗咸应急工程投入试运行。工程主要包括输水河道整治及临时泵站建设两个部分，设计日取水能力50万立方米。已建成的抗咸临时泵房位于珊瑚沙水库边，采用7台流量为1立方米/秒的井筒式混流潜水泵，通过7根DN600厘米的钢管，向珊瑚沙水库进水。输水河道整治主要包括输水河道的清淤、部分节制闸的改造、河道沿线临时围堰的拆建等。输水河道总长18.1千米，流经西湖区的16个村。（董　欣）

【销售燃气量1.13亿立方米】市燃气（集团）有限公司抓住天然气接纳、能源结构调整的机遇，加大服务力度，全年新增管道民用户2.34万户，工业、公建用户69户。全年实现点火79.6吨，销售燃气量1.13亿立方米(折合人工煤气)。10月12日，浙江康永佳纤维有限公司燃气工程成为杭州市第一家使用天然气发电的公建用户，天马轴承公司等大型工业用户相继通气点火。市燃气公司做好天然气市场的跨区域发展，钱江新城及周边地块20余千米敷设燃气管线；修订完善天然气利用规划，加强对临浦组团、余杭组团、富阳、临安等地的市场调研，与杭州西园燃气公司合作编制小和山区域天然气开发方案，与之江旅游度假区签订管网建设合作协议，与省天然气开发公司合资建设德清CNG加气母站项目。成功接收6个液化气供应站，与43个社会经营单位签定托管、固定充装协议。全年销售液化气4.49万吨，其中50千克瓶业务量比上年增长40%。（沈淑敏）

【污水管道内敷设光缆】 4月，为减少因地下管线施工开挖给城市交通管理带来的影响，解决城区道路地下增加通讯管线的管位问题，市排水总公司与中国联通有限公司杭州分公司合作，首次在庆春路、体育场路、中山北路3个路段的排水管道内敷设光缆。（袁湖波）

【调整城市道路收费方式】 1月1日，调整后的城市道路收费方式正式实施。这次收费方式调整涉及撤销和外迁部分城中收费站，绕城高速公路及周边的公路对市区车辆实行有限开放，扩大城市道路综合收费代征面，代征站由16个增加到35个，扩大城市道路车辆统缴通行费的征收范围以及适度调整收费价格等方面。通过一年运行，城市道路收费方式调整取得明显社会效益，取消过钱塘江收费，促进了新老城区的融合和钱塘江两岸经济的发展；收费站点重新布局，方便了市民生产和生活；绕城高速公路对市区车辆实现有限开放，极大地缓解了市区交通。（朱卫东）

·城区绿化·

【城区绿化概况】 全市城区绿化保证绿化“量”的稳步增长，注重“质”的提高，城市绿化管理从粗放型向精细型、从突击型向长效型转变，绿化养护水平和质量明显提高，绿化建设成果得到有效巩固，为创建生态市奠定了良好基础。

全年新增绿化面积660公顷，新建古荡三角绿地、艮山运河公园、三里亭中央公园、莲花港绿地、紫金港河绿地等城市中心区5000平方米以上的公共绿地16处，对部分旧居住区绿化实施改造。通过对“三口五路”的综合整治，形成横贯城市东西的园林景观长廊，有效地提升了城市景观质量和环境质量。至年末，市区园林绿地面积已达10201公顷，公共绿地面积达到2306公顷，绿化覆盖率37.07%，城区绿地率32.6%，人均公共绿地面积9.89平方米。

强化城市园林养护管理，全面提升绿化养护管理水平。结合“洁化、绿化、亮化、序化”、“迎国庆、迎西博”等专项整治，建立市、区两级绿化部门工作网络和互动工作机制，以“黄土裸露率低于2%、绿化成活率达到98%”为总体目标，共同排查各类养护质量问题2011个，问题抄告率100%，反馈率100%，整改率99%，做到了督、查、改环环相扣。开展“双最”（最佳、最差）公园、道路（河道）、绿化社区系列评比。在部分主要路段、易遭破坏地区进行绿化养护责任制公示试点，方便群众监督。在七艺节、西湖博览会期间，城区摆花80余万盆。

加大绿化宣传力度，通过举办春季义务植树、春季绿化咨询、第2期“市民林”认育、首次行道树认养和首次“绿色家园”评选等活动，向市民宣传绿化、美化家园的重要意义，增强了市民爱绿、护绿意识。（韩建国）

【开展义务植树活动】 2月27日，省、市领导习近平、吕祖善、李金明、梁平波、王国平、茅临生等，及武警官兵近300人在杭州花圃参加了植树劳动，种下1000余株树苗。义务植树已成为广大市民的自觉行动，2004年杭州市市民参加义务植树145.4万人次，收缴义务植树费57.4万元，义务植树尽责率82.4%，比上年提高5.4个百分点。（钟国荣）

【推出行道树认养活动】 5月，市城区绿化办公室首次推出行道树认养活动。浙江广厦房地产开发有限公司、杭州中山房地产开发有限公司、浙江国都房产集团有限公司、杭州滨江房产集团有限公司、杭州广复房产有限公司、浙江华都房地产开发有限公司、浙江利兹房地产开发有限公司、浙江海外海集团有限公司、浙江新湖房地产集团有限公司、浙江野风现代房地产开发有限公司共出资37万元，认养11条道路的3724株行道树，并与管理单位签订了为期两年的的认养协议。5月26日，杭州市首次行道树认养仪式在延安路市政府综合办公楼前举行，副市长项勤到会讲话。（赵 艳）

【开展“市民林”认育公益活动】 2月，由市文明办、杭州西湖风景名胜区管委会（市园文局）、《杭州日报》共同倡议发起第二期“市民林”认育公益活动。第二期“市民林”位于西湖南线学士公园内，认育活动的主题是“湖边育棵树，留我一片情”。2月11日起，《杭州日报》、杭州电视台等作了连续报道，发出了认育“市民林”活动的倡议，介绍了树种，报道了“市民林”认育报名情况。2月15日和2月29日，在涌金、武林和吴山3个广场进行认育报名活动，同时开通认育报名热线，共有325位市民认育230株30个品种的树木。（徐飞燕）

【举办“绿色家园”评选活动】 10月，市城区绿化办、市文明办、《钱江晚报》会同市建委、市房管局、市规划局、市环保局共同发起和组织首届“绿色家园”评选活动。此次评选活动得到市委、市政府的肯定和支持，市委书记王国平担任评委会名誉主任，并为“绿色家园”题词；副市长项勤担任评委会主任。在经过资格审核、专家考评、市民投票等程序后，产生桂花城小区等10个“十佳绿色家园”和杭钢西苑小区等11个“优秀绿色家园”。（赵 艳）

▶▶资料：桂花城小区

桂花城小区绿化品种多样，层次分明，绿化覆盖率超过50%。每处庭院都分别设有不同格局的绿化景观，给人亲切平和的自然感受。从桂花城主入口往北望，是一条贯穿园区南北、长达200米的轴线绿带。沿小区环形车道两侧种植的是常绿阔叶树种。中心广场有3块四季青的大型绿色草坪，视野开阔，气势磅礴，构成了整个园区的绿色重心。小区自2001年交付使用以来，一直由专业的园林维护人员对小区绿化精心养护，使小区绿化景观始终保持最初的设计风格。2004年，该小区被评为“十佳绿色家园”。

莫干山路道侧绿地

【开展绿化优秀工程评比】 2004年，杭州市涌现一批精心组织、精心设计、精心施工、精心管理的绿化优秀工程和借地绿化优良项目。经市园文局组织评定，城区评出绿化优秀工程13个。其中东新苑小区中心公园、古荡三角绿地被评为一等奖，中兴立交绿化、钱江一桥公园、三里亭中央公园被评为二等奖，之江路道侧(春江花月段)绿化、莲花港河绿化、杭州汽车城周边绿化、东河东侧(下城段)绿化、秋涛路道侧(192号段)绿化被评为三等奖，近江小区中心公园绿化、沿山河绿化、复兴大桥两岸绿化被评为鼓励奖。评出借地绿化优良项目8个。其中竹馨水景公园被评为一等奖，上塘河(皋亭千桃园)绿化被评为二等奖，滨安路道侧绿化、绕城公路南线(二期)绿化被评为三等奖，府东路、府西路、丹枫路、滨盛路道侧绿化，09省道(城区段)绿化，104国道西连接线绿化，义桥南片水厂取水口绿化被评为良好奖。

【建设“三口五路”绿化精品工程】 城区绿化部门配合“三口五路”综合整治，突出主干道景观绿化带建设，新增、改造绿化99.4万平方米。环城北路在整治中，对原有绿地予以充实，在环城北路与绍兴路交叉口新建艮山运河公园，面积1.5万平方米。公园以内湖为中心，内湖与运河相连通，湖内设喷水高度达80米的大型音控喷泉，依湖建有自然式驳岸、假山、仿古木亭、亲水台阶等。公园的植物配置采用自然式，主要乔木有香樟、合欢、无患子、马褂木、柳杉、红枫、早竹等30余个品种，并用冷、暖季型混播草为地被，配以靓丽的时花装点公园，形成了四季常绿、季季变换、天天有花的绿化景观。

艮山西路(含彭埠入城口)绿化工程突出生态性、景观性，骨干树种体现乡土特色，植物配置做到常绿与落叶相结合，乔、灌、草相结合，点、线、面相结合，共种植香樟、杜英、乐昌含笑等4000余株，桂花、红叶李、红枫等亚乔木6000余株，红花桂木、构骨球、杜鹃、金丝桃等球类、花灌木及地被植物30余万株。

天目山路(留下入城口)整治绿化面积14万平方米。该道路绿化以两排香樟和两排黄山栾树为骨架，下层地被以绿色为主色调，种植色叶灌木，如金边黄杨、红叶石楠等。天目山路北侧的沿山河（五常港河—古荡小区）河道整治绿化面积34万平方米。

莫干山路（含104国道北线入城口)整治绿化面积18.5万平方米。解放路整治在保留原有行道树悬铃木的基础上，新辟分车绿带，增加绿化面积。 （冯　红）

【加强绿化养护管理】 3月初，省委常委、市委书记王国平及各城区、市有关部门的领导专题调研城区绿化养护管理。5月，市有关部门制定出台《加强城市园林绿化养护管理的实施意见》、《在城区主要绿地实施养护、管理、执法责任制的通知》，在主要路段、易遭破坏地区首先树立绿化养护责任牌，明确养护单位和管理单位，公布投诉电话，加强巡查和整改，落实长效管理机制。开展“双最”系列评比活动，全市共有64个公园（景区）、34条道路绿地、12条河道绿地、39个社区绿化参加了“双最”系列评选。根据评选活动方案，对参评公园(景区)、道路、河道、社区绿化的园林养护、基建设施、管理与保洁等方面进行全面考评，评出年度“最佳公园和最差公园”各1个、“最佳道路(河道)绿地”各3条、“最差道路绿地”2条、“最差河道绿地”1条、“最佳绿化社区”和“最差绿化社区”各3个。 （徐飞燕）

【完成绿化审批1100件】 城市绿化的审批坚持依法行政、服务为民的宗旨，遵循“公正、便民、高效”的原则，认真贯彻落实《中华人民共和国行政许可法》，操作规范有序。全年完成城区绿化审批1100件，项目审批和方案会审未发生超期审批、越权审批等行政错案。在“三口五路”整治等重大城市基础设施建设会战中，加强现场协调，努力服务好建设单位，保护好绿化成果。通过社会各界共同努力，原解放路、莫干山路、环城北路等道路近5000株大规格、树龄较长的道树得到妥善保护。

（王福章）

·钱江新城·

【钱江新城概况】 2004年是钱江新城完成“两年打好基础”第一阶段目标、开始实施“五年基本成形”第二阶段目标的转折之年。钱江新城建设管委会(指挥部)围绕做强做美钱江新城的奋斗目标，积极应对新情况、新问题，全年投入建设资金12亿元，累计投入建设资金52亿元。

新城15.8平方千米控制性详细规划和核心区块城市设计进一步深化和完善，获得省城市规划优秀成果一等奖，各项重大工程的前期方案论证工作有序进行，二期沿江开发区块已制定部分控制性详细规划文本。

完成解放东路延伸工程和庆春东路延伸段工程，以及甬江路、婺江路跨新塘河桥梁工程和甬江路、婺江路雨水管道工程，基本建成核心区块次干道和地下通道工程，打通望江路，开工建设新塘河取、排水泵房、钱江路隧道工程。“两河十路一泵房”均已通过竣工验收并顺利移交。快速便捷与老城融为一体的交通网络初步形成。

4月28日，解放路延伸工程提前竣工通车，交付使用；杭州大剧院基本建成，其中歌剧院为全国第七届艺术节提供了演出主场馆，市民中心、杭州棋院、市中级人民法院等重大项目建设进展顺利，新开工建设市广电中心、市消防指挥中心等重点工程；建成10万平方米的2个中心森林公园；“钱江苑”安置小区新开工17万平方米，累计开工27万平方米，完成竣工初验4万平方米；杭州国际会议中心、之江路城市阳台等重大项目的前期工作有序进行；组建庆春路过江隧道指挥部，完成工程预可研前的论证和可研报告的编制。

全年引进项目15个，共出让15宗土地，计40.06公顷。其中行政划拨项目3宗，计6公顷；住宅用地1宗，计8.07公顷，综合商业用地12宗，计26公顷。回收土地出让金40亿元，已归还所有银行贷款，钱江新城建设资金首次实现阶段性动态平衡。

征地拆迁不断推进。全年拆迁国有、集体企业单位32个，居(农)民49户，拆除各类建筑面积11.4万平方米。完成庆春东路延伸(杭海路—新塘路)剩余农户拆迁，拆除望江路404铁路专用线，外迁了核心区块内的省水利水电干部学校。

全年组织或参加省内外大型招商引资会议、会展10余次。投资500万元，在新城主要路口、道路沿线、灯杆、绿化带设置了广告牌、灯箱、彩旗。完成地块平整53公顷，修砌并美化围墙1万余米。积极开展“洁化、绿化、亮化、序化”活动，实施解放路延伸段、钱江路、新塘河景观绿化，全年完成90万平方米临时绿化。

通过派驻人员、联席会议、联合审批等方式，加强项目方案规划、建设质量管理，规范审批程序。成立和充实了钱江新城建设项目服务小组，制定《杭州市钱江新城核心区规划建设管理导则》，对新城范围内建筑物严格审查把关。积极为投资者提供“一条龙”、“一站式”服务。

【制定《核心区规划建设管理导则》】 11月，根据市委、市政府《加快钱江新城建设的若干意见》，钱江新城建设管委会(指挥部)制定《钱江新城核心区规划建设管理导则》。该导则适用于钱江新城核心区4.02平方千米范围内各项新建及改(扩)建、临时建设工程。共分六章三十条，由土地使用和地块出让、建筑容量控制指标、建筑边界控制、建筑设计和景观控制、基地绿化和交通组织、特定区域等内容组成。《钱江新城核心区规划建设管理导则》的出台，规范了新城地块的出让和建筑设计，有效地加强了新城核心区的开发建设和管理。

【解放路延伸工程建成】 4月28日，以新城隧道为核心的解放路延伸工程提前3个月胜利建成通车。省委常委、市委书记王国平宣布解放路延伸工程正式通车。市政协主席虞荣仁，市委常委、常务副市长盛继芳，市人大常委会副主任吴键，副市长杨戍标等出席通车仪式。

该工程道路全长2635米，其中新城隧道西起大学路以西30米，东接规划凯旋路以东150米，全长970米，隧道段长686米，穿越金衙庄公园、环城东路、沪杭铁路、贴沙河、杭州清泰水厂及凯旋路。地面道路为双向6车道，隧道主体高6.3米，设计净高4.5米，双向4车道，工程总投资11亿元。工程拆迁房屋建筑面积17.9万平方米，涉及28个拆迁单位和30余家商家营业用房，拆除居民户480户、农居户351户。该工程的建成通车，对发挥老城区功能和“钱江新城效应”起到了积极作用。

【杭州大剧院基本建成】 8月24日至28日，中央芭蕾舞团在杭州大剧院上演芭蕾舞剧《大红灯笼高高挂》和《红色娘子军》，标志着杭州大剧院基本建成。该剧院是在钱江新城范围内规划、建设的第1个重点公建项目，设有歌剧院、音乐厅、多功能厅和结合市民广场设计的露天剧场各1座以及演出配套用房。观众容量室内2600座，室外700座。该工程于2001年7月1日开工，参建单位克服了建设时间紧、工程结构复杂、功能独特、技术含量高等困难，顺利完成了建设目标。

9月10日至26日，第七届中国艺术节在杭州举办，杭州大剧院成

钱江新城中心森林公园景色

功承办了8场演出。大剧院露天剧场及草坪广场为第六届西博会开幕式提供了演出场地。在"首届迎新演出季"活动期间,大剧院成功承办了戏曲、舞蹈、器乐、歌剧、声乐5种艺术形式的20台节目,共35场(次),观众超过5万人次。杭州大剧院成为"艺术家展示才华的舞台、人民群众享受艺术的殿堂"。

【初步建成森林公园和世纪花园两个新城"绿肺"】 钱江新城森林公园和世纪花园分别位于核心区中心轴西东两侧,总面积约11万平方米,工程总投资约2000万元。森林公园占地6万平方米,其中水面面积1万多平方米,共种植大小乔木近7000株,以及大量的地皮植物、水生植物,并放养大量的水生动物。世纪花园占地4.6万平方米,其中水面面积6000平方米,以种植紫玉兰、桂花、海棠等观花有色树种为主。森林公园和世纪花园的建成,为新城安上了净化空气的"绿肺",为都市百姓提供了休憩、游乐、玩耍的场所,为未来城市阳台钱江观潮提供了后花园。(郑 萍 蒋建新)

·城镇建设·

【城镇建设概况】 各区、县(市)将城镇建设列入工作目标,重点抓好道路、给排水改造和环境综合整治,整体推进城镇的规范化建设。各区、县(市)开展城市管理细节推动工程,实施鲜花道路、窗口洁面、夜景灯光和借地绿化行动,在"洁化、绿化、亮化、序化"管理方面取得明显成效。

上城区加大环境综合治理力度,全年扩绿12万平方米,并对污水收集系统和解放路等15条道路进行整治。下城区开展楼宇经济和打造精品城区活动,并做好武林路南端历史地块保护和城北体育公园扩绿。江干区集中力量组织彭埠入城口和解放路延伸段整治,加大"城中村"改造和农村多层公寓建设力度。拱墅区全面开展莫干山路街景整治,切实做好各项实事工程建设。西湖区对天目山路进行街景整治,并积极实施西溪湿地综合保护工程。滨江区积极推进城乡一体化,高标准、高速度推进城市化进程。萧山区各项基础设施建设完成情况良好,城市功能明显增强,城市投资环境进一步改善。余杭区努力和大杭州实施无缝对接,城乡一体化进程明显加快。临安市抓好各项重点工程建设,重视对城市总体规划的修编。桐庐县突出山水特色建设,城乡面貌焕然一新。建德市充分利用新安江优势搞好城市建设。富阳市以重点工程为中心,加大基础设施建设。淳安县以创建国际花园城市为契机,推动各项基础设施建设迈上新台阶。

【编制完成村镇建设规划】 市建委加强对村镇建设规划的指导,协助各区、县(市)围绕"百村示范、千村整治"工程,做好区域村庄布点规划的编制和调整,以示范村规划推动整治的全面展开。桐庐、淳安、富阳、建德、临安5县(市)分别编制(修编)完成《区域村庄布点规划》,为下一步村庄区划调整和集约利用土地提供了规划依据。

【"城中村"改造稳步推进】 根据市建委《继续深入开展撤村建居与"城中村"改造的实施意见》,全市"城中村"改造试点新增17个,总数达27个,其中下城区5个、拱墅区4个、江干区6个、西湖区12个,涉及41个撤村建居试点村。市规划局编制完成《杭州市111个"城中村"改造地块布点规划》,市财政局为4个城区调度"城中村"改造资金1.2亿元。首批10个"城中村"改造试点村正在办理有关前期审批手续,其中范家村试点已申领集体土地拆迁许可证,并完成中远汽修公司拆迁和80户农户拆迁协议的签订;章家坝村、新塘村、彭埠村"城中村"改造用于拆迁安置的多层公寓开工8.4万平方米。12月20日,市政府办公厅印发《杭州市撤村建居农转居多层公寓房屋所有权登记发证暂行规定》,明确了农转居多层公寓定义、房屋所有权权证性质等有关问题,规范了多层公寓房产证申领程序。至年末,全市农转居多层公寓累计立项862万平方米,新开工72.44万平方米,竣工48万平方米。多层公寓小区外部大市政配套建设项目安排资金6715万元,到位资金2305万元。

【加强撤村建居管理】 4月13日,市委办公厅、市政府办公厅制定《继续深入开展撤村建居与"城中村"改造的实施意见》。将下城区华丰村等43个行政村列入全市第三批撤村建居改革试点村,并就10%留用地、社区管理、"城中村"改造、多层公寓建设、"农转非"居民养老保险等问题作出原则性规定。10月9日,市政府办公厅同意拱墅区祥符桥村增补为撤村建居试点村。杭州市列入撤村建居改革试点范围的行政村累计155个。(鲍世明)

【建德加快基础设施建设】 2004年,建德市克服资金、用地、征地、拆迁等困难,统一管理,形成合力,全年完成社会固定资产投资37.1亿元,比上年增长15.2%;其中城市基础设施建设投入3.6亿元。新安江大桥以上段基本建成,建德大桥至新安江大桥段启动建设。城市配套设施建设同步推进,康乐路停车场、广电大楼、220千伏下涯输变电工程、老年活动中心建成使用,体育馆、新安路综合管线改造工程基本完成,大塘坞小学、文化中心、第一医院整体迁建、消防大队等工程开工建设。乾潭、梅城、大同等中心城镇建设步伐加快。(徐 健)

2004年“西湖杯”

工程名称：杭州师范学院下沙校区图书馆
承建单位：浙江省建工集团有限责任公司

工程名称：浙江树人大学图书馆信息中心
承建单位：浙江杭州湾建筑集团有限公司

工程名称：浙医二院脑科中心大楼
承建单位：浙江省一建建设集团有限公司

工程名称：浙医二院国际保健中心
承建单位：广厦建设集团有限责任公司

工程名称：杭州市西斗门科研开发基地2号产业楼
承建单位：浙江萧山建工集团有限公司

工程名称：萧山烟草配送中心办公大楼
承建单位：浙江国泰建设集团有限公司

工程名称：杭州市湖滨地区特色街居24号地块工程
承建单位：浙江城建建筑工程有限公司

工程名称：杭州市江干区人民法院审判大楼
承建单位：杭州中豪建设工程有限公司

建筑优质工程

工程名称：浙江省老年大学迁建工程
承建单位：浙江省建工集团有限责任公司

工程名称：杭州高新开发区火炬软件开发大楼
承建单位：中天建设集团有限公司

工程名称：杭州市江干区全民健身中心一期工程
承建单位：杭州通达建筑工程公司

工程名称：闻堰初级中学综合楼
承建单位：浙江闻堰建筑工程有限公司

工程名称：浙江南国大酒店
承建单位：广厦建设集团有限责任公司

工程名称：余杭区余杭财税大楼
承建单位：浙江华成建设有限公司

工程名称：杭州市文华中学工程
承建单位：浙江三丰建设有限公司

工程名称：三台梦迹景区工程
承建单位：杭州市园林工程有限公司

2004年"西湖杯"

工程名称：浙江金融职业学院C幢教学楼
承建单位：浙江省二建建设集团有限公司

工程名称：浙江财经学院下沙校区第二教学楼
承建单位：浙江万达建设集团有限公司

工程名称：杭州市三墩镇中心小学扩建工程
承建单位：浙江三丰建设有限公司

工程名称：浙江大学成教综合楼
承建单位：浙江省建工集团有限责任公司

工程名称：杭州国际商贸中心
承建单位：宁波建工集团股份有限公司

工程名称：浙江移动通信枢纽大楼
承建单位：浙江宝业建设集团有限公司

工程名称：浙江省教育厅自学考试、中小学教师培训用房
承建单位：浙江省长城建设集团股份有限公司

工程名称：杭州上塘移动通信枢纽楼
承建单位：龙元建设集团股份有限公司

建筑优质工程

工程名称：浙江工商大学下沙校区图书馆、校网中心
承建单位：浙江省长城建设集团股份有限公司

工程名称：颐景园三期1号楼及转角综合楼
承建单位：浙江大华建设集团有限公司

工程名称：采荷东区高层商住楼
承建单位：浙江昆仑建设集团股份有限公司

工程名称：杭州湖墅嘉园一期
承建单位：浙江中南建设集团有限公司

工程名称：临安市交通运管所办公中心楼
承建单位：浙江大华建设集团有限公司

工程名称：江南春·白云深处会馆
承建单位：浙江金成建设集团有限公司

工程名称：萧山区河庄镇政府办公楼
承建单位：杭州大盛建筑工程有限公司

工程名称：萧山区人民法院审判大楼
承建单位：浙江宝盛建设集团有限公司

2004年“西湖杯”

工程名称：萧山人民法院办公楼迁建工程
承建单位：浙江新盛建筑工程有限公司

工程名称：千岛湖开元度假村酒店
承建单位：浙江省长城建设集团股份有限公司

工程名称：桐庐县农村信用联社办公楼
承建单位：浙江宏兴建设有限公司

工程名称：中庆好望角一号楼
承建单位：中天建设集团有限公司

工程名称：杭州好望公寓
承建单位：浙江大华建设集团有限公司

工程名称：中国计量学院图书馆
承建单位：浙江省二建建设集团有限公司

工程名称：浙江经贸职业技术学院图书馆
承建单位：五洋建设集团股份有限公司

工程名称：杭州师范学院下沙校区体育中心
承建单位：宁波华丰建设集团股份有限公司

建筑 优质工程

工程名称：浙江省环境保护实验综合楼
承建单位：浙江省建工集团有限责任公司

工程名称：中豪·凤起广场综合楼
承建单位：杭州中豪建设工程有限公司

工程名称：浙江大学高分子楼
承建单位：浙江宝盛建设集团有限公司

工程名称：浙江医院高干病房楼
承建单位：五洋建设集团股份有限公司

工程名称：吴山商城 B 地块
承建单位：浙江省长城建设集团股份有限公司

工程名称：浙江省电力试验研究所试验及科研用房
承建单位：浙江省长城建设集团股份有限公司

工程名称：浙江工商大学下沙校区 T1 学生食堂
承建单位：中天建设集团有限公司

工程名称：绿城·春江花月二期晓风苑工程
承建单位：浙江宝业建设集团有限公司

2004年"西湖杯"

工程名称：杭州清怡花苑12号、13号楼
承建单位：杭州复兴建设工程有限公司

工程名称：绿洲花园二期工程组团一工程1号2号9号楼
承建单位：广厦建设集团有限责任公司

工程名称：清水公寓E组团
承建单位：中天建设集团有限公司

工程名称：容大五环城花园22号-27号楼及会所
承建单位：中天建设集团有限公司

工程名称：杭州转塘象山农居公寓N-03组团13号楼
承建单位：杭州中宙建工集团有限公司

工程名称：杭州转塘象山农居公寓N-03组团10号楼
承建单位：杭州中宙建工集团有限公司

工程名称：金都清宸公寓Ⅱ标段B幢信用社
承建单位：浙江萧峰建筑工程有限公司

工程名称：金都清宸公寓Ⅰ标段C幢
承建单位：浙江兴隆建设有限公司

建筑优质工程

工程名称：浙江省少年教管所Ⅱ标段(宿舍、食堂)
承建单位：浙江省东阳市第二建筑工程有限公司

工程名称：桐庐横村镇政府办公楼
承建单位：桐庐县莪山建筑有限公司

工程名称：浙江理工大学体育馆工程
承建单位：东方建设集团有限公司

工程名称：浙江理工大学游泳馆
承建单位：浙江耀江建设集团股份有限公司

工程名称：杭州师范学院下沙校区F食堂
承建单位：浙江杭州湾建筑集团有限公司

工程名称：杭州酿造厂地块公建楼
承建单位：杭州二建建设有限公司

工程名称：绿城·春江花月二期芳甸苑1号、4号楼
承建单位：浙江省长城建设集团股份有限公司

工程名称：滨江区农村多层住宅四区C组团B标段会所、地下车库
承建单位：杭州二建建设有限公司

2004年"西湖杯"

工程名称：桐庐镇政府办公大楼
承建单位：浙江省建工集团有限责任公司

工程名称：华龙碧水豪园二期X4、X5楼
承建单位：龙元建设集团股份有限公司

工程名称：国信·新安明珠16号楼
承建单位：建德市第二建筑工程有限责任公司

工程名称：金都富春山居泽闲居八标段
承建单位：杭州市第四建筑工程公司

工程名称：东冠创业大厦
承建单位：浙江东冠建设工程有限公司

工程名称：庆丰高层住宅及三产用房
承建单位：浙江国兴建设集团有限公司

工程名称：三里亭祥和公寓安置用房R4G3楼
承建单位：中宇建设集团有限责任公司

工程名称：浙江林学院新校区工程学院楼
承建单位：浙江杭州湾建筑集团有限公司

建筑 优质工程

工程名称：金都雅苑·华丰苑18号-21号楼
承建单位：杭州余杭第二建筑工程有限责任公司

工程名称：绿城(临平)桂花城B2、B6楼
承建单位：浙江宝业建设集团有限公司

工程名称：华庭云顶C区雁荡居
承建单位：浙江省一建建设集团有限公司

工程名称：富阳市灵桥镇人民政府办公大楼
承建单位：浙江中业建设集团有限公司

工程名称：杭州市国家安全局028工程
承建单位：绍兴第一建工集团有限公司

工程名称：拱墅区科技经济园标准房9号楼
承建单位：浙江城建建筑工程有限公司

工程名称：嘉德广场
承建单位：广厦建设集团有限责任公司

工程名称：山水人家彩云天组团工程
承建单位：杭州中庆建设有限公司

工程名称：黄龙雅苑
承建单位：浙江腾达建设集团股份有限公司

市政府召开墙材革新与建筑节能工作会议，副市长沈坚(左三)出席。

桐庐县农居节能建筑试验楼

杭州市公共建筑节能试验楼

杭州市墙体改革领导小组办公室

市墙改办是市政府决定由市经委主管、具有负责全市新型墙体材料开发利用的管理机构。13年来该办认真贯彻执行国家、省、市关于推进墙材革新的方针政策，在大力限制粘土砖生产、开发应用新墙材方面做了大量工作，为节土、节能、利废、环保作出了积极贡献。

新型墙材企业发展壮大。1992年全市仅有7个新型墙材企业，年产8000万块标砖。2004年已拥有新墙材企业150余个，年产量达16.35亿块标砖，比1992年翻了四番半，占墙材总量的比重从4%上升到76.19%

新墙材开发应用取得突破。新墙材的品种从1992年的4个已增加到2004年的26个，其中非粘土类品种24个。形成了砖、块、板、瓦四个大类，基本满足我市城镇建筑业的需求。砼砌块试点建筑中的应用技术已达到国际先进水平。

“秦砖汉瓦”逐渐退出建筑舞台。2000年列入国家首批171个大中城市限时禁止使用实心粘土砖的杭州市及萧山区，已提前一年半完成“禁实”任务。2002年7月“禁实”向其他区、县(市)建制镇推进，目前城镇建筑非粘土新墙材使用率已达36.6%。

实心粘土砖产量得到有效遏制。20世纪90年代初，全市实心粘土砖企业有1000多个，至2004年已关停并转904个，实心粘土砖产量从22.15亿块标砖减少到5.11亿块。尚存的96个实心粘土砖企业计划在2005年关停并转。

节土、节能、利废成效显著。13年来，全市通过整治实心粘土砖企业和推广应用新墙材，累计为国家保护耕地866.7公顷，节约能源57.5万吨标煤，利用废渣290.07万吨，取得了良好的社会效益和经济效益。

寿伟义代表市墙改领导小组与7个区、县(市)墙改领导小组签订2005年墙改目标管理责任书。

市墙改领导小组向墙改先进集体颁发奖状

与会者认真听取报告

杭州市排水总公司

HANGZHOU SHI PAISHUI ZONGGONGSI

市领导孙忠焕一行视察杭州市七格污水处理厂

杭州市排水总公司成立于1993年10月，重组于2000年12月，是一个具有法人资格、专业从事杭州市城市排水设施运行养护、污水处理、河道配水设施管理养护的公用服务性单位。主要职能是负责杭州市城市排水设施的更新改造、养护管理，包括污水提升、输送、处理排放、水质监测、办理污水入网接管技术审查和市管河道调配水、防汛泄洪、参与市政排水配套工程规划的建设、设计、施工、技术咨询、经营开发等工作。2003年4月，经杭州市人民政府批复，杭州市排水养护处事转企改制为杭州市排水总公司。总公司现有员工近600名，管理的资产近30亿元，是浙江省内污水处理行业最大的专业公司。总公司下设泵站公司、管网公司、四堡污水处理厂、七格污水处理厂生产筹建办公室、排水工程公司、城市排水监测站等6个单位。

杭州市排水总公司主要承担城区市政排水设施运行养护、污水处理、河道配水设施管理养护重任，日常养护管理的城区污水管网400千米，污水提升泵站50余座，日均二级生化处理污水能力达到70万立方米，城市污水处理率达到了75%。其中，四堡污水处理厂为中国省会城市中首座特大型城市污水处理厂之一，采用国际上较为成熟的AO法处理工艺，处理污水能力为60万立方米/日，其中二级生化处理40万立方米/日。杭州市七格污水处理厂占地44公顷，筹建工程一期于2003年建成并投入试运行，日处理污水能力为二级处理30万立方米/日，处理工艺采用了国内先进、具有脱氮除磷功能的A2/O法，经处理后的污水各项指标均达到国家一级排放B标准，有效地改善了城市生态环境，为促进杭州地区经济发展和"构筑大都市、建设新天堂"发挥了重要作用。

近年来，总公司先后荣获杭州市2003年创建文明行业先进单位， 杭州市2004年度文明单位。下属泵站公司等3个单位先后被评为市文明单位，所属四堡污水处理厂水文化文明建设基地被评为市爱国主义教育和环境保护教育基地，并荣获"全国部门绿化造林绿化单位400佳"和"全国城市污水处理厂运行先进单位"，创造了较好的社会、经济和环境效益。

总公司总经理杨毅杭（中）在排水总公司四堡污水处理厂向市政府和市城建公司领导介绍情况

邀请浙大参与企业文化建设

新建的杭州市七格污水处理厂厂区一角

杭州排水总公司四堡污水处理厂

·环境保护综述·

【环保机构设置】 杭州市环境保护局是主管全市环境保护工作的职能部门，主要负责国家和地方环境保护法律、法规、政策的贯彻实施，拟定全市环境保护规划和计划，组织重大经济建设和社会发展项目的环境影响评估，负责全市环境标准执行的功能区划管理；负责对全市大气、水体、土壤、自然资源等环境保护实施统一监督管理和查处重大污染事故及纠纷，管理全市环境监测，协调有关部门对重大环境保护课题攻关，组织开展环境保护方面的国际合作和交流等。2004 年，市环保局设 8 个处(室)，有 7 个直属单位。12 个区、县(市)环保局(分局)独立建制，滨江区、杭州经济技术开发区、西湖风景名胜区环保局(分局)非独立建制。全市环保部门在职人数 676 人，其中专业技术人员 365 人、本科以上人员 304 人。

【环境质量总体稳定】 杭州市地处东南沿海，地壳稳定。地表江河纵横，湖泊密布。气候属亚热带季风性，全年四季分明，温暖湿润。但水土流失和污染严重的环境因素，及杭州经济社会的快速发展，对杭州市环境保护提出了严峻的挑战。

2004 年，杭州市环境保护部门围绕“环境立市”的战略目标，以改善和提高环境质量为目标，以“国家环保模范城市”复检为动力，切实加强环境管理和环境执法，环保工作取得新的成效。巩固“创模”通过技术核查，生态市建设全面启动，环境整治全面开展，环境管理日趋规范，环境执法力度加大。全市环境质量总体稳定，为杭州经济社会全面协调可持续发展和建设和谐社会作出了积极贡献。

1 月 28 日，市委、市政府召开全市计划生育国土资源环境保护工作会议，总结 2003 年环保工作，表彰先进集体和先进个人，部署 2004 年环保主要任务。省委常委、市委书记王国平到会讲话，市长茅临生与各区、县(市)长和市政府有关部门主要负责人签订 2004 年生态建设与环境保护目标责任书。市委常委会多次听取生态市建设、巩固“创模”等情况汇报，市政府常务会议、市长办公会议对生态市建设和环保工作多次进行专题研究，王国平书记和孙忠焕代市长对生态市建设和环保工作多次作出重要批示。市人大常委会专门组织三级人大联动执法检查，及时审议通过推进生态市建设决议、生态市建设规划和饮用水源保护条例。市政协组织专家对新安江水资源保护进行专题调研、检查，提出积极的建议和意见。

【地表水环境质量良好】 2004 年，全市地表水环境质量总体良好，但主要水系、饮用水源地与城市内河水体水质有一定程度下降。钱塘江流域污染类型仍为有机型，生活和农业面源为特征的污染突现。湖、库水质有所提高，富营养化趋势有所改善。千岛湖水质保持稳定，湖区有较强的自净能力，全湖总体呈贫营养水平；西湖水质指标总体有所提高，总磷和透明度指标好转较为明显，全湖为中度富营养状态；青山水库主要水质指标提高 1 个~3 个级别，富营养化程度大幅好转。市控以上断面功能区达标率比上年下降 9.4%，主要污染指标为氨氮、粪大肠

1 月 28 日，召开全市计划生育国土资源环境保护工作会议。

菌群、石油类、总磷和溶解氧。全市各饮用水源地水质总体为Ⅲ类或优于Ⅲ类，符合国家对城市饮用水源地水质考核要求。其中市区7个主要饮用水源地水质按项目（27项）计的水质达标率为93.5%。

全年工业废水排放量6.21亿吨，工业废水达标率为97%。工业废水中主要污染物排放总量：化学需氧量7.97万吨，氨氮0.29万吨，石油类250.96吨，氰化物3.48吨，一类污染物1.4吨。

【大气环境质量一般】 全市环境空气质量总体一般，其中市区空气污染较重，其余地区空气质量良好。全年市区城市环境空气质量达到Ⅰ级（优）、Ⅱ级（良）的天数为292天，与上年基本持平。空气中首要污染物为可吸入颗粒物，浓度略有下降。二氧化硫、二氧化氮均达国家空气质量二级标准。市区降尘年月均值为9.79吨/平方千米·月，比上年下降4.9%。酸雨污染较为严重，大部分地区处在重酸雨区。全市工业废气中，二氧化硫排放量为12.59万吨，烟尘排放量4.27万吨，粉尘排放量为10.87万吨。

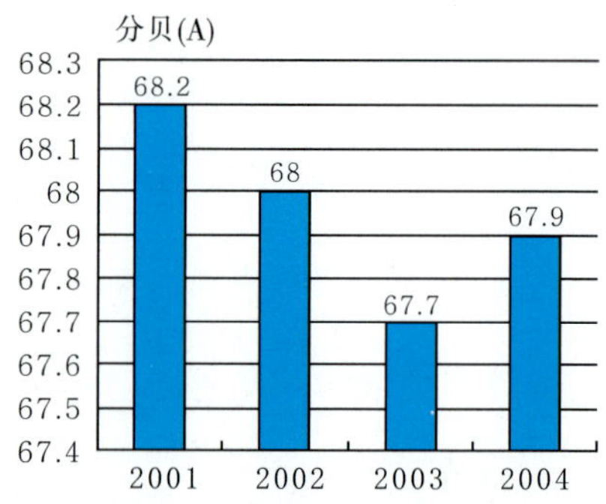

图5　2001年~2004年杭州市区道路交通噪声等效声级

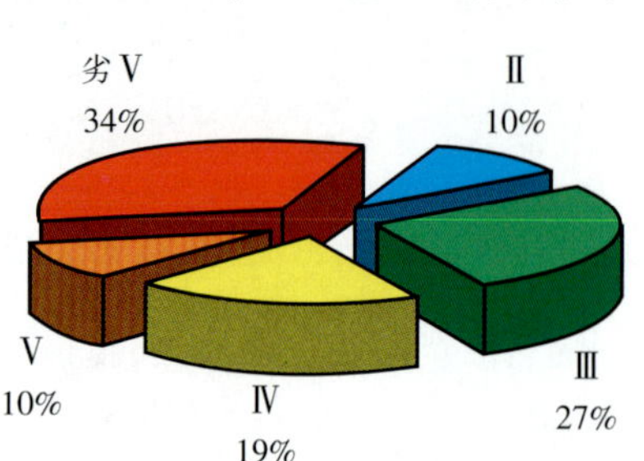

图3　2004年杭州市控以上断面水质各类别比例数

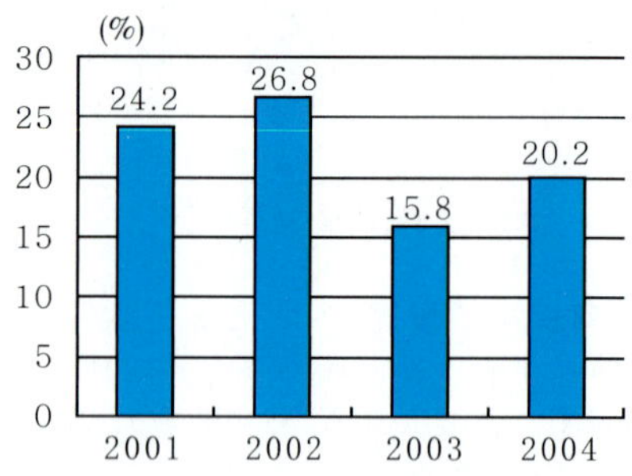

图6　2001年~2004年杭州市区道路交通噪声超标路段比例图

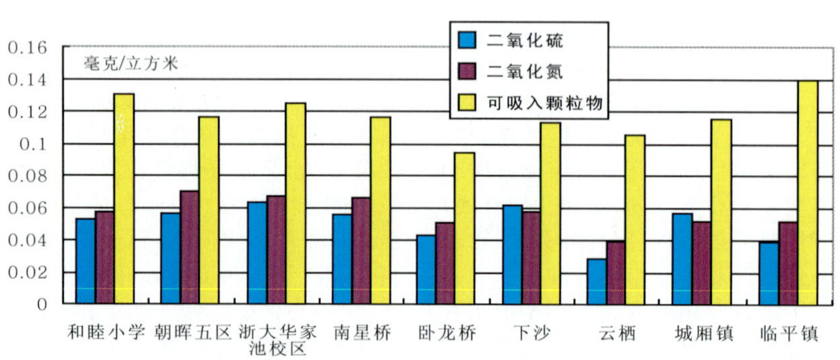

图4　2004年杭州市区各监测子站主要污染物浓度值比较图

贴沙河畔环境质量良好

【声环境质量有所改善】 市区声环境质量总体有所改善，区域环境和道路交通噪声得到一定程度控制，噪声污染程度处于较好至轻度污染之间。城区各类功能区与上年相比，除工业区噪声上升4.7分贝以外，其他各功能区普遍下降。市区区域环境噪声平均等效声级为55.6分贝，比上年下降0.1分贝；区域环境噪声质量评价结果为轻度污染，其中生活噪声所占比例为50.6%。各区、县（市）区域环境噪声升降互现。市区城市的道路交通噪声为67.9分贝，上升0.2分贝，道路交通噪声质量评价结果为较好。各区、县（市）中除了临安市、富阳市与上年基本持平外，其余均有较大幅度上升。

【重视自然生态环境建设】 杭州市重视自然保护区建设，自然保护区面积逐年扩大，档次不断提高。2004年建成2个市级森林公园，其中白云源—小源山森林公园位于桐庐县境内，总面积1000公顷，生物丰富多样，还有文化遗迹，具有一定的旅游和科研价值。王子山森林公园与千岛湖相邻，面积333公顷，森林公园内生物资源丰富，具有较高的保护和旅游价值。至年末，杭州自然保护区增至9个，自然保护区面积20.63万公顷，自然保护区占全市国土面积12.4%。

·生态市建设·

【颁布《生态市建设规划》】 2月，《杭州生态市建设规划》经市人大常委会批准颁布实施。该《规划》主要包括规划文本、《杭州生态市建设规划编制说明及重点工程项目》和《杭州生态市建设规划图集》3部分。其中规划文本分为5篇、共13个章节，主要包括总论、生态市建设基础、生态功能区划、重点建设领域及主要任务、能力建设与保障体系等。规划重点工程项目包括市计委立项的项目、市有关部门和县(市)社会经济发展及生态市建设的工程项目等。规划编制说明主要解释规划编制的过程、文本中的术语定义、编制中采取的技术方法、图件的制作说明等。规划图集是生态市建设规划的重要展现和补充，综合运用遥感技术、地理信息系统技术、生态系统评价技术等先进手段，充分反映规划文本的内容，形象直观、图文并茂。

根据《杭州生态市建设规划》，5县(市)及萧山区、余杭区全部完成生态县(市)、区建设规划的编制和专家论证，经同级人大常委会审议并颁布实施。其中《萧山生态区建设规划》由中国环境保护科学研究院编制完成。5个老城区、2个开发区、1个管委会也编制了生态建设规划(或行动方案)，经专家论证后提交同级人大常委会审议并颁布实施。

【出台《推进生态市建设若干意见》】 2月13日，市委、市政府出台《加快推进杭州生态市建设的若干意见》。该意见阐述推进生态市建设的重要意义，确定生态市建设的指导思想、基本原则、建设目标、推进步骤和总体布局，对发展生态经济、提高城乡环境品位、提升城乡人居环境和塑造和谐多样的生态文化等提出明确

表36 全国生态市建设指标

分类	序号	名称	单位	指标
经济发展	1	人均国内生产总值 经济发达地区 经济欠发达地区	元/人	 ≥33000 ≥25000
	2	年人均财政收入 经济发达地区 经济欠发达地区	%	 ≥5000 ≥3800
	3	农民年人均纯收入 经济发达地区 经济欠发达地区	元/人	 ≥11000 ≥8000
	4	城镇居民年人均可支配收入 经济发达地区 经济欠发达地区	元/人	 ≥24000 ≥18000
	5	第三产业占GDP比例	%	≥45
	6	单位GDP能耗	吨标煤/万元	≤1.4
	7	单位GDP水耗	立方米/万元	≤150
	8	应当实施清洁生产企业的比例 规模化企业通过ISO 14000认证比率	%	100 ≥20
环境保护	9	森林覆盖率 山区 丘陵区 平原地区	%	 ≥70 ≥40 ≥15
	10	受保护地区占国土面积比例	%	≥17
	11	退化土地恢复率	%	≥90
	12	城市空气质量 南方地区 北方地区	好于或等于2级标准的天数/年	 ≥330 ≥280
	13	城市水功能区水质达标率 近岸海域水环境质量达标率	%	100，且城市无超Ⅳ类水体
	14	主要污染物排放强度 二氧化硫 COD(化学需氧量)	千克/万元(GDP)	<5.0 <5.0 不超过国家主要污染物排放总量控制指标
	15	集中式饮用水源水质达标率 城镇生活污水集中处理率 工业用水重复率	%	100 ≥70 ≥50
	16	噪声达标区覆盖率	%	≥95
	17	城镇生活垃圾无害化处理率 工业固体废物处置利用率	%	100 ≥80 无危险废物排放
	18	城镇人均公共绿地面积	平方米/人	≥11
	19	旅游区环境达标率	%	100
社会进步	20	城市生命线系统完好率	%	≥80
	21	城市化水平	%	≥55
	22	城市燃气普及率	%	≥92
	23	采暖地区集中供热普及率	%	≥65
	24	恩格尔系数	%	<40
	25	基尼系数		0.3~0.4
	26	高等教育入学率	%	≥30
	27	环境保护宣传教育普及率	%	>85
	28	公众对环境的满意率	%	>90

要求。提出了生态市建设的推进机制和保障体系，包括建立健全生态市建设的政策法规体系、行政推进机制、多元化的投入机制、科技支撑体系以及社会宣传教育体系等。

【深化生态示范区建设】 2004 年，临安市巩固深化国家级生态示范区创建成果，出台《临安市生态建设工作指导意见》，修编《临安市生态建设规划》并通过省环保局评审。淳安县国家级生态示范区建设通过国家环保总局考核验收和命名。建德市开展全国第 7 批国家级生态示范区建设试点。桐庐县做好国家级生态示范区建设的前期准备。余杭生态示范区规划通过专家评审，进入实施阶段。全市有 98 个乡(镇)、村开展创建生态示范村镇，其中 95 个乡(镇)、村编制了生态建设规划。建德市乾潭镇被国家环境保护总局授予“全国环境优美镇”称号，淳安县临岐镇和建德市下包乡被命名为省级生态乡(镇)。至年末，全市被命名国家级生态示范区 2 个，国家环境优美乡镇 2 个，省、市级生态乡镇 10 个、生态村 13 个、生态农场 2 个，获得联合国环境规划署“环境保护全球 500 佳”称号的村 1 个。

·巩固“创模”成果·

【巩固“创模”通过技术核查】 2001 年，杭州市荣获国家环保模范城市称号。根据国家环保总局《巩固并深化国家环保模范城市创建工作的通知》精神，结合萧山、余杭两市调整为杭州市区的实际，全市坚持可持续发展和“环境立市”的战略目标，进行高起点规划、高标准建设、高强度投入、高效能管理，积极调整经济结构，大力发展以高新技术产业和旅游业为先导的大都市产业；加大环境保护和生态建设力度，“创模”后累计增加环保投入 186 亿元，用于实施“蓝天、碧水、绿色、清静”工程；巩固深化老城区“创模”成果，推进萧山、余杭两个新城区“创模”活动，全面启动杭州生态市建设。城市环境质量和环境面貌进一步改善，促进了杭州经济社会与环境的全面、协调和可持续发展。杭州市先后获得联合国“人居奖”、“国际花园城市”、“中国城市总体投资最佳城市”等称号，为迎接国家环保模范城市复检打下良好基础。5 月，杭州市区巩固“创模”通过国家环保总局技术核查。

【萧山、余杭区达到“创模”指标】 2004 年，萧山区成立区“创模”领导小组，细化“创模”任务，全面启动“创模”。全区形成区主要领导亲自抓、分管领导重点抓、指挥部具体抓的“创模”工作机制。重点加强环境基础设施建设，投资 1.98 亿元，扩建日处理能力 12 万吨的城市污水处理厂；投资 3 亿多元，新建 4 个工业污水处理厂，日处理能力 19 万吨；投资 300 万元，建成总容积 12 万立方米垃圾无害化处理填埋场。完成三江口货运和沙运码头的关停搬迁；对城区河道进行清淤、截污、驳坎、护岸、绿化，整治城区东、南入城口和农村河道，开展排污口整治和农业面源治理；加强固体废弃物和城区声环境的管理；大力推进城区园林绿化建设。

余杭区以可持续发展和“融入大都市、建设新余杭”、实现“三大跨越”发展战略为目标，坚持以“环境立区”和“工业兴区”并举的方针，积极调整经济结构，努力提高经济运行质量。全区投入环保资金 12.6 亿元，全面实施“蓝天、碧水、绿色、清静”工程，不断完善城区环境基础设施建设；加大城乡环境综合整治力度，全面启动生态区建设，加强“创模”宣传，全区干部群众对环保工作的满意度 89.1%以上。全区城乡垃

表 37 国家环境保护模范城市考核项目和指标

序号	分类	指标名称	标准
1	基本条件	城市环境综合整治定量考核名次	连续三年名列全国或全省前列
2		国家卫生城市	通过考核验收
3		环境保护投资指数	>1.5%
4	社会经济	人均 GDP	>1 万元(西部城市可选择市区人均 GDP>1.5 万元)
5		经济持续增长率(%)	高于全国平均增长水平
6		人口出生率(‰)	<国家计划指标
7		单位 GDP 能耗(吨标煤/万元)	<全国城市平均水平
8		单位 GDP 用水量(吨/万元)	<全国城市平均水平
9	环境质量	全年 API 指数<100 的天数占全年天数比例	>80%
10		集中式饮用水水源地水质达标率	>96%
11		城市水域功能区水质达标率	100%，且市内无劣 V 类水体
12		区域环境噪声平均值	<60 分贝(A)
13		交通干线噪声平均值	<70 分贝(A)
14	环境建设	自然保护区覆盖率	>5%
15		建成区绿化覆盖率	>35%(西部城市可选择人均园林绿地面积>全国平均水平)
16		城市生活污水集中处理率	>60%
17		工业废水排放达标率	>95%
18		城市气化率	>90%
19		城市集中供热率	>30%(只考核北方采暖城市)
20		生活垃圾无害化处理率	>80%
21		工业固体废物处置利用率	>70%，并无危险废物排放
22		烟尘控制区覆盖率	>90%
23		噪声达标区覆盖率	>60%
24	环境管理	城市环境管理目标责任制及创模规划	责任制落实到位，制定规划并分解实施
25		环境保护机构建制	独立
26		公众对城市环境的满意率	>80%
27		中小学环境教育普及率	>80%
28		总量控制计划	按期完成

圾无害化处理和“创绿”得到国家环保总局技术核查组的高度评价。

萧山、余杭两区通过努力，各项指标均达到或基本达到国家环境保护模范城市考核指标要求。5月，两区通过国家环保总局组织的“创模”技术核查。

·环境综合整治·

【开展大气污染综合整治】 4月，结合“创模”复检，市环保局会同有关部门开展大气污染第三阶段综合整治，重点抓好扬尘污染控制。全年查处违规拆房、建设工地近600个，提出限期整改160个，停工整改5个，查处违规渣土运输车辆3000余辆，改造渣土运输车700余辆。加强对钱潮建材股份有限公司、周浦水泥厂等水泥企业的监管，市区矿山均按计划关停；废弃矿山启动生态修复63个，完成治理8个。规范钱塘江北岸黄沙码头的管理，关闭无法达到整改要求的泊位20个，封闭沿江码头出入口6个，保留的码头全部安装了冲洗设施。改善市区道路清扫方式，主要道路夜间机械化普扫，白天全天候18小时巡回保洁；扩大主要道路洒水面积，洒水频次每天不少于4次，并采用高压冲洗车进行喷雾降尘。实施“禁燃区”工程，42个单位完成高污染燃料的炉、窑、灶改造任务。

抓好机动车尾气污染防治。年检机动车辆13.9万辆，达标率98%；路检车辆4780辆，达标率89%；控制新车污染，抽检杭州生产的新车1155辆，查处新车销售中的环境违法案件11件。更新改造公交车693辆，专项治理柴油发动机车辆尾气3825辆次，并开展“公交车辆尾气达标排放示范线路”活动。全年回收燃油助动车、残疾人专用车、正三轮摩托车和营业性人力三轮车（简称“四小车”）8660辆，其中回收燃油助动车6446辆。

强化对饮食服务单位油烟净化设施的长效管理。督促全市515个餐饮企业开展油烟污染整治，对运行中的油烟净化器进行随机抽检，抽检面20%至50%，抽检结果纳入排污许可证管理；对敏感区域餐饮业的许可严格审批，实行审批责任追究制；严禁在居民楼中新设餐饮企业。

5月12日，杭州市召开“创模”复检技术核查汇报会。

【实施水环境保护】 5月28日，《杭州市生活饮用水源保护条例》经省人大审议通过，8月1日正式实施。建立以分管副市长为组长、各相关部门负责人为成员的饮用水源保护工作领导小组和办公室，明确办公室成员单位职责；加强《杭州市生活饮用水源保护条例》宣传教育，及时通报分析全市饮用水源保护工作情况，对各部门和流域上游地区的区、县（市）提出饮用水源保护工作要求；对全市71个集中式供水的自来水厂取水口、水源保护区、周边污染源、水源地水质和水厂水质等情况进行全面调查；完成全市饮用水源保护区划方案调整和饮用水源地理信息系统建设；结合整治违法排污企业，开展饮用水源保护专项执法检查，严厉查处了对水源水质威胁较大的环境违法个案。

抓好市区河道引配水及清水河道建设，市区配水量增加，全年达28.4亿立方米，比上年增长7.2%。实施市区河道保洁长效管理，落实保洁河道479条，长1939千米，河道保洁率达96.6%。全年打捞河道垃圾、漂浮物、水草等12万吨，绝大多数河道保持清洁卫生。完成市区清水河道建设92.1千米，完成土石方204万立方米，绿化25万平方米。

实施“禁养区”工程，在禁养区、限养区削减生猪8.33万头，削减奶牛3684头，发放禁养补助资金1845万元。对全市限养区、非禁养区内80余个养殖场实施粪便综合利用，市级发放治理奖励资金405.3万元。

【钱塘江流域蓝藻防治】 7月23日，杭州市钱塘江流域富春江段暴发蓝藻，在下游一定区域形成了污染带，直接影响到全市饮用水源的安全。市委、市政府领导专题听取情况汇报并明确提出防治要求。市环保局根据专家分析，及时采取应对措施。加强钱塘江流域水质应急监测和杭州段的重点企业污染物排放监管，对流域饮用水源地、取水口情况严密监控；有关县（市）政府组织力量加大水葫芦及水面漂浮物的打捞力度；水利部门及时协调华东电网加大新安江水库下泄流量。采取上述措施有效遏制了蓝藻事态的发展，降低了钱塘江流域的污染程度。

【创建“绿色工程”】 全市深入开展“绿色学校”、“绿色社区”、“绿色工地”、“绿色医院”、“绿色家庭”、“绿色列车”、环境教育基地等“多绿”创建活动。各创建单位注重创建的内涵，提升创建的质量，在总体推进的基础上，重点培育精品亮点工程。到年末，全市建成国家级绿色学校4个，省级绿色学校53个，市级绿色学校102个，区、县（市）级绿色学校250个；省级绿色社区29个，市级绿色社区99个，区、县（市）级绿色社区180个；市级绿色工地104个；省级绿色医院5个，市级绿色医院34个，区、县（市）级绿色医院54个；市级绿色家庭 65 户；市级环境教育基地 9 个。

【加快环境基础设施建设】 杭州市加快环境基础设施建设。2004 年，七格污水处理厂一期工程通过竣工验收，杭州垃圾焚烧发电工程成功运行；七格污水处理厂二期工程、天子岭垃圾填埋场二期工程进展顺利。萧山区污水处理规模达到 24 万吨/日，污水处理厂 12 万吨/日扩建工程完成土建，6 万吨/日设备安装完毕并投入运行，100 万吨/日东片污水处理厂首期工程前完成期准备；萧山区垃圾焚烧发电工程完成土建。余杭区临平污水处理厂累计处理污水 3000 万吨。富阳坞岭垃圾卫生填埋场 200 万吨/日建设项目，完成 20%投资；八一污水处理厂完成 5000 万元投资，富阳污水处理厂二期投资 1.07 亿元，厂区投入试运行。临安市生活垃圾填埋场完工；临安市生活污水处理二期完成工程量 65%。桐庐富春江污水处理一期工程完工，日处理污水 2 万吨。

·环境管理执法·

【建设项目环境管理】 市环保局按照《环境影响评价法》等法律、法规和国家、省、市产业发展导向目录，认真做好建设项目审批管理和建设项目"三同时"跟踪管理、竣工验收。全年审批项目 10114 项，其中工业项目 5191 项，其他项目 4923 项；否决或建议重新选址项目 864 项，控制一批污染严重或与区域环境发展不相协调的项目；竣工验收项目 627 项；对 100 多个违反环保"三同时"的企业提出整改意见，对 20 多个企业进行行政处罚。建设项目环评执行率和环保竣工验收率均达到 100%。通过新项目建设及"以新带老"，削减化学需养量：798.6 吨/年、氨氮：423.8 吨/年、二氧化硫：1047.3 吨/年、烟尘(包括粉尘)：949.5 吨/年，有效控制了新污染源。

【加强危险固体废物监管】 根据《杭州市有害固体废物管理暂行办法》的规定，杭州实行危险废物集中代处置制度，全年办理工业危险废物交换、转移计划报批 441 份，医疗废物交换、转移计划报批 416 份。杭州大地环保有限公司工业危险废物收集 3309 吨，无害化处置 2445 吨，暂存或固化预处置累计 4 万余吨。杭州大地维康医疗环保有限公司医疗废物收集和无害化处置 7108 吨，收集点涵盖杭州市区及 5 县（市）各大、中型医疗机构。开展"杭州市历史遗留危险废物污染隐患调查"和"城市污水处理厂污泥处理方法"的课题调研。完成《杭州市危险废物安全填埋场建设工程初步设计》文本。该工程是国家在杭州建立固体废物处置示范工程之一，主要用于填埋一部分暂时无法处理和经处理利用后残余的危险废物。

【加强放射源监管】 4 月，全市开展清查放射源让百姓放心专项行动。共调查申报涉源单位 196 个，查实放射源 871 枚，其中在用源 746 枚、备用闲置源 90 枚、废源 35 枚。放射源涉及塑料、造纸、水泥、金属加工、医用装置、木材加工和探测仪器应用等各个领域。根据放射源及放射性废物的种类、数量及分布现状、部分废放射源存在的安全隐患，加强对放射源统一监管，对放射源生产、进出口、销售、使用、运输、贮存和处置等单位实行资格许可证制度和登记备案制度，并按统一规定，将每一枚放射源设置一个专用的"身份"编码，由环保部门录入放射源数据管理系统，通过编码，实行跟踪管理。

【推行清洁生产】 11 月，市政府出台《杭州市全面推行清洁生产实施办法》。全市进一步扩大清洁生产审核试点范围，在造纸、热电、食品、化工、印染等重点行业开展清洁生产审核，完成杭州小王子食品有限公司等 45 个企业的清洁生产审核。结合日常环境监察，督促实施清洁生产方案。开展环境审计工作试点，基本完成杭州华东制药厂等 3 个企业环境审计。开展省级绿色企业创建活动，杭州正大青春宝药业有限公司等 4 个企业被命名为第 2 批省级绿色企业，有 15 个企业申报第 3 批省级绿色企业。结合世界环境日、能源周等活动，在杭州绿网等媒体和杂志上介绍清洁生产技术和知识。组织区、县(市)环保、经济主管部门及有关高校科研院所参加国家清洁生产审核师的培训，提高管理部门和科研单位的管理和咨询水平。

【污染物总量控制城市试点通过验收】 根据国家环保总局《确定杭州市、唐山市为污染物排放总量控制试点城市的通知》和《试点城市污染物排放总量控制工作大纲》的要求，杭州市作为国家环保总局污染物排放总量控制试点城市，经过制定方案、组织相关人员培训、开展污染源排污情况核查等阶段，试点达到了预期目标：完成了全市污染物排放总量基数核准、地表水环境容量测算控制单元划分、大气环境容量测算控制区划分、排污控制点确定、容量测算模型选取、地表水和大气环境容量测算，制定总量控制政策和制度。4 月，杭州市环境容量测算成果通过国家环保总局、中国环境规划院、浙江省环保局的初评。7 月，杭州市地表水及大气环境容量测算成果通过国家环保总局的技术审核验收。

【进行环保执法检查】 5 月至 11 月，根据国家环保总局等 6 部委和省环保局等 7 厅局环境专项整治行动的统一部署，全市开展"整治违法排污企业保障群众健康" 环境专项行动。通过采取部门联动、上下互查的方式，对电镀、水泥、矿山、污水和垃圾处理以及畜禽养殖业等污染行业和污染区域进行全面检查。4 月至 7 月，省、市、县(市、区)三级人大联动，开展生态省建设和环境保护法执行情况检查，重点检查流域水环境污染问题。围绕环境专项整治，开展了建设项目环保 "三同时"检查、放射源清查等专项执法行动。全年出动环境监察人员 3.1 万人次，检查企业 2.1 万个，立案查处违法企业 1073 个，对 241 个污染严重的企业分别作出吊销许可证、停产停业或限期治理的处罚，累计罚没款 952 万元，打击了各类环境违法行为。

【办理环境信访投诉和议案提案】 市环保局通过 12345 市长专线、12369 环保投诉专线、局长信访接待日制度、信访处理网络、环保执法人员 24 小时值班制度等措施，及时受理群众环境投诉，查处环境违法行为。全年受理环境投诉 8956 件，接待群众来访 316 批 799 人次。开展环境违法行为公众有奖举报活动，全市受理群众有奖举报941件，查实处罚239个单位，处罚金额258.6万元，对178人次举报人共发奖金37.9万元。办理54件人大代表和政协委员议案提案。

【规范排污申报与收费】 按照依法、定额、全面征收排污费的要求，制订杭州市排污申报工作的相关要求，明确排污申报的范围和重点，对排污申报材料进行规范。全市有10868个单位实施排污申报，其中第一产业53个、第二产业5955个、第三产业4860个，涉及67个行业，有5245个单位申领排污许可证。对原使用的排污收费软件进行了修改、升级，新设计杭州市排污收费核定单。2004年，环保部门对全市10856个单位征收排污费1.15亿元，其中市本级征收排污费5518万元。

·环保产业与科研监测·

【加强环境监测】 全市设置环境监测站8个，建有环境空气自动监测站9个，地表水环境自动监测站6个，地表水监测点位市控以上40个。其中淳安县千岛湖空气自动监测站为全国第1个风景区内运行的监测站。全年获取常规监测数据81.48万个，向各级管理部门提供污水、废气、噪声、固体废物等监测报告2500余份，竣工验收监测报告60份，有奖举报监测报告56份，发送快报78份，编制综合分析报告16份，上报专题分析材料20余份，为环境管理决策提供了有力的技术支撑。全年通过向社会媒体发布空气质量日报和预报336期、太湖流域水质月报12期、饮用水源地水质公报12期、重点流域水质月报12期，让市民通过多种渠道了解身边的环境质量。加强应急监测，投入使用流动应急监测车，参加"0393-1"城市防空袭演习、"东海2004"连环爆炸反恐怖演习，并开展23起应急监测，出具74份监测快报、1万多个监测数据。

【开展环境保护科研】 制定《杭州市环保科研课题管理办法》，组织开展"引水工程对改善西湖水质和生态修复的作用"等3项环保课题和"发展循环经济与走新型产业化道路理论和实践的研究"等12项政策课题的研究；完成建国以来西湖重点研究课题中的"西湖生态环境变化研究"。"危险废物产污系数研究"和"杭州市水污染物总量分配技术研究"2个课题列入2004年度市科技局科技项目；完成"杭州市区大气中可吸入颗粒物污染特征及来源解析"和"杭州市区空气质量预报系统的研究和应用"等9个科研课题的验收。"杭州市区空气质量预报系统的研究和应用"获2004年度省环境保护科技进步一等奖；《飞灰和废大理石脱硫的传质—反应研究》获市第十一届自然科学优秀论文一等奖，《DOAS系统的质量保证与质量控制》、《杭州市大气总悬浮颗粒物中多环芳烃的HPLC分析》、《杭州西湖水体生态环境参数的相互关系》、《气相色谱法测定环境空气和废气中的2-丁酮和苯》4篇论文获自然科学优秀论文二等奖，《让绿色渗入社会的细胞》等13篇论文获自然科学优秀论文三等奖。

杭州举行"六五"世界环境日活动

【实施环保产业和ISO 14000标准认证】 2004年，杭州高新技术开发区（滨江）获国家环保总局批准的ISO 14000国家示范区称号；完成71个企业的ISO 14001环境管理体系咨询和26个企业的认证。杭州恒达环保实业有限公司"羽绒废水处理及综合利用技术"被列入中国环保产业协会2004年国家重点环境保护实用技术项目。杭州环保成套工程有限公司等5个单位获得国家环保总局颁发的环境污染防治工程专项设计资质证书；杭州市天子岭废弃物处理总场等4个单位获国家环保总局颁发的环保设施运营资质证书。

【开展环保宣传】 2004年，围绕迎接"国家环保模范城市"复检和生态市建设，加大环保宣传教育力度，开展"绿色环保行"活动，组织参观环境教育基地；举行"深化创模成果，建设生态杭州"暨"六五"世界环境日大型广场纪念活动；举办"迎创模复检，环保知识进万家"、"生态知识下乡"等15项环保活动，参与人数10多万人。在报纸、电视台、电台等媒体上发表新闻报道390篇（条），刊登7个专版文章，完成5个环保专题片的制作。举办20期环保培训班、50场生态知识讲座。编印巩固创建"国家环保模范城市"成果宣传折页、《为了绿色的家园》市民环保手册、"六五"世界环境日张贴画等宣传资料10多种近12万册。市区新设巩固"创模"公益广告40余块，社区设立固定式巩固"创模"公益广告150块。成立环保志愿服务总队，开展"保护母亲河"等5次环保主题活动。（莫水龙）

·西湖风景名胜综述·

【西湖风景区创出佳绩】 2004年，杭州西湖风景名胜区(以下简称为西湖风景区)管委会(市园文局)围绕市委、市政府战略举措，坚持以保护、管理、提高、完善为重点，在西湖保护、文物、绿化事业和名胜区社会发展等方面创出佳绩。

经济运行总体平稳。全年名胜区区级财政总收入1.87亿元，比上年增收1.07亿元；地方财政收入1.18亿元，增收7100万元；事业单位财务收入2.99亿元，增收1.02亿元。加强财政审计监督，清理历年基建项目32个，涉及金额4.52亿元。招商引资取得新成果，先后在日本、香港、上海、成都等地及全国旅游交易会上推介杭州景区商业网点，成功招商45组(个)，其中湖西景区完成总数的81.8%，已开业的西湖会所、杨公堤知味观等商家经营业绩显著。黄金周期间人气火爆，平常节假日期间热度不减。五一期间西湖风景区接待中外游客255万余人次，国庆长假接待304万人次，特别是西湖国际烟花大会取得成功，吸引80万人次观看，群众满意度列西湖博览会各项活动之首。据统计，全年西湖风景名胜区收费公园景点客流量1649万人次，增长22.9%；公园门票收入2.4亿元，增长40.6%。

社会发展事业形势喜人。西湖街道托管后，逐步理顺各项事务的关系，全年经济指标增长较快，实现企业总产值3亿元，地方财政收入1542万元；农村经济总收入5.5亿元，农业总产值3459万元，茶农人均年收入9978元。西湖龙井茶产量16.94万千克，贡牌西湖龙井茶被省农博会组委会评为金奖，成为"十大最受市民喜爱的品牌农产品"之一。梅家坞村、双峰村被授予省第2批"全面小康建设示范村"称号。4月，名胜区选派10名干部到西湖街道挂职。

文化宣传亮点纷呈。西湖风景区举办各类文化活动次数频繁、种类丰富、特色鲜明。召开风景名胜区保护与管理体制论坛大会，国内68个风景名胜区管理机构负责人参加，周干峙等6位著名专家被聘为西湖风景名胜区首批专家顾问，对加强名胜区保护管理具有深远意义；举办第三届"相约西子湖"文化活动，有50余位著名文学家、书画家、音乐家参与，规模影响超过历届，成为弘扬杭州和西湖文化的标志性项目。举行《西湖我的家乡》征文集发行仪式暨西湖美少年表彰大会。此外，由市园文局为主要投资方的40集电视连续剧《红顶商人——胡雪岩》顺利开机，"西湖实景"演出项目积极筹备；黄龙洞越剧团演员再获全国戏剧界最高荣誉"梅花奖"，成为全国"民间双梅第一剧团"；西湖龙井开茶节、梅家坞茶文化村特色街风采展等活动成功举办，扩大了西湖风景区的社会影响力。

【西湖新格局基本形成】 西湖风景区的湖西综合保护工程获2003年度全国十大建设科技成就奖，被专家赞誉为优化城市生态环境的典范。推进西湖综合保护等重点工程，国庆节前完成"一街二馆三园四墓五景点"等15景建设。中国茶叶博物馆、苏东坡纪念馆、云栖景区、仁寿山公园、龙泓洞景区、陈夔龙墓、龚佳育墓、梅家坞茶文化村(朱家里)二期整治工程、魏庐、玉岑诗社、留余山居、三台阁等景点完成恢复和整治，散落于西湖周边的历史景观重新生辉。西湖"东热南旺西幽北雅中靓"的新格局形成。各级领导和专家给予西湖综合保护工程高度评价，联合国世界遗产中心主任弗郎西斯·班德林、国际美学学会主席阿诺德·伯利恩特、国际古迹遗址理事会协调员尤嘎·尤基莱特，以及国内众多著名专家和学者在考察西湖景区之后，高度赞赏西湖综合保护所取得的巨大成就。万松书院二期、烟霞洞景点改造、长桥溪水生态公园等工程如期竣工，西湖博物馆工程完成土建和陈列设计招投标，灵隐景区农居保护整治、韩美林艺术馆等建设稳步推进。

【创建平安风景区】 8月1日，市政府颁布实施《杭州西湖风景名胜区管理条例》，修改完成《杭州西湖风景名胜区总体规划》报国家建设部审查。成立了景区管理巡查小组和专项整治工作组，对新开放景区进行不间断巡查，发现各类问题2739个，整改率为99%，整改完成率为90%。采取执法联动的管理模式，对景区内无证营运、兜售揽客等现象开展专项整治，全年处理各类违法案件1.63万起，拆除各类违章建筑1297处3.46万平方米。完成园林、游船、清洁卫生等工种1600余人的统一着装上岗及西湖游船改造任务。对西湖水域进行综合治理，全年引水1.2亿立方米，水质明显改善，平均透明度为60.1厘米，比上年增加10.7厘米，主要水质指标的总磷为0.084毫克/升，比上年下降

14.1%。西湖风景区截污纳管和水环境整治规划方案通过专家论证。西湖风景名胜区连续17年无森林火灾，被国家林业部评为2001年度~2003年度全国森林防火先进集体。创“平安景区”工作成效明显，西湖风景名胜区安装电子监控探头260余个，刑事案件发生率低，市民群众及游客有安全感，成为案件下降区。（王宏伟）

【实施《杭州西湖风景名胜区管理条例》】 根据国务院《风景名胜区管理暂行条例》、《浙江省风景名胜区管理条例》等法律法规，为加强西湖风景名胜区管理，严格保护和合理开发、利用风景名胜资源，制定《杭州西湖风景名胜区管理条例》，于8月起正式生效。该条例就保护西湖风景区内的风景名胜资源和风景区土地、自然景物、人文景物及其所处环境、地形地貌、园林绿化、林木植物、水体水源、文物遗址以及环境污染防治等内容作出具体规定。为使风景区实现可持续发展，达到保护风景名胜资源和生态环境的目的，规范了西湖风景名胜区的游览秩序、经营活动、车船、环境卫生、墓葬等日常管理内容。

【灵隐和花圃管理处合署办公】 名胜区所属杭州花圃和灵隐管理处合署办公，实行“两块牌子、一套班子”的管理体制，实现景区内资源共享。杨公堤景区建成开放后，杭州花圃成为免费开放景区，工作性质由原来以生产、科研为主转为以管理为主。合署办公整合了杭州花圃和灵隐管理处的独特资源，提高了景区管理效率，节约了2个单位的运行成本，顺应了风景名胜区统一保护和管理的总发展要求和趋势。（谯　晓）

【推动西湖申遗进程】 连续实施4年的西湖综合保护工程，使景区环境明显改善，城市文脉得以延续，西湖美誉度不断增加，杭州旅游形象和竞争力大幅提升，产生了巨大的生态效益、经济效益和社会效益，西湖向实现“申遗”的目标迈进了一大步。全年到杭考察的大型党政代表团档次高、区域广、批次多，总计接待507批1.1万人次。接待吴邦国、温家宝、黄菊、罗干、曾培炎、刘云山等党和国家领导人，李瑞环、乔石等老领导，国际古迹遗址理事会协调员尤嘎·尤基莱特等。到杭人士无不为西湖优美的生态环境所折服，认为实施西湖综合保护工程，目的为了更好地保护西湖，为杭州百姓造福。在防治非典工作中被誉为“勇敢斗士”的中国工程院院士、广州呼吸病研究所所长钟南山考察西湖后，欣然题写“绿色西湖，生态家园”8个字。

7月8日，国际古迹遗址理事会(ICOMOS)协调员尤嘎·尤基莱特先生受中国国际古迹遗址理事会的委托，对杭州西湖进行非正式考察。在美丽的西湖边，他由衷地说：“我一生都与自然打交道，之前我认为杭州西湖申报世界遗产可能不符合申报标准第一款，‘人与自然的共同杰作’。现在我完全打消了疑虑，这里的人类、昆虫、自然等已完全融合，西湖正是人与自然的完美杰作”。他认为西湖是一个潜在的世界遗产，西湖完全有望加入世界遗产名录，还对西湖龙井茶作为在西湖特殊地域和文化上产生的物质遗存而与西湖一起申报世界遗产表现出极大的兴趣，为“杭州西湖·龙井茶”申报世界文化景观遗产提出了建设性意见。

【征集西湖文献】 为更好地研究西湖、保护西湖，打响西湖牌，增强杭州西湖的竞争力和吸引力，西湖风景名胜区管委会成立西湖文献研究室，广泛征集西湖文献，向国内外发布征集信息。在园林文物系统内发起倡议，发动干部职工捐赠西湖文献、文物，收集整理各部门、单位有关西湖文献目录，征集购买有关西湖的图文资料；发动丁云川等热心市民捐献西湖文献资料；奔赴全国主要文物市场和文物商店寻找文献线索，从杭州、郑州、南京、苏州、绍兴、扬州、北京、湖北等地的收藏品市场征得《西湖梦寻》珍藏版邮资明信片、《西湖民间故事》、清代“西湖十景”印章碗碟等；从国内外图书馆检索到中、英版西湖文献1632种（册），查询到国内外有关西湖的书籍线索1500余种。全年共征集各类西湖文献2546件，所征文献品种丰富，价值珍贵。

【杭州西湖志愿者服务总队成立】 12月5日，西湖风景名胜区管委会和市志愿者工作指导中心联合成立杭州西湖志愿者服务总队，举行成立仪式，吸引全社会关心和爱护西湖，保护和了解西湖群山。西湖志愿者服务总队，整合护景使者、护绿使者、假日旅游志愿者、景区反扒志愿者、西湖山林管护志愿者等队伍，规范有效地宣传西湖、保护西湖。志愿者们从自己做起，从身边小事做起，宣传相关法规，用实际行动营造保护西湖风景资源，维护西湖景区秩序的氛围，创造良好的景区文明，保护景区自然景观和文物古迹。（何东玲）

【西湖风景名胜区获防火工作获先进】 5月，西湖风景名胜区被国家林业局评为2001年~2003年全国森林防火先进单位。西湖风景名胜区虽然森林面积占全省1‰不到，但地理位置重要，各级领导关注，森林防火工作重要。西湖风景名胜区战胜了近

北山街新景色

年持续干旱、野外用火增多等不利因素,扎实工作,防火工作成绩显著,实现连续17年无森林火灾,确保了西湖风景名胜区3800余公顷风景山林的安全。

【西湖风景名胜区安全度过大降雪】 12月28日,杭州各县市积雪普遍在3厘米~6厘米,西湖风景名胜区公园景点积雪最厚达10厘米,为1999年以来杭州经历的最大一次降雪过程。为做好景区内抗雪防冻工作,确保不发生重大损失和人身伤亡事故,将雪灾带来的可能损失减少到最低程度,区属各单位根据指挥部要求全力投入防冻抗雪工作,共安排值班抗雪人员1590人次,准备抗雪工具油锯30把、发电机36台、电锯37把、棕绳40卷、竹竿1000根、铁锹360把、柴刀160把、斧头35把、洋镐25把、吊车4辆、工具车45辆、工业盐150千克、手电筒120个、扫帚320把,共清理树木积雪1万余株,确保景区内市政道路及公园内的园道畅通,未发生重大事故和人身伤亡。 (倪志华)

【杭州西湖公园年卡在沪发售】 西湖风景名胜区管委会响应市委、市政府"接轨大上海,融入长三角"号召,方便和优惠上海市民游览杭州西湖风景名胜,在上海市中心的人民公园售票处旁设立"杭州西湖公园年卡上海发售票中心",于2004年元月开始至4月中旬,向上海市民发售杭州西湖公园年卡5243张。此举打破城市壁垒,让上海市民享受到杭州市民同城待遇,社会反响较强,得到上海市民好评。 (何东玲)

·风景名胜·

【北山街历史文化街区一期工程竣工】 年初,北山街历史文化街区保护一期工程启动,根据"保护、整治、完善、畅通"的方针,对北山历史建筑进行整治,修缮了穗庐、镜湖厅等历史文化景观。同时,通过实施以丰富林相色彩为目的的宝石山林相优化工程、体现"水墨江南"特色的北山街夜景灯光工程,以及对北山街、葛岭路、栖霞岭路道路两侧建筑立面及滨湖绿地进行系列整治,使北山街成为西湖风景区的一个精品亮点,成为以秀美山水为载体,以历史文化为灵魂,以近代建筑为骨架,集自然与人文景观为一体的历史文化街区,为西湖申报世界遗产创造了有利条件。工程于国庆节前竣工。

【杨公堤景区二期工程完成】 龙泓涧景区为杨公堤二期工程的核心,位于茅家埠南侧。该区域历史上曾为水阔草丰之地,吴越、宋时一度成为人们郊游和放牧场所。湖旁山坡,种植大面积的龙井茶,历代茶农在此耕作生息。新恢复的景区主要包括龙泓涧湿地、茅家埠湿地以及"农家乐"等,龙泓涧湿地和茅家埠湿地两块开阔的大水面在整个景区的中心。保留了原有茶园,新设置多处景观茅亭,在湿地水面中按水体标高设置若干堤岛,使整个水面曲折有致,一派休闲农庄风貌。通过扩大湿地和水面,种植大量乔木、亚乔木、灌木、地被、草坪及水生植物,使其成为环境幽静、风光旖旎的独特空间和游览点。

茶叶博物馆拆除围墙,打破原来封闭式的展区形式,使馆舍建筑与周围茶园、迂回蜿蜒的水系自然融合。重塑陆羽铜像,穿插雕塑小品,突出茶文化主题;设计叠水景观和园林小品,扩增室内外品茶场所和休闲设施;增强展览的科普性和趣味性。引进全国四大茶区100余种共400余株亚乔木茶树,建成具有浓郁茶乡特色的茶树品种园。

玉岑诗社参照西泠印社的做法,在岩石、挡墙、建筑、地面等以摩崖、立碑等手段广留诗句,让玉岑山成为一座诗山。该景点既是游人观赏湖山美景的绝佳景点,又因其洋溢着浓厚的历史文化气息,成为传承诗社余韵,展示和弘扬积淀丰厚的古代西湖诗词文化的场所。

三台阁位于三台山顶,为登高望远的好去处,恢复后的三台阁建筑面积266平方米,高19.5米,为二层八角重檐阁建筑。同时,修复完成上山游步行道,道路与龙泓涧中的中国茶叶博物馆、外鸡笼龙井茶村及南高峰等景点相连,成为湖西景区"登山兼可观湖,游湖又可赏山"的游览地。

【梅家坞茶文化村二期工程建设】 朱家里是梅家坞茶文化村二期整治工程的主要区域,位于梅家坞老村梅灵路以东,面积约6.84万平方米。上半年,对朱家里沿梅灵路两侧纵深地带的农居进行整治,沟通道路930米,整治溪沟665米,迁建农居16户,对沿路两侧农居110户进行立面整治。沿路各类管线统一落地接入,新增部分公建设施,沿路两侧部分农居也进行了整治。同时,增加入口绿地、溪畔花园、古井广场、中心花园、竹园等休闲游赏景点,对传说中清乾隆帝曾经到过的农宅古建筑进行修复。整治后的朱家里面貌一新,依托"十里梅坞"的自然环境,成为梅家坞茶文化村的旅游新亮点。

【北山街夜景亮灯工程】 该工程是市政府亮灯重点工程之一。6月起,名胜区在市亮灯办、电力局及各施工单位及监理单位的支持下,克服高温、缺电、山体施工难度大等困难,抓质量,抢进度,加快实施该项工程,经过多次现场研究和专家审评,于年底前完工。工程按照中国园林"步移景异"的原理设计,借鉴中国传统山水画手法,对灯光进行明、暗、亮、淡等处理,在长6000米,面积为3平方千米的范围内安装各类照明灯具1.3万套,基本达到"水墨江南"的效果。大规模山林亮灯,为杭州打造西湖夜游品牌打下良好基础。 (王宏伟)

【西湖引水】 按照"整治、引水、美化、造景"8字方针,名胜区实施西湖综合保护工程,明显改善环湖地区"脏、乱、差"和环境污染严重的状况。引水是关键,在用足现有山水资源的基础上,着重做好从钱塘江引水,经过沉淀和预处理,每天把45万吨透明度1.2米的江水引入西湖。引配水工程每年向西湖供水量达1.2亿立方米,实现西湖水每月一换的目标。西湖已有7个入水口和9个出水口。处理过的水进入小南湖、外湖和杨公堤西侧水域,消除了以往引配水死角。从西湖出水口流出的水经过雨水管道进入城市河道,增加城市河道的配水量,改善了城市河道水质,做到一水多用,一管多用。同时,完善环湖周边的基础设施,实施单位住户截污纳管,在杨公堤景区种植水生植物66个品种100余万株,增强水体自净能力。拓展西湖水面,恢复茅家埠等水面70公顷,并与外湖相沟通,恢复了300年前的西湖充满野趣的自然生态环境。

·保护管理·

【湖西农居保护与整治】 全年整治湖西农居违章建筑4200平方米，围墙2100米；完成污水、给水、电力、电信、有线电视、管道煤气铺设总长度60.3千米；整治农居130户和单位办公楼5幢，总面积4.17亿平方米；完成路面铺装6650米，新建和修复桥梁10座；绿化1.2万平方米，清除建筑垃圾和陈年堆积生活垃圾2万余立方米。整治后的湖西，体现"闲趣、逸趣、野趣、幽趣"意境，营造出优美和谐的农村生态环境。湖西农居整治走出了"民办公助"的新路子，有关村集体和个人共投入资金近1000万元，得到市委、市政府的高度评价。

梅家坞茶文化村二期工程在对梅家坞老村朱家里整治中，共拆除各类违章建筑2562平方米及围墙572.6米；沟通青石板主道路930米，整治溪沟665米；迁建农户16户，立面整治农居110户，所有架空线全部落地；新增入口绿地、溪畔花园等景点。梅家坞融绵绵青山、潺潺溪涧、蓬勃茶园、古朴民居于一体，以茶文化为主题的崭新休闲特色街区展现于世。

【改造西湖游船】 2004年，西湖游船进行第四次改造，首批12条新电瓶船、20条新手划船于五一节投入使用；第2批34艘新电瓶船、81条手划船于国庆节前改造后运营。新船外形与新西湖景观相协调，与航道相协调，设计更合理、更人性化，体现了游船的舒适性、文化性、安全性。为方便游客上下船改原先横停式为直停式；为确保舒适性，新船座位设计成一人一座，配有扶手、茶几，便于游客观光赏景；舱内配备冷暖空调，船中央过道贯通舱内，给游客以活动空间。名胜区还对码头设施进行更新改造，使之与新西湖景观相和谐。

【举办风景名胜区保护与管理体制论坛】 12月27日~29日，名胜区召开风景名胜区保护与管理体制论坛大会，邀请全国各地68个风景名胜区管理机构领导及多方专家学者参加，会议以对西湖保护管理情况的实地考察和论坛交流等形式，通过西湖风景名胜区管委会成立两年来的情况总结和分析，研究和探讨国家风景名胜区保护管理的现状与未来，摸索符合中国国情的风景名胜区保护与管理体制之路。 （谯　晓）

举办风景名胜区保护与管理体制论坛

【风景区管理见成效】 从2002年至2004年，西湖风景区整治和新增的全开放式免费公园景点面积共846公顷，西湖水域面积新增80公顷。3年内增加如此大面积、大范围的开放式景区，是西湖风景区历史上从未有过的，也使得景区管理面临空前的压力。为此，名胜区切实加强管理，组建景区巡查队伍，对景区园容园貌、园林绿化、商业服务等10个方面内容进行动态巡查、督查。整合资源，联动管理。形成以景区行政执法队伍为主体，景区公安力量为依托，风景园林管理队伍为基础，对沿湖开放景区24小时全天候管理的工作模式。成立市政市容、园林养护、行政执法三支快速反应队伍；建立管理工作联席会议制度；完善考核制度，将景区长效管理工作列入基层单位年终考核目标，实行一票否决制。对西湖风景名胜区的管理工作，许多外国首脑、旅游界专业人士给予肯定。南非开普敦市议长盖文·普尔斯游览杨公堤、新湖滨等景区后称赞："这么大面积的开放式公园，管理工作如此井然有序，真是不可思议。" （倪志华）

▶▶资料：

2004年度杭州市最佳公园（景区）： 郭庄　华浙公园

2004年度杭州市优胜公园（景区）： 六和塔公园　万松书院　滨江市民广场　武林广场

2004年度杭州市最佳道路绿化： 江南大道　市心北路　省府路

2004年度杭州市最佳河道绿化： 永久河　贴沙河（上城段）　运河（濮家段）

2004年度杭州市最佳社区绿化： 泰和社区　京都苑社区　桂花城

【开展农家茶楼经营户培训】 3月8日~12日，西湖风景名胜区分两批在中国茶叶博物馆举办农家茶楼经营户业务培训，160余个茶楼经营户参加。旨在加强西湖风景名胜区内"景中村"综合管理，规范和提高梅家坞茶文化村的农家茶楼经营与服务，维护景区形象和提升旅游休闲观光品牌。通过培训，经营户们受到全面系统的教育，增长各类专业知识，转变服务观念，增强了服务意识。

（徐　平）

【风景区实行多渠道招商】 2004年，西湖风景名胜区通过在杭州、上海、成都、香港等地召开招商工作新闻发布和招商推介会等形式，加大景区商业网点宣传力度，引进有实力、有品牌、有经营理念的商家参与景区经营，对老景点的部分商业网点，面向社会公开拍卖。至年末，景区内商业网点有45处(组)成功对外招商和拍卖，总面积为3.03万平方米，包括杨公堤景区18处（含西湖街道4处），招商面积2.38万平方米；原有商业网点27个，面积6592平方米。其中红栎山庄、荷香酒溢、金庸茶馆、流金吧、鸽鹊轩、赵公堤卧龙居、上茅家埠组团千家伴超市等已开张营业，为游客提供了便利，为景区聚积了人气。

【上海商团考察西湖风景区招商网点】 借助上海国际大都市及其辐射力，全面展示新杭州、新西湖形象，全方位、宽领域、高起点接轨上海，杭州西湖风景名胜区与市政府经济合作办公室、市政府驻沪办事处共同举办“考察新西湖、共建新天堂”招商活动。5月17日~18日，来自上海的餐饮界和日资商界知名人士和企业代表40余人到杭考察，重点对名胜区杨公堤景区的赵公堤组团、茅家埠组团、三台梦迹等商业网点进行实地考察。通过考察和参加招商恳谈会，上海商家对推出的商业组团硬件设施和周边环境表示赞赏，普遍看好景区商业网点的投资前景。

·展览活动·

【西湖国际烟花大会圆满成功】 2004年西湖国际烟花大会于10月17日晚在西湖水面上空献演，烟花让西湖在瞬间成为流光溢彩、激情四射的缤纷世界，沿湖各观赏区74.2万人次观看。为确保西湖国际烟花大会顺利举办，西湖风景名胜区多次召开专题会议，及时制订管理方案，周密部署，落实责任。烟花大会当天，抽调所属单位管理人员2273人投入景区管理工作，搭建沿湖、护绿钢管2.7万米，对重点观赏地段加强安全措施，保障游客人身安全。烟花大会结束后，组织力量全部投入环境清扫，连夜抢修受损园林设施并完成景区卫生清理，保持景区良好环境。烟花大会期间，西湖景区游览环境文明、安全、整洁、有序，无事故发生。（何东玲）

【举办“相约西子湖·文人西湖”活动】 10月11日~13日，“相约西子湖·文人西湖”活动在杭举办。来自全国各地的50余位著名作家、诗人、书画家和音乐家汇聚杭州。该活动打造全新的人文景观，加深文化名人与西湖的情结，成为杭州市著名文化活动品牌。“文人西湖”旨在通过诗、文、书、画、音乐的形式，向社会展示和介绍西湖新景区、新亮点，反映西湖新貌，歌颂西湖综合保护成就。应邀赴约的中国文化名人在西子湖畔举行纪念地揭碑仪式，进行现场签名售书。活动还采取文人雅集的形式，一边泛舟西湖，一边进行现场创作，并组织参观西湖湖西景区和北山街历史文化街区，围绕西湖文化建设举行“文学与美术”学术研讨会。（倪志华）

【“东方雅韵——中华茶文化展”在巴黎举行】 6月24日，“第一届茶文化周”作为中国文化年交流项目之一在巴黎开幕，法国茶界人士、侨界代表、文化与新闻界人士、中国大使馆官员共300余人出席开幕式。中国茶叶博物馆副馆长王建荣、《茶博览》杂志执行主编阮浩耕应邀赴法参加茶文化周活动。

茶文化周的重头戏，中国茶叶博物馆的“东方雅韵——中华茶文化展”在巴黎的中国文化中心举行。展览以文字、图片、实物向法国公众介绍“中国茶”的历史、加工与分类、茶艺、茶具、茶与健康等，使法国友人对中华茶文化的悠久历史产生了浓厚兴趣。（徐　平）

【黄龙越剧团成为全国民间双梅花奖剧团】 西湖风景名胜区岳庙管理处的黄龙越剧团作为民间职业剧团，围绕市委、市政府“创历史文化名城，大力发展文化产业”方针，通过各级领导的关怀和全体演职员努力取得可喜成绩。继孟科娟于2000年获中国戏曲十七届梅花奖后，2004年黄龙越剧团演员王杭娟获第二十一届梅花奖，使剧团成为全国民间双梅花奖剧团，被市委宣传部评为“文艺突出贡献奖”。剧团通过参加央视节目录制、参与专业大赛、赴日本和美国演出等形式，提高了知名度。黄龙越剧团参与杭州市“双建设、双整治”活动，发挥剧团文艺宣传作用，在市委宣传部、市文明办支持下，按照“三贴近”要求，排演老百姓身边的故事，把“双建设、双整治”活动精神通过百姓喜闻乐见的文艺形式送到千家万户。7月下旬至8月末，黄龙越剧团行程3000余千米，克服场地窄小、设施简陋等困难，先后为杭州7个区和7个县的21个村镇、街道演出22场，观众达5万人次，受到当地政府和百姓的欢迎，为杭州创建全国文明城市作出了贡献。（何东玲）

【举办“走进青青梅家坞”纳凉晚会】 7月23日，名胜区主办的“走进青青梅家坞——《杭州西湖风景名胜区管理条例》宣传进村（社）主题纳凉晚会”开演。梅家坞等村（社）的近400名村（居）民和市区其他街道的120名社区干部、30余名护景使者参加晚会，观看演出。演出场地四周为《杭州西湖风景名胜区管理条例》展板和宣传横幅，每个进场观众可拿到以卡通图样为主的《杭州西湖风景名胜区管理条例宣传手册》、《杭州西湖风景名胜区景中村管理办法》等资料。晚会上舞蹈、小品、口技，快板等节目赢得阵阵叫好声。特别是村民自排自演的腰鼓舞、采茶舞让村（居）民兴奋不已。引得台上台下互动，有关《杭州西湖风景名胜区管理条例》的有奖问答，使台下观众纷纷抢答，《杭州西湖风景名胜区管理条例》宣传渗进了村（居）民心中。（谯　晓）

【确立《走进西子湖》文化校本课程】 杭州西子湖小学结合国家新课程标准的实施，在挖掘西湖风景名胜区得天独厚的地理环境优势、管理优势以及丰富的西湖人文资源基础上，确立“走进西子湖——西湖风景名胜文化校本课程的构建与实施”的研究主课题，得到各级党政领导及教育专家关心和指导。第一学段校本教材《欢欢教儿歌》已投入试用，部分内容被翻译成英文，由省音乐家协会将儿歌转化为歌曲；第二学段校本教材《欢欢游西湖》、第三学段校本教材《欢欢知西湖》完成初编，取得阶段性成果。5月19日，中央电视台第三、第四频道“早新闻”节目及《中国少年报》头版播出和刊登有关西子湖小学校本课程开发的内容。（倪志华）

龙泓洞

夏日荷花

魏 庐

杭州西湖风景名胜区管理委员会
杭州市园林文物局

名胜区党委书记、管委会主任(市园文局局长):张建庭

杭州西湖风景名胜区管理委员会于2001年12月正式挂牌成立,2002年9月,市委、市政府进行了"三区"管理体制调整,将西湖风景区范围内的街、村、社交由杭州西湖风景名胜区管委会托管。杭州西湖风景名胜区管委会与杭州市园林文物局实现"一套班子、两块牌子","条块结合,以块为主"的管理模式,代表市政府正式对西湖风景区实施统一管理,履行风景区保护、利用、规划、建设的职能。

自2002年以来,杭州西湖风景名胜区管委会严格遵循风景区"科学规划、严格保护、统一管理、永续利用"的原则,借体制优势,全力推进西湖综合保护工程和风景区的管理工作,在风景区的"保护、管理、经营、研究"上取得了显著成效,确保了西湖风景名胜区经济、社会和环境协调发展。从2002年的西湖南线整合工程、2003年的杨公堤景区、新湖滨景区、梅家坞茶文化村"三大景区"建设工程到2004年的西湖15景建设,使风景区面貌发生了深刻变化,西湖"一湖两塔三岛三堤"的世纪全景之梦得以基本实现。通过几年努力,西湖风景区环境得到明显改善,杭州的旅游形象和城市品位、竞争力得到大幅提升,产生了巨大的生态效益、经济效益和社会效益,西湖向实现"世遗"的目标扎实迈进了一大步。

杭州西湖风景名胜区是国务院首批公布的国家级风景名胜区之一,总面积60.04平方千米,其中湖面6.5平方千米、山林38.18平方千米。目前对外开放的风景旅游点达100处,年接待入境游客120多万人次,国内游客2000多万人次。

新西湖全景图

杭州市西湖游船有限公司

HANGZHOU SHI XIHU YOUCHUAN YOU XIAN GONG SI

仿宋御舟——兰拽

杭州市西湖游船有限公司是为中外游客游览西湖提供游船服务的专业公司。目前,公司拥有南宋风情的画舫彩船,清代款式的手划船,任君"徜徉"的自划船,供情侣嬉游的自开船,情趣各异体现时代风貌的各类电瓶船、游艇,以及集游览、观光、休闲、品茗、居家旅游为一体的休闲娱乐船等经营性船只370余艘(条)。其中高档游船有富丽华贵的仿宋御舟"兰拽号"画舫、皇家气派的龙舟"荃桡号"画舫以及"宝石号"豪华游乐艇。

为方便游客游览西湖,该公司在沿湖一公园、二公园、五公园、六公园、少年宫、断桥、中山公园、岳庙、花港观鱼、钱王祠等处设立游船码头和售票亭,配备有各类游船,竭诚恭候中外游客光临!

皇家气派的龙舟

豪华游乐艇

清代款式手划船

·文物综述·

【加强历史文化名城保护】2004年，杭州文物工作坚持"保护为主，抢救第一，合理利用，加强管理"的方针，探索文物事业发展新思路。

坚持"应保尽保"的原则，加强历史文化名城保护工作。扩大历史文化遗产保护的广度和深度，确立历史建筑保护新理念，建立完善的分级保护体系。

颁布第1批75处历史建筑保护名单和《杭州市历史文化街区和历史建筑保护办法》，率先将未列入文物保护单位和文物保护点的历史建筑纳入保护名录并立法保护，标志着杭州历史文化遗产保护体系建立。

公布、申报文物保护单位和文物保护点，提升文物资源规格。完成13处第6批全国重点文物保护单位推荐申报文本的编制，使杭州成为全省申报国家级数量最多的城市。在全面调查、评估基础上，核定公布了第2批共200处文物保护点，西湖三堤被列为市级文物保护单位。

完成大量历史文化遗产保护方案及规划编制。广受关注的良渚遗址保护总体规划编制出台，并经过专家论证；南宋皇城遗址保护规划开始编制；八卦田遗址的保护规划出台并通过专家论证。严官巷南宋三省六部遗址、南宋杨皇后宅遗址、临安府遗址等考古遗址的保护展示方案相继编制完成。六和塔壁画保护方案经专家论证，日趋完善。

深化、细化历史文化名城保护规划。《杭州市历史文化名城保护规划实施办法》修改完善。全市10个历史文化街区和13处拟保历史地段的保护规划编制完成，进入论证阶段。历史建筑保护图则基本编制完成。按时完成第5批全国重点文物保护单位"四有"档案。

加强文物管理工作。全市文物巡查将日常巡查与定期全面巡查有机结合，加大巡查深度和频率，有效遏制文物的自然损坏和人为破坏情况的发生。举办市首期文物行政执法培训班，提高文物行政执法人员素质。同时，各区的文物机构经过近两年的实践和磨合，得到完善。

加大文物保护抢救力度，南宋都城遗址考古和跨湖桥遗址保护取得重大进展，文物保护与城市建设的关系得到妥善处理。从2004年开始，杭州市拨出固定的历史文化名城保护经费，每年不少于1.3亿元。文物经费的大幅度增加为文物保护抢救工作提供了资金保障，确保了文物保护抢救工作的开展。

历史文化街区保护取得进展，其中北山街历史文化街区保护一期工程按时竣工，成为杭州历史文化街区保护与复兴工程的范例。飞来峰造像保护作为省石质文物保护里程碑，一期工程方案经专家论证和上级文物部门批准，进入施工招投标阶段。国内领先的飞来峰造像计算机信息采集系统通过验收。跨湖桥遗址被正式命名为"跨湖桥文化"，成为浙江最早的史前文化。号称"世界第一舟"的跨湖桥遗址独木舟基本确定了科技保护方案。跨湖桥遗址的整体保护将结合湘湖地区开发，建设遗址博物馆和遗址公园。高家花园、萧山江寺维修竣工，汪宅、梁宅等文物建筑进入维修阶段。余杭水城门迁移保护工程竣工并通过验收。龚佳育墓周边环境得到整治，开辟成人文景观。各县(市)一批文物保护单位得到修缮。

开展博物馆达标竞赛活动，促进各博物馆不断自我完善，提高博物馆整体水平。全市首次采用明查与暗访结合的方式对市属博物馆进行考评，不遮丑，不护短，对发现的问题及时曝光并督促整改。在全国率先引进社会各方面对杭州各博物馆进行考评，博物馆综合考评体系得到完善。促进了杭州博物馆事业的软硬件建设。

年初，位于西湖西线茅家埠的都锦生故居对外开放。中国第1座湖泊类专题博物馆——西湖博物馆筹建工作有序进行，至年末，土建主体工程基本完成，陈列设计完成招标，并向社会征集到各类西湖出土文物和西湖文献2000余件。运河文化博物馆进入陈列和布展。桐庐县博物馆年内开放。萧山博物馆(印纹陶博物馆)进入筹建阶段。

投资1000余万元的中国茶叶博物馆环境整合工程于国庆节竣工开放，改善博物馆环境，使杭州博物馆走向休闲化、多元化。南宋官窑博物馆二期征地工作完成，扩展了博物馆的外延和内涵。苏东坡纪念馆经全面改造后，环境美化，陈列更富知识性和可看性。举办了全市文博系统讲解员培训班，并派员参加全国、省讲解员比赛，取得了佳绩。

推进文博理论研究和宣传。编辑出版了《杭州的古建筑》、《胡雪岩故居》、《北山街》、《南宋官窑研究论文集》等文博书籍。杭州文博专业刊物《杭州文博》出版。

结合国际博物馆日和西湖文献征集活动，举办了集文艺演出、图版展示、有奖竞猜、收藏鉴定等于一体的大型广场宣传活动，取得良好效果。

【考古发掘新发现】 杭州市妥善处理好城市建设与文物保护的关系。配合万松岭隧道工程的严官巷考古发掘，发现做工考究、保存完好的南宋皇城三省六部及御道遗址，引起上级文物主管部门的高度关注。为处理好保护与建设的关系，不惜损失巨额经费和道路延期竣工，修改原定道路方案，确保遗址得到有效保护和展示。同时，由国家及省、市考古部门联合组建的南宋临安城考古队重新恢复工作，对南宋皇城遗址进行全方位考古勘探调查，基本摸清了皇城四至范围。配合杭千高速公路工程进行考古发掘，桐庐段发现省内迄今规模最大、做工考究的南宋墓葬，为研究南宋葬俗及文化提供了珍贵的实物资料。

（卓　军）

▶▶资料：第2批杭州市文物保护点

清·法喜寺
清·法净寺
清·法镜寺
民国·续范亭题刻
清·蕉石鸣琴题刻
清·曲院风荷碑
唐·青衣洞摩崖题刻
民国·净慈寺
明·三茅观遗址摩崖石刻
民国·林社
民国·吴山弥勒造像
清·张曜墓
南宋·南观音洞造像
民国·云亭
民国·夏朋烈士墓
清·栖云寺碑刻
清·黄机墓碑
清·紫云洞摩崖题刻
民国·陈布雷墓
宋·满觉陇造像
清·苏堤春晓碑
民国·蒋经国旧居
民国·秋水山庄
民国·静逸别墅
清·智果寺旧址
民国·坚匏别墅
清·毓秀桥
清·通利桥
明 清·玉涧桥
清·永福桥
民国·浙赣铁路局旧址
五代·钱王井
清·陈宅
清·穆桥头桥
清·环龙桥
民国·大港桥
民国·望月桥
清·永兴桥
清·佛友桥
清·贝家桥
清·缘壖桥
明·兴福桥
清·溥济桥
清·风水洞摩崖题记
南宋·朱熹昙山题刻
清·四季青碑亭
明·芙竹山桥
清·古资福桥
清·屋子桥
民国·长河农民协会旧址
西周·塘子堰遗址
宋·盛度墓
清·吴道台宅院
清·长福桥
明·运盐司井
近代·“超峰”题刻
明 清·水北明清一条街
汉·坑门水库窑址
清·萌山庙
明 清·八字桥檐廊一角
清·众善桥
宋·九度岭关隘
宋·官井
清·大堰桥
东晋·大陆果园窑址
清·船桥
明·“喝石”题刻
宋·瓶窑窑山窑址
近代·程全昭墓
现代·双溪抗日阵亡将士纪念碑
民国·大麓寺铁钟
明 清·龙兴桥
清·部伍桥
唐·杭宣古道
明·折桂桥
唐·塘栖郭璞井
五代·香泉井
宋·庙井
明·方井
清·栖溪讲舍碑
清·苎山桥
南北朝·宝轮寺井
清·太师第弄
清·明伦堂碑
明·虎岩石刻
明·寡山摩崖题刻
清·朱家台门
清·石云庵碑记
清·余杭县肇建启圣祠碑
清·塘栖乾隆御碑
民国·余杭县公署文碑
清·上环桥
现代·余杭革命烈士纪念碑
现代·中共鸭兰村支部旧址
现代·横湖抗日阵亡将士纪念碑
现代·新四军随军被服厂旧址
现代·宝塔山烈士墓
清·杨乃武墓
清·慧定法师墓塔
清·市心桥
清·仓桥
清·永兴桥
明·东旸桥
清·惠济桥
新石器时代·跨湖桥遗址
清·东岳庙
清·文昌桥
清·顺昌堂门楼
清·永恩堂
清·曹氏宗祠
清·戴家桥及螺峰亭
明·“甲科济美”坊
明·思家桥及河沿
民国·富一山庄
清·衙前老街
清·古毕公桥
清·八字桥及官河沿
清·乐善桥
清·杨公桥
清·会龙桥
明·张抚墓石雕群
清·东岳行宫
清 民国·陈家墙门群
清·王村戏台
现代·大爿山碉堡群
清·玉泉堂
新石器时代·茅草山遗址
现代·凤凰山农协墓葬群(沈定一墓旧址、沈仲清墓、陆元屿墓)
清·永恩堂
新石器时代·眠犬山遗址
清·灵山寺

新石器时代·傅家山遗址
清·前坛庙
清·古凤仪桥
清·合莫堂
清·黄伯夫墓
清 民国·黄宅
清 民国·韩氏宗祠
现代·蔡东藩故居
清·来苏周大墙门
清 民国·娄家墙门
东汉·孔湖窑址
春秋战国·金鸡山窑址
春秋战国·沿池山窑址
春秋战国·后山窑址
春秋战国·火草山窑址
春秋战国·馒头山窑址
春秋战国·尖湾窑址
春秋战国·陈村湾窑址
春秋战国·西山窑址
春秋战国·牛面山窑址
春秋战国·太公堂窑址
春秋战国·前山窑址
春秋战国·唐子山窑址
春秋战国·树牛寺窑址
东汉·茶叶山窑址
新石器时代·乌龟山遗址
民国·欢潭
明·大岩寺
春秋战国·大坟山窑址
春秋战国·梅园窑址
春秋战国·安山窑址
春秋战国·后山窑址
清 民国·欢潭老街
清·天王殿
清·风水庵
明·平阳宗祠
清·奉恩堂
清·汤氏宗祠
清·华家祠堂
清·茶亭伤科
现代·郑振庭烈士墓
清·云门寺
清·东吴桥
清·响石桥
晋·石盖窑址
清·金氏宗祠
清·织履庵
清·玉泉堂
近代·楼英祠堂
明·楼英墓
清·岩将老太墓
现代·蒋英武烈士墓
清·沈氏祠堂及碑记四通
清·锁秀桥
清·益秀桥
清·通济(东升)桥
清·渔庄第一桥
清·同泰当
清·东蓍草庵
清·地藏寺舍利塔
民国·中山林
清·周家祠堂
明至民国·许家南大房
清·“松柏坚贞”碑亭
明·戍城抗倭遗址
清·镇海殿
清·灵岩寺及观音、童子像
明·北海塘
新石器时代·下孙遗址

【推荐申报第6批全国重点文保单位】 根据国家文物局推荐第6批全国重点文保单位的要求，杭州市园林文物局组织市文保所、南宋官窑博物馆、凤凰山管理处、钱江管理处和萧山区文管会等单位开展推荐工作。经省文物局和专家推选，西湖南山造像、跨湖桥遗址、大运河三桥、笕桥中央航校旧址、之江大学旧址、钱塘江大桥等13处不可移动文物被列入推荐申报名单。各有关单位严格按照申报推荐要求编制申报文本，完成申报推荐任务。

【《杭州古建筑》出版】 9月，由市政协副主席马时雍主编的《杭州古建筑》，由杭州出版社出版发行。市园文局和市属各区、县(市)文管会(文物馆)参与该书的编写。

该书展现杭州市现存的有一定历史、科学、艺术价值且具代表性的古建筑。除桥梁、古井和墓葬附属建筑外(因篇幅有限未收录，以后将另出专辑)，基本涵盖了杭州现存所有古建筑的类别种类丰富。

该书图文并茂，注重专业性和通俗性相结合，对杭州历史文化遗产的传承、研究和宣传，以及对杭州知名度的提升产生积极影响。

(余洪峰)

【编制历史建筑保护图则】 自2002年启动历史建筑保护工作以来，杭州市在历史建筑和历史文化街区保护方面取得阶段性成果。

4月，市政府公布第1批75处历史建筑保护名单，由市规划局落实设计单位，根据《城市紫线管理办法》等法律法规和规划要求编制10处历史文化街区、13处历史地段和100余处拟保历史建筑保护规划，并以保护图则形式编制完成。市政府确定了武林路、元福巷等历史文化街区和历史地段整治试点，以探索保护整治经验，改善老城区内居民住房条件和城市环境。出台《杭州市历史文化街区和历史建筑保护办法》，为历史文化街区和历史建筑的保护提供法律保障。市政府和各区政府相继成立了历史街区保护整治领导小组。

(郎旭峰)

【举办国际博物馆日大型宣传咨询活动】 为迎接“五一八”国际博物馆

宋义士武松之墓

日,5月16日,市园文局组织市属20余个博物馆(纪念馆),在吴山广场举办大型杭州博物馆宣传活动。邀请杭州各大新闻媒体进行大幅度地连续宣传报道;5月16日在吴山广场搭设舞台,推出与活动主题相关的精彩节目,浙江电台“城市之声”进行现场直播;邀请文物专家为市民鉴定古玩艺术品;市属博物馆设台宣传,接待市民咨询;图版介绍博物馆知识;发放市民评议表,让市民参与杭州博物馆评比等。活动规模大、宣传面广,取得了良好效果。(余洪峰)

【西湖三堤列入市级文保单位】 西湖三堤(白堤、苏堤、杨公堤)分别筑成于唐代以前、北宋和明代,是西湖由自然湖泊向具有深厚文化内涵的人文景观变迁的见证。西湖形成之后的历史就是淤塞与治理的历史,西湖三堤是杭州人民保护疏浚西湖的结晶,反映了历代杭州人民治理西湖、管理西湖的历史,成为西湖保护和建设的重要纪念物。为加强西湖三堤的保护和利用,为西湖三堤的保护管理提供法律保障,根据文物法规定,市园文局提请市政府依法将西湖三堤公布为杭州市市级文物保护单位,同时划定了西湖三堤的保护范围和建设控制地带。(王公明)

【开展博物馆达标竞赛活动】 2004年,全市继续开展博物馆达标竞赛活动。在评比方法上推出新举措,即采用明查与暗访相结合的方式进行。由组委会办公室、各文博单位业务互查组进行明查,主要检查博物馆的业务建设方面。行风监督员来自各行各业,由他们进行暗访,主要检查博物馆管理服务工作,特别关注明查不易发现的问题。明查组和暗访组检查内容既有共性,又各有侧重,提高了检查的全面性和有效性。从新实施的检查情况看,效果比上年明显提高。(余洪峰)

【完成第5批全国重点文保单位“四有”档案验收】根据国家文物局工作部署和省文物局年初工作计划,定于2004年下半年进行第5批全国重点文物保护单位记录档案验收。市园文局组织相关单位安排人员,抽调力量,抓紧时间,积极收集缺项的档案资料,按照“四有”档案的统一规范格式要求,9月下旬,在听取省“四有”工作专家组初验反馈意见基础上,充实完善,补充材料,使全市第5批国保单位“四有”档案于年底前全部完成,并通过验收。(徐秋霞)

【《北山街》编纂出版】2004年,杭州市启动了北山街历史文化街区保护工程。为配合这项工程,加强对北山街的研究和宣传,市政府组织编撰了《北山街》一书,作为市委书记王国平总主编的《西湖全书》之一。该书由市园文局局长张建庭主编,市学术界专家学者、园林战线和文博战线10余人参与编写,由杭州出版社正式出版发行。该书图文并茂,全面反映了北山街的自然、人文及历史街区保护工程等情况,是一本专业性和通俗性相结合的读物。(余洪峰)

【《杭州文博》出刊】11月,市园文局主办的文博类刊物——《杭州文博》(第一辑)由杭州出版社出版发行。它是市园文局主编的第一份文博类刊物,旨在挖掘杭州历史文化内涵,弘扬杭州历史文化,探讨文博工作的热点难点,展示杭州文博工作者风采。所刊文章既有专业性学术论文,又有一般介绍性、随笔性文章,体现了专业性和通俗性的结合。《杭州文博》的出版为研究宣传杭州历史文化提供了新的学术阵地,对于杭州历史的传承和文脉的延续起到积极作用。(余洪峰)

【电视剧《红顶商人胡雪岩》开机】10月18日,备受瞩目的40集电视连续剧《红顶商人胡雪岩》开机仪式暨新闻发布会在胡雪岩故居隆重举行。省委常委、市委书记王国平发来贺词,市委宣传部长于跃敏、副部长汪小玫参加新闻发布会。该剧由杭州市园林文物局、北京紫禁城影业责任有限公司、杭州市广播电视局联合拍摄,由著名作家二月河和薛家柱共同编剧,著名导演阎建钢执导,著名演员巍子、吕良伟、王奎荣、曹颖、彭丹携手出演。该剧将对传承弘扬杭州历史文化遗产,树立杭州文化品牌产生积极影响。(历史博物馆)

·文物保护·

【都锦生故居对外开放】2004年,作为西湖湖西的重要历史人文景观——都锦生故居修复完成,于春节正式对外开放。故居由祖屋、作坊(工厂雏形)、产品展示室、纪念室等组成,体现出浓郁的杭州传统民居建筑特色。(许建明)

【启动慈云岭造像保护工程】 为了更好地保护慈云岭造像,市园文局凤凰山管理处拟定了包括建设保护亭、防风化处理、环境整治、完善“四有”档案在内的保护计划,获得省市文物主管部门的批准。上半年,慈云岭造像保护工程启动,进展顺利,年底完成保护亭的建设,该工程不仅保护了慈云岭造像珍贵的文化遗产,而且为玉皇山南面入口增添新的景观。(凤凰山管理处)

【整治龚佳育墓环境】 龚佳育墓位于六和塔东北约500米,面积约960平方米,是西湖风景区乃至杭州不可多得的保存完好的清代士大夫墓葬实例。1997年8月被列为省级文物保护单位。龚佳育墓周边一直以来违章建筑众多,污染严重。为保护龚佳育墓,彻底改变其环境脏乱差的状况,充实六和塔景区的文化内涵,2003年4月,开始龚佳育墓周边环境整治,使环境大为改善。该景点作为六和塔新景区的一部分于10月1日正式对外开放。(钱江管理处)

【江寺维修竣工并对外开放】 为贯彻文物保护“保护第一,合理利用”方针,促进萧山区文物事业发展,在开展大规模文物维修工程——江寺修复工程基础上,结合萧山当地富有特色的民俗文化传统,建成江寺民俗文化园,于11月开园,免费向社会公众开放。园内集中展示了萧山传统的民俗、民风,给市民提供了1处雅俗共赏的休闲场所,并以其公益性获得好评。(萧山博物馆)

【八卦田遗址保护规划编制完成】市级文物保护单位八卦田遗址及其周边是吴越、南宋时期杭州重要的政治文化活动中心。为充分展示该地域的历史文化价值，市园文局凤凰山管理处在原市规划局编制的八卦田遗址控制性详规基础上，委托东南大学建筑设计院编制了《八卦田景群保护与建设规划设计》。规划分三期进行，预计2011年前可完成全部项目。建成后的八卦田景群纳入西湖风景名胜区凤凰山景区，成为以南宋八卦田遗址等文保单位为景点，以观光、休闲功能为主，兼具科教等功能的综合性风景景群。

（凤凰山管理处）

【编制南宋皇城遗址保护性规划】 全国重点文物保护单位南宋临安城遗址在中国古代发展史上具有重要地位，特别是其皇宫建筑风格极具特色。为了更好地保护皇城遗址，让人们对南宋皇城的历史文化有更为直观的感受和认识，市园文局凤凰山管理处委托中国科学院地理科学与研究所、旅游研究与规划设计中心等单位，协同中国文物研究所、清华大学建筑学院等单位编制南宋皇城遗址保护性规划，编制工作年内正式启动。南宋皇城遗址保护性规划的编制，使皇城遗址的保护和利用更加科学和规范。

（凤凰山管理处）

·博物馆·

【中国茶叶博物馆完成环境整合】 5月至9月，中国茶叶博物馆开展了环境整合。工程以尊重环境、利用环境、充实茶文化为宗旨，使博物馆环境与周围山水茶园融为一体，把茶叶博物馆打造成为中国一流的茶专题生态型博物馆。环境整合从生态环境、湖西景区中的地位及茶文化主题等多方面出发，建成自然生态、充满山林野趣、茶文化特色明显的博物馆。不仅是传承茶文化的宣传阵地、国际文化交流场所，同时具备旅游休闲功能，得到了省市各级领导及广大游客的高度评价。工程竣工开放后，游客络绎不绝，流连忘返。

（茶 博）

【苏东坡纪念馆进行陈设改造】 苏东坡纪念馆建成于1988年，是杭州市较早建成的名人纪念馆之一。由于建成时间较长，该馆的陈列设施和环境面貌已显陈旧。

2004年，该馆改造工程被列入西湖综合保护工程15处新景点建设工程之一。分为陈列改造和环境改造两大部分。陈列改造使该馆展示内容更为精炼，手段更为丰富，适当运用了高新科技手法，使人耳目一新。环境改造主要为馆区环境整治、绿化调整、铺装改造及建筑外立面整修。10月1日纪念馆重新向公众开放，得到省市领导和市民群众的赞誉。黄金周7天参观者达23万人次。

（名人馆）

【江南水乡文化博物馆接待观众15万人】 中国江南水乡文化博物馆位于杭州市余杭区临平人民广场北侧，于2003年12月27日正式开放。该馆总投资6000万元，建筑总面积8000余平方米，是一座既反映余杭历史，又以闻名于世的良渚文化为切入点，展示中国江南水乡文化和民俗风情的博物馆，是人们了解良渚文化和余杭历史，解读整个江南水乡文化现象及其成因的重要窗口。首次以中国文化地理区域为单位设馆和展览，是对中国博物馆界长期以来按行政地理区域为单位设馆和组织展示文化资源的一次突破。原全国人大常委会副委员长费孝通为博物馆题写馆名，馆内展览设4个单元，共7个展厅。展览趣味性强、个性突出，采用当前世界最新的展示理念，各学科、各种展示手段紧密配合，精工细作，富有时代气息，为各个层次观众所喜闻乐见。开馆一年来，接待观众15万人。

（江南水乡博物馆）

·考古·

【严官巷南宋遗址考古】 杭州市文物考古所自2003年12月5日至2004年7月30日在位于上城区严官巷南北两侧进行抢救性考古发掘，发掘面积共计1250平方米，获得重大考古发现。发现南宋时期遗迹主要有三省六部官署遗迹、御道遗迹、白马庙遗址等等。出土大量南

中国茶叶博物馆景色

开展西湖文献和文物征集宣传活动

宋至明清时期的瓷器，以及筒瓦、板瓦、鸱尾等宋代建筑构件。

该考古发现是杭州近年来南宋临安城考古的又一重大发现，在中国城市考古史上占有重要位置。市政府妥善处理保护与建设的关系，决定将南宋遗迹原貌保护，在原址上建设展示性建筑向社会公众开放。 (历史博物馆)

【跨湖桥独木舟保护研究】 跨湖桥独木舟及相关遗迹保护工程取得突破性进展：木质文物的脱水、脱盐保护的难题被攻克；土遗址加固实验基本达到预期目标；通过大范围地质调查证实隔水工程的可行性，甚至比原论证方案更为科学、更加经济。《跨湖桥遗址独木舟保护可行性研究方案》于2004年10月在全国性方案论证会上通过专家评审，为下一步遗址保护工作顺利开展打下基础。 (萧山博物馆)

【南宋皇城遗址考古勘探】 2004年，为配合临安城皇城总体保护规划编制，在浙江省文物局协调下，中国社会科学院考古研究所、浙江省文物考古研究所和杭州市文物考古所重新启动南宋临安城考古队工作。在汇总前期考古工作基础上，4月至8月全面展开临安城皇城的考古勘探调查。确定皇城四至范围，特别是长期困扰学术界的临安城皇城南墙和西墙的位置问题得到解决。确认皇城中心宫殿区，初步了解其保持状况。发掘、采集了一批出土遗物。逐步整理历年采集遗物，建立出土遗物编年资料，为研究临安城年代和历史沿革提供第一手资料。同时整合1984年以来临安城考古队积累的有关资料，为皇城考古工作奠定基础。

【四宜路发掘出南宋道路及判院遗址】 8月~12月，杭州市文物考古所对四宜路地块进行抢救性考古发掘。发掘区西南紧临2001年发掘的南宋恭圣仁烈皇后宅遗址地域，以水沟巷为界，分东西两区。东区发现1处建筑遗迹和大量瓦砾及酱褐色缸残片和瓷器。根据出土遗物及遗迹情况推测为南宋早期酒库或酒铺遗址。西区发现1条砌筑整齐的道路，用香糕砖侧砌而成，与以往发现南宋御街砌法一致。这两处南宋重要遗迹的发现，对研究南宋临安城的建筑布局及酒业状况提供重要资料。 (历史博物馆)

·收藏展览活动·

【开展茶文化活动】 为响应市委、市政府提出打造“茶为国饮，杭为茶都”的战略目标，营造杭州浓郁的茶文化氛围，配合环境整合后的二次开放，中国茶叶博物馆举办形式多样的茶文化活动。10月~12月，西湖风景名胜区、中国茶叶博物馆在《杭州日报》举办“我和龙井茶”征文、“茶为国饮，杭为茶都”茶文化知识有奖问答活动，市民踊跃参加，刊登征文20余篇，收到茶文化知识答卷500余份。10月，举办了“金秋茶游园活动”，安排了茶席展示、茶艺表演、斗茶、茶谜竞猜及国内外精品茶具参观展览等活动。15个杭州知名茶楼茶艺馆参加“茶游园”活动，受到市民及广大茶艺爱好者的欢迎。

中国茶叶博物馆网站（http://www.teamuseum.cn）于10月正式开通，该网站介绍中国茶叶博物馆概况、服务项目、基本陈列，涵盖茶文化、茶叶基本知识、茶艺茶道等多方面的内容，是一个欣赏性、知识性很强的大型综合性茶文化网站。 (茶　博)

【举办茶文化精品展】 中国茶叶博物馆注重征集和研究工作，全年举办6个临时展览，即品赏古雅——浙江民间收藏茶具精品展、江南茶艺展、“东方雅韵——中华茶文化展”、民俗茶具展、“域外东风关外雨”——国外茶具展览、“又品故乡茶”——海外回流文物展览。展览内容丰富多彩，部分展品赴法国巴黎参加法国中国文化年活动，吸引大量观众，产生良好影响，弘扬了中华茶文化。 (茶　博)

【历史博物馆举办系列展览】 杭州历史博物馆整合资源，创新陈列手段，搭建交流平台，举办了“梅兰竹菊主题书画展”、“浙江保利国际拍卖有限公司2004艺术品特展”、“北京翰海拍卖有限公司2004秋季拍卖艺术品巡展”、“浙江省民间收藏精品展”等系列展览，取得良好的社会效益。 (历史博物馆)

【举办西周青铜器展览】 10月28日~12月28日，经国家文物局批准，中国江南水乡文化博物馆从陕西宝鸡引进名为“吉金铸文明——宝鸡青铜国宝展”的展览，展出西周时期青铜器98件，其中有墙盘、折觥等8件国宝级文物。举办大规模的青铜器展览在浙江省属首次，受到各界人士、文物爱好者和广大观众欢迎。 (江南水乡博物馆)

·旅游综述·

【旅游概况】2004年,杭州市旅游业5项主要指标实现历史性突破。接待入境游客123.41万人次,比历史最好年份增加17.79万人次;创汇5.97亿美元,比历史最好年份增加1.2亿美元;接待国内游客3016万人次,比历史最好年份增加240万人次;国内旅游收入361.18亿元,比上年净增70亿元;旅游总收入410.77亿元,比历史最好年份增加80多亿元。旅游业增加值156.81亿元,占全市生产总值的比重为6.3%。

2004年,杭州市接待入境游客比上年增长43.3%,创汇增长41.47%。入境游客在杭平均逗留时间为2.59天,人均花费186.88美元。杭州十大外国客源市场是韩国、日本、马来西亚、美国、泰国、新加坡、印度尼西亚、德国、澳大利亚、法国。

2004年,杭州市接待国内游客比上年增长8.65%,旅游收入增长24.12%。旅游者来杭目的为观光、度假、商务、探亲访友和参加会议的,所占比例分别是48.8%、31.5%、17.7%、11.5%、7.4%(有兼项的旅游者)。国内游客仍以省内及周边、近距离市场客源为主,中远程客源增幅显著。其中,省内占31.2%,上海占16.8%,江苏占16.5%,其他客源地还有安徽、山东、广东、北京、江西、河南、福建、湖南、黑龙江等。

至年末,对杭州开放的出境游目的地国家达63个,比上年增加35个,出境游呈现大幅增长的良好态势。全市旅行社组织出境游24.03万人次,比上年增长67.8%。出境游目的地按游客人数多少排列,前八名依次为泰国、新加坡、马来西亚、韩国、澳大利亚、新西兰、菲律宾、日本。

【推进旅游国际化】 2004年8月,杭州市委、市政府正式出台《推进杭州旅游国际化启动方案》,确定20条举措,突出观念的国际化、产品的国际化、接待的国际化、促销的国际化及信息的国际化。随后,成立杭州市推进旅游国际化工作领导小组,召开推进旅游国际化动员大会。市旅委推出与《方案》相配套的《开发日本市场十项举措》。全市AAA级以上旅游景点、旅游商贸特色街区、高星级宾馆和休闲娱乐场所,完成了中、英、日、韩多语标识。《杭州旅游宝典》、《杭州旅游指南》(中简、中繁、英、日、韩5种文字)丛书及外文旅游地图于国庆期间在全市60个三星级以上宾馆、旅游集散中心、机场等单位发放网点全线上架;5种语

表38 2004年杭州市主要旅游经济指标完成情况

单位:亿元

地 区	旅游总收入(亿元)	入境旅游		国内旅游	
		人 数(人次)	外汇收入(万美元)	人 数(万人次)	收 入(亿元)
全 市	410.77	1 234 063	59 735.49	3 016.00	361.18
老城区	305.75	1 121 159	55 453.38	1 897.00	259.72
萧山区	28.10	50 551	2 131.11	205.41	26.33
余杭区	13.92	20 503	876.26	121.37	13.19
桐庐县	10.86	2 325	57.26	145.36	10.81
淳安县	15.47	23 412	723.21	198.92	14.87
建德市	10.69	1 227	53.04	119.19	10.65
富阳市	14.84	10 302	302.43	185.63	14.59
临安市	11.14	4 584	138.80	143.12	11.02

表39 2004年杭州市接待的国外和港澳台地区游客构成情况

地 区	人数(万人次)	所占比例(%)
亚 洲	58.21	47.2
欧 洲	8.69	7.0
美 洲	8.35	6.8
大洋洲	1.68	1.4
中国香港	19.85	16.1
中国澳门	1.06	0.9
台湾省	23.33	18.9
其 他	2.24	1.7
共 计	123.41	100.0

言版本的杭州旅游网正式投入运行。此外,市旅委精心整合政治、自然、人文、商贸、文化、民风民俗、市民生活等社会资源,全面策划100个更具兴奋点、更富人情味、更有吸引力的社会资源国际访问点,将于2005年推出。

【承办中国国内旅游交易会】 由国家旅游局、浙江省政府共同主办,浙江省旅游局、杭州市政府承办的2004年中国国内旅游交易会,于6月5日~6日在杭州市和平会展中心举办。全国31个省、直辖市、自治区和香港特区的国际国内旅行社、酒店及酒店集团、航空公司、旅游车船公司、旅游媒体、主题公园、旅游度假区、旅游景点、旅游商品设计及生产销售厂商、旅游院校、旅游培训机构、旅游咨询专业公司等2200多个单位参加交易会。澳门、台湾业界人士派来观摩团。交易会设展台1958个,其中参展单位自行搭建和装饰的展台有1508个,约占总面积的77%。交易会期间,参观人数达7.5万人次。杭州市组织69个市级单位对口接待,提出并实现"一流的场地、一流的环境、一流的服务、一流的效益,主办方满意、参展商满意、市民和中外游客满意"的目标,得到国家旅游局和各参展代表团的好评,杭州市政府获杰出贡献奖。

【旅游促销形式创新】 2004年,杭州市旅游促销工作采用多种新的形式,取得良好效果。2月,市旅委参加国家旅游局组织的2004年印度出境旅游展。3月,杭州市旅游促销团在香港举办名为"美丽之都·魅力杭州"的主题宣传促销活动,向香港业界和公众展示杭州"大气开放、精致和谐"的城市新形象和旅游新景点,近距离感受杭州秀美的自然风光和多元化的休闲氛围。7月~8月,邀请中央电视台国际频道《快乐中国——学汉语》栏目组到杭州进行以旅游风光为背景的专题拍摄,向全球40多个国家和地区宣传"休闲杭州"。9月,借在四川雅安举办的第八届国际茶文化研讨会的舞台,向国内外嘉宾推介2005年中国杭州西湖国际茶文化博览会;以"休闲在杭州"为主题,精选60余幅摄影精品参加2004年平遥国际摄影大展;举办"时尚杭州之旅·新丝路世界模特大赛"。10月,市旅委与市外宣办联合举办"德国摄影家看杭州"活动。11月~12月,组织欧美近20个国家的买家团来杭踩线。12月,邀请德国旅行商系列研修团到杭研修。这些新颖的促销形式,有效地拓展了旅游市场。

市旅游部门全年接待来自上海、海南、广州、温州、无锡、扬州、武夷山、井冈山、苏州、庐山、西安、咸阳、三亚等城市到杭宣传促销,促进旅游发展的双赢。

【开发日本市场效果良好】 7月底8月初,杭州市旅游部门组织强大阵容参加由市政府统一组织的赴日大型招商和旅游促销活动,在东京、大阪两地开展促销。杭州市海外旅游形象代言人女子十二乐坊现场进行精彩表演,引起极大轰动。市旅委还单独在静冈和札幌两地组织旅游说明会。赴日促销取得良好效果。市旅游部门随后与日本航空公司和全日空航空公司联合举办"日本人游杭州"好客节,重头戏是"跟随女子十二乐坊来杭州"和"西湖徒步大会"两大活动,吸引近2000名日本游客来杭。全年接待日本游客16.87万人次。

欧美旅游买家团在欢迎宴会上留影

【首推旅游换乘制度】 2004年5月起,杭州市在全国首先推出旅游换乘制度。凡到西湖风景名胜区的12座以下小型车,不能直接驶入,而是劝导其免费停放在位于黄龙体育中心的杭州旅游集散(换乘)中心,游客换乘旅游观光巴士进入西湖风景区。10月起,在城南入城口增设之江旅游换乘点。实施换乘制度后,大大缓解西湖风景名胜区的交通压力,提高了游客在景区的舒适度。这种以人为本、方便游客的景区交通管理新模式,得到吴仪副总理等中央领导和社会各界的好评。

【旅游节庆活动丰富多彩】 2004年,杭州市旅游节庆活动丰富多彩。3月27日~30日举办的2004年中国杭州西湖龙井开茶节,吸引了大批中外游客,日本东京、大阪的新闻媒体还派出记者团专程到杭采访。各区、县(市)各具特色的旅游节庆会展活动越办越好。萧山区的中国钱江观潮节、杨梅节,余杭区的中国茶圣节,富阳市的富春江文化节,建德市的新安江之夏旅游节,临安市的中国森博会,淳安县的千岛湖秀水节等,都是一年一度,已经形成品牌,有力地推动杭州旅游会展经济的发展。

·旅游资源开发和保护·

【各级旅游部门重视规划工作】 为有效地保护和开发旅游资源,2004年,杭州市各级旅游部门高度重视规划编制工作,取得明显成效。

市旅委重点抓了杭州市旅游发展总体规划、"两江一湖"(富春江、新安江、千岛湖)国家级风景名胜区规划、大运河(杭州段)旅游规划、西溪湿地综合保护工程规划和西溪湿地综合保护区旅游专项规划。《杭州市旅游发展总体规划》大纲3月通过专家评审，初稿8月通过专家评审，年内基本编制完成。用西班牙政府30万欧元赠款编制的杭州旅游规划的评标工作8月在杭州进行，最终确定西班牙THR与EE公司为中标单位，编制工作全面启动。“两江一湖”国家级风景名胜区规划编制工作开始分段落实，富阳段开始编制，桐庐段年内落实规划资金并进行规划任务书草拟，建德段已与编制单位签约。大运河(杭州段)旅游规划由市旅委和运河(杭州段)指挥部委托北京大学编制，8月完成大纲，9月进行第一次专家评审。西溪湿地的规划按照“保护第一、最小干预、生态优先、合理开发”的原则进行编制，其中西溪综合保护工程旅游专项规划于5月通过专家评审。

拱墅区调整运河(拱墅段)旅游景区(景点)规划，经有关部门和专家的多次论证、修改，初步形成运河(拱墅段)文化旅游景观带的总体规划和“十大景点、两条景观线”运河文化旅游线的规划。同时，对有较高保护价值的小河直街、拱宸桥西历史文化街区、富义仓遗址等运河文化遗产，分别编制保护修复规划。

江干区完成《皋亭山旅游景区控制性详规》。

西湖区邀请规划设计单位编制完成《西湖区旅游商贸发展规划》，通过了专家评审，并完成《灵山风景区控制性详规》、大清谷景区二期开发总体规划、龙坞茶村乡村旅游项目规划的编制。

萧山区通过公开、公正的招标方式，确定中国科学院地理科学与资源研究所为编制萧山区旅游发展总体规划的中标单位，开始编制工作。

余杭区按国家标准编制旅游资源保护规划，要求在余杭投资的旅游项目都做到“先通过规划，再开工建设”。上半年完成《南湖旅游休闲度假区概念性规划》、《大禹谷旅游度假项目开发总体规划》、《“老余杭”休闲文化园详细规划》、《杭州金禧园婚庆文化城概念性规划》等论证、评审工作。同时严格规划审批管理，对在旅游度假区和旅游资源保护区范围内的一切建设项目把好前置审核关，避免人为的资源破坏。

湖滨不夜城

桐庐县完成严陵坞、瑶琳映山红休闲度假村、翠屏山庄、瑶池山庄、月亮湾等项目的策划、规划方案，组织专家论证，并做好富春江、瑶琳、莪山等乡镇城镇总体规划中的旅游专项规划的编制工作。

富阳市完成中国古代造纸印刷文化村二期、杭州野生动物世界二期等项目的前期策划工作。

临安市完成《大明山总体规划(修编)》、《玲珑山总体规划》、《天目秀水详细规划》、《指南山度假村详细规划》的编制与评审工作；《天目山风景旅游区总体规划》通过招投标进入编制阶段。

【旅游交通设施建设进展顺利】 杭州市“旅游西进”的重要基础是“交通西进”。2004年，“交通西进”进展顺利。杭州绕城高速公路全线贯通；投资最大、里程最长的交通基础设施重点项目杭千高速公路建设全面铺开；杭徽高速公路昌化至昱岭关段竣工通车，为打造“名城(上海)名湖(西湖、千岛湖)名山(黄山)”黄金旅游线创造良好条件；05省道全线贯通，杭州至淳安千岛湖只需一小时半车程，提前一年实现全市“一小时半交通圈”。

【旅游饭店建设投入加大】 江干区按四星级标准设计、投资2.5亿元、建筑面积2.5万平方米的浙江东方豪生大酒店开张营业；投资1亿元的锦华大酒店、投资1.3亿元的浙江大西洋大酒店以及钱江新城内投资8亿元的两个高档酒店也相继筹建开工。桐庐县按四星级标准建造的新桐庐宾馆主体建筑于年末结顶。桐庐巴比松度假庄园引进外资605.33万美元，筹建圣路易斯度假酒店及楠日山坡度假别墅。临安市青山湖景区内的青山湖大酒店、青山湖休闲村经过重新装修改造，恢复营业。

【景区(点)建设取得新成果】 2004年，杭州市旅游景区景点建设取得新成果。全年新增景区6个。至年末，全市共有景区93个，其中4A级景区15个。

西湖综合保护工程继续加快建设步伐。杨公堤景区二期工程进展顺利，北山街历史文化街区一期工程顺利完成。国庆节前，西湖风景名胜区重点推出“一街(北山街)二馆(中国茶叶博物馆、苏东坡纪念馆)三园(云栖、仁寿山、龙泓涧)四墓(龚佳育墓、苏小小墓、武松墓、陈夔龙墓)五景点(魏庐、朱家里、玉岑诗社、留余山居、三台阁)”15个景点。

西溪湿地综合保护工程一期建设全面铺开。西溪国家湿地公园申报工作取得进展。

运河拱墅段沿线的旅游重点项目开发进展顺利。作为运河文化标志性建筑的运河文化广场、运河博物馆，如期完成基建工程，年内进入装修布置阶段。运河旅游景点码头“乾隆舫”项目全面开工建设，主船体工程基本完成，开始二期装修工程。

江干区皋亭山生态休闲度假景区以桃文化作为旅游项目开发的亮点和切入点，投资近1000万元，实施千亩(66.67公顷)桃园、景观林建设。

位于萧山区的2006年世界休闲博览会主会场——杭州世界休闲博览园和杭州世界休闲风情园建设进展顺利。休博园中的威尼斯水城、城市中心等6大区块和风情园内的3大区块全面开工建设。杭州东方文化园扩建工程、杭州生态园、开元加州商业休闲中心也在建设中。

桐庐县富春江旅游股份有限公司对钓台景区进行二次改造，投资近500万元，购置豪华游艇、休闲艇、画舫、拖伞艇等水上休闲娱乐设施，成立水上乐园。

淳安县投资建造的国内内陆湖泊最大的豪华游轮“伯爵号”在千岛湖首航；国内内陆湖泊第一艘全潜式水下观光潜艇下水。

建德市投资400多万元对七里泷景区的两个旅游码头和“江南村”景点进行改造；迁建梅城七廊庙旅游码头，并对码头区域内的七廊庙古建筑进行复建，开发建设新的“江南村”景点。

临安市在浙西大峡谷景区投入300多万元，开发建设内涵丰富的婚育文化园；位于天目山景区内的天目西关大自然度假村投资2000余万元，基本完成基建，进入内外部装修阶段。

【特色街区建设上新台阶】 2004年，杭州市各区进一步重视特色街区建设。清河坊历史文化特色街区充实民俗市井文化内涵。民间工艺亭从40个增加到128个，每个都能体现“民间工艺、市井文化”的特色，增强游客购买旅游纪念品的兴趣和欲望。武林路女装街和杭州丝绸城按照“巩固完善、延伸辐射、提升品位”的要求，高起点抓建设，上规模抓品牌，全面提升市场竞争力，建设成为管理有序、经营规范、环境优美、品牌云集、特色鲜明、集购物休闲娱乐为一体的具有较高知名度和美誉度的商业特色街。四季青服装休闲购物一条街投资1.2亿元对人行道、街区服务中心、停车场进行改造，并通过开展“文明规范市场”、“诚信市场”、“洁美窗口”等创建活动，使街区从经营秩序到购物环境都发生根本性的改观，2004年被评为全国诚信规范街区。

·旅游经营与管理·

【星级饭店突破200家】 至2004年末，杭州市星级饭店总数达203家，比上年净增16家。分布情况为：市区132家、桐庐县9家、淳安县24家、建德市13家、富阳市10家、临安市15家。被评为绿色饭店的45家，比上年增加8家。杭州市星级饭店数居北京、上海之后，列全国第三位。

杭州市星级饭店构成为：五星级4家、四星级25家、三星级65家、二星级104家、一星级5家。共计客房26771间，床位51085张。全年星级饭店平均客房出租率71.6%，比上年增长5.2%；平均房价310.04元，增长11.4%。

【18个旅行社进入全国双百强】 在国家旅游局发布的2004年度全国双百强旅行社中，杭州市有浙江省中国旅行社、浙江省中青国际旅游有限公司、杭州市中国旅行社、浙江海外旅游公司、浙江中山国际旅行社有限责任公司、浙江国际旅游集团有限公司、杭州海外旅游有限公司、浙江海峡旅行社有限公司等8个国际旅行社进入全国国际旅行社100强，数量列北京市、上海市之后，位居全国第三；杭州园林旅游贸易有限公司、杭州大厦旅行社、杭州新世界旅游有限公司、浙江天堂旅行社有限公司、杭州假日旅行社有限公司、杭州天缘旅行社有限公司、浙江中旅假日旅游有限公司、杭州海外（国内）旅游航空服务有限公司、杭州开元旅游有限公司、杭州长运旅游客运有限公司等10个国内旅行社进入全国国内旅行社100强，数量列上海市之后，位居全国第二；双百强总数列上海市、北京市之后，居全国第三位。

2004年杭州市新增旅行社40个。至年末，全市有旅行社296个。其中，国内旅行社265个，国际旅行社31个。

【加大培训工作力度】 2004年，杭州市旅游教育培训工作更加注重质量、层次和实效性，全年为200多个旅游行政部门及旅游企业举办各类从业人员培训60多期，8957人参加培训。其中，中高级管理人员1060名，初级人员7897人，235名旅行社经理参加旅行社经理资格认证考试，113名导游参加异地导游培训考核，47名管理部门人员参加与美国普渡大学合办的“旅游目的地管理师”培训。此外，还派出师资，为长三角旅游城市合作培训人员370人。

【导游队伍整体素质明显提高】 2004年，杭州市导游员总数6189人，比上年增加2330人。通过学习和培训，导游队伍整体素质明显提高。12月26日印度洋发生海啸灾难时，杭州市的浙江海外旅行公司、浙江省中国旅行社、杭州市中国旅行社等3个国际旅行社组织的旅游团队正在泰国普吉岛，杭州市中国旅行社组织的26人旅游团进入了突发海啸的披披岛。3个旅行社的领队表现出良好的旅游从业者的综合素质，特别是杭州市中国旅行社领队蔡玮伟临危不惧，措施果断，使杭州游客全部安全返回。

【市场执法检查与投诉受理】 2004年，杭州市加大市场执法检查的力度，市级旅游市场检查85次；由市整顿和规范旅游市场领导小组办公室牵头，联合公安、工商、交警、交通、城管、文化、物价等部门开展有针对性的重点整治活动28次；市旅游质量监督管理所进行日常检查57次。抽查旅行社98个，责令旅游广告有虚假、经营业务超范围的50个旅行社进行整改，取缔无证无照非法经营旅游业务的企业15个，责令发布违规广告的3个报刊媒体和3个景区景点进行整改。

2004年，市各级旅游行政主管部门共收到各类有效投诉530件，其中投诉旅行社的233件，占44%；投诉宾馆饭店的170件，占32%；投诉景区景点的74件，占14%；投诉交通、餐饮、购物等其他方面的53件，占10%。所有投诉年内全部办结。查处3个文化娱乐场所、39名违规导游，IC卡扣点180点，立案处罚9件，共收缴罚没款3.2万余元。

（张文照）

·交通运输综述·

【交通运输概况】 2004年，杭州市交通工作紧紧围绕“建设出精品、管理创亮点、改革见成效”的目标，抓住机遇，开拓进取，交通建设、行业管理、体制改革等各项工作都取得了新的成绩。

在交通建设上，全社会完成投资81.8亿元，比上年增长61.2%，再创历史新高。新增高速公路37千米，次高级以上等级公路223千米。杭淳一级公路全线贯通，杭徽高速公路昌化至昱岭关段建成通车，杭千高速公路、杭甬运河杭州段改造等一批省、市重点工程进展顺利。农村公路建设进度加快，新建、改造通乡通村公路2150.8千米。

在行业管理上，市区新投放400辆中高档出租车，第二届“的士节”成功举办，运河“水上巴士”投入营运，市区营业性人力三轮车依法淘汰，公路运输超限超载率大幅下降，运输市场进一步规范，全市半小时汽车急修抢修圈形成，驾驶员培训IC卡计点管理全面推开，交通工程建设信息管理系统在全国领先，并建成全省最大的GPS卫星定位应用系统。

在体制改革上，成立了交通行政许可服务中心，撤并了02省道临安、余杭收费站，推进了钱塘江货运市场化运作，移交了绕城公路以内14条公路及相关连接线，迈出了公路管理养护体制改革第一步。平稳完成了车购税费管理的移交工作。杭州绕城高速公路权益以82亿元的价格成功转让，成为全市迄今为止最大的基础设施转让项目，为交通建设筹措了大笔资金。

全年完成全社会货物运输量1.89亿吨，比上年增长12.4%，其中公路、水路1.84亿吨，增长12.4%。完成全社会旅客运输量2.28亿人次，增长7.0%，其中公路、水路2.06亿人次，增长5.1%。

（赵慈杰　韩莉萍）

【交通行政许可服务中心成立】 为认真贯彻实施《中华人民共和国行政许可法》，进一步改革交通行业管理方式，创新行业管理体制，坚持执政为民，依法行政，市交通局于7月1日成立了杭州市交通行政许可服务中心，办事大厅设在交通大楼二楼，共有12个服务窗口。服务中心坚持便民、利民的原则，集中受理道路运输、水运港口、公路建筑、驾驶培训等28个许可项目，改变过去分散受理、各自审批的行政许可体制。为方便被许可人就近申请，市交通局下属的公路管理局、道路运输管理局、港航管理局现有的二级管理机构增设市交通行政许可服务中心服务点。服务中心坚持制度建设，严格管理，加强考核，树立了杭州交通行政许可“窗口”新的形象。交通行政许可网上公开、网上受理、网上运作的信息系统正在抓紧开发。

（韩宝祥）

【市机动车服务管理局挂牌】 根据杭州市机构编制委员会批复，杭州市机动车驾驶员培训管理处更名为杭州市机动车服务管理局，原由杭州市道路运输管理局承担的机动车维修经营管理职能划归杭州市机动车服务管理局承担。11月18日，市机动车服务管理局正式挂牌。该局的成立是在汽车时代的大背景下，整合交通行政管理资源的一次创新。新成立的机动车服务管理局集机动车驾驶培训和维修行业管理职能于一体，更贴近市场，有利于深入系统地了解掌握行业发展动态，制定和实施引导机动车服务市场健康发展的管理措施，解决汽车消费中的社会热点问题。该局在机动车服务行业提出了“人性化服务、数字化管理”的要求，用科学管理手段促使行业服务质量得到切实提高。

（陈　吉）

【交通职能不断拓展】 9月1日，经杭州市机构编制委员会批复，杭州市交通工程质量监督站更名为杭州市交通质量安全监督总站。总站在保留更名前负责全市交通工程质量监督管理和定额造价管理工作的基础上，新增了具体实施交通工程施工现场的安全监督检查职能，强化了对交通工程建设的安全监管。11月3日，经建设部审查批准，杭州市交通规划设计研究院公路设计资质由乙级升为甲级。该院原有乙级资质只能设计二级以下公路，资质提升后，可以进行二级以上包括高速公路的设计。质监站的更名和设计院的资质升格使交通职能得到进一步拓展。

（韩莉萍）

【工程项目管理系统开发成功】 通过一年多时间的共同努力和精心研发，杭千高速公路工程项目管理系统开发划上了一个圆满的句号。杭千项目管理系统由杭州市交通信息中心与上海中交海德交通科技股份有限公司共同合作开发，开发周期为一年。从2003年11月1日正式签约以来，双方工程技术人员共同努力，以需求为导向，精心开发，分步实施，全面完成了预定的目标任务。整个项目开发分三个阶段，即工程设计和准备阶段、项目开发实施和调试阶段、项目测试验收和试用阶段。项目管理信息系统的应用包括系统硬件、网络传输、业务应用、系统应用、系统管理等几个部分，针对杭千工程现场的实际情况，为满足项目管理系统从指挥部到施工单位的全面使用要求，从应用环境的建设、系统C/S模块的应用、系统B/S部分的应用出发满足不同需求。杭千高速公路工程项目管理系统的实施使该工程建设无论是管理体系、管理手段、管理时效以及与国际接轨等方面都走在全国工程建设的前列。项目管理系统采用先进的计算机网络化管理手段，能准确、便利地提供实际业务管理中的各种分析数据和报表，完成各相关单位间往来业务信息的自动处理，协助管理者和业务人员做出科学、准确的判断和决策。

在交通工程建设中运用信息化手段加强管理，提高公路工程管理效率，实现管理手段创新，是高速公路建设管理现代化的必然趋势，是建设管理手段的一次变革，也是杭州交通自身发展的需要。

【交通信息指挥系统（一期）开工】 根据《杭州交通信息网络工程实施意见》的总体要求，交通信息指挥系统在2004年上半年按照项目建设程序完成立项和可行性研究，5月完成初步设计方案，并通过领导和专家的审查。6月实施公开招标，确定工程的施工单位，进行交通信息指挥系统（一期）项目联合设计和机房的装修，并开工建设。至年底，已完成计算机网络、大屏幕（DLP）显示、视频传输及显示系统、供配电、机房环境的建设，监控系统基本建成，实现了绕城高速公路、四大汽车站集散地、水上航道等视频监控信息的上传和显示，进行动态管理，并在春运前实现运管各场站以及部分水上视频监控信息的上传显示，为春运指挥工作提供了高科技管理手段。杭州交通信息指挥系统局指挥中心是《杭州市公路水路交通信息化建设规划（2003年~2010年）》的重点项目，是杭州市应急指挥系统的一个子系统，也是省交通厅紧急事件处理中心的组成部分。根据项目建设计划，下一步将进行安全预警应急指挥软件的开发，完成项目的整体建设，预计2005年7月投入运行。届时将实现对公路、水路重点部位的实时监控，切实提高杭州交通对突发事件的反应和处理能力。

（虞伟达）

【完善交通安全责任制】 2004年，市交通局根据《杭州市安全生产责任制规定》、省交通厅有关安全生产管理的指示和全员额、全过程、全天候、全方位管理的要求，在广泛征求有关单位意见的基础上，修改完善《杭州市交通局安全生产管理工作责任制》，明确各级领导班子成员的安全生产责任，扩大了责任制在领导层的考核面。市交通局和10个局属单位及7个区、县（市）交通局签订了安全生产责任书。市公路管理局、道路运输管理局、港航管理局也分别与其下属单位和水、陆运输等有关企业签订了责任书。12月16日，市交通局成立安全生产委员会，下设行业管理安全和建设管理安全两个专业领导小组，同时研究制订了局安全生产委员会工作规则。

（李宏伟）

【创建交通行业文明】 近几年来，杭州交通系统坚持条块结合、上下联动、齐抓共管，采取多种形式开展交通行业文明创建工作，全力打造杭州交通文明品牌。以杭州创建文明城市为契机，全面推行管理职责考核制、末位待岗制、首问责任制、“AB”岗工作制、“微笑”服务制、服务承诺制和星级评定制等制度。2004年，市港航管理局、市交通路桥建设处被省委、省政府授予浙江省文明单位称号，市公路管理局通过省级文明单位复评；市港航管理局被市委、市政府破格授予杭州市文明行业称号，市公路管理局、道路运输管理局、机动车服务管理局3个管理单位连续两年被评为杭州市创建文明行业先进单位，市交通质量安全监督总站也荣获这一称号。至年底，市交通局已有12个下属单位成为市级文明单位。

（黄曙明）

【转让杭州绕城高速公路权益】 杭州绕城高速公路始建于1994年，全长123千米，除杭金衢高速公路共用段外有105千米，投资概算约70亿元，在2003年底全线通车。为了盘活交通存量资产，筹措更多的交通建设资金，在绕城高速公路建设过程中，市交通局和市交通资产经营有限公司一直在全国各地乃至在境外进行招商引资工作。2004年12月31日，杭州绕城高速公路权益以82亿元的价格，从杭州绕城高速公路发展有限公司和杭州绕城高速西线发展有限公司成功转让给杭州国益路桥经营管理有限公司和杭州国

市机动车服务管理局、市交通工程质量安全监督总站挂牌仪式

业路桥经营管理有限公司。这是杭州市迄今为止最大的基础设施转让项目，为全市新一轮交通建设筹措了大量资金。（赵慈杰）

【交通职业教育进一步发展】 杭州交通系统有杭州技师学院（又名杭州交通高级技工学校）和杭州市汽车驾驶技工学校两所技校。近几年来，两校坚持以全日制教学为主体、多种职业技能培训和汽车驾驶培训为双翼，为全市乃至全省交通行业培养了大批技术工人。至2004年底，两校共有在校生5000余人。其中杭州技师学院3000余人，高级工、技师班学生占该校在校生人数的60%以上，办学方向已实现了由培养初中级技术工人为主向培养高级工、技师为主的转变。杭州市汽车驾驶技工学校有在校生2000余人，以培养中、高级技术工人为主。两校在发展中，积极开展教研教改，采用行为引导型教学法取得明显成效，毕业生就业率达到95%以上，受到企业的普遍欢迎。同时，大力发展各类社会培训，2004年，两校共培训汽车驾驶员1.08万人，技师学院封闭式考训场承担桐庐、建德、淳安3县（市）汽车驾驶员场内道路和设施的考试任务超过8000人。

2004年，杭州技师学院建立了ISO 9001:2000质量管理体系并通过了中国方圆标志认证委员会的认证；同时顺利通过了国家重点技工学校的复评。该校还与浙江大学合作进行职业技术类院校综合导向型教学改革实证研究，计划用3年时间取得科研成果。与德国法耳茨手工协会职业培训和科技中心签订了师资培训、技术培训和考核、认证的长期合作协议，以期推动学校师资力量和培训层次的进一步提高。杭州市汽车驾驶技工学校办于2004年被劳动和社会保障部中国就业培训技术指导中心确立为国家首批“职业活动导向教学改革项目试验学校”。（邵登明 戴敦明）

·重点工程建设·

【重点工程建设概况】 2004年，杭州交通重点基础设施建设步伐明显加快。高速公路建设完成总投资50亿元。杭徽高速公路昌化至昱岭关段于12月26日提前建成通车；杭千高速公路一期袁浦至建德洋溪段路基打通，两条支线建设也全面展开，可望在2006年底全线贯通；杭浦高速公路杭州段于12月28日开工建设；钱江九桥、钱江十桥、沪杭高速公路德胜互通立交、大松树集装箱码头等前期工作扎实推进，干线畅通工程进展顺利。05省道富阳段、桐庐段于12月26日建成通车；320国道余杭段、15省道余杭一期、02省道余杭一期、01省道余杭段、16省道桐庐至焦山段、桐庐雪水岭隧道都相继建成通车；萧山红十五线一期、党（党山）益（老益农闸）线、义（义桥）大（大庄）线、伟（伟南桥）老（老益农闸）线、包（包家桥）红（红水湾）线、塘（塘栖）康（康桥）公路等重要县道都相继建成并通过了质量鉴定和交工验收，除包红线之外均被评为优良工程。此外，330国道建德段、19省道萧山岩上至管村段、13省道临安锦城至里畈段、16省道乐平段、18省道华光潭库区段、淳安千岛湖大桥、淳安昌（昌化）文（文昌）线一期等工程进展顺利。乡村通达工程全面铺开，完成通乡通村公路2150.8千米的新建、改造任务，实现了全市“乡乡通油路”目标。黄金水道工程杭甬运河杭州段建设完成总投资2.2亿元，水上巴士一期工程顺利完成。绿色通道工程完成538.6千米。（孙建英）

建设中的杭千高速公路周浦港特大桥

【全市一小时半交通圈基本形成】 12月26日，05省道富阳段、桐庐段建成通车。05省道富阳段长15.74千米，总投资1.71亿元，始于富阳新登镇藻山村，终于桐岭村，全程建有大桥1座，中桥3座，按4车道一级公路标准建设，设计时速80千米。05省道、16省道桐庐段改建工程总长64.47千米，其中05省道桐庐段东起桐庐瑶琳镇桐岭，西至百江镇塔岭，总长47.42千米；16省道桐庐段东起桐庐县城浮桥埠，西至瑶琳焦山，总长17.05千米。05省道、16省道桐庐段改建工程途经桐君、横村、瑶琳、分水和百江等乡镇的55个行政村，建有大桥5座、隧道4座，按4车道一级公路标准建设，设计时速80千米。05省道淳安段已先于2003年12月建成通车。至此，杭州市一小时半交通圈提前一年基本形成。（韩莉萍）

【下沙大桥荣获国家优质工程奖】 2004年，杭州下沙大桥工程荣获国家优质工程奖，成为浙江省交通建设史上第一个获此殊荣的工程项目。国家优质工程奖是经国务院批准设立的我国工程建设领域唯一的国家级质量奖。申报国优工程的条件是该工程已获得省、部级（或相应级别）工程质量奖（含鲁班奖）。由杭州市交通路桥建设处负责建设的下沙大桥工程总长7920米，其中跨江主桥长2100米，桥宽34.5米，是目前钱塘江上最高、最宽、最长的桥梁。作为杭州绕城高速公路的关键性工程，该桥在建设过程中，优化施工设计，严格质量标准，规范施工工艺，注重科学管理，通过严密组织，精心施工，于2003年9月以质量综合和建设管理评分两个全省第一的优良成绩通过竣工验收，并被授予浙江省“钱江杯”优质工程。大桥建成后，经过一年多的运行，质量稳定，安全可靠，取得了良好的社会效益和经济效益，成为钱塘江上一道亮丽的风景线。（倪庆永）

【杭徽高速公路昌昱段建成】 12月26日，杭徽高速公路昌化至昱岭关段建成通车。杭徽高速公路昌昱段全长36.68千米，总投资约10.22亿元。全程建设大桥14座，中桥7座，隧道3座，互通式立交3处，在沿线龙岗镇还建有高速公路服务区一处。该工程按全封闭、全立交高速公路标准建设，设计时速80千米。它的建成，初步实现了杭州与安徽黄山的快速对接，标志着杭州市“交通西进”工程迈出了坚实的一步。

参见“区县(市)”类目的【昌化至昱岭关段高速公路通车】。

（韩莉萍）

【杭浦高速公路杭州段开工】 12月28日，杭浦高速公路杭州段开工建设。杭州至上海浦东高速公路是国家重点公路建设规划黑龙江嘉荫至福建南平高速公路的重要组成部分，是全省高速公路主骨架的重要“一连”，也是全市实施以“六线一通道”为主要内容的“东网加密”工程的重要项目之一，是杭州、浙江“接轨上海”的又一便捷通道。杭浦高速起自杭州绕城高速公路北线大井互通，经余杭、海宁、海盐、平湖至上海浦东。浙江境内全长约110.77千米，双向6车道，设计行车时速120千米。杭州段工程位于余杭境内，长9.54千米，概算投资10.17亿元，横跨杭州绕城公路北线、沪杭高速公路和09省道，其中大井枢纽、临平互通和3765米长的特大立交桥为该项目的3项重点结构和控制性工程。全线计划2007年底建成通车。杭浦高速公路的建设将进一步完善国家重点公路和浙江省、杭州市高速公路路网规划，对于打造“长三角”三小时都市交通圈，加强杭州、浙江与上海及“长三角”城市群的联系，促进环杭州湾产业带的形成发展，加快城市化进程和沿线经济社会发展，都具有十分重要的作用。（梁强勇）

【杭千高速公路建设全面铺开】 杭千高速公路为省规划项目“杭新景高速公路”在杭州地区段的项目名称，全线总长191.65千米，总投资概算约121亿元。其主线起点为杭州袁浦，与已建成的杭州绕城高速公路南线相接，经富阳市、桐庐县、建德市，终于建德寿昌，全长132.80千米，为双向6车道高速公路，设计时速120千米；两条支线即龙游支线和千岛湖支线，龙游支线为建德寿昌至龙游与杭金衢高速公路相连，双向4车道高速公路，设计时速100千米，路线全长37.63千米；千岛湖支线为双向4车道高速公路，设计时速80千米，路线全长21.22千米。

淳安千威线“安保工程”

杭千高速公路分两期建设，一期工程杭州袁浦至建德洋溪，2003年3月28日开工，至2004年底已基本贯通路基，计划于2005年底建成营运。二期工程千岛湖支线和龙游支线分别于2004年4月28日、6月29日举行开工典礼，进入全面施工阶段。至年底，杭千高速累计完成投资44.14亿元，其中2004年完成投资39.08亿元。

杭千高速公路建设实行代建制管理模式。在前期征迁和工程建设中，充分利用代建制优势，紧紧依靠各地方政府成立的指挥部，使工程得以顺利推进。（韩莉萍）

【杭甬运河工程取得突破性进展】 杭甬运河杭州段工程是浙江省重点工程项目，也是杭州市建设“黄金水道”的一项关键性工程。2004年，市港航管理局克难攻坚，积极探索，采取有力措施，征地拆迁等工作不断向前推进，工程建设的进度、质量、安全展现出全新的面貌，一举扭转了在全省杭甬运河全线工程建设中相对落后的局面，工作进展直逼宁波和绍兴。年内，6个标段的招标施工已全线铺开，气势宏大，场面壮观。至年底，投资计划任务已完成。全年完成投资1.56亿元，其中支付前期补偿费1.10亿元，工程建设完成投资4611万元。（徐　靓）

·铁路·

【铁路概况】 杭州铁路分局管辖浙江省境内沪杭、浙赣、宣杭3条干线及金千(金华至千岛湖)、长牛(长兴至牛头山)、北仑(宁波至北仑港)3条支线，营业线路776.7千米，有客货车站(包括会让站)92个，配属机车249台(内燃机车243台、蒸汽机车6台)，配属客车711辆。全分局职工25160人。2004年，完成旅客发送3750万人次，比上年增长19.1%，其中杭州市1908万人次，增长24.4%；完成货物发送2043万吨，增长7.4%，其中杭州市479.90万吨，增长9.5%；运输总周转量407.16亿换算吨千米，增长16.7%；旅客周转量173.17亿人千米，增长19.5%；货物周转量233.99亿吨千米，增长14.6%。运输总收入47.25亿元，实现运输利润2.79亿元，分别增长21.3%和65.8%。运输全员劳动生产率25.10万元/人年和216.3万吨千米/人年，分别增长18.9%和14.5%。

【实现劳动安全年】近几年来，杭州铁路分局以确保提速安全和客车安全为重点，深入开展安全大检查和安全生产专项整治。强化对道口的安全管理，加大道口拆、并、改力度，落实确保道口安全刚性措施。加强对施工安全的督导检查，确保现场作业安全有序。坚定不移地推进提速安全标准化建设，取得了可喜成效。全年杜绝了职工死亡和重伤事故，实现劳动安全年和劳动565安全天。至年底，分局实现连续行车安全4997天。

【企业改革取得新成绩】 杭州铁路分局继续推进主(业)辅(业)分离，辅业改制，2004年先后完成装卸、生活管理，房屋建筑管理系统与运输系统分离、改制，完成委托基层站段管理的多元经营企业与站段“脱钩”，杭州铁路医院成建制移交浙江省第一医院。积极实施运输生产力布局调整，将杭州、杭州东工务段合并，成立杭州工务段，并调整杭州、金华工务段的管界；撤销金华水电段，并入杭州水电段。进一步做好“三定”工作，杭州铁路分局管理机构定员限额内编制精简8.9%，限额外编制精简23.7%。

【基建科教取得新成果】 全年完成较大基建项目100项，投资5536万元；其中大基建扫尾及跨年项目43项，投资3274万元。围绕提速安全重点，推进科技创新。组织单司机值乘标准化作业音视频分析系统、车站道口栏木无线复示装置、道口报警器后备电源等重点科技项目攻关，取得科技成果66项，其中上海铁路局级5项、杭州分局级61项。推进信息化建设，运输管理信息系统建设有实质性突破，客票发售和预订系统运行稳定可靠，功能日趋完善，办公信息系统应用更加广泛。围绕第五次大面积提速调图做好职工培训工作，培训覆盖率100%，持证上岗率100%。结合提速安全标准线建设，继续开展以“学标、对标、达标”为重点内容的全员培训及创建“职工教育达标单位”活动。推进专业性职工培训基地建设，为进一步搞好职工培训工作创造条件。

表40　　2004年杭州市铁路客货运量

站名	旅客发送量(人次)	旅客到达量(人次)	货物发送量(吨)	货物到达量(吨)
石濑			0	85 178
仓前			119 530	542 412
三墩			0	0
杭州北			714 929	7 374 159
临平	220 744	190 077	258 830	1 007 441
乔司			0	0
笕桥			3 007	52 924
艮山门			761 100	1 805 169
杭州	14 058 204	12 082 378	0	0
杭州东	3 335 906	6 148 012	0	0
南星桥			659 318	1 622 733
钱塘江			16 183	105 992
长河			0	0
萧山西			426 962	1 753 284
萧山	1 278 841	1 205 690	20 948	5 147 800
萧南			0	0
白鹿塘			357 620	12 981
临浦	11 032	8 078	56 717	344 227
浦阳			0	300
塘村			0	0
排塘	21 663	17 690	60	6 772
寿昌	59 399	54 823	289 206	507 145
更楼	11 785	8 031	348 931	345 268
新安江	60 905	60 621	121 616	595 607
朱家埠			507 990	25 262
千岛湖	24 614	36 138	136 006	51 509
勾庄				31 267
合计	19 083 093	19 811 538	4 798 953	21 417 430

【沪杭线电气化工程开工】 沪杭线电气化工程东始上海站、西至杭州站，全线201.6千米，是国家铁路网主骨架东西向重要干线组成部分。2004年8月，国家发改委批准立项。11月，铁道部在北京召开沪杭线电气化工程初步设计审查会，确定工程设计工期为两年，将于2006年与浙赣线电气化工程同步建成开通，工程总投资为13亿元。

11月，上海铁路局组建沪杭线电气化工程建设指挥部，12月25日正式开工。

【浙赣铁路电气化提速改造工程全线启动】 浙赣铁路电气化提速改造工程东始杭州站，西至株洲站，是长江以南最重要的东西向干线，是国家铁路网主骨架的重要组成部分。为适应东部地区铁路率先实现现代化的要求，铁道部对浙赣铁路进行电气化提速改造。工程计划于2005年8月全线铺通，同年10月完成提速工程，2006年3月完成电气化改造工程。全线以200千米/小时速度目标进行提速改造和工程设计，预计浙江段总投资约78.76亿元。

浙赣铁路电气化工程浙江段于2003年11月进行预招标，12月5日诸暨取直段工程试验段率先破土动工。2004年下半年全线动工。至年底，浙江段完成投资25.27亿元，为总计划投资的32.1%。

【宣杭铁路增建第二线工程进展顺利】 宣杭铁路增建第二线工程自皖赣线宣城站经长兴至杭州站，全长224千米，其中浙江省境内143.5千米。设计双线区段速度140千米/小时~160千米/小时。计划总工期三年，工程总投资为34.1亿元，其中浙江省境内约28亿元。

2003年4月22日宣杭铁路增建第二线工程正式开工，至2004年底,已完成梅峰、泗安、姚西、大云、乔司编组站等5个车站改造工程,双线无缝线路开通31千米,完成总投资15.36亿元,为总计划投资的54.9%。 (袁 锋)

·公路·

【公路概况】 2004年底,杭州市公路总里程(不含市区的市政养护道路)6741.81千米,其中,国道392.26千米,省道851.35千米,县道3192.68千米,乡道2232.85千米,专用道72.67千米。从公路技术等级角度看,高速公路226.67千米、一级公路490.68千米、二级公路759.70千米、三级公路1042.84千米、四级公路3614.19千米、等外公路607.73千米。从路网通达性看,全市公路密度40.62千米/百平方千米,公路通乡(镇)率100%,公路通村率为98.8%。专业公路平均好路率66.09%,县乡公路平均好路率57.90%,公路路况的稳定提高为全市社会经济发展提供了充分的保障。

全市从事道路运输的经营单位(含个体联户)2.49万个,有营运客货汽车6.65万辆。其中:营运货车5.01万辆,18.14万吨位;营运客车1.64万辆,18.50万客位。从事货物运输的拖拉机2.13万辆。从事运输服务的单位1151个。全年征收公路养护费12.23亿元(其中,汽车公路养护费11.78亿元,手扶拖拉机、摩托车养路费4450万元),比上年增长55.8%;征收公路建设基金2.14亿元,增长19.8%。

全市有客运出租汽车经营企业122个,经营车辆6585辆;个体客运出租汽车经营者2303户,经营车辆2345辆。其中,市区(不含萧山、余杭区)经营企业86个,经营车辆5614辆;个体经营者1506户,经营车辆1543辆。

杭州市区汽车租赁企业56个,有租赁车辆1732辆。货的(0.75吨以下小型货运出租汽车)1689辆。

全市拥有各类机动车维修企业4375个,从业人员2.38万人。其中,一类机动车维修企业153个,二类机动车维修企业609个,三类机动车维修业户2128个,摩托车维修业户1485个,全年维修各类车辆132.63万辆次。市区有机动车维修企业879个,全年维修车辆77.25万辆次。全市有汽车综合性能检测站10个,其中A级站4个、B级站6个,设计年检测能力23.2万辆次,2004年检测车辆10.83万辆次。

(胡晓丹 倪国定 朱勇源)

【实现乡乡通油(水泥)路】 2004年,全市各级地方政府和交通部门认真实施“乡村通达”工程,得到广大群众的积极拥护。全年完成通乡公路7条计70.8千米和通村公路846个项目计2080千米,使725个行政村通了公路,50多万名农民受益。全市通乡公路路面硬化工程全部完成,通村公路等级率达到76.3%、硬化率达到72.2%。富阳市率先实现通村公路“双百”(等级公路通村率100%,通村公路硬化率100%)目标,全市县乡公路最长里程的隧道——桐庐雪水岭隧道(长1952米)全线贯通。上述成果,在省政协和交通部农村公路投资政策评估组在杭调研过程中,得到了充分肯定。

道路运输执法检查

【建成公路绿色通道538.6千米】 绿色通道工程是提高整个公路服务功能的重要内容之一。2004年,杭州交通公路管理部门加强与地方政府和绿化、国土资源、林业水利等部门的协调,取得了较好成效。同时,以“三一二”全国义务植树活动为契机,将绿色通道工程融入全民义务植树活动之中,会同团市委、市妇联、杭州日报报业集团等单位,组织市民参加杭州市绿色通道纪念林的植树活动,为绿色通道工程建设营造良好氛围。全年完成高速公路及国省道绿化196.6千米、县乡公路绿化342千米,合计538.6千米,并对干线公路沿线的绿化进行补植,优化了公路的生态环境。

【公路养护监管水平进一步提升】 2004年,杭州公路管理部门紧紧围绕日常养护、收费公路行业管理、干线畅通、“安保工程”、路政执法等各项工作,加大养护监管力度。

注重公路日常养护。重视桥梁检测及水毁修复,对有病害的6座桥梁和4条隧道进行了维修,对发生的27个水毁项目修复率达到100%。全市专业公路养护质量1月~12月平均好路率达到66.09%,比上年提高1.54个百分点;干线公路好路率74.56%,提高2.15个百分点;国省道干线公路无差等路。12月底,全市公路管理系统全面开展以“清洁卫生、安全畅通”为主题的“百日公路保洁畅通活动”,改变路面保洁不善的局面,使全市重点干线公路真正达到了“畅、洁、绿、美”的要求。

加强收费公路养护路政管理。2004年全市收费公路里程741.97千米,有22个收费公路经营管理单位。依据《浙江省收费公路养护和路政管理办法》的要求,制定了杭州市收费公路养护路政管理考评办法,在全市范围内建立收费公路养护路政工作检查评比制度。通过检查考核,规范收费公路的养护管理,加强经营管理单位管理服务意识，全面提高养护质量。

公路改建工程按总体和年度计划认真实施。全年完成干线畅通大中修工程9个项目计120.2千米，投资1.03亿元，通过杭州市交通质量安全监督总站组织的质量鉴定，均被评为优良工程。建设完成其余国、省道大中修项目14个，总投资为898万元。全年大中修项目合格率100%，优良率为85%。

积极开展公路“安保工程”建设。会同有关部门对省安全生产委员会列入必须治理的国、省道16处隐患点（段）进行现场踏勘，落实措施，全部整治完毕，并通过了市安全生产委员会组织的检查验收。同时，完成“安保工程”增补计划49千米，其中104国道萧山段5.8千米，20省道桐庐、建德段43.2千米，进一步改善了安全行车的条件。淳安千威线（千岛湖镇至威坪）作为省“安保工程”的示范点，在较短时间内高标准完成了安全设施、标志标线的设置工作，并通过了省公路局组织的交工验收。

规范路政执法管理。认真贯彻落实《中华人民共和国行政许可法》，积极维护路产路权。全年受理路政许可526件，行政许可正确率100%。路政巡查6.83万人次，查处违法案件1.78万起，清理马路市场303个，拆除违章建筑7398平方米，查处违法设置的非公路标志2283块，清除堆积物14.6万立方米，行政处理（处罚）正确率100%。

【超限超载治理取得成效】 贯彻落实交通部等7部委《关于在全国开展车辆超限超载治理工作的实施方案》和省、市治超办的工作部署，6月20日上午9时起，杭州市开展车辆超限超载集中治理行动。全市设17个固定、流动检测站（点），有460名路政、运管、交警路面执法人员同时开展检测、卸载、查处工作，严格按照统一口径、统一标准、统一行动的要求，实行24小时全天候查处，采取固定检查与流动巡查相结合的方式，重点打击高速公路和县乡道路绕道行驶、暴力抗法、恶性超限超载行为。至12月底(含集中治超前1月~5月)，共查处“双超”车辆2.15万辆，卸载总吨位18.93万吨，收取路政赔（补）偿费212万元，罚款1600余万元。超限超载情况从治超前的80%下降到17%，社会平均运价上升25%，有效遏制了超限超载的势头。 （胡晓丹）

查处超限超载车辆

【车辆购置附加税征收划转国税】 车购税费改革是国家深化财税体制改革、理顺税费关系的一项重要举措。12月28日，市交通局与市国税局进行了车购税费改革划转、人员档案移交工作，由市交通局代征了4年的车辆购置附加税从此正式划转国税。从2005年1月1日起，车购税将由国税部门直接征收。 （程　静）

【市区营业性人力三轮车依法淘汰】 1月16日，省人大常委会第七次会议审议批准了杭州市人大常委会《关于修改〈杭州市市区道路交通管理条例〉个别条款的决定(草案)》。3月23日，市委办公厅、市政府办公厅公告了杭州市区（不含萧山、余杭区）依法管理“四小车”工作方案。“四小车”即有动力装置的有证残疾人专用车、营业性人力三轮车、燃油助动车、有证正三轮摩托车。3月24日，依法管理市区营业性人力三轮车工作启动，按照“依法管理、有情操作”的原则，通过向三轮车企业、车主和车工做深入细致的思想工作，至3月28日，市区953辆营业性人力三轮车收缴工作平稳顺利完成。营业性人力三轮车作为一种落后的交通工具，从此退出了杭州市区交通运输的舞台。 （顾建峰）

【道路运输市场秩序规范有序】 杭州市道路运输管理紧紧围绕“依法治运”的工作方针，坚持立法与执法并进，通过创新管理手段，加大管理力度，道路运输市场秩序明显好转。2004年，结合《中华人民共和国行政许可法》的实施，修订了《杭州市客运出租汽车条例（修改文本）》，调整行政许可模式，简化程序，方便群众办事。继续规范执法行为，完善执法稽查考核办法，全面启用违章处理系统，建立道路运输违法违章网上协查制度，并在市区主要客运集散地安装了电子动态监控系统，加强了杭州七大客运场站及周边区域客运秩序的监管。各管理部门始终保持强有力的稽查态势，通过组织专项稽查、联合稽查、源头稽查等形式，打击违法经营，遏制违章行为。全年查处无证非法营运车2628辆，其中市区1638辆，通过IC卡对违章刷点5.12万分。办理行政处罚1.11万起，未发生行政复议被撤销、行政诉讼败诉。 （程　静）

【杭城出租车高档化率全国领先】 出租车是城市流动的窗口、文明的标志。2004年，市区继续推进出租车硬件高档化，又更新了1318辆高档出租汽车，新投放400辆高档出租车和100辆豪华奔驰出租车，其中首批30辆豪华“奔的”已上路营运，使杭城出租汽车高档化率达97.4%，继续领先全国各大中城市。

【实施农村短途客运公交化改造】以推进城乡客运一体化为目标，在上年全面完成进杭中巴车公交化改造的基础上，2004年继续实施农村短途客运线路的公交化改造和整合工作。萧山区对境内的25条短途客运中巴线路420辆中巴车进行公交化改造，所有营运车辆全部为双空调高档客车，实现了全区的公交化运行。富阳至杭州20辆依维柯和余杭至杭州100辆中巴车完成了更新改造。临安、桐庐、淳安县(市)也投放豪华客运车辆，并通过调整、兼并，促进规模化经营，在推进城乡一体化建设中发挥了交通先行的作用。（顾建峰）

【整顿规范驾培行业】 2004年，针对全国严峻的道路交通安全形势，公安部、交通部、农业部部署了开展驾驶员队伍大整顿。按照杭州市的整顿工作实施方案，市机动车服务管理局采取多项措施，从驾培源头狠抓安全管理和行业规范。经立法调研，形成了《杭州市机动车驾驶员培训管理条例(草案)》。调查驾校现状，提出了全市驾培行业实行社会化的建议。加大现场监管力度，在整顿中，对85个培训机构开展核查整治，对其中29个不合格单位下发了限期整改通知书。另检查驾校场地207处、教练车1045辆、教练员任职资格800余人，共查处违章行为6起。在打击、遏止行业不正之风的同时，加强行业健康发展的引导。完善全市驾培行业局域网，在全国率先推出学员指纹IC卡实时计时培训管理，10月启动“机动车驾驶员培训学时记录”审核工作。开发教练员IC卡计点管理系统，建立全市教练员电子档案，解决了长期以来教练员管理缺乏手段的问题。

整顿和规范使行业面貌一新。星级教员制全面推行，全年评出四星级教员77名，三星级教员211名。培训服务质量不断提高，品牌意识增强，人性化服务、个性化培训，如“休闲式培训”、“一人一车一教练”、“预约教练”等模式在部分驾培机构悄然推行。

【驾培IC卡实时计时系统率先使用】 7月，杭州市机动车驾驶培训行业在全国率先启用IC卡实时计时系统，对培训课时进行刷卡计时。通过个人指纹录入，计算机实时采集学员上车行驶时间，并由教、学双方刷卡确认，从而保证教学大纲规定的学时不缩水。这项驾培管理新技术的推出，从源头保证了学员上车训练的足时和培训质量的提高；同时，市机动车服务管理局还开发制定了教员IC卡计点管理系统和实施办法。IC卡计时系统的开发使用，使杭州驾培行业管理水平又上一个新的台阶。

为从源头遏止和减少道路交通事故，2004年贯彻实施《中华人民共和国道路交通安全法》。在开展驾培行业大整治，实行培训记录审核等过程中，杭州驾培管理部门利用IC卡等科学管理手段使全市的培训管理走在了全国的前列。

【全市汽车急修抢修半小时圈形成】在汽车保有量逐年上升、维修市场日益火爆的形势下，行业服务更注重品牌化和人性化。2004年杭州市汽车抢修急修呼叫中心统一了施救车辆与服务人员的抢修标志，扩大了维修救援服务范围，业务范围涉及全市所有的区、县(市)，初步实现了大杭州的半小时抢救圈。“85451919”汽车抢修急修呼叫中心全年接到各类抢修电话637起，施救服务成功率100%，投诉率为零。全市有78个网络成员单位，其中21个服务优良企业受到市机动车服务管理局授牌表彰。

行业管理部门不断规范和完善杭州市“85451919”汽车抢修急修呼叫中心内部管理运行机制，宣传和推广热线号码和救援服务，整合救援网络资源，强化网络的服务能力和质量，以更好地服务群众、服务社会，展示机动车维修行业新形象。（姚燕明）

【公路旅客运输】 2004年，全市从事公路旅客运输的单位有3339个(含个体联户)，拥有营运客车1.64万辆、18.50万客位，其中大客车1379辆、5.40万客位，中型车3648辆、7.86万客位，小型车1.14万辆、5.24万客位。全市客运班车每天发送2.83万班次，其中发往省外671班次，发往省内其他市2413班次，市内跨县(市)4530班次，市属各县(市)境内2.07万班次。杭州市区(不含萧山、余杭区)每天发送班车4335班次，其中汽车东站1100班次、北站700班次、西站337班次、南站410班次。

全市有等级客运站26个，其中一级站1个、二级站10个、三级站13个、四级站2个。

全年完成公路旅客运输量2.04亿人次、周转量103.42亿人千米，分别比上年增长4.4%和7.6%。春节运输期间(1月25日~3月5日)，公路运输部门调集670辆旅游客车及社会自备客车支援春运，全市日均投放客运车辆4203辆、9.20万客位，日均发送1.78万班次（累计加班3.08万班次），完成客运量1147万人次。其中，市区(不含萧山、余杭区)日均投入客车769辆、2.43万客位，日均发送3911班次(累计加班1.23万班次)，完成客运量313.49万人次。

【公路货物运输】 2004年，全市从事公路货物运输的单位有1.64万个(含个体联户)，拥有营运货车5.01万辆、18.14万吨位，其中市区(不含萧山、余杭区)858个、1.98万辆、8.67万吨位。全年完成货物运输量1.31亿吨、周转量53.72亿吨千米，分别比上年增长8.2%和6.1%。全市有货运交易市场1个，道路货运站12个(其中集装箱中转货运站2个，货运零担站1个)。（倪国定）

·水运·

【水运概况】 2004年，杭州市有水路运输企业63个，其中货运企业24个、客运企业39个；另有水运服务企业20个。全航区有运输船舶5060艘、41.26万千瓦、70.32万吨位、1.71万客位；有渡口56处，渡船67艘。全年完成货物运输量5289万吨、周转量56.39亿吨千米，分别比上年增长24.4%和34.8%。完成客运量按新口径统计为236.75万人次、周转量7243万人千米。三堡船闸全年通过船舶5.32万艘、2083万吨、1.8万闸次。

全市通航里程2005千米，其中等级航道1157千米，有船闸8座。航道养护全年疏浚土方8.2万立方米，打捞沉船17艘、610吨位，维护航标2892次/355座。

杭州市籍运输船舶全年发生事故13起,死亡9人,沉船4艘,直接经济损失85.04万元。

全年完成船舶检验5308艘、54.69万总吨、48.26万千瓦,其中制造检验294艘、4.82万总吨、3.3万千瓦。审批新建船舶设计图纸76套。

全年征收航道养护费6126万元,比上年增长29.9%;货物港务费1091万元,增长11.3%;船舶港务费1196万元,增长21.6%;水路运输管理费1295万元,增长25.5%;船舶检验费479.41万元,下降4.3%。

杭州港完成货物吞吐量4864万吨,比上年增长4%。其中:进口3979万吨,增长9%;出口885万吨,下降12%。危险货物吞吐量279万吨,增长4%。公用码头完成吞吐量779万吨,下降7%。征收各类港政规费3183万元,增长35%。

【水上巴士投入运营】 10月28日上午10时,水上巴士首航仪式在信义坊码头举行,省委常委、市委书记、市人大常委会主任王国平宣布水上巴士正式开通。代市长孙忠焕、省交通厅厅长赵詹奇分别在仪式上讲话,副市长沈坚主持了首航仪式。水上公共巴士项目是杭州港航管理部门根据市交通局的总体部署,为打造城市立体交通、挖掘运河文化底蕴、提升城市生活品位而实施的一个水上交通综合工程。一期主要建设拱宸桥、信义坊、武林门3个码头,水域通航里程5.5千米,码头陆域占地面积近2700平方米,设计年客运量约100万人次,投资概算1070万元。二期、三期工程还将把水上巴士航线的起点和终点分别延伸至钱江新城和余杭塘栖,届时水上巴士将用39千米长的航线串联起江干、下城、拱墅和余杭4个城区。

【大松树集装箱码头工程立项】 大松树集装箱码头工程位于杭州市余杭区良渚镇运河村(大松树),京杭运河西岸,紧邻义桥粮库,北距宣杭铁路跨运河铁路桥约1千米。一期工程初步设计于8月19日经省发改委批准。一期工程占地16.23公顷,码头采用重力式结构,建设500吨级泊位9个,其中集装箱6个,件杂货3个。年吞吐量90万吨,总投资概算1.60亿元。

【余杭三大港区完成初步设计】 余杭港区仁和作业区石化区一期工程初步设计于2月5日经省发改委批准。该工程位于仁和镇京杭运河西岸,一期工程占地25.5公顷,码头采用重力式结构,开挖挖入式港池2个,建设500吨级泊位13个,后方陆域建设罐区、道路及辅助设施,设计年吞吐量170万吨,工程概算为1.04亿元。余杭港区仁和作业区散杂区一期工程初步设计于11月29日经省发改委批准。该工程位于仁和镇京杭运河西岸,一期工程占地40.33公顷,码头采用重力式结构,开挖挖入式港池2个,建设500吨级泊位20个,后方陆域建设相应的库场和配套设施,设计年吞吐量492万吨,工程概算为2.71亿元。

余杭港区临平作业区一期工程初步设计于12月3日经省发改委批准。该工程位于运河镇塘泾漾杭申线南岸,一期工程占地31.75公顷,码头采用重力式结构,利用塘泾漾作为港池,建设500吨级泊位13个,后方陆域建设相应的堆场、集装箱拆装箱库、道路和配套设施,设计年吞吐量190万吨,其中集装箱7.25万标箱,工程概算为2.05亿元。

余杭港区崇贤作业区一期工程初步设计于2月5日经省发改委批准。该工程位于崇贤镇京杭运河东岸,一期工程占地56.4公顷,开挖挖入式港池2个,建设500吨级泊位23个,后方陆域建设相应的库场、道路和配套设施,设计年吞吐量581万吨,工程概算为2.76亿元。

【西湖水域船员、船舶纳入规范管理】 依据《中华人民共和国行政许可法》、《中华人民共和国内河交通安全管理条例》、《杭州市西湖水域保护管理条例》等有关规定,西湖水域的船舶登记、船员考证、船舶检验由杭州市地方海事局和杭州市船舶检验处负责实施。7月,市地方海事局开始对西湖水域船舶、船员进行规范管理。通过实船察看、走访船公司、分析资料,对西湖水域船舶、船员及管理情况进行调研,按照有关规定建立了西湖水域船舶登记制度、法定检验制度和船员考试发证制度,并与市船舶检验处着手对西湖水域船舶进行登记、建档、检验,对船员进行培训、考试和发证。

【监管西溪湿地水上交通】 1月,市港航管理局为消除西溪湿地风景区游船现场混乱、旅游船无证无照、水泥船超载等安全隐患,根据《中华人民共和国内河交通安全管理条例》、《杭州市水上交通管理条例》、《浙江省水路运输管理条例》及有关规定,在蒋村设立西溪地方海事所,对西溪湿地水上旅游施行依法纳规管理。该所联合有关部门发布安全管理通告,取缔不符合安全要求的营运水泥船,并制订了《杭州西溪湿地游览船舶管理暂行办法》。对从事水

杭州运河水上公共巴士首航仪式

上旅游的76艘船舶进行了检验、登记发证。举办了4期船员培训班,核发手划船操作证183本。一年来,西溪湿地风景区水上交通秩序明显好转,确保了旅游安全。

【钱塘江货物运输市场化运作平稳】年初,经过周密的前期准备和部署,市港航管理局以“取消黄砂接砂区域限制,渐次取消石料运输、黄砂运输航次等限制,通过市场化管理手段,逐步放开钱塘江黄砂船舶航次调控及相关限制”为目标,稳步实施钱塘江货物运输市场化运作。投入资金300万元,建立市场化运作信息管理系统,试行实船排队接砂和电脑摇号接砂双轨制,制订处理突发事件的应急预案,市场经历了情绪发泄—行为抵制—逐步接受—平稳施行等阶段。钱塘江货物运输市场化的成功实施,宣告了自1998年以来实行的“限制黄砂运输航次、控制黄砂运力规模”调控办法的结束,标志着钱塘江水运市场由计划经济向市场经济的转变。 (徐 靓)

·民用航空·

【民用航空概况】 2004年,杭州萧山国际机场共保障各类航班安全起降6.7万架次,比上年增长32.3%;高峰日起降架次为4月15日240架次,高峰小时起降架次为2月24日8时21架次。全年完成旅客吞吐量633.8万人次,增长45.6%;出入境旅客70.73万人次,增长83.9%;高峰日旅客吞吐量为10月21日23139人次。年旅客吞吐量在全国机场排名第10位。完成货邮吞吐量15.99万吨,增长42.6%;出入境货邮2.4万吨,增长171.5%。全年平均客座率67.6%,载运率57%。共有19家中外航空公司在杭运营,停场过夜飞机17架。新开通杭州至湛江国内航线,杭州至新加坡、东京、大阪国际定期客运航线以及至汉城、吉隆坡、迪拜、阿姆斯特丹国际定期货运包机航线,通航城市59个,每周国际及地区航班达93班。

【实现第4个航空安全年】 2004年,面对严峻的安全形势和机场运输生产快速增长的实际,杭州萧山国际机场有限公司(以下简称机场公司)始终坚持“安全第一,预防为主”的方针,进一步完善落实安全责任制,严格实施安全工作的组织领导和安全管理,实现了第4个航空安全年。开展“争创安全飞行500万小时实现2004年安全年活动”和“安全生产月”、“安康杯”竞赛等各类活动,强化安全宣传教育。认真实施飞行区专项整治、“一一·二一”包头空难后安全自查整顿,及时查堵了安全工作漏洞和薄弱环节。重点抓好机务维修、通信导航、空防安全、机坪管理、隔离区管理、飞行区控制、净空保护和不停航安全施工等安全保障工作,提高了安全工作质量。成功举行了机场应急救援综合演练。机场航班放行正常率达到95%。全年没有发生人为原因造成的飞行保障等级差错,查获各类违禁物品1467件,查获旅客故意藏匿刀具事件38起,查获伪造、冒用证件843起。处置各类非法干扰航空安全事件35起,查处各类治安案件1096起。完成各级警卫任务96批次,保障要客1976人次。圆满完成了2004年春运、“五一黄金周”、“十一黄金周”、在杭召开的“联合国改革问题亚洲高级别研讨会”、“全国社会治安综合治理工作会议”、“中国第七届艺术节”、杭州西湖博览会等重大活动的保障任务。

杭州至东京、大阪定期客运航线首航仪式

【经济效益大幅增长】 机场公司以开展“国际年”活动为抓手,以经济效益为中心,以发展国际客货运输生产为突破口,外拓市场,内抓管理,千方百计地开源节流、增收减亏,2004年经济效益大幅增长。抓住杭州航空口岸扩大对外国籍飞机开放的有利条件,进一步密切与民航上级和国内外航空公司的联系;加大市场营销力度,吸引更多的客货源和运力投入,拓展航线网络和航班量,新开辟7条国际定期客、货航线,年客、货流量分别增长近200万人次和5万吨,实现了杭州空港的历史性跨越。进一步加强经营管理,鼓励和支持下属公司拓展业务市场,寻求新的收入增长点。抓住日本、韩国、马来西亚国际航班开通的契机,加大进出口货物的组织力度,与多家外国航空公司签订监管卡车转运协议,开通了杭州至上海、宁波、苏州、南京的转关业务。积极拓展国际航班配餐市场,争取到为韩亚航空、日本航空、马来西亚航空等外航公司的配餐业务。严格成本管理和财务管理,加大对各类设备和物资采购、工程建设的招投标管理力度,加强能耗控制和设备维护,有效控制了费用支出。全年完成业务总收入3.67亿元,比上年增长53%;其中主营业务收入2.74亿元,增长51%。发生业务总支出3.15亿元,增长14%。上缴各项税金1396万元,实现投资收益1522万元,完成利润总额6720万元,首次实现了扭亏为盈。

【企业改革稳步推进】 2004年是机场公司实行属地化管理的第一年。按照机场属地化管理改革要求,机场公司进一步理顺关系，自觉主动地接受省、市政府及各有关部门的领导，接受民航行业管理。抓紧做好机场属地化管理改革后的有关资产处置工作，与民航浙江安全监督管理办公室就武林门民航售票大楼使用、职工住房基金等签订了有关协议，与民航杭州空中交通管理中心签订了有关固定资产移交协议。与省公安厅就机场公安机构改革问题进行协商，做好有关准备工作。以建立现代企业制度为目标，积极探索企业内部管理改革和制度创新。在机场汽车修理厂实行内部公开招标承包经营改革，引入了竞争和激励机制。深化劳动用工制度改革，统一规范机场公司今后新进人员的用工和待遇政策。加强管理人员的考核管理，对134名聘任期满的三级机构管理人员进行考核测评，对18个三级管理岗位组织实行公开竞聘。抓紧组织实施机场公司货币化分房改革。积极推进公务用车及职工交通用车改革，在深入调研的基础上，制定了初步改革方案上报审批。加强机场发展规划研究，编制完成了机场公司至2010年的中期规划和2005年~2006年改革与发展规划。

杭州萧山国际机场服务苏州推介会

【积极开展合资工作】 按照浙江省委、省政府对杭州萧山国际机场发展的总体要求，为引进国际上先进的机场运营管理经验、技术和外资，实现投资主体的多元化，提升运营管理水平，推动机场二期建设和口岸开放，促进可持续发展，适应地方经济建设和社会发展的需求，2004年机场公司积极开展了合资工作。成立机场对外合作工作组，学习引进外资的有关政策规定和海口、深圳等机场引资的经验。与有合资意向的香港机场管理局、新加坡樟宜机场和丹麦哥本哈根机场多次进行了较深入的会谈，达成了有关初步协议。实地考察了香港机场资信、运营管理等方面情况。抽调人员组成合资工作办公室，聘请浙江天册律师事务所参与机场对外合资工作。按照国家有关要求，在省国资委的具体领导下，机场公司董事会向香港机场管理局、新加坡樟宜机场、丹麦哥本哈根机场发出了投资邀请书。坚持“公开、公平、公正”和合法、规范的原则，经专家评议和省国资委确认，选定香港机场管理局为首选谈判对象。

浙江省委、省政府和民航总局、华东地区管理局及各有关部门领导高度重视和全力支持杭州萧山国际机场的合资工作。省委书记习近平，省长吕祖善，常务副省长章猛进，副省长王永明、钟山，民航总局局长杨元元，民航华东地区管理局局长夏兴华等对此多次作出了重要指示或批示。副省长钟山还多次主持召开专题会议，研究落实机场合资有关事宜。省国资委专门成立工作小组，全力推进机场合资工作。省发改委、省外经贸厅等部门还专门派人指导，给予支持和帮助，保证了合资工作的顺利进行。

【加强基础设施建设】 机场公司本着“安全生产优先”的原则，投资4000万元对机场设施设备进行了更新和维修。6月30日，新增站坪面积13万平方米、11个机位的机场站坪扩建工程顺利通过民航华东地区管理局和省发改委组织的竣工验收，7月8日正式投入使用。机场总平面规划、机场二期建设工程方案编制等前期工作抓紧开展。8月5日，机场货站扩建货机坪工程开工，至年底强夯施工已基本完成。国际货运监管仓库土建工程和钢结构工程已完成招标工作。机场大门口仓储办公用房工程施工进展顺利。年内，候机楼国内值机办票B岛改造、国内安检通道改造、社会小型车辆停车场扩建、航空货站快件中心和国际货物操作场及钢结构库房、航材保税仓库等工程完工投入使用。

【杭州航空口岸正式扩大对外国籍飞机开放】 1月9日，杭州航空口岸对外国籍飞机开放筹备工作通过了由浙江省口岸办公室、东海舰队司令部、省军区司令部和省、市、区政府及省边防局、杭州海关、浙江出入境检验检疫局有关人员组成的验收小组的预验收。3月4日~5日，杭州航空口岸扩大对外开放筹备工作通过了由国家海关总署、公安部、国家质检总局、民航总局、总参作战部、南京军区、浙江省和杭州市有关人员组成的验收组的验收。3月18日，浙江省政府新闻办公室召开新闻发布会，宣布杭州航空口岸正式扩大对外国籍飞机开放。

【举办苏州推介会和国际货运推介会】 5月13日，机场公司在苏州会议中心成功举办了以“天堂苏杭，共同空港”为主题的机场服务推介会，宣传推介杭州萧山国际机场的快速通关和客货运代理等服务。杭州市副市长金胜山、市政府秘书长娄延安，苏州市副市长周伟强、市政府秘书长王少东，苏杭两市经贸、旅游等部门领导，苏州市各大外资、外贸、进出口公司，客货运代理公司、旅行社等企业代表300余人出席了推介会。此次推介会是机场公司首次跨行政区域进行的自我宣传推介活动，对扩大机场在苏南地区的影响，在苏杭间打造一条“航空快车道”，

表 41　2004年杭州萧山国际机场国际、地区航线旅客流量

目的地	旅客吞吐量（人）	比上年（%）	平均客座率（%）
汉　城	97 307	68.9	62.9
东　京	60 374	–	44.8
大　阪	39 910	–	52.8
新加坡	24 911	–	68.9
曼　谷	21 186	2.3	69.6
普　吉	1 288	–	包机
吉隆坡	625	–	包机
鹿儿岛	330	–	包机
高　松	128	–	包机
青　森	229	–	包机
中国香港	324 162	45.6	62.9
中国澳门	136 812	67.8	66.5

促进两地物流、旅游业的共同发展，具有重要意义。

8月17日，机场公司在杭州举办了第一次国际货运推介会，重点宣传推介了杭州萧山国际机场国际运输生产方面的拓展计划，大韩、马来西亚、日本、全日空、韩亚、港龙等6个国际和地区航空公司代表进行了业务推介。来自浙江和上海、江苏等周边地区的近50个货运代理企业及航空公司代表160余人出席了推介会。此次推介会是机场公司走向市场的又一次尝试，在航空公司和广大客户中产生了较好的反响。

【杭州至新加坡定期客运航线开通】 1月16日，国航浙江分公司使用A319型飞机开通了杭州至新加坡国际定期客运航线。每周3班，周二、五、日杭州始发，周一、三、六返程。

【杭州至东京、大阪定期客运航线开通】 3月28日，日本航空公司和全日空公司分别使用B767-300型和B767型飞机开通了杭州至东京、大阪的国际定期客运航线。杭州至东京航线每周9班，日航、全日空公司分别承运5班和4班；杭州至大阪航线每周5班，日航、全日空公司分别承运2班和3班。省委常委、市委书记王国平，副省长王永明、钟山，市长茅临生，市委副书记王建满，副市长金胜山，日航社长羽根田胜夫，全日空社长大桥洋治等出席了首航仪式。

【杭州至汉城、吉隆坡、迪拜、阿姆斯特丹定期货运包机航线开通】 7月7日，韩国大韩航空公司使用B747-400型全货机开通了杭州至汉城的国际定期货运包机航线，每周两班。该航线是杭州机场也是浙江民航历史以来开通的第一条国际定期货运包机航线。

杭州至汉城定期货运包机航线开通

9月22日，马来西亚航空公司使用B747-200型全货机开通了吉隆坡至杭州和杭州至阿联酋迪拜、荷兰阿姆斯特丹的国际定期货运包机航线。吉隆坡至杭州航线每周1班，杭州起飞时间为每周二18时40分，周三20时30分返抵杭州；杭州至迪拜、阿姆斯特丹航线每周3班，杭州起飞时间为每周三、五、日23时30分，每周五、日、二10时55分返抵杭州。　　（蒋德高）

▶▶资料：2004年杭州萧山国际机场通航航线

国际航线：汉城、曼谷、新加坡、东京、大阪、吉隆坡、迪拜、阿姆斯特丹（定期），普吉、鹿儿岛、高松、青森、阿拉木图（不定期包机）

地区航线：中国香港、澳门

国内航线：北京、广州、海口、武汉、张家界、贵阳、厦门、济南、桂林、三亚、合肥、天津、银川、南宁、太原、昆明、大连、温州、长沙、哈尔滨、南昌、青岛、郑州、长春、成都、兰州、珠海、重庆、晋江、沈阳、西安、上海、浦东、深圳、福州、乌鲁木齐、南京、西宁、汕头、绵阳、石家庄、黄山、义乌、湛江

TRAFFIC GROUP
浙江登峰交通集团
ZHEJIANG DENGFENG TRAFFIC GROUP
浙江登峰交通集团本着"求真务实、与时俱进"的企业精神，秉承"交通为主、多种经营、以人为本、资本运作"的发展思路，实践科学发展观，热心公益事业，大力开展民营企业二次创业，走出了一条以公路投资、工程施工、生态旅游、景观房产等产业为一体的多元化发展之路。
浙江登峰，勇攀高峰。"登峰"愿在更广泛的领域，与各界人士精诚合作，共创伟业。
杭州生态园
公路投资
工程施工
天乐·云都景观房产
天乐·云都景观房产
杭州生态园
杭州生态园山地酒店
杭州桃花源度假村

邮电

Posts & Telecommunications

·邮政·

【邮政概况】杭州市邮政局(以下简称市邮政局)下属(含区、县〈市〉局)邮政局(所)329处,其中市区123处。共有从业人员5348人,其中市局3449人;在岗邮政职工3912人,其中市局2694人;专业技术人员612人,其中市局417人。固定资产原值10.66亿元,其中市局7.06亿元。该局按照科学发展观的要求,调整结构,整合资源,增强可持续发展能力;强化管理,优化网络,切实提高企业效益;以人为本,提升素质,促进企业全面进步。全年完成邮政业务总量6.48亿元,其中市局完成4.36亿元。完成邮政业务收入6.05亿元,比上年(指2003年,下同)增长10.2%;其中市局完成4.13亿元,增长9.2%。市邮政完成收支差总额2538万元,其中市局完成742万元;全员劳动生产率11.58万元/人,其中市局12.25万元/人。

邮政业务持续发展,全市邮政完成邮递类业务收入3.16亿元,比上年增长5.3%。金融类业务加快发展,完成邮政储蓄业务收入1.41亿元,增长20.2%;年末邮政储蓄余额60.11亿元,全年净增10.76亿元。完成汇兑业务收入2267万元,增长11%。调整集邮和物流业务,完成集邮业务收入4775万元,下降33.3%;完成物流业务收入4955万元,下降18.3%。

实施邮政工程建设与网点改造。3月10日,杭州第二邮政枢纽工程(杭州邮件处理中心)通过国家邮政局验收。11月18日,滨江邮政大楼工程开工。完成半山邮政支局、德胜邮政所、留下邮政支局、艮山门邮政支局、拱西邮政所、河坊街邮政支局、朝晖现代城邮政所等网点的改造。制作、更新报刊亭40只。完成最后26个网点的电子化支局新系统的改造安装,实现杭州市区(不含萧山、余杭区)邮政营业网点全部使用电子化支局新系统的目标。

9月17日,举行《鸡血石印》邮票首发仪式。

加强企业基础管理,抓好经营秩序专项整治,对省邮政局专项整治督查组提出的意见进行认真整改,对查出的违规行为严肃处理。定期召开专(兼)职视察员会议,对经营单位明查暗访,加强邮区中心局的质量监控、巡查。制定2004年市场专项营销奖励办法,鼓励经营单位创新发展,上报省邮政局经营管理创新项目18个。实施速递模拟核算,速递专业模拟公司化运作。加强大客户的管理和沟通协调,建立经营单位营销考核档案,注重营销队伍的培养和选拔。加强11185客户服务中心信息平台的建设,为业务发展做好支撑。以提高业务素质和职业道德为重点,以营业、投递的"星级"评定为载体,抓好服务管理,提高邮政服务水平。

制定经营单位绩效考核办法,促进邮政业务发展。加强资金、资产的管理,开展专项财务检查和审计,规范财务行为,严肃财经纪律。严格对各单位营业收入资金的稽核、监管,规范审批手续,控制资金往来。强化成本管理,实施成本效益分析。开展业务检查,落实奖惩措施,促进财务核算的规范化、制度化,稳步推行县(市)局财务管理一体化。

认真执行内审法规和制度,以经济责任、业务资金、内控制度、建设工程、自有收益资金5项审计为重点,全年开展73项审计,查处违规金额477万元，审计基本建设资金852.8万元，审减工程费用207.3万元。梳理和规范生产作业流程，促进企业规范运作。制定《杭州市邮政局安全行车管理办法》，认真贯彻执行邮政车辆持证上岗制度和车辆定点停放制度，未发生重大责任行车安全事故。

实施“三项制度”改革，建立人才培养机制，有计划地进行干部交流和职务轮换，交流、任免干部21人次。加强专业技术人员队伍管理，在聘用上打破干部、工人身份界限。完善劳动管理制度，严格用工审批。按照业务收入增长高于人员增长、劳动生产率逐年增长的原则严格控制人员编制。完善工效挂钩和业务发展奖励办法，采取形式多样、自主灵活的分配形式，建立人工成本管理机制，控制和规范劳务费用支出。

表42　2004年杭州市邮政局基本情况

项　目	单　位	实　绩	比上年(%)
邮政业务总量	亿元	6.48	-
邮政业务收入	亿元	6.05	10.22
固定资产原值	亿元	10.66	8.44
在岗职工	人	3 912	-2.08
邮政局(所)	处	336	2.13
自有房屋建筑面积	万平方米	35.37	0.34
邮路单程长度	万千米	3.19	-7.00
邮运汽车	辆	196	8.89
总包邮件损失数	件	0	-
函件	亿件	1.68	-9.19
包件	万件	144.61	-4.63
汇票	万张	221.11	-9.57
报刊累计份数	亿份	2.31	-1.28
特快专递	万件	378.14	12.85
集邮业务	万枚	1 350.03	-55.41
邮政储蓄	亿元	46.07	30.48

【城东投递处理中心成立】 市邮政局加快投递网络改造，改革传统的邮件投递方式，建立和完善多点辐射型投递网络组织，以满足群众对邮政投递服务的需求。10月2日，集中原秋涛北路、凤起路等5个投递班组的人力、物力和机动车辆，在秋涛路550号成立城东投递处理中心。该中心通过整合人力资源、优化作业组织、创新作业模式，实现邮件的集中处理和投递，加强了邮件内部处理的时效性，提高了投递能力。

【举办首届中国集邮文艺节】 10月16日至18日，为庆祝建国55周年，纪念邓小平诞辰100周年，全面展示新中国集邮事业发展水平，首届中国集邮文艺节获奖作品展暨2004年中国(杭州)集邮文化展在浙江图书馆隆重举行。该次展览由中华全国集邮联合会、中国文学艺术界联合会、中国国际交流促进会、浙江省邮政局联合主办，国家邮政局邮政文史中心协办，市邮政局、市集邮协会承办。10月16日，组委会在浙江图书馆举行首届中国集邮文艺节开幕典礼。中华全国集邮联合会会长刘平源，中国文学艺术界联合会主席周巍峙，中国国际交流促进会会长柴泽民、常务副会长于引，浙江省人大常委会副主任鲁松庭，省邮政局局长吴鼎钧、党组书记潘尚总、副局长鞠勇，杭州市委副书记叶明、市人大常委会副主任丁德明、副市长沈坚、市政协副主席施锦祥等领导及来自全国24个省(市、自治区)的嘉宾1000余人出席。

该次展览展示首届中国集邮文艺节的部分成果和集邮精品，内容由3部分组成：首届中国集邮文艺节获奖作品展，展出书法作品95幅、摄影作品105幅、漫画作品30幅及特邀作品30件；中国邮票博物馆馆藏精品展，其中首次在杭州展出的、被誉为“国邮瑰宝”的“红印花小壹圆”邮票令众多参观者驻足；浙江省集邮展览，展出专题类展品20部、一框类展品65部。展览期间，举办了丰富多彩的“邮苑风采日”、“邮艺展示日”和“邮情联谊日”等主题日集邮活动。

【开展国际标准质量体系认证活动】 3月，市邮政局所辖杭州邮区中心局、余杭区邮政局启动ISO 9000族标准质量体系认证活动。经过贯标论证与决策、质量体系文件建立发布、体系试运行、第一次内审、管理评审、第二次内审、符合性审核等阶段，质量管理水平明显提升，工作现场明显改善，企业服务质量明显提高。11月，经北京兴原质量认证中心专家组审核认定，杭州邮区中心局、余杭区邮政局质量管理体系符合GB/T 19001-2000标准，正式通过该中心认证。

【加强邮政行业管理】 3月，《浙江省邮政专营管理办法》颁布实施，为邮政行业管理和市场执法提供了依据。市邮政局行使行政执法权，全面加强邮政市场监管。全年调查、暗访社会快递公司92个，联合工商、公安部门行政执法14次，检查49个社会快递公司，查处违法侵犯邮政专营权的快递公司35个，查获违法收寄的信件近8000件、邮费约17万元，工商部门罚款23.6万元；检查印刷厂11个，查处8个；检查邮票销售市场(店)38家。

【举行《鸡血石印》特种邮票首发式】 9月17日，由国家邮政局发行的《鸡血石印》特种邮票首发式在临安举行。全国政协财经委员会副主任、原国家邮政局局长刘立清，浙江省邮政局局长吴鼎钧，及各界嘉宾1000余人出席。《鸡血石印》特种邮票每套两枚，题材分别选取珍藏在北京故宫博物馆的《乾隆宸翰》、《惟几惟康》两枚乾隆、嘉庆皇帝的宝玺。昌化鸡血石是中国四大名石和印石三宝之一。《鸡血石印》邮票的《乾隆宝玺》(80分)和《嘉庆宝玺》(2元)是采用昌化鸡血石雕刻的故宫藏品构图，两件作品设计独特，雕琢细腻，形象生动传神，色泽光亮鲜艳，是鸡血石印章中的极品。该套特种邮票采用小版张形式,一版为4套8枚,由国家邮票印制局副总设计师王虎鸣创意设计,2枚邮票的发行量均为1020万枚。这套邮票印制工艺先进,采用11色套印,票面用三维压凸形式表现,是中国特种邮票史上的首创之作。

【余杭区邮政局被评为省级文明单位】余杭区邮政局认真贯彻“两手抓,两手都要硬”的方针,坚持以人为本,巩固和扩大经营成果,2004年完成邮政业务总量5280万元,业务收入4202万元,在全省区、县(市)局中排列第10位,比上年增长10.6%;全员劳动生产率20.91万元/人,增长10.5%;主要经济指标均超额完成计划任务,所属分(支)局全部完成计划任务并实现增长。11月,顺利通过ISO 9000质量管理体系认证。该邮政局以改善服务为宗旨,积极推进精神文明建设,至2004年末,已连续八年4次被评为杭州市级文明单位,下属机构中有5个分局、2个支局被评为余杭区级文明单位,2个网点被授予杭州市级和省级“青年文明号”。2004年,该邮政局被中共浙江省委、省政府命名为省级文明单位。(邵大丁)

·电信通信·

【电信通信概况】浙江省电信有限公司杭州市分公司(以下简称杭州电信公司)设综合支撑部门5个,前后端单位25个,所辖区(县、市)分公司7个。有员工3249人。围绕“务实创新、整合资源、降本增效、持续增长”方针,坚持“以市场为导向,以客户为中心,以效益为目标”的企业运作模式,科学管理,较好地完成各项任务。

电信业务快速发展。以经营为中心,完善营销渠道,组建14个营维分部,实行大客户经理、商业客户经理派驻制,落实客户经理、社区经理的收入服务责任制;成立7个专项工作小组,提升专业化营销管理水平。加强服务规范管理,开展“春风行动、优质服务”,“激情夏日、温馨服务”,“拼搏百日、实现目标”和西博会、中秋节、国庆节等营销活动。全年新增宽带用户21.3万户,新增本地电话用户41万户。全市完成主业经营收入30.93亿元,比上年增长2.1%。全员劳动生产率84.98万元/人。

企业运行效率不断提高。完善基础管理,着重建立以财务管理为核心的企业内部管理制度,修订完善合同签订程序和资金审批权限。本地网的网络建设、资源管理、财务管理等进展良好;强化对前后端的支撑服务,对区(县、市)分公司的支撑、响应、服务得到提升。建立以绩效考核为主、专项考核为补充的考核体系,及时纠正考核中出现的偏差。深化用人制度改革,推行中层管理人员和关键岗位竞争上岗制度,19位管理人员通过竞争上岗。

积极做好通信能力对业务拓展的支撑,固定电话、“小灵通”、宽带网的资源利用率分别比上年提高2.01、8.13、5.12个百分点。本地网新建、扩容和更新交换机30余万门,全面启动弹性编码工程,完成本地网第二传输平台的建设。新增数据端口25万线,基本实现数据端口的无缝覆盖。完成“小灵通”4170个基站安装开通和40余幢大楼的分布系统建设,网络质量有较大提高。积极配合“三口五路”整治等城市道路建设,进行道路架空明线埋入地下的“上改下”工程。完成服务热线10000和本地网动力监控的二期扩容,制定《2005年~2007年杭州本地网滚动规划》。全网主要运行指标良好,其中长途干线设备可用率100%,长途网络接通率98.4%,互联网网络时延及丢包率分别为99.7%和0.04%,“小灵通”来话接通率46.7%,电路开通及时率和故障修复及时率100%。

抓好党委中心理论学习制度,实行中高级管理人员学习积分制,开展“党员贡献积分制”活动。以一线人员为重点,全年举办各类培训班155期,培训员工7183人次,员工培训率76.6%。大力宣传企业文化,组织16次巡回宣讲。综合治理形势良好,未发生重大安全事故。公司被杭州市政府评为2004年“杭州市模范集体”。(许烈弟)

【营业窗口实现不间断缴费】以往每月25日是电信公司内部结账处理时间,这一天所有涉及账务的营业窗口均不办理月通信费缴费业务,所有涉及到账务缴费、查询的系统全部关闭。为进一步提高服务水平,方便用户办理业务,该公司组织相关部门,对存在的问题进行会诊分析,提出对策。2月25日起,该公司市本级的电信营业窗口实现全月不间断缴费服务。

【电信资源系统建设试点启动】为保证中国电信集团公司统一版本的本地资源管理系统软件开发和推广顺利进行,集团公司确定杭州本地网为本地管线、传输、数据、交换4大专业管理模块的试点本地网。3月12日,在杭州召开本地资源系统建设杭州试点启动会。根据总体要求,杭州电信公司作为集团公司统一版本资源系统建设的试点,建立了统一的资源命名规范与编码,实施本地资源管理系统建设和管线、传输资源的清查入库,为网络资源管理从相对静态的数据清查整理进入动态管理阶段打好基础。

【设立香樟社区电信服务点】4月1日,电信公司首个社区电信服务点在西湖区的香樟社区设立。该服务点可随时、就近为用户提供电话装移机、障碍查修、开办宽带业务和业务咨询等电信服务。社区居民可在服务点申请办理所需电信业务,可通过电话预约登记,由社区经理上门服务。

【建设社区电子阅览室50余个】4月25日,电信公司在拱墅区小河街道塘河社区举办社区居民上网培训活动,这标志着被市委、市政府列入2004年为民办好10件实事之一的“10万家庭网上行”工程正式启动。此次活动由杭州市信息化办公室、市民政局主办,杭州电信公司作为协办单位,充分发挥自身的网络和人才优势,运用宽带组网方式,全年在市区无偿建设50余个社区电子阅览室,作为开展“10万家庭网上行”培训活动的场所,并组织高等院校的学生到社区为居民讲授上网知识。

【EIP办公子系统试运行】EIP办公子系统主要用于电子办公,具备办公自动化、EMAIL(电子信箱)、信息发布、BBS(网络论坛)、部门事务管理等功能。为推广使用EIP办公子系统,杭州电信公司做了大量的准备。对系统的主要流程进行严密测试,特别对收发文、传真电报、签报、工作联系单等主要功能模块进行了重点测试,发现问题及时向省电信公司反映,并对程序作修改,使系统更合理、更具推广性。对员工进行EIP办公子系统操作技能的培训,确保试运行期间公文流转的畅通。8月9日,杭州电信公司EIP办公子系统试运行,提高了部门间的沟通效率。

【电信公司被评为省消费者满意单位】 杭州电信公司致力于贯彻落实"用户至上、用心服务"的服务理念,以窗口服务为重点,以业务流程为主线,以技术手段为保障,深入推进服务规范化建设。10月20日,在由消费者日报社和中国国际保护消费者权益促进会联合举办的"诚信维权、满意消费"活动中,该公司被评为浙江省消费者满意单位。

(江 瀛)

【发展虚拟网程控业务】 随着小交换机虚拟网改造户数增多,用户要求提高虚拟网新业务受理、开通速度和服务质量。6月10日,杭州电信公司F-150交换机型的虚拟网常用程控业务顺利地接入"九七"平台(综合业务计算机处理系统),虚拟网用户在办理一机双号、短号修改、来话转接、内部通话免费、拨打权限修改、出群号等业务之后,客户经理不需要再经过客响订单系统和交换中心人工的工单输入等繁琐工序,可直接在"九七"平台上录入。至年末,所有交换机型的虚拟网常用程控业务均可以到"九七"平台上运作。

【开设商业客户洽谈区】 11月3日,电信公司为提升对电信商业客户的服务水平,在庆春路电信营业厅为商业客户开设洽谈区。洽谈区面积10平方米,商业客户到营业厅办理电信业务享受到贵宾级服务,不需排队等候,可直接到商业客户洽谈区,面对面接受业务服务。

【市区公用电话3.83万部】 截至12月20日,杭州市区公用电话设备总数3.83万部,比上年增长32.7%。全年重点发展无人值守公用电话,配合市"三口五路"整治,争创全国文明城市共建工程,以及北山街、龙井路等10多条道路整治与改建工程,累计拆除话亭238座,设置安装话亭358座,新装话机656部(包括室内、话亭),拆除投币话机更换IC卡话机306部。并完成对全市有人值守代办户所有灯箱、公话服务处和无人值守话亭电信标志的更换。

【优化便携电话网络】 杭州电信公司努力改善市区"小灵通"(便携电话)的网络质量,提高服务品牌。6月,启动杭州市区"小灵通"深度优化工程。9月,全面实施市区"小灵通"网络深度优化。至10月底,除西湖风景区和个别小区外,基本完成工程所有基站的勘点、协调、安装和开通,确保市区高话务密集区域主干道、次干道等快速移动区有效覆盖层在3层以上,住宅小区、单位等室外慢速移动区有效覆盖层在2层以上,低话务区域主干道、次干道等快速移动区和住宅小区、单位等室外慢速移动区保证有效覆盖层在1层以上。市区全网忙时被叫接通率50%以上,掉话率在1.5%以下,达到优质网络水平。12月18日,完成网络深度优化的评估。

通过大力推进无线网络优化,基本完成500兆瓦基站的替换,传统的语音业务演变为省级短信平台。省级VAS(小灵通增值业务)业务平台投入使用,其中短信平台实现与移动公司的GSM网络,与联通公司的GSM网络、CDMA网络互通。

【加快长途传输工程建设】2004年,经杭州的长途传输干线有24条,其中国家一级干线16条,省内光缆干线8条。长途传输终端电路的总数(折算2兆)为5.65万个,折算话路为16.94万路,达到历史最高水平。按中国电信传输网络发展规划,全年完成高速南环波分工程、高速南环SDH工程、新沪宁杭10吉SDH工程、沪杭福穗1.6T波分工程、西门子子网工程、朗讯子网工程、第一省网北电扩容工程、第二省网扩容工程、省网爱立信端口改造工程、省网爱立信改造工程和亿阳干线资源管理系统等10多个工程项目。工程的完成和投入使用,增强了长途传输网的通信能力,确保了网络运行质量、传输容量和设备稳定。

【提升本地网传输质量】 杭州市全年新建10吉环4个、2.5吉环9个,完成省政府政务网、建设银行、民生银行、招商银行、电信—铁通互通工程及UT斯达康公司的MSTP环,武林电信大楼本地网机房的扩建工程,网管软件的升级等。这些工程的竣工和投入使用,提高了电信传输质量,促进了基础网络建设和发展。本地网传输设备已包括中兴公司、华为公司、朗讯公司等知名企业的设备。全市通信传输网四通八达,光缆线路总数3465条,中继光缆、联络光缆、用户主干光缆、用户配线光缆和本地网光缆覆盖全区域,为用户提供了信息传输保障。

【实施"三口五路"电信设施改造】 5月起,电信公司为配合杭州市重点工程"三口五路"整治,争创全国文明城市,将原先道路两旁到处可见的电信交接箱和错综复杂的电缆等电信设施,经改造全部转移至地下管道。针对时间紧、任务重,派出1300多名技术人员到现场施工,做到24小时不间断监护。施工人员放弃双休日加班加点,割接、布放电缆,国庆节前圆满完成整治工程。

(杨建幸)

【萧山"小灵通"用户15.88万户】 萧山电信分公司积极参与市场竞争,克服夏季停电造成基站停机等不利因素,采取团队营销、业务发展指标分解到人,加大营销宣传力度,实施灵活的营销策略等措施,大力发展"小灵通"业务。全年发展"小灵通"用户近5万户,用户总数达到15.88万户。

【举办"电信杯"网页设计大赛】9月14日,为促进临安市信息化建设的快速发展,展示临安的绿色生态、文化名城、休闲胜地,倡导文明上网,临安电信分公司、临安市中国天目山森林旅游资源博览会组委会办公室、共青团临安市委共同举办临安市第二届"电信杯"网页设计大赛。

该大赛围绕第三届中国天目山森林旅游资源博览会"生态、休闲、生活"的主题，进行平面和FLASD等设计，内容丰富，设计新颖。经过比赛，13名选手进入决赛，评出一等奖1名、二等奖2名、三等奖6名。

【桐庐实现村村通电话】 桐庐县电信分公司认真贯彻省、市电信公司的部署，投入大量的财力、物力、人力，积极实施村村通电话工程。至5月17日，桐庐县最后一个没有通电话的行政村——丰坞村通上电话，实现了全县村村通电话的目标。

(黄建平)

【加强电信实业公司基础管理】 杭州电信实业公司坚持"发展为第一要务、发展中的问题要在发展中解决"的方针，结合全面预算，确定年度经营目标，将目标分解，下达到各单位(部门)，与绩效考核挂钩。全年实现增量增收，扭亏为盈，呈现良性发展态势。

围绕"运营商的服务商"的定位，开展"以物业、营销、器材、代维等为创造就业岗位但微利的传统型基础业务，以工程施工、设计、智能建筑等为盈利点的成长型核心业务，以科技开发、汽车服务、内容增值为潜在型种子业务"。按照业务定位，整合业务资源，构筑闭环式管理体系，制订车辆管理、费用审批权限等20个管理制度。贯彻精细化管理要求，划小核算单元，由部门进行收入、支出、费用等核算；按月分批检查各单位的财务状况，规范企业经营行为。根据省电信公司要求，加强资金管理，分别设立国有及多种经营两个银行集团账户。

【稳妥清理多种经营企业】 杭州电信公司和电信实业公司严格贯彻省电信公司文件精神，积极稳妥地推进多种经营企业清理。按照"有所为有所不为"原则，对清理后的多种经营企业，凡有利于电信主业市场拓展，又与电信实业公司发展战略相符的部分业务，纳入实业公司继续运作。做好政策宣传和沟通，按照《劳动法》及国家和省的有关政策，妥善安置人员；对解除劳动合同的人员，按照较优惠的政策进行经济补偿；对有较高素质或企业需要的外聘员工，重新签订劳动合同，并制订劳务用工管理办法。严格按照省电信公司《多经企业清理规范过程中资产处置等问题的通知》精神，保证资产不流失；取消多种经营企业原有的各类贷款担保，归还了部分贷款，有效规避金融风险。至2004年末，有46个公司完成清理。

【提高智能建筑业务市场竞争力】 2004年，电信实业公司获得国家一级施工资质和工程设计甲级资质，全年签订智能建筑业务合同52个，合同金额5300多万元，比上年增长53.7%。在建工程50多个，竣工工程16个，竣工产值近3000万元，其中"省假肢科研康复中心大楼文晖大厦"工程项目获2004年度浙江省电信实业集团智能建筑专业"优良工程三等奖"。该公司参与建设"山水人家"、"亲亲家园"、"华立·江南水乡"、"香溢·白金海岸"、"大华·西溪风情"等房地产项目，在杭州房地产市场树立了品牌形象。开拓业务实现地域上的突破，从杭州市场走向全国市场。在签订智能建筑业务合同金额中，杭州市场的项目3000多万元，省内其他地区的1500多万元，省外的800多万元，包括辽宁省朝阳市豫通园小区智能化弱电系统工程。

【推进信息化建设】 电信实业公司积极推进信息化建设，全年完成215个数字化社区的建设。下属的迪佛股份公司和迪佛科技公司共同完成了市政府委托的《杭州市社区信息化管理服务软件基本功能规范》制订。该公司运营的杭州96345市民服务呼叫中心每日呼叫量超过600通，为市民大量生活类问题的解决沟通了信息，被市政府确定为2004年为民办事的"十件实事工程"之一。在外地拓展社区信息化业务，实施浙江省电信"E社区平台"试点——金华市社区信息化工程和北方电信公司城市信息化试点——绥化市社区信息化工程，全年实现呼叫和社区信息化业务收入532万元。该公司被杭州市委、市政府评为杭州市社区共建先进单位。

【努力形成汽车服务产业链】 电信实业公司下属汽车俱乐部努力形成业务产业链，在汽车修理、租赁、销售、出租车、会员服务等方面开展服务。在保证电信公司汽车维修的基础上，积极拓展汽车维修业务市场，外修单位逐渐增多，新增签约单位10个，并成为2004~2005年度杭州市级机关车辆维修定点单位。2004年完成小修车辆1.68万辆(次)，比上年增长10%。7月起，新增汽车租赁业务，当年业务收入80万元；至年末，租赁车辆固定资产原值430多万元，签订租赁车辆合同金额700万元。汽车俱乐部成为华泰·特拉卡一级汽车经销商，在嘉兴、湖州、绍兴及杭州等地设有销售网点；是中国汽车俱乐部救援网络浙江省唯一成员单位，负责组建杭州地区救援网络，至年末，完成与临安、富阳、桐庐、建德等地签约。 (张 敏)

·移动通信·

【移动通信概况】 浙江移动通信有限责任公司杭州分公司（以下简称杭州移动公司）是杭州市规模最大的移动通信运营企业，设7个区(县、市)分公司，有员工372人，其中本科及以上学历占45%。2004年，在"服务与业务双领先"的方针指导下，以实现企业可持续发展为目标，深化精细管理，强化执行能力，超额完成各项生产任务。

进一步增强综合运营能力，全年实现通信业务收入29亿元，比上年增长17%，列浙江移动各分公司第1位；累计通话用户突破300万户。新建交换机容量61万门，总容量超过390万门；新建基站131个，全市WLAN热点覆盖达61个。网络覆盖杭州市所有乡镇，实现与全国31个省(市、自治区)、308个地(市)和1856个县(市)联网和自动漫游，与129个国家和地区、224个运营商开通国际自动漫游。

深化网络建设，塑造卓越品质。开展交换网络扩容工程，为市场拓展提供保障。加强无线网络建设，新增直放站400余套，分布系统500多个，网络覆盖进一步延伸。开展"两区三百四校"工程、农村"网络扶贫"工程、动力改造工程。全面提高基站"抗电荒"能力，完成约900组新旧电池的调配安装，增配后备电源。以客户感知为导向，"千村百战"

优化工程为抓手，实施网络优化，网络质量客户满意度90%以上；加强应急通信保障建设，圆满完成西博会等重大活动的通信保障任务。

发展通信业务，提升服务质量。以品牌经营为主线，开展市场营销。整合“全球通”4大系列套餐，成立“全球通”浙商俱乐部杭州分会、新女仕会所、高尔夫俱乐部，开辟各类服务专区丰富“全球通”差异化服务内涵。推出“神州行”任意听、“神州行”分区卡。细分“动感地带”用户群，推出网络精英套餐、龙拳套餐，成功组织“橙色、动感、活力”为主题的营销活动。大力发展短信、彩信、彩铃等业务，推出银联即时通、随车行、手机杂志、手机报纸、彩信伴侣、彩话等业务，满足用户个性化的移动通信消费需求。优化营销渠道结构，大力推进自办营业厅建设，新建营业厅9个，自办营业厅总数48个。开展服务提升工程，改善营业厅硬件环境，较好地解决查费难、业务办理难、投诉难问题，稳步提升服务品质。推进行业信息化应用，全面推进“数字杭州”建设，形成数字政府、数字水利、数字电力、数字商城、数字医院、数字校园为龙头的移动信息化行业模板。以移动信息化为载体，向社会及企事业单位提供信息化服务，完成银泰CRM系统、千岛湖数字邮轮等精品工程项目建设。

以改革激发企业活力，提高管理水平。根据杭州市行政区域划分和经济发展特点，成立武林、西湖等6个营销中心及1个集团客户中心，实施分片区域管理。以增加实力、激发活力、形成合力为重点，全面实施人力资源提升工程。全面开展管理体系建设，修订公司绩效管理办法等10多项核心管理制度，完善集中采购管理等31个配套管理办法。

加强企业文化建设，坚持三个文明一起抓。杭州移动公司被评为省、市模范集体，杭州市文明行业；延安路营业厅获“全国青年文明号”称号，公司团委被评为“杭州市五四红旗团委”，“全球通”会员俱乐部元华会所被授予省、市级“巾帼文明示范岗”，杭州移动会员服务中心QC小组荣获2004年全国优秀质量管理小组称号。

【启动“两区三百四校”和“网络扶贫”工程】 2004年，杭州移动公司启动“两区三百四校”、“网络扶贫”工程。“两区三百四校”工程是实现杭州经济技术开发区、高新技术产业开发区，近100个小区、近100幢高档住宅楼、近100幢商务楼的网络信号覆盖，基本缓解下沙、滨江、小和山、紫金港4个高教校区的话务繁忙和弱覆盖问题。农村“网络扶贫”工程是打造卓越精品网络要求的重点工程，也是杭州市政府建设数字化杭州、打造信息高速公路、增进群众相互沟通之路、农民致富之路的一项重大举措。该工程总投资5000万元，历经4个月时间，使农村行政村网络信号覆盖率比上年提高7个百分点。通过实施两个工程，加快信号覆盖延伸系统的建设，网络整体能力和覆盖优势明显加强。

【保障重要活动信号畅通】 杭州移动公司围绕“保畅通”原则，积极应对各类节庆展会，采取新建临时基站、优化载频、调配应急通信车等措施，圆满完成西博会、七艺节、观潮节、森博会、圣诞节等重大节庆展会的通信保障任务，得到社会各界的好评，提升了移动通信的品牌和企业形象。为确保西博会开幕、烟花大会当日移动通信畅通，杭州移动公司现场使用4辆应急通信车，有效地保证度过热点区域的密集话务高峰；新增临时基站、扩容基站，扩容载频数；提供45万的交换余量，实时调控无线网络，出动重要基站，调用分布系统保障队伍进行现场及网管保障。西博会开幕式、烟花大会当天，周边信道通畅，基本未出现拥塞、断话现象，得到主办单位、来宾和市民的好评。

【开通12345短信平台】 2月17日，杭州12345市长公开电话手机短信平台开通，为市民和政府间的沟通开辟了新渠道。市长茅临生等领导参加开通仪式，要求各部门、各单位提高认识，齐抓共管，切实做好12345手机短信平台工作，及时研究解决开通后遇到的实际问题，确保手机短信能发得进、交办得下、处理得好。该手机短信平台每秒能接收上万条短信息，大大缓解12345热线难打的状况，进一步畅通信息渠道，解决市民拨打市长公开电话难的问题。

【支持志愿者服务事业】 3月10日，杭州移动公司与杭州市志愿者工作指导中心签署“关于合作开展志愿者服务的框架意向书”。意向书内容包括杭州移动公司2004年在资金、人力、物力、技术、岗位、宣传等方面，倾力支持杭州志愿服务事业，体现移动公司热心社会公益事业的宗旨。当日，公司总经理杨剑宇出席由市志愿者服务工作委员会、市委宣传部、团市委等部门联合召开的《杭州市志愿服务条例》颁布实施新闻发布会。

【实施树人工程】 杭州移动公司发展通信事业，坚持 源于社会、回报

2月17日，12345市长公开电话手机短信平台开通现场。

社会”理念,支持教育扶贫活动,在建德市石屏全球通中学、航头初中、航头小学实施“树人工程”。4月9日,省委副书记、省长吕祖善,副省长盛昌黎,杭州市市长茅临生等在浙江移动公司总经理徐龙及杭州移动公司副总经理陆伟民陪同下,到“树人工程”扶贫点调研。观看了石屏乡全球通中心学校的学生通过移动公司搭建的教育网络与杭州市求是中学共同上的一堂远程互动音乐课,详细询问了实现方式、网络的日常运营费用等问题,肯定了移动公司在“信息扶贫”中发挥的作用。

【开展捐献手机保护老人活动】 4月,杭州移动公司与市老龄委、团市委、市志愿者协会等单位联合发起“科技服务老人、关爱情满夕阳”活动,号召社会各界为老年人捐献二手手机。手机捐赠后,由杭州移动公司组织有关厂商对二手手机进行改造,然后将改造为可定位的手机提供给患老年痴呆症的老人使用。杭州移动公司工会、团委在公司内倡导开展“捐献一部手机、保护一位老人”活动,收到各类捐赠手机98部。4月24日,市老龄委、团市委、市志愿者协会等单位在吴山广场举行手机捐赠仪式。杭州移动公司作为捐赠集体代表参加仪式。

【成立6个集团通信服务基地】5月17日,杭州移动·杭钢集团服务基地成立。该服务基地是全省开设的首个移动通信服务基地,标志着“百个集团客户服务基地”建设活动正式启动。基地为杭钢集团的职工和家属提供各类移动业务的咨询、受理及移动信息化产品演示和应用设计等服务,并根据集团要求开设各类个性化服务项目。杭州移动公司设计了“杭钢精英套餐”、“企业商务套餐”两款自费套餐,实施了专线接入。至年末,杭州移动公司设立市政府、浙江大学等6个集团通信服务基地。

【全球通浙商俱乐部杭州分会成立】 11月27日,为了广泛吸纳各界商业精英,全力打造浙江商人的沟通舞台,成立“全球通”·浙商俱乐部杭州分会,主要成员为“全球通”VIP钻石卡、金卡会员用户。移动公司计划不定期为浙商提供商务论坛、企业移动信息化全面解决方案、高级管理培训和俱乐部会员健康服务等特色服务,并帮助企业走上信息化道路。杭州市委副书记于辉达、副市长金胜山等出席成立仪式。

【慰问经历海啸游客】 12月26日,印尼等地发生百年罕见的大海啸。因为去海外旅游的人没有随身携带手机充电器的习惯,而少数几部手机为保存电量,只有出现新的险情,才通过手机以短信的形式向杭州总部报告。海啸后,中国联合工程公司的26名杭州籍游客与旅行社总部一度失去联系。

杭州移动公司得悉后,立即指派相关人员到省、市中国旅行社了解情况,紧急调拨便携式自由充电器赠送给旅行社。这类充电器可以供各种型号的手机充电,以便游客和领队在出国途中能更加便利地使用。并为26名被困的中国联合工程公司游客海啸期间(12月26日~12月31日)的移动国际长话费。

(黄午燕)

▶▶资料: 开放式谐振腔中波发射天线 众力传播科技有限公司开发研制,占地面积小、体积小,重量轻,安装方便,克服了传统的闭合谐振腔中波发射天线的塔体高度过高(约为80米~160米)、占地面积过大(一般在7公顷左右)的缺陷,而且无需敷设地网,显著降低建设成本,具有节约能源、土地,发射效率高,运行可靠,覆盖面大等优点,有良好的社会效益和经济效益。

·联通通信·

【联通通信概况】 中国联通杭州分公司(以下简称杭州联通公司)是中国联合通信有限公司在杭州的分支机构,全面负责中国联通公司在杭州地区的网络规划、工程建设、运行维护和市场经营,主要经营移动通信、数据通信、互联网、国际国内长途及各种电信增值业务。下设钱江、萧山、余杭、桐庐、淳安、建德、富阳、临安8个分公司和滨江、下沙2个营业部,有员工1500余人。

联通公司坚持“顾客就是价值、员工就是财富、创新就是未来”方针,为社会、股东、客户、企业创造价值;坚持建立新机制、建设新网络、采用高技术、实现高增长、发展综合业务的发展战略,积极为用户提供综合、便利、有特色的绿色电信服务;坚持“勇于拼搏、追求卓越、开拓创新、争创一流”的企业精神,为推进国民经济快速发展和社会信息化建设贡献力量;坚持与社会共同发展,积极参与社会公益事业,推进社区信息化建设,参与农村帮扶,救助困难群体;坚持“移动为主,综合发展,两网协调,差异竞争,效益领先,做大做强”的经营方针,全年业务收入13.7亿元,比上年增长20%。

开展“满意在联通”活动,调整服务体系,丰富服务内容,提高服务质量,经中国质量协会用户评价中心测评,公司的顾客满意度为81.24%,列浙江联通公司前茅。建立星级客户服务队伍,启用10018客户经理统一热线,星级客户离网率3.25%。客户俱乐部(杭州)会员可享受优惠购机、紧急漫游、维修美容、酒店订房、健康体检和汽车优惠加油等服务。11月13日,杭州联通黄龙阳光健身俱乐部成立。11月12日,杭州交通全球卫星位置系统(GPS)平台投入运行,杭城6000多辆出租车可以通过联通位置服务,实行智能调度。

杭州联通公司是中国联通公司首批通过ISO 9001质量管理体系认证的地(市)级分公司,2004年1月,被国家人事部、信息产业部评为信息产业系统先进集体。6月,通过ISO 14001环境管理体系认证,成为公众信得过的绿色企业。该公司深入开展创建文明行业活动,4月9日,被市委、市政府授予“杭州市文明行业”称号。

【客户服务部获全国青年文明号称号】 杭州联通公司客户服务部树立“客户是衣食父母”的服务理念,提出“四个一”的服务准则,即客户呼声是第一信号、客户需求是第一选择、客户利益是第一考虑、客户满意是第一标准,做到“白天晚上一样、繁忙空闲一样、心情好坏一样、不同客户一样”,让客户通过电波感觉到你的微笑。2004年,10010的接通率在90%以上，但仍有部分客户不能打进电话。该服务部首创“主动呼出”的回访业务，在话务空闲时，根据系统记录主动打电话给因话务忙而打不进电话的用户。10月，该服务部连续第4次被信息产业部、共青团中央授予“全国青年文明号”称号。

【移动网络质量评比先进】 卓越的网络，是搞好优质服务基础。2001年起，杭州联通公司围绕CDMA工程，开展网络建设与优化。至2004年，该公司CDMA网络有效面积覆盖率97%，有效人口覆盖率98%，乡镇设站率100%，交通干线覆盖率100%，主要旅游景点覆盖率100%，覆盖良好、通话质量优异的“精品网络”覆盖全市。5月，在中国联通公司总部移动网络质量检查评比中获第2名。

【客户服务中心获浙江青年文明号十年成就奖】 联通公司客户服务中心有员工331人，平均年龄22.5岁，其中团员168人。该中心除了连接客户服务热线外，还担负着10198移动秘书台、96198客户回访的任务。2004年，从软件和硬件两个方面加强管理。3月，完成客服系统功能升级；8月，完成1001热线升位为10010；10月，完成机房搬迁，增加了系统功能，为用户提供完善的服务系统。10月21日，中国联通杭州分公司10010客服中心获得由共青团浙江省委颁发的“浙江青年文明号十年成就奖”。

【西湖风景区建设生态基站】 为了让联通新时空的网络信号全覆盖西湖风景名胜区，同时又不让裸露的铁架影响景区风光，杭州联通公司在西湖风景区建设绿色环保手机基站——“仿生树”基站。至11月，无论是在“三潭印月”等老西湖十景，还是在“云栖竹径”等新西湖十景，采取多种设备组合景观天线塔桅，协调周围环境，新型生态景观基站已经和谐地融入景点中。

【参与社区信息化建设】 从2002年8月起，根据杭州市关于构筑数字杭州、建设天堂硅谷的战略发展目标，杭州联通公司积极推进社区信息化建设。小河街道社区信息化工程历时一年多，建立了办公信息系统，为街道、社区的沟通建立了方便、快捷的平台，提高了办公效率。在小河街道的董家社区和塘河社区建设2个社区服务中心，配置多台联网电脑。为居民提供便民服务平台，建设96198便民服务系统并投入使用，将公安、医疗、家政、商品配送、中介等服务内容纳入服务支持体系。在塘河社区建立社区教育学院，帮助市民提高信息化水平。2004年1月6日，杭州联通公司被市政府授予杭州市社区信息化建设先进单位和杭州市社区共建先进单位称号。

【西湖船工配备“集信通”】 西湖湖面开阔，船只流动性大，给安全管理带来了难度。杭州联通公司具有“集信通”业务，使用该业务的集团用户，只要登陆SMS.ZJ165网站，就可以对员工、客户进行会议通知、日常交流和友情问候等进行短信群发。3月起，为保证西湖水域每条游船的安全，西湖水域管理处为400多名船工都配备联通CDMA手机，开通“集信通”业务。无论在里湖、外湖，还是在南线、北线，每逢天气突变之前，船工们都能及时收到发来的警告，赶在风雨骤起之前，从容地将游船停靠到安全的地方。

【实施先行赔付工程】 2月29日，杭州联通公司实行诚信经营，搞好优质服务，决定全面实施“先行赔付、诚信联通”工程。从3月1日起，凡是档案实名制的杭州地区联通用户，对话费账单持有异议，可通过来人或来电向公司反映。如果一时核实不了，给予先行退费；如确是联通公司工作过失，在话费上造成对用户损失的，公司予以双倍赔付。杭州联通公司是中国联通中首个实施“先行赔付、诚信联通”工程的公司，此项做法获得信息产业部授予的企业管理现代化创新成果二等奖。

【开通消费咨询热线】 7月30日，杭州联通消费咨询热线——13357108315开通。这条专门提供消费咨询的热线电话，是宣传消费知识的窗口，开展消费维权的帮手，指导科学消费的参谋，沟通消费服务的桥梁。消费者若遇到与日常生活紧密相关的商品及服务问题，可以直接拨打热线电话。从8时30分至17时30分，4路热线有专人即时为消费者解难答疑。

【建立诚信维权平台】 距离和投诉成本是消费者维权的障碍，消费者经常要拨打多次投诉电话才能打通，而上门投诉又费时费力。3月，本着对消费者负责的精神，杭州联通公司与市消费者协会合作开通诚信维权平台，用户无需注册用户名和设置密码，就可以直接进行网上投诉。如果消费者对公司的服务有疑问或者意见，也可以通过该系统与公司直接沟通。联通公司及各区、县(市)分公司都落实了专人负责，每天定时登录和解平台，及时受理消费者的咨询与投诉，在最短的时间内给消费者一个说法。具体的操作方法为：用户直接登录杭州消协维权网(www.96315.org)，点击首页的“和解平台”；或通过登录杭州联通公司网站(www.hangzhou165.com)，在首页的友情链接上，进入“杭州市消费维权网”，点击“和解平台”进行投诉。

【主办大学生电影节】 10月11日~11月12日，“UP新势力”2004年首届中国杭州大学生电影节在杭举办。电影节由杭州联通公司作为特别主办单位，省、市的团委、学生联合会、文化局、文联等单位共同举办，15所高校协办。数十万名大学生积极参与，成为电影走进校园，大学生参与办、看、评的电影节。杭州联通公司此举获得2004年杭州西湖博览会优秀活动奖。

【投入扶贫帮困活动】 年初，杭州市启动第2轮帮扶工程，杭州联通公司与建德市洋尾乡的贫困村——里童村结对。2月18日，公司总经理徐德钦一行前往该村，走访村民，实地踏看，召开座谈会，帮助进一步理清发展思路，向洋尾乡中心小学和里童小学赠送17台电脑。3月10日，该公司捐资10余万元，为洋尾乡中心小学免费安装互联网光纤接入专线。5月14日，该公司又捐资10万元，帮助里童村发展经济。

（雷 斌）

·网通通信·

【网通通信概况】 根据中国网通集团“融合、改制、上市”的战略，成立于2002年11月28日的中国网通浙江省通信股份有限公司分别在2003年6月、2004年6月完成与吉通浙江分公司、网通(控股)浙江分公司的融合，于2004年7月重新注册成立中国网通浙江省分公司（简称浙江网通公司)。2004年9月，原浙江省通信股份有限公司杭州市分公司重新注册为中国网通杭州市分公司(简称杭州网通公司)，隶属于浙江网通。5月17日，中国网通集团发表《宽带宣言》，成立中国网通宽带联盟。7月22日，中国网通集团与北京奥组委签订合作协议，以固定通信服务合作伙伴身份加盟“数字奥运”战略。11月16日、17日，中国网通集团部分地区公司成功在纽约及香港两地上市。

杭州网通公司设有15个部门，其中5个职能部门、7个生产部门；在3个区、县(市)设分支机构；2004年3月9日，增加注册成立中国网通富阳分公司。杭州网通公司员工人数142人，其中大专以上学历占73.2%；平均年龄31岁。全年完成固定资产投资1.05亿元，业务收入1.28亿元。

加快网络建设步伐，网络定位于全网智能化，即呼叫智能化、网络智能化、终端智能化、运营智能化。至2004年底，网络规模为市话交换机总容量10万个用户端口，长途交换机总容量9万线，关口局容量6万线，互联网出口带宽1个吉，语音、数据接入网点600多个。

开展差异化的业务和周到的服务，用户数量快速增长。2004年是杭州网通公司进入市场运作的第一个完整年，根据杭州市场特色，开展“玩转V电话”、“固话拉力赛”、“夏日阳光行动”等形式多样的活动，推出多业务捆绑、多种类套餐等丰富多彩的促销方式，为客户提供各类差异化服务，多形式、多渠道地有效拓展市场。至年末，拥有固定电话用户8.1万户，宽带用户1.1万户，公用电话用户6300多户，V电话用户8000余户。

加强与杭州网通信息港的合作。9月，杭州网通公司与杭州网通信息港有限公司举行战略合作协议签署仪式。两个公司本着互利互惠、优势互补、共同发展的原则，双方在杭州地区的业务、网络、资源等方面进行深度合作。

深化企业内部管理。9月始，作为浙江网通公司的试点，该公司开展为期2个月的机房整治，通过对机房走线、环境、管理制度等内容的整治，机房管理逐步进入规范化、制度化的轨道，整个工程获得浙江网通公司好评。

【推出4项通信新业务】 9月，开通电话会议业务。这是一种供会议参加者在约定时间、不同地点、实现多方同时通话的电信业务。利用这种业务，不管你在哪里，只要有一部固定电话、小灵通或手机，都可以采用约定的方式(呼入或呼出)拨打一个预定的会议号码及密码，成为会议成员，也可随时发言。

10月，推出网络传真业务。这是一种以互联网为基础的IP通信增值服务，具有安全、简便、廉价的特点。用户只要能够上网，就可以方便、快捷地将自己的电子文档在不需要打印的前提下，发送到全国任何一台或多台传真机上，实现无纸化办公和移动办公。

11月，推出彩铃业务。这是一项由被叫用户定制，为主叫用户提供一段悦耳的音乐、一句问候语，或者根据需要定制成企业欢迎词等语音，来替代普通回铃音的业务。在等待接通的时候，听到的是特别选定的美妙乐曲或音效。

12月，开设语音导航业务。该业务提供个性化的多功能语音自动应答服务，用户无须添加任何专用设备，即可实现24小时无人值守的不间断语音服务，可提供呼叫转接、传真回送、语音编辑等功能，特别适用于房产中介、订票、咨询、旅游餐饮、媒体等行业。

介绍通信技术

【合作营业厅开张】 9月18日，杭州网通公司与杭州新天地通信有限公司首个合作营业厅——解放路营业厅开张。新天地通信公司是通信业务代理企业，双方合作有利于经营各类通信业务。该营业厅位于解放路118号，营业面积200平方米，面向个人用户和集团用户，受理的业务包括固定电话、宽带等。

【加强企业文化建设】 杭州网通公司企业文化建设定位于融合，让来自四面八方的员工融入杭州网通公司大家庭。在管理人员中，开展“分析现状，思考未来”的讨论。在年轻员工中，开展“我为公司建言献策”、读一本好书、撰写一篇“千字文”等活动。通过全员参与的活动，增强员工的主人翁意识。公司每月举行一次员工生日聚会，每周组织健身俱乐部活动，让员工感受大家庭的温暖和快乐。11月26日至27日，为了激发个人潜能、增进相互信任、熔炼高效团队，组织全体员工到桐庐进行野外拓展训练。 (傅金萍)

第一届全国通信行业
企业管理现代化创新成果

二等奖

成果名称：实施先行赔付 打造诚信品牌

创造单位：中国联通杭州分公司

全国通信行业企业管理现代化创新成果审定委员会
二〇〇四年十二月

全国通信行业现代化创新成果二等奖奖牌

中国联通杭州分公司成立五年来，坚持“勇敢拼搏，追求卓越，开拓创新，争创一流”的企业精神，为杭州市的信息化建设作出了积极的贡献。公司以网络建设精益求精，市场开拓与时俱进，真诚服务无微不至，赢得了广大客户的称赞和信赖。2004年被中共杭州市委、杭州市人民政府授于“杭州市文明行业”称号。

客户服务热线：10010

中国联通有限公司杭州分公司

CHINA UNITED TELECOMMUNICATIONS CORPORATION HANGZHOU BRANCH

中国联通杭州分公司、杭州市消协联合推出国内首条消费咨询热线13357108315

省巾帼文明示范岗位
——中国联通体育场路营业厅员工英姿

中国电信
CHINA TELECOM
世 界 触 手 可 及
世 界 触
用户至上 用心服务 Customer First Service Foremost
浙江省电信有限公司杭州市分公司

手可及，
http://www.hz.zj.cn
客户服务热线
Customer Hotline
10000

中国移动通信集团公司总经理王建宙(左一)在杭州移动总经理杨剑宇的陪同下,视察杭州移动延安路营业厅。

浙江移动通信杭州分公司(以下简称杭州移动)是杭州市最大的移动通信运营商,员工 1568 人,其中专科以上学历占 70%,员工平均年龄不超过 30 岁。自 1992 年率先在杭州开通第 1 部移动电话以来,杭州移动一直以优异的业绩在全国同行业中名列前茅,并保持了持续、快速、稳步的发展势头。目前,全市用户已突破 370 万户,网络容量超过 400 万门。

杭州移动一直以"创无限通信世界、做信息社会栋梁"为使命,把满足更便利、更灵活、更经济、更时尚和更个性化的通信需求作为企业孜孜不倦的追求。经过十年的建设和发展,杭州移动已经在全市范围内创造性地建成了包括双频网、微蜂窝、室内分布系统、街道站在内的全方位、立体化、智能化、多层次的移动通信网络,实现了主要乡镇的全覆盖、高话务区域的立体覆盖及主要通信干道的无缝覆盖。

杭州移动以客户服务为中心,以全心全力全为您的服务理念为指导,努力为客户提供优质服务。形成全球通、神州行、动感地带三大品牌系列,并率先推出了短消息、手机银行、虚拟专用网、手机上网、彩铃、彩信等增值业务,为客户提供多种有价值服务。目前,杭州移动共建有 50 个自办营业厅、14 个动感地带特色渠道、6 个集团服务基地,近 400 个指定专营店和特约代销店,用户可选择离自己最近的服务网点办理业务,享受移动服务。除了传统的柜式服务外,杭州移动还陆续开通了网上营业厅、电话营业厅、短信空中营业厅,服务手段全面实现电子化、多样化和人性化。

建德市石屏全球通中心学校

杭州移动延安路营业厅

作为一个有着强烈社会责任感的企业，几年来，积极参与杭州市的公益事业，扶贫和社会公益捐款达到数百万元。积极响应市委、市政府的"春风行动"计划，累计捐款近百万元。投资300余万元在建德实施信息扶贫的"树人工程"，推进了贫困山区的教育信息化；在东新园小区启动"数字化社区"建设，推进了城市主要小区的社区信息化。近年来，杭州移动相继被评为省级文明单位、杭州市文明行业、省市劳模集体、浙江省青年文明号十年成就奖等；延安路营业厅获"全国青年文明号"、"全国巾帼文明岗"称号，全球通俱乐部元华店获省、市级巾帼文明示范岗称号，会员服务中心获全国优秀质量管理小组称号等多项荣誉。

移动信息化，
让杭州信息化建设
更贴近每一位老百姓。

王国平 二00五年五月十八日

杭州移动下沙营业厅开张

杭州移动延安路营业厅获"全国巾帼文明岗"称号

杭州移动文一路营业厅开张

浙江移动通信有限责任公司杭州分公司

·财政(国资)·

【财政概况】 2004年,杭州市财税部门围绕市委、市政府提出的总体要求,贯彻落实中央宏观调控政策和实施新一轮财税体制改革,促进了全市经济和社会事业的持续、健康、协调发展。全市完成财政总收入395.75亿元,比上年增长10.1%;其中地方财政收入197.45亿元,增长19.7%。市本级完成财政总收入132.2亿元,增长14.2%;其中地方财政收入54.1亿元,增长13.9%。全市地方财政支出195.6亿元,增长19.6%;市本级地方财政支出59.5亿元,增长8.3%。全市各级财政均实现收支平衡、略有节余的目标。

【培植地方财源】 2004年,市财税部门组织人员撰写《关于出口退税机制改革影响及对策措施的考察报告》,提出应对出口退税机制改革的建议和具体操作办法,为政府决策提供依据。采取即审即退的办法,及时归还出口退税欠账、不欠新账,减轻财政压力。培植基础财源、效益财源、骨干财源、后续财源等地方财源,全年财政投入12.92亿元重点用于高新成果转化、扶优扶强、企业技改与搬迁、公用事业发展及经营业绩奖励。

【扶持"三农"发展】 市财政全年预算内外投入"三农"扶持资金2.4亿元,全面落实为农民办的9件实事。为减轻农民税费负担,从2004年起全部免征农业税,当年农民减负7000余万元。推行新型农村合作医疗制度,全年市财政拨付资金3500万元,对参加医疗保险的农民给予补助。深化"49100"帮扶工程,引导社会各界帮助欠发达乡镇(村),全年市财政安排帮扶资金800万元、帮扶乡镇退耕还林补助资金120万元。

【为破解"七难"提供财政支持】 2004年,市财政部门提高3条保障线补助标准;安排促进再就业专项资金1.27亿元,用于促进再就业工作和推动失业人员小额担保贴息贷款工作;与市劳动保障局联合制定养老保险和医疗保险金征缴基数,两项基金全年征收54.06亿元,比上年增长22.4%。支持企业退休人员门诊医疗费社会统筹管理和弱势群体医疗救助,全年享受医疗救助1749人次;加大对卫生事业的经费投入,落实市级医疗卫生发展资金3000万元。保证创建"平安杭州"所需经费,市本级财政用于公安、检察、法院、司法系统的各项建设支出6.07亿元,比上年增长28.7%。调整交警空气污染津贴标准,落实新增交通道路协警人员的经费。市财政安排3000万元用于廉租房建设,为困难群体解决廉租房和经济适用房。增加教育投入,筹措资金1.5亿元用于改善教师待遇和学校设备;在教育费附加中安排专项资金,支持和鼓励区、县(市)财政部门切实做好外来务工人员子女就学的经费保障。筹集资金15.6亿元用于"三口五路"整治,投入3800万元更新指路牌、信号灯、护栏等交通设施。安排城市维护和管理经费3.87亿元、公交场站建设经费1.72亿元,全年用于城市维护和管理方面的经费达8.49亿元。

【支持社会公用事业】 2004年,市财政部门利用退库政策,支持社会公用事业发展,其中支持市燃气公司1.85亿元、市公交公司1亿元、市粮食储备公司0.62亿元、市供排水公司1.85亿元。从1999年开始,每年通过补亏形式支持市燃气公司管网等专用设备更新及引进燃气,至2004年合计投入4.01亿元。通过近六年粮食仓储补充的运作投入,市本级储备粮仓仓容规模基本达到省政府下达的17.5万吨储备要求。

【降低政府行政成本和完善会计集中结算】 2004年,市政府集中采购新增基建、绿化、消防设备、发电设备、印刷等5个大类。通过政府集中采购,强化预算约束,节约了财政资金。全年政府采购合同金额5.9亿元,节约0.67亿元,节约率10.1%。市财政部门规范远程结报单位的财务核算,通过合理调度资金,减少部门滞留资金,提高资金效率。

【加强项目资金管理】 市财政全年完成审价项目165个,核减4亿元,核减率17%。完成39项、造价24.56亿元的基建项目竣工财务决算审查批复,清理历年项目的审价和财务决算,收回沉淀在各单位的基建、城建项目结余资金约7.2亿元。

【加强财政监督和规范预算管理】 2004年,市财政部门开展会计信息质量、部门预算执行情况和教育费附加等专项检查,进一步建立和完善市级财政支出日常监管机制；建立健全财政监督检查回访制度、财政部门内部监督制约机制和内控制度，对财政政策执行情况进行跟踪检查。除特殊单位外，市财政全部部门预算在2004年人代会上公开，接受人大代表的监督，进一步促进市级各部门严格依法理财和从严执行部门预算。

【清理审批事项】 2004年，市财税部门贯彻实施《中华人民共和国行政许可法》，按照"全面清理"和"谁设定谁清理"原则，对审批制度改革中原保留的22项财政、税务审批事项和1项备案事项进行清理。在全面清理基础上，取消非行政许可审批事项20项，保留行政许可事项6项。对保留和取消的行政许可事项向社会进行公告。出台《行政许可否定报备制度》、《行政许可一次性告知制度》等9个配套制度。

【优化国有经济布局】 2004年，市财政部门参与27个国有企业改制方案的论证，完成16个企事业单位的改制工作，重点推进城市公用事业企业和企业化管理事业单位的改革，积极做好已改制企业遗留问题的处理。会同市有关部门，研究制定文化体制和医疗卫生体制改革的政策措施，引入竞争机制和非公有资本。

【健全国有资产管理和监督机制】 根据国务院国有资产监督管理委员会规范国有企业改制工作的意见，市财政局在2004年结合杭州市的实际情况提出了具体实施意见。制定《加强杭州市产权交易市场建设的若干意见和产权交易暂行办法》，建立公正、公平、有序的国有产权交易平台。推进国有资产授权经营和考核工作，研究制定《杭州市国有资产营运机构经营者薪酬考核若干意见》等办法。建立重特大事项和月度报告制度，充分发挥财务总监对国有资产营运过程的监控作用；对群众来信反映的国有资产流失情况进行调查，查处和挽回国有资产1000万余元；组建不良资产处置办公室，研究制定《杭州市国有不良资产处置管理办法》，将第1批不良资产88项、22.19亿元，从有关资产公司剥离移交给阳光资产处置公司进行清理。 （孔华强）

·国家税务·

【国家税务概况】 2004年，市国税局按照"抓早、抓紧、抓实、抓出成效"的工作思路，积极探索税收与经济发展的内在规律，落实税源监控和分析制度，切实强化征收管理，确保税收收入稳定增长。全年组织国税收入264.53亿元，比上年增长17.6%，增收39.61亿元；其中增值税、消费税入库202.26亿元，增长14.3%，增收25.35亿元。在全市395.75亿元的财政总收入中，由国税部门组织的收入为190.07亿元，占48%，为杭州的经济和社会发展作出积极贡献。

【支持地方经济发展】 市国税局坚持把服务经济和社会发展放在首位，全面落实出口退税机制改革政策，认真做好出口退税工作。全年办理出口退税98.97亿元，比上年增长116.6%；其中归还以前年度陈欠退税51.85亿元，当年度出口退税47.12亿元。落实促进再就业税收优惠政策，全年有7.39万户个体工商业户享受"不到增值税起征点"免征税优惠，减免税额5500万余元；免收个体工商业户中下岗职工5300户的税务登记工本费21万余元。认真落实高新技术产业、外商投资企业、资源综合利用企业、软件信息产业、民政福利企业等税收优惠政策，全年办理先征后退和各类减免税45.41亿元。

【整顿和规范税收秩序】 市国税局与公安、地税等部门合作，开展打击制售假发票、虚开增值税专用发票和骗取出口退税等涉税违法活动。组织开展民政福利企业、欠税企业等专项税收检查，全年检查纳税户4556户，查出有问题的2259户，查补税款3.66亿元。移送司法机关处理的涉税案121件，其中税额在50万元以上的大要案73件。

【创建信息服务平台】 市国税局以服务纳税人为出发点，依托信息网络系统，积极创建信息服务平台。全市各级国税部门2004年全面实施全程服务网上审批系统和个体税收管理系统，全面推进网上申报、网上认证、税银库一体化和纳税无纸化工作。至年末，城区"一户通"用户4.68万户；"一户式"查询系统在全市实现全覆盖，基本实现各信息系统的信息共享。国税网站建设逐步规范，网站服务项目和功能得到拓展。与地税等部门建立信息传递和沟通协调机制，税收宣传、税务登记、个体户定额核定、税务稽查等信息数据交换工作全面启动。

【推进税收征管改革】 2004年，市国税局继续推进税收征管改革。为方便涉税事项的办理，在全市各级国税部门办税服务大厅推行纳税申报"一窗式"管理服务，调整"一台两

中国财税博物馆开馆仪式

窗”(全程服务台、纳税申报窗口、发票发售窗口)设置。在基层全面建立税收管理员制度,明确工作职责,完善监督管理措施,因地制宜地实行属地管理和分类管理相结合的税收征管办法。

【强化国税基础管理】 全市国税部门积极推行科学化、精细化税收管理,健全和完善征管质量考核和税源监控管理体系,促进征管质量的提高。全年平均税务登记率100%,纳税申报率99.1%,税收入库率99.7%。开展漏征漏管户清理工作,清理漏征漏管户3869户。稳步推进纳税评估工作,完善各税种纳税评估办法,通过纳税评估补缴税款4.28亿元。市国税局制定的《企业所得税评估办法》在全国税务专业会议上交流。开展纳税信誉等级评定,全市审核确认纳税信誉AAA级企业199个、AA级企业202个、A级企业251个。

【优化纳税服务措施】 市国税局按照构建行政服务体系的要求,完善和落实“全程服务”工作制度,加强全程服务系统管理,减少办事环节,优化服务措施。为纳税人免费提供涉税表单,在全市国税部门推出12366纳税服务热线,在各办税服务厅推出“自助服务区”。全年通过“全程服务台”受理各类涉税事项236.5万余件。

税法宣传

【积极开展文明创建活动】2004年,市国税局结合加强机关效能建设与争创满意单位活动,认真查找自身问题,制定落实整改措施。开展“访企业听意见送服务”、扶贫帮困和“为省直机关服务月”等活动。局机关全体女党员、女干部发起成立“帮困基金会”,为帮困对象捐款8000余元;在全市第五次“春风行动”中,局机关单位捐款5万元、干部职工个人捐款10.57万元;向桐庐县凤川镇捐款25万元兴建第三所希望小学。大力开展文明创建活动,萧山区国税局管理科被评为全国税务系统“青年文明号”,余杭区国税局分别被省委、省政府和市委、市政府评为“文明单位”和“文明示范单位”,5个基层单位被市委、市政府评为“文明单位”,29个基层单位被评为全省、全市国税系统“文明单位”和“青年文明号”。 (申屠水路 周凌明)

·地方税务·

【地方税务概况】 2004年,杭州市地税部门以组织收入为中心,优化地税收入结构,提升税收服务质量,实现收入持续快速增长。全市地税部门组织各项收入264.59亿元,比上年增长32.2%;其中地税收入184.51亿元,增长34.9%。分税种为营业税75.13亿元,增长36.5%;企业所得税54.09亿元,增长43.6%;个人所得税31.32亿元,增长23.5%;其他各税23.96亿元,增长24%。其他收入80.08亿元,增长27.3%;主要有养老保险基金43.01亿元,增长15.1%;医疗保险基金18亿元,增长47%。

7月1日起,按照属地管理原则,原由省征管的3340个企业(电力、金融企业除外)的税收征收关系,分别调整到杭州市国税局、地税局所属各税务分局。

【加强税收基础工作】 2004年,市地税部门深入开展税源分析和稽核评税工作,建立“非即期收入档案”,对重点行业进行专题分析,及时把握收入变化动向。加强重点税源监控管理,列入重点税源监控的企业从上年的695个扩大到1065个,增长53%;监控企业所占税源比例从50.8%提高到58.4%。完善协税护税体系建设,实现地方税收征管社会化。

【调整收入结构】 2004年,市地税部门完善非税收入征管体系,建立非税收入动态档案,实现非税收入规范管理,发布《杭州市市级罚没物资管理暂行办法》,使非税收入比上年增长32.3%。做好车船使用税委托代征工作,3月1日起市区车船使用税由市交警支队所辖的车管所检测点代征,收入增长169%;加强土地增值税征管,调整市区土地使用税征收标准,做好建筑用石资源税的开征准备。改革残疾人就业保障金征收体系,9月起残疾人就业保障金由地税部门征收,征集率达92%。积极推进“五险合征”(基本养老保险、基本医疗保险、失业保险、生育保险、工伤保险)工作,制定“五险合征”方案。

【优化纳税服务】2004年,市地税部门调整直属单位内设机构及名称,统一地税标识,推出办税服务厅一站式服务、免填单服务等新举措。修改完善ISO 9000质量管理体系,精简审批环节,简化办税手续,处理好规范管理与提高效率的关系。出台《文明服务公约》,开展礼仪培训,对窗口服务项目作标准化规定。运用杭州财税网和网上社区平台,加强税企交流沟通,展现“服务型税务”新形象。

【推进税收信息化建设】 市地税部门认真做好网上电子申报和“一户通”电子化缴税的推广应用工作,全年市区网上申报企业5.18万个,占应申报数的94.9%,有效减轻征期办税大厅的压力。会同市有关部门首次开展外商投资企业网上联合年检工作,参检率91.3%。改进纳税服务热线12366接听方式,增强服务功能,全年接听来电2.9万个。

【强化税务稽查】2004年,市地税部门借鉴司法取证办法,进一步规范和严密稽查取证程序;出台调账检查、检查约谈、建议反馈等制度和方法,规范稽查执法行为;制定免检试行办法,鼓励纳税人诚信纳税。全年查补税、费(基金)、滞纳金、罚款6.58亿元。与公安部门联合开展以打击制造贩卖假发票为重点的专项整治行动，查获各类假发票68万余份，抓获假发票贩卖分子360人。

【规范行政执法】2004年，市地税部门强化税收政策跟踪问效检查，以上年度税收优惠政策的落实和把关、税收执法规范性、重大税务案件审理、稽查案件查处及税收执法检查中查出问题的整改落实情况为重点，在全市范围内组织开展税收执法检查和稽查案件复查。组织开展行政执法证件使用管理情况检查，强调持证、亮证执法，维护行政执法的严肃性，确保了行政执法行为的合法、规范和有效。制作《税务行政简易处罚决定书》表式，并纳入ISO质量管理体系，进一步规范简易处罚执法工作。 （孔华强）

财税青年论坛

表43 2004年杭州市区财政收支情况

收入		
项目	金额(万元)	为上年(%)
地方财政收入小计	1 712 813	119.2
一、分税制财政体制收入	1 656 579	120.0
1.增值税25%部分	236 302	77.7
2.营业税	643 119	137.2
3.企业所得税40%部分	333 348	148.0
其中:内资企业所得税40%部分	267 106	154.3
外资企业所得税40%部分	66 242	127.2
4.企业所得税退税		
5.个人所得税40%部分	107 158	103.0
6.城市维护建设税	133 447	116.3
7.其他税收	76 845	122.1
8.国有企业计划亏损补贴	-92 681	104.8
9.农业四税	155 397	100.3
其中:契税	133 181	115.2
10.其他收入	46 503	141.3
11.行政事业性收费收入	14 280	
12.其他收入	2 861	153.4
二、专项收入	56 234	101.5
其中:1.教育费附加	48 034	115.7
2.排污费	8 200	59.0

支出		
项目	金额(万元)	为上年(%)
一般预算支出	1 602 303	119.5
一、基本建设	126 439	123.8
二、企业挖潜改造	128 847	143.9
三、科技投入	44 562	126.9
1.科学支出	6 866	118.0
2.科学三项费用	37 696	128.6
四、农业、林业、水利和气象支出	58 492	117.4
五、工交流通部门事业费	27 584	121.6
六、文体广播事业费	36 347	115.8
其中:文化事业费	12 313	126.8
七、教育支出	210 427	126.0
八、医疗卫生支出	74 676	115.7
其中:卫生	32 280	124.0
中医	3 481	133.7
九、抚恤社会救济事业费	29 307	132.7
十、行政事业单位离退休人员经费	66 138	115.4
十一、社会保障补助支出	43 505	117.8
十二、行政管理费	149 116	137.0
十三、公检法司支出	140 919	128.5
十四、城市维护费	144 678	92.4
十五、专项支出	52 202	118.4
其中:教育费附加	46 109	143.1
排污费支出	6 093	51.7
十六、其他事业费及其他支出	269 064	110.8

·银行·

【银行业概况】2004年，杭州市银行业认真落实中央各项宏观调控政策，调整信贷投向，优化信贷结构，努力增加信贷有效供给，有力地支持了全市经济快速发展，取得了较好的经营效益。年末，全市金融机构本外币各项存款余额5707.2亿元，比上年增长20.5%。其中：企事业单位存款余额2521.7亿元，增长15.9%；储蓄存款余额1835.17亿元，增长15.4%；其他存款余额1216.4亿元，增长39.8%。本外币各项贷款余额4800.04亿元，增长22.4%。其中：短期贷款余额2511.7亿元，增长17.1%；中长期贷款余额1849.9亿元，增长30.1%。全年金融机构累计现金收入10393.8亿元，增长27.8%；现金支出10199.8亿元，增长28%。全市银行业资产质量稳步提高，不良贷款继续“双降”（不良贷款余额和比例下降），经营效益明显改善，实现本外币利润95.8亿元，增长45.2%。

【全面贯彻宏观调控政策】2004年，人行杭州中心支行在认真贯彻央行各项适度从紧货币政策的基础上，加大宏观调控指导力度。下发信贷政策指导文件，召开货币信贷政策通报会、经济金融形势分析会等，向各级人民银行和金融机构传达中央宏观调控精神，确保各项货币信贷调控政策有效落实。配合政府有关部门开展固定资产项目、土地市场、开发园区清理和房地产市场调控工作，指导金融机构把握好调控力度，支持经济结构调整和经济增长方式转变，保持货币信贷总量平稳增长。发挥协调职能和资金支持功能，组织召开15次银政银企洽谈会、金融产品展示会、项目资金协调会，达成贷款意向52.67亿元，有力地支持了中小企业、县域经济的发展。

表44　2004年末在杭金融机构本外币存贷款情况

单位：亿元

类　别	存款余额	贷款余额
在杭金融机构	5 707.20	4 800.04
政策性银行	2.35	17.81
商业银行	4 825.45	4 217.79
其中：国有商业银行	2 580.62	2 517.56
股份制商业银行	1 904.30	1 482.28
农村信用社	553.64	386.75
非银行金融机构	174.44	177.67

注：政策性银行仅指农业发展银行，国有商业银行指工商银行、农业银行、中国银行、建设银行，股份制商业银行指浙商银行、中信实业银行、上海浦东发展银行、华夏银行、招商银行、广东发展银行、深圳发展银行、民生银行、兴业银行、光大银行、交通银行，非银行金融机构指在杭各信托、金融租赁和财务公司。

【积极加强窗口指导】2004年，人行杭州中心支行积极引导所辖金融机构按照“区别对待、有保有压”的宏观调控要求，加强信贷政策与产业政策的协调配合，限制和压缩部分过热行业的信贷投入，加大对重点行业、重点项目的支持，努力解决信贷难点问题，支持和服务弱势群体。全市房地产行业贷款比上年少增60亿元，土地储备贷款少增12亿元；基本建设贷款新增197.2亿元，增长30.4%。全年累计发放支农再贷款4.73亿元，农业贷款年末余额126.4亿元，比上年增加13.4亿元；农户贷款余额110.5亿元，增加15.3亿元。国家助学贷款年末余额2.73亿元，增加4710万元，增长20.9%；下岗失业人员小额担保贷款余额2496.7万元，增加1186.9万元，增长90.6%。针对禽流感疫情和台风灾害影响，积极引导金融机构出台信贷扶持政策，支持受影响的行业和地区渡过难关。

【稳步推进金融改革】　人行杭州中心支行支持和推动农村信用社改革，全年向所辖农村信用社发行专项票据7.12亿元，置换不良贷款5.88亿元和亏损挂账1.24亿元。参与浙商银行的重组筹建工作，指导支持其开展支付结算、资金清算、结售汇等业务。指导三井住友银行杭州分行筹建工作，提供相关服务。深化外汇管理改革，转变管理方式，推进贸易和投资的便利化。按实需原则核定经常项目外汇账户限额，扩大企业用汇自主权，降低经营成本；简化进出口核销手续，支持企业运用贸易信贷方式扩大外贸业务。全年办理出口交单约81亿美元，比上年增长41%；办理出口收汇77亿美元，增长42%；办理境外投资外汇登记35笔，中方投资总额6228.45万美元，实际汇出资金1399.24万美元。

【不断改善金融服务】2004年，人行杭州中心支行与市财税部门联合建设市区税收“一户通”系统，实现税费征缴入库电子化。全辖预算收入入库476.53亿元，比上年增长17%；其中地方预算收入入库284.68亿元，增长28.9%。办理出口退税98.97亿元，增长116.7%。加快支付结算体系创新，方便公众金融交易。组织和推动在杭股份制商业银行和农村信用联社合作，于10月28日开通杭州银行“柜面通”业务，极大地方便了客户资金存取交易。为满足公众交易需求，加大小面额货币投放力度，从全国各地调入1元以下小票6.71亿元，约3500吨。 （余 牛）

▶▶资料：杭州银行“柜面通”业务

2004年10月28日，在人行杭州中心支行的支持和推动下，在杭各股份制商业银行和农村信用联社联合推出杭州银行“柜面通”业务。

“柜面通”是指成员银行间相互代理业务，成员银行的客户凭银行卡、存折可以到任何一个银行网点柜台办理存款、取款、转账、查询等业务，就近获得金融服务的一种业务处理模式。该业务通过电子化网络的联接，实现网点共享和业务合作。其特点为：覆盖范围较广，所有在杭银行机构都可加入“柜面通”系统；业务功能较全，可以办理通存、通兑、转账和查询等多项业务；安全便利，客户不受银行网点的限制，可以就近办理跨行储蓄和转账业务，手续简便、资金实时到账，避免存取现金可能带来的假钞、遭抢等风险；有效减少现金流通，提高转账结算的使用比例和降低社会交易成本；在区域范围内对现代化支付系统、同城票据交换和银行卡系统起到有效的补充作用，增强中小银行机构支付清算功能；成员银行充分利用现有网点资源，实现联网合作，有利于提升服务水平和业务创新。

至2004年末，杭州市有8个商业银行的104个网点开通“柜面通”业务。

【工商银行】2004年，中国工商银行浙江省分行营业部积极调整经营结构，各项业务保持平稳、良好的发展势头。年末，人民币各项存款余额1138.2亿元，比上年增加74.73亿元；人民币各项贷款余额857.74亿元，增加80.24亿元。不良贷款率2.24%，下降2.86个百分点。实现经营利润增长19.4%。经营绩效连续第三年排名全国工行直属分行、一级分行营业部第一名，绩效等次为A+。有6个支行入围工行全国城区支行“40强”。在工商银行浙江省分行第九届业务技术比武中，蝉联冠军。该营业部被市委、市政府授予2004年度杭州市模范集体荣誉称号。

优化信贷业务结构。优先支持已审批、已承诺的省、市重点项目和重点客户的融资需求，将电力、高等级公路、跨国公司在杭投资企业、AA-级以上优质企业、优质中小企业和票据业务作为重点支持对象。调整住房信贷结构，确定26个重点支持房屋开发企业，个人住房按揭贷款比上年增加27.4亿元。积极拓展国家支持的瓶颈行业和基础产业的贷款，争取省电力公司第六批、第七批电网和天然气管道等重点项目贷款。新增AA级以上优质客户67户。全年贷款收益率5.23%，比上年提高0.16个百分点。

适时调整营销方法。努力提升存款质量，建立存款信息网，完善金融服务技术支持。开拓储蓄市场，推行核心竞争力项目，提升对优质个人客户的识别、营销能力，做好产品引存工作。成立“理财金账户”客户俱乐部，全年新增“理财金账户”客户1.23万户，累计3万余户；新增个人优质客户2.1万户。

中间业务快速增长。国际业务增长22.5%，银行卡绩效继续排名工行系统全国第一，电子银行实现交易额8657亿元(网上银行交易额4661亿元)。成立金融@家大学生志愿者营销团，个人网上银行开户7.5万户。发展浙江电力公司、娃哈哈集团等31个有社会影响力的现金管理客户，投资银行业务完成计划的113%。全年中间业务收入增长29.3%。

强化内控建设。在市政府的支持下，对15个企业5亿余元不良贷款实施打包抵贷，收回现金2.5亿元；清收不良贷款5.98亿元。注重防范信贷的隐性风险，对钢铁、水泥、房地产等热点行业贷款组织风险排查，对固定资产贷款的合法合规性进行梳理，清查项目487个。10个分理处升格为二级支行，出台《二级支行管理办法》。投产NOVA1.4

12月31日，常务副省长章猛进(左五)到人行杭州中心支行慰问参加年终决算的金融系统员工。

版本等新系统，完成远程数字监控试点。制定实施《支行内控管理目标考核办法》，成立预警中心，实施网点营业经理支行委派制和集中代班制，配备营业经理425人。制定《谈话述廉暂行办法》。举办各类业务培训班502期，人均接受培训超过10天。（邵庆义）

【农业银行】 2004年，中国农业银行浙江省分行营业部全面推进综合经营，不断提高业务可持续发展能力和竞争能力，开拓创新，稳健经营，实现结构、速度、质量和效益的协调统一。年末，各项存款余额560.9亿元，比上年增加86.9亿元，增长18.3%；各项贷款余额494.3亿元，增加43亿元，增长9.5%。不良贷款绝对额和占比连续第四年保持“双降”。全年实现国际结算33.6亿美元，增长33.8%；办理结售汇25.25亿美元，增长29.6%；新发行银行卡58.6万张，发卡总量360.5万张。实现账面净利润7.35亿元。

提升综合经营能力。开展个人业务和公司业务综合营销活动，推进资产、负债、中间等各项业务的综合发展，贷记卡、准贷记卡、国际卡、银证通、呼叫中心、短信通等业务明显增长。围绕客户多元化需求，加快推出网上银行、现金管理系统等电子产品。

提高经营管理水平。按照制度化、规范化、精细化的要求，全面加强基础管理和内控建设。根据宏观经济形势的变化，适时调整信贷政策，合理把握信贷总量。狠抓不良贷款清收和信贷退出，调整退出对象和贷款形态。规范贷款档案管理，促进贷后管理各项措施的落实。推行《基础管理工程实施方案》，开展会计主管委派工作，对重要岗位实施定期轮岗制度，完善营业网点柜员制管理，配足专职财会监管员，实施《客户经理管理办法》。全年完成5个专项审计和14位行长的任期责任、离任审计。

完善绩效考评机制。整合部室职能，前台部门职能从原本级经营调整为系统经营、系统管理和本级经营三大块；在明晰职责的基础上，完善绩效考评办法，加大系统经营管理力度。在考核体系和评价监测体系中，引入经济资本回报率等指标，完善综合评价体系。（倪爱娟）

【中国银行】 2004年，中国银行浙江省分行加强内部管理、改善资产质量，各项业务取得较好绩效。至年末，该行杭州地区本外币存款余额353.72亿元，比上年增加46.57亿元，增长15.2%；本外币贷款余额453.76亿元，增加77.55亿元，增长20.6%。其中，人民币贷款余额388.11亿元，增加62.71亿元，增长19.3%；各项外汇贷款余额7.94亿美元，增加1.8亿美元，增长29.3%。资产不良率下降2.75个百分点。全年实现营业利润9.68亿元，增长42.9%；实现账面利润5.46亿元。

优化授信结构。加大对重点客户和目标客户的营销力度，拓展优质客户、优质项目，促进公司授信业务的平稳增长；重点叙做风险度较低的住房按揭业务，规范个人投资业务和存单质押业务，遏制风险度较高的法人汽车贷款和高档住房贷款的增长，保持零售贷款有质量地持续发展。至年末，该行杭州地区公司贷款余额168.84亿元，比上年增加31.12亿元；零售贷款余额69.33亿元，增加24.07亿元。

银企座谈会

发展中间业务。全年国际结算业务总量83.61亿美元，比上年增加22.99亿美元。创新服务理念和产品手段，先后推出“汇聚宝”、债务风险管理、资金管理等新产品，拓展对公资金业务，形成一批优质客户群。以市场为导向，抓住假日经济特点，开展形式多样的银行卡业务营销，细分客户，抢占高端客户市场，促进信用卡业务与效益的较快增长，全年银行卡直接消费额为13.58亿元，增长30.9%。票据、保险代销等中间业务取得较快发展。至年末，该行杭州地区中间业务收入2.28亿元，增长38.1%。

推进授信机制改革，促进资产质量改善。为平衡竞争与合规、质量与发展的关系，在组织、制度、措施等各个层面进行一系列改革与创新。制订下发《风险资本配置系统工作流程》，将综合回报率引入授信审批流程；推进授信审批流程整合和授信授权管理，强化监控措施和后评价等基础工作，风险管理水平进一步提高。至年末，综合不良贷款余额比上年减少7.92亿元，下降36.2%。

加强内部管理，抓好优质服务。开展持续半年时间的“强化合规理念、建设平安中行”主题教育活动；在各网点推行主办会计制度，强化基层网点监督制约机制；以系统安全管理规范化为重点，深入开展“安全管理规范年”、“安全生产隐患大排查”等活动。以“四抓”(抓检查、抓培训、抓标准化和抓品牌建设)为重点，推进服务深化；在规范服务的基础上，全面开展“5S服务”(5S：诚信、标准化、快速、安全、满意)活动。

做好股份制改造基础工作。以举办讲座、培训班和编发简报等形式，向全体员工宣传股份制改造的意义，引导员工转变观念，适应股份制商业银行的运作要求。根据总行提出的股改上市战略目标和业务发展现状，研究制定未来五年发展规划；完成不良资产和非信贷类资产的剥离处置；对不良资产责任人进行认定，分类处理；实施资产评估和财务审计；全面启动以城市为中心的流程和组织架构重组工作。

（袁　鹰）

【建设银行】 2004年起，中国建设银行杭州辖区由浙江省分行杭州管理总部直管。该行转变观念，完善体制机制，强化内部管理，加强市场营销，各项工作取得新进展。年末，本外币一般性存款余额541亿元，比上年增加46.4亿元，增长9.4%；全年日均存款增加66.3亿元。本外币贷款余额570.2亿元，增加109.5亿元，增长23.8%。其中：个人住房贷款余额111.9亿元，增加36亿元；个人消费贷款余额30.73亿元，增加6.6亿元。

加强创新和营销，拓展目标客户。规范产品研发和管理流程，有效推广“汇得盈”、“手提银行”、现金管理、证券客户保证金独立存管、信用证海外代付等新产品；推出龙卡汽车卡；在资产并购贷款、保理业务等方面进行有益尝试。启动“分层面、分区域、分价格”的营销服务，个人中高端客户新增29496户，存款新增15.22亿元。成功争取到彭埠入城口改造、杭州市运河综合保护建设集团、浙江省发展投资集团有限公司、浙江广播电视传媒集团有限公司等一批优质项目和重点客户。新签约优质中小企业客户103个，签约授信金额91.31亿元。加强与省财政结算中心、省发展投资集团的全面合作。与首家进驻杭州的外资银行三井住友银行杭州分行建立业务联系。与国家开发银行、杭州市商业银行、浙商银行、金信证券等金融同业建立良好的合作伙伴关系。

实施战略性结构调整。出台《信贷政策指引》，将客户细分为重点支持类、准入类、维持类和退出类，实施不同的信贷政策。新增公司类重点客户196个、基本结算户121个，重点客户新增贷款82.82亿元。优化贷款行业结构，电力、交通、教育等优质行业贷款新增53.09亿元，占公司类新增贷款48.5%；优化网点结构，撤并低产、低效网点2个，13个储蓄所升格为分理处，9个网点升格为网点型支行。

提高信贷资产质量。做好贷款的风险防范和保全工作，建立重大信贷风险事项报告制度。积极回收不良贷款，加快抵债资产处置及非信贷资产的清收进度。落实贷款质量问责制，加大责任认定追究力度。年末，不良贷款率和不良贷款余额（按五级分类口径）分别比上年下降2.1个百分点和8.8亿元，不良贷款率为1%。

推进管理精细化。以经济增加值作为资源配置的核心指标，开展各项经营管理活动。推进经济资本预算管理，加强经济资本对风险资产总量的约束。完善成本定额管理制度，优化费用支出结构。规范集中采购，扩大采购范围，提高质量和效率。加大存量资本性占用的结构调整力度，建立标准化的明细资本性占用配置制度。

提升信息科技对业务发展的支撑能力。完成DCC（数据集中工程）项目上线，被总行授予杰出攻关奖；开发和优化校园一卡通、“手机银行”、网上银行个人贷款到期自动催收、客户经理考核等30多个应用业务系统；成功开发适应不同行业特点的固定资产贷款项目评估软件；办公自动化系统2.0版推广到所有机构网点。

加强内控管理。推进风险管理平台工程项目建设。适应DCC系统上线，加强规章制度建设。以“合规经营、防范风险、强化管理”为主题，举办“7.17”安全警示日活动。开展以信贷部位、综合柜员、基层机构及其负责人为重点的“有章不循、违章操作”专项治理，实施业务风险点和员工不良行为“双排查”。加强对印章、重要单证的检查，加大法律性文件审查力度。实现对城区网点会计业务的集中管理。全年机构审计覆盖面达100%。

根据国务院决定，经中国银行业监督管理委员会批准，中国建设银行股份有限公司于2004年9月21日正式成立。（徐　滢）

【交通银行】 2004年末，交通银行杭州分行（本级）本外币资产总额227.69亿元，比上年增加47.21亿元，增长26.2%。人民币各项存款余额206.6亿元，增加42亿元，增长25.5%；其中储蓄存款新增9.9亿元。人民币各项贷款余额152.6亿元，增加39.5亿元，增长34.9%。全年国际结算累计额8.78亿美元，增长20.6%。年末，全行本外币不良资产余额133亿元，不良资产率为0.87%。当年实现税前利润3.25亿元。

推进改革，增强经营活力。完成不良资产集中打包处置任务，不良资产余额和占比均降至历史最低点。10月中旬起，该行作为省行承担起管辖温州、嘉兴、湖州和绍兴4个分行的责任，统筹协调省内业务一体化营销以及和政府部门、人民银行、银监局联系的职能。完善绩效考核制度，针对不同岗位采取专线考核办法；制定《市区支行扁平化分类管理暂行办法》，实行按规模分类管理。

优化配置，调整业务结构。根据上级宏观调控有关政策措施，调整、优化公司业务结构。依托太平洋卡品牌比较优势发展各类卡业务；推出“交银理财”业务，重点发展VIP客户，私金存款在全行存款增长额中的占比高出上年3.87个百分点，对改善存款增长方式起到了一定的作用。确定7个特色发展行，鼓励国际业务特色化发展，国际结算业务量比上年增加1.5亿美元，增长20.6%。以卡业务和国际业务为主要收入源，积极发展结算类、代理类业务；采用代理、合作等多种方式拓宽业务范围，增加盈利渠道，中间业务收入增加1637.8万元，增长67.6%。排定退出和减持的客户名单，盘活信贷存量，全年退出和减持客户143户、金额2.95亿元。制订2004年~2006年机构和自助服务区（点）发展计划，新设滨江支行及18个自助服务网点，13个区、县（市）分理处升格为支行。

加强管理，夯实发展基础。构建长效风险管理体系，推行不良资产问责制和风险预警联席会制度，加大现场和非现场稽核力度，开展专项大检查，狠抓基层营业机构的管理。5月~7月，该分行完成交行系统数据大集中和内部财务系统首家上线试点任务。年内，在西湖和建德支行开展精品网点创建试点。

（陈春雨）

省巿帼文明示范岗

【商业银行】 2004年末，杭州市商业银行总资产381.59亿元。各项存款余额340.78亿元，比上年增加41.26亿元，增长13.8%(其中储蓄存款余额66亿元，增加12亿元，增长23%)；日均存款余额311亿元，增加57亿元，增长22.5%。各项贷款余额218.01亿元，增加9.56亿元，增长4.6%。全年实现税前利润3.55亿元，增加1.06亿元，增长42.4%；实现税后利润2.02亿元。

2004年，该行在吸收民营企业增资扩股后，进行董事会和监事会换届选举，设置独立董事和外部监事，建立董事会各专门工作委员会，修改公司章程，制订董、监事会各项制度和议事规则，法人治理走上规范化道路。

确立业务发展战略，明确改革方向。提出以为中小企业、市民和行政事业单位服务的市场定位作为业务发展战略，推出以专业化、扁平化、分类指导、专业考核、重新配置各类资源和异地业务归属调整等经营体制、运行机制方面的改革。开发适合市民需求的"百宝箱"系列产品和通知存款自动转存、外汇理财、客户委托国债回购理财等个人业务品种。

优化风险评级指标。遵循银监会对商业银行风险评级标准，加强日常业务行为的调控，优化资产负债结构。最大单户贷款比例9.36%，比上年下降18.9个百分点；最大10户贷款比例80.52%，下降58个百分点；资本充足率6.37%。不良贷款率按五级分类为2.27%，保持国内银行资产质量的优秀水平。

经济效益显著。适应利率市场化改革，按银企双赢原则，实行差别利率政策，提高资金使用效益。对内实行财务预算化管理，控制成本支出，开源节流，增强资产和资本的盈利能力。全年实现资产利润率0.89%，比上年增加0.18个百分点。得到建行等7个国有、股份制商业银行总量为44亿元的授信额度，完善流动性应急机制。银行间信贷资产转让业务转出11.7亿元，转入9.2亿元，风险结构性指标得到较大改善。

业务结构稳定。重点发展中小企业业务，日均存款500万元以下对公账户为27161户，占对公账户总数的96.6%；新增50万元~500万元客户333户，对公日均存款比上年增加49.76亿元，完成全行计划的110.6%。资产业务和资金效率稳定，存款日均保持量平稳。贷款行业投向趋向合理，制造业贷款余额占公司贷款总额38.3%，经济适用房建设贷款占房地产开发贷款总额50%。压缩大额贷款和单户比例，调整资产业务总量。

加强内控建设。继续深化以"扁平化、专业化"为主要内容的组织体系改革，明确部门职能和职责，重新制订和编印业务规章制度，重造业务流程。制订《信贷投向指引》，实行分级授权管理，建立独立审批人和总行委派会计制度，加强稽核队伍建设。 （程淑蓉）

【农村信用社】 2004年，杭州市区农村信用合作社联合社坚持"以市场为导向、以客户为中心"，加强内部管理，深化体制改革，改善资产质量，促进业务发展，取得较好成绩。年末，各项存款余额175.74亿元，比上年增加28.15亿元，增长19%；各项贷款余额121.94亿元，增加17.63亿元，增长16.9%。不良贷款余额3.36亿元，下降1.60亿元，不良贷款率下降1.91个百分点。实现各项收入9.65亿元，税前利润1.07亿元。

狠抓观念更新，明确市场定位。按照"发展决定一切、创新重于一切、管理高于一切"的要求，坚持"让利不让市场"，积极发挥农信社的比较优势，推进市场化经营机制的建立。及时调整市场定位，扬长避短，在业务发展中坚持立足"三农"，突出个人业务、零售业务，信贷政策适度向产权清晰、经营情况良好的民营、中小企业倾斜。

稳妥推进合作银行的组建。于2月出台改革实施方案，启动改革工作；8月完成清产核资；11月，按照"先清后募"的办法，完成对信用社旧股金的清退和合作银行新股金的募集，募得股本5.13亿股(每股1元)。申请到央行专项票据6005万元，争取和落实杭州市政府的4项改革扶持政策，改革工作取得实质性进展。

加强内部管理。完善管理制度体系，全年新制定和修订各类规章制度47项。强化检查监督机制，在充实专业稽核力量的基础上，实行经济处罚办法、行政处罚办法和贷款风险责任制的联动。全年组织开展大规模内控检查57次，提出整改意见974条，共处罚金16.48万元；对重大违规违纪案件立案9件，行政处理18人，解聘免职或降职处理高管人员8人。

提高整体经营实力。坚持"存款立社"，通过定期召开银企座谈会、推进标准化服务建设、加大对外宣传力度、创新服务方式方法等措施，实现存款的稳步增长。坚持在发展中适时调整信贷投向，改善信贷结构，开发适销对路的信贷新产品，逐步向小额、分散靠拢。至年末，全辖农业贷款余额109.06亿元，占贷款总额的89.4%。中间业务快速发展，业界合作不断加强。全年代理水电费、话费等业务156.79万笔,计3.64亿元;代理保险业务3058笔,计8853万元;发放农信卡9.35万张,卡余额1.45亿元;全年债券投资26.05亿元,债券回购累计金额236.85亿元,拆借和调剂资金106.3亿元,办理贴现转贴现23.4亿元。累计各项手续费收入640万余元。

(孙胜方 刚)

·信托·

【工商信托公司】 2004年,杭州工商信托投资股份有限公司加速业务模式转型,严格实行风险防范措施,业务发展呈现良好势头。年末,公司总资产48.58亿元,比上年增长53.9%;其中信托资产36.47亿元,增长122.8%。全年主营业务收入6185.8万元,增长87.6%;实现利润5067万元,增长221%;人均创利105.6万元,资本收益率11.3%。

加速业务调整。突破原单纯的委托投资业务模式,发展为客户提供财务顾问等综合性金融服务的投资信托业务。在资本市场领域尝试证券组合投资信托业务,推出省内首个开放式基金投资集合资金信托产品。在原有的金融同业战略合作的基础上,开发银行信贷资产买卖业务、投资银行业务和金融衍生产品。上年发行的16个集合资金信托计划,如期实现分配11个、清算结束5个;实际收益率均达到或超过预期收益率,其中收益率增幅最高为80%。在创新政府投融资体制、支持地方经济建设、协助国企改制等方面进行了有效的探索。

培养核心客户群。多渠道、全方位地开拓市场,拓展产权交易市场等中间渠道。通过召开客户联谊会和投资人见面会、开发代理机构和代理人、为优质客户量身定制理财方案等方式,加大机构客户与个人高端客户的开发力度。引入信托管理系统,规范操作流程,进行客户信息录入,建立不同类别的客户资源库,初步形成完整的客户管理体系。

严格风险防范。以项目后期管理为重心,积极发挥稽核部门的监督检查作用。对信托受益权转让、项目后期管理、业务档案管理和信托资产财务管理等问题进行分类排查,进一步规范和补充借款合同、抵押合同等格式文本。制订《资产质量风险分类管理办法》及《信托和固有业务核算程序》等制度。

健全法人治理结构。严格按照上市公司要求,重新规范"三会"(股东会、董事会、监事会)召开的程序。全年召开董事会8次,形成决议35项,并确保各类信托项目的及时有效实施,严把风险控制关;下设战略决策委员会、提名和薪酬委员会、风险控制与审计委员会,健全投资决策程序,提高重大决策的效益和质量。

(徐 玲)

·保险·

【人保财险】 2004年,中国人民保险公司杭州市分公司适应股份制改造上市后的新体制、新机制,紧扣发展主题,坚持利润导向,强化流程管控,精细内部管理,取得较好的经营业绩。全年实现保费收入9.63亿元,完成年度计划的125.4%;支付各类赔款7.76亿元。

优化险种结构,提高赢利能力。该公司贯彻上级公司"效益第一"的经营指导思想,积极推进业务结构战略性调整。放弃承保连续亏损的雇主责任险等业务;严格审查建筑工程险、货物运输险等业务;对车险业务细分保户、细分车型,出台新的承保条件和车队系数调整方案。做好效益险种尤其是重大项目的续保、新保工作,先后承保杭州萧山国际机场航空意外险、杭千(千岛湖)高速公路工程险、半山电厂天然气发电工程险、全市公路承运人旅客责任险等新项目,增加保费1000余万元。坚持依法经营、理性竞争,不断优化险种结构,改善经营品质,提高赢利能力。

强化流程管理,控制经营风险。规范日常业务处理、超权限业务处理的流程和操作,严格推行"见钱出单"制度;对营销渠道统一赋码管理,规范代理点业务操作。在车险业务中实行理赔权限浮动管理及理赔分级审批制度,明确车辆报价权限,规范报价工作流程,引入竞争机制,确保询价、报价的准确与及时。聘请专业医师参与人身伤亡案件医疗费用、后续医药费的审核把关,加大双证(行驶证、驾驶证)真实性与伤亡人员的家庭情况及抚养费的调查核实力度,强化赔案质量的检查考核,有效提高结案率,减少骗、假赔案的支出。

深化保险服务。改造车险查勘定损流程,在城东、城西、城北、城中查勘车辆相对集中、交通较方便的区域实施集中定损,节省了客户的等待时间。在新接单大厅引入先进的排队系统,增强接单力量,设立咨询专窗,推行节假日值班制、错时上下班制和首接负责制,为理赔客户提供及时、有序、优质的服务。推行个性化服务举措,对重要客户推行报案、查勘、理赔全程VIP跟踪服务,在实现经营效益的同时提升服务质量。邀请国内工程保险领域的风险管理专家对重要标的进行实地勘察,提供工地风险检验服务,协助被保险人做好防灾防损工作。

(周辉华)

【中国人寿】 2004年,中国人寿保险股份有限公司杭州市分公司以市场为导向,与时俱进,改革创新,业务经营取得可喜成绩。全年实现保费收入23.5亿元,比上年增长5%;其中新单保费(含短险)收入14.22亿元,增长3.9%。理赔各类案件57107件,给付赔款8468.47万元。

业务持续健康发展。开展"开门红"、"六三〇"、"决胜2004"等系列业务竞赛,保持业务的快速发展。2004年公司业务总量列中国人寿浙江省公司各分公司第一,为全省业务总量的1/5;占杭州寿险市场份额的52.6%。

改革人力资源制度。该公司以面向全省、公开竞聘的方式调整班子成员;对主要县支公司班子和市公司本级协管以上人员实行竞聘上岗;员工上岗实行双向选择。整合部门职能,精简管理岗位,公司中层干部由原24人精简至16人。全年举办各类业务培训87期,参加培训6960人次。有5人被评为全市系统一级优秀员工、17人被评为全市系统二级员工。

探索新的销售模式。对销售渠道、业务特点进行调研,尝试新的销售模式。以产品说明会的形式,销售"国寿鸿鑫"两全分红保险等分红类险种,激发客户的投资理财意识;组织健康知识讲座,宣传健康险等风

银保合作签字仪式

险型产品，提高客户的认同度。在城镇市场主抓趸交客户群；以“保险送乡”的方式，对农村客户进行保险知识普及和宣传；做好VIP客户的增值服务工作，为1800名VIP客户订阅生活健康类报刊杂志，通过95519服务热线和短信平台向VIP客户发送生日祝福和节日问候。开展大客户联谊等活动，促进公司与客户之间的交流，扩大国寿品牌的知名度和影响力。

提高服务质量。利用95519服务热线加强对客户资料的动态管理；完善续期服务，柜面交费和银行转账交费方式已得到业务员和客户的认同；延伸理赔服务，通过学生平安险理赔上门，加大理赔查勘力度；扩展增值服务，实施“柜面一站式服务”和VIP俱乐部工程。95519话务中心被评为全省系统优秀话务中心，公司客户服务中心被总公司授予“青年文明号”称号。（李绮丽）

【太保产险】 2004年12月30日，中国太平洋财产保险股份有限公司杭州分公司更名为中国太平洋财产保险股份有限公司浙江分公司。该公司全年承保各类社会资产3547亿元，赔款支出5.6亿元。按国家和总公司有关规定，准确、足额计提与转回各项准备金。

积极开拓市场，稳健发展业务。坚持“稳健经营，持续发展”的方针，在巩固企财险、机车险等传统强势业务的同时，做好大项目的攻关和新业务的拓展。以车险业务为管理重心，做好核保、理赔和提高应收保费入账率等工作。引进熟悉交通事故处理的专业人才，加强理赔管理。多次组织车险管理大检查，规范车险承保、理赔的操作和管理。

发展非车险业务，推进业务结构多元化。根据细分市场、细分业务的原则，加强市场调研，确定发展重点。在对所辖各单位的业务结构、营利能力进行全面分析的基础上，提出业务拓展重点和发展方向。业务管理部门根据财务数据、市场反映及下属单位的反馈，对核保政策进行合理调整。做好大项目的攻关服务，成功承保杭千高速公路富阳至桐庐标段的建筑工程一切险、甬台温高速公路平苍段路面工程和温州燃机发电厂二期、三期工程等项目的保险。

强化全面预算管理和基层业务管理。把经营管理活动置于全面财务预算管理的框架内，完善横向结合、上下衔接的预算管理体系；根据现场检查分析和信息反馈，及时调控，有效地控制基层公司的经营风险；加强行政费用管理，从压缩会议、简化仪式、缩减日常开支、改进费用报销方法等方面着手，减少费用支出。把好核保核赔两个关口，强化对基层单位的业务管理；以加强车险理赔操作的规范性、合理性为重点，提升管理质量。全年举办业务培训班9期，参加培训523人次。10月~11月，公司新OA上线，同步实施新旧OA的更替；柜面支付系统及车险理赔、手续费管理等系统陆续上线，推进SOP（标准流程管理）工作，完善了内部管理和风险防范工作。

积极推进服务创新。3月，通过95500客户服务热线对新老客户进行大规模的电话回访。10月，推出房贷险分期付款条款。车险业务在完善“新手助跑”、节假日车辆代保管等服务项目的基础上，配合交通管理部门，推出免费赠送新手“实习”标志等服务新项目，受到客户欢迎。

热心社会公益事业。做好与淳安县汾口镇和苍南县莒溪镇的对口扶贫帮困工作；参加“春风行动”，帮助弱势群体；响应地方政府的号召，捐款40万元支援温州、台州等遭受“云娜”台风侵袭的灾区。（汤 琪）

【太保寿险】 2004年，中国太平洋人寿保险股份有限公司杭州分公司坚持“稳健、务实、高效”的企业精神，优化业务结构，综合竞争力不断提升。全年实现保费收入17.02亿元；其中个人营销渠道实现保费收入8.5亿元，团体直销渠道实现保费收入6.26亿元，银保渠道实现保费收入2.25亿元。该公司年终考核在总公司系统名列AAA级分公司。

改进和完善客户服务工作。推行综合柜员制度，搭建“一站式”服务、区域化服务和客户维权平台，重点做好理赔、保全（对客户的保单变更，保单质押贷款等服务项目）、咨询等服务，建立保全、95500客户咨询电话等实务操作手册。定期召开客户服务品质监督员会议，充分发挥客户服务监督员作用。全年理赔案件65766件，理赔金额9450.64万元，比上年增长14%。

规范内部管理，提高企业品质。完善以核保、核赔为中心的风险管控机制，强化“两核”管理，减少退保业务；加强财务预算管理在公司经营管理中的风险预警作用、成本控制作用和业务拓展的支持作用；将费用开支审批权限和重要会计科目的日常清理与监控作为财务集中化管理的重点；构建全面预算管理模型，推行按项目预算编制、核销费用的模式，强化项目预算和固定成本的管控。

热心社会公益事业，热诚回馈社会。该公司为2004年在杭举办的国际旅游小姐评选大赛免费提供保险赞助；赞助杭州电视台“天堂人间看杭州”航拍栏目组采编人员意外险并赔付30万元；为参加杭州市人代会的代表提供保险保障；为《都市快报》举办的群众性活动“三人篮球赛”提供保险保障等。（陆文雯）

【平保产险】 2004年12月1日，中国平安财产保险股份有限公司杭州分公司更名为中国平安财产保险股份有限公司浙江分公司。该公司全年保费收入5.06亿元，比上年增长23.2%；综合赔付率为81.3%，支付赔款2.75亿元，增长8%。

中国平安产险遵循“专业·价值”的经营理念，不断改革创新，努力提升业务技能和经营管理水平。连续九年按国际标准出具财务报告和精算报告，在国内同业中率先实行核保核赔制度和引进风险控制体系，在行业内首创分险种核算管理，在全系统推行全预算管理。实现全国通赔车险理赔服务，全面导入ISO 9001:2000质量体系，顺利通过SGS认证。2004年6月24日，中国平安保险集团股票在海外上市。

增设服务机构、拓展经营区域、健全服务网络。2002年，在浙江保监局的支持下，该公司完成91个县级营销服务部开业筹建、证照办理、开业验收等工作，出台包括人事、行政、销售、“两核”、财务、计划与考核等内容的《营销服务部管理办法》，其中31个业绩优秀的营销服务部在2004年升格为支公司。至2004年末，该公司已基本形成以杭州为管理中心，遍布全省各市、县的的机构服务网络。依托95512电话服务热线的优势，在上年试点的基础上全面推广电话销售，全年电话销售保费收入达860万元。

坚持客户至上、服务至上的服务宗旨。8月~10月，该公司开展客户服务节活动。真情回访非车法人客户，为客户提供风险查勘或海外急难援助服务；家财险、房屋按揭险、车险三大类个人客户可以通过拨打95512电话或登陆PA18网站，参与公司组织的“幸运连环抽大奖”活动。为回馈优质客户的长期支持与信赖，策划、组织“平安杯快乐小天使”夏令营活动，受到广大客户的好评。8月12日，第14号台风“云娜”给浙江省造成巨大损失，该公司立即成立由总经理、总经理助理分别担任正、副总指挥的抗击台风工作指挥部，各级机构也启动了大灾理赔紧急预案，全面、统筹、调度抗台工作及灾后理赔。总公司及兄弟机构也纷纷在人力和物力上进行支援，帮助灾区恢复生产和重建家园。在此次大灾中，该公司支付近亿元的赔款。（谭梅英）

【平保寿险】 2004年11月26日，中国平安人寿保险股份有限公司杭州分公司更名为中国平安人寿保险股份有限公司浙江分公司。该公司全年实现总保费收入23.2亿元。个险业务首、续期总规模保费19.47亿元，比上年增长7.3%；团险实现保费收入2.78亿元；银保完成保费收入9582万元。支付各项赔款和给付金2.74亿元，增长9.2%。

调整业务结构，强化产品推动。为满足消费者对新型投资型保险产品的需求，个险在原有的传统险、分红险、健康险等产品基础上，推出万能险。优化团险队伍，大力发展短险业务，强化大项目运作。调整银保业务结构，由分红型产品逐步转向意外险或医疗险、期缴型、养老型产品。

实行分类管理，完善内控机制。制定分类管理、重点投入的发展思路，对全省各机构进行管理转型，实行分类管理，优化资源配置。实施全省业务集中收支，业务收支通过省级集中转账平台的在80%以上，转账时效控制在1天以内，有效地解决分散转账中的人力资源浪费、时效缓慢、银行收支账户多头管理、转账数据人工传递和暂收收据风险等问题。经过8个月的试点，于11月12日起，将契约录单、核保、理赔审核签批等作业全部集中到集团的后援中心作业，运行情况良好。9月，为配合“两核”集中，杭州本部在试点的基础上，将原分散在各业务部门的业务资料扫描和业务档案整理工作集中统一作业及归档，初步建成专业化的文档作业队伍，较好地配合了“两核”集中项目的顺利开展。

深化服务体系，提升服务质量。4月，公司各机构全面推广实施星级柜面制度。第14号台风“云娜”过后，公司理赔部立即制定灾后理赔信息及时通报制度，开通受灾客户理赔快速通道；为保证每一个报案都能得到及时处理，各支公司安排理赔人员24小时值班，为客户提供快速理赔服务。深化VIP客户服务体系，根据体系试运行的实际情况，对VIP客户的入围标准进行调整，有利于向潜在的VIP客户推销，加大了服务营销的作用；新增银卡客户健康体检等服务举措；各机构根据客户特点，开展“携手平安、健康沙龙”、“平安欢乐自驾游”等活动，受到业务队伍及客户的好评。

（柳慧美）

太平洋产险杭州分公司推出免费赠送“实习”标志服务

常务副省长章猛进（左一）、常务副市长盛继芳为杭州联合银行开业揭牌。

杭州联合农村合作银行(简称杭州联合银行)是一个由杭州市区(不含萧山、余杭区)的农民、农村工商户、企业法人及其他经济组织入股组建的股份合作制社区性地方金融机构，创立于2005年2月5日，6月8日正式开业，注册资本5亿元，其前身是杭州市区信用联社及所辖的23个农村信用社。现有营业网点112个，存款余额190亿元，贷款余额130亿元，资产近300亿元，综合实力名列浙江省农村信用社系统前茅；员工1100余人，其中专业技术人员占67.6%。

近年来，该行按照“发展决定一切、创新重于一切、管理高于一切”的要求，积极贯彻“以市场为导向、以客户为中心”的经营理念，切实增强员工的市场意识、竞争意识和发展意识，及时调整市场定位，扬长避短，实施错位竞争，坚持“小额、分散、流动”的原则，突出个人业务、零售业务，积极向产权清晰、经营情况良好的民营、中小企业倾斜。积极有效地支持杭城经济和“三农”发展，自身经营实力长足发展，2004年，实现各项收入9.65亿元，税前利润1.07亿元，增幅分别达到27.2%和67.9%。

该行将继续秉承农村信用社的优良传统，以支持“三农”和地方经济发展为己任，以创建全国最好的农村合作银行为目标，建立健全现代企业制度，依托现代科技手段，加快金融产品和服务功能的创新，优化服务手段，提高风险控制能力，提升整体竞争水平。

杭州联合银行大楼

立足社区、服务三农
抓住机遇、加快发展
王国平 二○○五年六月十日

PICC 中国人民财产保险股份有限公司 PICC Property and Casualty Company Limited 杭州市分公司

中国人民财产保险股份有限公司(简称人保财险)前身是中国人民保险公司。人财保险杭州市分公司是杭州市规模最大的财产保险公司，设有19个区、县(市)支公司、营业部,服务网络遍布乡镇。开办企财险、家财险、车辆险、船舶险、货运险、工程保险、意外险和各种责任保险等100多个险种,承保全市7000多个企业、16万辆机动车辆。

人保财险杭州市分公司为保障地方经济建设、支持地方经济发展作出了积极贡献。先后承保了钱江三桥、四桥、五桥,杭州萧山国际机场,市直医院医疗责任险,市教育局直属学校校园方责任险,连续五届西湖博览会,地铁一号线等重大保险项目。公司连续多年被评为经营管理先进单位,被省、市政府授予"文明单位"荣誉称号。

公司将秉承"人民保险为人民、人民保险造福于民"的承诺,发扬"求实、诚信、拼搏、创新"的企业精神,竭诚为广大客户服务。

车险理赔新闻发布会

24小时保险服务

奖牌

中国人寿保险股份有限公司 杭州分公司

China Life Insurance Company Limited

公司向贫困学生捐款助学

该公司是杭州寿险市场上的佼佼者，公司总资产已逾90亿元，寿险品种100多个。现有600余名管理人员和4000余名个人代理人，在各区、县(市)设有支公司(营业部、营销部)24个。公司本着"客户至上，诚信为本"的宗旨，以寿险品种齐全、资金实力雄厚、赔付及时准确、服务热情周到等特点和优势，2004年实现年保费收入23.6亿元，市场占有率超过50%。

公司为客户开通95519服务专用电话，全天候为客户提供咨询、投诉、报案登记、挂失登记、客户回访等"一站式"服务，并积极参加社会公益事业，为扶贫救灾、见义勇为、城市建设捐款300余万元。

公司邀请专家为客户做健康讲座

员工培训

·综合经济管理·

【综合经济管理概况】 2004年,杭州市综合经济管理部门全面贯彻中央宏观调控政策,牢固树立科学发展观,千方百计化解发展中的突出矛盾,努力促进经济增长方式转变,确保经济社会协调发展。全市经济保持较快增长,增长质量进一步提高,投资结构明显改善,对外开放取得新的成就。全年实现生产总值2515亿元,比上年增长15%。完成全社会固定资产投资1205.18亿元,增长19.7%;其中,非国有投资继续活跃,5县(市)投资增速快于市区。外贸出口总额151.75亿美元,增长38.6%;实际利用外资14.1亿美元,增长39.8%。财政总收入395.75亿元,地方财政收入197.45亿元,分别增长10.1%和19.7%。

【充分发挥土地效益】 市综合经济管理部门认真贯彻国家宏观调控方针,积极做好重点急需建设项目的土地报批工作,力保重大项目、高科技项目、关系国计民生项目的土地供应。10月底,国家发改委、国土资源部联合下达浙江省第1批重点急需建设项目确认意见,杭州市有57个重点急需项目(未含省属在杭项目4个)获得确认,项目总用地为3024.48公顷,其中农转用土地1970.99公顷。

对市区1999年~2003年经国务院、省政府批准,但至2004年4月底仍未供地的2132.16公顷土地,按照"优化存量结构、坚持有地优用"的原则,采取"一调两宽两严"(调整用地性质、放宽容积率限制、放宽建筑高度限制、严格控制建筑密度、严格控制绿地率)的方式,最大限度地发挥土地效益。全年有511.13公顷土地由工业用地调整为科研、综合用地;提高平均容积率后,可增加建筑面积678万平方米~968万平方米,节约土地371公顷~510公顷。

【清理固定资产投资项目】 4月~6月,根据国务院办公厅《关于清理固定资产投资项目的通知》和省政府的部署,市计委牵头在全市范围内开展固定资产投资项目清理工作,摸清了在建、拟建项目情况,确定了清理范围。市区1000万元以上的重点清理项目231个、总投资149亿元;3000万元以上的其他清理项目878个、总投资1650亿元。在全部2708个在建、拟建项目中,符合要求的项目2684个、总投资约1926亿元;因不符合要求而决定取消立项的拟建项目24个、总投资约4亿元。

【调查研究卓有成效】 2004年,市计委对63个课题进行调研。这些课题涉及"三农"问题、城市化战略、"工业兴市"战略、开放带动战略、环境立市战略、人口发展战略和发展现代服务业、经济结构调整、接轨上海、改善投资环境、区域经济协调发展、社会保障体系等重大战略问题,其中许多是市委、市政府交办的。研究成果为市委、市政府谋划发展提供了科学依据,一些研究成果在市党代会工作报告和市人代会的政府工作报告中被引用。

市计委针对热点、难点问题及时开展调查研究。如:年初在国内部分地区发生禽流感疫情后,市计委及时完成《禽流感疫情与我市动物防疫体系建设研究》。随着CEPA的实施,向市政府提出《关于贯彻实施内地与香港建立更加紧密经贸关系安排若干意见》。4月,随着国家宏观调控力度的加大,市计委及时向市委、市政府提出《调整提高夯实提升我市经济发展》的调研报告。8月,针对建设用地紧缺矛盾,市计委会同市国土资源局认真研究用地政策,提出"一调两宽两严"的用地方针。9月,针对欧盟电子指令对杭州市外贸电子产品的影响,提出《欧盟废旧电子电机、危害物质禁用指令对我市的影响及建议对策》等。这类适时的调研报告都具有较高参谋价值。

【加强投资项目前期研究】 为建立健全"决策科学,投向合理、运作规范、监管严格"的政府投资项目管理机制,市计委十分重视投资项目的前期研究工作。2004年下达投资储备项目前期研究计划42个,安排资金869万元。至年末,会同有关部门完成或初步完成《城西示范区规划设想研究》、《城西示范区规划编制》、《"黄金水道"发展规划纲要编制》、《杭州市防灾设施现代化研究》、《杭州市市区给排水设施现代化研究》、《杭州市市区交通设施现代化研究》、《杭州市生态设施现代化研究》、《杭州市信息基础设施现代化研究》等一批投资项目的前期研究和有关项目的规划编制。通过这些研究和规划,为一大批对杭州市经济社会发展有重要影响的重大项目储备打下了良好的基础。

【重点项目投资完成239亿元】 年初,经市政府同意后,全市确定年度重点建设项目108项、预备项目44项、调研项目18项。2月底召开全市重点工程建设会议,确定重点项目年度投资计划220亿元。市计委下达重点项目形象进度计划,对投资计划进行分解落实,每月跟踪统计,及时协调解决建设中的一些主要问题。4月,国家暂停建设用地的农转用审批。根据上级要求,上报了重点急需"4+4"项目(能源、交通、水利、城市设施+教育、卫生、国防军工、拆迁安置)。考虑到国家下达用地计划较晚,对一些项目的建设进度影响较大,9月底再次召开全市重点工程建设会议,对项目计划进行调整,并进一步做好重点项目建设的服务协调工作,保证了重点项目建设的顺利推进。至年末,全市完成重点项目投资239亿元,为年度计划的107.2%。

【推进高技术产业发展】 2004年,市计委积极组织企业申报国家发改委组织的高技术产业化项目。杭州市有22个电子信息、生物产业、新材料等项目被国家发改委正式列入,有力地推动了杭州高技术产业的发展。此外,市计委下达市高技术产业化项目77项,安排补助资金1226.3万元。

杭州市的国家、省、市高技术产业化项目全年拉动企业投资40多亿元。

【数字电视用户10万余户】 3月25日,杭州市正式播出数字电视。市计委认真履行数字电视领导小组办公室职责,积极落实市委、市政府《关于全面推进我市有线电视数字化及发展数字电视产业的若干意见》,大力推进数字电视整体平移工作。至年末,市区数字电视用户10万余户,圆满完成了市委、市政府提出的全年工作目标。

市计委还积极组织企业向国家发改委申报数字电视专项。杭州市数字电视公司、西湖电子集团公司和杭州华视数字技术有限公司分别承担了国家发改委的数字电视产业化专项任务。

【争取国债及各类补助资金3.24亿元】 2004年,市计委通过多方努力,争取到国债及各类补助资金3.24亿元。其中,国家高技术产业化项目补助资金1.475亿元(不含省配套资金);重点流域水污染治理中央预算内专项资金3820万元,地方预算内专项资金2740万元,共计6560万元;杭氧集团、杭锅集团等5个企业共6个项目分别获国家发改委重大装备国产化、汽车配件结构调整、工业企业信息化等专项国债资金3857万元(其中中央预算内专项资金1876万元);省发改委工业园区专项补助资金150万元;农村公路建设项目地方预算内专项资金4881万元;西溪湿地生态旅游区基础设施项目地方预算内专项资金1000万元;拱墅社区服务中心建设800万元。

此外,市计委引进外资1300万美元;为杭州市抗咸二期及引水入城项目与日本协力银行达成1.5亿美元左右的贷款意向;争取到西班牙政府贷款914万美元,采购杭州市消防支队消防特种装备和抢险求援设备。市计委加强与在杭金融机构的协调,全年落实杭州市主要项目商请银行贷款57.3亿元。

【开展"十一五"规划前期研究】 2004年,市计委开展"十一五"规划前期研究工作,提出"十一五"规划前期研究课题(专项规划)30个,召开新闻发布会进行公开招标;其中16个课题向全国公开招标,54个单位参与。至年末,这些课题已完成或完成阶段性成果,在此基础上形成杭州市"十一五"规划发展思路,并初步确定"十一五"规划重点专项规划15项,在征求各相关部门意见后报市政府批准,组织编制。 (徐东敏)

·审计·

【审计工作概况】 2004年,全市审计机关完成审计项目和调查项目1025个,为省审计厅下达杭州市600个年度项目计划数的170.8%。通过审计,查出违规金额11.64亿元,管理不规范金额50.24亿元,损失浪费金额5.03亿元。审计决定处理处罚金额11.07亿元,其中应缴财政4.72亿元,应减少财政拨款或补贴0.89亿元,应归还原渠道资金1.71亿元,应调账处理金额3.75亿元;要求被审计单位自行纠正金额63.99亿元。向司法机关、纪检监察部门移送或建议有关部门处理案件6件,涉案14人,涉案金额2110万元。向有关部门提交专题报告、综合报告和调查报告123篇,向社会公告审计结果7篇,编报各类审计信息168条;其中上级机关采用186篇(条),省、市领导批示21篇(条),新闻单位报道30余次。市审计局在全省市级审计机关年度工作考核中获第1名。

【预算执行审计】 2004年,全市审计机关认真开展同级预算执行和其他财政收支情况的审计监督,工作重点实现由收支审计并重向以支出审计为主的转变。同步开展地税系统、省对市县财政转移支付资金、计划生育系统及专项资金、公路养路费、环保系统及专项资金、财政投资项目绩效、政府采购等专项审计项目。针对审计揭示的预算执行和财政财务管理中的薄弱环节及反映的部分财政专项资金在管理使用中存在的问题,提出审计意见建议。市本级审计重点揭露了房地产企业偷逃税严重、专项资金大量沉淀、部分国家建设项目预算水分较大、个别单位私设"小金库"等7个方面问题,并首次向社会披露了审计情况。

【专项资金审计】 按照国家审计署、省审计厅要求,全市审计机关在2004年开展了科技经费、下城区等3地财政决算、48个乡(镇)财政及社保基金、3个世界银行贷款项目公证、会计师事务所质量检查等专项审计,取得较好成效。在对某地社保基金的审计中,突出反映了商业银行没有执行国家有关优惠政策,少计养老保险、医疗保险利息200多万元的问题。市审计局围绕市委、市政府中心工作,安排"春风行动"专项募集资金、绿化资金、城市建设维护资金、住房公积金等重点资金的审计,开展了部分医院收费情况、扶持企业发展专项资金使用情况、杭州经济开发区负债情况等重点领域的审计调查,对开发区预算执行情况、开发区环保部门财务收支情况、市药监局行政执法情况、市有关部门预算执行情况等重点问题进行审计或跟踪审计。审计反映的问题，引起省、市领导高度重视，分别作出批示，促进了有关问题的解决。

【经济责任审计】 全市审计机关按照“积极稳妥、量力而行、提高质量、防范风险”工作方针，突出抓好经济责任审计的跟踪检查和成果利用环节。全年完成经济责任审计项目218个，审计经济责任人211人；审计查出违规、管理不规范和损失浪费金额16.95亿元，其中主管责任金额15.51亿元、直接责任金额1.44万元，移送纪检部门查处4人。杭州市被中央纪委、中央组织部、人事部、审计署评为全国经济责任审计工作先进地区。推进经济责任审计工作规范化建设，实行经济责任审计对象“ABC”分类管理模式；规范完善审计操作程序，改进对领导干部经济责任的界定和评价；加强对审计结果的跟踪检查，促进审计成果的有效利用。

【国家建设项目审计】 全年审计国家建设项目455个，涉及项目投资总额66.04亿元。通过审计，核减工程款2.24亿元，查出挪用侵占、少缴税金、损失浪费等问题金额6.29亿元。推进国家建设项目规范化工作，结合工程审计特点，统一复核、文书格式，健全相关制度；组织建设项目协审单位招投标工作，对有关中介机构单位资质及协审人员资格等基本情况进行调查摸底；开展国家建设项目审计网上申报工作，做好国家建设项目审计计划管理与项目必审制等基础工作；注重审计方法创新，对市民中心、北山路道路整治等建设项目实行全过程跟踪审计和全过程跟踪记录。

【完善审计基础工作】 2004年，全市审计机关积极推进审计信息化建设，实现机关网络的互联互通，提高了审计效率。完善审计对象资料数据库，实现动态管理，根据审计采集情况，及时更新与完善审计对象资料。“金审工程”建设进展顺利，审计管理系统和党政机关通信网门户网站正式启动。计算机辅助审计实行“现场组网审计”，利用与市会计结算中心联网的有利条件进行远程联网辅助审计和审前调查。杭州市审计局被确定为全国审计信息化建设试点单位。

构建审计质量控制体系。开展“质量创优年”活动，推进审计工作的法制化、规范化；加强审计质量的内部控制，制定和完善了审计复核、审计业务会议等制度；集体讨论决定重大审计项目的定性与处理，构建符合杭州市实际的审计质量控制体系。

【加强审计队伍建设】 2004年，市审计局深入开展机关效能建设，结合审计工作实际，先后制定首问责任制、AB岗工作制、限时办结制、服务承诺制、岗位责任制、失职追究制等6项工作制度，修订会议制度、机关文明办公制度等8项行政管理制度，用制度规范机关工作和人员行为，提高机关办事效率和质量。开展对区、县(市)审计机关的考核，加强对下级审计机关的领导，推动全市审计工作的平衡协调发展。制定《杭州市审计局人才发展五年规划》，对年龄结构、文化结构、专业结构提出明确目标。

【内部审计工作】 至2004年末，全市有内部审计机构244个，其中专职机构96个；内部审计人员838人，其中专职239人。全年内审机构共审计单位2202个，纠正违规金额2376万元，促进增收节支3246万元，查出损失浪费金额1668万元。杭州市内部审计学会被评为全国大中城市社科联先进学会，杭州市审计局被评为浙江省内部审计指导工作先进单位。 （陈响荣）

·工商行政管理·

【工商行政管理概况】 2004年，杭州市各级工商行政管理部门围绕加快构建服务型、规范型、效能型工商行政管理模式的目标，积极进取，努力工作，为维护市场经济秩序和促进区域经济新一轮发展作出了新的贡献。

全市新登记注册企业17150个，其中外商投资企业659个、私营企业15171个、其他内资企业1320个。年末，全市有各类企业108821个，其中外商投资企业3824个、私营企业77847个、其他内资企业27150个；有个体工商户239823户。

年末，全市有各类市场719个，其中四星级市场8个、三星级市场45个、二星级市场74个。2004年新培育民生、华立、朝阳、利群等4个中国驰名商标，37个省著名商标，50个市著名商标，17个省知名商号企业；年末，杭州市已拥有中国驰名商标11个，位居全国省会城市和副省级城市之首。全年查处各类经济违法违章案件1.4万件，其中大要案件1865件、移送司法机关案件24件；罚没款6822.6万元，

【整顿和规范市场秩序】 2004年，工商行政管理部门以降低群众的投诉率为目标，坚持整顿与规范并举，探索新的监管方式。开展食品、农资、文化市场和户外、医疗广告以及打击商标侵权等专项整治；实施“五月红盾行动”，重点查处劣质食品、取缔无照网吧、清理与整顿市场、查处商业贿赂，努力营造消费安全的市场环境。配合有关部门对“三口五路”户外广告进行整治规范。开展无照经营专项整治，重点整治无照多发区域和多发行业，全年取缔无照经营案件1.19万件，疏导办照2082户。加大执法力度，出台《行政处罚案件操作规范和核评标准》等文件，修订完成《行政处罚案件分层管辖若干规定》，对6个行政处罚标准进行细化。

【创新监管举措】 全市各级工商行政管理部门对商品质量实施定期检测，在综合分析消费投诉热点分布的基础上，有针对性地加大商品质量检测的面与量。全年检测各类重点商品1874批次，其中食品1556批次，公布检测结果并发布消费警示信息。对大型商场超市的商品实施准入监管制度，覆盖面已延伸到重点市场，取得较好成效；组织开展“百县万村放心店”试点，加强对农村小店商品准入工作的监管；贯彻《浙江省商品交易市场管理条例》，制定《市场管理责任条款》、《市场摊位租赁合同》等规范化文件，明确市场举办者的责任，督促市场举办方切实履行管理职责。加大星级市场的培育扶持力度，全年新培育星级市场38个。

【稳步推进消费维权工作】 按照建立集投诉举报查处于一体的96315指挥中心的要求，完成市工商局12315消费举报投诉中心设施的改建工作。全年全系统接听各类举报投诉咨询电话18.16万个，投诉处理率100%，为消费者挽回经济损失1431万元。做好12345市长公开电话交办工作，全年受理交办电话3886个，按时反馈率100%，满意率99.8%。市工商局与兄弟城市工商部门签订《全国十五城市工商联合打假协议》，构建起跨地区、跨城市的执法维权网。全市各级消费者协会围绕"诚信·维权"年主题，开展"百名记者、百名律师进百家社区维权大行动"；围绕消费热点，组织开展汽车油耗、空调能耗、手机电板待机时间等消费体验和比较试验活动。杭州市消费者协会被中国消费者协会授予维护消费者权益"3·15"集体金质奖章和全国消协维权网络先进单位称号。

【有序开展企业信用工程建设】 2004年，各级工商行政管理部门围绕建设"信用杭州"的工作要求，开展企业监管信用等级评价工作。对126个AAA级信用优良企业予以社会公示，对8079个信用破产企业作出吊销营业执照的处罚。根据信用评价结果，各分局加强对辖区经济主体的分类监管工作，调整监管重心，确定监管关注度，促使日常监管工作更具有效性和针对性。

【深化完善准入审批】 2004年，市工商局调整企业注册"一审一核"制，扩大"审核合一"的范围，通过简化审批程序提升审批时速。按照扩项目、扩范围、解难点的工作要求，在上年推行企业注册前置审批告知承诺制的基础上，出台《关于简化企业注册登记手续的若干意见》，促进企业发展。

【实施企业网上年检】 2004年，市工商局依托红盾信息网，全面启动企业网上开业登记系统和企业网上变更登记系统，企业网上年检率达94.1%。13个区、县(市)分局全部开通外资企业远程办照系统，提高了外资企业办照效率。

【实施政务公开】 2004年，为方便企业及个体工商户办照审批，市工商行政管理局在优化工商事务办理流程、完善办事程序、扩大公布工商事务咨询电话的基础上，详细编制了企业及个体工商户开业、变更、注销登记的操作指南。开通网上公告栏，发布企业开业、变更、注销公告，为社会提供查询企业基本信息的平台，拓宽政务公开覆盖面。

【支持企业发展】 2004年，市工商局制定、出台《促进个体私营经济提升提速发展若干措施》，加大对民营经济发展的服务力度；与浙大城市学院签订《产学管研合作协议》；广泛开展企业走访服务活动，与个私民营协会联手组织"情系淳安、共谋发展——百家民企走近淳安"活动。大力引导企业树立名牌意识，注重对企业实施品牌战略的指导服务。

【人大代表定向视察工商管理工作】 2004年，在上城、建德分局接受人大代表定向视察试点工作基础上，江干、萧山等分局也相继开展此项活动。人大代表定向视察活动的开展，促进了全市工商行政系统执法行为的规范、服务质量的改进和服务水平的提升。市工商行政管理局主动接受人大代表定向视察的工作经验在市人大专题会议上做了介绍，市人大常委会领导对此项工作给予了充分肯定。

【完善队伍建设管理机制】 2004年，市工商行政管理局加大干部队伍的教育培训工作力度，开展机关干部"四观"(科学发展观、严明纪律观、理性监管观、正确权力观)教育培训。完善基层规范化建设和目标考核机制，加快推进数字化工商所建设，系统基层建设和管理工作有新的提高。余杭分局被人事部、国家工商总局授予全国工商行政管理系统先进集体荣誉称号，江干分局新塘工商所被国家工商总局授予全国工商行政管理系统先进工商所荣誉称号。严格执行干部人事管理的各项规定，实施系统中层领导干部竞争上岗，开展干部交流，探索干部选拔培养的有效途径。

【健全监督保障体系】 2004年，市工商局制定下发《构建反腐保廉体系实施意见》，与各分局签订落实党风廉政建设责任和行风建设责任书。系统各级都建立行政效能投诉中心，设立行风建设和效能投诉电话。加大系统96666投诉电话受理的督办力度，开展投诉情况动态分析，提高投诉处理质量。

(张顺正　陈　杭)

·物价·

【物价概况】 2004年，杭州市物价局认真贯彻落实中央和省出台的一系列宏观调控政策，充分发挥职能作用，努力保持价格总水平基本稳定，为促进经济发展和维护社会稳定，做了大量卓有成效的工作，取得了较好成绩。

全年居民消费价格总水平比上年上涨2.5%，其中新涨价因素影响约1.7个百分点、翘尾巴因素影响约0.8个百分点。食品类价格上涨8.4%，服务项目价格上涨3%，工业消费品价格平均下跌2.2%。原材料、燃料等购进价格上涨14.6%，工业品出厂价格上涨7.9%，房屋销售价格上涨11.7%，土地出让价格上涨39.4%。

【加强价格调控监管】 2004年，杭州市各级物价部门密切跟踪粮油、肉禽蛋菜、液化气、农资、成品油等重要商品和服务价格的变动情况，切实加强价格监测分析。市物价局召开价格形势分析专家咨询会，听取专家建议，向市委、市政府提出加强价格调控监管的对策建议，多数建议被市委、市政府采纳。全年市委、市政府领导对价格调控监管的批示有20多次。市物价局通过监测上报的杭州家电出现涨价苗头的信息引起国务院的高度重视，国家发改委领导对此作了充分肯定。

建立应对价格异常波动的预警和处理机制。总结上年抗击非典时期稳定市场价格的成功经验，制订《应对市场价格异常波动监测预警制度》和《关于应对市场价格异常上涨工作预案》及《实施细则》，成立相应的领导机构，建立健全了政府应对市场价格异常上涨的应急处理工作机制。在2004年防治禽流感、应对市场粮价波动等重要时期，价格预警应急机制发挥了重要作用。根据国家和省的要求,第二季度起,杭州市实行价格“两条控制线”政策,避免了价格总水平的过快上涨。为及时向各区、县(市)通报全市居民消费价格总水平,促进各地的价格调控工作,经市政府同意,7月起建立全市月度居民消费价格指数通报制度。价格监管调控措施的出台,为有效避免政府提价和市场自发涨价的叠加效应,保持全市价格总水平的基本稳定起到了积极作用。全年居民消费价格总水平涨幅为2.5%,低于全国和全省的平均水平。

【切实解决涉及群众利益的价费问题】 2004年,市物价局关注民生,积极研究解决困难群众生产生活问题的政策措施,确保社会稳定。针对粮油等主副食品价格涨幅较大的情况,深入市场、社区、学校进行调查,分析对低收入群体的影响,及时向市委、市政府提出建议。市委、市政府领导召集有关部门研究后,决定给全市企业退休人员增加生活补贴,提高城镇居民最低生活保障标准。

下半年,受国际原油价格持续上涨的影响,杭州市液化气价格在1个多月间从每瓶65元上涨到78元,群众反响很大。市物价局深入调研后,出台设立提价控制线、实行15%的综合差率控制、经营企业提价事前协商机制和做好市场监测与检查等4条干预措施,对稳定液化气价格起到积极作用。年初发布医疗机构集中招标中标药品零售价格,实行最高药品零售价格和最高购销差率“双控”管理办法,推动了医疗机构药品销售价格的下降。经测算,2004年杭州市医院药品实际销售价格下降20.9%。组织开展医药价格专项检查,全市82个医疗机构执行中标药品销售价格总体较好。落实医药价格公示制度,有效规范了医疗行业的价格行为。切实加强教育收费管理,确定高中、初中生择校费标准;在全市1300多个学校实行收费公示制,公开收费项目、收费标准等;在市区发放收费联系卡23万份。实施义务教育阶段“一费制”政策,严格核定杂费、课本费和作业本费,一次性统一向学生收取费用,不再收取代管费。全年查处学校乱收费案件88件,责令退款359万元。

【积极推进价格改革】 市物价局加大教育收费和医药、电力、自来水价格等方面的改革步伐。为推进实施环境立市战略,缓解杭州市污水处理运行资金严重不足的矛盾,经省物价局批准,4月1日起调整污水处理费标准。根据国家发改委等部门有关文件精神,拟定杭州市危险废物处置费标准,促进危险废物处置产业化。根据电力供求形势和电煤价格大幅上涨、供热企业出现亏损的情况,对热电企业供热成本进行审核测算,在充分调研的基础上,适当调整供热价格,适度缓解了价格矛盾。落实浙江省电价改革方案,稳妥实施电价改革,对居民生活用电实行阶梯式电价,对高耗能行业实行差别电价。为支持西气东输工程,通过调查测算和召开价格听证会,合理确定天然气价格。

【依法治价工作取得成效】 2004年,市物价局认真贯彻实施《中华人民共和国行政许可法》、《依法行政实施纲要》,严格按照《政府制定价格行为规则(试行)》、《收费标准管理规定(试行)》、《杭州市物价局政务公开方案》的有关规定,规范审批程序、明确办理期限,工作绩效进一步提高。完善价格决策专家论证制度、重大价格决策集体审价制度,有效减少和避免决策失误。制订《行政执法责任制实施意见》,加强内部行政层级监督,签订执法责任书。按照《行政许可法》要求,根据国务院、省政府《行政许可收费目录》的规定,全面清理1980年~2003年出台的有关价费政策文件,废止38个。经过三轮行政审批制度改革,行政审批事项由原58项减少至4项,审批时间缩短2/3。

表45　2004年杭州市区主要主副食品零售价格

品名	规格	2004年12月价格(元/千克)	上年同期价格(元/千克)	比上年同期增长(%)
猪肉	去骨夹心新鲜肉	16.00	14.04	14.0
	无骨新鲜腿肉	16.50	14.84	11.2
	新鲜条肉	16.54	14.16	16.8
鲜蛋	新鲜完整鸡蛋	6.50	6.00	8.3
	新鲜完整鸭蛋	8.00	7.32	9.3
水产品	500克~1000克鲢鱼	6.00	4.20	42.9
	500克~1000克鳙鱼	9.40	6.80	38.2
	1000克以上草鱼	10.36	6.96	48.9
	250克以上鳊鱼	10.28	8.20	25.4
家禽	1000克以上食用鸡	10.00	9.00	11.1
	1000克以上麻鸭	15.46	13.32	16.1
蔬菜	青菜	1.36	1.40	-2.9
	包心菜	2.34	1.96	19.4
	芹菜	2.38	3.28	-27.4
	花菜	2.20	3.24	-32.1
	菠菜	3.34	3.52	-5.1
	番茄	3.38	4.28	-21.0
	萝卜	1.30	1.52	-14.5
	马铃薯	2.28	2.00	14.0
大米	标一晚籼米	2.80	2.20	27.3
	标一晚粳米	3.20	2.20	45.5
	标二晚粳米	3.40	2.60	30.8
面粉	特一粉	3.00	2.80	7.1
	特二粉	2.80	2.60	7.7
食油	二级菜油	7.60	8.00	-5.0
	色拉油	7.60	8.00	-5.0
苹果	红富士	4.20	5.40	-22.2
芦柑	一级	5.00	6.00	-16.7

【查处和纠正价格违法行为】 2004年，市物价局组织开展价格整治活动。根据上级文件精神，规范涉及机动车辆行政事业性收费和政府性基金，取消11项、停止收取6项；取消或降低12个部门45项涉农收费项目或收费标准；取消违章停放机动车拖车费，降低机动车废气检测费；对家禽业减免部分政府性基金和行政事业性收费，取消行政许可收费项目75项。通过取消、降低行政事业性收费项目和标准，市区减轻企业和群众负担3600万余元。会同财政部门对各执收单位上报的行政事业性收费项目与标准进行审核，及时反馈，并通过网上公示。组织开展药品、粮食、电力、成品油、医药、房地产价格和教育、技术监督、物业收费等专项检查以及汽车市场专项整治，有效规范各行业价格和收费行为。在重大节日和西博会期间，集中开展消费市场价格、收费及明码标价检查。切实实施涉农价费公示制，萧山区更新涉农价格和收费公示牌，临安市利用农业信息网络平台实施涉农价费公示。组织开展明码标价专项整治活动，实施物业服务收费明码标价，完善标价签监制管理工作。市物价局与省物价局联合召开商贸服务企业价格政策法规宣教会，召开由西湖游船公司、风景区停车场等单位参加的规范停车和游船收费行为告诫会，在医疗行业以及武林路时尚女装街开展价格诚信活动，引导市场主体遵纪守法，促进经营者价格自律。制定出台《价格信访和举报工作督查规定》，在网上开通12358价格举报系统。全年价格主管部门受理价格举报投诉和咨询8758件，按时反馈率99.9%，办结率99.8%，为消费者挽回经济损失320万余元。

全年查处价格违法案件863件，实施经济制裁1783.9万元，其中退还用户901.4万元、上缴财政882.5万元。 （赵全新）

·统计·

【统计概况】 2004年，杭州市各级统计部门以提高统计数据质量为中心，推进统计管理体制和统计方法制度改革，做好全国经济普查的各项前期准备工作，强化统计基础、统计法制和统计队伍建设，努力提升统计工作效能，各项工作取得新的成绩。杭州市统计局被国家人事部和国家统计局授予全国统计先进集体称号。

发挥统计咨询服务功能。加强宏观监测，及时反映中央宏观调控政策对全市经济产生的影响。改季度分析为月度分析，有针对性地提出杭州市经济运行中需要关注的问题及建议，供市委、市政府决策参考；规范现代化进程监测数据的收集渠道、指标口径，对各区、县（市）上报的数据进行核查，完成《杭州市基本实现现代化进程测评报告》；结合国家统计局制定的《全面小康社会统计监测指标体系》，对杭州市全面小康社会建设进程进行测评，完成《杭州市全面建设小康社会评价分析报告》。启动价格监测快速反应机制，加强对市场物价的统计监测，为价格部门加强物价监管和市政府调整城市居民最低生活保障标准、提高企业退休职工生活补贴提供资料。开展城市管理、机关效能建设、杭州信用建设、创建“平安杭州”、“西博会”评价、政府为民办实事项目、未成年人思想道德建设等大型调查，其中《未成年人思想道德建设调查报告》，被中央文明办编发增刊报送中央领导。为提高民情民意调查的代表性，对市区1000户民情民意调查户进行换户。全年撰写统计分析和统计信息187篇次，市委、市政府领导批示37次，新闻媒体采用统计稿件142篇次。编印反映全市经济社会发展成就等“两会”参阅材料，制作统计信息多媒体查询系统供“两会”代表、委员查询。编印中英文版《统计公报》1000册，发送给市级涉外部门和外商投资企业。

开展统计基础建设年活动。从组织建设、业务建设、法制建设和统计信息化建设等方面，对区县(市)统计局、乡镇（街道）统计机构的统计基础建设制定量化考核验收标准。召开全市统计基础建设年活动经验交流会，推动基层统计基础建设活动的扎实开展。

完善工作制度，强化内部管理。结合机关效能建设，制定14项管理制度，开展月度绩效考核。全市有15人通过评审取得高级统计师资格，414人参加全国统计技术职称考试，1587人考取统计上岗证；3000余名中级、初级统计人员通过第3轮继续教育。

“两会”代表、委员查询杭州市经济社会发展统计数据

【改革统计管理体制和方法制度】 2004年，市统计局按照市政府“在地统计”的要求，明确职责，严格管理，指导城区统计局对区域内的所在单位进行清查，健全单位名录库，做好市及市以上单位的划转确认，帮助各单位与所在地的区统计局建立统计关系并按规定报送相关统计报表。至第三季度，农业、贸易、房地产、固定资产投资、工业和劳动工资等全部专业完成“双轨制”试运行任务。按照国家和省统计局的要求，对规范地区生产总值核算提出改进意见，修正地区生产总值核算数据，规

范数据发布程序。年度生产总值核算,分初步、年报和最终核实3个步骤进行,对区、县(市)生产总值上报与发布时间进行规范。

完善城镇住户调查制度和统计指标体系，将原按户籍人口抽样改按住宅地址抽样，使住户调查涵盖外来人口。与市有关部门联合建立民营经济统计网络，按季进行民营经济统计。对市区私营企业从业人员劳动报酬开展抽样调查,对5%的样本企业进行统计稽查。

【稳步推进第一次全国经济普查】 2004年,按照“全国统一领导、部门分工协作、地方分级负责、各方共同参与”的原则,市统计局在市级有关部门的配合下,认真做好第一次全国经济普查各项准备工作。督促区、县(市)及乡镇(街道)组建经济普查领导机构和办事机构,落实普查经费,选调1.5万名普查员、指导员和陪调员。制定下发《杭州市第一次全国经济普查主要工作计划》、《2004年度市级有关部门经济普查工作量化考核办法》、《县级经济普查工作量化考核办法》等文件,落实经济普查责任制。广泛开展经济普查宣传活动，副市长盛继芳就经济普查向全市人民发表电视讲话,在市区设立大型公益广告牌39块、宣传橱窗260只,发放宣传海报6万余张,悬挂横幅3000余条等,大张旗鼓地开展宣传活动,营造良好的氛围。做好经济普查的各项业务准备工作，对全市行政区域范围内的各类单位登记资料进行了全面清理。在余杭区临平街道进行经济普查全过程试点。制订杭州市经济普查工作实施方案及12项实施细则。抓好单位清查工作,组织1.5万名普查人员在划定的普查区域逐门逐户对所有的机关、企事业单位和个体经营户进行清查登记。至12月底,全市已清查登记法人单位8万余个、产业活动单位1.7万个、个体经营户38万余户。

【建立统计数据质量控制体系】 2004年,市统计局按照国务院领导对统计工作提出的“不出假数、真实可信”的要求,制定《关于建立统计数据质量监控和评估制度，进一步搞准统计数据的意见》。根据该《意见》,采取事前、事中、事后全程监控的办法,对生产总值(GDP)及分产业增加值,农业总产值、增加值,规模以上工业销售产值、总产值、增加值,规模以下工业总产值,固定资产投资完成额(含房地产)、资金来源，商品销售总额、社会消费品零售额，城乡居民收支，价格指数等统计数据进行监控和评估。

【组建统计快速应急调查网络】 2004年,市统计局制订《杭州市统计系统快速应急机制方案》,以增强统计工作的预见性和快速反应能力。为能有效地应对突发性公共危机，在全市确定723个具有代表性的单位，按不同行业组成9个快速应急调查网络，确保统计部门能迅速收集和提供有关情况，为各级政府及时处置公共危机提供第一手资料。

【加强统计法制建设】 2004年,制定实施《杭州市统计局统一受理行政许可申请、统一送达行政许可决定制度》、《杭州市统计局行政许可责任追究制度》及《杭州市统计局对被许可人监督检查制度》等。启动全市第三期“四五”统计普法教育工作,参加普法函授学习1.13万人,其中县处级以上领导干部209人。制定《杭州市统计稽查工作制度》,全年对761个单位开展统计稽查,对建德市、淳安县、西湖区统计局进行统计巡查,并延伸检查6个乡镇(街道)。对247个单位进行统计执法专项检查，立案查处统计违法行为157件。11月,全国人大常委会副委员长蒋正华率全国人大《统计法》执法检查组对浙江省《统计法》的实施情况进行检查，在听取杭州市贯彻实施《统计法》情况汇报后,对杭州市的统计法制建设工作予以肯定。

【提升统计信息化水平】 2004年,市统计局建成集统计单位登记管理和单位名录库生成统计专业字典库、数据库管理、统计报表自定义、网上数据采集、数据汇总、统计分析及统计信息发布于一体，覆盖所有统计业务的杭州统计综合数据库系统，并与投资项目集中办理中心和工商、国税、地税、质监4部门的企业单位基础信息库联网，确保数据的准确性。推行企业统计数据网上直报。制订《杭州市统计局信息公开办法》,推出网上办事大厅,全年受理网上办事259件。杭州统计综合数据库系统获第七届全国统计科研优秀成果二等奖，杭州统计信息网获杭州市政府门户网站优秀子网站称号。 (史君怡)

·质量技术监督·

【质量技术监督概况】 2004年,市质监局坚持名牌战略，以创中国名牌产品为重点，分层次抓好各类名牌培育、帮促与指导。全年有6个产品被评为中国名牌;72个产品被评为浙江名牌，其中工业名牌57个、农业名牌13个、传统特色名牌2个,继续保持全省领先地位;49个产品被评为杭州名牌；有5个产品获国家免检产品资格。至年末,累计有中国名牌13个,浙江名牌153个。

杭州市从源头上控制产品质量,防止假冒伪劣产品(商品)流入市场。全年出动执法人员20232人次,检查企业13787个,查处各类违法案件3031件。其中，立案查处1096件,万元以上大案274件,捣毁制假窝点99个,查处假冒伪劣商品标值6591.28万元,罚没款上缴国库1327.73万元。

【推动企业提高质量管理水平】 2004年，市质监局继续引导企业实施质量管理体系认证，在重点企业中推行采用国际标准和国外先进标准，推动企业提高质量管理水平。至年末,全市有2988个企业通过ISO 9000认证、179个企业通过ISO 14000认证、18个企业通过OHSMS(职业安全健康管理体系)认证、27个企业通过QS-9000(汽车质量管理体系）认证、490个企业通过3C认证,231个企业通过计量水平确认；有16个重点企业的36个产品完成采用国际标准确认,省、市重点骨干企业90%的主导产品采用国际标准。此外,市质监局还在中小企业中普及标准知识，组织标准下乡宣传周活动,为1100个企业举办标准化人员培训；积极组织企业开展标准化良好行为试点，杭州老板实业集团有限公司和浙江万向精工机械有限公司通过了国家级、省级标准化良好行为评价水平考核，成为

"黑心棉"销毁现场

浙江省首批获AAA级标准化水平的企业。

2004年，万向集团公司被国家质量监督检验检疫总局授予国家质量管理卓越企业荣誉称号，娃哈哈集团公司、华立集团公司和杭州卷烟厂被授予全国质量管理先进企业荣誉称号。

【努力为外向型企业服务】 2004年，市质监局与100个外向型企业建立WTO/TBT预警系统，将最新国际贸易技术壁垒信息在第一时间传送到相关企业；建立拥有35万多件国际先进标准和国家、行业标准的数据库，开辟了网上下载标准文本通道，向全社会开放，为1000多个企业提供了2500多种标准以及国外市场分析、标准备案咨询和食品标签认可等服务；特邀德国RWTUV有关专家为杭州100多个外向型企业举办SA8000认证知识培训，累计培训9批次、600余人；聘请8名高校教授、博士、WTO研究员等专家学者为WTO杭州中心顾问，参与中心建设。

市质监局全面推广建德市质监局整合系统技术力量，为企业提供"一揽子"技术服务的做法，进一步规范服务行为，细化服务内容，并在实践中拓展了特色服务、应急服务、延伸服务等方式，帮助企业提高产品质量，开拓市场。如有些外向型企业因过去执行统一的标准生产，相对于欧美等发达国家，达不到相应产品标准而遭遇技术壁垒；而相对于发展中国家，又因产品质量标准高于其需求而造成原材料浪费、价格偏高而影响销售的困境，市质监局主动帮助企业针对不同国家的要求，搜寻、翻译相应国家执行的产品标准，指导企业按相应的标准、质量等级生产，增加了出口量，提高了效益。

【杭州电子政务标准规范编印成书】 市质监局牵头编制的《杭州电子政务标准规范》，包括8个大项、21个子项，是全国第1部门类齐全的信息标准专业书。2004年，经专家审定，编印成书。编制工作得到国家信息化办公室、国家电子政务标准总体组的充分肯定。该规范在滨江区政府试点的基础上，全面推广应用，有效解决了杭州市信息化建设中政府部门之间互联互通、信息共享、业务协同的问题，为打造"数字杭州"奠定了基础。

【农业标准化示范项目不断扩大】 2004年，杭州市启动优势农产品技术标准的研究和示范项目。推荐余杭苦竹、千岛湖有机鱼、萧山青梅等3个项目为国家第5批农业标准化示范试点项目，取得明显效益，受到企业欢迎。建立了桐庐、滨江蜜梨，桐庐河蟹，萧山杜洛克种猪、青梅和南美白对虾，临安高山蔬菜，余杭径山茶和早竹笋，富阳种羊场肉羊等9个省级农业标准示范项目，并通过省局验收。余杭塘栖枇杷、萧山萝卜干获得国家原产地域保护。余杭分局与大专院校、科研机构合作，做好中泰苦竹定向培育、鸬鸟蜜梨精准计量、降解早竹笋土壤"呋喃丹"农药残留检测、蜜饯生产工艺改进等工作，取得了较好成效。产值超2亿元的余杭万亩(666.67公顷)本牌中华鳖示范园区通过国家级农业标准化示范园区验收。此外，市质监局起草了《杭州市农业标准化工作实施意见》、《杭州市农业标准示范验收细则》；完成300余项2000年前制定的市、县农业标准规范的清理复审；新制定和完善《无公害芦笋生产技术规程》等33项市级农产品质量安全标准规范，并通过专家审定。

【加强农药残留物检测】 2004年，市质监局严格按照《上市蔬菜标志管理办法》和《上市蔬菜日常监督检验细则》，加强对上市蔬菜等农产品农药残留物的检测力度，做到月月有检测、有通报，重大节假日安排专项检查，对不合格的蔬菜等农产品，督促有关部门做好清柜、整改等工作。全年累计监督抽查上市蔬菜等农产品1581批次，合格率94.7%；定性检测蔬菜6298批次，合格率95.7%，确保了上市农产品质量安全，受到国家农业部的肯定。

【全面开展食品专项整治】 6月，市质监局全面开展食品专项整治。从企业执行标准、市场准入、检测能力、生产条件、使用食品添加剂等方面入手，开展拉网式检查。通过检查，建立471个重点监管企业档案。其中，达到A类企业标准的139个；达到B类企业标准的260个，达到C类企业标准的72个。C类企业中有49个经整治达到B类标准；对整治后仍未达B类以上标准的，责令停产，并建议当地政府和相关部门给予关停和吊销营业证照的处理。

至年底，全系统累计出动执法人员2076人次，检查企业1602个，查处无证企业63个，取缔或关停无证或不达标企业15个，查处不合格食品89批次、货值47.8万元，查处案件131件（其中万元以上大案5件），捣毁制假窝点10个。

【开展建材专项整治】 市质监局在2004年开展建材专项整治中，突出对钢材、水泥、装饰材料等产品生产企业和建筑工地、地条钢生产窝点的检查。共查获不合格的钢材1000余吨、货值350万余元;查处不合格钢管、扣件等建材38批次、货值80万余元;查获地条钢142.45吨及大量废钢等原料,涉案金额76万余元,端掉地条钢生产窝点26个;抽查252个企业生产的各类建材产品273批次,对57批次的不合格产品进行了严肃处理。

【抓好特种设备安全监察】 2004年,杭州市特种设备安全监察网络进一步健全。全市225个乡镇(街道)和29个县级主管部门配备了特种设备安全管理员,并签订目标责任书,落实了安全责任。年内先后开展气瓶、工业压力管道、危险化学品罐车等特种设备的专项整治。完成全市81个气瓶充装站、251.8万只气瓶的普查整治;核查2015个单位、2886个装置的1.1万条、合计长度为1121千米的工业压力管道普查登记;完成729台港口码头吊机和105辆运载危险化学品承压罐车、589辆常压罐车的专项整治,并分别通过了省级验收。开展锅炉、压力容器、电梯、起重机械的定期检查工作。全年定检锅炉4258台,定检率100%;定检压力容器3932台,定检率93.6%;定检电梯5194台,定检率98.2%;定检起重机械2685台,定检率100%。查处存在安全事故隐患和各类违法特种设备2946件,并探索了安全长效管理机制,促进了特种设备的安全运行。

【成立2个合资机构】 1月,市质检院与瑞士SGS认证检测公司合作成立SGS通标上海分公司杭州分包实验室,开发食品中饱和脂肪酸、膳食纤维含量等新的检测项目。全年为食品生产企业提供1500批次产品的检测认证服务。

1月,与国际著名的认证机构德国RWTUV集团合资组建杭州汉德质量认证服务有限公司,主要为出口企业提供汽车配件、低压电器、家用电器、照明设备、机械产品及儿童玩具等产品的测试和质量认证,直接签发产品出口欧盟及世界其他地区所必需的CE、GS等认证证书。7月27日正式对外服务。年内,为杭州远见智能公司、杭州数源公司、杭州华日集团等30余个企业提供了欧盟电器强制性认证服务,为杭州日光灯厂等企业开展了7个项目的GS认证。

【拓展检测服务辐射面】 2004年,市质监局围绕电子信息、医药化工、机械制造、纺织服装及食品饮料等五大支柱产业的需求,加强理化分析、电声性能检测、建材检测、纺织服装检测、衡器检定及医疗仪器检定等重点实验室建设,扩大检测辐射面。配备715万元专项检测设备,按照欧盟标准开发农产品十大类安全指标检测技术,对抗生素类4个指标进行快速检测方法的开发应用。在经国家认可的523项检测项目的基础上,新增317项。全年完成产品质量检验任务约1.6万批次,计量检定约15.3万台(件)。

【市特种设备安全检测院成立】 5月,市特种设备检测中心和市锅炉压力容器检测中心合并,成立杭州市特种设备安全检测院,承担全市电梯、起重机械等机电类特种设备和锅炉、压力管道等承压类特种设备的检验检测,开展水处理社会化服务。至年末,已为1000余个企业提供服务,取得了较好的社会效益和经济效益。 (秦展扬)

·药品监管·

【发展药品经营企业】 2004年,杭州市药品监管局继续贯彻"宽进严管"的方针,发展药品经营企业,增加市场竞争主体,方便群众购药配药。全年新批零售药店316家,因GSP认证未通过等原因关闭289家,至年末,全市零售药店达1122家。做好普通商业企业销售乙类非处方药核准工作,新批128家门店(企业)乙类非处方药药品经营许可证。推进连锁经营,至年末,药品零售连锁企业达29个、门店523家,并逐步向农村延伸;全市连锁率为46.6%,市区连锁率达56%。会同劳动保障部门做好医保定点药店准入工作,年末,市区医保定点药店由年初的52家增至115家。

【药品"放心工程"成效明显】 杭州市实施药品"放心工程",药品市场秩序继续好转,药品质量日趋稳定。2004年药品评价性抽样检验合格率达95.7%,比上年提高3.5个百分点,比2002年提高10.7个百分点,用药安全问题基本得到解决。

【监督实施GSP、GMP认证】 2004年,市药品监管局坚持标准,加强指导,监督各药品企业努力实施药品GSP、GMP认证工作。至年末,全市有47个药品批发企业、26个连锁企业(523家门店)取得GSP认证证书,271家单体药店通过GSP认证;51个药品生产企业取得104张GMP认证证书。

【加强进口药品质量管理】 市药品监管局认真履行口岸局职能,制定药品进口通关工作制度及药品进口备案工作程序,加强和海关、口岸药检所的联系,确保监管到位。2004年完成进口药品通关单144份、32个品种、201批次,货值6300万美元。

【加大打假治劣力度】 市药品监管局继续组织"蓝盾行动"。全年开展专项检查18次,出动执法人员26730人次,检查涉药单位7644个,立案查处240件,取缔无证经营单位129个,责令整改226个,涉案金额1885.3万元,罚没款464.6万元。集中打击非法收购药品行为,抓获非法售药3人、药贩子20人,其中有9个"老板级"药贩子。组织医疗器械使用情况重点检查,抽查区、县(市)的14个企业,查出一些医疗机构使用无证、假冒、过期的医疗器械及重复使用一次性器械等问题。开展城区医疗机构药品质量大检查,检查39个医院,查出过期失效药品器械211种、2160瓶(盒、支、袋),发出责令整改书32份,立案19件。

【加强农村医疗机构药房建设】 2004年,市药品监督管理局下移监管重心,加大对农村医疗机构药房规范化建设工作的指导督查力度。至年末,7个区、县(市)乡镇卫生院规范药房和村卫生室合格药房分别建成193个与1727个,占应建总数的100%和84.2%。通过"两房"建设活动,农村医疗机构药房硬件设施明显改观,药品质量管理制度不断完善，从业人员质量意识明显提高，农民用药环境得到改善。

【清理家庭小药箱】 2004年，市药品监管局成立药品监管志愿者服务队，先后25次开展“清理家庭小药箱”活动。全年出动志愿者370多人次，在21个社区、6次广场活动中，帮助1800多个家庭清理药品，回收过期失效及变质药品1300余批次，货值14万余元。为方便群众，12月，设立8个固定清理药箱服务点。

【“富阳经验”在全国推广】 富阳市药监部门从2003年开始，先后对311个村卫生室药房进行规范化整治，所有村卫生室药房按规定配置药橱、药架，为需低温存放的药品配置冰箱，并建立药品购销台账制度，确保药品有正规的供应渠道。为降低药价，富阳市在药品批发环节引入竞争机制，建立3个药品连锁配送中心，鼓励药品经营企业向农村延伸，采取统一采购、统一配送、统一核算的方式为村卫生室和药店送货，从而平抑了药品的零售价。该市的做法得到国家食品药品监管局的肯定，将其誉为“富阳经验”，在全国推广。

【构建药品监督网络】 10月3日，市药品监管局聘请41名在街道、乡镇担任领导职务的人员为药品监督员，在城区初步构筑起以市药品监管局为龙头、以街道乡镇药品监督员为骨干，以社区药品监督员（此前已聘请301名）为基础的药品监督联系网络，更有效地确保人民群众用药安全。

【侦破假山参案】 12月4日，市药品监管局侦破一起假山参案，在长明寺巷一处造假窝点查获假山参20多千克，价值20多万元。造假者是辽宁到杭的一对夫妇。他们从老家收购了一批移山参（人工移植的人参，其营养价值远不及山参），从办假证的人手里买来“药检所检验专用公章”、“山参等级章”和物价局的“标价签”，然后在长明寺巷一间10平方米的小屋内给移山参挂上“浙药检标签”和照片，装进精美盒子，使之变成上等“山参”，价格也翻了好几倍。

【全国15个城市药监协作网运行】 3月6日，由沈阳、长春、大连、西安、成都、武汉、广州、深圳、厦门、济南、南京、杭州、宁波、青岛和哈尔滨15个城市药品监督管理部门组成的全国首个药品监管协作网正式运行。这15个城市的消费者及医药企业，将借助协作网实现有效的跨省市维权；对辖区内发现的涉及协作网单位城市的药品和医疗器械生产、经营企业制售假劣药品和医疗器械、刊播违法药品广告、产品抽检不合格等问题，将及时沟通，并进行联合整治。

【56味中药材首次进超市】 3月1日，市药品监管局开始受理超市等商业企业申请乙类非处方药的药品经营许可证。3月5日，乐购和华联超市首先领到经营许可证，获准销售乙类非处方药，其中包括进补类中药材。3月14日，滋补类中的56味中药材首次摆上了乐购和华联超市的柜台。市药品监管局公布了这些中药材目录。

【康恩贝研发生产基地在杭州新药港落成】 5月18日，占地9.2公顷、投资逾1.4亿元的康恩贝集团研发、生产基地在“新药港”——杭州高新区（滨江）医药高新技术产业园区落成。至此，“新药港”已有国光药业、浙大生物技术、杭康生物、艾康生物等医药企业进驻，开始形成有杭州特色的医药产业结构，在国内、省内具有一定优势。

【康莱特获准在俄进入临床应用】 7月8日，抗癌中药康莱特注射液获得俄罗斯联邦政府卫生部批准，作为治疗癌症处方药在俄全面进入临床应用。这标志着中国拥有自主知识产权的中药制剂跨出国门，打入欧美市场，实现了零的突破。

（柳静波）

·经济建设规划·

【经济建设规划概况】 2004年，杭州市经济建设规划院克服不利因素，各项业务工作保持总体稳定，取得新业绩。

加强内部管理。9月，出台《杭州市经济建设规划院财务管理若干暂行规定》，10月起实施与该规定相配套的《项目本》制度；根据中国工程咨询协会颁布的《中国工程咨询业质量管理导则》（草案）的精神，结合实际情况，重新修订了《项目流程单》，使项目从合同签订到结束，都留下可供查阅的清晰记录，为实施贯标工作打下坚实的基础。

提高人员素质。充实领导力量和咨询业务队伍，为每位业务人员提供免费接受注册咨询工程师考试培训的机会。成立宏观经济读书研究会，定期举行主题研讨会。

提升竞争实力。在较好完成市计委下达的各项研究任务的基础上，通过招投标方式参与同行业业务竞争，在市计委组织的《杭州市推进中心城区协调发展研究》课题招投标中中标，并高质量地完成了研究任务。

发挥咨询参谋作用。高质量地完成2004年的重点研究课题《杭州城市基础设施现代化研究》。为了争取国家的国债支持，承担了《杭州市西溪湿地保护工程项目建设书和可研性报告》的编制工作。《西湖综合保护和治理前瞻研究》按计划完成，其内容已成为杭州市目前正在编撰的《西湖通史》内容的一部分。参与了仓前和江东两个大学城总体规划的编制工作。该院撰写的《关于构筑杭州文化创意产业基地（LOFT）的建议》，上报市委、市政府，引起市领导的高度重视，并给予批示。该院还承担了《杭州市“十一五”发展规划基本思路研究》、《以科学发展观统筹杭州经济社会发展》等重大课题研究，并获得有关部门的高度评价。根据《运河整治的概念规划》，为运河整治指挥部编制了《运河综合整治资金平衡方案》，得到了业主单位的好评，并接受业主单位的委托，正在根据控制性详规，进行资金平衡方案的深化研究。接受杭州经济技术开发区的委托，完成了《杭州市“下沙副城”发展及对策的研究》课题。

（经济建设规划院）

杭州市食品药品监督管理局

HANGZHOU SHI SHIPIN YAOPIN JIANDU GUANLIJU

国家食品药品监督管理局局长郑筱萸出席第四届中国杭州医药国际论坛

药品监督志愿者进社区为市民服务

药品监督志愿者服务队进社区回收过期失效药品

局领导班子成员

杭州市药品监督管理局成立于2001年6月，是监督全市药品的研制、生产、流通、使用的行政执法机构。2005年2月，杭州市食品药品监督管理局挂牌成立，在承担原药品监管局职能的基础上，同时承担食品、保健品、化妆品安全的综合监督，组织协调和依法牵头对重大事故查处的职能。

市食品药品监管局成立以来，始终把人民群众的身心健康放在第一位，迎难而上，大胆创新，按照市场经济规律，在药品零售市场实施了“宽进严管”的工作方针，通过增加市场竞争主体，推动了药品零售价格的下降。为了确保群众用药安全有效，杭州药监工作始终按照“以监督为中心，监帮促相结合”方针，以强有力的手段来净化和规范市场。

艰苦创业夯实了食品药品监管工作的发展基础，市食品药品监管局将紧紧围绕争创“五个一流”的工作目标，深入开展食品药品安全专项整治，着力提高食品药品市场监管能力，为保障杭州人民群众饮食用药安全有效、促进杭州市食品医药产业持续发展作出新的贡献！

局长郭泰鸿在浙江在线新闻网站直播室与网民面对面共话用药安全

·信息化建设综述·

【构筑“数字杭州”】 2004年，杭州市信息化建设深入实施“构筑数字杭州、建设天堂硅谷”的战略决策，圆满完成年度工作目标。

信息化环境建设取得突破性进展。《杭州市信息化条例》于12月通过市人大常委会审议；《杭州市信息化发展总体规划》和《杭州市社区信息化建设实施纲要》、《杭州市电子商务发展实施纲要》经市政府同意，年内组织实施。

开展信息化培训。结合“十万家庭网上行”活动、数字电视推广等，加强对市民信息化应用技术的培训；根据机关干部和企事业单位的需求，举办“管理+信息技术”高级研讨班和信息安全专题报告会；开展IT人才结构、技术及培训需求调查，鼓励企业开展在岗培训。

建立健全信息安全保障制度。加强信息安全技术支持机构建设，建立杭州信息安全协作网、国家信息安全评测认证中心上海分中心杭州办事处和杭州市信息安全应用平台认证中心。

电子政务重点工程进展顺利。编制政府投资信息化建设项目年度计划。市信息办加强项目实施方案编制的指导工作，对全市新建、续建的70个项目实施方案进行审查确认，建立项目进度季报制度。

【电子信息产业快速增长】 全行业规模以上企业实现销售收入909.45亿元，比上年增长44.4%；其中软件产品销售收入198.43亿元，增长42.4%。2004年杭州市被列为9个国家电子信息产业基地之一，有6个企业进入全国电子百强企业行列，12个软件企业进入2004年国家软件企业百强行列，3个企业进入国家独立软件开发企业30强行列。根据省信息产业厅的排序，省软件企业10强杭州市占前9席，省电子企业30强杭州市占14席，省软件出口企业10强杭州市占5席。

【邮电通信业稳步发展】 全市电信业务总收入75.99亿元，比上年增长11.6%。至年末，全市有固定电话用户360.58万户，增长15.4%；移动电话用户472.43万户，增长15.1%；宽带用户62.5万户，增长57.3%。

（刘元永）

·信息基础设施·

【电信信息化服务能力增强】 杭州电信公司依托自身的综合优势，全方位参与“数字杭州”建设。2004年，优化网络布局，投资建设宽带多媒体网络交换和应用平台。建成以同步数字传输、密集波分复用技术为依托的宽带传输网，出口带宽达12.5吉；建成采用高速路由技术、千兆以太网交换技术并结合ATM技术的宽带城域网，支持从窄带到10兆、100兆、1000兆的各种接入手段；以实现光纤到路边、到小区、到大楼为目标，使光纤延伸到用户端，市区光缆总长度超过15万千米；传输设备网络实现双路由，设备采用双引擎冗余配置，保证了网络的安全性和可靠性。建成的数字数据网和多媒体业务网基本覆盖全市，宽带上网普及率达57%。公用通信网向数字化、综合化、宽带化、个人化方向发展，根据用户需要，可提供非对称数字用户环路技术(ADSL)、甚高速数字用户环路技术(VDSL)、局域网(LAN)等多种宽带接入服务。

【实施电信信息化助推工程】 杭州电信公司积极实施信息化助推工程，2004年新增宽带用户21.3万户，总数达46万户。推动政府上网和电子政务建设，通过提供光纤接入、主机托管和虚拟主机等方式，做好政府网站的技术支撑，提供包括网站规划、应用开发、设计制作、安全保密、技术培训、宣传推广等配套服务。为省政府内部和省政府连接各省级厅局委办及地、县(市、区)政府提供专线，协助建立省政府门户网站和杭州市药品监督网、就业服务网、网上办税专网等。

以行业信息化带动企业信息化，与银行、证券、保险、商贸、公交、教育、卫生、科技、旅游等行业主管部门合作，以先进的宽带通信、网络技术，促进企业逐步实现生产经营和服务操作自动化、管理网络化、决策智能化。利用“企业上网”的大型公共应用服务平台——商盟网，为企业发布产品信息；整合互联港湾(IDC)、企业邮箱、企业呼叫中心、域名注册、电子传真、会易通等业务，为企业提供整体的信息化服务方案。如协助建立福利彩票销售网、公交智能调度网、远程教育网等。

为市和区县(市)政府、街道、社区联网提供ADSL、虚拟专网(VPN)等灵活多样的组网方案，建立办公网络，向街道、社区推荐使用“e家

杭州电信公司员工为用户安装宽带

人”等社区事务管理系统，实现资源整合、信息共享、政务公开、网上办事。借助“互联星空”等应用资源，通过互联网、市民呼叫中心等多种接入手段，为社区居民提供文化娱乐、教育培训、医疗救助等综合服务。至年末，已在市区建设社区电子阅览室50多个。

利用电话网，通过电话语音、窄带和宽带接入相结合等多种手段，开展“文化信息下乡、科技信息进村”的信息服务活动，逐步培育农村信息服务市场。启动文化资源共享工程，年内实现全市“农村110”、“农家乐”信息热线全覆盖。　（许烈弟）

▶▶资料：电信“互联星空”

电信“互联星空”是中国电信开发自身的用户、网络、应用支撑平台、客户服务等优势资源，通过与内容、应用服务商广泛合作，为所有互联网用户提供丰富多彩的内容和应用服务。“互联星空·浙江”以“资源共享、优势互补、合作共赢”的理念，以应用促发展，与有特色、有实力、能提供专业化服务的腾讯、盛大、边锋等60多个内容提供商合作，使“互联星空·浙江”的内容和应用涵盖了娱乐教育、咨询服务、电子商务、公众服务、商业应用等多个层面，有影视、游戏、音乐、教育、新闻、财经、短信、邮箱、旅游、体育、军事、动漫等精彩内容。电信“互联星空”可提供上万部影视节目，5套直播电视节目，近50万首音乐及MTV和少儿教育、中小学教育、高考决胜、职业辅导、网络培训、网络商学院等上万课时的教育内容；可提供边锋、天堂、传奇等数十款知名网络游戏的充值和资讯服务，以及国内最新原创音乐作品及动漫节目。同时，还向企业提供域名注册、企业邮箱、网站制作、网络广告等内容。

【网通个人互联网用户近20万个】 2004年，杭州网通公司致力于杭州市的信息化建设，不断创新产品，强化内部管理，提供优质服务，树立网通服务品牌，努力提高经济效益，各项业务取得了较快发展。

优化和升级数据网络。整理居民楼道布线，用先进的端口隔离交换机更换普通交换机，提高网络安全性和环境适应性。利用公司宽带城域网络，搭建“党政专网”、“政府机要网”、“公安管理信息网络”、“工商管理信息网络”和“杭州医疗保险网络”等500余个专用网络（近1.5万个端口）。与电力、自来水、公安、消防和交警等部门合作，开发基于网络的监控、集抄等项目。推出“个人宽带应用”和“商务宽带”。与有关媒体合作，开通“网络电视”频道和电台对话栏目，扩展有限电视覆盖范围和降低节目播出时效限制。

建立完整的运行服务体系。实现7×24小时的全天候客户服务，成立集团维护队，接到故障申告后，半小时内抵达现场处理。个人用户当天故障申告，当天处理；24小时内完成个人用户安装。增加呼叫中心席位，改进系统设备，咨询话务和故障电话接入的受理能力分别达到每天6000个与1200个，故障投诉率由网络开通初期的5%下降至0.43%，维护服务已延伸至用户桌面。

全年发展个人互联网用户5万余个，集团用户近2000个（点）。至年末，累计发展个人互联网用户近20万个，集团用户1.5万个（点），VPN专网300余个。　（江政卿）

·信息化环境建设·

【《杭州市信息化条例（草案）》通过人大审议】《杭州市信息化条例（草案）》经过3年的论证、调研，于2004年正式列为市人大和市政府的立法计划项目。市信息办在反复调研、广泛征求专家学者和社会各方建议、意见的基础上，提出了较为规范的法律文本。9月22日，市政府第51次常务会议审议并原则通过《杭州市信息化管理条例（草案）》；12月中旬，市十届人大常委会第二十一次会议审议并通过《杭州市信息化条例（草案）》，报省人大常委会审批。

【完成“一规三纲”规划体系建设】 作为明确杭州市信息化发展目标、方向，有效推动城市信息化和信息产业化的规范性、纲领性、指导性文本，“一规三纲”（即：《杭州市信息化发展总体规划》和《杭州市社区信息化建设实施纲要》、《杭州市电子商务发展实施纲要》、《杭州市电子政务建设实施纲要》）自2002年底开始酝酿制订。2004年，市信息办与各有关部门密切合作，吸收在杭高等院校、著名IT企业的专家共同参与，推进符合杭州实际的信息化规划体系建设。成立“规划”（“纲要”）编制小组，在充分调研、多次修改、组织专家评审的基础上，提交市政府审核批准。至2004年底，《杭州市信息化发展总体规划》和《杭州市社区信息化建设实施纲要》、《杭州市电子商务发展实施纲要》已经市政府同意，并组织实施；《杭州市电子政务建设实施纲要》正在审核之中。

【实施政府信息公开】 4月，市政府颁布《杭州市政府信息公开规定》。市信息办做好政府信息公开的前期工作，认真总结、吸收国内其他城市成功做法，草拟《杭州市政府信息公开指南》、《杭州市政府信息公开目录》及《杭州市政府信息公开申请表》等10多个样本，联系落实市级各部门和各区、县（市）政府的政府信息公开机构和人员。9月23日，市政府召开政府信息公开联席会议，出台《关于认真做好〈杭州市政府信息公开规定〉实施工作的通知》。10月1日，杭州市正式实施政府信息公开工作。年底的调查统计显示：全市76个政府信息公开义务人（其中市级机构63个，区、县（市）政府13个），有61个建立了“政府信息公开专栏”,50个发布本部门《信息公开指南》、47个编制本部门《信息公开目录》。各公开义务人公开信息1万多条,接到并回复信息公开申请600多条。

【与日本YRP签署战略合作协议】 4月9日,杭州市信息化办公室与日本YRP(横须贺研究园区)在杭签署《科技和商务合作谅解备忘录》,市长茅临生、副市长金胜山、日本YRP会长瓮昭男参加签字仪式。日本YRP有研究人员9500人,松下、日立、三菱、富士通、佳能、摩托罗拉、诺基亚、爱立信、飞利浦等61个日本国内及国际著名信息通信技术研究单位均在园区设立无线通信技术研究中心,园区内还设有日本邮政省通信综合研究所横须贺无线通信研究中心等。YRP是日本重要的移动通信研发基地。

【开展政府机关软件正版化工作】 根据《国务院办公厅关于地方人民政府使用正版软件的通知》和《浙江省人民政府办公厅关于政府使用正版软件的通知》精神,杭州市开展了政府机关软件正版化工作。经过市政府办公厅、版权局、信息办、财政局等有关部门的努力,市政府本级办公软件正版化工作列入2004年市信息化建设专项。至年底,杭州市本级已完成各部门正版软件的更换安装任务,并通过省联合检查组的验收。

【数据容灾集中备份中心建设规划通过评审】 12月30日,市信息办组织召开《杭州市数据容灾集中备份中心建设规划》与《杭州市数据容灾集中备份中心建设实施方案(一期)》专家评审会。与会专家在听取规划编制单位汇报和专业质询后,一致同意通过评审。专家组认为该规划与实施方案,结合杭州实际,在综合“技术、成本、融合、发展”因素的基础上,对基础设施、灾备系统、安全保障、组织管理和市场化运作等5个建设重点,进行全面系统的规划与设计,提出系统的数据容灾集中备份解决方案,具有良好的前瞻性、开放性和兼容性,对推进杭州市信息安全保障工作具有重要意义。

【超额完成“10万家庭网上行”年度计划】 “10万家庭网上行”工程是2004年杭州市政府为民办实事十大项目之一。全年参加培训的市民达2.5万人,为年初《政府工作报告》要求培训1.5万人任务总量的167%,其中2.2万人培训合格,获结业证书。

“10万家庭网上行”工程,是杭州市政府为了提高市民在信息社会中的适应能力而推出的信息化应用技术培训活动。市信息办、民政局等职能部门积极组织实施,制定并落实相关措施,以“培训一个人,影响一家人”的方式,推动科普宣传和社区信息化建设。为实施“10万家庭网上行”,全市设培训点41个,700多名大学生志愿者参与辅导。“10万家庭网上行”办公室制作《实践宝典》手册、在“杭州信息化”网站设立专栏、与《e时代周报》合作以专刊形式进行宣传。

【为宏观经济决策提供服务】 2004年,市经济信息中心努力开发信息资源,按时完成季度经济形势分析报告。在第一季度形势分析报告中对杭州市的物价、投资等热点问题进行深入分析,提出部分原材料价格上涨过快、压缩了企业的利润空间,投资回报率趋于下降,国家宏观调控政策将对杭州经济产生一定冲击,房地产市场存在隐忧等一系列问题。在第二季度的形势分析报告中,准确分析了上半年经济高速增长的原因及高速增长背后存在的问题,对全年经济增长走势做出了比较准确的判断。

《杭州市经济发展监测预测月报》注重资料的积累和信息的深度,不断提升监测、预测的质量。为正确把握全市经济发展走势和准确预测经济主要指标,与市投资项目集中办理中心和市物价局价格监测中心等部门建立定期联系制度,扩展了城市数据定期汇总比较等途径,取得较好效果。《月报》全年出刊12期。

【完成多项重点调研课题】 2004年,市经济信息中心独立承接或合作完成多项杭州市的重点调研课题。主笔撰写的《认真贯彻中央16号文件精神,“调整、提升、夯实、提高”我市经济运行》调研报告,受到了上级的表扬。年中,及时分析撰写了《2005年杭州市经济发展判断》,提出杭州市应切实抓住“黄金机遇期”,2005年经济增长的合理区间应在13%~15%之间,及保持13%以上经济发展速度应具备的基本条件。完成《杭州市“十一五”期间经济社会发展环境研究》、《全面接轨上海、进一步提升杭州城市竞争力研究》、《杭州市主要行业投资回报率研究》、《进一步改善投资环境,增强杭州城市综合竞争力研究》、《杭州市潜在增长率研究》、《杭州市宏观经济季度模型初步研究》、《杭州市经济发展与电力供求形势分析》、《2004年度经济形势分析与2005年预测》和《杭州市“十一五”重点专项规划指导目录研究》等研究报告,参与完成《杭州市推进中心城区协调发展研究》、《杭州市“十一五”发展规划基本思路研究》和《杭州市制造业竞争力的衡量、剖析及其跨越式发展战略研究》等课题研究。

(陈　静)

·信息技术推广应用·

【举办市民卡首发仪式】 市民卡工程是2002年市政府为民办实事十大项目之一,至2004年已基本完成。杭州市民卡项目坚持“信息共享、协同服务”的发展方向,以应用为重点,探索政府资源整合与建设平台开放,实行跨部门市民个人数据交换共享,实现跨业务、跨部门的一卡多用。2004年年初,成立杭州市市民卡项目建设领导小组,组建杭州市市民卡有限公司和杭州市信息资源管理中心,制定并实施杭州市市民卡技术标准和系统技术规范,顺利完成项目监理、总集成与应用软件、基础软件、硬件平台、数据建设、卡与机具等5个技术系统11个标项的招投标工作,确定了试点范围及首期试点应用项目。12月25日,市政府举行发卡仪式,首批为美政桥、海月桥、紫花埠3个社区发放市民卡3373张,试开通市民卡在社会保障事务、政府管理事务和城市公用事务方面的9个应用项目。

【应急联动指挥系统一期工程通过阶段性验收】 杭州市应急联动指

挥系统是一个包含数据交换平台、GIS(地理信息系统)系统、卫星导航系统、数字集群系统、灾害备份系统和网络通信平台等的综合性系统。该系统以各专业部门的基本应用信息系统为基础，共享通用设施，使“预警、报警、预防、抗灾、急救、援助”有机衔接，增强合力，提高对灾害事故发生、发展的全过程跟踪管理和应急联动指挥能力。一期工程以“日常信息积累、应急联动指挥”为基础，以“防汛、消防、公共卫生、城市公用设施”应用为切入点，以“有限目标、重点突出、平战结合”为建设原则，将通过政府有关职能部门的信息交换、共享，形成整体合力，协同处置突发事件，确保政府公共服务职能的安全、有效行使。12月13日，市信息办邀请杭州市信息化咨询专家组成专家组，对该项目进行阶段性验收。专家组在听取项目实施及建设情况汇报、观看该系统相关演示后，一致认为：杭州市应急联动指挥系统一期工程项目建设取得了阶段性成果，建设内容依据实际情况和需求，初步实现几个主要部门的数据共享与网络通信平台，基本达到预期目标，其总体设计思路在国内同类系统中具有独到性。市委市政府总值班室、公安局、交通局、林水局、消防支队、气象局、规划局、卫生局、120急救中心、疾病控制中心等项目共建单位派员参加验收。（刘元永）

【投资项目网上审批系统完成二期改造】 投资项目网上审批系统二期改造工程于1月启动，7月30日上线试运行，10月18日正式投入使用。系统改造升级后，运行使用情况良好。全年该系统受理网上审批项目1.77万项次，办结1.69万项次；累计受理网上审批项目8.36万项次，办结7.85万项次。

（刘元永　陈　静）

【社区信息化从试点走向全面推进】 2004年，杭州市的社区信息化试点工作按照“政府搭台、企业唱戏、百姓受益、社区自治”的原则，积极做好社区和共建单位资源互补的工作。为抓好由街道试点逐渐向以区为单位的整体推进，市信息办、民政局联合制定《杭州市社区信息化建设实施纲要》、《杭州市社区信息化管理服务软件基本功能规范》、《杭州市社区信息化评估指标体系及实证应用》和《杭州市社区门户网站建设规划》。年内，上城区、西湖区和下城区已进入整体推进阶段。社区信息化以区为单位的整体推进，实现了管理与服务的融合，有利于促进网络、信息、服务的一体化。

【交互数字电视实施整体转换】 2004年，杭州市全面推进数字电视。至年底，数字电视用户突破10万户，其中原有线电视小区用户81294户、新建小区用户19405户完成了整体转换。杭州是全国第一个用交互数字电视实施整体转换的城市，为全国数字电视用户最多的城市之一。

【房产管理信息综合系统国内领先】 11月30日，市房管局建设的杭州市房产管理信息综合系统一期工程通过专家验收。该系统一期工程由交易产权业务、房改办业务、市场处业务、物业监管业务、物业维修基金业务、房产测绘业务、房产测绘成果管理、档案管理业务等子系统组成。年内已完成系统的图形数据建库和原电子数据转换工作，实现了“业务一体化、技术一体化、数据一体化、服务一体化”的总体建设目标。杭州市作为建设部房地产市场预警预报信息系统建设的13个试点城市之一，其信息化一期工程建设所采用的先进技术和所取得的成果，达到国内领先水平，为全国房地产管理信息化工作起到示范作用，有一定的行业推广价值和借鉴意义。

【参加中国信息化应用案例展览】 11月18日~20日，国务院信息化办公室、信息产业部、国家信息化专家咨询委员会联合主办的中国信息化推进大会暨信息化应用案例展览会在京举行。展览由“高峰论坛”、“信息化应用案例展览”、“专题论坛”三大部分组成。杭州信息化推进成果是浙江展厅的重要组成部分，“生机盎然的天堂硅谷”、“迅猛发展的信息产业”、“企业基础信息交换系统”、“电子政务重点项目建设”和“电子商务和社区信息化建设”5块展板，全面展示了杭州信息化成果。展览期间，现场演示了杭州市申报“国家电子信息产业基地”汇报材料及企业基础信息交换系统动画材料，全过程播放“构筑数字杭州，建设天堂硅谷”光盘，分发有关杭州信息化资料300余份。18日上午，国信办主任、信息产业部部长王旭东等参观浙江展厅，询问了浙江省及杭州市信息化建设情况，并作相关指示。

【启用驾培管理实时计时指纹IC卡】 6月30日上午，市交通局和市公安局在杭联合召开全国首张驾培管理实时计时指纹IC卡启用新闻通报会，通报杭州市区报考驾照从7月1日起将启用实时计时指纹IC卡驾培管理系统。实时计时指纹IC

市民卡新闻发布会

举办市民上网与市民邮箱知识讲座

卡用以识别身份，记录学员每次学车的时间、里程等信息，当学员累计培训时间达到规定数后，才可以预约考试。实时计时指纹 IC 卡驾培管理系统由市交通局联合杭州维尔通信技术有限公司研制开发，为全国首创。

【两项科技成果入选国家首批推介项目】 7 月，国家信息产业部发布《2004 年信息产业科技成果第一批推介项目》(共计 55 项)，杭州市富通集团的光纤预制棒全合成制造技术和信雅达公司的基于多域模型跨域协作分布式工作流程管理系统被列入推介项目的第 1 位和第 22 位。此次入选项目浙江省仅此两项。

(刘元永)

【推进电子政务建设】 2004 年，市政府办公信息处理中心积极把握计算机技术和信息技术发展趋势，努力推进政府信息化建设。

统一全市电子政务网络平台。按照政务外网的要求，对杭州市党政机关计算机通信网进行升级改造，重新架构了杭州市电子政务网络平台。杭州市项目集中办理中心业务网络年内已顺利平移到全市统一的政务外网。

提升改造办公业务系统。推广功能齐全、深层次、多样化的机关办公自动化应用软件，包括内容管理，流程管理、视频服务等。以全市电子公文无缝交换为目标，依据国家与杭州市相关电子公文交换标准，建成市级机关电子公文交换平台。建立内外网数据交换机制，延伸和扩展内网外的相关应用，保证全市公务邮箱通过政务专网进行收发邮件。建立起覆盖政府办公及业务管理各个层面的资源共享数据库，由政府各部门录入、维护并共享，为领导决策分析服务。建立个性化、一站式服务的政务门户系统，为机关工作人员提供办公信息浏览服务。采用 CA 认证技术，实现统一身份认证。采用方正电子公文和电子公章技术，实现全市联网单位电子盖章功能。集成短消息服务和即时消息服务，提高办公效率。

完善政府门户网站建设。门户网站开设“政务信息公开”专栏，内设市政府信息目录、市政府信息公开指南等栏目；办好网上接待室、12345 市长信箱、96666 效能投诉、建议提案办理、网上听证、政务论坛、网上直播、建言献策、网上调查等互动栏目；启动网上办事统一受理和反馈平台的建设，开展投资项目网上审批事项统一受理和反馈的试点；加强“市民邮箱”的推广应用，至 2004 年底，“市民邮箱”的发放量已超过 30 万个。

2004 年，在《计世资讯》(CCW Research) 对全国 32 个省会城市及计划单列市政府网站的评估中，杭州以 7.7 的总分与广州并列第一。

(王美群)

【档案信息化建设】 2004 年，市档案局(馆)完成网上档案馆一期项目验收，组织实施二期项目建设。“杭州档案”门户网站改版试运行。萧山区将数字档案馆扩展至二、三级进馆单位序列，建立省内第 1 个乡镇数字档案室——临浦镇数字档案室。上城、江干、西湖、拱墅、滨江等区档案馆在当地党政网上建立窗口。全市综合性档案馆和市级专业档案馆及部分机关档案室使用计算机检索条目 1016 万条，档案全文数字化 3084 万幅。市档案馆第四次获省综合档案馆信息化评估第 1 名。

加强档案数字化研究。召开全市档案信息化建设座谈会，拟订《杭州市档案信息化建设实施纲要(2005 年~2010 年)》，开展全市电子文件归档试点。由国家档案局立项，萧山区档案局负责实施的《综合档案馆数字化工作流程和管理方法研究》课题，通过国家档案局鉴定。

(乜登科)

【制定科技情报研究项目】 2004 年，市科技局下达的 33 项市科技情报调研项目已全部按计划完成和通过专家评审。主要课题有《杭州市年度科技发展体系评价》、《科技在市产业结构调整中的作用》、《市科技发展观相关指标(绿色 GDP)与先进城市比较》、《市纺织服装企业知识产权现状》、《杭州·上海·南京三市软件产业成长性比较》、《解决农民生存和发展的基本保障问题》等，均有较高的学术水平和决策参考价值。各区、县(市)科技局制订相应的科技情报调研计划，立项 132 项。

(陈志良)

·中共杭州市委·

【市委工作概况】2004年,中共杭州市委认真贯彻中央十六届三中、四中全会和省委十一届五次全会精神,深入实施"五大战略",落实"五大举措",破解"七大问题",打造"平安杭州"。提出"好中求快、稳中求进"方针,狠抓结构调整、改革开放、企业管理、人才强市、大项目带动、优化环境,努力促进增长方式转变。按照中央统一部署,进行开发区、土地市场秩序和固定资产投资项目清理整顿,落实中央宏观调控政策。团结带领全市人民,各项事业取得新的进展,提前1年基本实现"十五"规划目标。

经济社会平稳协调快速发展,人民生活不断改善。全年实现生产总值2515亿元,财政总收入395.75亿元,分别比上年增长15%和10.1%。市区居民人均可支配收入14565元,农村居民人均纯收入6382元,分别增长12.9%和11.2%。全市三次产业比重为5.5:53:41.5。农业基础地位不断加强。以增加农民收入为中心,做好提升农业、转移农民、保障农民、提高农民、富裕农民、繁荣农村、稳定农村、巩固农村8篇文章。工业经济克服各种要素制约,继续在全省保持"一高一领先"地位。工业增长方式转变、结构调整和产业升级取得明显成效。坚持先进制造业和现代服务业并举,推进商业特色街区、物流中心建设,发展新型商业业态。金融贸易日趋繁荣,外向型经济快速发展。旅游业各项主要指标均创历史新高。继续推进西湖综合保护工程,新增西湖15景,湖西综合保护工程荣获首届全国十大建设科技成就奖。坚持城乡统筹发展,市域网络化大都市建设步伐加快。城市建设日新月异,基础设施日臻完善,生态市建设取得阶段性成果。杭州被中央电视台评为"中国最具经济活力城市"、被新华社《瞭望东方周刊》列为"幸福指数最高"的城市。

科学、教育、文化、卫生、体育等社会各项事业发展迅速。"科教兴市"战略深入实施。推进科技企业孵化器、科技创新公共服务平台等建设,被国家知识产权局确定为国家专利工作试点城市。教育事业进一步发展。启动名校集团化战略,实施"名师名校长"工程。医药卫生"四改联动"成效明显,文化体制改革试点工作进展顺利。圆满完成第七届中国艺术节杭州主会场各项任务。文艺创作精品力作不断涌现,2004年获国家级奖项25个。文物古迹保护成效明显,西湖文化研究更加深入。群众体育蓬勃发展,竞技体育捷报频传。杭州市运动员参加雅典奥运会荣获金牌1枚、银牌1枚,在残奥会上荣获金牌1枚。体育设施日渐完善,新增群众体育活动场地22.1万平方米。杭州大剧院落成试用。群众性文化活动日益丰富,市民思想道德水平和文明素质不断提高。

政治文明和精神文明建设不断加强。坚持三个文明一起抓,推进经济、政治、文化协调发展。支持人大依法履行国家权力机关职能,贯彻落实全省政协工作会议精神,贯彻党的民族、宗教、侨务、对台工作政策,巩固和发展最广泛的爱国统一战线。加强与民主党派合作共事。开展民情民意调查和人民建议征集,实行重大事项公示制和听证制,推行决策论证制和责任制,完善专家咨询制度。加强对意识形态工作的领导,坚持正面宣传,落实"三贴近",抓好中央精神和市委重大决策、重大活动和重大主题报道,完善新闻发布制度。创建全国文明城市,推进公民道德建设。深入开展国防教育和"双拥"活动,再次荣获全国"双拥"模范城称号。落实市领导联系科技人员制度,进一步推进基础教育改革和发展,促进民办高等教育发展,建立高教功能区管委会。

党的建设全面推进。围绕加强执政能力建设主题,广泛调查研究,出台《贯彻党的十六届四中全会精神,进一步加强党的执政能力建设的实施意见》。大规模开展干部轮训,开展"三树一创"活动,不断提高领导班子的执政本领。继续深化干部人事制度改革,推进组织制度创新。贯彻中央"5+1"文件,开展第四次联合公选,试行领导干部任免全委会表决制,着手研究领导班子和领导干部政绩考评指标体系。以"先锋工程"、"领头雁工程"为抓手,深化农村"三级联创",选派农村工作指导员4358名。创建社区党建"精品亮点",建立非公有制企业党建工作市委常委联系点。扎实推进人才强市战略,切实加强新形势下的老干部工作。实施"356工程",成立杭州市企业高级经营管理人才评价推荐中心,组织百名非公经济人士赴中央党校学习。贯彻胡锦涛同志在中纪委三次全会上的重要讲话精神，落实《中国共产党党内监督条例（试行）》，制定《杭州市构建反腐保廉体系的实施规划》，开展党风廉政建设责任制落实情况督查。下发《实行领导干部述职述廉的实施办法》，建立巡视机构，加强权力监督，深化纠风工作，集中惩治党员干部行为不廉洁、作风不检点问题。支持配合中央和省委巡视组工作，自觉接受监督检查。

【市委全委会】 7月1日~2日，市委召开九届七次全体（扩大）会议。会议贯彻落实"三个代表"重要思想和中共十六大、十六届三中全会精神，以科学发展观和正确政绩观为指导，进一步加强党的执政能力建设，动员全市各级党组织和广大干部群众，深入实施"五大战略"，确保杭州经济社会发展"稳中求进、好中求快"。省委常委、市委书记王国平代表市委常委会向全会作工作报告。

12月22日~24日，市委召开九届八次全体（扩大）会议。会议学习贯彻党的十六届四中全会、中央经济工作会议和省委十一届七次全会、全省经济工作会议精神，审议通过《贯彻党的十六届四中全会精神，进一步加强党的执政能力建设的实施意见》。市委书记王国平代表市委常委会向全会报告2004年工作并部署2005年工作。

【市委常委会】 2004年，九届市委常委会召开会议35次。

1月9日会议，听取即将提交市"两会"审议的市人大常委会、市政府、市政协、计划、财政和市法院、检察院等工作报告的情况；研究贯彻中央和全省农村工作会议、全国和全省政法工作会议、全省流动人口管理工作会议精神。

2月2日会议，研究关于推进杭州市"生态市"建设的决议（草案）、创建民营经济强市等有关事宜，研究贯彻全国和全省组织部长会议、全国和全省人才工作会议、全国老干部局长会议精神，研究财政预算方案和追授张叶良为杭州市优秀共产党员等工作。

2月15日会议，研究2003年度市直单位满意单位不满意单位评选工作及十佳公务员（工作者）评选候选人情况，研究贯彻中纪委三次全会、省纪委五次全会精神，研究"创业在杭州"主题教育活动等工作。

2月23日会议，研究关于《统筹城乡发展促进农民增收的若干意见》、《进一步促进民营经济发展的若干意见》、《杭州市创建全国文明城市实施意见》、《开展机关效能建设争创群众满意单位的决定》、《杭州市机关效能建设实施方案》等。

3月4日会议，研究"四小车"整治和有关交通组织方案、"城中村"改造、全市招商引资大会方案。

3月10日会议，研究"四小车"整治工作。

4月1日会议，研究粮食和农业工作。

中共杭州市委九届八次全体（扩大）会议

4月8日会议，研究加速萧山和余杭区融入大都市、迎接国务院土地市场秩序治理整顿检查验收、全国综治会议观摩点和全省综治基层规范化建设现场会准备工作，研究体育工作及贯彻全省机关效能建设工作会议精神等。

4月20日会议，分析研究第一季度经济形势。

4月29日会议，听取省委副书记乔传秀宣布关于中央和省委有关调整杭州市领导班子的决定。

5月9日会议，研究文化体制改革、企业退休人员社会化管理服务工作、"工业兴市"大会方案、推荐老干部省级先进候选人等事宜，贯彻全省工青妇工作会议和全国深化干部人事制度改革工作会议精神。

5月19日会议，学习贯彻中央关于当前经济形势问题的通知精神。

5月27日会议，研究民办高等教育、财政体制改革、市公共资源交易中心、深化创建"平安杭州"工作会议等事宜。

6月10日会议，研究构建"公交优先"体系、召开市委九届七次全会等事宜，贯彻全省人大工作会议精神，研究让电于民工作、自查清理党政领导干部在企业兼职工作、住房公积金管理机构、工作实绩考核评价等工作。

6月24日会议，研究市委九届七次全会报告、加快之江度假区和转塘周边地区发展、迎峰度夏抗缺电、推进有线电视数字化、纪念邓小平同志诞辰100周年、"七一"期间宣传表彰、征地拆迁等工作。

7月12日会议，通报省委第一巡视组来杭巡视的工作要求及工作安排。

7月12日会议，听取省委第一巡视组组长吕来清传达省委领导关于开展巡视工作指示精神和巡视组主要任务与工作方式的通报，听取其对杭州市接受巡视的明确要求。

7月13日会议，研究健全解决"七大问题"长效机制、设立市巡视机构、未成年人思想道德建设、国有资产管理若干问题。

7月19日扩大会议，研究部署解决事关群众切身利益的"七大问题"。

7月23日会议，研究优用存量

土地、基础教育、发展党员等工作，传达中央有关工作会议精神。

8月4日会议，传达学习省委专题学习会精神。

8月10日会议，分析研究上半年经济形势。

8月12日会议，通报14号台风情况，部署紧急抗台工作；研究市人大常委会人事任免工作办法修改、领导干部带头下基层、军转安置等工作。

8月24日会议，研究贯彻全国和全省宗教工作座谈会、全省政法系统领导班子建设座谈会、全省文化体制改革试点工作会议精神；研究重点工作任务完成情况督查、实施旅游国际化启动方案、海洋经济推动工作等事项。

9月10日会议，贯彻落实全省政协工作会议精神、省委书记习近平在临安下访接待群众时的重要讲话精神，研究有关机构设置、人员编制和文化市场执法体制调整问题，研究市和区、县（市）联合公开选拔领导干部暨招聘企业高级经营管理人员等工作。

9月16日会议，研究市领导下访接待群众方案、建立市处理信访突出问题及群体性事件联席会议制度和市处理信访突出问题及群体性事件9个专项工作小组等工作。

9月30日会议，学习贯彻省委书记习近平、省长吕祖善听取杭州市有关工作汇报时的重要讲话精神，传达贯彻全国培养选拔党外干部工作座谈会和全省法院加强基层建设工作会议精神，研究杭州市推荐全国和省级"优秀中国特色社会主义事业建设者"情况、开展全市第五次春风行动、《杭州市国有工业企业深化改革中经营者管理要素按贡献参与分配试行办法》和《杭州市国有资产营运机构经营者薪酬考核若干意见》、财税工作有关情况。

10月27日会议，通报市政府负债的有关情况；研究改进市人代会会务工作和市人大代表、常委会组成人员的补选，召开市科协第八次代表大会，春节前几个重要会议的预安排，杭州市文化市场综合执法机构改革和市政府机构改革等事宜。

11月11日会议，审议《杭州市公车改革领导小组第一次（扩大）会议纪要》，贯彻落实全国预防和处置群体性事件电视电话会议精神，研究当前杭州市处理信访突出问题及群体性事件工作，贯彻全省第二十次公安会议精神。

11月17日扩大会议，听取省委第一巡视组对杭州市巡视工作情况反馈。

11月17日会议，研究召开杭州市第十届人民代表大会第五次会议和政协杭州市第八届委员会第四次会议有关事项，贯彻中央、省委对台工作会议精神，研究重点检查10个市直单位党风廉政建设责任制及绕城公路转让等事项。

11月29日会议，研究企业退休人员社会保障及加强社区服务、历史文化街区和历史建筑保护、市民中心办公用房相关事项。

12月10日会议，研究市委九届八次全会有关文件和领导班子考核工作，学习贯彻中央和省委有关加强意识形态工作领导的指示精神。

12月17日会议，贯彻落实中央、省委加强外宣工作的指示精神，研究市级机关离退休老同志生活福利待遇问题等工作。

12月28日会议，研究国土资源管理体制改革、文化国有资产整合及管理工作调整，贯彻落实全国、全省组织部长会议精神。

【市委财经工作领导小组会议】 2004年，召开市委财经工作领导小组会议8次。

1月8日会议，听取2003年财政预算执行情况和2004年财政预算草案的汇报。

1月30日会议，研究有关地方性津补贴问题、临平园区管理体制方案、财政预算方案。

3月5日会议，研究萧山、余杭两区加速融入大都市工作。

5月9日会议，研究企业退休人员社会化管理服务、构建"公交优先"体系、促进民办高等教育发展、财政体制调整等问题。

6月7日会议，研究发展数字电视、转让绕城公路收费经营权、加快之江度假区和转塘周边地区发展等问题。

7月9日会议，研究公务用车制度改革工作。

9月20日会议，研究关于进一步优化投资创业环境的若干意见。

11月29日会议，研究关于市直和老城区机关解决住房历史遗留问题、"十一五"规划编制等工作。

【实施"五大战略"】 2004年是市委确定的"五大战略落实年"。市委九届六次、七次全会决定，按照统筹城乡发展的要求，以城带乡，以乡促城，城乡一体，加快市域网络化大都市建设，推进城市化战略；围绕"一高一领先"目标，强化工业企业调研，解决具体问题，切实加强对工业工作的领导，推进"工业兴市"战略；以"旅游西进"为龙头、以"交通西进"为先导，构筑全市1小时半交通圈、旅游圈和经济圈，促进市域经济社会协调发展，推进"旅游西进"战略；坚持"三外并举"，克服缺地、缺电制约，"北接上海、东引台资、重攻日韩、拓展欧美"，实施新一轮招商引资"三年倍增"计划，推进"开放带动"战略；提出"和谐创业"模式，深化"创业在杭州"主题教育，表彰"创业新星"，倡导全民创业，继续规范和整顿市场秩序，努力打造"信用杭州"，推进"环境立市"战略。

【推进城市化战略】 4月，市委召开推进城市化工作会议。随后，围绕整治"三口五路"、缓解"住房难"和"行路难、停车难"、依法管理"四小车"、"引水入城"、"抗咸二期"工程、发展城市公交、绿化养护、调整城市道路收费体制和历史地段保护、文化遗址保护、"老字号"企业发展等工作开展调研，制定《杭州市历史文化街区和历史建筑保护办法》，出台《加速萧山、余杭区融入大都市的若干意见》。落实市、区县（市）领导干部重点项目包抓责任制，坚持大项目带动，推动新老"十大工程"建设，实施"双千亿"项目，圆满完成"33929"和"三口五路"整治，建成杭州大剧院、钱江四桥和天然气利用一期等一大批重点项目。坚持把城市管理作为重点，出台《加强城市长效管理和提升综合服务功能的若干意见》，组建城区城管综合协调常设机构，充实街道（乡镇）城管人员，设立社区城市管理服务站，配备专职城管协理员，建立城管专项资金，深化行政处罚权相对集中工作，推进撤村建居和"城中村"改造，清理和拆除违法建筑，创建全国无障碍设施建设示范城市。

【推进“工业兴市”战略】 年初，市委召开动员大会。第一季度实现工业经济“开门红”；5月，召开“工业兴市”大会，分析形势，部署举措，加快转变增长方式，确保工业经济“好中求快、稳中求进”；9月，对第四季度工业生产进行再动员，组织开展“企业战百日、政府解百难”活动。坚持发展高新技术产业与改造提升传统产业一起抓，打造“天堂硅谷”。加快“四个试点”、“两个基地”建设，加强产学研合作，引进中科院“三大机构”和三星半导体(中国)研究所等研发机构，与思科(中国)公司、微软(中国)公司等建立合作关系，努力打造“信息港”。启动新一轮技改投入“三年倍增”计划，改造提升传统产业。实施品牌战略，推进民营企业“二次创业”和新一轮民营经济“三年倍增”计划。构筑以高新技术产业为主导、传统优势产业为基础；大企业、大品牌为龙头，中小企业为依托；技术资本密集与充分就业相统一，先进制造业与现代服务业相融合的杭州工业新格局。

【推进“旅游西进”战略】 着力构建观光休闲会展游“三位一体”、境内境外游“两轮齐驱”新格局，促进结构升级，推动“旅游西进”。以举办西博会、国内旅交会、“七艺节”为抓手，大力发展会展游、休闲游。制定《推进杭州旅游国际化启动方案》和对日旅游促销10项举措，完善旅游集散和咨询服务中心。继续推进西湖综合保护工程。完成“北山街历史文化街区保护”一期、“杨公堤景区”二期和“龙井茶文化休闲旅游景区”、“梅家坞茶文化村”二期整治工程，新增西湖15景。落实“四化”举措，开放景区商业服务设施经营权，编纂《西湖丛书》，成立西湖学研究会，筹建西湖博物馆。与8个在杭国字号涉茶机构建立战略合作关系，努力打响“茶为国饮、杭为茶都”品牌。完善管理体制，加快推进市区西部保护与发展，出台《进一步加快之江度假区和转塘周边地区发展的若干意见》，实施西溪湿地综合保护，申报国家湿地公园。坚持先进制造业和现代服务业并举，深入开展调研，学习上海经验，着手制定现代服务业发展规划。推进商业特色街区、物流中心建设，发展新型商业业态。积极发展生产性服务业，增强中介服务功能。

【推进“开放带动”战略】 积极发挥省会城市优势，加大国内招商引资力度，加快发展混合经济、省会经济、“总部经济”、“楼宇经济”。按照“规划共绘、交通共建、市场共享、产业共兴、环境共保”思路，接轨大上海、融入“长三角”、促进“双对口”。出台应对措施，适应国家出口退税机制改革，外贸进出口持续高速增长，出口产品结构不断优化。全方位、多层次、宽领域的对外开放格局进一步形成，优越的投资环境得到广泛认同。杭州连续两年被世界银行评为“中国城市总体投资环境最佳城市”，被美国《福布斯》杂志列为“2004年度中国大陆最佳商业城市排行榜”第一。杭州经济开发区被日本贸易振兴机构评为“中国75个城市开发区投资环境综合评价第一名”。萧山区连续两年被台湾电机电子同业公会列为“台商投资极力推荐城市(城区)首位”。

【推进“环境立市”战略】 努力破解缺电缺地缺钱制约。制定和完善有序用电预案，加大企业用电管理力度，鼓励企业自备发电，做到“让电于民”和“省级以上开发区每天24小时每周7天有电”，确保群众生活和经济发展最小限度受缺电影响；提出“一调两宽两严”思路，通过优化规划、“上改下”和“优二进三、退二进三”，做到“有地优用”、节约用地、集约用地；出台对金融机构融资的奖励政策，推进银企合作，支持企业上市。加快推进生态市建设，颁布实施《杭州生态市建设规划》，全面落实生态市建设和环境保护目标责任制。启动生态环境“八大示范工程”建设，深入实施“蓝天、碧水、绿色、清静”工程，突出抓好市区大气污染综合整治、水环境治理和农村环境综合整治，加快“抗咸二期”建设。巩固“创模”成果，顺利通过复检技术核查。

【促进“五大举措”落实】 2004年，根据市委全会的部署，明确目标责任，促进“五大举措”的落实。以科学发展观为指导，坚持统筹城乡经济社会协调发展，贯彻中央、省委两个1号文件和杭州市关于《统筹城乡发展促进农民增收的若干意见》，落实解决“三农”问题的举措；深化各项体制改革，不断增强经济社会发展活力，落实改革攻坚举措；面对劳动力供求总量矛盾与结构矛盾并存、城镇就业压力加大与农村富余劳动力转移加速并存、新增劳动力就业与下岗失业人员再就业并存等状况，把实现充分就业作为构建和谐社会的重要目标，作为政绩考核的重要内容，落实扩大就业举措；加快文化体制改革，扩大到卫生、体育、社科等大文化领域，由点及面、由浅入深、有序推进，落实文化体制改革举措；坚持“立党为公，执政为民”，把解决群众关注的“七大问题”摆在突出位置，落实解决“七大问题”举措。

【落实解决“三农”问题举措】 落实农业增效、农村繁荣和农民增收的各项政策，认真做好提升农业、转移农民、保障农民、提高农民、富裕农民、繁荣农村、稳定农村、巩固农村8篇文章。建立农村工作指导员制度，增强基层工作的力量。出台《统筹城乡经济社会发展，做好为农民办实事工作的通知》等8个政策性文件，努力为农民办好9件实事：率先在全国、全省免征农业税，为农民减负7058万元；全市投入“百千”工程资金21.1亿元，完成34个示范村、289个重点整治村建设任务；实施市级“49100”帮扶项目378个，总投资1.78亿元，受帮扶地区群众人均增收300元以上；培训农民24.6万人，转移农民就业2.9万人；健全社会保障、实施“乡村通达”、健全公共卫生体系、加强科技文化信息服务、强化生态建设完成预期目标。发展都市农业，推进农业结构战略性调整，加快构筑城市、平原、山区三大农业圈层，“六大优势”产业、“五大特色”产业加快发展。重视粮食生产和供应，扭转粮食种植面积下降局面，加强粮食储备和供应，保证粮价基本稳定。基础设施建设加快，抗灾能力明显提高。以农业和旅游业结合的休闲观光农业发展势头良好，龙头企业和专业组织不断壮大。加快农业科技进步，大力发展外向型农业，农民收入稳步增长。

【落实改革攻坚举措】 以“体制改革攻坚年”为抓手，深化各项体制改革。深化经济体制改革。贯彻《中共中央关于完善社会主义市场经济体制若干问题的决定》，组建市国资管理机构，规范国企改制工作，制定市属国有资产营运机构经营者年薪考核办法，出台《杭州市国有工业企业深化改革中经营者管理要素按贡献参与分配试行办法》；民营经济“二次创业”迈出新步，杭州由民营经济大市逐步向民营经济强市转变。深化投资体制改革。规范政府投资行为，鼓励民资投资，出台医疗、文化、教育三大领域向民资开放的实施意见；加大城市公用垄断行业改革力度，成立市公交集团有限公司、杭州路桥有限公司。医药卫生“四改联动”成效明显，文化体制改革试点工作进展顺利。深化行政管理体制改革。全面清理行政许可项目，完善集中办事制度，构建三级行政服务体系，加快事业单位改革步伐，推行“电子政务”，杭州成为全国第4个将政府信息公开纳入法制化轨道的城市。

【落实扩大就业举措】 坚持就业优先方针，努力实现充分就业。完善再就业政策，出台《扶持下岗失业人员再就业优惠政策的补充通知》等政策意见，提高用人单位招用“4050”人员补助费标准。建立失业人员新型动态管理机制，完善市、区、街道（乡镇）、社区四级就业服务网络。发展劳动密集型产业，拓宽公益性就业岗位的领域和范围，创办非正规就业组织，鼓励单位、企业吸纳下岗失业人员。机关单位带头为“4050”人员腾岗献岗1000多个，被中央和省属媒体多次报道宣传。全市投入再就业资金1.8亿元，新增就业岗位14.1万个，实现再就业13.72万人。引导失业人员转变择业观念，强化技能培训，开展再就业培训5.9万人、失地农民技能培训2.5万人。改善外来务工人员的就业环境，逐步推进城乡统筹的劳动就业机制。2004年杭州市城镇登记失业人员由2002年的19.7万人减少至7.27万人，城镇登记失业率控制在4.33%。杭州市荣获“全国再就业工作先进单位”称号。

【落实文化体制改革举措】 5月，出台《深化文化体制改革促进文化产业发展的若干政策意见》，加快改革进程。以发展文化旅游业、现代传媒业、艺术品业、文体娱乐业和教育培训业为重点，营造有序发展环境。制定“四个一批”规划，加大对公益性文化事业的投入。建立文化产业发展专项资金，以贴息、补助等方式扶持产业发展。大力培育市场主体，提高文化产业竞争力，实现文化产业集团化、规模化。“5+8”产业格局初具雏形。剥离改制新闻媒体的经营性资产，扎实开展文艺院团、文体场馆和经营性文化单位的改革。扶持民营文化产业，吸引实力雄厚的民营资本参与文化建设、兴办文化产业，扩大改革发展领域。杭州文化体制改革的政策和做法，得到中央和省委有关领导的高度评价、充分肯定。

【落实解决“七大问题”举措】 践行“三个代表”重要思想，坚持“立党为公，执政为民”，把解决群众关注的“七大问题”摆在突出位置。市委常委（扩大）会议专题研究部署解决事关群众切身利益的“七大问题”，提出落实“两观”、破解“七难”的要求，总结经验，明确目标，制定措施，狠抓落实。成立了7个领导（协调）小组，分别承担破解“七难”组织领导工作，落实具体责任。市和区、县（市）统一部署，建立健全街道（乡镇）和社区（村）两级组织机构。颁行《健全解决事关群众切身利益“七大问题”长效机制的实施意见》和《2004年“七大问题”重点整改工作任务》，层层分解，到岗到人。为解决“七大问题”，近年来下发相关政策文件170余个，通过“春风行动”、“领导干部帮扶结对”、干部下访、“49100”帮扶工程等载体，广泛动员，加大宣传力度，在全社会形成人人关心、支持、参与破解“七难”的态势。抓好阶段性任务，分解细化，明确时限，严格考核，责任到人。在领导体制、决策机制、投入保障等方面建立健全破解“七难”长效机制。按照“上下联动、形成合力、营造氛围、注重实效”的要求，明确目标任务，持之以恒，常抓不懈。

【打造“平安杭州”】 2004年，市委贯彻省委打造“平安浙江”决策部署，召开全市公安工作、政法工作、信访工作等会议，通过10多次专题会议部署，深化创建“平安杭州”工作。强化社会治安综合治理。健全打防控疏体系，严厉打击境内外敌对势力、敌对分子和邪教组织的渗透破坏活动。严厉打击各类刑事犯罪，刑事案件发案上升率为全省最低，

表46　**2004年中共杭州市委重点调研课题**

重点调研课题	课题主持人
《加快副城、组团、中心城镇建设，进一步构筑市域网络化大都市》	王国平
《杭州市高新技术产业战略制高点研究》	孙忠焕
《以二次创业为抓手，加快建设民营经济强市》	于辉达
《牢固树立马克思主义群众观，进一步加强领导班子和领导干部作风建设》	朱报春
《顺势应时、抢抓机遇，努力推进萧山服务业发展水平的大提升》	王建满
《适应完善社会主义市场经济体制要求，深入推进反腐倡廉治本抓源工作》	叶　明
《改善民企投资环境，引导企业做大做强》	徐松林
《关于市委重大决策落实情况的调查与思考》	顾树森
《以科学发展观统筹杭州社会经济发展研究——从社会发展角度推进社会与经济协调发展》	盛继芳
《党政领导干部政绩观及政绩考评体系研究》	王金财
《杭州市建设创业文化的实践思考》	于跃敏
《牢固确立打击犯罪的主导地位，深入推进打防控一体化机制建设》	张鸿建
《切实加强国防后备力量“一线指挥部”能力建设的几点思考》	齐毓春

杀人案件和六类案件破案率居全省第一。加强流动人口管理服务工作，深化基层"创安"工作，下发《加强乡镇(街道)社会治安综合治理基层组织建设的实施意见》。构筑城市街面电子监控系统，在商区、景区、社区等重要部位安装电子监控点794个。杭州基层综治工作经验在全国、全省综治工作会议上介绍。市民对社会治安总体状况表示满意；外来企业对杭州投资环境5个分类指标的评价中，社会治安得分最高。落实信访工作"一把手"责任制。做好领导信访接待日、干部下访和日常信访工作。建立处理信访突出问题及群体性事件联席会议制度、重大信访问题领导包案处理制度，成立相关专项组，及时化解各种社会矛盾，涉法上访案件结案数居全省第一。加强安全生产。严格安全生产标准，加大检查执法力度，整顿和规范市场经济秩序，加强食品药品安全监督。强化公共危机管理，建立完善各类公共危机突发事件应急预案和预警机制。全市各类事故数量、死亡人数和直接经济损失均比上年有所下降。

▶▶资料：中央"5+1"文件 即中央集中下发的《公开选拔党政领导干部工作暂行规定》、《党政机关竞争上岗工作暂行规定》、《党的地方委员会全体会议对下一级党委、政府领导班子正职拟任人选和推荐人选表决办法》、《党政领导干部辞职暂行规定》、《关于党政领导干部辞职从事经营活动有关问题的意见》和《关于对党政领导干部在企业兼职进行清理的通知》等6个法规性文件。

"4050"人员 指处于劳动年龄段中女40岁以上、男50岁以上的，本人就业愿望迫切，但因自身就业条件较差、技能单一等原因，难以在劳动力市场竞争就业的劳动者。

"三级联创" 即创建"五好"村党组织，创建"六好"乡镇党委，创建农村基层组织建设先进县。

新老"十大工程" 老"十大工程"为"交通西进"、钱江新城、市区道路建设两年大会战、运河(杭州段)和市区河道综合整治与开发、市区西部保护与发展、江东和临平工业区、良渚遗址保护与开发、地铁一号线、大学城、商业特色街区。新"十大工程"为"名城保护"、"西湖综合保护"、"生态市建设"、"天然气利用"、"城市道路交通258工程"、"东网加密"、"引水入城"、"标志性文化设施"、"城中村"改造和"居者有其屋"工程。

"双千亿" 即从2004年开始，用3年~5年时间投资2143亿元建设217项对全市经济和社会全面协调发展有重要影响、必须加快建设的重大项目，其中市本级投资1033亿元、8区和5县(市)投资1110亿元。

中科院"三大机构" 中国科学院微电子研究所杭州分部、中国科学院EDA中心杭州分中心、杭州中科微电子有限公司。

新一轮技改投入"三年倍增"计划 即全市技改投入从2003年底的162.98亿元，计划2006年底增加到325.96亿元，实现三年翻番。

"旅游西进" 是杭州市旅游业跨世纪发展的重大举措。由三个部分组成："小西进"，即扩大西湖水面，增加旅游环境容量，发展生态旅游；"中西进"，即以之江国家旅游度假区为龙头，综合开发杭州市区西部周浦、袁浦、龙坞、留下、蒋村等地域的旅游资源；"大西进"，主要以"三江两湖一山"为重点，市区西部5县(市)旅游资源的统一开发、基础设施的共建共享、旅游市场的共同开拓，使城区与县(市)的旅游接轨、连线，"串珠成链"，整体提高大杭州旅游竞争力。

"四个一批"规划 即建设一批重点文化设施、重点文化产业、重点文化企业和重点产业区块。

"5+8"产业格局 即杭报集团、杭州广电集团、杭州文化发展投资公司、杭州出版总社、西泠印社5大集团和《都市快报》、杭州网通公司、杭州数字电视有限公司、杭州大剧院、杭州文化商城、"杭州网"股份有限公司、华宝斋富翰文化有限公司、宋城集团等8个重点单位。

"公交优先" 杭州市解决市民"出行难"问题的重要举措。即围绕城市公共交通"便捷、安全、舒适、经济"的目标，把发展城市公共汽(电)车、旅游观光汽车、轨道交通、出租汽车和内河客运等交通方式放在优先位置，构筑公交优先的城市公共客运交通系统，提高公交车辆出行分担率。

"双无"人员 指无劳动能力、无固定收入的生活困难群众。

"258"工程 即在市区"33929"工程建设基础上，逐步形成市区"三纵五横"交通网。2年基本完成"33929"工程；5年形成市区"一环、一纵、二横"的骨干路网构架；8年形成市区"一环、三纵、五横、十六射"快速路网，实现市区半小时交通圈。

"三纵五横" "三纵"指贯通城市南北的3条主干道。杭宁高速南庄兜立交—中河高架路—钱江四桥—绕城高速公路南线(闻堰立交)；临平(副城)—石桥路—钱江三桥—绕城高速公路南线；绕城高速公路北线—九堡大桥—绕城高速公路南线。"五横"指横贯城市东西向的5条主干道。绕城公路西线—石祥路—大井立交；绕城公路西线—德胜路—江东大桥—江东工业园区；绕城公路留下立交—环城北路—下沙；中兴立交—中兴路—机场路；绕城公路狮子口立交—之江大桥—萧绍公路—绕城公路东线。

"一创五迎" "一创"为创建全国文明城市；"五迎"为迎接国内旅交会、西博会、"七艺节"、"创模"复检、休博会。

【重要工作会议】 市委全年召开以下重要工作会议：科技创新暨推进"一号工程"建设大会、全市宣传思想工作会议、全市政法工作会议、杭州市有线广播电视传输网络整合工作动员会、全市创建民营经济强市动员大会、全市计划生育国土资源环境保护工作会议、全市人才工作会议、全市党建工作会议、全市农村工作会议、全市帮扶工作会议、全市加强机关效能建设争创人民满意单位大会、100名中青年干部到重点工程挂职锻炼动员大会、全市招商引资大会、全市禁毒工作会议、市区依

表 47

2004年中共杭州市委重要文件索引

文件号	发文日期	标　　题
1	2003-12-26	中共杭州市委关于贯彻落实党的十六届三中全会精神、进一步完善社会主义市场经济体制的决定
2	2004-01-06	中共杭州市委、杭州市人民政府关于命名杭州市社区建设示范街道的决定
3	2004-01-16	中共杭州市委、杭州市人民政府关于开展向张叶良同志学习活动的决定
4	2004-01-19	中共杭州市委常委会 2004 年工作要点
5	2004-01-19	中共杭州市委、杭州市人民政府、杭州军分区关于命名杭州市双拥模范单位的决定
6	2004-02-03	中共杭州市委关于追授张叶良同志为杭州市优秀共产党员的决定
7	2004-02-06	中共杭州市委关于加强新形势下老干部工作的意见
8	2004-04-13	中共杭州市委、杭州市人民政府关于加速萧山、余杭区融入大都市的若干意见
9	2004-02-10	中共杭州市委关于进一步加强非公有制企业党建工作的若干意见
10	2004-02-13	中共杭州市委、杭州市人民政府关于加快推进杭州生态市建设的若干意见
11	2004-02-12	中共杭州市委、杭州市人民政府关于命名第六批市级农业龙头企业的决定
12	2004-02-23	中共杭州市委、杭州市人民政府关于统筹城乡发展促进农民增收的若干意见
13	2004-03-03	中共杭州市委、杭州市人民政府关于大力实施人才强市战略的决定
14	2004-02-25	中共杭州市委、杭州市人民政府关于进一步促进民营经济发展的若干意见
15	2004-04-13	中共杭州市委、杭州市人民政府关于加强体育工作发展体育事业创建体育强市的若干意见
16	2004-04-22	中共杭州市委、杭州市人民政府关于贯彻《中共中央、国务院关于加快林业发展的决定》的实施意见
17	2004-04-20	中共杭州市委、杭州市人民政府关于杭州经济技术开发区临平园区开发建设的若干意见
18	2004-05-19	中共杭州市委、杭州市人民政府关于深化文化体制改革促进文化产业发展的若干政策意见
20	2004-07-02	中共杭州市委、杭州市人民政府关于进一步加快之江度假区和转塘周边地区发展的若干意见
21	2004-07-28	中共杭州市委、杭州市人民政府关于健全解决事关群众切身利益"七大问题"长效机制的实施意见
22	2004-08-11	中共杭州市委、杭州市人民政府关于进一步加强和改进未成年人思想道德建设的实施意见
24	2004-12-31	中共杭州市委、杭州市人民政府关于改革国土资源管理体制的实施意见

表 48

2004年中共杭州市委办公厅重要文件索引

文件号	发文日期	标　　题
1	2004-01-02	中共杭州市委办公厅关于印发王国平同志在市委九届六次全体(扩大)会议上的报告的通知
2	2004-01-31	中共杭州市委办公厅、政研室 2003 年工作总结和 2004 年工作要点
3	2004-02-19	中共杭州市委办公厅关于深化"创业在杭州"主题教育活动的实施意见
4	2004-02-23	市委办公厅、市政府办公厅关于转发《市委宣传部、市政府新闻办公室关于进一步做好新闻发布工作的意见》的通知
5	2004-04-13	市委办公厅、市政府办公厅关于继续深入开展撤村建居与城中村改造的实施意见
6	2004-06-17	市委办公厅、市政府办公厅关于进一步推进我市企业退休人员社会化管理服务工作的意见
7	2004-07-08	中共杭州市委办公厅关于印发王国平同志在市委九届七次全体(扩大)会议上的报告的通知
8	2004-07-20	市委办公厅、市政府办公厅关于全面推进我市有线电视数字化及发展数字电视产业的若干意见
9	2004-12-14	市委办公厅、市政府办公厅关于进一步加强社区服务工作的通知

法管理"四小车"工作动员大会、全市社区统战工作现场会、全市双拥模范单位命名大会、创建全国文明城市暨"五迎"动员大会、全市推进城市化工作会议、市信访和12345市长公开电话工作会议、全市体育工作会议、市劳动模范和模范集体表彰大会、全市档案工作会议、全市"工业兴市"大会、市清理和完善城市社区配套服务用房工作会议、全市"三口五路"整治工程动员暨依法管理"四小车"总结表彰大会、深化创建"平安杭州"工作会议、全市企业退休人员社会化管理服务工作动员大会、全市迎峰度夏抗缺电动员大会、纪念建党83周年暨基层党建工作示范点表彰会、全市人口形势分析会、赴日招商引资和旅游促销总结会议、2004年全市军转安置工作会议、全市城市管理工作会议、推进杭州旅游国际化动员大会暨2004年中国国内旅游交易会表彰大会、加强和改进未成年人思想道德建设工作会议、全市宗教工作座谈会、市基础教育工作会议暨教师节庆祝大会、努力实现全年工业经济目标电视电话会议、市和区县(市)联合公选领导干部暨招聘企业高级经营管理人才工作动员会、全市创建"道路交通安全乡镇(街道)"动员大会、市第五次"春风行动"动员大会。

【市委调整和新设立的非常设机构】 2004年调整的非常设机构:杭州市发展民营经济协调小组、杭州市非公有制企业党建(工建、团建)工作联席会议、杭州市解决"两难(行路难、停车难)"问题协调小组、杭州市撤村建居和城中村改造工作领导小组、中国杭州西湖博览会组委会、杭州生态市建设工作领导小组、市委维护稳定工作领导小组、杭州市和浙江大学战略合作促进委员会、杭州市城市管理领导小组、杭州市保健委员会。

新设立非常设机构:杭州市机关效能建设领导小组、杭州市农村工作指导员领导小组、杭州数字电视产业发展领导小组、萧山余杭区融入大都市领导小组、杭州市党政系统优秀调研成果评审委员会、市委人才工作领导小组、杭州市社区矫正工作委员会、杭州市完善二轮土地承包工作领导小组、杭州市农民素质培训工程领导小组、杭州市参加2005年日本爱知世博会工作领导小组、杭州市企业退休人员社会化管理服务工作领导小组、杭州市公共资源交易管理委员会、杭州市解决"上学难"问题领导小组、"清洁杭州"工作领导小组、市委创建"平安杭州"领导小组、市委巡视机构筹备工作领导小组、杭州市"茶为国饮,杭为茶都"战略合作促进委员会、杭州市公车改革领导小组、杭州市处理信访突出问题及群体性事件联席会议、2005年西湖国际茶文化博览会组委会。 (欧阳周)

【保密工作】 5月,为纪念《中华人民共和国保守国家秘密法》实施15周年,杭州市组织开展保密知识竞赛活动,92个市直属单位和13个区、县(市)1.24万人参加比赛,其中处级以上干部4500人。市保密局与市国家安全局联合举办为期3天的"反窃密、防泄密"展览,参展4263人。其中,市直属单位副局级和各区、县(市)副县级以上领导干部275人,驻杭部队副团以上军官132人,涉外宾馆副总以上管理人员61人。与市工业资产经营公司联合举办商业秘密保密培训班,36个企业的40多名部门经理以上骨干参加培训。5月下旬~9月初,市保密局分自查、互查、抽查3个阶段对市直属128个单位的计算机信息系统进行保密技术检查,检查各型计算机7927台、各型终端计算机692台,检测网络服务器31台。由市委保密委委员带队,抽调市公安局、市安全局、市信息办等单位的技术力量,组成5个检查组,对10个单位进行保密技术抽查。结合计算机保密技术检查,举办计算机技术培训班,全市92个市直单位120余人参加培训。

开展军工企业保密资格审核初期工作,逐个联系涉及军需生产的企业,对有申报意向的3个企业提出指导意见,帮助做好保密资质的审核、审查工作。

为迎接国家保密局、国家测绘局和省保密局、省测绘局等单位对杭州市国家秘密测绘成果的检查,市保密局先期自查全市43个测绘成果购买单位,查阅测绘资料索取单168张,检查地图1930份。杭州市严格执行测绘成果保密工作得到国家和省检查组的肯定。

市人大常委会办公厅及淳安县、江干区人大常委会首次将保密知识列入《人大常委会任命国家机关工作人员法律知识考试的规定》内容。 (孙玉卿)

【领导班子和领导干部队伍建设】 2004年,按照省委统一部署,杭州市在县处级以上领导班子中开展"三树一创"(树立科学的发展观、正确的政绩观、牢固的群众观,创为民、务实、清廉的好班子)教育实践活动。对13个区、县(市)领导班子进行回访了解,对55个市直单位的领导班子进行届中考核。抓好后备干部队伍建设,确定845名市管后备干部建议名单。加大领导干部监督管理力度,对105个县局级单位中的122名党政"一把手"进行年度总结报告、述职述廉和民主评议,对467名党政领导班子成员进行述廉和民主测评,对15名市管领导干部进行经济责任审计。

【干部教育培训】 深化"三个代表"重要思想的学习,杭州市全年培训县处级以上领导干部近3000人次。改进培训方式,在市委党校开设"领导干部讲坛",8名市领导、15名区县(市)领导、21名市级机关党政主要领导先后到市委党校讲课。选派优秀年轻干部43人到美国参加为期1年的MPA硕士学位学习。开展与香港特区政府互派公务员实习交流活动,首批选派市直机关公务员5人到香港政府的对口部门进行为期3个月的实习。

【人才工作和人才队伍建设】 2月15日,市委、市政府召开首次全市人才工作会议。市委书记王国平在会上作《实施人才强市战略,探索人才强市之路,为大都市新天堂提供人才保证智力支持》重要讲话。会后,市委、市政府下发《大力实施人才强市战略的决定》,出台《杭州市实行人才居住证制度暂行规定》、《加强高层次人才引进工作的若干意见》、《加快高技能人才队伍建设的意见》、《加强农村实用人才队伍建设的意见》等7个配套政策文件。建立杭州市企业高级经营管理人才评荐中心，深化领导干部联系高层次科技人才的工作，加强对人才工作的指导、督促和检查工作。建立市委人才工作领导小组及办公室，落实人员编制，明确工作职责，初步形成党委统一领导、组织部门牵头抓总、有关部门密切配合、社会力量广泛参与的人才工作新格局。

【干部人事制度改革】 5月24日，市委召开全市干部人事制度改革工作会议，贯彻落实全国、全省干部人事制度改革会议精神，结合杭州市实际，切实抓好中央"5+1"文件和已出台的各项改革措施的落实。加强对各地、各单位贯彻执行《干部任用条例》的督促检查。10月上旬~11月底，首次实施联合公开选拔(招聘)领导干部与企业经营管理人才工作。选派8名干部到中央国家机关挂职锻炼。余杭区作为全省干部人事制度综合改革的试点单位，积极探索干部人事制度改革的新路子。建德市开展探索公开选拔乡镇长候选人工作。

【基层党组织和党员队伍建设】 按照"五先行一加强"的要求，认真抓好保持共产党员先进性教育活动的各项准备工作。开展"先锋工程"、"49100工程"、"领头雁工程"建设，深化"三级联创"活动。表彰22个"五好"乡镇党委和380个"五好"村党组织。余杭区委、富阳市委和8个乡镇党委、14个村党组织、12名为民好书记、13名农村"双带"好党员，受到省委表彰。确定30个乡镇党委、375个行政村党组织为新一轮先锋工程创建对象，建立一支有1.3万余人的村级后备干部队伍。扎实推进社区党建工作"精品"、"亮点"工程建设，做好社区党组织换届选举工作。全市260个社区党组织全部实行"两推一选"制度，有35675名党员、15516名群众参与候选人的推荐，初步实现了社区领头雁工程"3个60%"的目标。认真落实全国和全省非公有制企业党建工作座谈会精神，制定下发《进一步加强非公有制企业党建工作的若干意见》和5项具体制度，建立起一支有3500余人组成的非公有制企业党建指导(联络)员队伍。巩固深化先进性教育试点工作成果。按照"可看、可听、可信、可学"和"组织设置好、领导班子好、党员队伍好、工作机制好、活动阵地好、作用发挥好"的要求，创建市级基层党建工作示范点35个，区、县(市)级示范点近300个。

【下派农村工作指导员】 根据省委、省政府的统一部署，3月起，市委、市政府建立实施农村工作指导员制度。省、市、县、乡四级选派农村工作指导员4358人（市本级90人），走访农户23万余户，帮助群众解决实际困难3550余件，帮助从各级部门争取扶持资金2780万余元。经过一年来的扎实工作，农村工作指导员在农村基层逐步树立起"勤于学习的有心人、发展经济的内行人、农民群众的贴心人、基层建设的推动人、自警自励的明白人"的良好形象。

【机关效能建设】2004年，市委、市政府在全市各级党政机关中开展以组织部门牵头抓总、各有关单位积极参与的效能建设活动。从创新体制机制和完善运作方式入手，着力解决影响班子建设和机关效能的深层次问题。市本级梳理职能交叉问题79个，理顺72个；市直单位梳理318个，理顺276个；各区、县(市)梳理159个，理顺134个。围绕构筑服务群众的网络体系，市本级建立杭州市行政服务中心和杭州市公共资源交易中心；区、县(市)建立延伸到村的"三级服务体系"。全年机关作风和效能投诉比上年下降50%。《杭州求解"四难"顽症》专题节目在中央电视台和凤凰电视台播出后，在社会上引起良好反响。

【深化"树组工干部形象"教育活动】2004年，根据中组部"扎扎实实再抓一年"的统一要求，全市组织系统在上年开展以公道正派为主要内容的"树组工干部形象"集中学习教育活动基础上，按照胡锦涛提出"四个必须"、"两个满意"的要求，结合机关效能建设和"激励、警示"教育，进一步深化和拓展教育活动。市委组织部聘请工作监督员25人，建立《公道正派十大守则》和《优化部机关服务的若干意见》等32项制度。全市树立并表彰优秀组工干部35人。2004年，市委组织部再次被评为杭州市人民满意单位。

【百名中青年干部到重点工程挂职锻炼】 市委组织部牵头组织，市建委等单位配合，杭州市实施"百名中青年干部到重点工程挂职锻炼"工作。2月，市委召开百名中青年干部到重点工程挂职锻炼动员大会，市委书记王国平作动员讲话，并为《城建第一线》专刊题写刊名。经过严格挑选，从8个城区、42个市直单位以及2个新闻单位抽调123名优秀中青年干部，到杭州市城市建设"三口五路"整治等重点工程第一线锻炼。

【企业高级经营管理人才培训"356"工程】 为推进"人才强市"战略，市委、市政府依托浙江工商大学，创新实施企业经营管理者大规模培训工作。全年举办工商管理总裁高级研修班4期，培训企业主要经营者206人，学员多数来自年产值亿元以上的民营企业。市委书记王国平出席每期研修班的开学典礼，并作专题讲座。"356"(从2004年起，用3年时间，对全市500个骨干重点企业的600名高级经营管理人员进行培训）工程的实施，促进了民营企业"二次创业"，探索了市场经济条件下党管人才的新途径，引起社会各界的高度关注，多个媒体以《杭州唱响企业人才队伍建设之歌》、《为大都市新天堂提供坚强的人才保证和智力支持》等为题报道"356"工程。南京、无锡、连云港、深圳、广州等城市组团来杭学习取经。 （张义久）

【全市宣传思想工作会议】 1月8日召开。会议深入学习贯彻全国、全省宣传思想工作会议和省委十一届五次、市委九届六次全体(扩大)会议精神，总结2003年全市宣传思想工作，部署2004年宣传工作任务。市委书记王国平作题为《以"三个代表"重要思想总揽全局，认清新形势，明确新任务，开创新局面》的讲话。市委副书记叶明到会讲话。会议表彰2003年度全市宣传思想工作"创新奖"、宣传思想工作优秀调研报告、领导干部优秀理论文章和优秀宣传思想工作者。 （史利娟）

【加强意识形态工作】 市委宣传部组织有关单位开展专题调研，以市委名义制定《加强对意识形态工作领导的若干意见》。12月13日，市委召开加强意识形态工作会议，传达学习中共中央关于加强意识形态工作重要指示精神。市委副书记叶明到会就加强意识形态工作提出重在统一认识、重在贯彻落实、重在抓好建设的要求。市委常委、宣传部长张鸿建根据全省宣传部长会议要求，提出具体的学习贯彻意见。

（徐志远）

【召开杭州创业文化建设理论研讨会】 12月11日，市委宣传部和市委政策研究室共同组织召开。会议邀请中宣部理论局、省委宣传部的有关领导和北京、上海、吉林、南京等地及省内的专家学者共论杭州创业文化，分析杭州创业的独特性和差异性以及创业文化的鲜明个性和突出亮点，对今后杭州创业文化发展之路提出积极对策和建议。市委副书记叶明到会讲话。西泠印社出版社公开出版会议发言汇编《杭州创业文化研究》。

【深化“创业在杭州”主题教育活动】 2004年，市委办公厅下发《深化“创业在杭州”主题教育活动的意见》。2月26日，市委宣传部组织召开深化“创业在杭州”主题教育活动工作部署会，市委副书记叶明到会讲话。5月6日，召开部分区、县（市）委宣传部长座谈会，总结交流开展深化“创业在杭州”主题教育活动取得的经验。

【评选领导干部优秀理论文章】 市委宣传部组织开展2004年度杭州市领导干部优秀理论文章评选活动，各地、各单位有100余篇文章选送参评。评审出《关于统筹城乡发展的若干思考》等6篇文章为一等奖，《杭州口岸开放工作研究》等9篇文章为二等奖，《提升杭州文艺演出业的发展能力》等20篇文章为三等奖。西泠印社出版社公开出版获奖文章汇编《求索——2004年度杭州市领导干部优秀理论文章选辑》。

【纪念邓小平诞辰100周年】 2004年8月22日是邓小平诞辰100周年。市委下发《举办邓小平同志诞辰100周年纪念活动的通知》，对纪念活动作出部署。

围绕小平理论与杭州实践的主题，组织征文、专题研讨等活动。市委宣传部、市社科联联合举行社科理论界学习胡锦涛同志在纪念邓小平同志诞辰100周年大会上的重要讲话座谈会，市政协举行纪念邓小平同志诞辰100周年座谈会，市工商联举行杭州市非公有制经济代表人士纪念邓小平诞辰100周年座谈会，市学联组织召开以“高举邓小平理论伟大旗帜，发扬青年爱国情怀，立志图强报效祖国”为主题的纪念研讨会，团市委举办“邓小平理论与杭州青年企业家”研讨会等。8月17日，在省委宣传部、省委党校、省社科院等7个单位联合举办的“邓小平理论与浙江实践”征文活动中，杭州市有9篇文章入选，其中市委宣传部课题组撰写的《用宽广眼界观察中国发展：邓小平与当代中国》获浙江省纪念邓小平同志诞辰100周年暨“邓小平理论与浙江实践”理论研讨会论文一等奖，市委宣传部获活动组织奖。

8月18日，市委召开杭州市纪念邓小平同志诞辰100周年暨小平同志关于发展杭州旅游业重要指示学习座谈会，深切缅怀小平同志的丰功伟绩，重温小平同志关于“像杭州这样的风景旅游城市在世界上可是不多的，要把杭州的旅游业好好发展起来”的重要指示。市委书记王国平在座谈会上作重要讲话，市四套班子领导和有关单位负责人、社会各界代表和专家学者120余人参加纪念会，国家旅游局向座谈会发来贺信。

以形式多样的文化活动为载体，深切怀念小平同志。8月19日，举办《小平，您好》专题电视文艺晚会，市委书记王国平等出席晚会。各界人士近万人参观浙江省纪念邓小平同志诞辰100周年生平业绩图片展览。市文联组织开展纪念邓小平同志百年诞辰书画、摄影作品展。市文化局、市广电局等单位组织开展纪念小平同志“伟人电影周”影视剧展播、图书展出、图片展览等活动。西湖风景名胜区管委会（市园文局）举办纪念邓小平100周年诞辰诗歌朗诵会，1000余名干部职工参加活动。7月14日~8月24日，杭州日报报业集团组织“沿着小平的足迹”大型采访报道活动，派出13路记者分赴四川广安、贵州遵义、陕西延安，以及太行山区、大别山区和法国巴黎、俄罗斯莫斯科等小平同志曾经生活、战斗和工作过的地方，采访百余人，报道文字近10万字，受到市民的广泛好评和省委宣传部的表扬。《杭州日报》推出纪念邓小平同志的理论专版，杭州电视台推出《百年小平》系列专题报道，综合频道《钱塘论坛》栏目播出以《缅怀伟人期待，发展杭州旅游》为题的纪念专题节目。杭州人民广播电台推出《彩练当空——纪念邓小平同志诞辰100周年》系列广播专题报道。杭州网开辟《纪念邓小平诞辰100周年》专栏。

（周　晔）

【开展哲学社会科学普及周活动】 9月19日，省、市两级宣传部、社科联联合举办的浙江省暨杭州市2004年哲学社会科学普及周活动开幕式在武林广场举行。市委副书记叶明主持，省委常委、宣传部长陈敏尔讲话，省、市领导徐鸿道、马林云、沈立江、李松春、陈重华、俞国庆等出席并向“社科专家小分队”、“博士生流动论坛”授旗。“科普周”活动包括广场咨询、主题论坛、科普讲座、社科下基层、社科知识竞赛等，以“树立科学发展观，推进杭州现代化”为主题，采取市和区、县（市）在同一时段错时联动的方式进行，旨在让哲学社会科学走进百姓生活。90多个省、市学会和10余所高等院校的250多名专家学者，摆设100多个台位提供现场咨询服务。

（凌张顺）

【庆祝新中国成立55周年】 全市组织开展10多项群众性庆祝活动。10月1日上午，“天上人间看杭州”大型电视直播活动，展示了新杭州、新西湖美景和杭州人民欢度国庆的喜悦心情。同日，拱墅区组织了“拥抱母亲河”主题活动，全区各界群众5500多人聚集古运河畔，用红旗、歌声和鲜花祝福祖国繁荣昌盛；西湖风景名胜区用数千只塑料盆在西湖湖面上拼接成1600平方米的“精彩中国”巨大印谱；下城区组织社区群众1500人，在武林广场开展社区音乐健身操、轮滑、腰鼓等表演；上城区在吴山广场举办以“歌唱祖国”为主题的民族风情展演；江干区在庆春广场举办“我心中的祖国”广场绘画活动，1000多名少年用书画作品拼接出“祖国您好”4个大字，表达对祖国母亲的无限热爱。该项活动通过中央电视台和浙江卫视同步直播，在全国产生了较好影响。

9月27日~10月7日，市委宣传部等部门组织开展大型系列公益活动“让五星红旗飘起来”。27日上午，在武林广场举行活动倡议仪式，并通过媒体向社会发出倡议。活动期间，组织数百名青年志愿者向商户和居民赠送国旗和倡议书；延安路作为“国旗悬挂示范一条街”，沿街企事业单位、商户以及一楼个人住户均在显著位置悬挂国旗；下城区天水街道灯芯巷社区组织升国旗仪式并组织党员向社区内的小学和幼儿园赠送国旗；上城区湖滨街道涌金门社区组织社区居民升挂国旗，定安路社区举行升旗仪式，河坊街的商户积极响应倡议，悬挂国旗；西湖区梅家坞村茶农在家门口插挂国旗；在杭城部分出租车上插挂国旗等。“让五星红旗飘起来”活动的开展，进一步激发了市民的爱国热情。

【开展创业新星评选活动】 为进一步培育民族精神和弘扬“精致和谐、大气开放”的杭州新人文精神，打响“创业在杭州”品牌，市委宣传部、市劳动保障局、市经委、市农办、市广电局、杭州日报社、市科技局、市人事局、市民政局、团市委、市残联等部门在全市开展2004年杭州市创业新星评选活动。经推荐、评选，有九大类20名先进典型获此殊荣。12月2日，市委、市政府召开大会进行表彰。

【组织张叶良先进典型宣传系列活动】 1月4日，杭州市公安局萧山分局治安大队副大队长张叶良在抓捕歹徒中壮烈牺牲。在市委、市政府作出开展向张叶良同志学习的决定后，市委宣传部及时组织报告团在全市进行巡回演讲20余场、听众达1.4万人次；组织20余家媒体到张叶良烈士曾经工作、生活的地方深入采访，并在中央、省、市主要媒体上以长篇通讯形式进行报道；组织作家撰写长篇报告文学《热血丰碑》。以各种宣传方式，宣传张叶良同志秉公执法、不怕牺牲、勇往直前的英雄事迹，在全社会引起强烈反响。 （陈　波）

【出台文艺创作激励政策】 4月8日召开2004年杭州文艺座谈会暨2003年获奖作品表彰会，出台《杭州市政府采购公益性文化活动试行办法》、《设立“杭州文艺突出贡献奖”的实施办法》和《建立杭州文艺人才库的通知》。会上，对为杭州文化名城建设作出突出贡献的“风·雅·颂”民间艺术展演等5个活动项目和单位各给予15万元的奖励，对包朝赞、沈治平等10位为杭州文艺事业作出突出贡献的个人各给予2万元的奖励；签约了2004年度全市重点文艺创作题材图书《热血丰碑》等4部作品；兑现政府购买“百场演出进社区”、“开启音乐之门”文化活动和重点创作题材及舞剧《玉鸟》、越剧《流花溪》等剧目的扶持资金530多万元。

【建立“杭州文艺人才库”】 上半年，建立由243名文艺演出、电视广播、文学创作、民间艺术领域的专业人才组成的首个“杭州文艺人才库”。5月，杭州市与浙江大学人文学院联合举办杭州市文化艺术理论高级研讨班，近20位教授专家应邀讲学，内容涉及文学、艺术、心理学、管理学、传播学等领域，46名“文艺人才库”成员参加研讨班。

【第七届中国艺术节在杭举办】 9月10日~26日，第七届中国艺术节在浙江举办。杭州市参赛舞剧《玉鸟》、越剧《流花溪》荣获文化部“文华新剧目奖”，成为首个同时有两台剧目入选中国艺术节的城市；4人次分获5个“文华单项奖”；参演滑稽戏《钱塘阿哥》、越剧《第一次的亲密接触》、大型歌舞《宋城千古情》和“大学生校园戏剧专场”入围“七艺节”祝贺演出；舞台舞蹈《红结儿》、少儿绘画《在西湖边晨练》、广场舞蹈《临安水龙》、小品《汇报咏叹调》分别摘取“群星奖”。杭州市作为艺术节的主会场和东道主，出色地完成了“七艺节”组委会要求的各项保障和演出任务。

【西博会开幕式电视观众满意率达94%】 10月16日晚，第六届西湖博览会开幕式文艺晚会在杭州大剧院广场隆重举办。晚会沿续《人间天堂》的品牌特色，显现厚重的人文积淀和生动的现代特征，凸显了“生活在杭州、创业在杭州”的主题。中央、省、市等百余家新闻媒体对开幕式文艺晚会进行报道。调查结果显示：有90%以上的市民家庭观(收)看了晚会，现场观众满意率78.4%，电视观众满意率达94%。

【杭州新年音乐会再度奏响】 12月30日，杭州2005年新年音乐会(第二届)在红星剧院举行。由市委、市政府主办的杭州新年音乐会，以精湛的演奏艺术和优雅的欣赏氛围，成为杭州新年演出市场上的知名品牌。在德国柏林广播爱乐乐团的悠扬旋律声中，市四套班子领导和为杭州建设作出突出贡献的市劳模、三八红旗手、十佳企业经营者、十佳青年、十佳民警、十佳新闻工作者、十佳教师、十佳公务员、文艺突出贡献者代表、“三口五路”建设者代表、外商代表以及国际友人等社会各界人士一起共度良宵，喜迎新年。 （施　微）

【各类主题报道声强势大】 市委宣传部组织市级各媒体开展了“三个代表”重要思想和十六大，十六届三中、四中全会，中央经济工作会议精神的舆论宣传，组织市“两会”、“实施五大战略、推进五大举措”、“工业兴市”、“四小车”整治、抗缺电、破“七难”、西湖综合保护工程、西博会、“三口五路”整治、“创业在杭州”、文化体制改革试点等重大主题的宣传报道，形成强劲的舆论声势，为全市改革开放和经济建设提供了强有力的舆论支持。如市“两会”期间，在会场设立新闻中心，市属媒体围绕人大和政府的工作报告，紧扣群众关心的热点问题，开辟专栏、专版30多个，刊发报道300余篇；“四小车”整治期间，刊播新闻400余篇，通过推出相关政策措施和政策解读等多种形式的宣传，为整治工作顺利开展提供有力的舆论支持；在破“七难”报道中，杭报集团报纸刊发稿件450余篇，广电集团频道播发报道750余篇，滚动播出宣传片2000余次。 （王坚勇）

【组织“博览杭州——休闲之旅”大

型涉外采访活动】 10月16日~19日举行。采访活动以2006杭州世界休闲博览会为切入点，以第六届西湖博览会为重点，通过采访杭州独具特色的休闲场所、旅游休闲产业及发展情况，全面展示杭州政治经济和社会发展情况。活动邀请美国、奥地利、巴西、马来西亚、日本等国家和中国港澳台地区及中央涉外媒体51个、记者86人。活动突出专题报道，宣传西湖博览会，为休闲博览会营造舆论声势，提高杭州的知名度和影响力。据统计，境外、涉外媒体及国内知名网络媒体共发稿900余篇(幅、次)。

【强势推介杭州城市形象】 3月，在香港举办“美丽之都·魅力杭州”主题宣传促销活动。7月25日~8月2日，在日本举行招商引资、旅游促销宣传活动，《朝日新闻》、共同通讯社、CCTV大富电视台等60余个媒体近140名记者参加报道。为庆祝杭州与利兹缔结友好城市16年，于9月23日~28日在英国举办“利兹中国周”活动，开展新闻宣传、文化交流、图片展览等系列活动，扩大了杭州的影响力。

市委宣传部编印中日、中英文图书《品味杭州》和英文、日文画册《中国杭州》及《杭州地图》，制作中、英、日文城市形象片《地上的乐园——杭州》。推出“灯下亮”工程，首批对外宣传品陈列架于国庆节前夕“进驻”50个涉外宾馆，陈列对外宣传品10种、近10万册。确立80个企事业单位为杭州市首批对外传播采访基地，于6月3日正式挂牌。杭州电视台综合频道、杭州人民广播电台FM98频率、《都市快报》和杭州网分别开设《WRAP杭州》、《English Express》、《杭州一周》、英语频道等固定英语新闻节目和专题栏目。

开展第二届对外宣传品“金桂奖”评选。对各地、各部门选送的69件对外出版物，分印刷品类和音像品类评选出一等奖4个、二等奖6个、三等奖7个；有4个单位获组织奖。

【加强网络新闻宣传管理】 2月16日，杭州网络传媒有限责任公司成立，新版的综合性新闻门户网站杭州网也同时推出。上半年，西湖区、建德市利用杭州网平台开通新闻网页；9月，桐庐县、临安市的新闻网页也相继推出。为加强网络新闻管理，市委宣传部于2月~4月集中开展网站违规登载新闻现象的清理整顿，掌握了全市2000余个网站的基本情况，对50个有违规现象的网站责令整改；召开网视新闻现场会，研究加强全市网络新闻管理工作的途径；制订网络新闻宣传情况报告、网络新闻评论、网上舆情通报及网络新闻宣传管理联席会议等制度。

【建立新闻发言人制度】 2月，市委办公厅、市政府办公厅联合下发《转发〈市委宣传部、市政府新闻办关于进一步做好新闻发布工作的意见〉的通知》。4月20日，20个市级部门的28位新闻发言人正式亮相。4月20日~24日，杭州市首期新闻发言人培训班在上海复旦大学举办，来自市级各部门的新闻发言人、联络员53人参加。至年底，市公安局、市统计局、市劳动保障局等部门的新闻发言人以不同的新闻发布形式向媒体、公众发布信息，收到较好的社会效果。

【构筑大外宣工作格局】 出台《中共杭州市委关于加强和改进新形势下全市对外宣传工作的实施意见》。市委对外宣传小组改为市委对外宣传工作领导小组，并调整了成员单位；对外宣传工作领导小组办公室升格为市委宣传部下属的副局级行政单位——市委对外宣传办公室，增挂“杭州市人民政府新闻办公室”牌子。通过西博会涉外采访、“德国摄影家看杭州”、赴日招商引资、旅游促销等大型“请进来”、“走出去”活动，形成部门配合、上下联动、全民参与的大外宣格局。 (陈文振)

【深入开展宣传思想工作调研】 年初，召开全市宣传思想工作调研会议，明确目标，分解任务，确定重点调研课题34个，下发《2004年全市宣传思想工作重点调研课题的通知》。市委宣传部积极做好调研工作的协调、指导工作。经各地、各单位推荐及省市专家评选，《杭州动画产业的前景分析与发展思路》等3篇调研报告获一等奖，并评出二等奖5篇、三等奖8篇、优秀奖8篇。编辑出版《2004年全市宣传思想工作调研报告文集》，选录优秀调研报告44篇。《杭州宣传》月刊在全国城市宣传刊物研究会第十六届年会上荣获优秀编校奖，《宣传工作》栏目被评为优秀栏目，《访澳归来话文明》一文被评为优秀文章。

【稳步推进社会舆情工作】 2004年，围绕党和政府的工作重点及国内外重大事件，市委宣传部扎实推进社会舆情工作，及时了解方方面面的思想舆论情况，注重信息收集和上报的时效性、针对性，为省市领导决策提供有价值的舆情信息。11月26日，召开全市社会舆情工作会议，总结2004年度社会舆情工作，并以会代训，进行讲课辅导、经验交流，努力提高舆情信息员的业务素质。全年收到上报舆情信息340篇，上报省委宣传部舆情信息192篇，编发《舆情专报》40期。《来杭务工人员的舆情反映》等多篇舆情信息，得到省市领导、有关部门和新闻媒体的重视，省市领导多次批示，不少建议被及时采纳。 (欧阳媛媛)

【评审政工人员专业技术职务】 6月12日，市政工职称评审办公室举办全市企事业单位政工人员专业培训班，参加培训的570余人，均考试合格。2004年，经市政工专业评审委员会评审，有79人具有政工师职务任职资格，评审通过率79%；经省政工专业评审委员会评审，有25人具有高级政工师职务任职资格，评审通过率75.7%。 (陈明春)

【加强对全市统战工作的指导】 年初，市委统战部召开全市统战部长会议，部署全市统战工作。5月和11月分别召开全市各区、县(市)统战部长例会，对开展经济领域统战工作和党外后备干部的培养、选拔等进行专题研讨交流。3月18日，召开全市社区统战工作现场交流会，制定下发《加强社区统一战线工作的意见》，并专题调研各区、县(市)开展社区统战工作的情况，加强指导。认真分析全市宗教工作新形势，总结推广基层在宗教管理工作中的先进经验，引导宗教与社会主义社会相适应，并开展全市宗教活动场所安全检查。召开全市统战工作督查座谈会，对非中共领导干部培养、选拔、使用及后备干部工作，协助各民主党派、工商联加强自身建设等情况进行督查。

【加强党外干部的培训教育】 为加强对全市党外干部的培训教育，市委统战部全年举办杭州市非中共实职干部研讨班、党外后备干部培训班、民主党派中青年骨干培训班、宗教界代表人士读书班各1期；举办爱国主义系列讲座4期。会同市工商联组织100余名非公有制经济人士赴中央党校学习。

【协助民主党派开展领导干部届中述职评议】 根据市各民主党派、工商联主委(会长)联席会议确定，由市委统战部、组织部联合组成考评组，首次协助市级各民主党派对主委、专职副主委和秘书长开展届中述职评议。述职评议工作旨在全面加强民主党派领导班子建设，提高组织协调、参政议政和民主监督能力和水平，促进机关工作的规范化、制度化，确保各民主党派工作的顺利开展。评议参照《国家公务员暂行条例》和《党政领导干部选拔任用工作条例》，确定工作内容，制定实施方案等。由于领导重视、认识到位、准备充分、工作认真，述职评议工作开展顺利，在各民主党派市委会班子及广大成员中反响较好。该项工作被省委统战部授予2004年度统战工作创新奖。

【统战系统举行大型纪念邓小平百年诞辰为民服务活动】 为纪念邓小平同志诞辰100周年，市委统战部举办了杭州市统战系统大型为民服务活动。活动期间，组织全市各民主党派、工商联成员和市台办、侨办、民族宗教局、侨联等单位的干部分别赴山区、下社区、走部队、进工地，开展医疗、法律、教育、科技咨询以及理发美容等慰问服务活动。

【开展非中共实职领导干部警示教育】 针对杭州市担任各级政府部门实职的非中共领导干部人数不断增多、职级不断增高的实际，市委统战部于8月组织部分在政府部门担任实职的非中共领导干部参观杭州南郊监狱，并通过观看录像片、听取职务犯罪囚犯的现身说法等开展警示教育。通过教育，使他们进一步树立科学的发展观、正确的政绩观，做到自重、自省、自警、自励。

【表彰非公有制经济人士】 2月12日，市委、市政府召开创建民营经济强市动员大会，表彰100名杭州市非公有制经济人士优秀社会主义事业建设者和先进社会主义建设者。《杭州日报》套红两个整版刊登光荣榜和事迹简介。各区、县(市)也相继表彰了当地的“优秀(先进)建设者”。5月~6月，市委统战部与市经委、市工商联联合组织开展了“优秀社会主义事业建设者”巡回宣讲活动。活动分别在城区、桐庐县和萧山区举行，由全市首批优秀社会主义事业建设者讲述创业历程，就“二次创业”、积极回报社会畅谈感想。杭州市开展的评选、表彰、宣讲系列活动，被省委统战部评为2004年度统战宣传工作优秀创意奖。

【加强统战调研、信息工作】 市委统战部加大统战调研工作力度。4月，召开全市统战调研、信息工作会议。全年统战系统完成重点调研课题17项，其中，《构筑中介机构专业人士统战工作新机制探讨》被省委统战部评为调研论文一等奖。举办统战信息员培训班1期，多次赴各民主党派市委会及各区、县(市)委统战部指导信息工作。杭州市委统战部信息工作荣获2004年度中央统战部信息工作二等奖和省委统战部信息工作特别奖。 (盛丹群)

【整合党校干部培训资源】 2月，市委召开全市党校干部培训资源整合现场会，要求建立以党校为主体的综合性干部培训基地。各区、县(市)党委和党校结合当地实际，开展干部培训资源整合工作。市委党校于9月~11月对各区县(市)贯彻会议精神情况作专题调研，召开城区分校常务副校长联席会议专题研究分校资源整合工作；与市委组织部联合下发《进一步深化市区党校联合办校，推进城区分校干部培训资源整合工作的若干意见》，对启动分校教师到市委党校挂职锻炼、分校教师参评教学优秀奖、建立“两校一中心”(区分校、行政学校、干部教育培训中心)的办学模式，以及建立健全干部教育培训任务的审批制度和工作机制等提出明确要求；制定《深化市区党校联合办校若干工作的操作办法》。杭州市党校干部培训资源整合工作得到中央党校的充分肯定，中央党校课题调研组来杭调研，中央党校《学习时报》和《党校工作通讯》作了报道。

【完成干部教育培训任务】 市委党校以主体班次为重点，抓好各类干部培训工作。全年“一校两院”(党校、行政学院、社会主义学院)办班76期(不包括函授教育)，培训学员4257人。其中：市管领导干部进修班2期，学员80人；中青年干部培训班2期，学员85人；区、县(市)中层正职班2期，学员90人；领导干部专题研讨班2期，学员92人；公务员任职培训班2期，学员81人；首届非中共实职领导干部研讨班1期，学员25人；首届非中共中青年后备干部培训班1期，学员35人；各民主党派中青年骨干培训班1期，学员44人。党校函授学区录取新生3800人，比上年增长15.2%；直属班录取新生1106人，增长2.3%；录取研究生35人。学区有在校学员8000多人。异地办班33期，培训外省市干部1600多人。全年外派教师320多人次，为市直部门、企事业单位等进行“三个代表”重要思想、十六届三中和四中全会精神宣讲。

【深化党校教学改革】 继续把“三个代表”重要思想贯穿各主体班次整个教学过程，将科学发展观、正确政绩观等新一代中央领导集体的理论创新及时纳入教学范围。设立“‘三个代表’重要思想与新领导集体理论创新”和“加强领导干部执政能力建设”等教学单元；新增领导干部的语言艺术、专题调研报告的撰写等应用型专题课，全年在主体班次推出新专题课50余个；首次推出并认真组织好“领导干部讲坛”，全年有15位区、县(市)和市级机关主要领导到党校讲课16次，受到学员普遍欢迎。在教学方法和组织形式上贴近学员，注重效果，全年教学综合质量分达 92.19 分。推进研究式教学，召开全市党校系统案例教学观摩会，邀请法国国立行政学院欧盟案例教学专家到党校讲学。出台《学科建设研究方向基本方案（试行）》和《教学考核制度》、《教学奖励制度》等。

【党校理论研究工作】 全年市委党校中标课题 28 项，其中省规划课题 5 项、省社联课题 7 项、中央党校调研课题 2 项、全国行政学院系统课题 1 项、省邓小平研究中心课题 5 项、市规划课题 8 项；完成课题 48 项，其中国家级课题 3 项、省规划课题 9 项、省社联课题 3 项。在副省级以上刊物发表论文 129 篇，其中发表在核心期刊 33 篇、省级以上刊物 57 篇，被《中国人民大学复印报刊资料》全文转载 8 篇；出版专著 3 部。获副省级以上优秀成果奖 43 项，其中获第五届全国党校系统优秀科研成果奖二等奖 1 项、三等奖 2 项，全国行政学院系统优秀论文奖一等奖 1 项、二等奖 1 项。承担市委、市政府及职能部门的调研课题 11项，其中主持完成杭州市“十一五”规划前期招标课题 1 项、子课题研究 3 项。主办推进杭州“和谐创业”理论研讨会，并在中央党校《学习时报》和《杭州日报》上专版刊登研讨成果。全年刊发《领导参阅》5 期，其中《西溪文化发掘：应高度重视洪升及洪氏家族的力量》、《关于“城中村”改造问题的几点建议》和《关于“和谐创业”发展模式的几点思考》很有参考价值。《学报》扩大市情研究版面，市委领导在《学报》上发表市情研究文章，全年出版 6 期。制订《校级课题管理暂行办法》、《科研工作量考核暂行办法》和《优秀科研成果奖励办法》等，科研管理进一步科学化、规范化、民主化。

【加强党校自身建设】 按照“党校姓党、从严治校”的要求，把机关效能建设与争创满意处室活动紧密结合起来，制定《开展创建“满意处室”活动的补充意见》，修订有关考评项目和考评标准，实行主体班次学员对各行政处室的考核制度。全年引进人才 4 人，其中副教授 1 人、硕士 2 人；有 94 人次参加各类培训学习。作出《实施人才强校战略的决定》，重新修订《学术带头人选拔和管理实施细则》，制定《中层领导干部竞争上岗实施意见》，在干部任免上实行校委票决制。开展“青年教师教学艺术沙龙”活动，新增拓展训练、案例教学观摩等内容。推进信息化建设，制定《校园网网站管理规定（试行）》和相关的考核办法；数字图书馆扩充《杭州市情全文研究数据库》，增录《杭州市统计数据库》，建立《两个条例学习》、《十六届四中全会》等专题库。 （翟慧清）

【社会主义时期党史专题征编工作】 3 月，召开第二次全市社会主义时期党史专题征编工作会议，交流开展专题征编工作的经验做法，以会代训，提出专题资料征集写作的质量要求。各部门于 4 月陆续完成专题综述初稿，市委党史研究室审阅稿件 120 余篇（次）、200 万余字，撰写修改意见 6 万余字，并及时反馈。制定《杭州市社会主义时期党史专题征编工作奖励方案》，对在年底前完成专题征编任务的单位和个人进行奖励。年内，市本级 34 个部门承担的 80 个党史专题完成资料征集和综述撰写的有 72 个，占总数的 90%。市委党史研究室对所承担的党史专题进行资料的再挖掘，先后查阅各类档案 700 余卷，征集、整理各类资料 700 余份，约 40 万余字，完成“杭州的三反运动”、“文革初期杭州社会局势的混乱和市委控制局面的艰难努力”等 11 个专题的征编工作。为临安、余杭和建德等地举办的培训班讲授“社会主义革命和建设时期杭州党史概述”，就党史专题编写中的体例规范、资料征集、写作要求等问题与部分区、县（市）专题编写人员进行座谈交流；对各区、县（市）党史专题征编工作进行督查指导；帮助部分区、县（市）审读党史专题初稿近百篇，对临安、富阳党史二卷初稿进行审阅，提出修改意见。

【城区党政大事记编纂工作启动】 6 城区（不含萧山、余杭）党政大事记的编纂工作于年初启动。5 月，召开第一次编纂工作会议，就编纂原则和内容、体例、结构等进行业务指导。采取典型示范方式，对《西湖区党政大事记（1949~1993）》初稿修改，在拿出样稿后，于 10 月召开第二次编纂工作会议。至年底，各区资料征集和整理工作全面开展，西湖区和滨江区已完成全部或部分的修改稿。

【党史宣传教育】 10 月，为纪念邓小平百年诞辰和庆祝中华人民共和国成立 55 周年，市委党史研究室编印出版《情满西湖·老一辈革命家与杭州》画册，汇集毛泽东、周恩来、邓小平等 52 位老一辈革命家在杭工作、活动情况的照片 303 幅，并配有老一辈革命家简历约 5 万字。12 月，编辑出版《西湖旭日》，将 30 万余字的杭州新民主主义革命时期的中共党史缩编为 2 万余字的简史，作为地方党史知识普及读本。对内部刊物《征途》进行扩版，全年出刊 4 期，发表文章 60 余篇、近 30 万字。《杭州党史信息》全年出刊 9 期。

【党史资政工作】 2003 年 12 月全国党史工作南昌会议以后，市委党史研究室加大开展资政研究工作的力度。汇编《资政育人经验选编》，介绍全国各地开展资政研究的宝贵经验。配合市委、市政府宣传杭州和西湖，于 10 月编辑出版《毛泽东与西湖》一书，系《西湖全书》丛书之一。做好杭州市“接轨大上海，融入长三角”有关文章，主持《长江三角洲中的杭州》课题的编研工作，年底完成送审稿。组织编写《当代中国城市发展·杭州卷》；征集、整理新中国建立后市委、市政府保护治理西湖工作大事记及相关资料，为编纂《西湖通史》积累基础性资料。 （曹正法）

【老干部工作】 至 2004 年末，全市有离休干部 5482 人，比上年减少 227 人。其中，红军时期 15 人（不含异地安置 1 人），抗日战争时期 1272 人，解放战争时期 4195 人；属党政机关 1571 人，事业单位 1453 人，企业单位 2458 人；享受县（处）级以上待遇 3098 人；70 岁以上 5412 人（其中 80 岁以上 1103 人）。当年退休改离休人员 2 人。

在 2 月全市党建工作会议上，市委副书记朱报春部署全市老干部工作。市委常委会讨论通过并下发《加强新形势下老干部工作的意见》和《加强市级离退休领导干部管理服务的意见》，市委、市人大、市政府、市政协办公厅，下城、萧山、西湖、富阳等区县(市)和20多个市直单位党委(党组)分别制定了《实施意见》。全年，市委老干部局举办情况通报会(报告会)8次，市领导作情况通报；举办地专级以上离休干部和市级老领导理论读书班、研讨会各1次。全市举办老干部理论学习班42期(次)，2800余人参加；举办老干部党支部书记培训班21期(次)，700余人次参加；举办各类情况通报会和报告会68场（次)，2万余人次参加。市委组织部、老干部局组成联合调研组，在对区、县(市)和市直单位贯彻《两个意见》进行调研检查后，制定出台了《老干部工作考核办法》等5个配套文件。贯彻市委办公厅下发的《区、县(市)境内市属企业离休干部管理服务有关问题协调会议纪要》精神。9月，分6组走访慰问杭州市易地安置在外省的离休干部74人。市委书记王国平批示表扬："这是为易地安置的全体老同志办了一件好事，向市委老干部局的同志表示感谢"。

2004年度，市委组织部、市委老干部局联合表彰老干部先进个人63人、先进离退休党支部30个、老干部工作先进个人30人、老干部工作先进集体22个。

杭州市受到省委组织部、省委老干部局联合表彰的老干部先进个人有6人、先进离退休党支部4个。4所老年大学被评为省级规范化老年大学示范学校或优胜单位，25人被评为省级老年大学教育先进工作者。杭州西湖名胜区管委会(市园文局）离休干部吴子刚被中组部授予全国老干部先进个人称号。

【落实离休干部生活待遇】 5月起，对全市企业和自收自支事业单位离休干部2103人发放增收节支奖，做好离休干部每年每人6000元的福利费发放工作。7月20日起，组织离休干部137人赴五云山疗养院进行为期一个月的避暑疗养；配合市卫生局和有关部门对全市离休干部2800余人进行健康体检；市属离休干部的医疗定点机构由原27个增加至39个。全年看望、慰问离休干部200人次，走访、慰问离休干部遗孀34人次，并对特殊困难者给予生活补助。为省部属和全市离休干部(含军队干休所)补办优待证209人次、补办离休证15人次；办理离休干部进杭户口6人次。清理督查"两费"拖欠情况，保证老干部"两费"落到实处。

【老干部文体活动丰富多彩】 6月，市委组织部和老干部局等7个单位联合下发《加强新形势下老干部活动中心和老年大学建设的意见》。市老干部活动中心组织开展纪念邓小平同志诞辰100周年、红军长征70周年和中华人民共和国成立55周年系列活动，市和区、县(市)的老干部近3000人参与，展出书画作品100幅、诗词作品40幅、邮品12部80框（640个帖片)、摄影作品150幅。钓鱼、球类、棋类各协会组织开展了丰富多彩的竞赛活动。至年末，市老年大学有学员3486人，开设书画、保健、文史、技能、艺术五大类85个班。学员自编自导自演的《江南雨》成为西博会"狂欢节"上的一个亮点，被市文化局授予"优秀表演奖"；在第二届西湖合唱节上，合唱歌曲《祖国慈祥的母亲》再获银奖。8月，在浙江省国际武术比赛中，保健班学员的太极拳和太极剑均获一等奖。杭州老年大学接待外宾11批和台湾地区老年朋友1批，计315人。

（余　辉）

【关心下一代工作】 根据中共中央、国务院《进一步加强和改进未成年人思想道德建设的若干意见》和全国加强和改进未成年人思想道德建设工作会议精神，市委下发《进一步加强和改进未成年人思想道德建设的实施意见》，全市各级关工委认真学习，统一思想。全年聘请校外辅导员2770人，举办各类报告会2013场，受教育49万人。

组织开展纪念邓小平诞辰100周年系列活动。市和各区、县(市)关工委分别召开有老领导、老红军、老教师、老模范和学生代表参加的纪念邓小平诞辰100周年座谈会，组织学生观看《邓小平生平大型图片展》，开展"邓小平与青少年成长"教育活动，组织讲师团到学校为学生讲述邓小平丰功伟绩。

以"新西湖"建设成果为教材，对青少年进行爱国主义教育活动。50余万中小学生参观后，市教育局和西湖风景名胜区管委会（市园文局)分别在中小学生中组织开展"新西湖——我的家乡"征文比赛，并将优秀征文编印成册。西湖风景名胜区管委会(市园文局)关工委开展了"十佳西湖美少年"评选活动。

积极为青少年办实事、好事。市财政拨款50万元，作为市关工委帮困助学专项基金；全市各级关工委会同有关部门筹措帮困助学资金2538.28万元，资助特困生1.68万人。全年举办各类科学技术培训班207期，培训青少年1.69万人次。

认真做好失足青少年的帮教工作。至年末，全市有帮教小组1442个；全年有3691位老同志帮教失足青少年2330人，其中有明显进步的1721人。

【加强关工委自身建设】 5月，市关工委召开全市加强关工委自身建设专题会议，总结经验，统一思想，明确任务，落实措施。上城区开展评选"五好"(领导班子建设好、网络组织完善好、制度健全执行好、活动经常效果好、积极探索创新好)关工委活动，富阳市制定了《关心下一代工作委员会工作规则》，萧山、西湖、江干、建德、临安等地分别举办基层关工委干部培训班。市工交系统离退休干部服务中心29个党支部，均配备1名关心下一代工作委员。区、县(市)和市直机关有关部门关工委调整充实讲师团，完善理论教育、科技教育、法制教育、家庭教育4支宣讲队伍。至年末，全市有关心下一代工作理论讲师团186个，成员2770人；科技报告团2000余个；法制教育帮教小组1978个，参与帮教的老同志5710人。

在2004年浙江省关心下一代工作暨表彰会上，杭州市关工委获浙江省关心下一代工作优胜集体称号，上城、萧山、余杭、西湖风景名胜区(市园文局)、市教育局、富阳市环山乡诸家坞村关工委获先进集体称号，周峰、朱怀兴等18人获先进个人称号。

12月，市委调整市关工委领导班子，市委常委、组织部部长于跃敏任主任。

（俞春忠）

【市直机关党建工作】 市直机关工委围绕市委中心工作，以加强党的执

杭州市直机关"迎国庆"歌咏比赛

政能力建设为重点，以建设学习型机关为载体，以开展机关效能建设和深化创建人民满意单位为抓手，加强机关党的思想建设、组织建设、作风建设和制度建设，取得新成绩。

市直机关各级党组织把学习十六大和十六届三中、四中全会精神作为首要的政治任务，认真贯彻落实《中共中央关于加强党的执政能力建设的决定》。年初，市直机关工委下发《2004年市直机关党员干部政治理论学习意见》。在市直机关开展宗旨观、政绩观、改革观、发展观、民主观、法制观教育和十六届四中全会精神的学习。全年举办处级干部、理论骨干培训班和机关党组织书记读书班各1期，参加培训311人。市直机关工委转发市建委《创建学习型机关活动的意见》，指导各单位修订完善创建学习型机关的实施计划；5月开展学习型机关建设专题调研，发放调查表900份，回收调查表846份，收集信息4万条；7月召开征求深化创建活动意见建议座谈会；开展以创建学习型机关为主题的征文评比活动。表彰2003年度市直机关创建学习型机关先进单位15个。组织市直机关党员干部8960人次参加张叶良同志英雄事迹报告会、"我看杭城新变化"、"邓小平生平展览"、"清洁杭城"、国庆升旗仪式等教育和公益活动。在市直机关开展宣传省、市优秀共产党员和市"十佳公务员"先进事迹活动。

市机关党建研究会制定、下发《2004年全市机关党建理论研究课题调研实施方案》，确定4个调研课题。组织开展机关党建调研优秀论文评选，在118篇理论文章中，评出一等奖3篇、二等奖6篇、三等奖10篇、优秀奖26篇。编印《杭州市机关党的建设研究与实践》(第2辑)。

举办入党积极分子培训班2期，培训入党积极分子269人。"七一"前夕，组织市直机关新党员300人，在浙江革命烈士纪念馆举行纪念建党83周年暨新党员入党宣誓活动。制定《党员因私出国(境)保留(停止)党籍的规定》，办理党组织关系接转及出国(境)保留党籍2950人次。

【组织学习两个《条例》】 3月，市直机关纪工委组织市直机关干部800余人听取《中国共产党党内监督条例（试行）》、《中国共产党纪律处分条例》宣讲报告会，观看反腐题材戏剧《较量》；组队参加市纪委举办的党内法规知识竞赛和反腐倡廉文艺会演，获二等奖；组织市直机关在职党员7463人参加两个条例知识测试。加大党内监督力度，建立片区协作联系、查处案件工作协作、案件审理工作协作和信访工作协作等制度。制定、下发《机关纪委工作规定》，举办纪检干部培训班。开展"两不"行为专项整治活动，归口单位收到上缴礼金、礼卡、现金8.5万元。全年受理信访件108件，其中自办件42件。

【第四次"为省直部门服务月"活动】 4月，市直机关工委向省直部门发出征求意见公开信110封，收到意见和建议22条，及时反馈给市直有关单位。组织市直单位机关干部100余人赴府苑新村开展为民服务活动，提供教育政策宣传咨询、专家诊疗等便民服务项目；展出宣传板报近70幅，发放宣传资料3300份，现场受理各类咨询和投诉517件，当场解决136件。市满意办向省直机关干部分送便民电话册近万本。

【市直系统第五次"春风行动"】 贯彻《市委办公厅、市政府办公厅关于开展第五次"春风行动"的通知》精神，下发《做好市直系统第五次"春风行动"捐款工作的通知》，市直系统91个单位干部职工捐款392.2万元，捐赠衣物逾万件。积极投入新一轮"49100"帮扶工程，市直机关各级党组织认真做好帮困扶贫工作，确定扶贫项目，筹集扶贫资金，抓好检查落实，为全市经济发展和构建和谐社会作出新的贡献。 （郭利平）

【满意单位不满意单位评选活动】 4月，市满意办下发《上报2004年度重点整改问题的通知》，对全市93个单位上报的236个重点整改问题进行整理汇总，纳入市级机关目标管理考核内容。梳理出有关"七大问题"的意见4158条，会同市效能办形成《2004年"七大问题"重点整改工作任务》，落实责任单位，明确整改任务和完成时间，并在《杭州日报》上刊登，接受社会各界监督。抓好整改落实，加强对解决"办事难"问题各项工作的检查和指导。10月底~11月初，市满意办、市效能办和浙江电台联办杭州市机关效能建设、满意不满意评选市民热线特别节目；11月下旬，召开各界代表征求意见座谈会6个。全市参加2004年度满意单位不满意单位评选活动的评选单位有75个，评议单位8个，征求意见单位12个。评选活动中，发出评选表1.52万份，回收评选表1.51万份，回收率99.3%。收集到社会各界和人民群众对参评单位的意见、建议5538条。被评为2004年度满意单位的有市委办公厅（市委政研室）、市政协机关、市人大机关、市政府办公厅、市民政局、杭州西湖风景名胜区管委会(市园文局)、市委宣传部、市委统战部、市委组织部、市委老干部局、市纪委机关(市监察局)、市农办、市委政法委、市妇联、市农业局、市旅委、市残联;不满意单位是市城管办。社会各界对参评单位的平均满意率为30.07%,平均比较满意率为37.77%,平均基本满意率为27.52%,平均不满意率为0.99%。评选调查数据显示,95.6%被调查者认为通过评选活动,机关作风有明显好转和有所好转。

(沈 翔)

·市人大·

【市十届人大四次会议】 2月19日~22日举行。市十届人大代表名额489名,实有代表486名,出席会议代表486名。

会议坚持以"三个代表"重要思想为指导,在市委领导下,深入贯彻中共十六届三中全会和市委九届六次全会精神,充分发扬民主,严格依法办事。会议听取和审查市政府工作报告、杭州市2003年国民经济和社会发展计划执行情况与2004年国民经济和社会发展计划草案的报告,审查、批准杭州市2003年国民经济和社会发展计划执行情况的报告与2004年国民经济和社会发展计划;听取和审查杭州市及市本级2003年财政预算执行情况和2004年财政预算的报告,审查、批准杭州市及市本级2003年财政预算执行情况的报告和2004年财政预算;听取和审查市第十届人民代表大会常务委员会工作报告、市中级人民法院工作报告、市人民检察院工作报告;审议并通过《关于推进杭州生态市建设的决定(草案)》、市第十届人民代表大会内务司法委员会组成人员名单。

2月18日下午召开预备会议,选举产生由69名成员组成的大会主席团,选举丁德明兼任大会秘书长,通过会议议程。

会议期间,举行4次全体会议、4次主席团会议和1次财经委员会会议。

会议收到代表10人以上联名提出的议案423件。大会主席团决定,将13件议案交由市十届人大有关专门委员会审议,提出审议结果的报告,经市人大常委会审议批准后,在下次市人民代表大会时印发全体代表;其他410件议案交由市人大常委会办公厅、市政府及有关机关和部门研究处理,并负责答复代表。会议还收到代表提出的建议、批评和意见111件。

【市十届人大常委会第十五次会议】 2月2日举行。主要议题:1.讨论并原则通过市人大常委会工作报告(稿),决定委托市人大常委会副主任吴键向市十届人大四次会议报告。2.征求对市政府工作报告、市中级人民法院工作报告、市人民检察院工作报告(征求意见稿)的意见。3.讨论并通过市人大常委会2004年工作要点(稿)。4.听取并审议关于召开杭州市第十届人民代表大会第四次会议筹备工作情况的汇报。5.审议并通过市十届人大四次会议议程、日程(草案)和有关名单(草案)。6.审议并通过关于设立市十届人大内务司法委员会的决定(草案)、关于市十届人大内务司法委员会组成人员人选的办法(草案)、市十届人大内务司法委员会组成人员建议名单(草案)。7.审议并通过市人大常委会主任会议关于提请任命沈国友等为市人大法制委员会委员职务的议案。8.审议并通过市十届人大常委会代表资格审查委员会关于暨军民代表的代表资格的审查报告(草案)。9.审议并通过市人大常委会主任会议关于提请郑慧前等同志为省十届人大代表候选人的议案。10.审查《杭州生态市建设规划(报批稿)》。11.审议并通过关于推进杭州生态市建设的决议(草案),决定以常委会方案的形式提交市十届人大四次会议审议通过。12.审议并通过关于授予克拉夫特先生杭州市荣誉市民称号的决定(草案)。任命:沈国友、吴兆申、方洁为杭州市人民代表大会法制委员会委员。

【市十届人大常委会第十六次会议】 3月19日举行。主要议题:1.审议《杭州市科学技术进步条例(修订案)》。2.审议并通过市十届人大常委会代表资格审查委员会关于选举代表的代表资格的审查报告(草案)。3.审议并通过关于接受刘争平等同志辞去市人大法制委员会副主任委员、委员职务的决定(草案)。4.审议通过市政府人事任免议案。会前,举行十届全国人大二次会议精神报告会。

【市十届人大常委会第十七次会议】 4月27日~30日举行。主要议题:1.审议并通过《杭州市科学技术进步条例(修订案)》,报省人大常委会批准后颁布实施。2.审议《杭州市全民体育健身条例(草案)》。3.审议并通过市人大常委会关于修改《杭州市爱国卫生条例》等7件地方性法规的决定(草案),报省人大常委会批准后颁布实施。4.审议并通过市人大常委会关于废止《杭州市民办中小学管理条例》的决定(草案),报省人大常委会批准后颁布实施。5.审议并通过市人大常委会主任会议关于提请任命石玉琴为市十届人大内务司法委员会副主任委员的议案。6.听取并审议市政府执行市十届人大四次会议《关于推进杭州生态市建设的决议》实施方案的报告。7.听取并审议市政府关于杭州市"三农"工作情况的报告。8.审议通过市政府人事任命议案。9.审议并通过市人大常委会关于接受茅临生辞去杭州市市长职务的决定(草案)。10.审议并通过市人大常委会主任会议关于提请审议副市长孙忠焕代理杭州市市长职务的议案,任命孙忠焕为杭州市副市长、代理市长。会前,举办《中华人民共和国行政许可法》知识讲座。

【市十届人大常委会第十八次会议】 6月21日~23日举行。主要议题:1.审议并通过《杭州市全民体育健身条例(草案)》,报省人大常委会批准后颁布实施。2.审议并通过市人大常委会关于修改《杭州市科学技术进步条例》部分条款的决定(草案)、关于废止《杭州市民办中小学管理条例》的决定等8个决定(草案),报省人大常委会批准后颁布实施。3.审议《杭州市高新技术产业开发区条例(修订案)》。4.听取并审议市人大常委会检查组关于《中华人民共和国食品卫生法》和《杭州市蔬菜农药残留监督管理条例》执法检查情况的报告,审议市政府关于杭州市贯彻执行《中华人民共和国食品卫生法》和《杭州市蔬菜农药残留监督管理条例》情况的报告(书面)。5.听取并审议市政府关于全市旅游工作情况的报告。6.审议并通过市人大常委会主任会议、市政府、市人民检察院人事任免事项。会前,举办《环境保护法》知识讲座。

【市十届人大常委会第十九次会议】 8月25日~27日举行。主要议题:1.审议并通过《杭州市高新技术产业开发区条例(修订案)》,报省人大常委会批准后颁布实施。2.审议并通过市人大常委会关于修改《杭州之江国家旅游度假区条例》的决定(草案),报省人大常委会批准后颁布实施。3.审议并通过市人大常委会关于修改《杭州市外来暂住人员管理条例》的决定(草案),报省人大常委会批准后颁布实施。4.审议《杭州市人事争议处理条例(草案)》。5.审议《杭州市民防条例(草案)》。6.审议并通过市人大常委会关于修改《人事任免工作办法》的决定(草案)。7.审议并通过市人大常委会关于接受胡侠辞去市十届人大常委会委员职务的决定(草案)。8.听取并审议市人大常委会检查组关于开展建设生态省决定和《环境保护法》执法检查情况的报告,审议市政府关于杭州市贯彻执行建设生态省决定和《环境保护法》情况的报告(书面)。9.听取并审议市人大常委会检查组关于市九届人大常委会《关于实施依法治市规划的决议》贯彻执行检查情况的报告,审议市政府贯彻实施依法治市规划决议、落实"四五"普法规划情况的报告(书面)。10.听取并审议市政府关于杭州市本级2003年财政决算草案和2004年上半年财政预算执行情况的报告。11. 听取并审议市政府关于2003年度市本级预算执行情况和其他财政收支的审计工作报告。12.评议市统计局、交通局、林水局、文化局、新闻出版局局长书面述职报告。13.审议市环保局关于行政执法评议整改情况的报告(书面)。

【市十届人大常委会第二十次会议】 10月26日~28日举行。主要议题:1.审议并通过《杭州市人事争议处理条例(草案)》,报省人大常委会批准后颁布实施。2.审议《杭州市信息化管理条例(草案)》。3.审议《杭州市城市市容和环境卫生管理条例(修订案)》。4.审议并通过市十届人大四次会议主席团交付市人大各专门委员会审议的代表议案审议结果的报告(草案)。5.听取并审议市政府关于实施引水入城工程加快城区河道整治的决议2004年度实施情况的报告,审议市人大常委会视察组关于实施引水入城工程加快城区河道整治的决议2004年度执行情况的视察报告(书面)。6.听取并审议市政府关于杭州市公共卫生体系建设情况的报告。7.听取并审议市人大常委会法规清理小组关于地方性法规行政许可清理工作情况的报告。8.审议并通过市人大常委会关于接受裴长洪辞去杭州市人民政府副市长职务的决定(草案)。9.审议并通过市中级人民法院、市人民检察院人事任免事项。10.评议市建委主任和市房管局、市教育局局长书面述职报告。11.评议市人事局局长述职报告。

【市十届人大常委会第二十一次会议】 12月13日~15日举行。主要议题:1.审议并通过《杭州市信息化管理条例(草案)》,报省人大常委会批准后颁布实施。2.审议并通过《杭州市城市市容和环境卫生管理条例(修订案)》,报省人大常委会批准后颁布实施。3.审议并通过市人大常委会关于召开市十届人大五次会议的决定(草案)。4.听取并审议市政府关于加快运河综合整治的决议2004年度实施情况的报告,审议市人大常委会视察组关于加快运河综合整治的决议2004年度执行情况的视察报告(书面)。5.听取并审议市政府关于市十届人大四次会议代表议案和建议、批评、意见办理情况的报告,市人大常委会关于市十届人大四次会议代表建议办理情况的报告。6.审议并通过市十届人大常委会代表资格审查委员会关于辞去代表职务和补选代表的代表资格审查报告(草案)。7.审议市政府关于提请审议调整2004年价格调控目标的议案。8.审议并通过市政府、市人民检察院人事任免事项。 (丁忠芳)

【立法工作】 2004年,市人大常委会审议通过《杭州市全民健身条例》等7件地方性法规。对2003年底以前现行有效的53件地方性法规进行了清理,审查行政许可事项329项;根据审查结果,修改《杭州市爱国卫生条例》等13件地方性法规,废止《杭州市民办中小学管理条例》等2件地方性法规。

市人大常委会按照科学发展观的要求,把立法决策与改革发展稳定决策紧密结合起来,推进全市经济社会全面、协调、可持续发展;坚持以人为本、立法为民的理念,通过立法,反映民本,关注民生,维护民权。在地方性法规清理工作中,既注意依法赋予行政机关必要的职权,又注意加强对行政权的规范、制约和监督,和谐调整各方面利益。坚持群众路线,广辟渠道,开门立法,保障立法工作的民主性和立法决策的科学性。在立法工作中,坚持通过召开各类座谈会,广泛听取社会各界特别是基层的意见和建议。将《杭州市全民健身条例草案》在《杭州日报》上全文刊登,让人民群众了解法规草案的基本框架和主要内容,并提出修改意见和建议。召开立法听证会,增强立法工作透明度,扩大公民有序参与。向社会各界公开征集立法项目建议,调动人民群众参与地方立法的积极性,提高立法科学化、公开化、民主化程度。

【监督工作】 2004年,市人大常委会切实履行宪法和法律赋予的监督职权。听取和审议市政府关于"三农"工作情况的报告,要求市政府牢固树立科学发展观,坚持"五个统筹",坚持以城带乡、以工促农、城乡一体化的发展思路;加大扶持力度,提高粮食生产能力,拓宽农民增收渠道;坚持"多予、少取、放活",切实减轻农民负担。对事关城市建设、管理和人民群众切身利益的"三口五路"及北山路整治工程、失地农民社会保障、经济适用房建设与管理、政府"十件实事"办理、地下燃气管道管理、禽流感防治等工作,开展调查、视察、检查,听取和审议有关报告,提出意见建议,推进政府为民办实事,为民办好事。

听取和审议市政府关于市本级财政决算草案和财政预算执行情况的报告以及其他财政收支的审计工作报告,并作出有关决议。针对审计报告中提出的问题,要求市政府按照构建公共财政的要求,建立健全规章制度,提高依法理财水平,确保

表 49

2004年杭州市人大常委会重要文件索引

文件号	发文日期	标　　题
1	2004-01-10	关于表彰2003年度先进代表小组和代表工作积极分子的通知
2	2004-02-03	关于补选郑慧前等同志为浙江省第十届人民代表大会代表的报告
3	2004-02-02	关于召开杭州市第十届人民代表大会第四次会议有关事项的通知
4	2004-02-02	关于出席杭州市第十届人民代表大会第四次会议的通知
5	2004-02-02	关于列席杭州市第十届人民代表大会第四次会议的通知
6	2004-02-02	关于邀请旁听杭州市第十届人民代表大会第四次会议的通知
7	2004-02-02	杭州市人大常委会2004年工作要点
8	2004-02-02	关于授予克拉夫特先生杭州市荣誉市民称号的决定
9	2004-02-13	关于提请批准《杭州西湖风景名胜区管理条例》的报告
10	2004-02-13	关于提请批准《杭州市生活饮用水源保护条例》的报告
11	2004-03-22	关于接受刘争平等同志辞去杭州市第十届人民代表大会法制委员会副主任委员、委员职务的决定
12	2004-04-30	关于提请批准《杭州市人民代表大会常务委员会关于修改〈杭州市科学技术进步条例〉部分条款的决定》的报告
13	2004-04-30	关于提请批准《杭州市人民代表大会常务委员会关于废止〈杭州市民办中小学管理条例〉的决定》等8个决定的报告
14	2004-04-30	关于接受茅临生辞去杭州市人民政府市长职务的决定
15	2004-04-30	关于孙忠焕为杭州市人民政府代理市长的决定
16	2004-06-25	关于提请批准《杭州市全民健身条例》的报告
17	2004-06-25	关于提请批准《杭州市人民代表大会常务委员会关于废止〈杭州市私人诊所管理条例〉的决定》等6个决定的报告
18	2004-06-25	关于接受李秋清辞去杭州市第十届人民代表大会常务委员会秘书长职务的决定
19	2004-06-25	关于接受赵立康辞去杭州市第十届人民代表大会常务委员会委员、杭州市第十届人民代表大会财政经济委员会副主任委员职务的决定
20	2004-09-03	关于批准杭州市本级2003年财政决算的决议
21	2004-09-08	关于接受胡侠辞去杭州市第十届人民代表大会常务委员会委员职务的决定
22	2004-09-08	关于修改《杭州市人民代表大会常务委员会人事任免工作办法》的决定
23	2004-09-08	杭州市人民代表大会常务委员会人事任免工作办法
24	2004-09-10	关于提请批准《杭州高新技术产业开发区条例(修订案)》的报告
25	2004-09-10	关于提请批准《杭州市人民代表大会常务委员会关于修改〈杭州之江国家旅游度假区条例〉的决定》的报告
26	2004-09-10	关于提请批准《杭州市人民代表大会常务委员会关于修改〈杭州市外来暂住人员管理条例〉的决定》的报告
27	2004-10-30	关于接受裴长洪辞去杭州市人民政府副市长职务的决定
28	2004-11-10	关于提请批准《杭州市人事争议处理条例》的报告
29	2004-12-21	关于召开杭州市第十届人民代表大会第五次会议的决定
30	2004-12-27	关于提请批准《杭州市城市市容和环境卫生管理条例(修订案)》的报告
32	2004-12-27	关于提请批准《杭州市信息化条例》的报告

财政资金安全有效地运行。市政府按照市人大常委会的要求，认真整改，进一步完善专项资金管理办法。积极探索深化部门预算审查工作，组织人大代表对市林水局等部门预算进行审查，将市本级的部门预算提交人代会审查，提高财政预算透明度，促进政府科学理财、依法理财。开展司法监督工作，组织人大代表对司法机关清理和纠正超期羁押情况进行检查，对2003年个案监督情况通报会后司法机关整改落实情况进行督查，依法开展个案监督，推进司法公正、司法为民。听取和审议市政府关于杭州市公共卫生体系建设、财政体制改革、旅游工作情况的报告，组织视察市区“门前三包”管理等工作，对政府投资项目资金使用等进行调查研究，提出具有针对性和可操作性的意见、建议。

结合省人大常委会统一部署开展的省、市和区县(市)三级人大联动执法检查，组织代表对杭州市贯彻执行《中华人民共和国环境保护法》、建设生态省决定和推进生态市建设决议情况进行检查，有效推进了生态市建设。上半年，采取市、区(县、市)两级人大互相配合的方式，开展《中华人民共和国食品卫生法》和《杭州市蔬菜农药残留监督管理条例》执法检查，要求市政府加大执法力度，为人民群众生命安全提供可靠保障。对全市贯彻执行依法治市决议情况进行检查，推进杭州市“四五”普法教育规划的全面落实。市人大常委会和有关专门委员会对国家和省、市颁布的16件法律法规进行执法检查，对河道整治、运河综合整治等决议2004年度的执行情况进行视察和检查。

【代表工作】 2004年，市人大常委会积极开拓创新，强化代表工作。

督办代表建议。市十届人大四次会议期间，收到代表议案、建议、批评和意见566件。对大会主席团交由各专门委员会审议的13件议案，有关专门委员会进行认真审议，并向提案代表作出答复；对553件代表建议，做到热点难点问题重点督办、领导接待日现场督办、不满意件重新督办。至10月底，代表建议全部办结，办理工作的满意率和基本满意率为98.49%。

进一步深化“创业在杭州，代表作表率”、“代表进社区（村）”等活动，完善人大代表定向视察工作。全市各级人大代表深入选区和被视察单位，密切联系选民和群众，了解民意，汇聚民力，督促政府为群众排忧、为百姓解难，充分发挥人大代表的作用。

坚持和完善各项工作制度，加强与代表的联系和沟通。举行《中华人民共和国宪法》和法律讲座。开展代表积极分子和先进代表小组评选活动，提高代表履行职责的积极性。加强对各区、县(市)人大工作的指导。在深入调研的基础上，召开工作交流会，总结经验，分析问题，规范人大街道工委工作。在原按行政区域划分代表小组的基础上，市人大常委会组建了由31名人大代表组成的财经、城建环保、教育等3个代表专业小组。

在政情通报会上，市人大代表对政府报告审议后，提出涉及杭州经济社会发展的意见和建议74条，市政府就一些意见建议进行重点说明和答复。会后，市政府对意见和建议进行专题研究和认真办理，并把办理落实情况向代表们专题汇报。其中解决和正在解决的64件，占总数的86.4%。（王　健）

·市政府·

【市政府常务会议】 2004年，市政府举行常务会议29次。

2月9日第32次常务会议，研究组建杭州广播电视集团有限公司、杭州日报报业集团有限公司和制订《2003年经营者年薪制考核办法》与《关于进一步促进民营经济发展的若干意见》等问题。

2月16日第33次常务会议，研究制订《统筹城乡发展促进农民增收的若干意见》等问题。

2月23日第34次常务会议，研究开展生产经营单位安全生产达标考核和安全生产大检查工作、贯彻实施行政许可法有关情况、撤村建居和城中村改造等问题。

3月9日第35次常务会议，研究杭州市无障碍设施建设和管理、《科学技术进步条例（草案）》等问题。

3月29日第36次常务会议，研究贯彻落实扶持家禽业健康发展措施、推进杭州市企业退休人员社会化管理服务和《加强体育工作、发展体育文化、创建体育强市的若干意见》等问题。

4月6日第37次常务会议，研究迎接国务院土地市场秩序治理整顿检查验收以及加快萧山、余杭两区融入大都市等问题。

4月12日第38次常务会议，研究《杭州市全民体育健身条例（草案）》、加快杭州市公共卫生体系建设实施办法、深化文化体制改革促进文化产业发展若干政策以及加快基础教育改革和发展、促进城市化建设等问题。

4月15日第39次常务会议，研究制订杭州市政府信息公开规定、进一步提高劳模待遇、构建杭州市公共资源交易中心、建设杭州广电中心和整合有线广播电视传播网络、建设韩美林艺术馆、与杭州电子科技大学(筹)合办杭州软件职业技术学院和杭州职业技术学院、对正大青春宝药业有限公司经营层实施期权激励等问题。

5月17日第40次常务会议，研究下城区部分行政区划调整、省对杭州市财政体制改革、国土资源工作形势、土地市场治理整顿验收有关准备工作等问题，传达全省固定资产投资项目清理工作电视电话会议、国务院全国食品安全专项整顿工作电视电话会议精神。

5月24日第41次常务会议，研究制订《杭州市计划生育公益金管理实施办法》、《促进民办高等教育发展的若干意见》等问题。

5月31日第42次常务会议，研究关于加强政府自身建设三项制度、市政府第十次全体(扩大)会议主题等问题，传达中共中央办公厅、国务院办公厅关于当前经济形势问题的通知以及市委召开区、县(市)委书记座谈会精神。

6月7日第43次常务会议，研究构建“公交优先”体系、解决市民“出行难”问题的实施意见。

6月21日第44次常务会议，研究杭州电网夏季供用电形势及对策、全面推进杭州市有线电视数字化及发展数字电视产业、贯彻国家四部委《经济适用住房管理办法》的实施意见和制订《杭州市属公立医疗机构产权和用人制度改革实施意见》、《杭州市人事争议处理条例(草案)》、《杭州市民防条例（草案)》、《杭州市土地登记办法》、《杭州市防治高致病性禽流感应急预案》与废止17件市政府规章的决定等重大决策，听取杭州市贯彻实施《行政许可法》工作情况的汇报。

7月14日第45次常务会议，研究修改《杭州市机动车辆清洗站管理办法》等25件规章部分条款及废止《杭州市船舶修造行业管理办法》等11件市政府规章，制订《杭州市人民政府工作细则》、《评选表彰杭州市十佳教师、十佳中小学校长和十佳尊师重教个人实施方案》，贯彻国家四部委《经济适用住房管理办法》等问题。

7月18日第46次常务会议，研究杭州市区电网近期供用电情况及市区有序用电E级预警方案。

8月9日第47次常务会议，研究市安全生产委员会成员调整、“一·一七”特大交通事故处理结案、市级优秀党员享受市劳动模范待遇、2004年上半年杭州经济社会发展情况、杭州市预防与控制艾滋病中长期规划及艾滋病防治工作、杭州市海洋经济发展总体规划等问题。

8月12日第48次常务会议，研究实施杭州旅游国际化战略启动方案和9个专项财政资金上半年执行情况及年中调整意见等问题。

9月7日第49次常务会议，研究杭州大剧院体制及经费、市区第7轮基准地价更新成果情况、市区参加基本养老保险退休人员享受2004年最低养老金标准、调整2004年价格调控目标、调整市区低保标准及提高企业退休人员生活补贴、公布市区征地房屋拆迁搬家补贴费等3项费用标准、制订市属事业单位转企改制意见等问题。

9月13日第50次常务会议，研究废止市政府及市政府办公厅部分规范性文件、《杭州市单位爱国卫生管理办法》等3件市政府规章，修改《杭州市内河航道管理办法》等18件市政府规章部分条款，修订《杭州市城市市容和环境卫生管理条例》、《杭州市信息化管理条例》以及西博会安全工作等问题。

9月22日第51次常务会议，研究制订《贯彻国务院办公厅规范国有企业改制工作意见的实施意见》、《杭州市国有营运机构经营者薪酬考核若干意见》、《杭州市国有企业深化改革中经营者管理要素按贡献参与分配试行办法》、《杭州市物业维修基金和物业管理用房管理办法》和《杭州市信息化管理条例(草案)》以及落实企业部分原担任厂级领导职务的退休人员有关待遇和补贴等问题。

10月8日第52次常务会议，研究《杭州市实施〈中华人民共和国动物防疫法〉办法》、《杭州市服务行业环境保护管理办法》、《杭州市计算机信息系统安全保护管理办法》、《深化完善杭州市政府机构改革方案》、《杭州市区经济适用住房销售管理实施细则》等问题。

10月25日第53次常务会议，研究杭州市环保工作、规划行政许可实施主体、按原拆迁条例被拆迁户安置住房增加面积价格，以及代市长、副市长分工调整等问题。

11月8日第54次常务会议，研究修改《杭州市建设工程质量监督管理办法》部分条款和制订《杭州市历史街区和历史建筑保护办法》、《杭州市行政机构设置和编制管理办法》、《杭州市区危房修缮、临时过渡管理暂行办法》等问题。

11月10日第55次常务会议，研究分析2005年的经济形势。

11月15日第56次常务会议，研究杭州市商业特色街区管理、进一步优化投资创业环境、杭州市政府雇员管理、绕城公路收费经营权转让、江东大桥(钱江九桥)桥型方案以及市民中心办公用房建设标准、预分配方案等问题。

11月29日第57次常务会议，研究修改《杭州市城镇基本医疗保险办法》、《杭州市城镇基本医疗保险参保人员医疗困难互助救济办法》部分条款以及2005年政府工作思路等问题。

12月6日第58次常务会议，研究设立杭州出入境检验检疫局、杭州市总体规划修订、2005年市政府为民办十件实事项目、有关离退休老干部生活福利待遇等问题。

12月13日第59次常务会议，研究杭州市商品房预(销)售合同网上备案和2005年《政府工作报告》(讨论稿)等问题。

12月30日第60次常务会议，学习贯彻市委九届八次全体(扩大)会议精神，研究关于解决中小学教师待遇问题和《杭州市外国专家“桂花友谊奖”暂行办法》、《聘请境外人士担任政府经济顾问暂行办法》、《进一步构筑市域网络化大都市的实施意见》、《市区农居危房治理暂行办法》、《市区农居建设管理暂行办法》等问题。

【市长办公会议】 2004年，市政府举行市长办公会议24次。

1月5日第48次市长办公会议，研究迎接土地市场秩序治理整顿检查验收和2004年1月份市政府主要工作安排等问题。

1月7日第49次市长办公会议，研究杭州经济技术开发区临平园区管理体制、开发模式和分配政策问题，审议《政府工作报告》(三稿）以及计划报告、财政报告等问题。

1月12日第50次市长办公会议，研究推进杭州旅游国际化战略对策措施、追授张叶良为“人民卫士”和“革命烈士”称号等问题。

1月19日第51次市长办公会议，研究对部分担任过厂级领导职务的退休人员发放生活补贴及对部分参加工作较早的企业退休人员发放生活补贴、2004年城建计划、地方财力安排基本建设、杭州市城区绿化建设专项经费、历史文化名城保护经费、水利建设项目计划、环保补助资金计划、教育费附加计划、文化建设费计划、信息化专项经费等问题。

1月29日第52次市长办公会议，研究华大基因到期贷款、杭州市备战医院选址论证、杭州市家禽D病防治工作和2004年部门预算等问题。

2月9日第53次市长办公会议，研究2月份市政府主要工作安排。

2月23日第54次市长办公会议，研究关于企业用电效益等问题。

3月9日第55次市长办公会议，研究3月份市政府主要工作安排。

3月29日第56次市长办公会议，研究开展全市安全生产大检查工作情况、2004 年市"两会"建议提案情况及办理工作意见、开展杭州市第一次全国经济普查、杭州市备战医院选址等问题。

4 月 6 日第 57 次市长办公会议,研究 4 月份市政府主要工作安排。

4 月 12 日第 58 次市长办公会议,研究市老年活动中心选址、安全生产监督管理局机构设置及安全生产委员会成员调整、钱江新城区域内落实教文卫体社会事业建设项目、杭州大剧院经营管理与德方合作等问题。

5 月 8 日第 59 次市长办公会议,研究"工业兴市"大会有关奖励工作、钱塘江引水入城及抗咸工程、5 月份市政府主要工作安排等问题。

5 月 24 日第 60 次市长办公会议,听取杭州市参加 2005 年日本爱知世博会(中国馆)的情况汇报,研究绕城公路收费经营权转让、市土地储备中心土地增值部分转增资本金等问题。

5 月 31 日第 61 次市长办公会议,研究市政府 6 月份主要工作安排。

6 月 16 日第 62 次市长办公会议,听取电力工作情况汇报,研究进一步加快之江度假区和转塘周边地区发展的有关问题。

6 月 18 日第 63 次市长办公会议,研究土地问题和筹措"三口五路"整治资金问题。

6 月 21 日第 64 次市长办公会议,研究杭钢集团公司参与开发高教园区教师住宅问题。

6 月 28 日第 65 次市长办公会议,研究代市长孙忠焕在市政府第十次全体(扩大)会议上的讲话、杭州市企业经营管理要素按贡献参与分配试行办法等问题。

7 月 15 日第 66 次市长办公会议,研究钱江四桥项目招商方案测算问题。

7 月 22 日第 67 次市长办公会议,研究招商引资等问题。

7 月 23 日第 68 次市长办公会议,研究大项目带动和工业技改投入等问题。

9 月 1 日第 69 次市长办公会议,研究《杭州市城市总体规划(2001~2020 年)》修改问题。

11 月 8 日第 70 次市长办公会议,研究参加 2005 年日本爱知世博会近期工作、杭州机床集团建设中科院杭州研发中心有关情况、杭州市备战医院选址论证以及贯彻《国务院关于投资体制改革的决定》等问题。

12 月 22 日第 71 次市长办公会议,研究要求省政府帮助解决杭州市经济社会发展中遇到困难和问题的后续工作问题。

【进行表彰、奖励和处罚】 1 月,市政府决定,对上城区政府办公室等 36 个 2003 年度政务信息工作先进单位予以通报表彰;对萧山区人民政府等获 2003 年度杭州市农村经济发展奖的单位予以表彰和奖励。

2 月,市政府决定,对市林水局等 12 个 2003 年度杭州市区河道长效管理工作获奖单位进行通报表彰;对杭州高新开发区(滨江)等 13 个 2003 年度杭州市国土资源目标责任考核综合奖、优胜奖、达标奖的区县(市)予以通报表彰;对富阳市政府等 15 个 2003 年度政府环境保护目标责任制考核优胜单位予以通报表彰;对上城区等 2003 年度人口与计划生育目标管理责任制考核优胜奖、创新奖、达标奖的单位和夏勤等 41 名先进个人予以通报表彰;对汪杭敏等 48 名 2003 年度杭州市国土资源工作先进个人予以通报表彰;对桐庐县人民政府等 11 个杭州市环境保护工作先进集体和刘志安等 64 名先进个人予以通报表彰;对 UT 斯达康通讯有限公司等销售 (营业)收入前 30 位、东芝信息机器(杭州)有限公司等自营出口前 30 位、杭州 UT 斯达康通讯有限公司等利润总额前 30 位、杭州 UT 斯达康通讯有限公司等税金总额前 30 位的 2003 年度外商投资企业予以通报表彰;对萧山区等 7 个无偿献血先进区、县(市)和余杭区等 6 个无偿献血达标区、县(市),浙江大学医学院附属第一医院等 77 个无偿献血先进单位和获无偿献血促进奖的省血液中心等 15 个单位、冯水娟等 27 名个人予以通报表彰;对湖滨街道等 16 个 2003 年度"洁美杯"竞赛获奖单位予以通报表彰;授予杭州摩托罗拉移动通信设备有限公司等 50 个企业 2003 年度杭州市出口创汇先进企业"金龙奖",并予以通报表彰;对在 2003 年度全市重点项目建设中作出突出贡献的 20 个先进单位和 50 名先进个人予以通报表彰。

3 月,市政府决定,对下城区政府等 3 个 2003 年度杭州市区早点摊车(点)退路入室工作先进集体和刘秋华等 57 名先进个人予以通报表彰;对元华购物中心等 11 个 2003 年度杭州市区"最佳门面"予以通报表彰、对永泰潮洲牛肉馆等 3 个"最差门面"予以通报批评;对杭州高新开发区(滨江)管委会、政府等 11 个"双对口"工作先进集体和蒋小刚等 15 名先进个人予以通报表彰。

4 月,市政府决定,对上城区政府等 16 个 2003 年度城市长效管理以奖代拨考核优胜单位予以通报表彰;授予钟志民等 199 人杭州市劳动模范荣誉称号;授予杭州安全玻璃有限公司等 100 个集体杭州市模范集体荣誉称号;对杭州 UT 斯达康通讯有限公司等 7 个上规模大企业大集团予以通报表彰;对杭州娃哈哈集团公司等 6 个获中国名牌产品称号的企业、万事利集团有限公司等 47 个获浙江名牌产品称号的企业、杭州民生药业集团有限公司等 60 个获杭州名牌产品称号的企业予以通报表彰;对杭州橡胶(集团)公司等 10 个 2003 年度杭州市技术改造先进企业、万向集团公司轿车前独立悬架系统技改等 18 项优秀项目、萧山区政府等 6 个技术改造工作成绩显著单位和李世济等 45 名先进个人予以通报表彰。

5 月,市政府决定,授予万向集团等 11 个企业杭州市 2003 年度突出贡献工业企业称号,并颁发奖牌;授予鲁冠球等 11 位企业主要经营者杭州市 2003 年度突出贡献工业企业优秀经营者称号,并颁发金质奖牌及荣誉证书;对萧山区政府等 5 个 2003 年度全市工业经济增长目标考核先进区、县(市)和临安市锦城街道办事处等综合经济效益十强镇(乡、街道)以及杭州江干区机电服装块状经济等 14 个块状经济先进、达标单位予以通报表彰和奖励;对市委防范和处理邪教问题领导小组办公室等 30 个杭州市 2002~2003 年度科普工作先进集体和郁笑蓉等 122 名先进工作者以及获全国科普工作先进集体称号的市科学技术协会、获浙江省科普工作先进集体称号的市科技局和上城区科学技术协会予以通报表彰；对上城区湖滨街道等5个社区配套服务用房达标先进街道、岳王路社区等37个先进社区和徐红等28名先进个人予以通报表彰。

6月，市政府决定，对2003年实施市政府为民办实事工程考核评为一、二、三等奖的先进单位予以通报表彰。

7月，市政府决定，对《杭州市农村合作医疗问题研究》等93个杭州市2003年度农业农村工作优秀调研成果予以通报表彰；对上城区政府等获2003年度城市“四化”长效管理奖、组织奖、最佳配合奖的单位和黄爱芳等80名先进个人予以通报表彰。

10月，市政府决定，对上城区政府等4个2003年度冬季征兵工作先进单位、22个征兵工作先进基层单位和吴颖强等44名先进个人予以通报表彰；对上城区清波街道市容环境卫生管理所南山路清扫班等17个2004年度杭州市市容环卫工作先进集体和曾国忠等十佳城市美容师、杨国英等40名优秀城市美容师予以通报表彰。

12月，市政府决定，命名桐庐县瑶琳镇等31个乡镇为2004年度杭州市村民自治模范乡镇。

【市政府新设立非常设机构】 2004年，根据需要，市政府新设立一批非常设机构：杭州市深化农村信用社改革试点工作领导小组、德胜快速路建设指挥部、杭州市“新药港”建设领导小组、国家集成电路设计杭州产业化基地建设协调小组、杭州市乡(镇)农电体制改革协调小组、杭州市区重特大燃气安全事故应急处置领导小组、杭州市北山街历史文化街区保护工程建设指挥部、杭州市应对市场价格异常上涨工作领导小组、杭州市旅游集散中心筹建小组、杭州市换发第二代居民身份证工作领导小组、杭州市专利试点工作领导小组、杭州市医疗救助资金管理委员会、杭州市行政中心工程建设联席会议、杭州市行政中心工程建设协调小组、杭州市农村专业经济协会培育发展和登记管理试点工作领导小组、杭州市固定资产投资项目清理工作领导小组、杭州市庆春路过江隧道工程建设领导小组、杭州市市民卡项目建设领导小组、杭州市生活必需品(粮食)应急供应工作领导小组、杭州市解决建设领域拖欠工程款领导小组、杭州市铁路枢纽规划协调小组、杭州市治理车辆超限超载工作领导小组、杭州市城市节约用水领导小组、“清洁杭州”工作领导小组、杭州市生活饮用水源保护工作领导小组、杭州市“窗口”地区整治管理协调小组、杭州市城市地质调查工作领导小组、杭州市七格污水处理厂项目招商工作领导小组、杭州市推行“简易工况法”工作领导小组、杭州市防治艾滋病性病协调会议、杭州市市区农居危房修缮和临时过渡管理指导小组、杭州农村合作银行筹建工作领导小组、之江度假区和转塘周边地区保护开发指挥部、杭州市德胜路沪杭高速公路立交工程建设领导小组、杭州市行业协会改革发展领导小组、杭州市环境污染整治工作领导小组、杭州市道路交通安全隐患点(段)治理工作领导小组、杭州市江东大桥(钱江九桥)工程建设领导小组、杭州市集体农用土地所有权登记发证工作领导小组、杭州市历史文化街区和历史建筑保护领导小组、杭州市“十一五”规划编制工作领导小组、杭州市新型农村合作医疗工作领导小组。

【市政府调整非常设机构】 2004年，市政府调整的非常设机构有：杭州市非典型肺炎防治工作协调小组、杭州市政府残疾人工作协调委员会、杭州医药产业发展资金管理领导小组、杭州市用水定额编制工作协调小组、市清理和拆除违法建筑工作领导小组、杭州市人事争议仲裁委员会、杭州市妇女儿童工作委员会、杭州市住房制度改革领导小组、杭州市体育彩票管理工作领导小组、市防治动物疫病指挥部、中国杭州西湖博览会组委会、杭州市绿化委员会、杭州市运河(杭州段)综合整治和保护开发领导小组、杭州市接轨上海工作协调小组、旅游西进暨推进旅游国际化工作领导小组、杭州市外商投资企业投诉处理协调小组、杭州市铁路无人看守道口安全管理协调小组、杭州市名牌战略推进委员会、杭州市征兵工作领导小组。 (何卫军)

【目标管理考核工作】 2004年，市直机关各单位围绕市委、市政府中心工作，以争创满意单位为目标，不断提高办事效率和工作质量，确保市委、市政府确定的各项工作任务的顺利完成。市目标管理领导小组按照“客观、公正、科学、规范”的目标考核工作要求，经审查确定：市委办公厅(市委政研室)等19个单位被评为2004年市直单位目标管理责任制考核成绩显著单位；市纪委机关(市监察局)等28个单位被评为市直单位目标管理责任制考核工作先进单位。

【政务督查工作】 2004年，政务督查工作围绕市委全体(扩大)会议、市政府常务会议、市长办公会议、市政府专题会议确定的重要事项和省、市领导有关批示，将《政府工作报告》确定的各项工作任务分解下达到市政府各职能部门和各区、县(市)政府。通过每月反馈工作实施情况、年中和年底现场检查、全程跟踪督查重点工作、实地督查难点问题以及联合督查热点问题等措施，认真抓实、抓好各项工作的督促检查，有力地推动了各项工作目标的完成，确保市委、市政府中心工作落到实处。在“中国杭州”政府门户网站设立《政府工作报告完成情况》和《2004年市政府“为民办实事”十件实事完成情况》栏目，增强政府工作的透明度，加大社会监督力度。全年办理上级领导批示156件。 (督查处)

【集中办理投资项目】 2004年，市投资项目集中办理中心（以下简称“中心”）积极探索建立公开透明的办事机制，便捷高效的运行机制，便民利民的服务机制，以人为本的管理机制和面向社会的监督机制，各项改革不断深化完善，工作步入健康发展的轨道。全年受理各类办理事项1.77万件，办结1.69万件，办结率95.6%，比上年提高1.4个百分点；累计受理办理事项8.36万件，办结7.85万件。全年为343个重点建设工程和重点项目开通“绿色通道”，优先办理；召开各类项目评审会、论证会、协调会900余场次。在2004年度“中心”窗口公开评议中，市计委、市经委、市卫生局、市国土局、市环保局窗口被评为红旗窗口，

表 50　　2004年杭州市人民政府重要文件索引

文件号	发文日期	标　　题
1	2004-01-09	杭州市人民政府关于贯彻实施《杭州市城市房屋拆迁管理条例》的补充意见
2	2004-06-21	杭州市人民政府关于加快公共卫生体系建设的意见
3	2004-06-21	杭州市人民政府关于加快农村卫生服务体系建设的意见
4	2004-06-29	杭州市人民政府关于进一步完善我市职工基本养老保险制度的若干意见
5	2004-07-01	杭州市人民政府关于印发《杭州市实施行政许可工作制度》(试行)的通知
6	2004-07-09	杭州市人民政府关于贯彻执行《工伤保险条例》的实施意见
7	2004-07-16	杭州市人民政府关于进一步培育发展大企业大集团的若干意见
8	2004-07-28	杭州市人民政府关于公布执行第一批行政许可项目的决定
9	2004-08-27	杭州市人民政府关于贯彻国家四部委《经济适用住房管理办法》的实施意见
10	2004-09-06	杭州市人民政府关于公布执行第二批行政许可项目的决定
11	2004-10-22	杭州市人民政府关于进一步加强企业技术创新工作的若干意见
12	2004-11-01	杭州市人民政府关于公布执行第三批行政许可项目的决定
13	2004-12-15	杭州市人民政府关于印发《杭州市人民政府工作规则》的通知

表 51　　2004年杭州市人民政府办公厅重要文件索引

文件号	发文日期	标　　题
1	2004-01-05	杭州市人民政府办公厅关于缓解我市电力供应瓶颈制约的若干意见
2	2004-01-09	转发市房管局关于杭州市公有住房使用权有偿转让转租管理暂行规定的通知
3	2004-02-09	杭州市人民政府办公厅关于印发中国杭州《政府门户网站运行管理暂行办法》的通知
4	2004-02-25	转发市建委关于杭州市单位自建经济适用住房建设与销售管理办法的通知
5	2004-04-30	杭州市人民政府办公厅关于进一步发展畜牧业的若干意见
6	2004-06-07	杭州市人民政府办公厅关于加强医疗机构监督管理的实施意见
7	2004-06-09	杭州市人民政府办公厅关于鼓励民资外资兴办医疗机构的实施意见
8	2004-06-09	杭州市人民政府办公厅转发市经委、市财政局关于杭州市医药产业发展资金管理办法的通知
9	2004-06-15	杭州市人民政府办公厅关于评选杭州市年度十大突出贡献工业企业和奖励主要经营者的实施意见
10	2004-06-29	杭州市人民政府办公厅关于印发杭州市实行人才居住证制度暂行规定的通知
11	2004-07-05	杭州市人民政府办公厅关于杭州市属公立医疗机构产权和用人制度改革的实施意见
12	2004-07-13	杭州市人民政府办公厅关于印发杭州市电网建设项目前期工作考核奖励与补助办法(试行)的通知
13	2004-07-23	杭州市人民政府办公厅关于进一步完善杭州市外贸出口“金龙奖”评选条件及奖励办法的通知
14	2004-08-13	杭州市人民政府办公厅关于印发《杭州市市政设置及其附属专业工程建设项目接收管理暂行办法》的通知
15	2004-09-10	杭州市人民政府办公厅转发市计委、市财政局关于杭州市高新技术产业化项目资助资金管理办法的通知
17	2004-11-19	杭州市人民政府办公厅关于杭州市国有资产营运机构经营者薪酬考核的若干意见
18	2004-11-25	杭州市人民政府办公厅关于印发杭州市市区人才创业公寓建设和租赁管理暂行规定的通知
19	2004-12-06	杭州市人民政府办公厅转发市建委关于杭州市区企业单位自建经济适用住房管理办法的通知
20	2004-12-17	杭州市人民政府办公厅转发市房管局关于杭州市区商品房预(销)售合同网上备案办法(试行)的通知
21	2004-12-17	杭州市人民政府办公厅关于印发杭州市城镇基本医疗参保人员医疗困难互助救济办法的通知
22	2004-12-20	杭州市人民政府办公厅关于印发杭州市撤村建居农转居多层公寓房屋所有权登记发证暂行规定的通知
23	2004-12-27	杭州市人民政府办公厅关于印发杭州市城镇困难人员医疗救助办法的通知

各窗口社会平均满意率为90.8%；张凯波等15人被评为窗口先进个人。杭州市投资项目网上审批平台于10月18日正式投入使用。

（郑 亮）

【无线电管理】 2004年，市无线电管理处根据《国务院办公厅关于加强民航飞行安全管理有关问题的通知》，为确保杭州地区航空飞行安全，开展保护航空无线电专用频率整顿。对18个广播发射台和109个寻呼发射机进行技术参数检测，核实发射台（站）地理位置和相关技术指标；核查业余无线电爱好者设置的无线电台（站）34个，检测各类无线电设备85台。会同工商、质监、公安部门清理整顿无线电发射设备销售市场，检查101个型号的无线电发射设备，其中70个型号的设备符合要求、31个型号的设备存在问题。全年受理各类无线电台（站）申请25件、指配频率26组、新增无线电台（站）1383个、核发无线电台执照2380本。

2003年招标建设的萧山无线遥控固定监测站和移动监测站系统项目通过省信息产业厅验收。

（郑福洪）

【修志编鉴工作】 2004年，杭州市的地方志工作取得新的成果。3月，《杭州市志》获省政府颁发的浙江省第五届地方志优秀成果二等奖；《杭州年鉴（2004）》分别荣获由中国地方志指导小组办公室、中国地方志协会组织的首届中国地方志年鉴评比最高奖——特等奖和中国版协年鉴研究会评定并报中国新闻出版总署批准的全国第三届年鉴评比最高奖——特等奖。

续志工作取得阶段性成果。在深入调研的基础上，召开《杭州市志（1986~2000）》篇目论证会，并根据专家的意见和建议，将篇目进行了适当调整。向各承编单位发出二轮修志培训调查函96份，结合反馈信息，有针对地调整培训内容。举办有82个承编单位130人参加的全市二轮修志第2期业务培训班；编印、下发11万余字的《杭州市二轮修志培训资料》。对近30个承编单位进行续志专题辅导。完成《杭州市志（1986~2000）》部分章节的初审。有5篇论文被收入《全国第二次副省级城市地方志工作交流会文集》。

开拓创新，打造年鉴精品。根据全国年鉴评比的总体要求，《杭州年鉴（2004）》的编纂工作将重心放在内容和形式的创新上。为体现地方特色和年度特色，调整了工业经济、园林·文物类目，新设支柱工业、授权经营工业、西湖风景名胜区、文物4个类目；特设政治文明建设分目。9月，大16开本、全彩印、140万字的《杭州年鉴（2004）》由方志出版社正式出版，并实现年鉴编辑出版、多媒体光盘制作和上网（政府网）“三同步”。

按时完成《中国地方志年鉴（2004）》、《浙江年鉴（2004）》、《浙江省城市图鉴（2004）》中杭州市部分的组稿、编辑任务。《杭州历史大事记》编纂工作启动。全年编发《杭州方志通讯》10期。

（志 鉴）

【接待工作】 2004年，市委、市政府接待到杭视察考察、参观访问、洽谈投资和交流合作的中央和全国各地党政领导及港澳台同胞、华侨知名人士2.8万人次。

到杭视察的党和国家领导人及老同志有中共中央政治局常委、全国人大常委会委员长吴邦国，中共中央政治局常委、国务院副总理黄菊等32人。到杭考察和检查工作的中央国家机关副部（省、军）级以上领导386人（其中中央国家机关副部级以上领导188人、解放军和武警部队副军级以上领导198人）。全国30个省（自治区、直辖市）分别组团到杭考察，其中副省级市副省级以上领导104人（不含中央政治局委员兼任领导和浙江省领导）；全国212个市（地区、盟、自治州、直辖市城区）组团到杭考察，其中各地主要领导112人（副省级以上领导15人）。泰国前总理阿南·班耶拉春、柬埔寨前副首相兼外交大臣诺罗敦·西里武亲王、约旦前首相阿卜杜·萨拉姆·马贾利、韩国前总理李洪九等国外政要和来自港澳台地区与海外的企业家、知名人士、知名外商到杭考察洽谈投资合作。

（接待办）

·市政协·

【市政协八届三次会议】 中国人民政治协商会议第八届杭州市委员会第三次会议于2月18日~21日举行。会议审议通过市政协主席虞荣仁代表市政协常委会向大会所作的工作报告，听取并讨论市政协副主席、提案委员会主任曾东元所作的关于市政协八届二次会议以来提案工作情况的报告；表彰2002年~2003年优秀提案；审议通过市政协八届三次会议决议和曾东元所作的市政协八届三次会议提案初审和收集情况的报告。

会议充分肯定市政协一年来的工作。2003年，市政协常委会以邓小平理论和“三个代表”重要思想为指导，在中共杭州市委的领导下，按照市政协八届二次会议的部署，紧紧围绕杭州“构筑大都市，建设新天堂”和率先基本实现现代化的奋斗目标，依靠全体委员和各参加单位，把握工作主题，认真履行职能，各项工作取得新的进展，为杭州市的改革开放和现代化建设作出积极贡献。会议同意市政协常委会提出的2004年工作指导思想和工作安排。

与会人员列席杭州市第十届人民代表大会第四次会议，听取并讨论市长茅临生所作的《政府工作报告》及其他报告。

会议期间收到36份大会发言材料，12名委员作大会发言；收到以提案形式提出的意见建议675件（集体提案52件），其中有关经济、科技方面的133件，有关城建城管、环境保护方面的241件，有关教育文化卫生体育方面的109件，有关社会法制、劳动人事方面的192件。编印会议简报27期。

会议对全体政协委员和参加市政协的各民主党派、工商联、无党派人士和各人民团体发出号召，要以邓小平理论和“三个代表”重要思想为指导，深入学习贯彻中共十六大和十六届三中全会精神，紧密团结在以胡锦涛为总书记的中共中央周围，在中共杭州市委的领导下，按照市委九届六次全体（扩大）会议的总体部署，牢记责任，不辱使命，把握团结和民主两大主题，围绕经济建设中心，服务改革发展稳定大局，切实履行三项职能，求真务实，真抓实干，为创造更加繁荣、民主、文明的杭州而努力奋斗。

会议期间，中共杭州市委、市人民政府的领导参加小组讨论，听取大会发言。省委常委、市委书记王国平，省政协副主席徐鸿道，市长茅临生和担任过市政协领导的老同志周峰、陆祖德等应邀出席开幕式和闭幕式。

【市政协八届常委会第十次会议至第十三次会议】 八届常委会第十次会议于1月12日举行。会议审议通过市政协八届常委会工作报告及报告人、市政协八届二次会议以来提案工作报告及报告人，审议通过市政协八届三次会议议程、日程(草案)和大会正、副秘书长建议名单，审议通过市政协2002年~2003年优秀提案名单，审议通过《市政协先进界别小组评比办法(试行)》；协商通过增补马永祥等8人为市政协委员。

第十一次会议于2月20日举行。会议听取市政协八届三次会议讨论情况汇报，审议通过市政协八届三次会议决议(草案)，听取并审议市政协八届三次会议提案收集和初审情况的报告(草案)，协商增补谢力刚为市政协委员。

第十二次会议于6月21日~22日举行。会议就“三农”问题等进行协商讨论，市政协主席虞荣仁作《关注“三农”，献计出力》的讲话，市委副书记于辉达到会听取委员大会发言并讲话，副市长孙景淼就杭州农业和农村现代化建设情况向会议作了通报。会议审议通过《关于统筹城乡发展，推进我市农业和农村现代化建设的建议案》。会议期间，组织市政协常委和部分市政协委员视察了萧山瓜沥、余杭运河、富阳春江和临安太湖源等镇(街道)的“三农”工作情况。会议首次邀请市民(村民)代表列席。协商增补马益民为市政协委员。

第十三次会议于9月16日举行。会议专题协商“清洁杭州”问题。与会人员先行视察上城、下城、江干、拱墅和西湖5城区的城市管理及市容、市貌，听取5城区政府及有关部门负责人的汇报。会场播放市政协办公厅制作的《清洁杭州 任重道远》电视专题片。市各民主党派、市民代表就“清洁杭州”问题作大会发言，与市有关部门进行交流。市政协主席虞荣仁、市委副书记叶明分别就加强城市管理和进一步做好杭州的清洁、整洁工作作了讲话，市人大常委会副主任安志云应邀参加会议。

【加强理论学习】 市政协组织学习邓小平理论、“三个代表”重要思想和中共十六届四中全会精神；组织政协常委参加中共杭州市委举办的学习《中国人民政治协商会议章程》报告会，举办政协章程知识培训班4期；在全市政协系统组织政协章程知识竞赛，杭州电视台作决赛实况转播；市政协领导应邀为区、县(市)党委理论学习中心组作政协章程宣讲。结合人民政协成立55周年和邓小平诞辰100周年纪念活动，组织学习胡锦涛在庆祝人民政协成立55周年大会上的讲话和邓小平关于人民政协的重要论述。组队参加全国政协组织的“华明杯”邓小平与统一战线理论征文活动，获特别奖。邀请新华社驻香港分社原社长周南作《关于香港回归的基本情况和当前香港的形势及保持香港长期稳定》报告。请市委书记王国平、代市长孙忠焕作学习市委九届八次全体(扩大)会议精神和全市经济形势报告。

【推进“三化”建设】 积极探索人民政协履行职能制度化、规范化、程序化建设的途径。5月，市政协领导带队对上年召开的全市政协工作会议和《中共杭州市委关于进一步推进人民政协履行职能制度化规范化程序化建设的若干意见》贯彻情况进行调研，向市委、市政府提出进一步贯彻落实的建议。11月，协助市委对贯彻落实情况进行督查；市委领导、市政协党组成员带领3个督查组，分别听取12个区县(市)党委、政府的汇报，征求完善“三化”建设规定的意见。组织深化政府机构改革等专题协商活动6次。

【关注“三农”建言献策】 4月~6月，由市政协领导牵头，就“三农”问题分5个专题开展调研，形成《关于统筹城乡发展，推进我市农业和农村现代化建设的建议案》，提出完善杭州市农业农村现代化建设目标体系，以及建立生态补偿机制、促进区域协调发展、加快农村公共事业和社会保障体系建设等建议。市委、市政府根据市政协的意见，建立由分管领导牵头的调研小组，对杭州市农业和农村现代化目标体系进行专题调研和论证。市委办公厅和市政府办公厅联合下文，把市政协的建议分解给23个部门落实办理；有关部门研究后，提出对策和措施；“两办”以文件形式向市政协常委反馈了建议案办理情况。

【为破解“七难”扎实工作】 2004年，市政协协调各专门委员会、市各民主党派和工商联的力量，分6组联合开展“清洁杭州”的视察和监督；召开专题常委会议，提出完善市容和环境卫生管理法规体系、加强河道整治与管理、改善城郊接合部卫生状况等建议。召开缓解市区停车难问题的征询会，提出加大停车场(库)建设力度、推进停车产业化等建议；组织委员视察“三口五路”整治工程建设，为工程建设献计。组织委员视察杭州电力紧缺情况，动员委员为缓解用电紧张状况献良策。举办“平安杭州”报告会，开展完善人民调解制度的调研，组织委员对政法系统各单位执法情况进行明查暗访，对救助站工作进行视察。开展钱塘江流域水资源保护的调研，提出建立生态补偿机制、强化保护管理机制等建议。在调研的基础上，提出的要做好经济适用住房新旧政策衔接、严格购房准入条件和增加用地供应等建议，被吸纳到《杭州市市区经济适用住房销售管理实施细则》中。市政协领导对所联系的结对乡镇进行调研指导，与各帮扶成员单位一起确定发展项目、筹措发展资金、解决加强学前教育、改善学校硬件设施以及转移剩余劳动力等问题。

【参与西湖综合保护】 2004年，市政协围绕北山街综合改造、西溪湿地保护与开发，组织委员和专家深入调研，科学论证，提出不少有价值的意见，得到市委、市政府领导的肯定。就杭州建城纪年时间及纪念公园选址方案，先后7次组织有关委员和专家论证，向市委提交论证意见。积极参与西湖重点课题的研究和《杭州文化丛书》、《西湖丛书》的编写，挖掘杭州及西湖历史文化内涵。开展杭州历史建筑保护专题调研，实地考察部分历史文化保护区和历史建筑。

【开展民主监督】 7月起，对市交通局、药监局、规划局和城管执法局的机关效能建设开展民主监督。民主监督组将经梳理的49条意见和16条建议，以民主监督建议书的形式分别反馈给4个部门。11月中旬，召开专题会通报监督情况，分析存在问题，委员和市民代表面对面向被监督单位提出建立机关效能建设长效机制、提高依法行政的意识和水平等建议。市委副书记朱报春出席会议并讲话。4个部门的中层以上干部到会听取意见，4个部门的主要领导作表态发言。

【创新提案工作】 2004年，市政协改进立案办法，改全会期间立案为会后立案，改向全会报告立案情况为报告初审情况，改提案委审查为邀请政府部门参与审查。改进重点提案确定方式，实行重点提案候选目录公示制。主动加强与市政府的交流沟通，市长和6位副市长分别对14件重点提案办理作批示。加强对提案办理的跟踪督查，组织提案人和承办单位召开面商会、现场办案会，参加委员300余人(次)。对涉及到多个部门的提案，积极牵头协调，明确办理责任和要求，提高办理质量，促进提案的落实。

【反映社情民意】 2004年，市政协信息工作连续第三年获全国政协系统信息工作一等奖。向全国政协《值班日报》报送工作动态稿件26篇，报送《政协信息》164期。其中，《关于进一步促进农民稳定增收的建议》引起国务院总理温家宝、副总理回良玉的重视，分别作了批示；《高度重视地方法院解释法律之风蔓延》经全国政协转送后，最高人民法院回函认为该信息"所做分析对进一步规范司法解释工作具有重要的参考价值"，已责成有关部门进行专题调研。向市委、市政府报送信息34期，得到市领导批示28人(次)。

【广泛开展海外联谊工作】 2004年，市政协接待港澳台侨人士11批、100人次。建立在杭侨商、台商、海外名人和侨界朋友联谊资料库，建立杭州市涉侨工作单位联席会议制度。5月，邀请香港杭州同乡会成员到杭考察；同月，市政协领导赴港参加杭州同乡会成立29周年庆典活动。组团考察访问印尼、马来西亚和日本、韩国等国家，接待日本岐阜市、韩国丽水市友好城市访问团。在开展海外联谊工作中，宣传中国的政治制度，宣传杭州的发展变化，扩大了人民政协的影响。

充分发挥政协之友联谊会作用，密切与老委员的联系。多次组织政协书画院和艺术团开展书画笔会和慰问演出，促进团结联谊。

（沈益民）

·市纪委(市监察局)·

【市纪委第五次全体（扩大）会议】 中国共产党杭州市纪律检查委员会于2月16日~17日召开第五次全体(扩大)会议。省委常委、市委书记王国平代表市委作题为《弘扬求真务实精神，推进反腐倡廉工作》的讲话。市委副书记、市纪委书记叶明代表市纪委常委会作题为《标本兼治，惩防并举，求真务实，深入推进党风廉政建设和反腐败斗争》的工作报告。全会认为，2003年，全市各级党委、政府和纪检监察机关坚持以"三个代表"重要思想为统领，按照中纪委、省纪委全会和全市反腐倡廉工作会议的部署，紧紧围绕市委九届四次、五次全会确定的改革发展目标和发展、创新、为民的总要求，坚定不移地推进党风廉政建设和反腐败工作，取得新的明显成效。全会确定2004年党风廉政建设和反腐败工作的指导思想，提出6项主要任务：切实加强思想教育，严格执行自律要求，促进领导干部廉洁从政；加强查办案件工作，坚决惩处腐败分子；加强党风政风建设，切实纠正损害群众利益的不正之风；创新体制、机制、制度，深化反腐败抓源治本工作；学习贯彻党内监督条例，强化对权力的制约和"一把手"的监督；不断加强和改进行政监察工作。

【市反腐败斗争联席会议】 3月11日，市委副书记、市纪委书记叶明主持召开市委、市政府反腐败斗争联席会议，讨论决定：1.建立杭州市公共资源交易中心（招投标统一平台）。筹建工作由市政府办公厅牵头，市纪委(监察局)、市建委、市财政局、市物价局、市国土局、市卫生局、市体改办、市编办等有关职能部门配合，进一步细化完善方案，报请市委、市政府同意后实施。2.2004年~2006年市级机关统发工资仍由市商业银行统一代发，今后市级机关统发工资定点事宜由市财政局、市编办按财政部、人事部、中编办有关规定执行。3.原则同意市控购办关于市级机关事业单位小汽车定编执行情况的汇报，要在不违反规定标准的前提下，保证工作用车。增配(购)车辆定编，由市控购办按有关规定标准执行。执法部门的车辆增配，可通盘考虑。强调车辆编配(购)要严格执行"双控"(控制经费、控制排量)标准，严格执行车辆更新交旧规定。市政府有关部门负责人列席会议。

3月19日，市委、市政府反腐败斗争联席会议办公室印发经专家咨询委员会第一次会议讨论通过的《杭州市党风廉政建设专家咨询委员会章程》。市党风廉政建设专家咨询委员会办公室设在市纪委研究室，由市纪委常委、秘书长兼任办公室主任。

6月1日，叶明主持召开市委、市政府反腐败斗争联席会议，听取市建委、市经委、市卫生局、市药监局、市教育局实施市纪委五次全会部署的有关重点工作的汇报，并原则通过各部门提出的相关措施和建议。市政府有关部门负责人列席会议。

6月16日，市委、市政府反腐败斗争联席会议办公室表彰获杭州市构建反腐保廉体系理论与实践研讨会组织奖和优秀调研成果奖的部门和个人。有12个单位获组织奖，7个单位、3人获优秀调研成果奖。

6月21日，市委、市政府反腐败斗争联席会议办公室印发《2004年解决人民群众反映强烈的突出问题任务分解表》。

7月14日，市委、市政府反腐败斗争联席会议办公室印发2004年市委、市政府反腐倡廉工作重点课题立项的函，明确项目承办单位、人员和完成时限。

【深化领导干部廉洁自律工作】 2004年,市各级纪检、监察部门加强党风廉政舆论宣传,完善杭州廉政网站。开展党风廉政巡视和党风廉政建设责任制落实情况的监督检查,加强对各级领导班子贯彻党的路线方针政策的监督,促进权力制约监督机制的进一步完善。强化对领导干部监督检查,加大对领导干部特别是党政“一把手”的监督力度。广泛开展领导干部述职述廉活动和上级纪委负责人与下级党政主要领导谈话活动,全市有1587名党员领导干部接受廉政、信访谈话。全年纠正了193名县处级以上党政领导干部在企业兼职的问题,严肃查处583名有“两不”(行为不廉洁、作风不检点)行为的党员干部。全市党员干部通过各种途径上交款物(折合人民币)265.99万元。廉政文化进社区工作全面实施,进校区试点进一步深化,进企业、进农村、进家庭工作稳步推进。

【查办违纪违法案件】 2004年,全市各级纪检监察机关共立案查处各类违纪违法案件1030件,给予1025人党纪政纪处分。其中,乡科级干部61人,县(处)级以上干部24人,因违纪违法问题被开除党籍、公职并移送司法机关178人。查办的大案要案主要有:杭州市工业资产经营有限公司党委委员、副总经理钱松年经济违纪违法案、杭州经济技术开发区北方总公司经理陈志荣经济违纪违法案、浙江横山铁合金厂严重经济违纪违法串案、萧山区国土系统严重经济违纪违法案等。通过查办案件,为国家、集体挽回直接经济损失10464.39万元。

全市各级纪检监察机关坚持实事求是的原则,认真受理信访举报和申诉,经过调查核实,为1235名党员、干部澄清了问题。

【纠正部门和行业不正之风】 3月15日,市政府纠风办公室印发2004年全市纠风工作实施意见,明确全年工作的指导思想、主要任务和要求。各级纠风办认真贯彻执行,积极查处和纠正部门和行业不正之风。至年末,市96666投诉中心共受理群众投诉8297件,230名工作人员因服务态度和效能问题受到处理。全市共清退中小学违规收费286万余元。清欠村级集体经济和农民个人土地征用补偿款1800万余元,清欠城镇拆迁补偿款2.85亿元,清欠农民工工资3800万余元,清退各类教育违规收费286万元,全市通过药品统一招标采购让利患者近3亿元。

【行政执法监察】 围绕改革发展稳定中的重大问题,加强对市委、市政府决策部署落实情况和重点工程建设的监督检查。对市民中心、杭千(千岛湖)高速、西湖综合保护等74项重点工程实施廉政监察和效能监察;对城市“创模”、西湖博览会等重点工作实行效能监督;对经济适用房建设和销售、经营性土地使用权招标拍卖挂牌出让、扶贫资金使用管理情况进行专项执法监察;对征用农村集体土地补偿费开展专项清理,全市征用农村集体土地2.48万公顷,年底前应付155.9亿余元补偿费已补偿到位。在拆除违法建筑等工作中,及时制定纪律规定,加强监督检查,保证政令畅通。

【新建法规和制度】 1月14日,市纪委、市委组织部、市经委、市总工会转发市厂务公开办公室制订的《杭州市非公有制企业厂务公开暂行办法》,提出指导思想和基本要求,明确厂务公开的组织领导、必须公开的内容及公开的形式程序、制度等。

3月23日,市纪委印发《2004年度市纪委负责人同下级党政主要负责人谈话的实施方案》。

4月13日,市纪委、市委组织部、市委宣传部印发《学习宣传贯彻〈中国共产党党内监督条例(试行)〉和〈中国共产党纪律处分条例〉工作方案》,成立由市委副书记、纪委书记叶明兼任组长的杭州市学习贯彻两个条例工作指导组。

6月8日,市纪委、市委组织部印发《关于实行领导干部述职述廉制度的实施办法》,明确述职述廉的指导思想、对象、内容、时间、形式、程序、组织领导及要求。

7月27日,市纪委印发《关于党员干部“行为不廉洁、作风不检点”问题的处理意见》。

9月9日,市监察局、市教育局、市政府纠风办公室印发《杭州市教育乱收费责任追究制度(试行)》。

9月13日,市监察局印发《杭州市监察局特邀监察员工作办法(试行)》。规定特邀监察员的职责、权利义务、聘用办法和管理。

10月8日,市纪委、市委组织部、市公安局、市人事局、市监察局印发《杭州市党员干部赌博问题专项治理实施方案》的通知。

11月9日,市纪委、市国税局、市地税局、市监察局制定《杭州市纪检监察机关与税务机关有关线索传递和协同配合工作的若干意见》。

【构建反腐保廉体系】 按照《杭州市反腐保廉体系的实施规划》要求,各区、县(市)和部分市直部门制定了具体实施意见或实施细则。召开全市构建反腐保廉体系理论与实践研讨会,组织市党风廉政建设专家咨询委员会成员专题研讨廉政预情机制建设。“四项改革”(行政审批制度改革、干部人事制度改革、行政管理体制改革、投资管理体制改革)和“四项制度”(建设工程招投标制度、经营性土地出让招拍挂制度、产权交易制度、政府采购制度)建设进一步深化。网上政务实时监督系统开发应用试点工作进入实施阶段。普遍推行民主推荐、公开选拔、竞争上岗等干部人事制度,拟提拔任用领导干部实行票决制向基层延伸,扩大公务用车制度改革试点范围,政务、村务、厂(事)务公开进一步深入。

【纪检监察干部队伍建设】 全市纪检监察机关深入开展创建“学习型、创新型、务实型”机关和牢记“两个务必”、坚持“立党为公、执政为民”专题教育活动。全年有819名纪检监察干部接受业务培训,有61名乡科级以上纪检监察干部得到提拔使用,有100余名年富力强的干部走上各级纪检监察机关领导岗位。市纪委对区、县(市)纪委监察领导班子进行回访考察,研究落实加强改进班子建设的措施。市纪委、监察局印发《杭州市纪委监察局机关工作人员外出执行公务的若干规定(暂行)》。

(唐贻甫)

中共杭州市委党校

中共杭州市委党校(杭州行政学院、杭州市社会主义学院),以下简称“一校两院”,是市委、市政府直接领导下培养领导干部和理论骨干的学校,承担着干部培训、理论教育、社会研究、政策咨询等任务。近年来,

“一校两院”紧紧围绕市委、市政府中心工作,大力推进“大党校、大教育、大队伍”建设,加快干部培训资源整合,积极发挥干部培训主渠道作用,在促进经济社会协调发展、加强执政能力建设、保持共产党员先进性教育等方面作出了积极贡献。在教学科研上,以“三贴近”、“四服务”为原则,强化为市委、市政府的决策服务,提高教学的针对性和实效性,增强科研成果的决策转化和应用效果;在行政管理上,以开展争创满意处室为载体,把严格管理与人文关怀有机统一起来,加快实施“人才强校”战略,推进干部人事制度改革和人才队伍建设;在后勤服务上,以学员需求为导向,深化后勤服务社会化改革,提高行政后勤综合服务能力,为干部培训提供有力保障。

“一校两院”正以建设全国副省级城市一流党校为目标,为进一步提高杭州市干部队伍的整体素质而不懈奋斗。

2004年2月26日,市委在桐庐召开杭州市党校培训资源整合现场会。市委副书记、党校校长朱报春出席会议并作重要讲话。

深化教学改革,开展研究式教学活动。图为学员正在进行热烈的辩论。

开拓对外交流渠道。图为校(院)领导与德国威斯巴登国家行政管理学院考察团一行座谈。

学校新貌

ZHONGGONG HANGZHOU SHIWEI DANGXIAO

民主党派和工商联

Democratic Parties & Association of Industry & Commerce

·民主党派和工商联综述·

【民主党派和工商联概况】 2004年，各民主党派市委会和市工商联以邓小平理论和"三个代表"重要思想为指导，全面贯彻中共十六大和十六届三中、四中全会精神，充分发挥各自的特点和优势，认真履行参政议政、民主监督职能，围绕市委、市政府的中心工作，为推进"五大战略"、解决"七大难题"、打造"平安杭州"、引领"和谐创业"建言献策。全年开展调研活动212次，向中共杭州市委和市政府提交调研报告76份，在市人大、政协会议期间共提交议案150件、提案440件，其中团体提案议案50件、个人提案议案540件，为杭州市三个文明建设作出新的贡献。

各民主党派市委会和市工商联重视自身建设。一年来，先后组织各类专题学习会、读书会、报告会、培训班，听课人数达603人次。围绕树立科学发展观、进一步加强民主党派建设等问题，组织秘书长以上领导干部参加中共杭州市委统战部举办的读书班，160名党派中青年骨干和无党派干部参加市社会主义学院举办的5期培训班，700人参加爱国主义教育系列讲座听课。通过学习，广大成员提高了对多党合作和政治协商制度的认识，坚定了中国共产党领导的信念。市工商联还与中共杭州市委统战部一起在非公有制经济人士中开展优秀社会主义事业建设者巡回宣讲活动，促进他们进一步爱国、敬业、诚信、守法，增强创业紧迫感。各民主党派市委会和市工商联大力加强基层组织建设。全年各党派新建支部7个，发展成员249名(其中高级职称的82名，中级职称的119名)；市工商联新组建商会2个，发展会员1091个。

各民主党派市委会和市工商联发挥联系广泛的优势，积极开展反对"台独"、促进祖国统一的工作。全年与境内外各界交流161次。同时，千方百计开展招商引资工作，全年共引进内资133.9亿元、外资2.28亿美元。

各民主党派市委会和工商联充分发挥"人才库"、"智囊团"的作用，

表52　2004年杭州市各民主党派组织成员情况一览

单位：个、人

党派名称	组织情况					成员情况		
	市委会	县委会	总支部	支部	小组	总数	女成员	新成员
民革杭州市委会	1	1	2	35	1	627	234	33
民盟杭州市委会	1	2	5	67		1 214	532	24
民建杭州市委会	1	3	5	81	1	1 260	392	60
民进杭州市委会	1	3	5	77	1	1 353	693	68
农工党杭州市委会	1	1	7	55		1 020	498	19
致公党杭州市委会	1			13		254	136	14
九三学社杭州市委会	1		3	48	1	1 168	460	31
合计	7	10	27	376	4	6 896	2 945	249

表53　2004年杭州市各民主党派、工商联参政议政情况一览

党派名称	市人大议案(件)	市政协提案(件)	开展调研活动		
			次数	写出报告(份)	中共杭州市委批示(份)
民革杭州市委会	13	71	30	6	2
民盟杭州市委会	50	62	45	13	5
民建杭州市委会	4	49	20	6	1
民进杭州市委会	33	41	20	10	1
农工党杭州市委会	29	66	13	8	4
致公党杭州市委会	6	33	11	6	2
九三学社杭州市委会	15	64	23	9	5
杭州市工商联		54	50	18	
合计	150	440	212	76	20

表 54　　**2004年杭州市各民主党派、工商联社会服务情况一览**

党派名称	引资		培训技术人员（人次）	免费培训下岗人员（人次）	安排再就业岗位（个）	义诊人数	捐款（万元）	捐物折价（万元）
	内资（万元）	外资（万美元）						
民革杭州市委会	6 000	1 000	107	400		200	0.20	0.20
民盟杭州市委会	12 900	10	2 410		300	1 200	3.53	3.59
民建杭州市委会	17 300	4 000			500		367.00	
民进杭州市委会	2 500	300			2	250	1.00	2.28
农工党杭州市委会	20 000		3 500	176	150	15 000	0.86	1.10
致公党杭州市委会	66 160	6 681			107	600	3.77	3.00
九三学社杭州市委会	600		300			2 000	20.01	22.10
杭州市工商联	1 213 709	10 838.17					1 172.00	
合　计	1 339 169	22 829.17	6 317	576	1 059	19 250	1 568.37	32.27

服务社会，造福于民。全年开展各种形式的便民服务和科技、文化、医疗“三下乡”活动 78 次，免费培训下岗人员 576 人次，安排下岗人员再就业 1059 人，捐款 1568.37 万元，捐物折合 32.27 万元。（徐桂英）

·民革市委会·

【积极开展促进祖国统一工作】 2004 年 5 月 17 日，国台办发表关于对台工作的授权声明。市委会立即组织认真学习，陈重华主委 18 日发表谈话，坚决拥护授权声明，谈话内容被中共中央统战部在内参资料刊用。市委会连续召开大型台海形势报告会、系列讲座、座谈会、研讨会，使广大党员及时了解最新动态和中共中央对台方针政策，积极有效地开展对台工作。

为了做好促进祖国统一工作，市委会从 2003 年起就向 270 多位有“三胞”（侨胞、台胞、港澳同胞）关系的党员进行问卷调查，并将调查所得的情况进行梳理，做到心中有底，夯实了对台工作基础。

一年来，市委会参与接待台湾中华花艺文教基金会、台湾退伍军人和平统一促进会、台北浙江同乡会、台北文教交流发展协会、台湾大学环境工程学研究所和海外侨界青年参访团等一大批中高层人士，加强了杭台两地民间交流。

【重视信息工作】 2004 年，市委会收集各类信息 200 余条，整理上报信息 126 条。其中《解放路整治中应保留“名木”保护“绿化”》、《重视江堤保护范围内的管理，合理利用新旧堤塘闲置土地》、《关于将杭州建设成为“健康城市”的建议》等 6 条信息得到市领导批示。由于积极反映社情民意，市委会连续两年被市政府评为政务信息先进单位，被市政协评为信息工作先进单位二等奖。

【认真开展环保课题调研】 2004 年，市委会环保专题调研组赴市农办、市农业局和市生态办进行调研，就有关杭州市生态城市建设等问题与有关领导和专家座谈。调研组还赴全国著名生态村——宁波滕头村及杭州蓝天生态农业开发有限公司、杭州双峰奶牛场等单位进行实地考察，收集有关资料。经过认真调研形成题为《完善环保基础设施，努力建设生态城市》的报告，作为市委会的集体提案，在市政协八届三次会议上被确定为重点督办提案。

【赴建德开展“三下乡”活动】 10 月 29 日~30 日，市委会主委陈重华率队赴建德石屏乡开展“三下乡”活动。市民革党员中的资深医疗专家为石屏乡村民提供疑难病症咨询，现场为 60 余人医疗服务，并赠送一批药品。杭州钱塘书画研究社的书画家创作书画 30 余幅，赠给乡政府和当地村民。党员中的律师为村民们解答了交通事故赔偿、遗产分割等有关法律问题。12 月 15 日，副主委张荣官和财金支部部分党员赴建德南峰中学，为师生送去学习用品，并继上年再次捐款，帮助学校建起图书室，受到师生们的热烈欢迎。

【看望武警驻杭某部藏族战士】 9 月 9 日上午，市委会张荣官副主委和民革党员中的藏胞仁真旺姆看望了驻杭武警机动大队的 14 位藏族战士，并赠送学习用品。张荣官副主

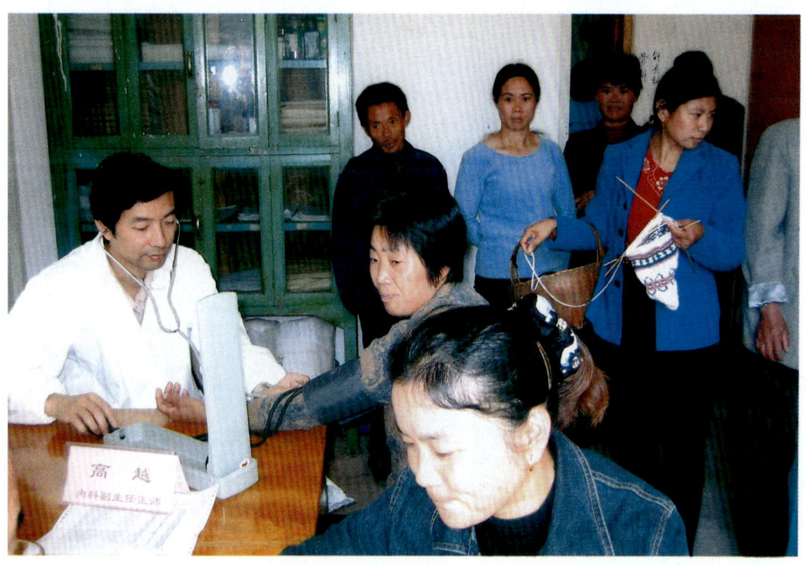

市民革成员赴建德石屏乡开展“三下乡”活动，为农民义诊。

委鼓励藏族战士要学好本领，爱岗敬业，为家乡人民争光，为促进民族大团结贡献力量。（张晓怡）

·民盟市委会·

【全国民盟组织在杭共话人才问题】 5月19日~22日，由民盟杭州市委会、民盟中央《群言》杂志社联合主办的民盟全国中心城市人才强国战略和“人才兴盟、人才强盟”研讨会在杭州举行。民盟中央、省委会，中共杭州市委、市人大、市政府、市政协领导，以及来自上海、广东、成都等全国30余个省市的民盟组织负责人、杭州市各有关部门及各民主党派、工商联负责人等200余人出席会议。会议期间，国家人事部人事科学研究院研究员甄源泰作有关政府人才资源宏观调控的专题报告，市政协副主席、民盟杭州市委会主委陈振濂作有关“人才兴盟”的报告。各地民盟组织就人才强国战略和“人才兴盟、人才强盟”进行了研讨交流。

【参政议政“见缝插针”受好评】 市委会不仅围绕中共杭州市委、杭州市政府的中心工作积极履行职能，还利用到外地考察、开会等机会，“见缝插针”参政议政，赢得好评。2004年，市委会先后收到中共苏州市委、苏州市政府，中共嘉兴市委、嘉兴市政府以及中共江苏昆山市锦溪镇党委、锦溪镇政府的复函，感谢民盟杭州市委会对当地城市建设和景区生态环境的建议，苏州市市长杨卫泽还亲笔复函致谢。

【开展形式多样的社会服务活动】 2004年，市委会组织盟员陆续开展送教下乡、送法律进社区、高考咨询等社会服务活动，并向贫困山区学生捐赠大量课桌椅、箱包、电脑等物品。11月上旬和下旬，先后两次组织盟员中的医生到淳安县左口乡免费送医送药，并捐赠价值3万余元的医疗设备。

【关注房管执法“不作为”】 近年来，市委会连续关注杭州市房产管理中存在的执法“不作为”问题。在2004年初召开的市政协八届三次全会上，市委会再次提交《我市房产管理执法“不作为”的症结在哪里》的团体提案，引起中共杭州市委、市政府有关领导的重视，对此作出批示。2004年3月16日《人民政协报》“统战新闻”版以头条位置对民盟杭州市委会关注房管执法“不作为”作了详细报道。

【开展“清洁杭州”追踪调研】 8月，市委会孙鼎荣副主委率领河道调研组冒着酷暑对杭州市城区及郊区的8条河道进行实地考察，拍摄70多幅照片，并先后走访有关政府部门、单位以及河道周边居民，形成6000余字的调研报告。12月，针对存在问题进行追踪调研，并形成追踪调研报告，敦促有关部门切实加强河道的整治与管理。市有关领导对此予以高度评价。（潘崇辉）

民进市委会组织会员中的人大代表、政协委员视察江干农贸市场。

·民建市委会·

【深入调研“三农”问题】 2004年，市委会主要领导先后赴富阳、临安、桐庐、建德、淳安等地农村调研，了解农村现代化建设和农业产业化进程等情况，听取农民的呼声，并赴广东等地学习先进经验。在大量第一手资料的基础上，先后形成《关于我市“三农”问题的若干建议》、《对我市农业产业化问题的思考》等报告和调研文章，报送市政府，并在市政协常委会上发言，引起了市领导的重视。《关于我市“三农”问题的若干建议》被《杭州日报》刊载。

【以教育扶贫为重点参与公益事业】 2004年6月，市委会与民进市委会联合送教下乡，在淳安县开设小学语文、数学教学示范课。安阳、富文、金峰等贫困乡和县城的200余名教师参加培训，提高了教学水平。广大会员热心教育扶贫等公益事业，一年来，向民建希望小学、杭州天长小学等学校和贫困学生共捐款110万元。此外，会员企业全年安置下岗职工再就业500余人，向各类公益事业捐款367万元。

【开展招商引资工作】 在会员的努力下，2004年先后引进西班牙衣赫加中国有限公司、日本玖井药业有限公司等外资企业和国内企业，共引进外资4000余万美元、内资1.73亿元。此外，会员企业家还在江苏、辽宁等地投资1.2亿元。

【加强对企业家的培训】 为了提高会员中的非公有制经济经营者的综合素质和企业的国际竞争力，市委会和经理厂长联谊会先后组织3名非公会员企业家参加民建中央在加拿大、美国举办的现代企业发展战略培训，5名企业家参加民建省委与浙江大学合办的企业家高级研讨班，2名企业家参加民建中央举办的非公经济发展论坛会，取得良好的效果。（洪颖志）

·民进市委会·

【深入调研农贸市场整治问题】

2004年，市委会与九三学社市委会合作，就整治农贸市场及周边环境的课题进行深入调研。调研组先后视察濮家东村、三堡、观音塘等农贸市场，听取有关方面的情况介绍，并对新华路、仙林桥农贸市场进行暗访，与行政执法局和部分街道、社区的负责人座谈。在此基础上，撰写出题为《杭州农贸市场及周边环境卫生的现状和整治建议》的调研报告，报送中共杭州市委和市政府。市委书记王国平两次在报告上作出批示。

【扎实推进组织建设】 2004年，市委会围绕民进中央提出的“组织建设年”工作主题，重新修订《基层支部委员会工作条例》，召开组织工作会议进行部署，并将民进新会章和中央、省委会、市委会有关组织建设方面的文件汇编成册发给基层组织。市委会对76个基层支部的领导班子、制度建设、组织发展、组织生活等情况进行全面调研，针对存在问题，提出改进和完善组织建设工作的意见。全市基层支部建设工作进一步扎实有效。年末，有19个支部被评为市达标考核优胜支部，4个支部被省民进评为先进支部，下城联合支部被民进中央评为先进支部。

【举办“《家庭教育》杯”家教知识竞赛】 2004年，市委会响应中共中央关于加强和改进未成年人思想道德建设的号召，与市教育局等4个单位联合举办2004年杭州市“《家庭教育》杯”家教知识竞赛。竞赛分两个时段进行:5月~6月，全市有4000多名家长参与书面答题，并从中挑选优秀者组成8个城区的参赛队，11月，举行现场竞赛。活动得到社会各界好评，电视台、报刊等媒体都有报道。

【举办中考考前辅导讲座】 为帮助杭州初中三年级学生报考优质高中，市委会发挥自身优势，在5月1日~2日举办考前系列辅导讲座，邀请名校名师讲解中考各学科的重点、应试技巧以及考前的膳食营养、心理调节等方面问题。受益学生400余人。

【学习苏州古城保护工作经验】 10月28日，市委会组织50余名会员赴苏州参观东隅的平江历史街区和耦园、拙政园等景区，亲眼目睹老苏州特色保护的现状，了解古城保护工作。会员们认为:苏州的经验为杭州提供了有益的借鉴。大家积极为杭州的名城建设出谋划策、建言献计。 （陈云祥）

·农工党市委会·

【深入开展医疗卫生工作方面的调研】 2004年，市委会围绕中共杭州市委、市政府解决“看病难”的要求，在医疗卫生工作方面进行深入调研，写出《四改联动后市级医院现状及发展对策》、《区级医院和社区卫生服务中心现状及发展对策》、《关于市二医院实施单病种限价收费的调研报告》等材料8篇。中共杭州市委书记王国平对此予以表扬。《四改联动后市级医院现状及发展对策》、《区级医院和社区卫生服务中心现状及发展对策》在中共杭州市委办公厅《决策参考》中全文刊登。此外，市委会还在市政协会议期间，提出《关于进一步加强禽流感疫情预防的建议》、《改革医疗收费制度，着力解决看病贵问题》、《杭州市艾滋病现状调查与防治建议》等集体提案，受到中共杭州市委、市政府和有关部门的高度重视，《改革医疗收费制度，着力解决看病贵问题》被市政协列为重点督办提案。

【进行传统教育】 为更好地学习农工党党史，继承优良传统，10月12日，市委会邀请原农工党中央副主席、全国政协常委章师明给全体市委委员、基层组织负责人、机关干部及部分杭州市社会主义学院党派后备干部培训班学员近100人作党派工作专题报告。章老的报告主题鲜明，语言生动，深入浅出，使受课者心灵震撼，更加坚定了坚持共产党领导的信念。

【持续开展“四大工程”】 “爱心工程”、“希望工程”、“光明工程”、“健康工程”是市委会多年来持续开展的为社会服务“四大工程”。2004年，“爱心工程”免费培训下岗职工176人；第八次上门为市福利中心的老人们开展医疗咨询、美容美发等服务工作。4月和9月，市委会领导带领部分机关干部先后两次给“希望工程”资助点——建德市凤凰乡中心学校送去价值近6000元的电教设备、文体娱乐用品。“光明工程”走进丽水山区，为13名患者摘除白内障。“健康工程”重点推出为百家企业、百名劳模进行医疗、法律咨询服务活动。7月13日在杭州制氧机集团有限公司正式启动，至年末，各基层组织组成的14支志愿服务队伍共为98名劳模进行体检，为近百个企业进行医疗、法律等咨询服务，并通过发放宣传资料，提高劳动者的自我保护意识和健康意识，受益职工1万余名。

中国农工民主党杭州市委员会志愿服务总队成立

【志愿服务总队成立】 在共青团杭州市委、杭州市志愿者工作指导中心等部门支持下,6月26日,中国农工民主党杭州市委员会志愿服务总队正式成立。这是市委会进一步发挥农工党医疗、科技、教育、法律、文化等方面人才优势,积极开拓社会服务新思路、新领域的一项重要举措。《人民政协报》在重要版面上报道这一消息。

【参与国际科学与和平周活动】 国际科学与和平周是农工党中央主办的具有全国影响的大型为民服务活动。第十六届国际科学与和平周期间,11月12日~13日,市委会派出12名专家与农工党丽水市委会联合在丽水市莲都区碧湖镇举办大型为民服务活动。专家精湛的技术、周到的服务、耐心的讲解,赢得当地群众交口称赞。受益群众达500余人。

(王会荣)

·致公党市委会·

【积极开展调研工作】 2004年是市委会开展调研活动最多的一年。市委会与市工商联、农工党市委会联合参加市政协常委会关于"三农"问题和"清洁杭州"的调研。市政协致公党小组与市外经贸局合作,调研改善杭州投资环境问题,形成调研报告。青委会组织成员视察杭州"三口五路"整治工程和武林路女装特色街,完成题为《进一步发挥女装特色街功能》的调研报告。祖统会组织成员到农贸市场和有关企业调研,完成推广使用环保塑料袋的调研报告。妇委会就完善教育"一费制"课题到下城区教育局召开座谈会,完成《关于进一步完善'一费制'收费办法的建议》。参政议政委员会完成题为《注重细节管理,提高城市综合管理水平》的调研报告。调研处撰写了有关民主党派组织建设的调研文章,获得杭州市政协理论文章评比三等奖。

【收集整理信息176条】 2004年,市委会十分重视信息工作,先后召开两次信息工作会议,还组织骨干成员到宁波市学习取经,制定信息工作考核办法,调动了全体成员撰写信息的积极性和主动性。全年共收集整理信息176条,上报后被录用81条次。其中,中共中央统战部1条,省、市政协17条,市政府8条,致公党中央、省委会36条。在《关于加强我省对外劳务输出工作的建议》上,陈加元副省长作了批示。

【接待海外同胞两起】 5月,市委会接待以王瑞升主席为团长的中国台湾致公党代表团,陪同参观西湖综合保护工程和杭州高新区(滨江)。6月,市委会接待以饶培中总会长为团长,有美国、泰国、印尼等8个国家的校友会会长参加的世界留台校友会联谊总会访问团一行12人,向客人介绍杭州经济社会发展的情况。两个代表团在杭期间,中共杭州市委副书记于辉达和市委统战部、市台办的领导分别会见和宴请访问团成员。通过与海外社团交往,宣传了杭州,并"以侨促统",为祖国统一大业贡献一点力量。

【开展侨法宣传活动】 为了更好地推动杭州市的侨务工作,市委会与市侨办、市侨联等4个涉侨单位建立"五侨"联席会议制度。《中华人民共和国归侨侨眷权益保护法》和《实施办法》修改颁布后,"五侨"联合开展宣传活动:9月,举行专题报告会、座谈会;11月,举办侨法知识竞赛;12月,邀请美籍华人陈香梅女士作题为《邓小平与中美关系》的报告。通过广泛宣传,侨法更加深入人心。

【赴山区扶贫支教】 在纪念邓小平诞辰100周年期间,市委会积极参加中共杭州市委统战部组织的大型为民服务活动,为改善贫困山区教学条件做一点微薄贡献。市委会向临安湍口镇贫困山区捐献电脑8台、投影仪20台和吊扇40台。上城支部向淳安严家乡捐赠图书200余册、课桌椅54套、投影仪8台、VCD100盒。

(吴煜华)

·九三学社市委会·

【开展议政日活动】 2004年,市委会创新参政议政形式,组织议政日活动,发挥社内专家及广大社员各自的优势,提出有分量的意见建议。这种活动全年共举行6次,分别就市人大议案与政协提案素材征集、推进机关效能建设、新形势下如何进一步发挥基层组织作用、杭州市高等教育的现状与存在的问题、环境立市、参政党在打造"平安杭州"中如何发挥作用等议题展开研讨,广泛收集社情民意,积极为杭州市三个文明建设建言献策。

【举办第三届专家与中小企业家握手活动】 为进一步帮助杭州市广大中小企业解决技术瓶颈,实现可持续发展,11月16日,市委会与市科技局在黄龙饭店水晶宫联合举办第三届百名专家与中小企业家握手活动,表彰前两届活动中的先进企业和专家,促成104个企业与专家结对,20个企业与专家现场签约。杭州祐康电子商务网络有限公司等企业代表介绍了活动成果和经验。

【主办民营科技企业发展研讨会】 为全面贯彻落实市科技创新大会、市民营经济工作会议精神,7月29日,九三学社市委会与市科技局在杭州望湖宾馆联合主办杭州市民营科技企业可持续发展研讨会。120余个民营科技企业的负责人齐聚一堂,共商发展大计。企业代表在会上踊跃发言,省科技厅和市科技局、人事局、地税局、财政局的有关同志应邀在现场接受企业咨询。会前,市委会同市科技局赴萧山、西湖、富阳等6个区、县(市),与60多个民营科技企业经营者座谈,向130个企业问卷调查。市委会根据调研所得资料和会议发言在会后撰写的专题调研报告《杭州市民营科技企业发展现状及对策》,得到孙忠焕市长、沈坚副市长的充分肯定,要求有关部门很好地研究,提出具体落实办法。

【《加快创建杭州特色专业孵化器的建议》被列为重点提案】 市政协八届三次会议上,市委会在深入调研分析杭州市科技孵化器现状的基础上提出的团体提案《加快创建杭州特色专业孵化器的建议》,被市政协列为2004年度重点提案。市领导对此十分重视,市有关部门表示,将进一步完善孵化服务体系,在适当的时候成立杭州市科技企业孵化器协会,深化孵化器体制改革,积极吸引民营资本投入。

【下乡科技扶贫】 2004年，市委会多次组织社员赴欠发达乡镇——建德市洋尾乡开展科技下乡服务活动，赠送各种农技资料100余套、农技挂图35套，捐赠价值1.3万余元的书籍、学习用品和电脑、打印机，高级农艺师为当地茶农作《茶园无公害管理技术》讲座，妇科专家为近百名妇女讲授女性常见病的临床表现、防病治病的科学方法和妇女卫生常识，高校教授为中学教师开设示范教学辅导课，受到当地群众热烈欢迎。 （刘德科）

·市工商联·

【市工商联概况】 1月16日，杭州市政府专题会议决定，杭州市工商联作为同业公会、行业商会的业务主管单位，并由市民政局、民间组织管理局予以行文明确。

截至2004年末，市工商联共有会员12019个（其中企业会员9051个），行业商会、市场商会、乡镇街道商会等各类基层组织177个（其中行业商会30个）。一年来，新成立2个市直属行业商会（杭州市眼镜商会、杭州市家具商会）；杭州市自行车电动车行业商会、杭州杭派女装商会、杭州市装饰装修商会、杭州市汽车配件商会、杭州市建筑设备租赁商会等5个行业商会办理了社团登记，获得社团法人资格。

市工商联加强与海内外工商界的联系，引导企业开拓海内外市场。据不完全统计，2004年组织企业家赴国内外各地参加各类经贸活动22次，参加西博会及外地政府在杭举办的各类招商会31次。市工商联还接待英国利兹市议会代表团、法国尼斯市政府代表团、香港贸发局及全国各地工商联考察团近90批次。

市工商联积极协助下属同业公会、行业商会开展各类活动，扩大对外交流。6月，协助杭派女装商会开展“中国女装万里行”大型宣传活动，历时31天，飞越1.2万千米，先后在哈尔滨、沈阳、乌鲁木齐、成都、昆明、贵阳、长沙、武汉、济南、郑州等十大城市开展巡回展示、推广活动，树立杭州女装形象，提升杭州女装品牌知名度，扩大杭州女装产品销售网络，推动杭州女装产业的发展。8月11日~17日，协助杭州饮食旅店业同业公会组织楼外楼、知味观、山外山、花中城等知名菜馆赴台湾参加第十五届“中华美食展”之“杭州、扬州盛宴”展示与现场表演。杭州饮食旅店业同业公会被组委会授予“金鼎奖”，楼外楼、知味观、花中城、山外山等菜馆获企业“金鼎奖”。

专家与企业代表在“握手活动”现场签约。

【百名非公有制经济人士赴中共中央党校学习】 继2002年成功组织百名非公经济人士赴中共中央党校学习之后，4月7日~12日，来自全市各行各业的百余名非公经济人士赴中共中央党校参加杭州市非公有制经济人士培训班，请资深专家学者讲授中共十六届三中全会的重大理论突破、宪法修改与民营企业的发展、经济环境与民营企业的成长战略、科学发展观与经济体制改革、入世后开放型经济的建立与中国企业的对策等课程。企业家们学习积极性高涨、思想活跃，通过学习，增强了光荣感和责任感，决心把在中央党校学到的理论知识进一步消化吸收，结合各自企业的特点，运用于实际工作，为创建民营经济强市作出新的贡献。

【市委、市政府表彰首批优秀社会主义事业建设者】 2月12日，市委、市政府召开大会，首次授予100名非公有制经济代表人士优秀（先进）社会主义事业建设者称号，颁发金牌、银牌和荣誉证书。《杭州日报》用两个整版套红刊登光荣榜和事迹简介。各区、县（市）也隆重表彰当地的优秀（先进）社会主义事业建设者。

5月~6月，市工商联与市委统战部、市经委联合在城区、桐庐县和萧山区举行3场优秀社会主义事业建设者宣讲活动。优秀社会主义事业建设者艰辛的创业历程、回报社会的热情、投身“二次创业”的豪情，使每一位与会企业家深受感动和鼓舞，增强了创业紧迫感和社会责任感。

【杭州53个企业进入中国民企500强】 8月27日，全国工商联公布2003年度上规模民营企业500强名单，杭州市有53个民营企业榜上有名，占全国的10.6%、浙江省的28.96%。 （陆　吉）

职工 青少年 妇女组织

Organizations of Worker,Youth & Women

·职工组织·

【职工组织概况】 2004年，全市有工会会员111.11万人，比上年增加14.32万人；基层工会组织9753个，增加1157个。市总工会下属13个区、县(市)总工会，1个开发区总工会，11个产业工会和7个直属企事业单位。

围绕市委、市政府中心工作和全国总工会提出的“组织起来、切实维权”方针，按照市总工会十二届三次全委(扩大)会议确定的目标和任务，全市各级工会工作取得新成绩。市总工会被全国总工会评为全国工会促进再就业工作示范单位、“全国女职工素质工程”优秀组织单位，被省政府评为再就业工作先进单位。市总工会的“春风行动”社会化、规范化被省总工会评为全省工会创新工作一等奖，余杭区总工会的推行基层工会主席直接选举被评为创新工作二等奖，市总工会建立职业技能带头人制度、萧山区总工会实行维权工作“四个一体化”和临安市总工会开展“百千万”活动被评为创新工作优秀奖。

【实施职工素质工程】 2004年，市总工会制订《关于实施职工素质工程，推进职工队伍素质全面提高的意见》，开展“创建学习型组织、争做知识型职工”主题教育，确定10个学习型组织示范单位、10个学习型班组和10名职工学习成才标兵，组织职工书画、篆刻、摄影比赛和知识竞赛，征集学习格言1万余条，表彰了职业道德建设“双十佳”。市总工会为提高职工学习能力、创新能力，根据产业结构调整和产业升级需要，组织数控车床、数控铣床、工具钳工等10个紧缺职业(工种)技能大赛，举办首届职工技能风采展和职工绝技绝活演示活动。选树30名市职工技能带头人和290名地区(产业)级职业技能带头人，通过他们帮带3000余名优秀青年技术骨干。各级工会开展职工经济技术创新活动，有4500余个企业的87.5万名职工参加“掌握一门新技术”等活动。全市有1330人晋升为高级工、203人晋升为技师、46人晋升为高级技师，25人获“杭州市技术能手”称号，2人获“全国技术能手”称号。

【实施职工维权工程】 市总工会把维权机制建设作为履行维护基本职责的总纲。建立健全源头参与机制，向市人大常委会提交《杭州市工会劳动法律监督条例》和《杭州市企业职工民主权益保障条例》立法议案，参与市政府《杭州市城镇医疗困难补助暂行办法》的制定和修订，举行市政府与市总工会第七次联席会议。建立健全劳动关系三方协调机制，解决企业劳动关系中的热点难点问题，制订《关于进一步健全完善劳动关系协调机制、推进劳动关系稳定和谐发展的意见》，把劳动三方协调机制推向乡镇(街道)。至年末，全市新增签订集体合同企业4089个，新增签订工资协议企业2301个，13个区、县(市)和114个乡镇(街道)建立了劳动关系三方协调机制。

建立健全企业民主管理机制，市总工会联合有关部门下发《杭州市非公有制企业实施厂务公开暂行办法》，评选厂务公开工作先进单位。各区县(市)、产业工会加强和规范职代会、厂务公开工作，探索非公有制企业民主管理的新路子。全市有5778个企事业单位建立职代会制度，其中非公企业3776个；4869个企事业单位实行厂(事)务公开，其中非公企业3084个。建立健全工会法律援助机制，市总工会于4月成立职工法律援助站，无偿为职工提供法律咨询、代理法律事务和诉讼辩护等服务。至年末，接受职工法律咨询778人次，受理法律援助案件18起，为职工挽回经济损失20万元。市和区县(市)工会全年代表职工参与劳动争议仲裁案件225件，其中市总工会单独组成合议庭仲裁案件20件。

【实施职工服务工程】 市总工会把“春风行动”作为解决困难群众生活问题、服务职工的重点。制订第五次“春风行动”实施方案，组织举办“春风颂”大型文艺晚会，完善优惠援助政策，丰富帮扶救助内容。对困难群众坚持经济救助和再就业援助两手抓，开展以再就业为主要内容的“135”活动，各级工会全年帮助1871名失业职工实现再就业，为5166名失业职工提供职业介绍，为8565名职工提供职业技能培训。市总工会困难职工帮扶中心开辟“星期二就业绿色通道”，组建再就业网络推广队，举办小型劳动用工洽谈会。各级工会深化“为职工服务、让职工满意”活动，把“群众利益无小事”的要求体现在为职工办实事、办好事上，突出关心困难职工、劳模、外来务工人员，突出维护职工劳动报酬、劳动安全卫生、社会保障三大权益，突出解决职工呼声较高、长期得不到解决和直接涉及职工生产生活三大问题。

【开展工会“三级联创”活动】2004年，各级工会扩大工会组织覆盖面，最大限度地组织职工加入到工会中来，全年新增工会组织1147个，新发展工会会员14.35万名，其中外来务工人员7.9万名。市总工会开展创先进区县(市)工会、创先进乡镇(街道)工会、创先进职工之家的“三级联创”活动。扩大基层工会主席直接选举的试点，全市有586个基层工会主席直接由会员(代表)大会选举产生，下城区开展向社会公开招聘乡镇(街道)工会工作者的职业化试点。探索楼宇(公寓)工会、园区工会、专业市场工会、流动人员联合工会等新型组织形式，建立美容美发、汽车修理、建筑、旅游、纱网、五金、家具、化工、制鞋等行业工会。实行工会会员就医、培训、文化娱乐等方面的优惠待遇。

【召开市政府、市总工会第七次联席会议】12月8日，代市长孙忠焕、副市长沈坚、秘书长娄延安，市建委、财政局、人事局、劳动保障局、工商局、法制办、住房公积金管理中心等部门负责人，市总工会主席、副主席、巡视员，以及各部门、各产业工会和部分基层工会负责人参加联席会议，市政府秘书长娄延安主持会议。会议听取市总工会围绕中心、服务大局，切实履行各项职能，组织开展“三大工程、一项建设”工作情况和第六次联席会议确定事项落实情况的年度汇报，并就市总工会提请市政府解决的问题进行了研究。会议决定：加大政府对企业工资分配的指导和监控力度，市政府将以政府令形式颁布《杭州市企业工资集体协商制度实施办法》，坚决制止、纠正、查处部分企业在工资分配上侵害职工利益的行为。扩大企业职工住房公积金的覆盖面，把完善企业住房公积金制度作为解决职工“住房难”的重要抓手。对符合购买经济适用房条件的845名劳模优先安排，计划并在2004年和2005年全部解决。为工会工作创造条件，工商部门在企业注册登记、年检年审时要主动告知建立工会，并把是否建工会作为企业评先评优的条件之一。在有25个企业或有1000名以上职工的乡镇(街道)增设工会工作职位，配备专职工会工作人员。社区工会工作经费按社区工作人员工资总额的2%计提。市职工经济技术创新活动经费列入市财政专项预算，计划2005年安排100万元，以后每年根据需要安排70万元至100万元，做到专款专用。至年末，全市有11个区、县(市)和3个产业系统建立了政府(行政)与工会的联席会议制度。

【全国人大常委会检查团到杭】9月23日~24日，全国人大常委会副委员长成思危率执法检查组对杭州市贯彻落实《中华人民共和国工会法》(以下简称《工会法》)情况进行执法检查。市人大常委会副主任杨耀梁、副市长盛继芳、市中级人民法院院长王基信、市总工会主席陈永良分别作了汇报。省委常委、市委书记王国平作重要讲话，市领导朱报春、吴键参加汇报会。

各级工会在6、7月对贯彻落实《工会法》情况进行了全面自查，市总工会对各区、县(市)、产业工会的自查情况进行了检查，听取有关党政领导、基层工会和职工群众的意见建议。期间，省总工会和市人大常委会分别进行实地调研和监督检查。成思危肯定了杭州市贯彻落实《工会法》所做的工作，希望杭州成为全国贯彻落实《工会法》最好的城市之一。全国人大常委会执法检查组到杭州锅炉集团公司检查，召开部分民营企业的工会干部、职工座谈会。

10月，全市各级工会掀起了学习贯彻《工会法》高潮。市总工会举行由市四套班子和相关职能部门参加的贯彻落实《工会法》座谈会，向市委汇报《关于进一步贯彻落实〈工会法〉的情况报告》，组织《工会法》宣传月活动。各区县(市)、产业工会通过发放宣传资料、开展咨询活动、举办《工会法》维权活动日等形式，宣传和贯彻《工会法》。

【开展第五次“春风行动”】11月22日，杭州市召开第五次“春风行动”动员大会，市委书记王国平作动员报告，代市长孙忠焕作全面部署。发动社会各界捐款捐物，成立“捐赠物资调剂中心”、“爱心家园”；开展“进万家门、知万家情、解万家难、暖万家心”为主题的送温暖慰问活动，组织市级机关1万余名党员走访慰问1万余个困难、低保家庭；加大再就业帮扶力度，实现困难人员就业3.5万人，再就业培训4.2万人；健全帮扶救助网络，在巩固和完善市、区、街道、社区“四级救助圈”的基础上，建立健全县(市)、乡镇和有条件的村“三级救助圈”，做到机构、人员、经费、场地、制度、工作“六到位”；把失土农民纳入帮扶救助范围，加快构建与城镇社会保障体系相衔接的失土农民失业、养老、医疗等社会保障体系；建立全市统一的困难群众信息资源平台，对困难群众实行实时动态管理，实现信息共享。

“春风行动”成为杭州帮扶困难群众的大载体。2004年“春风行动”把对困难群众的17项优惠政策，扩大到包括日常生活、文化生活、就医、就学、住房、法律援助等6个方面26项，共对9480户市级困难家庭发放2398万元救助金，对3202户区级困难家庭发放441万元救助金，对3852户街道级困难家庭发放322万元救助金，对6459户社区困难家庭发放167万元救助金；对1986户子女就读高校的困难家庭发放397万元助学救助金，对1813名患大病重症的困难家庭发放708万元医疗救助金。上半年粮油价上调及高温期间，拨出216万元和164万元，补贴与慰问困难群众。全市通过再就业技能培训、劳动用工洽谈会、“星期二再就业绿色通道”等途径，加强再就业援助，全年帮助4.8万名“4050”人员实现再就业。社会各界广泛响应和积极参与第五次“春风行动”，至年末，共筹集社会捐款2647.5万元。

【全国城市工会年会在杭召开】10月16日~18日，全国城市工会二届五次年会在杭召开，来自重庆、哈尔滨、长春、沈阳、济南、南京、宁波、厦门、广州、武汉、成都、西安、杭州和新疆建设兵团等14个副省级城市的工会领导40余人汇聚杭州。省政协副主席、省总工会主席张蔚文，市委副书记朱报春出席会议并讲话。

年会围绕“组织起来、切实维权”的方针，就围绕中心服务大局，发挥工会在三个文明建设中的作用；推进国企改革，维护改制过程中职工经济利益和劳动权益；整合社会资源，做大做强工会送温暖工程；协助党政促进再就业，开辟工会再就业工作新路子；加强乡镇（街道）、产业（行业）和社区工会建设，推进工会组织体制改革等问题，进行探讨和交流。

【举办职工技能风采展】 10月29日，风采展在市工人文化宫开幕。该展被列为第六届西博会支持项目，分技术成果展览、绝技绝活演示、新产品展销3个部分。技术成果展由38个单位选送48项职工创新成果，通过实物、图片、现场表演等形式，展现全市职工经济技术创新活动的丰硕成果，如杭州前进齿轮箱集团有限公司研制的宇航员地面超重训练设备传动装置、浙江华日集团公司设计制造的新型冰箱门体自动发泡线等。绝技绝活演示由12个单位选送16个项目组成，如光彩职业技校选送的“唐宋元明清古代发型发式展示”、杭州饮服公司展示的“一分钟宰杀、脱毛活鸡”、市残联选送的“脚趾篆刻”等。新产品展销有杭州水龙塑胶阀门有限公司的节水环保水龙头等6种产品。

【评选表彰“双十佳”】5月27日，市总工会表彰“为职工服务、让职工满意”活动中涌现出来的最受职工欢迎的好（实）事和职工最满意的模范工会干部。开展“服务活动”三年来，涌现出许多感人事迹和先进人物。萧山区总工会根据外来务工人员业余生活枯燥的情况，组织100场电影下基层活动；杭州橡胶集团公司工会多方联系与疏通，帮助解决外来务工人员子女入学问题；杭州前进齿轮箱集团公司工会开通24小时职工热线电话，接受职工反映情况和意见。市总工会在基层工会、区县（市）产业工会层层推荐的基础上，初评出20件好事、实事和20名模范工会干部候选人，在《杭州日报》上公示，由职工群众投票评选，根据得票结果，评出杭州经济技术开发区总工会“构筑校企教学平台，培养新型技术工人”等10件职工欢迎的好（实）事，以及浙江万马药业有限公司工会主席陈联河等10名职工满意的模范工会干部。

【首届社区工会文艺会演开幕】9月21日，市首届社区工会文艺会演在市工人文化宫举行，来自9个区县（市）的16个社区工会代表队参加演出。节目大多由社区工会自编、自导、自演，歌颂祖国经济发展，人民生活水平提高，赞扬社区工会干部感人事迹。淳安县施家塘社区的舞蹈《俏织娘》获特等奖，余杭区荷花塘社区的合唱《美丽的草原我的家》等2个节目获一等奖，西湖区灵隐街道的群口快板《谱写工会工作新篇章》等5个节目获二等奖，建德市下沧社区的体育舞蹈《社区秧歌》和西湖区文教社区的小品《阿根上医院》等8个节目获三等奖。

►►资料：劳动模范津贴

4月15日，杭州市政府办公厅发出通知，决定从1月1日起提高劳动模范的荣誉津贴。具体标准是：全国劳动模范，每月享受150元荣誉津贴；1989年底前获得荣誉称号的，每月再增加50元。省（部）级劳动模范，每月享受120元荣誉津贴；1989年底前获得荣誉称号的，每月再增加30元。1956年至1964年省先进生产（工作）者，每月享受100元荣誉津贴。市劳动模范，每月享受80元荣誉津贴；1990年底前获得荣誉称号的，每月再增加20元。1955年至1965年市先进生产（工作）者，每月享受60元荣誉津贴。年满60周岁且无固定收入的全国农业劳动模范，每月享受300元荣誉津贴，省（部）级农业劳动模范每月享受200元荣誉津贴；市农业劳动模范每月享受150元荣誉津贴。

（竺锡雄）

·青年组织·

【青年组织概况】全市有14周岁至35周岁青年161.19万人，其中，中国共产主义青年团团员33.77万人，专职团干部506人。基层团（工）委1022个，基层团总支、支部1.43万个。各级团组织按照市委、市政府和团省委的部署，深化团的各项主体工作，在青年文化建设、品牌项目建设、服务大局、服务青年以及共青团自身建设5个方面取得成果。

贯彻《中共中央国务院关于进一步加强和改进未成年人思想道德建设的若干意见》和《中共中央国务院关于进一步加强和改进大学生思想政治教育的意见》，以未成年人和大学生为重点，开展贴近生活、贴近实际、贴近青年的青少年思想道德教育。组织“谁让我们骄傲——中国历史文化名人巡展”、“寻访了不起的家乡人”、“感悟杭州新发展，我说西湖新景点”寻访征文活动、“春假三重奏”、“同在一片蓝天下”手拉手活动、“让五星红旗飘起来”等系列活动，激发青少年爱国情感，传承传统美德。市首届西子青少年才艺展示大赛涌现出一批青年才艺新秀，100场“经典音乐会”为青少年开启了音乐之门。“青春之旅”交友系列活动吸引上万名青年的踊跃参加。玫瑰婚典首次走出杭州，实现了杭州—香港—澳门3地联动。

【普遍开展志愿服务】3月5日，《杭州市志愿服务条例》颁布实施。《杭州市志愿服务组织管理办法》、《杭州市志愿者管理办法》等与该条例相配套的细则相继试行。各级团组织和志愿服务组织通过举办新闻发布会、研讨会、演讲比赛、知识竞赛、阳光义卖及公益画上墙等形式，开展学习宣传活动，宣传志愿服务，使志愿服务理念在杭城深入人心。杭州旅游交易会志愿者9734人次提供服务，服务对象3万余人；第七届中国艺术节期间提供9534人次服务。1.83万人次志愿者为西博会31个展项的12万人次提供22.8万小时的志愿服务。百万市民清洁杭州志愿者统一行动日、“十万家庭网上行”信息志愿服务、“保护老房子”志愿行动、捐赠旧手机、“文明从脚下起步”交通劝导、爱心助成长、西湖志愿者等志愿服务行动，壮大杭州志愿服务活动的声势。有12个区、县（市）成立志愿服务工作委员会，9个区、县（市）建立志愿者工作指导中心，并成立24个市级社会性志愿服务组织。至年末，全市有志愿者34万人。

【外来青年参与创建文明城市】 围绕市委、市政府创建全国文明城市的大局，突出感受、宣传、奉献，团市委推出“十百千万”计划和“五个一”活动。通过组织学说10句英语，举办100场文艺联欢活动，开展爱心助学1000对，发放2万副文明知识扑克牌；看一回杭城新貌、写一封家书、提一个建议、做一名志愿者、办一次相亲大派对等活动，为来杭创业务工青年学习知识技能、提高文明素质、展示青春风采搭建平台，充分调动积极性、主动性。

【推出职业青年导航计划】 团市委立足职业青年人力资源的开发，面向企业、机关青年职工和青年干部以及来杭创业务工青年，推出“职业青年导航计划”。开展“职业生涯百堂导航课”，采取大型公益授课、送课入企、设立青年中心VCD授课点、开通热线远程实时听课等形式，分层次、有针对性地对不同青年群体开展职业理念教育项目。全年开课32次，听课者8200人次；确定“职业青年导航计划”教学基地，推出82个优惠项目，编印《指导手册》1万册，向全市职业青年发放免费或优惠参加“教育培训券”5万余张；建立企业、街道(乡镇)职业青年岗位(技能)素质业余学校，开展职业素质教育。

【开展“青春·创业杭州”活动】5月起，团市委配合市委、市政府“创业在杭州”，依托市青年企业家协会和市青联志愿服务总队的人才优势，以市优秀青年企业家为主要力量组建志愿指导团，启动“青春·创业杭州”系列活动。通过举办“青春·创业杭州”论坛，邀请知名企业家进行创业讲座；开通创业热线，组织指导团成员接听热线，帮助解答创业青年的疑问；成立“青春·创业杭州”俱乐部，邀请专家学者与创业青年开展交流；举办青春创业大赛，帮助青年实现创业梦想。帮助青年树立正确、科学的创业理念，提升创业素质，投身创业实践。

【开展青少年维权行动】 杭州市以“保护明天”行动为统揽，拓展优秀“青少年维权岗”创建范围，将创建领域延伸到教育、民政系统，扩大青少年权益维护工作覆盖面。实施青少年违法犯罪社区预防计划，开展“法律进社区、进课堂、进家庭”活动，下发“杭州市青少年法律援助卡”3万张。成立市律师志愿服务队青少年法律援助工作部，开展“青少年维权行动月”活动。市青少年热线开通96354服务热线，在5个社区建立辅导站。团市委与市文化局联合成立杭州市网络文明志愿服务队，与市禁毒办联合开展“社区青少年远离毒品”行动。

【争创绿色文明号】 围绕“环境立市”战略，各级团组织开展“争创绿色文明号，争当环保志愿者”活动，市环保志愿服务总队开展“环保知识进万家”知识竞赛和“生态家园，绿色天堂”环保宣传。建立省级“保护母亲河”生态监测站7个，省级“保护母亲河号”8个，绿色文明号争创单位65个。

【召开第七次少代会】5月31日~6月2日，中国少先队杭州市第七次代表大会召开。大会对5年来全市的少先队工作给予充分肯定，指明了新形势下全市少先队组织和广大少年儿童的历史使命和光荣任务，对加强和改进未成年人思想道德建设提出新要求。会议表彰了第七届“杭州市十佳少先队员”和“杭州市十佳辅导员”，听取并审议通过了团市委副书记柴宁宁代表市第六届少工委所作的《把握新机遇，促进全面发展，为培养和造就社会主义现代化事业合格建设者和接班人而努力奋斗》工作报告。选举产生第七届少工委，团市委副书记柴宁宁、市教育局副局长沈建平当选为市少工委主任。

【召开第十次学代会】 12月13日~15日，杭州市第十次学生代表大会召开。大会回顾总结5年来市学联在学生运动中取得的成绩，对涌现出来的先进学生集体和个人进行表彰和奖励，对以后5年全市学联工作进行全面规划。讨论通过市学联缪周维同学代表市学联第九届委员会所作的《肩负时代使命，树立远大理想，促进全面发展，为造就杭州新世纪建设者和接班人而奋斗》的工作报告。选举产生市学联第十届委员会，缪周维当选为新一届学联主席。会上展示了杭州市学生联合会标志，开通杭州学联网站，推出名师论坛——“辅学通”公益助学行动。

【加强共青团自身建设】 杭州市以党建带团建为原则，以开展机关效能建设，探索和发展团内基层民主为重点，加强团的基层组织建设和团的作风建设。探索团内基层民主，在萧山、富阳4个乡镇和富阳市开展团代表常任制试点，推进基层团组织班子直选。加强青年中心试点建设，开展“一心一品”特色争创活动，全年新建青年中心8个。推荐优秀团员入党2845人，培训团干部6300人次；开展“新时期团干部形象”讨论活动，提升团干部综合素质。

杭州市举办第7个成人节

【青联为杭州建设服务】2004年,市青年联合会开展"我为七大难问题"献计献策活动,与市青年企业家协会联合召开"邓小平与青年企业家成长"研讨会,慰问援疆干部并出资10万元援建新疆民丰县中学图书馆,与杭州电视台等媒体联合主办"高校公益广告大赛"。

发挥市青联志愿服务者总队作用,组织青联委员和青年志愿者先后赴省武警总队、市看守所、淳安县富文乡、临安市藻溪镇、桐庐县莪山畲族乡,以及省市重点工程——杭千高速公路桐庐段施工现场,开展"警地四联"、结对帮扶、"三下乡"、帮教慰问等活动。

拓展青年统战和外事工作新领域,与中国香港地区、台湾省以及比利时等地青年团体进行接触和友好交流,组团参加2004年英国利兹"中国周"、"中日青年文化交流日"等活动。加强对青年社团和基层青联组织管理,开展青联委员沙龙和界别组等活动。 (唐洁秋)

·妇女组织·

【妇女组织概况】 全市有街道、镇(乡)妇联组织213个,社区妇联组织560个,农村妇代会4116个,党政群机关、民主党派、科教文卫等事业单位妇女委员会308个,妇女之家、妇女学校、妇女活动中心等各类妇女活动阵地4000余个。市妇联下属13个区、县(市)妇联,4个妇女工作委员会,3个直属事业单位。

加强各级妇联班子建设。市妇联下发《关于切实加强各级妇联领导班子能力建设的意见》,以创建学习型、创新型、服务型、务实型班子为目标,增强各级妇联组织的战斗力。搞好干部作风建设,出台《关于加强机关效能建设争创群众满意单位的实施意见》,制订岗位责任制、首问责任制、AB岗工作制、来访接待制、限时办结制、工作调研制、基层联系制、失职追究制等8项制度,对制度落实情况进行督促检查。协调8个区、县(市)调整妇联班子,配齐配强班子。举办专(兼)职妇女干部培训班和处级女干部培训班,提高女干部综合素质。探索建立妇联常委执委、妇女代表联系制度,畅通与各阶层妇女群众联系的渠道。注重发挥团体会员、民主党派(工商联)妇委会以及横向组织的作用。

2004年,市妇联获得全国"三八"红旗集体、全国各族农村妇女"双学双比"竞赛活动先进集体,省"巾帼建功"先进协调单位、省妇女权益保障工作先进集体,市直单位满意单位、市直单位目标管理责任制考核成绩显著单位、市帮扶工作先进集体市综合治理优秀达标单位、市再就业先进工作单位等称号。

【实施姐妹帮扶工程】 全市妇女组织开展结对帮扶活动,女党员、女干部3570人与2803个低保困难家庭的妇女结对帮扶,在节假日、粮油调价、高温期间,以走访、慰问、助学助医、帮助就业等形式,为困难妇女提供帮助。全年送慰问款物95.11万元,其中助学款40余万元、助医款42万元、其它款物13.11万元。市妇联联络市首家女子医院(杭州建国医院),开展"献爱心送健康"活动,为3800个低保困难家庭妇女送出价值100万元的爱心体检卡。拓展就业岗位,基本形成市、区县(市)、乡镇(街道)、社区(村)4级协调指导来料加工的组织网络,家庭来料加工业务迅速拓展。全市已建来料加工点552个,涌现经纪人513人,从业人员6.2万人,发放加工费8077万元,帮助2.8万名下岗失业(失土)妇女实现非正规就业。新建"巾帼再就业基地"39个,两年累计创建"巾帼再就业基地"95个,为1万余名下岗失业(失土)妇女提供就业岗位。

树立扶持先进典型,开展市杰出女企业家和优秀女企业家"双十佳"评选以及姐妹帮扶结对先进集体(个人)评选活动,评出创业、再就业先进个人20人,30个帮扶工作先进集体及个人。各级妇联宣传扶持妇女创业、再就业及帮扶工作先进典型296个。开展针对性教育培训,帮助下岗失业(失土)妇女转变观念,树立信心,提高综合素质和劳动技能。全年举办各类培训班231期,参加培训妇女1.38万人。

【实施农村妇女素质培训和富余劳动力转移工程】市妇联依托杭州龙网及现有培训机构,全年建立培训、实验基地186个,组建687人的师资队伍,形成农村妇女技能培训网络,强化教学管理手段,提高培训质量。与有关部门合作开展联合办学和送科技下乡等活动,与各区、县(市)联合举办各种定单培训。全年举办各类技能培训班200余期,100个乡镇的1.89万名妇女受训。

根据区域经济和块状经济的优势,推动农村妇女富余劳动力的转移,注重来料加工业发展,开发家政、绿化、卫生等就业门槛低、适合农村妇女的工作岗位。通过举办洽谈会、招聘会、发布招工信息等形式,创建交流平台,提供就业信息,帮助农村妇女实现非正规就业。全年有1.73万人通过"订单式培训"走上非正规就业岗位,推荐就业率91.3%。通过举办农家女能手培训班,组织科技、医疗、法律服务"三下乡"活动,编印《农村妇女科技信息报》等,促进农业科技管理知识在农村妇女中的推广、普及和应用。培育"巾帼科技示范基地",扶持农业龙头企业,带动农村妇女增收致富。

全市8.2万名农村妇女接受农业技术培训,3393人获绿色证书,新评女农民技术员2706人。建立妇女参加的各类农业科技指导合作性组织93个。营造"三八"绿色工程基地215个,面积达5107公顷;营造绿色通道52条,长度达182.2千米。

【创建五好文明家庭】2004年,结合杭州环保模范城市复检和生态市建设规划要求,开展浙江省暨杭州市"关注生态·家庭护绿大行动","迎'创模'复检、环保知识进万家"知识竞赛,创评35户市级"绿色家庭"等活动,使创建活动在"环境立市"中发挥作用。结合全国妇联提出的"亿万妇女健身·健康"要求,举办"联通杯"首届妇女健身大赛,"三八"节期间,举行"万名好妈妈鲁迅故里一日游"大型活动。结合杭州抗缺电、战高温行动,在居民中发起"节电进万家"活动,争取每家每月节约10千瓦时电,为政府分忧、为企业解难、为孩子树榜样。市区基础条件好、创建普及率高的社区,向创特色家庭、星级家庭和文明楼道(楼群)方向深化,突出创建示范性;乡镇基础条件差、创建普及面不广的农村(社区),扩大和普及"五好文明家庭"的创建面,体现创建平衡性。来杭务工家庭、单亲家庭、丧偶家庭被列入创建范围，提高了创建积极性。适时修改“五好文明家庭”创建条件，体现创建时代性。开展“五好文明家庭”创建工作调研，查找创建中的问题，寻求解决方法。召开创建工作研讨会，交流调研成果，优秀调研文章汇编成书并推广应用。评出“五好文明家庭”13 万余户，全市有各级“五好文明家庭”108 万余户，约占全市家庭总数的 56.14%；“五好文明楼群（单元）”1.77 万个。

【开展“男女平等国策宣传年”活动】 3 月 8 日，市委书记王国平就落实男女平等基本国策发表讲话，并在《浙江日报》刊登。6 月 13 日，全国人大常委会副委员长顾秀莲到杭作男女平等基本国策专题报告，杭州市部分领导干部和各界妇女代表参加报告会。市妇联联合各新闻媒体，抓住有利时机，开展男女平等基本国策的宣传。推动马克思主义妇女观和男女平等基本国策的教育进党校、进课堂。

【维护妇女权益】 全市 75%的村和 91%以上社区建立了妇女维权站。通过设置投诉信箱、开设妇女热线、设立咨询调解站（谈心室）、建立健全“三项制度”等形式，发挥基层妇女维权站的预警、预报功能，完成由被动等待向主动超前维权的转变，形成妇联、公安、司法等社会力量合力维权的新机制。介入家庭暴力案例率达 100%，市、区两级妇联全年接受家庭暴力投诉 102 起，投诉率为 0.54 起/万户，达到创建全国文明城市 A 级标准。参与禁毒帮教，组织开展“让我们共同驱赶毒魔”座谈会，对吸毒人员进行面对面爱心帮教，向全市家庭及母亲发出“不让毒品进我家”的倡议。省、市妇联联合开通“心之桥”妇女维权热线，组建近 170 人的妇女维权志愿者队伍，每周 3 次为妇女提供心理和法律咨询服务；与司法部门联合开展“三八”妇女维权周活动，法律专家坐堂咨询，杭州电台开设律师热线，启动模拟法庭宣传活动。坚持每月两次市妇联领导接待日制度，建立每星期一法律专家咨询日制度，加强信访案件的调处力度，开展法律服务和诉讼代理等。探索妇女维权发言人制度，发布维权工作中重大、典型性侵权问题。据统计，市妇联全年接受处理来信来电 1177 件，办结率 99.9%。

举办杭州市首届妇女健身大赛

【开展“农嫁女”权益维护试点】 2004 年是《中华人民共和国农村土地承包法》实施一周年，市妇联就关系“农嫁女”权益受侵害问题开展调研，坚持依法办事、积极稳妥、分类处理、因地制宜的原则，提出解决“农嫁女”问题的建议，在广泛听取各部门对维护“农嫁女”权益问题意见的基础上，起草《杭州市“农嫁女”权益维护工作实施意见》（草案）。西湖区启动实施“农嫁女”权益维护试点。解决突出问题，从源头上维护妇女合法权益。

【落实“十五”期间妇女儿童规划】 4 月 16 日，召开全市妇女儿童工作会议，总结“十五”期间妇女、儿童规划实施以来取得的成效，针对薄弱环节，提出任务要求，通过新闻媒体向社会通报《规划》中期监测评估情况，提高社会认知度。开展“十五”期间规划前四年监测指标统计，建立“十五”期间两个《规划》监测统计指标的综合评价体系，加强规划指标的动态监测。针对杭州市流动人口妇女儿童的状况进行调研，为政府加大干预力度提出意见和建议。加强妇女儿童工作委员会办公室建设，调整和充实成员单位领导和联络员队伍，召开全市妇儿工委办公室能力建设会议，发挥市妇儿工委的整体作用，确保全市“十五”期间妇女、儿童发展规划的如期实现。

【加强未成年人思想道德建设】 6 月 24 日，杭州市召开“我做合格小公民”道德实践活动现场会，启动“我做合格小主人，我为创建加一分”道德实践活动。举办“感受春天”中小学生春假征文比赛，探索新形势下加强和改进未成年人思想道德建设的方法、手段、载体。市妇联会同市文联、市美术家协会对失足少年开展“艺术献爱心，帮教进大墙”活动，帮助未成年犯罪人员重树人生理念。市妇联募集助学经费 2.22 万元实施“春蕾计划”，资助困难女童 22 人。各级妇联募集资金 88 万余元，为困难女童 1387 人提供帮助。“六一”节慰问儿童少年和儿少工作者。举办“家庭教育 10 个热点话题万人谈”、家教知识竞赛和“今天我们怎样做父母”家庭教育巡回报告等。市家教讲师团举办家教专题讲座 180 余场次；各级妇联举办家庭教育讲座 1541 场次，21.6 万名家长听讲；举办家庭教育咨询服务活动 561 场次，服务家长 7.4 万人次。开展“示范家长学校”评选，促进家长学校管理的规范化、科学化、制度化。全市中小学、幼儿园办家长学校 1521 所，办学率为 93.3%，市级示范家长学校 66 所，区、县（市）级示范家长学校 253 所。各区、县（市）在报纸、广播、网络上开办“家教专栏”。全市撰写家庭教育理论文章 453 篇，促使“十五”计划中量化指标的实现。

（叶　琦）

杭州青少年活动中心

该中心创建于1963年，具有42年的发展历史，是杭州唯一的市级青少年校外教育机构。中心坚持“社会育人、育社会人”的理念，注重发挥自身传统优势，积极改革创新，为孩子们提供了综合化、个性化的校外教育服务，在全省青少年宫乃至全国青少年宫中起着示范、带动作用。

省市各级领导非常重视青少年的成长和杭州青少年活动中心的改扩建工程，市委、市政府将该工程列入杭州市十大文化设施的标志性工程。

省委书记、省人大常委会主任习近平等领导在参观视察活动中心后，肯定了活动中心开展未成年人喜闻乐见的活动，特别是针对外来务工人员子女、残疾儿童和困难家庭子女等特殊群体开展的公益性活动，进一步体现了教育分享、教育平等的校外教育思想和服务理念，产生了良好的社会效益。

中心将继续深入贯彻党中央、国务院《关于进一步加强和改进未成年人思想道德建设的若干意见》精神，以品牌化、现代化、集团化、综合化、国际化为总体发展目标，努力做强、做大杭州青少年校外公益教育事业。

“六一”节，省委书记习近平到中心慰问少年儿童。

小动漫迷正画着“卡通瓶”

在“流动少年宫进社区”活动中，孩子和家长观看机器人爬楼梯。

“七艺节”少儿专场——《西湖的孩子》被评为最受欢迎的群文演出节目

组织承办首届杭州外来务工青年大型公益集体婚礼

·劳动保障·

【劳动保障概况】 2004年,全市各级劳动保障部门围绕市委、市政府着力解决"七难"的要求,按照"发展、创新、稳定、为民"的总体思路,认真做好劳动保障各项工作。养老保险扩面成绩显著,医疗保险制度改革进一步深化,被征地农转非人员社会保障政策全面落实,企业退休人员社会化管理工作全面推进,农民技能培训全面启动,企业工资分配调控体系基本形成,劳动关系调整得到加强,劳动保障维权力度加大,各项基础建设不断完善。

杭州市人民政府获2004年度全国再就业工作先进单位称号,市劳动保障局获2004年度全省再就业工作先进单位称号。

【超额完成就业再就业任务】 2004年,就业再就业工作继续被列为市政府为民办实事项目之一和各级党委、政府目标任务考核内容。市劳动保障局对再就业优惠政策进行细化完善,提高用人单位的用工补助和社区公益性岗位补贴,延长优惠政策的享受期限,放宽优惠政策的享受条件,规范申领补助操作办法。各级政府加大再就业资金投入力度,全年使用再就业专项资金2.2亿元,其中市本级1.33亿元。至年末,全市新增就业岗位14.1万个,失业人员实现再就业13.72万人;城镇登记失业人数7.27万人,其中6城区4.26万人(不包括萧山、余杭区,下同),城镇登记失业率控制在4.33%,超额完成各项就业再就业任务。

【深化就业援助工作】 各级劳动保障部门结合第五次"春风行动",深化就业援助工作。全年举办专场招聘会184场,新增公益性岗位6558个,新增机关事业单位勤杂岗位4514个;累计创办非正规就业劳动组织431个,有从业人员3457人。年末,全市为失业人员2.69万人发放一次性就业援助补助费7698.9万元。全年提供小额担保贷款916笔,计2316.8万元;累计发放《就业援助证》14.84万份(人),其中实现再就业8.96万人,持证人员就业率60.38%。至年末,全市就业困难人员实现再就业5.37万人。

【加强劳动力市场建设】 2004年,全市各级劳动力市场根据自身特点定期举办专场招聘会,开展企业用工需求情况调查和外来人员流动就业抽样调查,组织群体职业指导课,加强与经济欠发达地区的劳务协作,确保杭州市外来劳动力的有序流动。至年末,全市通过各级人力资源市场和四级就业信息网络,提供岗位110.2万个次,求职登记55.02万人次,介绍成功22.95万人次。

规范境外人员在杭就业管理。对聘用境外人员的用人单位开展专项检查,加强教育培训机构和酒店、餐饮等服务性企业聘用外国人的审查管理,完善落实就业证审批程序。全年为境外人员2598人次审批办证。

【推进社会保险扩面工作】 2004年,6城区和萧山、余杭、富阳、临安、桐庐等区、县(市)全面实施按工资总额征缴养老保险费的征缴机制。萧山、余杭、富阳巩固养老保险全覆盖成果,其他区、县(市)加大征缴力度。至年末,全市基本养老保险缴费155.41万人,其中企业缴费139.46万人、机关事业单位缴费15.95万人。全年收缴企业基本养老保险基金48.41亿元,支付能力达9.81个月,比上年末提高2.5个月。

至年末,全市基本医疗保险参保172.35万人,比上年增加16.7万人;收缴医疗保险基金24.33亿元,支出16.82亿元,当年结余率31%。全市失业保险参保105.73万人(6城区74.88万人),增加7.02万人;收缴失业保险基金4.41亿元(6城区3.27亿元),支出1.6亿元,累计结余7.04亿元。全市工伤保险参保88.45万人(6城区57.28万人),增加24.16万人;支付工伤保险费用3345万元(6城区1661万元)。全市生育保险参保79.78万人(6城区58.79万人),增加10.58万人;收缴生育保险基金7655万元(6城区6279万元),支付生育补偿费5243万元(6城区4595万元)。

【深化医疗保险制度改革】 1月1日起,杭州市本级25.99万名企业退休人员实行门诊医疗费社会统筹管理。11月,市政府出台《杭州市人民政府关于修改〈杭州市城镇基本医疗保险办法〉的决定》,将企业退休人员门诊统筹约定医疗机构由1个调整为2个,取消参加门诊统筹退休人员1个年度内第二次及以上住院的起付标准。出台实施参保人员医疗困难互助救济政策,降低未持

市劳动保障局机关党员为市民提供劳动保障政策咨询服务

困难家庭救助证参加门诊统筹的退休人员申请医疗互助救济条件。至年末，市本级基本医疗保险医疗互助救济资金补助991人次，补助金额387.17万元。市本级基本医疗保险定点医疗机构265个，比上年末增加93个；定点药店115个，增加62个。

【完善工伤、生育保险工作】 2004年起，浙江省属703个企业的6.6万名职工转交杭州市管理，部属企业的工伤认定和劳动能力鉴定由杭州市承担，工伤保险管理体制调整顺利到位。市劳动保障局切实贯彻落实《工伤保险条例》，制定出台《杭州市工伤保险行业差别浮动费率办法》，根据用人单位的行业风险类别确定相应的工伤保险费率，促进工伤预防。至年末，全市受理完成工伤认定案件5443件，受理劳动能力鉴定案件4465件。完善生育保险政策，降低征缴比例，提高待遇支付标准。

【落实被征地农民社会保障政策】 2004年，杭州市各区、县(市)被征地农民的社会保障政策已全部出台并组织实施。各级政府和劳动保障部门结合当地实际，创新工作思路，主动开展服务，建立有效的督办机制，平稳、有序地推进被征地"农转非"人员的社会保障工作。至年末，全市被征地"农转非"人员中有7.13万人参加职工基本养老保险和"双低"(低标准缴费、低标准享受)养老保险，6.09万人享受各类生活补贴。

【退休人员社会化管理工作全面启动】 2004年，市委、市政府出台《关于进一步推进我市企业退休人员社会化管理服务工作的意见》，杭州市企业退休人员社会化管理工作进入实施阶段。6月起，分期分批进行企业退休人员人事(档案)关系移交工作，组织9次大型现场办公活动。落实退休人员活动场地和工作经费，配备专职人员，开展形式多样的服务工作。至年末，全市已有企业退休人员33.81万人实行社会化管理。

【探索再就业培训新路子】 至2004年末，已建杭州市职业技能培训学校等34个首批市级再就业培训基地。探索再就业培训新路子，"企业出单、培训机构定单、政府买单"的伙伴式、定单式再就业培训方式，在实践中取得较好效果；全面落实失业困难群体再就业免费培训和鉴定费用补贴政策，动员行业、企业、民主党派、工青妇组织及社会各类职业培训机构，积极参与再就业培训。西湖区在13个街道(乡镇)建立培训基地，临安、建德、淳安等县(市)加大再就业技能培训力度。全年有失业人员5.9万人接受再就业培训，其中技能培训3.61万人，占培训总数61.2%；培训后就业率为60.5%。

【大力推进职业技能培训鉴定工作】 普遍开展以职业技能培训为重点的多渠道、多层次、多形式的农民培训工作，努力提高培训的针对性、实用性和有效性。全年培训失地农民2.72万人，培训已在二、三产业就业的农民6.38万人。推进高技能人才培训和职业技能鉴定工作，组织实施企业百万职工"双证制"(学历证书、职业资格证书)培训工程和国家高技能人才培训工程，开展各类技能竞赛和技术比武。全市参加技能考核鉴定6.96万人，取得职业资格证书6.51万人，其中初级3.66万人、中级1.88万人、高级8478人、技师1187人。

全市技校招生7537人，比上年增长20.8%。杭州市在全省的技校实习教师和学生技能竞赛中均获优异成绩，萧山技校实习教师在全国比赛中获第五名。技校学生就业率明显提高。杭州市第一技师学院(杭州市高级技工学校)正式挂牌成立，淳安县技工学校完成省级重点技校的评估和审批工作。

【宏观调控企业工资分配】 2004年，杭州市基本形成以最低工资、工资指导线、工资指导价位与工资集体协商制度为主体的企业工资分配调控体系。确定2003年市区职工平均工资(含城镇私营单位)为21314元、2004年非全日制用工最低小时工资标准为5.2元/小时；发布2004年企业工资指导线；发布304个工种(岗位)、35个行业、11种企业类型、11个专业技术等级以及不同学历职工的劳动力市场工资指导价位。全市开展工资集体协商的企业有8674个。

【加强劳动关系调整】 2004年，市劳动保障局在对企业劳动关系调整进行调研的基础上，出台《关于进一步健全和完善劳动关系协调机制加强劳动关系调整工作的意见》。至年末，全市签订劳动合同126.79万份(人)，签订率91.3%；签订集体劳动合同的企业17673个。全市立案受理劳动争议案件1921件，比上年上升4.9%；涉及劳动者3867人，结案率94.6%，为双方当事人追回经济损失2777.4万元。市本级和萧山区分别组建劳动仲裁院。至年末，全市已组建企业劳动关系调解组织4262个，乡镇(街道)调解组织179个；调解处理劳动争议案件5556件。

【劳动保障执法监察】 2004年,市劳动保障局组织开展农民工权益保障、规范劳动用工等5次全市性的专项监察和整治。下城、萧山区建立欠薪农民工生活保障应急周转金制度,6城区和余杭、富阳、桐庐、建德、淳安等区、县(市)实施建筑企业工资支付保证制度。全年各级劳动保障监察机构检查用人单位3.2万个(次),涉及职工127.5万人。其中,受理群众举报投诉1.01万件,处理突发性事件327件。经监察,补签劳动合同16.52万份,追发工资及待遇6500.77万元,补缴社会保险费2693.9万元,取缔和整治非法职业中介机构74个,清退风险抵押金246万元。

【加快劳动保障基础建设】 全市各级劳动保障部门以"制度化、规范化、科学化"为目标,切实加强劳动保障站(室)建设。至年底,全市所有街道(乡镇)、社区均已建立劳动保障站(室),管理逐步趋向规范化,工作领域不断拓展。江干、西湖、拱墅、滨江、余杭区积极开展劳动保障服务机构向行政村延伸工作,取得较好效果。

推进劳动保障信息化建设。市劳动保障局筹建电话咨询服务中心,"五险合征"社会保险管理信息系统进入全面开发阶段,社会保险部分险种实现集中征缴。萧山、余杭、桐庐等区、县(市)进行"五险合征"社会保险管理信息系统的开发实施。 (陈碧波)

·人事·

【人事概况】 2004年,全市人事部门贯彻落实全国和省、市人才工作会议精神,牢固树立科学发展观和科学人才观,大力实施人才强市战略,始终坚持"围绕中心,服务大局"的指导原则,引才引智工作再创新高,高层次和紧缺人才的培养力度不断加大,人才评价和使用机制日益完善,公务员队伍建设得到加强,事业单位改革稳步推进,军转安置工作顺利完成,效能建设卓有成效,各项日常工作都取得新的成绩。

杭州人事人才网(www.hzsrsj.gov.cn)和市人事局(编委办)办公自动化系统(OA)网建成并投入运行。形成由杭州人事人才网和杭州人才网、杭州毕业生就业网、杭州专家与留学人员网、杭州考试培训网等子网站整合而成的人事公共信息服务平台。

【首次召开全市人才工作会议】 2月15日~16日召开。市委书记王国平、市长茅临生、市委副书记朱报春出席会议并讲话。会后,出台《中共杭州市委、杭州市人民政府关于大力实施人才强市战略的决定》,成立市委人才工作领导小组。市人事局拟制的5个人才政策已经市人才工作领导小组讨论通过并上报市委、市政府审批。出台《杭州市人民政府办公厅关于杭州市实行人才居住证制度暂行规定的通知》、《市委办公厅市政府办公厅关于实施杭州市紧缺人才培训工程的意见》。

【引进各类人才30954人】 2004年,市人事局通过接收毕业生和举办大型人才招聘会、人才集市、专场招聘、外出招聘等多种形式,引进各类人才30954人,比上年增长23%。其中博士102人、硕士1551人、本科14895人。9月起实施人才居住证制度,年内有110人办理人才居住证。

【引进国外智力列入国家计划单列】 市人事局全年引进11个发达国家的88名专家到杭州市的电子软件、生物医药和制造业等企业进行技术指导。杭州飞鹰船艇公司引进的德国专家克劳斯被国家外国专家局授予"国家友谊奖",万向钱潮股份公司被国家外国专家局命名为"国家引智示范单位"。在杭州市建立国家集成电路师资杭州国际培训中心、国际医护英语和职业技能培训中心,邀请美国斯坦福大学、麻省理工学院等世界一流高校的专家教授来杭讲课。杭州市引进国外智力列入国家计划单列。

【发布人才开发目录】 2004年,市人事局发布并组织实施《杭州市2004年及未来三年人才开发目录》,发挥政府在人才资源开发中的宏观调控作用和服务水平。从《目录》来看,杭州市对信息产业、生物医药、现代制造业、现代服务、文教卫生、经营管理等人才的需求层次明显提高,对富有工作经验、研发能力以及国际化、复合型的高层次人才需求旺盛,高技能实用型人才较紧缺。结合人才开发,部署杭州市"十一五"人才规划编制工作。

【继续实施"131"中青年人才培养计划】 经推荐选拔、专家评审和市新世纪人才工程协调小组审核,2004年全市确定新世纪"131"优秀中青年培养人选19人。至年末,全市有新世纪"131"培养人选1592人,第一、二、三层次人选分别为105人、320人和1167人,复合型人才明显增加。组织"131"培养人选19人组成杭州市科技创新和知识产权保护培训团,赴德国进行为期21天的培

第七届广州留交会杭州展台

杭州市企业高级经营管理人才评价推荐中心成立

训与考察。核拨“131”培养人选资助经费490.2万元，落实配套培养经费1.44亿元。组织开展全市“131”培养人选的阶段考核工作，对取得明显成果的培养人选提升层次，对因工作调动及其他不具备条件的培养人选进行调整。开发“131”培养人选信息库软件，开展信息采集工作。

【为留学人员创业服务】 2004年，市人事局组织UT斯达康公司等8个留学人员创办企业的代表赴北京参加由中宣部、人事部、教育部、科技部主办的中国留学人员回国创业成果展；组团参加第七届中国留学人员广州科技交流会，82个企事业单位推出100余个项目需求信息，40个单位招聘300余名人才。组织留学回国人员在杭创业资助资金申报评审工作，对在杭创业留学人员28人核拨资助经费408万元。为在杭创业留学人员30人解决经济适用住房，为留学人员112人办理工作证，协助留学人员12人办理工商注册、子女就学等手续。

【加强博士后科研工作站建设】 2004年，经省人事厅批准，新增浙江杭萧钢构股份有限公司和杭州钱江电气集团股份有限公司2个省级博士后科研工作站。至年末，全市有国家级博士后科研工作站22个，省级博士后科研工作站2个。全年新招博士后研究人员10人，新立项博士后研究课题7项。举办首期博士后科研工作站管理工作培训班，邀请上海市人事局、博士后工作办公室及同济大学、复旦大学、上海交通大学等6个高校与杭州市博士后工作站进行交流。组织参加中国博士后人才与科技项目浙江洽谈会，杭州市13个博士后科研工作站与17个高校签订建立博士后联合招收培养合作机制和博士后工作长效合作机制的协议；市人事局与复旦大学等14个高校签订建立博士后工作长效交流合作机制协议。

【深化职称改革】 2004年，杭州市坚持“个人申报、社会评价、单位聘任、政府调控”的职称改革思路，修订建筑、档案、图书、消防等系列中、初级专业技术职务以考代评和考评结合的有关政策，修改完善工程、农业、新闻等12个系列破格申报中级职务条件和量化评审标准。对有突出贡献的人才和特殊人才，打破申报程序和条件的限制，允许其申报评审相应的专业技术职务资格，全市有84人直接申报评审高级经济师。全年通过各类考试取得专业技术资格16735人；通过评审获得中级专业技术资格7163人、高级专业技术资格1681人，其中40岁以下晋升高级技术职务1228人，占总数的73%。至年末，全市高、中级专业技术人员分别为1.56万人和8.7万人。

【人才人事工作接轨长三角】 2004年，杭州市积极参与长三角紧缺人才培训服务中心的各项工作。该中心的主要任务是依托上海紧缺人才培训工程，开展长三角地区的紧缺人才培训，颁发的证书在上海、南京、杭州、宁波、无锡、苏州6城市互认。通过洽谈，杭州市引进现代物流、外语口译、汽车营销、国际贸易单证等长三角紧缺人才培训项目，先后建立长三角紧缺人才培训服务杭州中心桐庐、建德、淳安、萧山、富阳和杭州经济技术开发区6个分中心。至年末，全市参加长三角紧缺人才项目资格证书培训与考试5292

表55　2004年杭州市专业技术人员(含管理人员)继续教育情况

项目		总计	高研班	进修班	业务培训	外语培训	计算机培训	专业技术职务资格培训	学术讲座	成人学历教育	出国进修培训	其他形式
办班(期)		4 619	121	246	1 920	132	268	597	833	184	25	293
参加人数	合　计	272 685	2 319	9 268	135 927	8 936	12 037	39 905	39 497	14 942	467	9 387
	高级职务	18 944	645	579	11 283	563	290	580	3 539	189	166	1 110
	中级职务	83 278	1 380	5 564	41 144	3 173	4 109	8 809	14 065	2 554	161	2 319
	初级职务	120 229	187	2 904	62 341	3 022	4 487	24 944	13 171	7 586	91	1 496
	其　他	50 234	107	221	21 159	2 178	3 151	5 572	8 722	4 613	49	4 462

人，获得证书1517人。在长三角人才开发一体化第二次联席会议上，杭州市接轨上海的成果得到与会者的好评。

【专业技术人员继续教育】 2004年，杭州市开展多领域、多层次的专业技术人员继续教育工作。与北京大学、同济大学、大连理工大学等高校合作，建立杭州硕士教学基地；通过举办高研班、进修班和学术研讨、业务考察、成人学历教育以及外语、计算机培训等方式，全市专业技术人员有27万人接受继续教育，覆盖面在45%以上。成立杭州市继续教育协会，召开第一次会员代表大会。

【公务员队伍建设】 2004年，杭州市组织4次面向应届高校毕业生和社会人员公开招考公务员工作，审批录用国家公务员（机关工作人员）1235人。按照《党政机关竞争上岗工作暂行规定》，推进竞争上岗工作。对1993年以来国家公务员招考录用制度的执行情况进行全面检查。开展杭州、香港两地公务员实习交流活动，杭州市选派公务员5人赴港进行为期3个月的实习，香港选派公务员3人到杭实习。组织公务员《行政许可法》培训考试，2.9万人次参加。开展公务员初任培训、任职培训、业务培训和更新知识培训。市人事局会同市委组织部下发《关于开展国家公务员（机关工作人员）末位告诫工作的通知》并组织实施，拟制《杭州市国家公务员（机关工作人员）绩效考核实施意见（试行）》报市效能办审批。对2003年度考核不称职、基本称职人员53人，举办公务员基本素质培训班。首次评选、表彰市直机关“十佳公务员（工作者）”。全年办理公务员转任200人、调任37人。

【工资福利工作】 2004年，市人事局完成2003年机关事业单位调整工资标准和增加离退休费的实施工作。给全市机关事业单位在职人员18.34万人调整工资标准，人均增资53.19元；给离退休人员6.38万人相应增加离退休费。依据2003年度考核结果，为机关事业单位2.74万人正常晋升职务工资档次，为公务员5881人晋升级别工资。给连续三年考核优秀的公务员249人提前晋级。组织优秀公务员332人健康疗养，组织机关工作人员2.96万人健康体检。

【稳步推进事业单位改革】 2004年，制定下发《杭州市人事局关于贯彻实施杭州市事业单位实行人员聘用制度暂行办法的通知》和《杭州市事业单位工作人员考核暂行办法》。根据市政府《关于市属事业单位实施分类管理的意见》，对市属536个事业单位进行分类。已分类的427个事业单位中，有监督管理类90个、公益类243个、社会中介类24个、生产经营和后勤服务类70个。经分类，审核结果与上报要求相一致的348个，占分类总数的76%。市人事局参与市医疗、教育、卫生和文化体制等方面的改革。

【接收安置军队转业干部616人】 2004年，全市接收安置军队转业干部616人。在接收安置的计划分配军队转业干部572人中，有师职干部7人、团职干部141人、营职干部161人、连排职干部111人、专业技术干部152人，进行政机关、事业和企业单位的分别为476人、91人和5人。对进市区安置的营以下军转干部（含专业技术干部）实行考试考核的办法接收安置。对军转干部331人进行上岗前培训。安置随调家属75人。

【退休干部服务管理】 2004年，全市各级人事部门全面落实机关事业单位退休干部政治、生活待遇。市人事局组织市级机关事业单位退休干部5000余人参加“喜看杭州新变化”大型参观活动，组织退休人员1.05万人参加健康体检。杭州市退休干部大学调整课程设置，开设25个班次，有学员1100人。

【清理行政职能】 根据市委、市政府加强效能建设，提高办事效率的要求，开展市级机关行政职能清理工作。市编委办2004年通过召开各类座谈会和广泛征询意见、建议，对各单位上报的116项（次）职能运行中存在的问题进行分析和梳理，整理出79个职责交叉和职能不清的问题。经沟通协商，其中72个问题各相关部门已形成一致的处理意见，解决率91%。这项工作受到市委、市政府的肯定，中央电视台等新闻媒体对此进行了报道。

【规范事业单位登记管理】 2004年，全市办理事业单位法人设立登记51个，变更登记137个，注销登记31个。开展2003年度事业单位年度检验工作，全市应检事业单位4124个，年检合格3789个，合格率91.8%。完成全市事业单位法人登记管理数据库的信息汇总。举办第2期杭州市事业单位法定代表人培训班，参加培训116人。积极参与全国经济普查，对在杭的省、市、区三级2936个机关事业单位的单位名称、地址、法定代表人、联系电话等10项指标进行收集、汇总、核实。

（张　锦）

外事 侨务 台务

Foreign Affairs,Overseas Chinese Affairs & Taiwanese Affairs

·外事·

【外事概况】 2004年，杭州市外事工作以“服务中央总体外交、服务地方经济建设”为宗旨，为推动对外开放和经济社会全面发展服务。全年审批因公出国、赴港澳地区团组1741批、6832人次，分别比上年增长11.3%和26.1%；其中经贸团组974批、3523人次，增长2.5%和19.1%。代办护照1664批、6489人次，代办签证948批、4668人次，护照收缴率在90%以上。

全年邀请接待境外来宾240批、3393人次。其中，副部级以上代表团16批、184人次，国际友好城市、友好交流关系城市及其他友好往来城市的代表团73批、1451人次，世界500强企业代表43批、271人次，驻华使领馆代表团12批、46人次，国际会议代表、国际组织及民间友好团体和友好人士21批、635人次。

【主要出访活动】 王国平率团访问南非、埃及 3月15日~23日，省委常委、市委书记王国平率杭州市友好代表团一行6人前往南非、埃及进行友好访问。出访期间，代表团与南非开普敦市达成进一步推进两市交流合作的广泛共识，与埃及阿斯旺市签署两市友好交流与合作备忘录。

虞荣仁率团出访印尼、马来西亚 3月20日~31日，市政协主席虞荣仁率杭州市政协代表团一行7人访问印尼、马来西亚。

茅临生率团访问英国、爱尔兰、印度 4月17日~27日，市委副书记、市长茅临生率杭州市政府代表团访问英国、爱尔兰、印度。出访期间，代表团访问杭州市的友好城市——英国利兹市，参观爱尔兰著名软件企业Valista公司和3S公司以及著名的都柏林理工学院，访问总部设在孟买的印度塔塔咨询服务公司。

孙忠焕率团访问瑞士、瑞典和芬兰 8月16日，市委副书记、代市长孙忠焕率杭州市政府代表团一行6人赴瑞士、瑞典和芬兰考察访问。出访期间，代表团走访芬兰诺基亚公司和瑞典伊莱克斯公司，与瑞士日内瓦市签署两市友好合作备忘录。

表56 2004年杭州市其他重要出访团组

出访时间	代表团团长及职务	出访代表团	出访国家
2004-04-03	市人大常委会副主任吴键	杭州市人大代表团	加拿大、巴西
2004-05-01	市政协副主席蒋福弟	杭州市政协代表团	韩国
2004-05-23	副市长盛继芳	杭州市政府代表团	苏里南、巴西、阿根廷
2004-05-24	副市长裴长洪	杭州市政府代表团	德国、意大利
2004-06-13	市委副书记朱报春	杭州市友好代表团	南非、埃及
2004-07-01	市委常委、统战部部长徐松林	杭州市政府代表团	加拿大、巴西
2004-07-10	副市长杨戌标	杭州市城建考察团	俄罗斯、匈牙利等东欧国家
2004-07-25	市委常委、市委秘书长顾树森	杭州市文化代表团	俄罗斯、丹麦
2004-08-26	市委常委、市公安局局长张鸿建	杭州市警察代表团	巴西、阿根廷
2004-08-27	市人大常委会副主任林振国	杭州市人大代表团	丹麦、俄罗斯
2004-09-13	副市长金胜山	杭州市经贸代表团	俄罗斯、捷克
2004-09-16	市委常委、组织部部长王金财	杭州市友协代表团	南非、埃及
2004-09-17	副市长项勤		澳大利亚
2004-10-25	市委常委、宣传部部长于跃敏	杭州市新闻文化代表团	澳大利亚、新西兰
2004-11-14	副市长陈重华	杭州市文化体育代表团	瑞士、西班牙

【主要到访活动】 日本全日空航空公司常务董事中野雅男一行访杭 1月29日,市委书记王国平、副市长金胜山会见宴请中野雅男一行。

日本神钢建机株式会社社长石田孝一行访杭 2月3日,市委书记王国平、副市长金胜山会见宴请石田孝一行。

印度塔塔集团董事长拉腾·塔塔一行访杭 2月11日,市委书记王国平、市长茅临生、副市长金胜山分别会见宴请拉腾·塔塔一行,聘请拉腾·塔塔担任杭州市政府名誉经济顾问。

韩国三星电子半导体SLSI部社长权五铉一行访杭 2月27日,市委书记王国平、副市长金胜山会见权五铉一行,并出席三星半导体(中国)研究所开业典礼。

澳大利亚堪培拉市市长强·斯坦霍普一行访杭 3月16日,市长茅临生在西子宾馆会见宴请强·斯坦霍普一行,双方签署2004年两市友好交流合作备忘录。

日本航空公司社长羽根田胜夫一行访杭 3月19日,市长茅临生、副市长金胜山会见羽根田胜夫一行,并出席日航举行的通航庆祝宴会。

日本全日空公司社长大桥洋治一行访杭 3月29日,市委书记王国平、副市长金胜山会见宴请大桥洋治一行。

新加坡外交部兼贸工部政务部长林双吉一行访杭 4月6日,市长茅临生、副市长金胜山会见宴请林双吉一行。

意大利菲拉格慕公司总裁Ferragamo一行访杭 4月20日,市委书记王国平、副市长项勤会见宴请Ferragamo一行。

德国德意志银行运营总裁朱瑟福一行访杭 5月13日,市委书记王国平会见朱瑟福一行。副市长盛继芳参加会见。

英国壳牌公司副总裁彼得一行访杭 5月18日,市委书记王国平会见彼得一行。

英国约克—恒勃大区发展署主席特里·霍奇金森一行访杭 5月19日,代市长孙忠焕会见特里·霍奇金森一行。

英国BP公司集团副总裁全·乐驰一行访杭 5月19日,代市长孙忠焕会见宴请金·乐驰一行。副市长金胜山参加会见。

圭亚那议长拉姆古拉一行访杭 6月2日,市人大常委会副主任吴键会见拉姆古拉一行。

南非开普敦市议长普尔斯·盖文一行访杭 6月3日,南非开普敦市议长普尔斯·盖文一行访问杭州。市委书记王国平、代市长孙忠焕和市人大常委会副主任丁德明分别会见普尔斯·盖文一行。

美国默克公司执行副总裁兼首席财务官龙韵竹一行访杭 6月20日,代市长孙忠焕会见龙韵竹女士一行。

日本东芝公司顾问松本忠一行访杭 7月5日,市委书记王国平、副市长金胜山会见松本忠一行。

美国哈里斯郡郡长罗伯特·艾科斯一行访杭 7月6日,市委书记王国平会见宴请罗伯特·艾科斯一行。市委秘书长顾树森、副市长金胜山参加会见。

日本松江市市长松浦正敬一行访杭 7月18日,代市长孙忠焕会见宴请松浦正敬一行。市政府秘书长娄延安参加会见。

日本东京电力株式会社社长胜俣恒久率日本爱华经济文化考察团访杭 8月19日,市委书记王国平会见胜俣恒久一行。

日本东芝本社专务、PC社社长西田厚聪一行访杭 8月20日,市委书记王国平会见西田厚聪一行。

日本札幌市市长上田文雄一行访杭 9月3日~6日,日本札幌市市长上田文雄一行到杭访问,举办札幌旅游说明会。6日上午,市委书记王国平会见上田文雄一行。

美国洛克菲勒开发公司董事长尼古拉·洛克菲勒一行访杭 9月11日,市委书记王国平、副市长盛继芳会见宴请尼古拉·洛克菲勒一行。

瑞典伊莱克斯公司全球执行总裁约翰·百奇一行访杭 9月16日,代市长孙忠焕会见宴请约翰·百奇一行。

加拿大自然资源部部长艾弗德一行访杭 9月23日,代市长孙忠焕会见宴请艾弗德一行。

美国沃尔玛公司亚洲区总裁钟浩威一行访杭 10月12日,代市长孙忠焕会见宴请钟浩威一行。

美国华为3COM公司董事长克拉夫林一行访杭 10月13日,市委书记王国平、副市长沈坚会见克拉夫林一行。

英国利兹市议长马克·哈里斯一行访杭 10月15日,市委书记王国平会见马克·哈里斯一行,市委副书记叶明宴请客人。

俄罗斯喀山市副市长杜达耶娃·阿里菲娅一行访杭 10月16日,市委书记王国平与副市长项勤分别会见宴请杜达耶娃·阿里菲娅女士一行。

日本大阪昆仑会会长小林朗一行访杭 10月16日,市委书记王国

3月16日,市长茅临生和澳大利亚堪培拉市市长斯坦霍普签署两市友好交流合作备忘录。

表 57　　**2004年杭州市领导会见其他重要到访团组**

来访时间	会见领导	到访贵宾及代表团
2004-01-03	副市长金胜山	美国辉瑞制药公司全球外包总监 CHARD·NELSON 一行
2004-01-07	副市长金胜山	日本三井住友银行中国区总裁吉松均一行
2004-01-07	市委副书记叶明	意大利华裔友好人士代表团一行
2004-01-11	市长茅临生	日本 YRP(横须贺研究园区)株式会社社会长瓮昭男一行
2004-01-14	市委书记王国平	日本商会代表团一行
2004-01-14	副市长沈坚	瑞典 ANOTO 公司总裁约翰逊一行
2004-01-16	副市长沈坚	日本三菱综合材料株式会社社长西川章一行
2004-01-18	副市长项勤	意大利意中合作交流委员会秘书长乔治一行
2004-01-30	副市长金胜山	意大利杰妮亚公司总裁保罗一行
2004-02-04	市长茅临生	韩国驻沪总领事朴相起一行
2004-02-08	市长茅临生	香港亚洲电视有限公司董事、营运总裁余统浩一行
2004-02-10	副市长金胜山	法国 NORDON 公司董事长 DERRIN 一行
2004-02-14	副市长金胜山	瑞典伊莱克斯公司亚太区总裁 PETERBIRCH 一行
2004-02-16	市长茅临生	意大利驻华大使孟凯帝
2004-02-20	市长茅临生	瑞典驻上海总领事安蓝
2004-02-23	市长茅临生	古巴驻沪总领事马里奥一行
2004-02-24	副市长金胜山	日本 T&K.TOKA 株式会社社长增田亮三一行
2004-02-25	副市长金胜山	香港华讯集团董事长 RICHARD ZHANG 一行
2004-03-01	副市长裴长洪	日本拓殖大学访华团一行
2004-03-16	副市长沈坚	德国 ZF 公司总裁海尔一行
2004-03-20	副市长裴长洪	日本东京大学教授山谷一行
2004-03-29	副市长金胜山	日本经济考察团一行
2004-04-05	副市长裴长洪	意大利环境与领土部专家组一行
2004-04-06	副市长金胜山	墨西哥驻沪总领事毛家爱一行
2004-04-09	市长茅临生、副市长金胜山	日本 YRP(横须贺研究园区)株式会社会长瓮昭男一行
2004-04-10	市长茅临生	加拿大前驻华大使、加中贸易理事会总裁贝祥一行
2004-04-14	副市长金胜山	日本神钢建机株式会社社长石田孝一行
2004-04-15	副市长金胜山	法国 SEPPIC 制药公司总裁一行
2004-04-22	副市长金胜山	新加坡通讯艺术部部长李方献率领的商务考察团一行
2004-04-23	副市长金胜山	日本杭芝机电公司董事长山近隆一行
2004-04-26	市委副书记叶明	英国利兹"中国周"活动先遣小组一行
2004-04-27	副市长裴长洪	西澳洲政府发展部部长布朗一行
2004-04-29	市委书记王国平、副市长杨戌标	奥地利维也纳市政排水局局长卡塔鲁期卡一行
2004-04-29	副市长金胜山	日本 NZCST 公司执行役员常务南博一行
2004-05-08	副市长金胜山	美国《财富》杂志国际编辑罗伯特一行
2004-05-10	副市长金胜山	日本日立 SAS 公司常务奥村溥一行
2004-05-11	副市长裴长洪	韩国庆山市行政局局长张容祐一行
2004-05-12	副市长裴长洪	保加利亚行政学院院长乔治曼一行
2004-05-12	副市长金胜山	日本松下电器半导体株式会社社长古池进一行
2004-05-13	副市长金胜山	日本松下电器 HA 社社长林义孝一行
2004-05-13	副市长盛继芳	乌拉圭新任驻沪总领事卡洛斯一行
2004-05-14	副市长金胜山	日本神钢建机株式会社董事长森启次一行
2004-05-19	市委书记王国平、副市长沈坚	美国加州纳米技术研究院首席执行官杜曼尼一行
2004-05-20	市委书记王国平、副市长沈坚	法国阿尔斯通公司副总裁朱倍贺一行
2004-05-21	代市长孙忠焕	日本昭和混凝土工业株式会社社长村濑夫妇一行
2004-05-21	副市长金胜山	香港潮州同乡会主席唐学元一行
2004-05-27	代市长孙忠焕	澳大利亚驻华大使唐茂思一行
2004-05-27	副市长金胜山	普华永道英国公司全球投资指南负责人 MAYWELL NISNER 一行
2004-05-27	副市长金胜山	法国迪卡侬公司总裁克劳蒂一行和瑞典伊莱克斯公司亚太区总裁彼得一行
2004-06-09	副市长金胜山	香港生产力促进局副总裁陈锡动一行
2004-06-10	副市长项勤	马来西亚驻华大使马吉德一行
2004-06-11	副市长项勤	美国弗吉尼亚州科技部部长 Newstrom
2004-06-11	副市长金胜山	奥地利萨尔斯堡州副州长艾瑟尔一行

(续表 57-1)

2004-06-15	代市长孙忠焕	日本神钢建机株式会社社长石田孝一行
2004-06-18	副市长沈坚	意大利玻璃制品公司董事长艾里奥一行
2004-06-29	副市长裴长洪	泰国曼谷市副市长桑·尚格森美一行
2004-07-05	代市长孙忠焕	德国奥渌思集团亚洲区总裁穆桥石一行
2004-07-10	市委副书记朱报春 市委秘书长顾树森	俄罗斯喀山市市长助理萨基托夫·拉西赫
2004-07-10	副市长金胜山	日本东京三菱证券第一副总裁兼首席营运官松藤井太郎一行
2004-07-15	副市长金胜山	美国生物科学技术代表团一行
2004-07-16	副市长裴长洪	爱尔兰驻沪总领事孔吉瑞
2004-07-20	副市长沈坚	日本日产东风柴油汽车公司中国代表原田忠礼一行
2004-07-22	代市长孙忠焕	韩国江原乐园会长金真模、韩国中小企业风险投资公司董事长宋镐相一行
2004-08-05	副市长沈坚	德国德利多富信息系统有限公司商务总监 Horst Rodeing(霍斯特·罗德恩)一行
2004-09-03	副市长金胜山	西班牙加泰罗尼亚建筑师协会会长阿伦索一行
2004-09-06	代市长孙忠焕、副市长陈重华	韩国荣州市市长兼体育会长权宁昌一行
2004-09-07	副市长金胜山	美国 Pentair 公司法律总顾问朗尼斯·恩斯伍斯一行
2004-09-07	副市长金胜山	日本旭化成株式会社社长蛭田史郎一行
2004-09-09	副市长金胜山	法国液化空气集团公司总裁博天一行
2004-09-09	市人大常委会副主任丁德明	泰国参议院环境委员会第三委员会主席山姆逊一行
2004-09-12	市委副书记于辉达	西班牙马德里区区长路易斯·布朗特一行
2004-09-15	市委书记王国平	美国华源科技协会主席朱敏一行
2004-09-15	副市长陈重华	德国基尔市市长安吉丽卡女士一行
2004-09-16	副市长陈重华	德国汉堡市文化部部长韦尔克女士一行
2004-09-24	市人大常委会副主任安志云	日本慈永会理事长永野义孝一行
2004-09-25	市委副书记于辉达	巴基斯坦文官学院代表团一行
2004-09-27	市委书记王国平	日本奥野制药工业株式会社总裁奥野义和一行
2004-09-28	副市长金胜山	日本杭芝机电原董事长山近隆一行
2004-09-29	市委常委、宣传部部长于跃敏 副市长陈重华	香港亚洲电视有限公司董事、营运执行总裁余统浩一行
2004-10-06	副市长金胜山	罗马尼亚驻华大使夫妇一行
2004-10-12	副市长金胜山	美国美洲银行董事会顾问所罗门
2004-10-13	副市长金胜山	日本东芝公司专务古口荣男一行
2004-10-16	市委书记王国平、副市长金胜山	荷兰壳牌公司中国集团主席王郁章一行
2004-10-16	市人大常委会副主任丁德明	美国加州奥兰治郡政府主席史密斯率领的政府代表团一行
2004-10-16	副市长金胜山	美国、英国、爱尔兰、澳大利亚等 8 国驻沪总领事馆官员一行
2004-10-16	副市长金胜山	尼泊尔勒利德布尔市代市长科默尔·卡富尔一行
2004-10-18	市委书记王国平、副市长沈坚	美国奥的斯公司全球总裁布斯必博一行
2004-10-18	市委副书记朱报春、副市长盛继芳	南非开普敦市常务副市长加娃·萨米尔斯女士一行
2004-10-18	市人大常委会副主任吴键	日本松江市议会访华团一行
2004-10-21	代市长孙忠焕、副市长孙景淼	国际老龄协会第十六届大会代表一行
2004-10-21	市委书记王国平 市委常委、宣传部部长于跃敏	香港大公报社社长王国华夫妇一行
2004-10-23	市政协主席虞荣仁	法国中央大区卢瓦亥省议会副主席巴亥一行
2004-10-26	市委书记王国平	国际公园与康乐设施管理协会秘书长阿兰·史密斯一行
2004-10-28	市委书记王国平	新加坡淡马锡控股公司首席执行官 Hock Kuan 一行
2004-10-30	市人大常委会副主任丁德明	美国独立社区银行协会代表团一行
2004-11-02	市委书记王国平、副市长项勤	日本全日空航空公司副社长山元峰生一行
2004-11-03	副市长杨戌标	韩国庆山市代市长白俊镐一行
2004-11-03	代市长孙忠焕、市政协主席虞荣仁 市人大常委会副主任安志云 副市长金胜山	日本福井市市长酒井哲夫一行
2004-11-04	市委书记王国平、副市长沈坚	美国默克公司研发副总裁特纳一行
2004-11-04	副市长陈重华	菲律宾碧瑶市副市长鲍蒂斯塔一行
2004-11-05	市委书记王国平	韩国丽水市市长金忠锡一行

(续表 57-2)

2004-11-05	副市长沈坚	日本岐阜市副市长小野崎弘樹一行
2004-11-06	代市长孙忠焕	日本山口县岩国市政府代表团一行
2004-11-10	市委书记王国平、副市长金胜山	美国摩托罗拉公司资深副总裁梁念坚一行
2004-11-18	副市长金胜山	芬兰诺基亚网络集团高级副总裁派克·桑尼一行
2004-11-19	副市长金胜山	美国加州就业与经济发展委员会执行主任麦克·莫歇尔一行
2004-11-22	副市长金胜山	以色列 ZCI 公司营运执行官拉菲·穆尔一行
2004-11-24	副市长项勤	泰国旅游体育部副部长戈凯·吉拉派一行
2004-12-03	副市长金胜山	日本东京三菱银行股份有限公司常务董事田中达郎一行
2004-12-08	副市长沈坚	日本国际研修协会常务理事金子奉义一行
2004-12-08	副市长金胜山	日本众议院议员松岡利胜一行
2004-12-16	副市长金胜山	日本东京三菱银行中国室室长本冈真一行
2004-12-17	市委书记王国平、副市长金胜山	印度 Infosys 软件公司副总裁比诺德一行
2004-12-20	副市长金胜山	美国爱荷华州参议员德芮尔
2004-12-27	市委书记王国平	日本明治安田保险相互会社社长金子亮太郎一行

平会见小林朗一行。

日本航空公司社长羽根田胜夫夫妇一行访杭　10月16日~18日，日本航空公司社长羽根田胜夫夫妇一行来杭参加西博会开幕式和烟花大会等活动。17日，市委书记王国平、副市长金胜山在湖畔居与客人共进早茶。

联合国妇女协会访华团一行访杭　10月19日，杭州市对外友好协会会长虞荣仁、副会长华丽珍会见宴请由美国、英国等24个国家驻联合国的官员及其配偶组成的联合国妇女协会访华团一行。

英国驻华大使韩魁发一行访杭　10月20日，代市长孙忠焕会见宴请韩魁发一行。

日本三井住友银行董事长冈田明重一行访杭　11月1日，市委书记王国平、副市长金胜山会见冈田明重一行。

法国尼斯市第一副市长朱丽安娜一行访杭　11月6日，代市长孙忠焕会见朱丽安娜女士一行。5日晚，副市长盛继芳会见宴请客人。

第三届WTO与金融工程风险投资国际会议代表访杭　11月4日，副市长盛继芳会见宴请参加第三届WTO与金融工程风险投资国际会议的"欧元之父"蒙代尔等中外嘉宾。

韩国LG电子公司(中国)总裁孙晋邦一行访杭　11月17日，代市长孙忠焕、副市长金胜山会见孙晋邦一行。

加拿大555集团总裁大卫·格穆斯恩一行访杭　11月19日，市委书记王国平会见大卫·格穆斯恩一行。

新加坡"第一家"食品私人有限公司执行主席魏成辉一行访杭　11月30日，代市长孙忠焕会见宴请魏成辉一行。

日本国会议员、日本前邮政大臣自见庄三郎一行访杭　12月27日，代市长孙忠焕会见宴请自见庄三郎一行。

澳大利亚联邦众议员迈克尔·约翰逊一行访杭　12月29日，代市长孙忠焕会见宴请迈克尔·约翰逊一行。

2004中日友好卡拉OK大奖赛

【主要外事活动】　杭州至东京、大阪开通定期客运航线　3月28日，日本航空公司和日本全日空航空公司分别使用B767-300型和B767型飞机开通了杭州至东京、大阪的国际定期客运航线。杭州至东京航线每周9班，日航、全日空公司分别承运5班和4班；杭州至大阪航线每周5班，日航、全日空公司分别承运2班和3班。省委常委、市委书记王国平，副省长王永明、钟山，市长茅临生，市委副书记王建满，副市长金胜山，日航公司社长羽根田胜夫，全日空公司社长大桥洋治等出席了首航仪式。

联合国"威胁、挑战与变革"亚洲高级别研讨会在杭举行　4月2日~4日在杭举行。11名联合国改革高级别名人小组成员及来自近20个亚洲国家的30多名前政要、著名专家学者参加会议。4日晚，市政府在世贸中心世贸厅举行欢迎宴会，市委书记王国平、市长茅临生、副市长裴长洪等出席，国务院前副总理、联合国改革高级别名人小组成员钱其琛与中外来宾应邀出席。

富阳市与美国里弗班克市正式缔结友好城市关系 4月13日，两市缔结友好城市关系协议书签字仪式在富阳举行。富阳市四套班子领导和省、市外办负责人出席签字仪式。

2004年杭州国际青少年合唱交流活动 7月20日~22日在杭举行。参加此次活动的有来自日本、德国和中国杭州的中外学生330余人。市委副书记叶明观看演出，副市长项勤和市对外友好协会副会长华丽珍出席欢迎宴会。

杭州市与韩国丽水市结好10周年庆典活动在杭举行 7月26日~28日，韩国丽水市副市长李公州一行来杭访问，参加两市结好10周年庆典活动。27日举行庆祝仪式，副市长盛继芳和李公州分别代表两市政府致辞，共同签署《两市今后10年友好交流合作备忘录》。

杭州市赴日本举行大型招商引资和旅游促销活动 7月25日~30日，由市委书记王国平带队，市直各部门和各区、县(市)266人组成的大型代表团，赴日举办大型招商引资和旅游促销活动。

在杭外籍人士做客杭报集团 8月9日，市外办与杭报集团邀请在杭外籍人士近30人做客杭报集团，就外籍人士如何融入杭州主流社会，增进相互了解进行座谈交流。市委副书记叶明出席座谈会。

杭州市与日本岐阜市结好25周年庆典活动在杭举行 8月22日~23日，以岐阜市市长细江茂光、议长小林洋率领的岐阜市友好代表团一行访杭。市委书记王国平、市人大常委会副主任安志云、副市长裴长洪会见代表团全体成员，双方签署《两市友好交流备忘录》。22日晚，举行两市结好25周年庆典大会，副市长裴长洪代表杭州市政府向细江茂光授感谢状，以表彰他为促进两市友好事业所做出的突出贡献。

英国利兹"中国周"活动圆满成功 9月23日~28日，为庆祝杭州与英国利兹缔结友好城市16周年，由市委副书记叶明率领的杭州市政府代表团及经贸、工青妇、监察、媒体、文艺等各界代表团一行150余人赴英国利兹，举行"利兹中国周"系列活动。此次活动得到中国驻英国大使查培新和驻曼彻斯特总领事龚建忠的充分肯定和高度评价。

中国杭州—韩国丽水结好10周年庆典活动

日本松下杭州工业园奠基开工 10月18日，市委书记王国平、市人大常委会副主任丁德明、副市长金胜山、市政协副主席马时雍等出席日本松下电器产业株式会社投资的松下杭州工业园奠基开工仪式。该项目一期投资15亿元人民币，总投资额达19亿元人民币，是改革开放以来杭州市引进的最大外资项目。

杭州市与日本福井市结好15周年庆典活动在杭举行 11月3日~7日，福井市市长酒井哲夫率团来杭参加杭州市与福井市结好15周年庆典活动和西博会相关活动。代市长孙忠焕会见并宴请代表团一行，市政协主席虞荣仁出席纪念大会。双方表示要加强交流、世代友好、共同发展的良好愿望。

(邬莲平)

·侨务·

【侨务概况】 2004年，杭州市侨务部门充分发挥侨资源优势，坚持为经济建设服务和为侨服务紧密结合，凝聚侨心，发挥侨力，依法护侨。

市侨办接待华侨华人和港澳同胞93批、855人次，其中市领导会见客人16批、255人次。引进外资项目7个，总投资9820万美元，合同外资4600万美元。会同杭州经济开发区组团出访印尼、马来西亚、新加坡和澳大利亚，在雅加达、吉隆坡、新加坡和悉尼举行投资说明会，举办俄罗斯外经外贸商机推介会、西湖景区商业网点推介会等专题招商引资活动。指导旅日杭州籍华侨、留学人员成立日本浙江联谊会杭州同乡会。全年受理来信来访205件次，为侨服务办理实事35件。慰问困难归侨20户并发放慰问金。接受海外华侨和港澳同胞捐赠12批次，捐赠金额600.3万元。全国人大华侨委和省人大联合组成的执法检查组对杭州市贯彻执行《中华人民共和国归侨侨眷权益保护法》情况表示满意。

市侨联接待海外侨团人士16批、100余人次。举办春节团拜会，与市侨办联合举办杭州市侨界人士国庆、中秋茶话会。组织全市归侨侨眷观看展览、座谈交流、看杭城新变化等活动7次，归侨子女活动1次。处理涉侨信访5件，接待来访80余人次；走访慰问归侨63人。召开市侨联青田籍归侨侨眷联谊会第二次代表大会，完成换届。市出国留学人员家属联谊会组织浙江奥默医药技术有限公司等3个留学生企业参加第七届中国留学人员广州科技交流会，走访调研留学生创办的企业14个。建立区、县(市)侨联主席会议制度，全年召开会议3次。召开市侨联福利基金会第十五次暨石华玉医学专项奖第十四次颁奖大会，表彰优秀归侨子女1人、医学院校优秀学生和青年医生15人。建立归侨侨眷和区、县(市)侨联通讯员队伍，全年出刊《侨联工作简报》31期、《杭州侨联》7期。

市侨办与市侨联联合组织开展五年一次的归侨侨眷先进评比，评选出归侨侨眷先进个人43人。市侨联对六届侨联五年来的工作进行总结评比，评选出下城区侨联等侨联工作先进集体5个，先进侨联工作者12人。在第七次全国归侨侨眷代表大会上，詹家光、张小玲、甘凌峰被国务院侨办和中国侨联授予归侨侨眷先进个人荣誉称号。在浙江省第七次归侨侨眷代表大会上，杭州市余杭区侨联获省侨联授予的先进集体荣誉称号，王颖梅等2人获侨联工作先进个人荣誉称号；蒋敏德等6人被浙江省侨办、省侨联授予归侨侨眷先进个人荣誉称号。

（郑　军　李孟波）

【承办全国社区侨务工作座谈会】 9月5日~6日，由国务院侨务办公室主办、杭州市侨务办公室承办的全国社区侨务工作座谈会在杭召开。来自全国各省、自治区、直辖市和副省级城市侨办及部分基层单位的代表150余人参加会议。会上，杭州市侨办等13个单位介绍开展社区侨务工作的经验，国侨办副主任李海峰作重要讲话。与会代表还考察了西湖区文新街道德加社区和下城区武林街道竹竿巷社区的侨务工作。

【举办2004年杭州国际发展创业论坛】 11月1日~3日举行。该论坛系西博会投资合作周重要活动，以交流、发展、创业为主题，着重加强杭州企业与海外企业的联系和合作交流，拓展杭州企业的国际发展空间。来自12个国家和地区的华侨、华人专业人士和工商界人士80余人，以及杭州企业和有关方面的代表150人出席论坛。论坛期间，国侨办经科司、市有关部门负责人和UT斯达康通讯公司负责人作主题发言，有6个项目签约，总投资9300万美元，合同外资4400万美元。

【"世界华文媒体看浙江"采访报道团到杭采访】 应杭州市政府邀请，由14个国家和地区的21个华文媒体记者、4个国内媒体的记者组成的"世界华文媒体看浙江"采访报道团于10月16日到杭采访。记者们参加市情通报会、西湖博览会开幕式和参观高新技术产业开发区、杭州经济技术开发区后，在海外华文媒体上发表宣传杭州的文章(图片)30余篇(张)，向海外华侨华人全面客观地介绍了杭州市经济持续健康发展和社会全面进步的情况。

【海外华裔青少年中国寻根之旅夏令营】 7月，市侨办组织为期1个月的2004年海外华裔青少年中国寻根之旅夏令营，来自西班牙和比利时的海外华裔青少年38人参加。夏令营期间，营员们学习中文、绘画和武术等，参观考察杭州的历史文化名胜和农业园区，到杭州市民家中做客交流，还参观游览北京和上海。通过寻根之旅，增强了华侨华人新生代对祖国(籍)和故乡的感情。

【联合开展侨法宣传月活动】 为增强全社会的侨务法制观念，推进依法护侨工作的落实，市侨办、市人大民宗侨委、市政协港澳台侨委、致公党市委和市侨联于7月联合组织开展《中华人民共和国归侨侨眷权益保护法》宣传月活动。活动期间，召开侨界人士学习贯彻侨法座谈会；举办专题报告会，并邀请全国人大法律专家宣讲侨法；举办侨法知识竞赛活动，参赛4481人；悬挂宣传横幅278条，出墙报、黑板报765块；组织侨务干部、归侨侨眷1823人参加学习培训；印发侨法小册子4500本和宣传资料3.2万份。（郑　军）

【侨联换届准备工作】 8月，市侨联六届十一次常委会审议通过按时召开杭州市第七次归侨侨眷代表大会的决定。市委批转了市委组织部、统战部、市侨联党组关于市侨联换届整体方案，按照该方案和《中国侨联章程》，市侨联于年内完成换届各项筹备工作。做好中国侨联代表大会代表、委员候选人的推荐工作，詹家光、王坚、陈励君作为杭州市归侨侨眷代表出席第七次全国侨代会，詹家光、陈励君当选为中国侨联第七届委员会委员。完成浙江省侨联第七次归侨侨眷代表大会杭州市29名代表、11名委员候选人的推荐、考察工作，杭州市有11名候选人当选为省侨联第七届委员会委员。

【组团出访】 10月，市侨联欧洲侨情经贸考察团一行9人赴西班牙、法国进行考察访问。访问期间，考察团会见中国驻外使领馆官员；与旅欧浙江重点侨团，尤其是杭州籍侨团、侨胞进行深入交流；接受《欧洲时报》、《欧洲侨声报》、《星岛日报》等主要华文媒体的采访，大力宣传杭州；进行经贸考察和杭州投资项目与投资环境的推荐介绍。

【健全基层侨联组织】 年内，西湖区所辖6个街道和萧山区宁围镇、富阳市富春街道建立侨联组织；下城区朝晖街道施家花园社区等9个社区和西湖区灵隐街道浙大求是社区等3个社区建立社区侨联或街道侨联分会；建德市新安江街道健安社区建立侨联组织。至年末，全市有基层侨联组织42个。其中区、县(市)侨联10个，街道、乡镇侨联组织19个，社区侨联组织13个。建立富阳市出国留学人员家属联谊会。

【组织参加第五届世界华人小学生作文大赛】 市侨联会同拱墅区、富阳市、桐庐县侨联和教育部门组织全市27所小学的近2万名小学生参加由中国侨联、全国台联、《人民日报·海外版》、中国国际广播电台、中央电视台共同举办，河北省侨联协办的第五届世界华人小学生作文大赛。杭州市有276篇优秀小学生作文经初评被选送大赛组委会参评，27篇获奖。其中，一等奖6篇、二等奖11篇、三等奖10篇。桐庐县侨联获大赛组织奖。（李孟波）

·台务·

【台务概况】 2004年，杭州市对台工作坚持"和平统一、一国两制"基本方针和江泽民提出的"八项主张"、胡锦涛关于做好新时期对台工作的四点意见，坚决反对和遏制"台独"分裂活动。全市各级台办围绕市委、市政府的中心工作和"构筑大都市，建设新天堂"的战略，大力推进杭台两地经贸合作和各领域交流交往，加强对台宣传和涉台教育，妥善处理涉台突发事件，确保全市对台工作任务的完成，整体推进全市各项对台工作。

全年到杭探亲、旅游和经贸考察的台胞16.5万人次，其中市台办接待台湾各界到杭交流团组50批、855人次。杭州市各界赴台交流、考察、探亲980人次，其中赴台交流团组72批、321人次。杭台两地交流领域进一步拓宽，涉及文化、教育、科技、卫生、体育、宗教、工青妇、商业、工业、农业、金融、城建等。

【引进台资4.54亿美元】 市台办利用浙江经贸洽谈会和西博会经贸洽谈会等招商平台，广邀台湾工商界人士到杭参会和考察投资环境。年内有台湾电机电子同业公会、商业总会、工商建研会等主要同业公会核心人物，以及彰化工业总会、台北中小企业、旅游经贸协会、台湾海峡两岸贸易文化促进会和台湾青商会等经贸考察团37批、518人次应邀到杭考察，涉及精密机械、电子信息、软件设计、旅游商贸等行业。全市组织经贸考察团46批、173人赴台进行考察和招商洽谈，分别比上年增加70.4%、124.7%。全年引进台资企业86个，增资23个，总投资4.54亿美元，注册资金2.46亿美元，分别增长42.9%和26.3%。其中市台办直接牵线引进台资企业3个，协议利用台资1042万美元。

【举办海峡两岸高科技产业对接洽谈会】 为搭建杭台企业交流平台、开辟对台招商引资新途径，市台办于2004年西博会期间，举办海峡两岸高科技产业对接洽谈会，邀请台湾电子信息、软件设计、精密机械、生物医药、现代农业、金融证券和商贸服务产业等10多个经贸考察团组的280多位台商到杭参会。活动期间，召开杭台电子信息产业、台商投资、杭台高新农业生物科技产业和杭台商贸连锁产业等4场对接洽谈会，台湾蓝天电脑、台隆机电、华上光电等企业的参会台商与杭州士兰微电子、大自然光电科技、UT斯达康通信等相关企业的负责人面对面地洽谈；组织参会台商参加杭州市政府投资合作周暨杭州投资环境推荐会开幕式，考察杭州市主要开发区、农业园区，参观部分企业和游览西湖景点。

【台湾省学生到杭参观学习】 2004年，杭州市先后邀请100余名台湾学生以夏令营、研习营等形式到杭参观学习。主要有台湾云林科技大学师生考察团、2004年台湾大学生中华文化研习营、台北浙江同乡会2004年台湾青年学生浙江行参访团等团组。在杭期间，台湾学生参观考察了具有杭州地方特色、体现中华历史文化、反映改革开放新面貌的浙江大学、良渚文化博物馆、岳王庙、胡雪岩故居、航民村、娃哈哈集团和万向集团。通过参观访问及与大陆同胞的广泛接触，增强了台湾青年学生对祖国的感情，增进了两岸同胞的感情。

【杭州名菜名点获台湾“金鼎奖”】 2004年，杭州市坚持和贯彻“以我为主、为我所用”的交流原则，积极组织杭台民间交流，推出能体现杭州优势和特色的项目入台交流。市饮食旅店业同业公会首次组织楼外楼、知味观、花中城等餐饮名店的金牌名厨赴台北参加2004年中华美食展，将杭州的“叫花童鸡”、“西湖醋鱼”、“龙井问茶”、“十里荷花”等一批经典与创新的名菜名点呈现给台湾民众，展现了杭州饮食文化的风采，受到台湾市民的好评，并获组委会授予的“金鼎奖”。台湾东森电视台、《民生报》等媒体对此作了报道。

【加大对台宣传和涉台教育力度】 为大力宣传杭州经济发展、社会进步情况，向台湾民众展示杭州经济建设的巨大成就、丰富的旅游资源和良好的投资环境，市台办以“借船出海”的方式邀请台湾媒体7批、记者31人到杭进行采访报道。邀请台湾《联合报》、《经济日报》、《工商时报》等主流媒体记者团采访杭州经济技术开发区和萧山经济开发区，邀请台湾“八大电视台”到杭拍摄《食在好味道》专题片，邀请台湾“三立”电视台到杭拍摄《中国那么大》专题片。西湖博览会期间，邀请台湾东森电视台、《经济日报》、《创业抢先知》、《中国台商》、《商业周刊》等媒体记者到杭采访“海峡两岸高科技产业对接洽谈会”等有关活动，其中《经济日报》刊登报道7篇，其余各家媒体也作了大量报道，对台宣传取得较好效果。

开展形式多样的涉台教育。全年各级台办组织各种报告会、座谈会、研讨会等68场，有4990人参加；举办对台业务培训班1期。各级台办利用接待台湾到杭考察团组、走访台资企业、赴台考察等时机，向到杭台胞和台湾民众进行面对面的宣传。市台办撰写的调研材料《抓住机遇、东引台资，积极推进杭州市利用台资工作》在《杭州日报》上刊登。市台办全年编发《台情参考》8期、《杭州对台工作》18期、《涉台工作情况反映》57期。

【做好在杭台胞台商服务工作】 贯彻执行《台湾同胞投资保护法》等法规，努力解决台商在杭工作与生活中遇到的各种问题，营造良好的投资软环境。全年受理台商投诉36件，台胞、台商、台属来信来访260件次；为3名台商解决子女就学问题，为台商390人次办理换领驾照或驾照年检手续。组织召开台商座谈会2次，举办政策法规讲座4次。市台办制定《杭州市涉台突发性事件处置工作预案》；在对全市涉台婚姻情况调研的基础上，撰写调研报告《杭州市涉台婚姻的现状与思考》。市台办与市台商协会联合成立“马上办服务中心”，坚持有事即办、特事特办、难事帮办，服务内容涉及台资企业及台商生产、生活等方面，依法维护台商合法权益。

【台资企业协会换届】 2004年，杭州市台资企业协会第三届理监事会届满。根据国家社团管理条例，依照协会章程规定，协会于8月28日进行理监事会换届选举，选举产生新一届理监事会成员，谢智通当选会长。第四届理监事会继续保持和发扬协会传统，开展为会员服务、维护会员合法权益、配合政府部门招商引资等有益活动，较好地发挥了桥梁和纽带作用。全年协会向学校、福利院、孤寡伤残和特困人员等捐款、捐物（折合人民币）50万元。

【选举产生新一届台联会】 2004年，市台胞台属联谊会第四届届满，按规定进行换届选举。郁嘉玲任新一届台联会会长。台联会根据自身特点，围绕全市对台工作中心，充分发挥其在杭台民间交流、联络乡情乡谊、招商引资等方面的作用。

（何建平 虞文娟）

政 法
Law

·政法综述·

【政法概况】 2004年,全市政法机关认真贯彻落实市委关于"发展、创新、稳定、为民"总要求,围绕创建"平安杭州"工作目标,落实社会治安综合治理各项措施,加强政法队伍建设,推进司法改革,维护了社会稳定,为全市改革发展和全面建设小康社会创造了稳定的社会环境和良好的法制环境。

政法各部门密切配合,及时搜集和分析敌对势力动向,超前工作,先制于敌,有效防范敌对势力的渗透破坏。深入开展与"法轮功"等邪教组织的斗争,成功破获多起邪教"法轮功"案件。杭州市深入细致做好邪教"法轮功"痴迷者教育转化工作的做法,得到中央有关部门的充分肯定。

完善人民内部矛盾信息网络、排查调处、合力处置和领导责任等机制。成立信访突出问题和群体性事件10个专项组;推广乡镇(街道)综治工作中心的成功经验,延伸工作触角;定期排查调处化解各类矛盾纠纷;落实领导包案责任制,变群众上访为领导下访。全市1000余件因人民内部矛盾引发的群体性事件得到妥善化解。

贯彻"严打"方针,严厉打击各类刑事犯罪。公安机关破获各类刑事案件20637件,比上年增长22.7%;检察机关批捕案件6788件、9831人,分别增长23.1%和26.6%;审判机关审结一审刑事案件7644件、11283人,分别增长17.9%和21.6%。全市刑事发案上升16.1%。

【深化"平安杭州"创建工作】 根据省委十一届六次全会精神,市委于6月2日召开深化创建"平安杭州"工作会议。会议提出要以创造"稳定的社会政治环境、首善的社会治安环境、良好的民主法制环境、健康的经济运行环境、有序的生产生活环境"为目标,举全市之力,深化"平安杭州"创建工作。按照市委的整体部署,全市开展一系列有声势、有特色、有亮点、有成效的工作,得到中央领导和有关部门的肯定。经省、市两级考核评审,下城区、余杭区、江干区、富阳市被省委、省政府表彰为创建工作先进县(市、区),临安市、萧山区、西湖区被市委、市政府表彰为创建工作先进县(市、区)。

【落实综治领导责任制】 年初,市委、市政府主要领导与13个区、县(市)和16个市级有关部门负责人签订2004年度社会治安综合治理目标管理责任书。经年终考核,29个签约单位全部达标,其中下城区、西湖区、余杭区、临安市、市建委、市妇联等6个单位被评为优秀达标单位。

【全国综治工作会议在杭召开】 6月11日,全国社会治安综合治理工作会议在杭召开,中共中央政治局常委、政法委书记、综治委主任罗干出席会议并作重要讲话。会议期间,与会代表观摩了下城区街面电子监控系统、余杭区乔司镇综治工作中心、西湖区文新街道德加社区民主自治管理以及拱墅区上塘镇瓜山村出租私房管理模式。中央领导及与会代表对杭州市坚持"大投入,大防控,大平安"理念,整体构筑打防控体系;坚持"重在基层,重在规范,重在整合"理念,夯实基层基础;坚持"亲民要求,亲情服务,亲善管理"理念,加强流动人口管理服务;坚持"自我教育,自我管理,自我服务"理念,推进基层民主自治等成功经验和做法,给予充分肯定。

【基层综治组织规范化建设】 年初,市综治委在余杭区乔司镇和西湖区文新街道进行综治工作中心试点,积极探索综治、公安、司法、信访等部门"联勤、联调、联防"工作机制,加强综治委(办)机构和队伍建设。5月14日,省委在杭州市召开基层综治组织规范化建设现场会,推广乔司镇和文新街道综治工作中心做法。年底,全市90%以上的乡镇(街道)建立综治工作中心,97%的乡镇(街道)综治办主任由同级党(工)委分管副书记兼任,并配备综治办专职副主任。

【安装794个街面电子监控点】 建立600个电子监控点计划是2004年杭州市政府为民办实事工程之一。全年市、区两级政府投入专项建设资金1.2亿元,在全市重点部位、重点场所以及治安混乱地区安装电子监控点794个,初步构建起人防、物防、技防结合的防范网络。

【实施"科技强警"工程】 2004年,全市投入6952.8万元,建设网上作战平台、CDMA系统工程、110指挥中心改造等"科技强警"项目17个,提升杭州市公安工作现代化水平,为创建"平安杭州"提供了强有力的科技支持和保障。杭州市“科技强警”工作在全国34个申报城市中总分排名第一，成为全国首批科技强警示范建设城市。

【集中处理涉法上访问题】 按照中央和省委的统一部署，2月~9月，杭州市开展集中处理涉法上访和涉法涉诉问题专项活动。活动期间，办结涉法上访案件612件，办结率为98.7%。其中：省督办案件办结385件，办结率99.5%；市自办案件办结227件，办结率97.4%。息诉罢访案件480件，息诉罢访率78.4%。案件办结率和办结绝对数均排名全省第一。

【开展“道路交通安全”创建活动】 自7月起，为有效遏止全市交通事故高发势头，市综治委在全市开展“道路交通安全乡镇（街道）”创建活动，取得明显成效。全市发生交通事故9089件，比上年下降29.3%。

（黄昌富）

·公安·

【公安概况】 2004年，全市公安机关围绕创建“平安杭州”目标，深化打防控一体化社会治安长效管理机制，改进和加强公安行政管理工作，狠抓队伍建设，进一步提高驾驭全市治安大局的能力和服务经济社会发展的水平。

全力维护安定团结的政治局面。严密防范、严厉打击各类敌对势力和敌对分子的渗透破坏活动。深化同“法轮功”邪教组织的斗争，严厉查处各类非法宗教活动。加大反恐防暴工作力度，参加全省反恐实战演习，完善反恐防暴预案，提高应对复杂局面和各种灾害事故的能力。积极化解人民内部矛盾，妥善处置各类群体性事件。圆满完成省、市“两会”和全国综治工作会议、“七艺节”、西博会等重要会议与活动的安全保卫任务及来杭重要内外宾的警卫工作，确保万无一失。

深入开展禁毒执法工作和创建“无毒害地区”活动。全年破获各类毒品案件1225件，缴获毒品海洛因4274.4克、摇头丸4147粒，铲除毒品原植物罂粟9955株，抓获涉毒违法犯罪嫌疑人2127人。严厉打击经济犯罪活动，全年查结各类经济犯罪案件1426件、破获529件，挽回经济损失2.15亿元。集中整治突出治安问题和治安混乱地区，人民群众的安全感进一步增强。杭州市城市调查队11月份民意调查显示，有94%的市民对杭州市社会治安总体状况表示满意。全年共破获刑事案件20637件，查处治安案件62021件。

扎实推进打防控一体化社会治安管理长效机制建设。改革派出所警务机制，在重点派出所建立起治安、社区民警、巡警、刑警中队和信息室的“四队一室”运作模式。完善情报信息工作体系，研究开发全市共享的派出所工作应用平台。稳步推进治安动态网络监控系统建设。

改进和加强公安行政管理工作。市区道路交通管理以保畅通为重点，在市政府的统一组织下，妥善解决“四小车”（即正三轮摩托车、燃油助动车、残疾人专用车和营运三轮车）难点问题。郊区和县（市）道路交通管理以减少事故为重点，成效显著；全市发生的交通事故件数、死亡人数分别比上年下降29.3%和11.4%。严格消防安全管理，注重预防重大恶性火灾事故的发生。全年发生火灾3198起，下降25.2%。加强公共交通领域的治安管理，40条公交线路被市综治委新授予“安全文明公交线路”称号。树立创新服务、效能服务理念，简化办事手续，尽力为群众办理行政审批提供方便。

开展全警大练兵活动。全市公安机关举办各类训练班125期，培训民警5345人。深化公安机关创满意活动，涌现出一大批先进集体和个人。全年有1人被公安部追授一级英模称号，8人被评为省优秀人民警察，1个公安局和4个基层单位被评为省优秀公安局和省优秀公安基层单位，92个基层单位和201人立功。

【打防控工作实现“一高一低”目标】 2004年，全市公安机关坚持抓早抓紧抓实和严打严治严防的“三抓三严”工作方针，严厉打击严重刑事犯罪和突出犯罪，着力整治治安突出问题，扎实推进打防控一体化社会治安长效管理机制建设，实现严重刑事案件破案率提高和刑事案件发案率增幅降低的“一高一低”目标。全年杀人、伤害致死等命案破案率分别达93.8%和96.7%，刑事案件增幅低于全省平均增幅5.4个百分点。

【打击暴力抗法违法犯罪行为】 年初，杭州市多次发生妨害公务案件，特别是3月10日公安机关依法开展整治“四小车”工作后，妨害公务案件急剧上升，极大地影响民警的正常执法工作，损害公安机关的执法威信。为有效保护公安民警的人身安全，给一线公安民警的执法活动创造良好的社会环境，市公安局于3月26日下发《关于全市公安机关依法严厉打击暴力抗法和反管理等妨害公务违法犯罪的意见》，开展

公安民警练兵

向外国人颁发永久居留证

打击处理行动。3月~10月，全市处理妨害公务的违法犯罪人员620人，其中刑事拘留122人、治安处罚479人、劳动教养19人。

【旅馆业信息系统辅助追逃440人】2004年，公安机关将全市3168个旅馆全部纳入旅馆业信息系统管理范围。做好旅馆前台信息输入的监督指导和系统维护，实现全市旅馆业VPN宽带网络升级，提升信息传送的时效和质量。至年底，全市公安机关通过旅馆业信息系统自动比对报警抓获逃犯440人，比上年增长107.5%；其中CCIC（全国在逃人员信息系统）逃犯358人，约占当年抓获全部逃犯数的25%，追逃工作成效居全省首位。利用该系统破获各类案件345件，抓获违法犯罪嫌疑人942人；帮助人民群众查找走失儿童、老人和亲朋好友1.02万人次。

【稳步推进治安动态网络系统建设】市公安局坚持"边建设，边应用，以应用推动建设，以成效促进应用"的原则，大力加强全市治安动态监控网络及市公安局监控共享平台建设，全年新建社会面监控点794个，超额完成市政府确定的新建600个监控点的目标任务，在预防、打击犯罪和辅助管理、指挥等方面取得显著成效。全年利用该系统发现并破获、处理各类刑事及治安案件2130件，抓获各类犯罪嫌疑人1270人，破获交通事故逃逸等案件60余件。

表58　2004年杭州市火灾、交通事故统计

月份	火灾事故				交通事故			
	次数（起）	死亡（人）	受伤（人）	经济损失（万元）	次数（起）	死亡（人）	受伤（人）	经济损失（万元）
1	285	7		144.60	1 274	132	625	989.69
2	415	1	1	99.41	1 217	114	618	919.73
3	250	6	2	50.02	1 316	96	632	928.09
4	187	3	1	88.98	1 382	82	680	1 043.06
5	214	1	1	107.25	640	83	664	372.00
6	201			61.73	614	70	656	154.71
7	322			50.24	575	100	631	180.23
8	274		2	74.51	684	97	787	161.81
9	191	1	1	36.79	643	95	712	149.61
10	286	2	1	85.15	744	109	840	194.87
11	258	2		72.55	797	105	874	128.77
12	315	3	2	436.88	862	103	953	191.90
合计	3 198	26	11	1 308.11	10 748	1 186	8 672	5 414.47

【"科技强警"走在全国前列】4月，市公安局"科技强警"示范城市申报工作启动。在省公安厅组织的对全省7个申报城市的初评中，杭州市排名领先，并作为全省4个参评城市之一推荐到公安部。经公安部专家组综合评审，杭州市在全国34个申报城市中总分排名领先，成为全国21个"科技强警"示范建设城市之一。11月，市公安局《科技强警示范城市建设实施方案》分别通过省公安厅的初审和公安部的终审。

【开展第2代居民身份证换发试点工作】杭州市是全国换发第2代居民身份证第2批试点单位。3月，市公安局治安支队组建换发工作组，并制定换发工作方案，在全市范围内组织开展户口清理整顿和居民身份证号码重号错号纠正工作。通过信息检索，将取得的全市居民身份证重号人员名单1.04万个分发至各区、县（市）户政（治安）部门纠错。进行试点的萧山区城厢、瓜沥两镇在完成信息系统升级改造和人像信息采集室建设后，于6月21日正式对外受理第2代居民身份证换发工作。年内，经信息采集、合成、审核、传输、审验、制证，城厢、瓜沥两镇受理第2代居民身份证申领、换领5027份，通过区、市二级审核后上报省公安厅，有4143张第2代居民身份证制作完成并发至居民手中。

【首次为在杭外籍人士颁发"绿卡"】11月8日，市公安局举行外国人永久居留证（即"绿卡"）颁证仪式。根据公安部、外交部关于《外国人在中国永久居留审批管理办法》，市公安局出入境管理部门对在杭定居、投资创业和任职的外籍人员进行调查后，主动联系符合外国人永久居留资格申请条件的在杭外籍人士，并预约申请。全市因工作、学习和就业等原因在杭常住的外籍人士有近5000人，在杭申请外国人永久居留资格的有21人次。经报公安部和省公安厅批准，浙江大学瑞典籍教授何赛灵、朝鲜侨民安锦顺等11人首批获得外国人永久居留证。

【开展大练兵活动】市公安局根据公安部和省公安厅要求，2004年全面实施训练强警战略，扎实开展大

练兵。制订出台《关于进一步加强和改进公安民警训练工作的意见》、《全市公安机关警务技能大练兵比武活动实施方案》、《全市公安机关大练兵活动考核办法》等文件，统筹规划教育训练工作。建立市公安局和区、县（市）公安（分）局两级训练机制，推出“战训合一”训练模式，确定全市16个大练兵示范单位并建立市公安局领导联系制度。采取抽考和普考相结合的方式，在全市公安机关组织开展基本知识、体能、技能、射击和计算机等5个个人项目及单位集体战术项目的考核。在省公安厅组织的“大练兵”抽查考核中，杭州市公安局名列前茅。

【发布公安新闻25次】 为及时、准确地发布权威信息，切实尊重和维护人民群众对警务信息的知情权，增强公安工作透明度，争取舆论和公众支持，主动接受舆论和社会监督，市公安局于1月18日首次召开新闻发布会，确立起杭州警方公安新闻发布制度、新闻发言人制度。全年，市公安局以多种形式对外新闻发布25次。其中现场召开新闻发布会12次，以新闻通稿形式通过媒体对外发布10次，突发性事件现场情况公告、接受记者采访后以通稿形式发布3次。 （虞伟楠）

·检察·

【检察概况】 2004年，全市检察机关加强公正执法和检察职业道德纪律教育，深入开展争创先进检察院活动，把教育活动与检察业务建设结合起来，坚持以人为本、立检为公、执法为民，依法保障人民群众的合法权益，为经济社会快速协调发展服务。

实施“人才兴检”战略，提高检察队伍专业化素质。至年末，全市检察干警中大学本科以上学历641人，占干警总数的71.5%。加大技能培训力度，深入开展岗位练兵。在全省检察机关岗位技能竞赛中，杭州市2件反贪侦查案件被评为“十佳精品案件”、9篇法律文书被评为优秀法律文书。组织全市首届“十佳检察官”评选活动，开展全市“十佳精品案件”、“优秀公诉人”和“优秀侦查员”等评比竞赛活动。

全年受理案件3.4万件，比上年增加1.13万件；办结3.3万件，增加1.07万件。有5个单位和部门受到最高人民检察院表彰，有2个检察院被确定为全省检察机关规范化建设示范院，有5个检察院被评为省级先进检察院，有30个集体和161人立功受奖。杭州市萧山区检察院被最高人民检察院评为全国先进检察院，该院反贪局局长赵桔水被评为全国检察机关“十佳反贪局长”。

【查办职务犯罪案件150件】 全年检察机关立案侦查贪污贿赂等职务犯罪案件150件，其中大要案145件，占立案总数的96.7%；为国家挽回经济损失4830万元。突出查办大要案，查办犯罪金额在50万元以上的案件29件，100万元以上的案件17件；查办县（处）级以上领导干部犯罪案件42件，比上年增长91%。深入查办行业系统窝案串案，在国土资源、电力、医疗、广电、城建、冶金等行业系统立案查处贪污贿赂等职务犯罪窝案串案94件，占立案总数的62.7%。加强职务犯罪预防，与市工商、国土资源、卫生、药品监管等9个部门建立联席会议、情况交流、对策研究等工作制度，对33件典型案件进行犯罪特点和原因剖析，向发案单位发出预防职务犯罪检察建议63份。参与“杭千高速”公路、西溪湿地保护等重点工程预防职务犯罪工作。

【受理群众举报】 全市检察机关受理各类群众举报1290件，比上年下降2.6%；其中属检察机关管辖的举报线索768件。已审查处理1290件，成案78件，占全年立案总数52%。在开展争创全国文明接待室活动中，市检察院和萧山、江干区检察院被评为全国检察机关“文明接待室”，萧山区检察院被评为“文明接待示范窗口”；建德市检察院季金林被授予全国检察机关“优秀接待员”称号。6月，在为期5天的举报宣传周活动中，全市设点37个，两级检察院的30名正副检察长带领180多名检察干警宣传法制，接受群众咨询。活动现场受理控告、举报43件。全年奖励举报有功人员7人，其中最高奖金额为1万元。

【渎职侵权检察工作】 全年检察机关受理国家机关工作人员渎职、侵权犯罪案件线索120件，初查94件，立案侦查15件、16人，其中科（局）级干部6人，司法工作人员6人。立案数比上年增长114%。立案案由为：滥用职权、玩忽职守、徇私枉法、办理偷越国（边）境人员出入境证件、帮助犯罪分子逃避处罚等。经检察机关建议，全年已有11人受到党纪、政纪处理。

【依法批捕公诉】 2004年，全市检察机关受理公安等侦查机关移送审查批准逮捕的刑事案件7122件、10414人，经审查批准逮捕6788件、9831人；受理移送审查起诉8526件、12836人，经审查提起公诉7878

市检察院机关效能建设动员大会

件、11645人。全年批捕、起诉案件分别比上年增长23.1%和20.1%,涉案人数分别增长26.6%和28.2%。全年提前介入重特大刑事案件205件,批准逮捕重特大刑事犯罪1142件、1802人,提起公诉1249件、2010人。

【开展社会治安综合治理】 各级检察机关积极参加全市社会治安防控体系建设,落实检察环节的社会治安综合治理措施。深入乡镇(街道)、社区、学校进行法律服务和开展法制宣传教育;深化"青年文明号"和"优秀青少年维权岗" 争创活动,努力维护未成年人的合法权益。加强涉法信访查处,落实首办责任制和领导包案制,实行归口管理、分解责任、限期办结,探索预防和处置涉法上访的长效机制,努力化解社会矛盾。全年对242件涉法信访进行全面排查,分类处理,属检察机关管辖的208件全部办结。

【侦查和诉讼监督】 全年检察机关依法向公安机关发出说明不立案理由通知80件,公安机关接通知后立案76件。经立案监督的案件,有49人被判有罪,其中被判处5年以上有期徒刑10人。对侦查活动的违法现象提出书面纠正意见1件次,发出检察建议19件次。全年依法增捕犯罪嫌疑人14人,增诉8人,不批准逮捕犯罪嫌疑人489人,不起诉被告人159人,其中不构成犯罪不捕86人。在诉讼活动中,对刑事审判和裁定认为确有错误的依法提出抗诉11件,依法提出纠正违法意见2件次。加强民事行政审判活动中的检察监督,探索运用检察建议启动法院再审程序。全年立案审查民事行政申诉案件185件,提出抗诉和提请抗诉92件,提出再审检察建议8件,经法院审理改判35件。

【检察技术工作】 全年受理法医文件检验鉴定、现场勘验、文证审查和提供技术协助等鉴定140件,办结138件;出具证据材料137件(份),其中鉴定书7份、检验报告2份、文证审查意见书60份、提供视听证资料68份。检验鉴定的准确率达100%,无复议、无重新鉴定。通过法医检验鉴定,纠正侦查机关原鉴定3件。

【控告申诉复查】 全年检察机关受理各类申诉954件,比上年上升60.7%。其中,不服逮捕11件、不服不立案46件、不服刑事拘留5件,不服法院刑事判决113件、不服民事行政裁判424件。检察机关审查决定立案复查22件,通过立案复查维护原决定18件,纠正改变原决定4件。受理刑事赔偿申请2件,经立案审查决定赔偿1件、不予确认1件。受理控告案件906件,审查处理876件。

【监所检察】 全市检察机关依法驻场驻所检察,加大刑罚执行监督力度。按照高检院、公安部、司法部的统一部署,组织开展减刑、假释、暂予监外执行等专项检察。全年审查罪犯减刑、假释、暂予监外执行11626人,提出纠正意见221件次。督促监管机关对监外执行条件消失的罪犯予以收监。审查起诉被监管人员再犯罪10件、10人。健全、完善防止和纠正超期羁押工作机制,对羁押情况进行动态监控。预防和纠正超期羁押的经验在全省检察机关推广。对全市保外就医、假释、缓刑、管制、剥夺政治权利的监外执行罪犯3348人进行检察。

【不起诉案件专项复查】 市检察院根据高检院、省检察院的文件精神,对2003年全市检察机关作出的不起诉决定案件145件、182人进行专项复查。经复查,被害人申诉有3件、4人,公安机关提请复议、复核有5件、6人;其中1件复核后,市检察院撤销不起诉改为提起公诉,其余均维持不起诉决定。

【检察调研】 2004年,全市各级检察机关围绕检察工作开展调查研究。通过申报,被高检院、省社科联和省法学会立项课题8个;在省级以上刊物发表调研成果73篇;获省级以上优秀调研成果奖15项。在专题调研的基础上,形成调研材料《刑法、刑诉法适用中的难点热点问题》,为领导决策和办案工作提供参考。全年组织开展8个调研专题和1次检察实务研讨会。杭州市检察学会被评为2004年度全国大中城市社科联先进学会、杭州市社科联系统先进集体。

【高检院领导视察基层检察院】 6月13日,最高人民检察院检察长贾春旺等一行在浙江省和杭州市检察院检察长的陪同下,到淳安县检察院检查指导工作。该检察院检察长汇报了开展"强化法律监督,维护公平正义"教育活动以来,在履行检察职能,加强队伍建设和人民监督员制度试点等方面所取得的成绩和下一步工作计划。贾春旺对淳安县检察院的工作给予充分肯定。淳安县委副书记、县长代表县四套班子参加汇报,并简要介绍淳安县的基本情况。

【开展首届"十佳检察官"评选活动】 2004年,杭州市检察机关面向社会开展首届"十佳检察官"评选活动。12月10日《杭州日报》刊登28名候选检察官名单和先进事迹。经社会各界人士评选,评出杭州市首届"十佳检察官":杭州市检察院胡根明、下城区检察院陈丽萍、西湖区检察院邵贤、江干区检察院王荣良、拱墅区检察院钟发根、萧山区检察院赵桔水、余杭区检察院陈富强、临安市检察院章蓉、桐庐县检察院皇甫秋宏、建德市检察院季金林。

【全面推行人民监督员制度】 10月1日起,杭州市检察机关全面推行人民监督员制度。从法律工作者和纪检、监察等部门选任人民监督员159名,任期3年。人民监督员的职责主要是:在人民检察院查办贪污贿赂、渎职侵权等职务犯罪案件中,对犯罪嫌疑人不服逮捕决定的、拟撤销案件的、拟不起诉的等3种情况及其他办案情况实施监督。市检察院于11月17日~19日举办人民监督员培训班。年内有10件检察院立案侦查的案件按规定程序接受人民监督员监督。 (沈福泉)

·法院·

【法院概况】 2004年,全市法院围绕构建和谐稳定的社会环境和公正高效的法治环境两大目标,以"公正与效率" 为主题,以司法为民为基点,为杭州的改革发展稳定积极开展各项工作。全年受理各类案件84438件，比上年上升5.4%；审结84404件，上升4.6%。其中，市法院受理各类案件17147件，上升4.6%；审结17006件，上升3.5%。

全市有18个集体和47人受到三等功以上的表彰，未发生干部违法违纪案件。至年末，全市法官中本科以上学历有681人，占法官总数的78%。市法院举办刑事、民商事审判以及执行工作等业务培训班，1000余人次参加培训。

全市法院建立审判工作宏观指导、审判流程、审判质量、执行工作、队伍管理、综合协调保障等6项管理机制和案件质量与效率评价体系。面向社会公开招聘事业编制书记员159人、聘用制司法警察64人。13个基层法院有10个建成新的审判大楼。两级法院联网成功。

【严惩刑事犯罪】 全市法院审结一审刑事案件7644件，判决罪犯10240人。其中，判处5年以上有期徒刑、无期徒刑和死刑1284人。坚持"严打"方针，坚决惩处颠覆国家政权、破坏国家统一和利用邪教组织破坏法律实施的犯罪。重点打击严重暴力犯罪、有组织犯罪和多发性侵犯财产型犯罪，全年审结该"三类"案件5247件，判处被告人8029人。依法惩处各类破坏社会主义市场经济秩序犯罪，审结此类一审案件169件，判处被告人274人，为国家挽回经济损失898.81万元。依法严惩贪污、贿赂、挪用公款等各类职务犯罪，审结此类一审案件143件，判处被告人162人。全年对被告人6人宣告无罪。

【依法调节经济和其他社会关系】 全市法院审结各类民商事案件42445件，比上年上升5.2%；案件诉讼标的总金额65.08亿元。审结婚姻家庭、继承、权属、侵权等民事案件16797件，案件诉讼标的18.5亿元。高度重视群体性纠纷和矛盾易激化案件的审理，审慎处理好拆迁安置、土地征用补偿、劳动争议等案件。审结各类合同纠纷案件25648件，案件诉讼标的46.58亿元。注重各类涉及国有企业改制和破产纠纷案件的审理，依法规范和维护金融秩序，制裁违约失信行为。审结知识产权纠纷案件315件，案件诉讼标的8381.64万元。审结各类涉外、涉港澳台民商事案件82件。

【审理行政案件705件】 全市法院审结各类行政诉讼案件705件，比上年上升29.6%；各基层法院受理审查各类行政非诉讼案件703件，审结701件。依法保障"西湖综合保护"、"三口五路"等重点工程的建设进程，推进依法治市。

【建立执行工作管理新机制】 全市法院执结各类案件21342件，执结标的金额38.59亿元，执结率92.8%。认真抓好执行款物、执行卷宗、执行未结案的专项清理活动，建立执行工作统一管理新机制，健全执行裁决权与执行实施权的分权运行机制，努力提高执行案件的标的到位率和实体结案率。

【加强再审监督】 全市法院坚持依法纠错的原则，强化内部监督。全年审结各类申诉案件546件，审结再审案件136件，其中依法改判39件。坚持接受法律监督，审结检察机关依照审判监督程序提出的抗诉案件62件，其中维持原判32件，依法改判11件，以调解、撤诉等方式结案19件。

【参与社会治安综合治理】 全市法院集中召开宣判大会17场次，累计3万余人旁听。做好减刑假释工作，依法减刑11351人，假释315人。坚持"教育、感化、挽救"方针，依法对未成年罪犯833人从轻减轻判处刑罚，其中判处缓刑217人。针对案件审判、执行中发现的问题，加强调查研究，向有关部门提出司法建议，被采纳57条。

【办结法医技术鉴定案件307件】 全市法院办结各类法医技术鉴定案件307件，其中活体检验鉴定115件、法医文证审核116件、文件检验鉴定24件、其他检验鉴定52件。法医技术鉴定为刑事案件正确定罪量刑和审理民商事案件提供了科学依据。实行审鉴分立，办结对外委托鉴定、评估案件202件和对外委托拍卖案件52件。

【落实司法为民要求】 全市法院推行便民措施，落实司法为民要求。实行诉讼指引制度和诉讼风险告知、延长审理(执行)期限告知等制度，实行首访接待责任制，完善巡回审判制度。建立和完善民事案件繁简分流机制，推广刑事案件普通程序简易审。探索保护困难群众、特殊群体合法权益的措施和办法。全年为符合条件的公诉案件被告人指定辩护律师1381人次，对享受城镇居民最低保障的人员和农村"五保户"免收诉讼费，对353件案件当事人给予缓、减、免收诉讼费用137.24万元。

【集中处理涉法上访问题专项活动】 2004年，市法院建立信访相关档案，确定处理预案，落实责任部门，按照集中立卷、领导包案、分案到庭、责任到人、结案复核的工作方法，形成"大信访"工作机制。年内排查出的424件案件全部办结，依法纠正存在问题案件11件，解决了一批上访持续时间长、矛盾突出的上访老户反映的问题。

【加强法院基层建设】 市法院切实抓好对基层法院的指导和监督工作。全年受理二审案件3408件，占全市基层法院结案总数的7.3%。经市法院二审改判259件，改判率7.6%，占基层法院结案总数的0.6%；发回重审19件，发回重审率0.6%，占基层法院结案总数的0.04%。余杭区塘栖人民法庭、萧山区临浦人民法庭被评为浙江省首批"模范五好法庭"。 （陈 群）

·司法·

【司法概况】 2004年，全市司法行政系统充分发挥职能作用，监狱劳教管理、人民调解、社区矫正、安置帮教、法制宣传教育、律师、公证、司法鉴定、基层法律服务管理等各项工作都取得了新的进展。学习、贯彻《中华人民共和国行政许可法》，加大对公务员和人民警察业务能力及执法水平的培训力度。开展"机关效能建设年"活动，建立效能建设系列制度；在全市律师行业开展集中教育整顿活动。

【监狱劳教工作】 2004年，全市监

法律咨询服务

狱、劳教场所完成收押、收容任务，实现司法部提出的考核目标。监狱"法制化、科学化、社会化"建设逐步推进。加强与劳动保障部门的联系和合作，鼓励罪犯、劳教人员参加职业技术等级考试；加强对罪犯、劳教人员的入监（所）教育、个别教育、亲情教育、心理矫治和社会帮教、法律援助，教育改造（挽救）质量不断提高。全年罪犯、劳教人员回归后，改好率97.8%，顽危犯转化率74.4%。

【基层司法行政工作】 继续在全市开展"四有五无"（有组织、有人员、有经费、有场地调解，所在乡镇街道无民间纠纷引起的非正常死亡、无民事转刑事案件、无群体性上访、无群体性械斗、无归正人员重新犯罪）调解委员会创建活动，至年末，有73%的调解委员会实现"四有五无"目标。开展人民调解"百佳案例"和"百佳案卷"评选活动。完善矛盾纠纷的排查、预防和调处工作机制，坚持每季度1次的全市社会不安定因素和疑难重大纠纷大排查活动。与有关部门联合制定促进归正人员就业等实施意见，帮助归正人员落实户口、廉住房、就业等社会保障问题。至年末，全市有调解委员会6162个，调解人员2.11万人，司法所（科）236个，司法所工作人员701人（其中司法助理员196人）。全年调解处理民间纠纷30954件，调解成功29974件，防止民事转刑事案件420件、1678人，防止群体性上访472件，防止非正常死亡181件、259人。向乡镇（街道）提合理化建议500条，其中被采纳374条；协助乡镇（街道）制定规范性文件760件。全市在册归正人员1699人，帮助就业安置1629人，落实帮教1692人。在上城区推行"社区矫正"试点工作并取得成功经验后，逐步在全市城区全面推广。

【法律服务工作】 2004年末，全市有律师事务所97个，比上年增加9个；有专职律师944人、兼职律师92人、律师助理和行政人员416人。全年律师办理各类案件26404件，其中代理刑事辩护案件3259件、民事诉讼案件7886件、经济诉讼案件5673件、行政诉讼案件311件、非诉讼法律事务9215件、涉外及涉港澳台法律事务60件。全市律师担任3454个单位的常年法律顾问。全市有公证处14个、执业公证员48人。全年办理各类公证145958件，其中国内经济公证84239件、国内民事公证38033件、涉外公证22810件、涉台公证522件、涉港澳公证354件。

全年司法行政系统接受和接待法律咨询10.9万人（个）次。其中，12348法律咨询电话接听4.7万个次，各律师事务所提供义务法律咨询近2万人次，法律援助中心服务窗口接待1.2万人次，基层司法所、法律服务所接待3万余人次。在市总工会、妇联、残联等机构建立法律援助工作站。全年办理法律援助案件2328件，比上年增长45%。

完成第三次国家司法考试杭州考区的组织工作，杭州考区报名2445人，参加考试2128人，合格并取得法律执业资格310人，合格率14.6%。

【法制宣传教育】 2004年，全市司法行政系统围绕杭州市创建全国文明城市、解决群众"七难"问题、促进依法行政、规范交通秩序等重点工作，开展大规模的《中华人民共和国宪法》修正案、《中华人民共和国行政许可法》、《中华人民共和国道路交通安全法》、《中华人民共和国国旗法》、《法律援助条例》等法律法规的宣传普及工作。建立健全领导干部学法用法系列制度，完成市级机关处级以上领导干部学法建档工作。在全市推广拱墅区和上城区外来人员"三化（服务规范化、管理社会化、信息网络化）管理"、"自律管理"、"公寓管理"过程中介入法制教育的经验，得到司法部、省司法厅的肯定。开展"民主法治村"创建工作，对全市4200多个行政村"两委会"（支委会、村委会）干部2万余人进行实用法律知识培训；深化"法律进社区"活动，组织有社区工作者3000余人参加的城区第3轮、县（市）第2轮法律知识培训，编制下发2.35万册普法宣传手册和1000套法制教育光盘。市人大常委会第19次会议审议通过《关于贯彻实施依法治市规划决议、落实"四五"普法规划情况的报告》。

杭州市和萧山区司法局分别举办1期邪教"法轮功"未转化人员法制教育学习班。 （葛 琳）

·案例·

【侦破"七七"特大杀人纵火案】 2004年7月7日凌晨3时45分，市公安局接群众报警：上城区长明寺巷7号203室发生火灾。市公安局消防支队及上城区分局迅速出警，灭火后发现室内有两具身上带有刀伤的尸体。经法医初步检验，两死者系在起火前死亡，认定为杀人案件。案发后，市公安局领导和省、市公安刑侦部门及上城区分局领导率侦察、技术人员迅速赶赴现场，开展勘查、调查走访等工作。

据现场情况，刑侦技术人员推

测犯罪分子可能为盗窃惯犯，即对案发现场周边地区的入室盗窃案件开展串并案工作。发现当日凌晨1时许，在距该案现场50米左右的小米巷4号303室发生1起入室抢劫案，犯罪分子被事主发现经搏斗未能窃走财物而逃跑。对现场外围搜索后，在楼下发现1双26.5厘米男鞋和1瓶喝了1/3左右、瓶体外尚有凝结水珠的“美年达”饮料，由此推断购买地点应距现场不远。经访问，了解到当晚有一东北人在邻近的某网吧内购买“美年达”饮料的重要情况，网吧服务员反映了购买者的大致体貌特征。同时，专案民警经对该案外围现场发现的男裤及小米巷4号303室外围现场发现的“美年达”饮料瓶、男鞋进行DNA进行检验比对，发现男裤上的血迹为死者所留，饮料瓶、男裤、男鞋上的DNA认定同一，从而确定男裤、男鞋与饮料瓶均为该案犯罪嫌疑人所留。

在深入侦查中，了解到1名为孙辉的辽宁铁岭籍网友，其体貌特征与分析刻画的案犯相似。经联系辽宁警方，反映孙辉在当地涉嫌1起抢劫案在逃。经调取孙辉的捺印指纹，与该案现场提取的指纹比对认定同一。由此确定该案作案嫌疑人的真实身份。7月9日下午，专案民警根据掌握的线索，向上海警方发出协查函，并派专案民警赶赴上海。当晚20时35分，专案民警在上海将犯罪嫌疑人抓获。经审查，孙辉(男，1980年3月12日生，辽宁省铁岭市昌图县后窑乡北山村4组)对其杀人并放火企图消灭罪证的犯罪事实供认不讳。

【侦破销售假冒注册商标商品案】 2004年2月，市公安局治安支队获悉：宝洁(中国)公司(以下简称宝洁公司)发现杭州市场有人销售假冒该公司生产的飘柔、海飞丝、潘婷洗发水。2月24日，治安支队组成专案组侦查，当晚在杭州市江干区彭埠镇查获355箱价值40余万元假冒宝洁公司生产的海飞丝、飘柔等品牌的洗发水和犯罪嫌疑人应红霞。同时，查明犯罪嫌疑人冯圣伟于2004年1月初~2月23日，以非法营利为目的，在明知广州陈大伟、倪壮提供给其的洗发水为假冒宝洁公司生产的品牌洗发水的情况下，先后7次向应红霞、谷琳琳销售货值约150万元的假冒宝洁公司品牌洗发水，并以每箱提成15元~20元的方式非法获利8万余元；犯罪嫌疑人应红霞、谷琳琳在上述时间内，以非法营利为目的，在明知冯圣伟提供的洗发水为假冒宝洁公司品牌洗发水的情况下，仍欺骗日化产品经销商黄明飞称该批洗发水为正宗宝洁公司产品，先后7次将冯圣伟提供的货值约150万元的假冒宝洁公司品牌洗发水销售给黄明飞在义乌等地销售，非法获利约15万元。5月14日，在事实清楚、证据确凿的基础上，依法将该案移送杭州市人民检察院审查并提起诉讼。应红霞等3人均因销售假冒注册商标商品罪被依法判处有期徒刑并处罚金。该案入选最高人民法院2004年度保护知识产权十大案例之一。

(虞伟楠)

【李钜华受贿案】 李钜华，男，1961年出生，汉族，杭州市人，原系中共杭州市萧山区委副书记、中共杭州市萧山区纪律检查委员会书记，曾任中共浙江省绍兴县委副书记、中共浙江省委组织部组织处调研员、副处长。因涉嫌受贿罪于2003年7月4日被刑事拘留，同月15日被逮捕。

1999年上半年至2001年下半年，李钜华在担任绍兴县委副书记期间，利用职务之便，多次非法收受他人财物计332837.9元。

此案由杭州市检察院立案侦查，追回全部赃款，并依法提起公诉。

杭州市中级法院经过开庭审理，以受贿罪判处李钜华有期徒刑12年。一审法院判决后，李钜华不服，提出上诉。二审法院依法作出裁决：驳回上诉，维持原判。(沈福泉)

【王钟麓受贿、国有公司人员滥用职权案】 2004年8月31日，市法院对浙江省原副省长、浙江省国际信托投资公司原董事长王钟麓作出一审判决：以受贿罪判处有期徒刑11年，以国有公司人员滥用职权罪判处有期徒刑4年，两罪并罚，决定执行有期徒刑12年。

王钟麓，男，1930年出生，杭州市人，汉族，高中文化程度，1992年9月~1996年8月任浙江省国际信托投资公司董事长兼总经理，1996年8月~2000年1月任浙江省国际信托投资公司董事长(副省级)。

1993年~1998年，王钟麓利用职务上的便利，为浙江置地联合公司、杭州华源实业有限公司董事长兼总经理孙达山在资金借贷、土地转让、土地加价等事项上谋取利益，于1998年~2000年间，先后5次非法收受孙达山所送39万元。1993年~1994年，王钟麓在决策参与深圳金三元大厦和佳宾大厦项目以及上海鸿发苑项目中徇私舞弊并滥用职权，造成浙江省国际信托投资公司损失计44467327元。

案发后，被告人王钟麓退回全部受贿赃款。

【绍兴咸亨商标侵权案】 绍兴县咸亨酒业有限公司创建于1985年，是国内著名的酒类生产企业。其咸亨牌加饭(花雕)酒、彩雕酒、香雪酒等系列产品多次被农业部等评为优质产品，在市场上享有较高的声誉和知名度。咸亨酒业拥有“咸亨”、“咸亨通宝”商标，“咸亨”商标于1987年8月30日核准注册，“咸亨通宝”商标于2003年12月21日核准注册。“咸亨”商标经评估无形资产价值为10592万元。2004年6月~7月间，咸亨酒业公司发现在绍兴、杭州等市场上出现大量咸亨酒店、古越龙山公司共同生产带有“咸亨”商标及“咸亨通宝”商标标识的系列酒类产品。

2004年7月，绍兴县咸亨酒业有限公司以绍兴市咸亨酒店、浙江古越龙山绍兴酒股份有限公司、杭州联华华商集团有限公司未经许可，侵犯其商标权为由，向杭州市中级人民法院提起诉讼。同年12月，市法院作出一审判决：咸亨酒店、古越龙山公司立即停止使用“咸亨”文字商标，共同赔偿咸亨酒业有限公司40万元，在《浙江日报》上刊登声明消除影响；华商集团立即停止销售侵权产品。(陈 群)

·军事综述·

【圆满完成各项重大任务】 2004年,浙江省军区杭州市工作处撤销,组建杭州警备区。警备区坚持以中共十六届四中全会和军委扩大会议精神为指导,以军区、省军区抓军分区人武部建设为契机,抓住党委班子建设核心,以杭州市城市防空袭演习为牵引,突出军事斗争准备中心,密切军政军民关系,确保警备区部队和民兵预备役部队的高度集中统一和安全稳定。

加强思想政治建设。组织“江泽民国防和军队建设思想,积极推进中国特色军事变革”、“弘扬艰苦奋斗精神教育、战斗精神教育”、“树立和落实科学发展观、正确政绩观”、“依法从严治军、学习十六届四中全会精神” 等4个专题的党委中心组带机关的理论学习。结合警备区所处地理环境和官兵思想实际,开展保持艰苦奋斗作风、保持共产党员先进性,以及战备形势、安全保密和提高能力素质等教育,组织部分人武部主官和机关干部到舟山部队参观学习,召开“庙子湖和西子湖对话交流”座谈会,解决官兵和职工的现实问题,确保部队政治合格、精神振奋。

军事斗争准备富有成效。针对平时和战时可能担负的主要任务,建立完善各类抢险救灾、应急行动等方案和预案。完成民兵的规范化军事训练和新兵征集任务,召开3个民兵高炮团组建大会,落实兵员动员准备、首长机关按纲施训、国动委规范化建设等工作,推动军事斗争准备向纵深发展。接受总部、南京军区、省军区的检查、考核、调研,杭州城市防空袭网上作战演习,得到首长们高度评价。

推进后备力量建设。完成人武部“五个一”工程建设并投入使用,实现军事效益、社会效益和经济效益的有机统一。作战指挥中心改造完成,与各人武部建立实时图像传输系统。在余杭区开展民兵防空部队(分队)规范化建设试点,并接受南京军区、浙江省军区首长检查指导。组织民兵预备役人员参与地方“三个文明”建设,在抗台抗洪、抢险救灾、维护社会治安等行动中,共出动民兵上万人次,抢救群众130余名,为建设“平安杭州”作出贡献。

【密切军政军民关系】 严格规范学生军训组织程序,协调部队对12万名学生进行军事训练。协助省国教委组织“爱我中华、强我国防”歌咏大会。组织26名区、县(市)党政主要领导参加省党政领导干部网上国防知识考核。贯彻全国双拥工作会议精神,发挥桥梁纽带作用,协调驻杭部队参加市、区重点工程建设和便民服务活动,协调地方开展科技拥军,密切军政军民关系。

【亚洲“威胁、挑战与变革”研讨会在杭召开】 4月2日~4日,亚洲“威胁、挑战与变革”高级别研讨会在杭召开。11名联合国改革高级别名人小组成员以及来自近20个亚洲国家的前政要、著名专家和学者30多人出席会议。中华人民共和国原副总理钱其琛高度评价会议成果,指出当今和平与安全的主要威胁具有多元性和相互关联性,其产生与发展有深刻的根源。国际社会应同等重视各种威胁和挑战,依靠集体行动共同应付,标本兼治。与会人员围绕国际和平与安全面临的威胁和挑战、应对威胁和挑战的集体行动进行广泛和深入的讨论,达成许多共识。

【军委总部检查组到杭】 7月24日,军委总部从严治军检查组由中国人民解放军总政治部组织部副部长刘健少将带领,分两组在南京军区、省军区领导的陪同下,对杭州警备区、江干区人武部进行检查。杭州依法从严治军的做法得到检查组肯定。认为杭州警备区按照中央军委和江泽民关于依法从严治军的重要指示,结合警备区部队地处风景旅游城市、国际休闲之都的实际,研究探索新形势下从严治军的特点规律,有针对性地加强部队规范化管理,促进了军事斗争准备各项工作的落实和后备力量建设的全面发展,保持部队安全稳定、整体发展的良好势头。

·国防动员 军事战备·

【召开市武装工作暨国动委第五次会议】 2月22日,召开市委武装工作会暨市国动委第五次会议,学习贯彻上级指示精神,联系实际,分析形势,总结工作,部署任务。会上,4个区、县(市)人武部党委第一书记进行党管武装工作述职,9个区、县(市)人武部党委第一书记书面述职。省委常委、市委书记、军分区党委第一书记王国平到会作《认清形势、牢记使命,围绕军事斗争准备推进国防后备力量建设》的讲话，指出要加强对武装工作的领导，全面推进国防后备力量建设。

【市国动委到基层调研】3月，市国防动员委员会组成3个检查组，用半个月时间，对市国动委5个办公室和13个区、县(市)近年来国防动员工作情况进行全面检查。通过听汇报、查资料、问情况、看现场，较全面掌握了全市国防动员建设的总体情况。针对存在三方面不足(国防动员工作发展不够平衡、实质性准备质量还不高、办事机构规范化建设还有差距)，进行分析研究，使国防动员工作走上健康发展的轨道。

【召开市国防动员表彰大会】 4月28日~30日，市国防动员委员会在桐庐县召开市国防动员工作总结表彰会，市政府副秘书长许小富宣读表彰通报，杭州警备区参谋长张力讲话。有10个国动委办公室，21人受到表彰。会议认为，各级领导的国防意识增强，组织领导力度加大，国防动员工作地位得到确立，国动委办事机构建设渐趋规范，国防动员工作成绩明显。

【首长机关“按纲施训”】 根据南京军区、省军区关于按纲施训抽考的要求，杭州警备区于7月5日~13日，组织本级和人武部首长机关进行为期9天的按纲施训，参训人员118人，参训率83%。采取精讲多练、研究交流、以考促训、统分结合的方法，围绕军事斗争实质性准备，讲军事、练技能、学战术，完成体能训练、手枪射击、战术标图、军事地形学理论、图上现地确定站立点和目标点、民兵兵役及动员工作法规、高新技术知识、台海形势讲座等8个课目复训补训，强化基础训练；对口组织两级指挥员、司令部（军事科)、政治部(政工科)、后勤部(后勤科)的针对性专业训练，用3天组织以“城市防空袭作战”为主要课题的战术作业，警备区和13个人武部进行交流，共拟制各类文书、计划书85份，标绘各类图示18份。通过训练领会关于应急作战的重要指示精神，完善作战预案，锤炼战术思想，熟练业务技能，增强身体素质，严整军纪军容。对未来作战的组织指挥程序，分析判断情况、提出决心和建议的方法加深了解，提高了首长机关的组织谋划能力。

【开展兵要地志资料调查】 7月~12月，对全市兵要地志资料进行全面调查和整理，内容分总述、地形、水系、气象、交通、通信、社会政治、经济、科研、医疗卫生、重要城镇、重要目标等10项。掌握各类资料数据60万余个，拍摄照片130多张。至年末，完成《杭州市兵要地志》计30万字，附有图表、照片157张。

【组织防空袭作战网上演习】 9月27日~28日，根据省军区指示，杭州警备区采取以上带下、异地同步实施的方法，组织市城市防空袭作战网上演习。针对应急作战背景下敌方对杭州空袭的可能，着眼信息化条件下城市防空袭作战面临的形势和可能担负的任务，以市区为主要战场环境，依托军队指挥自动化网、实时图像传输系统以及军用和民用通信网络，采取室内网上推演和现地部分实兵演练相结合的方法，按照应急作战可能的进程，军地指挥员和机关编成联合防空袭指挥部，带部分实兵参演。重点演练组织作战筹划、战备等级转进、防空袭战斗组织和防空袭战斗实施等4项内容，研究组织作战筹划、战备等级转进、定下防空袭决心、疏散隐蔽、伪装防护、整体防抗和消除空袭后果等7个问题。着重解决城市防空袭作战8个重难点问题，论证了杭州市防空袭作战方案。演习以警备区首长机关为主，带部分实兵实地演练，市委、市政府、区委、区政府主要领导，城区人武部、市人防办、市区两级党委政府机关精干人员参加，参演的团、县(处)以上单位25个，涉及18个街道。演习具有较强的实战性和针对性，是警备区(军分区)首次以城市防空袭为主要课题全过程演练，首次利用信息技术组织网上演习，首次以首长机关带实兵进行实地演习，首次按预案组织人民群众大规模疏散隐蔽；首次组织警备区(军分区)、国动委带人防办联合演习，首次结合演习组织作战重难点问题攻关，将成果运用到演习实践中，达到研究问题、发现问题、解决问题的演习目的。

【举行杭州警备区揭牌仪式】 12月16日，杭州警备区举行组建揭牌仪式。由警备区政委齐毓春主持，市有关部、委、办、局领导，各区、县(市)党政主要负责人，警备区首长和团级单位军政主官参加。省军区副司令员王国兴宣读“杭州市工作处体制编制调整”命令，并与市委副书记、代市长孙忠焕共同为杭州警备区揭牌。省军区司令员张怀泗，省委常委、市委书记、杭州警备区党委第一书记王国平，警备区司令员王炳友讲话。

·民兵 预备役 兵役·

【民兵军事训练】 全市民兵军事训

杭州武警战士进行反恐怖演习

练按照"深化细化、到点到位、实际实效"的要求，规范化施训。3月~5月，完成民兵应急分队、对口专业分队和部分专业技术分队的训练。7月，组织民兵导弹分队轮训。9月，部分专业分队参加警备区组织的城市防空袭演习。11月，拱墅区医疗救护分队参加省防恐怖演习。民兵应急分队完成共同课目、盾牌警棍、营连战术队形和应急预案演练等训练。对口专业分队完成军事基础、组织指挥、协同训练和快速展开保障等训练。专业技术分队完成专业技术和指挥协同等训练。民兵干部骨干采取集训和跟训的方式进行，组织政治教育、教学法集训和组织指挥训练。经省军区抽考和警备区机关考核，总评成绩良好以上。

【调研杭州城市民兵工作】 4月5日，中国人民解放军总参谋部副总参谋长钱树根在国家国防动员委员会综合办公室副主任黄义昌、总参动员部民兵局局长杨春园、南京军区副参谋长苏士亮、浙江省军区司令员张怀泗等陪同下，到杭州警备区调研城市民兵工作调整改革和国防动员体制的情况。杭州市委副书记于辉达和杭州警备区6名常委参加汇报座谈。钱副总长听取汇报后，肯定杭州的工作，强调要认清杭州的地位和作用，突出重点，强化特点，在提高科技含量，提高人才素质上下工夫，坚持以地方为主体，军地共同协调建设好国防动员和后备力量的建设体系。

【民兵高炮团成立】 根据《浙江省2005年前人民武装动员建设计划》和省军区《关于进一步加强民兵高炮团建设的意见》的指示，杭州市结合未来作战任务，着眼防空作战需要，在10个区(市)调整组建3个民兵高炮团。4月28日，在省人民大会堂召开杭州市民兵高炮团成立大会，举行授旗仪式。杭州军分区(杭州警备区)司令员叶有福主持会议，军分区政委谢力刚宣读高炮团干部任职命令。浙江省军区副司令员王国兴、市委副书记于辉达讲话，要求把民兵高炮团建设成为政治合格，军事过硬，指挥顺畅，制度完善，管理严格，反应快速，保障有力的一流民兵团队。第一民兵高炮团政委、市政府副秘书长兼办公厅主任许小富在会上发言，全体民兵进行了宣誓。

【开展民兵组织整顿】 市民兵组织整顿以军区《民兵组织整顿暂行规定》为依据，着眼实绩实效，深化调整改革，从4月下旬开始，通过调查摸底、组织准备、宣传发动、调整编组、点验总结5个阶段，于6月下旬结束。6月中旬，警备区组织5个检查验收组，对13个区、县(市)进行检查验收，各基层单位点验组织严密、程序规范，到点率90%以上。整组中，调整组建1个重点民兵应急营和1个信息作战营，落实海、陆、空军民兵专业分队，把战时首批兵员动员对象、军兵种预编兵员纳入普通基干民兵组织单独编组储备，将新组建的科技支前保障大队以及人防、交通专业队伍等力量统一纳入基干民兵组织。新成立基层武装部6个，25个单位新组建民兵组织。通过整组，达到民兵组织规范适当、布局科学合理、科技含量得到提高、民兵队伍政治可靠的要求。

【民兵武器装备管理】 警备区把装备管理摆在重要位置，贯彻落实《中国人民解放军装备条例》和《民兵武器装备管理条例》。坚持结合形势任务的需要，研究解决装备管理工作中的实际问题。全年投入120万元，对修理所基础设施和仓库部分库房进行综合整治，使仓库、修理所面貌改观，安全系数提高。警备区首长和机关业务部门对所属人武部民兵装备仓库进行检查40余人次，检修保养各类高射武器40余门，制造加工零配件110件，1108件零配件进行除锈油封，110余吨物资进行搬迁。清查核对民兵报废武器、弹药的品种数量和装配诸元，完成8个品种1.01万件报废武器统计和弹药存放。实现市民兵武器装备管理第21个和本级仓库第40个安全无事故年。

【防空兵训练基地建设】 市民兵防空兵训练基地（包括市民兵防空兵训练中心和萧山区人武部民兵训练基地），占地面积约10.5公顷，已投入征地费用800万元。市民兵防空兵训练中心，主要建筑由民兵训练综合楼和厨房组成，建筑面积4560平方米，用于民兵导弹分队和高炮分队模拟训练。该工程2003年12月开工，至2004年年末，完成民兵训练综合楼主体工程和室内装修，投入基础工程建设资金638万元，后续多功能厅装潢、训练器材购置、道路和绿化建设等配套工程，需投入300余万元，预计总投资1738万元。

【高炮团被评为全军预备役部队先进】 预备役高炮团围绕"打得赢、不变质"课题，推进军事斗争准备，探索新形势下治军特点。团党委以贯彻学习"三个代表"重要思想教育为重点，抓好思想政治教育，落实党委中心组带机关理论学习制度。协调预任军官"到岗日"活动，预任营以上部门领导按时到岗履行职责。开展艰苦奋斗，爱团奉献及"团兴我荣、团衰我耻"等教育，坚定官兵理想信念，确保部队建设方向正确、高度稳定和集中统一。组织部队参加地方"三个文明"建设，在用兵中强兵，在活动中展示预备役部队良好精神面貌。2004年被总参谋部、总政治部评为"预备役部队先进团级单位"。

【组织预备役部队训练】 杭州预备役部队以首长机关共同课目训练为重点，组织两期首长机关训练，突出计算机操作、军事理论、军用文书、战术标图的学习和训练。积极开展科技练兵活动，从桂林空军高炮学院邀请专家教授，进行集中授课指导，系统学习情报作战系统和训练模拟系统。抓好专业技术骨干训练，选送38人次预任军官参加省军区、预备役师系统组织的预任干部集训。完成城市防空袭战斗实兵实弹演练和省军区军事考核任务，落实战备教育制度，完善有关战备方案和规章制度，完成重大节日及敏感期的战备任务。

【加强预备役部队财务管理】 加强党委理财，制订下发经费管理措施，落实经费管理责任制，严格经费结算和报销手续，整理和健全会计档案，在省军区组织全区会计管理和经费纪律以及财经法规执行情况检查中，受到业务部门好评。规范基层财务管理办法，联合市财政局组成预备役分队财务管理考核小组，蹲点所有分队，采取集中讲评、重点查看新颁布的《团基层财务管理办法》落实情况。建立武器装备管理网络，健全团领导、机关、营连分队、库室场所、操作者“五级责任制”，明确区分各级职责，实现对全团武器装备的动态管控。

【完成征兵任务】2004年，全市完成新兵征集任务。新兵中党团员占80%，高中以上文化程度占69%，大专以上文化程度占4.8%，新兵总体素质提高。市政府和警备区在全省征兵工作电视电话会议结束后，随即召开全市征兵工作电视电话会议，及时部署征兵工作。各级地方政府成立征兵领导小组，召开动员大会，签订任务责任书。市政府常务副市长盛继芳发表征兵工作电视讲话，市征兵办主任、警备区参谋长张力就广大适龄青年和家长关心的政策条件和标准规定等问题答记者问。市征兵办下发《关于加强征兵体检站管理的通知》，规定一个单位原则上只设立1个体检站和成立1套体检班子。省政府和省军区领导带领工作组到萧山区、余杭区检查征兵情况，看望应征青年，指导征兵工作。警备区由首长带队，分5个工作组到13个区、县(市)检查和指导征兵工作。市政府抽调卫生部门417人、公安部门1052人参加征兵体检和政审，确保新兵兵员质量。下城区、萧山区、余杭区、桐庐县被省政府和省军区评为2003年度征兵先进单位。

·国防教育与军民共建·

【杭州被命名为全国双拥模范城】1月9日，杭州市被全国双拥工作领导小组命名为“全国双拥模范城”，这是继1993年以来，杭州市连续第四次荣膺这一称号，喜获“四连冠”。同时，上城区小营街道和娃哈哈集团公司董事长兼总经理宗庆后分别被授予“全国爱国拥军模范单位”和“全国爱国拥军模范”称号。

【召开市双拥领导小组会议】1月13日，召开市双拥领导小组工作会议。市长茅临生、市委副书记于辉达、常务副市长盛继芳、军分区政委谢力刚，省军区、武警省总队及驻杭部队领导出席，市政府副秘书长许小富、市双拥领导小组各成员单位负责人参加会议。大会传达全国双拥工作会议精神，听取杭州市双拥工作情况汇报，对今后双拥工作提出意见和建议，审议拟命名市级双拥模范乡镇、街道，表彰拥军优属、拥政爱民模范单位名单。茅临生要求各级党委、政府要牢固树立国防建设和经济建设协调发展的思想，关心扶持国防和军队建设协调发展，关心支持国防和军队建设，抓好落实，争创全国“双拥模范城”五连冠。

【加强全民国防教育】杭州国防教育以《中华人民共和国国防教育法》为依据，把国防教育作为促进国防建设与经济建设协调发展、加强社会主义“三个文明”建设的重要举措，纳入各级党委、政府议事日程，纳入当地经济和社会发展规划。结合市委、市政府和警备区领导调整，健全完善党政军领导负责的国防教育委员会。市国防教育办公室编配专职工作人员，实行军地合署办公。各区、县(市)落实“五有”(有专职工作人员、有固定办公场所、有齐全工作制度、有完善工作资料、有必要工作经费)，确保国防教育工作正常运转。2月，市委组织13名区、县(市)党管武装第一书记述职。9月18日，筹划和组织系列宣传教育活动，配合省国教办协调组织“军歌嘹亮”万人歌咏大会，余杭区民兵方队和2个中学生方队受到好评。8月~10月，开展“爱中华、奔小康、强国防”国防教育征文，各级领导干部、党政机关公务员、部队官兵、青年学生等参加征文活动。10月，组织全市党政主要领导网上国防知识竞赛。富阳、临安、淳安等县(市)统一实施乡(镇)、街道书记述职、理论考核、问卷调查等制度，定期检查领导干部履行国防教育职责情况，并作为政绩考核指标。市委党校开设国防教育课，举办国防知识讲座，2000余名干部接受国防教育。各区、县(市)把学校国防教育作为全民国防教育的基础，举办少年军校等形式，对青少年学生进行国防意识熏陶和知识技能培训，强化学生的国防观念。杭州人民广播电台《国防之声》节目，结合国防军事斗争热点和群众普遍关心的问题开展国防教育，收到良好效果。

【开展弘扬艰苦奋斗精神教育】8月10日~13日，杭州警备区党委中心学习组进行大力弘扬艰苦奋斗精神专题学习教育。组织机关、人武部、干休所干部到舟山警备区某炮连、某海防营、勤俭创业修理连学习观摩海岛部队艰苦创业精神。听取南京军区保卫部曹伯如部长关于军区部队隐蔽斗争的形势报告；省荣军医院护理员殷顺民33年如一日，为光荣军人默默奉献的先进事迹；海防教导员李广东介绍官兵扎根小岛、艰苦奋斗的事迹；观看许志强、王怀忠违法犯罪警示教育片。参加人员按照“五查五看”要求对照检查发言，不少干部激情表示：“身在好环境，更要有作为”。警备区政委齐毓春作学习教育总结。

（徐信社　张建恩）

·人民防空·

【人民防空概况】市人防办(民防局)围绕“发展、创新、稳定、为民”的总要求和“长期准备、重点建设、平战结合”的方针，结合杭州实际，明确任务，真抓实干，完成各项任务，获得南京军区“人防建设先进单位”称号。

工程建设上了新台阶。2月2日，市政府批准《杭州市人民防空与城市地下空间开发利用规划(2003年~2020年)》；滨江区、临安市、富阳市、桐庐县、淳安县人民防空规划的编制完成。市投资项目集中办理中心人防审批窗口全年审核(审批)843个项目。全年完成结建面积18.2万平方米。拱墅区运河广场人防工程、余杭区时代广场人防工程和建德市牛头山交通隧道基本完成建设。吉庆山—五老峰隧道、引水隧道完成。审定《杭州市人民防空预案》，全年新装警报数量41台。市、区两级人防部门组织参加市首次大规模城市防空袭演习，参加省人防办组织的网上演习。市人防办被市委、市政府、杭州警备区评为“杭州市城市防空袭演习先进单位”。

探索防空与防灾相结合的新路子。市人防办(民防局)完成应急处置突发公共事件的多项调研课题。

市政府通过《杭州市民防条例》，并提交市人大审议。市人防办（民防局）编印了首部《公民防灾手册》读本。城市应急救援指挥中心96110全年受理各类信息8152件。市城市应急救援指挥中心楼开工。夏季高温期间，开放人防工程1.54万平方米，纳凉市民17.8万人次。

全市208所学校开设人防宣传教育课，受教育学生7万余人。市人防办与市教育局联合开展了初级中学“我与人防”征文活动。开展人防知识进社区试点，新增15个试点社区。市人防办（民防局）“浇铸和平之盾”人防展馆被批准为市“爱国主义教育基地”。市委党校（市行政学院）开设人防知识讲座，197名领导干部听课。在10个有条件的直属单位和区、县（市）人防办开展机关“准军事化”创建工作。12月23日，市人防办（民防局）综合档案室通过省档案二级认定。落实行政执法责任制，清理文件15份，向10个缓缴人防政策性收费的单位发出通知，追缴76万元。

【国家人防办检查组到杭】 12月4日~5日，国家人防办副主任王胜利率检查组到杭指导。检查组实地察看市502改扩建工程施工现场，听取市人防办党组书记、主任施增富“关于杭州市人防军事斗争准备工作的情况汇报”，肯定了杭州人防军事斗争准备工作。

【参加城市防空袭演习】9月27日~28日，根据省军区、省人防办要求，以及市委、市政府、杭州警备区统一部署，市人防办组织参加市首次大规模城市防空袭演习。组织人防领导机关室内战术演习，7个部门和单位领导20余人组成人民防空指挥所，完成人防领导机关室内战术作业，共收到导调文书161份，完成作业文书48份；组织消除空袭后果演习，19个单位的277人，各型车辆装备71辆（台）参演；组织人员就近掩（隐）蔽疏散防护行动实兵演习，8个人防办、18个街道、115个社区和学校的5602人参加。市人防办被市委、市政府、警备区评为杭州市城市防空袭演习先进单位。

【吉庆山—五老峰隧道通车】 6月28日，由市人防办委托市地下空间综合开发总公司承建的市区道路二年大会战33929重点工程之一的吉庆山—五老峰隧道建成并正式通车。市委书记王国平、省人防办主任李杭、市人大常委会副主任林振国、副市长项勤、市政协副主席马时雍等参加通车典礼。吉庆山—五老峰隧道为西湖综合保护工程的配套项目，位于西湖风景区中部，北接梅灵北路与普福岭路交叉，向南穿越吉庆山和五老峰，沿满觉陇与虎跑路相连，全长3415米，其中吉庆山隧道545米、五老峰隧道1264米，路宽均12米，工程投资1.6亿元。

【人防工程供市民避暑】7月4日~8月25日，市人防办（民防局）抗缺电、抗高温，开放人防工程，启动《抗高温“让洞于民”避暑纳凉预案》，向社会开放人防工程15处。总开放面积1.5万平方米，接纳17.8万人次。期间，市人防办（民防局）配置凳（椅）2000余张、桌子100余张、饮水机17台，免费供应纯净水2100余桶，免费提供《钱江晚报》、《都市快报》阅览，展出宣传图版50余块，发放宣传册2.9万份，受到省市领导肯定和市民群众好评，20余个市级以上媒体报道80余篇次。

【增设人防设施监督管理功能】2月23日，市机构编制委员会《关于同意杭州市人防工程平战结合管理处增挂杭州市人防设施监督管理处牌子的批复》，批准市人防工程平战结合管理处增挂杭州市人防设施监督管理处牌子，实行“一套班子，两块牌子”，标志着杭州人防成立了第1个行政执法组织。

【《杭州市人民防空预案》通过审定】 3月9日，市政府、杭州警备区召开市人民防空预案审定会，省军区副参谋长吕福林、省人防办副主任赵德兴、杭州警备区副司令员冯一鹤、市规划专家咨询委员会副主任高定康等到会，市人防办主任施增富主持会议。会议通过《杭州市人民防空预案》认为该预案反映了现代高技术战争特点，符合杭州实际情况。重点目标防护抢修工作的研究。

【人防工程管理员培训】 市人防办落实《中华人民共和国人民防空法》和省实施办法，提高人防工程管理人员的业务素质，规范人防工程管理，提升应对突发事件的能力。3月22日~3月31日，在余杭径山举办全市人防工程专（兼）职管理员进行系统化和规范化培训，人防工程专（兼）职管理员300余人参加。

【《临安市城市人民防空规划》通过省级评审】 11月30日，由省人防办、市人防办、市城市规划设计研究院等单位专家组成的评审组，对《临安市城市人民防空规划》进行评审，临安市副市长胡竑参加评审会。专家评审组认为，2004年~2020年城市人防建设的规划指导思想明确，编制依据充分，总体符合该市经济

6月28日，举行吉庆山——五老峰隧道通车典礼。

发展和城市建设实际。 （王 敏）

·武警·

【武警概况】 武警杭州市支队坚持以“三个代表”重要思想为指导，以贯彻党的十六届四中全会精神为主线，完成以执勤处突为中心的各项任务，有效应对部队发展中的各种难题，注重打基础、补弱项，强素质、求规范，确保部队内部安全稳定，确保中心任务圆满完成。

以贯彻执勤“三项纪律”为重点，坚持中心居中，加强分类指导，扎实开展勤务专项整治，落实执勤等级评定要求，提升支队执勤正规化建设的整体水平。一中队成功制止1名已捕犯罪嫌疑人企图逃跑事件，市政府警卫中队及时制止2名上访人员欲自焚，受到领导和人民群众的好评。全年出动兵力1.17万余人次，动用车辆3585台次，参加创建“平安杭州”，旅游交易会、第七届中国艺术节、西湖博览会等重大活动的安全保卫、城市武装巡逻、交通安全整治、治安集中清查和各类抢险救灾等。确保20处固定执勤目标安全，实现连续18年执勤安全无事故。

【完成“五小练兵”演示】 9月，市支队接受武警部队训练工作会议“五小练兵”演示任务，召开各级各类会议10余次，做好官兵的思想鼓动和行为引导，提出“全力抓‘五小’，全面创先进”口号，支队官兵全身心投入训练，以“一流的精神面貌，一流的动作标准，一流的素质形象”完成演示任务，受到武警总部首长、与会代表和地方领导的赞誉。临安市中队担负“五小练兵”课目演示任务，被省委、省政府、省军区评为拥政爱民先进单位，荣立集体三等功。

【新教导队营房启用】 4月，杭州市委、市政府支持，市支队教导队工程正式动工，11月竣工交付使用。教导队是武警总队训练基地的重要组成部分，占地面积近3公顷，营房建筑面积9046平方米，总投资1800万元。营房布局规范合理，配套设施齐全，为部队的全面建设提供保障。新教导队营房在武警部队训练工作现场会上，得到总部首长和与会代表好评。

市领导视察人防工程供市民避暑纳凉情况

【开展“四联”活动】 4月6日，市支队与共青团杭州市委举行“四联”活动签约仪式。为动员和组织广大团员青年投身全面建设小康社会的伟大实践，全面加强团的建设，确保“思想工作联抓、公益事业联做、人才培养联手、文体活动联谊”（四联）活动落到实处，联合成立“四联”活动领导小组。所属各县（市）中队与驻地共青团县（市）委成立领导小组。为培养高素质、复合型警地人才，密切警民关系，优化社会道德风尚，提供了新的舞台。

【武警支队被评为无事故案件先进单位】 2004年，市支队把预防事故案件作为主要工作。开展“暑期百日安全”活动，重点抓新兵下连的训练安全、季节性事故的预防和车辆安全等，采取现场督导、问卷调查、对驾驶员复训补训的方法，把预防事故案件工作落到实处。运用有效载体加大对执勤工作的领导，注重提高基层组织领导执勤工作的能力和哨兵的执勤能力，确保执勤万无一失。同时把枪弹管严、管死。通过官兵的努力，取得优异成绩，市支队被武警总部评为“连续10年无事故案件先进单位”。

【进行反恐怖特种训练】 市支队按照上级要求和省反恐怖工作协调小组赋予的任务，围绕“联得通、反应灵、控得严、查得清、盯得住、排得了、突得进、打得准、防得好、救得快”的要求，遵循“特殊编制、特种装备、特选队员、特殊素质、特种训练、特殊保障”的原则，加强队伍建设。注重反恐怖理论学习和反恐怖战法研究，抓好精确射击、攀登、战术、擒敌、越野等反恐怖特种训练。11月，完成了省政府组织的“东海——2004”反恐怖演习，被省政府通令表彰为反恐怖先进单位。

【余杭中队荣立集体二等功】 余杭区武警中队自1999年被武警总部授予“基层建设标兵中队”荣誉称号以来，官兵们坚持以接受称号为新起点，把荣誉当作新动力，保持了良好的发展势头。中队支部引导官兵正确看待荣誉，发动官兵揭露矛盾、查找问题。组织官兵学习全军基层建设先进典型事迹和经验，安排官兵参观“英雄硬六连”和“钱塘江守桥模范中队”，增强高质量落实部队纲要、高质量建设部队的信心。官兵们围绕“全面、协调、可持续发展”目标，坚持人才为本，创建“学习型警营”，做“知识型军人”，坚持“科技强勤”，提高中心工作质量，实现连续30年执勤安全无事故，先后3次荣立集体三等功，12人立功受奖。2004年，被省武警支队树立为“基层建设标兵中队”，并荣记集体二等功。

（冯 超）

·教育综述·

【教育事业全面快速协调发展】 2004年，杭州教育坚持科学的发展观和正确的政绩观，以破解“上学难”问题为突破口，以实施名校集团化办学为途径，整体提升教育品质和办学水平，满足大众接受优质教育的需求，实现“让更多的人接受更好的教育”的目标。

各级各类教育事业全面快速协调发展。全市有中小学1371所，在校学生96.10万人。其中：小学897所，学生44.8万人；初中303所，学生25.23万人；普通高中81所，学生11.53万人；职业学校（中专、职高、技校）90所，学生14.55万人。推进托幼一体化的幼儿早期教育，促进学前教育低龄化。贯彻国务院办公厅转发的教育部等部委《关于幼儿教育改革与发展指导意见》精神。开展对淳安、建德等县（市）农村幼儿教育情况专项调研和整治市区无证幼儿园，规范学前教育管理和办学行为。普及小学到高中12年基础教育。义务教育在高标准、高质量普及的基础上，朝均衡化、优质化发展。制订《外来务工人员子女在杭就学的暂行管理办法（试行）》，以公办学校为主，民办学校为辅，全市解决8.3万名外来务工人员子女入学。普及高中教育，加大高中学校建设力度，扩大优质高中教育资源，解决市区初中毕业生升高中的“上好学”和农村初中毕业生的“升高中难”问题。协调发展中等教育，合理控制普通高中与中等职业学校的招生比例。高等教育从大众化趋于普及化，稳定市属高校招生规模，远程教育有较大突破，在杭高校学生人数大幅增加，全市高等教育毛入学率提高。成人教育健康发展，开展各类非学历教育的培训，以及社区教育和农民的农业科技及素质培训。

深化教育改革，全面推进素质教育，开展教育思想大讨论活动。推进文明学校创建工作，开展中小学德育系列活动。推广使用地方综合教材，加强中小学德育队伍建设。全面实施义务教育新课程改革，推进小学、初中小班化教育，贯彻落实《关于加强和促进初中教育工作的意见》，提高初中教育质量。减轻中小学生过重课业负担，遏制违规办班、补课和征订教辅资料等现象，对直属普高学生的课业负担进行专项调研。市区民办热点初中实行电脑派位招生，市属省一级重点高中招收保送生，市区职业学校招收直升生，加强中等职校示范专业建设，全面实施职高学分制，举办职业学校技能节和职业教育成果展示会。开展丰富多彩的学生活动，举办市中小学生艺术节、中学生社团文化节和青少年科技创新大赛等活动。关注中小学生健康成长，开展各项体育竞赛，首次进行学生体质健康标准测试，切实解决学生饮水和营养用餐问题。加强教育科研工作，学校科研氛围浓郁，教育科研取得丰硕成果。杭州市参加全省第四届教育科学优秀成果评审，参评作品全部获奖，一、二等奖占全省获奖成果的26.2%；参加全省2004年度基础教育优秀科研成果评审，获奖的一、二等奖占全省获奖成果的39.3%。以新课程改革为重点，加强教育科研的全局性、先导性研究，注重案例研究。开展学校心理健康教育研究。

加强中小学校长和教师队伍建设。市委、市政府召开全市基础教育工作会议暨庆祝第20个教师节大会，表彰市十佳教师、市十佳中小学校长和市十佳尊师重教个人。实施“名教师名校长工程”，开展骨干校长异地培训、岗位培训和以新课程改革为主要内容的教师培训，探索培训模式，建立开放式教师培训体系。组织特级教师赴澳大利亚、新西兰考察，到全市各农村学校开展支教及进行学术交流。举办名教师、名校长论坛和中法科学教育论坛，整体提升校长教师队伍素质和杭州教育水平。

加大教育投入，改善办学条件。加快市属高校建设，杭州师范学院下沙新校区二期工程竣工验收并交付使用，浙大城市学院三期工程的图书信息大楼、理科实验楼等项目建成并交付使用。启动萧山江东、余杭仓前高教功能新区规划建设。根据新城市发展规划，调整中小学校（幼儿园）设置布点规划，实施新一轮中小学布局调整。完成《杭州市区高中学校布局规划》，启动市区10所高起点高中段学校建设和杭州市聋哑学校迁建工程。加强信息技术教育，普及城乡中小学信息技术教育。

加强教育行风建设和机关效能建设，坚持依法行政、依法治教。贯彻落实《中华人民共和国民办教育促进法》及其实施条例、《中华人民共和国行政许可法》，依法对民办学校、民办教育机构实行管理，开展年检年审，依法实施教育行政许可。制订和实施机关效能建设8项制度，实施中小学收费联系卡制度和教育收费公示制，专项治理教育乱收费，开展教育收费巡查，实施"教育乱收费责任追究制度"。实行义务教育收费"一费制"和普通高中学校招收择校生的限定政策。

加强教育宣传工作。杭州教育好新闻评选活动共有78篇新闻作品参评，评出一等奖2篇、二等奖5篇、三等奖8篇。《爱满长河——浙江省杭州市长河高中德育工作掠影》和《优质教育资源人人享——杭州市力破"上学难"纪实》获一等奖。通过评选、表彰，提高了全市教育行政部门和学校加强教育宣传的积极性和主动性，提升了杭州教育形象。

【召开基础教育工作会议】 9月3日，市委、市政府召开全市基础教育工作会议暨庆祝第20个教师节大会，研究部署加强基础教育和解决"上学难"问题。省委常委、市委书记王国平作重要讲话，市委副书记、代市长孙忠焕作工作报告，市委副书记叶明主持会议，市四套班子领导出席。下发《关于进一步推进基础教育改革和发展的若干意见》，明确今后5年加强基础教育改革和发展目标。成立由市委、市政府分管领导为正副组长的解决"上学难"问题领导小组，市教育局为主要责任单位。

【名校集团化办学】 成立市直属学校的杭州二中教育集团、杭州学军中学教育集团、杭州四中教育集团、杭州中策职校教育集团和杭州绿城育华教育集团5个以高中学校为主体的教育集团。区、县(市)中小学中，成立杭州市安吉路教育集团、采荷中学教育集团、杭州市天长教育集团等，全市共有46所中小学为龙头实行名校集团化办学，成立教育集团24个；出现"名校+新校"、"名校+民校"等集团化办学模式。

【实行春秋假制度和调整作息时间】 为减轻中小学生过重课业负担，合理安排学生假期和作息时间，提高学生学习效率，促进学生身心健康发展。在广泛征求教师、学生、家长以及社会各界意见的基础上，市教育局对中小学的假期和作息时间进行调整。在每学年总教学时间不变前提下，将一学年两学期两假期改为一学年两学期四假期，实行春假、暑假、秋假和寒假，其中春假为4月26日~5月7日，秋假为11月份内的一周。小学每天上下午课时分春夏和秋冬两个时段。春假后，上午为4课时，下午为2课时；秋假后，上下午各为3课时。规定秋假后适当推迟学生到校时间。

【评选人民满意学校】 首次开展全市中小学"人民满意学校"评选，旨在拓宽学校接受社会监督的渠道，促进学校端正办学思想，规范办学行为，提升办学水平，办成人民满意的学校。全市学生家长和市民90余万人参与对849所中小学的评选，结果综合满意率为82.6%，评出镇(乡)中心小学以上的满意学校258所。

【加强未成年人思想道德建设】 全市中小学贯彻《中共中央国务院关于进一步加强和改进未成年人思想道德建设的若干意见》，制订《杭州市教育局关于进一步加强和改进未成年人思想道德建设的实施意见》。实施素质工程、基础工程、阵地工程、阳光工程、净化工程、帮扶工程等六大德育工程。推进文明学校的创建，实施"曙光计划"，开展中学生素质拓展计划试点、弘扬和培育民族精神月、志愿者服务和社会实践、给妈妈的一封信征文比赛、"携手1+6，节电进万家"等主题教育活动，开展预防在校学生违法犯罪调研。开发与整合德育资源，全市高中普及推广地方综合教材《人与社会》，初中和小学使用《我与杭州》地方课程。

【举办中小学生艺术节】 11月14日，由市委宣传部、市教育局、市文化局、共青团杭州市委、杭州青少年活动中心、杭州电视台影视频道和少儿频道联合举办的市中小学生艺术节开幕。省委常委、市委书记王国平、市委副书记叶明、省教育厅副厅长张绪培等出席开幕式。全市有81所学校，近万名中小学生参加开幕式演出。艺术节期间，在全市中小学生中开展艺术节节歌、节徽征集活动，举办器乐、舞蹈、戏剧曲艺、声乐、书法、绘画、工艺、摄影等专场或专题比赛，举办中学生校园原创歌曲电视大赛和青春舞台广场演出，举办美术优秀作品巡展、文学知识网上竞赛活动和广场团体舞比赛。

【实行教育资助券和人民助学金制度】 杭州市在全省率先推出教育资助券制度，全面实施和完善教育资助券及人民助学金制度，扩大接受教育资助的范围和项目。全年3.3万名学生接受资助，资助总额1480万元。通过实施人民助学金制度，真正做到不让一个孩子因家庭贫困而失学。

【开展长三角教育合作】 市政府与华东师范大学签订教育合作框架协议和2004年教育合作项目协议，双方在高等教育领域的合作办学、教育科研、人才培养等方面加强合作，开展中小学骨干校长、骨干教师培

新建成的杭州第四中学下沙校区

训以及中小学教师远程教育等方面的合作。华东师大为杭州开办创造性教学研究、学生心理问题和心理教育、从传统教学走向对话教学等8个培训班，全市1000余名中学教师参加培训。6月24日~25日，“长三角”16个城市“现代学校制度建设”研讨会在杭举行，来自上海、浙江、江苏的60余名代表就现代学校制度建设进行研讨。

【开展教育“创强”活动】 全年创建省教育强镇25个、市教育强镇19个、市现代化标志性教育强镇3个。全市累计创建省教育强镇124个、市教育强镇156个、市现代化标志性教育强镇7个，分别占总镇乡(街道)数的66.3%、83.4%和3.74%。区属镇乡(街道)“市强”、“省强”率为92.3%。

【校园安全管理专项整治】 10月10日至11月20日，开展市中小学幼儿园及少年儿童安全管理专项整治活动。重点整治中小学幼儿园周边环境，全面排查中小学、幼儿园内部安全隐患，清理整顿不合格办学机构，严肃查处侵害中小学、少年儿童财产和人身安全的典型案件。通过各级政府和学校的努力，全市校园及周边治安秩序明显改善，危害学校安全、妨害学校教学秩序、影响师生身心健康的经营场所、流动摊位、违章建筑以及交通等问题得到清理整顿。

【理顺教育行政审批事项】 全年清理1986年以来的教育规范性文件，废止地方性法规《杭州市民办中小学管理条例》等32项。确定教育行政许可项目，制定许可项目程序，并在办公场所和互联网公示市区全日制高中段民办学校设立，市区民办培训学校(教育机构)设立，杭州市高级中学教师资格、中等职业学校教师资格、中等职业学校实习指导教师资格认定，市区利用互联网实施远程高中段学历教育的教育网校设立等4项行政许可项目。制订《杭州市教育行政部门实施行政许可工作规则》。

【学校场地设施对外开放】 经过3年的探索实践，市区学校体育场地等设施向社区开放成效良好。建立学校与社区共管机制，发挥学校体育运动场地等设施资源的社会效益，推进全民健身工程的实施，促进社区群众体育活动蓬勃发展和社区精神文明建设。196所学校实行学校体育场地等设施向社区开放，占市区学校的90%。市教育局对全市学校体育场地等设施向社区开放进行达标验收，促进了学校体育场地等设施向社区开放。

【规范教育收费】 全市中小学实施收费公示制和收费联系卡制度。依托市治理教育乱收费联席会议制度，对教育乱收费问题进行研究和整治，实施教育收费轮查，对全市1/3学校进行收费大检查。建立教育乱收费责任追究制度，推行义务教育收费“一费制”，实行普通高中招收择校生“三限”(限人数、限分数、限钱数)办法。全市教育乱收费投诉率下降72%，违规收费案件数下降5%，处理违规收费金额下降68%。

·高等教育·

【高等教育概况】 市属高等教育迅猛发展。余杭仓前、萧山江东2个新高教功能区启动，下沙、小和山、滨江和浙江大学紫金港校区等4个高教功能区基本建成。在杭普通高校36所，在校大学生23万余人，其中市属高校招生1.3万人，全市高等教育毛入学率45%，高等教育从大众化趋于普及化。远程教育发展迅速，各级各类远程教育学生3.88万人。调整师范教育格局，严州师范学校停止招收小学教师大专学历层次的学生，实现本科化培养。

【加快高教功能区建设】 6月8日，市委、市政府印发《关于促进民办高等教育发展的若干意见》，8月24日，市建设高教功能区协调小组印发《余杭仓前、萧山江东高教功能区准入条件和程序》，启动了余杭仓前、萧山江东2个新高教功能区建设。市发展和改革委员会牵头制订余杭仓前、萧山江东高教功能区总体规划，原则通过专家组论证，但土地指标和建设规划成为高教功能区建设的核心问题，同时需引进著名院校、企业到杭办学。

【浙大城市学院创办5周年】 10月15日，浙江大学城市学院举行建院5周年庆祝大会。举行大型学术报告、颁奖典礼、表彰大会、独立学院峰会、应用型人才培养国际研讨会。城市学院办学5年，规模达到1万人、校园达到68.4公顷，在校生1.07万人，累计毕业生1778人。

【设立远程教育试点】 经省教育厅批准，北京大学、清华大学等全国58

表59　2004学年在杭高校研究生情况

学校名称	毕业生数(人)	招生数(人)	在校生数(人)	毕业班学生数(人)
浙江大学	4 005	5 445	16 856	4 953
浙江工商大学	60	241	459	101
杭州电子科技大学	127	227	526	204
浙江中医学院	88	198	452	103
浙江理工大学	29	209	354	47
中国美术学院	40	100	256	48
浙江工业大学	269	523	1 204	305
杭州应用声学研究所	3	10	26	5
浙江医学科学院	5	8	22	5
杭州师范学院	35	142	272	66
第二海洋研究所	12	30	65	14
中共浙江省委党校	7	16	41	8
浙江林学院	-	39	39	-
中国计量学院	-	27	27	-
浙江财经学院	-	54	54	-
合　计	4 680	7 269	20 653	5 859

表 60

2004学年在杭高等院校基本情况

普通高校　　　　单位：人

学校名称	在校学生数	招生数	毕业生数	毕业班学生数	教职员工数 合计	其中：专任教师
浙江大学	25 334	5 742	7 235	6 453	8 272	3 285
杭州电子科技大学	12 859	3 957	2 232	3 055	1 210	711
浙江工业大学	18 066	5 497	3 148	3 676	2 303	1 243
浙江理工大学	8 866	2 596	1 395	1 727	1 191	615
浙江林学院	8 813	2 705	1 450	1 870	887	542
浙江中医学院	4 352	1 140	560	792	619	392
浙江工商大学	11 724	3 216	2 316	2 646	1 376	744
中国美术学院	7 626	2 116	648	1 030	803	469
中国计量学院	7 441	2 185	969	1 436	739	442
浙江科技学院	8 047	2 700	1 641	14 76	931	581
浙江水利水电专科学校	5 154	2 525	845	1 049	477	301
杭州师范学院	10 864	3 000	2 168	2 756	2 054	1 103
浙江财经学院	6 239	1 931	1 251	1 325	794	387
浙江公安高等专科学校	2 045	822	561	432	349	193
浙江树人学院(民办)	9 379	3 216	2 358	2 801	639	381
浙江交通职业技术学院	5 004	2 194	1 036	1 356	446	247
浙江机电职业技术学院	5 576	2 101	1 545	1 849	375	232
浙江建设职业技术学院	4 787	2 021	471	1 095	284	207
浙江艺术职业学院	1 240	510	212	347	324	205
浙江经贸职业技术学院	5 411	2 333	991	1 454	436	276
浙江商业职业技术学院	6 053	2 472	1 778	1 934	503	316
浙江电力职业技术学院(筹)	1 273	678	–	–	640	253
浙江经济职业技术学院	5 568	2 365	557	1 337	396	290
浙江旅游职业学院	3 853	1 636	436	1 003	242	177
浙江育英职业技术学院	3 314	1 307	546	897	291	182
浙江警官职业学院	3 764	1 420	943	1 187	450	205
浙江金融职业学院	4 057	1 840	780	840	288	206
杭州职业技术学院	6 329	2 578	1 915	1 878	510	302
浙江长征职业技术学院	1 977	872	119	372	276	194
浙江医学高等专科学校	4 580	1 591	616	1 409	343	236
浙江同济科技职业学院(筹)	454	256	–	–	55	39
浙江传媒学院	6 208	2 535	1 043	1 533	577	350
浙江体育职业技术学院(筹)	132	132	–	–	135	71
浙江大学城市学院	10 714	2 874	1 341	2 350	606	436
杭州万向职业技术学院	2 187	1 027	353	415	175	111
杭州科技职业技术学院(筹)	866	333	454	533	119	89
合　计	230 156	76 423	43 913	54 313	30 115	16 013

其他院校 单位:人 (续表 60)

学校名称	在校学生数	招生数	毕业生数	毕业班学生数	教职员工数 合计	其中:专任教师
浙江广播电视大学	10 273	4 027	3 759	1 909	3 736	2 306
浙江教育学院	3 065	1 393	463	568	407	211
浙江省职工体育运动技术学院	–	–	53	–	55	45
浙江财经学院东方学院	4 760	1 624	664	882	371	256
杭州电子科技大学信息工程学院	4 474	1 256	355	936	236	224
浙江工业大学之江学院	6 189	1 628	996	1 251	630	281
浙江工程学院科技与艺术学院	6 846	2 460	690	1 318	294	278
杭州师范学院钱江学院	4 364	1 223	671	993	244	213
浙江林学院天目学院	3 694	1 355	201	564	205	185
杭州商学院国际经贸学院	5 647	1 662	579	1 141	251	248
中国计量学院现代科技学院	5 005	1 434	274	903	337	258
浙江科技学院理工学院	4 324	1 047	539	756	230	230
浙江中医学院滨江学院	4 149	1 278	131	512	412	259
合计	62 790	20 387	9 375	11 733	7 408	4 994

所现代远程教育试点高校，依托浙江工业大学、杭州广播电视大学、浙江三联专修学院等47个建设单位，设立校外学习中心点，共招收高中起点专科、高中起点本科以及专升本等各类学生1.3万人，在校学生3.88万人，毕业生5239人。

【市属高校重点学科和科技创新实验室建设】2004年，市教育局组织专家对市属高校“凝聚态物理”等12个市级重点学科的经费配套落实情况、使用情况和建设规划实施情况进行年度检查评估，市财政拨出了每学科15万元的专项扶持经费。

为推进市属高校产学研结合和科技创新体系建设，杭州师范学院有机硅实验室等10个实验室被列为市属高校市级重点实验室。市财政拨出100万元专项经费对市级重点实验室进行扶持。市科技局为市属高校市级重点实验室建设单列了科技创新项目的专项资助。

【高等教育自学考试】 全市高等教育自学考试人数占高等教育毛入学率4.4个百分点，成为高等教育发展的一个重要增长点。至年末，在籍考生30万人，开设学历教育和非学历教育考试科目26个，开考专业125个，其中本科61个，专科64个。自学考试被称为“没有围墙的大学”，为没有条件进入高等学府学习和深造的人，提供了受教育机会，为构建终身教育体系和学习型社会作出了贡献。杭州市实施高等教育自学考试制度20年，培养专、本科毕业生近5万人，中专毕业生1.5万人。

·普通高中教育·

【普通高中教育概况】 全市普通高级中学58所，完全中学23所，普通高中在校学生11.53万人，比上年增加7187人。初中毕业生升入各类高中比例为91.7%（普通高中占43.4%），其中市区为94.5%，除萧山、余杭区外的6个区为98.2%。优质高中招生规模扩大，市区（不含萧山、余杭区，下同）普通高中招生1.16万人，其中17所优质普高招生9049人，占市区普高招生总数的77.6%。做好保送生推荐和招生，市直属7所省一级重点普高招收保送生659人。

【首届新疆高中班学生毕业】 首届新疆高中班73名学生在杭州师范学院附属三墩高级中学经过4年（其中1年预科）学习，于6月顺利毕业。学生们参加高考成绩优异，均升入高等学校，其中80%以上升入全国重点大学。

【创建省级重点高中】 经省教育厅评估认定，萧山区第二高级中学、萧山区第三高级中学、富阳市第二中学、新登中学被认定为省一级重点普通高中，建德市寿昌中学、萧山区第六高级中学为省三级重点普通高中；富阳市场口中学为省二级重点综合高中，桐庐县第四高级中学为省三级重点综合高中。至此，全市有省级重点普通高中29所，省级重点综合高中6所。

·中等职业技术教育·

【中等职业技术教育概况】 全市中等职业技术学校招生4.46万人，其中职业高中招生3.06万人、中专招生8694人、技工学校招生5273人；中等职业学校与普通高中招生数比例为52:48，职业学校在校生7.77万

表61 2004年杭州市普通高中学校情况

学校类别		学校数(所)	毕业生数(人)	招生数(人)	在校生数(人) 本年	为上年(%)	初中毕业生升入各类高中的升学率(%)
普通高中	全市	81	30 630	40 314	115 303	106.65	91.37
	市区	55	18 468	24 685	70 137	106.43	94.54
	市属	18	6 934	8 271	23 519	105.52	–

人。95%以上的中等职业学校应届毕业生在年底前被招工单位录用或升入高职院校学习，其中7450名应届毕业生考入高等职业技术学院，比上年增加1803人。推进专业现代化建设，举办中英合作课程国际酒店管理和烹饪西餐专业。组建中策职业教育集团，市旅游职业学校西湖校区整体搬迁至滨江新校区，占地近6万平方米，教育设施和设备先进。

表62　　2004年在杭中等职业学校情况

学校类别			学校数（所）	毕业生数（人）	招生数（人）	在校生数（人）	
						本年	为上年（%）
中等专业学校			11	6 399	6 716	21 262	97.82
技工学校			21	3 920	8 981	21 176	113
职业中学	全市	高中	41	17 563	27 149	77 706	111.55
	市区	高中	22	11 765	15 869	45 668	112.17
	市属	高中	9	4 912	6 429	18 358	106.23

【举办职教成果展示暨技能节】5月8日至10日，市职业教育成果展示会暨第四届中等职业学校技能节分别在浙江展览馆和杭州市中策职业学校举行。70余所职业学校采用图片、文字说明、实物陈列、视频演示、学生现场演示（表演）等形式参加展示，展示学校的特色专业、特色教育以及师生作品，展现了杭州职业教育改革和发展25年来的成就。与展览会同时进行的技能节，共有电子电工、财经、服装、烹饪等14个专业近40项比赛和展演。展示会期间，举行了职业教育论坛和职业教育为民咨询服务活动。

【实施职高学分制】9月，市直属职高以及部分区、县（市）属职高实施学分制。市区职业高中试行周六开放式特色选修课，近1000名职业高中学生根据自己的兴趣爱好和特长分别在12所职业学校参加特色选修课学习。12月，召开全市职业高中学分制工作研讨会，总结交流学分制实施情况，对推进职业学校学分制作了研讨。

【开展职业学校示范专业评估】开展市第四届中等职业学校示范专业评估，全市23所学校的32个专业被认定为市中等职业学校示范专业。萧山区第四中等职业学校的“机械加工技术”专业被省教育厅认定为省级示范专业。至年末，全市有国家级示范专业3个，省级示范专业17个，市级示范专业32个。余杭区临平职业高级中学被教育部、国防科工委、中国机械工业联合会确定为承担数控技术应用专业领域技能型紧缺人才培养培训任务的学校，杭州市电子信息职业学校被教育部、信息产业部确定为承担计算机应用与软件技术专业领域技能型紧缺人才培养培训任务的学校，杭州市交通职业高级中学被教育部、交通部、中国汽车工业协会、中国汽车维修行业协会确定为承担汽车运用与维修专业领域技能型紧缺人才培养培训任务的学校。

【认定10所国家级重点职业学校】教育部公布新调整认定的首批国家级重点中等职业学校名单中，杭州市中策职业学校、杭州市旅游职业学校、余杭区临平职业高级中学、萧山区第一中等职业学校、富阳市职业高级中学、桐江职业技术学校、浙江艺术学校、浙江省体育运动学校、浙江水利水电学校、杭州市陈经纶体育学校等10所中等职业学校榜上有名。临安市中等职业技术学校通过申报国家级重点中等职业学校评估。杭州市人民职业学校、余杭区闲林职业高中、建德市新安江职业学校、西湖区职业高级中学被认定为省二级重点中等职业学校，杭州市服装职业高级中学被认定为省三级重点中等职业学校。

·义务教育·

【义务教育概况】全市九年义务教育在全面普及基础上向均衡化、优质化发展，小学、初中入学率均为100%，巩固率分别达到99.99%、99.97%。贯彻落实《关于加强和促进初中教育工作的意见》，采取措施减轻中小学生过重学业负担，遏制违规办班、补课和征订教育辅导资料等现象。实施小班化教育，162所小学实施小班化教育，占全市总数的18.1%，老城区小学小班化教育率达60.8%。市区23所初中学校实施小班化教育，占市区初中学校总数的48%。重点抓好农村自然形成的小班额教育改革，农村义务教育质量提高，实现均衡发展态势。

【解决外来务工人员子女入学】杭州市把解决来杭务工人员子女入学问题作为解决“上学难”问题之重点。新增8所独立设置的民工子女学校，累计为26所。共解决外来务工人员子女就学8.3万人。11月1日，市教育局出台《关于外来务工人员子女在杭就学的暂行管理办法（试行）》，对处于义务教育阶段的非杭州户籍的外来务工人员子女入学途径、条件、收费、转学、教育管理以及民工子女学校的规范化管理作出明确规定，明确了杭州外来务工人员子女入学条件和程序，使其能依法接受规定年限的义务教育。

【安排外籍人员子女入学】印发《关于杭州市中小学校招收外国学生收费问题的通知》和《关于接收在杭外籍人员子女入学有关事项的通知》，对在杭外籍人员子女入学实行规范化管理，就入学、收费等作出明确规定。7月28日，教育部认定杭州国际学校属外籍人员子女学校性质，开设幼儿园、小学、初中和高中教育课程。扩大接受外籍学生学校和聘请外国文教专家学校。杭州市源清中学、杭州市中策职业学校等10所中小学校被省教育厅批准为具有招收外国学生资格的学校，全市有13所中小学校具有招收外国学生资格，为到杭投资、创业、工作的外籍人员子女接受基础教育创造了条件。

【实施新课程改革】从秋季开始，萧山区、淳安县、桐庐县、建德市开始实施新课程改革，全市13个区、县（市）都实施了新课程标准。开展各学科教师培训，帮助掌握新课程理念，提升专业水平。加强新课程调研，配合省基础教育改革巡礼活动，对新课程改革与课程实施、校本教研与教师专业成长、地方课程与学校课程建设、课程评价改革与学生可持续发展等问题进行了调研。

【认定21所省级示范中小学】 全市有7所初中和14所小学被命名为省示范学校。示范初中是萧山区瓜沥镇第一初级中学、萧山区义桥实验学校、萧山区新湾镇初级中学、富阳市礼源中学、桐庐县横村镇中心学校、淳安县汾口镇第一初级中学、西湖区三墩中学。示范小学是萧山区南阳镇中心小学、萧山区坎山镇中心小学、余杭区乔司镇中心小学、富阳市春江中心小学、富阳市洞桥镇中心小学、临安市玲珑中心小学、桐庐县桐庐镇新区中心小学、桐庐县深奥镇中心小学、桐庐县第一实验小学、西湖区三墩镇中心小学、西湖区转塘镇中心小学、西湖区留下镇中心小学、西湖区周浦乡中心小学和高新区（滨江）浦沿镇中心小学。

【加强特殊教育】 全市"三残"（包括智力、语言和听力、视力残疾）儿童少年入学率为99.35%，列全省之首。举办市第五届特殊教育学生田径运动会暨首届特奥运动会，萧山区聋哑学校、杭州市杨绫子学校、杭州健康实验学校组队参加比赛。16名特殊教育学校青年教师参加省教育厅举办的青年教师基本功大赛，4人获一等奖，12人获二等奖。市聋哑学校选送到中央级教科所参评论文，5篇获一等奖、8篇获二等奖。西湖区投资570余万元，移地新建紫荆花学校。

·幼儿教育·

【幼儿教育概况】 全市幼儿园1098所，其中教育部门和集体办学278所，占总数的25.3%；社会力量办学754所，占总数的68.7%；其他部门办学66所，占总数的6%。在园儿童18.65万人，其中社会力量办幼儿园在园儿童10.16万人，3周岁~5周岁学前幼儿入园率95.3%，学前第四年幼儿入园（所）率为40%。幼儿教育教职工1.5万人，其中专任教师9544人。园长、教师学历合格率94.4%。农村镇乡单独建制、3班以上规模的中心幼儿园建园率89.7%。

【培训幼儿园教师】 为提高市区幼儿园（所）教职工整体素质，实行教职工持证上岗制度，市教育局、市卫生局联合举办17期市区3周岁前婴幼儿教育培训班，对市区从事3周岁前婴幼儿教育人员进行系统培训。培训内容有3周岁前婴幼儿生长发育特点和心理、个性发展、教育活动设计、生活安排、营养卫生保障、环境创设以及托幼机构动作模式和管理模式等，1475人取得上岗证书。

【举办教师才艺比赛】 12月29日，市教育局与婴儿世界杂志社联合举办教师才艺比赛，提高和展示幼儿园（所）教师教育教学技能，加强幼儿园教师的培养。通过各区、县（市）选拔，25支教师团队参加才艺展示活动。经专家和观众评比，杭钢苑幼儿园徐婷等6名教师获一等奖，临安市锦城中心幼儿园张雷洋等9名教师获二等奖，杭州市大关苑实验幼儿园周倩等10名教师获三等奖。上城区教育局等12个单位获组织奖。

【城乡幼儿园挂钩结对】 全市开展城乡幼儿园挂钩结对活动，旨在改变城乡学前教育发展不平衡状况，规范学前教育机构办学行为，提高学前教育质量。上城区与临安市、下城区与建德市、江干区与杭州经济技术开发区、拱墅区与滨江区、西湖区与淳安县、萧山区与富阳市、余杭区与桐庐县，相互对口支援，结对帮扶。通过形式多样、内容丰富、具有针对性的送教下乡指导帮扶活动，让城市幼儿园与农村幼儿园在教育理念、教育方法、教育管理、教育科研、信息技术应用等方面进行交流和沟通。

·成人教育·

【成人教育概况】 全市有民办学校769所，其中市区89所，招收各类专业学生33.12万人次，毕（结）业29.9万人，在校学生33.42万人。新增2所民办学校，撤销1个不合格教育培训机构。全市农村70余万人次参加各类培训。农民和职工"双证制"教育分别为3500人和1265人。各类成人中等学历教育招生7500人，在校生3万余人，毕业1.1万人。市教育局会同市文明办等5个部门联合开展市民日常英语、普通话基础、计算机基础3项技能培训，全市有1万余名市民参加培训。市教育局、市总工会等10个单位联合开展"创建学习型企业，争做知识型职工"活动，在企业职工中开展"双证制"（学历证书、技能等级证书）教育培训，培训人数4765人，毕业1079人。全市有57所乡镇成人文化技术学校达到省、市示范成校标准。完成全国教育科学"十五"规划教育部重点课题杭州分课题《杭州市深化社区教育实验，加快学习型城市建设》的研究。

【加强社区教育】 全市有8个区、县（市）成立社区学院，有2个国家级社区教育实验区，5个省级社区教育实验区；32个街道、264个社区分

表63　2004学年杭州市小学、幼儿园、特殊学校情况

类别		学校数（所）	毕业生数（人）	招生数（人）	在校生及在园幼儿数（人）	
					本年	为上年（%）
小学	全市	987	74 872	67 742	447 971	99.78
	市区	412	41 957	62 341	265 752	102.1
幼儿园	全市	1 098	65 349	62 617	186 472	105.4
	市区	593	40 198	38 650	120 846	106.2
盲聋哑学校		8	112	100	829	99.88
弱智学校		5	31	50	368	98.92
工读学校		1	56	34	123	84.83

表 64　　2004年杭州市中小学、幼儿园教职工情况

学校类别		教职工(人)	其中：专任教师(人)		达到规定学历的专任教师比例(%)		每名教职工负担学生(人)
			初中	高中	初中	高中	
普通中学	全市	28 114	16 042	7 510	98.46	96.07	13.08
	市区	16 982	9 477	4 613	98.58	96.68	12.40
	市属	2 950	259	1 846	100.00	96.05	9.05
职业中学	全市	4 961	–	3 815	–	83.43	15.66
	市区	2 861	–	2 220	–	85.59	15.96
	市属	1 259	–	880	–	88.18	14.58
中等专业学校		869	416		–		–
技工学校		1 646	1 124		–		–
小学	全市	25 396	23 066		99.70		17.64
	市区	15 324	13 912		99.69		17.34
幼儿园	全市	13 702	9 076		93.25		12.91
	市区	9 679	6 224		95.18		11.76
盲聋哑学校		233	187		–		–
弱智学校		95	84		–		–
工读学校		41	31		–		–

别成立社区学校和市民学校。配备社区教育专职人员120人，社区教育志愿者达2.8万人。市区逐渐形成社区教育三级网络，开始向农村延伸。8月，杭州市承办中国教科文组织举办的“全国农村社区学习中心能力建设国家讲习班”。

【开展农民教育培训】 乡镇成人学校与有关部门配合，开展农村富余劳动力转移培训，失地农民培训，从事二、三产业人员培训，农业适用技术培训等。农民参加素质培训15.7万人，通过培训转移农村富余劳动力5.4万人，后备劳动力培训2万余人。农民学历教育招生近1万人，其中与大专院校合作招收大专层次学员4948人，中等教育层次招生4893人；毕业6300人，在读2.65万人。

·师资队伍建设·

【师资队伍建设概况】 加强教师队伍建设，实施对申报中级、高级教师职称的中学教师进行书面理论考试、说课和论文答辩。经教师职称评审组确认，市区有949人获中级或高级教师专业技术职称。为扩大和激活教师资源，促进人才流动，面向社会人员教师资格认定，有4875人申请。组织省特级教师132人赴淳安县开展支教及学术交流。引进优秀教师，提高教师学历层次。做好师范类毕业生双向选择调配，全市高校毕业生2014人到各级各类学校任教，其中硕士研究生21人、本科生1345人。市区引进优秀教师249人，具有高级职称66人。全市幼儿园、小学、初中、普高、职校教师的学历合格率分别为94.1%、99.7%、98.5%、96.1%、83.4%。初中和小学教师高学历比例大幅提高，小学教师具有大专以上学历的比例为70.3%，初中教师具有本科以上学历的比例为61.7%，分别比上年增长13.8%和10.2%。

【表彰教育“十佳”】 9月3日，市委、市政府召开杭州市基础教育工作会议暨教师节庆祝大会，并表彰市十佳教师、十佳中小学校长和十佳尊师重教个人。十佳教师为方苏平、方淳、田巧玲、束沛如、徐文美、徐闻音、徐晓芸、商静儿、韩国梁、慎祖佩。十佳中小学校长为史训铭、孙小芙、孙利利、朱玉林、任继长、杨一青、余水明、洪佳琳、徐松泉、潘志平。十佳尊师重教个人为方茶根、冯根生、任熙云、李大鹏、严宽祜、宗庆后、钱子青、徐省中、戚金兴、蒋敏德。杭州市十佳教师、十佳中小学校长享受市劳动模范待遇。

【教师开放式培训】 市教育局下发《关于进一步推进中学教师开放式培训的意见》，推进中学教师开放式培训。首批确定浙江大学、华东师范大学、浙江师范大学、浙江工业大学、浙江教育学院、浙江大学城市学院等高校参与市中学教师的培训，要求教研室、教科所及有条件的中学教师继续教育实践基地开放教师培训项目。浙江大学、华东师范大学、浙江大学城市学院等高校开出18门教师培训课程，共培训1600名中学教师。开发教师培训远程网络资源，开设300余门教师远程网络培训课程。全年报名参加远程网络培训的教师4500余人。

【开展校本培训】 2004年，市教育局推进教师校本培训，改革教师继续

表 65　　2004年杭州市接收外籍学生的学校

学校名称	地　址	主管教育局
杭州第二中学	滨江区东信大道76号	杭州市教育局
杭州新世纪外国语学校	上城区祖庙巷33号	上城区教育局
杭州远东外国语学校	萧山区潘水路588号	萧山区教育局
杭州市源清中学	拱墅区湖州街69号	杭州市教育局
杭州市中策职业学校	拱墅区卖鱼桥霞湾巷65号	杭州市教育局
杭州绿城育华学校	西湖区文华路532号	杭州市教育局
杭州第六中学	上城区佑圣观路161号	上城区教育局
杭州市江心岛中学	下城区叶青兜路73号	下城区教育局
萧山区北干初级中学	萧山区北干二苑新安园对面	萧山区教育局
杭州市采荷第二小学	江干区凯旋路58-1号	江干区教育局
杭州市大关小学	莫干山路206号	拱墅区教育局
杭州求是教育集团	浙大路18号	西湖区教育局
余杭区实验小学	临平南苑商贸城	余杭区教育局

表 66　2004年杭州市区民办、国有民办学校学期收费标准情况

单　位	学杂费(元)			住宿费(元)
	小　学	初　中	高　中	
杭州育新高级中学	–	–	4 300	600
杭州求是高级中学	–	–	4 800	500
杭州市源清中学	–	–	4 600	–
杭州第二中学分校	–	–	4 600	–
杭州第四中学分校	–	–	4 600	–
杭州外语实验学校	–	4 500	5 000	600
杭州民办东方中学	–	4 600	5 100	900
杭州绿城育华学校	5 500	5 800	6 000	1 000
杭州育才中学	–	4 500	–	–
杭州民办公益中学	–	4 200	–	800
杭州勇进中学	–	4 300	–	–
杭州民办春蕾中学	–	4 300	–	–
杭州启正中学	–	4 300	–	–
杭州市建兰中学		4 300		
杭州文澜中学	–	5 500	–	–
杭州风帆中学	–	4 300	–	–
杭州市采荷实验学校	–	5 200	–	–
杭州大成实验学校	3 800	4 300	–	1 000
杭州华立外国语学校	4 600	5 000	–	800
杭州钱塘外语学校	4 100	4 500	–	850
杭州明珠实验学校	2 100	4 000	–	–
（在杭外来务工人员子女）	600	1 000	–	–
杭州运河学校				
（在杭外来务工人员子女）	600	–	–	–
杭州市天成小学				
（在杭外来务工人员子女）	800	–	–	–
杭州市蓝天小学				
（在杭外来务工人员子女）	1 100	–	–	–
杭州市大关小学	3 100	–	–	–
杭州市之江外语实验学校	3 200	–	–	900
杭州市育才实验学校	3 500	–	–	900
（高新校区）	1 000	–	–	–
杭州春芽实验小学	3 900	–	–	600
杭州采荷第三小学	3 900	–	–	–
杭州天地实验小学	3 900	–	–	–
杭州时代小学	3 900	–	–	–
杭州长江实验小学	3 900	–	–	–
杭州市崇文实验学校	4 500	–	–	–
杭州新世纪外国语学校	5 800	–	–	1 000
杭州南方音乐学校	10 000	–	–	1 250
杭州仁和外国语学校	3 300	3 900	4 300	600
杭州西子实验学校	3 900	3 900	6 000	600
杭州市实验外国语学校	4 300	4 700	5 200	700
杭州国泰外语艺术学校	4 900	5 500	5 800	800
杭州宋城华美学校	8 500	9 000	9 500	初中　高中 2 000 小学 1 900

教育管理制度，对校本培训采取项目管理，允许各校经审核备案的校本培训项目列入教师继续教育系列，登记学分，激发各校开展校本培训的积极性。各直属高中均制订校本培训规划，新教师上岗培训、师德培训等均采用校本培训的形式。高中学校全年开设 72 个校本培训项目。中学教师信息技术和学科整合骨干教师培训班采取与学军中学合办形式，有效利用本市名校的教师和设备资源。

·改善办学条件·

【改善办学条件概况】 2004 年，全市教育经费总投入 74.55 亿元，比上年增长 22.1%；其中财政预算内教育经费投入 38.73 亿元，增长 20.4%。征收教育费附加 11.41 亿元，增长 40.3%。调整中小学布局，撤并薄弱中小学 157 所，小学、普通中学、职业中学的校均学生，分别为 499 人、957 人、1895 人。加大学校基本建设力度，市属高校新增校舍 30.22 万平方米，在建校舍建筑面积近 10 万平方米。九年义务教育标准化学校建设工程启动，全市新增中小学校舍面积 59.21 万平方米，中小学校舍累计面积 856.44 万平方米，生均面积分别为小学 6.34 平方米、普通中学 13.23 平方米、职业学校 11.07 平方米。中小学校舍中尚有破旧校舍面积 1.93 万平方米，占总校舍面积的 0.24%；危房校舍面积 4400 平方米，占总校舍面积的 0.05%，均比上年下降 0.07 个百分点。全年落实教育帮扶经费 700 万元，完成 8 个帮扶工程项目。

【加快新校舍建设】 杭师院下沙新校区建成，浙江大学城市学院图书信息大楼、理科实验楼等 11 万平方米校舍通过验收交付使用，杭州电大翠苑校区二期改造远程教育大楼完成施工招投标。杭州职业技术学院保安桥河下、香积寺路等老校区土地置换结束，筹集下沙新校区建设资金 9850 万元。杭四中下沙新校区竣工，下半年新学期投入使用。长河高级中学易地迁建工程完成。市区 10 所高起点高中段学校建设和杭州聋哑学校易地迁建工作启动。杭十四中、江滨职校等 14 所直属学

表 67　2004年部分教育代表团到杭访问情况

到访单位	到访时间	接待单位
澳门中小学校长访问团	2月21日~25日	杭州求是小学　杭州胜利小学　杭州二中　杭州外国语学校
新加坡教育部代表团	2月21日~24日	杭州高级中学　杭州十四中　杭州外国语学校
加拿大渥太华教育局长代表团	3月16日	市教育局　杭州四中
日本岐阜市第15次青少年代表团	10月8日~12日	杭州学军中学　杭州市旅游职校　杭州安吉路实验学校

表 68　2004年杭州市教育代表团出访情况

出访单位	出访时间	访问地点
杭州市中小学生赴日本福井参加日、韩、中、美4国夏令营代表团	7月29日~8月5日	日本福井市
杭师院附高赴英国利兹代表团	6月28日~7月10日	英国利兹市
杭州市特级教师短期进修交流团	9月11日~9月28日	澳大利亚　新西兰
杭师院赴韩学术交流团	11月25日~26日	韩国

校投入资金1284万元,完成改造与维修。

【教育信息化建设】全市投入2.3亿元用于计算机、多媒体教室建设。其中市直属学校投入2700余万元,临安市投入5000余万元,萧山区投入4000余万元,上城区、下城区、西湖区、高新区(滨江)、余杭区、富阳市、桐庐县各投入1000万元以上。平均8.3名中学生、12.48名小学生拥有1台电脑。接入杭州教育城域网结点数增加,接入杭州教育城域网的中小学(幼儿园)1000所。杭州教育城域网网站整体改版,杭州市、上城区、西湖区、富阳市教育网获"全省最佳教育网站"称号,萧山区、余杭区获"优秀教育网站"称号。

【开展勤工俭学】全市勤工俭学、校办产业保持良好增长。校办产业工农业总产值111.06亿元,比上年增长15%。勤工俭学总收益13.87亿元,下降3%;上缴税金与教育费附加7.5亿元;纯收益中用于弥补教育经费1835万元,其中用于改善办学条件1159万元、用于集体福利242万元。全年创利10万元以上校办企业36个,其中创利30万元以上的21个、100万元以上的10个。上城区、富阳市和萧山区均创利1000万元以上。开展勤工俭学活动的高中、初中学校328所,其中有校办产业的学校152所;勤工俭学基地数101个,接纳60万名学生参加劳动。

·教育对外交流·

【教育对外交流概况】市教育局及直属学校共派出140余人赴美国、澳大利亚等国考察学习。全市有9批267名学生赴境外参加冬令营活动,10余名高中生赴澳大利亚自费留学。接待加拿大渥太华教育局局长、日本岐阜市第十五次青少年代表团、澳大利亚驻沪商务领事、英国利兹足球联队经纪人代表团等。选送40幅中小学生书画作品参加日本福井中小学生国际交流作品展。举办中法科学教育高层论坛和教育创新大会。杭州源清中学、杭州绿城育华学校等10所中小学校经省教育厅批准具有接受外国学生资格,全市具有接受外国学生资格的中小学校增至13所。经国家外国专家局批准,杭州广播电视大学、杭州市中策职业学校、浙江中汇财经培训中心等13所学校成为具有聘请外国文教专家资格的单位,全市具备该资格学校增至28所。

【中法科学教育高层论坛在杭召开】4月19日~22日,由国家教育部、中国科协、中国联合国教科文组织全国委员会、浙江省教育厅、法国国民教育研究和技术部、法国科学院主办,市教育局、下城区政府承办的中法科学教育高层论坛在杭召开。来自法国、美国、墨西哥的专家,国家教育部、中国联合国教科文组织全国委员会官员与专家,以及中国"中学项目"实验学校教师代表参加。中国科协副主席韦钰、国家教育部基础教育司副司长朱慕菊、法国科学院代表在开幕式上致辞。论坛围绕国际"动手做"项目最新情况、中法"动手做"项目案例分析、欠发达地区如何推进"做中学"项目、"动手做"项目研究动态四大议题,举行14场专家报告和5个讲座。

【举办教育创新大会】10月13日~11月10日,市教育局、下城区政府、联合国教科文组织浙江大学APEID中心联合举办2004年中国·杭州国际教育创新大会,并被列入西博会支持项目。大会围绕"革新、交流、发展"的主题,举行民办教育政策与革新国际研讨会、国际职业技术教育教师教育研讨会,来自联合国教科文组织巴黎总部、亚太地区教育创新为发展服务计划中心、职业技术教育培训国际中心各成员国和曼谷国际劳工组织等32个国家地区和组织的官员、专家90余人参加会议。

【中外合作办学】杭州市中策职业学校、市旅游职校与英国魁维亚教育公司合作,分别开设中英合作西餐和国际酒店管理、国际花园设计专业,招生122人。浙江大学城市学院与澳大利亚南昆士兰大学合作举办中澳双联班,与澳大利亚昆士兰理工大学合作举办中澳高级双语教育班,与新西兰怀卡托大学合作举办新西兰国际教育合作班。杭州电大与印度国家信息技术学院NIIT中国总部签订合作培养IT行业人才的协议,成立NIIT杭州电大教育中心,共开设10个班。杭州社区大学与美国福特基金会(美国出资8万美元)合作开展社区教育,于9月启动社区教育的各类培训。杭州职业技术学院与澳大利亚北墨尔本职业技术及继续教育学院合作,举办市场营销、园林规划设计专业高等专科学历教育。

(袁森浩　郑利敏　徐婕婷　蒋慧鸯)

浙江大学城市学院
ZHEJIANG UNIVERSITY CITY COLLEGE

全国人大常委会副委员长路甬祥（左一）视察学院　　教育部部长周济（右二）视察学院

浙江大学城市学院成立于1999年7月，是国家教育部和浙江省人民政府批准设立，由杭州市政府、浙江大学合作办学，并与浙江省电信实业集团共同发起创办的全日制本科普通高校，是全国首家由国家重点大学创办的独立设置的二级学院，被教育部列为独立学院的办学典范。

城市学院位于杭州市第二文教区，占地68.4公顷，校舍面积35万平方米。校园环境优雅，基本设施先进，办学条件齐备。

城市学院依托浙江大学的综合办学优势，根据现代科学技术发展趋势和地方经济与社会发展需求设置专业，目前设有计算机与计算科学学院、信息与电气工程学院、生命科学学院、工程学院、外国语学院、商学院、传媒与人文艺术学院和法学系(直属系)，共35个本科专业。

浙大党委书记张曦视察学院　　浙大校长潘云鹤出席毕业典礼

学院面向全国招生。目前有全日制本科学生1.08万人，2003年起招收全日制硕士研究生和外国留学生。学生毕业后授予国家统一印制的浙江大学城市学院毕业证书，并经浙江大学学位委员会审核，合格者授予浙江大学学位证书。

城市学院是中国高等教育改革与发展中应运而生的新型学校，致力于为杭州市乃至浙江省的经济建设和社会发展培养高素质的应用型创新人才。根据城市学院董事会审定的发展目标，到2010年，学院力争成为地方一流的教学型大学，到2020年力争成为富有特色、充满活力的地方一流的教学研究型大学。

市委书记王国平（左一）视察学院　　代市长孙忠焕（中）视察学院　　城市学院董事会第五次会议

浙江大学城市学院办学五年来致力于为社会培养高素质的应用型创新人才，注重学生“基础、素质、能力”并重，确立“以学生为主体，以教师为主导，注重多样性、开放性、应用性、创新性和复合性”的“二主五性”教学理念。城市学院学生既具有浙江大学“严谨求实”的治学精神，又具有独特的开拓创新理念和多才多艺的潜质。学院自成立以来，已向社会输送了两届共计 1780 名本科毕业生。

产学研合作 城市学院先后与杭州市西博会组委会办公室、杭州市工商行政管理局等政府部门建立了产学研合作基地，目前在各地建立的产学研合作基地共有 65 个，并与杭州市政府 28 个市属委局办合作组建“产学研合作委员会”。

国际化教育 学院自创建以来，积极引进国外优秀大学的先进教育理念和教学管理模式，通过联合办学、联办课程、合作研究、交换学生和文化交流等方式，积极开展国际教育交流与合作。至 2004 年底，学院已与澳大利亚昆士兰理工大学、南昆士兰大学以及新西兰怀卡托大学合作开展 6 个学位项目的合作，参与项目的在校学生有 1000 余人。

开设特色班 城市学院以占领就业高端市场为目标，开设多个特色教改试点班。如：“穆青新闻班”，实行学科交叉，培养宽基础的复合型新闻传播人才。还开设有“创业人才孵化班”、“对日软件开发培训班”、“网新计算机软件班”、“留法预备班”、“留日预备班”、“啄木鸟课堂”、“白领女性塑型班”等试点班。

全国英语辩论赛“最佳辩手”徐杭平

国际数模大赛一等奖获奖选手

“亚洲小姐”吕晶晶

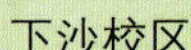
下沙校区

下沙校区教学楼

文一路校区

杭州师范学院

杭州师范学院创建于1978年，1982年获得学士学位授予权，1998年获得硕士学位授予权。2000年以来，杭州教育学院、杭州医学高等专科学校等相继并入，经过27年的建设，已发展成为一所学科涉及十大门类，师范教育学科与艺术学科具有优势、文理学科总体见长、新兴学科协调发展的综合性高等师范院校。学校现有文一路本部、下沙、文华路、玉皇山、古荡湾等校区。学校占地113.3公顷，建筑面积56万平方米，有16个二级学院和2个基础部，39个本科专业，20个硕士学位授权学科，并与澳大利亚堪培拉大学联合培养教育领导学硕士。现有全日制在校生1.5万人，各类成人教育在校生2万余人。学校师资力量雄厚，有共享和兼聘院士2名，专任教师1100余人，其中正副教授及相当职称者566人。有省级重点及重点扶持学科6个，省级重点专业6个，承担了包括国家863计划、国家科技攻关项目、国家自然科学基金和国家社会科学基金等在内的一大批科研项目。学校秉承“忠诚、勤奋、求是、创新”的校训，以培养德、智、体、美全面发展具有良好创新精神和实践能力的高素质人才为己任，优化专业结构，改革人才培养模式，办学水平和教育质量不断提高。全校按照学校“三步走”的发展战略，为筹建一所省内外有影响的综合性大学，实现学校新一轮跨跃式发展而努力奋斗。

文一路校区风景

下沙校区

·文化综述·

【文化事业繁荣发展】2004年,杭州市文化部门有专业艺术表演团体11个,艺术学校1个,群艺馆和文化馆14个,公共图书馆10个,电影发行单位9个,16毫米电影放映单位106个,35毫米电影放映单位80个。市属文化单位有艺术、图书、群众文化、文物、博物馆等系列在职专业技术人员724人,其中高级134人、中级344人、初级246人。

繁荣艺术创作和文艺舞台。承办第七届中国艺术节,展示杭州文艺创作的实力与水平。全市文艺工作者精心创演的一批思想性、艺术性、观赏性俱佳的优秀文艺作品在艺术节上摘金夺银,其中杭州歌舞团的舞剧《玉鸟》、杭州越剧院的越剧《流花溪》获得全国"文华新剧目奖"。舞台舞蹈《红结儿》、广场舞蹈《临安水龙》、小品《汇报咏叹调》和少儿绘画《在西湖边晨练》分别摘取"群星奖"。完成艺术节期间的文艺赛事、活动和来自全国各地几千名观摩代表的接待工作,实现了杭州艺术创作的实力、群众文化的魅力、文化设施建设管理和重大文化活动的组织能力。

全市艺术创作和演出注重贴近群众、贴近生活、贴近实际,文艺创作和演出势头良好,各艺术门类涌现出一批较高水准的作品和人才。全市文艺作品获国际金奖1个、银奖1个,获国家级奖25个,省级奖120个。其中杂技《脖子高椅》、《双人秋千顶技》分获意大利拉蒂那国际马戏比赛金奖和银奖,越剧剧本《流花溪》获"中国曹禺戏剧奖·剧本奖",小品《城里人乡下人》获金狮奖第四届全国小品比赛剧目金奖,杂技《皮条》获金狮奖第六届全国杂技比赛银奖,电影《寒号鸟》入围儿童电影"童牛奖",王杭娟获第二十一届中国戏剧梅花奖,陆籽叙、刘兵分获全国第十三届群星奖浙江省推选作品展书法类成人组和老年组金奖,男声小组唱《嘿!老哥们》、女声表演唱《水乡妹子》获浙江省群星奖"金奖",少儿故事《土不拉叽的爸爸》获浙江省2004年曲艺新作大赛创作一等奖,童声独唱《小魔笛》获浙江省首届少儿音乐大赛创作一等奖、表演一等奖,张洁《蓝天畅想曲》获第二十一届全国影展创意银奖,王秋杭《窗里窗外》获中国丽水国际摄影大奖赛纪实类银奖。创演的大型情景歌舞《与外乡人一起跳舞》、滑稽戏《只要你过得比我好》和话剧《单身公寓》等体现人文关怀的新作品,以其特殊的视角和对现实生活写照,引起了社会的关注。

面向基层、服务群众,"十大文化活动"丰富活跃了广大群众的文化生活。以把文化工作的视点对准老百姓,把服务工作的触角伸向基层为宗旨,组织开展2004年新春文化系列活动,2004年元宵灯会,"双百场"文化活动进社区、进乡镇,高雅音乐进社区,2004年中国杭州娃哈哈西湖狂欢节,纪念邓小平诞辰100周年大型广场交响音乐会,以及以关注弱势群体的文化生活为主题的"与外乡人一起跳舞"、万张"文化绿卡"送农民兄弟、"创业在杭州"系列活动,杭州大剧院"首届迎新演出季"等十大活动,共计演出460场。萧山区实施"千场"文体活动工程,余杭区举办"良渚文化杯"全国越剧大赛,临安市举办"吴越风广场文化艺术节",桐庐县开展"三个一百场"文化活动等,各区、县(市)开展具有地域特色的文化活动。

文化体制改革稳步推进,产业发展有新突破。根据全国文化体制改革试点工作精神及市委、市政府的统一部署,结合实际,克难攻坚,稳步推进杭州文物公司、杭州杂技总团等市属经营性事业单位和市属文艺团体的改革试点。组建注册杭州文化发展投资有限公司,整合文化资源,为壮大文化产业发展打下基础。与德国合作,组建中德合资杭州大剧院管理有限公司,探索公共文化设施市场化运作新模式。按照与旅游结合发展文化产业的思路,与民营企业合作,培育新型文化旅游项目,推出"西湖之夜"大型旅游专场文艺晚会。推出首届"文企联姻"招商引资活动,有38个文化项目与40个企业达成合作意向,吸纳社会资金2500余万元,多渠道开拓文化产业发展路子。

整顿、规范、发展、繁荣文化市场。以"群众满意"为标准,解决文化市场管理中的突出问题,着力规范和繁荣文化市场。在由文化部和省文化厅组织的专项检查中,认为杭州文化市场的管理总体处于全省和全国领先水平。群众反映突出的"网吧"接纳未成年人的问题得到有效遏制。至年末,群众对这一问题的举报量在个位数以内。

【加快基层文化建设】 杭州市加快基层文化建设力度,"东海明珠工程”旨在加强乡镇文化建设，“文化信息资源共享工程”以现代科技手段传播先进文化，“民族民间艺术保护工程”以传承、弘扬、创新优秀民族民间文化。全市基层文化建设红红火火，形势喜人。一年来，杭州建成省级“东海文化明珠”乡镇13个，市级“东海文化明珠”乡镇19个，市级文化信息资源共享工程验收合格单位28个。民族民间艺术保护工程实施项目11个。投资8.78亿元、建筑面积5.5万平方米的杭州大剧院基本落成；投资3亿元、建筑面积3.8万平方米的杭州图书馆新馆工程红线划定；投资6000万元、建筑面积8000平方米的余杭“中国江南水乡博物馆”，投资8000余万元、建筑面积1.2万平方米新建和扩建的桐庐县图书馆和桐庐县文化馆，投资450万元、建筑面积3020平方米的淳安县文化馆均建成使用；投资4500万元、建筑面积1.5万平方米的建德市文化中心动工兴建。各区、县(市)预计在基础文化设施建设上的投入超过5亿元。

【文化交流日趋活跃】 全市文化交流呈现出活跃、繁荣的良好势头，全年经市文化部门归口报批、承办，以及跨部门、跨地区组织实施的交流项目57起、1426人次，其中出访交流项目27起、390人次，来访交流项目30起、1036人次。4月中旬，杭州越剧院一行64人携传统名剧《碧玉簪》、《梨花情》等赴香港大会堂演出，受到香港观众的欢迎。9月，杭州杂技总团、杭州艺校及部分县(市)民间艺人一行30人，组成杭州文化艺术交流表演团赴英国参加“利兹中国周”活动，表演团参加了30场文艺演出，展示和弘扬了杂技、民乐、民间艺术等中国优秀传统文化，英国、新加坡、印度尼西亚以及中国香港、杭州有关媒体分别进行专题报道。10月，举办西湖狂欢节，引进匈牙利、巴西、法国、瑞士、德国、菲律宾等7个批次219人次的艺术表演队伍，参加踩街、演出、交流互动等活动。

·专业文艺·

【参与第七届中国艺术节】 9月10日至26日，第七届中国艺术节在浙江省举行。作为21世纪首次举办的国家级艺术盛会，“七艺节”集中展示近年来中国文化艺术事业的最高成就和最新成果，决出中国专业文艺与群众文化领域的政府最高奖项“文华奖”和“群星奖”，营造了隆重、热烈、喜庆的节日气氛。

杭州文艺工作者取得喜人成绩，展示了艺术创作的实力和水平。杭州歌舞团演出的舞剧《玉鸟》、杭州越剧院的越剧《流花溪》获“文华新剧目奖”，6人次获3项“文华奖”单项奖；杭州滑稽艺术剧院的滑稽戏《钱塘阿哥》、余杭小百花越剧团的越剧《第一次的亲密接触》、宋城艺术团的大型歌舞《宋城千古情》和《大学生校园戏剧专场》参加“七艺节”贺演。萧山区舞台舞蹈《红结儿》、临安市广场舞蹈《临安水龙》、余杭区小品《汇报咏叹调》和萧山区少儿绘画《在西湖边晨练》分别摘取中国群众文化领域的政府最高奖——“群星奖”。9个动态类节目和7件静态类作品入选“群星奖”的评选。

舞剧《玉鸟》获全国“文华新剧目奖”

“七艺节”期间，杭州市承办了第十三届“群星奖”广场舞蹈、舞台舞蹈和戏剧3项比赛；配合省有关部门，完成“群星奖”开幕式演出“风从东海来”和“万紫千红”第七届中国艺术节暨浙江省第五届广场文化艺术节群文系列展演活动中6台演出的组织工作。杭州主会场上演40多台剧目(节目)，举办近100场演出，举行19项展览展示活动。接待32个省会城市、友好城市和省内城市代表团。杭州大剧院、红星剧院、东坡剧院、萧山剧院、临平剧院等演出场所，接待17个各地演出团队，演出35场，完成了“七艺节”组委会安排的各项任务。

【艺术为基层服务】 全市普及高雅艺术，提高广大群众文化素质，提升城市文化品位，创建文化名城。8月20日，纪念邓小平同志诞辰100周年大型广场交响音乐会暨高雅音乐进社区活动启动仪式在吴山广场举行。至年末，杭州歌舞团先后在古荡、浙大御跸、翠苑一区、九莲、沈塘桥等30个社区及学校、部队等，举办荟萃《卡门序曲》、《闲聊波尔卡》、《蓝色多瑙河》、《梁祝》等世界精典名曲音乐会60余场，观众3万余人。《钱江晚报》、《今日早报》等新闻媒体多次进行报道。

【《与外乡人一起跳舞》上演】 3月28日，由市文化局和钱江晚报社共同主办的大型情景歌舞《与外乡人一起跳舞》在杭州大剧院上演。来自广厦天都城建筑工地的50名民工、60名在杭工作的外乡人、40名杭州歌舞团专业舞蹈演员，用饱含激情的形体语言，完成以关注“三农”问题为题材的大型舞蹈演出，引起社会各界强烈反响和众多新闻媒体的关注，演出形式和内容得到各方面赞誉。

【杭州越剧院赴香港演出】 4月26日~28日，应香港康乐及文化事务署邀请，市文化局局长陈建一率杭州越剧院一行64人，携传统名剧《碧玉簪》、《梨花情》等赴香港大会堂演出，受到香港文化界人士及越剧迷的欢迎。香港《文汇报》专题介绍演出情况。此行加强了杭港两地文化交流，弘扬了中华优秀传统文化，展示了杭州文化发展的实力，扩大了杭州对外影响。

【《只要你过得比我好》巡演38场】作为市政府采购文化项目之一，反映杭州市“三个文明”建设，讴歌基层干部为民办实事，帮助下岗职工和失业青年再就业，大型滑稽戏《只要你过得比我好》公益巡演活动于7月23日~9月10日深入基层为百姓巡演38场，丰富市民群众夏日文化生活。公益巡演活动由中共市委宣传部、市文化局、市文明办共同主办，杭州滑稽艺术剧院等单位承办。这是市艺术院团抓住文化体制改革的契机，主动与企业联姻，激活文艺市场，免费向百姓提供文化大餐，引导大众文化消费，活跃城乡百姓文化生活。

【举办杭州大剧院迎新演出季活动】11月1日开始，举办以“服务公众、回馈社会”为宗旨的杭州大剧院首届迎新演出季活动。在70余天的演出活动中，该剧院上演戏曲、舞剧(舞蹈)、歌剧、声乐、器乐等5种艺术形式的剧(节)目20台35场，观众近5万人次，展示杭州大剧院这座钱塘江畔的新兴标志性文化设施的风采，也是艺术家展示才华的舞台和老百姓享受艺术的殿堂。

【召开市演出家协会第二届会员代表大会】5月22日，市演出家协会第二届会员代表大会在红星文化大厦召开。中国演出家协会常务副主席陈自钢和副秘书长王少义、市文化局局长陈建一，以及近100名会员参加。市演出家协会成立于1996年，团体会员30余个，个人会员120余人。协会在行业管理、活跃市场，为杭州演出业的繁荣等方面做了工作。大会审议通过常务副主席叶玉珊作的《杭州市演出家协会第一届理事会工作报告》，根据演出业发展的需要，决定将“市演出家协会”更名为“市演出业协会”，修改了协会章程，会议选举产生了新一届协会领导班子。

举办到杭创业务工青年参与“全国文明城市创建”启动仪式暨“创建文明大家乐”文艺联欢

·社会文化·

【东海明珠工程建设】2004年，经省、市东海明珠工程领导小组考核验收，萧山区临浦镇、戴村镇，富阳市大源镇、灵桥镇、场口镇、春江街道，临安市湍口镇、河桥镇、西天目乡、横路乡，建德市洋溪街道、下涯镇，淳安县威坪镇被命名为省级东海文化明珠；余杭区运河镇、良渚镇，富阳市洞桥镇、里山镇、环山乡、上官乡、大源镇、灵桥镇、场口镇、春江街道，临安市大峡谷镇、板桥镇，建德市洋溪街道、航头镇、李家镇、下包乡，淳安县威坪镇、严家乡、郭村乡被命名为市级东海文化明珠。全市181个乡镇中，已有48个乡镇被命名为“浙江东海文化明珠”，114个乡镇被命名为“杭州东海文化明珠”，省、市两级“明珠”占全市乡镇总数的63%，“明珠”的数量和质量处于全省领先。

【实施文化信息资源共享工程】在市、区两级党委、政府的重视，及文化部门的努力下，经市文化信息资源共享工程领导小组考核验收，上城区望江街道在水一方社区、下城区艮山街道流水西苑社区、西湖区西溪街道白荡海社区、江干区采荷街道绿茗社区、拱墅区小河街道董家新村社区等29个电子阅览室达标，被命名为文化信息资源“共享工程”基层二级中心。

【实施民族民间艺术保护工程】杭州市加强市民族民间艺术保护工程建设，成立由市文化局和市财政局领导任正、副组长的市民族民间艺术保护工程领导小组，省、市有关专家组成评委会，下发《杭州市民间文化艺术资源保护(普查)工作方案》和《民族民间艺术评比标准》，举办市民族民间艺术资源普查、保护工作培训班。分别于6月和12月召开评审会，对申报的52个备选项目进行评审，临安水龙、余杭滚灯、桐庐民间剪纸等10个项目被列入省首批民族民间艺术保护项目，汾口草龙、富阳常绿纸伞、西湖五彩龙等27个项目被列入市民族民间艺术保护项目，得到政府资金补助。另有杭剧、杭州小热昏、西湖绸伞等7个项目被收入省首批民族民间艺术保护名录。

【举办“金猴贺岁闹元宵”灯会】2月4日~6日，举行“金猴贺岁闹元宵”——2004年杭州市元宵灯会活动。此次灯会规模大，影响面广，重点放在社区，方便群众就近赏灯。全市设92个灯会点，每个区平均有11个灯会点，分布在广场、公园、街道、社区等，展出各类彩灯、宫灯15.7万盏，座灯（组灯)1080座，亮灯牌楼40个。元宵期间，组织文艺演出和文化活动100余场，杭城彩灯高照，人潮如海，100余万人次参与活动。

表 69　2004年杭州市文化部门单位(个人)专业类获奖情况

作品名称	获奖单位或个人	获奖情况
杂技《脖子高椅》	杭州杂技总团	拉蒂那国际马戏比赛金奖
杂技《双人秋千顶技》	杭州杂技总团	拉蒂那国际马戏比赛银奖
杂技《皮条》	杭州杂技总团	金狮奖第六届全国杂技比赛银奖、华东预选赛金奖
舞剧《玉鸟》	杭州歌舞团	第七届中国艺术节文华新剧目奖
舞剧《玉鸟》	杭州歌舞团　王永林	第七届中国艺术节文华表演奖
舞剧《玉鸟》	杭州歌舞团　丁　伟	第七届中国艺术节文华导演奖
双人舞《太阳不是黑色》	杭州歌舞团　昕　娜	第六届全国舞蹈比赛创作二等奖
双人舞《太阳不是黑色》	杭州歌舞团　娄胡剑　李　婷	第六届全国舞蹈比赛表演三等奖
越剧《流花溪》	杭州越剧院	第七届中国艺术节文华新剧目奖
越剧《流花溪》	杭州越剧院　谢群英　陈晓红	第七届中国艺术节文华表演奖
越剧《流花溪》	杭州越剧院　杨小青　展　敏	第七届中国艺术节文华导演奖
小品《城里人乡下人》	杭州滑稽艺术剧院　孟启斌	金狮奖第四届全国小品比赛剧目金奖、优秀创作奖
小品《飞来横财》	杭州滑稽艺术剧院	浙江省反腐倡廉文艺会演一等奖
剧本《吴越枭雄》	杭州话剧团　夏　强	第十八届田汉戏剧奖二等奖
剧本《流花溪》	杭州市艺术创作中心　包朝赞	第十六届中国曹禺戏剧奖·剧本奖
杂技《心韵-顶圈》	杭州艺术学校	金狮奖第六届全国杂技比赛铜奖、华东预选赛银奖
杂技《心韵-顶圈》	杭州艺术学校　姜　鹏	金狮奖第六届全国杂技比赛教师奖
越剧	杭州黄龙越剧团　王杭娟	第二十一届中国戏剧梅花奖
婺剧	建德婺剧团　潘　敏	浙江省第三届婺剧基本功大赛金奖

表 70　2004年杭州市文化部门单位(个人)群文类获奖情况

作品名称	获奖单位或个人	获奖情况
书法作品	杭州市群艺馆　陆籽叙	全国第十三届群星奖浙江省推选作品展书法类成人组金奖
书法作品	杭州市群艺馆　刘　兵	全国第十三届群星奖浙江省推选作品展书法类老年组金奖
《舔自己的伤》	金　玹	“新盖中盖杯”全国青年歌手大奖赛浙江赛区业余通俗组一等奖，全国非职业组团体决赛荧屏奖
书法作品	西湖区文体局　蔡云超	全国第十三届群星奖浙江省推选作品展书法类成人组金奖
《难忘》	西湖区文化馆　张郑芳	“新盖中盖杯”全国青年歌手大奖赛浙江赛区业余组民族唱法一等奖、全国非职业组团体决赛荧屏奖
《桃花红杏花白》	杭州市工人文化宫　周亦文	浙江省第四届“虎山杯”青年歌手大赛金奖
男声小组唱《嘿！老哥们》	上城区文化馆	浙江省群星奖金奖
莲花落《邮包》	萧山区文化馆	浙江省2004年曲艺新作大赛表演一等奖
女声表演唱《水乡妹子》	余杭区文化馆	浙江省群星奖金奖
舞蹈《打茶会》	余杭区文化馆	浙江省舞蹈大赛创作金奖、表演银奖、作曲金奖
童声表演唱《阳光小精灵》	余杭区文化馆	浙江省首届少儿音乐大赛创作一等奖
舞蹈《春江踏青》	富阳市文化馆	浙江省舞蹈大赛创作、表演、作曲三等奖
少儿故事《土不拉基的爸爸》	建德市文化馆	浙江省2004年曲艺新作大赛创作一等奖
童声独唱《小魔笛》	青少年活动中心	浙江省首届少儿音乐大赛创作一等奖、表演一等奖
童声表演唱《禽山真好看》	青少年活动中心	浙江省首届少儿音乐大赛创作一等奖、表演一等奖
童声合唱《雷峰塔铃叮咯叮》	青少年活动中心	浙江省首届少儿音乐大赛创作一等奖
摄影作品《蓝天畅想曲》	市文联　张　洁	第二十一届全国影展创意银奖
摄影作品《窗里窗外》	市文联　王秋杭	中国丽水国际摄影大奖赛纪实类银奖

【举办2004年西湖狂欢节】 10月16日~27日，举办“快乐杭州”——中国杭州2004年娃哈哈西湖狂欢节。主要活动有狂欢大巡游，来自巴西、乌克兰、法国、匈牙利、南非、德国、瑞士等国外艺术表演团队，广东黄阁麒麟舞、平湖九彩龙、湖南苗族舞、云南瓦族舞、河南少林武术、陕西安赛腰鼓、南京方山大鼓等国内优秀民间艺术表演队伍，以及杭州特色表演团队4000人，数十辆造型奇特、夸张绚丽的彩车沿着环城西路—湖滨路—南山路—柳浪闻莺等地作行进式踩街表演。狂欢节的彩车晚间巡游活动、娃哈哈快乐儿童嘉年华，街舞动感女装街活动，“快乐杭州”——茶乡篝火狂欢夜活动精彩纷呈。市民、游客150万人参与狂欢。

【开展文化下乡活动】 年初，以杭州滑稽艺术剧院为主的市文化下乡文艺小分队赴富阳、淳安、建德、桐庐等工厂、企业、社区、农村进行慰问演出30场次，放映电影5场，送科技书籍近万册、绘画写春联2000幅，免费为边远山区百姓摄影近2000张，赠送电视机、DVD各2台。各县(市)、区开展文化下乡活动共计演出426场，观众近62万人次。市群艺馆和文化馆辅导基层群众开展文化工作450人次。市电影公司及各县(市)电影发行部门组建8个片、20个35毫米电影流动放映队，配备运输车辆和宣传设施常年流动在农村，组织送电影下乡656场，观众40.3万人次。其中组织传统爱国主义教育片《南征北战》、《中国勇士》、《闪电行动》、《打击侵略者》等下乡放映329场次。

【启动文化进社区、进乡镇活动】5月28日，在下城区三塘苑启动了2004年杭州市“双百场”文化活动进社区、进村镇活动。至8月16日，由市文化部门组织的文艺演出小分队、电影放映小分队在8个区及杭州经济开发区和西湖风景名胜区的社区、乡镇举办文化活动100场，放映电影100场。该活动由市委宣传部、市文化局、市文明办主办，杭州滑稽艺术剧院、杭州电影有限公司承办。市委副书记叶明、市人大常委会副主任安志云、副市长陈重华及有关部门的负责人出席启动仪式。

【开展文化辅导员进社区活动】 市文化局及所属单位、市区文化部门派出200名熟悉文化工作的文化辅导员，热心参与社区文化工作，为当地社区文化建设牵线搭桥、出谋划策。全年，上门帮助社区开展文化业务辅导1400余次，促进了社区文化活动的经常化，社区文化建设得以增强。

【加强图书馆建设】 2月，召开杭州地区公共图书馆馆长会议，对全年的工作进行布置。5月，举办公共图书馆宣传周活动。11月初，市少儿馆通过文化部评估考核。杭州图书馆全年接待读者45.68万人次，发放新证1.26万人次，流通图书报刊51.69万册次。馆外流通7.12万册，采购加工图书1.68万种、3.69万册，光盘加工1602种、8984张，新增馆外流通点7个。杭州少儿图书馆接待读者近30万人次，累计发放借书证4.19万张，流通图书报刊32.37万册次。购置文献4.8万册(件)，其中图书3.39万册，光盘1.41万张，低幼玩具117件，新增馆外流通点5个。

【举行文企联姻活动】 为加快文化事业和文化产业的发展，市文化部门大胆探索多种所有制经济共同参与、投资主体多元化、融资渠道社会化、投资方式多样化、项目建设市场化的文化产业发展新路。3月，重点策划并组织杭州市首届公益文化事业文企联姻活动，引起社会各界的关注。公开推介95个文化项目，涵盖舞台演出、旅游文化、各类文艺赛事、展映展示、广场文化活动等领域，进行招商引资，有38个项目与40余个企业或单位合作签约，签约资金2533万元。

【放映电影9.58万场次】 杭州18个较大规模影院拥有银幕66幅，座位数1.47万个。全年放映9.58万场次，观众240万人，票房收入5700万元，分别比上年增长29%、11%、34%。全市电影公司改制稳步推进，市电影公司完成转企改制，组建杭州电影有限公司。余杭、建德、临安、淳安、桐庐等县(市)区电影公司和电影院完成改制，扭转了电影业政企不分、政事不分、管办不分的局面，杭州电影业步入产业化发展的快车道。 (许 英)

·西泠印社·

【西泠印社概况】 2004年，西泠印社以社团工作为核心，推进公益性文化事业整体改革和经营性文化产业转企改制。年初，完成国家民政部社团登记。组建成立5个艺术研究室，为西泠印社艺术创作和研究交流提供平台。确立春秋两季雅集作为社团常规活动模式。举办第五届篆刻艺术评展、吴昌硕先生诞辰160周年纪念等大型活动，在繁荣社团活动、增强社团活力方面取得成效。文化产业部门整合资源要素，完善经营管理，探索市场需求，经营状况得到改善。西泠印社出版社经济和社会效益显著。文物库房搬迁新址，文物保护档案管理通过验收。西泠印社社团事业建设和文化产业发展呈现出欣欣向荣局面，为西泠印社新百年发展营造了良好开局。

【西泠印社社团在国家民政部注册登记】 3月，西泠印社社团突破体制束缚，在国家民政部取得全国性社团的合法登记，结束了西泠印社社团长年未取得法定身份的历史，是西泠印社创社100年来具有里程碑意义的重大事件。西泠印社成为唯一由地方政府管辖的全国性社团。

【成立5个艺术研究室】 3月，西泠印社组建成立篆刻创作、书法、国画、印学理论与社史、鉴定与收藏5个艺术研究室，作为社团艺术创作和学术研究交流的载体。落实人员、资金和办公场地，聘请社员中的专家担任负责人。各研究室除配合春秋雅集活动外，策划组织了纪念吴昌硕先生诞辰160周年“吴昌硕·西泠印社”学术研讨会、“吴昌硕绘画的现代价值”学术研讨会、吴昌硕田黄石印鉴赏会、明清名家扇面珍赏、赵之谦逝世120周年专题鉴赏会、青年社员篆刻精品展、中国画与传统文化小型研讨会等活动，涉及诗、书、画、印、文物收藏和鉴赏等领域，繁荣了西泠印社的艺术创作和学术研究。

【举行甲申春秋雅集】 4月2日，西

泠印社甲申春季雅集在西泠印社孤山社址举行，来自全国各地及加拿大等海内外社员与嘉宾200多人参加。春季雅集在恢复传统、重在创新的理念指导下，以小规模、精策划为原则，恢复印社传统的清明拜祭印学先贤仪式和社员题名录，举办"世纪翰墨缘"小型扇面展，举行以研究室为单位的专题鉴赏交流笔会和研讨会，觞咏倾谈之际，再现中国传统文人集会的风雅情致。

10月22日~25日，西泠印社甲申秋季雅集在杭举行。秋季雅集包括4个展事、4个会议和现场测评活动，吸引了社会各界和媒体的关注。由西泠印社和福建省文化厅共同主办的"中国寿山石印章艺术展"，展出中国名石——寿山石的近100个品种、上1000方名贵印石。全日本篆刻联盟作品西泠印社特展，展出100余位日本篆刻家的作品200余件，日本篆刻家专程组团到杭参加开幕式。纪念近代艺术大师、西泠印社首任社长吴昌硕先生诞辰160周年，西泠印社举办规模最大的吴昌硕作品专题展，展出海内外收藏的吴昌硕书法、绘画、册页、印章、手札、诗稿、文房、生活用品以及相关研究著述300件；举办了"吴昌硕·西泠印社"学术研讨会、"吴昌硕绘画的现代价值"学术研讨会并出版《论文集》。

【举行第五届篆刻艺术评展】 10月，西泠印社第五届篆刻艺术评展在杭举行。作为篆刻、书法领域中权威的国际性大型赛事，评展从西泠印社建设"名家之社"、"天下之社"、"博雅之社"的总目标出发，在征稿门类、形式风格、评选方式、奖项设置以及评委组成等方面推陈出新，受到海内外书法篆刻界的关注。吸引了来自中国、日本、韩国、新加坡、美国5个国家的篆刻艺术爱好者1500件作品参赛(其中印章8000余方)。通过分级评审和现场测试，特等奖获得者当场获得西泠印社社员证书，成为西泠印社有史以来首位通过考试入社的社员。展览于西泠印社甲申秋季雅集期间正式开幕，展出320件作品，其中51件作品获优秀奖。

【召开西泠印社七届二次理事会】 10月25日，西泠印社举行第七届理事会第二次会议。会议通过《西泠印社秘书处工作报告》，对西泠印社100年庆典后一段工作的经验得失进行总结回顾，要求进一步探索完善社团运作机制，建立经常性的艺术创作、学术研究和社员信息交流机制和社员激励机制；组织编纂《西泠印社志》和《篆刻学》，繁荣印社学术研究，丰富学术成果积累；组建中国印学博物馆，抢救文献遗存；整合社团和产业优势资源，举办西泠印社国际艺术节。经投票表决，18位篆刻及相关领域专家成为西泠印社社员。

【印学文化宣传与交流】 3月，创办《西泠印社》社刊(季刊)。编辑出版《甲申春季雅集专辑》、《浙派研究及西泠八家专辑》、《纪念吴昌硕诞辰160周年及日本藏吴昌硕作品专辑》、《甲申秋季雅集·青山杉雨与西泠印社特辑》，成为社员和篆刻书画爱好者研究、创作、展示、交流的重要平台。

11月，"西泠印社百年华诞大展"国内巡回展的第一站在福州举行。展示西泠印社社史图文史料和150件(幅)珍藏文物，举行系列配套研讨、鉴赏活动，展示西泠印社百年发展历程和艺术成就，交流不同地域、不同风格的篆刻艺术创作。

12月26日，"印证西泠——2004年西泠印社篆刻艺术展·岭南展"在广州开幕，展出西泠印社部分名家、中青年社员及广东印坛中坚力量110人的篆刻作品400余方，特邀广东当代篆刻家参展，引起当地媒体和艺术界的关注。

通过刊物、网站等信息渠道和巡回展览，与各省、市和海外相关艺术社团建立了频繁的交流和联络。

【印社文物保护基础建设】 西泠印社社委会加强对孤山社址和文物库房的规范性管理，制订一系列符合国家文保规范要求的规章制度和安全紧急预案。在省文物局协助下，对未定级藏品进行鉴定、定级，并登记造册。配合市委、市政府西湖保护工程建设，完成印社文物库房新址的装修，安全、高效地完成近万件国家重点文物、2万余件文物资料藏品的搬迁，对红木家具进行抢救性修复，全面提升西泠印社文物库房的安全保卫设置。根据国家和省文物局要求，西泠印社孤山社址作为国家级文保单位的文保档案建档于9月通过验收。

【印学博物馆展事精彩纷呈】 中国印学博物馆作为西泠印社文化展示的重要窗口，定期展示印社文物珍藏，并与兄弟单位合作办展。全年举办西泠印社社藏扇面展、世纪翰墨缘扇面展、西泠印社库藏明清手卷册页精品展、中国寿山石印章艺术展、印证西泠——2004年西泠印社社员篆刻精品展等。引进徐州中国圣旨珍品及科举考试史料展、彭城印社馆藏及捐赠西泠印社汉画像石精拓展、彭城四老书画展、浙江省女

西泠印社举办大型笔会现场

书法家协会作品展、齐云山碑刻拓片展；赴安徽屯溪博物馆举办西泠印社早期社员书画精品展，与日本艺术界合作举办中日锦带桥书法交流展等。中国印学博物馆尝试多种形式展示方式，先后组织日本书画艺术爱好者赏鉴文房四宝，指导复旦大学EMBA研究生进行篆刻创作，通过现场解说与实践，弘扬中国优秀传统印学文化。

【西泠印社出版图书166种】 西泠印社出版社确立以美术类图书为核心、以"专、精、特、新"为特色、以精品图书占领市场的发展战略。首次引入台湾书法教育家编著的《书法入门讲座》系列图书，效果良好。《基础素描》系列在全国美术类畅销书排行榜中名列前茅。《历代行草精选——黄庭坚》获第六届全国书籍装帧艺术展优秀奖；《走进松阳》获第三届华东书籍设计双年度封面设计二等奖；《西泠印社百年藏印选》等12种图书获省"树人奖"和优秀图书奖；《日本藏吴昌硕金石书画精选》得到省新闻出版局嘉奖。全年新出版图书166种、挂历175种，实现利润150万元，年销售增长和净资产增益率超过100%。2004年获省新闻出版局通报表彰。

【改良印社文化产业】 西泠印社进行文化产业改革，将改制资产处置与招商引资相结合，处置存量资产，引入优质增量资产，在"事业转企业"国有独资杭州西泠印社有限公司的基础上，分立、控股、参股组建多种产权结构的5个产业主体，同时吸引社会资本，有重点地在印泥、裱画、展览和竞赛、图书发行等方面寻求合作伙伴及项目，壮大印社产业总量。全年完成杭州西泠印社文化用品有限公司、杭州西泠印社印石文化有限公司和杭州西泠印社展览有限公司、西泠印社拍卖有限公司4个子公司注册。各产业主体开拓市场、延伸产品范围，杭州西泠印社有限公司开发毛笔、印谱、墨、刻刀、红木文具、礼合印章等"西泠印社"商标产品88种，建立5个代销网点。西泠印社文化艺术发展有限公司增设教育培训中心和市场部。资产总量扩大、经营效益提高。

（张钰霖）

·文联与协会·

【文联与协会概况】 市文联组织作家、艺术家深入生活和采风，倡导通过"三贴近"获取创作灵感和素材，取得丰硕成果。召开全市文学创作题材交流会、春秋两次小说笔会和作品研讨会；创作出版长篇报告文学《热血丰碑》、长篇小说《银界》、"桂雨文库"第五辑(含小说、诗歌、散文、儿童文学)共10本、"钱塘文丛"第四辑(含杭州作家2003年作品选和签约长篇作品）共7本、《新西湖文选》、《新西湖诗选》和民间文学《吴越钱王》、《杭州百姓故事》。举行美术、戏剧、曲艺、音乐、舞蹈、新故事、摄影等门类的创作加工会、研讨会和征文活动，推出一批有竞争力的优秀作品，曲艺作品入选七艺节获"群星奖"，15幅美术作品入选第十届全国美展，睦剧小戏《月圆曲》获中国滨州博兴国际小戏艺术节剧目金奖。

市文联致力于文艺阵地的巩固和建设，使新人新作更多地问世和作品质量不断提高。如《西湖》杂志经国家新闻出版署批准，正式恢复原刊名，恢复纯文学月刊后，全年发表大量文学新人的作品，多篇被全国知名文学刊物转载，刊物质量得到省内外同行的好评。由市作协、美协、书协、摄协创办的《杭州作家》、《杭州诗人》、《杭州美术》、《杭州书法》、《杭州摄影》等交流报刊，为会员发表作品和交流创作信息提供了平台；美协主办的业余美校，音协主办的业余音校，在施教实践中探索和改进，做到生源稳定，社会声誉蜚然。市文联创作成果喜人，据不完全统计，各类文学作品在市级以上报刊发表1500余万字，出版个人专著50余部；各文艺门类的作品或个人，获国际奖14件(次)、全国奖58件(次)、省级奖68件次。

市文联在抓大学校园戏剧创作和演出的基础上，应七艺节筹委会邀请，举办第七届中国艺术节·大学校园戏剧展演，受到大学生观众的欢迎；第六届西博会期间，市文联举办或参与举办第二届西湖合唱节、首届中国杭州大学生电影节、西博会闭幕式声乐晚会等。为市委、市政府中心工作服务，用文艺形式宣传杭州的自然风光、改革开放成就和城市人文精神，市文联创意举办1000名文艺家"颂杭州"系列活动。市舞协发起并参与举办"与外乡人一起跳舞"大型群众性文艺活动。市文联和所属协会、杭州画院组织开展春节送书画下乡进社区活动和广场戏剧、曲艺演出，以及建军节赴驻杭部队慰问演出。举办或联办"庆祝建国55周年美术、书法、摄影展"、杭州地方剧种专场演出、"百年小平"征文活动和"西湖杯"新世纪青少年征文大赛、"天目银杏"摄影大奖赛、省第十三届国标舞比赛、中国杰出油画家描绘新杭州实地写生、首届杭州少儿电影节等文化艺术活动。为关注社会特殊群体，市书协组织著名书画家为第五次春风行动捐赠书画，市作协组织作家采写和编印杭州残疾人奋发自强典型事迹的书籍，举办万中原著长篇小说《战士的真诚》研讨会，组织女作家赴监狱向服刑女犯赠书，市美协组织美术家向少管所赠画进行艺术帮教。

市文联扩大对外交流，分别参加在南京和武汉举行的华东六省会城市文联工作研讨会暨首届美术作品联展、第十四届全国历史文化名城文联工作研讨会和第十八届全国部分城市文联工作会议。

【启动文化下乡系列活动】 1月5日，由市委宣传部、市文化局、市文联联合举办的"杭州市文化下乡"启动仪式在富阳市龙门镇举行。市委常委、宣传部长于跃敏，副市长陈重华等有关领导参加。活动节目丰富多彩，有文艺演出、书写春联、猜谜等，吸引了龙门镇及周边乡镇的农民群众。市文联组织书法家现场为群众书写400余对春联，向农民群众赠送书籍和电视专题片《吴越春秋》VCD碟片。市文联文化下乡小分队赶赴萧山区浦阳镇为当地群众书写春联400余对，并创作部分书画作品。春节期间，市文联所属市戏剧家协会、市曲艺家协会组织部分艺术骨干参加由市委宣传部、市文联、市文化局在吴山广场联合举办的《金猴贺春》新春文化系列活动，承办了戏剧和曲艺专场的演出，为春节期间的杭城增添了祥和欢乐的气氛。

【举办"畅想西溪"征歌】 市文联所属市音乐家协会与市群艺馆、杭州歌舞团、西湖区委宣传部、西湖区文化体育局等联合举办。1月10日，主办单位组织在杭部分知名词曲作者赴西溪进行采风。西溪独特的自然风光和对西溪全面开发的决定激发了作者们的创作欲望，作者们感受和积累素材，拿出优秀的音乐作品。截至4月末，收到征歌作品30余首，从艺术质量、创作风格及旋律上均超过前两年的创作歌曲。

【杭州女作家赠书活动】 3月7日，市文联和市作协组织12名杭州女作家携带新近创作出版的个人作品集和市文联、市作协近年来出版的各类图书300余册，赴省女子监狱赠书。女作家和部分女犯进行了座谈交流，希望她们在妇女节里，能象正常人一样感受到人间春风与社会温暖，希望图书能成为医治她们疾病的辅助性良药，通过改造早日回归社会。

【召开文学题材交流会】 3月11日，市文联创研室在玉泉饭店举行，20余位有关领导和作家到会。交流和研讨10位作家的长篇作品选题，并就当前小说创作关心的问题展开讨论。作家们所报创作选题内容丰富，各呈风格特色，文联创研室在作论证后确定年度签约作品。根据市委宣传部和市文联的要求，创研室组织创作反映市英雄公安干警张叶良事迹的长篇报告文学《热血丰碑》和广播剧《最后一滴血》，由作者在会上交流了创作情况。广播剧3月创作完成，报告文学4月底完成初稿。

【举办春秋季小说创作笔会】 市文联创研室分别于4月24日~28日和11月9日~13日，先后在萧山市和临安市西天目山举办春、秋小说创作笔会，全市各有20余位小说作者参加。笔会通过对当前小说创作上的共性问题进行研讨、老作家讲评具体作品、小说作者交流创作题材与创作体会等，旨在发现和培养有创作潜力和前景的青年小说新人，加强小说创作信息沟通，提升杭州小说整体创作水平。

【召开新故事创作会】 4月22日~23日，市民间文艺家协会与上海《故事会》杂志社在临平联合召开，10余位作者参加。会上交流创作题材，对创作中如何出新、提高新故事作品质量开展讨论。上海《故事会》杂志社3位编辑人员与会，相中了作者们谈出的新题材，要求尽快成稿供刊用。创作会通过作者与刊物编辑面对面的交流，为新故事作品从占有素材、创作构思到框架成型，缩短了时间，使作品的成功率大为提高。

5月21日~23日，市民协与福建《故事林》杂志社、余杭故事派对网站，在临平联合举办杭州中篇故事创作改稿会。以杭州的故事作者为主，邀请来自上海、安徽、江苏及嘉兴、湖州等地的作者参加。对向杭州和全国各地征稿来的70个中篇故事作品进行讨论和修改，举办了有关故事人物、情节、结构等方面的专题讲座。

第六届西博会闭幕式声乐晚会

【出版"桂雨文库"和"钱塘文丛"】 由大众文艺出版社出版。"桂雨文库"含小说、散文、诗歌、儿童文学、评论共10部作品，分别是章轲小说集《青春梦回》、吴虹胭小说集《黑鹰》、俞梁波小说集《爆炸的河》、夏雪勤小说集《寻我启示》、赵健雄散文集《姑妄言之》、李晨初散文集《叶落故园》、汪逸芳散文集《灵魂受穷的日子》、泉子诗集《夜晚》、金强芸儿童文学作品集《我家有宝藏》、盛海耕文学评论集《诗苑偶探录》。"钱塘文丛"有3部长篇作品，分别是被列为市重点创作题材的王志强的长篇小说《银界》、青年女作者张爱萍的长篇小说《薄地厚土》、孙银标的长篇叙事诗"眼泪三部曲"之三《眼泪在花瓣上舞蹈》。

【《月圆曲》获中国国际小戏艺术节金奖】 由市文联、市剧协组织创作和排演的睦剧小戏《月圆曲》，经全国CCTV小戏小品浙江赛区选拔，参加了5月1日至6日在山东滨州博兴举行的第二届中国国际小戏艺术节。在49个参赛剧目的激烈角逐中，《月圆曲》获得剧目演出金奖、编剧奖、导演奖和优秀表演奖，市文联、市剧协获得稀有剧种保护奖。

【举办杭州少儿电影节】 4月24日~5月7日，首届杭州少儿电影节在杭举行。由市文化局、市文联、市教育局、团市委联合主办，市电影电视家协会、都市快报社、浙江星光电影院线有限公司、杭州电影有限公司等单位共同承办，市委副书记叶明、副市长项勤、市人大常委会副主任李松春、市政协副主席曾东元等出席在新华影都举行的电影节开幕式。电影节共展映《飘扬的红领巾》、《美丽的大脚》、《走近毛泽东》、《宝莲灯》等15部适合少年儿童观看的影片。根据广大小观众的投票结果，邀请被评为最喜爱影片的导演和演员与小观众见面交流；组织"看电影、写影评"活动，鼓励少儿观众写观后感，经专家评审，评出优秀作品在《都市快报》上发表。电影节得到20余个省、市媒体的关注，并分别作了系列报道。

【"百年小平"作品征文】市作协为纪念邓小平同志百年诞辰，举办文学作品征文活动。征文从5月开始，至6月底结束。作品用小说、散文、诗歌、短剧等文学形式，反映邓小平革命生涯和领导中国人民改革开放的丰功伟绩；讴歌改革开放25年来中国大地上发生的历史性巨变；热情赞颂在邓小平理论旗帜指引下，杭州人民为"构筑大都市，建设新天堂"奋力拼搏的精神风貌。8月，市作协从来稿中精选部分优秀作品，在《杭州作家》特刊出版。

【油画家描绘新杭州实地写生】4月11日在杭州龙门古镇拉开帷幕。该活动由市文联与中国油画学会联合主办，杭州画院承办。来自全国的著名油画家张祖英、杨松林、刘绍昆、孙景波、崔开玺、杨参军等20余人来杭参加实地写生。画家们先后赴龙门、西溪、梅家坞和西湖杨公堤景区进行写生，3天时间完成作品近100幅，用油画展现杭州"天更蓝、水更绿、景更美"的巨大变化。省内各媒体和北京、上海媒体作了报道，杭州电视台对活动作了专题拍摄报道。

【召开市文联五届五次全委会】8月17日，在杭州玉泉饭店召开，会议根据文联章程，对市文联五届主席人选变动行使民主程序。孙银标因另有任用不再担任市文联五届主席职务，提名陈一辉为主席候选人。市委宣传部副部长、市文联党组书记汪小玫介绍了人事调整的有关情况。全委会通过孙银标的辞呈，同意五届主席团关于增补陈一辉为五届文联委员的建议。随后民主选举陈一辉为五届全委会主席团主席。

【七艺节·大学校园戏剧展演】应第七届中国艺术节筹委会的邀请，市文联组织举办的大学校园戏剧展演于9月18日~25日，在杭州师范学院、中国美术学院、杭州电子科技大学、浙江传媒学院等4所高校的剧场内连演8场，轮流上演近年来市文联组织创作的9个优秀大学校园剧目，受到学生观众欢迎。市委副书记叶明、七艺节筹委会办公室副主任黄先钢等观看演出并给予较高评价。新华社、浙江日报社、杭州日报社、省市电视台、电台及媒体网站报道展演盛况。

市文联组织举办"千名文艺家颂杭州"系列活动

【举办美术、书法、摄影展】9月28日，在市工人文化宫展厅开幕，由市委宣传部、市文联、市总工会共同举办，展出美术、书法和摄影作品100余幅，吴山明、王冬龄等艺术家参展。作品体现艺术家们用自己的真情实感，通过各自独特的取材视角和艺术表现手法用心创作完成。讴歌中华人民共和国成立55周年来杭州发生的巨大变化和改革开放后现代化建设突飞猛进，集中表现人民热爱祖国、热爱家乡的拳拳之心。

【举办第二届西湖合唱节】10月31日，由市委宣传部和市文联联合主办的第二届西湖合唱节进行决赛，这也是第六届西湖博览会的文化活动项目。省内报名参赛合唱团队53个，合唱队员4200余人。分老年、成人、少儿3个组，经过预赛、复赛和决赛，评出金奖6个、银奖11个、铜奖21个。市领导观看决赛演出。合唱节历时半年，群众参与面很大，被评为第六届西博会活动项目银奖。

【举办首届中国杭州大学生电影节】市文联等6个单位联合主办，市影视家协会等单位承办，在杭15所高校协办，是第六届西湖博览会正式文化活动项目。以"迎中国电影百年，扬青春无限激情"为主题，历时1个月，安排"中国经典电影百场展映"、"美国大片系列"大学生专场、"中国经典电影原创音乐"系列、"明星面对面"学术研讨会、"大学生最喜爱的10部国产电影"评选、"纸上看电影"影评征文大赛、"中国经典影片DIY表演大赛"等活动，举办省市各界领导、国内电影界知名人士和在校大学生参加的盛大开幕式，20万在杭大学生参与，为第六届西博会增添了浓郁文化氛围。

【第六届西博会闭幕式声乐晚会】于11月6日晚在省人民大会堂上演。省市领导梁平波、王国平、钟山、徐鸿道、孙忠焕、虞荣仁等，与2000余名观众观看演出。声乐节目由"金色交响"、"蓝色风情"、"红色记忆"、"绿色畅想"等4个篇章组成，邀请中国交响乐团合唱团和省市优秀声乐团体及演员加盟演出，节目搭配有致、高雅大气，获得观众好评，整体艺术效果让第六届西湖博览会圆满闭幕。

【举行文艺家颂杭州活动】市文联按照文艺"三贴近"要求，发挥自身优势，以文艺形式向市民和游客宣传杭州自然风光、人文景观、风土人情、改革开放成就、人文精神。该系列活动6月初启动，年底结束，由作家写杭州、诗人吟杭州、戏曲演员唱杭州、画家画杭州、书家咏杭州、舞蹈演员颂杭州、摄影家看杭州、歌手唱杭州、民间文艺家赞杭州、曲艺名家说杭州等10个项目组成，约有

1000名文艺家参加。具体由市作协、市剧协、市美协、市书协、市舞协、市摄协、市音协、市民协、市曲协等承办,包括向全国各地作家征集诗歌、散文作品结集出版,书画、摄影作品展览,舞台、广场和社区流动演出,制作 VCD 作品通过媒体播放等。

【工艺美术作品获全国奖】10 月 28 日~11 月 1 日,在第五届中国工艺美术大师作品暨工艺美术精品博览会上,市民协组织会员参展的作品取得 2 金、2 银、2 铜。周体灵的石雕《佛光普照》、钱高潮的鸡血石《佛光普照》获金奖;刘小平的根雕《老骥伏枥》、吴松江的石雕《韵》获银奖;应明章的笛箫《湘妃回龙笛》、周体灵的石雕《天长地久》获铜奖;徐雷的木雕《千手观音》、刘晓宝的根雕《赤壁怀古》获优秀奖。

【第六届中韩书法交流展】于 12 月 1 日在萧山区开幕。书法展由市书法家协会主办、萧山区文联承办,市政协副主席俞国庆、省文联书记处书记蒋建东、市文联主席陈一辉和萧山区有关领导,以及中国杭州、中国威海,韩国丽水 3 个城市书法家代表出席开幕式。展出中韩书法家 100 余幅作品,涵盖书法艺术的各种表现形式,作品个性突出,风格迥异,表现出鲜明的民族特色与精神,具有很强的艺术美感。主办方将交流展的全部作品以《相聚杭州》为题印制成集,通过两国书法家作品的展示与交流,推动了中韩艺术家的书法创作,展览于 12 月 4 日结束。

【召开市文联五届六次全委会】会议于 12 月 17 日召开,市文联主席陈一辉主持。根据会议议程,副主席马国超分别向市文联五届主席团成员和委员通报市文联该年度工作总结和 2005 年工作思路。听取副主席杨培泽对主席团提议增补为五届委员人选的情况介绍,同意增补潘承文、叶志忠、盛振宇为文联五届委员。

【举办青少年文学作品征文大赛】大赛于 6 月初启动,历时半年。由市委宣传部、市文联、杭州钢铁集团公司联合主办,市作协、《西湖》杂志社、杭钢集团公司宣传部承办,面向全国青少年。12 月 18 日,大赛组委会在浙江新世纪大酒店举行颁奖仪式,中国作协党组成员、书记处书记、中华全国青年联合会副主席吉狄马加,市委副书记叶明,杭钢集团公司党委副书记、副董事长李农展,省作协副主席、茅盾文学奖获得者王旭烽,市委宣传部副部长、省作协副主席孙银标,市文联主席陈一辉,市文联副主席马国超、杨培泽等,与获奖作者、大赛评委会成员及部分嘉宾 60 余人出席。陈一辉宣布获奖名单,马国超介绍大赛情况。大赛得到全国爱好文学的中小学生响应,至 10 月末截稿,收到全国(除港澳台地区)的 29 个省、市、自治区来稿总计 3800 余篇,有散文、随笔、诗歌、小说、寓言、童话和科幻作品,题材丰富,文笔生动。通过初评、复评与终评,《恋荑》、《向下生长的树》、《阳光很活泼》等 109 篇作品获奖。其中高中组、初中组和小学组各评出一等奖 1 名、二等奖 2 名、三等奖 3 名;另评出优秀奖 91 名。以《阳光很活泼》冠名的获奖作品选由主办单位出版发行。

【举办"天目银杏"摄影大赛】4 月,由市摄影家协会同临安市委宣传部、临安市文联、临安市林业局、临安市天目山管理局联合举办。为迎接 2008 年北京奥运会、推选天目山"银杏树"参选"国树"造势。大赛受到全国摄影界关注,收到包括北京、广州、西安等地摄影爱好者来稿 800 幅(组)计 1000 余张(幅)摄影作品。选出一等奖 2 名、二等奖 5 名、三等奖 8 名、优秀奖 50 名。其中 2 人夺得 8000 元大奖,《独领风骚——四季银杏》作者为退休干部,他利用在天目山管理局帮助工作的有利条件,多次上山,拍摄到银杏树四季内不同雄姿。部分获奖作品以《天目银杏》编印出版。

【市青年歌手获全省大奖】由市音乐家协会选送的两位青年歌手周亦文和夏喆,在 12 月 18 日~19 日举行的全省第四届"虎山杯"青年歌手大赛上,经过复赛和决赛,分别获得金奖和银奖。

【区县(市)文联活动丰富多彩】12 月 17 日,市文联领导与各区县(市)文联正、副主席及秘书长,交流和探讨区县(市)文联工作。各文联在地方党委和政府领导下,突出表现为服务中心,发挥文联社会功能。

萧山区文联与区委宣传部、《人民文学》杂志社联办"萧山杯"人民文学新世纪散文奖和"德意杯"首届青春中国诗歌大赛等有全国影响的文学赛事,与市书协承办第六届中韩书法交流展;临安市文联举办"天目颂"合唱节和第三届森博会纪实摄影大赛;余杭区文联利用"助残日"和节庆日,举办各类文艺活动近 50 项;富阳市文联举办"走进富阳"著名作家采风活动和庆祝建国 55 周年系列活动;建德市文联举办"新安江美食节"摄影大赛和"文明与不文明行为"摄影巡展;桐庐县文联为全县各项创建工作组织影视、文学、民研、音舞等协会活动及宣传活动;淳安县文联举办反腐倡廉书画展,出版风光风情个人摄影作品集《千岛湖》。萧山《湘湖》、余杭《藕花洲》、富阳《富春江》、临安《吴越》、桐庐《富春文苑》、建德《新安江》、淳安《千岛湖》等杂志,发表大量会员作品,推出作品获"七艺节"群星奖等奖励。淳安县文联扶持长篇小说《陈硕真》已完成 30 万字;临安市文联的长篇小说《薄地厚土》和民间文学《吴越钱王》,作为杭州市重点图书出版;余杭区文联创办《余杭作家报》,采取扶持、奖励和题材招标等措施,近 200 万字文学新作面世;建德市文联组织评选和颁发"建德市文艺奖";富阳市文联组织实施音乐、书画考级和第十届"郁达夫文艺奖"评选;桐庐县文联的叶浅予纪念馆,淳安县文联的千岛湖画廊,建德市文联的文艺画廊等,全年展出频繁。

(项日槐)

·档案事业·

【档案事业概况】全市档案部门依法治档,发挥档案资源效能。全市 14 个综合档案馆(包括市城建档案馆),总馆藏档案 114.5 万卷,资料 13.34 万册,向社会开放档案资料 32.83 万卷册;市档案馆馆藏档案 41.71 万卷,资料 1.28 万册,开放档案资料 8.87 万卷册。

各级档案部门加强调研,进一步探讨在新形势下加强档案工作的路子。杭州市和西湖区、拱墅区、余杭市、临安市等印发《关于加强新时期档案工作的意见》，对如何加强新时期档案工作提出了目标要求和具体措施。档案机构建设有新进展，各区、县(市)档案局(馆)全部依照公务员管理。拱墅区档案局挂牌,富阳市成立档案服务中心。杭州市获省2004年度档案工作考核优秀。

【档案接收和开发利用】 全年档案部门接收、征集各类档案资料27.96万卷(册、盘、件、张)。市档案馆重要、特色档案资料征集取得成绩,共接收进馆档案45个全宗、16.93万卷。市档案馆征集到毛泽东主席在“关于成立新杭州市委的决定”上的批示复印件；从中国第一历史档案馆、中央档案馆抄录目录169条,与中国第一历史档案馆协商达成长期合作意向。余杭区档案馆收集、整理著名教授何思敬个人档案、资料152余件（册)。桐庐县档案馆征集桐庐历史名人清袁昶档案、明姚夔氏族《姚氏宗谱》等。

根据《杭州市政府信息公开规定》,各区、市(县)档案馆按要求建立现行文件查阅中心，全年接待档案利用者966人次。各级档案馆全年接待档案利用者2.58万人次,提供档案资料、现行文件17.21万卷(册)件次。各级档案部门配合西湖文献编纂,提供档案资料,补充西湖专题计算机数据2635条。

【加强档案管理】7月,市档案局对全市24个省、市重点建设工程项目档案管理进行执法检查。对旅交会、“卫生城市”复查、“七艺节”等重大活动档案收集工作的指导和培训。全年完成179个单位档案工作目标管理认定,其中省一级19个、省二级45个。抓好社区和民营企业档案管理，全市455个社区有409个建档,建档率为89.9%。市民营企业建档率为50%，吉利集团档案工作达省(部)级标准。

【档案信息化建设】市档案局(馆)完成网上档案馆一期项目验收,组织实施二期项目建设,“杭州档案”门户网站改版试运行。萧山区将数字档案馆扩到二、三级进馆单位序列，建立临铺镇数字档案室。上城区、江干区、西湖区、拱墅区、滨江区档案馆在当地党政网上建立窗口。全市综合性档案馆和市级专业档案馆及部分机关档案室计算机检索条目1016万条，档案全文数字化达3084万幅。市档案馆第四次获省综合档案馆信息化评估第一名。

加强档案数字化研究,召开全市档案信息化建设座谈会，拟订《杭州市档案信息化建设实施纲要(2005年~2010年)》，开展全市电子文件归档试点。由国家档案局立项,萧山区档案局负责实施的《综合档案馆数字化的工作流程和管理方法研究》课题,通过国家档案局鉴定。

【开展档案编研】 10月，市档案局(馆)编著的《杭州历史文化图说》由人民出版社出版发行。该书20万字,图表、照片300余张(幅);建德市档案局(馆)编辑出版《李频诗集编年笺注》。淳安县档案局(馆)编纂《淳安县档案馆指南》。

开展全市档案部门优秀编研成果(2001年~2003年)评选,评出市优秀编研成果15项，其中一等奖3项、二等奖5项、三等奖7项。杭州市选送11项参加省第七届档案部门优秀编研成果(2002年~2003年)评选,获一等奖1项、二等奖2项、三等奖4项。

【爱国主义教育基地建设】 市档案馆爱国主义教育基地建设完成。建成档案实物陈列厅，展出档案实物85件。音像厅、专题展厅、休闲厅等相继投入使用。制作电视专题片《千年天堂路——杭州市档案馆爱国主义教育基地暨杭州历史文化图片展介绍》。全年接待市民、大学生、中小学生参观者3000人。

桐庐县档案爱国主义教育基地迁址到县博物馆，集中展示桐庐人民的奋斗历程和历史功绩。萧山区、余杭区、临安市、富阳市、建德市、桐庐县等举办各种形式档案展览,参观人数1.8万人次。

【加强档案部门建设】 各级档案部门加强自身建设，争创人民满意单位。市档案局制定政务公开制等9项制度。组织“我为效能建设献一计”活动,征集效能建设的“金点子”68个。编写机关效能建设宣传册，制作《机关效能建设问卷调查表》，设立局效能投诉电话，聘请机关效能建设监督员和行风监督员各5人。确定“敬业、求实、合作、创新”为机关文化主题词，并确定“杭州档案”形象标志。

建德市档案局(馆)减少审批环节，方便群众查阅，实行首问责任制、接待岗位AB岗。富阳市、上城区、西湖区等档案局(馆)向有关单位和个人征求有关机关效能建设意见,并落实整改措施。

【档案宣传与教育】市档案局(馆)与都市快报社联合开辟《杭州老底子》专栏,年内刊登文章6篇。9月，组织全市“档案知识有奖答题”活动,在《杭州日报》刊登100个档案知识题。召开首次全市档案信息工作会议。编印《档案工作动态》47期，在《中国档案报》等报刊发表文章20余篇。参加市社联和市科协档案咨询活动、档案“科普周”活动,“电子文件处理归档方法研究”通过省级课题鉴定。

各级档案部门举办档案业务和档案继续教育培训38期,2355人参加培训。市档案局举办各类培训8期,420人参训。有121人通过档案系列职称考试，其中初级65人、中级56人。(乜登科)

杭州大剧院夜景

领导班子

多功能厅

杭州大剧院

杭州大剧院坐落于钱江新城核心区块南端，占地 10 万余平方米，总建筑面积 5.5 万平方米。是杭州市首屈一指的公益文化设施。

剧院呈“马蹄形”设计风格的歌剧院有 1600 席位，舞台总面积 2000 多平方米，拥有一整套世界顶级舞台机械设备和灯光音响系统，座席区以正红色为基调，独具高贵典雅、气势磅礴之美；有 600 座席的音乐厅呈“古典鞋盒形”设计，主要用于举办室内乐、个人演唱会等小型演出；多功能厅突破传统设计模式，400 席位的场地可根据使用需要，进行快捷和多种形式的组合布置，是举办小型演出活动、各种会议的最佳地；下沉式露天剧场位于大剧院的正前端，设计亮点是结合了蔚蓝色宜人水景，为整个建筑群增添了活力、自然、流动的艺术活动空间。其他配套公共服务设施有格调高雅的西餐厅、舒适便利的大堂吧、畅通便捷的停车场、安静宽敞的观众休息室、安全稳妥的衣帽储存间等。

该剧院认真贯彻文艺工作“三贴近”精神，积极探索“政府主导、社会参与、市场运作”的模式，荟萃中外文化艺术精品，以绚丽多姿、丰富多彩的艺术形式，精彩纷呈、高潮迭起的舞台演出，人民群众广泛参与和形式多样的群众广场文化活动为载体，满足人民群众日益增长的精神文化需求，充分展现“艺术家展示才华的舞台，人民群众欣赏艺术的殿堂，构筑国内外文化交流的平台”之风采。

杭州大剧院外景

理查德·克莱德曼大型钢琴音乐会

- 浙江天目琴行创立于1992年，
- 开设分行40余家，经营产品3000余种，营业面积1万余平方米，
- 员工人数300余人，拥有客户3万余家。
- 回报社会300余万元，举办演出、比赛百余场，
- 综合指标位居全国十大琴行之首。
- 浙江天目琴行：世界顶级品牌之一德国施坦威钢琴中国代理商；
- “拥抱明珠庆祝香港回归百架钢琴大联奏”获大世界吉尼斯之最记录。
- 中国乐器协会理事单位，中国钢琴调律师学会入会考核站，
- 中国乐器商贸委员会(筹)所在地，浙江省爱心助残先进单位，
- 浙江省音协首家乐器选购推荐单位，杭州市工商联先进会员企业，
- 杭州市企业信用等级AAA级单位，西湖区优秀企业。
- 杭州天目专修学校、在册学员2000余人，累计培训学生6万余人。

天目琴行经营宗旨：“以商养学，以学促商，广交天下琴友。”

天目琴行董事长、总经理**刘为明**，是中国钢琴调律师学会副会长、中国音乐家协会会员、杭州市侨联副主席、中国钢琴调律师职业技能鉴定考评员、杭州市工商联常委、杭州市私企协会理事、西湖区工商联副会长、西湖区政协委员，获杭州文艺突出贡献奖。

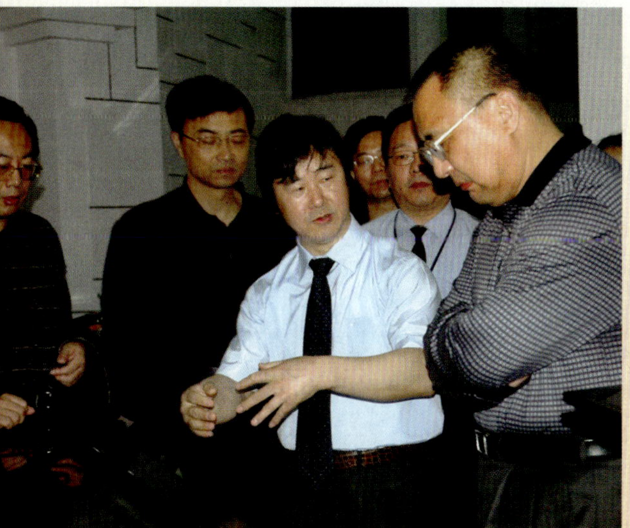
公司董事长刘为明向市领导介绍琴行情况

左起：省人大常委会副主任鲁松庭、著名钢琴演奏家理查德·克莱德曼、原全国人大常委毛昭晰、天目琴行董事长刘为明合影。

超市购物 园区外貌

杭州市行知幼儿园创建于1916年，幼儿园占地面积0.38公顷，建筑面积2800平方米。每班均有独立宽敞的活动室、寝室，配备空调、钢琴、电教设备、完善的生活设施以及丰富多样的教具、玩具和学具；户外有宽敞安全的活动场地；还有多功能室、图书室、科学发现室、陶艺室、音体室、种植场、饲养场，为幼儿创设了绿化、美化、净化、现代化的环境。

幼儿园以陶行知先生生活教育理论为指导，提倡“生活即教育”、“社会即学校”、“教学做合一”的教育理念，逐步形成以“生活教育”为核心的教育特色。1994年被评为省示范性幼儿园，1995年被评为杭州市首批特级幼儿园（现改称为甲级幼儿园）。曾先后获得全国陶行知研究先进、市三八红旗集体、市儿童少年工作先进、市文明单位、市爱国卫生先进、市绿化先进、市教育科研(幼教)先进、市优秀教研组、市教育系统群体师德创优先进、市档案工作先进、市绿色学校、区师德满意单位、区卫生保健先进等荣誉称号。

行知幼儿园——生活即教育——社会即学校——教学做合一

妈妈和宝宝同乐

环保时装秀

学做点心

·新闻出版综述·

【营造良好宣传舆论氛围】 2004年，新闻出版部门以邓小平理论和"三个代表"重要思想为指导，围绕中心，服务大局，坚持正确导向，提高引导水平，繁荣出版市场，规范行业管理，为杭州市改革开放和各项社会事业发展营造良好舆论氛围。加强重大主题报道的策划、组织和协调。市属新闻单位围绕市重大活动，加强领导，精心策划，周密部署，宣传效果良好。通过开展全体采、编、播人员的"三项学习教育活动"，规范新闻宏观管理，加强队伍建设。

加快报业发展，优化报刊结构，创新经营机制，加快从传统事业单位向现代企业转变，从城市媒体向区域性媒体转变，实现从量的增长向提高素质和竞争力转变步伐，推进杭州日报报业集团实现跨越式发展。健全广播电视管理机构，完善制度建设，拓展新兴业务，转变经营模式，强化内部管理，打造舆论优势，提升广电综合实力。坚持深化改革，加快发展步伐，保持出版发行事业发展的良好势头。图书出版数量稳中有升，发行网络更加完善，出版市场繁荣有序，版权管理和打击盗版侵权活动向纵深发展。

全市出版报纸13亿份，杂志8900万册，图书2.9亿册。杭州出版社出书305种。杭州广播电台1座3套节目平均每天播出67.5小时，广播综合覆盖率为99.2%，杭州电视台1座4套节目，平均每周播出549.5小时，电视综合覆盖率为99.1%。数字电视开通试播，市区用户10万个。 （王坚勇）

【媒体向区域化、多元化发展】 11月15日，由杭州日报报业集团主管主办的《城乡导报》正式试刊，定位余杭区，面向杭州周边地区，服务城乡读者，成为引领城乡生活的新报纸。《都市快报》在全省建立8个分印点，《每日商报》11月1日在金华设立分印点，12月1日在台州设立分印点，跨区域发行迈出实质性步伐。出资1500万元，入股杭州数字电视公司，杭州数字电视公司与杭州有线广播电视网络中心于年末完成整合，并增资扩股，集团追加投资1333万元。浙江新时代发展公司完成在全省连锁经营的工商注册，逐步将各地发行站改组为分公司。广告中心进军会展业，举办6次较大规模的房产展、汽车展。印务中心改建工程竣工，印刷速度为15万份/小时的德国高宝印刷机正式投入生产。集团与锦江集团合作组建的浙江盛元印务公司，拓展副业印刷和印刷原料经营。发行中心、物业公司物流服务、饮用水销售、餐饮、会议服务有新发展。

·报纸·

【报纸概况】 杭报集团面对国家宏观经济调控影响和日趋激烈的报业市场竞争，深化改革，努力创新，完成各项目标任务。新闻宣传水平及办报质量提高，重大主题报道有影响、有亮点，形成了整体优势；良好的报业结构转化为有效的市场份额，发行量稳步增长；体制改革与机制转换改革不断深化，党的建设、报业文化建设进步，产业保持快速发展势头。2004年，集团总资产7.3亿元。实现营业总收入6.14亿元，比上年增长23.3%；广告收入4.39亿元，增长22.8%。

杭报集团借鉴现代企业制度，加快推进体制改革和运行机制转换，集团体制优势明显。杭报集团整体列入市文化体制改革试点单位。2月，经市长办公会议通过，杭报集团有限公司开始筹建。子报刊和经营部门产权制度改革取得突破，剥离集团广告中心经营性资产，吸引部分经营骨干持股，组建由集团控股的浙江风行传媒有限公司；剥离印务中心副业，吸引社会资本，组建由集团控股的浙江盛元印务有限公司；剥离杭州网经营性资产，与市广电集团合作，组建杭州网络传媒有限公司；剥离《e时代周报》经营性资产，尝试引入民营资本，组建《e时代周报》社控股的杭州e时代传媒发展有限公司。

杭州日报社建立五大中心，推进采编分离。对集团发行体制进行调整，日报、快报、商报各自成立发行部，负责报纸征订和市场营销，实行专业分工，最大限度实现采编与发行互动。发行公司打造一流的发行队伍和投递、零售网络，完善物流配送体系。新时代发行公司实现全省连销经营并将省内6个分公司委托都市快报管理。

修订集团经济目标责任制，合理界定各种费用和费率，确定《杭州日报》、《都市快报》、《每日商报》内部用工及奖金总额，制订子报、子刊广告管理办法，完善指标考核体系。对《萧山日报》、《富阳日报》进行经营管理体制转型，并制定管理办法，加强日常管理；制订《对所属企业经营者年薪制实施意见》、《改制和新组建公司人事管理意见》、《集团内部自然人持股暂行规定》和《关于集团股权代表工作制度的若干规定》等制度。加强对经营进度、经营成本、对外投资的监督，基建、设备、服务等采购实行统一招标。

杭报集团按照“实施赶超战略、实现跨越式发展”战略目标，深化改革与调整结构、促进发展相结合，推进战略性结构调整，形成产业优势。各媒体坚持实施报刊差异化竞争和品牌塑造战略，以市场需求为信号进行改扩版。《杭州日报》主打杭州本地新闻，做精做深，强化“权威、必读、可亲”品牌。《都市快报》介入重大主流报道，体现主流新闻亲民化；加快全省记者站建立和品牌推广。《每日商报》3月1日起改型扩版，优化版面配置，加强经济新闻、服务新闻，突出经济生活类都市报定位。制订《关于加快周报期刊发展的意见》，扶持子报刊。《e时代周报》4月1日起改扩版，分为e新闻、e游戏、e生活3个版块。《萧山日报》、《富阳日报》新加盟后进行改扩版，报纸信息量大、内容生动、形式活泼。各报刊在定位、受众、发行区域、办报理念上形成各自风格和特色。

良好的报业结构转化为有效市场份额。9月，据浙江省报刊发行局统计，省内零售各级党报中，《杭州日报》销售率为44.1%，居第1位。上海新生代市场监测机构秋季发布的CMMS2004A数据，《都市快报》日到达率为44.3%，居在杭媒体首位。

杭报集团党建工作取得成效。党群组织的战斗力、凝聚力增强。强化集团党员干部管理和监督，开展廉政教育，加强信访和立案案件的查处，建立信访分析制度，特别是对群众来信举报的重要信访、反复信访和反映强烈的问题，及时进行调查处理。7月，集团纪委在读者接待中心，开展向1000余名读者征询集团新闻从业人员职业道德和职业精神调查，收到建议和意见700余条。采取开门办报，接受社会监督；树立先进典型，加强正面教育；全员培训，选派优秀记者赴基层挂职锻炼；完善系列规章制度等措施，开展“三项学习教育”活动。集团负责人坚持每年两次到区、县（市），听取当地党委、政府工作意见和制度，加强读者接待中心和各报刊读者热线建设，热情解答处理读者提出的建议和意见。编发《牵手2004》的创满意单位专版，向党代表、人大代表、政协委员、读者代表等专题汇报集团争创满意单位情况。加强学习培训和实践锻炼，推进“人才强社”战略。杭报集团与浙大管理学院举办为期4个月的工商管理培训班。选派7人赴农村、建设工程、市级机关等单位（部门）挂职锻炼，挂职干部得到所在单位好评。推进报业文化建设，创新创业氛围浓厚。评选2003年度集团突出贡献奖、创新奖和杰出员工奖。《杭州日报》、基建处、《都市快报》、广告中心4个部门获2003年度突出贡献奖；《杭州日报》的“56朵金花聚西博”等获得创新奖；周继山、任州、曹迪民、鲍一飞、傅拥军等5人获得杰出员工奖。组织员工短期休养，举办外地员工中秋联谊会，重新组建集团艺术团，开展篮球比赛、游泳比赛、拔河比赛等文体活动；做好离退休人员的管理和活动事项，为员工创造有亲和力、愉快的工作环境。推出集团网上信息平台，促进集团内部信息沟通和员工思想工作交流。

【显现主流舆论强势】 杭报集团坚持“团结稳定鼓劲、正面宣传为主”方针，围绕大局、服务大局，推进新闻创新，精心策划主题报道，完成一系列有影响的宣传报道活动，体现集团整体舆论宣传强势，营造良好舆论氛围。

市“两会”期间，《杭州日报》推出“两会热点”栏目，围绕“求真务实创新业”主题，以每天1个版的容量，推出“求真务实谋发展，区县（市）行”系列报道。《都市快报》、《每日商报》发挥灵活优势，通过报道拉近“两会”和普通市民的距离。

七艺节期间，开设“亲近名家”、“第七届中国艺术节全程关注”、“东道主状态”、“第七届中国艺术节特别制作·杭州文化地图”等重点栏目，刊发报道500余篇。西湖博览会期间，集团各报刊推出各自的特色策划。《杭州日报》策划推出“西博大使在行动”活动，组织杭籍大学生开展宣传西博会活动。《都市快报》等单位发起“西博宝贝”评选活动，并邀请全国媒体摄影高手开展“天堂24小时快拍”活动。《每日商报》开设“商眼看西博”专版。《风景名胜》杂志策划西湖圆梦专刊。杭州网开设视频新闻和英语栏目宣传西博会，通过网上调查收集网民对西博会各项活动的意见和建议。《萧山日报》、《富阳日报》根据集团安排，突出地方特色，反映萧山、富阳参加西博会的内容，为当地群众参与西博会提供指南。

在国庆节新西湖15个景点开放之际，各媒体进行全面、及时的宣传。《杭州日报》开辟“走读十五新景”专栏，推出有奖征集导游词大型活动；《都市快报》推出“老杭州导游新景点”栏目；《每日商报》从服务性和经济角度，对十五景以及此前西湖新景建设对西湖经济的促进作深度报道；杭州网推出图文并茂的专题，在BBS论坛中引导网民参与讨论。

【推出“一创五迎”特色报道】 杭报集团在“一创五迎”（即创建文明城市，迎接创模检查、旅交会、七艺节、西博会、休博会）报道中，集团各媒体推出各具特色的专栏和报道。《杭州日报》开辟“争创全国文明城市”、“感动我的城市，文明细节”、“文明死角，大家来举报”、“‘创模’曝光台”4个专栏，加强与读者的互动，推出“城市文明百题擂台·我为创建出点子”活动。《都市快报》开辟“争创全国文明城市特别报道”专栏，推出“最有价值城市品牌魅力何在：全国文明城市测评体系解读”长篇特别报道和“我为争创加一分”活动。《每日商报》突出“商”字，以展示杭州商业文明作为报道重点，其中《梅家坞，一张期待用商业文明擦亮的金名片》大特稿社会反响强烈。旅交会期间，《杭州日报》推出“旅交会连线报道”活动，《都市快报》推出旅交会特别报道，《每日商报》招募西湖民间使者宣传旅交会，吸引读者兴趣。

【注重新闻报道视角】 杭报集团落实“三贴近”，推进新闻创新，发挥舆论先导、服务大局的作用。在抗缺电中，组织报道，为战胜缺电危机，维护社会稳定提供舆论支持。《杭州日报》一版开设"克服缺电，共渡难关"栏目。《都市快报》开设"让电于民·共渡难关特别报道"栏目，介绍节电办法和产品，介绍电网建设进展情况，宣传表扬为市民让电的企业，并对未执行有序用电规定的单位进行舆论监督。《每日商报》从"开源"角度，提供企业自备发电方法与操作方案，"民生热线"版开设"停电日记"沟通民情，同时刊登"停电公告"。《萧山日报》宣传萧山鼓励企业自备发电政策和加快电网建设的情况，组织"我为节电献一计"讨论。杭州网推出《杭州全力抗"电荒"》专题报道，在BBS论坛开设"用电节电大家谈"栏目。

在"破七难"报道中，各媒体在增强新闻宣传的针对性、感染力上下功夫，坚持新闻创新，报道及时正确传达党委声音，再现党和政府对民生的关切之情，加深群众对"破七难"工作的理解和支持。《杭州日报》、《都市快报》通过新闻热线及信访途径收集"社情民意"，汇编成《每周情况通报》，为领导作决策参考，受到省市领导重视。杭州网聘请特约评论员，加强网上正面舆论引导。

【策划"三结合"报道】 围绕市委、市政府中心工作，策划推出系列专题，将政府视角、媒体视角、百姓视角"三结合"进行报道。在纪念邓小平同志诞辰100周年报道中，《杭州日报》策划"沿着小平的足迹"大型采访活动，历时40天，行程近6万千米，形成10余万字的稿件，该组报道获得省委宣传部、市委宣传部表彰和社会各界好评，为杭州纪念邓小平诞辰100周年活动营造良好的舆论氛围，产生积极的社会影响，堪称精品力作。

在奥运会报道中，《都市快报》创造性地在做好雅典奥运会报道同时，又策划组织首届杭州民间奥运会，巧妙地把万里之外的体育精英的竞赛，和杭城普通百姓喜庆性的体育活动融合起来，使《都市快报》的奥运特刊成为浙江报业市场一个新的亮点。

《杭州日报》策划的"保护老房子"特别行动、"夜探乞丐村"报道和"帮助农民兄弟增收"系列报道，《都市快报》策划的关注"空巢老人"、"未成年人思想道德建设"系列报道，由民营企业家王均瑶英年早逝引发的系列报道《三十五岁是道坎，快报陪你闯大关》，被读者誉为体现人文关怀的好创意、好策划。《每日商报》策划"百强县"系列报道，杭州网开辟"人大会客厅"等栏目，《萧山日报》组织创刊50周年庆典，推出"社区传真"、"今日企业"版面，《富阳日报》开展"富阳环保百里行"系列报道，《风景名胜》杂志推出"中国有个泰宁"、"天问怒江"、"古村落"专辑，《休闲》杂志推出的"浙江省首届十佳休闲度假胜地评选活动"和"杭州市消费者最喜爱休闲场所评选活动"等成为策划的亮点。

杭州日报报业集团与岐阜新闻社缔结友好报社

【拓宽对外宣传渠道】 杭报集团发挥媒体优势，拓宽外宣渠道。全年开展一系列外宣报道和外宣活动，提升杭州的国际形象和国际知名度。精心设计外宣载体。杭州网推出《杭州日报》、《都市快报》和《每日商报》"宽带报纸"PDF版，在网上推出以杭州本地新闻为主的英语"杭州新闻"，整合市广电局所属媒体的电视新闻资源制成"多媒体新闻"。据统计，杭州网的点击率由全球排名第几千位跃至第800位左右。自6月4日起，《都市快报》推出每周1期的英语版《杭州一周》。

发展与境外媒体交流合作。8月23日，集团与日本岐阜新闻社建立友好报社关系，岐阜市市长细江茂光，议长小林洋，岐阜新闻社社长杉山幹夫到杭报集团访问。6月和11月，杭报集团新闻代表团先后出访韩国、日本，与韩国江原道民日报社签署《新闻友好交流协议书》。选派记者采访在英国举办的"利兹杭州周"活动和在日本举办的大型招商活动。韩国江原道民日报社社长安亨淳、总编金重石应邀分率江原道中小企业代表团和新闻代表团与杭州中小企业洽谈合作，采访杭州休博会筹备情况。8月9日，杭报集团与市外办举办"在杭外籍人士做客杭报集团"活动，邀请荷兰、英国、德国、美国等国的29名在杭外籍人士到杭报集团做客。配合做好"德国摄影家看杭州"大型摄影活动、"连线浙江"涉外采访活动。（陈培新）

·广播电视·

【广播电视概况】 市广播电视局(集团)发挥广播电视的优势和特点，加强主题宣传。抓住杭州城市发展的亮点和社会百姓关注的热点，组织开展求真务实创新业、提高执政能力、"两会"、"一创五迎"、破解"七难问题"、"三口五路"工程等40余个重大主题宣传报道。组织《天上人间看杭州》大型航拍与直播，举办纪念邓小平诞辰100周年文艺晚会、"明珠杯"全国电视越剧票友大赛等大型宣传活动近30场次，组织广播电视直播录播269场次，为杭州经济社会的快速发展和"三个文明"建设提供舆论支持。

提高精品创作意识。市广电局(集团)有80余件作品获国家级、省级奖。其中《阿六头说新闻》、《民生热线》、《金秋》栏目的5件作品获国家级奖；在省级优秀作品和优秀栏目评比中，17件作品分获一等奖和创新奖，27件作品获二等奖。

加强对外宣传。杭州电台、电视台均开设英语栏目，全年在美国斯科拉卫星电视网的节目播出近30期。加强与中央台、上海台、兄弟城市台和境外友好台的合作，通过央视新闻网和城市台新闻交换网及时传递和播出杭州新闻；重点在日本、韩国、美国及中国香港等地媒体中，开辟宣传杭州的新途径；通过节目互换、举办博览杭州、德国摄影家看杭州、亚洲小姐评选等活动，扩大杭州对外影响力和辐射力。

加快发展数字电视，杭州成为全国第1批数字电视试点城市。3月25日，数字电视在杭正式营运，推出广播和交互式数字电视，播出近100套节目，至年底，实现了20万户数字电视平移。

拓展相关产业。利用已有节目平台、品牌和经营许可证，成立杭州嘉艺影视有限公司并投入运行；加强与市公交集团协作，开发公交车载移动电视项目，完成运行前测试及开通63辆公交车移动电视试播；争取国家动画产业基地和国家动画教学研究基地两大国家动画基地落户杭州；杭州市赢得首届中国国际动漫节的举办权。

加大科技创新力度。市广电局(集团)全年投入技术改造和科技创新资金1000万元，重点用于数字化建设。新建少儿频道前端平台和数字移动频道的整体试播系统，购置高档数字摄、录像设备和调频发射机，对生活频道、影视频道演播室和广播调音设备进行数字化改造。编写完成《杭州市广播电视科技发展五年规划》。市广电局获国家广电总局广播电视技术质量“金帆奖”二等奖1个、三等奖5个。杭州广电中心是市委、市政府确定的广电事业可持续发展的一项重点工程，11月26日，举行奠基仪式。

调整广告经营格局，规范广告管理，形成节目与广告良性互动。全年广告创收达到3.64亿元，比上年增长37.2%。

开展“三项学习教育”、“加强机关效能建设，争创人民满意单位”等活动，学习贯彻两个《条例》和“四条禁令”等活动。12个集体项目和36个个人项目获省、市级先进。通过面向社会公开招聘、择优录用的方式，全年引进专业技术人才62人。对新进人员进行岗前培训，增强做好新闻工作的责任感和使命感。采取保送学习、在职培训等方式，加强对各类专业骨干、学科带头人的培养和锻炼。开展“名人工程”评选活动，经大众投票，评选出刘忠虎、杨莅、张平、孙雪健、何清超、崔健、梁晶晶、俞晓岚等8人为杭州广播电视首届名主持、名记者、名编辑和名摄像。

【新闻综合频率打好“新闻牌”】 杭州广播电台新闻综合频率全年完成杭州市“两会”、“一创五迎”等一批主题报道任务。打好“新闻牌”，坚持月度好新闻评析。上半年，创办新闻访谈节目《新闻零距离》和大型直播交流节目《行风热线》。《新闻零距离》聚焦热点、关注民生，1月1日开播以来，已采制《张叶良妻子眼中的英雄丈夫》、《居者有其屋——茅临生市长与市民面对面》、《走近艾滋病患者》等特色节目。

《行风热线》于6月21日开播，“领导走进直播室，百姓难题现场办”，半年时间为老百姓办实事600余件，被市委宣传部评为破解“七大问题”好新闻策划奖；节目部推出“节目大家评”，每月一评，只挑刺不说好话，督促主持人提高业务素质。

参与“捐一部旧手机，帮助一位老人”、“天堂情、故乡行——百名大学生宣传西博会、休博会”、“杭州中小学生描绘新西湖征文大赛”等社会活动。7月18日，杭州300名知青重返第二故乡黑龙江虎林，新闻综合频率在黑龙江省虎林市，现场直播“首届北大荒知青返乡节”欢迎仪式。

全年广告创收首次突破1000万元，比上年增长29%。

【西湖之声突出个性化】 杭州广播电台西湖之声重大主题宣传出新出彩，突发事件及时介入，新闻策划形式多样。突出个性化办台的思路，明确节目定位，强化节目特色。《早新闻》、《热线7:20》、《轧是轧非》、《开心十三点》、《金手指》等独具个性品牌节目推陈出新，新品牌节目有《城市早班车》、《天天俏东东》、《耐听音乐时间》等。全年有10件作品获省级新闻奖、文艺奖，其中一等奖7件、二等奖3件。

结合“亲民、为民”的新闻定位，西湖之声“关注民生、破解七难”宣传报道策划出新出彩出亮点，推出“五个一”工程，包括一组记者体验式报道、一个市民交流平台、一档谈话专题节目、一件为民办实事和一条公益广告，获得市级破解“七大问题”报道优秀组织奖。8月12日“云娜”台风袭击，西湖之声及时派出16路记者报道组奔赴气象台、机场、工地等，经过20多个小时的高强度连续作战，共发出98篇全市各界抗击“云娜”台风连线报道、专家访谈、兄弟台记者连线、紧急事故介入、大型综合报道、专题新闻背景等，受到听众好评。西博会前夕，西湖之声以一个城市主流媒体的责任心大胆创新，联合北京经济广播电台(包括两台的国际互联网站)，于8月28日15:00在北京人民大会堂常委厅，全程直播“2004年西湖博览会北京新闻发布会”。

【打造亲民电台形象】 西湖之声播音中实践“三贴近”，组织《嘀嘀叭叭》车迷自驾游开赴温州文成；第二届风筝节6000只风筝赠市民放飞春天；“《DJ锐舞坊》寻找1000名快乐司机”活动深受夜班司机的欢迎；《天天俏东东》于六一节前募集价值3.5万元爱心捐款捐物，送到乡村学校；《热线7:20》走进社区；为群众免费发放《杭州市民手册》。

开展技术创新探索，突破传统广播传播限制。10月1日，完成大型直播节目“欢迎你来西湖——2004年国庆西湖之声京杭列车无线移动直播”。利用移动G网和联通C网技术，首次尝试在列车上进行跨地区移动直播；10月28日，完成水上移动直播“杭州水上巴士开通庆典仪式暨大运河上画中游——水上巴士首航”。西湖之声成为国内首个移动流媒体的广播内容供应商，通过一部2.5G(GPRS)手机，能够在全球各地清晰地收听西湖之声实时直播节目。

根据AC尼尔森等权威机构调查，西湖之声节目收听率、占有率、收听时数等指标在杭州广播13个频率中领先，节目占有的市场份额为 35.2%，其中新闻类节目份额超过 40%。广告收入达到 2200 万元。

【经济之声探索广播与电视媒体相结合】 经济之声在报道中发挥优势，以创新精神将新闻报道和特别活动相结合，广播媒体与平面及电视媒体相结合宣传报道的方式上进行探索。联合市文明办及出租车司机推出“文明从脚下起步”大型活动；“三八生态游”活动，受到杭城广大女性司机响应。以司机为对象开展的“高考爱心车”、“关爱司机健康”等活动受到社会各界好评。配合西博会及“天上人间看杭州”大型活动，策划并组织“八方名嘴汇西湖”大型活动，邀请来自北京、上海、广州、南京、重庆、大连、厦门、贵阳等全国知名的十佳活力电台名主持人汇聚杭州话西湖，在全国各地宣传西湖博览会。举办大型港台明星演唱会的“左麟右李”演唱会、“菲比寻常”王菲杭州个人演唱会、刘德华世界(杭州站)视觉巡回演唱会、“无与伦比”周杰伦杭州演唱会等，以活力形象领跑于杭城广播娱乐前沿。推出大量校园文化活动，吸引众多年轻受众关注杭州经济之声。此外，苏友朋、文章、动力火车等亮相经济之声的解百、信义坊户外直播室。

2004 年，经济之声注重移动收听市场，争取利用交通资源。在公共汽车上安装近 7000 台定向收音机，拓展公交车上移动收听人群，与市公交公司合作开设《你好，巴士》、《巴士快报》等节目。连续三年组织“九一八公交日”报道。在大型公交站点、繁华路段公交站台安装定向广播，把移动收听人群从车上延伸到站台。“抢占”市交通局 GPS 中心，成为首个进驻交通局卫星定位系统的广播电台，也成为首个进驻市政府三大交通信息平台(交警指挥室、交通局 GPS 中心、公交公司)的广播电台。全年广告创收 1105 万元，比上年增长 57.6%。

【综合频道尝试新闻直播】 杭州电视台综合频道策划“三口五路”零距离记者蹲点报道活动。5 月，以新闻部为主体成立“三口五路”蹲点报道组，记者分五路深入江干、下城、上城、拱墅、西湖各个区所属道路整治工地进行报道。在“三口五路”整治动员大会起到整治工程完工的 3 个月里，蹲点记者发回进展性动态、细节故事报道 20 余篇。在破解“七大问题”报道中，根据事件发展动态进行渐进式报道，在《杭州新闻》、《民生热线》、《新闻夜班车》3 档不同时段进行滚动报道，对 3 个阶段实施归纳总结性报道，做到媒体、政府部门和市民三方的良性互动。同时，综合频道专门开出了“七难热线”和《连通民声》专栏，收集民情，倾听民声，做好沟通、帮助和解释工作，为破解“七大问题”当助手。新闻评论部《新闻开讲》栏目打破以往演播室嘉宾与主持人“新闻脱口秀”的形式，策划大型户外百姓谈话特别节目《沟通》，让群众参与“破解七难”。

更新报道理念，尝试新闻直播。年初，推出 2 档新闻直播节目——《直播杭州》。调整动态报道的新闻理念，实现新闻的现在播报。《直播杭州》开播后，除进行日常演播室直播新闻外，还通过光缆在湖滨三公园、武林广场、市气象台等处，尝试新闻现场直播报道，以强烈的现场感和时效性，让新闻报道更贴近市民，对固有的新闻传播观念产生了较强冲击。

【播出新闻 1.42 万条】 杭州电视台综合频道强化“先做人，后做事”理念，发挥全体人员积极性，办好专题栏目。《十分关注》栏目制作《难盖的窨井》、《义乌“小姐”批发》、《这样的柱子能撑起大厦吗？》等有影响的节目。联合中央电视台、东方卫视、浙江卫视和各区县(市)电视台，对杭州经济、政治、文化、旅游等方面展开报道。全年报道各类新闻计 1.42 万条，其中新闻部自行策划采制 1.04 万条，市区及县(市)台通讯员报道 3024 条，新闻自己拍队伍采制 280 条。在中央电视台播出新闻 229 条(次)，其中《新闻联播》播出 22 条。外宣栏目《中国都市》每月 4 期，大部分节目通过中国黄河电视台选送到美国斯科拉卫星电视网播出。中、日、韩 3 国新闻交流节目完成 8 期，40 篇新闻在日本福井电视台和韩国春川文化放送播出。《英语报道》完成 50 期。据 AC 尼尔森和中央电视台索福瑞收视数据显示，2004 年综合频道每天 18:00~22:30 时段的总体收视率在众多落地杭州的电视频道中排名在前 5 位。

【西湖明珠频道实践“质量年”】 2004 年，杭州电视台西湖明珠频道新闻部先后策划关注破解“七大问题”、“三口五路”、杭州生态行等独具特色的策划性及事件性系列报道。《品味杭州》栏目策划采制多项特色系列报道。

体现“三贴近”要求，提高荧屏质量，深入社会、民众开展活动。英雄颂歌——浙藉明星大型义演晚会、首届全国电视越剧票友大赛活动、越剧下乡巡回演出、2004 年激活爱心亚洲小姐竞选中国赛区决赛活动、第五届少儿钢琴大赛、全国 MTV 校园歌手大赛杭州赛区活动、阿六头模仿秀暨迎春电视晚会等成为亮

杭州电视台建台 20 周年文艺晚会

点。小平您好——邓小平诞辰100周年晚会、清风颂——廉政晚会、中韩交流联谊晚会、西博会开幕式晚会、德国摄影家看杭州——大型摄影活动、春风颂——春风行动义演捐款晚会等10余项活动。

提出"质量年"口号,美化荧屏包装、优化节目质量,创办品牌栏目,提升频道节目影响。创办《阿六头说新闻》栏目取得巨大成功,平均收视率达10个点以上,被评为全国"百佳"栏目。创办《影视哈哈哈》栏目,收视率2个百分点,《警界41》栏目进行扩版,收视率2个百分点。全年完成新闻发稿6279条,中央台播出新闻6篇,省级台播出67条,城市台交流新闻600多条。广告量近1亿元,实际创收8000余万元。

【推出《阿六头说新闻》】 《阿六头说新闻》开办于2004年元旦,每天21:30~22:00播出。它以杭州方言为播报语言,采用非新闻播音员为主播,形式活泼新颖,内容贴近民生、评说尖锐犀利,开播后收视率节节攀升,AC尼尔森收视率已经超过11%,是杭州绝大多数电视新闻栏目收视点的5倍~6倍。《阿六头说新闻》是杭州人熟悉的1档新闻节目,"熬稍熬稍,阿六头来了"这句广告语也广为人知,并且引起了全国传媒界业内人士的广泛关注。

【生活频道注重节目精品化】 杭州电视台生活频道完成"一创五迎"、破解"七大问题"等重大宣传任务。在重大主题报道策划、宽带网络电视直播、探索节目新样式等方面进行尝试。

按照"频道专业化、栏目个性化、节目精品化"要求,重点办好《都市报道》、《都市生活》、《小伢儿》、《男生女生》、《金秋》等品牌栏目。《都市报道》利用宽带传输技术,制作播出《过年》春节特别节目;《都市生活》实行双播主持,形成独特风格;策划2004年"武林衣秀杯"中国国际女装设计大赛暨中日韩三国造型表演电视晚会;《金秋工作室》成立,节目运作更灵活,内容和形式更贴近老年观众;少儿节目策划举办"穿上我的最爱,秀出我的风采"——小伢儿模特大赛、第二届原创歌手大赛等。

"我为抗缺电献计献策"活动,收到各类节电建议1万余条,接待参观者近3万人,市委书记王国平到下城区王马社区和居民群众一起观看"节电与我们的生活"社区巡展,并为节电金点子获奖市民颁奖。"我们一起走过"大型广场公益活动让各频道知名主持人、记者参与演出。

【推出《我和你说》新闻栏目】 4月26日,生活频道创办的《我和你说》首播。这档新闻类节目采用浓郁地域特色的个性化表达,受到杭城百姓的欢迎。为了与市民面对面"亲密接触",拉近媒体与观众距离。"走进社区,我和你说"曲艺专场,自6月26日开始,历时3个月,先后到上城区、下城区、江干区、拱墅区、西湖区、高新(滨江)区、萧山区及经济技术开发区的11个社区演出,观众累计10万人。据统计,《我和你说》居省、市各类节目收视率第2位。"中日友好徒步新西湖活动"吸引中日两国徒步爱好者500人参加,并进行民乐、茶道、书画等文化交流活动。

《都市报道》、《我和你说》播出各类新闻4000余篇,发稿浙江台230篇,发稿中央台80篇(其中12篇在《新闻联播》播出)。全年安全播出8030小时。频道获国家级奖3项,获省级奖9项,获市级奖14项。广告创收6800万元,超额完成广告创收任务。

【影视频道节目容量大】 杭州电视台影视频道以播放电影、电视剧及影视栏目为主,容量大,编排密集,每天播出节目近20个小时,节目通过杭州有线网络覆盖杭州地区,受众为650万人。影视频道有4件作品获得国家级奖项,2件作品获地省级一等奖,1件作品获得省级三等奖和市级二等奖,2件作品获得市级一等奖。晚间共播出电视剧59部、1203集,其中黄金时间播出38部、1004集,显示影视频道特色。每天播出《影响》、《视听麻辣烫》、《精典100》三大品牌栏目,《精选剧场》、《精彩剧场》、《午夜情感剧场》三大品牌剧场。广告创收达到8188万元。

【少儿频道实行市场化运行】 10月25日,杭州电视台少儿频道正式开播。该频道由杭州广播电视集团和浙江中南建设集团有限公司、浙江传媒学院、杭州青少年活动中心、杭州市学生假日活动中心等企事业单位联合投资组建,杭州好朋友传媒有限公司运作,实行制作、运行、播出分离的市场化运行模式。

少儿频道节目涵盖动画片、儿童剧、电影、新闻、教育、益智游戏、科普、综艺等形式。每天8:00~24:00总时间为16小时滚动播出。《动画连连看》于16:00、17:00、18:00分3个整点各播1档优秀精彩动画片,《小伢儿》周一至周五18:30传播新知识和成长观念,《天天播报》18:50播出关心孩子、面向家长的新闻节目,《阳光地带》19:30面向中学生朋友播出杂志类专题节目,《好朋友剧场》20:15黄金时段与小观众相约,《亮眼睛影院》21:50播出适合小朋友观看的电影。除自办栏目外,一些优秀动画片、影视剧、教育类节目、益智节目、娱乐节目,都体现了引导性、服务性、知识性、趣味性。直播了2004年杭州市中小学生艺术节开幕式晚会、2004年杭州市中小学生艺术节闭幕式暨第二届杭州市中学生原创校园歌曲大赛决赛晚会等,成立了杭州电视台好朋友少儿艺术团。

【导视频道提高节目档次】 浙江杭州导视频道按照"一年起好步,两年打基础"要求,抓好舆论导向和安全播出,把抓好舆论导向放在首位。把好审片关,特别注意把握各档节目和信息广告中的舆论导向。制定和执行规章制度,确保在节目引进、制作、保管和播出等环节的安全。全年未发生导向问题和播出事故。做好以实时节目滚动预告为主题、《媒体导视》为核心、《整点预告》为框架的导视类节目,为省、市各个频道作宣传。导视频道在全国同类型频道中处于领先位置。频道安排导视延伸范畴的欣赏类、服务类栏目收到较好的收视效果。形成以信息广告为主的广告特色,提高了广告品位与档次。广告创收450万元,比上年增长50%。

【广播影视周报社抓主题报道】 坚

持正确舆论导向，抓好重大主题活动的宣传报道。与杭州人民广播电台新闻综合频率联办“行风热线”专版，在政府和百姓之间架起连心桥。配合破解“七大问题”宣传报道，举办“民生热线”报纸版专栏，选择市民关注的热点难点问题作宣传。宣传“两会”期间，举办7位市人大代表公开联系电话征集人民建议活动。抗缺电宣传中，举办“我为抗缺电献计献策”活动。与市房管局、西湖之声联办房管信息专栏，给市民群众提供资讯服务。庆祝杭州电视台建台20周年、配合市广电集团打造“名人工程”，分别推出5个整版的宣传报道。为各频道提供导听、导视服务，宣传各频道热点、看点和卖点。完成杭州电视台荧屏内容104个专版外，为电台、电视台推出16个整版宣传，对《金秋》、《阿六头说新闻》、《孤山夜话》等品牌栏目进行重点宣传，开设《听心物语》专版和《孤山夜话》栏目形成互动。集团所属4个电视频道节目预告，内容详细，随时根据频道需要进行调整和修改。

落实“三贴近”要求，创新版面内容，满足读者需求，定期开办“读者信箱”。报社记者跟随广电艺术团送戏下乡，辗转萧山、临安、余杭、嵊州等地，发回系列报道；现场采访省电视节目“牡丹奖”颁奖晚会，介绍杭州获奖情况；宣传少儿频道开播，推出2个整版进行宣传。对全国越剧票友大赛、英雄颂歌晚会、少儿钢琴大赛、数字电视模转数整体平移方案发布及有关知识系列介绍、亚姐中国(杭州)赛区的比赛、“三口五路”整治蹲点采访活动、大型航拍、爱心手拉手活动和校园原创歌曲大赛等作采访报道。报社采编人员作品获市级以上奖项9个，其中浙江广播电视新闻奖2个，全国广播电视报优质稿二等奖和三等奖5个，市好新闻奖2个。

【广电网络中心提高用户服务质量】 杭州市有线广播电视网络中心围绕安全播出、转企改制与整合，提高用户服务质量，增加创收。年末，整体平移转为杭州数字电视有限公司。杭州市有线电视用户达63.8万个。网络中心主要从事网络建设与维护、管理，内设8个部门和5个管理站，职工275人，其中具有高级技术职称10人、中级技术职称28人、聘用人员110人。各管理站负责区域范围内网络的日常维修和服务。

配合市政工程及规范小区建设，完成道路管线“上改下”43条、局部道路“上改下”40处；完成道路设计63条(段)、350孔千米。开通有线电视空白村8个，用户3200个，完成了市本级辖区范围内有线电视空白村通线任务。同时完成12个村4000余户的农村网络改造。实施应急停电网络改造，累计完成光点调整112处、继电器电源改造240余处。签订有线电视配套工程合同248份，完成新建小区移交1.48万户，增装用户2.86万户。以“减少投诉率、减少办事时限，改变工作作风、改变思想观念，杜绝不正之风”为目标，抓服务质量。制订《关于加强和改进用户服务工作的通知》，委托杭州迪佛公司对9.66万人进行3期专业辅导，并印发20万份用户手册。承办12345市长专线交办电话624件，办结率为100%，用户满意率为98.6%；96599受理电话19.26万件，办结率为100%，满意率为99.8%。

全年中心创收1.51亿元，比上年增长33%。其中视听维护费收费8900万元，增长340万元。多方协调开发经济增长点，从市物价局申请到新建小区配套费批文。发挥频道资源，对外省卫星电视落地频道进行公开招标，12个频道的卫星电视落地费净收入2850万元，增收2220万元，增加3.5倍。

【完成网络中心转企改制整合】 按照市文化体制改革试点工作领导小组的要求，网络中心制定转企改制实施计划、综合实施方案以及职工教育、资产评估、人员分流、公司筹组等配套方案。聘请会计事务所对网络中心资产进行评估，协助国资委对中心资产进行审核、确认。按照上级文件精神，广泛征求职工意见，经职工(会员)代表大会审议通过。12月，市政府正式批准网络中心转企改制方案。

8月，成立桐庐有线广播电视传输网络有限公司；年底，初步完成余杭区、临安市A网整合任务，并拟组建余杭有线广播电视网络传输有限公司和临安有线广播电视网络传输有限公司；建德市、富阳市、淳安县、萧山区A网的整合于年底前办理资产转让和新公司的注册、登记等。

【数字公司构建“大杭州”网络】 杭州市广播电视局(集团)所属有线广播电视网络中心和西湖电子集团、杭州日报社、杭州网通信息港有限公司、杭州国芯科技公司等共同出资组建杭州数字电视有限公司（简称数字公司)。注册资本1.5亿元，于2003年11月成立，2004年12月增资扩股至2.5亿元。

确立数字电视的家庭信息化终端和城市综合信息化平台的发展定位，实现广播式和交互式数字电视融合，构建数字电视运行和技术体系，搭建数字电视城市综合信息化平台和海量节目内容存储库。实现数字电视商业运行，成功进行网络资源整合，构建了“大杭州”概念的统一大网。10月，杭州市全面推进数字电视整体转换，至年末，完成整体转换10万余户。杭州数字电视在整体转换中实行赠送基本交互型机顶盒。20%左右的用户选择“华数互动电视”服务。（江政卿）

·出版发行·

【编纂《西湖丛书》】 大型《西湖丛书》由《西湖通史》、《西湖全书》和《西湖文献集成》等系列图书组成，是西湖综合保护工程的姐妹篇、市重点出版工程，编纂工作于2月启动。遵照“高度重视、分工明确、质量一流、出书守时”等要求，年内出版高品位、高质量的《西湖全书》系列14册，《西湖文献集成》系列11册，在西博会期间的西湖书市上推出，引起社会关注，丛书的权威性、学术性、系统性和可读性，得到领导和专家肯定，受到读者欢迎。

【杭州出版社与国际出版商合作】 12月6日，杭州出版社与德国阿克塞尔·施普林格集团在北京人民大会堂签署合作协议，也是杭州出版业与境外合作的一次重大突破。国务院总理温家宝、副总理曾培炎和德国总理施罗德等中德双方领导人出席签字仪式，外交部发言人章启月主持仪式。杭州出版社总编辑徐

12 月 6 日，杭州出版社与德国阿克塞尔·施普林格集团合作签字仪式在北京举行。

海荣与德国阿克塞尔施普林格集团总裁威勒博士(Dr.Andreas Wiele)代表中德双方，签署关于汽车及摩托车杂志版权许可协议谅解备忘录及双方成立合作经营公司的合作谅解备忘录。

【举办西湖书市】 10 月 21 日~25 日，列为西博会会展项目的 2004 年西湖书市在浙江展览馆举行。书市期间，省政协主席李金明、省新闻出版局局长俞剑明、市人大常委会副主任安志云、副市长金胜山等省、市领导莅临指导。据统计，光顾书市 28 万人次，销售总码洋超过 3000 万元。书市展览面积 1 万平方米，200 余个国际标准展位。参展单位 200 余个，直接供货(包括图书、期刊、电子出版物、音像制品和国际动漫画主题展)的出版、制作、复制和发行单位 1000 余个，展销品种达 7 万种。设浙江省暨杭州市版权保护、出版物市场"扫黄""打非"集中行动成果展示专馆、国内外原创动漫作品展示专馆和国内外动漫画图书展示专馆 3 个专馆；设文史教育区、少儿读物区、综合图书区、音像电子出版物区、动漫衍生产品区和文化用品区 6 个展区。

【"扫黄"、"打非"成绩显著】 全年出动执法人员 535 人次，检查经营单位 655 个次，查缴各类非法出版物 50 余万册(盘)，捣毁非法地下批销窝点 2 个，查处"私服"、"外挂"网站网吧 2 个，依法查处违规经营单位 20 个，罚没款为 30.4 万元。

【加强印刷业管理】 全年受理申办审批印刷企业 37 个，企业变更 207 起，整改企业 178 个，接受群众咨询 1800 多人次，没有发生错办、漏办和受到投诉，群众满意率为 100%。为了强化印刷企业经营者法律意识，实施经常性的依法检查指导到一线、法律服务到一线、解决问题到一线的工作措施。发挥协会作用，帮助企业解决实际问题。开展行业间技术交流，以及印刷企业法人(厂长)相关的法律法规、业务技能的岗位培训。

【举办发行员国家职业技能培训班】 2 月 29 日~3 月 6 日，在余杭区举办首期全市初级出版物发行员国家职业技能培训鉴定班。余杭区行政区域内的 80 个书报刊、电子出版物和音像制品零售经营单位法人代表(经理)和业务骨干近百人参加培训。此后，该项工作在全市铺开，全年有 500 人参加培训，其中 380 人经考试合格，获得国家颁发的初级出版物发行员资格证书。

【市版权保护管理中心挂牌】 6 月 27 日~7 月 1 日，全国著作权使用报酬收转工作会议在杭召开，同时成立杭州市版权保护管理中心，这是由中华版权代理总公司授权的在浙江地区唯一的著作权使用报酬委托收转单位，是推动版权产业正常发展的保障。杭州版权保护管理中心是著作权保护工作的综合性版权社会管理和社会服务机构，为杭州市维护著作权人利益、完善版权机构、提高版权服务质量奠定了基础。

【实现软件正版化】 8 月，市政府成立使用正版软件工作领导小组及其办公室，开展政府软件正版化工作。各区、县(市)政府成立相关机构开展工作。经过市政府办公厅、市版权局、市信息办、市财政局等有关部门的通力合作，市政府本级办公软件实现正版化，各部门正版软件的更换安装工作年内完成，杭州市机关软件正版化工作走在全国前列。

(黄云凯　王　吉)

·新闻出版团体·

【市新闻工作者协会换届】 1 月 14 日，市新闻工作者协会四届理事会暨换届工作会议在杭报集团召开，产生 46 名理事组成的市记者协会新一届理事会。从 2003 年 12 月中旬到 2004 年 3 月，市委宣传部会同市记协成立"三项学习教育活动"协调领导小组，分期分批举办 3 期培训班，全市新闻从业人员近 2000 人参加培训。3 月中旬，省记协和市记协建立社会各界人士 204 人组成的新闻工作社会监督队伍，加强新闻工作监督。12 月 15 日，组成获得全国第六届百佳新闻工作者事迹报告会，杭州各媒体和新闻单位负责人及管理人员 280 人听报告。

2003 年度杭州新闻奖经市记协组织的评委会定评，评选出获奖作品 164 篇，其中一等奖 31 篇、二等奖 51 篇、三等奖 82 篇。另有副刊专刊获奖作品 31 篇。　(乌　颖)

【杭州市出版业协会更名】 7 月 5 日，原"杭州市出版业协会"更名为"杭州市出版学会"。市出版学会的成立，更好地整合全市出版业研究力量，促进各界对新闻出版规律的研究，加强了市新闻出版研究的科学性、前瞻性和指导性。

(黄云凯　王　吉)

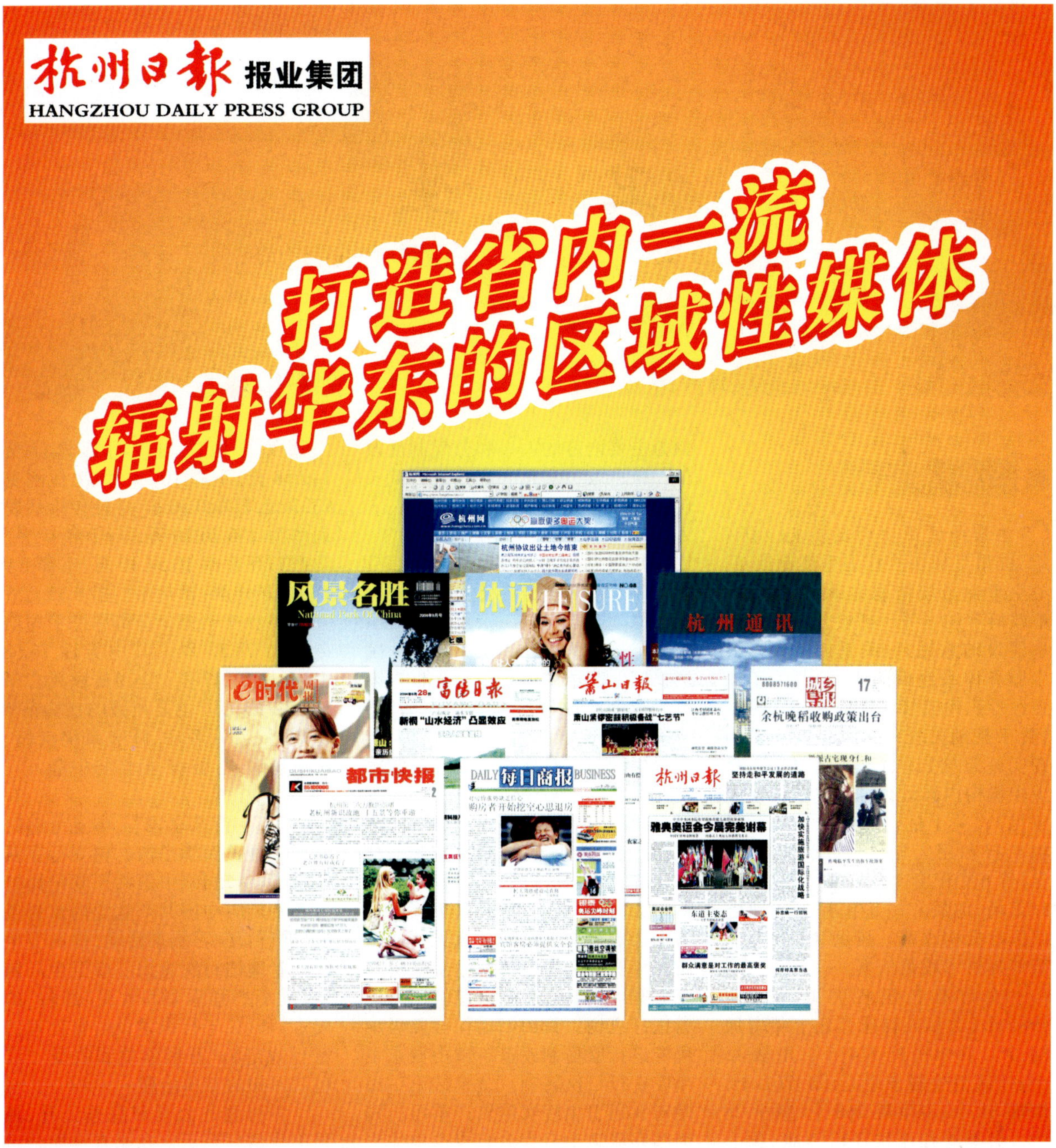
杭州日報 报业集团
HANGZHOU DAILY PRESS GROUP
打造省内一流
辐射华东的区域性媒体

杭州日報 权威·必读·可亲　都市快报 浙江一报　每日商报 一张有用的新闻纸　e时代周报 华东地区第一份网络生活类报纸　萧山日報　富阳日報　城乡导报　风景名胜杂志 National Park Of China 知识共享 心灵互动　休闲 《休闲》中国第一本城市休闲生活类杂志　杭州通讯　杭州网 杭州人自己的网上家园

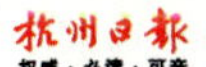

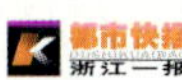

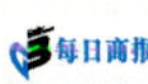

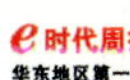

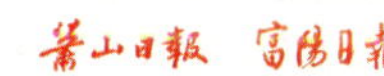

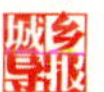

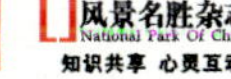

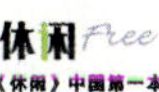

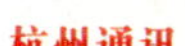

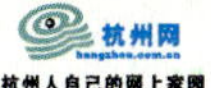

杭州日报创刊于1955年11月1日。

2001年7月16日，国家新闻出版总署正式批复同意组建杭州日报报业集团。2001年11月8日杭州日报报业集团隆重挂牌成立。

集团拥有《杭州日报》、《都市快报》、《每日商报》、《萧山日报》、《富阳日报》、《城乡导报》、《e时代周报》、《休闲》杂志、《风景名胜杂志》、《杭州通讯》杂志和杭州网等十一个媒体。日报刊最高发行量约124万份。

集团拥有先进的印刷设备，总投资2.2亿元人民币，建成浙江省报业最先进的印务中心，配备德国、法国具有世界一流的色彩高速轮转机。

集团拥有强大的报刊发行网络，发行公司有员工1000多人，送报车30余辆，公司下辖33家分公司，触角遍及杭州市的各区、县（市），及浙江省的宁波、温州、台州、绍兴、金华、嘉兴、湖州。发行网络除负责集团各报的发行外，还承担各类外报、外刊及商品快递等业务。

2004年集团总资产超过7.3亿元，实现营业总收入6.14亿元，广告营业收入4.39亿元。

集团拥有两幢智能化办公大楼，分别高23层和24层，建筑面积5.5万平方米，内设新闻中心，会议中心，健身中心及各类服务设施。

杭报集团所拥有主报、子报、子刊多次获得全国、省、市好新闻、好版面等奖项，2004年杭州日报社被评为第三届全国地方报社管理先进单位。

地址：杭州市体育场路218号
总机：(0571)85151588
总编办：85109451
发行咨询：85170671
广告咨询电话：8008571183
集团网址：www.hangzhou.com.cn
邮编：310041

卫 生

Public Health

·卫生综述·

【卫生事业健康协调发展】 2004年,杭州市加快医疗卫生体制改革,卫生事业呈现快速健康发展势头。市政府下发《关于加快公共卫生体系建设的意见》、《关于加强农村卫生服务体系建设的意见》、《关于加强医疗机构监督管理的实施意见》、《关于鼓励民资外资兴办医疗机构的实施意见》、《关于深化公立医疗卫生机构内部运行机制改革的实施意见》、《关于杭州市属公立医疗机构产权和用人制度改革的实施意见》等6个配套文件,为全面放开医疗市场、加强公共卫生建设、深化公立医疗机构改革、强化卫生行业监管等提供了政策依据。

全市有各级各类卫生机构1985个(含私人诊所),比上年增加84个。其中医院114个,增加15个;社区卫生服务中心(站)261个,增加81个;卫生院268个,减少28个。各类医疗床位3.17万张,比上年增加2594张,增长8.9%;其中医院床位2.44万张(占77.0%),卫生院床位2818张(占8.9%),社区卫生服务中心床位1009张(占3.2%)。卫生技术人员3.98万人,增加797人;其中执业医师(含助理医师)1.68万人、注册护士1.33万人,医护比例为1.27:1。平均每1000人口拥有卫技人员6.15人、执业医师(助理)2.59人、注册护士2.05人;平均每1000人口拥有医疗床位4.90张。医疗卫生单位实施以全员聘用合同、中层干部竞聘上岗、技术职务评聘分开、分配与岗位业绩挂钩为主要内容的人事和分配制度改革。新进人员实行人事代理,院长(主任)实行综合目标责任制。

【加快公立医院产权制度改革】 2004年,杭州市制订公立医疗机构产权制度改革文件,市第四人民医院和市整形医院作为市属公立医院产权制度改革的试点单位。根据政策完成2个改制医院资产评估,起草改制程序、政策解答及宣讲提纲。市卫生局向市政府报送2个改制医院经职代会审议通过的改制方案,做好招商引资等改制前期准备。各区、县(市)按照市委、市政府统一部署,进行公立医疗机构产权制度改革。萧山区、富阳市、临安市等制订公立医疗机构改制实施意见,建德市和淳安县完善乡镇卫生院租赁改革方案。拱墅区和睦医院转制为民营医疗机构。萧山妇幼保健院吸纳民资进行股份制改造,萧山城东卫生院实行二次转制。余杭区第一医院对乔司卫生院实施资产重组。桐庐县完成2个卫生分院资产整体出让。淳安县连续第七年实行“动产买断,不动产租赁”的改革模式,58个乡镇卫生院全部进入第二轮产权制度改革。上城区、建德市、富阳市、临安市的公立医院试点改制进入实施阶段。

【医疗机构诊疗3548万人次】 2004年,杭州市医疗机构诊疗3548万人次,比上年增长19.7%;门(急)诊人次总数3427万人次,增长19.8%;入院总人数58.45万人次、出院总人数58.33万人次,增加近8万人次。医院治愈好转率95.5%。卫生部门属综合医院均次门诊诊疗费149.58元,下降10.3%;均次住院费9333元,下降0.36%。急性传染病发病率为256.76/10万,与上年持平。孕产妇死亡率10.54/10万,下降3.9个10万分点;婴儿死亡率6.3‰,下降2.25个千分点。全市居民平均期望寿命78.85岁,其中男性76.68岁、女性81.17岁。全市居民死亡率558.72/10万,主要死因的疾病前5位顺序:恶性肿瘤、呼吸系统疾病、脑血管病、心脏病、损伤与中毒。

【加强卫生行风建设】 市卫生部门开展“维护医学圣洁,树立行业新风”系列活动和《中国共产党纪律处分条例》和《中国共产党党内监督条例(试行)》学习贯彻活动,提高卫生工作者廉洁行医意识。市卫生局制订《关于严禁索要和收受“红包”的规定》和《关于行风建设监督处理的暂行规定》。开展索要和收受“红包”、回扣的专项治理。

实行政务公开和院务公开,加强医疗信息公示。在原有定期公示医疗服务信息的基础上,加大公示频度,增加信息内容。4月起,全市每月公布市属医院、行业医院的医疗服务信息,每季度公布社区卫生服务机构的医疗服务信息,引导群众正确就医,自觉接受群众监督。各医疗机构畅通投诉渠道,做到接待投诉有登记,处理投诉有依据,反馈投诉有记录。组织行风督查小组与市纠风办联合对局属医疗机构、卫生行政审批部门、区县(市)医疗机构进行经常性明查暗访。市投资项目集中办理中心卫生窗口连续七次被评为“红旗窗口”。市三医院、市六医院被评为市院务公开工作先进集体。从全省卫生系统行风情况问卷调查结果显示，市各级医疗机构病人满意率98.3%，比全省平均水平高1.49个百分点。

【解决“看病难”问题】 根据“医疗质量上去、医疗费用下来”的要求，市卫生局下发《关于进一步规范医疗行为控制医药费用的若干意见》。4月起，推出包括实施“均费双控、超额双缴”(即各医院的门诊人均费用和住院人均费用两项指标必须控制在规定的限额范围之内，对没有达到“双控”目标的医院，对其超过规定限额的部分全额收缴)、大幅度调整直属医院院长年度综合目标考核内容、启动市直属医院医疗费用计算机管理监测系统、调整医院分配制度、加大医疗服务信息公示频度、加大对市属医院和行业医院“单纯性阑尾炎”等5种单病种费用的监控力度、开展“医疗质量规范年”活动等7项新措施，减轻病人的医疗负担。据统计，市属医院门诊人均费用与上年平均水平相比下降16.0%，住院人均费用下降7.4%。各区、县(市)采取药品降价、规范医疗服务行为、降低病人医疗费用的相应措施，病人人均医疗费用下降。

【医药用品集中招标采购】 2004年，市医改领导小组对全市82个区、县(市)级以上医疗机构的药品实施集中招标采购，中标药品品种规格5458种，药品实际销售价格下降20.9%。从1月5日起，82个医院药品执行新价格。各级医疗机构切实加强内部管理，自觉将药品降价工作落到实处。据统计，全年药品降价让利金额3亿元，减轻了病人的医疗负担。

12月，设立省市药品联合集中招标采购工作协调小组和招标办公室，对在杭省市县医疗机构的下年度药品采购实施省市县联合集中招标。由省纠风办、发改委、卫生厅等8个单位联合制订《浙江省药品集中招标采购不良行为处理办法》，完善和规范药品集中招标采购，实行同城同价，减轻群众看病负担。

【放开医疗市场】 市政府下发《关于鼓励民资外资兴办医疗机构的实施意见》，按照“四个鼓励、四个不限”的要求，放开医疗市场，构筑多元办医格局。下城区制订《社区卫生服务站招标办法》，江干区组建了医疗机构执业验收专家组，余杭区出台《民营医疗机构管理办法》，加强对医疗市场的管理。据统计，全年全市已批准开设各类民营医疗机构164个，其中民营医院23个，中外合作医院1个。至年末，全市有民营医疗机构688个。民营医院占民营医疗机构总数的6.3%。民营医院床位1121张，卫技人员2218人。其中市区开业的民营医院12个。

【惠民医院减免困难人员医疗费】 从2003年9月27日~2004年12月31日，全市累计有困难人员3.67万人次到惠民医院及协作医院就诊，其中门诊、急诊2.26万人次，住院736人次，血透治疗1.16万人次，肿瘤化疗184人次，共计减免费用148.11万元。从9月1日开始，市惠民医院在原有“十免十减半”的基础上，再推出了“十项减免措施”，即全免项目：重症监护费、煎药费、心电监护费、输氧费；减免20%收取的项目：自制制剂费；减免10%收取的项目：药费、检查费、放射费、化验费、治疗费。测算优惠幅度比原来翻一番，受到了困难群众欢迎。

【开展医疗救助】 各区、县(市)因地制宜，为困难人员提供减免服务，加强对困难人员的医疗帮扶。如上城区向低保困难家庭发放医疗救助券34万元，建立社区红十字医疗救助站21个。下城区设立5个社区卫生爱心服务站，开展爱心门诊和春风助医活动，为困难人员减免医疗费用35万元；各区属医院新辟企业退休人员单独诊室，免收挂号费，配备资深医务人员为退休职工提供优质服务。江干区开设4个红十字医疗救助站，为困难人员减免医疗费用13万元；江干区人民医院推出部分手术单病种低标准限价收费，笕桥医院实行单病种低收费。拱墅区成立省首个老年关怀医院，建德市开

表71　2003年与2004年杭州市医疗机构门诊服务情况

		机构数(个)	诊疗人次数					观察室		健康检查人数	门急诊诊次占总诊次的%	急诊死亡率%	观察室死亡率%
			总计	其中：门、急诊人次数				收容人数	其中：死亡				
				合计	门诊人次数	急诊人次数							
						小计	内：死亡人数						
全市	2004年	525	35 480 052	34 269 068	31 903 516	2 365 552	1 290	163 732	108	1 467 566	96.59	0.05	0.07
	2003年	564	29 645 056	28 647 403	26 546 295	2 101 108	1 306	146 255	111	1 332 857	96.63	0.06	0.08
	增减(+-)	-39	5 834 996	5 621 665	5 357 221	264 444	-16	17 477	-3	134 709	-0.04	-0.01	-0.01
市区	2004年	287	29 428 766	28 531 317	26 509 645	2 021 672	970	128 240	87	1 213 038	96.95	0.05	0.07
	2003年	311	24 268 352	23 355 997	21 602 552	1 753 445	969	108 947	94	1 078 016	96.24	0.06	0.09
	增减(+-)	-24	5 160 414	5 175 320	4 907 093	268 227	1	19 293	-7	135 022	0.71	-0.01	-0.02
县(市)	2004年	238	6 051 286	5 737 751	5 393 871	343 880	320	35 492	21	254 528	94.82	0.09	0.06
	2003年	253	5 376 704	5 291 406	4 943 743	347 663	337	37 308	17	254 841	98.41	0.10	0.05
	增减(+-)	-15	674 582	446 345	450 128	-3 783	-17	-1 816	4	-313	-3.59	-0.01	0.01

展帮扶“百户特困户”活动，淳安县发放服务券，西湖区、拱墅区对困难人员推出相应的医疗救助措施，受到辖区困难群众的赞扬。

·公共卫生·

【公共卫生概况】 市政府下发《关于加快公共卫生体系建设的意见》，萧山区、余杭区、滨江区、临安市、富阳市等区县(市)出台加强公共卫生体系建设的实施意见。根据加快公共卫生体系建设要求，各级卫生部门争取党委、政府重视和支持，加快疾控中心、传染病院(传染病区)等基础建设。

市公共卫生中心(疾控中心、卫生监督所、急救中心）建设完成选址、可行性研究报告、建设立项和土地测绘等工作，筹备市第二(特种)传染病医院建设用地。上城区800平方米疾控中心业务用房改建完毕。滨江区2200平方米的疾控中心扩建工程竣工并投入使用。余杭区3.33公顷疾控中心大楼进入征地，新增监督、疾控人员16人，配备专职队伍和机动人员。临安市疾控中心综合楼建设工程加紧建设，投入130余万元购置先进实验设备。建德市疾控中心迁建进入立项、设计阶段；建德市二院1500平方米传染病病区建设进行方案设计论证。下城区疾控中心顺利通过国家级实验室认证。桐庐县加强县疾控中心实验室建设和卫生监督所基础设备投入。拱墅区加大对公共卫生的投入，比上年增加经费350万元。萧山区建立区、镇(街道)、村(社区)三级公共卫生管理委员会，增加区疾控中心和卫生监督所人员编制38名，筹建区急救指挥中心，120急救指挥体系软件进入论证阶段。富阳市落实公共卫生突发事件专项应急处置资金20万元。淳安县建立应急指挥体系、信息网络体系、医疗急救体系和医疗救助体系，在建疾病预防控制和卫生监督体系。

【加强公共卫生监督与管理】 首次实行西博会卫生保障工作安全责任制管理，西博会组委会公共卫生部部长、市卫生局局长与区的卫生局局长签订《西博会公共卫生安全责任书》。成立省、市、区联合医疗保健急救领导小组，建立医疗急救机动分队，落实省、市15个医疗救治定点医院，加强“120”电话24小时值班力量。制订《杭州市大型活动现场卫生监督工作规范》、《杭州市大型活动快餐订购供应卫生管理指导意见》、《杭州市大型活动单位安排接待集体就餐卫生管理指导意见》、《杭州市大型产品展览活动卫生管理指导意见》、《杭州市大型活动供餐单位食品卫生安全管理指导意见》和《杭州市集体供餐食品卫生安全管理责任协议指导范本》等6个配套规范文件，编印成《西博会公共卫生管理工作指南》，指导活动项目责任单位落实各项公共卫生管理措施。确立实行分级管理机制、建立西博会活动项目公共卫生工作预案审查机制、建立工作报告和综合协调机制和建立疾病防制和卫生监督监测预警机制等四大工作机制，提前介入食品卫生监督。西博会期间，公共卫生部累计出动卫生人员8000余人次，检查食品生产经营单位和公共场所1.57万个次，监管配送快餐盒饭5.8万份，立案查处22个单位，罚款2.65万元，受理并妥善处理群众投诉48起，取缔了一批不具条件和资质、擅自供餐的快餐送餐单位。履行卫生监督、疾病预防控制、医疗急救、保健服务和爱国卫生五大职责，防止突发公共卫生事件，确保西博会项目实施现场不因抢救不到位而人员死亡，不发生一起重大集体中毒事件。此外，完成春节、“五一”、“十一”等节假日和全国旅交会、“七艺节”等重大社会活动的公共卫生安全保障。

·预防保健·

【加强疾病控制】 完成杭州市公共卫生地理信息系统，编制《杭州市县(区)级以上医疗单位疾病控制工作指导书》，制订23种突发公共卫生事件的应急预案。完善突发性公共卫生事件的预警、监测机制，规范传染病网络的直接报告，规范传染病与突发公共卫生事件报告质量。全市各乡镇、中心卫生院以上医疗机构网络直报覆盖率达100%。举办杭州市首期现场流行病学培训班、肠道门诊医师及肠道门诊护士培训班。下城区在全国首先启动公共卫生事件社区综合报告网络，实施社区卫生公共助理员上岗培训制度。全年及时处理100余起突发公共卫生事件。规范医用废弃物管理，对医疗单位的一次性医疗用品集中回收，全市建立直接回收医疗单位603个（点），覆盖2380个医疗卫生单位，回收处理率市区为100%，县(市)为44.5%，全市医疗废弃物处理率31.7%。

重点防治霍乱、肝炎、伤寒、结核病、性病和艾滋病等，落实各项具体措施，以及非典的长效管理机制，开展人感染高致病性禽流感和流感的监测。实施和督导结核病控制项目，落实肺结核病人归口管理，出台《杭州市结核病免费治疗方案》和《杭州市结核病免费治疗实施细则》，结核病病人转诊率为99.1%，新发病人治愈率为90.2%，痰检阳性率为41.2%，结核病检出率为41.7%。开展全市计划免疫大检查，常住人口儿童“五苗”全程合格接种率为98.6%，流动儿童调查单苗平均接种率为85.5%。完善消灭脊灰主动监测和“零”病例报告制度，开展AFP漏报检查，各项监测指标全部达标。全市各级各类医疗单位实施35岁以上内科首诊病人测血压制度，平均测压率为56.2%。启动市医疗单位肿瘤登记网上直报，实行肿瘤报告数据电子化。启动《社区健康教育示范点》、《健康促进学校》的创建工作。完成建设项目职业病危害评价155项，比上年增长15.6%，保持全国领先水平。加强对学生健康资料申报的管理，开发《杭州市学生体质监测系统》。完成市中毒控制中心实验室建设。牙防组织网络建设得到加强，余杭区、萧山区被推荐为全国牙防先进县(区)。杭州市成立“市心理危机研究与干预中心”，提高应对突发公共卫生事件的能力。

【艾滋病和性病防治】 近年来，杭州出现本地人口中检出艾滋病感染者的人数增加现象，艾滋病从高危人群向一般人群扩散的趋势初步显现。市委、市政府高度重视艾滋病的防治工作，建立健全防治艾滋病性病的组织体系及协调会议制度，下发《杭州市预防和控制艾滋病性病中期规划》和《关于杭州市艾滋病防治工作的实施意见》，制定《杭州市艾滋病职业暴露后处理和报告程序》，建立应急处理贮备药库。各区、县(市)出台实施意见和规划。加强对艾滋病重点人群的监测，做好同性恋干预工作，建立全省首个自愿咨询检测点，开展免费咨询检测服务，在全省率先做好艾滋病药品储备点和职业暴露事件处理，落实清洁针具交换、美沙酮替代治疗、宾馆饭店推广使用安全套等防治措施。举办网上有奖知识问答，开展防治艾滋病宣传活动，推出“五个一宣传”工程(即一部电话、一部公益广告片、一支队伍、一名形象大使和一部科教片)，做好艾滋病防治健康教育，推出“预防艾滋病宣传大使”。加强艾滋病、性病的监测系统，创建规范化性病门诊。至年末，有8个省、市、区医疗机构通过验收。全市建立艾滋病防治高危人群的干预队伍，落实救治政策，开展关怀救治。

【开展社区卫生服务】 2004年，覆盖市区的社区卫生服务网络构架基本形成，市区建立社区卫生服务中心46个，社区卫生服务站146个，社区卫生服务街道(乡镇)覆盖率为100%。居民步行15分钟可到达社区卫生服务机构就诊，居民群众预防保健服务及常见病、多发病、慢性病诊治基本可在社区进行。各社区卫生服务机构为市区104.56万名居民(其中老年人23.17万名)建立健康档案，社区卫生服务机构诊断的高血压患者随访管理率为93.8%，糖尿病患者随访管理率为93%，网络内精神病患者监管率为99.7%。社区卫生服务成为社区居民最受欢迎的社区综合服务项目之一。

新增社区卫生服务中心1个，社区卫生服务站23个，全市累计社区卫生服务中心46个，社区卫生服务站146个。以创建全国社区卫生服务示范区为契机，创建“规范化社区卫生服务机构”，市区基本落实每万人口10万元的社区预防保健补助经费，社区卫生服务站业务用房52.1%由街道、社区无偿提供。新增规范化社区卫生服务机构7个，累计有23个规范化社区卫生服务中心。下城区通过全国社区卫生服务示范区的预评估，上城区、江干区创建省级社区卫生服务示范区。

【实施妇幼保健】 杭州市开展《中国提高出生人口素质、减少出生缺陷和残疾行动计划》暨《中华人民共和国母婴保健法》颁布10周年宣传活动。规范妇幼保健机构的建设。拟订杭州市妇幼保健院资产重组实施方案，3个三级甲等综合性医院参与重组，并进入评审论证阶段。市卫生局参与余杭区妇幼保健院等级评审预评估及全省妇幼保健机构等级评审标准的修订，加强对下城区、富阳市创建省级妇幼保健规范化门诊指导与监督管理，协助淳安县做好“母婴健康工程”项目基线调查。面临市一级预防滑坡的形势(婚前医学检查率从2003年的99.5%急剧下降到2004年的2.6%)，加强二、三级预防，孕产妇系统管理率达到91.8%，加大产前筛查，全年共筛查1.73万例，产前筛查率达到34.8%，筛查出先天畸形儿34例并终止妊娠，新生儿疾病筛查和出生缺陷监测覆盖率均为100%，降低出生缺陷发生率。组织实施社区脑瘫儿童康复计划，完成市区脑瘫儿童摸底调查，对筛查出的103名脑瘫儿童实施社区与家庭康复计划。

举办广场宣传咨询义诊，发布妇女儿童健康信息。规范全市助产技术和常用节育技术服务制度，加强医院B超室管理，对370个助产技术等母婴保健进行专项执法检查。首次实施严重节育手术并发症快速报告制，建立节育手术并发症个案报告和评审制。全市完成节育手术23.03万例，并发症发生率为1.26/万，未发生医疗事故。加强流动人口孕产妇管理，建立外来孕妇围产保健册1266份，验证率、报告率均为100%。全市各级医疗保健机构开设孕产妇抢救“绿色通道”，市属医院为外来孕产妇接产3691名，抢救危重外来孕产妇158人，占抢救总数的70.3%。规范出生医学证明管理，实行计算机出证并联网运行。与市计生委等部门联合开展出生人口性别比偏高专项整治调研，完成6个区、县(市)重点督导，开展为期2个月的专项集中整治活动。提出干预措施具体落实，有效降低孕产妇、婴儿死亡率，淳安县、建德市、富阳市、临安市保持孕产妇零死亡率。至年末，完成杭州市“十五”期间妇女儿童发展规划目标。

【完善干部保健制度】 成立市保健中心，解决人员编制和经费问题，适当提高部分军队离退休干部的医疗保健标准。改善服务条件，加强各体检医疗卫生单位的服务力量，挑选高资历、高素质的主任级以上专家队伍组成体检服务队伍，提供最好的医疗设备，严格医疗质量和服务水平。重新规范体检项目，新增20余个健康体检项目。提供上门医疗巡诊服务，对市级保健对象，适当延长休养体检时间，试行按需体检，尝试提供一对一个性化医疗保健服务。坚持每季为老红军、市级离退休老干部上门巡诊医疗保健服务4

市卫生局组织医务人员参加社会公益活动

次，累计服务120人次。完成在职和退休省管干部、市管干部、具有正高级职称知识分子，有突出贡献科技工作者、跨世纪人才、援藏干部、公务员等1.01万人次的体检。安排离休干部1923人赴五云山疗养院休养体检10天。协助市老干部局完成为期1个月的地专级离休人员疗养体检151人次。重视保健对象的健康知识教育。通过赠送健康保健宣传资料、组织专家上门宣讲保健知识、举办健康教育科普知识专题讲座等多种形式，开展保健知识宣传教育，全年接受健康知识教育人数5000人次以上。

·农村卫生·

【农村卫生概况】 全市各级政府按照《2004年杭州市初级卫生保健目标管理责任书》要求，加大卫生事业费投入。全市卫生事业费为4.56亿元，比2003年增加1.51亿元，占财政支出2.7%，平均每个居民卫生事业费为71.87元。其中防病和防治经费占卫生事业经费22.1%、医院经费占43.0%、乡镇卫生院经费占5.8%。全市初保考核达标。在新型农村合作医疗、农村社区卫生服务、农村改水改厕等方面取得成绩，初级卫生保健得到加强。

新型农村合作医疗有新成效。建立以区、县(市)为单位的统一筹资、统一管理的新型农村合作医疗制度。萧山区合作医疗信息化管理模块在全省推广。至年底，全市开展新型农村合作医疗乡镇（街道)175个，覆盖率为94.1%，参保农民324.14万人，人口参保率为83.34%，其中，江干区、拱墅区、高新(滨江)区、萧山区、余杭区农民参保率超过90%；全市农民住院受惠6.55万人次，门诊受惠107.53万人次，医疗补助金额达9877万元，农民健康保障水平提高。

农村社区卫生服务推广“江干区经验”与“受降镇模式”，加快建制乡镇卫生院功能转换，萧山、余杭、富阳、临安等7个区、县(市)政府出台《加快社区卫生服务的实施意见》。至年底，全市165个建制乡镇已有67个开展社区卫生服务，占40.6%。其中萧山、江干等地组织实施“亿万农民健康教育促进行动”。富阳设立糖尿病俱乐部、高血压专病门诊，对高血压病人实行微机管理，成为全国高血压监测网点之一。临安为2.2万名60岁以上老人提供减免健康体检费，并建立健康体检档案。淳安推行责任医生服务模式，进村入户开展面对面健康教育，增强农村社区卫生服务机构的内涵建设。

【地方病防治】 全市加强血吸虫病病情和螺情监测以及临床疑似血吸虫病报告工作的规范化管理，连续三年坚持“领导干部查螺日”制度，提高监测力度，抓住春季查螺有利时机，对历史疫情流行区开展查螺工作，查螺面积440万平方米，查出有螺村5个，发现有螺面积4560平方米，扩大灭螺面积6.33平方米。加强碘缺乏病监测，开展全国碘缺乏病宣传活动；加强基本消灭疟疾后监测与管理，及时做好新发病人规范治疗和疫点调查处理；加强布鲁氏病监测与监督管理。开展全国第二次重要人体寄生虫调查，完成5965人现场调查，受检率为89.1%。

·医院管理·

【医院管理概况】杭州市出台《2004年杭州市医疗机构监督管理重点实施方案》、《关于进一步规范医疗行为控制医药费用的若干意见》、《关于开展“医疗质量规范年”活动的通知》。规范全市医疗单位执业行为，强化技术规范，规范“合理用药、合理治疗、合理检查、合理收费”医疗行为，加强质控中心建设，规范病历书写、三级查房，提高诊疗水平。加大行业监管力度，开展医疗质量大检查。加强医疗安全管理，强化医疗安全防范意识。做好三级医院等级评审工作，市一医院、市二医院、萧山人民医院等3个医院通过省医院等级评审委员会评审。开展创建“绿色医院”活动。14个医院通过省、市级计量评定。实施医师资格和护士执业考试。组织全市医疗护理技术大比武，提高卫技人员业务素质，危重病人抢救成功率、手术成功率等质量指标上升。在市直管医院推行自费病人门诊病历“一本通”制度。市二医院开展单病种收费、单病种检查的“双单制”试点。举办全市医疗事故技术鉴定专家培训班，做好医疗事故技术鉴定，全年完成鉴定53件，鉴定为医疗事故11件，事故率为20.8%。

【医疗机构规范执业】 全市开展最不满意医疗服务行为调查，查出最不满意医疗服务行为58起。市卫生局多次组织专家对全市67个县级以上综合性医院、中医院、妇保院质量控制大检查，对8个市级医院和7个县级医院进行“四合理”(合理检查、合理用药、合理治疗、合理收费)执行情况联合督查。组织打击非法采供血机构、非法行医等6个专项整治；配合有关部门参加整治非法广告等3个专项活动，组织9批近百位专家对363个次医疗机构进行了检查。全年共督查医疗机构5059个次，取缔非法行医点454个，处罚286起，罚款65.4万元。下城区被列为市卫生局开展依法行医、规范执业量化管理活动试点单位，江干区率先新增特检质控标准，富阳市加大对乡村医生的管理力度，临安市重点对直属单位内部外延、外包医疗机构进行整顿。加强医疗广告管理，严格审批内容，全年受理医疗广告170件，批准132件。加强医疗广告的监控，对违规广告采取暂停审批和抄告工商、政府、人大、政协等部门并加强监管。全年停批医疗广告38件，抄告有关部门36件。

依法履行医疗机构、医师、护士资格准入制的职责。完成33个市直管医疗机构的执业校验。组织全市2494名医师资格考试的报名和考务，2430名医师参加实践技能考试，合格率为80.3%；1952名医师参加综合笔试，合格率为63.4%。完成211名医师的执业注册。完成2047名乡村医生、337名医师、533名护士执业的注册和69名医疗美容主诊医师资格认定。

【绿色医院考评】 杭州市修订“绿色医院”评比条件和标准，对考评内容、评分标准及方法作了细化。“绿色医院”不搞终身制，每年进行“回头看”检查。全年有18个医院被评为市级“绿色医院”，累计为34个，完成市政府下达的目标任务。省卫生厅、省环保局开展省级“绿色医院”评比。杭州市中医院、杭州市第一人民医院、杭州市第三人民医院、杭州市红十字会医院、杭州市第六人民医院等5个市级医院被省卫生厅和省环保局评为省首批省级“绿色医院”。

【加强临床用血管理】 推行“以街头自愿献血为主，单位组织为应急血源”的无偿献血模式，落实13个无偿献血车辆停靠点。通过开展“6·14首个世界献血者日”、“我为七一献热血”、“爱心奉社会，献血显真情”准亚洲小姐无偿献血和“捐献骨髓，关爱生命”宣传等系列活动，群众献血意识增强。全市自发献血人群基本取代单位组织献血，占主导地位，比例为84.5%。无偿献血献400毫升者比例增加，占总献血人数33.4%。全年无偿献血12.52万人次，无偿献血占临床用血比例为106%，超额完成省政府下达的目标任务。萧山区成立省内首个无偿献血者协会；富阳市无偿献血占临床用血比例连续3年达100%以上，累计有274人加入“中华造血干细胞资料库”。开展非法采供血液和单采血浆专项整治，加强临床用血管理，规范临床用血，成分输血率达96.6%。实施临床用血互助金制度，市本级全年收取临床用血互助金249.2万元，其中返还69.6万元。

·中医中药·

【发展中医中药事业】 重视中医药人才培养，实施名院、名科、名医战略。全市有国家级名中医9名，省级名中医7名，市级名中医39名。对22名国家级、省级老中医学术继承人的继承工作进行中期考核。继承人全年立项主持的省级课题4项，参与课题5项，撰写论文39篇(其中在国家级、省级杂志发表的论文15篇)，撰写月记348篇。加强中医队伍建设，选拔18名医德医风好、业务技术较佳的农村中医师作为省农村中医骨干培养对象参加专业培训，先后对全市579名西医医生开展西医学中医培训。

加强中医药科研。以中医特色建设为重点，整合中医药资源，加大重点学科、专科建设力度。全市联合申报“十五”国家科技攻关重点项目“名老中医学术思想临床经验总结和传承方法研究课题”1项，申报15项国家中医药管理局课题、44项省级中医药课题、3项省中医重点专科和省中医事业“十五”规划重点项目，对20个省级重点建设中医专科、4个省级中医重点学科建设过程加强管理，6个重点专科通过省级验收。推广定量中药饮片小包装配方，市区又有5个省、市、区医院实行定量小包装配方。9月，市卫生局参与承担省技术创新重点项目“杭州市中药饮片电子商务信息平台”通过省级鉴定，在20个省、市、区医院试运行。

加强中医机构基础建设。市中医院新建2万平方米项目动工。浙江省(杭州)中西医结合医院征地1.6公顷的扩建项目市政府立项。富阳市中医骨伤医院征地13.3公顷、投资1.5亿、设300张床位的异地新建项目动工。拱墅区中医院(浙江关怀医院)扩建8500平方米、180张床位的医疗用房竣工并投入使用。上城区中西医结合医院异地新建项目动工。

【强化中医行业规范化管理】 全市组织完成中医类执业医师资格考试414人。对全市中医工作情况进行专题调研，对44个市区各类中医机构进行依法执业情况专项督查，通报批评9个，责令完善手续或清退中医药人员51人，依法初审中医类广告证明62件，暂停违规中医广告初审5个，监督覆盖率为95%。对17个县级中医医疗机构进行年度执业活动和医疗质量检查考核，医疗质量考核平均得分84.6分。开展进社区为民服务活动，累计组织中医医务人员3000余人次，举办各种中医药防病治病知识讲座，刊出中医药健康教育60余期，义诊咨询2000余人次，受到群众欢迎。

·医教科研·

【医教科研概况】 调整院长(主任)目标责任制考核的学科建设指标分值比重、对年初考核不合格单位加强检查和指导力度。出台《杭州市医药卫生科技奖励办法》，重奖学科成效明显的学科及其带头人。建立科研与管理人员沟通制度，加强在职硕士和博士的培养及对重点学科、重点专病、重点课题、重点人才的科研组织与管理。举办全市卫生科研设计和课题申报技巧讲座，改革申报方法和途径，设立市重点专科专病创新能力科技计划专项。市六医院中西医结合肝病、市三医院中西医结合肛肠科、余杭区中医院中医骨伤、临安市中医院中医糖尿病等4个专科或专病（2003年被列入省中医药重点专科专病建设项目）进入建设阶段，周期3年。

重视医学科研。全市申报医学科研项目372项，增长14.3%，批准立项200项，增长334.8%，获经费资助300余万元，增长158.6%，获奖59项次，增长47.5%。其中：省科技进步奖4项(三等奖4项)，省医学科技创新奖25项（二等奖4项，三等奖21项)，位列全省之首；省中医药科技创新奖14项（一等奖1项，二等奖2项，三等奖11项)；市科技进步奖16项（一等奖1项，二等奖4项，三等奖11项)。

推进医学教育。制订《杭州市农村卫生人员中专学历教育方案》、《杭州市社区护士岗位培训实施意见》，修订《杭州市继续医学考试考务工作手册》。开展全科医师培训、乡村医生全科医学教育、社区护士岗位培训、农村卫技人员中专学历教育、初级卫技人员继续医学教育等基础医学教育。确定25个单位为全科医学教育社区实践基地，成立社区护士岗位培训分中心，举办市级继续医学教育学习班17个。至2004年末，全市社区卫生服务机构4005名临床医生中有2061名接受全科医师培训，培训率达51.5%。

【卫生科技人才培养】 截至2004年，全市累计推荐选拔市新世纪“131”优秀中青年科技人才培养人选81人，其中第一层次7人、第二层次25人、第三层次49人。市卫生局与浙江大学医学院等联系，输送技术骨干进修学习，申请硕士学位，市本级输送青年卫生技术骨干110人。加大人才引进力度，全年引进博士13人、硕士68人。为引进和留住人才，通过给予货币安置住房、购买经济适用房、根据业绩给予奖励、在职称评定上给予倾斜等措施，用政策留人，用事业留人，用感情留人。全市卫生系统参评正高级卫技职称103人，通过54人；副高级职称209人，通过174人。

·卫生监督·

【卫生监督概况】 结合创建全国文明城市和"平安杭州"活动,以食品、医疗和职业卫生为重点,牵头实施"食品放心工程",承担大型节庆活动的公共卫生保障。优化行政审批,实施食品、公共场所前置审批卫生许可承诺制。全年办理卫生许可行政审批项目5682项。加强卫生监督执法,预防控制各类突发事故,培训从业人员34.49万人次。开展重点场所和重点健康相关产品的卫生监测,检测样品4.6万余件。开展对学校、幼托机构、超市、茶馆、放射卫生点等专项检查,监督检查各类食品、公共场所、有害作业单位、生活饮水单位10.6万户次,处罚5235个单位,罚款527.24万元,责令销毁不合格食品6.8万千克,取缔非法经营户713个。全市社会公共卫生状况良好,卫生合格率达80%以上,未发生环境污染事故和放射事故。

【食品放心工程】 杭州市在全省率先建立食品安全管理责任制,建立市实施食品放心工程工作小组,由市卫生局负责牵头协调,农业、质监、工商、贸易、城管、公安、教育等部门积极配合,初步形成政府统一协调的食品安全综合监管新格局。市政府首次对区、县(市)政府进行食品卫生安全专项工作考核。各区、县(市)政府将食品安全工作纳入政府综合目标,列入为民办实事主要内容之一。市卫生局制订食品放心工程和食品安全专项整治工作方案和计划,组织协调有关职能部门,开展整顿和规范市场经济秩序、打假治劣、食品安全整治。开展餐饮业量化分级管理,核定A级单位55个、B级1376个、C级1270个、D级433个,评选杭州市餐饮业食品卫生安全示范单位30个。组织"绿剑行动"、"五月红盾行动"、"百日百县执法大行动"等一系列执法活动,开展熟食卤味、粮油制品、儿童食品、散装白酒、学校卫生、中小餐饮等食品安全专项整治20余个,食品卫生合格率为85.6%。全年累计出动执法人员7.3万人次,检查食品生产经营单位8.01万个,查获假冒伪劣食品41.81万千克,查处违法行为7619起,涉案货值为2145万元,罚没款总数为1233万元,其中查处标值15万元以上大案4起,移送司法机关1起,逮捕1人。取缔无证无照生产经营3349个,吊销营业执照241个。全年没有发生一起因食用杭产农产品、畜产品而引起的中毒事件。 (倪 睿)

·爱国卫生·

【爱国卫生概况】 2004年,全市爱国卫生工作以"三个代表"重要思想为指导,贯彻党的十六大、十六届三中、四中全会精神,落实"立党为公、执政为民"要求,坚持科学发展观和正确政绩观,围绕市委、市政府"清洁杭州"活动,贯彻《杭州市爱国卫生条例》,统筹城乡爱国卫生协调发展,推动经济社会共同进步。通过创新体制、机制、制度和技术,在卫生创建、除"四害"、农村改水改厕、"亿万农民健康促进行动"活动等方面取得突破,为创建全国文明城市、打造"和谐杭州"做出贡献。

【开展第16个爱国卫生月活动】 4月,全市开展"以消灭病媒传播"为主题的"爱国卫生月"活动,结合争创全国文明城市活动,宣传《杭州市爱国卫生条例》,提升市民法制意识,加强环境综合整治,控制蚊蝇孳生场所,推进农村改水改厕,爱国卫生活动月活动取得较大成效。据不完全统计,全市有近20万人次参与环境卫生整治活动,清运建筑废土和生活垃圾10万余吨,清理卫生死角2200余处,清除蚊蝇孳生地1800余处,印发《人人动手、消灭蚊蝇》公开信35万份。结合"非典"防控,组织15个消杀公司的300余人,投放(喷杀)5吨灭鼠、灭蚊蝇药物,对5000余只垃圾箱、2万余只窨缸(井)和10余万平方米的公共绿地环境进行消杀。

【卫生创建活动】 杭州市创建国家级卫生先进活动取得新成绩。富阳市被全国爱卫会命名为国家卫生城市;余杭区瓶窑镇被全国爱卫会命名为国家卫生镇,成为杭州地区"国家卫生"第一镇;临安市创"国家卫生"工作通过省级考核。全市新创4个省级卫生镇,14个市级卫生(示范)街道、乡镇。

【除"四害"市场化运作】 以市区街道消杀站体制改革为突破口,所有建制消杀站全部改制为经工商登记、具有独立法人资格的消杀服务实体,参与市场竞争。市区33个街道公共环境划分为28个标段,推向社会进行除"四害"公开招标。根据公共环境除"四害"市场化运作管理办法,先后组织3次考核,除"四害"质量提高,群众满意率为90%以上。政府组织、全民参与、市场运作、依法管理,创建灭蚊先进城区活动全面展开。9月17日,受全国爱卫办委托,省爱卫办组织考核,杭州市达到全国灭蚊先进城区标准。

【农村改水改厕】 全市推广创新浮筒缓释和CI缓释器消毒技术,开展"安全放心水"工程。共投放浮筒缓释消毒器1.23万只,安装CI缓释消毒器16台,配置区、县(市)余氯速测器840台。至年末,全市农村新增自来水受益人口7.62万人,自来水普及率累计达94.4%;集中供水镇(乡)的自来水余氯合格率平均为96.6%。

根据市委、市政府全面消灭主城区城郊接合部露天粪缸的要求,通过纳入考核内容,实施目标管理,落实经费补助,开展有奖举报。至年末,清除、改造城郊接合部(城中村、景中村)露天粪缸、棚厕5650只。新建、改建卫生厕所7.18万座,无害化厕所11.48万座,卫生厕所普及率累计为88.8%,无害化户厕比例累计为41.4%。

【实施亿万农民健康促进行动】 根据全国和省爱卫会要求,结合杭州实际,在市、区(县)、乡镇建立健全农村健康教育组织网络,完成农民健康知识需求调研报告,组织开展"健康面对面·乡村行"科普宣传活动,参与并获得全省农民健康知识大奖赛团体三等奖,确定萧山区闻堰镇为市农民健康教育试点镇。

(市爱卫会)

·红十字会·

【红十字会概况】 2004年,市红十字会下属基层组织1150个,会员24.6万人。各级红十字会以改善最易受损害群体境况为重点,履行《中华人民共和国红十字会法》赋予的职责，拓展人道救助领域，募集救助款物682.8万元。开展初级自救互救知识和技术培训3.19万人次。宣传红十字人道主义精神，组织红十字活动144次，媒体宣传589次，发放宣传资料40余万份。

【开展备灾救灾和帮困】 夏季，浙江省部分地区遭受高温干旱和“云娜”台风袭击后，市红十字会全力募集款物100余万元，及时送往灾区。同时，打造人道救助的品牌工程，开展社会募集，接受价值179万元的服装等物资，帮助山区农村的困难群众。开展“迎新年博爱帮困”活动，重点对农村特困户和市区困难家庭进行帮困，发放款物合计99.98万元，受助者8346人。

市红十字会常年为市困难家庭医疗救助专项募捐，在市商业银行设立医疗救助资金专用账号，向社会公布、开通捐助热线电话，募集书画104幅。向惠民医院捐赠价值8.5万余元药品。争取杭州虹桥医院的支持，向困难群众3000人发放价值100万元的爱心体检卡。

【社区红十字服务】 市红十字会制定《2004年~2006年社区服务工作指导意见》，在下城区召开社区服务工作现场会，加大社区服务工作力度。全市新建社区红十字服务站36个。

上城区红十字会新建21个社区红十字医疗救助站，向200个困难家庭每户发放医疗救助券200元，为343个居住在木结构住房的困难家庭每户购买家庭特种保险3万元。下城区红十字会完善红十字医疗援助站建设，全年为困难家庭减免医药费4万元，投入50万元建成4个红十字医疗援助站。江干区红十字会在闸弄口和凯旋2个街道设立红十字会医疗救助站，全年为困难家庭减免医药费8.02万元。萧山区红十字会加强社区红十字志愿者队伍的建设，为居民2.1万余人建立健康档案，上门随访4万余人次。桐庐县红十字会在桐君街道洋塘社区建立洋塘社区红十字会服务站，填补了市农村社区红十字服务站的空白。建德市红十字会对大慈岩、李家2个社区的30名精神病患者发放免费就诊卡。

准亚洲小姐无偿献血活动

【开展卫生救护知识与技能培训】 全市各级红十字会重视群众性卫生救护技术和健康知识的普及。市红十字会举办2期以红十字会专兼职干部和学校老师为对象的师资培训班，重点对水上救生员和体育场所从业人员、学校师生、社区干部、公安消防人员、外资企业人员及旅游涉外饭店员工进行培训，共培训1102人。

萧山区红十字会对企业员工、在校学生和摩托车驾驶员进行卫生救护培训。江干区红十字会对区级机关干部、公安干警、街道乡镇干部职工等群体进行急救培训，1500人参加培训。上城区红十字会举办社区卫生保健知识培训班54次，受训2413人次。拱墅区红十字会举办由乡镇、街道等红十字会会长和秘书长参加的师资培训班，500人接受培训。余杭区红十字会对9个外资企业的71名员工进行救护培训。滨江区红十字会举办以社区干部为对象的急救知识培训班。富阳市红十字会对3000余名机动车驾驶员进行初级卫生救护培训。淳安县红十字会对县电力公司255人和县旅游局146人进行卫生救护知识培训。

【红十字青少年活动】 市红十字会贯彻中国红十字会总会和国家教育部《关于进一步推进学校红十字会工作的意见》，提出开创学校红十字工作新局面的目标。命名萧山区朝晖初中作为市首个中学“红十字青少年教育基地”。

市红十字会与市教育局联合举办全市红十字青少年基本知识竞赛，各区、县(市)和市属高中38支初中高中代表队近300名红十字青少年会员参赛。城西中学、交通职高和下城区队分获初中高中团体一等奖。举办了2期以“关爱生命”为主题的夏令营活动。

萧山区中心小学以上学校全部建立红十字会组织，为特困师生及社会困难人群捐款捐物85.8万元；参加各类社会公益活动的会员5.75万人次，受益者9.88万人次。下城区教育局红十字会在长庆街道王马社区成立红十字会青少年社区实践基地。建德市红十字会在三都镇中心小学进行“红十字会教育进学校”试点，为学校提供红十字校本教材。

【无偿献血和捐献造血干细胞】 全市红十字会依照《中华人民共和国红十字会法》和献血法的规定，做好无偿献血和志愿捐献造血干细胞的宣传、动员和表彰。全市无偿献血12.5万人次。

12月7日，市红十字会、市献血领导小组和市卫生局在武林广场联合举办“捐献骨髓，关爱生命”大型宣传活动。全年采集造血干细胞血样549人。下城区红十字会、区团委和区志愿者协会开展征集100名“中国造血干细胞捐献者资料库”志愿者活动。萧山区红十字会、区卫生局、区团委、萧山卫生学校联合开展捐献造血干细胞首批志愿者活动。富阳市红十字会开展2次造血干细胞志愿者入库体检。 (郦 汀)

杭州市基本医疗保险管理服务中心

劳动保障部副部长华福周(女)视察服务大厅

2004年,该中心按照市委、市政府的要求和市劳动保障局的安排,认真抓好全市城镇基本医疗保险制度的组织实施,使基本医疗保险制度总体运行比较平稳,各项政策措施基本得到落实。退休人员门诊统筹约定医疗机构从原可选择1个调整为可选择2个,并制定了"定点医疗、定额考核、弹性结算"的管理原则;调整了企业退休人员住院起付标准的计算方法,取消了第二次及以上的住院起付标准;对纳入门诊统筹管理、但不持有《杭州市困难家庭救助证》的退休人员医疗困难互助救济的申请标准,将申请的基数从原2万元调整为5000元;调整了规定病种的结算方式,参保人员可在2个定点医疗机构实施记账就医。

进一步扩大医保覆盖范围。截至2005年6月底,参加市本级基本医疗保险的单位25275个,参保人员117.83万人,其中由市医保经办机构统一建立和管理个人医疗账户的参保人员40.23万人(其中纳入门诊统筹的退休人员26.46万人),由参保单位建立和管理个人医疗账户的参保人员67.33万人,未统一建立个人账户的灵活就业参保人员10.27万人。

工作场景

进一步拓展服务网络。扩大基本医疗保险定点范围,新年度已增定点医疗机构27个,定点药店2家。截至2005年6月底,市医保中心已与市区261个定点医疗机构和117家定点药店实现了计算机实时联网运行。并与杭州市区以外的省内其他市县的31个医疗机构,签订了医疗服务协议,实现了医疗费用结算的有效管理。

服务大厅外貌

·体育综述·

【体育成绩瞩目】 2004年，全市体育部门坚持实施奥运争光计划，加强基础训练，做大做强优势项目，促进竞技体育运动水平不断提高。坚持科学训练，提高竞技体育成才的科技含量，完成《杭州市青少年儿童运动员素质选材标准》课题研究。调整和优化游泳等优势项目布局。陈经纶体校、市射击运动中心学校被命名为“国家高水平体育后备人才基地”，市水上运动中心被命名为“浙江省高水平体育后备人才基地”。陈经纶体校被授予“国家游泳项目二线队伍布局单位”和“国家游泳高水平后备人才基地”称号。杭州棋院成为“中国棋院杭州分院”。

【召开体育工作会议】 4月15日，市委、市政府召开全市体育工作会议，贯彻落实《中共中央、国务院关于进一步加强和改进新时期体育工作的意见》，出台《中共杭州市委、杭州市人民政府关于加强体育工作、发展体育事业、创建体育强市的若干意见》，提出杭州“创建体育强市”的目标，系统勾画创建体育强市的宏伟蓝图，加快新时期杭州体育事业建设，对推动新时期杭州体育事业发展具有深远影响。

【施行《杭州市全民健身条例》】 9月1日，《杭州市全民健身条例》正式施行。《条例》的制订出台，填补了杭州市地方性体育法规的空白，也是浙江省第1个关于全民健身工作的地方性法规。该条例具有杭州特色、体现时代特征，对于更好地维护和促进市民的健身权益、推动全民健身和体育工作向法制化、规范化、纵深化发展具有重要的意义。

·竞技体育·

【竞技体育概况】 杭州市加强体育人才培养，竞技体育成绩突出。杭州籍运动员全年参加国际比赛获得9枚金牌、1枚银牌、1枚铜牌，参加全国比赛获得49枚金牌、41枚银牌、33枚铜牌，参加省级青少年体育比赛获得162枚金牌，金牌总数居全省第一。举办“商业杯”杭州国际城市围棋赛、全国夏季游泳锦标赛、全国体操冠军赛、全国射击(移动靶)比赛等高水平体育赛事。萧山区临浦镇举办世界杯乒乓球锦标赛、临安市举办全国铁人三项锦标赛。

【杭州籍运动员在奥运会取得突出成绩】 第二十八届奥运会于8月13日~29日在希腊雅典举行。杭州籍运动员罗雪娟、杨雨、吴鹏、桑洋、程嘉茹、陈桦、盛江、汤景之等8人参加奥运会游泳、羽毛球、摔跤等项目比赛，取得1金1银、5人次进前八名的好成绩。罗雪娟获女子100米蛙泳金牌，杨雨获女子4×200米自由泳接力银牌，桑洋获羽毛球男子双打第5名，吴鹏获男子200米蝶泳第6名并打破全国纪录。

【罗雪娟夺得奥运会游泳金牌】 北京时间2004年8月17日凌晨1时，杭州籍运动员罗雪娟在希腊雅典举行的第二十八届奥运会女子100米蛙泳决赛中，奋勇拼搏，力挫群英，夺取金牌，并以1分06秒64的成绩打破奥运会纪录，为中国赢得雅典奥运会上唯一的1枚游泳金

市委、市政府表彰参加第二十八届奥运会取得优异成绩的杭州籍运动员

表 72　杭州籍运动员参加第二十八届奥运会获奖情况

姓　名	比赛项目和成绩	带训教练	启蒙教练
罗雪娟	获女子 100 米蛙泳金牌并破奥运会纪录、4×100 米混合泳第 4 名并打破奥运会纪录	张亚东	章仁照
杨　雨	获女子 4×200 米自由泳银牌、4×100 米自由泳接力第 8 名	何新忠	柏自悦
吴　鹏	获男子 200 米蝶泳第 6 名，并打破全国纪录	朱子根	吴霞君
桑　洋	获羽毛球男子双打第 5 名	王小明	周小敏
程嘉茹	获女子 4×100 米自由泳接力第 8 名		章仁照
陈　桦	参加女子 800 米自由泳比赛	朱子根	魏　珠
汤景之	参加女子 800 米自由泳比赛	李孟钟	柏自悦
盛　江	参加男子 55 千克古典式摔跤	盛泽田	王文禄

牌。罗雪娟被新华社评为奥运会“十佳明星”。

【表彰奥运健儿】 9 月 4 日，市委、市政府举行杭州市欢迎奥运健儿凯旋庆功表彰仪式。市领导王国平、孙忠焕、虞荣仁、叶明、于跃敏、李松春、陈重华，省体育局领导李云林、杜兆年、瞿晓翔，以及教练员、运动员家长代表参加。表彰仪式由市委副书记叶明主持。副市长陈重华宣读市委、市政府《表彰奖励在第 28 届奥运会上取得优异成绩的运动员和教练员的决定》。市委书记王国平、代市长孙忠焕、省体育局局长李云林讲话。省、市领导为获奖运动员及其教练员颁奖。

【争创高水平体育后备人才基地】 “国家高水平体育后备人才基地”是国家体育总局为全面贯彻《奥运争光计划纲要》和《2008 年奥运争光行动计划》，实施 2010 年体育后备人才培养工程，鼓励基层体校开展业余训练所设的 1 项评估机制，依照 4 年 1 个奥运会周期，通过对基本条件、人才质量、人才效益 3 个方面 10 项指标的评分而认定。“国家高水平体育后备人才基地”在获得“省级高水平体育后备人才基地”的单位中评定，是国家授予基层体育训练工作的最高称号，国家、所在省每年都将给予基地单位一定的资金扶持，对加强基层体育训练，提高竞技体育运动水平，扩大宣传具有重要意义。经过半年多创建，陈经纶体校和市射击运动中心学校脱颖而出，被国家体育总局命名为“国家高水平体育后备人才基地”；市水上运动中心被命名为“浙江省高水平体育后备人才基地”，为杭州创建体育强市和打造文化名城作出了贡献。

·群众体育·

【群众体育概况】 开展全民健身月和《杭州市全民健身条例》宣传活动，宣传科学健身知识，营造全民健身氛围。实施社会体育指导员制度，按照杭州创建全国文明城市相关要求，安排专项资金，加大社会体育指导员的培训力度。全年新培训二级、三级社会体育指导员 3725 人，全市各类社会体育指导员累计达到 5219 人，其中国家级 13 人、一级 91 人、二级 1072 人、三级 4043 人。实施国民体质监测制度，构建全市国民体质监测网络。市本级成立国民体质监测中心，下城、西湖、余杭、萧山、桐庐等 10 个区县（市）分别成立国民体质监测站。

杭州市组团参加省第五届农民运动会获得金牌数、团体总分两项第一和优秀组织奖。组织浙江省暨杭州市国际马拉松赛、安利纽崔莱健康跑暨杭州市健康活力进万家活动、迎奥运万人跑、全国部分城市木兰拳风采展示大赛、“长三角体育圈”全民健身大联动、环西湖跑等大型群体竞赛和活动，全年开展各类体育活动 1363 项，62.5 万人次参加。据抽样调查，全市经常性参加体育活动的人数达到全市总人口的 45%。

【开展全民健身运动】 杭州市实施国务院《全民健身计划纲要》和《杭州市全民健身条例》，加快构建具有杭州特色的亲民、便民、利民的全民健身服务体系。抓好全民健身苑（点）建设。发展群众体育组织网络，发挥其在开展全民健身运动中的作用。实施《学校体育工作条例》、《学生体质健康标准》和《普通人群体育锻炼标准》，全市开展达标学校覆盖面为 100%，达标率 98.9%。开展“体育三下乡”和“体育四进社区”等活动。全年开展各类市级中小学体育竞赛 25 项，有 600 余所学校的近万名学生参加比赛，133 人达到国家二级运动员标准。

【全民健身苑（点）工程建设】 市政府将全民健身苑（点）工程建设列入政府为民办实事工程内容，各区、县（市）加大对全民健身设施的建设力度。市本级新建成全民健身点 176 个、健身苑 44 个，添置各类体育器械 3748 件，增加群众体育活动场地 22.1 万平方米。建德市乾潭镇子胥公园体育健身广场被评为省级全民健身广场，江干区丁桥镇皋城村、余杭区塘栖镇塘栖村、建德市广信社区、西湖区转塘镇南村等 10 个健身苑被评为市级全民健身精品苑。市本级累计建成全民健身苑（点）682 个，其中健身点 556 个、健身苑 126 个，占地总面积为 97.45 万平方米，安装各类健身器材 1.41 万件。

加强对全民健身苑（点）管理，建立长效机制，市政府办公厅转发市体育局《杭州市全民健身设施建设和管理办法（试行）》。全民健身苑（点）建设为市民群众就近参加体育健身提供了便利，受到大众欢迎，被喻为群众身边的“健康工程”、“民心工程”。

【开展体育三下乡活动】 2004 年，国家体育总局确定“农村体育年”，主题口号为“生活奔小康，身体要健康”。杭州市结合实际，开展以体育场地设施建设、体育健身指导和体育科普知识宣传为内容的“体育三下乡”活动，为广大农民提供更多的体育设施和更完善的体育服务，用健康向上的体育活动占领农村文化阵地，增进农民的身心健康，丰富农民的精神世界，倡导文明的生活方式。6 月，余杭区举办杭州市暨余杭区“体育三下乡”活动启动仪式。各地政府将体育彩票公益金向农村重点倾斜，加强农村体育设施建设。全市各级体育部门共举办农村社会体育指导员培训班13期，培训1000余名农村体育骨干。向农村发放《普通人群体育锻炼标准》手册1500册，向农民宣传科学健身知识，普及科学健身方法。杭州市被评为省“体育三下乡”活动特别优秀组织奖，萧山区宁围镇获第7批“全国亿万农民体育健身活动”先进乡镇称号。

组织实施“体育四进社区”，上城区小营街道建成国家级社区体育俱乐部，西湖区西溪街道、上城区南星街道、下城区天水街道皇亲苑社区获第4批“全国城市体育先进社区”称号。

【发展群众体育组织】 杭州市各类群众体育组织在开展全民健身运动、宣传普及科学健身知识中发挥重要作用。2004年，体育经济协会、体育文化交流协会、船艇运动俱乐部、拳击协会等4个市级单项体育协会成立，市体育总会下属单项体育协会达到31个，会员近6.5万人；创建3个国家级青少年体育俱乐部，使全市国家级青少年体育俱乐部达到15个。

·体育产业·

【体育产业概况】 全市有各类全民体育健身服务经营场所1667个，注册资金近10亿元，各类从业人员2万人，年经营收入3.3亿元；体育用品制造企业400余个，年产值超12亿元，从业人员3万人；体育用品销售专业市场年销售额4.8亿元，从业人员3000人。全年完成电脑体育彩票销售量3.52亿元；推行即开型体育彩票（分散）销售试点，完成销售100万元。

市体育部门按照《中华人民共和国行政许可法》要求，抓好对游泳场所及专业性强、技术要求高或危险性等体育经营项目的管理，加大对各类体育经营活动社会指导人员的培训和管理。全市游泳场所全年接待游泳者300余万人次，无死亡事故发生。

举办户外运动、游泳、健身等多个项目的培训班5期，培训单项体育经营活动社会指导人员700余人。发挥杭州市体育经济协会在加强体育市场行业管理和服务中的作用，杭州市体育经济协会有会员单位近200个、理事120人，涵盖全市较知名的体育市场和体育产业经营单位和经营者。

加强对体育产业的统计和规划，完成《2004年杭州市体育产业发展状况调研》、《杭州市体育产业2004年~2010年发展规划》、《杭州市全民健身服务业情况分析与发展构想》等课题。

【开展体育场地普查】 年初，市体育局、市统计局、市教育局、市总工会、市农业局、市文化局、市工商管理局和市旅游委员会等8个单位联合开展为期3个多月的第五次体育场地普查。普查体育场地面积、投资和利用情况，增加对非标准体育场地调查和统计。截至2003年12月31日，杭州市有各类体育场地6283个，面积636.4万平方米，人均体育用地面积0.99平方米，较第四次体育场地普查时有明显改善。

【加快体育场馆设施建设】 全市体育及相关单位围绕申办或配合申办全国综合性重大体育赛事和国际单项重要体育赛事的要求，加快体育场馆设施的规划和建设，使其布局合理、配套完善、功能先进。编制市体育场馆设施的近、中、远期建设规划。建成市体育馆搏击壁球训练中心、水上运动中心茅家埠船库，完成原向阳游泳池土地置换，杭州棋院和市游泳健身中心大关健身馆工程＆建设进展顺利。

【富阳体育用品制造业发展迅猛】 富阳市体育用品制造业形成块状经济和品牌经济的鲜明特色。生产的体育器材用品有赛艇、皮划艇、“四拍”（羽毛球拍、网球拍、乒乓球拍、沙滩球拍）、滑板、手球、标枪、撑杆等。上官乡有球拍生产及配件企业381个，从业人员2.5万人，球拍年产量超过1亿副，产值10亿元。生产的球拍占国内中低档球拍产品市场份额的80%以上，远销东南亚及欧、美等70多个国家和地区。2004年，被中国工业经济联合会授予“中国球拍之乡”称号。

富阳市有6个生产赛艇系列产品的厂家，年产各类赛艇、皮划艇、激流艇、裁判艇等3000余艘，年产值1亿元，占全国产量的95%，其中出口占50%；产品远销40余个国家和地区，被誉为“中国赛艇之乡”。以无敌牌和良金牌为代表的比赛用艇在国内外各类重大比赛中被选中。2004年，富阳飞鹰赛艇厂生产的无敌牌赛艇成为雅典奥运会唯一中标产品，打破了欧、美等国对赛艇产品的多年垄断，为浙江和杭州争得荣誉。

·体育交流·

【体育交流概况】 市体育局和各体育社团组织开展体育对外交流活动，承办华东城市体育联谊会组织年会、中国杭州—日本福井老年软式排球交流、中国杭州—韩国丽水乒乓球交流、中国杭州—泰国普吉羽毛球交流、中国杭州—新加坡射击交流等活动。派出足球、马拉松等项目代表团共21人次，分别出访日本、澳大利亚、法国、希腊等国；接待来自日本、韩国、泰国、新加坡、俄罗斯、美国等国体育访问团共200余人次，项目包括围棋、乒乓球、羽毛球、马拉松、排球等，进行友好比赛和交流活动。

【召开华东城市体育联谊会年会】 5月18日~20日，华东城市体育联谊会2004年年会在杭举行。福州、南昌、上海、温州、合肥、无锡、青岛等城市体育局长和有关人员参加会议。与会代表围绕“体育后备人才培养的相关制度建设”主题，进行交流与探讨，考察了杭州基层单位的体育训练，推荐产生了联谊会新一届理事会。

【举办中国杭州—日本福井老年软式排球比赛】 11月17日~19日，以二本木健治为团长的日本福井市老年软式排球队一行21人到杭进行访问比赛。中国杭州—日本福井老年软式排球交流活动是一项传统性体育交流活动，采用双方互访形式，每年举办一届，迄今已举办九届。

（阮浩勇）

杭州市游泳健身中心

HANGZHOU SHI YOUYONG JIANSHEN ZHONGXIN

该中心是市政府为民办实事而建造的大型综合性群众体育健身活动场馆，建筑面积3.1万平方米，内设游泳、乒乓球、羽毛球等十几个健身项目，于1999年11月1日对群众开放。

中心始终坚持突出社会效益，以体育为本，积极探索全民健身与体育赛事相结合，按照市场经济规律发展体育产业，创造经济效益，扩大体育产业。做到不要财政一分钱，自收自支，以馆养馆，并开始进入滚动发展，二次创业阶段。自筹资金3500万元，在城北地区建造一座建筑面积为1.07万平方米的综合性体育场馆——大关健身馆，走出一条公益性场馆产业化发展的新路子。

中心被国家人事部和国家体育总局评为全国体育系统先进集体，所属游泳馆被体育总局评为全国优秀游泳馆(池)；获得省体育场所和卫生先进单位称号，列入省市文化产业发展十个典型单位；被评为杭州市文明单位、群众体育先进集体、文明优质服务体育场所，中心党支部被市委授予先进基层支部的荣誉称号。

大关健身馆效果图

乒乓比赛

冠军摇篮

中心外景

·社会救助·

【社会救助概况】 2004年，杭州市局部地区发生干旱、洪涝、台风、冰雹等自然灾害，其中8月12日的台风“云娜”造成受灾范围较广，损失较重。全市受灾人口40.31万人，成灾人口10.27万人，因灾死亡3人，伤病4012人；农作物受灾面积1.07万公顷，成灾3063公顷，绝收835公顷；因灾倒塌房屋481间，其中居民住房433间，损坏房屋7537间；直接经济损失1.66亿元，其中农业直接经济损失1.28亿元。全市投入救灾资金381万元，受灾群众的基本生活得到有效保障，倒塌的居民住房全部修复。为帮助各地开展抗灾救助，市下拨自然灾害救济补助款60万元。

市本级和11个区、县(市)出台了重特大自然灾害应急救助预案。市区建立和完善对各类困难群众的“四级救助圈”制度，年初对市区22993户各类困难家庭发放第四次“春风行动”救助金3327.97万元，其中市级救助圈有9480户，发放救助金2397.55万元；区级救助圈有3202户，发放救助金441.42万元；街道(乡镇)级救助圈有3852户，发放救助金322万元；社区级救助圈有6459户，发放救助金167万元。春节期间，市四套班子领导分13路对全市低保、困难家庭和农村敬老院进行走访慰问；市四套班子领导、市管领导干部和市级机关女党员、女干部与困难群众结对帮扶。萧山区、余杭区和各县(市)2004年元旦、春节期间共走访、慰问11.69万人，发放慰问金、慰问品价值合计1850万元。

【提高最低生活保障标准】 2004年，富阳、临安、桐庐、建德、淳安县(市)提高了城乡低保标准，萧山区提高了农村低保标准，老城区(不含萧山、余杭区，下同)提高了城镇低保标准。富阳市城乡低保标准从195元、105元，分别提高到230元、135元；临安市从194元、92元，分别提高到210元、120元；桐庐县从180元、90元，分别提高到230元、120元；建德市从180元、80元，分别提高到210元、120元；淳安县从180元、80元，分别提高到210元、130元；萧山区农村低保标准从125元提高到150元；市区城镇低保标准从1人户300元、2人户285元、3人及3人以上户270元，分别提高到320元、300元、280元。12月份全市城镇低保对象人均补差170元，比上年同期增加20元；农村低保对象人均补差67元，增加25.5元。

截至年底，全市有低保对象34343户、67779人，全年发放保障金6130.99万元，分别比上年增长17.8%、12.2%和50.1%。其中城镇低保对象8514户、16324人，发放保障金2834.70万元，分别增长30.0%、21.6%和43.2%；农村低保对象25829户、51455人，发放保障金3296.29万元，分别增长14.2%、9.5%和56.6%。

【完善和落实配套援助政策】 2004年，市区修订和完善了对困难群众的配套援助政策。市委办公厅、市政府办公厅印发了《关于进一步完善对杭州市区困难群众实施援助的意见》，对困难家庭的援助项目由原来的五大方面17项增加到六大方面26项。市民政局编制了《杭州市困难群众帮扶救助服务指南》，发至市区每户持证困难家庭。全年市区持证家庭得到水、电、煤气费补贴和低保残疾人生活补助、“春风行动”助学款、医疗救助款、廉租房租金补贴等各类补贴1716.78万元，减免有线电视初装费及视听费、中小学学杂费、小区保洁及垃圾清运费、丧葬火化费、市图书馆借书证、公园IC卡、法律服务、公交IC卡、自来水“一户一表”改装等各类费用847.42万元。3月和8月，分别对市区每户持证家庭发放价值100元的粮油实物券和价值150元的防暑清凉用品。为减轻生活必需品价格上涨对城乡困难群众生活的影响，根据《浙江省人民政府关于对困难群众实行基本生活消费品价格上涨动态补贴的意见》和市政府《关于做好2004年度杭州市困难群众基本消费品价格上涨一次性补贴发放工作的通知》，各级民政等部门对全市41158户城乡低保等困难家庭按现行一个月的低保标准全额发放基本生活消费品价格补贴1629万元，其中，老城区发放805.46万元，萧山区、余杭区和各县(市)发放823.54万元。

【医疗救助实现全覆盖】 继2003年老城区和余杭区出台医疗救助政策后，萧山区和各县(市)在2004年相继出台了医疗救助政策，全市对困难群众的医疗救助制度实现了全覆盖。2004年，市民政和劳动保障部门对老城区1861名困难家庭成员实施医疗救助，支付救助金789万元。其中民政部门对870名未参加基本医疗保险的困难家庭成员实施救助，支付救助金401.83万元；劳动保障部门对991名已参加基本医疗保险的困难家庭成员实施救助，支付救助金387.17万元。其他区、县(市)救助困难群众1110人，支付医疗救助金113.17万元。杭州市惠民医院扩大了对困难家庭成员就医的优惠范围，由原来的"十免十减半"扩大到"十四免十减半六优惠"，老城区全年有困难家庭成员3.17万人次到惠民医院就医，共减免医疗费131.69万元。

【加大集中供养工作力度】 各区、县(市)加强农村敬老院建设，努力做好分散供养五保对象入院的动员和引导工作，提高集中供养比例。2004年，全市完成89所农村敬老院的新建和改、扩建，投入资金1.19亿元。截止年底，全市有农村敬老院172所（因乡镇合并比上年减少10所)，五保对象5875人，年供养资金2137万元。五保对象集中供养4830人，集中供养率为82.2%，比上年提高41个百分点，比省、市政府提出的60%的工作目标高出22.2个百分点。临安市、富阳市、余杭区五保对象集中供养率超过85%。全市1194名城镇"三无"(无生活来源，无劳动能力，无法定赡养人、抚养人、扶养人）对象中集中供养的1106人，集中供养率92.6%，比上年提高21.4个百分点，比省、市提出的工作目标高出32.6个百分点。

【实施农村贫困家庭危房改造】 9月，市委办公厅、市政府办公厅转发了市民政局等单位《关于杭州市农村贫困家庭危房改造的实施意见》。为帮助各区、县(市)顺利完成三年危房改造任务，市政府决定从2004年至2006年，每年补助各区、县(市)危房改造资金400万元(其中市财政300万元、市残疾人就业保障金100万元)。10月，市民政局与市残联、市"百千"工程办公室、市财政局共同制定了《杭州市农村贫困家庭危房改造资金补助办法》。经调查摸底，各区、县(市)确定了三年危房改造计划。全市计划三年内改造农村贫困家庭危房3353户，其中2004年1172户、2005年1324户、2006年857户。至年底，萧山区全部完成了现有农村贫困家庭危房改造任务，富阳市、桐庐县、余杭区和江干区基本完成2004年度改造任务。

表73　　2004年杭州市城乡居民最低生活保障标准

地　区	城镇月保障标准(元/人)			农村月保障标准(元/人)		
	一人户	二人户	三人及三人以上户	一人户	二人户	三人及三人以上户
上城区	320	300	280	-	-	-
下城区	320	300	280	-	-	-
江干区	320	300	280	190	180	170
拱墅区	320	300	280	190	180	170
西湖区	320	300	280	190	180	170
高新区（滨江）	320	300	280	190	180	170
杭州经济开发区	320	300	280	190	180	170
西湖风景名胜区	320	300	280	190	180	170
萧山区	263			150		
余杭区	250			120		
桐庐县	230			120		
淳安县	210			130		
建德市	210			120		
富阳市	230			135		
临安市	210			120		

【开展实物捐赠活动】 根据民政部和省民政厅的部署，2004年10月，市区开展了第11次扶贫济困送温暖捐送衣被活动，向宁夏回族自治区固原市捐送衣被23车皮、共73.95万件。

为进一步加大对杭州市困难群众的帮扶救助力度，拓宽帮扶救助渠道，老城区两次开展实物捐赠活动，收到衣被、家具、家电、日用品、学习用品等各类物品1.54万件和食品692千克。老城区各区都建立了捐赠物资调剂中心，有11个街道(乡镇)建立了"爱心家园"、"慈善超市"，开展经常性实物捐赠活动，对困难群众进行实物救助。

【建立帮扶救助组织网络】 2004年，根据市政府办公厅《关于加强帮扶救助机构建设的意见》，有11个区、县(市)建立了帮扶救助服务中心，到位工作人员23名；213个乡镇(街道)建立了帮扶救助服务站，到位工作人员323名；所有社区建立了帮扶救助服务站，到位工作人员588名。　(虞培新)

·优抚　双拥　安置·

【认真落实优抚政策】 2004年末，全市有优抚对象16.88万人，其中革命烈士家属806人，因公牺牲、病故军人家属712人，现役军人家属3.77万人，革命伤残军人4118人，伤残国家机关工作人员43人，伤残人民警察30人，伤残民兵民工16人，在乡复员军人6445人，在乡退伍军人11.89万人，在乡红军失散人员21人。

根据省民政厅、财政厅要求，全市提高了革命伤残人员抚恤(保健)金标准，从2003年7月1日起执行，详见表74。2004年1月1日起，全市提高了优抚对象定期抚恤、补助金标准，市区标准详见表75、76。萧山区优抚对象定期抚恤、补助金全部达到市区标准，余杭区和各县(市)都达到或超过省定标准。全市提高了特等、一等革命伤残人员护理费标准。护理费标准以当地上年度居民人均可支配收入为基数，因战、因公特等革命伤残人员按80%，因战、因公一等革命伤残人员按65%，因病一等革命伤残人员按

表 74　2004年杭州市革命伤残人员抚恤(保健)金标准

单位:元/人·年

伤残等级	伤残性质	抚恤金标准	保健金标准
特　等	因　战	9 960	2 140
	因　公	9 800	2 110
一　等	因　战	7 680	1 720
	因　公	7 550	1 680
	因　病	7 420	1 670
二等甲级	因　战	3 880	810
	因　公	3 770	790
	因　病	3 680	770
二等乙级	因　战	2 600	680
	因　公	2 520	660
	因　病	2 480	650
三等甲级	因　战	1 560	510
	因　公	1 540	490
三等乙级	因　战	1 390	430
	因　公	1 390	420

表 75　2004年杭州市区部分优抚对象定期抚恤、补助金标准

单位:元/人·月

优抚对象		类　别	新标准	备　注
三属定期抚恤标准	革命烈士家属	城镇户口	570	孤老 620
		农村户口	510	孤老 560
	因公牺牲军人家属	城镇户口	520	孤老 570
		农村户口	480	孤老 530
	病故军人家属	城镇户口	460	孤老 510
		农村户口	450	孤老 500
在乡复员军人定期补助标准	抗日战争时期入伍	城镇户口	440	孤老 490
		农村户口	390	孤老 440
	解放战争时期入伍	城镇户口	390	孤老 440
		农村户口	370	孤老 420
	建国后入伍	城镇户口	360	孤老 410
		农村户口	340	孤老 390
带病回乡退伍军人定期补助标准	带病回乡退伍军人	城镇户口	320	孤老 370
		农村户口	300	孤老 350

注:本标准不含萧山、余杭区。

50%确定。杭州市区(不包括萧山、余杭区)因战、因公特等革命伤残人员 10320 元/人·年,因战、因公一等革命伤残人员 8400 元/人·年,因病一等革命伤残人员 6360 元/人·年。

全市享受定期抚恤的“三属”共 713 人,其中革命烈士家属 312 人,发放定期抚恤金 137.30 万元,月人均 366.72 元,比 2003 年提高 57.28 元;因公牺牲军人家属 129 人,发放定期抚恤金 55.88 万元,月人均 360.98 元,提高 58.31 元;病故军人家属 272 人,发放定期抚恤金 117.11 万元,月人均 358.79 元,提高 62.77 元。享受抚恤金(保健金)的革命伤残人员 4207 人,发放抚恤金、保健金、生活补贴、护理费和医疗减免费 704.20 万元。享受定期定量补助的在乡复员军人 5303 人,发放补助金 1434.70 万元,月人均 225.45 元,提高 65.50 元。有 1142 名在乡复员军人享受精简老职工补助,在乡复员军人生活保障面继续保持 100%。享受定期定量补助的在乡退伍军人 4352 人,发放定期补助金 744.37 万元,月人均 142.53 元。享受定期定量补助的在乡红军失散人员 21 人,发放定期定量补助金 6.3 万元,月人均 250 元。市区(不含萧山、余杭区)对 43 名牺牲、病故军人的遗属发放一次性抚恤金 115.12 万元。

优待享受定期抚恤的革命烈士家属、因公牺牲军人家属、病故军人家属 713 人,发放优待金 139.85 万元,年人均优待 1961.43 元;政府补助医疗费 81.42 万元,年人均补助 1141.94 元。优待在乡革命伤残军人 921 人,发放优待金 128.46 万元,年人均优待 1394.79 元。对 687 名在乡三等革命伤残军人和 16 名伤残民兵民工,政府补助医疗费 108.61 万元,年人均补助 1544.95 元。优待在乡复员军人 5303 人,发放优待金 461.48 万元,年人均优待 870.22 元;政府补助医疗费 268.70 万元,年人均补助 506.69 元。优待义务兵家属 6335 户,发放优待金 3978.07 万元,年户均优待 6279.51 元。市区优待义务兵家属、享受定期抚恤的烈属、因公牺牲军人家属、病故军人家属、在乡伤残军人和在乡复员军人 2722 人,全年发放优待金 1839.65 万元,优待补助标准详见表 77。

【不断完善优抚制度】 为进一步改善优抚对象的生活待遇,确保其生活水平与当地经济发展和人民群众生活水平同步提高,10 月 25 日,市政府印发了《关于建立杭州市重点优抚对象优抚标准自然增长机制的通知》。新的《军人抚恤优待条例》出台后,经市政府协调,从 10 月 1 日起,残疾军人持《中华人民共和国残疾军人证》可免费乘坐市内公交车。全市有 82 名失业伤残军人办理了改领伤残抚恤金的手续。

【开展爱心献功臣活动】 2004 年,全市有 635 个机关企事业单位和驻杭部队与 1684 户优抚对象结对。按照缺什么帮什么、帮扶至终身的原则,为优抚对象解决生活、医疗、住房等方面的实际困难。至年底,共资助建房资金 55.9 万元、医疗费 46.23 万元、学杂费 13.55 万元;赠送慰问金 242.42 万元,赠送食品、衣被、家电等生活用品 5527 件,价值 578.57 万元;为优抚对象建住房 2040 平方米。

【拥军慰问活动】 1 月 9 日,市长茅临生陪同省委副书记周国富等走访慰问驻杭空军某部、省武警总队官兵。1 月 10 日,市委书记王国平陪同省委书记习近平等走访慰问省军区官兵。1 月 10 日,召开浙江省暨杭州

表 76　　2004年杭州市区在乡革命伤残人员定期补助金标准

单位:元/人·月

伤残等级	伤残性质	城镇户口	农村户口
特　　等	因　战	410	400
	因　公	400	390
一　　等	因　战	390	380
	因　公	380	370
	因　病	370	360
二等甲级	因　战	350	340
	因　公	340	330
	因　病	330	320
二等乙级	因　战	330	320
	因　公	320	310
	因　病	310	300
三等甲级	因　战	310	300
	因　公	300	290
三等乙级	因　战	280	270
	因　公	270	260

注:本标准不含萧山、余杭区。

表 77　　2004年杭州市区优抚对象优待补助金标准

单位:元/年

优抚对象		城镇户口	农村户口
义务兵家属		12 000	5 000
在西藏服役的义务兵家属		30 000	12 500
义务兵立功增发优待金	获大军区以上荣誉称号	5 000	
	立一等功	3 000	
	立二等功	1 500	
	立三等功	500	
革命烈士家属		6 000	2 500
因公牺牲军人家属		5 400	2 250
病故军人家属		4 800	2 000
在乡革命伤残军人		4 200	1 750
在乡复员军人		2 400	1 000

注:1.2004 年上半年病故的“三属”、在乡复员军人、在乡革命伤残军人和下半年迁入市区的“三属”发给半年优待金。
2.本标准不含萧山、余杭区。

市 2004 年新春拥军慰问大会。1 月 16 日,市委书记王国平、市长茅临生、市政协主席虞荣仁等四套班子领导分 4 路走访慰问驻杭部队。1 月 18 日,市民政局副局长张伯顺代表市双拥办赴舟山慰问海军“杭州舰”官兵。1 月 19 日,召开杭州市 2004 年党政军领导新春团拜会。7 月 28 日,市委副秘书长戚才祥率慰问团赴舟山慰问海军“杭州舰”官兵。7 月 29 日,市委副书记朱报春、市政府副秘书长许小富、市委副秘书长戚才祥率慰问团慰问驻杭某部在象山训练的官兵。7 月 30 日,代市长孙忠焕、市政协主席虞荣仁、市委副书记于辉达、朱报春、叶明等四套班子领导分三路慰问驻杭部队官兵及驻杭部队医院、疗养院的伤病员和休养员。市委、市政府在春节和“八一”建军节赠送部队慰问金、慰问品价值共 192 万元。

2004 年,全市支持科技练兵、训练演习及各项设施建设经费 153 万元,其中直接投入科技拥军的资金 105 万元。向部队赠送计算机 24 台,科技文化书籍 6700 余册;为部队举办文化知识、计算机操作、心理卫生讲座等 8 期,1000 余名官兵参加培训。市科技局为驻杭部队改进了有关装备和计算机管理系统等项目。市教育局在对驻杭部队干部子女入重点高中、普通高中、职业高中、普通中专、技工学校给予优惠 5 分的基础上,照顾杭州市区军人子女入学 200 余人。市民政局、市劳动保障局、市财政局、杭州警备区政治部出台了《杭州市区军人配偶随军未就业期间社会保险费补助暂行办法》,向 500 名失业随军家属发放生活补助费、办理基本养老保险补助共 120 万元。12 月 22 日,市劳动保障局、市民政局、杭州警备区在海军招待所举办了随军家属招聘会。

【杭州第 4 次成为全国双拥模范城】 1 月 8 日~9 日,常务副市长盛继芳在北京参加全国拥军优属拥政爱民工作会议,杭州市第 4 次被全国双拥工作领导小组命名为全国双拥模范城,杭州市上城区小营街道被授予全国爱国拥军模范单位称号,杭州娃哈哈集团有限公司董事长兼总经理宗庆后被授予全国爱国拥军模范称号。1 月 13 日,召开杭州市双拥领导小组成员会议,盛继芳通报了全国拥军优属拥政爱民工作会议情况,讨论通过了由市委、市政府、杭州军分区命名的杭州市双拥模范单位建议名单。3 月 24 日,市委、市政府印发《杭州市 2004 年双拥工作意见》。3 月 1 日,杭州市双拥办与杭州广播电台共同开设了《双拥在线》栏目,至年底已播出 60 期。4 月 1 日,召开全市双拥模范单位命名大会,市长茅临生宣读市委、市政府、杭州军分区《关于命名杭州市双拥模范单位的决定》,市委书记王国平等向获奖单位授匾。10 月 20 日,省委、省政府、省军区下发关于表彰拥军优属拥政爱民模范单位和个人的决定。杭州市财政局、杭州市科技局、杭州市公交总公司被表彰为浙江省拥军优属模范单位;中国人民解放军 94973 部队、中国人民武装警察部队浙江省总队杭州市支队临安市中队、中国人民武装警察部队杭州边防检查站、中国人民武装警察部队杭州市消防支队被表彰为浙江省拥政爱民模范单位;杨佐勇(杭州市西湖区文新街道党工委书记)、李勤(临安市民政局优抚安置科科长)被表彰为浙江省拥军优属模范个人;

杨德宝（中国人民武装警察警卫部队浙江省警卫局警卫队副政委）、宋剑飞（南京军区杭州疗养院政治部组织干部科干事）被表彰为浙江省拥政爱民模范个人。

▶▶资料:杭州市双拥模范单位名单

一、杭州市双拥模范乡镇（街道）(41个)

上城区:清波街道、湖滨街道、紫阳街道

下城区:武林街道、艮山街道、潮鸣街道、石桥镇

江干区:笕桥镇、闸弄口街道、凯旋街道、四季青街道

拱墅区:上塘镇、祥符镇、米市巷街道、小河街道

西湖区:古荡街道、文新街道、北山街道、留下镇

高新区(滨江):长河镇

西湖风景名胜区:西湖街道

萧山区:城厢街道、宁围镇、新街镇、新湾镇

余杭区:乔司镇、余杭镇、闲林镇、临平街道

桐庐县:富春江镇、窄溪镇

淳安县:千岛湖镇

建德市:大慈岩镇、寿昌镇、新安江街道

富阳市:富春街道、东洲街道、高桥镇

临安市:锦城街道、昌化镇、西天目乡

二、杭州市拥军优属模范单位(61个)

浙江大学
浙江省电力设计院
浙江省邮电建设工程局
浙江省邮电器材公司
杭州钢铁股份有限公司焦化厂
杭州钢铁集团公司浙江冶钢储运有限公司
中共杭州市委组织部
中共杭州市委宣传部
杭州市建设委员会
杭州市教育局
杭州市科学技术局
杭州市公安局
杭州市民政局
杭州市财政局
杭州市人事局
杭州市劳动和社会保障局
杭州西湖风景名胜区管理委员会(杭州市园林文物局)
杭州歌舞团
杭州人民广播电台
杭州日报报业集团
杭州市人民防空办公室
杭州市人民政府城市管理办公室
杭州市疾病预防控制中心
杭州市科学技术协会
杭州市电力局
杭州市畜牧兽医总站
杭州大众公共交通有限公司
杭州工商信托投资股份有限公司
杭州市公安局西湖公安分局留下派出所
杭州娃哈哈集团有限公司
杭州卷烟厂
杭州香溢大酒店股份有限公司
中国工商银行浙江省分行杭州市羊坝头支行
中信实业银行杭州分行
杭州百大集团股份有限公司
杭州长运运输集团有限公司
杭州电梯有限公司
江干区三堡社区
杭州蓝天劳动保护用品厂
杭州市拱墅区教育局
杭州市拱墅区珠儿潭社区
杭州市拱墅区长乐苑社区
杭州市拱墅区上塘镇皋亭村
黄龙股份经济合作社
杭州市省府路小学
杭州高新区(滨江)农业局
杭州兴耀建设集团有限公司
杭州市萧山区建设局
杭州市萧山区靖江镇
杭州市萧山区楼塔镇
杭州市余杭区人事局
杭州市余杭区交通局
杭州钱江五金工具有限责任公司
桐庐县烟草专卖局
淳安县施家塘社区
建德市供电局
建德市邮政局
富阳市卫生局
浙江富轮集团
临安市人事局
临安市交通局

三、杭州市拥政爱民模范单位(26个)

浙江省军区工兵防化营
浙江省军区第四干休所
浙江省军区司令部警卫连
中国人民武装警察部队浙江省总队第一支队
中国人民武装警察部队浙江省总队第四支队三大队
中国人民武装警察部队杭州市支队余杭中队
中国人民解放军73021部队55分队
中国人民解放军73022部队65分队
中国人民解放军73023部队67分队
中国人民解放军73025部队68分队
中国人民解放军94637部队
中国人民解放军94973部队
中国人民解放军94865部队
杭州市上城区人民武装部
杭州市江干区人民武装部
中国人民解放军浙江陆军预备役师直属通信营
中国人民解放军南京军区杭州疗养院
中国人民武装警察部队杭州边检站执勤三科
中国人民武装警察部队杭州消防支队特勤大队
中国人民解放军94782部队
中国人民解放军第一一七医院
中国人民解放军海军杭州疗养院
中国人民解放军空军杭州疗养院
中国人民武装警察部队杭州疗养院
中国人民解放军94675部队
中国人民解放军94969部队51分队

【军民共建活动丰富多彩】 全市300个军民共建单位在2004年开展了内容广泛、形式多样、丰富多彩的活动。城区各街道继续坚持优抚服务制度、军人立功奖励制度、军人家庭财产保险制度和走访慰问制度。部队为学校和企事业单位开展军训10万人次。省武警总队出动官兵4000余人次参加西湖博览会的各项准备工作和维护治安。驻杭部队出动3000余人次、车辆300余辆次，参加创建全国文明城市活动和杭州大剧院建设等义务劳动，植树6000余棵，开展医疗为民服务60余次，义务献血1500余人次。

驻杭部队随军家属招聘会

【杭州被评为退伍安置工作先进单位。】 2004年,全市接收2003年度退役士兵3771人(其中退伍义务兵3485人,转业士官286人)。退伍义务兵回农村安置2341人,复工复职81人,需政府安置1063人(其中安置62人,自谋职业1001人),自谋职业率94.2%;转业士官自谋职业率39.2%。

对荣立二等功(或三等战功)以上奖励以及大军区以上授予荣誉称号的人员、服役期满10年以上士官(含因部队精简整编提前退出现役,服现役满9年的转业士官)等重点安置对象仍实行政府包底安置。286名需包底安置的转业士官,各级政府都下达了指令性安置计划。对符合城镇安置条件的退伍义务兵、复员士官基本上按自谋职业的办法进行货币化安置。为提高退役士兵自谋职业比例,各地制定多项优惠政策和服务措施。市区(不含萧山、余杭区)转业士官服役期满10年的,自谋职业一次性补助金提高到4万元。富阳市重新修订了《富阳市城镇退役士兵安置办法》,桐庐县、淳安县、富阳市调整了退役士兵自谋职业补助金标准。农村退役士兵安置继续坚持立足农村、服务农村的原则,积极推荐有一技之长的军地两用人才到不同所有制性质的企业就业。对从事农业生产的,当地有关部门在生产服务、技术指导、农用物资供应、农副产品收购方面给予政策优惠。杭州市政府被省政府、省军区评为2003年度退伍安置工作先进单位。

【中转新老兵4.55万人次】 11月18日,市政府召开杭州市2004年新老兵中转联席会议,部署新老兵中转工作。至年底,共中转新老兵4.55万人次,托运行李2808件次,达到了"运输安全,饮食安全,人员安全,确保新老兵接待转运任务圆满完成"的要求。市军供站全年为演练、集训、调防的过往部队提供军供保障48批1.60万人次。

【悼念革命先烈】 4月1日,市委、市人大、市政府、市政协、杭州军分区领导,各民主党派、工商联、市级机关、各群众团体负责人,驻杭部队官兵和社会各界代表350余人在杭州市革命烈士陵园举行悼念革命先烈活动。省委常委、市委书记、市人大常委会主任王国平和市政协主席虞荣仁代表市委、市人大、市政府、市政协、杭州军分区向革命烈士纪念碑敬献花圈。市委副书记叶明在悼念仪式上讲话,号召全市人民继承发扬革命先烈的高尚品格和崇高精神,更加紧密地团结在以胡锦涛同志为总书记的党中央周围,坚持以邓小平理论和"三个代表"重要思想为指导,与时俱进,开拓进取,求真务实,加快发展,为杭州市率先实现现代化而努力奋斗。 (陈 珺)

【做好军队离退休干部安置服务工作】 根据民政部、总参谋部、总后勤部《关于加快第五批军队离退休干部交接安置工作有关问题的通知》,杭州市2004年接收安置第五批军队离退休干部49名,落实安置住房21套,共2724.63平方米。至年末,全市共接收军队离退休干部、退休志愿兵1043名。

认真贯彻民政部、财政部、总政治部、总后勤部的有关文件精神,全面落实军休干部政治和生活两项待遇。全年发放各类津贴245万元,为893名离退休干部增加离退休费166万余元。向作出特殊贡献的病故离退休干部的家属发放特别抚恤金,为年满70岁的离休干部办理享受护理费待遇的报批手续。六级和七级正副教授及相当职称的军队专业技术干部享受了部队副师级实职医疗待遇,1956年底前入伍、1985年底前担任副团职以上并任职满五年的部队退休干部提高了医疗待遇。配偶已在地方购买过公有住房的103名军休干部购买了第二套公有住房。2004年1月起,340余名安置在杭的无军籍职工享受每年4000元福利补贴、120元医疗补贴和1200元午餐津贴等待遇。

杭州市军队离休退休干部安置办公室"老干部艺术团"吸引了30%的军休干部及家属参与。该团于10月21日在浙江省群众艺术馆举行了第二届"迎重阳、颂祖国"文艺演出活动,获得各界好评。市军队离休退休干部安置办公室还建成杭州军休网,于12月28日开通。

采取集中与分散相结合的方法,组织军休干部认真学习党的方针政策和国家法律法规。市军队离休退休干部安置办公室全年组织老干部开展各种活动206次,参加人数5577人次,支出费用16.51万元;看望住院病号506人次,组织离休干部疗养198人,退休干部体检226人,走访慰问遗属66户。(李永红)

·基层政权和社区建设·

【社区概况】 2004年底,全市有社区594个(包括撤村建社区190个)。其中,上城区51个、下城区67个、江干区61个(撤村建社区15个)、杭州经济开发区6个、拱墅区68个(撤村建社区27个)、西湖区116个(撤村建社区63个)、西湖风景名胜区6个、高新开发区(滨江)7

个、萧山区79个（撤村建社区33个）、余杭区56个（撤村建社区38个）、桐庐县7个、淳安县10个（撤村建社区2个）、建德市26个（撤村建社区6个）、富阳市23个（撤村建社区6个）、临安市11个。

全市社区工作者4057人，平均年龄40岁。其中，中共党员1862人，占45.9%；女性2646人，占65.2%；文化程度本科学历以上152人、占3.7%，大专1590人、占39.2%，高中1758人、占43.3%，初中518人、占12.8%，小学39人，占1.0%。社区工作者人均年收入2.1万元。

杭州市市民学校成立

【表彰社区建设先进单位和个人】1月10日，市委、市政府召开全市社区工作者新春慰问暨社区建设先进表彰大会，表彰上城区湖滨街道、南星街道、紫阳街道，下城区天水街道、朝晖街道、长庆街道，江干区采荷街道、闸弄口街道、凯旋街道，拱墅区大关街道、米市巷街道、小河街道，西湖区翠苑街道、文新街道、灵隐街道，萧山区城厢街道，余杭区东湖街道等17个街道为杭州市社区建设示范街道。表彰浙江省电信公司杭州市分公司、杭州市迪佛通信股份有限公司、浙江移动通信有限责任公司杭州分公司、中国工商银行杭州市羊坝头支行、中国联通浙江分公司、祐康食品集团有限公司、杭州钢铁集团公司、浙江南都置业股份有限公司、中国人民解放军92418部队、余杭区临平第二小学等10个单位为社区共建十佳标兵单位。表彰中国联通浙江分公司总经理朱评，浙江省电信实业集团杭州市有限公司副总经理杨兆臣，浙江省社会科学院法政学院副院长、教授杨张乔，杭州铁路中学党委书记陈志明，浙江省火电建设公司党委书记刘新，杭州半山发电有限公司经理陈斌，浙江省立同德医院党委办公室主任刘志岚，杭州萧宏建设集团有限公司董事长、总经理俞先富，萧山区市政园林公用事业管理处党总支书记、主任余加先，余杭区人民法院院长傅樟绹等10人为社区共建十佳先进个人。

市社区建设领导小组通报表彰浙江龙翔大厦有限公司等60个单位为杭州市社区共建先进单位，杭州解百集团股份有限公司总经理杨曼丽等200人为杭州市社区共建先进个人。还表彰上城区紫阳街道，下城区天水街道、朝晖街道，江干区采荷街道，拱墅区大关街道、小河街道，西湖区文新街道，萧山区城厢街道，浙江省电信公司杭州分公司，中国联通有限公司杭州分公司，浙江省电信实业集团杭州市有限公司等11个单位为杭州市社区信息化建设先进单位。

市委组织部确定上城区小营街道小营巷社区，下城区天水街道灯芯巷社区、朝晖街道稻香园社区，江干区采荷街道洁莲社区、凯旋街道景芳社区，拱墅区湖墅街道珠儿潭社区，西湖区翠苑街道翠苑一区社区、文新街道德加社区，高新开发区（滨江）长河街道天官社区，萧山区城厢街道潘水社区，余杭区东湖街道梅堰社区等11个社区为杭州市基层党建工作示范点。

12月2日，在全市开展的“2004年杭州市创业新星”评选活动中，上城区清波街道劳动路社区党委书记兼主任林国庆、拱墅区拱宸桥街道蚕花园社区党委书记姜小寅等两位社区工作者被市委、市政府评为“2004年杭州市创业新星”。

【提升社区服务水平】 6月16日，成立杭州市企业退休人员社会化管理服务工作领导小组。6月17日，市委、市政府出台《关于进一步推进我市企业退休人员社会化管理服务工作的意见》。6月21日，召开全市企业退休人员社会化管理服务工作动员大会。至10月底，上城、下城、江干、拱墅、西湖区的社区已接收企业退休人员13.6万余人。12月14日，市委办公厅、市政府办公厅印发《关于进一步加强社区服务工作的通知》。

“96345”杭州市市民服务呼叫信息中心创新运作模式，吸纳《浙江城市之声电台》加盟，努力扩大宣传，提升呼叫量，日呼叫量已达到600通左右。各区、街道积极推进社区服务中心建设，拱墅区从国家发改委争取到800万元资金建设该区的社区服务中心，萧山区城厢街道完成了社区服务中心建设。

【社区工作生动活泼】 2004年，社区各项工作围绕“构筑大都市、建设新天堂”的战略目标，生动活泼，富有成效。市文明办、环保局、民政局开展了第三批市级“绿色社区”评选活动。市环保局、文明办、妇联、科协、团市委开展“全市迎‘创模’复检，环保知识进万家”活动，组织社区工作者代表参加第四届“我看杭城新变化”参观教育活动启动仪式。市区落实“四五”普法教育计划，对所有社区工作者进行了法律知识轮训。努力解决“看病难”问题，全市新增社区卫生服务站23个。为建设学习型城市，创建全国文明城市，市文明办、民政局、教育局、杭州电大联合发起成立了杭州市市民学校。团市委、市文化局、文明办、民政局举办了“第五届社区青少年文化艺术节”。市综治办、司法局积极推进“社区矫正”，在上城区进行了对犯罪较轻人员服刑社区教育改造的试点工作，指导社区认真实施对归正人员的教育管理，积极开展“封闭式安全文明小区”的创建活动。团市委、市民政局调整健全了杭州市志愿者协会常务理事班子，积极宣传《杭州市志愿服务条例》，形成了志愿服务光荣的良好社会氛围，吸引广大居民积极参加社区志愿活动，进一步扩大了全市社区志愿者服务队伍。

【援建170个社区图书室】 按照中央文明办、民政部、国家广电总局、国家新闻出版总署等4部门关于开展“全国万家社区图书室援建”活动的通知要求，杭州市在2004年完成了第1批170个社区图书室援建任务。市民政局和上城区民政局、西湖区民政局被评为全国万家社区图书室援建和万家社区读书活动先进单位，拱墅区塘河新村社区、上城区涌金门社区、下城区王马社区被评为全国百佳学习型社区。积极参加全国万家社区文明知识竞赛活动，在各区、县(市)组织初赛的基础上，全市举行选拔赛，选拔出建德队、上城区和西湖区混合队参加全省社区文明知识竞赛，杭州市获得组织奖，混合队获得第1名，萧山区选送的小品“楼上楼下”获得全省二等奖(一等奖空缺)。混合队代表浙江省参加全国万家社区文明知识竞赛长沙赛区比赛并获得第1名。在全国社区文明风采电视大赛中，杭州市获一等奖，“人间天堂”歌舞获得优秀节目奖。

【加强社区组织建设】 2004年，全市应换届社区居委会275个，除拆迁原因有9个社区(下城区2个、江干区1个、拱墅区6个)无法选举外，完成换届的社区居委会266个，换届率96.7%。其中实行居民直接选举的社区115个，占43.2%；实行居民户代表选举的社区49个，占18.4%；实行居民小组代表选举的社区102个，占38.4%。居民群众的参与热情明显提高，参与率达83.9%。加强社区党建工作，在社区居委会换届选举中积极推行书记主任“一肩挑”的做法，换届后266个社区中主任兼书记的有110个，占41.4%。

至2004年底，市区前二批101个“城中村”社区组织体系已基本健全，第3批“撤村建居”的43个村已完成建居地区的人口户数调查统计，市财政落实“撤村建居”社区工作经费219.14万元。按“大稳定、小调整”和“实事求是、因地制宜”的原则，下城区对规模偏小的社区进行了适度调整。为进一步理顺社区居委会、业主委员会和物业企业三者的关系，市委办公厅、市房管局、民政局联合开展了关于物业管理与社区居委会关系的专题调研，并形成了《关于加强社区管理若干问题的研究》调研报告。

【举办首届邻居节】 由部分社区创意、《钱江晚报》宣传倡议，在中国联通浙江分公司支持下，杭州市于10月24日举办首届邻居节。热心的市民为邻居节设计了“邻居旗”，创作了“邻居之歌”。省委常委、市委书记王国平出席开幕式，并向市民政局授“邻居节”旗，市委副书记叶明到会并讲话。市文明办、市社区建设领导小组办公室和《钱江晚报》联合组织开展了“联通杯”第二届杭州市特色社区评选暨百万市民评社区活动，广大市民积极参与，经群众投票和综合测评，上城区小营巷社区等10个社区被命名为杭州市十佳特色社区，上城区彩霞岭社区等48个社区被命名为杭州市优秀特色社区。上城区青年路社区、十亩田社区，下城区灯芯巷社区、稻香园社区，江干区南肖埠社区、闸弄口社区，拱墅区半道红社区、杭钢南苑社区，西湖区九莲社区、翠苑一区社区等10个社区举办的邻居节被评为最有创意的社区邻居节；上城区耀华社区，下城区安吉路社区、御跸社区，江干区洁莲社区，西湖区竞舟社区，西湖风景名胜区金沙港社区等6个社区举办的邻居节被评为优秀社区邻居节。

杭州市首届邻居节开幕仪式

【培训社区干部】 2004年，为提高社区工作者的综合素质，市民政局积极组织社区干部参加杭州师范学院的学历培训和省民政厅、省委党校联合举办的社区工作者岗位资格培训。全市有200多人参加学历培训，有1000多人参加社区工作资格培训并结业。上城、江干、拱墅区建立了社区工作者协会，加强社区工作者之间的交流。市房管局、民政局联合举办为期8天的社区物业管理和房产知识培训班，市区500余名街道、社区干部参加了培训。

【提高社区工作者待遇】 1月，为确保社区工作者的工资福利待遇随经济社会发展“水涨船高”，充分体现党和政府对社区工作者的关心，市委组织部、市财政局、民政局、人事局、劳动保障局等部门，对市区社区工作者工资福利待遇和离任居民干部补贴的落实情况进行了检查，并上报市委、市政府，对存在的问题提出了解决的意见。10月，市民政局、财政局、劳动保障局、人事局出台了《关于提高杭州市社区居委会工作人员福利待遇的通知》，新设立了岗位津贴(社区正职每人每月150元、副职120元、委员100元)和住房公积金，提高了门诊医疗费和高温补助标准。

【"十万家庭网上行"工程启动】 为提高社区居民的信息化水平，根据市政府为民办实事的要求，杭州市在2004年启动"十万家庭网上行"工程。市政府成立了由市信息办、民政局、团市委、文明办、科协等部门参加的"十万家庭网上行"协调办公室。通过调查研究，确定上城区彩霞岭社区和拱墅区塘河社区为试点单位，对35岁以上社区居民开展计算机网络知识培训。取得经验后，在上城、下城、江干、拱墅、西湖区和高新区(滨江)全面推开。至年底，培训社区居民2.2万人，有1.8万人考试合格。

经反复修改和专家论证，市政府办公厅于8月9日印发了《杭州市社区信息化建设实施纲要》。市信息办、民政局修改完善了"e家人"《社区事务管理软件》(网络版)，上城、西湖、江干、拱墅区的大部分街道、社区完成了《社区事务管理软件》(网络版)的安装工作。下城区与美科软件公司合作开发了新的《社区事务管理软件》(网络版)。

【表彰社区配套服务用房先进单位】 5月25日，市委、市政府召开杭州市清理和完善社区配套服务用房工作总结表彰大会，表彰上城区湖滨街道、下城区朝晖街道、江干区采荷街道、拱墅区半山镇、西湖区翠苑街道为杭州市社区配套服务用房达标先进街道，上城区岳王路社区等37个社区为杭州市社区配套服务用房达标先进社区。市社区建设领导小组办公室印发了《关于加强社区配套用房建档工作的通知》，市区全面开展了社区配套用房的资料整理、建档及挂牌工作。

【现代化新型社区建设研讨会在杭举办】 杭州市社区建设工作坚持"一手抓推进、一手抓研究"的方针。5月19日~21日，民政部基层政权与社区建设司、省民政厅、市民政局和下城区委、区政府共同举办了2004年中国杭州社区论坛——现代化新型社区建设研讨会，10多个城市的代表参加会议，下城区作主题发言，上城、拱墅、西湖区介绍社区建设经验，扩大了杭州社区建设工作的影响。

杭州市清理和完善社区配套服务用房工作总结表彰大会

【命名全面小康建设示范村】 2003年，按照省委、省政府的统一部署，杭州市不断加大农村村庄规划和环境整治力度，加强农业和农村基础设施建设，加快农村各项社会事业发展，涌现了一大批建设标准高、示范作用好、"村美、户富、班子强"的农村示范村。2004年1月，萧山区瓜沥镇航民村等10个村分别被省委、省政府和市委、市政府授予第1批全面小康建设示范村荣誉称号。2004年12月24日，市委、市政府命名下城区石桥街道永丰村等34个村为杭州市第2批全面小康建设示范村。

▶▶资料：第1批全面小康建设示范村名单(10个)

萧山区瓜沥镇航民村
萧山区党山镇梅林村
萧山区戴村镇东周村
下城区石桥镇石桥村
江干区笕桥镇花园村
西湖区留下镇东岳村
拱墅区上塘镇瓜山村
滨江区浦沿镇东冠村
余杭区运河镇螺蛳桥村
富阳市春江街道八一村

杭州市第2批全面小康建设示范村名单(34个)

下城区：石桥街道永丰村
江干区：丁桥镇皋城村、九堡镇格畈村
拱墅区：康桥镇蒋家浜村
西湖区：转塘镇南村村、龙坞镇上城埭村、袁浦镇小叔房村
高新区(滨江)：长河街道江三村、西兴街道星民村
西湖风景名胜区：西湖街道梅家坞村、西湖街道双峰村
萧山区：益农镇兴裕村、党山镇碧苑新村、红山农场五分场、衙前镇杨汛村、河庄镇建一村、新街镇元沙村、新街镇双圩村
余杭区：东湖街道双林村、鸬鸟镇仙佰坑村、百丈镇半山村、余杭镇上文山村
桐庐县：旧县街道合岭村、横村镇横村村
淳安县：枫树岭镇下姜村
建德市：乾潭镇梅塘村、寿昌镇河南里村
富阳市：春江街道新建村、新登镇昌东村、高桥镇水坞村、东洲街道华墅村
临安市：锦城街道平山村、太湖源镇白沙村、高虹镇水涛庄村

(梁　军)

·社会福利事业·

【"星光计划"建设成果丰硕】 2004年，全市新建"星光老年之家"131个，总数达536个。其中示范型205个，标准型218个，普通型113个。

市慈善总会资助的"志远班"开学典礼

总建筑面积18.2万平方米，其中新建5.4万平方米，改建12.8万平方米。市区社区"星光老年之家"覆盖率达100%，为期三年的"星光计划"建设取得丰硕成果。为加强"星光老年之家"的管理，市民政局根据《杭州市"星光老年之家"管理暂行规定》制订了《杭州市"星光老年之家"年度考核办法》。

【社会福利机构稳步发展】 2004年末，全市有社会福利机构(不含乡镇敬老院)54个，比上年增加2个；床位数4912张，增加741张。其中国家办社会福利机构16个，床位数2827张；集体办26个(因街道撤并比上年减少3个)，床位数955张；民办12个，床位数1130张。为提高社会福利机构的护理水平和服务质量，杭州市社会福利协会举办了第五届社会福利机构护理员培训班。

(詹传东)

【福利企业生产持续增长】 2004年，杭州市参加年检年审的福利企业632个，取消不合格福利企业58个，合格福利企业574个。职工总数45575人，其中残疾职工20014人。全市福利企业总资产288.7亿元，固定资产净值74.05亿元，分别比上年增长10.8%和1.9%。全年完成工业总产值274.55亿元，销售收入267.17亿元，分别增长20.3%和23.8%；实现利润14.3亿元，完成工业增加值45.22亿元，与上年基本持平。工业总产值和销售收入列全省各市福利生产首位。残疾职工养老保险面继续保持100%。残疾职工人均投保额1818元，人均年收入8515元，分别增长84.4%和11.2%。残疾职工上岗率100%，出勤率继续保持在90%以上。

(张　慧)

【福利彩票发行成绩显著】 2004年，杭州市发行福利彩票1.60亿元，其中电脑福利彩票1.49亿元，大奖组即开票1125万元，共募集福利金5593万元。福利彩票发行总量和人均销售量继续保持全省领先，杭州市电脑福利彩票管理站被省民政厅授予全省福利彩票销售总量奖、人均销售奖、布机奖，全市有16个电脑福利彩票投注站被评为省级优秀投注站。

(徐文丽)

【慈善活动广泛开展】 杭州市慈善总会2004年募集善款3570.38万元，接受各类捐赠物资价值约122.76万元。开展各类慈善救助活动，全年支出善款1710.92万元，其中助困80.68万元、助学393.57万元、助医71.67万元、资助社会福利事业1165万元；使用捐赠物资价值约141.36万元。受益人数6.69万人次。

淳安县、富阳市和杭州经济技术开发区成立了慈善总会，覆盖全市的慈善工作网络基本形成。各区、县（市）慈善总会全年募集善款8643.67万元，接受各类捐赠物资价值约896.01万元；支出善款3375.17万元，使用捐赠物资价值约613.82万元。受益人数23.68万人次。

【市慈善总会资助"志远班"】 9月8日，杭州市慈善总会在省级重点中学淳安中学设立的"志远班"举行开学典礼。该班50名学生都是革命老区淳安县当年中考上线的贫困学生，其中38名按照杭州市区重点中学学费、住宿费、代管费的收费标准，每人每年资助2920元，同时每人每年资助伙食费2400元，合计5320元；对12名已由县里减免了学费和代管费的低保家庭上线生，给予每人每年2920元的住宿费和伙食费的资助。"志远班"50名学生三年的资助总额近72万元，这是市慈善总会成立以来力度最大的一个援助项目。

市政协副主席、市慈善总会会长马时雍，市民政局副局长、市慈善总会秘书长刘南，市教育局党委副书记应建华等专程前往淳安中学参加开学典礼，与淳安县领导一起将第一笔援助金发到同学们的手上。

(黄笑春)

·民政事务管理·

【地名管理】 2004年是民政部确定的完成城市标准地名标志设置工作的最后一年。各区、县(市)制订了分步实施的方案，落实了任务和经费。各县(市)还结合第2代居民身份证换发工作，加大了农村门牌的编制和设置工作力度。全年新设各类地名标志牌515749块。其中市区城镇门牌34808块，农村门牌124909块，楼牌4127块，层牌8973块，户室牌42239块，单元牌4919块，路(巷)牌929块；各县(市)城镇门牌4059块，农村门牌260260块，楼牌2257块，户室牌25694块，单元牌2263块，路(巷)牌312块。历时5年的标准地名标志设置工作基本完成。

【钱塘江桥梁标准名称确定】 2004年1月5日，经市政府批准，钱塘江杭州市区段已建和在建的6座桥梁的标准名称（自钱塘江上游至下游按序排列）分别为：袁浦大桥(原钱江五桥)、钱塘江大桥、复兴大桥(原钱江四桥)、西兴大桥（原钱江三桥)、彭埠大桥(原钱江二桥)、下沙大桥(原钱江六桥)。原名称与标准名称并用一年,自2005年1月1日起,一律使用标准名称。但为了方便群众出行,2004年11月25日,经市政府同意,延长两套名称并用期限,同时要求市有关部门在设置引导标志,及新闻单位在报道中涉及上述桥梁名称均要同时标注两个桥名。钱塘江杭州市区段规划建设的3座桥梁的暂定名称(自钱塘江上游至下游按序排列)分别为:浦沿大桥(原钱江七桥)、九堡大桥(原钱江八桥)、江东大桥(原钱江九桥)。

▶▶资料:2004年杭州市区经批准的标准地名

桥梁名称:钱塘江大桥、袁浦大桥、复兴大桥、西兴大桥、彭埠大桥、下沙大桥、下塘河桥、临丁桥、隽家塘桥、雍景湾桥、丰胜桥、利锋桥、大塘头桥、东汪桥、恭贺桥、东新旺桥、新林周桥、新凤桥、通和桥、顺坝桥、顺昌桥、南环大桥、小东坡桥、东直河桥、九曲河桥、一都吴桥、塘里陈桥、鸿安桥、鸿新桥、鸿丰桥、华盛桥、同星桥、金澜桥、金湖桥、金安桥、金东桥、前东河桥、紫霞大桥、西许桥、安丰桥、安正桥、安国桥、安阳桥、安图桥、安泰桥、安顺桥、崇源桥、崇富桥、蓝月桥、德苑桥

道路名称:西园路、西园二路、西园四路、西园六路、西园八路、西园一路、西园三路、西园五路、西园七路、西园九路、振中路、振华路、赵伍路、天和路、碧苑路、亚太路、自立路、东藩中路、东藩北路、河庄路、青六中路、中达路、永盛路、瓜南路、东灵南路、芒萝路、瓜渔路、戚枫路、国槐路、合欢路、虹迪路、春水路、春江路、春潮路、春晖路、嘉企路、闲兴路、裕丰路、月牙二路、月牙三路、石塘一路、圣堂漾路、塘栖路、圆满路、北小河路、鑫业路、横湖路、星海路、圣地路、棕榈路、星发街、星星路、天荷路、星辰路、星荷路、月荷路、雨荷路、凤荷路、塘宁路、清宁路、华宁路、泰宁路、新天路、新纺路、新洲路、五洲路、东洲路、绿洲路、昌达路、宏达路、兴起路、兴国路、兴中路、星河路、顺风路、顺达路、顺意路、荷禹路、长宁路、宁桥大道、兴元路、运溪路、大运河路、梅溪路、梅海路、梅林路、腊梅路、绿梅路、红梅路、唐梅路、宋梅路、忆梅路、新丝路、港园路、碧天路、中都街、育才路、临平大道、振兴西路、闻涛路、滨盛路、滨和路、南环路、新和路、冠山路、南浦路、白马湖路、明志路、西兴路、长江路、时代大道、建业路、信诚路、东冠支路、火炬大道、伟业路、六和路、西浦路、明德路、至善路、勤学路、勤业路、祥园路、祥宏路、祥兴路、祥茂路、祥运路、祥盛路、祥富路、康惠路、康园路、康丰路、康明路、康贤路、康政路、康平路、康钢路、康恒路、康中路、康景路、康乐路、九源路、九福路、九环路、九昌路、九华路、九和路、九盛路、九恒路、九洲路、天运路、灵溪南路、灵溪北路、香积寺东路、长运路、东新路(向北延伸段)、回龙路、永清路、永泰街、永潮街、永祥街、永波街、新塘塘路至秋涛北路段更名为景御路

住宅地名称:灯塔公寓、长瀛苑、景南苑、河滨商务楼、绿洲之馨公寓、水印康庭公寓、华丰南苑、华丰北苑、华丰东苑、东河春晓公寓、都市枫林公寓、现代家园、灯塔苑、灯塔北苑、灯塔西苑、灯塔东苑、桑湾里、西文苑、珠嘉里、积福里、新西里、沈家南园、沈家北园、门婆园、锡铂园、新家园、平安居、西子铭苑、永佳苑、永佳东苑、永佳南苑、永佳西苑、永锦苑、漾河公寓、水岸雅苑、三里家园一小区、紫庭花园、沁园雅舍、水湘苑、华景南苑、华景北苑、天运花园、南肖埠文景苑、三里新城梅苑、三里新城柳苑、南肖埠御景苑、沁园雅舍生活馆、沁园雅舍商务馆、新江花园、水岸帝景公寓、盛世钱塘花园、红五月公寓东区、建塘新村一区、天仙新苑、天寓、兴业嘉园、燕语林森公寓、滨文苑、超级星期天公寓、水印城、春江时代花园、迎春东苑、滨兴西苑、滨兴北苑、滨兴东苑、春波西苑、春波东苑、长江西苑、迎春北苑、江虹小区丹香苑、火炬小区、缤纷西苑、锦绣江南花园、南岸晶都花园、倾城之恋花园、风情苑、玫瑰园月弦苑、玫瑰园雪琴苑、玫瑰园云筝苑、玫瑰园霞笙苑、玫瑰园星萧苑、樱花小筑、玫瑰园风玲苑、阳明谷度假村、晴园、崇文公寓、汇丰公寓、三堡家园、九月森林别墅林溪园、九月森林别墅林泉园、保俶苑、金沙曲苑、茅乡茶居、三台云居、九月森林别墅林湖园、九月森林别墅林涛园、嘉绿青苑、赤山苑、登新公寓、林野山居、锋尚苑、紫荆雅苑、西溪佳园、兰庭公寓、云水苑、高沙公寓、福雷德广场、东尚国际寓所、文一苑、高沙小区、华府花园、江韵园、凤凰城、郡亭公寓、林风花园、瑞丰格林苑、钱塘雅苑、水岸城市花园、复兴城市花园、小河佳苑、龙门公寓、沈塘铭苑、皋亭新苑、张妙苑、新文苑、瓜山东苑、瓜山新苑、嘉利公寓、宏河嘉园、美之园美林苑、美之园南桦苑、美之园北榆苑、豪景苑、广宁小区、三水公寓、绅园、江景园、新惠名苑、沁园春公寓、浴美苑、临水苑、南秀苑、景泰公寓、佳境天城、华圣东方家苑、花城名苑、豪景城华锦苑、南岸花城松涛苑、南岸花城丹虹苑、知稼苑(原名金昕花园)、浦江苑、宏景园、三水公寓梦泉苑、三水公寓月湖苑、三水公寓云溪苑、三水一生家园、南水佳园、金色钱塘家园、南岸花城樟泉苑、南岸花城梅洲苑、南岸花城竹雾苑、南岸花城枫江苑、南岸花城桂雨苑、南岸花城兰湖苑、赭山家园、丰泽苑、宝林公寓、天富花苑、新桥公寓、方汇花苑、瑞城花园、春天家园、同城印象花苑、欣龙华府公寓、阳光苑、栖溪名园、瑞达城市花苑、毓秀家园、中惠家园、方惠家园、新明半岛、清合嘉园、兴惠家园、西溪山庄、竹海水韵花园、良渚文化村、紫竹人家、西城时代家园、星火新苑、翡翠城、通怡花苑、青城嘉园、阳光一百嘉园、云山秀水花园

建筑物名称:华信设计大楼、浙江中银大厦、和平公园、现代置业大厦、凯喜雅大厦、浙商银行综合楼、锦绣天地商务中心、越都商务大厦、浙江教育大厦、仙林福座、西子大厦、庆春发展大厦、宝城发展大楼、丁桥商务楼、杭州大剧院、江干区全民健身活动中心、东冠创业大楼、先锋科技大厦、逸天广场、亚琪科技大楼、创业大厦、元天科技大楼、志成大厦、逸天大厦、现代国际大厦、文三数码大厦、中融大

厦、百脑汇科技大厦、公元大厦、康新商务大厦、颐高大厦、玉泉大厦、怡泰科技大楼、浙江环保大厦、十六街区商城、红星文化大厦、大名空间商务大厦、太和广场、华龙商务大厦、环北银座、丽阳国际商务中心、新青年广场、文源广场、汇通大厦、真仕漫大厦、义桥装饰材料市场、天苑商业中心、萧山建材商贸城、华瑞信息广场、春天大厦、永泰丰广场、心意广场、天辰国际广场、康发大厦、惠源大楼、临浦综合农贸市场、都市阳光广场、恒隆广场、悍马商厦、银河公园、临平大厦、美亚大厦、塘栖大厦、嘉润广场、思敬广场、铁流大厦、东方广场

（张　刚）

【婚姻登记管理】 2004年，全市办理国内结婚登记57855对，比上年上升20%，其中初婚105145人、再婚10565人；复婚480对。办理国内离婚登记8290对，上升73.6%。办理涉外及华侨、港澳台同胞结婚登记258对，上升45%，其中外国人117人、华侨及出国人员55人、香港特别行政区居民29人、澳门特别行政区居民4人、台胞53人。办理涉外及华侨、港澳台同胞离婚登记36对，上升24.1%。

萧山区、临安市、建德市、桐庐县、淳安县年内相继完成了集中或相对集中婚姻登记工作。老城区利用市民政局数字民政平台，实现了婚姻登记联网，并完成了1998年~2002年的婚姻登记数据录入工作。10月，市档案局、民政局联合下发《关于做好婚姻登记档案计算机数据录入工作的通知》，着手将老城区解放后历年婚姻登记档案数据全部录入计算机。

根据民政部《关于严格制止借婚姻登记乱收费的通知》，市民政局对全市婚姻登记机关下属婚姻服务机构的服务内容进行了统一规范，婚姻服务完全尊重当事人的意愿，婚姻登记与婚姻服务做到场地分开、人员分开、票据分开，登记与服务收费均实行公示制。2004年，下城区民政局婚姻登记处、余杭区民政局婚姻登记处被民政部评为全国先进婚姻登记机关。萧山区民政局婚姻登记处被省民政厅评为行风建设先进单位。下城区民政局婚姻登记处、高新区（滨江）民政局婚姻登记处、余杭区民政局婚姻登记处、临安市民政局婚姻登记处被市民政局评为杭州市先进婚姻登记机关。

【收养登记】 全年办理收养登记967件，被收养人967人，比上年下降8.6%。其中，市本级27件，上城区9件，下城区6件，江干区32件，拱墅区7件，西湖区26件，高新区（滨江）11件，萧山区136件，余杭区219件，桐庐县67件，淳安县27件，建德市150件，富阳市112件，临安市138件。

【殡葬管理】 2004年，全市火化遗体3.97万具，火化率98.4%，比上年提高5.6个百分点，为历史最高水平。除淳安县外，各区、县（市）火化率均达到100%。4月1日起，淳安县第二殡仪馆正式启用，汾口镇等18个乡镇实行火化。杭州殡仪馆通过国际运尸网络承办了德国、韩国、日本、印度、澳大利亚、菲律宾、巴基斯坦等26起涉外遗体运尸业务。全市经营性公墓、陵园造墓1.04万穴。农村生态墓地建设全面推进，至年底，全市累计建生态墓地1385个。

市区开展了殡仪服务进社区工作。市民政局印制《殡葬服务进社区服务指南》1万份，分发到每个街道、社区，并对7类特殊人员的殡仪服务费用实施了减免。11月8日，杭州殡仪馆与浙江安贤陵园合作创办了杭州市首家“好乐天”殡仪服务中心，并在文晖、清波两个街道设立了殡仪服务站。杭州殡仪馆积极拓展殡仪服务新项目，投资50万元，新购燃烧率高、污染低的环保型拣灰炉一台，满足了群众对殡仪服务的新需求。（许东良）

【民间组织机构】 2004年底，全市有社会团体1830个，其中学术性409个、行业性364个、专业性454个、联合性467个、其他136个；有民办非企业单位832个，其中教育类590个、卫生类39个、文化类29个、科技类60个、体育类21个、劳动类40个、民政类31个、社会中介服务类1个、其他类21个。市本级有社会团体611个，其中学术性144个、行业性100个、专业性148个、联合性83个、其他136个；有民办非企业单位145个，其中教育类73个、文化类8个、科技类17个、劳动类28个、体育类6个、民政类5个、其他类8个。

【培育发展农村专业经济协会】 3月，省民政厅确定杭州市的萧山区、建德市、临安市为农村专业经济协会培育发展和登记管理试点单位。为了做好试点工作，市委、市政府成立了杭州市农村专业经济协会培育发展和登记管理试点工作领导小组，市民政局制定了《杭州市农村专业经济协会培育发展和登记管理试点工作实施意见》。经过制定计划、组织发动、调查研究、规范登记、总结提高等阶段，试点工作取得圆满成功，推动了全市农村专业经济协会培育发展和登记管理工作的顺利开展。至年底，全市已登记在册的农村专业经济协会有199个，其中市本级7个。

【加强民办非企业单位诚信建设】 2月，根据省民政厅等上级部门的部署，市民政局、教育局、科技局、劳动保障局、文化局、卫生局等部门联合印发了《关于开展民办非企业单位“诚信服务，真情回报社会”主题活动的通知》。3月5日，18个热心于公益事业、声誉良好、规模较大的民办非企业单位联合向社会发出倡议书，号召全市所有民办非企业单位以多种形式积极投身到诚信活动中去，展示民办非企业单位的风采，树立民办非企业单位的良好社会形象。市民政局于3月上旬召开民办非企业单位诚信建设动员大会，要求各区、县（市）和民办非企业单位把诚信活动作为为民解难、为民解愁、为民造福的大事来抓。5月7日，26个民办非企业单位在武林广场举办杭州市民办非企业单位诚信服务活动，向市民现场提供教育、职业技能、托老、少儿艺术培训等方面的政策咨询，进行卫生服务、宝石鉴定、水表检测、美容美发培训咨询，开展名家书画现场义卖等活动，受到社会各界的广泛好评。各区、县（市）也先后开展了多种形式的民办非企业单位诚信服务活动，扩大了民办非企业单位的社会影响。5月25日，市民间组织管理局与市慈善总会联合

发出“献爱心帮困助学倡议书”，得到民办非企业单位的积极响应，募集的3万元捐款用于资助建德市下涯中心小学等学校的贫困生就学。诚信活动促进了民办非企业单位的健康发展。

【规范民间组织登记管理】 6月，市政府印发《关于促进行业协会改革发展的若干意见》，明确了全市行业协会的发展目标、基本要求和重点任务。各级民政部门进一步规范对民间组织的管理，加强民间组织的制度建设。9月下旬，市民政局举办杭州市民间组织管理工作业务培训班，统一规范了全市民间组织的登记注册、批复、统计台账等管理文书格式。市民间组织管理局两次召开各业务主管单位参加的民办非企业单位管理工作联席会议，通报民办非企业单位管理工作情况，规范登记管理程序。通过规范管理，有效地提升了全市民间组织的整体素质，推进了民间组织的健康发展。2004年，杭州市食品工业协会、萧山社区卫生服务爱心连锁站被民政部评为全国先进民间组织，杭州市民间组织管理局被省人事厅、民政厅评为浙江省社团管理工作先进集体，杭州市结构与地基处理研究会、杭州市养鳖协会被省人事厅、民政厅评为浙江省优秀社团。（郑张源）

【新增三峡移民安置任务顺利完成】 8月13日，404名来自重庆市涪陵区百胜镇、中峰乡的新增三峡工程库区农村外迁移民在富阳市的8个乡镇、33个行政村安家落户，省政府分配给杭州市的安置任务顺利完成。至此，杭州市萧山区、余杭区和富阳市已在36个乡镇安置三峡移民428户、1822人，安置工作圆满结束。（沈军良）

【流浪乞讨人员救助管理】 2004年，建德市、富阳市、临安市落实了救助管理站的经费、用房和人员编制。至年末，全市共有救助管理站8个，建站工作全面完成。全年救助7692人，未发生差错事故。其中杭州市救助管理站救助6580人，占85.5%。市民政局、公安局、卫生局、城管执法局、财政局、城管办联合制定了《关于进一步完善流浪乞讨人员管理和救助工作的意见》，对市区20条重点道路和11个主要场所作出了限制乞讨、加强管理引导的规定。市城管办、公安局、城管执法局和民政局联合组建7支帮扶小分队，实行属地管理，具体负责宣传、告知、引导、劝离并护送流浪乞讨人员前往救助管理站。为扩大救助管理工作的社会参与，市民政局和团市委联合开展志愿救助活动，组建了杭州市志愿救助劝导服务队，有大学生、退休教师等100多人报名参加。志愿救助劝导服务队对乞讨人员进行面对面的劝导教育，较好地配合了7支帮扶小分队的工作。市民政局在火车站、汽车站、轮船码头等公共场所安装了61块救助管理引导牌。引导牌上印有救助条件、救助管理站的地址及求助电话，为乞讨人员求助提供了方便，也提高了市民的劝导意识。经过各方努力，市区重点区域流浪乞讨人员明显减少，社会各界反映良好。杭州市救助管理站被民政部评为全国民政系统基层窗口单位行风建设先进单位。（詹传东）

·残疾人事业·

【残疾人事业概况】 2004年，杭州市有残疾人21.66万人。其中，听力语言残疾9.1万人，视力残疾3万人，肢体残疾3万人，智力残疾2.9万人，精神残疾1.06万人，综合残疾2.6万人。

市残联认真贯彻落实市委九届六次、七次全会精神，牢固树立科学发展观和正确政绩观，围绕“五大战略”，破解“七大难题”、打造“平安杭州”，在残疾人就业、扶贫、教育、康复、文体活动等方面狠抓各项任务的落实，为推进杭州市二个文明建设，全面建设小康社会，率先基本实现现代化作出了积极的贡献。

【残疾人就业保障金改由地税征收】 建立和完善以促进残疾人劳动就业为重点的残疾人就业保障机制，是2004年杭州市残疾人工作的重中之重。残疾人就业保障机制最终体现在征缴残疾人就业保障金上。保障金征收由残联改为地税部门征收，不仅是全市分散按比例安排残疾人就业工作的一项重要举措，也是残疾人就业保障金征缴体制的重大改革。6月，市残联、财政局、地税局等单位出台《关于印发杭州市残疾人就业保障金征收管理暂行办法的通知》，明确市、区残疾人就业保障金统一由地税征收，使残疾人就业保障金的征收在缴费基数、征收核定及工作经费上制度化、程序化。7月1日起，市、区两级残联机构工作人员进驻各地税大厅服务窗口，开展业务咨询、发放宣传资料等相关工作。各级残联在人手少、时间紧、工作量大、任务重的情况下，在短短几个月内，认真审核用人单位申报缴纳保障金的情况，建立档案，修改完善相关征缴软件，为征收期间保障金的申报、征收、核算顺利进行打下了良好基础。

残疾人就业保障金改由地税征收后，增强了各企事业单位依法缴纳的意识，扩大了征收面，提高了收缴率，进一步促进了残疾人就业。全年安置1544名残疾人就业，其中分散就业339人，集中安置575人，个体就业289人，异地安置341人。在第14个“全国助残日”期间，市残联举办了第三届杭州市残疾人人力资源交流会，60余家用人单位提供了包括计算机、财务会计、操作工等数百个工作岗位，有550多名残疾人参加，315人签订了意向书，其中168人办理了用工手续。

【加强残疾人实用技能培训】 2004年，市残联切实加强了残疾人实用技能培训。为提高培训的针对性，新开设十余种实用技能培训，让残疾人学到更多谋生的技能，以更好地解决就业问题。如培训盲人按摩、肢残人手机维修、聋哑人计算机操作、木雕等，和劳动部门共同为学业优秀者推荐就业。全年共举办166期培训班，培训残疾人3876人，其中实用技术培训1145人，职业技能培训1083人，素质培训462人，法规培训384人，助学培训802人。有117名市区残疾人领取了劳动部门颁发的各类职业技能资格证书，培训质量和培训后的就业率不断提高。

【扶持农村残疾人发展种养业】 全年新增农村残疾人种养业基地63个，其中小康示范基地14个；投入扶持资金381.36万元，共扶持1257

名农村残疾人从事种养业，有278名残疾人成为当地种养大户。扶持农村残疾人发展种养业取得显著成效，至年底，累计有1600户残疾人家庭成为小康示范户，3968名残疾人脱贫，在临安建立了首个杭州市残疾人种植业示范基地。9月，召开全市残疾人种养业经验交流会，进一步推进农村残疾人种养业持续、健康地发展。市残联还会同财政局研究制定了《杭州市农村残疾人种养业扶持补助暂行办法》，并着手研究制定市级残疾人种养业示范基地的申报条件和标准，使农村残疾人种养业的扶持补助走上规范化的轨道。萧山区残联开展"百户残疾人种养殖业创业竞赛"活动，有105户残疾人家庭参加，苗禾大户利用自身优势开展帮困结对，为残疾人提供信息、技术和销售等服务，深受广大残疾人好评，开辟了一条个体就业的新路子。

【探索扶贫帮困新机制】 2004年，杭州市各级残联把为残疾人办实事作为工作重点，积极探索扶贫帮困新机制。切实履行困难残疾人"第一责任人"职责。在"春风行动"中，市残联认真做好市区农村困难残疾人家庭的调查摸底工作，完成172户残疾人家庭45.58万元救助金的发放。在此基础上，通过"春风行动"扩面工作，还有3017名困难残疾人得到各级残联总计150.9万元的补助，其中299名重度残疾人得到17.94万元的补助。西湖区残联开展"五进家门"活动，努力探索建立残疾人扶贫帮困长效机制，产生了较好的效果和较大的社会影响，得到西湖区委、区政府的好评。

探索农村新型合作医疗对残疾人特殊优惠政策。各区、县(市)残联协助卫生部门将农村残疾人纳入新型农村合作医疗体系，把低保残疾人家庭的个人承担部分纳入各级政府统筹安排，对低保以外残疾人的个人承担部分在残疾人就业保障金中予以补贴。萧山区残联全面推行农村残疾人合作医疗的个人承担部分由保障金支出，真正把残疾人的特殊优惠政策落到了实处。

深入开展节日慰问和结对帮扶。各级残联在元旦、春节慰问了5800多户残疾人家庭，慰问金达334.93万元。夏天气温高，持续时间长，给长期卧床不起的残疾人生活带来了很多困难。市残联在调查摸底的基础上，对市区558户残疾人家庭分别进行了走访和慰问，下拨经费10余万元，送去生活必需品和清凉饮料等。同时，继续动员社会力量开展结对帮扶。

加强对贫困残疾人家庭子女和残疾学生的助学工作。市残联召开杭州市残疾人特殊教育研讨会，对进一步发展特殊教育作了有益的研究和探索。全市有802名贫困残疾人家庭子女和残疾学生就学得到资助，全年发放助学金63.93万元。市残联还开展了特殊学校在校困难残疾学生生活状况的专题调研，计划把这些残疾学生纳入救助范围。

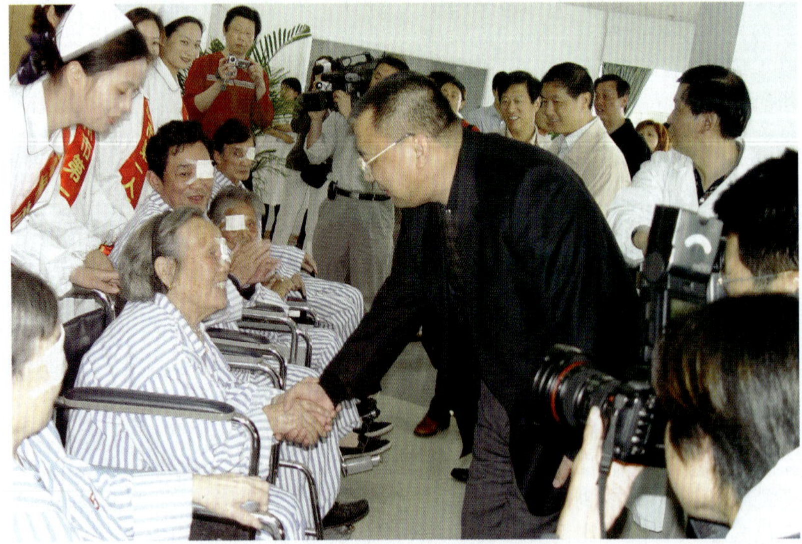

市领导慰问实施复明手术的困难白内障患者

【开展残疾人康复年活动】 2004年是杭州市残疾人康复工作年。市残联探索康复工作新模式，丰富康复服务内容，使全市康复工作不断完善和发展。

"光明行动"参与面广，宣传力度大，影响深远。通过赠送白内障复明卡和定点医院手术的方式，免费为无固定收入、无劳动能力的困难白内障患者实施复明手术的"光明行动"，得到了市委、市政府的高度重视和积极倡导。市委书记王国平先后两次深入病房看望患者，两次召开"光明行动"工作座谈会，听取市残联和卫生局的汇报；先后五次批示，强调"光明行动"必须与"春风行动"、与解决困难群众看病难、与创建全国文明城市和打造和谐社会相结合。"光明行动"也得到了社会各界的广泛关注和大力支持，近20家单位参与结对帮扶，共捐资22万余元。各级残联在当地党委、政府的重视和有关部门的支持下，以"出现一例，发现一例；发现一例，治愈一例"为目标，共筛选7500名白内障患者，为其中1402名生活困难白内障患者实施了免费复明手术，复明率达100%。

开展社区残疾人康复工作示范点创建活动。市残联制定下发了《杭州市社区残疾人康复工作示范点创建实施方案》及检查考评表，在全市开展创建社区残疾人康复工作示范点活动。在示范点创建、申报的基础上进行检查验收，确定小营巷、艮园等16个社区为杭州市残疾人康复工作示范点。各示范点都实现了"五个有"，即有康复员、有基础台帐、有康复训练场所、有康复训练器材、有家庭康复点，这16个示范社区为全市创建活动发挥了典型引路作用。

启动千名社区康复干部(员)业务轮训计划。为培养建设一支有爱心、懂业务、善钻研的社区康复员队伍，面向区、县(市)残联康复干部、街道(乡镇)残联工作人员和社区康复员，推出了千名干部业务轮训计划，至年底，已培训各类康复干部350余人次。

残疾人康复服务能力有新的提高。全年完成白内障复明手术2536例，聋儿语训128名，配发助听器83台，供应有关用品用具2214件，肢残康复训练335名。以"全国爱耳日”为契机，联合省、市聋儿康复中心在市区深入开展“防聋进社区”活动，各县(市)也围绕这一主题开展了形式多样、内容丰富的宣传教育活动。继续实施以装配假肢为主要内容的“助行工程”，与市卫生局协调依托市第三医院对杭州人人集团14位肢体残疾职工进行了肢体矫治手术检查，并成功实施了1例矫治手术。在江干区四季青医院进行专题调研，并在该医院成立杭州市社区精神(心理)康复指导中心，开设了残疾人心理咨询热线。

【推进无障碍设施建设】 杭州市是全国12个创建无障碍设施建设示范城市之一。2004年，市残联组建了一支由18名残疾人代表组成的残疾人无障碍设施督查员队伍，对城市道路、公厕、公共建筑无障碍设施建设和改造情况进行监督、检查。与新闻单位共同推出系列报道，形成宣传无障碍、督促无障碍的良好舆论氛围。配合市创建办举办了两次大型广场宣传咨询活动。4月至7月，参加有关部门的联合检查组，对市区城市道路、公厕、公共建筑进行了地毯式的检查，编制印发了无障碍宣传册。完善市本级康复培训中心无障碍设施修建，发挥其无障碍的示范窗口作用。信息无障碍是营造无障碍社会环境又一个重要方面，在进一步办好杭州电视台手语节目的同时，市残联与市直机关团工委联合举办市级机关青年手语培训班和手语竞赛，来自80多个单位的200多名团员、青年参加了手语学习和竞赛活动。

开展“无障碍设施进家庭”扶助活动。市残联在上城区试点的基础上，对各区(不含萧山、余杭区)部署开展了“无障碍设施进家庭”扶助活动，帮助280名重度残疾人免费安装了家庭无障碍设施，有效改善了残疾人盥洗等生活起居环境，得到全国无障碍设施检查组的充分肯定和好评。

【残联组织建设得到加强】 经过2003年市和区、县(市)残联先后召开代表大会换届选举，一批来自各条战线、综合素质好、年轻有为的干部充实到区、县(市)残联领导岗位，充满活力、富有效率的工作机制初步形成。2004年，市区的乡镇、街道残联工作得到加强。市残联分别在上城区和下城区开展乡镇、街道聘用专职残疾干事的试点工作，完善残联的组织网络，使每个街道残联达到“有专职干部、有办公场所、有服务载体、有联系网络”的一体化要求。这项工作得到市委、市政府的重视和支持，市委办公厅《关于进一步加强社区服务工作的通知》中，明确要求增加乡镇、街道从事残疾人管理工作的力量和经费投入，市区每个街道聘用1名从事残疾人管理服务的工作人员。市残联还召开了社区残疾人工作研讨会，组织社区干部专程赴上海学习社区残疾人工作的经验。

残联机构的健全和残疾人工作的加强，为维护残疾人合法权益和残疾人整体稳定提供了组织保障。全年受理残疾人来信来访1654件次，“12345”交办重要来件90件次，还办理了5件法律援助案件。来信来访来电处理率为100%，办结率和满意率均在98%以上。其中“12345”来件反馈率为100%，办结率100%。及时化解集体上访10余起500多人次，认真办结市领导批转的重要来信件，尽可能解决残疾人存在的实际困难，努力打造和谐社会。市残联被中残联评为全国信访先进单位。

市领导看望上城区南星街道工疗站的残疾人

加强对残疾人专门协会的领导。市残联制定下发了《关于贯彻落实杭州市残疾人专门协会试点工作意见的通知》，改善协会的办公条件，为协会开展工作提供方便和服务，完善和规范各项制度，并注重发挥各协会的优势和作用。各专门协会举办形式多样的讲座，开展丰富多彩的活动，通过“自我教育、自我管理、自我服务”，提高广大残疾人的素质。肢残人协会积极配合做好残疾人专用车的置换工作，聋人协会配合做好福利企业残疾人的队伍稳定工作，都作出了积极的贡献。

【市残联被评为依法管理“四小车”先进】 依法管理“四小车”是市委、市政府推进城市化战略的重要工作，有动力装置的有证残疾人专用车是“四小车”之一。残疾人专用车的置换和取消营运是残疾人事业发展史上的一件大事，既关系到社会的稳定，又关系到残疾人的切身利益。3月，市委办公厅、市政府办公厅公告了杭州市区(不含萧山、余杭区)依法管理“四小车”工作方案，市残联根据依法管理“四小车”办公室的统一部署，服从和服务大局，全力以赴地做好残疾人专用车置换工作。为配合搞好残疾人专用车的置换，市残联当好参谋，积极配合政府成立领导小组和5个工作组，明确工作职责，充分发挥城区残联和肢残人协会的作用，齐抓共管，形成合力。制订了应急预案，采取积极举措提升应急处理问题的能力。争取出台了关于“车辆置换”、“推荐就业”等九大优惠政策，为丧失劳动能力的残疾人争取到低保、代交养老金等待遇，努力做好有关车主的补偿、安置工作，解决残疾人的后顾之忧。精心组织残疾人专用车的选型和看样订货工作。做好残疾人的思想工作，引导残疾人专用车车主正确认识车辆置换的必要性，顾全大局。4月底，由于政府措施优惠，补偿到位，宣传有力，得到了广大残疾人专用车车主的理解和支持。全市顺利完成残疾人专用车置换，共回收有动力装置的有证残疾人专用车1251辆，占应置换总数的99.8%；有1044名残疾人专用车车主置换了新型残疾人专用车。市残联被市委、市政府评为杭州市依法管理“四小车”工作先进集体。

【残疾人社会活动环境日益改善】 2004年，市残联以残疾人重大节日为载体，通过新闻媒体广泛宣传残疾人事业，营造良好的社会舆论环境。开展“市领导与困难残疾人家庭共进年夜饭”、市领导慰问看望残疾人代表和走访慰问工疗站、“漂亮妈妈”(残疾儿童的母亲)评选等活动，各类报刊、电视、广播及网络等新闻媒体全年推出关于残疾人事业的报道有1531余篇(次)，基本做到每项残疾人的重要工作和重大活动，电视有形象，广播有声音，报刊有文章。

为创建全国文明城市，展示残疾人精神风貌，在杭州市电视台导视频道推出一则由残疾人倡导社会文明的电视公益广告。残疾人事业宣传纳入小学生思想品德教育课程。开展以“缅怀百年伟人，推进残疾人事业”为主题的系列活动，举行由市残联历届老领导、残疾人、残疾人工作者代表参加的座谈会，纪念邓小平同志诞辰100周年。

西湖博览会上有了残疾人活跃的身影。2004年西博会组委会赠送残疾人40张开幕式入场券，市残联精心组织，专车接送残疾人观看演出。法国尼斯狂欢节代表团一行30多人到市残联与残疾人联欢，150多名残疾人参加了交流活动。在西博会职工风采展示会上，残疾人亮相绝技绝活成了一道亮丽的风景线。

【残疾人体育健身活动蓬勃发展】 市残联组织开展全市残疾人体育人才普查，为备战2006年省第七届残疾人运动会、2007年全国残疾人运动会和2008年北京残疾人奥运会选拔后备人才。3月，举办杭州市残疾人青少年乒乓球、羽毛球锦标赛，来自10个区、县(市)的46名运动员参加比赛。赛后挑选8名优秀运动员参加浙江省青少年乒乓球、羽毛球锦标赛，取得了2金2银2铜的好成绩，其中4名运动员入选省队，并在2004年全国残疾人乒乓球、羽毛球锦标赛中获4枚金牌。6月，组织男、女坐式排球队代表浙江省参加2004年“交通杯”全国坐式排球锦标赛，获得男队第2名、女队第4名；富阳市残疾人轮椅篮球队代表浙江省参加2004年巨安杯全国轮椅篮球锦标赛，获第四名，并被大会组委会评为“体育道德风尚奖”代表队，4名运动员被评为“体育道德风尚奖”运动员。9月，杭州籍运动员郑雄鹰与队友一起在雅典残疾人奥运会上夺得女子坐式排球项目金牌，市政府领导出席了欢迎仪式和庆功表彰大会。同月，杭州市残疾人体育协会成立。10月，市残联与市体育局联合举办2004年杭州市残疾人田径锦标赛，近300名运动员、教练员、裁判员参加，114名运动员角逐跑步、铅球等12个项目的名次，淳安县代表队荣登团体榜首。11月，组织20名聋人运动员参加浙江省首届聋人运动会，名列总分第二，获得10枚金牌、9枚银牌、11枚铜牌，杭州市代表团还被评为组织奖和体育道德风尚奖。 (严云云)

·民族·

【民族概况】 据第五次全国人口普查数据表明，杭州市有42个少数民族，户籍人口4.48万人，占总人口的比例为0.65%。与第四次全国人口普查数相比，增加2.33万人，增长108.37%，占总人口的比例提高了0.28个百分点。超过千人以上的少数民族有回族、满族、畲族、壮族、苗族和侗族等，呈现大散居、小聚集的分布格局。

成立于1988年的桐庐县莪山畲族乡，是杭州市唯一的少数民族乡，面积28.73平方千米，辖13个行政村，总人口9800人左右，畲族占总人口的26%，有雷、蓝、钟、李四姓。至2004年，全乡拥有各类工业企业150余个，畲乡的高节竹种植已成为“浙江省特色林业基地”、“杭州市都市农业示范园区”、“桐庐县现代林业示范园区”。杭州市还有少数民族村26个，其中桐庐县12个，淳安县1个，富阳市2个，建德市8个，临安市3个。

【开展创建全国民族团结进步模范活动】 6月起，市民族宗教局根据国家的统一部署，在全市范围内开展了创建全国民族团结进步模范集体和个人活动。通过多种渠道宣传党的民族政策，学习优秀少数民族干部的先进事迹。联合市民族团结促进会，在《杭州日报》上开展纪念《中华人民共和国民族区域自治法》颁布实施20周年和《浙江省少数民族权益保障条例》颁布实施1周年的少数民族知识竞赛活动，开展了走进民族村系列报道。通过收集、整理1998年以来的民族工作情况，包括少数民族乡村的基础建设、教育投入、医疗卫生、结对帮扶、经济发展等，制定了全市少数民族社会全面发展的长远规划。

这次活动是在进一步贯彻落实党的民族政策的基础上进行的，密切了党和少数民族群众的联系，促进了少数民族乡村的经济发展。

【组织少数民族乡村干部外出学习】 4月，市民族宗教局为加快少数民族乡村经济建设步伐，提高经济发展水平，组织全市少数民族乡村干部赴温州最大的鸽业养殖龙头企业——平阳县星亮鸽业有限公司参观考察。该公司是平阳县梅溪乡书阁民族村创办的，他们与浙江大学等高校合作，以科技创新和技术进步为动力，不断提高管理水平，经济效益逐年上升，发展成全国最大的由少数民族创办的蛋鸽生产基地。书阁民族村的先进事迹，给大家留下了深刻的印象，看到了自己在民族经济发展中的差距，明确了今后的努力方向。

【召开清真拉面馆业主恳谈会】 1月9日，市民族宗教局组织近两百名来自中国西北地区的清真拉面馆业主汇聚在凤凰清真寺，举行了一场气氛热烈的恳谈会。清真拉面馆业主竞相发言，畅谈自己在杭务工创业的亲身经历和感受，盛赞中国共产党的民族宗教政策的全面贯彻落实，感谢市委、市政府和社会各界对他们在杭开办清真拉面馆的关心、支持和帮助，并决心在新的一年里，自觉服从政府的依法管理，走勤劳致富道路，做遵纪守法的好公民和文明经营者，努力为杭州市的经济建设和社会稳定服务。他们还表示，要把杭州先进的理念、开放的观念、文明的意识和创新的精神带回到西北家乡，为西部大开发和家乡的建设作出新的贡献。

“科技、文化、卫生三下乡”活动现场

【“三下乡”活动深受畲乡群众欢迎】 9月22日上午，市民族宗教局、市青联等部门组织的“走进民族村——开展科技、文化、卫生三下乡”活动在桐庐县莪山畲族乡拉开帷幕，乡政府大院内彩旗飘扬，人头攒动。来自杭州市科技、农业、文化、卫生和教育等部门的领导、专家，耐心细致地为畲族群众解答在种、养殖业方面碰到的困难和问题。为群众检查身体，把脉看病，送医送药。市教坛新秀与民族学校教师进行教学经验交流，市民族宗教局向莪山畲族乡民族学校赠送了篮球、羽毛球等体育用品。

这次“科技、文化、卫生三下乡”活动历时三个月，深受畲乡群众欢迎，对于进一步巩固民族团结、平等互助、共同繁荣的社会主义新型民族关系，具有重要意义。

【举办民族宗教工作业务培训班】 5月18日~28日，市民族宗教局在市委党校举办杭州市首期民族宗教工作业务培训班，市有关单位分管民族宗教工作负责人，各区、县(市)民族宗教局负责人，部分乡镇、街道分管民族宗教工作的负责人共35人参加。通过培训，使民族宗教干部进一步掌握了民族、宗教业务知识，增强了他们做好民族宗教工作的责任感和使命感。

【确保清真寺主麻日用电】 每周的星期五，是穆斯林群众主麻(聚礼)日活动的日子。由于杭州缺电严重，拉闸限电情况时有发生。每周五下午在凤凰寺进行的主麻活动，因偶尔拉闸限电，宗教活动受到影响。按照伊斯兰教的教义教规，穆斯林群众在每次主麻活动之前，必须举行净礼。主麻日一旦停电，将无法用热水举行净礼，影响正常的宗教活动。

在市领导的高度重视下，电力部门主动到凤凰清真寺了解情况，征求意见，对停电时间进行调整。自4月2日起，确保穆斯林群众主麻日活动用电，使这一问题得到了圆满解决。

【实施回族公墓征迁】 02省道余杭段改建工程是省、市交通建设的重点工程，工程建设涉及伊斯兰教协会回族公墓区域内的土地0.78公顷、房屋140平方米、坟墓16穴等需要征迁。为了确保02省道重点工程建设能顺利进行，市伊斯兰教协会从大局出发，经多次协商，终于达成共识，签订了征迁补偿协议。征迁工作于3月底完成。

【新建和保护清真寺领导小组成立】 2月2日，市民族宗教局在凤凰寺召开专题会议，研究落实市政府办公厅《关于凤凰寺文物保护和新建清真寺等问题的专题会议纪要》精神。会议决定成立新建和保护清真寺领导小组，下设办公室，主要职责是研究确定新建和保护清真寺工作方案，制定措施，抓好落实。会议要求新建和保护清真寺领导小组尽快开展工作，抓紧商调和招聘办公室工作人员，落实新建清真寺的规划定点和征地，确保各项工作的顺利开展。

11月9日，市政协副主席蒋福弟、曾东元带领部分政协委员共22人，视察了位于留下荆山岭的回民公墓、位于江干区四堡的新建清真寺定址地块和凤凰寺。

【慰问在杭服役的藏族战士】 11月14日，武警杭州支队的14名藏族战士，在市民族宗教局和武警杭州支队领导的陪同下游览了西湖和灵隐寺。

这些战士是杭州市武警部队中的首批藏族战士，入伍两年来为保卫和建设杭州这个第二故乡作出了积极的贡献。市民族宗教局领导专程前往部队进行慰问，并送上了慰问品。听说他们一直没有机会游览西湖，特地组织了这次活动。来自西藏等地的战士们感谢社会各界的关爱，表示决不辜负第二故乡人民的厚爱，无论在哪里都要为祖国建设作出应有的贡献。 (雷俊峰)

·宗教·

【宗教概况】 杭州市五大宗教俱全，信徒众多，影响深远。至2004年底，全市经政府登记的寺观教堂及简易活动场所890处，其中正式登记开放的676处(佛教33处、道教1处、伊斯兰教1处、天主教11处、基督教630处)，保留登记的169处，临时登记的45处；有教职人员827人。可统计的宗教信徒有基督教21万多人、天主教2400多人、伊斯兰教3000多人，佛、道教人数无法统计。

全市宗教界人士响应“宗教与

社会主义社会相适应”的号召，拥护中国共产党的领导，拥护社会主义制度，积极参政议政，关心社会发展，关心社会人群。发扬各自特点，利用宗教优良的传统、教义教规和道德，教育影响广大信徒。积极参加社会公益事业，开展为民服务、救困济贫活动。各教办好教务，为构建和谐社会，发展经济建设，创造良好的环境。修建并管理好寺观教堂，传扬优良的宗教文化，为杭州的旅游事业服务。

4月6日，省委书记习近平在省委副书记梁平波，省委常委、秘书长张曦，省政协副主席、省委统战部部长李青，省委副秘书长孙文友和省民族宗教事务委员会主任钟小毛等陪同下，到杭州市伊斯兰教协会和凤凰寺、天主教的天主堂、基督教的思澄堂及道教的抱朴道院进行了宗教工作调研，对近年来所取得的成绩表示满意。

【召开全市宗教工作座谈会】 9月2日，市委、市政府召开全市宗教工作座谈会，市委副书记于辉达在会上作了“以‘三个代表’重要思想为统领，全面推进我市宗教工作”的讲话。市委常委、统战部部长徐松林和副市长项勤也讲了话。

会议指出，必须以邓小平理论和“三个代表”重要思想统领宗教工作，深刻领会全国、全省宗教工作座谈会精神，充分认识新形势下做好宗教工作的重要性、紧迫性。正确理解社会主义初级阶段的宗教问题，全面贯彻执行党的宗教信仰自由政策，依法管理宗教事务，充分发挥爱国宗教团体的积极作用。坚持独立自主自办原则，积极引导宗教与社会主义社会相适应。

【举行第二届吴越佛教文化与社会研讨会】 杭州佛教文化在长期的历史传承中形成了自身的鲜明特色，并对中国传统文化的整体发展产生了重要影响。永明延寿大师是中国佛教界一代宗师，净土宗六祖，也是中国汉族地区重点寺院——净慈寺的第一任方丈。

11月10日~12日，由市佛教协会、市宗教与社会主义社会相适应研究会主办，市佛学院承办的第二届中国杭州吴越佛教文化与社会研讨会暨纪念永明延寿大师诞辰1100周年在杭州举行。来自各地研究机构和大专院校的专家学者，以及佛教界高僧大德共80多人参加。会议围绕永明延寿大师一生潜心研究佛学，倡导融会各宗派教理，著述立说，积极实践佛教教义，对后代中国佛教的发展产生巨大影响等方面进行了深入的研究与探讨。研讨会收到学术论文50余篇，其中不乏具有较高学术价值的论文。会议期间，在净慈寺隆重举行了永明塔院揭碑仪式。揭碑仪式结束后，有数千人参加了净慈寺举行的吉祥法会和放生仪式。

【福星观和老玉皇宫移交市道教协会管理】 玉皇山福星观、老玉皇宫原为著名道教活动场所和历史文化胜地，在海内外享有很高的声誉。由于历史的原因，玉皇山福星观、老玉皇宫的管理使用权几经辗转，后为市园文局所属凤凰山管理处管理使用。

为妥善解决这一历史遗留问题，市委就解决道教玉皇山房产问题进行了专题研究。在市委、市人大、市政府和市政协领导的关心重视下，各有关单位本着“尊重历史，面对现实，顾全大局，力求解决”的原则，从有利于杭州旅游业的发展，有利于解决道教实际问题的大局出发，于6月10日达成《玉皇山福星观、老玉皇宫移交协议书》，玉皇山福星观、老玉皇宫等有关建筑和场地正式移交给市道教协会管理使用，面向市民和游客开放。

玉皇山福星观和老玉皇宫移交市道教协会管理使用是杭州市宗教界的一件大事，影响深远。此举尊重了道教界人士的宗教习俗和感情，不但帮助道教实现了“乾坤分宗”的现实问题，也有利于进一步整合杭州旅游资源，实现宗教历史文化遗产保护与杭州经济社会发展的有机结合。

【市基督教两会召开全体委员会议】 杭州市基督教两会本届（三自爱国运动委员会为第七届、基督教协会为第五届）第二次委员会会议于3月30日在基督教女青年会召开，全体委员听取、审议并通过了常务委员会所作的工作报告。会议认为，教会必须坚持走三自爱国的道路，加强神学思想建设。要加倍努力，固本强身，筑起抵御渗透的牢固防线，发挥基督教教义的积极因素，与社会主义社会相适应。会议号召，全市各地教会要认真贯彻杭州市基督教两会本届委员会第二次会议的精神，引领信教群众爱国爱教，服务社会，为杭州教会的健康发展尽心尽力。

【天主教杭州教区管理委员会成立】 4月27日，来自杭州教区5个市（杭州、湖州、嘉兴、金华、衢州）的神长、教友代表，举行天主教杭州教区管理委员会成立大会。新成立的天主教杭州教区管理委员会由15位神职人员和教友代表组成，曹湘德主教任管委会主任，方法全神父、郑家

省委书记习近平在市伊斯兰教协会调研

茂神父任管委会副主任。多年来,天主教杭州教区坚持独立自主自办教会的方针,广大神长教友爱国爱教,团结进步,坚持走与社会主义社会相适应的道路。教区管理委员会的成立必将推动教区的各项工作朝着更加健康民主的方向发展。

【杭州佛教文化中心奠基】 12月28日,杭州市佛教界及有关人士近200人欢聚在灵隐法云弄,为杭州佛教文化中心开工举行隆重的奠基典礼。

以佛教文化为主要内涵的灵隐景区是杭州风景旅游城市的亮点,它以独特的自然风光和佛教历史文化吸引了无数的海内外朋友前来观光游览。杭州佛教界根据市政府希望加快灵隐景区建设的要求,努力挖掘历史文化内涵,发挥佛教界的优势,为杭州的经济建设和创文化名城增光添彩,积极做好佛教文化中心建设的各项准备工作。市佛教协会表示要发扬艰苦创业,开拓创新,与时俱进的精神,把灵隐景区和佛教文化中心建设好,为杭州成为更加亮丽、和谐的"人间天堂"作出新的贡献。

【灵隐寺消防安全专项治理成绩显著】 7月23日,公安部、国家旅游局、国家宗教事务局、国家文物局联合督查组在省、市有关部门领导的陪同下,对灵隐寺就学习贯彻上述4部、局关于开展古建筑消防安全专项治理的情况进行检查。

通过实地查看,督查组对市民族宗教局高度重视寺院的古建筑消防安全工作、灵隐寺认真贯彻落实专项治理所取得的成绩,给予了充分肯定。对灵隐寺集资600万元改造周边区域的市政供水系统,解决寺院消防用水,投入巨资建造3座容量分别为100吨、150吨、250吨的消防水塔,开通全长450米、宽3.50米的消防通道,安装电视监控系统和红外线报警系统等措施给予好评。督查组高度赞扬市佛教协会宣传提倡的"一分诚心,三柱清香"文明进香做法,他们认为,改变点烛方式,由以前的明火蜡烛改变成可回收的节能干电蜡烛,既增强了环境保护,又杜绝了蜡烛的不安全性,表示要在全国寺庙及有关单位推广。

【市基督教召开神学思想建设研讨会】 5月31日,市基督教两会在市基督教青年会召开第二次神学思想建设研讨会,来自全市各地的教牧人员、基层教会负责人、信徒代表160多人参加了会议。会议收到神学思想建设研讨文章22篇。

神学思想建设研讨会的召开,表明杭州市基督教神学思想建设从理论探讨逐步深入实践,深入基层。通过对宗教教义积极因素的挖掘,用正确的圣经观阐述圣经伦理与公民道德建设的关系,使广大教牧人员与信徒认识到神学思想建设,不仅是教会顺应时代要求、自身发展的客观需要,也是与社会主义社会相适应的必由之路。

【天主教杭州教区读书会在杭举行】 8月9日~10日,天主教杭州教区在杭州举行读书会,来自杭州教区5个市的神长、教友共40人参加。读书会通过专家讲座、讨论交流等形式,帮助大家全面理解宗教工作的基本方针,进一步了解中国天主教独立自主自办教会的发展历史,正确认识当前宗教工作的形势,教育和引导他们有效抵御境外渗透,维护安定团结的政治局面,为全国人民聚精会神搞建设,一心一意谋发展营造良好的社会环境。他们决心在党和政府的领导下,始终不渝地走爱国爱教的道路,积极推动天主教民主办教进程,为改革、发展、稳定作出应有贡献。

【召开学习《宗教事务条例》座谈会】 11月30日,国务院总理温家宝签署国务院第426号令,公布《宗教事务条例》,这是中国第一部宗教方面的综合性行政法规。12月28日,市民族宗教局召开杭州市宗教界学习贯彻该条例的座谈会,各爱国宗教团体负责人畅谈了他们学习的体会。他们说,制定《宗教事务条例》是宗教界人士和信教群众的迫切要求,是贯彻落实新世纪、新阶段党的宗教工作基本方针的重要保障。

【交流宗教文化与旅游的协调发展】 3月25日,杭州市副市长项勤在新侨饭店会见广东省韶关市副市长杨春芳率领的韶关市考察团一行,并举行宗教文化与旅游协调发展交流座谈会。市政府副秘书长杨菊芳、市委政研室、市民族宗教局、旅委、园文局、文化局等部门的负责人参加座谈。座谈会围绕加强宗教活动场所管理,宗教文化与旅游的协调发展,宗教活动场所与风景区关系的协调处理等方面进行了交流。

(雷俊峰)

·人民生活·

【城乡居民收入继续增长】 2004年,杭州市城乡居民收入继续增长。据抽样调查,市区居民人均可支配收入14565元,比上年增长12.9%,增幅比上年提高3.4个百分点,扣除价格因素实际增长10.1%,比全省平均增幅高2.7个百分点,比全国平均增幅高2.4个百分点。

从市区居民收入构成来看,工薪收入仍是拉动居民家庭收入增长的主要因素。2004年,市区居民人均工薪收入10600元,比上年增长10.3%,工薪收入占家庭收入的比重为66.5%,降低1.5个百分点,拉动收入增长7%。其中各类单位职工工资性收入9962元,增长8.8%。个体经营净收入和从事临时性的其他劳动收入快速增长。调查显示,人均经营净收入667元,增长56.6%。从事临时性的其他劳动收入人均638元,增长41.5%。转移性收入继续较快增长。居民收入的转移性收入是指国家、单位、社会团体对居民家庭的各种转移支付和居民家庭间的收入转移,主要包括离退休(养老)金、失业救济金、最低生活保障金、赠送收入以及社会的各种捐助等。2004年居民家庭的转移性收入不断增加,人均为4416元,增长14.1%,占家庭收入的比重由上年的27.4%上升为27.7%。投资收入多元化趋势明显。2004年,市区居民家庭人均财产性收入250元,增长14.7%,其中出租房屋收入人均131元,增长74.7%;股息和红利收入人均82元,增长22.4%;保险收益增长3.1倍,从事股票投资、保险以外的投资行为所获得投资收益人均14元;而以往居民投资收入的主要途径存款利息收入却下降77.5%。高、低收入户收入之比有所缩小。2004年,杭州市采取积极措施,解决困难群众的生产生活问题,取得了较好成效。在调查的500户城市居民家庭中,20%的低收入户人均可支配收入为6528元,增长18.5%,超过平均水平增幅5.6个百分点。20%的高收入户与20%的低收入户人均可支配收入之比由上年的4.93∶1缩小到4.32∶1。

2004年,由于一系列利农惠农政策的出台和落实,全市农村人均纯收入得到长足增长,达到6382元,比全省平均高286元,比上年增长11.2%,扣除价格因素实际增长8.5%,高于全省平均增幅1.1个百分点,高于全国平均增幅1.7个百分点,增幅为1997年以来最高的一年。从农村居民收入构成来看,工资性收入人均3611元,占总收入的56.6%,增长9.9%。在农村居民人均纯收入中,外出劳务收入明显增长,从上年人均的574元提高到630元,增长9.8%;农民从本地企业得到的报酬收入人均2361元,增加229元,增长10.7%;来自非企业组织方面的劳动报酬收入人均620元,增长6.7%。家庭经营性收入有较大增加,来自第一产业收入明显回升。2004年农村居民家庭经营性收入人均2458元,增加313元,增长14.6%,增幅与上年相比提高了6个百分点,占农民人均纯收入的38.5%,提高1.1个百分点。分不同产业来看,第一产业收入人均1365元,增加114元,增长9.1%,增幅明显回升。在第一产业收入中,农业、林业、牧业和渔业收入分别达960元、96元、272元和37元,增幅分别为9.1%、21.5%、5.4%和8.8%;农民家庭经营第二、三产业收入人均1093元,增长19.6%。其中,以家庭加工业为主的第二产业收入人均达391元,在2003年增长8.7%的基础上,2004年又增长8.3%;农民家庭经营批零贸易餐饮业、社会服务业等第三产业收入人均达702元,增加149元,增长26.9%。收入的非农倾向进一步强化。随着经济结构的战略性调整,农村经济的快速发展,从事农业第一产业的劳动力逐步向农村第二、第三产业转移。2004年,全市农村劳动力在非农行业就业的达161.59万人,增加9.04万人,增长5.9%。

【市区居民年消费支出首超万元】 随着居民收入的稳步提高,消费性支出也同步增长。据市城调队对市区500户居民的调查资料显示,2004年市区居民人均消费性支出11213元,首次超过万元,比上年增长12.7%,增幅提高4.7个百分点。市区居民家庭消费支出占家庭支出的比重由上年的77.7%上升到79.3%,边际消费率为75.8%,提高9.9个百分点。粮油类和在外就餐支出大幅增长。受食品价格上涨影响,居民用于食品支出增加,占消费支出的比重有所上升,恩格尔系数出现反弹。调查显示,2004年居民家庭消费性支出中,人均食品支出4421元,增长14.7%,食品支出占消费性支出的比重(恩格尔系数)由上年的38.7%上升至39.4%,提高0.7个百分点。扣除食品价格上涨因素实际增长5.9%,即市区居民增加的568元食品支出中,其中339元是由于价格上涨多支出的,有229元是用于改善食品消费的。受粮食类价格上涨影响,市区居民用于粮食类和油脂类的支出人均分别为260元和80.95元,分别增长26.3%和31.0%。居民在外就餐支出人均963元,增长20.4%;肉、蛋、菜、水产品及干鲜瓜果人均支出1934元,增长11.3%;人均糕点、奶及奶制品支出257元,增长6.2%。交通通讯支出快速增长,汽车消费成为亮点。2004年,市区居民人均交通通讯支出首次突破千元,增幅为八大类消费支出中最高,占消费支出的比重由上年的第4位上升到第3位,仅次于食品支出和文化教育支出。调查显示,居民人均交通通讯支出达1280元,增长33.5%,其中人均交通费支出614元,增长67.8%。汽车等交通消费增长加快。居民用于交通工具的支出人均达324元,增长1.7倍;其中汽车消费人均236元,增长4倍,成为消费的新亮点。居民人均通讯费支出666元,增长12.3%,每百户居民家庭拥有手机144部,增加19部。文化娱乐需求不断增加,团体旅游支出强劲增长。2004年市区居民人均文化娱乐教育费支出1717元,增长13.1%,占消费性支出的比重为15.3%。其中文化娱乐服务费支出人均398元,增长36.7%;参加团体旅游的支出人均263元,增长80.1%;人均文化娱乐用品支出390元,增长15%,每百户电脑拥有量56.7台,增加11台;人均教育费支出929元,增长4.6%。

【医药费支出下降】 2003年9月,杭州市为解决群众"看病难"问题,出台实施了"四改联动"一系列政策,群众"看病难、看病贵"的问题得到了逐步缓解。据调查,2004年市区居民人均医疗保健费支出855元,比上年下降2.2%;其中药费支出人均407元,下降3.1%。随着生活水平的提高,人们的保健意识逐年增强,滋补营养品需求逐年上升。2004年,市区居民人均滋补保健品支出259元,增长14.6%;人均保健器具支出15元,增长36.4%。家庭设备用品支出呈下降趋势,家政服务支出增长迅速。近年来,居民家庭设备耐用品拥有量趋于饱和,一些科技含量高的耐用消费品还未完全被居民家庭所接受,居民持币待购现象加重,更新放慢,家庭设备用品消费受到制约。与此相反,居民对家政服务的需求却呈快速增长的态势。2004年,市区居民用于家庭设备及服务的消费561元,下降4.1%,其中耐用消费品支出人均275元,下降6.1%;家政服务支出人均37元,增长23.3%。

【农民生活质量稳步提高】 农民增收,为生活质量稳步提高打下了物质基础。据抽样调查资料显示,2004年全市农民人均生活消费支出4993元,比上年增加415元,增长9.1%。从各类消费情况看,农民的消费层次在提升,总体生活质量已经从基本小康型向发展型、享受型迈进。食品消费结构改善。2004年受食品价格上涨影响,恩格尔系数出现反弹。全年食品消费支出人均1916元,增长15.4%,恩格尔系数为38.4%,比上年的36.3%上升2.1个百分点。在食品消费中,主食逐年下降,副食品则逐年上升。2004年在粮食全面提价的情况下,人均消费谷物支出313元,占食品支出的16.3%,回落1.2个百分点;肉、禽、蛋及奶制品消费426元,占食品支出的22.2%,增长13.0%;蔬菜消费158元,占食品支出的8.2%,增长9.7%;水产及其制品消费134元,占食品支出7.0%,增长2.3%。在外用餐人均支出190元,增长18.8%。同时,方便、卫生、休闲、保健食品也大量进入了普通农民家庭。衣着消费增长明显。随着收入的提高，农民对衣着不再仅仅作为保暖御寒的基本需要，已逐渐成为展示自我，体现个性风貌的标志，尤其是农村青年对衣着越来越讲究。据调查，农民人均衣着消费282元，增长16.0%。其中，购买服装人均支出200元，增长17.6%；购买鞋类人均支出62元，增长10.7%，农民穿着已基本实现成衣化。文教娱乐消费趋热。农民在满足物质需求后，对提高自身的教育、健康水平以及充实精神文化生活愿望增强，推动消费结构向高层次提升。2004年用于文教娱乐消费支出人均656元，增长8.6%，其中机电消费品支出因电脑软件、音像制品等降价减少27元，下降28.7%；教育服务支出增长21.3%；文化、体育、娱乐消费支出增长25.0%。社会化服务消费支出继续增长。调查显示，2004年农民用于服务性消费的支出人均1538元，增长8.4%，占总生活消费支出的比重达到30.8%。服务性消费支出比重的增加是农村社会化服务水平提高的结果，更是农民生活质量提高的重要标志。

【移动电话成为农村消费新亮点】 2004年，杭州市农村电话普及率为90.2%，已达到较高水平，而移动电话由于新产品的不断推出和价格的大幅度下降，吸引了更多农民购买，成为农民通讯消费的新亮点。年末，每百户农户移动电话平均拥有量达90.6部，比上年增长20%，拥有量首次超过固定电话。家用电脑每百户农户拥有7台，增长19.9%。随着农民收入的不断增加，家庭设备用品需求的档次逐年提高，新一代的全自动洗衣机、空调器、电脑已进入农家。2004年末，平均每百户农民家庭拥有彩电116台、电冰箱63台、洗衣机50台、空调器30台、热水器37台，分别比上年增长1%、8.6%、8.7%、16.7%与8.8%；家庭生活用汽车每百户2.4辆，增长84.6%；摩托车每百户拥有60辆，增长10.0%。

【居住条件不断改善】 2004年，市区居民人均居住使用面积17.8平方米，比上年增加0.6平方米；自有房（私房、房改房和商品房）比重达89.8%，提高0.7个百分点。居民人均住房支出1062元，增长2.3%。人均住房消费509元，增长7.2%；其中装潢支出418元，增长7.7%。水电燃料费人均支出526元，与上年基本持平；其中由于用电紧张实施节约用电，电费支出下降3.3%。

年末，全市农民人均居住使用面积58.9平方米，比上年增长7.7%。使用液化气的家庭比重由上年的47.0%上升到53.0%，30.6%以上家庭厨房装上了抽油烟机，81.2%的农户拥有洁净的卫生设备，农民用于居住的消费服务性支出增长13.8%。（钟　河）

·计划生育·

【计划生育概况】 2004年，市委、市政府高度重视人口和计划生育工作，把它纳入经济社会发展的总体规划，综合决策，统筹安排。2月19日，在市人代会期间召开全市计划生育国土资源环境保护工作会议。7月15日，市委、市政府召开上半年人口形势分析会，总结工作，分析形势，部署安排下半年任务。9月23日，邀请全国人大常委会副委员长蒋正华，在市委理论学习中心组会上作了题为《21世纪中国人口战略》的专题报告。市委党校与市计生委联合召开人口理论教学研讨会，将人口理论列入了市、县两级党校主体班的教学内容，全年举办人口理论讲座182次。市四套班子领导多次深入淳安、建德、桐庐、临安等地调研指导，督查人口和计划生育工作的重点、难点问题。市人大对本届政府的人口和计划生育工作进行了专题评议。12月14日，召开杭州市人口与计划生育领导小组会议，市委、市政府主要领导参加听取市计生委关于2004年全市人口与计划生育工作情况及2005年工作思路的汇报，研究决定开展农村部分计划生育家庭奖励扶助制度试点、建立杭州市青少年生殖健康服务中心、由市委办公厅和市政府办公厅联合下发《关于进一步加强基层计划生育干部队伍建设的意见》。各区、县(市)坚持党政一把手亲自抓、负总责，进一步加强了对计划生育工作的领导。各相关职能部门制定并落实了一系列加强计划生育工作综合治理的措施，做到职责明确，管理有据，初步形成了齐抓共管的"一盘棋"工作格局。

杭州市紧紧围绕全面建设小康社会，率先基本实现现代化的战略目标，以稳定低生育水平为中心，以开展优质服务为抓手，以深化综合改革为动力，与时俱进，开拓创新，卓有成效地推进了人口与计划生育工作，为全市人口与经济社会全面协调可持续发展作出了新的贡献。根据计划生育统计报表显示，2004年人口与计划生育主要指标执行情况良好，经省年终检查考核，全面完成省政府下达的各项目标任务。出生人数58718人，出生率9.08‰，自然增长率3.71‰，低于省政府下达的年度人口计划指标；计划生育率

全国青少年性与生殖健康教育学术研讨会

10月27日,在淳安县举办"关注男性健康、提高生活质量"计生大家谈。

97.98%,比上年提高0.21个百分点,比省政府下达指标高出2.98个百分点;出生婴儿性别比104.34,比上年下降2.08,大大低于全国、全省平均水平,继续控制在省政府下达指标107以内;全市没有发生违反计划生育有关规定的事件和行政侵权行为。计划生育信访按时结案率和优质结案率都达100%,重复信访明显减少,没有发生群体访和集体访情况,市计生委连续五年被评为杭州市信访工作先进单位。继萧山区之后,余杭区又荣获全国计划生育优质服务先进区称号。

【拓展青少年青春健康服务】 市计生委把青少年青春健康宣传、教育作为优质服务的重要内容,2004年组织开展生活技能培训,共培训校内学生14.78万人次,校外青年6.97万人次。承办了联合国第五周期项目培训班。成立青少年紧急避孕援助中心,为83名非意愿妊娠少女提供了免费救助。积极开展"亲青"服务,开设网上青春课堂咨询栏目,保持两条青春健康热线24小时畅通,请专家和志愿者对青少年免费提供性心理性生理咨询服务。11月,全国青少年性与生殖健康教育学术研讨会和中计协/美国帕斯青春健康项目工作会议先后在杭州召开,杭州市均作了经验介绍,并提供了现场观摩点,受到美国适宜卫生组织官员、国家计生协会领导及与会专家的高度评价。

【深化新型生育文化建设】 杭州市以"婚育新风进万家活动"为载体,继续推进新型生育文化建设"4251"工程(4个区、县〈市〉,20个乡镇、街道,50个社区,100户家庭达到生育文化建设先进目标)。2004年进一步创新宣传形式,在广播电台、电视台举办专题栏目,在休闲广场举办访谈、对话等活动,运用多媒体和信息网络技术,开设网上人口学校,广泛开展宣传教育。上城区在吴山广场举办了一场别开生面的"百姓开讲"大型电视专题节目,专家与几千名市民面对面开展了女性话题讨论,倡导男女平等新风,关心、关注、关爱女孩。拓展宣传范围,加强生殖保健、艾滋病预防等知识宣传,尤其是对青少年、大学生的青春健康宣传教育。市计生委举办了"中小学独生子女家庭教育"科普讲座;西湖区开展了人口文化进校园活动,教育大学生树立科学、文明、进步的婚恋观念。新型生育文化园区建设不断深化,下城区马寅初人口文化纪念馆、西湖区浙江大学人口文化园、余杭区良渚文化园等,增添了生育文化亮点,提高了宣传教育的品位。临安市计生局与民营企业共同创建的大峡谷生态婚育文化风情苑,自3月开园至年底,已接待游客10万多人,使游客在休闲娱乐中接受了新型生育文化的熏陶和教育。市委宣传部、市计生委等部门联合检查验收了生育文化建设"4251"工程实施工作,对下城、临安、拱墅、富阳等4个先进区(市),上城区小营街道等22个先进街道(乡镇),上城区望江街道在水一方社区等50个先进社区(村)和100个先进示范户进行了表彰,并总结推广了他们的先进经验。

【加强流动人口计生管理服务】 7月,为进一步加强流动人口计划生育管理服务,市政府成立杭州市流动人口综合管理领导小组,设立了流动人口计生管理服务中心,各区、县(市)和一些乡镇也先后组建流动人口计划生育管理机构,并对管理服务人员实施培训,初步形成了全市流动人口计生管理服务网络。坚持以人为本,对流动人口开展市民化、亲情化、人性化、信息化管理服务,与户籍人口一样同宣传、同管理、同服务、同免费供应避孕药具。为了方便外来人员在杭务工、创业、居住和生活,市计生委通过调研,下发了《关于外来育龄人员临时婚育证明由现居住地发放的有关规定》,及时为外来育龄人员办理临时婚育证明。据统计,全市为外来女性落实节育措施达96.6%,比上年提高0.7个百分点。各区、县(市)因地制宜,探索出许多行之有效的管理服务模式。桐庐县实行"三证合一"、"五个统一"管理,公安局、计生局、劳动保障局等部门联合开展管理服务;余杭区实行"以外管外"管理,在外来人员比较集中的村建立计生协会,由有一定能力和影响的外来人员负责自我管理、自我服务;淳安县实行"零距离"管理,对流入人口和外出人口分别采取"层级制"和"跟进制"管理办法,受到省人口计生委领导的肯定。10月,由市政法委牵头,召开全市流动人口计划生育工作会议,总结推广了各地的成功经验。市委宣传部和市综治办、公安局等9部门联合出台加强流动人口计生工作的意见,并对各区、县(市)人员到位、经费落实、职责履行、行政执法及管理服务等开展了全面检查评估。据统计,全市流动人口计划生育管理服务率86%,孕环情监测率85.8%,均高于省考核的要求。对55例不履行流动人口计生管理服务的单位及住房出租户实施了处罚。

【综合治理出生人口性别比】 杭州市针对部分地区出生人口性别比偏

高问题，市政府于8月召开出生人口性别比综合治理工作电视电话会议，组织开展专项治理活动。市计生委与市委宣传部、市卫生局、公安局、药品监管局等部门联合下发《关于进一步开展性别比偏高集中整治工作的实施意见》，并对富阳、桐庐、建德、淳安、余杭、上城等重点区、县（市）进行了专项督查。各地都切实加强源头管理，建立完善管理制度，给辖区内B超医生建立检查档案，发现问题严肃追究责任。同时，大力推进"关爱女孩工程"，营造男女平等社会新风尚。据年底计生统计报表显示，全市出生人口性别比稳中有降，达到104.34，比上年下降2.08，取得了近年来最好的成绩。

【做好薄弱地区工作转化】 2004年，杭州市继续做好计划生育后进地区的转化工作，市政府分管领导与建德市党政主要领导座谈，研究落实对策措施。市计生委对建德市计生工作开展经常性调研指导、督促检查。建德市党政领导高度重视，采取有效措施，使计生工作有了明显进步，全年计划生育率达到96.67%，比上年提高5.73个百分点。5月，市计生委集中人员、集中时间对富阳市大源镇、场口镇和桐庐县江南镇等计生工作薄弱乡镇进行了为期一个月的专项指导督查，帮助落后乡镇查找问题，提出对策建议。富阳市、桐庐县也都制定落实整改措施，加大考核督查力度。在省、市组织的对计生工作落后乡镇工作暗访中，首次未发现统计"水分"。为了加大对重点乡镇的指导帮扶力度，市计生委会同有关县（市）政府，通过深入调研，把基层基础工作较差、统计误差率高、计划外出生占全市23%的11个乡镇，确定为市、县（市）两级重点指导帮扶乡镇。市政府专题召开重点乡镇计划生育工作座谈会，市人口与计划生育领导小组下发指导意见，明确市、有关县（市）和乡镇三级的工作职责，力争通过三年的重点指导帮扶，彻底扭转落后被动局面。10月，市政府分管领导深入富阳市、桐庐县计生工作薄弱乡镇进行调研指导，进一步推动了这些乡镇的计划生育工作。

【实施避孕药具管理服务工作改革】市计生委积极探索、创新管理服务方式，推进城区避孕药具管理服务工作改革。5月31日，召开杭州市城区避孕药具管理服务工作改革新闻发布会，从6月份起，在社区、单位、药店、医院、宾馆、流动人口办证点等设立1955个设有统一标志的免费避孕药具供应点。通过改革，城区避孕药具管理和服务实现了四个转变：由单一供应户籍人口向纳入现居住地管理的流动人口同免费供应转变；由辖区单位领取向城区任何一个免费供应点凭证领取转变；由以固定时间提供服务向24小时全天候服务转变；由计生系统独家发放向卫生、药品监管等部门共同参与发放转变。由于改革成效明显，不仅受到广大群众的欢迎，而且得到国家和省人口计生委领导的充分肯定，还在国家计生情况通报上作了介绍，湖南省及台州、温州市等省内外多家计生部门来杭州考察取经。

【举行人口和计生工作新闻通报会】为了增强全社会的人口忧患意识，加强人口宏观调控和综合治理力度；开展人口信息的动态监测和分析，促进人口与经济、社会、资源、环境的协调发展和可持续发展；引导广大人民群众依法科学自觉地调节生育行为；为市委、市政府及相关部门促进资源的合理调配提供人口信息服务。12月8日，市计生委首次举行全市人口和计划生育工作情况通报会，市计生委主任陈国妹向社会和新闻媒体发布了2004年度全市人口和计划生育工作情况、2005年至2010年的人口出生情况预测、劳动年龄人口、人口老龄化及流动人口等情况，并回答了记者提问。会上决定，从2004年起，市计生委将建立人口和计划生育信息通报制度，每年向社会和新闻媒体发布一次全市人口和计划生育信息。（陈赛权）

·老龄工作·

【老年人数及居住分布】 2004年底，杭州市60岁及以上老年人92.62万人，占总人口的14.21%；65岁及以上老年人70.78万人，占总人口的10.86%；70岁及以上老年人47.12万人，占总人口的7.23%。市区60岁及以上老年人58.65万人，占总人口的14.60%；65岁及以上老年人44.42万人，占总人口的11.06%；70岁及以上老年人30.24万人，占总人口的7.53%。据8月底统计，全市百岁以上老人以虚岁计（1905年12月底前出生）共173人，其中男30人、女143人；以周岁计（1904年12月底前出生）119人，其中男22人、女97人。年龄最大的是下城区胜利社区的濮国庆老人，1897年2月出生。以虚岁计的百岁老人居住分布为：上城区22人，下城区13人，江干区14人，拱墅区5人，西湖区17人，西湖风景名胜区2人，滨江区4人，萧山区40人，余杭区19人，桐庐县8人，淳安县1人，建德市7人，富阳市11人，临安市10人。

【制定为老年人办实事意见】年初，市老龄工委根据《杭州市发展老龄事业"十五"计划纲要》，围绕"六个老有"（老有所养、老有所医、老有所教、老有所学、老有所为、老有所乐）的目标，制定下发了《2004年至2005年杭州市为老年人办实事意见》，内容包括建立覆盖全市的失地农民社会保障制度、加快实施农村"五保"和城镇"三无"老人的集中供养、建立新型农村合作医疗制度和医疗救助制度、实施市区退休人员门诊医疗费的社会统筹管理、实行企业退休人员社会化管理、健全老年维权网络、完善老年文化工作网络、全面推进社区老龄工作规范化建设、加快老年福利设施和健身苑（点）建设、抓紧市老年活动中心的改建、加强老年电大的教学管理、继续做好特困老人的救助和高龄老人的慰问等16项实事，明确实事项目和责任部门，确保"十五"期间后两年为老年人办实事项目落到实处。

【创建工作成效显著】创建全国和省老龄工作先进县（市、区）是2004年杭州市老龄工作的一项重点工作。根据全国、省老龄工委《关于做好老龄工作先进县（市、区）评选考核工作的通知》精神，市老龄工委分别召开成员单位、联络员和区、县（市）老龄工办主任会议，动员布置创建任务，制定创建实施方案，落实各级创建责任，明确创建考评标准，严格创建考核程序。市政府副秘书

杭州首届十佳孝子孝女颁奖典礼

长许小富担任考评组长，对申报创建的上城、下城、西湖、萧山、余杭区逐一进行考评指导。经全国、省考评组复评验收，上述5区均被评为省老龄工作先进县(市、区)，其中上城、余杭、下城区被评为全国老龄工作先进县(市、区)，名列省会及副省级城市前茅，成绩喜人。通过创建活动，全市老龄工作迈上了新台阶，各级党委、政府把这项工作列入议事日程，加大人、财、物的投入；各涉老部门形成合力，齐抓共管，初步形成老龄工作新格局；各区、县(市)之间比学赶帮，求真务实，整体水平迅速提升，进一步推进了全市的老龄工作。

【全面启动社区老龄工作“3587工程”】 社区老龄工作规范化建设(简称社区老龄工作“3587工程”)，即在社区建立老龄工作领导小组、老年人协会、助老志愿者队伍3个组织，建立健全养老保障、医疗保障、生活照料、文化教育、权益保护5个为老服务网络体系，按照8项工作任务和7条工作标准开展老龄工作。2004年3月，根据省政府《关于加强社区老龄工作的意见》和省民政厅、省老龄工办关于《浙江省城市社区老龄工作规范化建设考核办法和考核标准的通知》，市老龄工办和市民政局联合下发《关于开展社区老龄工作规范化建设工作的通知》，提出3年创建目标：2004年为50%、2005年为70%、2006年为85%以上达标。同时，还制定实施方案，落实四级责任，全面启动了全市社区老龄工作“3587工程”。为使创建工作学有先进，赶有榜样，市老龄工办通过开展市级“示范社区”的创评，以点带面，推动省级达标社区的创建工作，收到良好成效。年底，经省、市考评组检查验收，首批列入考评的11个区（市）的444个社区中，有299个社区符合省级标准，达标率为67.3%，列全省各市排名第一。其中有15个社区同时被评为市级“示范社区”，受到市老龄工委通报表彰。

【老年文体教育活动丰富多彩】 一年一度的老年文化艺术周和老人节庆祝活动是推动城乡老年文化活动的载体。2004年省、市第四届老年文化艺术周和第17个老人节庆祝活动以“三展一会”为主，即老年书画大赛获奖作品展，中老年摄影大赛获奖作品展，老年集邮、工艺美术精品展和老年文艺晚会。市老龄工办与市老干部局联合，在各级老龄工作部门的积极配合下，选送了1200余件老年书画、摄影、集邮作品参展，其中126件作品获奖。各区、县(市)因地制宜，也举办了老年文化艺术周和形式多样的老年体育比赛等活动，丰富广大老年人的精神文化生活。至年底，全市有老年文艺团队1116个，老年体育团队909个，18.6万老年人参加经常性的健身活动，老年群众文体活动丰富多彩。老年教育进一步发展。全市有老年大学28所，学员1.72万人；老年电大分校9所，教学点322个，学员7.74万人；其他老年学校159所，学员1.63万人。

【走访慰问高龄和困难老人】 老人节期间，市老龄工委、市老年基金会等筹款33.6万元，集中人力和精力，带着慰问金和慰问品，对全市173位百岁老人和500位特困老人逐个走访慰问，帮助他们度过一个欢乐祥和的节日。全市上下联动，对本地的高龄和特困老人都进行了慰问。

10月18日，市委副书记朱报春、市人大常委会副主任杨耀梁、副市长孙景淼、市政协副主席俞国庆等在有关区分管领导和老龄工作负责人的陪同下，分两路登门慰问拱墅、西湖区的百岁老人和特困老人，亲自把慰问金和慰问品送到老人手中，并与他们进行亲切交谈，详细询问他们的身体、生活等情况，体现了党和政府对老年人的亲切关怀。

【加强维护老年人权益宣传教育】 年初，市老龄工办与教育部门联合在中小学生中开展“敬老爱老助老主题教育”活动，组织中小学生读敬老书、做敬老事、写敬老文章，增强敬老意识。4月，与团市委联合开展“捐赠一部手机，保护一位老人”活动，免费向400多位智障老人赠送定位手机，倡导社会各界关爱帮扶智障老人。4月19日值《浙江省实施〈老年法〉办法》颁布三周年之际，在吴山广场举办大型的老年法律咨询活动，有30多位律师和公证人员现场免费咨询服务，还免费赠送2000余份《中国人民共和国老年法》和《浙江省实施〈老年法〉办法》。10月，与《都市快报》等单位联合开展杭州首届十佳孝子孝女评选活动，通过市民和老龄组织广泛参与推荐、《都市快报》公众评选，评选出郭朝武等10位十佳孝子孝女，朱月仙等10位十佳孝子孝女入围者和袁阿梅等10位孝子孝女纪念奖。11月，与市司法局联合在全市评选出淳安县法律援助中心等10个维护老年人合法权益先进集体和郑国英等11位维护老年人合法权益工作先进个人。

（郑文嫣）

杭州市民政局

HANGZHOU SHI MINZHENG JU

96345联席会议

省委常委、市委书记王国平视察社区。

社区论坛

市民政局是市政府主管社会行政事务的职能部门,社区建设是民政工作不可缺少的重要内容。

近年来,全市的社区建设在市委、市政府的领导下,围绕"一年打基础、两年求发展、三年上水平"的目标,努力构筑"两级政府、三级管理、四级服务"的城市管理体制,特别是在2002年取得"全国社区建设示范市"、5个老城区取得"全国社区建设示范城区"荣誉称号后,全市上下始终保持清醒的头脑,成绩面前找差距,坚持与时俱进,以科学发展观和执政能力建设为统领,以加强社区服务为重点,以强化组织建设为支撑,以扩大居民参与为路径,以深化文化活动为载体,以构建和谐社区为目标,确立新起点、打造新品牌、探索新发展、创造新特色,始终围绕"全省示范、全国领先"目标,开创全市社区建设工作新局面。

邻居节开幕式

参加全国社区文明知识电视大赛

杭州市人口和计划生育委员会

HANGZHOU SHI RENKOU HE JIHUA SHENGYU WEIYUANHUI

人口文化进校园活动暨浙江大学
人口文化征文比赛颁奖仪式

2004 年，全市计划生育工作取得新成绩，为杭州经济和社会发展创造了良好的人口环境。根据计划生育统计报表显示，全市出生人数 58718 人，出生率 9.08‰，自然增长率 3.71‰，计划生育率 97.98%，计划生育信访按时结案率和优质结案率都达到 100%。2004 年，市计生信访工作已连续五年被评为市级先进，继萧山区之后，余杭区又荣获全国计划生育优质服务先进区称号。

5 月 31 日，召开城区避孕药具管理服务工作改革新闻发布会，右一为市计生委主任陈国妹

稻香园社区生育文化园区雕塑

·新任市领导简历·

孙忠焕　男,1948年7月出生于浙江余姚,1969年2月参加工作,1972年1月加入中国共产党,中共中央党校在职研究生毕业。历任中国人民解放军5170部队战士,汤溪齿轮机床厂工人、班长、党支部书记、副厂长、党委副书记、厂长,兰溪县(市)委副书记、县(市)长,金华市工商局局长、党组书记,永康县(市)委书记,浙江省工商局副局长、党组成员,浙江省工商局常务副局长、党组副书记,浙江省工商局局长、党组书记,台州市委书记,台州市委书记、市人大常委会主任,浙江省经济贸易委员会主任、党委书记,浙江省政府党组成员、秘书长、办公厅党组书记。2004年4月任中共杭州市委委员、常委、副书记、杭州市人民政府副市长、代市长。

吴鹏飞　男,1954年6月出生于浙江青田,1974年8月参加工作,1976年7月加入中国共产党,中共浙江省委党校在职研究生毕业。历任浙江省庆元县人事局干部,龙泉县人事局干部,龙泉县委常委、团县委书记,龙泉县委常委、政法委书记,丽水地区公安处处长、党组副书记,公安处处长、党组书记,绍兴市公安局局长、党委书记,绍兴市委常委、市公安局局长,浙江省公安厅副厅长、党委委员。2004年10月任中共杭州市委委员、常委、政法委副书记、市公安局党委书记、局长。

·新闻人物·

聂忠海　男,1957年10月出生,杭州汽轮动力集团有限公司董事长、党委书记,全国劳动模范。

聂忠海紧紧依靠党组织和职工群众,尊重科学,锐意改革,企业经济效益连年翻番,实现跨跃式发展,为杭州打造先进制造业作出贡献。2004年,杭州汽轮动力集团有限公司销售收入42.64亿元、利税总额5.41亿元,分别比2002年增长2.3倍和3.2倍,进入全国千强行列。他关心职工,重视民主管理,注重企业文化建设。曾被评为杭州市和浙江省劳动模范。

叶晓龙　男,1952年10月出生,杭州西湖房地产集团有限公司董事长、党委书记,全国劳动模范。

叶晓龙1992年担任董事长以来,面对市场的严峻挑战,果断决策,团结带领全体员工抢抓机遇,使企业发展成为年开发建筑面积60万平方米、项目涉及省内外的知名房地产集团。他坚持“产品源自人品”的理念,关心职工素质的教育培养。他以“情系社会、回报社会”为已任,积极参与公益事业,先后出资200余万元报效社会。曾被评为浙江省优秀企业经营者、浙江省劳动模范、浙江省优秀中国特色社会主义事业建设者。

王建沂　男,1963年11月出生,富通集团有限公司董事长,全国劳动模范。

王建沂坚持以人为本的企业管理理念,重视职工对企业的民主参与、民主管理、民主监督,切实保障职工的合法权益,依靠职工使企业不断发展壮大,连续4年位列全国电子信息企业百强。2004年,富通集团有限公司总资产达36亿元,位列国家重点高新技术企业和全国民营百强企业。王建沂在企业发展后不忘社会责任,近年来,积极参与抗击非典、抗洪抢险、扶贫助学等社会公益事业,累计捐款达2000万元,先后安置下岗失业人员500余人。曾被评为杭州市和浙江省劳动模范、全国优秀乡镇企业家。

金建祥　男,1962年11月出生,浙江中控技术股份有限公司总工程师,全国劳动模范。

金建祥1993年担任总工程师后,

带领科研人员加强对自主产品技术的开发、研制，在工业自动化方面取得突破性进展，使浙江中控技术股份有限公司成为全国著名的自动化公司。2000年以来，他先后获得3项专利，12项科研成果通过省部级鉴定，其中现场总线控制系统获国家科技进步二等奖。他主持制定的EPA标准成为中国第一个拥有自主知识产权的现场总线国家标准。他先后承担国家“九五”、“十五”和“863”计划的4项重点科技攻关项目，发表学术论文29篇。曾被评为杭州市和浙江省劳动模范、浙江省跨世纪学术和技术带头人。

虞英民 男，1963年1月出生，杭州澳医保灵药业有限公司技术部经理，全国劳动模范。

虞英民对花粉研究有独到见解，在花粉利用、开发上走在全国前列。他先后发表《花粉气流破壁工艺研究》、《花粉酶解提取工艺研究》、《蜂皇胎冷冻干燥工艺研究》等论文20余篇，在国内率先解决花粉破壁、用环糊精包埋技术和蜂皇浆有效物质水溶性提取的难题，大大提高蜂产品的附加值，增加企业经济效益。他经常利用休息时间到生产一线，改进生产工艺，研制新材料，追踪新项目的实施。曾被评为杭州市和浙江省劳动模范，获全国五一劳动奖章。

白　杰 男，1954年1月出生，杭州科利化工有限公司总工程师，全国劳动模范。

白杰面对市场竞争激烈的形势，潜心研究，在较短的时间里，运用高分子改性材料，先后开发出氯化降乙烯橡胶等10个具有较强竞争力的新产品。其中的CM422被认定为省级科技新产品，阻燃ABS专用热塑性弹性体CPE-135C被列入省技术创新重点项目；CPE-135C和CPE-132C成功地打入国际市场，出口创汇950万美元。公司从一个家庭作坊式小厂发展成为年产值2.1亿元的国家高新技术企业。曾被评为杭州市和浙江省劳动模范，山东省高级专家。

史文斌 男，1964年6月出生，杭州市电力局城北供电局抢修班班长，全国劳动模范。

史文斌从事电力抢修工作20余年。他爱岗敬业，钻研技术，练就一手快速判断和处理故障的本领，创造了20余年“零投诉”的业绩。他干在实处，无论高温、台风、雷雨，只要有情况，总是第一个赶到现场，故障不排除决不回家。他不计名利，经常在上下班途中上门为年老体弱的困难用户排除户内故障，并经常向用户传授一些简易的检查和维修方法。他勇于创新，探索并总结出表后线延伸服务的考核规范和管理方法，在全市电力系统推广。曾被评为杭州市和浙江省劳动模范、全国电力行业用户满意服务明星。

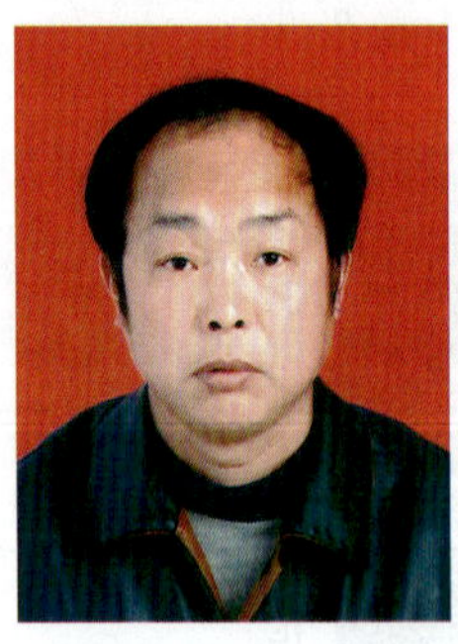

蒋长富 男，1953年11月出生，临安市锦城街道崇阳村委会主任，全国劳动模范。

蒋长富退伍回乡后，积极开发山种雷竹，不断扩大承包规模，开办以种植雷竹为主业，兼营鱼塘、养猪场、沼气池、果园的可持续发展的立体生态家庭林场。在他的带领下，全村大面积推广雷竹早产高产技术，村民收入有较大提高，2004年全村人均收入9700余元。他带领村民加强基础设施建设，修路、开山、建水塘，引进企业，办市场，走出一条农、工、商三产协调发展的新路子。崇阳村的经验多次得到亚太组织和联合国粮农组织的肯定。曾被评为杭州市和浙江省劳动模范。

蔡小珍 女，1962年4月出生，建德市梅城镇庵口村蔬菜加工专业户，全国劳动模范。

蔡小珍思想解放，相信科学。1991年，她投资1万元从省农科院食品研究所买回雪菜加工配方，开办梅城绿原蔬菜制品厂，生产真空包装的雪菜。她与3000余户村民签订300公顷雪菜收购合同，免费为村民提供优质种子，聘请专家为村民传授雪菜种植、培育和管理技术。几年来，梅城绿原蔬菜制品厂规模不断扩大，产品质量不断提高，销售收入逐年增加。在2001年浙江国际农业博览会上，蔡小珍牌雪菜获优质农产品银奖，2003年蔡小珍牌雪菜被评为杭州市著名商标。曾被评为杭州市和浙江省劳动模范。

孙关友 男，1943年12月出生，桐庐县分水镇东关村党支部书记，全国劳动模范。

东关村是分水制笔经济的发源地。孙关友任东关村党支部书记以来，坚持走农村工业化道路，带头发展制笔个私经济，引导村民制笔致富。近年来，东关村的制笔经济蓬勃发展，全村有制笔企业100余个，其中年产值500万元以上的有30余个。2004年，全村工农业总产值3.83亿元，其中工业产值3.8亿元，上缴税金625万元，村民人均收入14434元。在东关村的带动下，分水镇的制笔业产量占全国的60%，被命名为“中国制笔之乡”。曾被评为杭州市和浙江省劳动模范。

蒋兴权 男，1960年1月出生，杭州锅炉集团有限公司冷作装配工，全国劳动模范。

蒋兴权从事锅炉冷作装配工作20余年。他爱岗敬业，勤奋好学，刻苦钻研技术，练就一手绝技绝活。他大胆创新工艺，解决制造过程中的装配难题，不断提高产品质量，为企业创经济效益数百万元。在出口日本的炼钢余热锅炉OG产品的烟道制造中，他把分段制作装配改为整体制作装配，提高了工效，保证了质量，受到外商质量监理的赞扬。他在9E级、9F级燃汽轮机余热锅炉制造中，积极提出改进工艺的建议，提高新产品的工效，保证交货期。他先后参与宝钢干法熄焦余热锅炉、葫芦岛炼锌炉旋风分离器、宝钢LT转炉余热锅炉、岭澳核电站常规岛辅机等重点产品的制造，都有革新创造。曾被评为杭州市和浙江省劳动模范、全国职工创新能手，获全国五一劳动奖章。

池丽华 女，1959年3月出生，杭州市公交集团有限公司第二汽车分公司驾驶员，全国劳动模范。

池丽华热爱本职工作，服务乘客热心、细心、耐心，被广大乘客誉为“杭城的李素丽”。她坚持从“微小、微笑”服务做起，规范服务用语，保持车厢整洁，安全行车，用良好的职业道德维系车厢社会，沟通人的心灵。对那些需要特殊帮助的困难乘客，她总是热情、耐心和真诚，尽力不使他们感到不便。同事们称赞她对乘客满腔热情，对工作精益求精，对同志注重帮带，是杭州公交战线上的一面红旗。曾被评为杭州市和浙江省劳动模范，获全国五一劳动奖章。

郭财根 男，1963年12月出生，杭州市江干区采荷环境卫生管理所收集工，全国劳动模范。

郭财根长期从事垃圾收集工作。他爱岗敬业，不受把职业分为高低贵贱的世俗观念影响，默默地为城市卫生贡献青春。他熟悉辖区内的每一条道路、每一个公厕、每一个垃圾房，每天天不亮就上岗清扫、搬运垃圾。脏、苦、累的工作他冲在前，“让我来”是他的口头禅。他不仅埋头苦干，而且对环境差的地段存在的问题，及时提出解决方案。他的“小灵通”是服务群众的热线电话，居民家的下水道堵了，楼道里有杂物了，一个电话，他就赶到现场，尽职尽心地处理。群众称他为“贴心的郭师傅”。曾被评为杭州市和浙江省劳动模范。

吴永兴 男，1946年3月出生，杭州市余杭区第一殡仪馆火化班班长，全国劳动模范。

1984年，吴永兴顶着世俗偏见来到余杭区第一殡仪馆当了一名火化工，一干就是20年。他诚心诚意地履行“让丧户满意、为民政争光”的诺言。一次，他在整理骨灰时发现两只变了形的金手镯，在确认是死者的生前佩带物后，马上主动归还给死者家属。一次，一名车祸死者家属塞给他一叠现金，要求将尸体运回家乡，他婉言谢绝，并积极协助交警部门处理好丧葬事宜。对危险的、困难的事，他总是一马当先。2003年殡仪馆成立非典应急服务小组，他第一个报名参加。曾被评为杭州市和浙江省劳动模范、全国殡仪事业先进工作者。

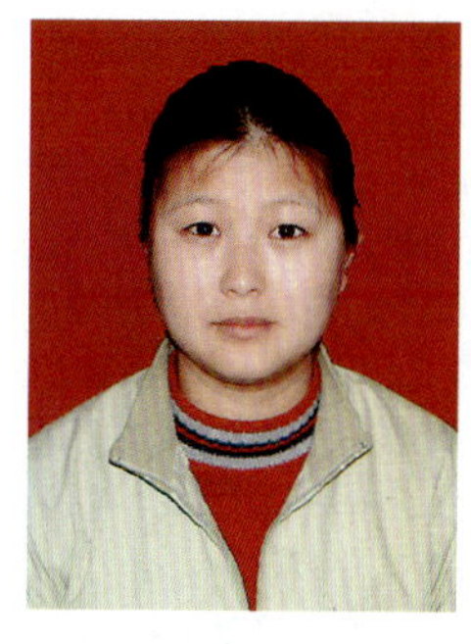

吕红兰 女，1980年8月出生，杭州商辂丝绸有限公司亚麻车间细纱组组长，全国劳动模范。

吕红兰在缫丝挡车工的岗位上练就一手过硬的操作技术，1998年以来，她每年生产的生丝品位平均达到4A级以上，年产丝1200多千克。2001年在浙江省缫丝工技术比武中，她取得个人全能操作第一名的好成绩。担任细纱组组长后，她积极参加“名师带高徒”活动，把自己精湛的技术无私地传授给姐妹们，大大提高了全班挡车工的技术水平。曾被评为杭州市和浙江省劳动模范、全国技术能手，获全国五一劳动奖章。

金　霞 女，1961年1月出生，杭州市园林文物局岳庙管理处园林管理员，全国劳动模范。

金霞先后担任园林清卫班班长、孤山园林管理班班长、宝石山园林综合管理班班长，长期工作在清卫第一线。她干一行爱一行，勤勤恳恳，任劳任怨，不计时间，不怕艰苦，心扑在工作上。每当旅游旺季，公厕里粪便堵塞时有发生，她总是不嫌脏臭，及时疏通。为了清扫山岭上的垃圾，她不顾危险，上高坡，下山沟，钻树丛，总是抢在前。曾被评为杭州市和浙江省劳动模范。

任继长 男，1947年1月出生，杭州学军中学校长，全国先进工作者。

任继长坚持“以学生发展为本”的理念，坚持教育创新，先后推出弹性教育、研究性学习和高中学分制等模式。他积极实施名校集团化战略，采取连锁办学方式，解决优质教育不足的问题。他任教30多年，十分重视学生德智体全面发展，提出“学教和谐、因人施教、发展个性、提高素质”和以德治校的工作方针，率先创建学生业余党校，在全省教育界产生较大的影响。曾被评为省功勋教师、全国模范教师。

陶筱娟 女，1951年12月出生，杭州市红十字会医院中医师，全国先进工作者。

陶筱娟长期从事肾病学临床工作，每年接诊病人达8000余人次。她想病人所想，急病人所急，对来自外地、偏远山区的病人，从不限号，随到随诊；对来自农村、经济困难的病人，处处帮助精打细算，降低用药费用，有时为病人垫付医药费。担任肾病科主任后，她带领医生积极开展风湿免疫、肾病领域的临床研究，形成了血液透析、腹膜透析、结肠透析等多种肾脏替代治疗和中西医结合治疗的综合治疗体系，提高肾病患者的治愈率。曾被评为杭州市和浙江省劳动模范，获全国五一劳动奖章。

罗红英 女，1956年7月出生，浙江花都美容美发培训中心主任，全国先进工作者。

罗红英美容美发技术精湛，业绩卓著，先后培养了15万余名省内外美容美发专业人才。她指导的选手在浙江省首届美容美发大赛上获晚宴妆、职业女性妆、晚宴发型、新娘发型、女子剪发等多项金奖，在亚洲大赛上也多次荣获化妆冠军。她热心公益事业，举办20余期免费培训班，培训下岗失业人员800余名，并经常带领学员到福利院、社区、军营免费服务。她刻苦钻研美容美发理论，先后出版专著5本，发表论文100余篇。曾被评为杭州市“三八”红旗手、浙江省劳动模范、全国美容大师、全国技术能手，获全国五一劳动奖章。

孙惠康 男，1956年9月出生，杭州市公安局下城区分局刑侦大队大队长，全国先进工作者。

孙惠康以对党和人民高度负责的精神，一手抓队伍建设，一手抓案件侦破，把刑侦大队建设成为政治强、业务精、作风硬的能打硬仗的队伍。2002年以来，他带领干警侦破各类刑事案件2673起，其中大(要)案201起，抓获犯罪嫌疑人2702名。2003年和2004年，杀人案件破案率达100%，五类恶性案件(强奸、绑架、劫持、爆炸、放火)破案率达100%。他爱岗敬业，勇于奉献，清正廉洁，5年中加班加点达9000多个小时。先后5次荣立三等功，曾被评为杭州市和浙江省劳动模范、浙江省优秀共产党员。

卢伟 男，1963年8月出生，杭州市公安局拱墅区分局副局长，全国先进工作者。

长期以来，卢伟兢兢业业工作，实实在在为民。他任拱宸桥派出所所长期间，抓队伍，促业务，保平安，使派出所成为全国首批一级派出所。他任巡特警大队长期间，推出全警家访制。到分局工作后，他与时俱进，在各个领域勇于创新。在队伍建设上，提出“快乐工作法”，设立“金点子”信箱；在区域管理上，建立社区案件回访制、警务联勤巡逻工作制、出租房管理星级评定制；在服务群众上，推出“十上门”服务、办理户口“一条龙”服务等举措，都取得明显成效。曾被评为杭州市和浙江省劳动模范。（市总工会）

鲁兹·克拉夫特 男，德国人，1958年6月出生。受德国西门子柏林高压开关公司派遣，1996年1月起任西门子(杭州)高压开关有限公司德方代表、董事、总经理。

克拉夫特工作兢兢业业、勤勤恳恳，成功地将西门子公司的现代管理方法与中国的具体实情相结合，形成企业的管理特色，使西门子(杭州)高压开关有限公司成为西门子在华投资的45个合资企业、12个独资企业中发展最快、效益最好的公司。

克拉夫特亲自给技术人员讲课，为企业培养出一大批掌握先进技术的高级人才和一支高素质的职工队伍。他的夫人放弃在德国报酬优厚的工作，帮助公司培训财会人员，健全财务软件管理系统，是公司员工的好朋友。

克拉夫特把杭州当作第二故乡，热心于杭州的发展和建设，经常参加杭州举办的招商引资活动，以亲身经历向外国公司宣传杭州的投资环境。

2004年2月2日，杭州市第十届人大常委会第十五次会议通过决定，授予克拉夫特杭州市荣誉市民称号。（外办）

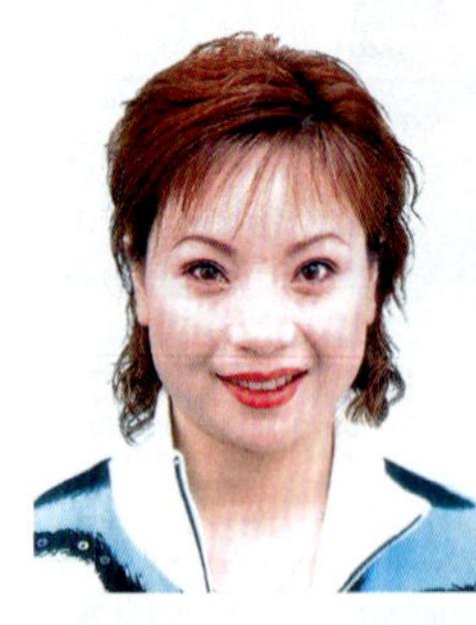

王杭娟 女，1968年11月出生，中共党员，杭州黄龙越剧团演员，国家二级演员。

王杭娟1980年进桐庐窄溪越剧班学艺，1985年~1987年先后在桐庐青年越剧团和杭州越剧团任演员，1988年考入杭州黄龙越剧团。她勤奋好学，刻苦钻研，专攻花旦，取得较好成绩，深受观众喜爱。特别是1993年师从著名越剧表演艺术家戚雅仙以后，表演日臻成熟，在多部剧目中饰演主要角色，均受到好评。她饰演《玉蜻蜓·庵堂认母》中的王志贞、《龙凤花烛·四季衣》中的梅红、《血手印》中的王千金等，多次在浙江省和全国的戏剧比赛中获奖。2002年，江苏电子音像出版社为她出版《戚派花旦·王杭娟专辑》和《戚派折子戏专辑》。2004年，王杭娟以在折子戏专场（包括《蔡锷与小凤仙》、《杜十娘》、《雷峰塔怨镇白娘子》等剧目）中的出色表演，荣获第二十一届中国戏剧梅花奖。（东 玲）

罗雪娟 女，1984年1月出生，浙江省游泳队队员，国家集训队队员，游泳国际级健将。1990年，进入杭州市陈经纶体育学校（前身为杭州市少年儿童业余体校）进行游泳业余训练，1997年进入浙江省体训一大队游泳队接受专业训练，2000年6月入选国家队。

罗雪娟是目前中国女子泳坛乃至世界泳坛的顶尖选手，2000年以来，多次获得全国比赛和亚洲比赛冠军，多次破蛙泳全国纪录和亚洲纪录，并在世界比赛中获得好名次。2004年在雅典奥运会上以1分06秒64的成绩打破女子100米蛙泳奥运会纪录，获金牌，并获得女子4×100混合泳接力第四名。

罗雪娟2001年被评为浙江省十佳运动员、省“三八”红旗手，在九运会后立二等功；2002年12月，被杭州市政府授予杭州市体育突出贡献奖，并获杭州市青年“五四”奖章和杭州市“三八”红旗手称号；2003年被评为浙江省十佳运动员、“我最喜爱的运动员”及中国十佳运动员；2004年3月获首届中国十佳劳伦斯冠军奖；2004年雅典奥运会后，被新华社评为奥运会十佳明星，国家体育总局授予体育工作荣誉奖章；2005年3月获中国十佳劳伦斯冠军奖年度最佳人气奖。（体育局）

郑雄鹰 女，1978年出生，中国坐式排球女队队员。

郑雄鹰1983年因车祸致残，但仍十分热爱体育运动。1995年~2000年，多次参加省和全国残疾人田径比赛，屡屡获奖。2000年起练坐式排球，是省、市女子坐式排球队队长，率领球队多次在全国赛场上创造佳绩。2001年入选国家女子坐式排球队，很快就成为国家队的核心队员。2004年雅典残奥会上，郑雄鹰与队友一起夺得女子坐式排球金牌。

残奥会后，郑雄鹰获中国“五四”青年杰出贡献奖章、浙江青年“五四”奖章，并获全国“三八”红旗手、浙江省“三八”红旗手、浙江省劳动模范等称号，省政府为她记一等功一次。（残 联）

吕晶晶 女，浙江省宁波市人，1984年出生，共青团员，浙江大学城市学院学生。

吕晶晶1990年~2002年在宁波市海曙中心小学、宁波市李兴贵中学、宁波市效实中学上学，曾担任过校团委委员、团支部书记、班长，是市级三好学生。她自小爱好书法，曾代表宁波市中学生访问日本，书法作品在日本《中央新报》上发表。2002年秋考入浙江大学城市学院广播电视新闻专业，曾担任团支部书记、班委。2003年作为“汉族金花”参加“56朵金花聚西博”活动。2004年10月24日，在香港举行的2004年亚洲小姐总决赛中，吕晶晶获得冠军。（学 院）

·逝世人物·

关 器 男，1917年12出生，山东省无棣县人，原杭州市委书记处书记，红军离休干部。因病医治无效，于2004年3月30日于杭州逝世，享年87岁。

关器于1937年5月加入中国共产党，历任河北省宁津县委宣传部长、副书记、书记，沧县、东光县委书记，山东省渤海区一地委组织部副部长、衢州地委组织部长、专员、副书记、书记，建德地委书记兼专员、浙江省委候补委员，杭州市委书记处书记、副书记。1983年12月离休。

唐功成 男，1917年12月出生，原萧山县政协副主席，红军离休干部（享受地专级待遇）。因病医治无效，于2004年4月17日在萧山逝世，享年88岁。

唐功成于1933年1月参加革命，1936年6月加入中国共产党，参加过二万五千里长征，亲历泸定桥战斗和广西剿匪斗争等战斗、战役。历任战士、副班长、班长、排长、副连长、连长、营长、后勤处副政委、南海舰队某部副政委，萧山电机厂党总支书记，杭州市委政治学校副校长兼组织科科长，萧山县监委副书记，萧山“五七”干校党委委员，萧山县委党校党委委员、副校长，萧山县政协副主席。1983年3月离休。

陈泽元 男，1914年5月出生，四川省阆中县人，原杭州市市级机关党委副书记，红军离休干部（享受地专级待遇）。因病医治无效，于2004年6月20日在杭州逝世，享年90岁。

陈泽元于1933年加入中国工农红军，1934年4月加入中国共产党，参加过举世闻名的二万五千里长征。红军时期历任通讯班长、通讯员等职。抗日战争和解放战争时期历任班长、排长、连长、副营长、营长等职。建国后历任134师南下工作队大队长、134师干训队队长、中南军大总校上干队学员、广西桂林五分校三大队十一中队队长、广西桂林二十四步校三大队十一中队队长、广西桂林二十四步校印刷厂厂长、北京高级防校文化大队学员、广州军区空军司令部文化大队副大队长等职。1955年被授予少校军衔，并获中华人民共和国三级八一勋章、三级独立自由勋章、三级解放勋章。1958年8月转业后历任杭州市市级机关党委副书记、市人委视察室视察员等职。1974年5月退休，1978年6月改为离休，1983年9月享受地专级待遇。曾当选为杭州市第六届、第七届、第八届人民代表大会代表、主席团成员。

魏志先 女，1912年12月出生，浙江省嵊县(今嵊州市)人，原中共杭州市下城区监察委员会专职委员，红军离休干部(享受地专级待遇)。因病医治无效，于2004年7月23日在杭州逝世，享年92岁。

魏志先1927年在上海美亚绸厂做工并参加罢工斗争，1935年5月参加革命，同月加入中国共产党。1937年抗日战争爆发后回家乡嵊县，1938年11月起从事地下工作和妇女工作，1940年至1941年任嵊县禹溪妇女党支部书记，1942年任三五支队联络(情报)站副站长、党支部委员，1946年在华东野战军第一纵队做民运工作，1949年7月任上海铁路局工会组织干事。新中国成立后，历任全国总工会小汤山疗养院人事干事、党支部组织委员，包头钢铁公司福利处保教科副科长、交际处干部接待所党支部副书记、公司党校党委委员、组教科科长，中共杭州市下城区委监察委员会专职委员。1982年11月20日离休，1996年享受地专级待遇。（余　辉）

张叶良 男，萧山区闻堰镇老虎洞村人，1962年出生，中共党员，中专文化程度，1982年参加工作，生前系杭州市公安局萧山分局治安大队副大队长兼特别行动队队长，一级警司。

张叶良心地善良，乐于助人。因家境贫寒，上学时经常自带饭菜，但到吃午饭时，他总把饭菜分些给家境更贫寒的同学，甚至自己饿肚子。参加工作后，他时常拿自己的工资、奖金帮助本村的贫困户，在当地有很好的口碑。在任老虎洞村主任期间，张叶良积极配合村党支部一手抓经济建设，一手抓文明建设，使老虎洞村成为远近闻名的文明村。1995年6月，老虎洞村遭遇洪灾。为了保护村民生命财产安全，张叶良率先奋不顾身跳入湍急的洪流中，带领村民苦战，终于战胜洪水。在一次附近山林大火中，张叶良第一个冲入火海，带领村民苦战4个多小时，及时扑灭了大火，他的眉毛全被烧光，手脚也被烧伤。

1995年，张叶良参加公安工作。他时刻牢记党的根本宗旨和人民警察的神圣职责，爱岗敬业，乐于奉献，从不计较个人得失，不怕吃苦，不怕牺牲。到治安大队工作后，先后多次执行危急险重任务，他总是冲锋在前，把危险留给自己，让战友多一分安全。2001年组织抓捕"涉黑"团伙中4名可能带枪的犯罪嫌疑人时，他"拦"住走在前面的战友，第一个冲进房内；在2003年的一次办案中，得知有2名可能带枪的嫌疑人坐长途车经过萧山的线索后，他第一个上车盘查。张叶良无私无畏，秉公执法。2003年秋，他的一名至亲因赌博被追究刑事责任，虽然他与办理这起案件的法院刑事法庭副庭长是好朋友，却从没有为这名至亲求一次情，说一句话。

2004年1月4日晚7时许，张叶良在抓捕犯罪嫌疑人时，与两名持刀拒捕的歹徒展开殊死搏斗，不幸被刺成重伤。他在身中数刀、心脏被刺穿的情况下，以惊人的毅力从四楼追到一楼，在生命的最后时刻，拨通战友的手机，为及时抓获犯罪嫌疑人赢得了宝贵的时间。终因抢救无效，壮烈牺牲。

1月14日，杭州市精神文明建设委员会追授张叶良杭州市好市民称号。16日，浙江省人民政府批准张叶良为革命烈士，中共杭州市委、杭州市人民政府作出《关于开展向张叶良同志学习活动的决定》。19日，省政府追授张叶良人民卫士称号。2月3日，市委追授张叶良杭州市优秀共产党员称号。4日，公安部追授张叶良全国公安战线一级英雄模范称号。29日，中共浙江省委追授张叶良浙江省优秀共产党员称号。（市公安局）

董洪基 男，1903年8月28日出生，无锡市人，生前系无锡县抗日民主政府锡南办事处下属经分会太湖税所干部。

董洪基1939年7月起任无锡县抗日民主政府锡南办事处下属经分会太湖税所干部，从事为新四军开展地下组织活动筹集经费、供给粮食等工作。1941年9月被恶霸徐菊初指派国民党忠义救国军暗杀队抓走。被捕后，董洪基面对敌人的酷刑，坚贞不屈。1941年10月2日，徐菊初指挥暗杀队将董洪基押到赤石岭山区秘密杀害。

2004年3月16日，浙江省人民政府批准董洪基为革命烈士。

朱山明 男，1956年4月出生，1976年参加工作，中共党员，建德市人，生前系建德市公安局森林警察大队梅城中队民警。

2004年2月12日，朱山明与同事到杨村桥镇岭脚村查处森林火灾案。1时30分左右，他们到达杨村桥镇政府时，得知黄盛村发生森林火灾，立即驱车直奔火灾点救火。朱山明与救火人员一起欲开辟一条防火带，但由于火势太猛，大火朝着他们袭来，他便果断地组织救火人员向安全地带撤离。这时，发现有一名救火人员走散，朱山明奋不顾身地冲进火海寻找。晚上9时左右，人们找到朱山明时，他已壮烈牺牲。

2004年3月8日，中共建德市委追授朱山明为优秀共产党员。

2004年4月19日，浙江省人民政府批准朱山明为革命烈士。

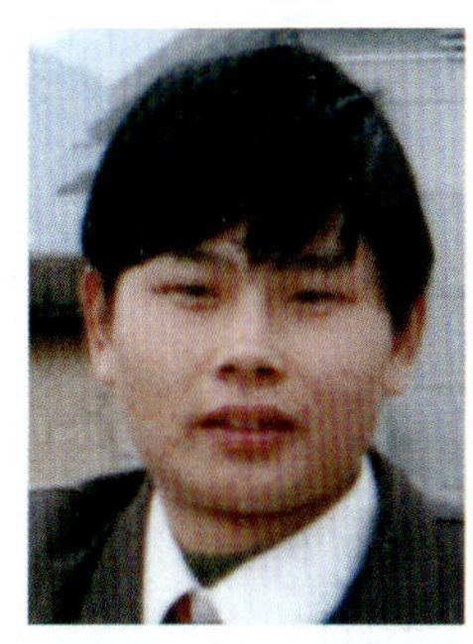

叶新平 男，1968年7月4日出生，生前系淳安县里商乡洞下村人。

2004年5月7日上午，淳安县里商乡洞下村81岁老人叶某在茶地干活时，因抽烟不小心引发山林火灾。正在家中休息的叶新平得知消息后，立即拿起柴刀赶往现场救火。当时，大火正在向山的一侧燃烧，他当机立断，冲到山陇上，努力用柴刀劈开一条防火带。但因突然刮起卷风，火头改变方向，叶新平在烈火包围中壮烈牺牲。

2004年7月，淳安县社会治安综合治理委员会、淳安县见义勇为奖励基金会(筹)追认叶新平为见义勇为先进个人。

2004年11月30日，浙江省人民政府批准叶新平为革命烈士。

余社会 男，1955年8月出生，中共党员，生前系淳安县汾口镇赤川口村人。

2004年3月9日上午10时，汾口镇宏鲍村村民鲍某在本村柴家坞烧山坎种板栗，不慎引发山林火灾。中午12时30分左右，余社会正在家中吃饭，忽然听到"山上着火了"的叫声。他急忙放下碗筷，拿起柴刀冲向山上救火。正当余社会组织人员开辟防火带时，突然大风刮起，大火快速蔓延。鉴于情况危急，余社会与村党支部书记组织救火人员撤退。余社会走在最后，在检查确认山上没人后才撤离。就在这时，刮来一阵大风，余社会被大火包围无法脱身，壮烈牺牲。

2004年7月，淳安县社会治安综合治理委员会、淳安县见义勇为奖励基金会(筹)追认余社会为见义勇为先进个人。

2004年11月30日，浙江省人民政府批准余社会为革命烈士。

(陈 珺)

·历史人物选介·

洪 昇 字昉思，号稗畦，又号稗村、南屏樵者，钱塘(今杭州主城区)人，1645年出生。

洪昇出身名门望族，家多藏书，号称学海。自幼好学，能诗文。24岁时离家赴京，为国子监生，受业于王士祯，得诗法于施润章。由于家道中落，生活贫困，常至断炊。所作传奇《长生殿》，与孔尚任的《桃花扇》齐名，并称"南洪北孔"。

《长生殿》以唐玄宗与杨贵妃爱情故事为主线，借男女之情，写兴亡之叹。康熙二十八年(1689年)，因演出此剧触犯禁忌，洪昇被革去国子监生籍。次年，携家返居杭州，后在孤山筑稗畦草堂以居，往来江宁、松江等地，为上演《长生殿》而奔走，并与尤侗、朱彝尊、王廷谟等名士交游。四十三年(1704年)，应江南提督张云翼的聘请去松江，归途中在吴兴乌镇酒后登舟堕水而死。

洪昇一生贫困潦倒。他的诗词在当时颇负盛名。著有诗文集《稗畦集》、《稗畦续集》、《啸月楼集》等。所作传奇除《长生殿》外，还有《回文锦》、《回龙院》、《闹高唐》、《孝节坊》等，惜已不存。杂剧尚存《四婵娟》一种。

袁 枚 字子才，号简斋，又号随园老人，钱塘(今杭州主城区)人，1716年出生。

袁枚幼有才名。去广西巡抚幕府探望叔父时，巡抚金鉷出题《铜鼓赋》试之，袁枚下笔成文，金鉷甚为惊异。清乾隆元年(1736年)开博学鸿词科，金鉷推荐其应试，是当时全国最年轻的应试者。四年，中进士，选为翰林院庶吉士。掌院学士史贻直让其拟奏疏一通，阅后认为其通达政体，改任江南知县，历转溧水、江浦、沭阳、江宁等地。后因病辞官，在江宁小仓山筑随园，聚书籍，吟诗作文以终。1798年去世。

袁枚性格诙谐豪放，喜好名山秀水，年至60还独游天台山、雁荡山、庐山、罗浮山、桂林、衡山、潇湘、洞庭湖、武夷山、四明山、雪窦山等地。与人交友，诚笃知谊。所筑随园，池馆富丽，疏泉架石，有24景，游人骈集，上自皇华使者，下至淮南商贾，无不闻名造访。

袁枚虽不以官显达，却享诗文盛名，与蒋士铨、赵翼并称"江右三大家"。袁枚诗才横溢，其诗"骈体最工，抑扬跌宕，有六朝人体"。又善文，所作书信颇有特色。偶画梅花，亦韵出天然。著有《小仓山房诗文集》70多卷、《随园诗录》、《随园诗话》、《随园随笔》和笔记小说《子不语》等。 (摘编自《杭州市志》)

马寅初 无党派爱国民主人士，著名经济学家。浙江嵊县(今嵊州市)人，1882年出生。

马寅初1906年毕业于天津北洋大学。留学美国，先后获耶鲁大学和哥伦比亚大学博士学位，1915年回国。1916年后在北京大学任教授、经济系主任、教务长等职。1920年到上海等地考察经济，并参与创办东南大学商学院。1927年后任上海交通大学、中山大学等校教授，国民党浙江省府委员，南京政府立法院财政、经济委员兼委员长。抗日战争期间，曾任重庆大学商学院院长、中国银行顾问、中国经济学社社长等职。因抨击国民党的战时经济、揭露四大家族发国难财等，于1940年12月被国民党逮捕入狱。1942年8月出狱，仍受软禁，直至1944年才恢复人身自由。1946年起积极投身反内战、争民主运动中，是著名的民主人士。1948年在中共地下党组织安排下赴解放区，参加中国人民政治协商会议筹备工作。新中国成立后，历任中央人民政府委员、政务院财政经济委员会副主任、华东军政委员会副主席、北京大学校长等职，是全国政协第一至第五届委员、第二至第五届常委，全国人大第一至第二届常委。1957年提出"新人口论"，遭全国性批判。1979年中共中央为他彻底平反，恢复名誉，肯定"新人口论"是正确的。1981年6月，北京大学为他举行百岁纪念活动。1982年5月10日在北京病逝。

(摘编自《新中国名人录》)

·上城区·

【上城区概况】全区辖6个街道,有51个社区。户籍人口31.52万人,人口自然增长率为0.26‰。全年实现生产总值48.6亿元,比上年(指2003年,下同)增长15.2%。

全年实现工业总产值135.2亿元,比上年增长11.3%;工业销售产值132.8亿元,增长11%。固定资产投资23.7亿元,增长20.3%;投入技改资金8.2亿元,增长15.3%。全区17个重点骨干企业完成工业销售产值117.5亿元,增长12.5%。开发新产品50余种,产值29.1亿元。实施"名牌战略",娃哈哈果汁饮料获得中国名牌产品称号,华日电冰箱被评定为"中国免检产品"。科技工业基地建设加快推进,销售产值7.8亿元,实现利税1.4亿元,分别增长59.4%和35.2%;新入驻的7个企业,全部达到市规模企业标准。

努力探索招商引资新途径,开展"日韩招商"、"山海协作"等招商活动。优化发展环境,提高引进企业的规模和档次,主攻大项目和引进现代服务业项目。新批外商投资项目51个,实际利用外资6091万美元,比上年增长11.3%;引进内资项目1562个,实际到位资金57.41亿元,增长14.1%。

围绕"建设旅游休闲商务区"目标,大力发展现代服务业。全社会消费品零售总额32.6亿元,比上年增长16.2%。通过政策扶持、强化管理、业态调整,特色街经济效益与社会效益不断提高。湖滨旅游商贸特色街区的国际名品、风味美食,清河坊历史文化特色街区的民俗风情、特色餐饮和南山路艺术休闲特色街区的时尚氛围,吸引了大量游客,推动了全区商贸旅游业的繁荣和兴旺。全年商贸旅游服务业收入85.7亿元,增长18.2%。

全区财政收入19.4亿元,比上年增长22%;其中地方财政收入7.89亿元,增长34.8%。地方财政支出6.1亿元,增长20.8%。

环境面貌不断改善,生态区建设初见成效,编制完成《上城区生态区建设规划》,制定《上城区生态建设考核办法》、《上城区生态区创建工作实施方案》。全年建设开工面积50.7万平方米,竣工面积75.6万平方米;拆迁319户,安置2204户,其中安置在外过渡三年以上拆迁户90%。推进无障碍设施建设,完成15条道路、37座公厕和106个公建单位的改造。投资100万元,完成白云路、十五奎巷、晓霞弄、馒头山、乌龟山地质灾害隐患点治理,成为消除已知地质灾害的区。复兴19号地块配套中学建设竣工并交付使用。开展声环境整治,实施夜间建筑施工总量控制。采取"禁硫"措施,大力推广电、天然气、煤气等清洁能源,"三产"单位清洁能源使用率100%。工业废水实现100%达标排放。组建区城市管理办公室,制定《上城区城市环境管理三年规划》,实现街道、环卫、执法、市政、绿化五位一体合力互动。全年拆除违法建筑862处、5.12万平方米。获得全市"四化"长效管理一等奖和"序化"整治第1名。

科技进步水平不断提升,完成《全国科技进步示范区建设规划》编制,获"全国科技进步示范区"称号。科技创业中心在孵企业45个,科技工业基地完成技工贸收入2.5亿元,利税2199万元,比上年分别增长63.9%和40.9%。被评为"全国科教进社区活动先进区"。有中学10所,在校学生2.1万人;小学27所,在校学生1.7万人。杭州服装高级中学被评为省三级重点职业高中。开展特级教师评选活动,成功举办第三届名师名校长论坛。举办首届上城区社区群众文化艺术节和全民健身大展示活动。区文化馆被国家文化部核定为一级文化馆。有医疗卫生机构11个,医疗床位495张,卫生技术人员758人。新建社区卫生服务站10个,积极开展"医疗质量规范年"活动,爱国卫生运动年度考核列全市第一名。通过"全国游泳之乡"和"全国先进游泳池馆"复评。连续五年被评为全市体育工作先进区,南星街道被评为全国城市体育先进街道。加强社区信息化建设,实现区、街道、社区三级联网,"e家人"社区综合事务管理系统在全区运用。作为杭州市"市民卡"发放试点区,首期在美政桥、紫花埠、复兴街社区发卡3000余张。

【上城被评为全国科技进步示范区】2004年,上城区每万人中人才资源数、信息化水平、科技经费投入、人均财政性教育经费支出等指标居全省各区(县、市)前三位,科技进步对全区经济增长的贡献率达到51.4%。在产业结构上,着重培育信息通信、生物医药、新材料三大高新产业群,提升饮料食品、智能家电、机械电子三个优势传统产业群,全区财政科技三项经费达到1183万元。投入1000余万元,建立以科技创业中心的孵化基地、产业化基地、后勤服务基地为标志的创业服务体系。抓住人才引进、培养、使用三个环节,切实解决人才的子女就读、家属就业、安置房落实等具体问题。广泛开展“科教进社区”活动,在街道建立社区科教中心,其中彩霞岭社区科教中心被授予“全国青少年电脑技术工作室”和“浙江省科普教育基地”称号。1月,被科技部命名为全国科技进步示范区。 (薛金炊)

【上城区被评为全国老龄工作先进】 上城区有60岁以上老人6.3万人,占总人口的20.1%,是浙江省老年人口比例最高的区。近年来,该区立足社区,精心构筑以养老助老为主线、医疗卫生为基础、家政服务为重点、文化教育为特色、司法维权为保障的为老服务体系。2004年,开展“全国老龄工作先进区”创建活动,以全市第一、全省第二的成绩通过市、省验收。积极组织创建“老龄工作规范化社区”,创建规范化社区49个,规范化率达到96%。12月,该区被全国老龄办评为全国老龄工作先进区。 (陈学军)

【开展残疾人康复服务】 上城区围绕“让残疾人享受康复服务”目标,51个社区建立了康复员队伍,51名康复员在6个街道康复指导服务站医师的指导下开展工作。规定只要是上城区户籍,居住在上城区,有康复愿望的,就能得到社区康复医师上门“能否康复”的评估。符合康复条件者,纳入区的康复工程体系,让残疾人“不出远门,不花一分钱,就能人人享受康复服务”。12月,被评为“全国残疾人康复服务典型区”。 (薛金炊)

【湖滨街道开展社区志愿者活动】 2003年起,湖滨街道整合地区内各单位和居民资源,提出“今天我服务你,明天他服务我”的口号,并比照银行存取模式,建立专门为志愿者储存志愿服务时间的“时间银行”。通过近两年运作,湖滨街道时间银行运作机制、管理程序得到完善,街道成立志愿者工作委员会,各社区成立指导中心和时间银行分行,街道与浙江工业大学联手开发网上互助管理系统,使志愿者时间储蓄和支出形成网上、网下互动,调动了单位职工、党团员和居民积极参与志愿者行动的积极性,涌现出一批在全市有一定影响力的优秀志愿者。至2004年末,志愿者已从1000多人增加到4000多人。4000多名时间银行的“储户”,每天利用空闲时间,走出家门,深入开展健康保健、电器修理、日常生活服务、帮困助残、文化教育等方面的志愿服务。12月,湖滨街道被全国社区志愿者工作委员会评为“全国社区志愿者活动示范街道”,“时间银行”志愿者管理模式被确定为全国社区志愿活动2005年推广项目。 (丁春早)

【南山路获特色街区风采展示活动金奖】 10月18日~22日,为推广南山路都市生活的方式和理念,展示高雅艺术、街头艺术、休闲文化、人文建筑风格特色的魅力,南山路艺术休闲特色街区推出特色街区风采展示活动。活动路段长1.5千米,活动项目13项,演出舞台和场地13处,演出和展示节目100余台(次);参与群众48余万人次,并邀请国外来宾、港澳台地区人士参加。南山路段内商家营业收入600余万元,比平时增加25%。11月,南山路艺术休闲特色街区被市商业特色街规划建设领导小组评为特色街区风采展示活动金奖。 (陈 理)

【湖滨街道“洁美杯”竞赛三连冠】 湖滨街道积极探索城市环境长效管理办法,认真落实《杭州市门前三包责任制管理办法》,每年拨出100万元保障街道城市管理经费。建立“360度城市管理区块联动圈”,明确街道主体地位,通过联动圈落实脏、乱、差问题解决机制;创新长效监督机制和快速反应机制,配备“110洁美车”随时解决环境问题;形成专业型、善后型、促进型3支城市管理长效督查队,形成“24小时动态眼球式管理”巡查机制;在社区开辟“环境宣传角”,通过召开现场会,举办座谈会,开展文艺演出等形式,增强市民的环境意识和公德素养;创作“湖滨之歌”,建设“时间银行”,表彰参与环境建设志愿者,开展文明特色巷弄、文明特色楼道创建活动。2004年,湖滨街道连续第三年在全市“洁美杯”竞赛中名列第一。 (丁春早)

【南星街道被评为全国体育先进】 南星街道开展体育活动坚持“四抓”,力求“四化”。抓组织领导,力求对社区体育重要性认识的“最深化”,成立该地区体协,健全网络;抓体育活动,力求提升居民体质的“最强化”,构筑以社区健身苑、健身路径为“点”,中河两岸“一线”,钱塘江边“一线”和凤凰山将台山“一线”的“一点三线”健身格局;抓队伍建设,力求骨干作用发挥的“最好化”,培育71名社会体育指导员,整合由

澳门地区代表团考察娃哈哈集团公司

400多名社区体育志愿者组成的队伍；抓资金投入，力求设施建设的“最优化”，多方筹集，体育活动经费达到每年人均8.70元，并投入250多万元新建体育健身设施，使街道拥有全民健身设施224套，室内体育设备17套，室内体育健身面积2300平方米，室外体育运动场地面积2.36万平方米。10月，被国家体育总局、中央精神文明办公室列入第4批全国城市体育先进社区。（毛徐宝）

【上城区文化馆被评为国家一级馆】 上城区文化馆通过改革，制定《打破分配上的平均主义的若干规定》、《上城区文化馆关于实施聘任制的有关规定》等制度，打破人事上的“铁饭碗”和分配上的“大锅饭”，建立新的责任制和激励机制，改变专业人员能进不能出、人浮于事的局面，既保证文化馆专业队伍的精干稳定，又具有竞争性和灵活性，显示了生机活力。2002年~2004年，该馆主办、承办各类活动50多项。2004年，通过“吴山文化大舞台”带动了51个社区小舞台开展社区文化活动。《南宋街市》、《河坊面人》、《嘿！老哥们》等节目在第七届中国艺术节上演出。完成由浙江省“七艺节”筹委会主办，上城区文化馆承办的“展示浙江先进文化、弘扬浙江时代精神”MTV专辑的拍摄制作任务，并创作了主题歌《祝你成功，为你歌唱》的歌词。8月，该文化馆被文化部评为首批“国家一级馆”。（尚　文）

【实行计划生育优质服务】 上城区推进新型计划生育文化建设，以中国/联合国人口基金第五周期“生殖健康/计划生育”项目为主导，以“青春健康”项目、“艾滋病防治知识宣传”项目、“男性生殖健康”项目为重点，广泛开展生殖健康的宣传和服务，形成部门联动、资源整合、优势互补的局面。在6个街道分别建立温馨和谐、青春健康、科普知识等生育文化公园，推进计生信息化建设，利用上城区人口网开展网上咨询和服务，网址：www.scjsw.com。全区《避孕药具免费领取证》发证率98%以上，设立免费领取避孕药具供应点87个。全区综合避孕率87.58%，统计误差率1%以下，已婚育龄妇女避孕方法知情选择率99%以上，计划生育符合率99.06%。4月，被省计生委授予“计划生育优质服务区”称号。（杨艳萍）

【天长教育集团成立】 12月28日，上城区为整合优质教育资源而组建的天长教育集团正式挂牌。省委常委、市委书记王国平为天长教育集团题词。该教育集团由天长小学、时代小学和新开办的金都天长小学组成，占地面积12万平方米，有教职员工248人，其中大专学历以上人员105人，在校学生500人。集团推出了“天长教育集团章程”、“天长教育集团人才培养工程”、“天长教育标准”等文本，步入以章程管理、以人才支撑、以标准发展的规范化运作轨道。（黄　亮）

【积极推进电子监控系统建设】 在“平安上城”建设中，该区从打造“科技防范一条街”入手，第1期在延安路、湖滨路、东坡路3条路段建设了14个监控点，在湖滨派出所建立了监控室；第2期在延安路周边建立6个监控点。启动解放路、吴山广场、河坊街、火车站站前地区共65个监控点的建设，工程总投资500余万元，资金来源采取政府拨一点、地区单位筹一点的办法解决。路面电子监控系统的建设，有利于公安机关全程监控街面，及时掌握街面治安动态，缩短处警时间，提高快速反应能力，遏制刑事案件的发生。（惠海涛）

【进行社区矫正试点】 2004年，上城区被确定为浙江省3个社区矫正试点单位之一。由公、检、法、教育、财政、人事、劳动和社会保障、民政等部门参加，组成社区矫正工作领导小组。5月31日起，207名社区矫正对象进入6个街道51个社区实行社区矫正，其中管制3名、缓刑122名、假释20名、保外就医4名、剥夺政治权利58名。按照社区矫正“职业化、专业化、社会化”的要求，社区矫正对象在专业社区矫正工作人员和社区志愿者的监督帮助下，接受法制教育，定期向社区矫正工作小组汇报思想，参加力所能及、可操作性强、便于监督考查的公益劳动。对生活有困难的矫正对象，实行人性化教育管理，妥善解决其实际生活困难问题。社区矫正人员在全社会的关心教育帮助下，思想情绪稳定，没有发生重新犯罪。8月20日，司法部常务副部长吴爱英等到上城区考察，充分肯定该区“党政领导、政法牵头、司法实施、部门联动、社会参与、分工负责、密切配合”的社区矫正工作格局和取得的效果。（王　茜）

▶▶资料：社区矫正

社区矫正是与监禁矫正相对的行刑方式，是指将符合社区矫正对象条件的罪犯置于社区内，由专门的国家机关在相关社会团体和民间组织以及社区志愿者的协助下，在判决、裁定或决定确定的期限内，通过思想改造和劳动改造，矫正其犯罪心理和行为习惯，并促进其回归社会的非监禁刑罚执行活动。社会矫正是积极利用各种社会资源，整合社会各方面力量，对罪行较轻、主观恶性较小、社会危害不大的罪犯或经过监管改造确有悔改表现，不再危害社会的罪犯在社区中进行有针对性的教育、管理和改造。

（薛金炊　王　茜）

·下城区·

【下城区概况】 全区有8个街道，下设67个社区、4个村。户籍人口34.45万人，人口自然增长率1.71‰。全年实现生产总值28.05亿元，比上年增长16.8%。

实施“兴三优二调一”产业发展方针，全区一、二、三次产业比重调整为1.82:36.37:61.81。传统种养殖业规模继续缩小，全年实现农业总产值1.46亿元。依托浙江农业展览馆，办好浙江省农产品展销会。努力培育加工型、生态型、休闲型都市农业。积极推进“百千工程”，永丰村被省委、省政府命名为浙江省全面小康示范村。

全年实现工业总产值55.46亿元，比上年增长21.32%。实现工业销售产值55.06亿元，增长20.1%。新增规模以上工业企业5个，累计规模以上工业企业128个，销售产值占全部工业企业销售产值的80%。全年技改投入7.48亿元,增长85%;完成省级工业新产品研发项目11项,省、市重点技术创新项目10项,获得中国名牌产品称号1项,浙江省著名商标1项,杭州名牌产品3项,杭州市著名商标1项,国家免检产品1项,7种新产品获得杭州市优秀新产品奖。完成外贸出口总额22.35亿元,增长39.7%。加快城区工业"退二进三"步伐,完成原科技经济园区工业用地向综合用地的调整,全面推进征地拆迁和基础设施建设,拆迁房屋4.65万平方米。

加快发展以现代服务业为主体的第三产业,重点发展广场经济、特色街经济、会展经济、楼宇经济、总部经济等都市特色经济。第三产业对经济增长的贡献率达到68.9%。全年实现商业销售收入116.3亿元,实现社会消费品零售总额33.58亿元,分别比上年增长45.6%和35%。提升"武林商圈"的集聚力和辐射力,吸引"连卡佛"等国际知名企业和顶尖品牌。推进浙江国际旅游展示中心和浙江国际商务中心项目,成功举办2004年中国国内旅游交易会、第六届西湖博览会有关项目、2004年上海国际模特大赛决赛等51个会展活动。武林路时尚女装街被评为省级"百城万店无假货示范街",杭州中国丝绸城成为"浙江省第七届价格、计量信得过单位",绍兴路汽车精品街正式开街。全区各类市场成交额达到197.22亿元,增长14.1%。

推进中央商务区建设,完成杭州(武林)中央商务区预可行性研究和概念性规划设计,并通过专家评审。引进日本三井住友银行等外资金融机构,强化以庆春路和延安路下城段为主体的金融区块集聚功能。新拓展核心区重点公建项目11个,新增商务用房面积96万平方米,外延区域重点公建项目16个,新增商务商业用房面积127万平方米。制定数字CBD实施规划,加大中央商务区宣传力度,着力推进人文型、智能型、生态型CBD建设。

加强招商引资基础建设,初步建立安商、稳商、富商机制。坚持"择优、择大、择外",主动开展西博会招商、赴港招商、赴日韩招商等活动,发展总部经济,强化重大项目跟踪服务。全年引进内资企业注册资金65亿元,其中引进外地企业1025个,注册资金42亿元,比上年增长43%。合同利用外资1.43亿美元,实际利用外资5479万美元,分别增长64%和71%。

城区面貌进一步改善,编制下城生态区建设规划方案及考核指标体系。全面完成石桥路等8条道路、水陆寺巷等7个小区、将军河等6条河道和双眼井巷的环境综合整治工程。建国北路等6条道路通过"省级街容示范路"新建验收及复核考评。全年拆除违法建筑1052处,面积5.27万平方米。主要道路及窗口实施"鲜花道路"和"洁面"工程,完成武林路"鲜花景观街"一期工程建设。新建绿地24万平方米,新建、改建道路3.3万平方米。全面完成东河东岸等绿化项目,建成艮山运河公园。实施电信巷、杨六路低洼积水点改造,全面完成陶角里等7个生活小区、20个公建单位和28处污染源点的截污纳管,改造打铁关路等9条污水收集系统。完成灯塔等4个村的城中村改造规划方案编制,开工建设"漾河公寓"多层农居。全面建成东新园小区,北景园小区开工面积60万平方米,提供经济适用房1600余套。加强文物保护和利用,修缮原孩儿巷98号等历史建筑。缓解"行路难、停车难"问题,积极试行辖区单位车库错时停放和次干道单向通行、单边停放等措施。在市统计局组织的城区城管工作市民调查中,下城区市民满意率达95.8%,列全市各城区第一。

深入推进新型社区建设,全面完成社区居委会换届选举,探索建立楼宇自治会,社区配套服务用房全面达标,建成28个社区网站,广泛开展社区志愿者服务。配套形成市、区、街道和社区4级救助圈,全年募集慈善资金884.7万元,帮扶6623人次。深入实施"科教兴区"战略,被评为2003年省党政领导科技进步目标责任制考核优秀单位。加快信息化系统建设,启用"杭州下城"门户网站。全区有中学13所,在校学生1.34万人;小学21所,在校学生1.82万人。深化办学体制改革,努力缓解"上好学校难"问题,实施"名校扩张"工程,成立安吉路等8个教育集团,88%的小学和50%的初中实施小班化教育。有医疗卫生机构110个,医疗床位280张,卫生技术人员954人。加强公共卫生建设,建立健全公共卫生事件社区综合报告网络,"全国社区卫生服务示范区"和区疾控中心实验室通过国家级验收。完成企业退休人员门诊医疗费社会统筹。承办"首届长三角群众文化论坛",开展"第十七届社区文化月"等文体活动,成立侨界艺术团和全市首家网吧行业协会。切实抓好人口与计划生育,建立马寅初人口理论教育基地,全区计划生育率99.43%,区计划生育协会获

下城区行政中心

"全国计生协会先进单位"和"全国计生系统行风建设先进单位"称号。被评为2003年度"浙江省征兵工作先进单位"。

全年办理人大代表议案、意见、建议138件,办结率100%,满意和基本满意率100%;办理政协委员提案83件,办结率100%,满意和基本满意率100%。接处群众来信2138件、来电2.68万件、来访8518批9765人次、群众邮件短信1060件,办结率均在99%以上。打造"平安下城",在街道建立社会治安综合治理工作中心,共建成62个安全社区,覆盖率达87.3%。

(吴开颜 王振霄)

【完成部分行政区划调整】 8月,为推进城市化进程,统筹城乡发展,优化资源配置,增强街道综合竞争力,经批准对部分行政区划进行调整。撤销石桥镇建制,设立石桥、东新、文晖3个街道办事处;撤销潮鸣、艮山街道办事处建制,设立潮鸣街道办事处;保留天水、武林、长庆、朝晖街道行政区划不变。调整后,该区辖8个街道办事处,街道的平均管辖面积从原来的1.56平方千米增加到3.93平方千米。 (沈宏宇)

【下城区行政中心迁移新址】 10月,下城区行政中心从庆春路200号迁至文晖路1号,实现了建区以来的首次迁址。新建成的区行政中心占地1.6公顷,建筑面积3万平方米,高度72米,地上楼层16层,投入1.3亿元。大楼建设采用中央空调系统和智能弱电系统,办公、会议、餐饮、健身、展示等功能齐全。该中心的投入使用,极大改善了办公条件,方便了群众办事。

【下城被评为全国科普示范城区】 下城区强化科普设施和阵地建设,加大投入力度,区本级全年投入科普经费90万元,比上年增长1.3倍;安排科技学术交流费8万元;各街道安排科普经费60余万元,行业协会投入科普费用30余万元,街道、社区争取社会各界投入30余万元。全年建造19座10米以上的高标准科普画廊、6个大型科普电子显示屏,创建一批电子阅览室、科普网站和5所区科技教育特色学校。全区共有科普画廊51处、总长1568米,其中10米以上的标准科普画廊41处;有35个科普图书室(馆)、阅览室和80余个科普学校、科普活动室;区级以上科普教育基地7个,其中艮山中学成为市级青少年科普教育基地。4月27日,下城区通过全国科普示范城区考核验收;10月10日,被中国科协正式命名为全国科普示范城区。 (周小三)

【创建全国老龄工作先进区】 该区以"老有所养、老有所医、老有所学、老有所教、老有所乐、老有所为"为目标,以社区老龄工作为重点,以服务老人、造福老人为根本,努力健全区、街道和社区工作网络,推进了老龄事业的全面发展。5月、6月,该区分别通过市、省评审;8月,被全国老龄办评为全国老龄工作先进区。

(沈宏宇)

【地方财政收入27.38亿元】 下城区稳妥进行有关体制和政策调整,强化对重点财源的培育,加大财政与税务部门的协调沟通,大力推进财源建设,圆满实现全年财政收入比2002年翻一番的目标。2004年,全区财政收入(含省属下划企业)27.38亿元,总量居浙江省县(市、区)第4位;地方财政收入(含省属下划企业)15.74亿元,总量居浙江省县(市、区)第3位。剔除出口退税和帮困退库因素,区级财政收入18.83亿元,比上年增长42.1%;地方财政收入10.91亿元,增长39.9%。全年地方财政支出8.26亿元,增长24.6%。区级财政当年收支平衡,有力地保证了全区经济和社会各项事业的健康发展。 (周小三)

【环城北路建成景观大道】 环城北路是杭州市"三口五路"工程的重要组成部分,市、区总投资约1.5亿元。3月,下城区开始组织建设。坚持高起点规划、高标准设计、高强度投入、高品质施工,对全程3.5千米的道路、绿化、广告、人行天桥、建筑立面、夜景灯光、公用设施、节点景观等实施综合整治,建成艮山运河公园等精品亮点。9月,环城北路建成景观大道,提升了环境品位,改善了交通秩序,提高了公共服务功能。

(朱文阳)

【加快发展和平会展中心】 下城和平会展中心全年承办展览51个,会议63个,标准展位数达到1.24万个,总成交额49亿元,参展人数超过67万人次,其中成功举办了杭州西湖博览会、中国国内旅游交易会、浙江省农博会等有关展会项目。

该区在发展完善会展业组织体系的基础上,建立会展业扶持专项资金。与上海光大会展集团合作,积极引进先进经营管理模式。随着和平广场二期工程——浙江国际旅游展示中心和三期工程——浙江国际商务中心项目的顺利推进,以及广场周边配套服务设施的日益完善,和平广场已成为杭州活跃、成熟的会展区域之一。

【举办下城商务环境说明会】 10月19日,2004年西博会下城商务环境说明会在下城区行政中心会议厅举行。市人大常委会副主任丁德明、市政协副主席陈振濂、省对外贸易经济合作厅副厅长夏伟海等出席,来自国内和美国、法国、俄罗斯、韩国、加拿大、瑞典、意大利、澳大利亚、南非、中国香港等10余个国家和地区的300多名客商到会。说明会通过中英双语和多媒体展示方式,系统详实地介绍了区情概况和投资政策。会上共签约注册资金1000万元以上项目135个,注册资金62.9亿元,总投资172.5亿元。沃尔玛购物中心项目、日本三井住友银行杭州分行项目、银泰百货合作项目和浙江基业集团总部、浙江新世纪集团总部等项目的签约,标志着下城区在引进跨国知名企业、推进以民引外和发展总部经济等方面有了重大进展。 (陈 安)

【举办中国杭州社区论坛】 5月19日~22日,2004年中国杭州社区论坛在杭州西子国宾馆召开。会议由国家民政部基层政权和社区建设司、浙江省民政厅、杭州市民政局和下城区联合承办,全国16个城市的专家、学者参加,国家民政部基层政权和社区建设司张明亮司长在闭幕式上讲话。会上,下城区介绍了通过党委核心力、政府推动力、社会参与力、市场运作力、社区自治力等的有机组合,推动服务型社区、自治型社区、学习型社区、数字型社区、生态

型社区等五位一体的现代化新型社区建设的做法。下城社区建设得到与会领导和专家的好评。(沈宏宇)

【下城亚太地区教育联络中心成立】10月22日,在杭州雷迪森大酒店举办的"民办教育政策与革新国际研讨会"开幕式上,联合国教科文组织巴黎总部中等教育处处长索尼娅·巴赫利(Sonia Bahri)女士和中国联合国教科文组织全国委员会副秘书长杜越共同给下城区颁发了"浙江·下城APEID中心"铜牌。APEID的意思为"亚太地区教育革新为发展服务计划",是教科文亚太地区教育局的组成机构,主要作用是为教育体制改革提出高水平的建议、提供教育革新机构协作模式、在成员国范围内推广有重大意义的革新实践等。联合国教科文组织下城亚太地区教育联络中心设在区教育局。

(俞 钧)

【建立慈善爱心家园】"慈善爱心家园"由区捐赠物资调配中心及8个街道的"慈善爱心家园"和63个社区"慈善爱心家园捐赠工作站点"组成,是集捐赠、调配、帮扶为一体的非赢利性社会救助平台,主要为辖区各类困难群众和外来务工人员无偿或低偿提供日常生活必需品。10月起,在长庆、天水、朝晖3个街道试点,并逐步向全区推开。11月26日,"慈善爱心家园"在长庆街道挂牌成立,副市长孙景森到会讲话。至年末,已成立3个"慈善爱心家园"。(沈宏宇)

【成立2个特色医院】3月,该区以区妇保院原址为基地,引进社会民间资金3000万元,积极组建股份制医疗机构,建立股份制民营医院——杭州建国医院。该医院是杭城的一家女子专业医院,也是以妇科特色治疗为主的现代化宾馆式专业女子医院。

11月,该区为解决外来务工人员看病难的问题,以石桥社区卫生服务站原址为基地,在外来人口比较集中的石桥地区成立下城区民工医院。该医院总面积约1000平方米,主要为外来务工人员提供医疗、计划免疫、健康教育、妇幼保健等服务。至年末,已发放8000余张民工就诊卡,外来务工人员可以凭卡享受"十免十减半,药费分别算"的就医优惠措施。(俞 钧)

·江干区·

【江干区概况】全区辖4个镇、6个街道,有49个村、67个社区、1个居民区。户籍人口41万人,人口自然增长率4.46‰。其中委托杭州经济技术开发区管理的下沙、白杨街道辖10个村、6个社区、1个居民区,人口7.4万人。全年实现生产总值68.01亿元(不含下沙、白杨街道,下同),比上年增长13.1%。

全年农林牧渔业总产值4.82亿元,比上年下降15.7%。加快农业结构调整,培育市级农业龙头企业1个、农业园区2个;新建花卉苗木基地66.7公顷,累计100公顷;13个农业企业向外拓展基地1816.7公顷;全面完成禁养区畜禽的转移。全区76.81千米河道实行市场化保洁,投资1800万元,完成整治横河港、大农港等6条河道。皋城村获省级全面小康建设示范村称号,2个示范村和4个重点整治村通过市级考核验收。制定取消农业税等10项利农政策,农民人均年收入9652元,增长11.5%。

工业集聚发展力度加大。全年实现工业总产值171.34亿元,销售产值161.1亿元,分别比上年增长23%和20.8%。全区规模以上工业企业306个,增加35个;实现销售产值142.5亿元,增长24.8%。新增销售产值1亿元以上企业8个、3亿元以上企业2个。机械电子、纺织服装、食品医药、建筑建材4个支柱产业占全区工业比重66.9%。科技园区实现工业销售产值10.8亿元,被列入省级保留园区,获市"块状经济先进单位"称号。万事利丝绸获中国名牌产品称号,新增省级名牌产品5个、市级名牌产品4个,全区市级以上名牌产品有23个。新认定省级企业技术中心2个,省、市级科技研发中心4个,市级高新技术企业2个,省、市级专利示范企业4个。列入国家中小企业技术创新项目2项,省、市级科技项目29项。西子联合控股公司进入中国民营企业竞争力50强。万事利集团收购上海联华合纤股份有限公司,"祐康食品"登陆新加坡证券交易所。

全社会消费品零售总额67.7亿元,比上年增长42%。制定《江干区服务业发展规划纲要》。四季青服装特色街区实施改造提升工程,被中国城市商业网点建设管理联合会评为全国诚信规范街区,四季青服装市场获全国100强市场称号。9月28日,江干艮山名车长廊正式开街,启用名车长廊客户服务中心,全年销售汽车2.60万辆,成交额38.7亿元,利税总额6100余万元。房地产业上缴税收2.9亿元,增长2倍。在加拿大举行的国际花园城市、国际花园社区评比中,杭州滨江房产集团开发的"金色海岸"获国际花园社区人文类金奖。以祐康电子商务为代表的现代物流业发展良好。中国四季青服装交易中心一期工程列入省重点建设项目。

全年招商引进项目1312个,协议引进资金67.8亿元,实际到位资金51.7亿元,其中引进浙江华成投资开发有限公司、杭州合盛置业有限公司等实际到位资金1000万元以上项目109个;当年引进项目产生税收7265万元。优化发展环境,强化"以民引外",拓展招商资源,三井物产、日本东芝等世界500强企业落户江干。新批外商投资企业49个,合同利用外资1.61亿美元,实际利用外资4516万美元。自营出口额2.4亿元,比上年增长58.1%。4个企业在境外设立办事处。

全年实现财政收入13.38亿元,比上年增长19.1%;其中地方财政收入7.1亿元,增长36%。地方财政支出5.7亿元,增长34.1%。

高起点进行彭埠入城口整治,实施解放东路整治工程,建成钱江新城连接主城区的交通干道。配合抓好钱江新城核心区块、杭州客运中心、丁桥大型居住区等10多项市重点工程建设的征地拆迁。全年征用各类建设用地498.1公顷,拆迁建筑物38万平方米。九堡经济适用房建设已经交地23.3公顷,完成首个组团8万平方米地下基础施工。凯旋地区旧城改造,完成征地拆迁6.5万平方米和北段道路施工。艮山东路整治全面完成。开工建设景芳、三叉、章家坝、范家、彭埠、新塘等社区多层公寓30万平方米,竣工18万平方米,累计开工80万平方米,竣工45万平方米。创建精品小区，完成“平改坡”79幢，整治面积10万平方米。实施无障碍设施改造工程，通过省、市验收。组建区城市管理办公室，健全街道、镇城管机构，建立社区城管服务站。制定城市管理责任区域图，建立区、街道（镇）两级城管联席会议制度，加大道路保洁市场化运作力度，艮山西路被命名为省级街容示范路。集中开展两次“拆违突击月活动”，全年拆除各类违章建筑1238处、18万平方米。顺利通过省级文明城区考核验收和国家技术专家组的“创模”复检。

调整农村义务教育管理体制，编制学校布局规划，加快实施“名校集团化”战略，成立采荷中学、采荷二小、国泰外语艺术学校3个教育集团，完成采荷实验学校新校舍和夏衍中学二期工程建设，采荷二小教育集团被确定为省实验学校。全区有中学15所，在校学生1.22万人；小学16所，在校学生2.33万人。积极挖掘钱塘江、夏衍文化资源内涵，成功举办元宵灯会、社区艺术节等群众性文体活动，承办省农运会开幕式和“七艺节”、西博会有关项目。完成区全民健身中心建设。有医疗卫生机构11个，医疗床位312张，卫生技术人员589人。全面推行新型农村合作医疗制度，村级覆盖达到100%，参保率93%。深化流动人口计划生育管理和服务，全区计划生育率99.16%。新增省百佳社区5个，省示范社区居委会6个。采荷街道被评为杭州市社区信息化先进街道。建立处理信访突出问题和群体性事件联席会议制度，实行领导下访工作制度，及时化解各种社会矛盾。全年受理信访电16975件，办结率99.1%。

10月19日，全国政协副主席张怀西一行在副省长盛昌黎、省政协副主席徐鸿道等陪同下，视察江干区社区服务中心，并举行座谈会。

【实施彭埠入城口整治工程】 按照“打通杭州东大门，扮靓杭城第一路”要求，该区重点做好彭埠入城口整治工程的征地拆迁、安置工程、工程建设3项任务，9月底基本完成彭埠入城口综合整治。该项整治完成房屋拆迁18.2万平方米，房屋建筑立面整治250幢、60万平方米，绿化施工面积23.5万平方米，完成24幢建筑物灯光亮化施工以及绿地景观照明施工，整治广告牌495块。

【万事利集团控股联华合纤】 7月，万事利集团出资收购上海联华合纤股份有限公司4390.992万股（占总股本26.26%）股份，成为该公司最大股东。上海联华合纤股份有限公司为主板上市公司（股票代号600617），主营服装纤维等相关业务，拥有自营出口权，是上海市外资委、市外经贸委确认的先进技术型企业，上海市销售收入500强企业。万事利集团以丝绸服装业为主业，进入物流、房地产、资本运作、文化、高科技等领域，收购“联华合纤”为企业的进一步发展创造了良好条件。

【西子奥的斯扶梯运往雅典】 4月初，希腊雅典奥运会组委会紧急采购6台公交型露天自动扶梯，须在1个月内交货。委托方考察各地公司后，最终与杭州西子奥的斯电梯有限公司签下订单。这种露天重型公交扶梯采用外膜防腐等先进制造工艺，一般公司需二三个月的生产周期，“西子奥的斯”作为奥的斯集团制造周期最短的基地，只需2周时间即可完成。5月17日和6月2日，6台扶梯先后运往雅典，安置在与奥运场馆相关的地铁站内。

【四季青服装研究发展中心开园】 四季青服装研究发展中心北依德胜路、南临杭海路，紧邻在建的杭州客运中心站。占地面积66.67公顷，建筑面积80万平方米，绿化面积16公顷，由科研中心、信息中心、生产中心和展示中心4个区块组成。2004年3月，首期竣工研发大楼、科技活动中心、展示中心、生产厂房等24幢大楼，其中标准厂房10万平方米。4月5日，在北京人民大会堂重庆厅举行的杭州女装新闻发布会上，江干区政府宣布四季青服装研究发展中心开园。

【全民健身中心竣工】 江干区全民健身中心位于四季青街道三堡京杭运河与钱塘江交汇处西南面，为全国利用体育彩票资金建造的10个全民健身中心之一，于2003年5月30日开工建设，2004年10月18日通过监理、勘察、设计等部门的竣工验收。该中心为4层建筑（地上3层，地下1层），总建筑高度31.9米，建筑面积2.44万平方米，其中地下部分5780平方米。工程投资6800万元，设游泳、篮球、羽毛球、乒乓球、台球、棋牌、健美、健身、跆拳道等场地和体质测试中心。

【创新环卫作业机制】 2003年，江干区开始在庆春东路、采荷路等11条

西子奥的斯扶梯运往雅典

道路人行道、绿化带、主干道的市容环卫作业中,把分别由"三把扫帚"(街道、绿化办、环卫)作业的模式,合并为"一把扫帚"作业。明确责任主体,合理整合资源,实现道路清扫保洁作业时间、队伍、标准、考核"四统一",有效解决原"三把扫帚"多头管理、保洁质量差的弊病。2004年,继续对辖区道路实行"三把扫帚并一把"保洁作业,并推行道路保洁市场化运作,把占人工作业面积50%的14条主要道路、64万平方米道路面积推向社会,公开竞标承包。对直管的29座公共厕所管理保洁通过内部招投标,由5名职工实行承包。

【完善农村义务教育管理体制】6月21日,江干区制定《农村义务教育管理体制调整的实施方案》,一次性完成笕桥镇、彭埠镇、丁桥镇、九堡镇所有中小学管理体制的调整,上收各镇对中小学教育经费投入的管理权。规定所有教育教学设施、设备划归区教育局统一管理,对现有学校资产进行造册登记,办理相关手续,明确产权性质。根据分区规划,高起点、高标准完成新一轮中小学布局调整,投入197.5万元专项资金建设乡镇学校教育设施,并增加农村教师奖金福利待遇,加快实现城乡教育均衡化发展。

【实施新型农村合作医疗制度】7月1日起,江干区推行《新型农村合作医疗制度实施办法(试行)》。该制度采取家庭账户与大病统筹相结合的医疗模式,农民以户为参加单位,实行"政府推动、农民互助、社会参与"的机制。2004年的筹资标准为160元/人,其中市财政补助10元,区、镇两级财政各补助20元,农民个人缴纳60元,村(社区)集体出资50元。160元费用中,50元入门诊家庭账户,就诊时个人支付70%,其余在家庭账户中扣除;账户中的钱扣完以后,自负就诊费用年累计超600元/人时,超出部分按大病住院规定报销;另外110元则为大病风险统筹资金,专用于大病住院报销,实行分段结算、累计相加的办法。当累计费用超1000元时,即可按规定比例报销,最高可报销5万元。全区应参保人数91597人,实际参保人数85055人,参保率达93%。享受个人减免交费的特困家庭和重点对象602人,对特困群体的个人缴纳部分,由村集体承担。

【解决残疾人生产生活难题】2004年,江干区为解决残疾人上学、出行、就业、就医等难题,制定并实施《对残疾人实行优惠扶助若干规定》。残疾学生和困难残疾家庭子女9年义务教育全免学杂费,考上大学一次性奖励8000元。区、镇、村出资维修改造残疾人居住的危房,免费为57户重度下肢残疾人家庭安装无障碍卫生设施。完成庆春东路、凤起东路等12条道路、80个公建单位、10所公厕及3座公园的无障碍设施改造。鼓励残疾人自谋职业,通过学费补助形式,支持残疾人参加各类就业培训,建立江干区残疾人种养殖业扶贫基地。持有《残疾证》、《困难家庭救助证》的残疾人,在区属医院(卫生院)就医,免收30%住院费、手术费;向17名白内障患者赠送"白内障复明手术卡",凭该卡可免费进行手术治疗。（张杭平）

·拱墅区·

【拱墅区概况】全区辖4个镇、6个街道,有18个村、68个社区。人口30.07万人,人口自然增长率1.78‰。全年实现生产总值37.05亿元,比上年增长23.4%。

三次产业结构调整为2.4∶46.88∶50.72,第三产业增加值占生产总值的比重首次突破50%。全年农林牧渔业总产值1.39亿元,与上年持平。蔬菜总产量2.67万吨,家禽出栏25.03万羽,淡水鱼起水量1023吨,鲜奶产量1.20万吨。积极推进农业产业结构调整,重点发展花卉苗木、蔬菜、养殖等主导产业。方家埭村、杭州花园岗园林绿化有限公司分别被评为市级都市农业示范村和农业龙头企业,杭州冰灯米业有限公司获得市十佳农产品加工企业称号。强化食用农产品安全管理,西杨村蔬菜基地被认定为浙江省无公害蔬菜基地。农民年人均收入9388元,增长10.1%。

全区工业总产值首次超过100亿元,达到101.16亿元,比上年增长20.7%。实现工业销售产值98.43亿元,增长21.7%;销售收入100.04亿元,增长28.8%;工业利润3.81亿元,增长18.9%。着力推进重点项目,进一步加大技改投入,完成企业固定资产投资21亿元,增长38.1%。完成工业功能区一期基础设施建设,全年开工项目18个,开工面积53万平方米,竣工40万平方米,"康永佳纤维"、"科汇商标"等项目竣工投产。优化工业发展环境,精心组织工商企业服务月和为企业解百难活动。

全年实现商业销售收入244.52亿元,实现社会消费品零售总额38.77亿元,分别比上年增长44.5%和36.3%。积极发展汽车贸易、专业市场和大卖场等商贸服务业。浙江康汽集团入选全国工商联民营会员企业50强。欧倍德建材超市、建华五金机电市场、浙江时代电子商城等重点项目建成开业,世纪联华等知名商贸企业落户拱墅区。基本建成金通汽配市场一期工程。石祥路、沈半路汽车特色街区顺利开街,新建30余家4S汽车品牌店。成功举办第二十四届全国摩托车及配件展示交易会和第五届中国杭州国际汽车展览会。专业市场实现成交额360.62亿元,位居杭州各城区之首。加快运河旅游开发,建成"乾隆舫"等项目。

全年招商引资引进各类项目2177个,实际到位资金78.46亿元,比上年增长37.4%;其中协议利用外资1.97亿美元,实际利用外资7015万美元,分别增长65.5%和54.3%。引进企业的规模和质量不断提高,注册资本3000万元以上项目41个,引进中石化碧辟(浙江)石油有限公司等大企业,世界500强企业有7个在拱墅区投资。外贸出口持续增长,完成自营出口1.51亿美元,增长26.5%。"接轨上海"迈出实质性步伐,与上海市普陀区建立友好城区。

全区财政收入21.01亿元,比上年增长17.9%;其中地方财政收入5.37亿元,增长34.2%。地方财政支出3.85亿元,增长31.1%。

全社会固定资产投资31.22亿元,比上年增长24.48%。经济结构进一步优化,完成6个经济合作社股份制改革。编制吉如地块和庆隆、阮家桥地块改造控制性详细规划,完成桥西民居和小河直街保护区规划前期工作。启动拱宸桥桥西、小河、大浒弄、第二毛纺厂等地块改造,浙麻安置房地块顺利动工,全年开工86万平方米,竣工57万平方米。完成3000户拆迁户的回迁安置。运河综合整治与保护开发项目进展顺利,开展运河商务区、富义仓遗址公园前期拆迁,运河广场主体工程竣工。加快“城中村”改造,陆家圩小区、渡驾小区等“农转居”多层公寓项目开工10.6万平方米,竣工5.5万平方米。完善基础设施建设,赵伍路、丽水路、衢州路一期工程动工。投资2.6亿元,高标准实施莫干山路和104国道入城口综合整治,莫干山路被评为省级城市街容示范路。新增绿地面积100万平方米,完成大关南二苑等5个旧有住宅小区截污纳管。撤销区市容环卫局,组建区政府城市管理办公室,推行“门前三包”IC卡管理,实施街景容貌“亲民型”综合管理,全年拆除违法建筑1733处、17.58万平方米。

科技事业协调发展,科技进步水平综合评价列全省88个县(市)、区第1位。新增省级高新技术企业9个、高新技术成果17项,区科技创业中心被认定为省级重点孵化器。全区有普通中学10所,在校学生1.14万人;小学30所,在校学生1.91万人。深入实施“名师名校长”工程,新引进特级教师3名、省市优秀教师和教坛新秀8名。全年学校建设开工5.45万平方米、竣工8.09万平方米,建成文澜中学等学校。拓展教育发展空间,与杭州师范学院签订教育全面合作协议。加大新课程改革力度,成功承办全国中小学校课程建设研讨会。成功举办第三届运河文化艺术节等群众性大型文体活动。完成运河博物馆布馆设计方案。有医疗卫生机构11个,医疗床位464张,卫生技术人员576人。完成和睦医院改制,建成浙江老年关怀医院新大楼并投入使用。新型农村合作医疗制度基本普及,农业人口参保率95.9%。启动计生避孕药具管理改革,全面完成计划生育指标任务,全区计划生育率99.17%,被评为省级计划生育优质服务区。

开展第3批撤村建居改革试点,皋亭等6个村撤村成立社区。完成40个社区居委会的换届选举,被评为全省民政工作目标考核先进区。积极创建“平安拱墅”,完成治安动态监控系统一期工程,推出出租私房等级管理星级评定制度,瓜山南苑被列为全国社会治安综合治理会议观摩点。全年受理信访电总数4.59万件(次),办结率99.6%。

(周国如 陈 亮)

【西杨村基地被认定为无公害蔬菜基地】 拱墅区围绕发展都市型农业,积极抓好基地建设,加强食用农产品质量安全管理。西杨村蔬菜基地86公顷,总投资134.9万元,生产以古潭牌叶菜为主的蔬菜,年产量1900余吨。2004年,该基地被省农业厅认定为无公害蔬菜基地,古潭牌蔬菜被农业部农产品质量安全中心认定为无公害农产品。(傅科兵)

【引进中石化碧辟(浙江)石油公司】 9月,由世界500强企业——中国石油化工股份有限公司和英国BP公司共同出资组建的中石化碧辟(浙江)石油有限公司正式落户拱墅区。该合资项目投资总额21.93亿元,注册资金8.02亿元,协议利用外资3865万美元,主营业务为兴建、经营和管理加油站,零售各类石油产品并提供相应的咨询服务。该项目是拱墅区引进最大的外资项目,为区域经济发展注入了强劲的活力。

(蔡儒杰)

【康汽集团入选全国工商联民营企业50强】 2004年,浙江康桥汽车工贸集团股份有限公司入选全国工商联民营会员企业50强。康汽集团创始于1976年2月,注册资本11512万元,有土地14万公顷,其中建筑面积6.04万平方米。专业从事汽车销售、维修服务,是国家工商局批准的小轿车经销商,国家经贸委批准的拥有自营进口权的外贸企业,拥有福特、奔驰、三菱、广州本田、上海大众等20多个知名品牌的经销权和特约维修站。2004年,该集团销售汽车3.31万辆,维修汽车24.40万辆次,实现销售收入41亿元,上缴利税5900万元。

【石祥路、沈半路汽车特色街开街】 10月31日,石祥路、沈半路汽车特色街顺利开街,并成功举办第二十四届全国摩托车及配件展示交易会和第五届中国杭州国际汽车展览会。该街区地处杭州城北繁华路段,交通便捷,总经营面积40万平方米,是全省规模最大的汽车特色街区之一。至年末,街区聚集了元通集团、康汽集团、农资金昌、杭州汽车城等243个汽车贸易企业,其中4S店43个,3S店7个,奔驰、宝马、保时捷、吉利、长安等80余个知名汽车品牌的生产企业相继落户经营。街区还为客户提供完整的售后服务体系。(金 马)

【实施城市建设工程】 为加快构筑现代化大都市中心城区框架,拱墅区加大城市建设力度,全面开展“11368工程”建设。全年开工建筑住宅和各类公建100万平方米;新增绿地面积100万平方米,重点实施石祥路南侧、西塘河、十字港河及水田畈等绿化项目;大力推进“居者有其屋”工程建设,积极解决群众“住房难”问题,全年有3000多户在外过渡的拆迁户入住新居;积极推进运河广场、台州路商业步行街、运河商务区、富义仓遗址公园、桥西民居保护区和“城中村”改造等六大工程建设;全面展开赵伍路、丽水路、衢州路、育苗路二期、轻纺路、香积寺路、小河路等7条城市干道建设,还投资2.6亿元,高标准实施莫干山路和104国道入城口综合整治,打造了拱墅区第1条城市景观大道。

(余荣升)

【乾隆舫建成】 为打造“文化拱墅”品牌,加快运河旅游开发,“乾隆舫”于11月在运河江涨桥旁建成。“乾隆舫”长58米,宽15.6米,高21米,建筑面积1760平方米,是集餐饮服务、古运河文化展示、水上旅游集散码头为一体的标志性大型画舫建筑。画舫立面丰富,借用园林中的楼、阁、亭、廊以及卷棚屋面和斗拱挂落的形式,疏密有致、高低错落,布局均衡、线条活泼,营造出“层台耸叠,上出云霄,飞阁流逸,下临天地”的意境。(金 马)

【推行“门前三包”IC卡管理】 3月,拱墅区在米市巷街道主要道路开始试行“门前三包”IC卡管理,8月起在辖区主要道路全面推行。“门前三包"IC卡管理是参照交通违规行为处理方式,运用现代化信息卡技术,对沿街经营户的"门前三包"进行计点考核的管理制度。区有关部门向沿街经营户发放IC卡,对发生占道设摊、倚门设摊等影响市容环境行为,经指出仍未及时整改的,每次扣除相应的点数。达到一定点数后,依法采取罚款、没收经营工具或者违章物品、停业整顿直至吊销营业执照等处罚措施。通过实行"门前三包"IC卡管理,沿街经营单位自律意识得到强化,街容秩序显著改善。

(陈　亮)

【科创中心被认定为省级重点孵化器】 5月,杭州市拱墅区科技创业中心被省科技厅认定为省级重点孵化器。该科创中心成立于2000年10月,建筑面积9700平方米,注册资金200万元。中心为入驻孵化企业提供"一站式"服务,并免费提供现代办公设施,以促进高新技术成果商品化、产业化,孵化科技型中小企业,提供科技咨询服务为宗旨的事业单位。2004年,中心在孵企业90余个,其中省级高新技术企业8个,市级高新技术研究开发中心1个,开发实施市级以上各类科技计划项目30余项,实现技工贸总收入5.14亿元,上缴税金2239万元。

(傅科兵)

【文澜中学新址建成】 杭州市文澜中学创办于1995年5月,是杭州市初级中学的一所名校。该校师资队伍强,教学质量好,在校教师中的特级教师、高级教师人数及比例较高,在升学率、升入重点中学人数及数学、物理、自然、外语竞赛等方面,成绩较突出。2003年,该校作为拱墅区政府与杭州学军中学的合作项目,在拱墅区重建新校。新校区占地面积近10公顷,建筑面积5.4万平方米,总投资约1.35亿元。2004年10月,新的文澜中学正式投入使用。学校硬件设施先进,卫星接收、双向闭路电视系统,以及现代教学、文体、生活等设施齐全。该校有教学班26个,在编教师34名,在校生1400余人。

【举办学校课程建设研讨会】 5月23日~25日,拱墅区教育局与教育部浙江大学基础教育课程研究中心、浙江省基础教育课程教材开发研究中心联合举办全国中小学学校课程研讨会,来自北京、上海、山东、江苏、吉林等10多个省、市的500多位教育界人士参加研讨会。会议主要是展示与会学校课程建设改革成果,进行先进教学经验交流。省教育厅厅长侯靖方发来贺信,副厅长张绪培出席会议并讲话。

乾隆舫夜景

【举办第三届运河文化艺术节】 9月17日~23日,拱墅区举办第三届运河文化艺术节。17日,艺术节开幕式暨"拥抱大运河,情系千万家"文艺晚会在运河广场隆重举行。艺术节期间,举行开幕式文艺晚会、"家有珍藏,与你共享"收藏品展示及交流、"创业在拱墅"活动、"个性空间"时尚商业文化活动体验、爱国主义优秀影片巡回展、"昨天、今天、明天"灿烂拱墅摄影展、闭幕式暨"戏剧结缘、欢乐共享"票友进社区巡演汇报演出等7项活动,全面展示了拱墅地区社区、企业、校园、军营、家庭等社会文化成果,2万余人次参加活动。

【开展计划生育优质服务】 拱墅区开展计划生育优质服务,2002年开始避孕药具改革的试点,2003年获得杭州市计划生育宣传教育创新奖,并建成全国首座运河生育文化广场。2004年,该区生殖健康服务中心尊崇人性化、温馨化、个性化的服务理念,在计划生育服务中凸显人性关爱和人情关爱,推出延伸服务、延时服务、无休日服务等机制,设置"幸福人生阳光天地"、"流动人口温馨港湾"、"花季雨季健康驿站"、"金秋岁月谈心沙龙"四大服务区域,为不同年龄层次的育龄妇女提供全方位的优质服务,落实国家对失业、无业人员和流动人口的免费计划生育技术服务政策。全区计划生育率99.17%,被省人口和计划生育委员会授予省级计划生育优质服务区称号。

(富荣欣)

【对出租房实行等级管理】 上塘镇在瓜山南苑农居点建设中,针对该地区来杭创业人员较为集中等情况,健全配套服务,对出租私房实行等级管理星级评定。以出租房屋的防盗和消防等安全设施、刑事和治安案件、承租人登记领证和日常管理、人户分离人员和留宿人员的登记、房东依法纳税、承租人计划生育等6个方面的情况作为评判依据,划分优秀(二星)、良好(二星)、合格(一星)、不合格4个等级,全面掌握房东、承租人员、出租私房3个方面的基本情况。经过努力,该地区社会治安形势平稳,刑事发案减少,为来杭创业者营造了温馨的家园。2004年6月,全国社会治安综合治理工作会议在杭召开,瓜山南苑农居点被列为会议观摩点。

【蒋家浜被评为全国民主法治示范村】 2003年,蒋家浜村被列为拱墅区"民主法治示范村"创建试点单位。该村建立健全村干部述职评议、村级重大事项听证、财务审计等20项工作制度,26项部门职责和13项村规民约,并汇编成册,分发到村民手中;建成村民议事室、人民调解室、法制宣传栏、村务公开栏等“五室四栏”,增加行政透明度,为村民依法办事、行使民主权利构筑平台。村民民主法治意识增强,积极参与村务,依法解决各类矛盾,治安环境明显好转。2004年,该村被司法部、民政部评为全国民主法治示范村。

(金 马)

·西湖区·

【西湖区概况】 西湖区辖2个乡、5个镇、7个街道,122个社区、64个村,其中西湖街道由风景名胜区托管。户籍人口54.27万人,人口自然增长率6.65‰。全年实现生产总值45.6亿元,比上年增长15%。

全区一、二、三产业结构比例调整为8.8∶53.5∶37.7。全年农林牧渔业总产值6.15亿元,比上年下降5.7%。粮食产量2.44万吨,下降10.9%;蔬菜播种面积2553万公顷,增长26.1%。渔业产值2.7亿元,增长8%;水产品产量1.4吨,增长1.5%。茶叶产量656.06吨,产值6730万元,增长13.1%;花卉苗木面积542公顷,产值7034万元,增长36.9%。创建2个市级都市农业示范园区,新增3个省级无公害农产品基地,无公害农产品基地总面积667公顷。西湖龙井茶、无公害蔬菜等五大优势产业面积、效益实现双增长,总面积4190公顷,产值5.06亿元。赤通浦排涝闸站和板壁山、光明寺生态水库达标整治主体工程全面完成。

全区完成工业总产值122.06亿元,工业销售产值108.39亿元,分别比上年增长20.9%和31.7%。新增双亿元企业3个。高新技术产业发展迅速,实现产值30.07亿元,增长32.1%,占全区工业总产值的比重24%。新增省级高新技术企业5个,省、市级高新技术研发中心各1个,市级企业技术中心2个。技改投入完成5.33亿元。科技经济区块建设初见成效,其中西湖科技经济区块80%的企业开工建设,实现税收3670万元。

全年新批外商投资项目88个,协议利用外资3.04亿美元,比上年增长2.6倍;实际利用外资8337万美元,增长75.2%。引进市外协议资金81.44亿元,增长72.6%;区外到位资金67.62亿元,增长73.6%;其中市外到位资金29.17亿元,增长51.3%。自营出口额3.45亿美元,增长76.8%。世界500强——沃尔玛投资落户西湖区,康莱特集团公司投资160万美元,在俄罗斯设立康莱特(俄罗斯)有限责任公司。

全区社会消费品零售总额32.96亿元,比上年增长24.4%。之江度假区及其他景区景点全年接待游客272万人次,门票收入超过1亿元。文三路电子信息街区集聚效应进一步增强,先后创建省电子信息商标品牌基地和数字娱乐产业园,全年新增企业863个。推进黄龙商务区、城西商贸圈建设,聚龙大厦等商务楼宇相继建成,西城广场、西溪阳光城全面竣工,引进东方威尼斯休闲娱乐中心和UME国际电影大都会等三产企业。动工改建喜园、香园宾馆,云栖蝶谷四星级假日酒店建成试营业。10个市场通过星级市场、绿色市场验收。

全区财政收入24.51亿元,比上年增长23.8%;其中地方财政收入14.74亿元,增长29.7%。地方财政支出6.19亿元(不包括之江旅游度假区),增长22.5%。

加快重点工程建设,全力组织实施西溪湿地综合保护一期工程,争取成为全国首个国家湿地公园。集镇建设取得明显进展,投资9.6亿元,重点推进33条道路建设,建成向山路等8条集镇道路。农居多层公寓建设步伐加快,全年开工80.4万平方米,竣工23.5万平方米。高标准完成“一口两路”整治工程和古荡绿色广场建设,天目山路成为杭城景观大道。嘉绿景苑20万平方米拆迁安置房项目开工。编制上泗地区供水系统建设方案,配合完成杭州市抗咸应急工程。编制生态区和龙坞、转塘生态镇建设规划,生态建设与环境保护被市政府评为优秀单位。完成11个生活小区、30个污染点源、24个公建单位的截污纳管,实施东山弄10万平方米住宅精品小区整治和53幢房屋“平改坡”工程。实施国道可视范围内6个矿山的生态治理,全面完成将军山等4个矿山的整治复绿。建成龙坞、转塘、留下、周浦4个生态墓区。周浦、袁浦、三墩全面实现村级道路硬化,3个农村示范村、10个重点整治村、2个一般整治村通过市级考核验收,其中南村村成为省级示范村。启动龙坞镇山溪小流域农业生态工程,完成12千米“清水河道整治”和1个市级生态公益林示范点、3个市级园林绿化村建设。新增绿化面积183.4万平方米,拆除违法建筑28.18万平方米。

创新城管体制,建立执法队员、协管队员、卫生保洁员“三位一体”的捆绑式管理和新的考核模式。落实“四化”管理措施,加强“窗口”地区长效管理,开展小区卫生保洁市场化运作试点,城市市容序化覆盖面50%以上。无障碍设施建设通过国家验收。积极开展社区分类指导建设,实现城市社区信息化管理覆盖,完成庆丰、翠苑三区等3个社区整治。

各项社会事业协调发展。以创建科技强区为目标,加快科技事业发展,积极实施“接轨浙大、接轨上海”战略,抓好区域创新服务体系和基地建设,新增省级高新技术企业5个。党政领导科技进步目标责任制考核获省级优秀单位,被列入市首批专利示范试点区(县)。全区有中学17所,在校学生1.79万人;小学36所,在校学生3.12万人。优质教育资源进一步扩张,袁浦、留下被命名为省教育强镇。成立杭州十三中教育集团,名校集团化办学在全市推广。有医疗卫生机构334个,医疗床位429张,卫生技术人员765人。加强传染病预防控制,新建5个农村卫生服务站,大部分乡镇医院、卫生院成为市级规范化卫生服务中心。城乡文化活动丰富,龙坞茶乡国际民间篝火晚会获得好评。在中国第七届艺术节项目中,西湖区选送的区文体局蔡云超的书法小楷《岳阳楼记》、《赤壁赋》和区文化馆李云雷所作的中国画《四时花语》获第十三届群星奖浙江推选作品金奖,由区文化馆集体创作并参演的广场舞蹈《映日荷花》获七艺节开幕式演出金奖。新建农村健身苑点34个,龙坞镇、西溪街道分获省级体育特色乡镇和全国体育先进社区称号。全区计划生育率98.68%，稳定保持一类地区水平。城镇职工平均工资性收入20300元，比上年增长13.1%；农民人均纯收入8099元，增长10.5%。

深入开展精神文明创建活动，市民素质和城区文明程度进一步提高，被省委、省政府命名为浙江省文明城区。“平安西湖”创建活动扎实开展，完善矛盾纠纷排查处理机制，综治、信访、司法调解“三力合一”的维护稳定格局基本形成。全年投入591万元，安装78个路面治安动态监控和230个联网报警装置，建成9个技防治安小区、8个技防重点安全场所。全年办理代表议案、意见、建议261件，办结率100%；办理委员提案130件，办结率100%。接处群众来信、来电1.73万件，来访512批1195人次，群众邮件短信117件，办结率均在99%以上。

（马柏法 何海强）

【西湖区成为省文明城区】 2004年，西湖区紧紧围绕“推进现代化，建设新西湖”和“创建省级文明城区、为杭州市创建全国文明城市作贡献”的目标，全力争取提高市民素质、城建城管、社会治安、群众性创建、繁荣西湖文化5个突破，实施洁美西湖、平安西湖、诚信西湖、文化西湖四大工程，在营造良好的育人环境、整洁优美的城区环境、规范有序的法制环境、规范优质的服务环境、健康繁荣的文化环境、全民参与的共建环境上取得明显成效，被省委、省政府授予浙江省文明城区称号。

（邵建华）

【创建电子信息商标品牌基地和数字娱乐产业园】 12月，文三路电子信息街区经省工商局、省商标协会批准，成立浙江省电子信息商标品牌基地，对于解决街区企业知识产权纠纷、保护企业的合法权益具有重要作用。同年，西湖区在该街区投资建设“数字娱乐产业园”项目，面积1.7万平方米，至年末入驻企业12个。浙江省电子信息商标品牌基地和数字娱乐产业园的创建，为文三路打造成为品牌街区、高新产业街区和科技孵化街区创造了条件。

（严 群）

【西城广场建成】 西城广场位于西湖区文新街道，北临文新路、西接紫荆花路、东与古墩路接壤，2002年被确定为西湖区政府为民办实事项目，是年12月动工。该广场占地面积3.3万平方米，总建筑面积5.5万平方米，休闲绿地广场面积2万平方米，集购物、美食、娱乐、休闲、健身、影视于一体，将购物中心与大型景观广场紧密结合，是杭州城西最大的公共设施和商业中心。2004年末，西城广场建成试营业。

【沃尔玛公司落户西湖区】 10月26日，在第六届杭州西湖博览会上，世界上最大的连锁零售商、世界500强企业——美国沃尔玛百货有限公司与西湖区文新街道签订投资开发项目，这是沃尔玛公司在浙江的首次签约。沃尔玛购物广场项目，总投资2.5亿元，由深国投商用置业有限公司与沃尔玛公司合作开发，其中投资8997万元，获得余杭塘河北1.82万平方米土地的使用权。计划在2005年兴建综合商业大楼，总面积6.5万平方米。

（沈 剑）

【完成“一口两路”整治】 在杭州市“三口五路”整治工程中，西湖区涉及“一口两路”，即留下入城口和天目山路、莫干山路。整治工程从3月开始，历时6个月，总投资2.83亿元。共征地26.7公顷，拆迁房屋12.88万平方米，对沿线30幢房屋实施“平改坡”，164幢房屋进行立面整治，道路沿线广告统一规划布局，完成绿化种植和调整面积约65.71万平方米。天目山路绿化建设在市“三口五路”绿化专项评比中获第一名。

古荡绿色广场紧靠天目山路东侧，从2003年11月动工建设，2004年5月完工。广场投资近5000万元，以“山、水、溪”作为广场建设的主题，兼顾休闲功能和景观效应，成为天目山路整治工程中的一大亮点。

（马柏法）

【加快西溪湿地综合保护工程进度】 2004年，西湖区投入资金近11亿元，大力推进西溪湿地综合保护一期工程建设。至年末，完成总体工程量的65%。顺利实施土地收购和农居拆迁，收购土地总面积379.37公顷，其中核心区块290.86公顷，涉及王家桥、深潭口、三深、周家村4个村；拆迁核心区块农居517户，外围农居170户，企业34个，迁移坟墓2458座。编制完成《西溪湿地综合保护工程一期详细规划》等近20项方案，实施建筑垃圾清运、清淤护岸、植被恢复配置、道桥建设、历史建筑恢复、保留农居整治和管线铺设等工程，并启动7.5万平方米“农转居”多层公寓的建设。

深入挖掘西溪历史文化遗存，考证7处西溪胜景遗迹及蒋村陈万元古宅越剧首演地，发现5户古宅、4处古驳坎与河埠头和11座古桥，征集到900余件生产生活民俗用具，拍摄制作“王家桥村、周家村、深潭口村原址原貌图”和“蒋村、三墩、

古荡绿色广场

留下百年古桥现貌图”。（胡　鹏）

【实施事业单位分类改革】 10月18日，西湖区根据省、市关于深化事业单位改革的要求，制订《西湖区事业单位分类改革实施意见》，按照各事业单位的职能和运行机制的特点，将全区246个事业单位分为监督管理类、社会公益类、中介服务类、生产经营类、后勤保障类五大类型，对不同类型的事业单位实施不同的改革管理模式。通过产权制度、用人制度、分配制度的改革，推进部分事业单位市场化运作的步伐，规范选人、用人及人员聘用机制。（冯　毅）

【开展社区分类指导建设】 2004年，针对城市社区发展不平衡的情况，西湖区启动城市社区建设分类指导活动。以社区硬件设施和软件等综合条件为标准，将所有城市社区分为三大类：一类18个社区，是硬件设施完善、综合条件较好的；二类24个社区，是硬件设施和软件条件相对一般的；三类10个社区，是硬件设施不健全、社区环境较差的。对三类不同社区，确定不同的指导建设方案。一类社区开展精品特色社区创建活动，进一步优化社区的综合服务功能，明确社区特色，争创全国一流社区；二类社区完善硬件、软件条件，明确社区特色；三类社区重点开展环境卫生整治，通过社区道路整治、绿化调整、门楼设置、规范停车等措施，进一步改善社区环境，计划分3年实施改造。全年投入经费约400万元，完成了翠苑二区、翠苑三区、庆丰社区3个社区的改造整治。（齐剑伟）

【西溪街道被评为全国体育先进】 西溪街道创新基层体育工作体制，大力加强体育阵地建设，发挥地域优势，与各大学校签订体育场所、设施对外开放协议，以“一操”（广播操）、“六会”（楼群运动会、家庭运动会、残疾人运动会、幼儿趣味运动会、老年人运动会以及大型全民健身趣味运动会）、“月月有活动”（每月由街道牵头开展一项由地区单位职工和社区居民参加的体育比赛）等形式，吸引群众经常参加体育活动，形成单位、社区、家庭“三位一体”的全民健身体系。该街道被国家体育总局评为2004年全国体育先进社区。（邵建华）

【保障征地“农转非”人员生活】 西湖区为解决失地农民的生活出路问题，确保他们在失去土地后老有所养，根据政策，制订具体实施方案。全年落实补贴经费1.4亿元，动员21421名征地“农转非”人员参加“双低”（低标准缴费、低标准享受）和社会养老保险，参保率达到94.5%，基本解决了征地“农转非”人员社会保障的遗留问题。（徐冠群）

【深化新型农村合作医疗】 西湖区为了有效解决“看病难”，缓解农民“因病致贫、因病返贫”的情况，成立区、乡镇两级新型农村合作医疗管理委员会及经办机构。7月1日起，在7个乡镇统一实施新型农村合作医疗制度。至12月底，共有11.1万人参加新型农村合作医疗制度，参保率达到88.35%，其中农村弱势人群全部享受免费参保政策。全年筹集资金789.33万元，共报销支出394.52万元。其中住院报销2465人次，报销金额339.28万元；门诊报销2.67万人次，报销金额55.24万元。（邵建华）

【建成4个生态墓区】 年初，西湖区结合生态城区建设，在具备条件的龙坞、转塘、留下、周浦4个乡镇启动生态墓区建设。一期工程投入资金约1100万元，至年末基本建成。其中，龙坞生态墓区占地1.33公顷，有4000座穴位，已迁入墓穴9座；转塘生态墓区占地2公顷，有6000座穴位，已迁入墓穴400座；留下生态墓区占地6.67公顷，可容纳1万座穴位，已迁入墓穴1100座；周浦生态墓区占地6.2公顷，有8000座穴位。（齐剑伟）

【西湖公安分局荣立公安部集体一等功】 2003年11月17日，西湖区公安分局干警经过周密部署，冒着可能感染艾滋病的危险，一举抓获26名广西籍扒窃团伙案犯罪嫌疑人，其中14人携带艾滋病毒，缴获涉案物品手机146只、“小灵通”6只以及人民币1万余元，破获各类案件210余起。抓捕后，监管人员对携带艾滋病毒的犯罪嫌疑人在严密看管的同时，充分尊重人格尊严，在生活上予以关心，实施人性化管理，统一购置棉被等日用品；针对他们身体差、体质弱的特点，提高伙食标准；加强教育引导，从心灵深处感化他们。此案中，12名艾滋病毒携带者被判处有期徒刑，2名被处以劳动教养。此案的成功侦破，集中打击了艾滋病毒携带者的犯罪，为公安机关打击处理类似犯罪提供了宝贵经验。2004年12月29日，公安部给西湖区公安分局打击艾滋病毒携带者扒窃团伙专案组记集体一等功一次。（沈　剑）

·滨江区·

【滨江区概况】 全区辖3个街道，有7个社区、28个村。户籍人口12.98万人，人口自然增长率7.74‰。全年实现生产总值127亿元，比上年增长20.6%。

经济保持健康快速发展，三次产业比重为1.6:82.1:16.3。全年实现农林牧渔业总产值3.2亿元，比上年下降11.3%。。效益农业取得成效，全面完成粮食生产任务。结合现代农业园区建设，积极抓好现代农技示范推广，全区示范园区良种覆盖率95%以上。蔬菜、水果、花木等特色产业占全区种植面积的75%以上。农民年人均收入9456元，增长7.5%。

全区技工贸总收入707亿元，比上年增长33.4%。其中高新技术产业实现技工贸总收入565亿元，增长37.8%，占全区技工贸总收入的80.7%。通讯设备制造和软件两大支柱产业集聚和带动效应明显，其中通讯设备制造业实现技工贸总收入419亿元，增长40.8%，占全区高新技术产业技工贸总收入的61.7%。软件及相关服务收入100亿元，增长39.9%，占全区高新技术产业技工贸总收入的17.7%。集成电路设计产业实现技工贸收入13亿元。动漫和网络游戏产业成为新的亮点。数字电视、生物医药、新材料、光机电一体化产业继续保持良好发展势头。新引进科技型企业375个，新认定省高新技术企业129个，累计认定472个，占全市高新技术企业总数的71.1%。

传统工业通过一手抓调整提

升,一手抓配套服务,全年实现工业企业总产值158.98亿元,比上年增长21.9%。加大技改投入,全年累计投入5.9亿元。加快推进传统企业信息化技术应用步伐,开展传统企业提升改造试点工程。华业科技城、金盛工业园建成并全面对外招商。

全年实现第三产业增加值20.75亿元,比上年增长29.2%。全社会消费品零售总额4.04亿元,增长54.6%。出台《关于进一步鼓励商贸服务业发展的若干意见(试行)》,加大项目引进和实施力度;确定20个对全区第三产业具有重大带动作用的大项目,建立和完善区领导分工联系制度,这些项目有12个在建,总建筑面积32.6万平方米。房地产业发展势头良好,新开工商品房185万平方米。

全区实现财政收入28.01亿元,比上年增长9.6%;其中地方财政收入13.87亿元,增长46.3%。地方财政支出10.63亿元,增长46.6%。

全社会固定资产投资71.82亿元,比上年增长34.8%。城市建设稳步推进,城市规划更趋完善。编制完成生态区建设规划、南部路网规划、白马湖地区保护性开发概念性规划、城市绿地系统规划、村级三产留用地布点规划、三产项目规划。开展数字电视生产基地、江南大道两侧局部地段的城市设计,完成中兴立交周边地区改造方案的设计,进行重点建设区域虚拟现实规划管理技术平台的拓展设计。全年安排城市基础设施建设资金15.55亿元,中兴立交全面建成,时代(四季)大道高架和跨铁路立交等"十大工程"进展顺利。启动一期15万吨/日滨江自来水厂应急工程建设。土地资源管理力度加大,全力推进依法征迁,努力保障用地供给,全年完成征地签约422.2公顷,实际交地279.47公顷,拆迁农户1315户、企业22个。制定实施村级组织留用地政策,坚持集约用地,盘活存量资源,回收闲置土地,努力提高土地利用率,提高单位面积投资强度。强化对重要地段、沿江景观带、重要公共设施用地的调控。农村多层住宅建设全年安排资金13.96亿元,新开工161万平方米,竣工81万平方米。城市管理形成"建管并举、管养分离、市场运作、综合执法"的新模式。不断规范和严格执行建设工程招投标制度、政府性投资工程重大项目变更管理实施意见,加大工程项目效能监察力度。全年拆除违法建筑4.1万平方米,新增绿地100万平方米。深入开展"清洁滨江"和"百村示范、千村整治"活动,通过创建省级文明城区考核验收。全面启动生态区建设,通过国家环保总局创建"国家环保模范城市"复检。

社会事业全面发展,社会保障切实加强,制订《关于加快推进事关群众切身利益"四大重点工作"的意见》。全区参加城镇职工养老保险5.09万人,其中征地"农转非"人员4398名;参加征地"农转非"人员养老保险2.71万人。深化教育体制改革,促进教育均衡发展。全区有中学4所,在校学生4800人;小学12所,在校学生1.17万人。实施"名师名校长"工程,撤并8所村级小学。全区初中升高中率达到98.9%,成为全市首个通过初中教育市级专项检查的区(县、市)。有医疗卫生机构3个,医疗床位73张,卫生技术人员21人。全区24个村卫生室实现功能转换,建立社区卫生服务站,并纳入街道社区卫生服务中心统一管理。全面推行农村新型合作医疗制度,参保人数8.34万人,参保率99.4%。严格落实计划生育目标管理责任制,全区计划生育率达到99.8%。稳步推进社区建设,完成首届社区组织换届选举。围绕打造"平安滨江"目标,坚持打防结合、预防为主的方针,全面落实社会治安综合治理各项措施,大力推进治安网络监控系统建设。高度重视安全生产,无重特大安全事故发生。建立处理信访突出问题联席会议制度和4个专项工作小组,积极稳妥地处理信访问题。认真办理和落实人民代表、政协委员的议案、建议和意见,全年办理议案、建议和意见59件,办结率达到100%,代表(委员)满意率达到96%。

【9项科技进步指标列全省第1位】 在浙江省2003年度县(市、区)科技进步统计测评中,滨江区取得综合实力全省第7位,综合水平全省第2位;2002年到2003年变化情况综合评价全省第1位。在其中的9个单项考核中均列第1位:高新技术产业增加值45.47亿元,高新技术产业增加值占工业增加值的比重78.18%,科技经费投入总额11.79亿元,科技经费投入占GDP的比例11.23%,研究开发经费支出总额11.28亿元,研发经费支出占GDP的比例10.75%,企业技术开发费支出总额8.64亿元,地方财政科技拨款占地方财政支出的比例5.59%。

【全力打造优质教育】 为进一步推进教育事业发展,适应科技新城建设,滨江区加大教育投入,制订教育发展规划,整合优质教育资源,撤并改造薄弱学校,新建配套学校。近3年,投入2亿元专项资金,新建江南实验学校、滨兴学校、闻涛小学、博文小学等4所学校,筹建共联协同区块配套小学,完成全区中小学校布点规划。2004年,滨兴学校、闻涛小学、博文小学正式招生。撤并马湖、共联、协同、星民、江一、江二、江三、山一等学校。制定政策,实施名教师名校长工程。计划通过3年~5年的培养,力争有20名左右教师成为在社会上享有一定知名度的专家型教师或学科带头人,有5名左右校长成为在省、市范围内具有一定影响的知名校长。设立专项资金万元,主要用于培养对象进行教育研究和教改实验,进修学习、深造提高,参加高层次学术交流活动,出版教育专著,并对被培养者发放津贴。

【举办高新区科技城文化节】 9月29日~10月29日,为促进高新技术产业开发区经济力和文化力的融合,增强科技城的吸引力和凝聚力,举办首届高新区科技城文化节。文化节期间,举行10项文化活动,其中有庆祝建国55周年暨科技城文化节开幕式文艺演出,青年歌手大奖赛,"滨江新貌"摄影作品大赛,第二届家庭才艺大赛,"三维通信杯"网球比赛,科技城文化研讨会、专题讲座,科技城文化征文比赛活动,打造ISO 14000国家示范区图片展览,创建科技城生态家园知识竞赛,狂欢节踩街活动暨科技城文化节闭幕式等,共有6万余人次参与活动。

【构建困难家庭帮扶机制】 滨江区为切实帮助解决困难家庭实际问题,营造全社会关爱困难家庭的氛

表 78　　2004年杭州市土地面积和人口密度情况

地　区	土地面积（平方千米）	年末总人口（万人）	人口密度（人/平方千米）
全　市	16 596	651.68	393
上城区	18	31.52	17 509
下城区	31	34.45	11 114
江干区	210	41.00	1 953
拱墅区	88	30.07	3 417
西湖区	263	54.27	2 063
滨江区	73	12.98	1 777
萧山区	1 163	116.67	1 003
余杭区	1 222	80.64	660
桐庐县	1 780	39.44	222
淳安县	4 452	45.16	101
建德市	2 364	50.82	215
富阳市	1 808	62.78	347
临安市	3 124	51.89	166

围，构建起政府主导、社会共建、统一实施、动态管理、生活救助与就业帮助并举，“输血”与“造血”结合的长效帮扶机制，真正做到困难群众“出现一个发现一个、发现一个帮扶一个、帮扶一个解决一个”。近3年来，帮扶救助困难家庭和优抚对象5112户次，发放救助金和优待金1360万元。该区构建4级救助网络，按程度不同将困难家庭分别列为市、区、街道、社区（村）4级救助对象，享受“春风行动”救助，并通过“进万家门、知万家情、解万家难、暖万家心”活动，走访慰问困难家庭，把“春风行动”救助金送到困难群众手中。2004年，救助各类困难家庭2597户，发放资金523万元。制订对困难家庭实施援助的15条意见，征地“农转非”人员基本养老保险实施办法，征地“农转非”老年人补助实施办法，新型农村合作医疗保险实施办法等政策。积极确保低收入家庭基本生活，共向在册低保对象565户1186人，发放低保金18.4万元。全年医疗救助非农持证困难家庭60户，发放医疗救助金107.69万元。区慈善总会救助困难家庭452户，发放救助资金113.72万元。区民政、教育、卫生、司法、有线电视站等职能部门认真实施援助政策，为困难家庭提供援助和免费服务。区残联组织开展“光明行动”、“助行工程”，发放《法律援助便民卡》，为困难群众提供免费复明手术、装配假肢及免费法律服务等。

【收集整理西兴古典诗词】 10月1日，滨江西兴街道整理发行《西兴古诗百首》。西兴是“浙东唐诗之路”的起点，李白、杜甫、王安石、苏轼、陆游等著名诗人都曾驻足西兴，留下脍炙人口的诗句。经多方收集和考查论证，该街道查找到300余首古诗，精选其中102首编印成《西兴古诗百首》。省委常委、杭州市委书记王国平为诗集题写书名，原全国人大常委、原省人大常委会副主任、省历史文化名城保护专家委员会主任、著名学者毛昭晰教授题词，省诗词楹联学会的王漱居等对古诗进行审核、考证，刘江、余正、郭仲选等23位著名书法家为古诗挥毫泼墨。

（李海松　陈　悦）

·萧山区·

【萧山区概况】 全区辖22个镇、4个街道，有739个村、12个居委会和79个社区。户籍人口116.67万人，人口自然增长率4.29‰。全年实现生产总值500.33亿元，比上年增长16.2%。

全区实现农林牧渔业总产值48.76亿元，比上年增长8.3%。其中：农业产值29.64亿元，增长6%；林业产值5700万元，增长8.4%；牧业产值11.32亿元，增长10.3%；渔业产值6.28亿元，增长14.8%。实施农业结构调整，畜牧、水产、蔬菜、花木、茶果等五大特色主导产业产值比重增大。拓展农业生产空间，新增区外农产品生产基地2万公顷，累计13.33万公顷；新增区外农产品加工企业2个，累计14个。全年粮食种植5.07万公顷，增长1.8%；粮食总产量27.34万吨，增长4.6%。棉花种植624公顷，产量911吨，分别下降10.9%和2.5%；络麻种植83公顷，产量623吨，分别下降40.7%和39.9%；油菜子种植4373公顷，产量8090吨，增长3.7%；蔬菜种植3.08万公顷，产量114.50万吨，分别增长4.6%和6.8%；花卉苗木种植2.31万公顷，下降1.3%；水果总产量7.81万吨，增长17.1%；茶叶产量852吨，增长5.1%。粮经作物种植比例由上年的13:87调整为22:78。生猪饲养量136.69万头，存栏42.27万头，分别增长9.2%和2.8%。猪、牛、羊、兔、禽等肉类总产量8.69万吨，下降1.9%。牛奶产量3590吨，增长9.6%。水产品产量3.56万吨，增长7%。全年完成绿化造林面积16.1公顷，全民义务植树101.2万株，封山育林1.4万公顷，森林覆盖率21.3%。全年区、镇两级投入水利建设资金2.89亿元，投工573.02万工，完成土石方733.46万立方米，完成标准塘建设165.48千米。完成标准农田建设3333公顷，造田造地60公顷。拥有农业机械总动力74.2万千瓦，增长3.1%。

实现工业总产值1606亿元，比上年增长22.7%；工业销售产值1564亿元，增长22.4%；产销率97.4%。实现工业利税总额129.6亿元，增长15.6%。全员劳动生产率69137元/人，提高1330元/人。企业技术中心累计107个，其中国家级1个、省级9个。开发省级以上新产品219种，其中国家级3种。全区国有及年销售收入500万元以上非国有工业总产值1356亿元，增长30.2%。有产销超10亿元企业15个，超1亿元企业204个。有名牌产品101种，其中国家级名牌产品2种、省级名牌产品32种。有著名商标90件，其中国家级商标1件、省级著名商标40件。有资质以上建筑企业185个，全年完成建筑业产值203亿元，增长27.4%。

实现全社会消费品零售额94.48

亿元,比上年增长15.1%。其中,国有经济5.81亿元,下降8.6%;集体经济3.91亿元,增长22%;个私经济73.50亿元,增长16.5%;股份制经济10.01亿元,增长23%;其他经济1.24亿元,下降5.1%。非国有经济比重占93.9%。全区星级市场25个,其中四星级市场3个、三星级市场3个、二星级市场9个。累计有各类专业市场127个,总建筑面积143.50万平方米。城乡集市贸易成交额261.07亿元,增长31.1%。

对外贸易全年实现进出口总额41.44亿美元,比上年增长48.1%;其中进口16.29亿美元,出口25.15亿美元,分别增长57.8%和42.4%。出口超1000万美元的企业64个,超2000万美元的企业28个。新批外贸公司58个,自营进出口权的生产企业173个,境外办事处(公司)6个。新批外商投资企业143个,增资项目63个,总投资12.42亿美元;协议利用外资4.65亿美元,实际利用外资2.5亿美元,分别增长26.8%和26.1%。

完成全社会固定资产投资240.57亿元,比上年增长15.1%。限额以上投资中,工业投资141.97亿元,增长28.2%;房地产投资51.66亿元,增长45.1%。民间资金投资于旅游、卫生、教育等事业有较大发展。"萧山大通道"工程、"高速上网"工程、"乡村康庄"工程、"绿色通道"工程进展顺利。全区拥有机动车26.16万辆,其中汽车8.25万辆,每百户居民拥有汽车22辆。8月3日,作为萧山区为民办实事工程之一的区短途道路客运公交全线开通,并实现每个镇开通冷暖空调公交车。

完成全社会货运量3906万吨,比上年增长4.2%;完成全社会旅客发运量9093万人次,增长6.1%。邮电业务收入12亿元,增长23%;其中邮政业务收入6161万元,增长10%。固定电话43.50万户,移动电话77.0万部,"小灵通"15.88万户。电话主线普及率(含移动电话和"小灵通")达到116.9线/百人。互联网用户9.05万户,其中宽带网用户6.71万户。

全区完成财政收入38.51亿元,比上年下降11.8%;其中地方财政收入21.95亿元,增长5.4%。全区金融机构各项存款余额650.49亿元,增长22.9%;贷款余额502.39亿元,增长21.4%。保险机构财产承保金额593.08亿元,保费收入5.87亿元,分别增长29.5%和8.5%。

萧山区被评为全国科技进步示范县(市、区)。全区高新技术企业总数91个,其中国家级27个、省级33个、市级3个。全年组织实施科技计划262项,其中国家级24项、省级14项、市级51项。申请专利450项,专利授权355项。全年完成技术合同成交额1.16亿元。有小学155所,在校学生8.93万人;初中48所,在校学生4.81万人;高中11所,在校学生2.32万人。建设文化中心、博物馆新馆,完成江寺古建筑群修复,"江寺民俗文化园"开园。有61支放映队,全年放映电影1025场次,观众5.26万人次。《萧山日报》日发行量3.2万份。有各类医疗机构649个,医疗床位3493张,卫生技术人员4900人。全区计划生育率99.5%。组织文体活动1600余场;成功举办波司登·三弘2004年世界杯乒乓球赛。在市级以上运动会上取得32枚金牌、25枚银牌、21枚铜牌。

城镇居民人均可支配收入16679元,比上年增长10.6%;农民人均纯收入8626元,增长8.4%。城镇居民人均居住面积34.1平方米,增加4.3平方米;农村居民人均居住面积65.49平方米,增加2.41平方米。

10月17日,全国政协副主席张怀西视察了位于杭州萧山江寺公园的天石微雕艺术馆。

【萧山被命名为浙江省文明城区】 1月5日,萧山区被中共浙江省委、省政府命名为"浙江省文明城区"。近几年来,萧山区以"创大都市强区、建现代化萧山"为总体目标,着力打造"实力萧山、活力萧山、魅力萧山"的形象品牌,通过加快市政基础设施建设,城市形态文明得到进一步加强;通过联动互进强服务,城市功能文明得到明显改善;通过整体推进重教育,市民素质得到显著提升。

【红山股份经济合作社成立】 1月10日,红山股份经济合作社挂牌。红山农场成名于20世纪80年代,和万向集团、航民村并称为萧山的"三面红旗"。在社会主义市场经济日渐成熟的形势下,红山农场深化农场集体资产管理体制改革,依法进行资产评估和产权界定,对剩余的20044.57万元净资产,进行股份合作制改造,成为全省农场系统中首个股份经济合作社。

【党山镇、新塘街道成为中国"产业名镇"】 1月,在北京人民大会堂,中国纺织工业协会授予萧山区"中国化纤织造名镇——党山镇"、"中国羽绒家纺名镇——新塘镇"两块牌匾。2003年,中国纺织工业协会曾命名萧山为中国十大纺织基地之一,衙前镇被冠名为唯一的中国化纤名镇。一个区的纺织产业拥有一大基地、三大名镇,这在全国区(县、

6月16日,萧山举办杨梅节。

市)中是少见的。

【7个公司列入全国大型工业企业】7月,国家统计局公布最新排定的1948个全国大型工业企业名单,萧山有7个企业入围,比2002年增加3个。入围的7个企业是万向集团公司、浙江恒逸集团、浙江航民实业集团有限公司、杭州前进齿轮箱集团有限公司、浙江三元集团有限公司、浙江万达集团公司、杭州萧山富丽达纺织有限公司,其中万向集团公司排名第58位,跻身全国100强。

【外籍航班直航萧山】3月28日,日本航空公司和全日空公司在杭州萧山国际机场举行杭州——东京、杭州——大阪航线开通仪式。仪式结束后,乘坐两个航班的中外旅客相继登机,2个多小时后,飞机先后安全降落在东京成田国际机场和大阪关西国际机场。7月7日,由韩国大韩航空公司执飞的汉城往返杭州萧山国际机场的首条国际定期货运包机航线开通。

【蝉联台商推荐投资城市(区)第一】萧山区在优化投资环境上下功夫,开展"外商投资企业服务月"活动,走访外商在萧投资企业,召开外商投资企业座谈会,开通外商投资投诉专线,为外商提供投资信息服务和全程代理服务,并为外商提供有关生活、医疗、子女入学、出行等各方面的优惠和便利等。8月27日,台湾电机电子工业同业公会公布2004年大陆投资环境调查结果,萧山区继上年进入极力推荐的首选投资城市(区)之后,蝉联第一名。

【中誉汽车冠名辽宁足球队】5月12日,萧山民营企业——浙江中誉汽车有限公司与辽宁足球俱乐部,在北京钓鱼台大酒店举行冠名签字仪式暨新闻发布会,2004年~2006年,辽宁足球队将以"中誉汽车队"的名义出现在中超足球赛场上。这是萧山民营企业首度涉足中国足球,浙江中誉汽车有限公司主要经营汽车业务,是德国奔驰公司在中国的合作伙伴之一。

【传化股份在深交所上市】传化集团是"浙江省十佳民营企业"、全国优秀民营企业,传化集团下辖的传化股份有限公司是国家重点高新技术企业,是国内纺织助剂研发、生产的龙头企业之一。6月29日,浙江传化股份有限公司在深圳证券交易所中小企业板上市,成功发行A股2000万股。证券简称为"传化股份",证券代码为"002010"。

【萧山农村合作银行成立】7月22日,萧山农村合作银行创立。该银行在原萧山农村信用社的基础上增资扩股组建,总股本5.8亿元,其中投资股为5.7亿元,资格股1000多万元。股本金均由民营企业、农户和银行职工出资认购。

【东方文化园被列入十佳主题公园】10月,由国家建设部中国风景园林学会与《风景名胜》杂志社联合推出的"中国十佳主题公园"评选活动揭晓,杭州东方文化园上榜。此次评选有包括影视、特色街区、运动、休闲、探险、野生动物观赏等类型的1000多个主题公园参选。东方文化园位于萧山义桥镇,主打生态牌,以周易八卦布局,融儒、释、道文化为一体。

【天石微雕艺术馆开馆】3月28日,中国首家微雕博物馆——杭州天石微雕艺术馆开馆,这是萧山区首家民办博物馆。该艺术馆位于萧山江寺公园,由萧山微雕艺术家冯耀忠个人出资147万元,历经两年多时间建成。艺术馆分为主展区和研讨区,主展区展出有20余位名家的100多件微雕、微刻、微书、微画精品,其中31件是获"大世界吉尼斯之最"称号的佳品。

【《萧山日报志》出版】9月1日,在《萧山日报》创刊50周年之际,《萧山日报志》由方志出版社正式出版,这是中国新闻界首部正式出版的报志。该志由概述、大事记、正文章节、附录、表和照片组成,逾43万字。上限自1954年12月该报创刊,下限原则为2003年12月,部分章节延伸至2004年7月。

【远东外国语学校获特等成功奖】一年一度的国际儿童艺术节因参与国家众多、演出阵容庞大,被誉为国际儿童艺术表演的"奥林匹克"。4月16日~28日,在土耳其举办第二十六届国际儿童艺术节,有76个国家的代表队参加,由杭州远东外国语学校组队的杭州远东少儿艺术团代表中国参加。远东少儿艺术团在艺术节上表演了儿童舞蹈《山丹丹花开红艳艳》等5个节目,获艺术节最高奖项——特等成功奖。

【2004年世界杯乒乓球赛在萧山举行】10月27日~31日,波司登·三弘2004年世界杯乒乓球赛在萧山开赛,来自世界18个国家和地区的31名运动员参加比赛,这是萧山承办的规格最高的国际性体育赛事。此次大赛由国际乒联授权,中国乒协、萧山区政府主办,萧山区广电局、临浦镇政府承办,比赛地点在临浦镇体育馆。国际乒联副主席哈杰姆,中国乒协主席徐寅生、副主席姚振绪以及罗马尼亚乒协主席、香港乒协主席等出席。

【残疾姑娘成为世界冠军】9月,在雅典举行的第十二届国际残疾人奥运会上,萧山籍残疾姑娘章旭飞与队友一起,赢得女子坐式排球比赛的金牌,被中国残疾人联合会、国家体育总局授予"全国优秀运动员"称号,团中央授予"五四青年杰出贡献"奖章。

【张叶良被追授为一级英模和人民卫士】3月26日,中共浙江省委、省政府和公安部联合召开张叶良同志荣誉称号命名暨英雄事迹报告会,公安部和省政府分别追授民警张叶良"一级英模"和"人民卫士"称号。中共浙江省委作出决定,号召全省广大党员干部向张叶良同志学习。张叶良生前是杭州市公安局萧山区分局治安大队副大队长,是年1月4日晚上,抓捕犯罪嫌疑人时,与两名持刀拒捕的歹徒展开搏斗,在身负重伤的情况下仍顽强追捕歹徒,终因伤势过重,经抢救无效而牺牲。

参见"人物"的"张叶良"条目。

【衙前纪念馆被命名为省爱国主义教育基地】10月26日,在浙江省第五批省级爱国主义教育基地命名授牌仪式上,衙前农民运动纪念馆被命名为浙江省爱国主义教育基地。

1921年爆发的衙前农民运动，是中国共产党领导下的第一次农民革命运动；衙前农民协会发表的《衙前农民协会章程》和《衙前农民协会宣言》是中国新民主主义革命时期第一部农民革命的行动纲领；衙前农民协会创办的衙前农村小学校，是中国共产党创办的第一所教育农民的学校；衙前农民运动中牺牲的农民领袖李成虎，是中国现代农民运动中第一位献身的农民运动先驱。基地还包括衙前农村小学校旧址、衙前农民协会旧址、李成虎烈士墓、李成虎故居4处衙前农民运动遗址。

【命名"跨湖桥文化"】12月17日，在萧山跨湖桥遗址考古学术研究会上，来自北京大学、浙江大学等8所大学以及中国社会科学研究院考古研究所、故宫博物院等11家权威博物馆和考古研究机构的35位专家学者，宣布命名"跨湖桥文化"，这意味着"跨湖桥文化"将与河姆渡文化、良渚文化、马家浜文化等成为浙江年代最早的考古文化概念。

在1990年、2001年的两次考古发掘中，萧山跨湖桥出土了大量的陶器、木器和骨器等文物。在2003年的第3次抢救性发掘中，还发现一只距今七八千年的独木舟。这些出土文物的器型、图案的风貌特征与河姆渡等其他遗址的出土文物有较大的区别，不能归类于现有的任何一个文化概念。2003年，下孙遗址的发现为"跨湖桥文化"的存在提供了有力支持。经北京大学等5个权威机构分别对出土文物标本进行C14和热释光年代数据的科学测定，"跨湖桥文化"距今为8000年至7000年。（沈 科）

·余杭区·

【余杭区概况】 全区辖1个乡、14个镇、4个街道，有262个村、56个社区。户籍人口80.64万人，人口自然增长率3.64‰。全年实现生产总值243亿元，比上年增长15.6%。

农业经济快速发展。全年实现农林牧渔业总产值37.6亿元，比上年增长12.9%。其中农业产值16.1亿元，增长17.5%；林业产值3.1亿元，增长6.9%；牧业产值7.8亿元，增长9.9%；渔业产值9.4亿元，增长11.9%。粮食生产恢复性回升，粮食与经济作物种植面积比例由上年的47:53调整为48:52，增长4.1%。粮食总产量21.3万吨，增长6.2%；油料产量8903吨，增长11.3%；蔬菜产量42.09万吨，与上年基本持平；茶叶产量7441吨，增长9.7%；水果(包括果用瓜)产量5.50万吨，增长6.2%；蚕茧产量854吨，增长4.4%；畜产品产量4.5万吨，增长21.6%。全年家禽饲养量2195万羽，禽蛋产量2.3万吨，分别增长6.3%和28.1%；生猪饲养量67.41万头，略有下降；肉类总产量5.6万吨，增长1.5%。全年完成造林面积54公顷，封山护林面积175公顷。新增省级农业龙头企业1个，市级农业龙头企业6个。至年末，建成21个特色园区和2个休闲观光园区，其中余杭高新农业示范中心被评为省级科技示范园区。7月，中泰苦竹基地(现代苦竹科技园)被省林业厅授予"浙江省效益林业十大示范基地"称号。农业基础设施不断完善，全年投入水利建设资金1.8亿元，完成康门、骑坑等8座10万立方米以上水库的保安达标建设。8月2日，在径山镇四岭村九龙瀑发现桃花水母。

工业生产高速增长，全年完成工业总产值587.4亿元，比上年增长30.6%；利润27亿元，增长17.4%。工业生产性投入71.3亿元，增长28.6%。全区规模以上企业超过1000个，完成产值401.7亿元，占全区工业经济总量的68.4%。销售收入超1亿元的企业60个，运河镇工业产值和华立集团全年营业收入均超过100亿元。全区产业结构不断优化，科技含量较高的通信及电子设备产值超过传统的家纺行业，跃居第1位。特色产业稳步发展，成功举办了中国家纺发展论坛、家纺投资洽谈会等活动，奥坦斯布艺有限公司纺织品装饰用织物国家标准通过审查。全年新获国家免检产品1个，省、市级名牌产品12个。

全年完成外贸出口交货值125.28亿元，自营出口7.6亿美元，分别比上年增长35.9%和50.1%。新批外商投资项目78个，增资31个；合同利用外资2.25亿美元，实际利用外资0.93亿美元，分别增长31%和31.1%。引进内资项目92个，实际到位内资35.8亿元。

全社会消费品零售总额49.6亿元，比上年增长15.3%。其中批发零售贸易业零售额39.9亿元，增长15.9%；餐饮业6.0亿元，增长19.9%；其他行业3.7亿元，增长2.6%。全区有各类交易市场102个，其中生产资料市场12个，消费品零售市场82个。全年各类市场成交额119.6亿元，增长33.9%。成交额1亿元以上的市场有14个，成交额49.6亿元，占总量的41.5%。

旅游产业持续快速发展。全年接待国内外游客250.5万人次，实现旅游收入18.9亿元，分别比上年增长33.2%和34.7%。双溪漂流景区被评为国家AAAA级景区。西溪湿地、闲林水乡、南湖休闲度假等旅游项目启动。成功举办第三届中国茶圣节暨全国媒体"聚焦余杭"、纪念吴昌硕诞辰160周年等旅游节庆活动。

全区财政收入25.16亿元，比上年增长8.4%；其中地方财政收入15.58亿元，增长25.5%。地方财政支出16.5亿元，增长21.2%。金融机构年末各项存款余额337.79亿元，比年初增长12.0%；贷款余额234.78亿元，增长20%。全年保险机构保费收入4.5亿元，保险赔付金额1.4亿元，分别增长18.4%和38.6%。

全社会固定资产投资159.6亿元，比上年增长17.8%，增幅比上年回落50.4个百分点。工业是投资主体，房地产投资大幅回落。基础设施建设取得进展，320国道余杭段、01省道余杭段、15省道余杭段、104国道瓶窑立交等项目竣工通车，三大港口作业区、武獐线航道改造、申嘉湖杭高速公路余杭段等工程前期项目基本完成。完成天目山路入城口、城区南大门环境整治工程，东来阁、西安路、新丰路、迎宾大道改建、西渠河改造、人民路西延、世纪大道西延、红丰立交桥、瓶窑供水二期等工程相继完工。全年新建、扩建变电所6座，新增主变容量133兆伏安。积极推进蓝天天然气电厂、塘栖热电厂、海联热电厂扩建和亭趾变电所等电力项目建设。

交通部门全年货物运输量1533万吨，旅客发运量700万人次。全年完成邮电业务总量6.74亿元，比上年增长37.6%。年末城乡交换机容量50.4万门，增长17.2%；本地电话用户38.8万户，增长21.3%；城乡居民固定电话普及率和移动电话普及率分别为50部/百人和45部/百人。公用电话1.9万部，增长18.8%。互联网用户5.1万户。

各项社会事业协调发展。全年引进科技成果和适用技术133项，新增省级科技企业及市级高新技术研发中心各1个。全年申请专利150件，专利授权118件，其中发明专利28件。成功举办2场大型人力资源交流会，引进各类人才1500余名。至2004年底，全区所有乡镇（街道）均成为省级教育强镇。有小学114所，在校学生5.29万人；初中38所，在校学生2.89万人；普通高中11所，在校学生1.34万人。有各类医疗机构168个，其中医院34个；医疗床位2477张，有医师1411人、护士853人。通过开展农村医疗卫生资源整合，完成120个农村卫生服务站建设。余杭区顺利通过"国家卫生城市达标城区"的验收。计划生育实现政策微调后生育小高峰的平稳过渡，计划生育率99.27%，被评为国家计划生育优质服务先进区。成功举办中国第七届艺术节第十三届"群星奖"戏剧专场决赛、"同一首歌·走进余杭"大型文艺晚会和"良渚文化杯"全国越剧演唱大赛等3项大型文化活动。小品《汇报咏叹调》获全国第十三届"群星奖"（戏剧）金奖，并入选中央电视台2005年春节文艺晚会。区图书馆拥有藏书20万册。全年出版《今日余杭》300期、《城乡导报》58期。区地方志办公室被评为省级先进集体。全区运动员参加杭州市以上国内、国际比赛，夺得金牌30枚，3人2次赴日本参加国际马拉松比赛，1人代表浙江省参加全国农民运动会。区残疾人联合会被评为全国残疾人体育先进单位。城乡居民生活水平提高。城镇居民人均可支配收入15093元，比上年增长16.8%；人均生活消费支出11010元，增长20.8%。农民人均纯收入7875元，增长11.3%。城区居民人均住房使用面积28.1平方米，农民人均住房面积59.1平方米。

6月11日，中共中央政治局常委、中央政法委书记罗干到乔司镇综治工作中心视察。6月12日，在杭州参加全国社会治安综合治理工作会议的100余位代表参观了乔司综治工作中心。

【余杭区名列中国100强第19位】 9月，国家统计局在人民大会堂举行新闻发布会，发布2003年中国县域经济综合发展100强县（市、区）评选结果，余杭区以72.4079的综合指数名列第20位，比上年提升1位，在浙江省居第7位。余杭区在测评的三大指标中，发展水平指数74.01，从上年的第20位提升到第19位；发展活力指数81.4，从第43位提升至40位；发展潜力指数59.33，从547位提升至440位。

国家统计局在20世纪90年代，曾对全国县域经济综合实力进行过三届测评，并排出前100位名次（简称"全国百强县"）。1991年余杭进入第39位，1992年升到第36位，1994年居第40位。进入21世纪之后，国家每年进行一届测评，2000年跃至第23位，2001年和2002年升至第21位，2003年升至第20位。从1994年到2003年的10年间，余杭在全国100强的位次从40位跃升到第20位。

【余杭被评为省级文明城区】 2003年初，余杭区提出创建"省级文明城区"。区文明委组织开展"十佳市民"、"十佳下岗再就业明星"、"十佳外来员工"等评选活动，设计"走向城市化"、"诚实立身，信誉立业"等主题教育活动。至2004年末，全区有省百佳社区2个、省文明社区3个、省示范社区7个，市、区级文明（特色）社区32个。在机关效能建设中，在全省率先出台《关于加强机关效能建设的若干规定（试行）》；在打造"平安余杭"活动中，创新了"联防、联勤、联调"三联工作机制；把文化培育作为可持续发展的重要内容，建成江南水乡文化博物馆等上规模、上档次的文化阵地，全区有文化体育场所1300余个。

12月31日，浙江省"省级文明城区"考核组对余杭区创建工作进行验收，考核组认为余杭区的创建工作措施得力，成效明显，圆满完成省级文明城区创建任务，授予"省级文明城区"称号。

【完善农村集体土地二轮承包】 余杭区以《农村土地承包法》为依据，以1998年农村土地二轮承包为基础，对现有农村二轮土地承包工作中存在的不足进行完善，重点解决土地承包经营权不落实、土地承包经营权证不下发到户、土地流转不规范等问题，进一步整改和提高土地承包关系，维护农村土地承包双方当事人的合法权益，赋予农民长期而有保障的土地承包经营权，确保农村社会稳定。7月开始调查摸底、宣传发动，8月全面实施，10月进入核发新证阶段。此次发放的《中华人民共和国农村土地承包经营权证》，全国统一样式，市、区两级政府分别在权证上盖章，余杭区在全省首次对权证实行电脑打印和管理。

外国友人双溪漂流

【山沟沟景区列入中国生物圈保护区】杭州山沟沟风景名胜区是余杭区面积最大、生物品种和自然景观最丰富的风景名胜区之一，位于天目山脉的窑头山下。该区东至祝家湾，南至锡坑村、临安市，西至安吉县，北至后坞村、上高村，涉及余杭区径山、鸬鸟、黄湖、百丈4个镇，面积300多平方千米，分核心、缓冲和过渡等3个区，省级自然保护小区“窑头山”和“红桃山”就在其中。该保护区拥有多种自然和人文资源，有参天的古木、连片的绿竹，有黑麂、云豹等珍稀保护动物，还有佛文化、茶文化、竹文化、水文化等多种文化遗存和革命故地。9月5日，中国人与自然生物圈国家委员会下文，批准该风景名胜区管理委员会为中国生物圈保护区网站正式成员单位。

【青山溪治理工程完工】 黄湖镇青山溪小流域治理工程范围26平方千米，涉及青山、赐璧两个村，居住村民约4500人。工程主要包括改造近8千米长的溪流两侧砌石，建设桥梁、机耕路、水渠等，总投资1000多万元，南片一期工程已于2003年建成。2004年10月，北片二期工程建成。被列为国家级农业综合开发项目的青山溪小流域治理工程建设完工，对增强当地抗自然灾害能力和改善农业生产条件及环境有重要意义。

【塘栖枇杷实行原产地域产品保护】余杭区塘栖一带以产枇杷著名，有枇杷种植面积2000余公顷，年产3000余吨。据史书记载，塘栖自隋代开始种植枇杷，栽培历史约1400年。2001年，塘栖镇被省农业厅命名为“浙江枇杷之乡”。2004年3月27日，经国家质量检验检疫总局专家审查会通过，于5月20日发出公告：实行“塘栖枇杷原产地域产品保护”。

塘栖枇杷品种众多，省农科院园艺所枇杷课题组与当地果农合作，调查整理出18个品种。这次塘栖枇杷原产地域产品保护有5个品种申报成功，分别为塘栖一号——软条白沙、塘栖二号——平头大红袍、塘栖三号——夹脚、塘栖四号——大叶杨墩、塘栖五号——宝珠。

▶▶资料：塘栖枇杷

又名金丸、金弹、卢桔，属蔷薇科，常绿小乔木，亚热带特产果树，因叶片状似琵琶，故名。枇杷是中国南方传统水果，果形美观、肉柔软多汁、甜酸适口、风味较佳、营养丰富，是初夏果中珍品。可加工成糖水罐头，也可加工成果酒、果汁、果膏等。枇杷还可以入药，具润肺、止咳化痰、健胃利尿、清热解毒等功效。明代李时珍的《本草纲目》中有“塘栖枇杷胜于他乡，白为上，黄次之”之说。清光绪《塘栖志》记载：“四五月时，金弹累累，各村皆是，筠筐千百，远贩苏沪，岭南荔枝无以过之。”《杭县志稿》中更有详尽记述：“塘栖为杭州之首镇，土地肥沃、物产丰富，凡镇周围三十里内皆为枇杷产地”。

【径山茶被评为“浙江省十大名茶”】5月19日，历时5个月，由省农业厅与茶叶产业协会主办的“浙江省十大名茶”评选揭晓，径山茶名列其中。

径山茶文化底蕴丰厚。唐代陆羽曾隐居径山东麓著《茶经》，宋时径山盛行“茶宴”，后传至日本，逐步发展成日本“茶道”，故径山又有“茶圣著经之地，日本茶道之源”的美称。径山茶自唐宋来以“崇尚自然，追求绿翠，讲究真色、真香、真味”著称。该茶曾被评为浙江省名牌产品、浙江著名商标、中国原产地证明商标、农业部无公害农产品等。为进一步实施品牌战略，1998年成立余杭区径山茶业管理协会，实行“统一品牌、统一标准、统一包装、统一监管”的行业管理。2004年，径山茶拥有生产茶园近2000公顷，年产量625吨，产值1.2亿元。

【华立商标成为全国驰名商标】2000年，华立集团公司坚持走品牌之路，成立品牌管理机构，提出争创中国驰名商标。“华立”商标是该公司拥有的注册商标。2003年，“华立”牌电度表曾荣获中国名牌产品称号。2004年6月23日，国家商品商标局公布15件全国驰名商标，“华立”商标名列其中，实现了余杭区全国驰名商标“零”的突破。

【余杭区行政服务中心挂牌】 2004年，余杭区大力推进机关效能建设，在出台机关效能建设八项制度(即：办事公开制度、首问责任制度、限时办结制度、服务承诺制度、AB岗工作制度、工作备忘录和办毕案销制度、效能绩效考核制度和失职追究制度)的基础上，建立和健全了由区级“一个中心”、镇乡(街道)“一个窗口”和村(社区)“一支队伍”构成的“三级联动便民服务体系”。2月18日，作为机关效能建设龙头单位——余杭区行政服务中心挂牌启用。该中心使用面积2200平方米，区级15个部门70余名工作人员和银行等中介服务机构配套入驻。中心主要为投资者提供固定资产投资等事项的审批服务，可办理审批服务事项25个，采用“一门受理、窗口运作、统一收费、限时办结”的办法，同时实施并联审批制度。

【中国教育学会实验学校落户余杭】2月17日，中国教育学会杭州市余杭实验学校项目启动仪式在余杭实验中学举行，中国教育学会等有关负责人参加授牌仪式。同日，举办“学校建设与发展”专题研讨会，中国教育学会会长顾明远教授作了《教师职业发展》报告，3名北京市特级教师分别执教了高三语文、数学、英语的示范课。

中国教育学会余杭实验学校项目启动后，中国教育学会将委托下属的专业教育机构——中国启迪教育发展中心，经常组织各学科特级教师和国家级学科带头人，到余杭实验中学进行课堂教学指导，并在学校形象宣传、骨干教师培训、干部经验交流、教育科研指导、教育质量评估等方面，开展教育合作和教育服务工作。

【《城乡导报》创刊】11月15日，《城乡导报》创刊。该导报是国家新闻出版总署批准的国内连续性出版物，由杭州日报报业集团和余杭新闻传媒中心合作创办，办报宗旨是立足城乡，贴近百姓，为城乡、县域经济发展和城乡居民生活提供服务。当日在杭州吴山广场、临平中都广场、余杭镇联华超市、塘栖镇如海超市、瓶窑镇文化广场5个点向市民赠送4000份报纸。

【余杭滚灯参加尼斯狂欢节】“余杭滚灯”已有800多年的历史,为广大群众喜闻乐见。近几年,经过加工整理,滚灯表演在继承传统的基础上推陈出新,形成了刚柔并济的特色,曾获全国“群星奖”,并赴京参加庆祝建国50周年大型联欢活动。2月12日,由13名队员组成的《余杭滚灯》表演团赴法国参加尼斯狂欢节,在2月13日至25日举行的狂欢节上参加4次踩街表演。这是余杭民间艺术首次出国表演。

【《余杭年鉴》获全国特等奖】《余杭年鉴(2004)》有78万字,设24个栏目、1217个条目。该年鉴对2003年发生的重要事件予以重点记述,并有“余杭区村规模调整”、“村民自治模范区”等内容,附介绍余杭著名历史人物章太炎的专文。6月,该年鉴由方志出版社出版发行。12月9日至17日,中国地方志办公室、中国地方志协会在武汉市召开中国地方志首届年鉴评奖会,《余杭年鉴(2004)》以94.17的总分,获首届中国地方志年鉴评比特等奖。

【世界卫生组织官员到仓前拍摄】2月,世界卫生组织(WHO)总部的官员维诺特先生来华拍摄艾滋病、结核病、食品安全、丝虫病等相关情况,拍摄的照片将用于世界卫生组织网站和一些正式出版物,介绍和宣传中国的卫生工作。2月20日,维诺特先生到余杭仓前卫生院。

20世纪50年代~60年代,仓前镇是浙江省丝虫病发病率最高的地方之一。1973年首次普查丝虫病情况,查出有丝虫病症状的病人1491人。1985年基本消灭丝虫病后,落实了留存的254例慢性丝虫病人的照料措施。2002年,仓前镇卫生院开设“关怀丝虫病人管理中心”,常年开设慢性丝虫病门诊,在慢性丝虫病患者全部参加合作医疗的基础上,给每个病人发一张“关怀卡”,病人凭此卡享受卫生院提供的各项优惠服务。至2003年,共对全镇慢性丝虫病人进行了3次调查登记,还有169位病人。经过防治,近3年中只有27个病人有过下肢淋巴水肿急性发作,占现存慢性丝虫病人的15.98%,复发率较低,且发病时间短、症状轻。维诺特先生了解和宣传中国关怀丝虫病人有关情况,在仓前镇卫生院拍摄了专业医务人员给病人上课的情景和关怀门诊的服务情况。

【余杭福利中心建成】余杭福利中心位于临平城南,占地近3公顷,建筑面积1.1万平方米,总投资2500余万元,资金来自政府拨款、福利彩票发行和社会捐赠,是区重点工程和区政府2002年“十件实事”之一。工程于2001年12月动工,一、二期工程分别于2003年7月和12月竣工。2004年11月1日,该中心举行落成典礼。该中心内设儿童院、老人院、康复院,有床位200张,是一所专为老人、孤残儿童设计,融吃住、康复治疗、特殊教育、娱乐为一体的综合性社会福利机构。

【绿城足球训练基地建成】10月22日,中泰浙江绿城足球训练基地举行落成典礼,副省长盛昌黎和省体育局、中国足协的有关负责人参加剪彩活动。

该基地位于余杭区中泰乡桃源社区,占地14.4公顷,由绿城集团投资1.6亿元建成。基地拥有12个标准足球场,建有400米环形跑道田径场、标准健身房、康复中心、游乐中心及各种后勤生活设施。基地平时有绿城队、浙江U19青年队等队伍在此训练。还有1所足球学校,前中国足协主席年维泗接受聘请,担任足球学校名誉校长。至年末,学校吸收来自全国的262名青少年在此学习。（沈文娇）

·桐庐县·

【桐庐县概况】全县辖4个乡、7个镇、2个街道,有209个社区、村。户籍人口39.44万人,人口自然增长率4.21‰。全年实现生产总值95.40亿元,比上年增长15.1%。县域经济综合实力增强,首次跻身全国100强县(市、区)行列。

实现农林牧渔业总产值14.89亿元,比上年增长10.9%。农作物播种面积3.51万公顷,增长3.2%,是1999年以来首次出现恢复性增长年份;其中粮食作物播种面积1.69万公顷,增长7.6%,占农作物总面积的48.3%。全年实现农业产值8.71亿元,增长11.1%。完成造林面积561公顷,幼林抚育面积2706公顷。林业总值0.94亿元,增长6.8%。肉类总产量1.97万吨、禽蛋3195吨、蚕茧3122吨,分别增长2.9%、15.6%、10%。牧业产值3.84亿元,增长9.4%。水产品产量6452吨,增长21.9%;渔业产值1.22亿元,增长19.6%。农业生产条件进一步改善,农业综合生产能力明显提高。县农产品安全检测中心投入使用。完善二轮土地承包基本完成。全县有年产值1000万元以上的农业龙头企业17个。桐江牌蜜梨获省十大名梨称号,“蜂之语”蜂产品被评为省名牌产品和省著名商标。农田水利工程建设超额完成计划,全年完成土石方548万立方米;投入资金4.76亿元,增长54.6%。年末农业机械总动力17.18亿千瓦,增长3.5%。出台《关于统筹城乡发展促进农民增收的若干意见》,新增财政直接支农资金2000万元,全额减免农业税。

全县完成工业总产值259.76亿元,比上年增长22.8%;其中县属工业总产值258.65亿元,增长23.5%。工业销售产值255.53亿元,增长23.8%;其中县属工业销售产值254.41亿元,增长24.5%。在县属工业中,年销售收入500万元以上工业企业321个,其中1亿元以上企业14个;规模工业企业完成产值106.45亿元,增长49.5%,占工业总产值的41.2%;规模企业实现利税6.25亿元,其中利润3.51亿元,分别增长12.3%和8.0%。规模以下工业企业实现总产值152.20亿元,增长10.2%。全年工业产品产销率98.36%,提高0.76个百分点。医药制造业、非金属矿物制品业、电气机械及器材制造业销售收入10.30亿元,增长89.2%,正逐渐成为新的支柱产业。经济开发区功能逐步完善,全年进区项目12个,投入资金5.60亿元。全县有建筑企业53个,完成建筑业总产值7.38亿元,全员劳动生产率7.80万元/人。房屋施工面积321万平方米,增长34.5%;房屋竣工面积137万平方米,增长11.9%。

全年实现外贸出口交货总值90.30亿元,比上年增长28.9%;占全县工业销售产值的比重为35.3%,提高1.4个百分点。有外贸生产企业868个,增加95个。有外贸自营出口权企业92个，增加29个；自营出口3.06亿美元，增长31.1%。利用外资项目40个，协议利用外资8640万美元，增长53.5%；实际利用外资5145万美元，增长64.3%。新批总投资500万美元以上的项目12个，协议利用外资7545.98万美元，分别占新批项目数的30%和协议外资额的88.6%。共有三资企业206个，增加40个。

全年实现全社会消费品零售总额23.79亿元，比上年增长13.6%；其中批发零售贸易业20.65亿元，餐饮业2.97亿元。有各类商品交易市场18个，其中交易额超1亿元的市场1个。城乡集市贸易成交额9.33亿元，增长1.6%。商业、餐饮等行业开始向连锁商店发展，出现“景文百货”、“上海家得利”、“肯德基”、“上岛咖啡”等具有一定影响力的现代连锁企业。

全年接待游客283万人次，比上年增长40.4%。景点接待游客191万人次，增长40%；其中接待国外和中国港、澳、台地区游客1.11万人次。全社会旅游总收入9.10亿元，增长28.2%；其中景点门票收入4200万元，增长33.3%。

全县财政收入7.12亿元，比上年下降3.5%；其中地方财政收入4.21亿元，增长16.6%。地方财政支出5.92亿元，增长26.2%。年末全县金融机构各项存款余额74.84亿元，比年初增长12.1%。年末各项贷款余额48.51亿元，增长19.3%。金融机构资产质量好转，不良贷款减少1.79亿元。全县8个保险机构保费收入1.69亿元，已决赔款及给付2766万元。

完成全社会固定资产投资52.68亿元，比上年增长29.9%。其中基础设施投资10.59亿元；工业投资17.56亿元，增长53.5%；房地产投资5.95亿元，下降26.2%。在全社会固定资产投资中，第一产业投资4200万元，下降26.3%；第二产业投资34.18亿元，增长50.6%，成为拉动全县投资增长的主要动力；第三产业投资16.44亿元，增长9.6%。重点基础设施建设顺利推进，05省道改建工程竣工通车，横村二桥主体工程完工，分水江水利枢纽工程如期推进，杭千高速桐庐段进展顺利，雪水岭隧道、污水处理厂一期工程圆满完工。组织实施《关于加快推进城镇化的若干意见》，开展县城近期建设详细规划编制。城镇化进程不断深入，县城新建道路8652米，面积1357万平方米。

元宵节板龙表演

交通运输和公路路网建设发展迅速，全县公路通车里程1024.15千米。新建公路123.05千米，改建公路348.02千米，新增等级公路123.05千米。全县路面硬化里程840.04千米，初步形成县域“40分钟交通圈”。全年交通系统运输业完成货运量1833万吨，比上年增长26.8%；客运量1774万人次，增长13.5%。完成邮电业务收入2.34亿元，增长8.8%。电话交换机总容量22.54万门，增加4.27万门；固定电话用户18.23万户，固定电话普及率46.24部/百人；移动电话总量19.71万户，互联网用户2.51万户。

全县有各类专业技术人员1.48万人，其中高级职称224人、中级职称3607人。认定登记技术合同46项，合同成交额1182万元。有全日制小学62所，在校学生2.84万人；有普通中学32所，在校学生2.49万人。创建省级教育强镇3个，省级示范学校4所。成功举办“神州风韵”中国民间艺术之乡剪纸邀请赛，新图书馆、博物馆建成开放。全国文化先进县创建活动全面展开，文艺作品获国家级奖项2个、省级9个、市级50个。开展各类大中型文化活动401次，接待文艺团体70个，下农村演出567场；成功举办书画展、故事比赛、剪纸比赛等活动。桐庐电视台平均每周播出98小时，其中自办节目47小时；播出电视新闻3766条。桐庐人民广播电台平均每天播音16.1小时，其中自办节目14小时；播出广播新闻稿4493篇。《今日桐庐》全年出版发行74.5万份。成立“桐庐县新四军研究会”。全县有各类医疗机构93个，其中医院30个；有医疗床位926张，卫生技术人员1436人。顺利通过省级卫生县城复检。全县计划生育率97.12%。桐庐籍运动员参加市级以上比赛获金牌10枚、银牌9枚、铜牌6枚。举办县级群众性体育健身和竞赛活动33项次，参加人数2.3万人次；举办3次综合性运动会。

经济快速增长给城市居民带来更多实惠。据抽样调查，城镇居民人均可支配收入12996元，比上年增长11.2%；农村居民人均纯收入6120元，增长11.7%。城镇居民人均居住面积22平方米，农村居民人均住房面积63.4平方米。

【桐庐县名列中国100强第92位】 桐庐县实施“工业立县”战略，落实“接轨大上海，融入长三角”举措，自1998年跨入浙江省小康县行列以来，统筹城乡发展，统筹区域发展，统筹经济社会发展，统筹人与自然和谐发展，经济建设走上快车道。2004年，国家统计局根据发展水平、发展活力和发展潜力3个方面，对全国2000多个县(县级市)，以及财政收支和市政建设相对独立、并且能提供完整社会经济统计资料的区，进行社会经济综合发展指数测算。9月25日，国家统计局召开全国100强县(市)信息发布会，桐庐首次进入100强县(市)行列，排列第92位，其中发展活力指数居第38位。

【调整乡镇行政区划和村规模】 近年来桐庐的经济和社会事业快速发展，综合实力显著增强。但进一步加快经济社会发展受到城镇规模、资源集聚、产业布局的制约，需要调整原乡镇行政区划和村规模。2004年3月30日，经桐庐县第十三届人大常委会第八次会议决定，由县政府报省政府批准实施，乡镇行政区划从原来23个乡镇调整为7个镇、4个乡、2个街道，行政村规模从原来405个调整为186个。

【横村被列为中国针织名镇】 位于桐庐县中部的横村镇是针、纺织品出口基地，全镇针、纺织企业有700多个，其中500万元以上规模企业53个。主要生产丝织成衣、羊绒针织成衣、帽子、手套、围巾等。产品出口到欧美、日本、韩国等地。12月3日，中国纺织工业协会在广东佛山召开的全国纺织集群产业创新现场会上，公布了对全国纺织产业发展和区域经济有突出贡献的2个市(县)、19个城(镇)为全国纺织产业基地、纺织特色城镇集群化发展的试点，并授予相应称号。横村镇被中国纺织工业协会确定为中国针织名镇。

参见“支柱工业”的“横村形成针织产业链”条目。

【05省道和16省道改建工程竣工】 12月26日，在桐庐焦山举行隆重的通车典礼。连接西湖、千岛湖、黄山的黄金旅游线——05、16省道改建工程于2001年7月8日动工，16省道从桐庐县城的浮桥埠，往西至元川焦山，长17.05千米；05省道从桐庐县瑶琳镇高翔桐岭西进至百江镇东辉塔岭与淳安县接壤，长47.42千米。工程总投资7.8亿元。工程涉及53个村，拆迁农户1100多户，拆迁面积20多万平方米，征用土地228公顷，共建隧道4座、大桥5座、中小桥20多座。05、16省道竣工通车有利于桐庐西部乡镇经济社会的发展，是杭州市“1小时半交通圈”建设的重要组成部分。

【雪水岭隧道贯通】 革命老区新合乡位于桐庐东南边缘山区，西距县城26千米，境内崇山峻岭，谷深崖陡。为了发展该区的经济和社会事业，改善通往诸暨、浦江等地的行车条件，在中国老区建设促进会、浙江省发展和改革委员会以及省、市交通部门的关心和支持下，决定在该乡的雪水岭打通一条隧道。该隧道被列入省重点工程，也是国家二级公路隧道，主隧道全长1952米，辅隧道73米，引线路基1003米，桥梁两座，设两车道，总造价4300万元。2003年4月20日，在新合乡举行雪水岭隧道工程开工仪式。省委书记习近平发来贺电。2004年1月10日全线打通，年底竣工。

【举办“神州风韵”剪纸邀请赛】 2003年2月26日，国家文化部命名桐庐为“中国民间艺术之乡(剪纸)”。2004年2月3日，为了继承、弘扬和发展民间剪纸艺术，开展中国民间艺术之乡之间的联谊与交流，由浙江省文化厅主办，桐庐县政府和省群众艺术馆共同承办的“神州风韵”中国民间艺术之乡剪纸邀请赛暨“十大神剪”命名授牌活动，在桐庐女儿村民俗文化园举行。来自全国19个省市200余名作者的800余件技法各异、制作精良的剪纸作品参加了比赛。大赛决出金奖10名、银奖18名、铜奖41名以及优秀奖142名；甘肃省群艺馆、内蒙古剪纸协会、湖南华夏剪纸馆和浙江的金华、嘉兴、桐庐、东阳、龙游等文化馆获优秀组织奖；浙江的林邦栋、谢玉霞，湖南的秦石蛟等10名金奖得主被授予“十大神剪”称号。定居南京的桐庐籍108岁的胡家芝和陕西省的高凤莲因她们为传承剪纸艺术作出的贡献而被授予特殊贡献奖。省、市领导梁平波、叶明到场颁奖。

【评选桐庐最有影响力的10件大事】 为纪念建国55周年，广泛开展“知桐庐、爱桐庐、兴桐庐”活动，由桐庐县委宣传部、县直属机关工作委员会、县委党史研究室、县委老干部局、县文化体育局、县环境保护局、县广播电视局、县信息传媒中心等8个部门联合主办“桐庐县新中国成立以来最有影响力的十件大事”评选活动。选出20个候选题在《今日桐庐》上刊载，公开请市民投票评定。9月29日，评选出“桐庐解放”等10件大事。

参见表79。

【运动员获得残奥会坐式排球金牌】 桐庐籍运动员郑雄鹰是中国女子坐式排球队成员，她和队友一起，以亚洲第1名身份晋级雅典残奥会。在第十二届雅典残奥会上，预赛时中国队输给荷兰队。1月27日决赛时，再次与荷兰队相遇。中国队调整心态，配合默契，以3∶1击败荷兰队，获得残奥会第1个女子坐式排球冠军。10月1日，郑雄鹰回到杭州。

浙江省副省长陈加元代表省委、省政府到萧山国际机场迎接，并

表79 桐庐新中国成立以来最有影响力的10件大事

序号	时间	内容
1	1949年5月6日	桐庐解放
2	1958年~2004年	县、乡(镇)行政区划重大调整
3	1959年4月9日	周恩来关心下建造桐庐第1座公路大桥——桐庐大桥
4	1963年5月9日	毛泽东“五九”批示——严如湛七下后进队
5	1958年8月	建造富春江电站
6	1969年7月5日	南堡发生洪水，发扬泰山压顶不弯腰精神
7	1979年9月16日	开发瑶琳仙镜
8	1992年2月~1996年	县政府南迁，打造桐庐江南经济开发区
9	2002年7月8日	分水被命名为中国制笔之乡，市委书记王国平题词：“县市学萧山，乡镇学分水”
10	1999年1月31日	分水江水利枢纽工程建设

在机场举行了欢迎仪式;中午,杭州市副市长陈重华在新侨饭店举行仪式,欢迎残奥会金牌运动员郑雄鹰;下午,桐庐县委、县政府举行仪式欢迎郑雄鹰凯旋。郑雄鹰是桐庐第1位参加奥运会的运动员,这枚金牌是桐庐取得的第1枚奥运会金牌。国家体育总局、全国总工会、团中央、全国妇联分别授予她优秀运动员、"五一"劳动奖状(集体)、"五四"杰出贡献奖章、全国"三八"红旗手等称号,浙江省政府给郑雄鹰记一等功一次、授予"浙江省劳动模范"称号,杭州市政府和桐庐县政府分别奖励20万元和15万元。

参见"人物"的"郑雄鹰"条目。

▶▶资料:坐式排球

坐式排球是专为截肢、脑瘫、脊髓损伤以及其他肢体残疾者创设的比赛,于1956年在荷兰出现。从1980年荷兰阿纳姆举办的第六届残奥会起,坐式排球被列为比赛项目,但仅限于男子。雅典残奥会首次设立女子坐式排球比赛。

【进行征兵心理检测】 2004年11月,桐庐县冬季征兵体检为了了解入伍青年的智力水平和性格特点,除了常规体检外,增加新项目——心理测试,检测结果送往第四军医大学。应征青年须填写《征兵心理检测登记卡》,凡体检合格的均进入心理检测站,在一定时间内,进行运算能力、数字搜索、语词推理和性格特征4项检测。这项试点是经国家军委统一部署,在全国46个县(市)开展,桐庐是浙江省唯一的试点县。

【修缮嘉欣园】6月,富春江镇出资50万元,对嘉欣园进行修缮。嘉欣园位于桐庐县富春江镇俞家村后溪边。始建于民国十一年(1922年),建成于民国十三年(1924年)。由该村富商俞子联出资建造。整个建筑占地1900平方米,包括老屋、佣工房、院落,外形呈长方形,两层楼砖木结构,中部露出两个坡屋顶,形状奇特,外看白墙黛瓦,内显欧式风格,罗马柱罗马线特征明显。据县文管会介绍,当年康有为在上海与桐庐俞子联相识,光绪乙酉年(1885年)三月,托人将一幅题字送给俞子联,上书"嘉欣园",边款为"俞君子联好行其德晚筑园百余亩杂植嘉花美木以自娱乙酉三月南海康有为题。"1922年,俞子联在后溪择地筹建新屋,1924年秋落成,并再请康有为为新屋题"嘉欣园"三字。新屋外有1922年建造的跨溪石拱桥,取名"三慈桥"。1951年,"嘉欣园"被政府征收,用作区、乡政府驻地;1958年改为俞赵小学,1984年改为校办工厂。2003年1月,被列为县重点文物保护单位,作为文物旅游景点对外开放。

【发现南宋墓葬】5月14日,浙江省文物考古研究所和桐庐县文管会对富春江镇的古墓地进行抢救性考古发掘,发现一处南宋时期的墓葬。这座古墓规模较大,保存完好,为夫妻并穴合葬的卷顶砖室墓,左穴为男室,右穴为女室,墓壁抹有石灰,遍布壁龛。两室出土了陶器和一些实用器皿,共有40多件。陶器有文官侍从、十二时辰(即地支)神、鲤鱼、蟾蜍等,实用器皿有龙泉窑青瓷炉、白瓷盘、蓝釉盖罐、灯盏、韩瓶、湖州镜、铜线及金器残片。

(章祖森)

·淳安县·

【淳安县概况】 全县辖18个乡、12个镇,有910个村、居民区。户籍人口45.16万人,人口自然增长率5.36‰。全年实现生产总值56.61亿元,比上年增长14.8%。

全县实现农林牧渔业总产值17.4亿元,比上年增长10.9%。其中:农业产值增长10.4亿元,增长9.4%;林业产值2.6亿元,增长9.9%;牧业产值3.2亿元,增长18.9%;渔业产值0.8亿元,增长8.7%。粮食生产实现恢复性增长,粮食产量10.5万吨,增长7.4%。油料、水果等主要经济作物持续增长,油料产量1万吨,增长12%;水果产量6.41万吨,增长12.%,其中柑橘产量3.43万吨,增长9.1%。都市型、特色型产业得到快速发展,全年茶叶产值2.7亿元,增长22.8%;蚕茧产值1.35亿元,首次超过1亿元,增长38.4%;蔬菜产值2.3亿元,增长8.8%。全年造林1800公顷,封山育林13万余公顷,全县森林覆盖率65.8%。全年生猪出栏23.7万头,增长3.3%;家禽存栏56.6万羽;肉类总产量1.79万吨。全年鲜鱼起水量8408吨,增长11.4%。千岛湖发展有限公司、农夫山泉股份有限公司分别跨入省级和国家级农业龙头企业行列。

全县实现工业总产值78.9亿元,比上年增长32.4%;工业销售产值77.7亿元,增长32.5%;全部工业产品产销率98.4%。在工业销售产值中,国有及年销售收入500万元以上非国有工业企业实现销售产值28.3亿元,增长43.9%。个私工业实现销售产值59.9亿元,增长39.7%。全县独立核算工业企业实现利税4.4亿元,其中利润2.2亿元。全年完成工业投入7.98亿元,增长30.1%。新增规模企业32个,规模以上企业累计92个,其中1亿元以上企业8个。全县新办私营企业281个,新发展个体工商户1678户。全县私营企业1095个,个体工商户9338户,从业人员1.38万人。个体私营企业注册资金17.9亿元,增长50%。全年完成建筑业增加值5.9亿元,增长26.2%。

实现全社会商品零售总额13.7亿元,比上年增13.9%。其中,县零售额7.8亿元,增长14.2%;县以下零售额5.9亿元,增长13.5%。分行业统计,批零贸易额10.8亿元,增长147.%;餐饮业零售额1.7亿元,增长13.2%。城区居民消费价格总体水平上升2.7%。八大类商品和服务价格水平与上年比较,食品类上升5.5%,衣着类下降0.3%,家庭设备及用品类下降0.2%,医疗保健类下降5.8%,交通和通讯类下降2.0%,娱乐教育文化用品类上升5.8%,居住类上升6.2%。

全年引进内资项目186个,协议资金22.9亿元,实际到位资金11.0亿元,比上年增长38.6%。其中农业项目42个,工业项目134个。全年新批外商投资企业16个,协议利用外资7685万美元,增长6.1%;实际利用外资3875万美元,增长31.3%。全年外派国际劳务424人。旅游业发展稳定,全年接待中外游客480万人次,增长19.4%。

全县实现财政收入3.64亿元,比上年增长17.1%;其中地方财政收入2.31亿元,增长26.5%。地方财政支出5.33亿元,增长17.7%。年末，全县金融机构存款余额42.8亿元，增长14.9%；其中城乡居民储蓄余额24.5亿元，增长15.7%；贷款余额22.8亿元，增长0.8%。全县保险机构承保金额198.5亿元，保费收入1.13亿元，增长11.3%；全年支付各类赔款2276万元。

全县完成固定资产投资25.8亿元，比上年增长44.8%。其中房地产开发投资8.8亿元，增长68%；农村农户投资1.3亿元，增长2.3%；农村非农户投资2.5亿元，增长7.4%。用于城镇道路、给排水、电力、公用事业等基础设施建设投资1.5亿元。千岛湖景观大道二期工程建设顺利实施，全面完成清风苑拆迁工作，3.5万平方米经济适用房竣工。开展东南入城口改造和城市环境综合整治。汾口、威坪两个副中心镇建设进一步加快。开通城市公交，市民乘车环境得到改善。全年城乡居民生活用电3797万千瓦时，比上年下降27%。城区居民生活用水223万立方米，城区居民液化气用户1.68万户。千岛湖水质总体符合地面水一类标准；声环境符合各功能区要求，城市环境空气处优质水平。城区园林绿地面积234.5公顷，城区公共绿化地面积57.3公顷，建城区绿化覆盖率50.2%。千岛湖大桥完成投资8039万元，杭(杭州)千(千岛湖)高速公路淳安段完成投资1.68亿元，占工程总量16.7%。千(千岛湖)汾(汾口)公路开工建设，昌(昌化)文(昌)公路完成投资6873万元。

交通运输持续发展，县境内通车公路里程882千米，其中高等级公路32千米。全年货物运输量376万吨，比上年增长27%；旅客运输量850万人，下降4.0%。全年完成邮政业务总量1045万元，与上年持平；完成电信业务总量5400万元，增长1.9%。全县固定电话用户11.9万户，新增1.1万户，增长10.2%。全县固定电话普及率26部/百人。移动电话用户14.3万户，互联网用户9200户。

积极实施“科技兴县”战略，全年有16项科技项目列入国家、省、市科技项目，其中国家级3项、省级8项。全年授权专利22项。全县在职各类专业技术人员6879人，其中中级职称以上3107人。全县有普通中学37所，在校学生2.85万人；小学153所，在校学生3.08万人。有职业高中4所，在校学生5825人。聋哑学校1所，在校学生55人。全县有文化馆(站)38个，公共图书馆1个，藏书量8万册。县档案馆接待档案查阅882人次，利用档案3897卷次；《千岛湖》杂志全年发行126万份。全县有线电视台、广播电台各1个，城区有线电视节目数26套，乡镇12套。有各类医疗机构68个，医疗床位872张，专业技术人员1293人。全县计划生育率95.04%。成功举办首届农民运动会。在市级以上体育比赛中，运动员获奖牌30枚，其中金牌12枚、银牌8枚、铜牌10枚。

人民生活水平不断提高，全年城镇居民人均可支配收入10862元，比上年增长11.5%。农民人均纯收入3923元，增长10.1%。城镇居民人均居住面积22.2平方米，农民人均住房面积40.7平方米。

10月3日，中共中央政治局委员、国务院副总理吴仪视察淳安县，对千岛湖的旅游发展作重要指示。

【为民办10件实事】 2004年，淳安县政府为民举办10件实事。1.乡镇康庄工程建设全面启动，全年实施康庄建设项目234个，总长810千米。2.加大农村饮用水工程建设，完成汪宅、安阳、里商、瑶山、左口、横沿等6个乡的自来水安装工程，正式投入使用。3.理顺社会保障机制，制定《淳安县新型农村合作医疗实施办法(试行)》，汾口、威坪、大墅、临岐等19个试点乡镇22.29万人参加农村合作医疗保险。4.深入实施就业工程，举办农村劳动力培训班385期，培训人数2.29万名；帮助1831名下岗失业人员实现再就业。5.加大经济适用房建设力度，二期经济适用房工程全部竣工，建筑面积2.7万平方米；三期经济适用房完成主体工程建设，建筑面积1.1万平方米。6.城市公共交通网络建设进一步完善，开通千岛湖镇1、2路公交线路，线路全长16千米。7.加强精神文明建设，开展群众健身运动，全县安装室外健身器材200件，总投资35万元。8.公路交通安全设施进一步加强，淳(淳安)杨(杨溪坦)线投资229万元，潭(潭头)唐(唐村)线投资158万元，千(千岛湖)威(威坪)线投资1075万元，设置波形钢护栏、护栏柱、护栏墙及各类警示标志牌等。9.治安监控系统建设进一步健全，千岛湖镇宏山入城口、十字路口、长运汽车站、中巴汽车站等50个点的监控系统安装调试，全面投入运行。10.加大教育基础设施建设投入，总投资3974万元，完成威坪中学教学楼改建、淳安二中宿舍楼、汾口中学教学楼等校舍建设项目32个，建筑面积5.14万平方米。

【杭千高速公路淳安段开工】 4月28日，千岛湖镇金竹湾举行杭千高速公路淳安段工程开工典礼。该公路是杭州连接“三江两湖”、实施“旅游西进”的重点工程，是构筑杭州“一个半小时交通圈”、加强杭沪合作，推进对外开放的基础性工程，也是杭州市政府为加快西部经济发展的最大帮扶项目。工程概算投资13亿元。工程全长180千米，总投资110亿元。其中淳安段全长20.05千米，按双向4车道标准建设，设计行车时速为80千米。工程东起建德洋溪镇，西至千岛湖镇坪山工业园区，连接千岛湖大桥，全程有1处互道、2处收费站、8个隧道、33座桥梁。

【大力发展旅游经济】 淳安县面对旅游市场竞争，及时调整营销策略，使千岛湖的品牌影响力快速提升。2004年新丝路模特大赛、2004年国际旅游小姐决赛——“伯爵号杯”比基尼小姐大赛等登陆千岛湖。随着五星级的开元度假村、四星级的天清岛度假村的建成开业，千岛湖游人中心、珍珠岛景点、桃园酒店、千岛湖秀水山庄、小金山红叶湾景点、羡山—姥山旅游度假中心、千岛湖牧心谷生态游憩区、水上不夜城、杭州广电培训中心、水上体育休闲公园、珍珠半岛度假村等项目的投建，使千岛湖的旅游经济不断提升。千岛湖旅游局向上海、江苏等省(市)邮寄16万份景点宣传资料，在网站上营销千岛湖旅游品牌。推出“湖泊旅游的典范”、“中国最美丽的湖泊”、“长江三角洲的一方净土”形象，印制20余万份宣传折页，出版大型风光画册，印制中英日文对照宣传册等。投资300余万元，在中央电视台进行千岛湖形象宣传。全年接待游客480万人次，实现旅游经济收入 10.5 亿元，分别比上年增长 14.3%和 45.8%。

【千岛湖镇获国际花园城市金奖】10 月 18 日，由联合国环境规划署和国际公园协会在加拿大尼亚加拉市联合举办的第八届全球国际花园城市决赛评比活动中，淳安县千岛湖镇从 86 个同类城市中脱颖而出，摘取全球国际花园 B 类城市中唯一的金奖。此次国际花园城市评比活动有五大洲的十几个国家申报参加，其中包括美国、英国、德国、法国、澳大利亚、加拿大等发达国家。比赛城市按人口分为 A、B、C、D、E5 类。10 月 26 日，国际公园协会秘书长阿兰·史密斯先生亲赴千岛湖镇颁奖。

参见“特辑”的“千岛湖镇获国际花园城市 B 类总决赛第一名”条目。

【蚕桑产值达到 1.35 亿元】 2004 年，淳安县蚕桑产业得到快速发展。县茧丝绸总公司开展“百名干部员工进基地、访蚕农、办实事”活动，对全县 43 个蚕桑生产规模小区，实行领导与科室承包责任制，与蚕农、基地村干部面对面交流，“零”距离沟通，将工作场地移至桑园和蚕室。在春蚕期，深入 130 个蚕桑重点村做好培桑、养殖技术培训，受训 1.03 万人次。全年发放《蚕桑快讯》等技术资料 10 万余份，深入现场指导蚕农进行倒春寒桑园冻害的救治和秋季防僵技术。全县推广 3000 余只加温油桶，进行小蚕加温饲养，建立 213 只大棚进行大蚕饲养，有效缓解农村养蚕房屋紧张问题。积极推广频振式杀虫灯 33 只，投资 32 万元，购置药品赠送蚕农。县茧丝绸总公司全年为蚕农补贴桑苗款 256 万元，新种桑苗 1357 公顷。至年末，全县桑园面积达到 4520 公顷，其中投产桑园 3500 公顷；养蚕种 12.16 万张，产茧 5260 吨；蚕桑产值达到 1.35 亿元，比上年增长 38.4%。千岛湖牌蚕茧、白厂丝被中国名牌与市场战略促进委员会审定为中国著名畅销品牌。

【稳步发展特色农业】 淳安县稳步发展优势特色产业，全年新增产业基地面积 4840 公顷。新发展早生无性系良种茶园和改造老茶园分别达到 600 余公顷，茶叶在农村经济中所占比例从上年的 14.1%增加到 16%，茶叶产值 2.69 亿元，比上年增长 22.8%。全县发展毛竹 800 公顷，是前五年的总和。其中瑶山乡天坪村发展石笋竹，全年户均收入 7000 多元；石林镇仅毛竹一项年人均收入达到 1600 元。水果、蔬菜、畜禽、中药材、山核桃、水产、花卉苗木等优势特色产业得到迅速发展，无公害基地、科技示范园区、农产品品牌建设和农业科技信息服务体系建设等取得进展。杭州千岛湖发展有限公司的鲟鱼养殖项目获得国家科技部 100 万元的资金扶持。生态农产品配送中心联系农户近 2000 户，以有机鱼配送为主导，配送高山蔬菜、生态鸡、猪等 80 余个品种，成为淳安农产品贩销的排头兵。

【创建平安淳安】 淳安县通过开展普法教育和依法治理，强化民主法制村建设，全县 30 个乡镇都设立综治、公安、司法、信访为一体的综治工作中心，并配备 276 名人民调解员。899 个行政村建立治安调解组织，全年调处纠纷 1876 起，调处成功率达到 96%。形成县、乡、村三级矛盾纠纷排查调处的工作机制，基本做到“小事不出村，大事不出乡镇，问题不上交”。政法部门坚持严打整治方针，遏制刑事发案势头，对美容、旅馆、出租车、歌舞厅进行清查整治。对汾口、中洲、枫树岭等乡镇地下“六合彩”赌博活动进行重点整治和打击。强化县城“110”为中心的治安巡逻联动工作机制，使群众报警得到及时处理，有力地维护千岛湖镇城区社会秩序。2004 年，在杭州市创建平安工作关于淳安的民意测评中，治安状况满意率 99.2%，群众对政法机关的满意度 96.9%。

【缫丝工获全国五一劳动奖章】 女青年吕红兰生于 1980 年，淳安县人，1996 年成为商辂丝绸有限公司的缫丝挡车工。她干一行爱一行，工作兢兢业业，刻苦操练，在平凡的工作岗位上练就了过硬的操作本领。在公司组织的技术比武和质量月活动中，年年成绩名列前茅，个人年产丝量 1200 千克以上，连续三年被评为五星级员工和先进生产者。2001 年 11 月，在浙江省缫丝工技术比武中，夺得浙江省个人全能操作第一名，被授予省级操作能手评定为高级技师技术职称。2002 年 12 月，被国家劳动和社会保障部授予第六届全国技术能手称号。2004 年 5 月，被评为全国劳动模范，荣获全国五一劳动奖章。

参见“人物”的“吕红兰”条目。

【加强与民营企业合作】8 月 26 日，“情系淳安、共谋发展”——杭州市 100 个民营企业牵手千岛湖活动在淳安海外海大酒店举行。活动旨在加快杭州市民营企业“二次创业”进程，扩大两地民营企业的合作，推进淳安县经济发展。这些民营企业根据淳安的资源、人文、品牌等优势和各民营企业的经济实力、技术、信息、市场等优势，双方实现优势互补、互惠互利。淳安县表示以最快捷的效率、最优惠的政策、最优质的服务、最优良的环境来迎接企业界的朋友。此前，淳安县工商分局、县民营企业协会进行调查摸底，提供 63 个企业的 66 个项目供合作投资开发；杭州市组织 6 批、70 余名民营企业主来淳安考察。

8 月 26 日，来自杭州市的 180 多名企业主参观千岛湖养生堂饮用水有限公司和淳安经济开发区。签约 15 个投资项目，协议资金 1.47 亿元、美元 500 万元，项目主要包括农业、工业、旅游、商贸、教育、基础设施建设等。

【举办来料加工技能比武】 7 月 28 日，在县青少年活动中心举办淳安县首届来料加工技能大比武。为加快发展农村的来料加工业，在县妇联的组织下，全年发展 149 名来料加工经纪人，培育 20 个家庭加工作坊，新办 10 个来料加工企业，来料加工业辐射到 497 个村和社区，月平均从业人员 1 万余名，加工收入达到 904 万元。参加全县加工技术比武的 100 名女选手是从 1200 名选手中初选出的，比武项目有棒针、钩针、串珠、缝珠片和雨伞加工 5 个项目。经过 2 个小时比武，千岛湖镇的周彩凤，临岐镇的鲁志兰、方彩娟，梓桐镇的黄凤莲，唐村镇的唐翠香分获 5 个项目冠军。

【承办“伯爵号杯”金皇冠大赛】 6

月22日，在千岛湖巨轮“伯爵号”上，举行“伯爵号杯”世界比基尼小姐金皇冠大赛。大赛由千岛湖风景旅游管理局、加美万邦控股有限公司假日俱乐部“伯爵号”游轮、浙江钱塘游业资源经营管理有限公司钱塘星岛度假村、2004年国际旅游小姐赛组委会共同举办。参加比赛的有56个国家和地区的60余名佳丽。“伯爵号”巨轮被艳丽和精彩笼罩，顶层甲板铺上了艳丽的红地毯，四周彩旗猎猎，乐声阵阵。错落布置、巧妙穿插的T形台、N形空间，成了国际佳丽展示自我、角逐皇冠的舞台。上午9时30分，随着几声悠扬的鸣笛，“伯爵号”缓缓前行，驶达千岛湖风景区中心区域。比赛开始后，各国佳丽闪亮登场。不同的语言，不同的肤色，不同的发型，时而移步款款，时而莺语细细，热烈中透露妩媚，举止中洋溢涵养。现场的音乐节奏不时被观众热烈的掌声所淹没。通过自我介绍、泳装表演、走台秀等项目的角逐，千岛湖“伯爵号杯”世界比基尼小姐的金皇冠被斯洛伐克选手获得，第2名至第5名分别被菲律宾、委内瑞拉、波斯尼亚和捷克选手夺得。

【捐献造血干细胞】 任职于浙江千岛湖律师事务所的律师汪建银，在2001年就读于中国政法大学时，主动填写申请表，愿意为挽救他人生命，捐献自己的造血干细胞。2004年5月，江西女子燕子(化名)不幸患上白血病，生命垂危。经中国造血干细胞捐献者资料库查询，与汪建银的HLA(人类白细胞抗原)配型吻合，即发出了救助请求。接到中国造血干细胞捐献者资料管理中心的通知后，汪建银将血样送往北京进行再次配型检查，结果与燕子的血液相配。8月22日，汪建银乘飞机抵达北京，通过一系列的检查准备，于26日进行抽髓捐献。 (章杜耿)

·建德市·

【建德市概况】 全市(以下均指建德市)辖11个乡、12个镇、3个街道，有513个村、26个社区、30个居民区。户籍人口50.82万人，人口自然增长率0.84‰。全年实现生产总值102.52亿元，比上年增长12.2%。

全市完成农林牧渔业总产值20.87亿元，比上年增长11.1%。粮食种植面积2万公顷，粮食总产量10.8万吨，增长10.4%。经济作物种植面积1.89万公顷，增长5.7%；蔬菜7453公顷，产量19.83万吨，分别增长2.8%和8.7%；油菜子产量8390吨，增长18.3%；草莓1473公顷，莲子666.7公顷；花卉苗木1667公顷，增长47.1%；香榧1033公顷，增长51.1%。茶叶、水果产量分别为3123吨和14.02万吨，分别增长11.1%和34.2%。生猪存栏14.42万头，家禽存栏488.57万羽，肉类总产量2.15万吨，增长10.3%。水产品产量9613吨，增长7.7%。3333公顷无公害农产品基地和100万羽无公害禽蛋基地通过省级绿色无公害农产品认定，6个都市农业示范园区和6个都市农业示范村通过杭州市验收，秋梅“倒笃菜”被评为杭州市名牌农产品。乾潭镇梅塘村、寿昌镇河南里村被命名为浙江省全面小康建设示范村。全市造林更新面积1140公顷，建设生态公益林8.27万公顷。以实施“千库保安”、“清水河道”整治工程为重点，完成水利工程429处，其中除险加固病危山塘水库299座。完成土地整理暨标准农田建设1580公顷，有效灌溉面积达到1.29万公顷。年末拥有农业机械总动力19.26万千瓦，增长8.8%。

加快推进“工业兴市”战略，全市工业总产值238.51亿元，比上年增长26.6%；完成工业销售值232.55亿元，增长26.5%。国有及年销售收入500万元以上的工业企业274个，工业总产值94.86亿元，增长42.2%。全市工业产品产销率97.5%。工业企业实现利税12.14亿元，增长40.2%；其中利润7.74亿元，增长58.1%。全年工业技改项目总数518个，生产性技改投入完成19.75亿元，增长28.3%。医药化工、建材水泥、纺织服装、电子电器、轻工机械、五金工具、食品饮料、冶金加工等8个行业总产值94.9亿元，增长34%。完成省级经济开发区和乡镇街道产业功能区基础设施建设投资1.33亿元。全年工业用电量8.2亿千瓦时，增长31.6%。建筑业增加值7.62亿元，增长14.5%。完成房地产开发投资6.27亿元，下降5.2%；商品房施工面积70.81万平方米，下降3.4%；竣工面积14.48万平方米，下降40.1%；商品房销售面积20.03万平方米，增长9.5%；商品房销售额3.71亿元，增长30.1%。

全市有各类商品交易市场51个，总成交额10.65亿元，比上年增长15.1%；其中消费品市场成交额10亿元，增长14.7%；生产资料市场成交额6528万元，增长20.3%。推进旅游景点和配套设施建设，完成乾潭、梅城旅游码头的迁(扩)建，“江南村”景点建成。黄龙月亮湾国际会展中心建成。开展旅游促销进社区活动，发行《新安江旅游》画册，举办第十一届“新安江之夏旅游节”。全年接待游客人数202万人次，增长11.6%，旅游综合收入超过10亿元。

全年完成全社会固定资产投资37.04亿元，比上年增长14.9%。城市基础设施建设投入3.6亿元。康乐路停车场、广电大楼、220千伏下涯输变电工程、老年活动中心建成使用，体育馆、新安路综合管线改造工程基本完成。梅城、乾潭、寿昌、大同等中心城镇建设加快推进。不断完善土地收购、储备和土地的招标、拍卖、挂牌制度，全年土地出让金合同成交额10.7亿元。

接轨“交通西进”，杭千、杭新景高速公路建德段征地拆迁基本完成并全线开工，330国道建德段改建工程完成年度任务，三都松口大桥建成通车。全社会货运量531万吨，全社会客运量568.56万人次。邮政电信业务收入2.15亿元，比上年增长3.9%。全市电话交换机总容量22.63万门，增长12%。拥有电话机16.97万部，其中小灵通4.35万部，每百人拥有固定电话33.34部。互联网用户1.67万户，移动电话用户18.85万户。

全市完成财政收入7.52亿元，比上年增长4.5%；其中地方财政收入4.15亿元，增长15.6%。地方财政支出5.56亿元，增长6.9%。全面落实农村税费改革政策，全免农业税，农民税费实现“零”负担。金融机构各项存款余额81.23亿元，增长15.3%；贷款余额49.98亿元，增长18.2%。保险机构保费收入1.72亿元，增长0.7%；支付各类赔款3068万元，增长2.6%。

坚持“人才强市”战略，全年引

进市外各类人才278名。各类专业技术人员1.15万人,其中高、中级职称人员4600人。浙江省网上技术市场建德分市场全年发布技术攻关难题90个,落实上网企业391个,签订技术合同19个,成交合同金额1611万元。建德市五星车业有限公司和建德建业有机化工有限公司跨入高新技术企业行列,建德市天石碳酸钙有限责任公司等3个研发中心被认定为省、杭州市高新技术研发中心,特种牙膏及轻质碳酸钙等2个科技项目被列为国家火炬计划。浙江新安化工集团股份有限公司等4个企业被认定为杭州市专利示范企业。优化教育发展环境,首次设立政府教育贡献奖。整合教育资源,稳妥推进中小学布局调整,学校标准化建设取得进展,三都镇、大洋镇等10个乡镇跻身省、杭州市"教育强镇(乡)"行列。有普通中学36所,在校学生3.42万人,其中高中在校学生9065人,初中在校学生2.51万人;小学78所,在校学生3.74万人。

全市有文化经营单位500个,公共图书馆藏书12.2万册。全年举办大中型文化艺术活动52次。放映电影281场次,观众3.8万人次。有线电视用户9万户,新增1.2万户;建德电视台全年播出5475小时,建德广播电台播出5852小时。推进有线电视网络整合,完成210个村有线电视光缆改造。新闻传媒中心挂牌,建德新闻网站开通。有各类医疗机构130个,医疗床位1477张,卫生技术人员1936人。完成市、乡、村三级医疗单位"规范药房"建设。李家镇、马目乡创建成为杭州市级卫生乡镇。有513个村实行新型农村合作医疗制度,农村初级卫生保健覆盖率100%。严格落实计划生育"一票否决制",计划生育率96.7%。全市参加经常性体育锻炼的人数22万人;成功举办全市第十三届运动会,全年举办市以上体育比赛活动54项次,参加活动1.02万人次;获杭州市级以上比赛奖牌109枚,其中金牌53枚、银牌19枚、铜牌20枚。

城镇居民年人均可支配收入12364元,比上年增长15.3%;农民年人均纯收入5003元,增长12.6%。住宅条件进一步改善,城镇居民人均居住面积20.2平方米,农民人均居住面积52.6平方米。

【建德成为全国绿化模范城市】 2003年,建德市完成更新造林面积1180公顷,超额完成计划36.6%。完成长江中下游防护林工程国债项目1147公顷,国道沿线绿化面积87公顷,"四旁"植树25万株,中幼林抚育4200公顷。2.8万公顷国家森林生态效益补助资金试点区建设任务全面落实到位,全市封山育(护)林面积6.3万公顷。新造竹林85.6公顷,毛竹低产林改造667公顷。花卉苗木达到1133公顷。有24万人参加义务植树,城镇扩绿面积16.8万平方米。2004年3月,建德获首批"全国绿化模范城市(区)"称号;4月15日,建德作为浙江省唯一的入选单位在北京人民大会堂接受表彰。

【建德成为省文明城市】 2002年,建德市开展创建省级文明城市活动,确立"一年打好基础,两年基本达标,三年创建成功"三步走的目标。2002年~2004年,全市投入15亿元进行城市基础设施建设,基本实现"城市建设三年大变样",新安江建成区面积从5.5平方千米增加到7.2平方千米,人均居住面积从17.2平方米增加到29.5平方米。新增道路12.2万平方米,整修道路9.2万平方米,人均道路面积从10.2平方米增加到11.95平方米。新增绿地面积64.21万平方米,人均公共绿地从6.4平方米增加到11.2平方米,绿地率达到37.3%。完成投资3.2亿元,把城市防洪工程建成新安江城一道亮丽的风景线。该市以社会经济发展、市民素质良好、环境整洁优美、社会秩序优良、服务工作优质、基层社区文明、文化事业繁荣为主要内容,城市面貌发生可喜的变化,城市品位和市民素质有很大的提高,城市建设和管理健康发展,被评为2003年度创建省级文明城市工作先进市。2004年12月2日~4日,省级文明城市考核验收组通过听取汇报、实地走访、问卷调查和群众座谈等方式了解各个层面的创建情况,认为创建基本达到预期目标。该市被省委、省政府命名为文明城市。

【乾潭镇被评为全国环境优美乡镇】 乾潭镇地域面积220平方千米,为"八山一水一分田",境内集山、水、瀑、人文景观于一体。为充分发挥自然资源优势,该镇确定"生态立镇、工业强镇、旅游兴镇"战略,于2002年编制环境保护规划,2003年全面实施创建全国环境优美乡镇,成为城镇布局合理、管理规范有序、镇村整洁卫生、城乡环境协调、人与自然和谐、环保氛围浓厚、山青水绿天蓝、经济繁荣昌盛、农民生活富裕、精神文明健康、民主法制健全、社会和谐安定的新兴城镇。2004年,被建设部等6部委列为全国重点镇、入围全国小城镇综合发展指数测评1000强镇,被浙江省命名为省级生态镇。12月30日,被国家环保总局

省级全面小康建设示范村——梅塘村

命名为全国环境优美乡镇。

【实现工业总产值238亿元】 2002年初，建德市提出工业经济在2001年的基础上实现三年翻番的发展目标。3年来，全市引进招商引资企业487个，新办工业企业1024个。至2004年末，企业总数6355个，其中规模企业从2001年的149个发展到2004年的334个，年产值1亿元以上的企业达到14个，工业总产值从2001年的118亿元增长到2004年的238亿元。全市工业税收占总税收的69%，占地方税收的56.4%。

【大慈岩景区建成4A级景区】 大慈岩景区依据国家《旅游景区质量等级的划分与评定》标准，从2002年11月开始创建AAAA级景区。景区位于建德市南面24千米处，是佛教文化和秀丽山水结合的旅游胜地。悬崖高位洞穴建筑是大慈岩的特色。主殿寺庙地藏王大殿依山建于高3米、长60米、宽20米的洞穴中，一半嵌入岩腹，一半凌架悬空，故称为“江南悬空寺”。新建的清风阁凌空构架于悬崖峭壁之上，登寺俯瞰，远近山川尽收眼底。所凿“天栈云渡”，沿断崖因势布局，凭栏俯视，有“足底悬崖恐欲崩”之感。

长谷溪流是大慈岩的又一特色。大慈岩山高坡陡，山顶谷中有玉华湖，水从谷口中流出，或奔腾直泻成瀑布，或因大石挡道成溪流，或渗于乱石丛中成泉水，或隐或显，或大或小，或急或缓，曲曲折折直至山脚，形成一条800多米长的秀丽山水景观。

天然立佛是大慈岩的再一特色。从侧面看整个大慈岩主峰似是一尊地藏王菩萨的立像。身高147米，由奇石、怪洞、草木和谐地组合成大佛的五官，维妙维肖，形象逼真。大慈岩因“山是一尊佛，佛是一座山”的稀有自然景观而名扬四海。

该景区从硬件和软件上加强建设，被评为浙江省风景名胜区优秀景点。2004年12月27日，大慈岩景区被国家旅游局评为AAAA级景区。

【组建城建城管110】 4月28日，建德市建设局与城管办共同组建的110便民服务中心投入运行。该中心下设市政、公房维修、自来水抢修、市容环卫4个便民服务小分队，推出修补城区市政道路、疏通雨污水管道、清洗屋顶水箱等10项便民服务项目，实行半小时内到现场解难的限时承诺。热线电话：64711110，接线时间为周一至周日与机关作息时间相同。至年底，正式受理各种来电1888件，办结1860件，办结率98.5%。

【发展来料加工业】 2003年12月，建德市政府成立来料加工业发展领导小组，办公室设在市妇联。2004年3月，市政府出台《加快发展来料加工业的若干意见》，把发展来料加工业作为“铺天盖地”百姓经济来抓。市妇联7次组织乡镇、街道妇联主席和经纪人到义乌、金华、淳安、桐庐等地考察，洽谈业务；举办建德—义乌来料加工业务对接洽谈会，有22对经营户和经纪人达成合作意向；挖掘和树立大慈岩镇“笑笑编织社”的叶月仙等先进经纪人典型，在订单意向、人员组织、舆论宣传等方面提供帮助，发挥她们的示范辐射作用。全年各级妇女组织开办编织、珠绣、平机、针织等加工技能培训班12期，受训妇女1142人。2004年，全市有服装、编织、针织、串珠、工艺品5大系列产品的来料加工业，业务遍及26个乡镇(街道)，从事来料加工经纪人200余人、从业人员超过2万人，加工费超过8000万元。

【人寿建德公司被评为全国文明示范岗】人寿保险建德支公司以市场需求为导向，把加快业务发展作为第一要务来抓，发挥员工积极性，努力提高经济社会效益，寿险业务快速增长。2003年实现保费1.44亿元，比上年增长34%；其中营销新单保费4941万元，直销寿险保费447万元，意外险保费971万元，银行代理保费1872万元。业务结构较为合理，给付各类赔款611万元，充分发挥了社会稳定器功能。2004年3月，该公司被中央金融工会评为全国金融系统女职工双文明示范岗。至2004年末，实现保费1.46亿元。

【开展“创业故事”采访活动】建德市深化“加快发展创新业”主题教育活动，营造“让知识成为财富，凭劳动赢得尊重，为人才搭建舞台，以创造带来辉煌”的良好氛围，形成人人投身创业、人人服务创业的良好局面。市委宣传部、市新闻传媒中心、市广电局组织开展“创业故事”大型采访宣传活动。4月22日，举行“创业故事”采访团出征仪式。到年底，8个多月中有50多名记者远赴京、沪、广州、深圳等地，或深入当地城乡，采访67位建德人在外地(外地人在建德)的创业故事。这些故事陆续在《建德新闻网》、《建德信息》刊登，在建德电视台、建德电台播发，将创业故事汇集成《创业离你多远》一书。“创业故事”活动受到群众的欢迎和好评。

【朱山明被追授为二级英模】 朱山明，1956年4月出生，1976年应征入伍，1980年7月加入中国共产党。退伍后，1982年6月到建德林场工作。1987年1月，成为建德市公安局森林警察大队梅城中队民警。2004年2月12日，他在参加扑救杨村桥镇黄盛村森林大火时，因公殉职。3月8日，中共建德市委追认朱山明为“优秀共产党员”；3月9日，建德市召开朱山明同志先进事迹报告会；4月19日，省政府追授朱山明为“革命烈士”；6月28日，国家民政部追认他为革命烈士。12月23日，中共中央政治局委员、中央书记处书记、公安部长周永康签发命令，追授朱山明“全国公安系统二级英雄模范”称号。

参见“人物”的“朱山明”条目。

(徐 健)

·富阳市·

【富阳市概况】 全市(以下均指富阳市)辖6个乡、15个镇、4个街道，有612个村、3个居民区和23个社区。户籍人口62.78万人，人口自然增长率5.29‰。全年实现生产总值176.7亿元，比上年增长16.5%。

全年实现农林牧渔业总产值23.7亿元，比上年增长14.2%。其中种植业产值13.4亿元，增长11.1%；粮经种植比例由上年的47∶53调整为49∶51，粮食总产量14.3万吨，增长9.7%，扭转连续七年下滑的局面；成功举办首届农产品推介会，有14种农产品在省农博会上获奖,其中9种获得金奖,绿芦笋被评为“中国特产名品”。林业产值2.5亿元,增长14.4%;绿化造林395公顷,幼林抚育633公顷,成林抚育2865公顷。畜牧业产值6.2亿元,增长18%;生猪饲养57.81万头,家禽饲养1004万羽,菜羊饲养7.68万头;猪、牛、羊、禽等肉类产量4.17万吨,禽蛋产量5036吨;蚕茧产量1114吨。渔业产值1.5亿元,增长30.1%;淡水产品5115吨,增长9.3%。年末拥有农机总动力36.6万千瓦。全年投入水利建设资金2.1亿元,投入劳动力328万工,搬运土石方404万立方米,完成重点水利工程55处,获“大禹杯”水利建设先进县(市)称号;改造中低产田1600公顷,建成标准农田1365公顷;年末耕地有效灌溉面积1.96万公顷,占耕地总面积的92%。

实现工业总产值519.8亿元,比上年增长25.3%。规模以上工业企业717个,实现产值314.2亿元,增长35.6%,占全市工业总产值的60.4%;规模以下工业实现产值205.6亿元,增长12.2%。规模以上工业企业实现产品销售收入294.5亿元,增长37%;实现利税23.7亿元,其中利润12.8亿元,分别增长24.8%和23.2%。完成工业性投入52.9亿元,增长39.7%;其中技改投入17.4亿元。完成建筑业总产值57亿元,增长40%。

全社会消费品零售总额36.4亿元,比上年增长14.6%。其中城镇零售额28.8亿元,增长14.7%;农村零售额7.6亿元,增长14.1%。在全部零售额中,批发零售贸易业增长14.3%,餐饮业增长20%。城乡集市贸易成交额33.9亿元,增长108.9%。居民消费价格总水平上涨5.1%;其中,居住类上涨6.8%,食品类上涨10.6%,家庭设备用品及维修服务类上涨1.0%,医疗保健和个人用品类上涨5.3%,烟酒及用品类上涨3.4%,交通和通讯类上涨1%,娱乐文化教育用品服务类和衣着类分别下降1.4%和2.7%。农业生产资料价格上涨7.1%。

新批外商投资项目49个,协议利用外资1.99亿美元,比上年增长1.3倍;实际利用外资7311万美元,增长58.7%。协议内资21.9亿元,实际到位内资14.5亿元。自营出口2.51亿美元,增长30.7%。主要旅游景点接待游客127.4万人次,增长30.2%;门票收入4602万元。

实现财政收入20.04亿元,比上年增长13.1%;其中地方财政收入10.53亿元,增长27.2%,连续四年进入全省财政收入10强县(市)。地方财政支出9.2亿元,增长22.9%。年末金融机构存款余额153.6亿元,各项贷款余额133.95亿元,分别比年初增加19.18亿元和26.96亿元。保险费收入1.4亿元,理赔8003万元。

公路通车里程845千米。全年完成货物运输量1467万吨,比上年下降11.5%;旅客运输量1558万人次,增长10.3%。邮电业务收入2.02亿元,增长10.4%。城乡交换机总容量25.2万门,增长22.1%。全市固定电话用户27.4万户,移动电话用户35.4万户,电话普及率99.8部/百人。互联网用户2.59万户。

组织实施各类科技计划项目61项,其中国家级7项、省级6项。新增省级以上高新技术企业4个,省级科技型中小企业8个。新增杭州市级以上名牌产品5种,“金富春”丝绸荣获中国名牌产品称号。专利申请210项,授权103项,认定登记技术合同126项,金额624万元。有各类专业技术人员2.2万人,比上年增长8.4%。新增省级教育强乡(镇)6个,累计省级教育强乡(镇)21个、杭州市级22个,覆盖率88%。有小学108所,在校学生4.87万人;普通中学45所,在校学生3.81万人。全年放映电影1194场次,观众1.6万人次;剧团演出241场次,观众36万人次。有线电视用户12.53万户。《富阳日报》全年出版359期,发行611万份。图书馆藏书12.5万册(件)。有各类医疗卫生机构490个,医疗床位2120张,卫生专业技术人员2225人,乡村卫生组织一体化管理率100%。计划生育率95.36%。举办群众性体育比赛21场,参赛6000余人次;有7.8万名中小学生达到国家体育锻炼标准,达标率99.5%。

全年城镇居民人均可支配收入13248元,比上年增长11.1%;农民人均纯收入6833元,增长10.5%。城镇居民人均居住面积18.5平方米,农村居民人均居住面积62.4平方米,均比上年略有增加。 (章金桥)

【富阳市名列中国100强第30位】 9月25日,国家统计局农村社会经济调查总队和中国信息报社发布2004年中国100强县(市)信息。据对全国2070个县(市、区)2003年县域社会经济统计资料测评结果,富阳市社会经济综合发展指数66.63分,其中发展水平指数67.03分,发展活力指数74.64分,发展潜力指数59.64分,综合排名列全国100强县(市)第30位,比上年前移8位。

【评选“辉煌十年”新闻】 4月,开展富阳市撤县设市10周年“辉煌十年”十大新闻评选活动。活动由富阳日报社等单位承办。先由专家组确定候选条目18条,通过《富阳

浙江春江轻纺集团有限责任公司生产车间

日报》向全社会公布，请全体市民评选。经广大市民投票评选，最后评出“撤县设市，历史掀开新一页”等十大新闻。参见表80。

【富阳与里弗班克市结成友好城市】 里弗班克市位于美国加利福尼亚州中部，市区面积约7平方千米，人口1.7万人。该市是美国主要农产区之一，以出产牛奶、家禽、杏仁、桃等闻名。2001年10月，中国驻旧金山总领事馆推荐富阳市与里弗班克市发展友好城市关系。2004年1月，省政府外事办批复同意富阳市与里弗班克市建立友好城市关系。4月13日，富阳市市长戚哮虎与前来访问的美国里弗班克市代表团团长理查德·霍尔默签订缔结友好城市的协议。

【富阳成为中国优秀旅游城市】 富阳是三国东吴大帝孙权、现代文学家郁达夫故里，1999年提出创建中国优秀旅游城市的目标。通过实施“政府主导型”战略，加快基础设施建设，树立城市形象，推进景区建设，旅游功能得到完善。近几年来，累计投入10多亿元，以富春江为背景，改善城市环境。2002年~2004年，投入旅游专项资金2500万元，带动和促进全社会对旅游的投入。其中浙江金义集团投资5000万元，开发富春桃源景区；黑龙江雄鹰集团投资2.1亿元，建成杭州野生动物世界。策划开发旅游项目24个，吸引投资30亿元，逐步推出富春江水上之旅、新三国文化之旅、工业观光之旅、农业生态之旅、民俗修学之旅等特色旅游路线。2004年，全市接待游客超过293万人次，旅游总收入14.86亿元。11月8日~11日，通过创建中国优秀旅游城市国家验收组检查验收。12月，国家旅游局命名富阳市为中国优秀旅游城市。

【富阳被命名为国家卫生城市】 1995年以来，富阳市把创建卫生城市当作“民心工程”和“德政工程”来抓，加快城市基础设施建设，强化依法管理，城市功能不断完善。1995年获得全国卫生城市和浙江省卫生城市称号，1998年获得全国城市卫生检查先进城市称号，并再次被确认为浙江省卫生城市。至2003年末，城区创建国家卫生城市五项基本条件全面达标：城市生活垃圾无害化处理率100%，城市生活污水处理率73.3%，建成区绿化覆盖率41.1%，人均绿地面积9.2平方米，大气总悬浮微粒年日均值(TSP)0.076毫克/立方米，城区除“四害”达到全国爱卫会规定标准。2004年4月15日~17日，浙江省爱卫会受全国爱卫办委托，组织有关专家对该市创建国家卫生城市进行考核鉴定。6月7日，全国爱卫会命名富阳市为国家卫生城市。

【举办农产品推介会】 为充分展示农业产业化成果，提高富阳农业和农产品知名度，10月21日，举办首届农产品推介会暨农业招商引资洽谈会。省政府副秘书长、省农办主任王良仟，杭州市副市长孙景淼，来自全国各地和美国、日本、加拿大、澳大利亚等国家和地区的客商，以及参展企业代表、乡镇街道负责人320余人参加。会议主要包括农产品展示、推介、农业招商引资、农家商家对接洽谈4个方面内容，会上展出12大系列300多种农产品新品种，签订投资、供销意向20项，总金额4.04亿元。

【富阳被认定为中国白板纸基地】 “京都状元富阳纸，十件元书考进士”，富阳素有“造纸之乡”的美誉。至2004年末，全市拥有造纸及纸制品企业914个，其中规模以上企业294个；造纸生产线501条，年生产能力515万吨，实际产量362万吨，其中涂布白板纸产量322万吨，约占全省市场份额55%。全年造纸行业完成工业总产值112亿元，约占全市工业经济总量22%，实现利润6.26亿元，上缴税金5.1亿元。2004年1月7日，该市被中国工业经济联合会认定为“中国白板纸基地”，揭牌仪式在春江造纸工业区举行。

【富阳成为中国球拍之乡】 富阳的球拍业始于20世纪70年代初，从生产竹制球拍起步，主要集中在上官乡。经过30多年的发展，产品由单一的羽毛球拍发展到网球拍、乒乓球拍、沙滩球拍等品种。至2004年末，上官乡拥有球拍及配件企业381个，其中规模以上企业14个，外贸生产企业37个，自营出口企业8个，从业人员1.2万余人，年产球拍超1亿副，产值9.15亿元，外贸出口值2500万美元，出口产品销往东南亚及欧美70多个国家和地区。11月，中国工业经济联合会授予富阳市“中国球拍之乡”称号。

【金富春真丝绸被评为中国名牌产品】 杭州金富春丝绸化纤有限公司成立于2000年10月31日，是一个以生产销售丝绸面料为主业，涉足化工、化纤、房地产的有限责任公司。该公司先后列入省级高新技术企业、省“五个一批”重点骨干企业、省100个拳头产品骨干企业和杭州市100个重点企业，是国内唯一一个通过杜邦论证的真丝绸面料生产企业，也是国内首批获得高档丝绸标志使用权的17个企业之一。2003年销售收入进入全国丝绸行业前10位，“金富春”真丝绸弹力面料2002年获得浙江名牌产品称号。2004年9月，金富春牌丝绸产品经中国名牌战略委员会评定，获中国

表80 富阳市评选撤县设市以来十大新闻

序号	年份	内容
1	1994	撤县设市，历史掀开新一页
2	2002	中共中央总书记江泽民视察富通集团
3	2003	蒋敏德捐资1000万元助学
4	2000	推出环保举报奖励制度
5	2000	倡导企业信用建设工程
6	1999	海峡两岸书画家圆合《富春山居图》
7	2001	非公有制企业成立纪委
8	2004	富阳被认定为中国白板纸基地
9	2003	无敌牌赛艇作为雅典奥运会用艇
10	2004	结束设置居委会历史

名牌产品称号。

【尖峰登城水泥一期工程投产】浙江尖峰登城水泥有限公司是由浙江尖峰集团和登城建材有限公司合资组建，2002年6月成立，注册资金1亿元。该公司计划投资10亿元，建设2条日产5000吨水泥熟料新型干法生产线。该生产线技术改造项目属国家重点鼓励发展项目，采用新型干法回转窑生产技术，2002年7月列入国家重点技术改造项目计划，是第8批国债专项资金项目。2003年6月，第1条日产5000吨水泥熟料新型干法生产线开工。2004年9月28日，举行投产典礼，副省长金德水出席。投产后，计划年产优质高标号水泥200万吨。

【富春江集团跻身民营企业竞争力50强】中国民营企业竞争力50强由中国社会科学院组成的“中国社会科学院民营企业竞争力研究课题组”评选。课题组借鉴国内外竞争力评价理论和评价指标体系，设计了中国民营企业竞争力指数计算公式，根据入围企业近3年财务数据进行竞争力指数测算。11月，浙江富春江集团公司被评为中国民营企业竞争力50强，名列第45位。

【富阳名列最佳商业城市】国际著名的财经出版物《福布斯》中文版公布“2004年度中国内地最佳商业城市百强排行榜”。该项调查对象包括中国内地660个城市，将直辖市、省会城市、计划单列市、地级市和县级市进行混合排名，设定的标准是民营经济创业活力、市场规模及潜力、人才素质、经营成本、交通便利程度等。富阳以93.49的综合得分排名第93位，被认为是适宜民营企业创业的城市。

【科技产品亮相大连交易会】2004年中国国际专利技术与产品交易会在大连举办。8月17日，富阳市的杭州飞鹰船艇有限公司和浙江华源电热有限公司参加交易会。飞鹰船艇公司展出的“深海网箱”等6个专利产品，华源电热公司的发明专利“聚合构热敏电阴材料”、“耐腐伴热采样复合管”和获得实用新型、外观设计专利的“恒温干鞋器”引来不少客商，共签定技术交易协议12项，协议金额600万元。

【举办首届富春江文化节】5月~6月，举办“首届富春江文化节”。文化节活动分宣传、文化、经贸3大系列，举行“今日富阳”电视采风活动等18项大型活动。中央电视台演播《同一首歌·走进富阳》，黄亚洲、王旭烽等知名作家到富春江采风，美国阿迪达斯篮球队到富阳表演，众多青年参加富春形象使者的评选，推出“东吴水师”、“春江水灯”、“南宋古乐”、“受降金龙”、“威风锣鼓”等文化表演精品。《人民日报》、《经济日报》、香港凤凰卫视等媒体报道了文化节盛况。“阳光、山水、财富”富阳投资洽谈会引进外资项目20个，累计总投资5.26亿美元；“富春人居暨富阳市第二届房地产展示交易会”成交450套，金额1.56亿元。20多万名市民参与各类活动。

【《邓小平手迹选》开印】6月27日，由中国档案出版社和华宝斋书社联合出版的线装本《邓小平手迹选》在华宝斋中国古代造纸印刷文化村举行开机印刷仪式。该书列入国家新闻总署纪念邓小平同志诞辰100周年重点图书，精选了邓小平在不同时期、不同方面的代表性珍贵手迹296件。此次出版的《邓小平手迹选》由华宝斋独家发行，编号限量出版3000套，特藏版500套。中央军委主席江泽民题写书名。

【《富春山居图》邮票在富阳首发】元代著名画家黄公望所绘的《富春山居图》被后人誉为“画中之兰亭”。2002年1月，浙江省台办、富阳市政府、富阳市邮政局联合向国家邮政总局、国台办发出申请函，要求发行《富春山居图》邮票。2004年3月，国家邮政总局批准选用浙江博物馆收藏的《富春山居图》（部分）为蓝本，限量发行“富春山居图”个性化邮票小版张1000版，每版内含《富春山居图》邮票16枚，边框“富春山居图”5个大字为清乾隆年间大臣梁诗正手迹。整版邮票古色古香，浓缩富春江两岸风光精粹于方寸之间，具有较高收藏价值。10月8日，《富春山居图》邮票在富阳首发。

（陈炜祥　章金桥）

·临安市·

【临安市概况】全市（以下均指临安市）辖7个乡、15个镇、4个街道，有651个村、15个居委会、11个社区。户籍人口51.89万人，人口自然增长率5.09‰。全市实现生产总值134.36亿元，比上年增长14.6%。市域经济基本竞争力跻身全国综合发展100强第86位。

全市实现农林牧渔业总产值21.44亿元，比上年增长15.2%。其中：实现种植业产值7.2亿元，增长13.1%；粮食作物播种面积1.62万公顷，粮食总产量10.48万吨，分别增长4.6%和3.4%。蔬菜6648公顷，产量12.26万吨，分别增长10.1%和7.1%；花卉园艺1083公顷，实现产值1亿元，分别增长27.6%和48.5%；果用瓜产量1.9万吨，增长11.8%。林业产值9.63亿元，增长16.4%。完成绿化造林面积166.8公顷，生态公益林面积7.67万公顷。竹笋（折笋干）产量1.7万吨，增长17.2%；山核桃7010吨，增长28.5%。全市森林覆盖率76.55%。牧业产值3.95亿元，增长17%。年末生猪存栏17.48万头，增长3.2%；肉猪出栏32.49万头，增长9.8%；家禽出栏121.41万羽；肉类总产量3.05万吨，增长20.6%；蚕茧总产量3712吨，增长13.0%。渔业产值3100万元，增长18.9%。水产养殖1746公顷，水产品产量3188吨，增长5.1%。新增无公害农产品基地8个，面积3681公顷，建成杭州市都市农业示范园区和专业村各7个。杨桐柃木基地被评为全国特色苗木基地，岛石“万亩”山核桃示范基地被列入浙江省效益林业十大精品基地，天目笋干竹示范园区被列入杭州市十大农业科技示范园区。新增农业龙头企业5个、农村专业合作经济组织12个。国家认定无公害农产品18种、有机产品2种、浙江森林产品3种，获浙江名牌产品3个、杭州名牌产品2个。在2004年浙江省农业博览会上获省优质农产品奖13个，其中金奖5个。

全年实现工业总产值352.36亿元，比上年增长27.2%；实现工业销售产值338.03亿元，增长25.2%。有规模企业429个，新增101个；实现工业销售产值152.92亿元，增长29.3%，规模工业销售产值占全部工业的比重达到45.2%。28个企业销售产值超1亿元，万马集团、锦江集团产值超过20亿元。规模工业实现利税12.49亿元，增长27.9%；其中利润6.87亿元，增长27.2%。六大特色支柱行业产值超100亿元，达到108亿元，增长30%，占规模工业的68.6%。开发区和工业功能区实现产值68.7亿元，增长30.5%，占规模工业的43.7%。7个强乡镇(街道)规模工业销售产值占全市的81.1%。有8个项目列入省重点高新技术、技术创新项目，新增杭州市级企业技术中心4个，省、杭州市名牌产品11只，省、杭州市著名商标7只，开发四新产品97个。华兴集团技改项目顺利实施，"鑫富生化"股票在深圳证交所成功上市。

全年引进内资项目119个，合同利用内资28.36亿元，实际利用内资20.5亿元，比上年增长20.6%。引进外资项目31个，协议利用外资1.14亿美元，增长41.4%；实际利用外资4007万美元，增长14.1%。实现外贸出口交货值55.23亿元，增长34.7%；其中自营出口2.52亿美元，增长31%。新增自营出口企业50个，4个企业在境外设立分公司或办事处。

全市实现社会消费品零售额28.45亿元，比上年增长14.5%。其中市区零售额16.11亿元，增长15.9%。限额以上商贸餐饮企业58个，新增29个。超市连锁门店35个，营业面积4.7万平方米。超市分布16个乡镇，其中11个在农村。餐饮业零售额实现4.11亿元，增长41.3%。继衣锦街、锦江路商业特色街区之后，建成锦城新天地、黄金水岸、临安商城、浙皖农贸城等商业特色街区和专业市场。全年旅游接待305.5万人次，增长25.7%；实现旅游总收入13.5亿元，增长12.5%。全市接待中外游客305万人次，其中20个旅游景点接待游客191.73万人次，增长35.3%；旅游景点门票收入5281万元，增长41%。

全市财政收入8.56亿元，比上年增长4.9%；其中地方财政收入4.97亿元，增长24.1%。地方财政支出6.24亿元，增长19.1%。金融机构各项存款余额95.36亿元，增长11.4%；各项贷款余额89.44亿元，增长11.8%。保险机构保费收入2.44亿元，增长13.3%；支付各类赔款6500万元，增长8.5%。

全年完成全社会固定资产投资57.2亿元，比上年增长23.3%。其中：限额以上投资47.97亿元，增长32.9%；城镇以上投资39.93亿元，增长28.9%；工业性投资24.32亿元，增长15.4%。交通、水利、教育、卫生等基础设施完成投资20.36亿元，占42.4%。杭徽高速公路昌昱段竣工通车，汪家埠至昌化段高速公路开工建设，18省道华光潭库区段、13省道临青线和16省道桐千线乐平库区段进展顺利，汪玲段畅通工程完成。实施康庄工程项目81个，全长255.6千米，完工率86%。全市通车里程1615千米，其中高速公路里程36.68千米。完成公路货运量1168万吨，公路客运量2412万人次。电信、移动、联通、邮政完成业务收入3.5亿元，比上年增长17%。年末固定电话用户24万户，移动电话用户24.5万户，电话普及率93.5部/百人。互联网用户3.31万户，增长70%。

全年实施各类科技计划项目167项，其中国家级5项、省级26项、杭州市级30项，有11个项目通过省级新产品鉴定。认定登记技术合同48项，技术贸易额4808万元；受理专利申请162项，授权专利65项。全市有小学74所，在校学生3.7万人；中学38所，初中在校学生2.17万人，普通高中在校学生9500人，职业高中在校学生6300人。中等职业技术学校被授予国家重点职业学校，昌化中学和天目外国语学校分别通过省一级、三级重点中学评估。有省、杭州市级"东海明珠"乡镇(街道)20个，其中新建成6个。民间表演艺术《临安水龙》获全国群星奖，《乐平蚕龙》、《五凤朝阳》参加西博会获最佳表演奖，《猪八戒背媳妇》应邀参加尼斯狂欢节。9月17日，《鸡血石印》特种邮票首发式在临安举行，近1万人参加。文艺创作获全国奖5个、省级奖13个、杭州市级奖37个。开通临安新闻网，创办《今日临安》。有各类医疗机构122个，医疗床位1239张，卫生技术人员1922人。全市计划生育率98.8%，获"省计划生育优质服务县(市)"称号。成功举办"铁人三项"锦标赛，参加杭州市级以上体育比赛18次，获金牌26枚、银牌35枚、铜牌38枚。

城镇居民人均可支配收入13148元，比上年增长10.8%；农民人均纯收入6602元，增长10.9%。城镇居民人均居住面积36.8平方米，农民人均居住面积65.4平方米。

【临安市名列中国100强第81位】 临安市围绕"融入大都市，迈向现代化，全面建设生态经济强市、吴越文化名城、休闲度假胜地"的战略目标，打造特色制造业基地、绿色农产品基地和休闲度假基地，经济社会发展进入较快发展的时期。2004年，国家统计局农调总队根据2003年全国2000多个县级单位的社会经济统计资料，从发展水平、发展活力、发展潜力3个方面对县域的社会经济综合发展指数进行测算，该市综合指数得分55.9369，比上年高出6.1819；位居86位，提升19位，列入全国综合发展100强县(市)。同年，该市连续第四届被评为中国县域经济基本竞争力100强县(市)，位居第81位。 (唐剑平)

【昌化至昱岭关段高速公路通车】 杭徽高速公路昌化至昱岭关段工程，是浙江省重点交通工程和杭州市"交通西进"重要项目，也是临安有史以来投资规模最大的基础设施项目和自行建设的第1条高速公路。工程东起昌化镇，经龙岗镇、清凉峰镇，西至昱岭关，与安徽省徽杭高速公路相接。全长36.68千米，概算总投资10.2亿元。工程按高速公路技术标准建设，双向4车道，路基宽度24.5米，其中困难地段(龙岗至昱岭关段)宽度23米，设计时速80千米。全线主体工程有大桥14座、中桥7座、隧道3座、互通式立交3处、分离式立交3处、收费站4处、服务区1处、养护工区1处。该项目于2001年完成工程可行性研究报告和初步设计方案，2002年6月28日举行开工典礼，计划在2005年9月建成通车。通过各方努力，于2004年12月25日工程通过交工验收，26日举行通车典礼。

【临安市区规划面积扩大】 2004

年,《临安市城市总体规划(2002~2020)》经省政府批准实施,规划区范围由原来的113.98平方千米扩大到183.1平方千米。城市规划区范围为:锦城街道11个社区及新民、胜利、泥山湾等26个行政村,青山湖街道岳山、蒋阳、石泉等13个行政村,上甘街道柯家、上畔等4个行政村,玲珑街道玲珑、石山、雅坞等14个行政村,板桥乡的平峰村和青山湖水面。新的城市总体规划确定临安市城市性质为杭州市域西部以山水风光和吴越文化为特色的生态旅游城市,城市人口规模按近期(2005年)15万人、中期(2010年)18万人、远期(2020年)25万人进行规划,远期人均建设用地按110平方米进行规划。规划期内城市建设以中心城区锦城为基础向南向西发展为主,适当向东向北发展;青山片以向东发展为主,适当向南、北拓展。规划要求重视与周边县(市)在空间布局上的协调,充分利用良好的区位条件和丰富的生态旅游资源,坚持可持续发展和生态经济建设优先战略,调整加强第一产业,优化提升第二产业,加强发展第三产业。

【金圆水泥工程建成】 浙江临安金圆水泥有限公司是一个以生产高标号水泥为主的民营股份制企业。2003年10月10日,4000吨/天水泥熟料生产线项目经省经贸委批准立项,总投资3.6亿元。2004年3月,窑尾工程动工。12月,省经贸委批准年产150万吨水泥粉磨站技改项目立项。至2004年底,完成投资3.1亿元,项目土建、设备和供水管线安装基本建成,计划2005年1月30日点火投产。 (唐剑平)

【锦城新天地商业街区建成】 9月16日,锦城新天地大型商业街区落成。2003年2月17日起,该项目由万马房地产公司总投资2.2亿元开发建设,为老城区原市政府招待所一带拆建改造项目,东临天目路,南靠城中街,北接衣锦街,西连新华书店和天工商厦,占地2.67公顷。锦城新天地主要为商业和居住用房,内设休闲广场、精品街、主题商场、超市、公寓等区块,其中营业房面积4万平方米,引进了苏宁电器、世纪联华、名典咖啡等品牌商店。 (唐剑平)

《民族日报》纪念馆开馆

【临安商城建成】 9月18日,临安商城一期、二期正式开张营业。该商城由萧山市城北村镇房地产开发有限公司投资1.6亿元开发建设,地点在城西小山弄。商城总占地面积6.4公顷,建筑面积8.6万余平方米。是以建筑装饰材料为主的专业性市场,分油漆区、板材区、陶瓷区、五金区、石材区5个区块,有商铺618间,能容纳200余户商家入场经营,并拥有单身公寓、商务楼319间,写字楼近8000平方米。 (唐剑平)

【《猪八戒背媳妇》赴法表演】 2月12日~23日,受法国尼斯旅游局邀请,临安市青山湖街道民间艺术节目——《猪八戒背媳妇》赴法参加尼斯狂欢节表演。该节目根据中国传统剧目《哑背疯》改编而成,表演者上半身造型为农村妇女,步态模仿猪八戒。滑稽的造型、精彩的表演引起尼斯市民的热情关注,成为尼斯狂欢节的一个亮点。2003年,该节目曾在西博会狂欢节中获最佳表演奖和创意奖。 (曾南方)

【旧石器考古重大发现】 9月,由中国科学院古脊椎动物与古人类研究所研究员、国家文物局考古专家组成员张森水,中国科学院专家罗志刚,省文物考古研究所副所长徐新民和市文物馆联合组成的旧石器考古调查组在临安进行为期一周的旧石器考古调查。调查组沿杭昱公路,对苕溪、天目溪、昌化溪流域附近的20余处建设施工现场、砖瓦厂和洞穴进行甄选探寻,在玲珑街道、於潜镇、太湖源镇5个取土工地,发现具有旧石器时代典型特征的石核、石片、砍砸器、石球、刮削器、手镐等打制石器22件,其中形成期最近的在1.2万年前,具有网红土层特征的石器可追溯到10万年以前。(曾南方)

【《民族日报》纪念馆开馆】 《民族日报》是1939年1月5日在临安於潜镇鹤村创办的一张以宣传抗日为主要内容的四开铅印报纸。办报初期实际上由地下党控制,在60余名工作人员中,有地下党员30余人。报社多次遭侵华日军飞机的轰炸,2次被国民党投降势力改组,8次迁徙社址,1945年9月在杭州终刊。《民族日报》记录了新闻先驱的光辉业绩和崇高精神,修复旧址有重要的意义。1988年,临安县政府将《民族日报》社旧址公布为县级重点文物保护单位,于1989年拨出专项经费对旧址进行征用。1999年至2000年,临安市政府筹集经费近30万元,依照"修旧如旧,维持原有格局"的原则,对濒危的旧址建筑进行全面修缮。2002年,临安市政府全面开展对《民族日报》文献、史料实物的抢救性征集。2004年是《民族日报》创刊65周年,国庆期间,纪念馆正式对外开放。 (曾南方)

天堂福地——下城

西湖文化广场效果图

汽车特色街效果图

丝绸特色街

东新园小区

坐落在下城区东新街道的东新园小区，是全市目前规模最大的经济适用房项目之一。总建筑面积66万平方米，其中住宅68幢，占地2.67公顷的中心公园临水而建，人均集中绿地1.4平方米，综合绿地率39.4%。小区配套设施齐全，住宅公共部位及汽车库内均设有火灾自动报警系统，小区四周及地下车库设有数字图像监控系统，所有电梯设置故障监视系统。

小区由浙江耀江物业公司负责管理，为居民提供高质量、高品位的管理和服务。

和平广场

武林广场

北景园小区

北景园小区是杭州市目前批准在建规模最大的经济适用房、解困房之一。小区总建筑面积100万平方米，地理位置优越，交通便利，空气清新，绿水环绕，居住环境优越。小区以永安路为界，分为南北两个居住区。规划公建配套10余万平方米，集办公、购物、餐饮、教育、医疗、休闲和娱乐为一体，以满足现代高品质的生活需求。

女装特色街

WENXIN

坚持以人为本 打造和谐文新

街道班子成员研究工作

HEXIE

西湖区文新街道成立于1999年，辖11个社区、2个合作社，区内建有60个小区，是目前杭城最大的商住区之一。6年的建设和发展，该街道以"创经济大街与富民相统一，经济快速发展与社会事业协调发展相统一，全力构建和谐文新"为目标，贯彻落实科学发展观，求真务实，勇于创新，各项工作取得丰硕成果。先后获得国家级先进青春健康项目组织奖、省计生协会授予的计划生育先进集体、杭州市社会治安综合治理先进单位、杭州市党建示范点和杭州市社区建设示范街道等荣誉称号。先后有20多个省、市、自治区300多批次考察人员到该街道参观学习。中央及国家部委、省、市、区领导先后视察该街道，并给予高度评价。2001年5月，胡锦涛视察文新街道湖畔社区。

该街道先后引进美国沃尔玛等一批国内外优质品牌企业。2004年招商引资和利用外资分别比2001年增长43倍和14倍，财政收入逐年成倍递增，各项主要经济指标位居全区前列。

该街道在区外开辟10公顷土地的文新科技工业园，建造12万平方米标准厂房，建成城西目前最大的商贸娱乐中心——西城广场，以及西城新座、五联商贸楼、西溪阳光城等。完成2所中学、6所小学、3所幼儿园和3个农贸市场等一批公建配套设施。综合医院、图书馆、竞舟综合楼、西湖体育场等即将完工。

文新街道办公大楼

文新工业区块效果图

丰富的精神文化生活

一批特色社区的涌现，推进了社区建设。湖畔社区的党建特色，德加社区的网站特色，星洲社区的教育特色，府新社区的服务特色，新金都社区的团建特色，社区创建呈现出百花齐放的新局面，11个社区均成为三星级以上文明社区，其中五星级社区3个。街道以创建全国文明城市为契机，加大管理力度，11个社区均获"绿色社区"称号，其中德加社区获全国"绿色社区"称号。通过基层党建和机关效能建设，街道在区满意单位评选中，连续两年名列前茅。

为提高街道的服务水平和办事效率，全面实施数字街道，建成街道办公局域网，与11个社区及服务中心组成城域网，电子阅览室、电子显示牌、电子查询系统、信息发布、办事指南一应俱全。有益健康的文体活动普遍开展，文新特色的文化活动、全民健身比赛等极大丰富了居民群众的精神文化生活。

西城广场

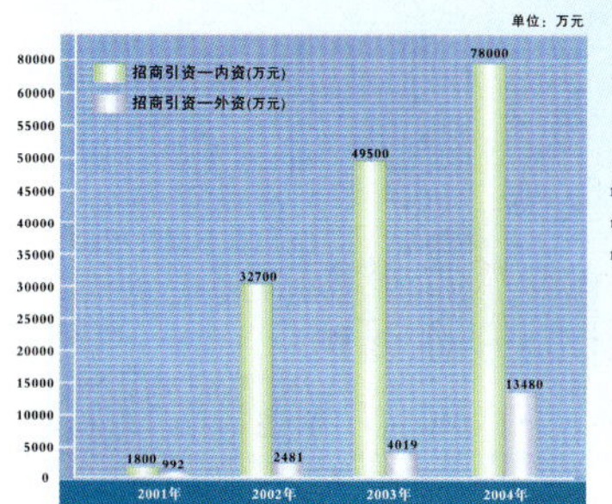

西城新座效果图

白杨街道

街道办事处办公楼

白杨街道于2002年9月经省政府批准成立，位于杭州经济技术开发区中心区域，辖景园、月雅苑、大北、高教4个社区，面积9.2平方千米。常住人口5.5万人，流动人口约6万人，常住外籍人员和台胞500余人。委托管辖面积24.8平方千米。

白杨街道由高教园区西区、工业园区、开发区公建区、住宅区四大主要功能区组成。辖区内有开发区主要政府机构、金融单位和配套服务部门；有浙江理工大学、杭州电子科技大学、中国计量学院等7所高校；有包括摩托罗拉公司、西门子公司、可口可乐公司、中策公司等数十个全球和国内知名企业在内的企业400余个；月雅苑、未名园、文苑风情、大北、裕园、文汇苑、香榭里、北银、景园、清雅苑等住宅小区坐落其中。

白杨街道党工委、办事处是江干区委、区政府的派出机构，受杭州经济技术开发区党工委、管委会的直接领导。按照“关注民生、营造环境、保障稳定、倡导文明”的工作要求，突出社会事务管理、城市管理和社区建设三大重点，全面推进干部队伍建设、体制环境建设、民心工程建设、特色文化建设、市民素质建设、环境工程建设、经济建设七大工程，全力塑造服务型、学习型、效能型政府新形象，紧紧围绕开发区从“建区”到“造城”的战略调整和“国际先进制造业基地、新世纪大学城和花园式生态型城市副中心”建设的宏伟目标，努力构建“人本街道、平安街道、舒适街道、文明街道”。

高教西区公园景色

街道工业功能区一瞥

辖区高校之一——浙江理工大学

辖区企业之一——浙江康莱特药业有限公司

城 标

国家级重点职业学校——临平职高

余杭区

余杭,中华文明曙光——良渚文化的发祥地,京杭大运河南端。名列全国综合实力百强县(市、区)第20位,先后获得全国科技、“质量兴市”、文化、体育、卫生、民政、村民自治、计划生育先进县(市)和全国城市环境综合整治先进城市及省级文明城区、卫生城市、教育强市等称号,是“中国布艺名城”和“中国丝绸织造基地”。2004年实现生产总值243亿元,财政总收入25.16亿元,其中地方财政收入15.58亿元,全部工业总产值767亿元,规模经济总量连续四年进位前移,列全省14个强县(市、区)第6位。今天,80万名余杭人民坚持开明开放促开发,和谐发展共繁荣,正朝着“经济强区、生态城区、文化名区”的现代化都市新区目标阔步前进!

华鼎集团生产的女装

飞碟客车

人民广场河畔

FUYANGSHI

富阳市

富阳市历史悠久,人文荟萃,风景旖旎,经济发达,是孙权故里、郁达夫故乡。近几年来,富阳按照科学发展观和构建和谐社会的要求,坚持"加快发展、协调发展"主题和"好中求快、能快则快"的方针,全面深化"工业立市、城市化、开放带动、科教兴市、可持续发展"五大战略,大力实施"平安富阳"工程,千方百计推进城乡统筹,众志成城开展国家卫生城市、国家园林城市、国家环保模范城市、中国优秀旅游城市、省文明城市、省文化先进城市和省双拥模范城市的"七项创建"活动,全力以赴破解上学难、看病难、住房难、办事难、行路停车难、农村饮水难和困难群众生产生活难等"七难"问题,经济社会发展跃上新的台阶。2004年,人均GDP突破3000美元,实现财政收入20.04亿元,社会经济综合发展指数位列全国百强县(市)30强,并成为国家园林城市、国家卫生城市、中国优秀旅游城市、国家环保模范城市、省文明城市。

富阳城市一角

FUYANGSHI

城南新区

三江晨曦

古街夜市

梅城镇

梅城镇位于建德东部，富春江、新安江、兰江三江汇合处。全镇面积158平方千米，下辖26个行政村，5个社区，近5万人口。梅城镇依山傍水，历史悠久，人杰地灵。著名文人杜牧、范仲淹、陆游、刘长卿都曾在此任职为官，诗人谢灵运、李白、孟浩然等都曾游历过梅城山水，先贤们无不被梅城的山水陶醉，为梅城留下传唱千古的诗文佳作。

2004年，该镇党委、政府坚持突出工业经济龙头地位，城南工业功能区4平方千米的控制性详规已编制完成。全镇实现工业总产值42.87亿元，工业销售产值38.4亿元，财政总收入近6000万元，实现农业总产值1.08亿元，农民人均收入4896元。至2004年底，全镇有工业企业942个，商贸经营企业近3000个，其中上规模企业88个，1000万元以上企业26个，1亿元以上企业2个。

全镇发展的目标是：力争实现工业经济再翻番，效益农业新突破，商贸旅游大发展，城镇建设新面貌，各项事业协调推进。为实现上述目标，镇党委、政府将牢牢把握工业强镇、农业增效、旅游兴镇、项目带动和持续发展五个战略重点，不断增强城镇的综合实力和区域竞争力。

梅城全景

乾潭镇

镇体育健身广场

乾潭镇位于浙江省西部山区，杭州—富春江—新安江—千岛湖黄金旅游线中段，水陆交通便利。民国八年(1919年)始建乾潭镇，后改设区、人民公社、乡的建制，1985年撤乡重设乾潭镇，2001年10月，区划调整将安仁镇并入乾潭镇，2005年4月，原下包乡、姚村乡并入乾潭镇。新的乾潭镇行政区域面积386平方千米，4.5万人，辖71个行政村，6个居委会。全镇生产总值13.05亿元，工业总产值42.6亿元，农业总产值1.9亿元，第三产业增加值1.96亿元，外贸出口值11.9亿元，财政总收入4802万元，农民人均纯收入6361元。

该镇自1997年以来，先后被列为全国小城镇综合改革试点镇和国家小城镇经济综合开发示范镇，为浙江省100个中心镇之一。2004年被国家建设部等6部委确定为全国重点镇，被国家统计局列入全国千强镇行列，被国家环保总局命名为全国环境优美镇，2005年1月被国家发改委列为全国发展改革试点镇。并先后获得浙江省生态镇、发展个私企业重点乡镇、教育强镇、村镇建设先进镇、体育特色乡镇，杭州市先锋工程五好乡镇党委、小康乡镇、文明乡镇、卫生城镇、先进乡镇、社会治安综合治理先进镇等殊荣。

乾潭镇实施“生态立镇、工业强镇、旅游兴镇”战略，坚持统筹经济与社会发展、统筹人与自然和谐发展的方针，着力提升工业化、城镇化、产业化、环境生态化水平。

该镇有个私企业930余个，从业人员1.8万人，主导行业有五金工具、家纺、胶合板、机械制造、塑料制品和水晶等5大系列，其中五金工具螺丝刀为全国最大生产地，在国际市场具有一定知名度。该镇农业产业初具规模，形成以种植和养殖为重点的产业结构，建立了花卉苗木、无公害蔬菜、香榧、葡萄、有机茶叶、毛竹、严州蜜梨、青虾、山核桃和蛋禽等10项主要农产品。农业生产条件和农村生态环境进一步改善。随着新城建设的加快，子胥公园一期工程完工，七里扬帆景区和镇区接轨，基础设施快速推进，人居环境极大提升，集聚功能逐步增强，成为国家经济综合开发示范镇。

该镇人民将努力把乾潭镇建设成“浙西经济强镇、旅游人居胜地”而奋斗。

政府大楼

玲珑街道

生态人居

该街道位于临安市东部，距杭州市中心40千米，交通便利，区位优势明显。区域面积115.5平方千米，辖35个行政村，人口2.5万人。2004年，实现工农业总产值46.58亿元，财政收入8100万元，农民人均收入6793元，被评为杭州市综合治理先进集体。

该街道有工业企业715个，其中销售收入1亿元以上企业5个。牢固树立发展“龙头经济”的理念，以玲珑工业功能区建设为抓手，构筑工业经济发展平台，做好招商引资工作，基本形成电线电缆、造纸及纸制品、纺织、轮胎钢丝、节能灯等五大支柱产业，工业经济迅速发展。2004年实现工业总产值45.63亿元，销售产值43.7亿元，出口交货值4.97亿元，工业投入4.76亿元，继续保持临安市工业强乡镇(街道)地位。

玲珑工业功能区的建设进一步优化街道的投资环境，2004年被杭州市人民政府评为特色城镇工业功能区达标单位。该工业功能区位于风景秀丽的玲珑山下，规划面积4.23平方千米，区内有企业82个，工业区管委会积极应对国家宏观调控政策，稳步推进平台建设，全年完成基础设施投入2700万元，区内交通、通讯、供电、供水、排污等设施完备。随着星级酒店、房产、汽车城、超市等较大规模的商贸餐饮企业的相继建成，社区服务功能更趋完善，该街道在临安市已成为商家投资的首选之地。

玲珑工业功能区新貌

该街道将按照“生态立街道、工业强街道、三产兴街道、环境美街道”的发展要求，努力将街道建设成为以工业为特色，集商贸、居住为一体的现代化新城区。

玲珑小学

现代工业

生态农业

休闲度假

·统计表·

表 81

杭州市土地面积、年末户数、人口数及人口变动情况 (2004 年)

指标名称	计量单位	全市	为上年(%)	市区	为上年(%)
一、土地面积	平方千米	16 596	100.0	3 068	100.0
二、年末总户数	万户	204.52	101.7	120.56	101.3
三、年末总人口数	万人	651.68	101.4	401.59	102.1
按性别分					
男性	万人	332.62	101.1	204.43	101.6
女性	万人	319.06	101.7	197.16	102.7
按农业、非农业分:					
农业人口	万人	369.10	97.4	168.51	95.2
非农业人口	万人	282.58	107.2	233.08	107.8
四、人口密度	人/平方千米	393	101.6	1 309	102.2
五、人口自然变动情况					
自然增长人口	人	25 862	175.2	15 413	196.5
本年出生人数	人	59 940	116.6	34 858	120.1
本年死亡人数	人	34 078	93.0	19 445	91.8
自然增长率本年	‰	3.99	–	3.88	–
上　年	‰	2.31	–	2.01	–
六、人口机械变动情况					
(一)本年迁入人口合计	人	160 310	111.9	122 718	105.6
其中:省内	人	109 729	108.8	81 906	102.5
省外	人	50 581	119.3	40 812	112.5
(二)本年迁出人口合计	人	89 020	100.3	51 224	89.1
其中:省内	人	68 463	102.7	35 788	89.6
省外	人	20 557	93.1	15 436	87.9
(三)本年净迁入人口	人	71 290	130.7	71 494	121.8
七、暂住人口(一个月以上)	万人	184.24	116.7	165.88	116.6

注:暂住人口中,市区的萧山、余杭区,分别为 50.79 万人、21.76 万人;桐庐县 2.32 万人、淳安县 0.61 万人、建德市 1.95 万人、富阳市 8.43 万人、临安市 5.05 万人。

表 82

杭州市国民经济主要指标(一)

项　目	计量单位	2000年	2001年	2002年	2003年	2004年
年末总人口	万人	621.58	629.14	636.81	642.78	651.68
非农业人口	万人	227.00	237.77	252.02	263.67	282.58
人口自然增长率	‰	3.57	2.92	2.72	2.31	3.99
市区	‰	2.30	3.05	3.45	2.01	3.88
年末从业人员数	万人	408.11	413.18	441.14	450.59	477.62
全市生产总值(当年价格)	亿元	1 382.56	1 568.01	1 781.83	2 099.77	2 515.00
第一产业	亿元	103.96	111.46	114.64	126.59	139.10
第二产业	亿元	709.32	793.58	901.82	1 089.32	1 332.90
第三产业	亿元	569.28	662.97	765.37	883.86	1 043
全市生产总值指数(以 1978 年为 100)	%	1 867.78	2095.65	2 372.28	2 732.87	3 142.80
人均生产总值(当年价格)	元	22 342	25 074	28 150	32 819	38 858
人均生产总值指数(以 1978 年为 100)	%	1 513.82	1682.78	1 881.35	2 144.74	2 438.57
年末耕地面积	公顷	189 906	185 966	183 969	182 706	183 451
每万人耕地面积	公顷	305.52	295.59	288.89	284.24	280.00
规模以上独立核算工业企业利税总额	亿元	161.61	208.54	274.98	359.54	394.37
全社会交通运输客运量	万人次	18 607	20 342	21 089	21 348	22 833
全社会交通运输货运量	万吨	11 459	12 443	14 341	16 815	18 895
全社会固定资产投资	亿元	515.49	630.97	769.76	1 006.74	1 202.22
社会消费品零售总额	亿元	403.95	458.82	523.53	587.52	704.34
到杭的外国人、华侨、港澳台同胞人数	万人次	70.71	81.94	105.63	86.12	123.41
实际利用外资(外商直接投资)	万美元	43 093	50 324	52 186	100 850	140 982

注:1.交通运输客货运输量为全社会数;2.到杭的外国人、华侨、港澳台同胞人数为全市数;3.规模以上工业的计算口径为全部国有企业和年销售收入 500 万元及以上的非国有企业数。

表 83

杭州市国民经济主要指标(二)

项　目	计量单位	2000年	2001年	2002年	2003年	2004年
财政收入	亿元	142.85	188.46	257.14	329.71	395.75
财政支出(预算内)	亿元	73.43	104.93	141.02	163.59	195.63
金融机构年末存款余额	亿元	2 088.47	2 621.51	3 373.15	4 652.73	5 707.20
金融机构年末贷款余额	亿元	1 686.64	2 087.70	2 752.38	3 818.70	4 800.04
城乡居民储蓄年末存款余额	亿元	788.56	941.84	1 183.40	1 589.96	1 835.17
全市城镇单位职工工资总额	亿元	129.64	151.13	164.84	190.46	222.47
全市城镇单位职工平均工资	元	13 715	17 645	20 712	23 969	28 186
市区居民消费价格指数(以上年为100)	%	100.8	99.5	98.8	99.5	102.5
市区商品零售价格指数(以上年为100)	%	98.3	95.3	97.9	98.1	101.6
市区居民年人均可支配收入	元	9 668	10 896	11 778	12 898	14 565
农村居民年人均纯收入	元	4 496	4 896	5 242	5 740	6 382
高等学校在校学生数	人	122 386	174 894	208 338	251 363	292 946
中等专业学校在校学生数	人	45 238	32 763	26 255	21 735	21 262
普通中学在校学生数	人	342 533	364 835	374 586	376 940	367 594
小学在校学生数	人	485 679	467 982	456 535	448 969	447 971
卫生机构数	个	1 599	1 496	1 817	1 901	1 985
医院	个	396	391	116	99	114
卫生技术人员	人	35 487	36 643	37 193	39 019	39 816
执业(助理)医师	人	16 317	16 994	16 092	16 614	16 770
床位数	张	27 166	27 063	27 609	29 144	31 738
医院	张	23 303	23 520	22 797	22 036	24 444

注:1.2002 年起医院数不包括卫生院;2.高等学校在校学生数未包括各高校研究生。

表 84

杭州市历年生产总值及发展指数

年份	全市生产总值(万元,按当年价计算)				全市生产总值发展指数(%)			
	总计	第一产业	第二产业	第三产业	总计	第一产业	第二产业	第三产业
1978	284 046	63 372	169 344	51 330	100.00	100.00	100.00	100.00
1985	904 897	159 684	520 853	224 360	268.85	139.90	300.80	352.81
1990	1 896 216	309 404	961 673	625 139	372.37	154.40	422.20	528.01
1991	2 279 545	334 024	1 131 088	814 433	439.77	161.12	492.38	669.52
1992	2 900 690	349 033	1 487 838	1 063 819	540.48	161.61	637.53	814.80
1993	4 247 094	419 364	2 264 440	1 563 290	703.16	171.15	878.66	1 004.65
1994	5 855 239	575 131	3 143 430	2 136 678	888.09	185.01	1 161.59	1 225.67
1995	7 620 055	692 510	4 100 008	2 827 537	1 064.82	198.15	1 434.56	1 445.06
1996	9 066 133	839 985	4 776 225	3 449 923	1 203.25	208.85	1 644.01	1 621.36
1997	10 363 299	913 611	5 415 017	4 034 671	1 360.88	223.05	1 852.80	1 861.32
1998	11 348 899	960 558	5 879 589	4 508 752	1 513.30	244.02	2 071.43	2 060.48
1999	12 252 795	975 821	6 307 510	4 969 464	1 667.66	257.44	2 280.64	2 287.13
2000	13 825 616	1 039 641	7 093 233	5 692 742	1 867.78	272.11	2 565.72	2 563.87
2001	15 680 138	1 114 569	7 935 809	6 629 760	2 095.65	292.25	2 891.60	2 884.30
2002	17 818 302	1 146 388	9 018 225	7 653 689	2 372.28	304.23	3 276.18	3 308.41
2003	20 997 744	1 265 890	10 893 242	8 838 612	2 732.87	322.48	3 885.55	3 725.27
2004	2 5150 000	1 391 000	13 329 000	10 430 000	3 142.80	338.93	4 534.44	4 257.98

注:生产总值发展指数以 1978 年为 100,按可比价格计算。

表 85

杭州市各县(市)经济主要指标 (2004 年)

指标名称	计量单位	全市合计	市区	其中		桐庐县	淳安县	建德市	富阳市	临安市
				萧山	余杭					
土地面积	平方千米	16 596	3 068	1163	1 222	1 780	4 452	2 364	1 808	3 124
年末总人口	万人	651.68	401.59	116.67	80.64	39.44	45.16	50.82	62.78	51.89
年末总户数	万户	204.52	120.56	37.17	23.73	14.32	14.65	17.21	20.20	17.59
人口自然增长率	‰	3.99	3.88	4.29	3.64	4.21	5.36	0.84	5.29	5.09
耕地面积	公顷	183 451	98 327	53 184	33 904	15 407	11 291	18 228	21 294	18 904
粮食总产量	万吨	106.80	51.60	27.34	21.33	10.26	10.48	10.80	14.35	9.31
全市生产总值(当年价格)	亿元	2 515.00	1 949.41	500.33	243.00	95.40	56.61	102.52	176.71	134.36
全社会固定资产投资	亿元	1 202.22	937.02	241.09	171.57	52.77	26.66	34.76	94.39	56.62
社会消费品零售总额	亿元	704.34	585.01	94.48	49.59	23.79	13.66	17.07	36.36	28.45
财政总收入	亿元	395.75	348.87	38.51	25.16	7.12	3.64	7.52	20.04	8.56
财政支出(预算内)	亿元	195.63	160.23	25.56	16.51	5.92	5.33	5.56	12.34	6.24
城镇单位年末在岗职工人数	万人	79.96	61.30	6.81	4.47	1.26	1.63	2.36	3.35	2.97
城镇单位职工工资总额	万元	2 224 734	1 890 771	165 017	108 066	29 347	31 797	53 370	96 270	61 661
城镇单位职工平均工资	元	28 186	29 790	25 139	22 999	23 106	19 676	21 898	27 333	20 223

表 86

杭州市规模以上工业企业单位数、总产值 (2004 年)

项　目	全　市				市　区		
	单位数(个)		产值(亿元)		单位数(个)	产值(亿元)	
	实　绩	为上年(%)	实　绩	为上年(%)		实　绩	为上年(%)
合　计	5 627	120.0	4 149.10	129.9	3 798	3 463.93	128.7
一、按轻重工业分							
轻工业	3 160	117.7	1 931.47	126.6	2 103	1 593.10	125.5
重工业	2 467	123.1	2 217.63	132.8	1 695	1 870.83	131.6
二、按经济类型分							
国有经济	134	93.1	316.74	128.8	105	310.75	131.3
集体经济	241	110.0	321.27	131.0	166	294.75	131.0
股份合作制经济	218	112.4	56.89	109.8	202	52.89	110.4
联营经济	9	75.0	5.98	104.7	6	5.03	104.7
股份制经济	3 302	123.4	2 081.08	127.5	2 260	1 589.87	124.5
三资经济	903	114.3	1 219.38	136.4	720	1 123.13	135.7
其他经济	820	125.4	156.77	123.7	339	87.51	121.7
三、按企业规模分							
大型企业	28	116.7	873.46	130.0	26	846.00	129.5
中型企业	471	111.1	1 814.89	135.0	383	1 542.81	135.3
小型企业	5 128	120.9	1 460.75	124.0	3 389	1 075.13	119.8

表 87

杭州市规模以上工业企业主要财务指标 (2004 年)

单位:亿元

项　目	合计		国有经济	集体经济	股份合作制经济	联营经济	股份制经济	三资经济	其他经济
	本年	为上年(%)							
企业单位数(个)	5 627	120.0	134	241	218	9	3 302	903	820
其中:亏损企业数(个)	840	134.6	47	44	21	2	440	191	95
工业总产值(当年价)	4 149.10	129.9	316.74	312.27	56.89	5.98	2 081.08	1 219.38	156.77
产品销售收入	4 075.20	131.7	301.94	302.39	53.05	5.85	1 991.88	1 273.05	147.05
产品销售费用	146.24	124.5	12.04	6.62	0.88	0.32	62.35	61.72	2.32
产品销售税金及附加	60.87	127.4	43.40	1.28	0.36	0.02	12.12	2.66	1.03
产品销售利润	421.28	121.6	50.46	26.27	4.02	0.57	183.25	145.44	11.27
固定资产净值年平均余额	969.84	118.9	86.01	48.53	12.12	0.59	555.12	240.48	26.98
流动资产年平均余额	2 028.79	125.0	186.86	109.42	28.44	5.10	1 039.70	601.17	58.10
利润总额	220.83	119.5	34.92	15.79	1.46	0.24	90.79	72.67	4.96
利税总额	394.37	117.4	100.62	21.48	3.33	0.54	156.69	101.38	10.32

表 88

杭州市规模以上工业企业主要工业产品产量
(2004 年)

产品名称	计量单位	本　年	为上年(%)	产品名称	计量单位	本　年	为上年(%)
发电量	亿千瓦小时	89.82	88.7	水泥	万吨	1 426.74	113.0
罐头	万吨	15.95	116.2	平板玻璃	万重量箱	422.28	99.6
乳制品	吨	70 528.10	106.9	钢	万吨	286.53	108.2
啤酒	千升	601 912.52	108.4	生铁	万吨	181.04	104.9
软饮料	万吨	239.40	118.9	铁合金	万吨	1.83	253.6
精制茶	吨	17 836.46	96.4	成品钢材	万吨	336.99	109.6
卷烟	亿支	381.19	111.6	铜	吨	29 255.58	140.9
味精	吨	27 716.00	69.2	搪瓷制品	吨	16 535.43	91.0
化学纤维	吨	1 919 925.41	132.4	工业锅炉	蒸吨	3 935.50	100.3
纱	万吨	22.88	117.0	内燃机	万千瓦	175.75	217.7
布	万米	236 666.68	116.1	金属切削机床	台	9 256.00	120.9
印染布	万米	323 694.42	113.0	锻压设备	吨	4 153.20	128.7
丝	吨	2 422.73	104.6	泵	万台	18.67	91.4
丝织品	万米	24 093.66	104.5	轴承	万套	14 653	117.7
服装	万件	25 396.55	110.7	叉车	台	17 986	140.9
皮鞋	万双	122.38	160.8	电力电缆	千米	135 577	105.3
家具	万件	1 971.73	114.6	通讯电缆	千米	1 732 755	120.4
塑料制品	吨	534 399.95	116.2	家用电冰箱	万台	41	94.6
机制纸及纸板	万吨	329.97	130.5	房间空气调节器	台	13 997	12.0
焦炭	万吨	57.77	98.2	家用洗衣机	万台	135.27	144.0
盐酸(含量 31%以上)	吨	38 916.00	64.2	排油烟机	万台	86.30	113.3
硫酸(折 100%)	吨	64 569.00	98.8	微型电子计算机	部	1 184 660	215.0
氢氧化钠(烧碱)(折 100%)	吨	133 866.00	97.7	移动电话机	万部	927.64	105.3
碳酸钠(纯碱)	吨	127 936.00	110.6	电工仪器仪表	万台	1 381.65	85.4
农用氮、磷、钾化肥总计	吨	54 749.52	92.0	自动化仪表及系统	万台	107.36	125.3
化学农药	吨	60 295.07	97.9	电视机	万部	369.68	123.7
合成洗涤剂	吨	107 806.70	148.0	其中:彩电	万部	102.77	110.3
化学原料药	吨	5 234.58	98.1	表	万只	54.06	104.7
中成药	吨	4 926.84	84.3	肥皂	吨	25 265.00	113.4
轮胎外胎	万条	1 048.55	138.9	牙膏	万支	1 093.86	18.4

表 89

杭州市农林牧渔业总产值
(2004 年 当年价)

单位:亿元

指 标	本 年	上 年	为上年(%)
农林牧渔业总产值	208.27	189.01	110.2
农业产值	108.09	99.16	109.0
林业产值	20.68	18.26	113.2
牧业产值	45.76	41.78	109.6
渔业产值	26.41	23.26	113.5

注:1.2003 年起,农林牧渔业总产值包括农林牧渔业服务业产值;2.为上年(%)系同口径对比。

表 90

杭州市主要农产品产量
(2004 年)

单位:吨

指 标	本 年	上 年	为上年(%)
粮 食	1 068 009	1 002 707	106.5
谷 物	888 452	847 916	104.8
豆 类	88 107	75 736	116.3
薯 类	91 450	79 055	115.7
油 料	72 944	68 116	107.1
油菜子	65 514	61 153	107.1
棉花(皮棉)	1 184	1 181	100.3
麻 类	927	1 459	63.5
蔬 菜	3 010 261	2 882 773	104.4
蚕 茧	14 744	12 803	115.2
茶 叶	25 009	24 975	100.1
水 果	499 006	423 637	117.8
柑 橘	118 731	95 948	123.7
梨	33 592	29 135	115.3
桃	33 599	29 931	112.3
葡 萄	5 179	4 754	108.9
肉 类	298 757	300 595	99.4
猪 肉	217 422	214 553	101.3
禽 蛋	95 636	77 594	123.3
鲜牛奶	64 673	56 321	114.8
淡水产品	139 540	130 174	107.2

表 91

杭州市外商直接投资情况
(2004 年)

指　标	计量单位	本　年	为上年(%)
项目个数	个	802	92.3
协议总投资额	万美元	629 727	145.5
协议利用外资	万美元	307 746	153.8
实际利用外资	万美元	140 982	139.8

表 92

杭州市进出口情况
(2004 年)

单位:亿美元

指　标	实际数		
	本　年	上　年	为上年(%)
全市进出口总值(海关口径)	244.96	182.38	134.3
一、出口总值	151.75	109.55	138.6
1.国有企业	58.27	52.20	111.6
2.三资企业	58.18	35.67	163.1
其中:(1)中外合作企业	0.54	0.33	163.6
(2)中外合资企业	26.85	18.80	142.8
(3)外商独资企业	30.79	16.54	186.2
3.集体企业	15.56	12.84	121.2
4.私营企业	19.74	8.84	223.6
二、进口总值	93.21	72.83	128.0

表 93

杭州市工业“三废”排放及处理率
(2004 年)

单位:%

指　标	全　市	市　区
工业废水排放达标率	97.02	97.01
工业废水重复用水率	59.82	69.76
工业废气二氧化硫去除率	24.39	23.84
工业废气烟尘去除率	94.34	95.91
工业废气粉尘去除率	79.09	85.90
工业废气二氧化硫排放达标率	97.04	97.23
工业废气烟尘排放达标率	96.77	95.23
工业废气粉尘排放达标率	96.06	93.07
工业固体废物综合利用率	92.99	95.40
工业固体废物贮存率	0.05	-
工业固体废物处置率	6.88	4.52
工业固体废物排放率	0.09	0.09
工业锅炉烟尘排放达标率	91.89	88.56
工业炉窑烟尘排放达标率	89.40	88.71

表 94

杭州市区城市公用事业情况
(2004 年)

指　标	计量单位	数　值	指　标	计量单位	数　值
一、城市居民人均住房使用面积	平方米	17.8	五、城市供气(含萧山、余杭区)		
二、城市公共交通			1.城市液化气供气总量	吨	167 014
(市公交公司系统,不含萧山、余杭区)			其中:家庭用气	吨	109 290
年末营运线路条数	条	345	家庭用气户数	万户	71.04
年末营运线路总长度	千米	4 541	2.人工煤气		
年末营运公共汽车	辆	3 639	家庭用气量	万立方米	4 441
客运总量	万人次	67 261	家庭用气户数	万户	6.85
全年票款收入	万元	77 967	3.全社会气化率	%	99.91
三、城市供电(含萧山、余杭区)			六、园林绿化(含萧山、余杭区)		
全年用电总量	万千瓦时	2 077 488	园林绿地面积	公顷	10 201
其中:工业用电	万千瓦时	1 464 645	其中:公共绿地	公顷	2 306
生活用电	万千瓦时	238 900	建成区绿化覆盖率	%	37.07
四、城市自来水供应(含萧山、余杭区)			公园景点	个	151
总售水量	万立方米	52 096	公园景点面积	公顷	961
平均日供水量	万立方米	171	七、公园、风景点游人量	万人次	2 403
供水能力	万立方米/日	288	八、市政建设(含萧山、余杭区)		
供水总量	万立方米	62 265	年末实有道路面积	万平方米	2 895
其中:生产用水	万立方米	23 544	年末实有道路长度	千米	1 558
生活用水	万立方米	29 187	年末实有桥梁数	座	730
用水普及率	%	100	排水管道长度	千米	2 711
			城市污水排放量	万吨/日	126

表 95

杭州市全社会固定资产投资
(2004 年)

单位:亿元

项　目	本　年	上　年	为上年(%)
全市合计	1 202.22	1 006.74	119.4
其中:限额以上固定资产投资	1 108.20	895.21	123.8
1.第一产业	1.60	1.05	152.5
2.第二产业	436.90	320.89	136.2
3.第三产业	669.70	573.27	116.8

表 96

杭州市金融机构本外币年末存、贷款余额
(2004 年)

单位:万元

指标名称	全市		市区	
	本　年	为上年(%)	本　年	为上年(%)
一、各项存款	57 072 000	120.5	525 442 100	121.2
1.企事业单位存款	25 217 400	115.9	23 749 900	116.5
(1)活期存款	15 076 600	108.5	14 040 400	108.7
(2)定期存款	10 140 800	129.1	9 709 500	130.0
2.储蓄存款	18 351 700	115.4	16 014 700	115.8
(1)活期存款	5 979 100	119.3	5 087 000	119.2
(2)定期存款	12 372 600	113.6	10 927 700	114.2
3.信托存款	360 700	–	360 700	–
4.委托存款	978 300	98.0	978 800	98.0
5.其他存款	12 163 900	139.8	11 437 400	140.8
二、各项贷款	48 000 400	122.4	44 517 600	122.5
1.短期贷款	25 117 000	117.1	23 079 100	118.2
2.中长期贷款	18 499 000	130.1	17 122 800	128.9
3.信托贷款	233 800	–	233 800	–
4.委托贷款	912 900	98.4	912 900	98.4
5.其他贷款	748 300	109.6	745 500	109.6
6.票据融资	2 478 400	131.9	2 412 500	130.8
7.各项垫款	11 000	27.9	11 000	28.4

表 97

杭州市城市住户调查情况

项　目	计量单位	2000年	2001年	2002年	2003年	2004年
调查户数	户	300	440	500	500	500
平均每户人口	人	3.10	2.98	2.93	2.92	2.92
平均每户就业人数	人	1.83	1.72	1.53	1.51	1.48
年人均可支配收入	元	9 668	10 896	11 778	12 898	14 565
年人均消费性支出	元	7 790	8 968	9 215	9 950	11 213

注:2001 年起为新市区口径。

表 98

杭州市城市居民家庭平均每人生活费支出

单位:元

项　目	2000年	2001年	2002年	2003年	2004年
消费性支出	7 790	8 968	9 215	9 950	11 213
食品类	3 303	3 501	3 707	3 853	4 421
粮食	207	217	195	206	260
油脂类	57	51	50	62	81
肉禽及制品	515	486	505	531	586
蛋类	44	43	48	51	54
水产品类	514	523	507	502	564
菜类	303	297	357	377	420
酒和饮料	192	213	141	235	259
干鲜瓜果类	214	214	269	276	310
在外用餐	531	673	813	800	963
衣着类	645	729	837	815	922
设备用品及服务	627	945	566	585	561
医疗保健	444	628	746	874	855
交通和通讯	548	698	788	958	1 280
娱乐文教服务	1 079	1 268	1 461	1 518	1 717
居住	701	711	808	1 038	1 062
杂项商品和服务	443	488	302	309	395

表 99

杭州市农村住户调查情况

项　目	计量单位	2000年	2001年	2002年	2003年	2004年
调查户数	户	630	630	630	670	670
平均每户人口	人	3.61	3.57	3.53	3.48	3.48
平均每户劳动力	人	2.59	2.53	2.53	2.53	2.54
农民人均年纯收入	元	4 496	4 896	5 242	5 740	6 382
人均生活消费支出	元	3 020	3 479	3 957	4 578	4 993
人均住房面积	平方米	48	49	52.7	54.7	58.9

表 100

杭州市农村居民家庭平均每人生活消费支出

单位:元

项　目	2000年	2001年	2002年	2003年	2004年
生活消费支出	3 020	3 479	3 957	4 578	4 993
食品类	1 239	1 388	1 528	1 662	1 916
在外饮食	83	95	130	160	190
食品加工费	15	13	13	13	46
衣着类	147	169	213	243	282
居住	618	700	739	900	839
住房	509	580	603	665	503
电费	56	49	60	71	78
燃料	38	38	47	142	82
家庭设备、用品及服务	145	159	211	279	263
医疗保健	182	210	291	316	356
医药卫生保健品	99	112	136	107	168
医疗保健服务费	64	85	133	209	188
交通和通讯	283	283	350	464	577
交通工具	123	77	95	115	215
交通费	36	43	56	60	63
邮电费	62	71	110	138	156
文教娱乐用品及服务	293	409	460	603	656
文化教育娱乐用品	64	80	90	122	95
文化教育娱乐服务	228	329	370	481	561

表 101

杭州市房地产销售价格指数

(上年=100)

项　目	1999年	2000年	2001年	2002年	2003年	2004年
总　计	102.9	104.9	105.8	106.9	106.1	111.7
一、商品房	102.3	105.7	106.2	106.9	106.0	112.4
(一)住　宅	103.0	104.7	105.3	107.5	106.1	112.9
1.经济适用房	100.0	99.5	102.1	103.9	101.0	102.3
2.普通住宅	102.8	104.9	105.3	108.1	106.2	116.3
(1)多层住宅	103.7	106.2	106.6	109.7	106.2	114.0
(2)高层住宅	99.5	101.2	104.2	106.6	106.2	116.9
3.豪华住宅	108.5	105.6	105.9	107.1	107.3	110.2
(1)别　墅	108.5	105.6	106.1	107.1	104.3	113.9
(2)高档公寓	–	–	106.2	107.2	108.5	106.8
(二)非住宅	100.7	110.5	109.1	103.9	105.4	108.7
1.写字楼	96.9	103.1	110.3	103.9	105.4	109.0
2.商业用房	103.5	117.1	110.2	104.1	105.4	105.7
3.其　他	100.0	–	107.7	100.0	111.7	117.5
二、私房交易	110.8	107.1	105.7	108.9	107.3	110.6
(一)非住宅	–	–	–	–	106.3	110.7
(二)住　宅	110.8	107.1	105.7	108.9	107.8	110.5
三、公房交易	100.3	100.0	102.2	100.0	100.0	100.4
其中:住宅	100.3	100.0	102.2	100.0	100.0	100.4

表 102

杭州市在全国 15 个副省级城市中的位次
(2004 年)

城　市	生产总值（亿元）	规模以上工业销售产值（亿元）	全社会固定资产投资（亿元）	社会消费品零售总额（亿元）	出口总额（亿美元）	城镇居民人均可支配收入（元）
杭　州	2 515.00	4 083.60	1 202.22	704.34	151.75	14 565
沈　阳	1 900.69	1 431.60	971.36	808.80	24.01	8 924
大　连	1 961.80	1 997.20	716.20	645.20	108.55	10 378
长　春	1 535.00	1 722.70	460.00	495.30	8.30	8 900
哈尔滨	1 680.50	859.80	532.56	707.40	8.80	8 940
南　京	1 910.00	3 213.54	1 201.88	711.44	104.60	11 602
宁　波	2 158.04	3 451.40	1 095.67	595.63	166.90	15 882
厦　门	883.21	1 618.68	304.65	260.31	139.46	14 443
济　南	1 618.87	1 712.10	651.30	621.00	13.73	12 005
青　岛	2 163.80	3 264.20	1 025.40	605.50	157.82	11 089
武　汉	1 956.00	1 632.47	822.20	960.58	19.31	9 564
广　州	4 115.81	4 879.98	1 321.96	1 675.05	214.73	16 884
深　圳	3 422.80	6 363.54	1 090.14	915.45	778.56	27 596
成　都	2 185.70	1 210.19	1 085.20	875.28	18.68	10 394
西　安	1 095.87	764.44	640.42	506.51	20.35	8 544
杭州位次	3	3	2	8	5	4

表 103

杭州经济占浙江省的比重
(2004 年)

指　标	计量单位	浙江省	杭州市	比重(%)
生产总值	亿元	11 243	2 515	22.4
第三产业增加值	亿元	4 382	1 043	23.8
规模以上工业利税	亿元	1 773.56	394.37	22.2
社会消费品零售总额	亿元	3 645.38	704.34	19.3
全社会固定资产投资额	亿元	6 059.78	1 202.22	19.8
出口总额	亿美元	581.46	151.75	26.1
实际利用外资	亿美元	97.46	14.10	14.5

表 104

杭州市在长江三角洲 16 个城市中的位次
(2004 年)

城市	生产总值（亿元）	规模以上工业销售产值（亿元）	全社会固定资产投资（亿元）	社会消费品零售总额（亿元）	出口总额（亿美元）	城镇居民人均可支配收入（元）
杭州	2 515.00	4 083.60	1 202.22	704.34	151.75	14 565
上海	7 450.27	13 886.49	3 084.66	2 454.61	735.20	16 683
南京	1 910.00	3 213.54	1 201.88	711.44	104.60	11 602
无锡	2 350.00	4 468.27	1 114.13	579.21	110.22	13 588
常州	1 100.60	1 975.96	588.61	324.29	47.16	12 867
苏州	3 450.00	7 184.12	1 554.80	625.10	507.74	14 451
南通	1 226.06	1 576.01	605.17	384.25	43.49	10 937
扬州	788.13	1 096.10	330.05	228.01	13.51	9 851
镇江	781.16	1 040.95	320.52	192.05	15.19	10 858
泰州	705.20	977.27	306.24	200.69	9.54	9 695
宁波	2 158.04	3 451.40	1 095.67	595.63	166.61	15 882
嘉兴	1 050.56	1 637.91	633.70	325.29	51.06	14 392
湖州	590.69	752.05	365.47	208.34	14.48	13 664
绍兴	1 313.87	2 479.28	624.95	335.43	66.09	15 676
舟山	212.04	194.67	127.87	87.52	8.27	14 326
台州	1 173.79	1 269.58	479.03	302.92	37.99	16 651
杭州位次	3	4	3	3	4	5

·先进名录·

【2004年度杭州市精神文明建设突出贡献奖获奖单位】

共青团杭州市委(杭州志愿者工作指导中心)
杭州市12345市长公开电话受理中心

【第3批杭州市级文明行业】

中信实业银行杭州分行
杭州市环境保护局
杭州市燃气协会
杭州市港航管理局
杭州市卫生局
杭州萧山国际机场有限公司
上海铁路局杭州铁路分局

【2004年度继续保留荣誉称号的杭州市级文明行业】

中国工商银行浙江省分行营业部
中国农业银行浙江省分行营业部
中国建设银行浙江省分行营业部
杭州市商业银行
浙江省电信有限公司杭州市分公司
杭州市邮政局
杭州市电力局
中国联通有限公司杭州分公司
浙江移动通信有限责任公司杭州分公司
杭州市气象局
商贸大型商场
杭州市公交行业
杭州市供水行业

【2004年度杭州市级示范文明单位】

杭州广宇房地产集团有公司
中国联通有限公司浙江分公司
浙江西子联合控股有限公司
浙江省天和建设有限公司
杭州市学军小学
浙江省水电建筑安装有限公司
杭州动物园
浙江登峰交通集团有限公司
杭州市余杭国家税务局
中国华东电力集团公司富春江水力发电厂
浙江省淳安中学
浙江新安化工集团股份有限公司
富阳市职业高级中学
浙江省电信有限公司临安市分公司
杭州汽轮动力集团有限公司
杭州市气象局
浙江省杭州第十四中学
杭州市自来水总公司
中国农业银行浙江省分行营业部
杭州市第三人民医院
杭州铁路分局杭州站
百大集团股份有限公司

【2004年度杭州市级文明镇】

江干区 丁桥镇
西湖区 转塘镇
萧山区 河庄镇 所前镇
富阳市 永昌镇 灵桥镇

【2004年度继续保留荣誉称号的杭州市级文明镇】

江干区 彭埠镇 九堡镇 笕桥镇
拱墅区 上塘镇 康桥镇 半山镇 祥符镇
西湖区 三墩镇 龙坞镇 留下镇 袁浦镇
萧山区 宁围镇 瓜沥镇 临浦镇 党山镇 闻堰镇 新街镇 义蓬镇 义桥镇 党湾镇 南阳镇 衙前镇 戴村镇 坎山镇
余杭区 运河镇 塘栖镇 崇贤镇 余杭镇 闲林镇 径山镇 良渚镇
桐庐县 分水镇 富春江镇 横村镇 瑶琳镇
淳安县 汾口镇 威坪镇 临岐镇 大墅镇 枫树岭镇 千岛湖镇
建德市 乾潭镇 寿昌镇 梅城镇 莲花镇 钦堂乡
富阳市 大源镇 高桥镇 受降镇 洞桥镇 龙门镇 渌渚镇
临安市 藻溪镇 高虹镇 太湖源镇 於潜镇 太阳镇 岛石镇 昌化镇

【2004年度市直单位满意单位不满意单位】(按得分名次排序)

中共杭州市委办公厅(市委政研室)
杭州市政协机关
杭州市人大常委会机关
杭州市政府办公厅
杭州市民政局
杭州西湖风景名胜区管委会(市园文局)
中共杭州市委宣传部
中共杭州市委统战部
中共杭州市委组织部
中共杭州市委老干部局
中共杭州市纪委机关(市监察局)
杭州市农办
中共杭州市委政法委
杭州市妇联
杭州市农业局
杭州市旅委
杭州市残联
杭州市经委
杭州市人事局
中共杭州市委党校
杭州市总工会
中共杭州市委610办公室
杭州市劳动保障局

杭州市林水局
杭州市西博办
杭州日报社(杭报集团)
中共杭州市委台办
杭州市计生委
杭州市计委
杭州市信访局
共青团杭州市委
杭州市建委
杭州市科技局
杭州市科协
杭州市司法局
杭州市外经贸局
杭州市统计局
杭州经济开发区管委会
杭州市财政局(市地税局)
杭州市机关事务局
杭州市侨联
杭州市贸易局(市粮食局)
杭州市档案局
杭州市侨办
中共杭州市委党史研究室
杭州市民族宗教局
杭州市体育局
杭州市外办
杭州市文化局
杭州市公安局
杭州市房管局
杭州市文联
杭州市信息办
杭州市贸促会
杭州市经合办
杭州市社联(市社科院)
杭州市审计局
杭州市人防办(市民防局)
杭州市法制办
杭州市工商局
杭州市教育局
杭州市国土资源局
杭州市环保局
杭州市新闻出版局
杭州市体改办
杭州市卫生局
杭州市广电局(杭州广电集团)
杭州市质监局
杭州市规划局
杭州市交通局
杭州市城管执法局
杭州市药品监管局
杭州市供销社
杭州市物价局
杭州市城管办

【2004 年度市直单位目标管理责任制考核成绩显著单位】

中共杭州市委办公厅(市委政研室)
杭州市人大常委会机关
杭州市政府办公厅
杭州市政协机关
中共杭州市委组织部
中共杭州市委宣传部
中共杭州市委政法委
中共杭州市委统战部
杭州市妇联
杭州市残联
杭州市民政局
杭州市信访局
杭州市统计局
杭州市电力局
杭州市建委
杭州市农办
杭州市气象局
杭州西湖风景名胜区管委会(市园文局)
杭州市旅委

【2004 年度市直单位目标管理责任制考核工作先进单位】

中共杭州市纪委机关(市监察局)
杭州市直机关工委
中共杭州市委老干部局
杭州市档案局
杭州市人事局
杭州市机关事务局
杭州市体改办
杭州市计委
杭州市劳动保障局
杭州市财政局(市地税局)
杭州市经委
杭州电信公司
杭州市质监局
杭州联通公司
杭州市国土资源局
杭州市环保局
杭州市农业局
杭州市贸易局(市粮食局)
杭州市文联
西泠印社社委会
杭州市广电局
杭州市检察院
杭州市法院
杭州市国安局
农工党杭州市委员会机关
杭州市工商联
九三学社杭州市委员会机关
民革杭州市委员会机关

【杭州市"好市民"】

黄梦杰　江干区南肖埠小学学生
江　航　杭州西湖风景名胜区管委会(市园文局)钱江管理处文物宣传科科长
罗雪娟　浙江省体训一大队运动员
陶晓莺　杭州三替综合服务集团有限公司董事长
徐浩娟　杭州铁路分局杭州列车段职工
童天佑　杭州长运公司退休职工
徐宝庆　杭州市公安局下城分局武林派出所干警
周恩钧　杭十中退休教师
曹　亮　中国平安人寿保险股份有限公司杭州分公司职员
褚木根　萧山区慈善总会干部

【杭州市农村经济发展奖】

先进区县(市)

一等奖　萧山区人民政府
二等奖　江干区人民政府
　　　　临安市人民政府
三等奖　拱墅区人民政府
　　　　余杭区人民政府
　　　　富阳市人民政府
　　　　桐庐县人民政府
达标奖　下城区人民政府
　　　　杭州高新技术产业开发区管理委员会(滨江区人民政府)
　　　　西湖区人民政府
　　　　杭州经济技术开发区管理委员会
　　　　杭州西湖风景名胜区管理委员会(杭州市园林文物局)
　　　　建德市人民政府
　　　　淳安县人民政府

十佳乡镇

杭州西湖风景名胜区西湖街道
西湖区转塘镇
滨江区长河街道
萧山区党山镇
余杭区塘栖镇
富阳市受降镇
桐庐县桐君街道
临安市於潜镇
建德市莲花镇
淳安县临岐镇

十佳农业示范园区

滨江区东江新优苗木都市农业示范园区
西湖龙井茶都市农业示范园区
萧山新世纪千亩优质南美白对虾养

殖示范园区
杭州佳惠千亩无公害蔬菜示范园区
杭州市蓝天生态鳖养殖示范园区
临安"天目山"牌肉羊示范园区
富阳新优绿化、生态苗木科技示范区
桐庐县华源生态农业示范园区
建德市香榧特色示范园区
淳安县精品水果示范园区

十佳农产品加工企业

祐康食品集团有限公司
西湖区龙坞茶叶总公司
杭州农茂食品有限公司
浙江银河食品有限公司
杭州皇冠特种水产饲料有限公司
富阳市杭富罐头食品有限公司
杭州富新食品有限公司
杭州康鑫食品有限公司
建德市国茂饲料有限公司
千岛湖野娇娇特色食品有限公司

十佳农村专业合作经济组织

杭州市江干区花坛花协会
杭州市西湖区周浦养鳖协会
杭州高新技术产业开发区(滨江)花卉苗木协会
杭州萧山围垦蔬菜服务专业合作社
杭州余杭顺丰祥禽蛋专业合作社
富阳市百合水果专业合作社
临安市泥骆蚕桑专业合作社
建德市航头黄木岗蔬菜专业合作社
桐庐钟山蜜梨合作社
浙江省淳安县安阳名茶协会

农业丰收项目奖一等奖

双低高含油量油菜新品种浙双758示范推广

杭州市种子技术推广站、建德市农业局粮油站、富阳市农技推广中心种子站、淳安县种子技术推广站、桐庐县农技推广中心良种站、余杭区种子技术推广站、萧山区农技推广中心种子站、建德市种子公司、西湖区农技推广中心、临安市种子推广中心

套袋技术在蜜梨生产中的应用

富阳市农技推广中心、桐庐县农技推广中心、余杭区农技推广中心、杭州滨江果业有限公司、萧山区农技推广中心、建德市柑桔所、临安市农技推广中心、滨江区农技推广服务中心

马立克氏病冰冻疫苗在蛋鸡饲养中的应用

建德市畜牧兽医站、建德市动物检疫站、建德市登峰种禽场、建德市杨村桥种禽场、建德市莲花镇农技站、建德市下涯镇农技站、建德市杨村桥农技站

优质珍珠养殖技术推广

建德市水产养殖技术服务站、建德市水利水产技术服务总站、建德市三都镇农业综合服务站、建德市梅城镇农业综合服务站、建德市大同镇农业综合服务站、建德市马目乡农业综合服务站、建德市大洋镇农业综合服务站、建德市乾潭镇农业综合服务站

珍稀食用菌新品种标准化技术推广

杭州市农业科学研究院、西湖区农技推广中心、萧山区农技推广中心、淳安县茧丝绸总公司、余杭区农技推广中心、建德市农技推广中心、杭州华丹农产品有限公司、浙江省食用菌良繁中心

村级股份制在撤村建居单位的推广

西湖区农办经管科

十万亩竹笋森林食品基地建设

临安市林业技术服务总站、临安市林业科学研究所、临安市玲珑林业站、临安市於潜林业站

杨涯畈节水灌溉示范工程

建德市水利水产服务总站

【2004年度杭州市外贸出口"金龙奖"名单】

东芝信息机器(杭州)有限公司
杭州摩托罗拉移动通信设备有限公司
UT斯达康通讯有限公司
杭州市轻工工艺纺织品进出口有限公司
杭州市粮油食品土畜产进出口有限公司
杭州中策橡胶有限公司
杭州菱庆高新材料有限公司
三菱数源移动通信设备有限公司
杭州市丝绸服装进出口有限公司
杭州桦桐家私集团有限公司
杭州中艺经贸有限公司
万向集团公司
杭州余杭国际贸易有限公司
杭州市对外经济贸易服务有限公司
浙江新安化工集团股份有限公司
汉帛(中国)有限公司
浙江柳桥羽毛有限公司
浙江达利凯地丝绸有限公司
杭州市五矿机械化工进出口有限公司
杭芝机电有限公司
杭州威陵钢家具有限公司
杭州松下住宅电器设备(出口加工区)有限公司
杭州热联进出口有限公司
杭州大和热磁电子有限公司
泰尔茂医疗产品(杭州)有限公司
博世电动工具(中国)有限公司
杭州松下马达(家电)有限公司
杭州余杭对外贸易有限公司
浙江汉欣家具工业有限公司
杭州松下马达有限公司
杭州东信移动电话有限公司
杭州三弘家纺有限公司
东方通信股份有限公司
数源科技股份有限公司
杭州锦正纺织服装有限公司
杭州华为三康技术有限公司
杭州欧华医药化工有限公司
杭州新生电子材料有限公司
杭州锦腾织造有限公司
杭州万通贸易有限公司
杭州新星光电有限公司
杭州余杭远大实业有限公司
浙江武德家具有限公司
杭州松下家用电器有限公司
浙江埃力生进出口有限公司
萧山吉华进出口有限公司
杭州圣戈班维特克斯玻璃纤维有限公司
浙江金利发羽绒制品有限公司
杭州柴氏进出口有限公司
杭州万事利进出口有限公司

·名牌产品名录·

【杭州市获2004年度中国名牌产品及其生产企业】

娃哈哈牌果汁饮料
　杭州娃哈哈集团有限公司
传化(TRANSFAR)牌液体洗涤剂
　传化集团有限公司
万事利(WENSLI)牌真丝绸
　万事利集团有限公司
金富春牌真丝绸
　杭州金富春丝绸化纤有限公司
朝阳(CHAOYANG)牌全钢子午线轮胎
　杭州中策橡胶有限公司
兽王(SHOUWANG)牌皮衣
　浙江兽王集团有限公司

【杭州市获2004年度浙江名牌产品及其生产企业】

信雅达牌金融证券软件(复)
　杭州信雅达系统工程股份有限公司
天堂恒生(HANDSOME)牌证券软件(复)
　杭州恒生电子股份有限公司

数源、西湖牌彩色电视机(复)
　数源科技股份有限公司
富春江、华伦牌通信电缆、光缆(复)
　华伦集团有限公司
天屹牌物理高发泡射频同轴电缆(复)
　浙江天屹网络科技股份有限公司
华日牌家用电冰箱系列(复)
　浙江华日实业投资有限公司
老板牌吸油烟机(复)、家用燃气灶具
　杭州老板实业集团有限公司
德意牌家用燃气灶具(复)、吸油烟机
　杭州德意电气有限公司
奥普牌浴霸(复)
　杭州奥普电器有限公司
永泰牌涂布白纸板(复)
　浙江永泰纸业集团股份有限公司
雅妮娜牌妇女卫生巾(复)
　杭州雅妮娜卫生用品有限公司
天堂牌晴雨伞(复)
　杭州天堂伞业集团有限公司
恒逸牌涤纶长丝(复)
　浙江恒逸集团有限公司
孔雀牌粘胶长丝(复)
　杭州蓝孔雀化学纤维(股份)有限公司
富丽达牌化纤面料(复)
　富丽达集团控股有限公司
铁流牌汽车离合器(复)
　杭州西湖汽车零部件集团有限公司
西子牌电(扶)梯(复)
　西子电梯集团有限公司
工字牌工业汽轮机(复)
　杭州汽轮动力集团有限公司
杭州牌平面磨床(复)
　杭州机床集团有限公司
杭氧牌大中型空气分离设备(复)
　杭州杭氧股份有限公司
前进牌齿轮箱(复)
　杭州前进齿轮箱集团有限公司
钱潮(QC)牌万向节十字轴总成(复)
　万向钱潮股份有限公司
万马神牌塑料绝缘电力电缆(复)、电缆用可交联聚乙烯绝缘料
　浙江万马集团有限公司
朝阳、威狮牌橡胶轮胎、力车胎(复)
　杭州中策橡胶有限公司
康莱特牌康莱特注射液(复)
　浙江康莱特药业有限公司
21金维他牌多维元素片(21)(复)
　杭州民生药业集团有限公司
狮牌百令胶囊(发酵虫草菌粉)(复)
　杭州中美华东制药有限公司
利群、新安江、雄狮、西湖牌卷烟(复)
　杭州卷烟厂
祐康牌冷食、冷饮(复)
　祐康食品集团有限公司
五丰牌冷食、冷饮(复)
　杭州五丰冷食有限公司
钱江、中华牌啤酒(复)
　浙江钱江啤酒股份有限公司
西湖牌啤酒(复)
　杭州西湖啤酒朝日(股份)有限公司
诺贝尔牌陶瓷
　杭州协和陶瓷有限公司
东冠牌塑料管材(复)
　东冠集团有限公司
金鹤牌浮法平板玻璃(复)
　杭州玻璃集团有限公司
张小泉牌刀剪
　杭州张小泉集团有限公司
王星记、三星牌扇子及工艺品
　杭州王星记扇业有限公司
盾安牌中央空调(复)、制冷配件
　盾安控股集团有限公司
SUMMIT牌物理高发泡射频同轴电缆
　浙江森嘉实业有限公司
嘉德威牌钢琴
　杭州嘉德威钢琴有限公司
浙美牌机织地毯
　浙江美术地毯制造有限公司
北天鹅牌羽绒服
　中服浙江北天鹅股份有限公司
迪欧达牌羽绒床上用品
　浙江柳桥羽毛有限公司
曼江利牌丝绸服装
　杭州江宁丝绸制衣有限公司
NG牌余热锅炉
　杭州锅炉集团有限公司
湘湖牌汽车制动系统
　浙江亚太机电股份有限公司
杭申牌智能断路器、交流接触器(复)
　杭州红申电器有限公司
杰牌减速机
　杭州万杰减速机有限公司
TMB牌滚动轴承
　浙江天马轴承股份有限公司
电子式电能表
　杭州华隆电子技术有限公司
人人牌汽车组合开关(复)
　杭州人人集团有限公司
鸿世(SWE)牌墙壁开关、插头、插座
　杭州鸿世电器有限公司
吉利牌系列轿车
　浙江吉利控股集团有限公司
ZHONGYA牌乳品无菌软包装机
　杭州中亚机械有限公司
吉华牌分散染料
　杭州吉华化工有限公司
金鼠牌硅酮系列密封胶
　杭州之江有机硅化工有限公司
汤大福牌味精
　杭州市新安江味精厂
恒天牌面粉
　杭州恒天面粉有限公司
华东钢构牌彩钢卷
　浙江华东轻钢建材有限公司
中得牌野生风味甲鱼(复)
　杭州中得实业有限公司
本牌中华鳖(复)
　杭州市余杭区本牌中华鳖管理协会
贡牌西湖龙井茶叶(复)
　杭州西湖龙井茶叶有限公司
蜂之语牌蜂产品(复)
　杭州天地保健品有限公司
大观山牌长白种猪(复)
　杭州市种猪试验场
新安江牌草莓(复)
　建德市经济特产开发公司
郭氏牌笋干(复)、山核桃
　杭州临安天目山绿色食品有限公司
人长久牌山核桃果、仁(复)
　杭州临安人长久食品有限公司
晶龙牌蜜梨
　杭州滨江果业有限公司
鸿光、浪花牌豆制品
　杭州豆制食品有限公司
祖名牌豆制品
　杭州华源豆制品有限公司
钱江牌驯养野鸭
　杭州萧山钱江水禽驯养繁殖场
桐江牌桐庐蜜梨
　桐庐县农业技术推广中心

注:“(复)”系经复评保留的企业。

【2004年度杭州名牌产品及其生产企业】

大自然(NATURE)牌可刻录光盘
　杭州大自然光电科技股份有限公司
dahua牌数字硬盘录像机
　浙江大华信息技术股份有限公司
钱塔牌涂料
　杭州灯塔涂料玻璃有限公司
XAJ牌有机胺
　建德市新化化工有限责任公司
富春江牌井冈霉素
　浙江省桐庐汇丰生物化工有限公司
WHYYON牌荧光增白剂(APC、OB-1)
　杭州传化华洋化工有限公司
众力牌氯化聚乙烯
　杭州科利化工有限公司
萧星牌密封材料、制品

浙江国泰密封材料股份有限公司
欧泰牌汽车轮胎内胎
杭州顺源轮胎制造有限公司
鼎牌斯太尔 WD415、WD615 系列柴油机
杭州汽车发动机厂
金固牌汽车钢圈
浙江金固汽车部件制造有限公司
飞宇牌自动缫丝机
杭州纺织机械有限公司
中财牌门窗框用硬聚氯乙烯塑料型材
浙江中财型材有限责任公司
波达牌硬聚氯乙烯管材管件
杭州波达塑业有限公司
京安牌波形梁钢护栏
杭州京安交通工程设施有限公司
杭塔牌木质防火门、工艺门
杭州灯塔防火材料有限公司
天杰牌门窗框用硬聚氯乙烯塑料型材
浙江天杰实业有限公司
金迪牌浮雕复合门
杭州金迪家私装饰有限公司
地球牌圣诞灯饰礼品
浙江环球控股集团有限公司
美珂欧兰(MarcAurel)牌女式服装
杭州博卡制衣有限公司
Andstar 牌烛台装饰品
杭州市轻工工艺纺织品进出口有限公司
千岛湖牌桑蚕丝
淳安县茧丝绸总公司
柯力达牌装饰布
杭州柯力达纺织装饰织造有限公司
WUXING 牌自行车车闸
建德市五星车业有限公司
帝龙牌装饰纸
浙江万利实业有限公司
自然伊格牌化纤面料
大自然控股集团有限公司
翔盛纺织牌弹力亚麻纱面料
杭州翔盛纺织有限公司
永达兰牌丝绸服装
杭州时装有限公司
三和牌食品添加剂系列
杭州三和食品添加剂配料有限公司
谷王牌猪用配合饲料
建德市国茂饲料有限公司
AIDA(爱大制药)牌注射用硫酸依替米星
杭州爱大制药有限公司
福澳牌内窥镜
杭州市桐庐医疗光学仪器总厂
HZSHLI 牌高压开关设备
杭州圣力电气有限公司
伟伟牌电力电容器
建德市新安江电力电容器有限责任公司
商辂牌绢丝
杭州商辂丝绸有限公司
毛源昌牌眼镜、镜片
杭州毛源昌眼镜厂
RSSS 牌淡水虾仁制品
北极品水产(浙江)有限公司
老胡子牌蔬菜制品
杭州紫香食品集团有限公司
天堂鸟牌蜜梨
杭州余杭鸬鸟镇农业技术服务站
云溪牌芦笋
富阳市云溪农产品加工厂
天目山牌天目肉羊
杭州正兴牧业有限公司
秋梅牌倒笃菜(笋片雪菜)
建德市秋梅食品有限公司
碧于天牌蜂产品
杭州碧于天保健品有限公司
传化牌花卉种苗
杭州传化大地生物技术股份有限公司
东升牌山核桃、山核桃仁
杭州临安东升绿色食品有限公司
山之子牌山核桃系列产品
淳安千岛湖山之子食品实业有限公司
双峰牌乳制品
杭州新希望双峰乳业有限公司
双鱼牌食醋
杭州市食品酿造有限公司
顺丰祥牌蛋品
杭州顺丰祥食品有限公司

【杭州市获 2004 年全国质量管理先进企业和个人】

国家质量管理卓越企业
万向集团公司
全国质量管理先进企业
杭州娃哈哈集团有限公司
华立控股股份有限公司
杭州卷烟厂
全国质量管理先进工作者
沈爱琴　万事利集团有限公司董事局主席
冯根生　正大青春宝药业有限公司总裁

【杭州市获 2004 年中国驰名商标的企业】

“朝阳”商标
杭州橡胶总厂
“华立”商标
华立集团有限公司
“21 金维他”商标
杭州民生药业集团有限公司
“利群”商标
杭州卷烟厂

·获科技进步奖名录·

【2004 年杭州市获浙江省科技进步奖】

二等奖

新型高效冷凝蒸发器及其新技术　杭州杭氧股份有限公司　西安交通大学　吴裕远　阎振贵　陈流芳　毛央平　邵　勇　李世岗　张淑文　陈康远　边　瑾　徐建平　姜春荣　钟晓龙　叶成基　杨申峰　张锡泉

平网喷蜡制网机　杭州开源电脑技术有限公司　周峰江　许光明　文　律　张东升　徐海江　施晓恩　蔡冬强　丁永涨

网新易盛多媒体视频会议系统　浙江浙大网新易盛网络通讯有限公司　史济建　齐茂林　王　欣　李　冰　徐　哲　颉小龙　廖剑飞　金　凯　王晓丹　王中华　陈智帅　吴昊鹏

高级多变量鲁棒预测控制软件及应用　浙江中控软件技术有限公司、浙江大学先进控制研究所、浙江中控科技集团有限公司　苏宏业　褚　健　荣　冈　王树青　古　勇　邹　骁　王长明　李鸿亮　金晓明　张泉灵　李寅雷　刘传文　章　鹏　杨开香　刘炳杰　李永伟

钱塘江四桥钢管拱结构长效防腐涂层及设备研究　杭州市城市基础设施开发总公司　江苏中矿大正表面工程技术有限公司　陈阶亮　陈亚明　余子华　易春龙　熊永光　吴　峻　张浩然　宣柏传　谭永朝　陈　杰　郭铭芳　付　红　赵　文　刘立湖

中西医结合个体化联合序贯方案治疗 IgA 肾病的研究　杭州市中医院　王永钧　张敏鸥　陈洪宇　朱彩凤

HTY 生物隔离舱　杭州泰林生物技术设备有限公司　叶大林　夏信群　沈志林　徐　建　刘　勇

【2004 年杭州市科技进步奖】

一等奖

新型高效冷凝蒸发器及其新技

百吨级 HFC-125 制备技术的中试获 2004 年杭州市科技进步一等奖

术 杭州杭氧股份有限公司 西安交通大学 吴裕远 阎振贵 陈流芳 毛央平 邵 勇 李世岗 张淑文 陈康远 边 瑾 徐建平 姜春荣 钟晓龙 叶成基 杨申峰 张锡泉

高级多变量鲁棒预测控制软件及应用 浙江中控软件技术有限公司 浙江大学先进控制研究所 浙江中控科技集团有限公司 苏宏业 褚 健 荣 冈 王树青 古 勇 邹 骁 王长明 李鸿亮 金晓明 张泉灵 李寅雷 刘传文 章 鹏 杨开香 刘炳杰 李永伟

百吨级 HFC-125 制备技术的中试 浙江蓝天环保高科技股份有限公司 毛汉卿 吕正璋 郭 荔 吴 强 史婉君 沈煜钢 楼芳彪 童小川 柯 箭 孔建国 毛贤明 闵 雱 赵 翀

中西医结合个体化联合序贯方案治疗 IgA 肾病的研究 杭州市中医院 王永钧 张敏鸥 陈洪宇 朱彩凤

·彩色图版单位信息·

杭州士兰微电子股份有限公司(86 页)
法定代表人:陈向东
地　址:杭州市黄姑山路 4 号
电　话:0571-88210880
传　真:0571-88211612
网　址:www.silan.com
邮　编:310012

西门子(杭州)高压开关有限公司(88 页)
法定代表人:厉建宇
地　址:杭州经济技术开发区下沙工业园 18 号路(东)128 号
电　话:0571-86912288
传　真:0571-86910380
网　址:www.siemens.com
邮　编:310018

杭州油漆有限公司(90 页)
法定代表人:包天雄
地　址:杭州市登云路 555 号
电　话:0571-88091450
传　真:0571-88181717
网　址:www.hz-coatings.com
邮　编:310011

浙江华光潭水力发电有限公司(90 页)
地　址:杭州市清泰街 509 号富春大厦 16 楼
电　话:0571-87824379
传　真:0571-87824474
邮　编:310009

杭州卷烟厂(108 页)
法定代表人:孟伟刚
地　址:杭州市中山南路 77 号
电　话:0571-86052044
传　真:0571-86051543
网　址:www.hzliqun.com
邮　编:310008

浙江萧山金龟机械有限公司(107页)
法定代表人:黄银霞
地　址:杭州市萧山区湘湖路 40 号
电　话:0571-82681209
传　真:0571-82679814
邮　编:311203

百大集团股份有限公司(154 页)
法定代表人:董伟平
地　址:杭州市延安路 546 号
电　话:0571-85158800
网　址:www.baidagroup.com
邮　编:310006

杭州汽车东站小商品市场(155 页)
负责人:陈生根
地　址:杭州市艮山西路 75 号
电　话:0571-86720588
传　真:0571-86720188
邮　编:310017

杭州艮山西路农副产品市场(156页)
法定代表人:钱志根
地　址:杭州市艮山西路 36 号
电　话:0571-86490840
传　真:0571-86494846
电子邮箱:pengshuooooo@163.com
邮　编:310017

中国国际贸易促进委员会杭州市分会(191 页)
法定代表人:祝永平
地　址:杭州市体育场路 286 号天名大厦 6 楼
电　话:0571-85068825
85068861
传　真:0571-86068827
网　址:http://www.ccpithz.org
邮　编:310003

达利(中国)有限公司(192 页)
法定代表人:林富华
地　址:杭州市萧山区鸿达路北侧
电　话:0571-85229201(总机)
传　真:0571-82697350
网　址:www.sinosilk.com
邮　编:311231

德意控股集团有限公司(200 页)
法定代表人:高德康
地　址:浙江省杭州萧山经济开发区建设三路
电　话:0571-82838788
传　真:0571-82838666
网　址:www.chinadandy.com
邮　编:311215

泰尔茂医疗产品(杭州)有限公司(201 页)

地　址:杭州经济技术开发区
M4-9-5
电　话:0571-86910212
传　真:0571-86910293
网　址:www.terumo.com.cn
邮　编:310018

杭州市建筑业协会(224 页)
会　长:虞振羽
地　址:杭州市浣纱路 347 号 6楼
电　话:0571-87012114
传　真:0571-87011350
网　址:www.hzjzxh.com
邮　编:310006

杭州市墙体改革领导小组办公室(234 页)
法定代表人:沈惠臣
地　址:杭州市庆春路 139 号
庆联大厦 10 楼
电　话:0571-87218449
传　真:0571-87240016
邮　编:310003

杭州市排水总公司(236 页)
法定代表人:杨毅杭
地　址:杭州市环城北路 292 号
电　话:0571-85866008
邮　编:310006

杭州西湖风景名胜区管委会(249页)
法定代表人:张建庭
地　址:杭州市龙井路 1 号
电　话:0571-87179508
传　真:0571-87179506
网　址:www.hangzhou.gov.cn
邮　编:310007

杭州市西湖游船有限公司(250 页)
法定代表人:孟东生
地　址:杭州市龙井路 9 号
电　话:0571-87889138
传　真:0571-87967837
邮　编:310007

浙江登峰交通集团(273 页)
地　址:杭州市萧山区萧绍路 1218 号
电　话:0571-82726888
传　真:0571-82725272
网　址:www.cntraffic.com
邮　编:311201

浙江省电信有限公司杭州市分公司(284 页)
法定代表人:时永生
地　址:杭州市庆春路 87 号
电　话:0571-87237785
传　真:0571-87237795
邮　编:310066

浙江移动通信有限责任公司杭州分公司(286 页)
总经理:杨剑宇
地　址:杭州市延安路 391 号
电　话:13805710571
邮　编:310006

中国联通有限公司杭州分公司(283 页)
地　址:杭州市中河北路 96 号
客户服务热线:10010
传　真:0571-85102198
网　址:www.hangzhou165.com
邮　编:310006

杭州联合农村合作银行(300 页)
法定代表人:张　晨
地　址:杭州市中山北路 288 号
电　话:0571-87923225
传　真:0571-87923222
邮　编:310003

中国人民财产保险股份有限公司杭州市分公司(301 页)
地　址:杭州市体育场路 27 号
保险服务专线:95518
电子商务平台:www.e-picc.com.cn

中国人寿保险股份有限公司杭州分公司(302 页)
地　址:杭州市青春坊 33 幢
电　话:0571-87225828
传　真:0571-87225800
邮　编:310001

杭州市食品药品监督管理局(303页)
法定代表人:郭泰鸿
地　址:杭州市朝晖路聚锦大厦 13 楼
电　话:0571-85463610
传　真:0571-85463611
邮　编:310014

中共杭州市委党校(347 页)
法定代表人:郭禾阳
地　址:杭州市十五奎巷 99 号
电　话:0571-86066890
传　真:0571-86813693
邮　编:310002

杭州青少年活动中心(360 页)
法定代表人:黄建明
地　址:杭州市昭庆寺里街 22 号
电　话:0571-85821011
传　真:0571-85821012
网　址:www.hzqsn.com
电子邮箱:hzqsn@vip.sina.com
邮　编:310007

浙江大学城市学院(398 页)
法定代表人:鲁世杰
地　址:杭州市湖州街 51 号
电　话:0571-88018552
邮　编:310015

杭州师范学院(400 页)
法定代表人:林正范
地　址:杭州市下沙高教园区
学林街 16 号
电　话:0571-28865016
28865017
传　真:0571-28865000
网　址:www.hztc.edu.cn
电子信箱:hztcyb@hztc.edu.cn
邮　编:310036

杭州市行知幼儿园(416 页)
法定代表人:张　群
地　址:杭州市学士路 1 号
电　话:0571-87029755
传　真:0571-87029755
邮　编:310006

杭州大剧院管理有限公司(412 页)
地　址:杭州市钱江新城之江东
路 66 号
电　话:0571-86855118(总机)
8008571780(800免费电话)
传　真:0571-86855027
网　址:www.hzdjy.com
电子邮箱:theatre@hangzhougrandtheatre.cn
邮　编:310016

浙江天目琴行有限公司(414 页)
法定代表人:刘为明
地　址:杭州市学院路 135 号
电　话:0571-88834500
88839893
传　真:0571-88839831
网　址:www.tianmumusic.com
邮　编:310012

杭州日报报业集团(425 页)

法定代表人:李建国
地　址:杭州市体育场路218号
电　话:0571-85052109(集团总值班)
传　真:0571-85106130
网　址:hiip://www.hangzhou.com.cn
邮　编:310041

杭州市基本医疗保险管理服务中心(434页)
法定代表人:陈正祥
地　址:杭州市中河中路248号
电　话:0571-87214943
传　真:0571-87214943
邮　编:310003

杭州市游泳健身中心(杭州市健身中心)(438页)
法定代表人:孙志敏
地　址:杭州市中山北路572号
电　话:0571-85060945
传　真:0571-85061286
邮　编:310003

杭州市民政局(463页)
法定代表人:赵申行
地　址:杭州市戒坛寺巷21号
电　话:0571-85151897
传　真:0571-85151897
网　址:www.hzmz.gov.con
邮　编:310006

杭州市人口和计划生育委员会(464页)
主　任:陈国妹
地　址:杭州市延安路484号
电　话:0571-85157912
传　真:0571-85811570
邮　编:310006

下城区(506页)
下城区行政中心地址:杭州市文晖路1号
电　话:0571-87012345
邮　编:310004

西湖区文新街道(508页)
法定代表人:钱宝华
地　址:杭州市文苑路428号
电　话:0571-88980297
传　真:0571-88983805
邮　编:310011

江干区白杨街道(510页)
法定代表人:高云坤
地　址:杭州经济技术开发区松下健身中心
电　话:0571-86911017
传　真:0571-86890965
邮　编:310018

余杭区(511页)
余杭区政府地址:余杭区临平街道西大街33号
电　话:0571-86212345
邮　编:311100

富阳市(512页)
富阳市政府地址:富阳市富春街道桂花路25号
电　话:0571-63312345
邮　编:311400

建德市梅城镇(513页)
镇　长:项智东
地　址:建德市梅城镇总府后街39号
电　话:0571-64142339
传　真:0571—64141202
邮　编:311604

建德市乾潭镇(514页)
法定代表人:赖新林
地　址:建德市乾潭镇
电　话:0571-64171236
传　真:0571-64172199
邮　编:311602

临安市玲珑街道(515页)
法定代表人:叶朝刚
地　址:临安市玲珑街道夏禹桥
电　话:0571-63761100
传　真:0571-63764135
邮　编:311301

说明：

一、本类目设主题索引、表和资料3个分目。

二、主题索引采用分析索引方法，按标引词第一字汉语拼音（同音字按声调）顺序排列；第一字相同，按第二字音序排列。依次类推。标引词第一字为数字的，在"0—9"中查找。

类目、分目用黑体红字标示。标引词后的阿拉伯数字表示内容所在页码。数字后的拉丁字母a、b、c分别表示从左到右第一、二、三栏。

参见条目的标引词缩后两格放在相关分目或条目的标引词下面。标引词后有多个页码的，则表示互见内容所在的位置。

本年鉴的"特载"、"特辑"、"大事记"、"统计资料"、"附录"和"彩色图版"均未做主题索引。

三、表按序号排列，所在位置标注方法同上。

四、资料按标题第一字汉语拼音（同音字按声调）顺序排列；第一字相同，按第二字音序排列。依次类推。所在位置标注方法同上。

·主题索引·

0—9

A

B

D

H

X

Z

附:笔画检字表

说明:

一、本表收录主题索引中全部标引词汉字首字,供按笔画检字用。

二、各标引词汉字首字按笔画数排列。同笔画的字按第一笔的笔形顺序排列。笔形顺序为:横、竖、撇、点、折。

三、标引词汉字首字后的汉语拼音字母表示该字在主题索引中的位置。如“安 A”,即表示“安”字应在“A”部查找。

四、标引词首字为数字的,在主题索引的“0–9”中查找。标引词首字为英文字母的,则在该字样部位查找。

一画

一 Y
乙 Y

二画

七 Q 二 E 十 S 厂 C
九 J 人 R 儿 E 入 R 八 B

三画

万 W 三 S 下 X 土 T 大 D 工 G 干 G
上 S 口 K 山 S 小 X
个 G 亿 Y 千 Q
义 Y 广 G 门 M
乡 X 卫 W 女 N 马 M

四画

不 B 与 Y 专 Z 五 W 区 Q 历 L 天 T 太 T 开 K 支 Z 无 W 王 W 艺 Y 车 C
中 Z 内 N 少 S 日 R
公 G 化 H 反 F 手 S 月 Y 毛 M 气 Q 牛 N 风 F 长 C
为 W 之 Z 文 W 心 X 火 H 计 J
书 S 办 B 双 S 引 Y 水 S 邓 D

五画

世 S 东 D 功 G 古 G 平 P 打 D 未 W 本 B 灭 M 玉 Y 石 S 艾 A 节 J 龙 L
业 Y 卡 K 北 B 卢 L 只 Z 史 S 叶 Y 四 S 央 Y 归 G 旧 J 甲 J 申 S 电 D 目 M
代 D 乐 L 包 B 处 C 外 W 失 S 生 S 用 Y 白 B
主 Z 兰 L 市 S 汉 H 立 L 让 R 议 Y
丝 S 出 C 加 J 发 F 台 T 司 S 奶 N 孕 Y 对 D 幼 Y 民 M 纠 J 辽 L

六画

亚 Y 共 G 再 Z 刑 X 动 D 协 X 吉 J 在 Z 地 D 夺 D 存 C 巩 G 成 C 执 Z 扩 K 扫 S 扬 Y 有 Y 机 J 死 S 百 B 老 L 考 K 西 X 轨 G 达 D
吕 L 回 H 因 Y 团 T 尖 J 师 S 收 S 早 Z 网 W 肉 R
仲 Z 价 J 任 R 企 Q 休 X 优 Y 会 H 会 K 传 C 伤 S 先 X 全 Q 创 C 华 H 印 Y 危 W 各 G 合 H 名 M 多 D 年 N 朱 Z 杀 S 自 Z 行 H 行 X 迁 Q
光 G 交 J 产 C 关 G 军 J 农 N 安 A 汛 X 江 J 池 C 污 W 羊 Y 设 S
妇 F 孙 S 导 D 杂 Z 牟 M 红 H 纪 J 防 F 阳 Y

·表·

·资料·

杭州市地图
安徽省
浙江省
安徽省
湖
安
徽
省
天
目
昱
岭
白
际
山
千
里
岗
山
衢
州
市
乌溪
榔桥镇
云乐
甲路镇
南极
梅林镇
杭垓镇
老石坎水库
狮桥镇
章村镇
仙霞镇
千秋关
三溪镇
俞村
胡乐镇
旌德
旌阳镇
庙首镇
金沙镇
岛石镇
黄毛尖
新桥
浙西天池
浙西大峡谷
大峡谷镇
白马崖
百丈岭
太龙
七里
横路
老庵
斑竹
英公水库
千洪
杨村
於潜镇
太阳镇
昌化镇
龙岗镇
浙川
马啸
石长城
清凉峰
清凉峰镇
清凉峰国家级自然保护区
柳溪江风景区
瑞晶洞
河桥镇
潜川镇
长安镇
杨溪镇
伏岭镇
绩溪
华阳镇
昱岭关
雨伞尖
大明山风景名胜区
湍口温泉
湍口镇
横塘
鱼潭
乐平
大源里
仙姑尖
溪头镇
杞梓里镇
许村镇
临溪镇
瑶山
合村
分水镇
天目溪漂
严家
流湘飞瀑
方腊洞
王阜
屏门
临岐镇
元宝尖
百江镇
歙县
徽城镇
徽州区
岩寺镇
周家村
金紫尖
唐村镇
坑口
小川
蔗川
光昌
文昌镇
左口
后坞
白石岩
黄山市
威坪镇
方腊洞（聚义）
金家
六联
宋村
金峰
汪宅
北坞
湖坑
鸠坑
练溪
歙岭顶
白坪
富文
温馨岛度假村
长宁
源芳
梓桐镇
青山
梅峰观岛
龙山岛
淳安
千岛湖镇
千岛湖国家森林公园
鸵岛乐园
鹿岛
猴岛
羡山
莲花镇
瀛山书院遗址
狮石
郭村
界首
新安江水库
（千岛湖）
孔雀园
姥山岛
天池
下涯镇
密山岛
界首列岛
洋溪街道
建德市
马目
武强溪
霞源水库
林深源
浪川
姜家镇
里商
千岛湖石林
石林镇
峙后
白沙奇雾
千斤塔顶
中洲镇
汾口镇
大茂川
齐溪镇
横沿
大墅镇
安阳
童家
更楼街道
尖坞山
石湾
西岭
灵栖洞天
石屏
枫树岭镇
枫树岭水库
寿昌镇
三井尖
乌龟洞（建德人）遗址
沙墩头
李家镇
航头镇
大慈岩
何田
霞山
铜山铜矿遗址
铜山水库
大同镇
黄店镇
大慈岩镇
村头镇
上方镇
三溪
上马
十里荷花
女埠镇
白马
红军标语墙
音坑
凤凰尖
庙前
横山镇
永昌镇
G205
S02
S18
S16
S05
S06
S23
G320
S21
G330